De Gruyter Texte

Søren Kierkegaard

Ausgewählte Journale

Band 1

Herausgegeben von
Markus Kleinert und Gerhard Schreiber

De Gruyter

Die *Deutsche Søren Kierkegaard Edition,* der die Texte dieses Bandes entnommen sind, wird herausgegeben von Niels Jørgen Cappelørn, Hermann Deuser, Joachim Grage und Heiko Schulz in Zusammenarbeit mit dem Søren Kierkegaard Forskningscenter in Kopenhagen.

Umschlag unter Verwendung einer Zeichnung von Niels Christian Kierkegaard aus dem Jahr 1838.

ISBN 978-3-11-028274-0
e-ISBN 978-3-11-028275-7

Library of Congress Cataloging-in-Publication Data

A CIP catalog record for this book has been applied for at the Library of Congress.

Bibliografische Information der Deutschen Nationalbibliothek

Die Deutsche Nationalbibliothek verzeichnet diese Publikation in der Deutschen Nationalbibliografie; detaillierte bibliografische Daten sind im Internet über http://dnb.dnb.de abrufbar.

© 2013 Walter de Gruyter GmbH, Berlin/Boston

Druck: Hubert & Co. GmbH, Göttingen
∞ Gedruckt auf säurefreiem Papier

Printed in Germany

www.degruyter.com

Inhaltsverzeichnis

Vorwort

Søren Kierkegaard (1813-1855) hat die Geistesgeschichte des 20. Jahrhunderts massiv beeinflusst. Sein Werk hat nicht nur unübersehbare Spuren in den Wissenschaften hinterlassen, sondern auch lebensweltliche Verstehensprozesse mitbestimmt – ein Vorgang, der sich auch im 21. Jahrhundert fortsetzt und weiter fortsetzen wird. Der 200. Geburtstag des dänischen Philosophen, Theologen und Schriftstellers am 5. Mai 2013 wird die Bedeutung und die Aktualität seines Denkens und Schreibens erneut vor Augen führen.

Im Blick auf die Kierkegaard-Forschung im engeren Sinne belegen zahlreiche Tagungen, Symposien und Konferenzen internationalen Zuschnitts ebenso nachdrücklich wie die einschlägigen Bibliographien, dass die Beschäftigung mit Kierkegaards Œuvre gerade in den letzten Jahren und Jahrzehnten einen enormen Aufschwung genommen hat. Das editorische Großprojekt der seit 1997 in Kopenhagen erscheinenden historisch-kritischen Gesamtausgabe der Werke und des literarischen Nachlasses unter dem Titel *Søren Kierkegaards Skrifter* (*SKS*) ist in diesem Zusammenhang mehr als nur ein paradigmatisches Symptom. Denn die neue Werkausgabe hat zusammen mit den vielfältigen Anstößen und Initiativen des Kopenhagener Søren Kierkegaard Forschungszentrums, das die Editionsarbeiten verantwortet, die bezeichnete Entwicklung zugleich eingeleitet und entscheidend gefördert.

Die *Deutsche Søren Kierkegaard Edition* (*DSKE*), deren erster Band (*DSKE* 1) 2005, deren zweiter (*DSKE* 2) 2008 und deren dritter (*DSKE* 3) 2011 erschien, bildete von Anfang an einen integralen Bestandteil der Forschungsarbeiten in Kopenhagen. Die Notwendigkeit einer neuen Übersetzung ist gerade im deutschen Sprachraum offensichtlich. Einige der bislang vorliegenden Übersetzungen sind in sprachlich-stilistischer Hinsicht nicht mehr zu verantworten. Insbesondere die bisherigen deutschen Ausgaben von Kierkegaards literarischem Nachlass – vor allem seiner Journale, Notizbücher und Aufzeichnungen – sind in vielerlei Hinsicht unbefriedigend, da sie auf philologisch überholten Voraussetzungen sowie auf einer problematischen Textauswahl beruhen und nur ein sehr lückenhaftes und selektives Bild von Umfang und Inhalt seiner ›Tagebücher‹ vermitteln. Es ist dieser Befund, der den Bedarf an einer vollständigen deutschsprachigen Neuausgabe besonders dringlich erscheinen ließ. Daher setzte *DSKE* bei und mit diesem Teil des Gesamtwerkes ein.

Das von der Deutschen Forschungsgemeinschaft anschubfinanzierte und zunächst vom Fachbereich Evangelische Theologie der Goethe-Universität Frankfurt am Main sowie vom Søren Kierkegaard Forschungszentrum der Universität Kopenhagen getragene

Forschungs- und Editionsprojekt zielt vor allem darauf ab, die deutschsprachige Kierkegaard-Rezeption auf eine neue, philologisch wie sprachlich adäquate Grundlage zu stellen. Zu diesem Zweck werden nicht nur der Textbestand von *SKS*, sondern auch die dazugehörigen editorischen Berichte sowie die Realkommentare in adaptierter Form zugänglich gemacht. Die deutschsprachige Ausgabe schließt sich hierbei dem Text und den editionsphilologischen Grundsätzen der dänischen Referenzausgabe weitestgehend an.

Das Jubiläumsjahr 2013 wird die Forschung durch zahlreiche Veranstaltungen und wissenschaftliche Publikationen nochmals intensivieren, und auch in der nichtakademischen Öffentlichkeit wird die Aufmerksamkeit auf Kierkegaard gerichtet sein: Die zu erwartende Präsenz auf dem Buchmarkt, in den Feuilletons und in den Medien wird vielen Lesern Gelegenheit geben, ihn (neu) zu entdecken. Die Herausgeber der *DSKE* nehmen dies zum Anlass, den ersten Band einer Studienausgabe vorzulegen und damit zentrale Teile der bislang erschienenen Bände einer breiteren Leserschaft vorzustellen. Als Prinzip dieser Auswahlausgabe stand von vornherein fest, dass die Einheit der Textgruppen nicht zerstört und daher nur komplette Journale und Notizbücher in die Studienausgabe übernommen werden sollen, um einen Einblick in die Denk- und Schreibwerkstatt Kierkegaards zu ermöglichen. Außerdem werden die Kommentare zu den ausgewählten Journalen und Notizbüchern, welche Erläuterungen zum historischen Kontext und zu den von Kierkegaard verwendeten Quellen enthalten, jeweils vollständig aus der Gesamtedition übernommen. Lediglich auf den Abdruck der editorischen Berichte wurde hier verzichtet, von den Anhängen wurden zwei Karten übernommen (was zur Folge hat, dass in vereinzelten Fällen Verweise innerhalb der Kommentare bzw. auf Karten im Anhang ungültig werden). Interessierte Leser seien diesbezüglich auf den jeweiligen Band der *DSKE* verwiesen, wie im Übrigen die Studienausgabe generell zur Lektüre der ›akademischen‹ Ausgabe anregen und ermuntern soll. Erleichtert wird dies unter anderem dadurch, dass der Seitenumbruch in beiden Ausgaben identisch ist. Zu diesem Zweck wurde eine doppelte Paginierung eingefügt: In der Kopfzeile erscheint außen fortlaufend die Seitenzählung der Studienausgabe, innen in eckigen Klammern die Paginierung aus *DSKE*. Die Studienausgabe der Journale und Aufzeichnungen ist auf mehrere Bände angelegt; diese sollen sukzessive, d.h. im Gefolge der auf elf Bände berechneten Gesamtübersetzung dieses Textkonvoluts erscheinen.

Für die Übersetzung bzw. Bearbeitung von Text und Kommentar der *DSKE* konnten ausgewiesene Fachleute aus dem Umkreis der Kierkegaard-Forschung im engeren Sinne bzw. der Skandinavistik gewonnen werden. Leitziel der Übertragung war ein wechselseitiger hermeneutischer Erschließungsvorgang: Kierkegaards kulturelles Milieu sollte auf dem Wege der Übersetzung in unser eigenes sprachlich transformiert, dieses umgekehrt durch jenes erhellt und mit ihm vermittelt werden. Dieser Übertragungsvorgang hat dem sprachlich wie kulturell Eigentümlichen, Fremdartigen, zuweilen Sperrigen der dänischen Sprache und Kultur des 19. Jahrhunderts im Allgemeinen sowie den Idiosynkrasien Kierkegaards im Besonderen Rechnung zu tragen; ebenso dem Anspruch, mit dem

Bemühen um das Eigene des Anderen dieses Andere gleichwohl als das Andere des Eigenen durchsichtig werden zu lassen. In der Vermittlung zwischen dem Gebot historisch-philologischer Treue zum Original einerseits und dem Gebot der wechselseitigen kulturellen Verschmelzung und Assimilation andererseits sollte eine nicht nur sachlich und stilistisch adäquate, sondern auch und vor allem lesbare Übertragung erreicht werden. Mit der Reproduktion der *DSKE*-Vorlage gelten deren Prinzipien auch für die vorliegende Studienausgabe. Ob sie erfolgreich umgesetzt wurden – dies zu beurteilen, muss dem Urteil des Lesers überlassen bleiben.

Abschließend gedankt sei an dieser Stelle zunächst denjenigen, die auf vielfache Weise dazu beigetragen haben, dass die maßgebliche dänische Kierkegaard-Edition *SKS* (die mit vollem Recht als ein Geschenk an die Dänen bezeichnet wurde) im Rahmen der *DSKE* nun auch auf Deutsch zugänglich gemacht wird: der Carl Friedrich von Siemens Stiftung, namentlich ihrem Geschäftsführer, Herrn Prof. Dr. Heinrich Meier, der Deutschen Forschungsgemeinschaft, dem Danske Kulturministerium und dem Ministerium for Videnskab, Teknologi og Innovation sowie dem Max-Weber-Kolleg der Universität Erfurt und Herrn Prof. Dr. Hans Joas. Ohne ihr Engagement und ihre Unterstützung wäre auch diese Studienausgabe nicht möglich geworden. Bedanken möchten wir uns auch bei Herrn Prof. Dr. Heinrich Anz und Herrn Dr. Richard Purkarthofer, die als Reihen- bzw. Bandherausgeber an den ersten zwei Bänden der *DSKE* beteiligt waren. Dass das Werk nun auch als Studienausgabe erscheinen kann, verdanken wir, last but not least, dem Verlag De Gruyter – namentlich der sachkundigen Betreuung durch Frau Dr. Sabine Krämer und Herrn Dr. Albrecht Döhnert, schließlich der Initiative und vielfachen Unterstützung durch Herrn Prof. Dr. h.c. mult. Klaus G. Saur, den ehemaligen Geschäftsführer des Verlages.

Die Herausgeber
Niels Jørgen Cappelørn (Kopenhagen)
Hermann Deuser (Frankfurt am Main und Erfurt)
Joachim Grage (Freiburg)
Heiko Schulz (Frankfurt am Main)

Einleitung

Søren Kierkegaard hat sich selbst als Schriftsteller verstanden, genauer: als ›Schriftsteller des Religiösen‹ – und das ist zutreffend gerade auch dann, wenn seine genialen Beiträge zur Psychologie, (Existenz-)Philosophie und Theologie als Hauptleistungen seines Werkes wie seiner Wirkung angesehen werden. Die ebenso prophetischen wie detailstarken Analysen der menschlichen und christlichen Existenz unter den Bedingungen des ›Reflexionszeitalters‹ wären nicht möglich gewesen, ohne die notwendige Indirektheit des Zugangs zum eigenen wie zum Selbst des Anderen zu respektieren und schriftstellerisch umzusetzen. Aus dem thematischen Was in der Existenzbeschreibung wird so immer zugleich ein Wie, das die Aneignungsmöglichkeiten dessen reflektiert und im Medium der indirekten Mitteilung provoziert, was zwischen Sache und Person, Inhalt und Form, Objektivität und Subjektivität zur Debatte steht. Diese leitende Aufgabenstellung, den humanen Existenzverhältnissen erneut und endlich wieder gerecht zu werden, zwingt zur Sprachtheorie und Sprachpraxis, macht Kierkegaard zum Schriftsteller – und damit zum Analytiker der Moderne. Sein Gesamtwerk ist nach Sachgehalt und strategischer Anlage bis in die feinsten Verästelungen von dem Willen gekennzeichnet, dieser Aufgabe gerecht zu werden; und es ist damit als Ganzes exemplarisch für die kritische Selbstbehauptung der Humanität in der Tradition und Gegenwart europäischen Denkens.

Zur Geschichte von Kierkegaards literarischem Nachlass

Der literarische Nachlass Kierkegaards hatte eine bewegte Geschichte, bevor er 1875 in die Sammlungen der Universitätsbibliothek und schließlich in die der Königlichen Bibliothek zu Kopenhagen eingegliedert wurde. Nicht nur die Archivare waren sich der Bedeutung dieser Manuskripte bewusst, als sie diese während des Zweiten Weltkrieges ins Esromer Kloster nördlich von Kopenhagen in Sicherheit brachten. Auch Kierkegaard selbst war sich darüber im Klaren, dass nach seinem Tod jedes einzelne davon Gegenstand sorgfältiger Untersuchung werden würde. Nicht zuletzt deshalb traf er Vorkehrungen für seinen eigenen Nachlass. Etwa 1848 oder 1849, während der Zeit, in der er dem Kopenhagener Philosophieprofessor Rasmus Nielsen nahestand, erwog er, diesen mit der Herausgabe seines ganzen literarischen Nachlasses, der Manuskripte, Journale usw. zu betrauen. Davon nahm er später wieder Abstand, vermutlich aufgrund der gegenseitigen Verbitterung, die sich in diesem Verhältnis inzwischen eingestellt hatte. Es war aber auch

nicht, wie testamentarisch vorgesehen, seine einstige Verlobte Regine Schlegel, geb. Olsen, sondern sein Neffe Henrik S. Lund, in dessen Hände der Nachlass wahrscheinlich
bereits Ende November 1855 kam. Er betrachtete sich eine Zeit lang als legitimer Sach-
walter in dieser Angelegenheit, und obwohl er den Nachlass schon kurz nach Kierkegaards Tod selbst herausgeben wollte, kam er damit nicht weiter als bis zu einem nicht
ganz vollständigen Verzeichnis der Manuskripte. Zunächst inventarisierte er sie, vermerkte deren Anordnung und erstellte schließlich ein Verzeichnis (*L-fort.*, datiert auf den
17. Januar 1856), in das er die Inventarnummer und eine knappe Inhaltsangabe aufnahm.
Dies geschah höchstwahrscheinlich in Kierkegaards letzter Wohnung. Obwohl Lunds
Verzeichnis unvollständig ist, bietet es die erste ausführliche Beschreibung des Materials,
die zugleich wichtige Aufschlüsse über die Anordnung der ursprünglichen Überlieferungsträger gibt. Anfang 1856 versuchte Lund, dem Jugendfreund Kierkegaards Emil
Boesen die Herausgabe des Nachlasses zu übertragen. Der lehnte jedoch ab, nicht zuletzt
deswegen, weil er mittlerweile Kaplan in einer von der Hauptstadt weit abgelegenen
Pfarrei geworden war.

Anfang 1858 wurden die Manuskripte (möglicherweise nicht alle) an Kierkegaards
Bruder, den damaligen Bischof von Aalborg, Peter Christian Kierkegaard, geschickt.
Nachdem dieser *Der Gesichtspunkt für meine Wirksamkeit als Schriftsteller* 1859 aus dem
Nachlass herausgegeben hatte, ließ er die Sache auf sich beruhen, bis er 1865 den Juristen
und ehemaligen Journalisten Hans Peter Barfod damit beauftragte, die nachgelassenen
Papiere durchzusehen, zu registrieren und auch – wovor er selbst zurückscheute – zu
publizieren. H.P. Barfod erstellte ein neues Verzeichnis (*B-fort.*), das nicht nur den Umfang der einzelnen Überlieferungsträger registriert, sondern auch Datum, Überschriften
bzw. Anfangswörter und das darin behandelte Thema. Er datierte es auf den 11. November 1865 – den zehnten Todestag Kierkegaards. Erst im Herbst 1867 erhielt H.P. Barfod
dann die Erlaubnis von P.C. Kierkegaard, mit der Herausgabe zu beginnen. Er veröffentlichte einen beträchtlichen Teil des Nachlasses unter dem Titel *Af Søren Kierkegaards
Efterladte Papirer* (*EP*) in den Jahren 1869 bis 1881. Die Herausgabe der letzten fünf Bände
ab 1879 besorgte in der Hauptsache der aus Wernigerode stammende Theologe und Pfarrer Hermann Gottsched. H.P. Barfod wollte mit dieser, die ursprünglichen Texteinheiten
zumindest teilweise respektierenden, chronologisch geordneten Ausgabe die Grundlage
für eine zukünftige Biographie schaffen. Unglücklicherweise behandelte er die Manuskripte in einer für heutige Begriffe leichtsinnigen Weise und verwendete diese selbst als
eine mit seinen eigenen Anmerkungen bzw. Streichungen versehene Druckvorlage.
Nicht wenige Aufzeichnungen (etwa ein Fünftel der Eintragsnummern von *EP I-II*) kamen aus der Setzerei nicht mehr zurück und gingen für immer verloren. Barfods Ausgabe
stieß anfänglich auf heftige und auch kleinliche Kritik, die sich aber verhältnismäßig
rasch wieder legte – zieht man den sehr kurzen Zeitraum, der seit dem Tod Kierkegaards
vergangen war, und die kontroversen Themen, die im Nachlass behandelt sind, in Betracht.

Eine umfassendere und philologisch genauere Ausgabe des Nachlasses erfolgte durch Peter Andreas Heiberg, Victor Kuhr und Einer Torsting in *Søren Kierkegaards Papirer* (*Pap.*). Die Herausgeber ordneten die ungeheure Menge der Aufzeichnungen teils unter chronologischem, teils unter thematischem Gesichtspunkt. Beides erwies sich als zu einem nicht unerheblichen Grad vom Urteil der Herausgeber abhängig und führte zu einer Aufteilung der ursprünglichen Texteinheiten der Überlieferungsträger in drei Gruppen: A) Aufzeichnungen mit Tagebuchcharakter, B) Entwürfe, Studien und Bemerkungen zu veröffentlichten Werken, C) Aufzeichnungen, die sich auf das Studium beziehen, wie etwa Buchexzerpte und Vorlesungsnotizen. Vor allem die Gruppe C wurde weiter in Theologica, Philosophica und Aesthetica unterteilt, was die Auflösung des ursprünglichen Textzusammenhanges noch weiter vorantrieb. Entgegen der Absicht der Herausgeber ist auch diese Ausgabe nicht vollständig; sie wurde zunächst durch die Ausgabe der Briefe (*B&A*) und später, im Zuge der zweiten Auflage von *Pap.*, durch zwei Ergänzungsbände erweitert. Zu dieser zweiten Auflage von *Pap.* ist zu bemerken, dass ihr ein dreibändiger Index (1975–1978) von Niels Jørgen Cappelørn beigefügt wurde, der die Erschließung der Aufzeichnungen wesentlich erleichtert.

Zusammenfassend kann festgehalten werden, dass *EP* und *Pap.* den Hintergrund für einen Großteil der bisherigen Rezeptionsgeschichte bilden und diese durch ihre jeweiligen Eigentümlichkeiten auch wesentlich mitgeprägt haben; *EP* vor allem durch das biographische Anliegen, *Pap.* durch die eigenwillige Anordnung des Materials. Erst mit *Søren Kierkegaards Skrifter* (*SKS*) erscheinen ab 1997 die Aufzeichnungen vollständig und in der Anordnung, wie sie von Kierkegaard selbst niedergeschrieben worden sind.

Zur Charakterisierung des literarischen Nachlasses

Als Gegenstück zu den von Kierkegaard selbst publizierten Werken bezieht sich der Ausdruck Nachlass als umfassendste und neutrale Bezeichnung auf die schriftliche Hinterlassenschaft Kierkegaards. Davon ausgenommen sind die erhaltenen Dokumente sowie die Bibliothek, wobei letztere durch Randbemerkungen, Unterstreichungen, Gebrauchsspuren und markierte Blätter in Kierkegaards eigenen Büchern durchaus nicht unerheblich für die Rekonstruktion von Kierkegaards Arbeitsweise und für die Quellenforschung ist. Kierkegaard selbst bezieht sich auf das, was wir heute als seinen Nachlass betrachten, mit dem Ausdruck »meine Papiere« und sogar mit »meine nachgelassenen Papiere«.[1] Ein Teil davon wird von ihm als »Tagebücher« bezeichnet.[2] Charakteristisch für die literarische Form ›Tagebuch‹ ist das chronologisch geordnete, regelmäßige Aufzeichnen von inneren und äußeren Erfahrungen. Nicht nur Ereignisse des eigenen

---

1   Cf. z.B. JJ:95 in *SKS* 18, 169f. / *DSKE* 2, 174, bzw. NB6:75 in *SKS* 21, 57.
2   Z.B. NB11:135.a in *SKS* 22, 81.

Lebens und Schaffens, sondern zum Teil auch solche des politischen, kulturellen und wissenschaftlichen Zeitgeschehens bilden also den Gegenstand. Insofern kann die literarische Form ›Tagebuch‹ als Vorstufe der Memoirenliteratur betrachtet werden. Neben der nur selten gebrauchten Bezeichnung ›Tagebuch‹ verwendet Kierkegaard für Teile seiner unveröffentlichten Aufzeichnungen zunächst auch den Ausdruck ›Bücher‹, was sich schlicht auf deren äußerliche Form bezieht, da es sich dabei um vorweg gebundenes Papier handelt. Erst später, etwa ab Anfang 1844, verwendet er auch den Ausdruck ›Journale‹ – und zwar meist für eine bestimmte Gruppe von Aufzeichnungen: für diejenigen nämlich, die sich im Band mit der Aufschrift ›JJ‹ befinden, ferner für diejenigen, die in den Bänden mit den Aufschriften NB sowie NB2-36 gesammelt sind.[3] In den veröffentlichten Werken Kierkegaards bezeichnet der Ausdruck ›Journale‹ meist Zeitungen sowie wissenschaftliche oder gelehrte Zeitschriften. In einem an die Buchhaltung anknüpfenden Sinn kann er damit aber auch ein Verzeichnis der täglich anfallenden Geschäfte sowie seine eigenen Notate bezeichnen, die ja nicht selten auch eine Art Rechenschaft über sich selbst ablegen. Der hinreichend unscharfe Ausdruck ›Journal‹ ist dafür nicht unpassend und sollte – nicht nur, weil Kierkegaard ihn selbst verwendet, sondern auch, weil die Bezeichnung ›Tagebücher‹ zu sehr auf Privates und bloß biographisch Relevantes weist – auch in der deutschsprachigen Kierkegaard-Forschung verwendet werden. Wenn auch in mehreren Strängen verlaufend, mussten diese Aufzeichnungen einerseits naturgemäß chronologisch geordnet sein, um die eigene Entwicklung augenfällig zu dokumentieren. Andererseits handelt es sich eben auch nicht um Tagebücher im engeren Sinne. In *Der Gesichtspunkt für meine Wirksamkeit als Schriftsteller* hat Kierkegaard zumindest andeutungsweise seine eigenen Journale in dem erwähnten buchhalterischen Sinn der Sphäre des Gedächtnisses zugeordnet, während die Tagebücher zu jener der Erinnerung gestellt werden[4] – das Gedächtnis zielt ja bei Kierkegaard bekanntlich auf eine beinahe mechanisch-treue Wiedergabe von Ereignissen, während man in dem, was er als Erinnerung bezeichnet, freier, poetischer, sozusagen in einem wiederschaffenden Verhältnis zum Erinnerten steht. Dennoch können die Journale nicht unkritisch als verlässliche autobiographische Selbstdarstellung genommen werden. Konnte das Tagebuch als literarische Gattung im Allgemeinen auch bekenntnishafter und verinnerlichender und eben deshalb im 17. und 18. Jahrhundert im Pietismus eine beliebte literarische Form sein, so ist damit nicht gesagt, dass dem Journal – wenn auch nüchterner in seiner Gestaltung – diese Elemente gänzlich fehlen. Insofern es nämlich den Rahmen auch einer autobiographischen Selbstdarstellung bildet, stoßen wir darin eben auf das Problem – oder, wenn man so will, den Reiz – jeder Selbstdarstellung: Kierkegaard bedient sich auch hier eben jener Masken und Verkleidungen, die das autobiographische Ich im Zuge der Selbstporträtierung immer wieder benutzt, um sich in der Verkleidung ebenso nachdrücklich zu enthül-

---

3   Barfod gibt allein den Umfang dieser NB-Journale mit 7600 Seiten an, cf. *EP I*, p. VII.
4   Cf. *SKS* 16, 52 / *GWS* 67.

len wie umgekehrt in der nur scheinbar vorbehaltlosen Enthüllung gerade zu verbergen. Die literarischen Formen der Selbstdarstellung und der autobiographischen Stilisierung, auf die man in Kierkegaards Nachlass stößt, reichen von ihrer knappsten Form als (mehrfach) gewähltes ›Motto meines Lebens‹ und der selbstgewählten Grabinschrift über bekenntnishafte Selbstergründungen, -verdächtigungen, -anklagen und -rechtfertigungen bis hin zu den bereits erwähnten – und zunehmend prosaischeren – Journalen der Selbstvollendung sowie den Großformen intellektueller Autobiographie. Was die Journale Kierkegaards aber darüber hinaus interessant macht, ist der Umstand, dass sie sich auf die bisher erwähnten Aspekte keineswegs beschränken. Wir finden hier nämlich auch Aufzeichnungen, deren Ausgangspunkt eine Beobachtung oder ein Gespräch auf der Straße, eine Bemerkung in einer Predigt oder in der Lektüre bildet; sobald diese Ereignisse und Gedanken aber ihren Weg auf Kierkegaards Papier finden, ist darin immer schon etwas Produktives, Poetisches miteingeflochten, etwas, das ihnen eine über die einzelne Beobachtung hinausgehende, allgemeinere Bedeutung verleiht, weswegen diese Aufzeichnungen auch als ein integraler Bestandteil von Kierkegaards literarischem Schaffen betrachtet werden müssen. Man stößt auch auf eine ganze Reihe von literarischen Entwürfen zu Gebeten, wobei Kierkegaard diese eigenständige literarische Form immer über ihre gattungsmäßigen Grenzen hinausdrängt. Natürlich finden sich auch Skizzen und Entwürfe zu Predigten, ferner Aufzeichnungen, die sich auf Kierkegaards Studium beziehen: Listen von Büchern, Buchexzerpte, Zusammenfassungen von und Kommentare zu gelesenen Schriften, Notizen zu Vorlesungen etc. Hierzu gehören auch die lateinischen Übersetzungen aus dem griechischen Neuen Testament, die er in seiner Studienzeit anfertigte. Und natürlich gibt es zahlreiche, zunächst lose hingeworfene Aphorismen sowie deren spätere Überarbeitungen und literarische Verfeinerungen, von denen nicht wenige schließlich in den veröffentlichten Werken wieder auftauchen – was häufig für die Rekonstruktion der Werkgenese eine wichtige Rolle spielt. Diese Aufzeichnungen wachsen sich teilweise zu Vorstudien und Entwürfen zu später publizierten Werken aus und bilden – zusammen mit rückblickenden Kommentaren zu letzteren – ebenfalls einen bedeutenden Teil des Nachlasses.

Trotz der Vielfalt der Journale beschränkt sich der Nachlass nicht auf sie allein. Es liegt darüber hinaus eine große Anzahl von losen Blättern und Zetteln gemischten Inhalts vor, die sich teilweise schwer datieren lassen. Als besondere Gruppe von Nachlasstexten können auch die postumen von den bisher erwähnten unterschieden werden. Damit werden Schriften bezeichnet, die entweder noch zu Lebzeiten fertiggestellt und zur postumen Publikation bestimmt waren oder aber, trotz mehr oder minder hohem Grad der Bearbeitung oder Redigierung, Fragment geblieben sind. Zu den ersteren zählt die wichtige Schrift *Der Gesichtspunkt für meine Wirksamkeit als Schriftsteller*, die bereits im November 1848 zum allergrößten Teil fertiggestellt wurde und die P.C. Kierkegaard schließlich, wie erwähnt, 1859 herausgegeben hat. Es handelt sich dabei nicht nur um die Darstellung von Leben und Schriften unter einem einheitlichen Gesichtspunkt, sondern auch um den Versuch, die Deutung der Schriften unter eben diesem (und zwar religiösen) Gesichtspunkt dem Leser mehr oder weniger aufzunötigen. Eine Theaterkritik sowie die Schrift *Urteilt selbst! Der Gegenwart zur Selbstprüfung anempfohlen* gehören ebenfalls hierher. Außerdem sind zwei Predigten zu erwähnen, die eine gehalten als Übung im Pastoralseminar im Jahr 1841, die andere als Abschlussprüfung im Jahr 1844. Fragment geblieben sind hingegen *Der Streit zwischen dem alten und dem neuen Seifenkeller; Johannes Climacus oder De omnibus dubitandum est. Eine Erzählung; Das Buch über Adler* und *Die Dialektik der ethischen und der ethisch-religiösen Mitteilung.* Je nach Grad der Redigierung werden diese beiden Textgruppen in *SKS* und *DSKE* entweder als postume Schriften oder aber innerhalb der Journale und Aufzeichnungen übersetzt und herausgegeben. Schließlich sind noch die Briefe zu nennen, die ebenfalls dem Nachlass zugerechnet werden können. Sie werden zusammen mit den erhaltenen biographischen Dokumenten in einem separaten Band erscheinen.

Die ersten drei Bände von *DSKE* enthalten die in den Jahren 1833–1839 entstandenen Journale AA–DD (*DSKE* 1), die Journale EE–KK aus den Jahren 1836–1846 (*DSKE* 2) und die über den Zeitraum 1833–1849 entstandenen Notizbücher 1–15 (*DSKE* 3). Aus ihnen wurden für den vorliegenden ersten Band der Studienausgabe die Journale AA, DD, HH und JJ sowie das Notizbuch 15 ausgewählt, die im Folgenden näher charakterisiert werden.

Zu den für die vorliegende Ausgabe ausgewählten Texten

Journal AA, das einige der bekanntesten Aufzeichnungen des jungen Kierkegaard enthält, war ursprünglich ein Band in Oktavformat, 40 Blätter stark, von denen nur 9 Blätter erhalten geblieben sind. Der Wortlaut der Aufzeichnungen, die sich auf den Zeitraum von Juni 1835 bis Mai 1837 beziehen, ist in den meisten Fällen allerdings durch *EP* überliefert. Kierkegaards früheste Eintragungen während seines Ferienaufenthaltes auf dem Lande (in Gilleleje, Nordseeland) enthalten die Natur- und Reiseeindrücke eines jungen Mannes aus dem Großstadtmilieu, den Briefentwurf an den bekannten Naturforscher P.W. Lund und im Anschluss an die darin enthaltenen wissenschaftstheoretischen Reflexionen die eindrückliche Rechtfertigung existentieller Selbstfindung in einem wissenschaftlichen Zeitalter (AA:12). Damit locker verbunden sind Aufzeichnungen zur veränderten Situation des Christentums und zur Aneignung theologischer Lehrinhalte in Bezug auf die starke Stellung der zeitgenössischen Philosophie. Hinzu kommen Reaktionen auf die öffentliche Wirkung der eigenen ersten literarischen Aktivitäten im intellektuellen Kopenhagen (AA:19-21), die Auseinandersetzung mit aktueller – romantischer – Literatur und literaturgeschichtlichen Stoffen und Motiven, und schließlich das Registrieren eigener Stimmungslagen, Orientierungen und Lebenserfahrungen in ganz persönlichen Notizen.

Journal DD war ursprünglich ein Band in Oktavformat, dessen Originaleinband und einzelne Seiten allerdings verloren gegangen sind. Der Band ist sowohl von der Vorderseite wie auch von der Rückseite her auf insgesamt 46 erhaltenen Blättern beschrieben und umfasst den Zeitraum von Mai 1837 bis Januar 1839. Die im Hauptteil des Journals gesammelten Aufzeichnungen sind ganz unterschiedlichen Themen, Interessenfeldern und Ereignissen gewidmet: Es finden sich theologische und kirchengeschichtliche Diskussionsanlässe im Kontext aktueller Zeitschriftenartikel, Lehrbücher oder gehörter Vorlesungen; literarische Themen im Zusammenhang von Märchen- und Sagenstoffen; Analysen zu Christentum und Humor im Blick auf J.G. Hamann; literarische Projekte werden konzipiert; Material für spätere taucht auf; biographische Ereignisse bekommen herausragende Bedeutung. Darunter ist vor allem der Tod von Kierkegaards Lehrer P.M. Møller zu nennen, der am 13. März 1838 starb (DD:101), und die beiden Ereignisse, die für Kierkegaards religiöse Entwicklung und sein Selbstverständnis als Schriftsteller von verpflichtender Wirkung sein werden: Das genauestens datierte (»d. 19. Mai, Vormitt. 10 ½ Uhr«) Zeugnis einer »*unbeschreiblichen Freude*« (DD:113) und das ehrfürchtige Notat (vom 11. August) über den Tod des Vaters am 8./9. August 1838 (DD:126).

Ganz anders der zweite, von der Rückseite her ins Journal eingetragene Teil: das Konzept einer Studentenkomödie in drei Akten – zur Entlarvung des zeitgenössischen Philosophie-Jargons der Hegel-Schule und besonders ihres dänischen Vermittlers H.L. Martensen (DD:208): »Der Streit zwischen dem alten und dem neuen Seifenkeller« oder »Die allumfassende Debatte von Allem gegen Alles / oder / Je verrückter desto besser.«

Die Journale HH und JJ wurden vor allem ihrer inhaltlichen und gattungstheoretischen Eigenart wegen in die vorliegende Studienausgabe aufgenommen. Bei Journal HH handelt es sich um einen Band in Oktavformat, der ursprünglich aus 22 Blättern bestand. Von zwei Aufzeichnungen sind lediglich die Anfangsworte in *B-fort.* überliefert, da die beiden betreffenden Blätter nicht erhalten sind. Bezüglich der Entstehung von HH verdient der Umstand Beachtung, dass Kierkegaard nach Abschluss seines theologischen Examens im Juli 1840 am 17. November desselben Jahres in das sog. Königliche Pastoralseminar in Kopenhagen eingetreten war, das man 1809 zum Zwecke der praktischen Pfarrerausbildung (in den Disziplinen Homiletik, Katechetik, Liturgik, Psychologie und Kirchenrecht) eingerichtet hatte. Vermutlich hat Kierkegaard den Hauptteil der Journalaufzeichnungen parallel zu den Übungen des Seminars, d.h. bis zum Ende des Wintersemesters im März 1841 niedergeschrieben, während die ersten fünf Notate (HH:1-5) bereits im Juni und Juli 1840 entstanden sind. Formal gesehen bietet das Journal 34 Aufzeichnungen, wobei diese im Wesentlichen Skizzen und (teilweise ausführliche) Predigtentwürfe enthalten, die Kierkegaard in Verbindung mit den Seminarübungen ausgearbeitet hat. Nicht nur ihrer gattungstheoretischen Besonderheit wegen sind die Aufzeichnungen in HH dabei von besonderem Interesse, sondern auch aus inhaltlichen Gründen: Am Leitfaden ausgewählter biblischer Perikopen werden Themen wie die christliche Erkenntnis, das

Erbauliche, Sündenvergebung, Gottes Prüfungen oder die christliche Erfahrung erörtert – durchweg Fragestellungen, die sich für den Schriftsteller Kierkegaard in der Folgezeit ebenfalls als prägend erweisen werden. Das lässt auch der Umstand erkennen, dass einige Aufzeichnungen später als Vorlage für Teile oder Passagen in den veröffentlichten Werken benutzt werden: So geht HH:8 in umgearbeiteter Form in die Abschnitte »Stimmung« und »Lobrede über Abraham« von *Furcht und Zittern* (1843), HH:10 hingegen in das »Ultimatum« des zweiten Teils von *Entweder – Oder* (1843) ein.

Im Unterschied zu HH gehört Journal JJ zu den Journalen, die Kierkegaard sowohl von der Vorderseite wie auch von der Rückseite des Bandes her beschrieben hat. Journal JJ ist ein Band in Oktavformat, ursprünglich 180 Blätter stark, doch sind 30 Blätter der ersten Hälfte des Journals nicht erhalten. In den meisten Fällen ist der Wortlaut dieser Aufzeichnungen jedoch durch *EP* überliefert. Kierkegaard hat das Journal, das er offenbar auch auf Ausflügen (vgl. JJ:91) und Reisen (vgl. JJ:109 und 327) bei sich trug, von vorne im Zeitraum von Mai 1842 bis September 1846 benutzt; die Eintragungen von hinten setzen ebenfalls im Mai 1842 ein, wurden aber allem Anschein nach bereits im Dezember desselben Jahres wieder abgebrochen. Gattungstheoretisch lässt sich das vergleichsweise umfängliche Journal (insgesamt 517 Aufzeichnungen) am ehesten als Ideensammlung, Arbeitskladde oder Skizzenbuch charakterisieren, in dem Kierkegaard Beobachtungen, Ideen und Situationen der unterschiedlichsten Art festgehalten hat, um später – und d.h. hier vor allem: bei Niederschrift geplanter Publikationen – aus diesem Fundus schöpfen zu können. Die besondere Kennzeichnung der Journale (AA, BB, CC usw.), die erst kurz *nach* Ingebrauchnahme von Journal JJ erfolgte, unterstreicht ebenfalls die Eigenart des Journals als Skizzenbuch: Kierkegaard scheint während der Arbeit an den veröffentlichten Schriften ein leicht handhabbares Referenzsystem für das Auffinden von Einträgen und Aufzeichnungen benötigt zu haben, was durch eben jene Kennzeichnung erleichtert wurde.

Die schwer systematisierbare Stofffülle des Journals lässt sich zumindest grob nach vier Themenbereichen gliedern. *Erstens* Aufzeichnungen zu bzw. in Verbindung mit den von Kierkegaard zwischen 1843 und 1846 herausgegebenen Büchern: z.B. *Entweder – Oder* (1843), *Der Begriff Angst* (1844), *Drei Reden bei gedachten Gelegenheiten* (1845), *Abschließende unwissenschaftliche Nachschrift* (1846); dabei enthält das Journal nicht nur Materialien für später realisierte Publikationen (z.B. JJ:142), sondern auch vollständig ausgearbeitete Partien aus Reinschriften, die in der Endfassung des jeweiligen Manuskriptes wieder gestrichen wurden (z.B. JJ:283). *Zweitens* Lektürenotizen und Kommentare zur philosophischen Literatur, die Kierkegaard im genannten Zeitraum gelesen und für die Ausarbeitung der pseudonymen Schriften verwertet hat: vor allem Aristoteles, Descartes, Leibniz, Spinoza, Hamann, Jacobi sowie die elfbändige *Geschichte der Philosophie* W.G. Tennemanns. *Drittens* vermischte Reflexionen, Kommentare und Gelegenheitsbetrachtungen: z.B. über Kierkegaard als Autor, über politische und zeitgeschichtliche Belange, über Personen des öffentlichen Lebens wie Mynster, Grundtvig, Heiberg und Martensen sowie über Schriftsteller und Philosophen wie Goethe und Hegel. *Viertens* Einträge, die Kierkegaards Verhältnis zu seiner ehemaligen Verlobten Regine Olsen reflektieren: z.B. JJ:107, 115, 140 und 145; dabei handelt es sich um Aufzeichnungen, deren biographische Bedeutung bereits an dem äußeren Umstand ablesbar ist, dass sie jeweils zwischen anderthalb und fünf Seiten umfassen und von Kierkegaard nachträglich ausgestrichen wurden. Insgesamt bietet Journal JJ ein gattungsspezifisch vielfältiges, nach Inhalt und thematischer Bandbreite ebenso faszinierendes wie werkgenetisch aufschlussreiches Kaleidoskop von Bemerkungen und Reflexionen, gewissermaßen einen Einblick aus nächster Nähe in die Denk- und Schreibwerkstatt des religiösen Schriftstellers Kierkegaard.

Bei Notizbuch 15 handelt es sich um einen Band in Quartformat, der unbeschädigt erhalten ist und – wie die anderen hier erwähnten Manuskripte – im Kierkegaard-Archiv der Königlichen Bibliothek zu Kopenhagen aufbewahrt wird. Das 38 Blätter starke Buch wurde zur Hälfte beschrieben. Der darin notierte Text trägt die Überschrift »Mein Verhältnis zu ›ihr‹« und nimmt in Kierkegaards literarischem Nachlass in mancher Hinsicht eine Sonderstellung ein. Diese rührt nicht allein daher, dass Kierkegaard das Verhältnis zu seiner ehemaligen Verlobten Regine Olsen in diesem Text besonders eingehend und mit außergewöhnlicher Direktheit und Intensität behandelt. Auch in formal-stilistischer Hinsicht unterscheidet sich dieser Text (mehr oder weniger stark) von den frühen wie von den späteren Journalen und von den übrigen Notizbüchern. Mit der Niederschrift des Textes wurde laut Datumsangabe auf dem Titelblatt am 24. August 1849 begonnen und sie dürfte spätestens Ende desselben Jahres abgeschlossen gewesen sein. Dass der Text hier mit der Kennzeichnung als Notizbuch und zusammen mit einigen deutlich früher entstandenen Journalen wiedergegeben wird, kann also als editorische Behelfsmaßnahme gelten. Auf eine Sonderstellung von »Mein Verhältnis zu ›ihr‹« weist auch die Überlieferungsgeschichte des Manuskripts hin: es wurde nach Kierkegaards Tod dem literarischen Nachlass entnommen und der im Titel Apostrophierten, mittlerweile verheiratete Schlegel, übergeben und gelangte erst nach deren Tod am 18. März 1904 ans Licht der Öffentlichkeit. Wie groß das Interesse an diesem Manuskript war, kann der Umstand verdeutlichen, dass in Dänemark noch im selben Jahr gleich zwei Ausgaben mit diesem und weiteren Kierkegaards Verlobung betreffenden Dokumenten erschienen. Und dass das Interesse in Deutschland dem in nichts nachstand, verdeutlicht wiederum der Umstand, dass beide dänischen Ausgaben unverzüglich ins Deutsche übersetzt wurden (wobei sich kein Geringerer als R.M. Rilke bei seinem Verleger für die Übersetzung einer der beiden Ausgaben verwendet und deren Übersetzung schließlich sogar als Korrektor befördert hat, cf. *DSKE* 3, 912-914). Weitere deutsche Übersetzungen sollen folgen. Nun ist das große Interesse an der Darstellung der Verlobungsgeschichte in »Mein Verhältnis zu ›ihr‹« zweifellos berechtigt, insofern Kierkegaard – unter Berücksichtigung des Verhältnisses von Dichtung und Wahrheit – einen mitreißenden Bericht über die historischen Geschehnisse mit grundlegenden Reflexionen verbindet und schließlich Bilanz zieht. Unberechtigt wäre allenfalls die Erwartung einer einfachen und endgültigen Darstellung: Auch diese bleibt – wie in Anspielung auf eine verwandte Journalaufzeichnung gesagt werden könnte – ultimativ für dieses Mal.

Erfurt und Frankfurt am Main, den 18. Juni 2012
Markus Kleinert
Gerhard Schreiber

Abkürzungen und Siglen

Abkürzungen im Textteil (Auswahl)

allg.	allgemein	notw.	notwendig
AT	Altes Testament	Notw.	Notwendigkeit
cfr. / cfr	confer; vergleiche!	NT	Neues Testament
Chr.	Christus	od.	oder
chr.	christlich	s.	siehe
Christt.	Christentum	S.	Seite
Chrsten	Christen	u.f.	und folgende
Chrsti	Christi	unmitt.	unmittelbar
Chrsto	Christo	vermutl.	vermutlich
eigentl. / eigtl.	eigentlich	X.	Christus
etc. / etc	et cetera	Xst. / Xst	Christ
Ev.	Evangelium	Xsten	Christen
Gotth.	Gottheit	Xstentum	Christentum
göttl.	göttlich	Xsti	Christi
Göttl.	Göttliche	χstlich	christlich
im Hinbl. auf	im Hinblick auf	Xsto	Christo
Msch. / Msch	Mensch/en	Xstt. / Xsttum	Christentum
Mschen	Menschen	Xstum	Christum
mschlich	menschlich	Xstus	Christus
Mschliche	Menschliche	zw.	zwischen

Abkürzungen im Kommentarteil (Auswahl)

Abt.	Abteilung	Aufl.	Auflage
allg.	allgemein	Ausg.	Ausgabe
Anm.	Anmerkung/en	Bd. / Bde.	Band / Bände
arab.	arabisch	bes.	besonders
aram.	aramäisch	bibl.	biblisch
AT	Altes Testament	Bl.	Blatt

ca.	circa	lat.	lateinisch
cf.	confer; vergleiche!	luth.	lutherisch
christl.	christlich	Ms.	Manuskript
dän.	dänisch	n. Chr.	nach Christus
d. h.	das heißt	NT	Neues Testament
dt.	deutsch	o. Ä.	oder Ähnliche(s)
eigtl.	eigentlich	od.	oder
engl.	englisch	o. J.	ohne Jahr
erw.	erweitert/e	o. O.	ohne Ort
et al.	et alii; und andere	orth.	orthodox
ev.	evangelisch	österr.	österreichisch
f. / ff.	folgende / die folgenden	p. / pp.	Seite / Seiten
frz.	französisch	r	recto (Blattvorderseite)
geb.	geboren	reg.	regiert
gest.	gestorben	röm.	römisch
gr.	griechisch	röm.-kath.	römisch-katholisch
gr.-orth.	griechisch-orthodox	s.	siehe
hebr.	hebräisch	scil.	scilicet; nämlich
hg.	herausgegeben	SK	Søren Kierkegaard
Hg.	Herausgeber	Sp.	Spalte
hl. / Hl.	heilig / Heilige	span.	spanisch
ibid.	ibidem; ebenda, ebendort	St.	Sankt
insb.	insbesondere	s. v.	sub voce; unter dem
i. S.	im Sinne		Stichwort / Lexem
ital.	italienisch	Übers.	Übersetzer / Übersetzung
Jg.	Jahrgang	übers.	übersetzt
Jh.	Jahrhundert	usw.	und so weiter
jüd.	jüdisch	v	verso (Blattrückseite)
Kap.	Kapitel	v.	Vers
kath.	katholisch	v. Chr.	vor Christus
Kom.	Kommentar	z. B.	zum Beispiel
Kph.	Kopenhagen	zw.	zwischen

Siglen

a) Kierkegaards Schriften

B&A — *Breve og Aktstykker vedrørende Søren Kierkegaard* [Briefe und Dokumente, die Søren Kierkegaard betreffen], hg. von N. Thulstrup, Bd. 1-2, Kopenhagen 1953-1954.

B-afskrift — von Barfod vorgenommene Abschrift von Kierkegaards Original.

B-fort. — »Fortegnelse over de efter *Søren Aabye Kierkegaards* Død forefundne Papirer. – 1856 (24/2 – 3/11) optaget af H.P. Barfod. Aalborg« [Verzeichnis über die nach *Søren Aabye Kierkegaards* Tod vorgefundenen Papiere. – 1856 (24/2 – 3/11) aufgenommen von H.P. Barfod. Aalborg].

Bl. art. — *S. Kierkegaard's Bladartikler, med Bilag samlede efter Forfatterens Død* [af P.Chr. Zahle], *udgivne som Supplement til hans øvrige Skrifter*, hg. von R. Nielsen, Kopenhagen 1857.

EP — *Af Søren Kierkegaards Efterladte Papirer*, hg. von H.P. Barfod und H. Gottsched, Bd. I-IX, Kopenhagen 1869-1881.

GW1 — *Sören Kierkegaard / Gesammelte Werke*, übers. und hg. von Emanuel Hirsch, Hayo Gerdes und Hans-Martin Junghans, 36 Abt. in 26 Bdn. und Registerbd., Eugen Diederichs Verlag, Düsseldorf / Köln 1950-1969.

H-afskrift — von Heiberg vorgenommene Abschrift von Barfods nunmehr abhanden gekommener Abschrift von Kierkegaards Original.

L-fort. — »Fortegnelse over Manuscripterne af S. Kierkegaard optaget efter hans Død af Henr. Lund. d. 17 Januar 1856« [Verzeichnis über S. Kierkegaards Manuskripte, aufgenommen nach dessen Tod von Henr. Lund. d. 17. Januar 1856].

Pap. — *Søren Kierkegaards Papirer*, Bd. I-XI,3, hg. von P.A. Heiberg, V. Kuhr und E. Torsting, Gyldendalske Boghandel, Nordisk Forlag, Kopenhagen 1909-1948; Zweite vermehrte Ausgabe, von N. Thulstrup, Bd. XII-XIII Ergänzungsbde., hg. von N. Thulstrup, Bd. XIV-XVI Index von N.J. Cappelørn, Gyldendal, Kopenhagen 1968-1978.

SKS — *Søren Kierkegaards Skrifter*, Bd. 1-28, K1-K28, hg. vom Søren Kierkegaard Forschungszentrum von Niels Jørgen Cappelørn, Joakim Garff, Johnny Kondrup, Alastair McKinnon und Finn Hauberg Mortensen, G.E.C. Gads Forlag, Kopenhagen 1997-2013.

SKS-E — *Søren Kierkegaards Skrifter*, elektronische Ausgabe.

SV1 — *Samlede Værker*, Bd. I-XIV, hg. von A.B. Drachmann, J.L. Heiberg und H.O. Lange, Gyldendalske Boghandels Forlag, Kopenhagen 1901-1906.

SV2 — *Samlede Værker*, Bd. I-XV, hg. von A.B. Drachmann, J.L. Heiberg und H.O.

	Lange, Bd. XV, Sach- und Autorenregister von A. Ibsen und terminologisches Wörterbuch von J. Himmelstrup, Gyldendalske Boghandel, Nordisk Forlag, Kopenhagen 1920-1936.
T 1-5	*Sören Kierkegaard / Die Tagebücher,* übers. und hg. von Hayo Gerdes, Bd. 1-5, Eugen Diederichs Verlag, Düsseldorf / Köln 1962-1974.
2R43	*Zwei erbauliche Reden 1843,* Abt. 3 / Bd. 2 in *GW1.*
3R43	*Drei erbauliche Reden 1843,* Abt. 6 / Bd. 4 in *GW1.*
4R43	*Vier erbauliche Reden 1843,* Abt. 7 / Bd. 5 in *GW1.*
2R44	*Zwei erbauliche Reden 1844,* Abt. 8 / Bd. 5 in *GW1.*
3R44	*Drei erbauliche Reden 1844,* Abt. 9 / Bd. 5 in *GW1.*
4R44	*Vier erbauliche Reden 1844,* Abt. 13 / Bd. 8 in *GW1.*
A	*Der Augenblick,* Abt. 34 / Bd. 24 in *GW1.*
AUN1-2	*Abschließende unwissenschaftliche Nachschrift zu den Philosophischen Brocken,* Abt. 16/1 / Bd. 10 und 16/2 / Bd. 11 in *GW1.*
B	*Briefe,* Abt. 35 / Bd. 25 in *GW1.*
BA	*Der Begriff Angst,* Abt. 11 / Bd. 7 in *GW1.*
BI	*Über den Begriff der Ironie mit ständiger Rücksicht auf Sokrates,* Abt. 31 / Bd. 21 in *GW1.*
BÜA	*Das Buch über Adler,* Abt. 36 / Bd. 26 in *GW1.*
CR	*Christlichen Reden 1848,* Abt. 20 / Bd. 15 in *GW1.*
CS	*Der Corsarenstreit,* Abt. 32 / Bd. 22 in *GW1.*
DRG	*Drei Reden bei gedachten Gelegenheiten 1845,* Abt. 14 / Bd. 8 in *GW1.*
EC	*Einübung im Christentum,* Abt. 26 / Bd. 18 in *GW1.*
EER	*Eine erbauliche Rede 1850,* Abt. 27 / Bd. 19 in *GW1.*
EO1	*Entweder/Oder,* 1. Teil, Abt. 1 / Bd. 1 in *GW1.*
EO2	*Entweder/Oder,* 2. Teil, Abt. 2 / Bd. 2 in *GW1.*
ERG	*Erbauliche Reden in verschiedenem Geist 1847,* Abt. 18 / Bd. 13 in *GW1.*
ES	*Erstlingsschriften,* Abt. 30 / Bd. 20 in *GW1.*
FZ	*Furcht und Zittern,* Abt. 4 / Bd. 3 in *GW1.*
GU	*Gottes Unveränderlichkeit,* Abt. 34 / Bd. 24 in *GW1.*
GWS	*Der Gesichtspunkt für meine Wirksamkeit als Schriftsteller,* Abt. 33 / Bd. 23 in *GW1.*
HZS	*Der Hohepriester – der Zöllner – die Sünderin. 3 Reden beim Altargang am Freitag 1849,* Abt. 25 / Bd. 17 in *GW1.*
JC	*Johannes Climacus oder De omnibus dubitandum est,* Abt. 10 / Bd. 6 in *GW1.*
KA	*Kleine Aufsätze 1842-1851,* Abt. 32 / Bd. 22 in *GW1.*
KK	*Die Krise und eine Krise im Leben einer Schauspielerin,* Abt. 21 / Bd. 16 in *GW1.*
KT	*Die Krankheit zum Tode,* Abt. 24 / Bd. 17 in *GW1.*

LA	*Eine literarische Anzeige,* Abt. 17 / Bd. 12 in *GW1.*
LF	*Die Lilie auf dem Felde und der Vogel unter dem Himmel,* Abt. 22 / Bd. 16 in *GW1.*
LP	*Aus eines noch Lebenden Papieren,* Abt. 30 / Bd. 20 in *GW1.*
LT	*Der Liebe Tun,* Abt. 19 / Bd. 14 in *GW1.*
PB	*Philosophische Brocken,* Abt. 10 / Bd. 6 in *GW1.*
RAF	*Zwei Reden beim Altargang am Freitag 1851,* Abt. 27 / Bd. 19 :n *GW1.*
SLW	*Stadien auf des Lebens Weg,* Abt. 15 / Bd. 9 in *GW1.*
US	*Urteilt selbst,* Abt. 29 / Bd. 19 in *GW1.*
V	*Vorworte,* Abt. 12 / Bd. 7 in *GW1.*
W	*Die Wiederholung,* Abt. 5 / Bd. 4 in *GW1.*
WCC	*Wie Christus über das amtliche Christentum urteilt,* Abt. 34 / Bd. 24 in *GW1.*
WS	*Über meine Wirksamkeit als Schriftsteller,* Abt. 33 / Bd. 23 in *GW1.*
Z	*Zeitungsartikel (1854-1855),* Abt. 34 / Bd. 24 in *GW1.*
ZKA	*Zwo kleine ethisch-religiöse Abhandlungen,* Abt. 23 / Bd. 16 in *GW1.*
ZS	*Zur Selbstprüfung der Gegenwart anbefohlen 1851,* Abt. 28 / Bd. 19 in *GW1.*
DSKE	*Deutsche Søren Kierkegaard Edition,* hg. von Heinrich Anz [bis Bd. 2], Niels Jørgen Cappelørn, Hermann Deuser, Joachim Grage [ab Bd. 3] und Heiko Schulz in Zusammenarbeit mit dem Søren Kierkegaard Forskningscenter in Kopenhagen, bislang erschienen Bd. 1-3, Berlin und New York bzw. Boston 2005 ff.

b) Weitere

EÜ	Einheitsübersetzung der Bibel (1980).
GT-1740	Autorisierte dänische Übersetzung des Alten Testaments von 1740.
Jub.	Georg Wilhelm Friedrich Hegel *Sämtliche Werke. Jubiläumsausgabe in zwanzig Bänden, einer Hegel-Monographie und einem Hegel-Lexikon* Bd. 1-26, Stuttgart 1927-1940.
KA	Kierkegaard-Archiv (der Königlichen Bibliothek zu Kopenhagen).
Ktl.	*Auktionsprotokol over Søren Kierkegaards bogsamling,* hg. von Hermann Peter Rohde, Kopenhagen 1967.
Lut84	Revidierte Lutherübersetzung der Bibel (1984).
NKS	Ny kongelige Samling (Archiv der Königlichen Bibliothek zu Kopenhagen).
NT-1819	Autorisierte dänische Übersetzung des Neuen Testaments von 1819.

Biblische Bücher und deuterokanonische Schriften
(Textteil und Kommentarteil)

1. Altes Testament

Gen	Genesis (1. Buch Mose)	Cant	Canticum (Hoheslied)
Ex	Exodus (2. Buch Mose)	Jes	Jesaja
Lev	Leviticus (3. Buch Mose)	Jer	Jeremia
Num	Numeri (4. Buch Mose)	Thr	Threni (Klagelieder)
Dtn	Deuteronomium (5. Buch Mose)	Ez	Ezechiel
Jos	Josua	Dan	Daniel
Jdc	Judicum (Richter)	Hos	Hosea
Ruth	Ruth	Joel	Joel
I-II Sam	1. und 2. Samuelbuch	Am	Amos
I-II Reg	1. und 2. Regum (Königsbücher)	Ob	Obadja
I-II Chr	1. und 2. Buch der Chronik	Jona	Jona
Esr	Esra	Mi	Micha
Neh	Nehemia	Nah	Nahum
Est	Ester	Hab	Habakuk
Hi	Hiob	Zef	Zefanja
Ps	Psalm(en)	Hag	Haggai
Prov	Proverbia (Sprüche)	Sach	Sacharja
Koh	Kohelet (Prediger Salomo)	Mal	Maleachi

2. Apokryphen / Deuterokanonische Schriften des Alten Testaments

Jdt	Judit	Sir	Jesus Sirach
Weish	Sapientia Salomonis (Weisheit Salomos)	I-IV Makk	1. bis 4. Makkabäerbuch
		Bar	Baruch
Tob	Tobit		

3. Neues Testament

Mt	Matthäus(evangelium)	Kol	Kolosserbrief
Mk	Markus(evangelium)	I-II Thess	1. und 2. Thessalonicherbrief
Lk	Lukas(evangelium)	I-II Tim	1. und 2. Timotheusbrief
Joh	Johannes(evangelium)	Tit	Titusbrief
Act	Acta Apostolorum (Apostelgeschichte)	Phlm	Philemonbrief
		I-II Petr	1. und 2. Petrusbrief
Röm	Römerbrief	I-III Joh	1., 2. und 3. Johannesbrief
I-II Kor	1. und 2. Korintherbrief	Hebr	Hebräerbrief
Gal	Galaterbrief	Jak	Jakobusbrief
Eph	Epheserbrief	Jud	Judasbrief
Phil	Philipperbrief	Apk	Johannes-Apokalypse

Verweise (Beispiele)

Journal AA	das AA genannte Journal.
AA:1	Journal AA, erste Aufzeichnung.
AA:1.b	Journal AA, erste Aufzeichnung, zweite Randbemerkung.
Not1:2	Notizbuch 1, zweite Aufzeichnung.
Not1:7.z3	Notizbuch 1, siebte Aufzeichnung, neunundzwanzigste Randbemerkung.
DSKE 1, 45	*Deutsche Søren Kierkegaard Edition*, Band 1, Seite 45, eventuell mit folgender Zeilenangabe.
Pap. II C 18, p. 328	*Pap.*, Band II, Gruppe C, Aufzeichnung 18, Seitenangabe (bei mehrseitigen Aufzeichnungen).
Papier 33	loses Papier (geheftetes Material, Bogen, Blatt oder Zettel).
Papier 33:2	loses Papier Nr. 33, zweite Aufzeichnung.
Papier 33:2.1	loses Papier Nr. 33, zweite Aufzeichnung, erste Fußnote.
SKS K17, 26	*SKS*, Kommentarband 17, Seite 26.
SKS 17, 56,11	*SKS*, Band 17, Seite 56, Zeile 11.
SKS 17, 56m,3	*SKS*, Band 17, Seite 56, Zeile 3 innerhalb der Randbemerkung.
SV1 IX, 135	*SV1*, Band IX, Seite 135.
GW1 ES 17	*GW1*, *Erstlingsschriften*, Seite 17.
GW1 EO1, 15	*GW1*, *Entweder/Oder*, 1. Teil, Seite 15.
GW1, 3R44, 28	*GW1*, *Drei erbauliche Reden 1844*, Seite 28.
T 1, 175	*T*, *Die Tagebücher*, Band 1, Seite 175.

Kritische Zeichen[1]

[ ]	Ergänzung des Übersetzers, Einweisungszeichen
[ ]	Barfods Klammern
[ ]	Zählung der Randbemerkung ohne Einweisungszeichen
⌊ ⌋	umschließt Passagen, die von Kierkegaard im Manuskript ausgestrichen wurden
⌈ ⌉	umschließt Text aus Lunds oder Barfods Verzeichnis (indirekt überlieferter oder bezeugter Text)
► ◄	umschließt Aufzeichnungen auf lose eingelegten Blättern
►► ◄◄	umschließt indirekt überlieferten Text (in Abschriften oder *EP*)

---

1 Cf. dazu »Richtlinien«, Punkt 6 in *DSKE* 1, 291-293. Die Quellen der indirekt überlieferten und der bezeugten Texte können dem textkritischen Apparat in *SKS* entnommen werden.

/   Zeilenwechsel bei zitierter Lyrik; sonst Seitenwechsel bzw. Trennzei-
                     chen
//   Strophenwechsel bei zitierter Lyrik

Graphische Signale[2]

kursiv   von Kierkegaard (sowohl mit geraden als auch mit gewellten Linien)
                     unterstrichene Passagen
fett   von Kierkegaard mit geraden Linien doppelt unterstrichene Passagen
fett und kursiv von Kierkegaard mit Wellenlinien doppelt unterstrichene Passagen
Schmales Palatino   von Kierkegaard in lateinischer Schrift geschrieben
Optima   im Originaltext in deutscher Sprache

Blocksatz   indirekt überlieferter Text (aus gedruckter Quelle)
Flattersatz   aus dem erhaltenen Manuskript stammender Text

---

2   Cf. dazu »Richtlinien«, Punkt 3.1.1, 3.3.1 bzw. 6, in *DSKE* 1, 283, 286f. und 291-293.

JOURNAL AA

JOURNAL AA

übersetzt von
Krista-Maria Deuser und Hermann Deuser

Kommentar:
*Heinrich Anz, Niels Jørgen Cappelørn, Per Dahl,
Carl Henrik Koch und Lars Peter Rømhild*

übersetzt und bearbeitet von
Richard Purkarthofer

Quellen

Ms.   KA, A pk. 2 læg 2
B-fort.   H. P. Barfods Verzeichnis 437
EP I-II   *Af Søren Kierkegaards Efterladte Papirer. 1833-1843*
SKS 17   *DSKE* 1 folgt dem Text des Journals in *SKS* 17 (Seitenzählung am Rand)

7

1   ▸   Gilleleie.

Während meines Aufenthaltes hier in *Gilleleie* habe ich Esrom,
Fredensborg, Frederiksværk und Tidsvilde besucht. Die letztge-
nannte Ortschaft ist vornehmlich durch die *Helenen-Quelle* (cfr.
5   Thiele: Danske Folkesagn, 1. Sammlung p. 29ff.) bekannt, zu der
die ganze Umgebung um die Zeit des Johannistages wallfahrtet.
Sobald man aus dem Dorf herauskommt, wird die Aufmerksamkeit geradewegs auf eine ziemlich hohe dreieckige Säule gelenkt,
die durch ihre Inschrift davon unterrichtet, dass an dieser Stelle
10   einst der Flugsand große Verwüstungen angerichtet und unter
seinen Wellen ein ganzes Dorf, Tibirke, begraben hat; aber
ebenso davon, dass er durch die unermüdliche Tätigkeit unserer
vortrefflichen Regierung zum Stillstand gebracht worden ist.
Wenn man nun von dieser Anhöhe, durch die Inschrift der Säule
15   und den nach beiden Seiten hin üppigen Buchweizen von der
Beschaffenheit des Terrains unterrichtet, hinab ins Tal schaut, wo
die Ortschaft *Tidsvilde* liegt, *dort* wo unserem Auge eine freundlich lächelnde Natur begegnet: Die kleinen, aber recht netten
Häuser liegen jedes für sich von frischem Grün umgeben (nicht
20   wie wenn man sich größeren Ortschaften nähert, in denen uns
die ganze Gebäudemasse mit ihrem scharfen Umriss imponiert,
sondern wo eine Menge von – wenn ich so sagen darf – Individualitäten freundlich einander die Hand zu einer lächelnden
Totalität reicht), denn das ganze Gebiet, auf dem der Flugsand
25   am meisten gewütet hat, ist nun mit Kiefern bepflanzt, – so ist
man fast versucht zu glauben, das Ganze sei eine Fiktion, eine
seltsame Fiktion: dass gerade in dieser Gegend, wo Gesundheit
gesucht wird, dass gerade *da* so viele ihr Grab gefunden haben.
Das Ganze steht, im Abendlicht betrachtet, wie eine fürs Auge
30   veranschaulichte Legende, eine Art Hiobsgeschichte, in der vor
allem die *Kirche von Tibirke* die Hauptrolle spielt. Allein auf einem großen Sandhügel steht sie da wie ein Grabmal über dem
unglücklichen Ort, zugleich aber wie ein Beispiel für eine Kirche,

die auf einem Felsen gebaut ist, der Sturm und Sand nichts
anhaben können. Doch weil die Kirche sich halten konnte, wuchs
auch ein Wald heran, dort wo früher der Flugsand gewesen war.
– Kommt man nun in die Ortschaft hinein, wird man höchst
unerfreulich gestimmt, dadurch dass man statt stiller ländlicher   5
Ruhe, hier vielleicht den Umständen entsprechend mit etwas
Wehmut gemischt, einen ohrenbetäubenden Lärm, Zelte und Tische vorfindet, wo merkwürdigerweise fast alle Verkäuferinnen
deutsch sind, so als ob gerade dadurch gezeigt werden sollte,
dass allein Fremde sich hier so aufführen können, dass allein in   8
fremden Zungen der Ort profaniert werden sollte. Man geht vor
die Ortschaft und erreicht ein Feld, wo sich das *Helenen-Grab*
befindet. Da liegt es nun still, einfach und von einer Umfriedung
aus Feldsteinen umgeben; die Tür, die zu dem leicht erhöhten
Grab hineinführt, steht offen. Aber um auch hier jeden feierli-   15
chen Eindruck zu stören, hat sich genau gegenüber ein Zelt seinen Platz gesucht, wo gelärmt und gezecht wird, und einige
Leute haben sich diesen Aufenthaltsort dazu ausersehen, andere
zu verspotten, die das Grab besichtigen wollen. Hier nun führt
man eine eigentümliche Art von Diskurs. Weil diese Menschen   20
nämlich hier aus der Gegend kommen, haben sie schon mit der
Muttermilch ein ganzes Stück Ehrfurcht vor diesem Grab und
den vermeintlichen Heilungen, zu denen es verhelfen kann, auf-
gesogen[1]. Während sie Letztere nicht ganz verleugnen konnten,
wollen sie doch jetzt sich selbst und andere davon überzeugen,   25
dass sie sich darüber hinwegsetzen können, und dazu wählen
sie den Weg, sich über das Ganze lustig zu machen. In sonder-
barem Kontrast zu deren ganzem Benehmen stehen die Bemerkungen und Berichte eines Mannes, der als eine Art Inspektor
fungiert und den Schlüssel zu dem Holzschuppen verwaltet,   30
worin die Quellen zu finden sind (es sind nämlich drei, weshalb
es hier in der Gegend auch nicht heißt: zur Quelle reisen, sondern zu den Quellen), und sich damit etwas Geld verdient. Er
erzählt nämlich, dass er, nun schon 20 Jahre hier am Ort, meh-

---

[1]) Die Kur, die angewandt wird, besteht darin, drei Jahre nacheinan-   35
der jedesmal in der Johannisnacht auf dem Grab zu schlafen, sich
mit etwas Erde vom Grab zu versorgen; dazu lag dort auch ein
eigener Löffel. Außerdem darf man die Armen nicht vergessen, zu
deren Unterstützung ein Spendenkasten im Ort aufgestellt ist.

rere Menschen gesehen hat, die geheilt worden sind. Indessen
merkt man bald, dass auch er kein besonderes Vertrauen in das
Ganze setzt, sondern aus eigenem Interesse den Ort lobt. Ebenso
wie ich nun bei meiner Ankunft nicht zu befürchten hatte, zum
5   Gegenstand von deren Spott zu werden, – denn in einem Menschen mit moderner Kleidung, mit Brille und einer Zigarre im
Mund erwarteten sie eher ein Wesen zu finden, das auf dem
gleichen Gipfel der Erkenntnis steht wie sie selbst, als einen, der
mit frommen Absichten dorthin reist; und Letzteres war ja auch
10   nicht eben der Fall, – und ebenso kam der erwähnte Schlüssel-
verwalter in Verlegenheit, da er nämlich befürchtete, dass seine
Interessenlage mit dem Eindruck kollidieren könnte, den seine
Erzählung auf mich machen würde. Er nutzte deshalb den Ausweg, den, wie ich bemerkte, mehrere zur Hilfe nahmen, dass
15   nämlich die betreffenden Menschen durch diese Mittel »nebst
Gottes Beistand« geheilt wurden. Es ist jedoch ausgesprochen
typisch, dass solche Leute zu eben diesem Resultat kommen;
denn da sie sich die Heilung durch die Anwendung jener Mittel
9   nicht erklären können, schieben sie sie auf etwas, was ihnen
20   ferner liegt, um das Ganze loszuwerden, machen aber gerade
dadurch die Sache erst sonderbar; denn es wäre ja in der Tat
merkwürdig, dass sich Gottes Beistand *diesem* Weg angeschlos-
sen hätte. Von ihrem Verstandes-Standpunkt aus müssten sie
konsequent entweder das Ganze negieren und ein vollkommen
25   bewiesenes Faktum verlangen, oder, falls sie sehr bescheiden
wären, die Erklärung bis auf weiteres aussetzen.
    Wenn man nun zum Grabhügel eintritt, flößt einem das Ganze
eine gewisse melancholische Stimmung ein, hervorgerufen
durch das seltsam Mystische, durch die dunkle, sich dem Auge
30   des Beobachters gleichsam entziehende, trotzdem aber auf ein
ganzes System oder einen Nexus hindeutende Seite, wie sie der
Aberglaube immer mit sich führt[2]. Man sieht sich umgeben von
Haarlocken, Lumpen, Krücken; man hört, sozusagen, die Schreie
der Leidenden, ihre Gebete zum Himmel; man hört die verzwei-
35   felten Klagen des Einzelnen darüber, nicht in Schlaf fallen zu

---

[2]) Ebenso interessant ist es, z.B. im Nordmandstal in Fredensborg
    die vielen Namen, die sich an den Standbildern befinden, zu
    lesen, indem man sich aus jedem Einzelnen sozusagen eine ganze
    Geschichte kombiniert.

können (es erscheint im Ganzen genommen recht hübsch, gerade dies zur Bedingung zu machen, dass man an diesem heiligen Ort *schlafen* soll, um gleichsam die stille, Gott ergebene Ruhe damit zu bezeichnen), und all dies zur Mitternacht auf einem Grabhügel, wo sie von lauter kleinen Holzbrettchen in Form von Gedenktafeln umgeben sind, die man auf die Gräber stellt und die den Bericht über die glücklich überstandenen Leiden der Geheilten enthalten. Und nun graut der Tag, die Morgendämmerung mit ihrer seltsam lebendigen Beweglichkeit samt nasskalter Feuchtigkeit verschwindet; die Sonne in ihrer Majestät scheint über die Landschaft und hört vielleicht die Jubelhymnen der Geheilten. – Unter den erwähnten Brettchen gibt es einige, die kurz und einfach die Namen der Geheilten, ihren Geburtsort und ihren Dank an Gott nennen, z.B.: »Johanne Anders Datter 1834, litt viel an Kopfschmerzen, Underu, d. 23. Juni 1834«; – »Sidse Anders Datter, solo gloria.« – Einige sind viel länger und vollständiger; auf einigen sind die Namen nicht ganz ausgeschrieben; einige haben es in der ersten Person geschrieben; andere haben über die Betroffenen erzählt z.B. »das Mädchen soundso ist hier geheilt worden« usw. Im Ganzen ist es doch auffallend, dass die meisten Frauenzimmer sind. Mitten auf dem Platz ist nun das eigentliche Grab; ein Stein oder richtiger ein Stück davon liegt darauf; seine Inschrift konnte man nicht lesen.

Ein kurzes Stück von hier entfernt, gleich oben am Strand, befinden sich die Quellen in einem Haus aus Brettern. Das Land fällt zu diesem Punkt hin ziemlich schroff ab. Zur Erinnerung an Erbprinz Frederiks Besuch hier hat Chr. W. Schrøder diesbezüglich einen Bericht verfasst.[3] – Unten am Strand liegt nun der

---

[3] »Anno 1774. d. 18. Juni. Die Ehr' und Gunst erwies Helenens Quelle, Kronprinz Frederik als allergnädigst er besucht' die Stelle, und sich allhier das große Werk ließ zeigen, man ewig d'rum vor seinen Vätern sich soll neigen. Die Quelle ihm gar wohl gefiel; doch mehr ihn noch entzückt', dass hier in diesem Kreis der Flugsand nicht mehr weiterrückt. Was kann das Reich sich nicht von dem erwarten, der mit eignen Augen in seinen Jugendjahren, in den zarten, davon genaue Nachricht will bekommen, was diene Staat wie Land und Volk zu Nutz und Frommen. – Zur unvergesslichen Erinnerung alleruntertänigst verfasst vom derzeitigen Flugsandinspektor.
                              Chr. Wilhelm Schrøder.«

Stein, auf dem Helene übers Meer gesegelt gekommen sein soll;
bei Ebbe soll er zu sehen sein. Die Sage erzählt, dass sie mit ihrer
Leiche auf dem Weg zum Friedhof nicht weiter kamen als bis
hierher, wo sich ihr Grabhügel befindet, und dass bei derselben
Gelegenheit die drei Quellen aus der Erde sprangen. –

2   Am 5. Juli besuchte ich Schloss *Gurre,* wo man nun dabei ist
die Ruinen auszugraben. Das Schloss selbst (cfr. Thiele: Danske
Folkesagn, 1. Sammlung, p. 90ff. – Ein anderes bei Vordingborg?
erbaut von Valdemar Atterdag, zerstört während der Grafenfehde? »Gott mag sein Himmelreich behalten, wenn ich nur
Schloss Gurre behalten darf«; seine wilde Jagd durch die Lüfte
auf dem weißen Ross; die schwarze Henne mit den schwarzen
Küken) hat an einer schönen Stelle gelegen, überall von Wald
umgeben. Eine sehr große Waldstrecke findet man heute noch,
und die Gegend deutet darauf hin, dass zu seiner Zeit mehr zu
sehen war. Dazu kommt nun der Gurre-See; ziemlich lang ge-
streckt und im Verhältnis dazu nicht sehr breit, hat er zur einen
Seite stattlichen Buchenwald und zur anderen Seite einen Wald
mit kleineren, mehr verkrüppelten Bäumen. Der See selbst ist an
vielen Stellen mit Binsen bewachsen. Wenn man diese Landschaft in der Nachmittags-Beleuchtung sieht, solange die Sonne
noch hoch genug steht, um der freundlichen Landschaft die nötigen scharfen Konturen zu geben, wie einer melodischen
Stimme, die scharf genug akzentuiert ist, um nicht zu lispeln,
scheint unsere ganze Umgebung uns zuzuflüstern: Hier ist gut
sein. Es ist ein Eindruck von jener heimischen, vertrauten Art,
den ein Binnensee mit Waldumgebung (groß genug, um zugleich zu trennen und zu vereinen) hervorzurufen vermag, nicht
jedoch das Meer. Recht eigentümlich für diese Landschaft sind
auch die am Ufer entlangwogenden Binsen. Während das Rauschen der Bäume uns König Valdemars Jagd hören lässt, den
Klang der Hörner und das Gebell der Hunde, scheinen jene
Binsen Beifall zuzuraunen, – die blonden Maiden, die des Ritters
raschen Ritt und seine edle Haltung bewundern. Wie anders ist
doch in dieser Hinsicht die Landschaft am *Søborg* See? Die mächtigen Schilfhalme beugen sich ebenfalls vor dem Wind, aber ihr
Rauschen verkündet Kampf und Macht. Und nun das Meer,
das wie ein kräftiger Geist immer in Bewegung ist und noch in

seiner größten Stille heftige Gemütsleiden ankündigt. Über der
Landschaft am Gurre-See ruht eine stille Wehmut; er lebt sozusagen mehr in der Vergangenheit. Deshalb wächst er auch zu;
das Meer dagegen erobert Land – wie zwei feindliche Mächte
stehen diese einander gegenüber. Die Küstenstrecke ist wüst   5
und sandig; das Land wirft sich auf, als ob es mit seiner Kraft
Widerstand leisten wollte. Das Meer ist am mächtigsten, wenn
der Sturm seinen Bass anstimmt, wenn sein eigenes tiefes Brausen mit dem Donnern des Himmels wetteifert und das Ganze
von Blitzen erhellt wird. Der Gurre-See ist am schönsten, wenn   10
ein sanfter Lufthauch seine blaue Oberfläche kräuselt und der
Gesang der Vögel das Flüstern der Binsen begleitet; das Meer
wird nur vom heiseren Schrei der einsamen Möwe begleitet.
Ersteres (das Meer) ist wie ein Mozart'sches Rezitativ; Letzteres
wie eine Weber'sche Melodie. –   15

Von hier ging der Weg nach *Hellebæk*. Die letzten Meilen des   **3**
Weges dorthin führen durch herrlichen Wald, in dem sich Partien
ganz eigener Art darbieten. Der Wald selbst ist ziemlich groß und
unwegsam, und nur die Fahrspur (kein Weg) erinnert uns daran,
dass wir noch mit der Menschenwelt in Verbindung stehen. Hie   20
und da springt ein Stück Wild auf, das vor den Strahlen der
Mittagssonne versteckt im Schatten der Büsche gelegen hat. Die
Vögel erheben sich kreischend in die Luft. Das ziemlich hügelige
Land bildet hier mitten im Wald eine Menge kleiner Seen. Sowohl
dadurch, dass das Land zu ihnen hinunter abfällt, als auch durch   25
das Dunkel, das die Blätter der Bäume darüber breiten, drängt
sich die Vorstellung ihrer großen Tiefe auf. Im Kontrast zu dieser
dunklen Spiegelfläche hebt sich eine einzelne Blüte ab, die auf
ihrer Oberfläche wächst: eine nymphæa alba (weiße Seerose), sie
schwimmt hier mit ihrem großen, breiten, grünen Blatt; weiß und   30
rein, unschuldig ist sie aus den Tiefen des Meeres aufgetaucht.
Nicht weit von Hellebæk liegt Odins-Höhe, wo Schimmelmann
begraben liegt. Diese Aussicht ist mehr als genug angepriesen
und beschrieben worden, wodurch leider viel von ihrem Eindruck verloren geht. Dass die Menschen es doch nicht leid wer-   35
den, geschäftig herumzurennen, um auf die romantischen Situationen hinzuzeigen (z.B. K . . . in Fredensborg). Nun ging der Weg
nach Esrom und von dort nach Gilleleie.

12

4   Am 8. Juli machte ich eine Exkursion nach *Esrom.* Wenn man
entlang des Sees von Esrom nach Nøddebo geht, passiert man
einen der anmutigsten Wege, den ich seit langem gegangen bin.
Zuerst auf der linken Seite Sølyst, das fast auf dem See selbst
5   erbaut ist, etwas weiter Fredensborg. Zur rechten Hand hat man
stets Wald, abwechselnd Buchen und Tannen. An einzelnen Stellen gibt es hübsche Plantagen von 3- bis 4-jährigen Tannen. Auf
dem Weg holte mich ein Gewitter ein. Ich freute mich schon
darauf, ein solches Unwetter über dem Esrom-See und dem Grib
10   Wald aufziehen zu sehen; aber es kam nur zu einem Regen.
Doch interessierten mich durchaus die Präliminarien zu solch
einem Schauspiel. Ich habe wohl das Meer bei einer solchen
Gelegenheit sich in spitzen Kräuseln blaugrau färben sehen, und
ich habe wohl bemerkt, wie die Windstöße, die das Herannahen
15   des Sturmes ankündigen, das Gras und den Sand der Küste
entlang in die Luft wirbeln; aber ich habe bisher nicht gesehen,
wie eine solche Landschaft aussieht, wenn es nicht bloß Gras,
sondern ein ganzer Wald ist, den diese Windstöße (diese
Posaunenstöße, die das Gericht ankündigen) in Bewegung set-
20   zen müssen. Da es aber inzwischen zu nichts anderem als Regen
kam, hielt ich es für das Richtigste, irgendwo Zuflucht zu finden.
Ein solcher Ort zeigte sich nun auch. Obwohl ich lange nach
einer Einfahrt suchte, fand sich doch keine. Einer Gestalt, die
sich am Fenster sehen ließ, winkte ich zu; aber sie sah vermutlich
25   keine Veranlassung, sich in so einem Regen hinauszubemühen,
und vom Öffnen des Fensters konnte hier wohl ebenso wenig die
Rede sein wie bei irgendeinem Bauern. Mit meinem Fahrzeug
musste ich also unter ein paar Bäumen halten, die sich über den
Weg hinausneigten, um mir so einen Zufluchtsort zu verschaf-
30   fen. Selber trat ich nun, bekleidet mit meinem riesigen Chenilleumhang, in die Stube, wo ich die Gesellschaft vorfand, bestehend aus 3 Personen, die dabei waren, eine Vespermahlzeit zu
halten. An Mobiliar fand sich da natürlich der lange, große Tisch,
an dem unsere Bauern zu essen belieben. Außerdem ein Him-
35   melbett in des Wortes eigentlicher Bedeutung; denn ich glaube,
dass man, wenn man ins Bett wollte, erst auf den Dachboden
gehen musste, um sich von dort hinunter fallen zu lassen – ein
Fall, der denn auch nach Bauernsitte ziemlich tief ist. Das nächste

Zimmer, zu dem die Türe offen stand, war ein Lagerraum für
Wäsche, Leinen, Drillich usw. in ungeordneten Mengen, was
leicht den Eindruck erwecken konnte, dass man sich in einer
kleinen Räuberkolonie befand, wozu sowohl die Lage des Ortes
(auf der einen Seite der Esrom-See, auf der anderen der Grib   5
Wald, und im Umkreis einer Meile kein Haus) als auch das
Äußere der Leute sich zu eignen schien. Diese wollen wir nun
ein wenig in Augenschein nehmen. Am oberen Ende jenes erwähnten langen Tisches saß der Mann selbst mit seinem Butter-
brot und einer Branntweinflasche vor sich. Ganz ruhig hörte er   10
sich meinen Bericht über mein klägliches Schicksal an und
nippte nur zuweilen an seinem Glas, was er, worauf der Kubik-   13
inhalt seiner Nase hinzuweisen schien, schon oft getan hatte.
Indessen hatte der häufige Genuss sein Behagen in keiner Weise
abgeschwächt, und ich bin sicher, er hat seinen Schnaps noch mit   15
demselben Wohlgefallen getrunken wie einer, der kürzlich aus
einer Gesellschaft für Enthaltsamkeit ausgetreten ist. Die Frau
war nicht besonders groß, hatte ein breites Gesicht, eine hässlich
hochstehende Nase und ein Paar hinterlistiger Augen; sie versi-
cherte mir im Hinblick auf ihr Gewerbe (für andere Leute zu   20
bleichen), dass man auf irgendeine Art sein Brot zum Leben
verdienen muss. Dazu kam noch ein kleines, buckliges Mädchen, dasselbe Wesen, das sich am Fenster gezeigt hatte, und das
ich da für ein Kind hielt.

Bald hörte der Regen auf, und ich eilte weiter. Doch dies wa-   5
ren ja nur die Präliminarien und als ich in den Grib Wald hi-
neinkam, fing es erst richtig an. Es begann nun ernsthaft zu
blitzen und zu donnern. Der Regen durchnässte uns bald, und
so brauchten wir uns also in dieser Hinsicht nicht mehr zu beeilen; aber der kleine Junge (Rudolph), der bei mir war, hatte   30
große Angst. Da saß ich nun, klatschnass, in strömendem Regen,
mitten im Grib Wald bei Blitz und Donner, mit einem Jungen an
der Seite, der vor den Blitzen zitterte; in gestrecktem Trab erreichten wir dann endlich ein Haus, in das wir unsere Zuflucht
nahmen. Erbärmlich und verfallen. Die Leute arm. Die Frau   35
häuslich. Saß und spann. Der Mann lungerte herum. Das erste,
was mir beim Eintreten ins Auge fiel, war eine Art aus einem
alten Brett gemachter Tür zu einem Nebenkämmerchen, worauf

ein Mädchen in einfacher, ländlicher Tracht gemalt war, mit folgender Aufschrift darunter: »Mein Schaf mich kleidet, mein
Acker mich nährt, hier hab' ich mein Brot, wie das Haus es
gewährt.« Ich bat sie um ein wenig Brot für meine Pferde, wozu
5 sie nicht besonders willig waren, da sie nur ein halbes hatten.
Dennoch ließen sie sich bewegen, und als ich ziemlich gut dafür
bezahlte, antwortete die Frau, *so* viel wollte sie dafür nicht nehmen; aber durch meine Bemerkung: dass ich es entbehren und
sie es gebrauchen könne, ließ sie sich doch dazu bewegen, es
10 anzunehmen.

———

6   Den 29. Juli. Wenn man vom Gasthaus über Sortebro
[Schwarzbrücken] (so genannt, weil die Pest seinerzeit hier Halt
gemacht haben soll) in die kahlen Felder geht, die entlang des
15 Strandes liegen, ungefähr eine Meile nach Norden, kommt man
zum höchsten Punkt hier, nämlich dem *Gilbjerg*. Dieser Punkt ist
stets schon einer meiner Lieblingsplätze gewesen. Und wenn ich
nun hier eines stillen Abends stand, wenn das Meer mit tiefem,
14 aber stillem Ernst seinen Gesang anstimmte; wenn mein Auge
20 keinem einzigen Segler auf der ungeheuren Fläche begegnete,
sondern das Meer den Himmel begrenzte und der Himmel das
Meer; wenn andererseits die emsige Geschäftigkeit des Lebens
verstummte und die Vögel ihr Abendgebet sangen – dann ent-
stiegen mir oft die wenigen lieben Verstorbenen dem Grabe oder
25 richtiger gesagt, es kam mir so vor, als wären sie nicht gestorben.
Ich fühlte mich so wohl in ihrer Mitte, ich ruhte mich in ihrer
Umarmung aus, und es war mir, als sei ich außerhalb des Leibes
und schwebte mit ihnen in einem höheren Äther umher – doch
der heisere Schrei der Möwe erinnerte mich daran, dass ich al-
30 leine stand, und alles entschwand vor meinem Auge, und ich
kehrte mit wehmutsvollem Herzen zurück, um mich in das Getümmel der Welt zu mischen, ohne jedoch solche seligen Augenblicke zu vergessen. – Oft stand ich dort und überschaute mein
vergangenes Leben und die verschiedenen Lebensumstände, die
35 Macht über mich ausgeübt hatten, und das Kleinliche, woran
man sich so oft im Leben stößt, die vielen Missverständnisse, die
so oft Gemüter voneinander trennen, die, wenn sie einander
richtig verstünden, sich in unauflöslichen Banden zusammen-

knüpften, all dies zog an meinem betrachtenden Blick vorüber.
Wenn das Ganze – aus dieser Perspektive gesehen – nur die
größeren, die kräftigeren Umrisse zeigte, und ich mich also nicht,
wie man das so oft tut, im Moment verlor, sondern das Ganze in
seiner Totalität sah, da wurde ich darin bestärkt, die Dinge an-   5
ders anzupacken, einzugestehen, wie oft ich selbst Missgriffe
getan hatte, und darin, anderen diese zu vergeben. – Wenn ich
dort stand, ohne dass Verstimmtheit oder Verzagtheit mich mir
selbst wie ein Enklitikon zu den Menschen, die mich gewöhnlich
umgeben, erscheinen ließen, oder ohne dass Stolz mich selbst   10
zum konstituierenden Prinzip in einem kleinen Kreis machte, –
wenn ich so dort stand, alleine und verlassen und die Macht des
Meeres und der Kampf der Elemente mich an meine Nichtigkeit
und andererseits der sichere Flug der Vögel an ein Wort Christi
erinnerten: »Nicht ein Sperling fällt auf die Erde ohne den Wil-   15
len Eures himmlischen Vaters«: Da fühlte ich zugleich, wie groß
und wie gering ich bin; da hatten jene beiden großen Mächte:
Stolz und Demut sich freundschaftlich vereinigt. Und glücklich
ist der Mann, für den *das* in jedem einzelnen Moment seines
Lebens möglich ist; in dessen Brust jene zwei Faktoren nicht bloß   20
einen Vergleich geschlossen haben, sondern einander die Hand
gereicht und Hochzeit gehalten haben – eine Heirat, die weder
eine Vernunftheirat noch eine Mesalliance ist, sondern in Wahrheit eine stille Hochzeit, gehalten im tiefsten Kämmerlein des
Menschen, im Allerheiligsten, wo nicht viele Zeugen zugegen   25
sind, sondern wo alles allein vor *dessen* Auge geschieht, der als
einziger der ersten Hochzeit im Garten Eden beiwohnte und das
Paar segnete, – eine Heirat, die auch nicht unfruchtbar bleiben,
sondern gesegnete Früchte haben wird, was sich für den Blick
des erfahrenen Beobachters auch in der Welt zeigen wird; denn   30
mit diesen Früchten geht es wie mit den Kryptogamen in der   15
Pflanzenwelt: Sie entziehen sich der Aufmerksamkeit der
Menge, und nur ein einzelner Forscher sucht sie auf und freut
sich an seinem Fund. Ruhig und still wird sein Leben dahin-
fließen, und er wird weder den berauschenden Becher des Stol-   35
zes leeren noch den bitteren Kelch der Verzweiflung. Er hat
gefunden, was jener große Philosoph – der durch seine Berech-
nungen die Angriffswerkzeuge seiner Feinde zunichte machte –
sich wünschte, aber nicht fand: jenen archimedischen Punkt, von
dem aus er die ganze Welt anheben könnte, jenen Punkt, der   40

gerade deswegen außerhalb der Welt liegen muss, außerhalb der
Schranken von Zeit und Raum.

Von hier aus habe ich das Meer sich durch einen sanften Lufthauch kräuseln sehen, es mit Kieseln spielen sehen; von hier aus
5 habe ich seine Oberfläche sich zu einem ungeheuren Schneege-
stöber verwandeln sehen und habe gehört, wie die Bassstimme
des Sturms zu falsettieren begann; hier habe ich sozusagen das
Entstehen der Welt und ihren Untergang gesehen, – Anblicke,
die in Wahrheit Schweigen gebieten. Doch wozu dieser Aus-
10 druck, der so oft entweiht wird? Wie oft treffen wir nicht auf
diese sentimentalen blonden Mädchen, die, wie Nymphen in
weißen Kleidern, derartige Phänomene mit bewaffnetem Auge[1]
betrachten, um dann in »stumme Bewunderung« auszubrech-
en –? Wie verschieden von dem gesunden, lebensfrohen, natür-
15 lichen Mädchen, das mit Unschuld in seinem Auge und auf
seiner Stirn solches betrachtet. Auch *sie* verstummt; aber ebenso
wie einst Jungfrau Maria, bewahrt sie es tief in ihrem Gemüt.

Um nun auf diese Weise wahre Demut zu lernen (mit diesem
Ausdruck will ich den erwähnten Gemützustand bezeichnen),
20 ist es gut, dass der Mensch sich dem Getümmel der Welt entzieht (wir sehen auch, dass Christus sich zurückzieht, sowohl
wenn er sich anschickt, den dornenvollen Weg zu betreten, als
auch wenn das Volk ihn zum König ausrufen will); denn im
Leben ist entweder der deprimierende oder der elevierende Ein-
25 druck zu überwiegend, als dass das wahre Gleichgewicht zustande kommen kann. Hier entscheidet natürlich die Individualität eine Menge; denn so, wie fast jeder Philosoph die Wahrheit
gefunden und fast jeder Dichter die Höhe des Parnasses erreicht
zu haben glaubt, ebenso finden wir auf der anderen Seite viele,
30 die ihre Existenz vollständig an einen anderen binden, wie der
Parasit an die Pflanze, die in ihm leben, in ihm sterben (z.B. der
Franzose im Verhältnis zu Napoleon). Aber mitten in der Natur,
wo der Mensch, befreit von der oft üblen Luft des Lebens, freier
atmet, da öffnet sich die Seele bereitwillig jedem edlen Eindruck.
35 Hier tritt der Mensch heraus als Herr der Natur, aber er fühlt
auch, dass sich in ihr etwas Höheres zeigt, etwas, dem er sich

[1]) Vielleicht gilt hier, was Gynther bei anderer Gelegenheit sagt:
»Leute, die mit bewaffnetem Auge, aber auch mit bewaffnetem
Herzen kommen«.

beugen muss; er fühlt eine Notwendigkeit, sich der Macht hinzugeben, die das Ganze lenkt. (Natürlich mag ich gar nicht erst   16
über jene sprechen, die nichts Höheres in der Natur sehen als
Masse – Leute, die in Wahrheit den Himmel für eine Käseglocke
halten und die Menschen für Maden, die darunter leben). Hier   5
fühlt sich der Mensch groß und klein zugleich, und das, ohne
Fichtes Bemerkung (in seinem: »die Bestimmung der Menschen«) über das Sandkorn, das die Welt konstituiert, zu bedürfen, ein Satz, der dem Wahnsinn sehr nahe liegt.

                                  Hillerød d. 25. Juli 1835.   7
    Nach einem beachtlichen Marsch durch den Wald, wobei ich
die Bekanntschaft mehrerer kleiner Seen von jener Art machte,
wie ich sie besonders mag, kam ich schließlich nach *Hestehaven*
und zum *Carls-See*. Hier zeigte sich nun eine der schönsten
Landschaften, die ich je gesehen habe. Das Gelände liegt ziem-   15
lich frei und fällt steil zum See hin ab, ist aber nicht kahl, sondern von den Seiten her mit Buchenwald bewachsen. Den Hintergrund bilden Binsen, den Vordergrund der See selbst; ein
ziemlich großer Teil ist klar, aber ein noch größerer Teil ist mit
den großen grünen Blättern der Seerose bewachsen, worunter   20
der Fisch sich gleichsam zu verbergen sucht, aber doch hin und
wieder hervorlugt und sich an der Oberfläche tummelt, um im
Sonnenschein zu baden. Auf der gegenüberliegenden Seite erhebt sich das Land mit hohem Buchenwald und das Morgenlicht
setzt einzelne erhellte Stellen in einen seltsamen Kontrast zu   25
denen im Schatten. Und die Kirchenglocken rufen einen zur
Andacht, jedoch nicht in den Tempel von Menschenhand.
Braucht der Vogel nicht daran erinnert zu werden, Gott zu preisen, sollte da nicht auch der Mensch ohne Kirche zur Andacht
gestimmt werden im wahren Gottes-Haus, wo das Himmelsge-   30
wölbe die Kirchendecke bildet, wo das Brausen des Sturms und
der leichte Zephir den Bass und den Diskant der Orgel ersetzen,
wo das Trillern der Vögel den Jubelgesang der Gemeinde bildet,
wo nicht wie in der Steinkirche das Echo des Gewölbes die
Stimme des Pfarrers wiederholt, sondern wo alles sich in einem   35
unendlichen Wechselgesang auflöst –?

8   – Am 27. und 28. Juli machte ich in Gemeinschaft mit Pastor
       Lyngbyes Vetter[1] einen Ausflug nach Mølleleie in *Schweden*; be-
       suchte auf dem Landsitz Krabberup Baron Freiherrn von Gyl-
       denstjerne und besichtigte seine Fischsammlung; bestieg die
5   höchsten Punkte Østra Høgkull und Vestra Høgkull; fuhr durch
       ein nicht gerade kleines Stück Buchenwald (kleine Binnenseen)
17   auf der Halbinsel Kullan zum Leuchtturm; veranstaltete einen
       kleinen botanischen Exkurs auf Kullan, und einen Teil der dort
       gesammelten Pflanzen war Pastor Lyngbye so freundlich, mir
10   getrocknet und in Papier gewickelt zu schicken.

       [1]) NB. »Jung Inger sich schwingt in Askelunds Höh'«, –
            »Wind, weh' gelind!«

9   Am 4. August besuchte ich Pastor Lyngbye auf seinem Pfarrhof
       und unternahm mit ihm eine kleine Fahrt hinaus auf den *Søborg*-
15   See. Der früher unermessliche See ist nun fast am Verschwinden.
       Wir arbeiteten uns mit viel Mühe durch den Auslauf des Sees
       hindurch; das Wasser ist nämlich sehr flach und so voller Schlamm,
       dass wir, wie der Walfisch mit den Heringen, eine Menge Schlamm
       ein gutes Stück vor uns hertrieben. Wenn wir aber davon abstra-
20   hieren, war die uns umgebende Natur sehr interessant; das klaf-
       terlange, schwere Schilf und die üppige Vegetation von allerhand
       Seepflanzen ließen uns wirklich in ein ganz anderes Klima hi-
       neinträumen. Schließlich gelangten wir dann auf den See selbst
       hinaus. Auch hier ist das Wasser vielleicht knapp eine halbe Elle
25   tief und mit Algen bewachsen, von denen Lyngbye eine Menge
       wegen der Mollusken sammelte. Ein ungeheures Lärmen von
       Wildenten, Möwen, Krähen usw. und die schwimmenden Inseln
       machten einen recht behaglichen Eindruck.
       Auch die Ruinen des Schlosses besichtigte ich; doch zeigte
30   sich dort nichts Neues (alles findet man in etwa bei Becker in
       seiner Beschreibung dänischer Burgen). – Die Kirche gibt gleich
       durch ihr dreireihiges Gestühl zu erkennen, dass sie keine ge-
       wöhnliche Dorfkirche ist. An der Wand zum Altar hin findet
       man ein Verzeichnis der Pfarrer seit der Reformation, und es
35   hatte wirklich etwas Feierliches an sich, an diese Männer zu
       denken – sie waren Schlosspfarrer, – die den Angaben nach
       oftmals 30 bis 40 Jahre (ja einer sogar 48 Jahre) im selben Amt

gesessen haben, bei derselben Gemeinde. – Lyngbye hatte auf
dem Friedhof einen Grabstein gefunden, auf dem in Binderunen
»Ave Maria!« geschrieben stand, und der nun nach Kopenhagen
geschickt wird, um am Rundetaarn aufgestellt zu werden. Er
meinte, es sei möglicherweise eine Grabinschrift für Königin   5
Helvig, die bekanntlich hier gelebt hat.

Als Fischerdorf und als der nördlichste Punkt auf Seeland und   **10**
deswegen ziemlich abgesondert vom übrigen Umland hat *Gille-*
leie etwas Eigentümliches, das sich unter anderem auch z.B. in
den »Giebelversammlungen« der Bewohner zeigt und darin,   10
dass nach jedem Fang die ganze Mannschaft an »einer Mahlzeit«
teilnimmt – wie man das nennt –, einer Gesellschaft, zu der jeder
Mann seinen Schilling beiträgt. Sie sind zugleich fast alle durch
Verwandtschaftsbande miteinander verbunden, und es ist wie
eine einzige große Familie. Daher gab es während meines Auf-   15
enthaltes hier draußen, als ein Boot auf seinem Weg zur [Insel]   18
Hesselø in ziemlich stürmischem Wetter länger ausblieb, in der
Ortschaft allgemein Sorge, und sie eilten häufig auf den Gilbjerg,
um zu sehen, ob das Boot nicht in Sicht käme. –

Unter den Bauern hier in der Gegend habe ich einen getroffen, der **11**
sich wirklich sehr auszeichnete, nämlich ►►Jens Andersen in Fje-
lenstrup◄◄. Er war nicht nur in der Bibel sehr belesen, sondern
auch in historischen Schriften, z.B. in Saxo, Snorri und in den
isländischen Sagas, herausgegeben von der altnordischen Gesellschaft (die hatte er vom Pfarrer geliehen); darüber hinaus ver-   25
stand er es, sich sehr vernünftig auszudrücken, ja ich könnte fast
sagen mit Salbung, – doch hat er leider den Fehler zu trinken, und
da will ich nicht leugnen, dass seine Reden sogar widerlich waren, weil es genau dieselben waren, die er nüchtern führte.
[Hier abgebrochen.]   30

══════════

►   *Kopenhagen*, den 1. Juni 1835.   **12**
Sie wissen, mit welch großer Begeisterung ich Sie seinerzeit
sprechen hörte, wie enthusiastisch ich bei der Beschreibung Ih-

res Aufenthaltes in Brasilien war, und in dieser Beziehung wiederum nicht so sehr im Hinblick auf die Fülle der Einzelbeob-
achtungen, mit denen Sie sich selbst und Ihre Wissenschaft be-
reichert haben, sondern eher im Hinblick auf den Eindruck, den
Ihr erstes Hinaustreten in die wundervolle Natur auf Sie gemacht hat; Ihr paradiesisches Glück und Ihre Freude. Dergleichen muss immer sympathisch auf jeden Menschen wirken,
wenn anders er etwas an Gefühl und Wärme besitzt, auch wenn
er meint, seine Zufriedenheit, sein Tätigkeitsfeld in einer ganz
anderen Sphäre zu finden; und das besonders auf einen jüngeren
Menschen, der bislang nur von seiner Bestimmung träumt. Unsere erste Jugend steht wie die Blüte im Morgendämmer mit
einem lieblichen Tautropfen in ihrem Kelch, in dem sich die
ganze Umgebung harmonisch-melancholisch spiegelt. Aber bald
erhebt sich am Horizont die Sonne, und der Tautropfen vertrock-
net; mit ihm verschwinden die Träumereien des Lebens, und
nun kommt es darauf an, ob der Mensch imstande ist, um noch
einmal ein Blumenbild zu gebrauchen, – durch seine eigene Kraft
gleich wie ein Nerium, – einen Tropfen zu entwickeln, der als die
Frucht seines Lebens bestehen kann. Dazu gehört zuallererst,
dass man in dem Boden Stand gewinnt, in dem man wirklich
beheimatet ist; doch der ist nicht immer so leicht zu finden. In
dieser Beziehung gibt es glückliche Naturen, die eine so entschiedene Neigung in eine bestimmte Richtung haben, dass sie
sich auf dem so einmal angewiesenen Weg getreulich vorarbei-
ten, ohne dass jemals der Gedanke, es könnte vielleicht ein ganz
anderer Weg zu beschreiten sein, irgendeine Macht über sie bekommen kann. Es gibt andere, die sich dermaßen von ihrer Umgebung beeinflussen lassen, dass es ihnen nie richtig klar wird,
wohin sie selbst eigentlich streben. Ebenso wie die vorhergehende Klasse ihren inneren kategorischen Imperativ hat, so erkennt letztere einen äußeren kategorischen Imperativ an. Aber
wie wenige sind doch in dieser ersten Klasse, und zur letzteren
möchte ich selbst nicht gehören. Größer ist die Zahl derer, die im
Leben prüfen können, was diese hegelsche Dialektik eigentlich
besagen will. Im Übrigen ist es ja ganz in Ordnung, dass der
Wein gärt, bevor er klar wird. Obwohl dieser Zustand in seinen
einzelnen Momenten oft unangenehm ist, hat er natürlich in
seiner Ganzheit betrachtet auch seine Annehmlichkeiten, insofern er innerhalb des allgemeinen Zweifelns dennoch seine rela-

tiven Resultate hat. Das hat besonders große Bedeutung für den,
der auf diesem Weg mit seiner Bestimmung ins Reine gekommen ist, nicht nur wegen der darauf folgenden Ruhe im Gegensatz zum vorausgegangenen Sturm: sondern weil man dann, in
einer ganz anderen Bedeutung als zuvor, *das Leben hat*. Hier liegt   5
das Faustische Element, das auf seine Weise mehr oder weniger
in jeder intellektuellen Entwicklung zur Geltung kommt, weswegen es mir immer so vorkam, als müsste man der Idee zum
Faust eine Welt-Bedeutung einräumen. So wie unsere Vorväter
eine Göttin für die Sehnsucht hatten, so, meine ich, steht Faust   10
für den personifizierten Zweifel. Mehr soll er auch nicht sein,
und es ist gewiss ein Versündigen gegen die Idee, wenn Goethe
den Faust sich hat bekehren lassen, genauso wie Merimée im
Falle des Don Juan. Man mache mir nicht den Einwand, dass
Faust doch in dem Augenblick, als er sich dem Teufel zuwandte,   15
einen positiven Schritt tat, denn darin scheint mir gerade etwas
von dem Tiefsten in der Sage von Faust zu liegen. Er hat sich ihm
eben hingegeben, um Erleuchtung zu finden, und hatte diese
demnach vorher nicht, und gerade weil er sich dem Teufel hingegeben hatte, steigerte sich der Zweifel (gleich einem Kranken,   20
dem es gewöhnlich noch schlechter geht, wenn er in die Hände
eines Quacksalbers fällt); denn wohl ließ Mephistopheles ihn
' durch seine Brille in die Menschen und in die verborgenen Verstecke der Erde hineinsehen, doch Faust musste ständig Zweifel
gegen ihn nähren, weil er ihm niemals das in intellektueller   25
Hinsicht Allertiefste erhellen konnte. An Gott konnte er sich
seiner Idee gemäß niemals wenden, denn in dem Augenblick, in
dem er dies täte, müsste er sich selbst sagen, dass hier in Wahrheit Erleuchtung zu finden wäre; im selben Augenblick aber
hätte er seinen Charakter als Zweifler verleugnet.   30
    Aber ein solches Zweifeln kann sich auch in anderen Sphären
zeigen. Wenn der Mensch auch in einzelnen solcher Haupt-   20
punkte mit sich selbst ins Reine gekommen ist, so gibt es im
Leben andere, ebenfalls bedeutende Fragen. Jeder Mensch
möchte natürlich gemäß seinen Fähigkeiten in der Welt wirken,   35
aber daraus folgt ja wiederum, dass er seine Fähigkeiten in eine
bestimmte Richtung ausbilden möchte, in die nämlich, die am
besten zu seiner Individualität passt. Aber welche ist diese? Hier
stehe ich vor einem großen Fragezeichen. Hier stehe ich wie
Herkules, aber nicht am Scheideweg – nein, hier zeigt sich eine   40

weitaus größere Mannigfaltigkeit von Wegen, und umso schwieriger ist es also, den richtigen zu nehmen. Das ist vielleicht gerade das Unglück meiner Existenz, dass ich mich für allzu vieles
interessiere und nicht entschieden für eines; meine Interessen
5   sind nicht einem einzigen subordiniert, sondern sie stehen alle
koordiniert zueinander.
    Ich will versuchen zu zeigen, wie die Dinge für mich stehen.
    1.   *Die Naturwissenschaften.*   Betrachte ich zunächst diese
Richtung im Ganzen (indem ich darunter alle die zusammen-
10 fasse, die die Runen der Natur verständlich zu machen und zu
deuten versuchen, angefangen von dem, der den Lauf der Sterne
berechnet und sie sozusagen darin anhält, um sie näher zu untersuchen, bis hin zu dem, der die Physiologie eines einzelnen
Tieres beschreibt; von dem, der von der Höhe der Berge aus die
15 Erdfläche überschaut, bis hin zu dem, der hinabsteigt in die
Tiefen des Abgrunds; von dem, der den Aufbau des Menschen-
leibes durch seine unzähligen Nuancen verfolgt, bis zu dem, der
die Würmer in den Eingeweiden beobachtet), so habe ich natürlich auf diesem wie auf jedem anderen Weg (doch vornehmlich
20 auf diesem) Beispiele von Leuten gesehen, die sich durch ungeheuren Sammlerfleiß einen Namen in der Literatur gemacht haben. Sie kennen eine große Menge von Einzelheiten, und viele
neue haben sie entdeckt; aber auch nicht mehr. Sie haben nur ein
Substrat für das Denken und die Bearbeitung anderer geliefert.
25 Da stehen sie nun, diese Menschen, zufrieden mit ihren Einzelheiten, und doch, so kommt es mir vor, stehen sie da wie der
reiche Bauer im Evangelium. In der Scheune haben sie eine große
Menge angesammelt, aber die Wissenschaft kann zu ihnen sagen: »Morgen werde ich Dein Leben fordern«, sofern sie es ist,
30 die darüber entscheidet, welche Bedeutung jedes einzelne Resultat im Ganzen haben wird. Sofern es nun eine Art unbewusstes
Leben im Wissen eines solchen Mannes gab, kann man sagen,
dass es die Wissenschaften sind, die sein Leben fordern; sofern
dies nicht so war, ist seine Tätigkeit wie die eines Menschen, der
35 mit dem Zerfallen seines toten Leibes zur Erhaltung der Erde
beiträgt. Natürlich hat es auch andere Phänomene gegeben,
nämlich die Naturforscher, die durch ihre Spekulation jenen archimedischen Punkt, der nirgendwo auf der Welt ist, gefunden
21 oder gesucht haben, und die nun von dort aus das Ganze be-
40 trachtet und die Einzelheiten im richtigen Licht gesehen haben.

Und im Hinblick auf solche Forscher will ich nicht leugnen, dass
sie einen höchst wohltuenden Eindruck auf mich gemacht haben. Diese Ruhe, diese Harmonie und diese Freude, die man bei
ihnen findet, gibt es sonst selten. Hier in der Stadt haben wir 3
würdige Repräsentanten: einen Ørsted, dessen Antlitz mir stets 5
wie eine Klangfigur vorkam, die die Natur gerade in der richtigen Weise angestimmt hat; einen Schouw, der ein Modell für
einen Maler abgibt, der Adam malen will, als dieser allen Tieren
Namen gibt; und schließlich einen Horneman, der, mit jeder
Pflanze vertraut, wie ein Patriarch in der Natur steht. In dieser 10
Hinsicht erinnere ich mich mit Freude an den Eindruck, den *Sie*
auf mich gemacht haben: als Repräsentant für eine große Natur,
deren Stimme auch im Reichstag dabei sein sollte. Begeistert war
ich von den Naturwissenschaften und bin es noch; und dennoch
scheint mir, dass ich sie nicht zu meinem Hauptstudium machen 15
werde. Mich hat immer das Leben kraft Vernunft und Freiheit
am meisten interessiert, die Rätsel des Lebens zu klären und zu
lösen war stets mein Wunsch. Die 40 Jahre in der Wüste, bevor
ich das Gelobte Land der Wissenschaften erreichen würde,
scheinen mir zu aufwendig, und das umso mehr, als ich glaube, 20
dass die Natur auch von einer Seite aus betrachtet werden kann,
zu der die Einsicht in die Geheimnisse der Wissenschaft nicht
gehört. Mag dies auch dadurch geschehen, dass ich in der einzelnen Blume die ganze Welt sehe, oder den vielen Winken lau-
sche, die die Natur im Hinblick auf das Menschenleben bietet; 25
oder dass ich ihre kühnen Freihandzeichnungen am Firmament
bewundere; oder dadurch, dass ich z.B. durch jene Naturlaute
auf Ceylon an jene Töne der geistigen Welt oder durch den Abschied der Zugvögel an die tieferen Sehnsüchte der menschlichen Brust erinnert werde. 30
    2. *Die Theologie.* Diese ist es wohl, der ich am nächsten
stehe; aber auch hier liegen große Schwierigkeiten. Im Christentum selbst treffen so große Gegensätze aufeinander, dass zumindest der freie Blick stark behindert wird. In der Orthodoxie bin
ich sozusagen aufgewachsen, wie Sie wohl wissen; aber sobald 35
mein eigenes Denken einsetzte, fing nach und nach auch der
ungeheure Koloss zu wackeln an. Ich spreche mit Absicht von
einem ungeheuren Koloss, denn sie hat aufs Ganze gesehen
wirklich große Konsequenz, und ihre einzelnen Teile sind im
Laufe der verronnenen Jahrhunderte so eng zusammengeschmol- 40

zen, dass es schwer ist, ihr auf den Leib zu rücken. Ich könnte
nun wohl in einzelnen Punkten mit ihr einverstanden sein, diese
müssten dann aber wie jene Sprossen betrachtet werden, wie
man sie oft in Felsspalten finden kann. Andererseits konnte ich
wohl auch das Schiefe sehen, das in vielen einzelnen Punkten
lag, aber die Hauptbasis musste ich für eine Weile in dubio stehen
lassen. In dem Augenblick, in dem *diese* sich änderte, nähme das
Ganze natürlich eine vollkommen andere Gestalt an, und so
wird meine Aufmerksamkeit auf ein anderes Phänomen gelenkt:
den Rationalismus, der im Ganzen eine ziemlich mäßige Figur
abgibt. Soweit nämlich die Vernunft sich konsequent selbst verfolgt und – indem sie sich das Verhältnis zwischen Gott und Welt
erklärt – nun wieder den Menschen in seinem tiefsten und innerlichsten Verhältnis zu Gott sieht und in dieser Hinsicht von
seinem Standpunkt aus auch das Christentum als das betrachtet,
was in so vielen Jahrhunderten das tiefste Bedürfnis des Menschen zufrieden gestellt hat, insoweit ist nichts dagegen einzuwenden; aber es wird daraus auch kein Rationalismus, denn
Rationalismus erhält seine eigentliche Färbung vom Christentum, steht also auf einem ganz anderen Gebiet und bildet kein
System, sondern eine Arche Noah (um einen von Prof. Heiberg
bei anderer Gelegenheit verwendeten Ausdruck zu benutzen), in
der die reinen und unreinen Tiere Seite an Seite liegen. Er macht
ungefähr denselben Eindruck, wie unsere Bürgerwehr in früheren Zeiten neben der Potsdamer Garde gemacht hätte. Deswegen versucht er sich wesentlich an das Christentum zu binden,
gründet seine Darstellungen auf die Schrift und schickt jedem
einzelnen Punkt eine Legion von Bibelstellen voraus; doch die
Darstellung selbst ist davon nicht durchdrungen. Sie verfahren
damit wie Kambyses, der bei seinem Feldzug gegen Ägypten die
heiligen Hühner und Katzen vorausschickte; sie sind deswegen,
ebenso wie der römische Konsul, aber auch bereit, die heiligen
Hühner über Bord zu werfen, wenn sie nicht fressen wollen. Der
Fehler liegt also darin, dass sie, wenn sie mit der Schrift einig
sind, sich darauf stützen, ansonsten aber nicht, und so stehen sie
auf zwei fremdartigen Standpunkten.

               Nonnulla desunt.

  – Was kleine Unannehmlichkeiten betrifft, will ich nur anmerken, dass ich dabei bin, mich auf die theologische Dienstprüfung
vorzubereiten, eine Beschäftigung, die überhaupt nicht interes-

siert und deswegen auch nicht besonders schnell von der Hand
geht. Ich habe immer mehr von dem freien, vielleicht deswegen
auch ein bisschen unbestimmten Studium gehalten als von der
Bewirtung in geschlossener Tischrunde, wo man im Voraus
weiß, welche Gäste man trifft und welches Essen man an jedem   5
Wochentag bekommt. Da dies jedoch nun mal eine Notwendigkeit ist und man kaum die Erlaubnis bekommt, auf die wissenschaftlichen Allmenden zu kommen, ohne gebrandmarkt zu
sein, und ich dies sowohl im Hinblick auf meinen gegenwärtigen Gemütszustand als etwas Heilsames für mich betrachte, als   10
auch weiß, dass ich damit Vater eine große Freude machen kann
(er glaubt nämlich, dass das eigentliche Kanaan auf der anderen
Seite der theologischen Dienstprüfung liegt, besteigt dabei aber
den Tabor wie einst Moses und berichtet, dass ich nie hinein
gelangen werde – doch will ich hoffen, dass es nicht auch dies-   15
mal in Erfüllung geht), so werde ich mich wohl ins Zeug legen   23
müssen. Wie glücklich sind doch Sie, der Sie in Brasilien ein
riesiges Feld für Ihre Beobachtungen gefunden haben, wo sich
bei jedem Schritt neue Merkwürdigkeiten darbieten, wo das Ge-
schrei der übrigen Gelehrtenrepublik Ihre Ruhe nicht stört. Denn 20
die gelehrte theologische Welt kommt mir vor wie die Strandpromenade am Sonntag Nachmittag in der Dyrehauge-Park-Sai-
son[1] – sie stürmen aneinander vorbei, johlen und schreien, lachen und machen sich übereinander lustig, fahren die Pferde zu
Tode, überschlagen sich und werden überfahren, und wenn sie   25
dann endlich voller Staub und außer Atem auf dem [Hügel]
Bakken ankommen, – ja dann schauen sie einander an – und
fahren nach Hause.
     Was Ihre Rückkehr angeht, so wäre es kindisch von mir, dar-
auf drängen zu wollen, ebenso kindisch wie der Versuch von   30
Achilles' Mutter, ihren Sohn zu verstecken, um den schnellen,
ehrenhaften Tod zu verhindern. – – Leben Sie wohl!
     [am Rande ist hinzugefügt:]
     Wie verwirrend ist es oft, das Leben zu betrachten, wenn es

---

[1]) Da ist etwas besonders Ironisches an den Dyrehauge-Park-Aus-   35
flügen der Kopenhagener; sie versuchen, den spießbürgerlichen
Staub der Stadt von sich zu schütteln, fliehen vor sich selbst –
und finden sich auf Bakken wieder.
                                        d. 14. Jan. 37.

sich uns in seinem ganzen Reichtum zeigt, wenn wir stutzig
werden über die Verschiedenheit der Fähigkeiten und Anlagen,
angefangen von dem, der sich so innerlich in die Gottheit einge-
lebt hat, dass von ihm wie damals von Johannes gesagt werden
kann, er habe an der Brust der Gottheit gelegen, bis zu jenem,
der mit tierischer Roheit jede tiefere Bewegtheit im Menschenleben missversteht und missverstehen will; von dem, der mit dem
Blick des Lynkeus in den Lauf der Geschichte hineinschaut und
beinahe ihren Zeiger zu stellen wagt, bis zu jenem, dem schon
das Einfachste schwer fällt; – oder wir bemerken die Ungleichheit in Stand und Stellung und spüren bald mit neidischem Blick
das Fehlen dessen, was anderen geschenkt ist, sehen bald mit
dankbarer Wehmut, wie viel uns gegeben ist, was anderen versagt bleibt; – – und da will uns eine kalte Philosophie das Ganze
aus einer Präexistenz erklären und es nicht als diese unendliche
Lebensmalerei mit ihrem bunten Farbenspiel und ihren unzähligen Nuancierungen ansehen.

Gilleleie d. 1. Aug. 1835.

Für mich standen die Dinge wirklich so, wie ich es auf den
vorangegangenen Seiten zu zeigen versucht habe. Wenn ich dagegen jetzt mit mir selbst über mein Leben ins Reine kommen
will, erscheint es mir wieder anders. So, wie es beim Kind lange
dauert, bis es sich selbst von den Gegenständen zu unterscheiden lernt, und es sich daher lange Zeit so wenig von seiner
Umgebung aussondert, dass es unter Hervorhebung der leidenden Seite z.B. sagt: »*mich* schlage das Pferd«, so wiederholt sich
dasselbe Phänomen in einer höheren geistigen Sphäre. Ich
glaubte deswegen, dass ich womöglich mehr zur Ruhe käme,
wenn ich ein anderes Fach ergriffe, wenn ich meine Kräfte auf
ein anderes Ziel richtete. Für eine Weile wäre es mir wohl auch
gelungen, eine gewisse Unruhe zu vertreiben, aber sicher wäre
sie verstärkt zurückgekehrt, wie der Fieberanfall nach dem Genuss von kaltem Wasser. Das, was mir eigentlich fehlt, ist, mit
mir selbst darüber ins Reine zu kommen, *was ich tun soll*[2], nicht
darüber, was ich erkennen soll, außer sofern ein Erkennen jedem

---

[2]) Wie oft passiert es nicht, dass man, gerade wenn man glaubt, sich
seiner bewusst zu sein, merkt, dass man statt Juno die Wolke
umarmt hat.

Handeln vorausgehen muss. Es kommt darauf an, meine Bestimmung zu verstehen, zu sehen, was die Gottheit eigentlich
will, dass *ich* tun soll; es gilt, eine Wahrheit zu finden, die Wahrheit *für mich*[3] ist, *die Idee* zu finden, *für die ich leben und sterben
will.* Und was nützte es mir dazu, wenn ich eine so genannte   5
objektive Wahrheit herausfände; wenn ich mich durch die Systeme der Philosophen hindurcharbeitete und sie auf Verlangen
Revue passieren lassen könnte; dass ich Inkonsequenzen innerhalb jedes einzelnen Kreises nachweisen könnte; – was nützte es
mir dazu, dass ich eine Staatstheorie entwickeln könnte und aus   10
den vielerorts herbeigeholten Einzelheiten eine Totalität kombinieren, eine Welt konstruieren könnte, in der ich nun wiederum
nicht lebte, sondern die ich bloß für andere zur Schau stellte; –
was nützte es mir, dass ich die Bedeutung des Christentums
entwickeln könnte, viele einzelne Phänomene erklären könnte,   15
wenn es für *mich selbst* und *mein* Leben *nicht* eine tiefere Bedeutung hätte? Und je mehr ich dies könnte, je mehr ich sähe, wie
andere sich die Früchte meiner Gedanken aneignen, desto trau-
riger würde meine Stellung, nicht unähnlich jenen Eltern, die
aus Armut ihre Kinder in die Welt hinausschicken und sie ande-   20
ren zur Pflege überlassen müssen. Was nützte es mir, dass die
Wahrheit kalt und nackt vor mir stünde, dabei gleichgültig, ob
ich sie anerkennen würde oder nicht, eher ein ängstliches Schaudern bewirkend als eine vertrauensvolle Hingabe? Zwar will ich
nicht leugnen, dass ich noch einen *Imperativ des Erkennens* an-   25
nehme; und dass sich durch ihn auch auf die Menschen wirken
lässt, *aber dann muss er lebendig in mir aufgenommen werden* und
das ist es, was ich jetzt als die Hauptsache anerkenne. Das ist es,   25
wonach meine Seele dürstet wie Afrikas Wüsten nach Wasser.
Das ist es, was fehlt, und deswegen stehe ich da wie ein Mann,   30
der Hausrat gesammelt und Zimmer angemietet, aber die Geliebte noch nicht gefunden hat, die Glück und Unglück des Lebens mit ihm teilen sollte. Aber um auf diese Weise jene Idee zu
finden oder, richtiger gesagt, mich selbst zu finden, nützt es mir
nicht, mich noch mehr in die Welt zu stürzen. Das gerade war es,   35

[3]) Da erst macht der Mensch eine innere Erfahrung; für wie viele
aber sind nicht die verschiedenen Eindrücke des Lebens genau
wie die Figuren, die das Meer in den Sand zeichnet, um sie gleich
wieder spurlos auszulöschen.

was ich früher getan habe. Deshalb glaubte ich, es wäre gut,
mich auf die *Jurisprudenz* zu werfen, um an den vielen Verstrickungen des Lebens meine Scharfsinnigkeit zu entwickeln. Hier
bot sich gerade eine große Menge an Einzelheiten, in denen ich
5 mich verlieren könnte; hier hätte ich vielleicht von den gegebenen Fakten her eine Totalität konstruieren, einen Organismus
des Diebes-Lebens, und es in all seine dunklen Seiten verfolgen
können (auch hier ist ein gewisser Assoziierungs-Geist in hohem
Maße bemerkenswert). Deshalb könnte ich wünschen, *Schauspie-*
10 *ler* zu werden, weil ich, indem ich mich in die Rolle eines anderen versetzte, sozusagen ein Surrogat für mein eigenes Leben
bekommen könnte und durch die äußere Abwechslung eine gewisse Zerstreuung fände. Das war es, was mir fehlte, *ein vollkom-*
men menschliches Leben zu führen und nicht bloß eins der Er-
26 kenntnis⁴, so dass ich dadurch dazu komme, meine Gedanken-
Entwicklungen nicht auf das zu gründen – ja, auf etwas, das

⁴) [Am Rand steht:]
   Daraus lässt sich auch ein nicht ungewöhnliches Phänomen erklären, ein gewisser Geiz¹ mit Ideen. Eben weil das Leben nicht
20 gesund, sondern die Erkenntnis zu prädominierend ist, werden
   die Ideen nicht als die natürlichen Blüten am Baum des Lebens
   aufgefasst und nicht als solche festgehalten und als die, die allein
   ihre Bedeutung als solche haben – sondern als einzelne Licht-
   blitze, als ob das Leben reich würde durch eine Menge von diesen
25 sozusagen äußerlichen Ideen (sit venia verbo; – aphoristisch). Sie
   vergessen, dass es mit den Ideen zugeht wie mit Thors Hammer
   – er kommt zurück, wohin man ihn auch wirft, wenn auch in
   einer modifizierten Gestalt.

¹) Ein ähnliches Phänomen ist die falsche Anschauung, die man von der
30 Erkenntnis und deren Resultaten hat, indem man von den objektiven
   Resultaten spricht und sich nicht daran erinnert, dass gerade der eigentliche Philosoph in höchstem Grade subjektiv ist. Ich brauche bloß
   Fichte zu nennen. So behandelt man auch den Witz, sieht ihn nicht als
   die aus der ganzen Individualität und Umgebung des Verfassers not-
35 wendig entspringende Minerva, deshalb in gewisser Hinsicht als etwas Lyrisches – [deswegen auch das Erröten, das eine gewisse Art von
   Witzen gern begleitet, was gerade darauf hindeutet, dass er auf natürliche Weise entstand, neugeboren; d. 20. Sept. 36.], – sondern als Blumen, die man abpflücken und zum eigenen Gebrauch aufbewahren
40 kann. (Das Vergissmeinnicht hat seinen Platz auf dem Feld, versteckt
   und bescheiden, aber in einem Garten wird es hässlich.)

man objektiv nennt, – etwas, das doch auf jeden Fall nicht mein
eigen ist, sondern auf etwas, das mit der tiefsten Wurzel meiner
Existenz zusammenhängt[5], wodurch ich sozusagen mit dem
Göttlichen verwachsen bin, daran festhänge, wenn auch die
ganze Welt zusammenbricht. Schau, *das ist es, was mir fehlt,* und
dorthin strebe ich. Mit Freude und innerlicher Stärkung betrachte
ich deswegen die großen Männer, die auf diese Weise jenen
Edelstein gefunden haben, für den sie alles verkaufen, sogar ihr
Leben[6], ganz gleich, ob ich sie mit Kraft ins Leben eingreifen
sehe, mit sicherem Schritt, ohne zu wanken, auf der von ihnen
bestimmten Bahn vorwärtsgehen; oder ob ich sie abseits vom
Hauptweg entdecke, in sich selbst und in die Arbeit für ihr
erhabenes Ziel vertieft. Mit Ehrerbietung betrachte ich sogar die
Abwege, die auch hier so nahe liegen. Es ist das innere Handeln
dieses Menschen, seine Gottes-Seite, auf die es ankommt, nicht
auf eine Masse von Erkenntnissen; denn diese würden wohl
folgen und würden sich dann nicht als zufällige Aggregate oder
als eine Reihe von Einzelheiten erweisen, eine neben der anderen, ohne ein System, ohne einen Brennpunkt, in dem alle Ra-
dien sich sammeln. Einen solchen Brennpunkt habe ich wohl
auch gesucht. Sowohl auf dem bodenlosen Meer der Vergnügun-
gen als auch in den Tiefen der Erkenntnis habe ich vergebens
einen Ankerplatz gesucht. Ich habe die nahezu unwiderstehliche
Macht gespürt, mit der die eine Vergnügung der anderen die
Hand reicht; ich habe diese Art von unechter Begeisterung empfunden, die sie imstande ist hervorzurufen; ich habe auch die

[5]) Wie liegt doch der Mensch ansonsten trotz all seines Wissens so
   nahe am Wahnsinn? Was ist Wahrheit anderes als ein Leben für
   eine Idee? Alles muss sich zu guter Letzt auf ein Postulat gründen; aber in dem Augenblick, in dem dieses dann nicht länger
   außerhalb von ihm steht, sondern der Mensch darin lebt, erst da
   hat es aufgehört, für ihn ein Postulat zu sein. (Dialektik – Disput.)

[6]) So wird es uns, wenn wir erst einmal von Ariadne (der Liebe)
   jenes Garnknäuel empfangen haben, leicht fallen, durch alle Irr-
   wege des Labyrinths (des Lebens) zu gehen und das Ungeheuer
   zu töten. Wie viele aber stürzen sich nicht ins Leben (das Labyrinth) ohne jene Vorsicht gebraucht zu haben (die *jungen* Mädchen und Knaben, die jedes Jahr dem Minotaurus geopfert wurden) –?

Langeweile gefühlt, die Zerrissenheit, die darauf folgt. Ich habe
die Früchte vom Baum der Erkenntnis gekostet und mich häufig
und oft an ihrem Wohlgeschmack erfreut. Aber diese Freude war
nur im Augenblick der Erkenntnis und hinterließ keine tiefere
5 Spur in mir selbst. Es kommt mir vor, als hätte ich vom Becher
der Weisheit nicht getrunken, sondern wäre in ihn hineingefal-
27 len. Ich habe versucht, dieses Prinzip für mein Leben durch
Resignation zu finden, indem ich mir selbst vorstellte, dass, da
alles nach unergründlichen Gesetzen vor sich ging, dies nicht
10 anders sein könnte, indem ich meinen Ehrgeiz und den Fühler
meiner Eitelkeit abstumpfte. Weil ich nicht alles nach meinem
Kopf einrichten konnte, zog ich mich im Bewusstsein meiner
eigenen Tüchtigkeit daraus zurück, ungefähr so wie ein ausgedienter Pfarrer sich in die Pension zurückzieht. Was habe ich
15 gefunden? Nicht mein Ich; denn dieses suchte ich gerade auf
jenen Wegen zu finden (ich stellte mir meine Seele, wenn ich das
so sagen darf, eingeschlossen vor wie in einer Kiste mit Spring-
schloss, welches nun von der Außenwelt mit einem Druck auf
die Feder zum Aufspringen veranlasst werden sollte). – Dies war
20 also das Erste, was entschieden werden sollte, es war jenes Suchen und Finden des Himmelreichs. Ebenso wenig wie ein Ge-
stirn, wenn man es sich in seiner Entstehung dächte, zuerst bestimmen würde, wie seine Oberfläche sein solle, welchen Körpern es die helle, welchen die dunkle Seite zuwenden solle,
25 sondern zuerst die Realisierung seiner Existenz der Harmonie
der Zentrifugal- und Zentripetalkräfte überlassen und den Rest
von selbst kommen lassen würde – ebenso wenig nützt es dem
Menschen, zuerst das Äußere bestimmen zu wollen und dann
erst das Grundkonstituierende. Man muss zuerst sich selbst ken-
30 nen lernen, bevor man etwas anderes kennt (γνωϑι σεαυτον).
Erst wenn der Mensch *sich selbst* innerlich in dieser Weise verstanden hat und nun seinen Weg auf seiner Bahn erblickt, erst
dann bekommt sein Leben Ruhe und Bedeutung, erst dann wird
er jene beschwerlichen, verhängnisvollen Reisekameraden los –
35 jene Lebens-Ironie[7], die sich in der Sphäre der Erkenntnis zeigt

---

[7]) Wohl dauert sie dann auch in einem gewissen Sinn weiterhin an,
aber er ist imstande, diese Windstöße des Lebens zu ertragen;
denn je mehr der Mensch für eine Idee lebt, umso leichter kann er
auch vor der ganzen Welt auf dem Präsentierteller sitzen. – Oft

und dem wahren Erkennen gebietet, mit einem Nicht-Erkennen   28
zu beginnen (Sokrates)[8], so wie Gott die Welt aus dem Nichts
erschuf. Aber vornehmlich ist sie im Fahrwasser der Sittlichkeit
zu Hause, nämlich für die, die noch nicht unter den Passat der
Tugend geraten sind. Hier wirbelt sie den Menschen auf das   5
Schrecklichste herum; bald lässt sie den Menschen sich glücklich
und zufrieden fühlen bei dem Vorsatz, den richtigen Weg vorwärts zu wandern, bald stürzt sie ihn hinunter in die Abgründe
der Verzweiflung. Oft schläfert sie den Menschen ein in dem
Gedanken: »es kann nun mal nicht anders sein«, um ihn dann   10
plötzlich zu einem strengen Verhör aufzuwecken. Oft lässt sie
gleichsam den Schleier des Vergessens über das Vergangene fallen, um dann wieder jede einzelne Unerheblichkeit in einem
lebendigen Licht hervortreten zu lassen. Wenn der Mensch sich
hier auf dem rechten Weg vorwärts kämpft und sich darüber   15
freut, dass er die Macht der Versuchungen besiegt hat, kommt
vielleicht beinahe im selben Moment zu dem vollkommensten
Sieg ein scheinbar geringer äußerer Umstand, der ihn gleich
Sisyphos von der Spitze des Felsens hinabstößt. Wenn der

kann sich auch eine seltsame Ängstlichkeit aufdrängen, so dass   20
man, wenn man am allermeisten glaubt, sich selbst verstanden
zu haben, doch eigentlich nur das Leben eines anderen auswendig gelernt hat[1].

[1]) Eine eigentümliche Art von Ironie ist auch in der arabischen Erzählung
»Morad der Buckelige« dargestellt worden (in der Moden Zeitung, »Bil-   25
der Magazin« Nr. 40. 1835): Ein Mann, der in den Besitz eines Ringes
kommt, der ihm alles herbeischafft, was er wünscht, jedoch beständig
mit einem »aber«, als er sich z.B. in Sicherheit wünscht, befindet er sich
im Gefängnis etc. (Diese Erzählung findet sich in Riises Bibliothek for
Ungdommen, 2. Jahrgang 6. Heft, 1836 p. 453.) – Ich habe auch ir-   30
gendwo über einen Mann gehört oder gelesen, der vor einem Theater
einige Töne eines so schönen und hinreißenden Soprans gehört hatte,
dass er sich sofort in die Stimme verliebte; er eilt hinein ins Theater
und trifft auf einen dicken, fetten Mann, der auf seine Frage, wer so
schön gesungen habe, antwortete: »das war ich« – er war ein Kastrat.   35

[8]) Im Sprichwort heißt es auch: »Kinder und Narren sagen die
Wahrheit«. Und hier ist freilich nicht die Rede von Wahrheit aufgrund von Prämissen und Konklusionen, aber wie oft hat nicht
die Rede eines Kindes oder eines Narren einen Mann niederge-
schmettert, bei dem Scharfsinnigkeit nichts ausrichten konnte –?   40

Mensch seine Kraft auf etwas konzentriert hat, trifft er oft auf
einen kleinen äußeren Umstand, der das Ganze zunichte macht.
(Ich würde sagen: Wie ein Mann, der, lebensmüde, sich in die
Themse stürzen will und den nun ein Mückenstich gerade im
5 entscheidenden Augenblick aufhält.) Oft lässt sie den Menschen
gleich einem Lungenkranken sich am allerbesten fühlen[9], wenn
es am allerschlimmsten ist. Vergeblich versucht er, dem entgegen-
zuarbeiten; er hat nicht genug Kraft dazu, es hilft ihm nichts,
dass er so häufig dasselbe durchmacht; auf die Art von Übung,
10 welche man dadurch erreicht, kommt es nicht an. Ebenso wenig
wie einer, der noch so viel Übung im Schwimmen hat, sich in
einem Unwetter obenauf halten könnte, sondern nur einer, der
innerlich davon überzeugt ist und erfahren hat, dass er tatsächlich leichter ist als das Wasser, ebenso wenig kann jener
15 Mensch, dem der innere Halt fehlt, sich in den Stürmen des
Lebens obenauf halten. – Nur wer in dieser Weise sich selbst
verstanden hat, kann sich in seiner selbständigen Existenz be-
29 haupten und es so vermeiden, sein eigenes Ich aufzugeben. Wie
oft sehen wir nicht – (in einer Zeit, in der wir durch unsere
20 Lobreden jenen griechischen Geschichtsschreiber preisen, weil
er einen fremden Stil in der täuschendsten Ähnlichkeit zu seinem Urheber zu adoptieren wusste, anstatt ihn zu tadeln, weil
das höchste Lob für einen Schriftsteller immer darin besteht,
einen eigenen Stil zu haben, d.h. eine durch seine Individualität
25 modifizierte Ausdrucks- und Darstellungsweise) – wie oft sehen
wir nicht Leute, die entweder aus geistiger Trägheit von den
Brocken leben, die vom Tische anderer fallen, oder aus eher
egoistischen Gründen versuchen, sich in andere hineinzuleben,
um letztendlich wie ein Lügner durch die häufige Wiederholung
30 seiner Geschichten selbst an sie zu glauben. Ungeachtet dessen,
dass ich noch weit davon entfernt bin, mich derart selbst innerlich zu verstehen, habe ich mit tiefer Achtung vor ihrer Bedeutung versucht, meine Individualität zu schützen – habe diese
unbekannte Gottheit verehrt. In unangebrachter Ängstlichkeit

35 [9] »Es ist, wie mit den anmuthigen Morgenträumen, aus deren ein-
schläferndem Wirbel man nur mit Gewalt sich herausziehen kann,
wenn man nicht in immer drückender[e] Müdigkeit gerathen, und so
in krankhafter Erschöpfung nachher den ganzen Tag hinschleppen
will.« Novalis Schriften, Berlin 1826. 1. Theil p. 107.

habe ich versucht, die zu enge Berührung mit jenen Phänome-
nen zu vermeiden, deren Anziehungskraft vielleicht zu große
Macht über mich ausüben könnte. Ich habe versucht, mir viel
von ihnen anzueignen, ihre Individualität und Bedeutung im
Menschenleben studiert, mich jedoch zugleich davor gehütet,   5
dass ich nicht wie die Mücke dem Licht zu nahe komme. Im
Umgang mit den herkömmlichen Menschen habe ich nur wenig
zu gewinnen oder zu verlieren gehabt. Teils haben all ihre Be-
schäftigungen – das so genannte praktische Leben[10] – mich nur
wenig interessiert; teils hat die Kälte und der Mangel jeglicher   10
Sympathie, mit der sie die geistigen und tieferen Regungen im
Menschen betrachten, mich noch mehr von ihnen entfernt. Mein
Freundeskreis hat mit wenigen Ausnahmen keine besondere
Macht über mich ausgeübt. Ein Leben, das mit sich selbst nicht
ins Reine gekommen ist, muss notwendigerweise eine unebene   15
Oberfläche an den Seiten aufweisen; hier nun sind sie nur an
einzelnen Fakten und deren offensichtlicher Disharmonie stehen
geblieben, denn den Versuch zu machen, diese in einer höheren
Harmonie aufzulösen oder ihre Notwendigkeit einzusehen,
dazu hatten sie nicht genügend Interesse an mir. Ihr Urteil über   20
mich war deshalb immer einseitig, und ich habe ihren Aussagen
abwechselnd entweder zu viel oder zu wenig Gewicht beigemessen. Auch ihrem Einfluss und den daraus möglichen Missweisungen auf dem Kompass meines Lebens habe ich mich jetzt
entzogen. Und so stehe ich denn wieder auf dem Punkt, dass ich   25
auf andere Weise anfangen muss. Ich will nun versuchen, ruhig
den Blick auf mich selbst zu heften, und will beginnen, innerlich   30
zu handeln; denn nur dadurch werde ich imstande sein, ebenso
wie das Kind bei seiner ersten mit Bewusstsein vorgenommenen
Handlung sich: »ich« nennt, mich in tieferer Bedeutung: »ich« zu   30
nennen.
    Doch dazu ist Ausdauer erforderlich, und man kann nicht

---

[10]) Diese Art Leben, die im ganzen Zeitalter ziemlich durchgängig
      wirksam ist, zeigt sich auch im Großen. Während in alten Zeiten
      Werke errichtet wurden, bei denen der Betrachter verstummen   35
      musste, baut man heute eine Brücke unter der Themse (Nutzen
      und Vorteil). Ja, das Kind fragt, beinahe noch bevor es Zeit hat,
      die Schönheit einer Pflanze oder die eine oder andere Tierart zu
      bewundern: Wozu ist sie nützlich?

sofort ernten, wo man gesät hat. Ich will an die Methode jenes
Philosophen erinnern: seine Schüler drei Jahre lang schweigen
zu lassen, dann gelingt es wohl. Ebenso wie man ein Fest nicht
beim Aufgang der Sonne beginnt, sondern bei ihrem Untergang,
5 so muss man auch in der geistigen Welt erst einmal eine Weile
vorausarbeiten, bevor die Sonne richtig für uns scheinen kann
und in all ihrer Herrlichkeit aufgeht; denn wohl heißt es: dass
Gott seine Sonne aufgehen lässt über Gute und Böse und regnen
lässt über Gerechte und Ungerechte, aber nicht so in der geisti-
10 gen Welt. So sei denn das Los geworfen – ich gehe über den
Rubikon! Zwar führt dieser Weg mich *zum Kampf;* aber ich will
nicht verzagen. Ich will nicht trauern über die vergangene Zeit –
denn wozu Trauer? Mit Kraft will ich mich vorwärts arbeiten
und nicht die Zeit mit Trauern verschwenden wie einer, der in
15 einem Moorloch zuerst berechnen würde, wie tief er eingesunken war, ohne daran zu denken, dass er in der Zeit, die er dazu
braucht, noch tiefer sinkt. Ich will vorwärts eilen auf dem gefun-
denen Weg und jedem, den ich treffe, zurufen: nicht wie Lots
Weib zurückzuschauen, sondern daran zu denken, dass es ein
20 Berg ist, den wir hinaufstreben.

                              *   *

   Es kann nicht angehen, in der Art vorwärts zu hasten, wie die
Moralisten es meinen, die sogar die Reue verwerfen; – sehen wir
nicht in der physischen Welt den Nebel sich wie ein stilles Gebet
25 von der Erde erheben, um erhört als erfrischender Tau zurückzukehren –?

                   ═══════   ◄

13 ▸ *Philosophie und Christentum lassen sich doch niemals vereinen*[1],
denn wenn ich etwas vom Essentiellsten im Christentum festhal-
30 ten will, nämlich die Erlösung, so muss sie sich, sofern sie wirklich etwas sein soll, natürlich auf den ganzen Menschen erstrecken. Oder sollte ich mir seine moralischen Fähigkeiten mangelhaft und seine Erkenntnis dagegen unbeschädigt vorstellen? Ich
könnte mir so natürlich eine Philosophie nach dem Christentum

35 [1]) Vgl. den scholastischen Satz: »dass etwas in der Philosophie wahr
      sein kann, was in der Theologie falsch ist.«

vorstellen oder nachdem ein Mensch Christ geworden ist, aber
dies wäre dann eine christliche Philosophie. Das Verhältnis wäre
dann nicht das der Philosophie zum Christentum, sondern das   31
des Christentums zur christlichen Erkenntnis oder – wenn man
unbedingt will – zur christlichen Philosophie, es sei denn, man   5
verlangte, dass die Philosophie vor oder im Christentum zu dem
Resultat kommen sollte, dass man das Rätsel des Lebens nicht
lösen könne; denn hier negierte die Philosophie, als ein Sich-
Rechenschaft-Geben über das Verhältnis zwischen Gott und
Welt, sich selbst, wenn sie zu dem Resultat käme, dass sie jenes   10
Verhältnis nicht erklären könne; dann würde die Philosophie in
ihrer höchsten Vollendung ihren totalen Untergang einschließen,
nämlich als Evidenz dessen, dass sie ihrer Bestimmung nicht
entsprechen konnte. Ja, die Philosophie würde nicht einmal von
diesem Standpunkt her gesehen für einen Übergang zum Chris-   15
tentum taugen, denn sie müsste notwendig bei diesem negativen Resultat stehen bleiben, und die ganze Vorstellung vom
Erlösungsbedürfnis müsste notwendigerweise von einer ganz
anderen Seite in den Menschen kommen, nämlich zuerst gefühlt
und dann erkannt werden. Und wenn nun auch die Philosophie   20
auf eine große Menge Menschen aufmerksam würde, die sich
von ihrem Bedürfnis nach Erlösung, nach wirklicher Erlösung,
für lebhaft überzeugt hielte, so würde sie sich wohl hierauf stürzen können – (obgleich es ihr vielleicht auch schwer fallen
würde, weil nämlich das Christentum vor seiner Prüfung ein   25
Sich-darin-Einleben fordert, aber ebenso wohl auch ein Erlösungsbewusstsein, und hielte er es im Moment der Betrachtung
fest, würde er seine Philosophie aufgeben, und würde er sich an
Letzteres binden, so fehlte ihm das Substrat für seine Reflexion
und er könnte dann höchstens auf sie zurückblicken wie auf   30
etwas Vorbeigegangenes, dessen wahre Realität er dann gerade
in diesem Augenblick bestreiten müsste[2], nämlich als Philosoph
– und versuchen die Überzeugung dieser Menschen zu verstehen; aber deswegen wird er die Notwendigkeit der Erlösung
doch nicht anerkennen. Überhaupt, *hier* liegt der alles verschlin-   35
gende Abgrund: Das Christentum statuiert die Erkenntnis des
Menschen aufgrund der Sünde als mangelhaft, was im Christen-

[2]) Der Philosoph muss den Optimismus entweder annehmen oder
– verzweifeln.

tum richtig gestellt wird; der Philosoph hingegen versucht sich
qua Mensch Rechenschaft zu geben über das Verhältnis von Gott
und der Welt; das Resultat mag deshalb durchaus als einge-
schränkt bestätigt werden, insofern der Mensch ein einge-
schränktes Wesen ist, aber gleichzeitig ist es das Größtmögliche
für den Menschen qua Mensch. Der Philosoph kann in der Tat
zur Vorstellung von der Sünde der Menschen kommen, aber
daraus folgt nicht, dass er erkennt, dass es den Menschen nach
Erlösung drängt, am allerwenigsten nach einer Erlösung, die –
korrespondierend mit der allgemeinen Sündigkeit der Schöpfung – auf Gott übertragen werden muss, wohl aber nach einer
relativen Erlösung (d.h. er erlöst sich selbst). Ja, er würde dem
Menschen sogar zurufen, das Vergangene zu vergessen, denn
bei seinem kraftvollen Schaffen ist dazu keine Zeit.

                                                    d. 17. Okt. 1835.

14   Der Christ mit seinem ganzen Leben und Glauben muss doch
leicht den Eindruck erwecken, er sei ein ▸▸Msch.◂◂, der auf eine
bestimmte Idee fixiert ist[1]. Bevor es ihm gelingt (so berichten uns
die Christen, wenn wir die für diese Religion eigentümlichen
Phänomene beobachten; ich möchte hier zunächst an jene denken, die nicht so sehr versucht haben, das Christentum in die
Welt einzuführen, als sich aus der Welt zurückzuziehen, um in
Christus zu leben. Ich habe diese Erbauungsschriften im Auge,
die aus einem ganz und gar christlichen Leben herausgesogen
wurden und also nicht nur Beobachtungen über das Leben einzelner Individuen sind, sondern die wiederum einer großen Anzahl frommer Christen zur Stärkung in ihrem Christentum ge-

---

[1]) [Ebenda eingeschoben:]
Im Hinblick auf die Anschauungen eines Christen über das Heidentum cfr. Hamann 1. T. S. 406, 418 und 19, besonders S. 419:
»Nein – wenn Gott selbst mit ihm redete, so ist er genöthigt das
Machtwort zum voraus zu senden und es in Erfüllung gehen zu lassen –: Wache auf, der Du schläfst.« Aus S. 406 ersieht man das
vollkommene Missverständnis zwischen einem Christen und einem Nicht-Christen, indem Hamann auf einen Einwand von
Hume antwortet: Ja, eben so verhält es sich gerade.
                                                    d. 10. Sepbr. 36.

dient haben), – bevor es ihm gelingt zur christlichen Überzeugung zu kommen, begegnet ihm mancher Kampf, manch seelisches Leiden, weil Zweifel aufkommen. Wenn er sie endlich erreicht hat, so begegnet ihm die Anfechtung, d.h. die Vernunft macht noch einmal ihre Forderungen geltend, bevor sie gänzlich   5
untergeht[2]. Aber über diese Einwände und Fragen weiß der Christ ja von vornherein Bescheid, bevor er sie gehört hat, dass sie nämlich vom Teufel stammen, so dass die ganze Kunst darin besteht, dem schon früher von Ulysses im Hinblick auf die Sirenen empfohlenen Mittel zu folgen: die Ohren mit Wachs zu   10
verstopfen, weil man sich mit dem, was vom Teufel kommt, in keiner Weise einlassen darf, denn man glaubte, dass man so mit seinen Einwendungen fertig sei, ebenso wie man heutzutage meint, dass man mit einem Gegner fertig sei, wenn man seine Moralität angegriffen hat. Deswegen halte ich das ganze Gerede   33
vom Teufel für eine große christliche Ausflucht. – Der Grund, weshalb diese Zweifel ein zweites Mal aufkommen können (denn das, was nun ein zweites Mal unter dem Namen der Anfechtung erscheint, ist das, was wir auf dem ersten Standpunkt Zweifel nennen), ist der, dass diese nicht beim ersten Mal   20
durch eine Debatte abgewiesen wurden, sondern dass eine andere Macht oder Triebkraft sie beiseite stieß. Der Grund, weshalb diese Anfechtungen nicht das ganze Leben des Christen

[2]) [Ebenda:]
   Es gibt einen Hauptgegensatz: Augustin und Pelagius. Der erste   25
   will alles zerschlagen, um es dann wieder aufzurichten; der andere wendet sich an den Menschen, wie er ist. Das erste System kennt im Hinblick auf das Christentum deshalb drei Stadien: die Schöpfung – den Sündenfall und dadurch bedingt einen Todes- und Ohnmachts-Zustand – und eine neue Schöpfung, wobei der   30
   Mensch auf den Standpunkt gestellt wird, dass er wählen kann, und dann folgt – wenn er wählt – das Christentum. – Das andere System wendet sich an den Menschen, wie er ist (Christentum passt in die Welt). Daraus ist die Wichtigkeit der Inspirations-Theorie für das erste System ersichtlich; ebenfalls daraus ersicht-   35
   lich ist das Verhältnis zwischen dem synergistischen und dem semipelagianischen Streit. Es ist dieselbe Frage, bloß dass der synergistische Streit die neue Schöpfung des augustinischen Systems zur Voraussetzung hat.
                                    d. 14. Jan. 1837.   40

hindurch andauern, ist nicht der, dass sie bekämpft wurden,
denn wir sahen ja, dass sie sich mit ihnen nicht einlassen wollen;
aber man kann sich in gewisser Hinsicht abstumpfen, man kann
geistig auf dem einen Ohr taub werden, so dass es unmöglich
wird, einen aufzurufen. Schließlich steht dann der Christ fertig
da, weist nun also stolz auf seine letzte Stunde hin und spricht
mit einem gewissen Hochmut über die Ruhe, mit der er dem Tod
ins Auge sehen wird; – doch ist das ein Wunder? Wenn ein
Mensch sein ganzes Leben dazu benutzt hat, sich in eine bestimmte Idee hineinzuleben, was Wunder, wenn er sie dann
sieht wie der Augenschwache, der überall Funken vor seinen
Augen erkennt? Was Wunder, wenn dieser Funke oder Fleck ihn
daran hindert zu sehen, was wirklich vor ihm liegt? Dies sieht
wohl nach einem glücklichen Wahnsinn aus. Wohl wird man
hinzeigen auf die vielen großen Scharfsinnigen und Tiefsinnigen, die Christen gewesen sind, aber teils muss ich mir die eine
oder andere kleine Ketzerei für diese allzu bedeutenden Namen
reservieren, teils haben wir doch schon früher Leute gesehen, die
unter einer fixen Idee eine unvergleichliche Scharfsinnigkeit bewiesen haben; denn als etwas vom Vortrefflichsten erscheint mir
bei Don Quijote die Leichtigkeit, mit der er, wenn er z.B. fälsch-
licherweise Windmühlen für Riesen gehalten hat, dennoch herausfindet, dass es der böse Dämon gewesen sein muss, der ihn
ständig verfolgt. Und hat er wohl jemals an seiner ritterlichen
Bestimmung gezweifelt? haben ihm jemals Ruhe und Zufriedenheit gefehlt? – und *das* ist es doch, worauf die Christen sich
vornehmlich berufen und verlangen, dass wir, um sie zu beurteilen, erst selbst Christen werden sollten.

                                                   d. 19. Oktb. 35.   ◄

15 ▸▸Bemerkungen, die sich auf einigen circa zeitgleichen Zetteln
befanden◂◂

▸   Wenn ich auf eine Menge einzelner Phänomene im christlichen Leben schaue, so kommt es mir vor, dass das Christentum,
anstatt ihnen Kraft zu schenken, – – ja, dass solche Individuen
im Vergleich zum Heiden durch das Christentum ihrer Mannheit beraubt sind und sich nun verhalten wie der Wallach zum
Hengst.

* *

– Das Christentum machte eine imposante Figur, als es in der **16**
Welt kräftig auftrat und sich äußerte, aber von dem Augenblick
an, als es entweder durch einen Papst versuchte, Grenzen abzu-
stecken oder dem Volk die Bibel an den Kopf werfen wollte oder   5
jetzt zuletzt das Glaubensbekenntnis, gleicht es einem Greis, der
meint, nun genug in der Welt gelebt zu haben, und mit sich
abschließen möchte. Deswegen verfällt natürlich ein Teil seiner
unehelichen Kinder (die Rationalisten) darauf, es müsse unter
einem Vormund für unmündig erklärt werden, wohingegen   10
seine wahren Kinder meinen, dass es sich wie Sophokles im
entscheidenden Augenblick zum Erstaunen der Welt in voller
Kraft erhebt. – Die Stimme ist zwar Jakobs, aber die Hände sind
Esaus.

* *   15

– Die Folgen einer solchen Vereinigung (von Christentum und   **17**
Philosophie) sieht man am Rationalismus, eine Vorstellung, für
die die Sprachverwirrung ein Typus ist, und so, wie man bemerkt hat, dass viele Wörter die verschiedenen Sprachen durchlaufen, so haben die Rationalisten, ungeachtet dessen, dass sie   20
einander schlecht machen, dennoch diese Worte gemeinsam:
philosophisches, vernünftiges Christentum (das Christentum
und das ganze Auftreten Christi ist eine – Akkommodation).

═══════   ◄

▸   Ich habe nun zu zeigen versucht, warum sich wohl Christen-   **18**
tum und Philosophie nicht vereinen lassen. Um die Richtigkeit
dieser Trennung nachzuweisen, habe ich in Betracht gezogen,
wie das Christentum, oder richtiger das christliche Leben, vom   35
Standpunkt der Vernunft aus gesehen erscheinen muss. Ich
werde nun zur weiteren Bestätigung skizzieren, wie der Mensch   30
als Mensch außerhalb des Christentums dem Christen erscheinen muss. In dieser Hinsicht wird es genügen daran zu erinnern,
in welcher Weise die Christen die Heiden betrachteten, ihre Götter für das Werk des Teufels hielten, ihre Tugenden für glän-

zende Laster, wie eine ihrer Koryphäen den Menschen vor Christus für einen Klotz und Stein erklärt, wie sie die Predigt ihres
Evangeliums in keiner Weise an den Menschen als solchen
knüpften, wie sie beständig begannen mit: Kehrt um, und wie
5 sie selbst erklärten, dass ihr Evangelium den Heiden eine Torheit
und den Juden ein Ärgernis wäre. Und sollte vielleicht jemand
gemeint haben, dass ich, indem ich die Extreme heranzog, sie
womöglich zu scharf gegeneinander gestellt hätte, und dass man
auch auf die unzähligen Nuancierungen Rücksicht nehmen
10 müsste, die in dieser Hinsicht aufträten, so will ich denn diese
ein wenig observieren, falls es denn wirklich solche geben sollte.
Und was ist es denn, das bewirkt, dass es wirklich viele gibt, die,
wie sie sagen, christliche Impulse in ihrem Bewusstsein finden,
aber andererseits weder Christen sind noch sich dafür ausge-
15 ben? Das ist freilich so, weil *das Christentum eine Radikalkur ist,*
gegen die man sich sträubt, und das auch ohne dass diese Menschen just derart äußerliche Vorstellungen haben müssen, wie
sie in ältesten Zeiten einige Christen dazu brachten, den entscheidenden Schritt bis zum letzten Augenblick aufzuschieben –
20 es ist gewiss so, dass ihnen die Kraft fehlt, den verzweifelnden
Sprung zu tun. Dazu kommt auch die seltsam stickige Luft, die
uns im Christentum entgegen, kommt und die jeden Einzelnen
einem sehr gefährlichen Tropenfieber aussetzt (darüber zuvor –
Anfechtungen), bevor er akklimatisiert ist. Schauen wir zuerst
25 auf das Leben hier auf Erden hin, da treten sie uns entgegen mit
der Erklärung, dass alles sündig sei, sowohl der Mensch als auch
die Natur; sie sprechen vom breiten Weg im Gegensatz zum
schmalen. Schauen wir auf die andere Welt hin, so finden wir, so
lehren die Christen, erst richtig die Auflösung des Knotens (5.
30 Akt). Und hatten die Christen auch keine derart grandiose Phantasie wie jene, die sich dem Nordländer ausmalen ließ, wie Loki
an einen Felsen gebunden ist und Gift auf ihn nieder tropft, die
ihm aber doch sein Weib an seine Seite setzt, – da haben die
Christen hingegen den Unglücklichen jeder Linderung zu be-
35 rauben gewusst – nicht einmal einen Tropfen Wasser um seine
brennende Zunge zu laben. Fast überall, wo der Christ sich mit
dem Kommenden beschäftigt, da ist Strafe, Zerstörung, Untergang, ewige Qual und Pein das, was ihm vorschwebt, und
ebenso üppig und ausschweifend, wie seine Phantasie in dieser
40 Hinsicht ist, ebenso dürftig ist sie, wenn von der Seligkeit der

Gläubigen und Auserwählten die Rede ist, die als ein seliges   36
Hinstarren geschildert wird mit einem dieser matten, stierenden
Augen, mit einer großen und fixierten Pupille, oder mit einem
wässrig schwimmenden Blick, der alles klare Sehen verhindert.
Es ist nicht von einem geistig starken Leben die Rede; das Schauen   5
Gottes von Angesicht zu Angesicht, das ganze Verstehen im
Gegensatz zu unserem Schauen hier auf Erden in einem Spiegel
und einem Rätsel, das hat sie nicht sehr beschäftigt. Es kommt mir
so vor wie die Weise, in der die Liebe in einer gewissen Art von
Romanen behandelt wurde. Nach langwierigem Kampf mit Dra-   10
chen und wilden Tieren war es endlich dem Liebenden geglückt,
in die Arme seines Mädchens zu fallen, und da fiel auch der
Vorhang für eine ebenso prosaische Ehe wie alle anderen, anstatt
dass nun erst recht ein Wachstum in der Liebe erwachen sollte,
ein innerliches Sich-gegenseitig-Spiegeln ineinander. Mir ist die   15
Vorstellung immer weitaus wohltuender vorgekommen: die
großen, ausgezeichnet begabten Männer der Welt, die in das Rad
der Entwicklung des Menschen eingegriffen haben, versammelt
zu sehen; für mich war der Gedanke einer solchen Hochschule
des Menschengeschlechts im tiefsten Sinn begeisternd gewesen,   20
einer solchen wissenschaftlichen Republik, in der wir – im
ewigen Kampf zwischen den Gegensätzen – in jedem Augenblick
an Erkenntnis wüchsen; wo die oft verborgenen und wenig bekannten Ursachen und Wirkungen der Vergangenheit in ihrem
vollen Licht enthüllt werden. Doch die Christen haben sich davor   25
gefürchtet, diesen großen Männern Zutritt zu ihrer Gesellschaft
zu gewähren, damit sie nicht zu gemischt würde, damit immer
nur ein einziger Akkord angeschlagen werden könne und die
Christen also wie eine chinesische Ratsversammlung zusammen-
sitzen und sich darüber freuen können, jene hohe, unüberwind-   30
liche Mauer errichtet zu haben gegen – die Barbaren. Und wozu
nun dies alles? Nicht um den Christen zu tadeln, sondern um zu
zeigen, dass der Gegensatz im christlichen Leben de facto anerkannt ist, um jeden, dessen Brust noch nicht in einem solchen
geistigen Korsett eingeschnürt ist, davor zu warnen, sich unvor-   35
sichtig auf dergleichen einzulassen, um ihn vor solchen engbrüs-
tigen, asthmatischen Vorstellungen zu bewahren. Es ist freilich
hart, in einem Land zu wohnen, wo die Sonne nie am Horizont
erscheint; aber es ist auch nicht besonders erfreulich, an einem
Ort zu wohnen, wo die Sonne so senkrecht über unserem Scheitel   40

steht, dass sie weder uns selbst noch irgendetwas in der Umgebung Schatten werfen lässt.

* *   ◄

19   ▸▸Unsere Journal-Literatur. Studium nach der Natur; Mittags-
5   licht;
       Morgenbetrachtungen der Kbhvnspost,◂◂
37   ▸   *Über die Polemik von Fædrelandet,* eine Antwort, hervorgerufen
       durch den Versuch von Fædrelandet, den Gegenbeweis für die
       von mir niedergelegte Behauptung gegen Kjøbenhavnsposten
10   zu erbringen.
       An Hrn. Orla Lehmann   ◄

       ▸   Etwas, das ich, als ich dies aufzeichnete, gerne erwähnt hätte,
       das ich aber, wie ich sagen kann, wegen einer lächerlichen Eitel-
       keit weggelassen habe – weil ich nämlich fürchtete, dass ich,
15   indem ich es täte, als eitel angesehen würde – ist der Beifall, den
       sowohl jener Vortrag wie auch die Artikel fanden, und ich will
       bloß ein Faktum anführen, dass ein Blatt erschienen ist (Stats-
       vennen Nr. 3), in dem man, in der Annahme, dass der erste
       Artikel (der in Nr. 76) von Heiberg sei, sagte: »dass er viele
20   witzige Dinge geschrieben hat, aber nie etwas so Witziges, und
       dass der alte Rahbek, hätte er noch gelebt, gesagt hätte, es wäre
       unbezahlbar.« Dass zudem auch P. Møller in der Meinung, dass
       dies von Heiberg sei, ihm auf der Straße hinterher ging, um ihm
       dafür zu danken, »weil es das Beste war, das es gegeben hat,
25   seitdem die flyvende Post politisch wurde«, – erreichte ihn jedoch
       nicht und traf E. Boesen, der ihm sagte, dass es von mir war.   ◄

20   ▸   Daraufhin hörte Kjøbenhavnsposten auf zu antworten und
       überließ mir also das letzte Wort, aber nach Ablauf einer langen
       Zeit kam ein neues Blatt heraus, das sich »Humoristiske Intelli-
30   gentsblade« nannte, Redaktion und Verlag von Buchdrucker Jør-
       gensen. Wer der Autor ist, weiß man noch nicht mit Gewissheit,
       aber es ist natürlich der eine oder andere Dichter aus der ästhe-
       tischen Periode von Kjøbenhavnsposten. Die ersten beiden
       Nummern kamen auf einmal heraus und waren fast einzig und
35   allein gegen mich gerichtet und betrafen vornehmlich den Arti-

kel gegen Hage. Es wäre mir natürlich niemals eingefallen auf
solche Blätter wirklich zu antworten, weil im Verlauf einer so
langen Zeit meine Artikel längst vergessen sein mussten und er
insoweit Referent und Richter zugleich war; ich wollte ihm deshalb bloß seine komische Seite abgewinnen und seine Torheit   5
und Geistesarmut nachweisen. Nachdem ich die Antwort geschrieben hatte, fiel mir aber ein, dass es nicht der Mühe wert
war, es drucken zu lassen, denn diese Intelligenzblätter hatten
keine besondere Aufmerksamkeit geweckt und in der Studentenvereinigung z.B., – einer der wenigen Orte, wo man sie zu   10
lesen bekam, – befand man sie für derart schlecht, dass nicht
einmal die Anhänger von Kjøbenhavnsposten sie zu loben wagten. Die Nr. 3 dieser Blätter war gegen die gesamte Flyvepost
gerichtet, und die Antwort darauf stand insofern nicht mir zu,
sondern Heiberg. Obwohl diese Nr. 3 zweifelsohne die beste der   15
drei Nummern war, erklärte Heiberg, dass *sie* besser antworten   38
müssten, wenn sie eine Antwort von *ihm* haben wollten.

* *

– Die Antwort, die ich geschrieben hatte, lautete so: **21**

»Humoristiske Intelligentsblade« Nr. 1 und 2.   20

»Ich ließ mein Haupthaar schneiden mir zur Osterzeit,
Vor Schreck erhebt sich nun der Stumpf, der übrig bleibt,
Und hebt ein Zoll hoch die Perück' von ihrem Ort,
Wer würd' genannt Sophist, dem's da nicht graut in einem
fort.«   25

Wieder ein neuer Gegner, wieder mit gebührender Frist, wieder Vormundschaft für Kjøbenhavnsposten – denn dass wir
diese Blätter in einem *so* wesentlichen Verhältnis zu jener sehen,
darin werden uns gewiss die verehrten Leser Recht geben und
noch mehr durch folgende Betrachtungen bestärkt werden.   30
Diese Blätter haben keinen oder so gut wie keinen Redakteur, –
ebenso bei Kjøbenhavnsposten; – ihre Frühjahrs-Betrachtungen
entsprechen den Morgen-dito der Kjøbenhavnsposten, und die
von Flüssigkeiten, Wasser und Dampf schwangere Phantasie

steht in einem wesentlichen und notwendigen Verhältnis zur
[Flaschen-]*Post*. Es wird wohl dem verehrten Leser bekannt sein,
dass sich hierzulande nicht nur eine politische, sondern auch
eine ästhetische Zwergenzunft entwickelt hat, und diese stehen
durch Liunge in einem Verhältnis zueinander. Aber da nun Flüssigkeiten in verbundenen Röhren immer gleich hoch stehen, so
können wir von den Politikern auf die Ästhetiker schließen. Wie
der Herr, so die Diener; ist der Reiter ein Don Quijote, so können
wir im Voraus wissen, wie der Dichter und der Humorist ist.
Trafen wir deswegen bei einer früheren Gelegenheit die verehrte
Gesellschaft in Auerbachs Weinkeller, so können wir sicher sein,
dort auch unseren Humoristen zu treffen – und hört nur:
    der lärmende Chor:

        »Uns ist ganz kanibalisch wohl
        als wie fünfhundert Säuen!«

Siehe, dies ist der Zustand, in dem wir unseren Humoristen
festhalten müssen. Wie wir nämlich im Frühling wild umher-
springende Kühe mit genialen Schwanzstellungen in kurzem
Galopp quer über die Felder dahinjagen sehen – ein Phänomen,
das der erfahrene Landmann in tiefer Ironie mit der Wärme und
den Bremsen erklärt – so auch unser Humorist: Mit Frühjahrs-
gedanken über das Grünfutter springt *er* umher. Ihm nun dasselbe anzutun, was wir bei früherer Gelegenheit mit einem unserer Politiker, der in Berserkerwut fiel, getan haben: ihn einzu-
klemmen in die Schilde des Dilemmas, – ihn hier dermaßen
anzupflocken, das wollen wir nicht und das vornehmlich, weil
keine Gefahr für die Weiderechte der Flyvepost besteht. Da indessen dieses geniale Herumjagen etwas monoton werden
würde, hat unser Humorist, selbst mager, gleich jenen sieben
mageren Kühen in Ägypten, sieben fette verschluckt, ohne dabei
fetter zu werden – mit anderen Worten: Unser *Humorist stiehlt*.
Nicht nur in Holbergs viel frequentiertem Leihhaus, wo er borgen geht; nicht nur bei namhaften und namenlosen Verfassern,
nein, sogar bei Freunden und Bekannten[1]. Aber ich würde zu

---

[1]) Deshalb konnten wir den von unserem Humoristen Hrn. Hage
proponierten Maßstab im Hinblick auf uns auch nicht anwenden:
den kubischen; wir müssen uns des Flächenmaßes bedienen:
seine Schriften haben beständig Länge und Breite – keine Tiefe.

ihm sagen: »Nimm Dich in Acht, junger Mann! Bedenke, wenn
alle Eigentümer auf einmal pfänden würden; denke daran, Du
bist vielleicht jung, verausgabe Dich deshalb nicht in deiner Jugend, das Abbezahlen wird Dir Dein ganzes Leben lang zur Last
werden². Darum will ich Dir auch versprechen, Dir aus Sorge   5
um Dich nicht zu antworten, um Dir keinen Anlass zu geben
und Dich nicht in Versuchung zu führen, in Deiner Jugend nochmals so viel auf Pump zu kaufen. Du wirst mich missverstehen;
Du wirst sagen, es ist eine ungezogene Einmischung in die ökonomischen Angelegenheiten anderer, aber ich kann Dir versi-   10
chern, dass ich dessen ungeachtet, auch wenn Du sogar so
schwach bist, Freundesrat misszuverstehen, stark genug sein
werde zu tun, was ich einmal für Recht befunden habe.«
  Was nun im Übrigen aus dem Streit herauskommen wird, falls
dies ein Streit genannt werden kann, wenn die eine Partei nicht   15
antwortet, weiß ich nicht; da aber ein Mythos die Entstehung
dieses Blattes so richtig zum Ausdruck gebracht hat, will ich ihn,
in der Hoffnung, dass er mit seinem prophetischen Blick vielleicht auch richtig in die Zukunft geschaut hat, hier abdrucken
lassen.   20
  »Nordens Mythologie« von Grundtvig S. 409: »Dazu machten
sich die Trolle auf Steinwall einen Riesen aus Lehm und langem
Stroh, der neun Klafter hoch und über die Brust drei Klafter breit
war und schließlich fanden sie ein Pferdeherz, das groß genug
für ihn war; aber sie konnten doch nicht anders als erbeben, als   25
Thor sich blicken ließ.... An◄ seiner (Hrugnirs) Seite stand der   40
Lehmriese, den sie Narrifas nannten, aber er war so verdutzt,
dass er stallte, als er Thor sah«.³ –

²) Ich hoffe die verehrten Leser wissen, dass *ich* von Natur aus in der
   glücklichen Lage bin, aus *eigenen* Mitteln leben zu können.   30

³*Anmerkung.* Da unser Gegner uns so stark des Hochmuts ver-
   dächtigt hat und also die Dreistigkeit, unsere Situation mit der
   Thors zu vergleichen, womöglich auf ihn und andere Schwache
   schädlich wirken könnte, will ich anmerken, dass auch wenn man
   einen Thor brauchte, um Narrifas in diese Notwendigkeit zu   35
   bringen, man gewiss keinen Thor braucht, um unseren Humoristen dahin zu bringen. –

41
22   Das, was ich hier abschreibe, befand sich auf einem Stück Pa-
         pier und ist älter als meine Kenntnis des jüngeren Fichte, von
         dem ich nur flüchtig »Idee der Personlichkeit« gelesen habe, zwei-
         felsohne ist es vom Febr.
5   19. März. 37.

         Über die Wechselwirkung hinaus kamen (und kann spekulativ
         wohl kaum einer kommen) weder Schleiermacher noch Schel-
         ling noch etwa der jüngere Fichte. Das, was allein Gegenstand
         der Anschauung ist und als solches das einzig Wahre, ist das
10   durch das unendlich Mannigfaltige sich bewegende unendlich
         Eine – das zugleich unendlich Werdende und unendlich Fertige;
         das unendlich Mannigfaltige als solches wäre eine reine Abstrak-
         tion und das unendlich Fertige ebenso, sie können nur in und
         miteinander gesehen werden mit einem Schlag im unendlich
15   Zeit und Raum erfüllenden Jetzt des Anfangs, auf dieselbe Weise
         muss man als Konsequenz daraus die Individualität als das im un-
         endlichen Werden unendlich Fertige erklären[1], weshalb das Sys-
         tem calvinistisch werden musste, oder es doch mit Schleierma-
         chers Modifikation als unendliches Sündigen und unendliches
20   Genugtun erklären, ebenso wie das Individuum prädestiniert
         ist, so ist das System dies in gewisser Weise auch – Allwissenheit
         und Allmacht werden deshalb dasselbe, nur von 2 Seiten her ge-
         sehen, Gottes Bewusstsein von den Dingen ist deren Entstehung.

         Gott ist die Wirklichkeit des Möglichen.

25   Dieses System erreicht eigentl. in der Zeit (wohl spricht Fichte an
         einer Stelle über »besondere Zeit«, wodurch er also über Schel-
         ling hätte hinaus kommen sollen, aber dabei bleibt es.) – nicht die
         chr. Lehre von der Zeit – vom Sündenfall des Teufels aus der
         Ewigkeit und dadurch d. Msch. in der Zeit[2]; nicht die Genug-
30   tuung in der Zeit, nicht den Glauben (bloß das unmittelb. Be-
42   wusstsein). – Insofern hat Fichte einen Fortschritt gemacht, in-
         dem er über Hegels Abstraktion hinaus zur Anschauung ge-
         kommen ist.

         [1]wäre bloß das unendlich Mannigfaltige gegeben, bliebe es rein
35   atomistisch.

Die erste Schöpfung gibt das unmittelb. Bewusstsein
(das ist der Eindruck; aber wie beim Wind weiß man
weder, woher er kommt, noch wohin er weht), darüber
hinaus können wir nicht kommen; das Xstt. ist die
zweite Schöpfung (deswegen wird Xstus von einer rei-   5
nen Jungfrau geboren, was wiederum eine Schöpfung
aus dem Nichts ist; deswegen beschattete der Geist
Gottes die Jungfr. Maria, ebenso wie er einstmals über
dem Meer schwebte), ein neues Moment, das Hören
des Wortes – Glaube, der das zweite Stadium des un-   10
mittelb. Bewusstseins ist – das ganze Reden über Tradition auf philosophischem Gebiet ist eine Subreption,
ein uneheliches Kind des Xstt. Was nun freilich den
Anstoß zu dieser Rede über Tradition gegeben hat, ist
dies, dass man, da man die Philosophie zur theoreti-   15
schen Vollendung des Bewusstseins gemacht hat, um
jedoch dem Einwand zu entgehen, dass es dafür, dass
man das normale Bewusstsein getroffen habe, eigentl.
doch keine Garantie gab, nun die Tradition hinzufügte. –
Deshalb kann es hier zu der Frage kommen, weshalb   20
Gott die Welt erschuf, worauf ja auch die alten Dogmatiker eingegangen sind – weil sie eine Offenbarung
kennen – während Fichte etc. natürlich nie hinauska-
men über das allg. menschl. unmittelb. Bewusstsein.

Wenn ich das Vorhergehende abschreibe, heißt das   25
nicht, dass ich glaube, dass damit etwas Großes
gesagt ist; sondern weil es mich freut zu sehen,
dass ein Teil der vorliegenden Bemerkungen im
Wesentlichen mit dem übereinstimmt, worauf ich
beim späteren Lesen d. jüng. Fichte gestoßen bin.   30
Dasselbe gilt für das folgende Stück.

[2]es muss wohl bei Fr. Baader etwas Entsprechendes geben, wo er z.B. im Namen der Mschheit sich die Ehre
verbittet, der erste Erfinder der Sünde zu sein, und
gegen Kants radikal Böses eifert. – Zugleich gehört hier-   35
her Günthers Theorie über die Erbsünde als bedingt
durch die Entwicklung des Geschlechts, Adam und
Eva waren sich ja vor dem Sündenfall ihres Geschlechts-
unterschiedes nicht bewusst.

43

23   Es ist eine sehr interessante kleine Erzählung von Cl.
Brentano: das schöne Annerl, auch von Bedeutung im
Hinbl. auf Ahnung. Sie ist in höchstem Grad volks-
tümlich, und sollte ihr keine Volkssage zugrunde liegen, dann hat sich B. damit als ein wahrer Meister
gezeigt. Außer dem frohen und lebenslustigen Ton
nämlich (sana mens in sano corpore) durchzieht auch eine tief ernsthafte Melancholie das eigentl. Volkstümliche; eine Ahnung von der Macht des Bösen; eine stille Resignation, die jedes Zeitalter seinen Tribut an jene
unbeugsame Macht zollen lässt[a]; deswegen spielen
Richtstätten, Raben und Krähen, Gefängnis, Verführungen etc. eine so große Rolle. Ein solcher Ton geht
nun auch durch diese Erzählung, der einfache gottesfürchtige Vers, der sich so wundervoll prophetisch
durch sie windet; die bange Ahnung des Scharfrichters, als das Schwert sich bewegt; die Geschichte darüber, wie das schöne Annerl immer auf ganz eigene
Weise an ihrer Schürze zieht etc.
     Die ganze Geschichte muss man von einer verlotter-
ten Lumpensammlerin hören, auf dem Friedhof der
Selbstmörder, in diesiger Luft, unter den Schreien der
Raben und Krähen an einem Hinrichtungstag[b]. –
(Übrigens hat sie Ähnlichkeit mit einem Gedicht aus
des Knaben Wunderh.: 2. Bd. p. 204, welches im Übrigen wohl von ziemlich gewöhnl. Art ist; aber im Hinbl.
auf jene Erzählung ist doch bemerkenswert, dass es ein
Fähnrich ist, und dass er Pardon bringt, jedoch zu spät)
     Im Hinbl. auf die Ahnung findet man auch Verschie-
denes in Steffens' die 4 Norweger, allerdings keine wissenschaftlichen Untersuchungen; aber Elemente zu
dergleichen, nur dass sie bei ihm ein wenig monoton
geblieben sind, fast ebenso sehr wie sein norwegisches
Hochland, da jeder seiner Helden fast alle seine bedeu-
tungsvolleren, tiefer in den Roman eingreifenden
Repliken damit beginnt, über das norwegische Hochland zu sprechen, so hat auch deren Ahnung, außer
dem Unbestimmten, das ja notwendigerweise zu ihr

[a]sich nur eine Beerdigung in
geweihter Erde ausbedingend.

[b]oder dort von einem zer-
lumpten verhutzelten Geschöpf
eine Familien-Tragödie hören
über den Gott, der die Schuld
der Väter heimsucht bis ins
4. und 5. Glied.

gehört, etwas Abstraktes; es gibt in ihrem Bewusstsein
nicht genug Momente, die Solches zumindest ahnen
lassen könnten; denn wohl ist alle Ahnung dunkel und
mit einem Schlag ins Bewusstsein tretend, oder doch
so nach und nach die Seele beängstigend, dass sie   44
nicht als Konklusion aus gegebenen Prämissen auftritt, sondern beständig über sich hinausweist in ein
unbestimmbares Etwas; und doch glaube ich, dass man
jetzt mehr als irgendwann zuvor darauf eingehen
muss, die subjektive Empfänglichkeit nachzuweisen,   10
und dies nicht als etwas Krankhaftes und Ungesun-
des; sondern als etwas bei einer normalen Konstitu-
tion Mitseiendes.

#

Eine Bemerkung zur Theologie: König Lear Akt IV,   24
Sz. 6, (nach Tiecks Übersetzung 8. Bd. p. 362 unten)
Lear: ..... Ja und Nein zugleich, das war keine gute
Theologie. –

#

Es gibt Msch, die, indem sie sich mit einer schreckli-   25
chen Geschäftigkeit in alles einmischen, immer eine
sehr komische Rolle spielen. Ich kann mir kein besseres Vorbild für solche Leute vorstellen als das, das
Baggesen in Jens Skovfoged (in seiner Kalundborg-
chronik) gegeben hat: 25

Da kam zu Pferde hopp hopp hopp
Jens Skovfod geritten im Galopp.

#

Dies ist ein recht merkwürdiger Selbstwiderspruch,   26
eine Lüge in aller Naivität (deshalb lassen sich diese   30
Erzählungen auch so leicht parodieren), der sich durch
die Heldengeschichten zieht. Ich will hier nur ein Beispiel aus der Geschichte der Saga von Hervor und Kö-

nig Heidrek anführen, die im 3. Bd. in Rafns nordiske
Kjæmpehistorier zu finden ist. Es ist nämlich nicht
bloß das Vergessen, was man zuvor gesagt hat, das bewirkt, das sie z.B. von beinahe jedem Helden [sagen],
dass er der stärkste etc. sei, sondern er ist auch noch
von anderer Art: so wird auf p. 8 erzählt, dass Svafurlami von den Trollen Tyrfing bekommt, ein Schwert,
das die Eigenschaft hatte, dass es bei jedem Ziehen
den Tod eines Mannes bedeutete, nun zieht er es,
schlägt nach den Trollen; doch siehe, die trifft er nicht
und so müsste er sich eigentl. selbst umgebracht haben. Weiter auf p. 18 wo Agantyr mit Hialmar kämpfen soll; aber Odd rät ihm, ihn an seiner Stelle gehen zu
lassen, weil er ein Seidenhemd besaß, das die Eigenschaft hatte, dass Stahl nie darin Halt fände (also ein
Schwert das alles durchdringt – und auf der anderen
Seite ein Hemd, das von keinem Schwert zerschlagen
werden kann). Fernerhin der Widerspruch, der sich ja
durch alle derartigen Erzählungen zieht, in der Auffassung vom Leben der Helden; während dort von
ihrem großen Mut gesprochen wird, von der Lust zu
kämpfen etc., lässt man sie gleichzeitig in der ängst-
lichsten Weise dafür sorgen, nicht nur gute Waffen zu
besitzen; sondern sogar verhexte Waffen, die im Übrigen dem Helden ein erbärmliches Übergewicht über
den Stolzesten geben würden; zur gleichen Zeit vergisst man, während über den Kampf berichtet wird,
dass nur der eine diese Beihilfe hatte und lässt es gar
lange dauern, bis der Sieg entschieden ist, ja er siegt
sogar nur mit Müh und Not. – Darin liegt die in diesem romantischen Leben immer noch in ihrer Unmit-
telbark. schlummernde, in und mit ihm bestehende
Ironie. – Hierhin gehört auch jene vortreffliche Naivität in der Geschichte von der Fessel, mit welcher der
Fenriswolf angebunden war. Hier werden 5 Dinge genannt, die es auf der Welt nicht gibt, und von denen
es heißt: deshalb gibt es sie nicht auf der Welt. – Als
Thor die Midgaardschlange fangen soll, stoßen die Beine *durch* das Boot (physisch gesehen wohl unmöglich)
und er kommt auf dem Meeresgrund zu stehen. –

[a]Ebenso in der Ørvarodds Saga 3. Teil der Kjæmpehist.
v. Rafn p. 118, wo er mit
Øgmund kämpft und jener bemerkt: ich hieb auf deinen
Arm; aber es biss nicht zu, obwohl ich *ein Schwert* habe, *das*
vor nichts Halt macht.

[b]oder eine kostbare Salbe, die
jede Wunde heilt;

#

1   [a]Hier muss die Entwicklung
des Begriffs Ironie ihren Anfang nehmen, die grandiosen,
phantastischen Ideen müssen
5   zufrieden gestellt werden, und
die Reflexion hat die Gutgläu-
bigkeit dieses Standpunkts
noch nicht gestört; aber nun bemerkt man, dass es in der Welt
10   so nicht zugeht, und, da man
seine großen Ideale nicht aufgeben kann, muss man gleichzeitig fühlen, wie die Welt einen auf eine Weise verspottet
15   (Ironie – romantisch, das Vorhergehende war nämlich nicht
romantisch; sondern eine Genugtuung in Form der Tat) (diese Ironie ist die Ironie der Welt
20   über den Einzelnen und unterscheidet sich von dem, was
man bei den Griechen Ironie
nannte, was gerade jene ironische Genugtuung war, in der
25   das einzelne Individuum über
der Welt schwebte und das gerade begonnen hatte, sich zu
entwickeln, als die Idee des
Staates deswegen in Sokrates
30   mehr und mehr verschwand;
aber auf dem romantischen
Standpunkt, worin alles Streben ist, da kann die Ironie
nicht in das Individuum eintre-
35   ten; sondern sie liegt außerhalb, diesen Unterschied, glaube ich, hat man zu sehr übersehen.) schließlich der dritte
Standpunkt, worin die Ironie
40   sich überlebt hat.

Die Ruhe, die Geborgenheit, die man beim Lesen ei-   **27**
nes klassischen Werkes hat oder beim Umgang mit einem vollständig entwickelten Msch., hat im Romantischen keinen Platz, dort geht es fast zu, als wenn man   5
einen Mann schreiben sieht, der mit der Hand zittert,
man fürchtet jeden Augenblick, dass ihm die Feder
zum einen oder anderen fratzenhaften Zug entglei-
tet. (Dies ist die schlummernde Ironie).

10
46
Ich war oft verwundert zu sehen, wie sonst so stren-   **28**
ge Xsten so leicht durch Kleinigkeiten in Versuchung
geraten, die niemand sonst für eine Sache halten würde, die man überwinden muss (Ich habe gesehen, wie
gerne sie ein bisschen von jenem Gericht gehabt hät-   15
ten, das ihnen verboten war, gerne würden sie, wenn
sie ihn für 3 Stunden Schmerzen kaufen könnten, einen glücklichen Augenblick haben beim Genuss des
einen oder anderen, ich sah sie dieses zum Gegenstand für weitläufige Untersuchungen machen, dass sie   20
sich einen großen Sieg einbildeten, wenn sie den Genuss auf ein sehr kleines Quantum hatten einschrän-
ken können.) Woher mag dies wohl kommen? Wohl davon, dass man dies vom allg. Standpunkt aus als eine Indifferenz betrachtet, die folglich nicht in Versu-   25
chung führt, oder wenn man sich darauf einlässt, es für
unbedeutend hält und nicht die allg. christliche Anschauung teilt, dass der Teufel sie gerade in dieser
Weise versuchen will, und insofern mag an der Verteidigung etwas daran sein, die von Katholiken so oft als   30
Beweis für den Satz aufgestellt wird, dass Heiden nicht
selig werden könnten, obgleich sie, wie man einwand-
te, doch anständige Leute waren, dass sie es nämlich
zu sein scheinen; denn da Satan sich ihrer sowieso sicher war, führte er sie nicht in Versuchung. –   35

#

29   Mancher Dichter sollte mit einem altdeutschen Dichter sagen:

    O starker Gott! O gerechter Richter
5   Erbarm dich über mich armen Dichter.

    (altdeutsche Lieder von Görres p. 159.)

#

30   Die Kindheit ist der paradigmatische Teil des Lebens;
das Mannesalter seine Syntax. –

10   #

31   Ich habe Andersens Novelle: Improvisatoren durchgelesen und nichts darin gefunden, nur eine gute Bemerkung, der Italiener sagt zum Abschied am Abend:
felicissima notte und Andersen bemerkt dazu: »der
47 Nordländer wünscht: gute Nacht schlaf wohl, die Italiener wünschen: die glücklichste Nacht! Zu den Nächten des Südens gehört mehr als – Träume« (1. T. p.
102). Dabei musste ich an diese treuherzigen Wächter
denken, die in altdeutschen Liedern immer auftreten
20 mit ihrem: Wach uff Wach uff, womit sie die Liebenden daran erinnern, dass der Morgen graut.

#

#

32   Im Ganzen gesehen ist es wohl kaum möglich, die
25 Heldengeschichten ohne ein Lächeln zu lesen. Man
denke bloß an das Komische, das darin liegt, dass ein
solcher Held wie Holger Danske angerannt kommt, ein
ganz und gar stehender Ausdruck, und manchmal
verhält es sich so, dass sie ein paar Meilen hintereinan-
30 der herrennen, dann kommt Carl Magnus gerannt
und schlägt auf ihn ein etc. Eine sonderbare Naivität

[a]Ebenso hat der Erzähler kein   1
besonders gutes Auge dafür,
die Wirklichkeit des Kampfes
in ein natürliches Verhältnis zu
der ungeheuren Truppenmas-   5
se zu setzen, von der wir oft
sprechen hören – manchmal
bis zu mehreren Millionen. Und

dann erst die Schlacht selbst, da
hören wir, dass Oliver, Roland
oder dergleichen Personen
angerannt kamen und auf einen König einhieben; als aber
einer der Feinde dies sah, kam
er angerannt und schlug auf
Roland ein und da sagte Roland: Gott helfe mir armen
Msch. Darauf haben sie denn
gesiegt und Roland hat allein
1000 niedergestreckt. Gott
weiß, woher er die Zeit dazu
hatte, war doch der erste
Kampf so gefährlich. –

– Auch die langen Merkverse
auf Länder, die einer erobert
oder auf Helden, die er überwunden hat, sind komisch, da
doch die quantitative Größe
beim Leser unwillkürlich einen
schädlichen Einfluss auf dessen Vorstellung über die Qualität der Betreffenden hat. Dies
hat Holberg so vortrefflich begriffen. Je öfter nämlich etwas
ganz außerordentlich Großes
erzählt wird, desto kleiner wird
es vergleichsweise. –

[b]Dies ist ungefähr eine ebenso
schlechte Replik, als wenn Papageno in der Zauberflöte sagt:
ich bin ein »Naturmensch.«

findet man auch im Hinbl. darauf, sich nicht zu entsin-
nen, was man vorher gesagt hat. Holger Danske (cfr.
Rabecks 1. T. p. 289) kommt zu Morgana, die ihm eine Krone auf den Kopf setzt, wodurch er alles vergisst, außer sie und ihre Liebe, und dennoch heißt es
auf p. 292, dass er mit König Artus, den er dort trifft,
über ihre Taten spricht, und dann erst später, als
Morgana ihm die Krone abnimmt, da erst erinnert er
sich an das Vergangene. Eine einseitige Moral macht
die Helden im Grunde unmoralisch, und merkwürdig erscheint dieses Vertrauen, das sie in die Entscheidung eines Zweikampfs setzen wer Recht hat, während sie sich nicht schämen, jeder für sich für den zu
kämpfen, den sie mögen, auch wenn sie oder er
Unrecht hätte. – Höchst komisch sind auch die theol.
Dispute, die sie mitten im Kampf führen. – Der Erzähler hat einen so geringen dramatischen Blick, dass er
einen Mohammedaner sagen lässt: Oh Gott Mohammed und unsere anderen *Abgötter* (cfr. 45 in Holger.)
    Übrigens habe ich in meinem Exemplar bei eini-
gen Dingen vom gleichen Kaliber ein Zeichen gemacht. –

#

Holger D. ist wohl ursprünglich auf Französisch geschrieben worden, daraus ins Lateinische und von da
durch Christen Pedersen ins Dänische übersetzt worden, in jedem Fall ist doch das Original, das Pedersen gehabt hat, aus einem katholischen Land. Deshalb, wenn dann von dem Wunderbaren in Holger D.s
letztem Leben die Rede ist, heißt es auf p. 252: ob es einer glaubt oder nicht, er sündigt nicht damit; denn es
steht nicht im Credo. – p. 272 heißt es dagegen (und dies

ist offenbar eine Bemerkung von Chr. P. selbst, da er
sagt, derjenige, der sie (die Chronik) geschrieben hat
etc.): was jedoch nicht glaubhaft ist, und wir müssen
dies auch nicht glauben; denn es findet sich nicht in
5   der Heiligen Schrift.

                              #

34   Ein Vorwort.
         Die meisten Msch. machen sich an das Lesen eines
      Buches gern mit einer Vorstellung davon, wie sie
10   selbst geschrieben hätten, wie ein anderer geschrieben
      hat oder hätte, so wie eine ähnliche Befangenheit ein-
      tritt, wenn sie zum ersten Mal einen Msch. sehen und
      folglich wissen sehr wenig Msch. eigentl., wie der an-
      dere Msch aussieht. Hier beginnt nun die erste Mög-
15   lichkeit, ein Buch nicht lesen zu können, die danach ei-
      ne unzählige Menge von Nuancierungen durchläuft,
      bis sich auf der höchsten Stufe – dem Missverständ-
      nis – die zwei gegensätzlichsten Arten von Lesern tref-
      fen – die dümmsten und die genialsten, die beide das
20   gemeinsam haben, dass sie ein Buch nicht lesen kön-
      nen, die Ersteren aufgrund ihrer Leere, die Letzteren
      aufgrund ihres Reichtums an Ideen; darum habe ich
      dieser Schrift einen so allg. Titel gegeben (sie sollte
      »Briefe« heißen), um das Meine zu tun, zu verhindern,
25   was so oft[a] ein Verlust für den Verf., bisweilen für die   [a]oft sage ich; denn es geschieht   1
      Leser ist – das Missverständnis.   auch mitunter, dass man durch
                                                                      ein Missverständnis gute Dinge
                                                                      in einem jämmerlichen Buch
                              #   findet –   5

35   Die Philosophen geben gerne mit der einen Hand
      und nehmen mit der anderen, so z.B. Kant, der uns
30   wohl etwas über die Annäherung der Kategorien an
      das eigentl. Wahre (νοουμενα) gelehrt hat, aber indem
      er sie *unendlich* machte, nahm er damit alles zurück.
      Überhaupt spielt dieser Gebrauch des Wortes unend-
      lich in der Philosophie eine große Rolle. –

35   #

49

Sofern Hegel vom Xstt. befruchtet wurde, versuchte **36**
er das humoristische Element, das es im Xstt. gibt,
auszuscheiden (wozu sich etwas an einer anderen Stelle in meinen Papieren findet), versöhnte sich deswegen ganz mit der Welt und führte zu einem Quietis-   5
mus. Das Gleiche ist der Fall mit Goethe in seinem
Faust, und es ist bemerkenswert, dass der zweite Teil so
spät kam. Den ersten Teil konnte er leicht geben; aber
wie den einmal geweckten Sturm beruhigen, das war
die Frage. Der zweite Teil hat deshalb eine weitaus   10
subjektivere Seite (das ist ja etwas, das Goethe im Ganzen hinreichend ausgesprochen hat, wie das, was er
durchlebt hatte, in dem einen oder anderen Kunstwerk wieder hervortrat), wie um sich selbst zu beruhigen, legt er dieses Glaubensbekenntnis ab. –   15

#

Hegels nachfolgender Standpunkt verschlingt das   **37**
Vorausgegangene nicht wie ein Stadium des Lebens
das andere, da doch jedes seine Gültigkeit behält; sondern so, wie der Justizrat den Kammerrat verschlingt. –   20

Anlässlich eines kleinen Schriftchens von Johannes   **38**
M...... (Martensen) über Lenaus Faust, worin erzählt
wird, dass das Stück mit der Selbsttötung von Faust
endet und Mephistopheles einen Epilog hält, komme
ich auf den Gedanken, wieweit es überhaupt richtig   25
ist, ein Stück dieser Art auf solche Weise enden zu lassen. Und hier glaube ich, Goethe hat Recht, wenn er
den ersten Teil mit Mephistopheles': Heinrich, Heinrich, schließt. Ein Selbstmord würde nämlich diese
Idee zu sehr zu einem Charakter machen, es muss das   30
ganze Gegengewicht der Welt sein, das ihn zerschmettert, so wie in D. Juan. – Oder mit Verzweiflung enden (d. Ewige Jude) Verzweiflung ist romantisch – Strafe nicht, wie es bei Prometheus der Fall war.

#

50

39 Ja richtig! So geht es mir mit allem, was ich anrühre,
wie es in einem Gedicht steht: Knaben Wunderhorn

Ein Jäger stieß wohl in sein Horn,
5   wohl in sein Horn,
Und Alles, was er bliest, das war verlorn.

#

40 Ebenso, wie es im Familien-Leben eine gewisse Klasse
von Msch. gibt, die, wie es so trefflich heißt, Klatsch
10 zwischen den Familien verbreiten, so gibt es eine ganze Schar von Msch., die im Hinbl. auf die Frage nach
der Vereinigung von Xstt. und Philosophie doch eigentl. nur Klatsch verbreiten, indem sie, ohne irgendeine der Parteien genau zu kennen, aus zweiter oder
15 dritter Hand etwas von dem Magister erfahren haben,
der auf seiner Auslandsreise mit diesem oder jenem
großen Gelehrten Tee getrunken hat etc. –

#

41 Faust muss man parallel zu Sokrates betrachten, so wie
20 nämlich Letzterer das Losreißen des Individuums
vom Staat bezeichnet, so bezeichnet Faust das nach der
Aufhebung der Kirche von deren Anleitung losgerissene, sich selbst überlassene Individuum, und darin
ist sein Verhältnis zur Reformation bezeichnet und pa-
25 rodiert insoweit die Reformation, indem die negative
Seite einseitig hervorgehoben wird.

#

42 Es ist ja doch rührend, wenn man an den Läden der
allersimpelsten Buchhändler vorbeigeht und da et-
30 was über den Erz-Zauberer Faust etc. sieht, das Tiefste
der simpelsten Klasse feilgeboten sieht.

#

D. Juan ist nie so populär geworden wie Faust und   **43**
warum.

51

Faust kann keinen Selbstmord begehen, er als die über **44**
allen ihren faktischen Gestalten schwebende Idee
muss sich selbst in einer neuen Idee vollenden (Der
Ewige Jude).

#

1   [a]es geht ihnen wie König Da-   Auf die sonderbarste Weise kann sich die Reflexion   **45**
vid, der das Gleichnis des   um einen schlingen: Ich denke mir aus, dass einer
Propheten nicht verstand, bis er   den Fehler seiner Zeit auf dem Theater darstellen will;
sagte: Du selbst bist der Mann,   aber da er sich selbst unter den Zuschauern befindet,
5   König   sieht er, dass sich dies im Grunde niemand zu Herzen
                                     nimmt, außer insofern er ihn bei seinem Nachbarn fin-   15
                                     det; Er macht noch einen Versuch, er stellt diese Sze-
                                     ne auf dem Theater dar, und das Volk lacht darüber
                                     und sagt: mit vielen Msch. ist es schrecklich, sie kön-
                                     nen wohl Fehler bei Anderen sehen, aber nicht bei sich
                                     selbst. etc. etc. . . . . . –   20

#

Schau, das ist es, worauf es im Leben ankommt, dass   **46**
man einmal etwas gesehen hat, etwas gefühlt hat, das
so groß, so unvergleichlich ist, dass alles andere dagegen nichts ist, dass man, wenn man auch sonst alles   25
vergessen würde, dies niemals vergäße, dass man mit
Benvenuto Cellini, der nach langer Zeit in einem dunklen Gefängnis nun die Sonne zu sehen bekam, sagen
kann: die Gewalt der Strahlen nöthigte mich, wie gewöhnlich die Augen zu schließen, aber ich erholte mich 30
bald, öffnete die Augen wieder, sah unverwandt nach ihr
und sagte: O meine Sonne, nach der ich so lange mich
gesehnt habe, ich will nun nichts weiter sehen, wenn

auch deine Strahlen mich blind machen sollten, und so
blieb ich mit festem Blick stehen.
(Goethes W. 8° Stuttgart und T. 1830 34 Bd. p. 365 u.
und 66 o.).

5   #

47   Die Philosophie ist die Trockenamme des Lebens, sie
kann uns umsorgen – aber nicht stillen. –

52
48   ▸▸[»Der arme Heinrich«]

49   Der Ewige Jude◂◂

50   ▸ Ach, gebe Gott, dass die Kraft, die ich in diesem
Augenblick fühle, nicht sei wie das starke Heer, zahllos
wie der Staub und wohlgerüstet, aber einem ohnmächtigen Nachtgesicht im Traume zu vergleichen; – und
die Beruhigung, die ich fühle, nicht zu vergleichen mit
15   dem Unternehmen des Heeres, das wie das eines Hun-
gernden im Traum ist, der sich an den erdichteten Speisen zu sättigen glaubte und nur noch kraftloser aufwachte.
      (Diese Ausdrücke habe ich von Schubert übernommen:
20   »Symbolik des Traums«, 2. Ausg. S. 27, der sie als Bilder anführt, die am häufigsten in den verschiedenen symbolischen
Sprachformationen vorkommen, und eben deswegen auf eine
zu Grunde liegende Urformation hindeuten.)

                         * *   ◂

51   ▸ So denke ich mir das Verhältnis zwischen satisfactio
vicaria und der eignen Sühne des Menschen für seine
Sünden. Es ist wohl wahr, dass einerseits die Sünden
durch Christi Tod vergeben sind; aber auf der anderen
Seite wird der Mensch dadurch nicht wie durch einen
30   Zauberschlag aus seinen alten Verhältnissen heraus-

gerissen, dem »Sündenleib«, von dem Paulus spricht
(Röm. VII. 25). Er muss denselben Weg zurückgehen,
den er gekommen ist, während das Bewusstsein darüber, dass ihm seine Sünden vergeben sind, ihn aufrecht
hält, ihm Mut gibt und die Verzweiflung verhindert –   5
wie einer, der in voller Empfindung seiner Sünde sich
selbst anzeigt und nun mit Freimütigkeit selbst dem
Tod des Missetäters entgegengeht[1], weil er fühlt, dass
es so sein muss, aber das Bewusstsein darüber, dass die   53
Sache nun vor einen anderen milderen Richter kom-   10
men wird, hält ihn aufrecht. Er geht den gefahrvollen
Weg (der wohl noch dornenreich sein kann, trotz des
Bewusstseins der Sündenvergebung, weil man dies so
oft vergisst) und will Gott nicht versuchen oder Wunder von ihm fordern.   15
   [Spätere Ergänzung am Rand:]
   Man muss denselben Weg retrograd wieder durchlaufen, den man vorangegangen ist, ebenso wie die
Zauberei erst mit dem musikalischen Stück (das Lied
des Elfenkönigs) aufhört, das man von dem Elfenvolk   20
lernen kann, wenn man es wieder genau rückwärts
spielt (retrograd).
                                        d. 11. Okt. 37.

[1]) Wie Luther auch an einer Stelle in seinen Tischreden
    von einem Sünder sagt: »Er starb mit fröhlichen Herzen   25
    in seiner Leibesstraffe.«
                                        d. 26. Aug. 37.

                    ════════

Ich werde mich abwenden von jenen, die nur auf der   52
Lauer sind, um zu entdecken, ob man sich in der einen
oder anderen Hinsicht vergangen hat, – zu dem hin,
der sich mehr über einen Sünder freut, der umkehrt,
als über die 99 Weisen, die der Umkehr nicht bedürfen.

                    *   *   35

53   Oh Gott, aber wie leicht vergisst man nicht solch einen
      Vorsatz! Ich war doch wieder für einige Zeit in die Welt
      zurückgekehrt,◄ um, abgesetzt in meinem eigenen
      Inneren, dort zu herrschen. Aber ach, was hülfe es dem
 5   Msch., dass er die ganze Welt gewönne, und nähme
      doch Schaden an seiner Seele. Auch heute (d. 8. Mai)
      habe ich versucht, mich selbst vergessen zu wollen, je-
      doch nicht durch tosenden Lärm – dies Surrogat hilft
      nicht, sondern indem ich hinausging zu ⌊Rørdam und
10   mit Bolette⌋ sprach und dadurch, dass ich (wenn mög-
      lich) den Witz-Teufel zu Hause lassen konnte, den
      Engel, der sich mit dem lodernden Schwert, wie ich es
      verdient habe, zw. mich und jedes unschuldige Mäd-
      chenherz stellt, – als Du mich einholtest, ach Gott hab'
15   Dank, dass du mich nicht sofort hast wahnsinnig wer-
      den lassen, – ich hatte noch nie soviel Angst davor, hab'
      Dank, dass Du Dein Ohr noch einmal zu mir geneigt
      hast.
                              #

54
54   ⌊Heute wieder der gleiche Auftritt – ich kam doch
      hinaus zu Rørdams – gütiger Gott, warum musste die-
      se Neigung gerade jetzt erwachen – Oh, wie ich spü-
      re, dass ich allein bin – oh verdammt sei diese hochmü-
      tige Zufriedenheit damit, allein zu stehen – Alle wer-
25   den mich nun verachten – Oh, aber Du mein Gott weis'
      meine Hand nicht zurück – lass mich leben und mich
      bessern –⌋
                              #

55   Als Adam im Paradies lebte, da hieß es: bete; als er hi-
30   nausgetrieben wurde, da hieß es: arbeite; als Xstus
      auf die Welt kam, da hieß es: bete und arbeite. (ora et la-
      bora).

56   *Ich habe in dieser Zeit verschiedenes von A. v. Arnim ge-*
      lesen, unter anderem »Armuth, Reichthum, Schuld und
35   *Buße der Gräfinn Dolores. 2 Bände.*
      Im 2. Bd. p. 21, wo er über ihren Verführer spricht, sagt

er: Von einem Don Juan war er schon dadurch unterschieden, daß er keinesweges bloß sinnlich war mit al und jedem Weibe; nur mit den sinnlichen war er sinnlich;
noch eifriger konnte er mit strengmoralischen sein Leben
durchgehen und bessern, mit einer Religiösen beten.   5
Hätte Don Juan seine Vielseitigkeit gehabt, er hätte sich
durch des Teufels Großmutter vom Teufel los geschwatzt
. . . .«. Ich habe dies aufgeschrieben, weil es mit meiner Ansicht über D.J. übereinstimmt, der weniger ein
Talent als ein Genie war, weniger ein Charakter als ei-   10
ne Idee.
p. 60. Der Besuch von Gräfin Dolores' Mann beim wundersamen Doktor: hier wurde ihm sehr öde und einsam, und was alle die künstlichen Maschinen nicht ver-
mocht hatten, er schauderte und eine namenlose Angst   15
ergriff ihn vor dem Leben eines ganz einsamen Men-
schen, der wie der letzte auf der Erde sich in seinen Traü-
men verliert und verwildert, an Hölle und Himmel zugleich anstößt und nicht hineindringen kann«.
                                        d. 16. Mai. 37.   20

Journal AA, p. 79 (AA: 53-55)

Kommentar

1 **Gilleleie**] heute Gilleleje, Fischerdorf auf Nordostseeland, das östlich von Gilbjerghoved und
23 km nordwestl. von Helsingør am Kattegat
liegt (s. *Karte 4, D1*); es hatte Mitte der 1830er
knapp 100 Haushalte und etwa 450 Einwohner.
— *SKS* folgt ab hier bis p. 16,*31* EP I-II, pp. 54-67.

2 **Während meines Aufenthaltes**] Mittwoch, 17.
Juni bis zum Wochenende am 22./23. August
1835. In seinem Tagebuch für 1830-1850 (NKS
2656, 4°), p. 62, teilt SKs älterer Bruder P. C. Kierkegaard mit, dass SK am 17. Juni nach Gilleleje
gereist ist, »um den Sommer dort zu verbrin-
gen«. Demselben Tagebuch, p. 62, zufolge, sendet P. C. Kierkegaard am Donnerstag, den 20.
August 80 Reichsbanktaler (→ 16,*13*) an SK, vermutlich zur Bezahlung des Aufenthalts im Gasthof. SK scheint am Montag, den 24. August wieder zurück in Kopenhagen zu sein (laut Rechnung des Textilhändlers C. T. Agerskov (KA, D
pk. 8 læg 1) wurden 10 Reichsbanktaler am 24.
August in bar eingezahlt). Während seines Aufenthaltes wohnte SK im Gilleleje Kro (→ 11,*12*)
bei den Gastwirten Birgitte Magrethe und Kristoffer G. J. Mentz. Letzterer wurde im Personen-
standsregister von 1834 als 36-jährig vermerkt;
er hatte den Gasthof im Mai 1831 übernommen.

2 **Esrom**] In den 1830ern war Esrom in Nordostseeland kein eigentliches Dorf, sondern eher
eine Ansammlung öffentlicher und privater Gebäude, darunter ein Kloster, ein Gefängnis und
das Gasthaus Esrom Kro (s. *Karte 4, E2*).

3 **Fredensborg**] Ortschaft in Nordostseeland am
südöstlichen Ufer des Esrom-Sees (s. *Karte 4,
E3*); am bekanntesten für sein Schloss, den
Schlossgasthof und den weiteren Gasthof Store
Kro. Mitte der 1830er gab es dort etwa 625 Einw.,
darunter viele Pensionisten und Beamte.

3 **Frederiksværk**] Fabrikstädtchen in Nordseeland am Roskilde Fjord ca. 45 km nordwestl.
von Kopenhagen. Mitte der 1850er gab es dort
etwa 710 Einw.

Tidsvilde] heute Tisvilde; Dorf auf Nordostsee- 3
land ca. 11 km nordnordöstlich von Frederiksværk und 19 km nordwestl. von Hillerød (s.
Karte 4, A2). Mitte der 1830er gab es in der Pfarrei von Tibirke, bestehend aus Tibirke, Tisvilde
und Tisvildeleje, etwa 360 Einw.

Helenen-Quelle] entspringt am Küsthang in 4
der Nähe des Fischerdorfes Tisvildeleje (s. *Karte
4, A2*); während es sich in heidnischer Zeit unter
dem Namen Tirs Væld [Týrs Quelle] um ein Hei-
ligtum des Gottes Týr handelte, wurde sie im
christlichen Volksglauben späterer Zeit der
schw. Heiligen St. Helene von Skövde (1164 ka-
nonisiert) zugeschrieben. Im Laufe der Zeit wurden verschiedene Sagen mit diesem Ort in Zusammenhang gebracht (→ 3,*5*).

Thiele] Just Matthias Thiele (1795-1874), dän. 5
Schriftsteller; 1817-1835 an der Königlichen Bi-
bliothek in Kopenhagen beschäftigt, danach als
Sekretär der Kunstakademie und Inspektor der
Kupferstichsammlung. Während seiner Zeit an
der Königlichen Bibliothek schrieb er alte dän.
Volkssagen ab, die er bei Reisen ergänzte und in
Danske Folkesagn 1.-4. samling, [Dänische Volks-
sagen, 1.-4. Sammlung] Bd. 1-2, Kph. 1818-1823,
Ktl. 1591-1592, herausgab.

Danske Folkesagn, 1. Sammlung p. 29ff.] → 3,*5*. 5
Auf pp. 29-31 werden drei Sagen über die Helenen-Quelle berichtet: »I. / In Schweden wohnte
eine heilige Frau mit dem Namen Helene. Ab-
geschieden von den Menschen lebte sie im Wald
und führte tagein, tagaus ein frommes Leben. In
ihrer Einsamkeit wurde sie aber von Übeltätern
überfallen, ermordet und ins Meer geworfen.
Dort nahm ein großer Stein ihren Leichnam auf
und segelte mit ihr hinüber nach Seeland bis hin
zum Steilufer. Als sie aber dort am Strand liegend gefunden wurde, war es wegen des Ab-
hangs nicht möglich, ihren Leichnam aufs Land
zu bringen. Da geschah ob ihrer Heiligkeit dieses Wunder, dass der Kreidefelsen zerbarst, so

dass man sie durch den Felsspalt, der noch zu sehen ist, hinauf aufs Feld bringen konnte. An der Stelle aber, wo man den Leichnam zuerst absetzte, entsprang eine Quelle aus der Erde, die heute noch ihren Namen trägt. Der Leichnam wurde in einen Schrein und auf den Friedhof von Tiisvilde gebracht, aber weil die Träger unterwegs unanständige Wörter gebrauchten, wurde die Bahre so schwer, dass sie nicht vermochten sie weiterzubringen und sie sank dort tief in die Erde ein. Dieser Ort wird Helenes Grab genannt, und zwei große Steine liegen darauf. Und am Strand ist noch der Stein zu sehen, auf dem sie nach Seeland segelte und in eben diesem Stein erkennt man die Spuren ihres Haares, ihrer Hände und Füße. / II. / Helene war eine schonische Prinzessin und sehr für ihre Schönheit berühmt. In sie verliebte sich ein König und wollte, da er ihre Liebe nicht gewinnen konnte, Gewalt gegen sie anwenden. Aber sie zog flüchtend und verzweifelt durch das ganze Land und der König verfolgte sie bis zum hohen Meeresufer. Aber als er sie hier ergreifen wollte, stürzte sie sich ins Meer hinaus. Doch sie kam nicht um. Ein großer Stein erhob sich vom Meeresboden und nahm sie entgegen und auf diesem Stein segelte sie nach Seeland. Aber an jener Stelle, an der sie zuerst Fuß fasste, als sie an Land trat, entsprang jene Quelle, die ihren Namen hat, und sie wohnte lange in dieser Gegend und wurde als eine heilige Frau aufgesucht. / III. / Drei heilige Schwestern mussten zusammen über das Meer segeln, sie kamen aber auf dem Weg um, und die Wogen trennten ihre Leichname nach drei verschiedenen Richtungen. Die erste hieß Helene. Ihr Leichnam kam zum Dorf Tiisvilde, wo eine Quelle aus ihrem Grab entsprang. Die andere hieß Karen. Ihr Leichnam kam an jenem Ort im Oddsherred an Land, wo man jetzt die Quelle der St. Karen zeigt. Die dritte Schwester kam ebenfalls an Land und dort entsprang ebenso eine Quelle aus ihrem Grab.«

6 **um die Zeit des Johannistages wallfahrtet]** cf. Thiele *Danske Folkesagn* (→ 3,5) 1. samling, Bd. 1, p. 31: »Die Helenen-Quelle befindet sich am Feld von Tiisvilde in der Nähe des Strands. Sogar vom südlichsten Teil Seelands her unternimmt

man um die Zeit des Johannistages Wallfahrten mit Kranken und Gichtbrüchigen, damit sie hier wieder Gesundheit erlangen können. Sie trinken von dem Quell, waschen sich mit dem Wasser und nächtigen auf dem Grab der Helene. Und wenn sie wieder fortziehen, opfern sie in den Opferstock bei der Quelle, nehmen von der Erde unter den Steinen, die auf dem Grab liegen, und tragen sie in einem kleinen Beutel. Die Geheilten, die auf Krücken hingekommen waren, stellen diese bei der Quelle auf zum Zeichen dafür, dass sie sie nicht mehr brauchen; und heute noch sieht man ringsum eine große Zahl an Holzkreuzen, die mit Tüchern behängt sind, wie zum Gedenken daran, dass viele geheilt wurden.«

hohe dreieckige Säule ... Inschrift ... zum 8
Stillstand gebracht worden ist] Nachdem Schloss Asserbo und das frühere Dorf Tibirke vom Sand zerstört und die Kirche von Tibirke davon beinahe begraben wurde, leitete die Regierung Frederiks IV. 1724 unter der Leitung des Deutschen J. U. Röhl, der von Amtmann Fr. von Gram unterstützt wurde, eine Bekämpfung des Flugsandes ein, die 1738 abgeschlossen wurde. Zur Erinnerung daran wurde 1738 ein über drei Meter hohes Rokokodenkmal aus Sandstein errichtet, das vom Bildhauer J. D. Gercken ausgeführt wurde. Das Denkmal trägt den Namenszug von Frederik IV. und Christian VI. unter einer goldenen Krone sowie den lat. Spruch »deo et popvlo«. Die drei Seiten tragen Inschriften auf Deutsch, Latein und Dänisch, von denen die erste von Jørgen Friis, dem Pfarrer von Helsinge, die letzteren vom Historiker und Juristen Andreas Hojer verfasst wurden. Die Inschriften sind abgedruckt in *SKS* K17 26f. Unter der lat. Inschrift wird mitgeteilt, dass das Denkmal 1879 restauriert wurde. Es befindet sich auf einer Anhöhe am Ende einer Kastanienallee am Rand von Tisvilde.

Buchweizen] lat. »fagopyrum«. 15
das ganze Gebiet ... mit Kiefern bepflanzt] d.h. 24
die Plantage »Tisvilde Hegn«, einer der ersten künstlich angelegten Wälder in Dänemark. Sie liegt westlich von Tisvilde in einem leicht hügeligen Gebiet (s. *Karte 4, A2*). Um den Flugsand zu stoppen wurde um 1730 mit der Bepflanzung

begonnen, aber erst um 1800 nahm die Anlage Gestalt an, da man 1793 1.000 Pfund Kiefernsamen ausbrachte. Man unternahm auch Versuche mit anderen Baumarten, aber nur Kiefern und teilweise Fichten sowie Birken konnten dem heftigen Wind vom Kattegat widerstehen.

30 **eine Art Hiobsgeschichte**] vermutlich Anspielung auf den Bericht in Hi 1,13-19 über die Unglücksfälle, denen Hiob und seine Familie ausgesetzt sind, wozu auch ein gewaltiger Wind gehört.

31 **Kirche von Tibirke**] einsam und hoch gelegene Kirche am Rande des heute bepflanzten Flugsandgebietes (s. *Karte 4, B2*); ursprünglich ein kleines, mit Feldsteinen erbautes, romanisches Gebäude, das im 14. und 15. Jh. umgebaut und erweitert und in spätgotischer Zeit mit einem Westturm versehen wurde. Der Ausbau zu einem ansehnlichen Backsteingebäude verdankt sich vermutlich den vielen Gaben der Wallfahrer zu Quelle und Grab der Helene (→ 3,7).

32 **ein Grabmal über dem unglücklichen Ort**] Über der Tür zum Vorraum der Kirche (dän. »våbenhus«) berichtet eine Inschrift von der Zerstörung von 9 Höfen und mehreren anderen Gebäuden durch den Flugsand, und von der Umsiedlung im Jahre 1725. Die Kirche selbst wurde aber am ursprünglichen Ort bewahrt. Cf. *Danmarks Kirker,* hg. vom Nationalmuseet, *Frederiksborg Amt* Bd. 2,2, Kph. 1967, p. 1322.

4   1 **auf einem Felsen gebaut ist, der Sturm und Sand nichts anhaben können**] Anspielung auf Jesu Gleichnis in Mt 7,24-27 und seine Worte an Petrus in Mt 16,18.

7 **ohrenbetäubenden Lärm, Zelte und Tische**] Wegen der vielen Wallfahrer zu Quelle und Grab (→ 3,6) wurden etwa ab dem Johannistag und besonders am Marienfeiertag am 2. Juli (Mariä Heimsuchung) und an den folgenden Sonntagen Märkte bei der Quelle in Tisvilde abgehalten. Töpfer aus der Gegend boten ihre Tonwaren an, die Einheimischen errichteten Marktbuden und verkauften Met. Spielzeug und Kuchen wurden in Zelten angeboten. Besonders für die Jugend dieser Gegend war der »Quellen-Markt« eine beliebte Volksbelustigung, deren Höhepunkte der 1. August, der Tag der hl. Helene, und der 31. Juli waren.

fast alle Verkäuferinnen deutsch sind] konnte   8 nicht verifiziert werden.

Helenen-Grab ... erhöhten Grab ... offen]   12 → 3,5. Das Helenen-Grab oder die Helenen-Kapelle, zwischen Tisvilde und Tisvildeleje (s. *Karte 4, A2*) gelegen, ist eine kleine, grasbewachsene Erhöhung, die von mit Feldsteinen belegten Erdwällen umgeben ist; durch ein niedriges Holzgatter gelangt man zur Erhöhung hinein, auf die zwei Findlinge gelegt wurden. Archäologische Ausgrabungen 1922-1923 ergaben, dass an dieser Stelle eine im 15. Jh. errichtete katholische Kapelle lag; die beiden Findlingsblöcke befanden sich ursprünglich in der Südmauer der Kapelle. Möglicherweise befand sich eine Reliquie der hl. Helene (→ 3,5) im Altartisch der Kapelle.

den vermeintlichen Heilungen] Nach der Re-   23 formation wurde seitens der Kirche häufig Abstand von der Heilkraft der Quelle genommen; so etwa verurteilte die Synode von Roskilde die vielen Wallfahrten als »papistische Götzenverehrung« und Christian IV. ließ in Tisvilde eine Herberge errichten und beauftragte Medizinprofessoren, die heilenden Eigenschaften des Quellwassers zu beurteilen. Thiele berichtet die Sage von einem Pfarrer, der die Quelle verhöhnt hatte und deshalb erblindete, cf. *Danske Folkesagn* (→ 3,5) 1. samling, Bd. 1, p. 32.

die Quellen ... es sind nämlich drei] cf. Thiele   31 *Danske Folkesagn* (→ 3,5) 1. samling, Bd. 1, pp. 31f.: »Die Quelle besteht eigentlich aus drei Brunnquellen in eigenen Einfassungen, von denen zwei noch ständig gefüllt sind, während die dritte beinahe versiegt sein soll. Darüber berichtet ein Anonymus in seinem handschriftlichen Bericht, dass eine Person, die an ›morbo gallico [Syphilis] laborierte‹ einmal die Füße darin eintauchte und seit dieser Zeit stieg das Wasser darin nie mehr so hoch, dass es über den Rand der Einfassung fließen konnte.«

Die Kur ... Grab zu versorgen] → 3,6.   35

die Armen ... ein Spendenkasten im Ort aufgestellt ist] d.h. die Spendenbüchse (→ 3,6). Das   38 hier geopferte Geld — im 18. Jh. zwischen 100 und 200 Reichstaler im Jahr — ging an die umliegenden Pfarrkirchen und an deren Arme. Die Spendenbüchse trug folgende vom Priester Jør-

gen Friis verfasste Inschrift: »Dem Herren die
Ehre zu geben vergesse nicht dein Herz, / und
was deine Hand vermag hierher zu bringen, /
an Werten sei's in Gold, in Silber oder Geld, /
davon soll die Kirche das ihre, und den Rest die
Bedürftigen bekommen.« Cf. den Artikel
»Helenæ Kilde og Grav« [Quelle und Grab der
Helene] in *Dansk Folkeblad*, Nr. 21-22, 27. Juli
1838, p. 87, Sp. 1.

5   6   **Zigarre im Mund**] In den 1830ern wurde es in
Dänemark gerade modern, Zigarren zu rauchen.
Die erste Zigarrenfabrik wurde in Deutschland
1788 errichtet; in Nordeuropa wurde es aber erst
mehrere Jahrzehnte später üblich, Tabak zur
Herstellung von Zigarren zu verwenden. —
Laut P. C. Kierkegaards Tagebuch (→ 3,2), p. 62,
schickte er am 18. Juli Zigarren an SK.

15   **nebst Gottes Beistand**] dän. Redewendung
»næst Guds Bistand«.

31   **Nexus**] lat., ,Verbindung, Zusammenhang'.

33   **Haarlocken, Lumpen, Krücken**] → 3,6 und
→ 6,2. Schon 1617 wurde es untersagt, Kreuze
mit Haaren und Tüchern aufzustellen, während
bereits aufgestellte entfernt und im Dachboden
des Vorraums zur Kirche in Tisvilde gelagert
werden mussten. Dem Verbot, solche Votivga-
ben aufzustellen, wurde jedoch nicht nachge-
kommen und laut mündlicher Tradition wurden die letzten Kreuze, Stöcke und Krücken erst
1864 in den besagten Dachboden gebracht.

36   **Nordmandstal**] Ortsname Nordmandsdal, eine
Senke, vielleicht ursprünglich eine Kiesgrube,
mit gras- und baumbewachsenen Hängen, die
zwischen dem Schlossgarten von Fredensborg
und dem Esrom-See liegt. Mitten in der Senke
befindet sich eine runde Gartenanlage, geschaffen von König Frederik V. (König von Dänemark und Norwegen 1746-1766); um einen darin quer verlaufenden Weg sind in einem äußeren und einem inneren Kreisbogen 69 Statuen
von norwegischen und färöischen Bauern und
Fischern aufgestellt (→ 5,37).

37   **die vielen Namen, die sich an den Standbil-
dern befinden**] Vermutlich wurden 57 der 69
Bildsäulen bzw. Statuen im Nordmandstal von
Hofbildhauer J. G. Grund auf Initiative Frederik
V. ausgeführt und zwar nach geschnitzten Mo-
dellen des norw. Postfahrers Jørgen Garnaas. Sie

wurden vor 1773 aufgestellt. Cf. die Kupfersti-
che der Figuren und ihrer Platzierung in der
Gartenanlage, die J. G. Grund 1773 in *Afbildning
af Nordmands-Dalen i den Kongelige Lyst-Hauge
ved Fredensborg* [Abbildung des Nordmandsta-
les im Königlichen Lustgarten bei Fredensborg]
herausgab. Daraus geht hervor, dass es zu diesem Zeitpunkt dort lediglich 57 Statuen gab. Die
restlichen 12, von denen einige färöische Figuren darstellen, wurden erst später, vermutlich
auf Initiative der Königinwitwe Juliane Marie
hin, aufgestellt. Alle Statuen tragen eine Inschrift, die die Figuren beschreibt und ihre Herkunft angibt, z.B.: »Ein Spielmann / aus dem
Sprengel Aurland« und »Ein Trommler / aus
Fane, Nordhordland«, »Fischersfrau / aus Fal-
nes auf Karmø«, »Ein Soldat auf der Wacht /
Färöer« etc.

dass man an diesem heiligen Ort schlafen soll]   2   6
→ 3,6. Es handelt sich hier um die einst auch in
Dänemark weit verbreitete Annahme, dass ein
nächtlicher Aufenthalt (Inkubation) in bestimmten Kirchen oder bei Heiligengräbern wunderbare Heilwirkung habe. Am Grab der Helene sei
es am besten, wenn die Kranken mit dem Kopf
auf den beiden Steinen schlafen. Cf. den Bericht
von J. Junge *Den nordsiellandske Landalmues Cha-
racteer, Skikke, Meninger og Sprog* [Charakter,
Bräuche, Ansichten und Sprache der nordsee-
ländischen Landbevölkerung], Kph. 1798, Ktl.
2013, p. 235: »Zunächst mögen sie sich in ihrer
Quelle bei Thisvelde waschen und danach müssen sie, wenn es helfen soll, auf dem Grab dieser
Heiligen schlafen, wo sich denn auch viele ihre
Gesundheit erschlafen und deshalb, so wie bei
verschiedenen Brunnen in Deutschland und England, viele Zeichen der Erinnerung an die
Krankheit, Krücken, Stöcke und, wie der Bauer
es nennt, »Suurklude« [,Saure Wickel'] hinterlassen haben. Es gibt auch welche, die dort nützliche Kleidungsstücke als Opfer für die Heilige
hingelegt haben.«

**kleinen Holzbrettchen ... Bericht ... der Ge-   5
heilten**] cf. »Et Besøg ved Helenes Kilde og
Grav« [Ein Besuch der Helenen-Quelle und ihres Grabes] in *Dansk Folkeblad*, Nr. 34, 28. September 1838, p. 133, 2. Sp.: »Von den lebenden
Beweisen für die Macht des Aberglaubens

wurde meine Aufmerksamkeit auf die leblosen gerichtet, auf eine Anzahl von Tafeln nämlich, einige Kreuze, eine große Anzahl von Krücken, die sich auf der Ostseite befanden. Es sind Gaben von den Kranken, die glaubten St. Helene ihre Gesundheit zu verdanken. Es scheint in letzter Zeit am üblichsten geworden zu sein, Tafeln zu schenken; beim Durchlesen der Inschriften, die Bibelsprüche oder Danksagungen enthielten, stieß ich auf einige aus den Jahren 1833, 1834, 1836, die von weit entfernten Orten wie etwa Helsingør, Taarnby auf Amager und Vordingborg geschickt wurden, so dass man also sieht, dass der Ruf der heiligen Dame noch ziemlich weit reicht.«

16 **solo gloria]** unkorrekt für lat. »sola gloria«, ‚nur durch (Gottes) Gnade‘, oder »soli (Dei) gloria«, ‚(Gott) alleine die Ehre‘.

22 **ein Stein ... seine Inschrift konnte man nicht lesen]** Cf. einen Bericht vom 5. Oktober 1810 vom Pfarrer in Vejby an die Kommission für Altertümer in Kopenhagen: »Auf dem Helenen-Grab liegt / 1) ein Rest einer Steinplatte, worauf unter einem Lorbeerkranz und zwei Menschen- oder Engelfiguren zu lesen ist: / Gott zu Lob und Preis / ließ die ehrliche und / gottesfürchtige / edelsinnige Frau Eva Hansdatter / ... Kopenhagen / Mehr lässt sich nicht entziffern, da der restliche Stein abgeschlagen ist. / 2) Auf einem viereckigen Stein ist in einer kreisförmigen Inschrift zu lesen: ... Jesus Namen hat ... mehr lässt sich nicht entziffern. Der Stein trug auch einige Verzierungen, aus denen man ebenso wenig klug werden kann.« (Nationalmuseets Arkiv, Kph.).

27 **Erbprinz Frederiks Besuch]** → 6,29. Erbprinz Frederik (1753-1805), Sohn von König Frederik V., wurde niemals König. Im Bericht ist jedoch die Rede von Kronprinz Frederik (1768-1839, ab 1808 König von Dänemark und Norwegen als Frederik VI., ab 1814 nur König von Dänemark), Sohn von König Christian VII.; er war zum fraglichen Zeitpunkt sechs Jahre alt. Der Besuch konnte nicht verifiziert werden.

27 **Chr. W. Schrøder]** fehlerhaft für Carl Wilhelm Schrøder (1736-1796); wohnhaft in Tisvilde, trat am 23. September 1773 sein Amt als »Inspektor

bei der Eindämmung des Flugsandes im Kreis Kronborg« an.

Bericht] dän. »Relation«, ‚Bericht, Mitteilung‘ 28 (hier in dichterischer Form).

der Stein ... übers Meer gesegelt gekommen 28 **sein soll]** → 3,5.

Anno 1774 ... Chr. Wilhelm Schrøder] Der Be- 29 richt (Relation) (→ 6,28) hat die Form eines gereimten Gedichtes; er konnte nicht identifiziert werden. — **Kronprinz Frederik:** → 6,27. — **Chr. Wilhelm Schrøder:** → 6,27.

Die Sage erzählt ... drei Quellen aus der Erde 2 7 **sprangen]** → 3,5 und → 4,31.

Schloss Gurre] Das am Ufer des Gurre-Sees lie- 6 7 gende Schloss (s. *Karte 4, F2*) stammt aus dem 14. Jh. und wurde der Sage nach von Valdemar Atterdag (→ 7,7) erbaut; in der ersten Hälfte des 15. Jh. diente es als Münzstätte, im Laufe des 16. Jh. verfiel es jedoch und wurde Anfang der 1560er auf Anordnung Frederiks II. (König von 1559-1588) abgerissen. Ein Teil der Steine wurde zum Ausbau seines Jagdschlosses Frederiksborg verwendet, das sich an der Stelle des heutigen Schlosses befand.

dabei ist die Ruinen auszugraben] Die Ausgra- 6 bungen von Schloss Gurre wurden von Kammerherrn von der Maase 1817 begonnen, von anderen weitergeführt und mit königlicher Unterstützung von Revierförster S. M. Bjørnsen 1839 abgeschlossen, der die Ruine 1835 unter Schutz stellen ließ. Die Ausgrabungen erwiesen das Gebäude als eine mittelalterliche Burg mit einem inneren, in drei Räume geteilten, viereckigen Turm, der von einer Ringmauer mit vier Ecktürmen sowie einem Wallgraben umgeben war. Cf. L. S. Vedel-Simonsens Abhandlung »Historiske Efterretninger om de sjællandske Borge Hjortholm og Gurre« [Historische Mitteilungen über die seeländischen Burgen Hjortholm und Gurre] in *Annaler for nordisk Oldkyndighed*, hg. von Det kongelige nordiske Oldskrift-Selskab, Kph. 1838-1839, pp. 261-341; pp. 319-337. Cf. auch die Beschreibung der Ausgrabung von 1817 in J. G. Burman-Becker *Efterretninger om de gamle Borge* (→ 15,30) Bd. 3, pp. 21f. **Thiele]** → 3,5.   7

7 **Danske Folkesagn, 1. Sammlung, p. 90ff.]**
→ 3,5. Auf pp. 89-92 wird die Sage von »König
Valdemars Jagd« erzählt; hier heißt es, dass Valdemar Atterdag (→ 7,8) »Schloss Gurre erbauen
ließ und Tag und Nacht im Wald jagte. Daher
wurde es ihm schließlich zur Gewohnheit, jene
Worte zu äußern, die ihm später zum Fluch geraten sollten, nämlich dass Gott gerne das Himmelreich behalten möge, wenn er nur in Gurre
jagen dürfte. / Jetzt reitet er jede Nacht ‚von
Burre nach Gurre‘ und ist im ganzen Land als
der fliegende Jäger bekannt und an einigen Orten wird er fliegender Markolfus genannt. Wenn
er sich nähert, hört man zunächst Heulen, Lärmen und Peitschenknall in der Luft und dann
weichen die Leute aus und verbergen sich hinter Bäumen. Gleich danach kommt der ganze
Jagdzug. Seine kohlschwarzen Hunde stürzen
voran, sie laufen hin und her und schnüffeln in
der Erde und lange, glühende Zungen hängen
ihnen aus dem Schlund. Danach kommt ‚Wol-
mar‘ auf seinem weißen Pferd herangesprengt
und zuweilen hält er seinen eigenen Kopf unter
dem linken Arm. Wenn er jemanden trifft, besonders wenn es alte Leute sind, befiehlt er ihnen, ein Paar seiner Hunde zu halten und lässt
sie dann entweder mit den Hunden mehrere
Stunden lang stehen, oder feuert sogleich einen
Schuss ab und wenn die Hunde dies hören,
dann bersten alle Bänder und Fesseln. Wenn er
so dahinbraust, hört man ihn die Tore hinter
sich zuschlagen und mehrerenorts im Land, wo
es Durchfahrten durch die Höfe gibt, nimmt er
seinen Weg beim einen Tor hinein und beim anderen hinaus und kein Schloss ist so stark, dass
es nicht aufspränge, wenn er kommt. Derart
pflegt er, besonders zur Weihnachtszeit, mit vier
weißen Pferden durch Ibsgaard in Høibye, in
Oddsherred herangefahren zu kommen und
hinter Roskilde soll es einen Hof bei Bistrup geben, wo man nachts die Tore offen lässt, weil er
mehrmals die Schlösser gesprengt hat. An einigen Orten führt sein Jagdweg gar über die Häuser und in der Nähe von Herlufsholm soll es ein
Haus geben, dessen Dach in der Mitte deutlich
eingesunken ist, weil er so oft darüberfährt. Im
nördlichen Seeland hat er ein anderes Gurre, wo
man Ruinen findet, die noch Valdemars Schloss

heißen. Hier ist es Brauch, dass die alten Frauen
zum Johannistag nachts auf den Weg gehen und
die Gatter für ihn öffnen. Einige Meilen von
Gurre liegt von Wasser umgeben Valdemars
Höh'. Hier, berichtet die Sage, gehen zu jeder
Mitternacht sechs schwarz gekleidete Priester
murmelnd über die Insel. Zwischen Søllerød
und Nærum jagt er mit schwarzen Hunden und
Pferden auf dem so genannten Valdemarsweg
dahin. / [...]«
Ein anderes bei Vordingborg ... zerstört wäh- 8
rend der Grafenfehde] Hier ist vermutlich an
die Ruine gedacht, die im Garten von Øbjergg-
aard lag und die »Klein-Gurre« genannt wurde.
Die von Gräben umgebene Ruine wird für den
Rest eines Lust- oder Jagdschlosses gehalten,
das Valdemar Atterdag gehört haben soll. Die
Ruine hat jedoch vermutlich erst viel später ihren Namen durch eine Verwechslung mit
Schloss Gurre in Nordostseeland bekommen,
und zwar aus der Vermutung heraus, dass
Gurre in der Nähe von Schloss Vordingborg liegen müsse, wo sich Valdemar Atterdag häufig
aufhielt. Dieser Vermutung fehlt es jedoch an
historischen Belegen, cf. *Historisk Tidsskrift* Bd. 1,
Kph. 1840, pp. 471f. (Anm. 4). — **Valdemar At-**
terdag: König Valdemar IV. (um 1320-1375, ab
1340 König) mit dem Beinamen Atterdag [‚noch
ein Tag‘], den er später aufgrund eines Wahl-
spruchs erhielt, der ihm zugeschrieben wurde:
»I morgen er der atter en dag« [‚Morgen ist auch
noch ein Tag‘]. Valdemar Atterdag starb auf
Schloss Gurre. — **Grafenfehde:** die Grafenfehde
bzw. der Bürgerkrieg, der nach dem Tod von
König Frederik I. 1533 in Dänemark geführt
wurde. Benannt wurde sie nach Christoph Graf
von Oldenburg (1502 oder 1504-1566), der auf
Anregung des Lübecker Bürgermeisters versuchte, in Dänemark an die Macht zu gelangen,
um den gefangenen König Christian II. wieder
einzusetzen und Dänemark und Norwegen unter den Einfluss Lübecks zu bringen. Herzog
Christian, Frederik I. ältester Sohn, wurde jedoch inzwischen in Jütland gekrönt; er schlug
zuerst den Aufstand in Jütland, danach auf Fünen und Seeland nieder, um schließlich im Juli
1536 Kopenhagen einzunehmen. Kurz darauf
wurde er als Christian III. als König von Däne-

mark und Norwegen anerkannt, worauf er im
Oktober 1536 die Reformation einführte. Während der Fehde unternahmen die Truppen von
Graf Christoph eine Vergeltungsmaßnahme gegen den Adel von Seeland und Fünen, bei der
viele Burgen und Schlösser zerstört wurden.

10 **Gott mag ... Schloss Gurre behalten darf**]
→ 7,7. Ein ähnlicher Ausdruck kommt auch in
J. L. Heibergs romantischer Komödie *Syvsoverdag* [Siebenschläfertag] 3. Akt, 5. Szene vor, wo
Valdemar Atterdag sagt:»Auf Gurre will ich leben, sterben auf Gurre, — / Doch lieber ersteres,
das Leben ist mir lieb; / Von mir aus mag Gott
das Paradies behalten, / wenn er mich bloß
Gurre behalten lässt!«, *J. L. Heibergs Samlede
Skrifter. Skuespil* Bd. 1-7, Kph. 1833-1841, Ktl.
1553-1559; Bd. 7, p. 268.

11 **seine wilde Jagd ... auf dem weißen Ross**]
→ 7,7.

12 **die schwarze Henne mit den schwarzen Küken**] bezieht sich vermutlich auf eine Sage, die
jedoch nicht identifiziert werden konnte. Dass
Menschen in Gestalt schwarzer Haustiere, u.a.
auch Hühner, spuken können, ist ein verbreitetes Sagenmotiv; hier handelt es sich vielleicht
um die Sage von einer verstorbenen Frau mit
ihren verstorbenen Kindern, die im Gefolge Valdemars umgehen.

16 **Gurre-See**] (s. *Karte 4*, F2).

18 **stattlichen Buchenwald**] cf. die Beschreibung
des Ortes in J. G. Burman-Becker *Efterretninger
om de gamle Borge* (→ 15,30) Bd. 3, p. 22:»da dieser Ort bekanntlich von Buchenwald umgeben
ist.«

25 **Hier ist gut sein**] Anspielung auf die Erzählung
von Jesu Verklärung auf dem Berg in Mt 17,4
(NT-1819).

31 **König Valdemars Jagd ... das Gebell der
Hunde**] → 7,7.

35 **Søborg See**] hatte im Mittelalter einen Umfang
von ca. 15 km, aber 1796 begann man mit der
Entwässerung durch Anlegen eines Kanals zur
Küste in Gilleleje; die Entwässerung erfolgte
sehr langsam und war erst um 1890 abgeschlossen. Zu SKs Zeit war dieses Gebiet ein teilweise
mit Schilf und Gras bewachsenes Moor (s. *Karte
4*, D2).

ein Mozart'sches Rezitativ] ein Rezitativ in ei- 14   8
ner Oper des österr. Musikers und Komponisten
Joannes Chrysostomus Wolfgangus Theophilus
Mozart (1756-1791). Zehn seiner Werke wurden
laufend am Königlichen Theater in Kopenhagen
aufgeführt, u.a. die Oper *Don Giovanni* (dän. *Don
Juan*) (erstmals 1807, 18 Mal von 1830-1835), *Le
Nozze di Figaro* (erstmals 1821, 17 Mal von 1830-
1835) und *Die Zauberflöte* (erstmals 1826, 5 Mal
von 1830-1835). — **Rezitativ:** musikalisch unterlegter Sprechgesang.

eine Weber'sche Melodie] eine Melodie des dt. 15
Komponisten Carl Maria von Weber (1786-1826).
Seine bekannteste Oper, das Singspiel *Der Freischütz* (Uraufführung Berlin 1821), wurde unter
dem Titel *Jægerbruden* [Die Jägersbraut] (Text: Fr.
Kind, Übers.: Adam Oehlenschläger) vom April
1822 bis März 1835 mehr als 50 Mal am Königlichen Theater in Kopenhagen aufgeführt. 1820
war Weber in Kopenhagen, wobei die Ouvertüre zu *Der Freischütz* aufgeführt wurde und wo
er sein 2. Klavierkonzert mit der Königlichen
Kapelle spielte. Bekannt war er auch durch seine
Musik zum lyrischen Drama *Preciosa* von P. A.
Wolff (zwischen Oktober 1823 und März 1835 47
Mal am Königlichen Theater aufgeführt) und
zum romantischen Zauberstück *Oberon* von I. R.
Planché (zwischen Januar 1831 und Oktober
1832 6 Mal am Königlichen Theater aufgeführt).
Obwohl Weber als einer der ersten romantischen
Komponisten betrachtet wird, ließ er sich von
Mozart inspirieren.

Hellebæk] Dorf in Nordostseeland, ca. 7 km 16   8
nordwestlich von Helsingør (s. *Karte 4*, G2).
Die letzten Meilen des Weges] dän.»den sidste 16
Mils Vei«, also im Sg., was im Dt. aber ein falsches Bild von der Länge des Weges vermitteln
würde. Eine dänische Meile, dän.»Mil«, war ein
in Dänemark bis 1916 offiziell gültiges Längenmaß (ca. 7½ km).
durch herrlichen Wald] Wald von Hammermølle oder Teilstrup Hegn (s. *Karte 4*, G2).   17
nymphæa alba] lat. Bezeichnung der Seerose.   29
Odins-Höhe] dän. »Odins-Høi« bzw. »Odins-   32
høj«, eine ca. 41 m hohe Stelle in Nordostseeland ca. 7 km nordwestlich von Helsingør (s.
Karte 4, G1) mit einer einzigartigen Aussicht

über den Öresund zum Kullan in Schweden
(→ 15,7) und teils über leicht hügelige und wald-
bewachsene Gebiete landeinwärts.

32 **wo Schimmelmann begraben liegt**] Graf Ernst
Heinrich Schimmelmann (1747-1831); betriebsamer dän. Finanz- und Geschäftsmann, Besitzer
mehrerer Landgüter, Politiker, Finanzminister
und Außenminister. Schimmelmann bewun-
derte Wissenschaft, Kunst und Dichtung und
unterstützte u.a. Jens Baggesen, Adam Oehlenschläger und Fr. von Schiller sowie K. L. Rahbek, Henrich Steffens, Schack Staffeldt und J. P.
Mynster. Schimmelmann benutzte den Landsitz
Hellebækgård bei Hellebæk häufig als Sommer-
domizil und wünschte bei Odinshøj begraben
zu werden; dazu kam es allerdings nicht — er
wurde in der St. Petri-Kirche in Kopenhagen begraben —, doch aus Dankbarkeit für seine Wohl-
tätigkeit errichteten ihm die Bauern von Hellebæk einen schlichten Gedenkstein, der allerdings später entfernt wurde.

33 **Diese Aussicht ... beschrieben worden**] Häufig erwähnt und gerühmt ist der Ort u.a. von
den Dichtern und kulturellen Persönlichkeiten,
die E. H. Schimmelmann auf Hellebækgård
(→ 8,32) besuchten. Für einen dt. Freund beschrieb Jens Baggesen im Juni 1791 den Ort folgendermaßen:»Stellen Sie sich den romantisch-
sten, erhabensten, naturgrößesten Ort vor, den
man diesseits der Alpen finden kann, weit von
der Stadt, am donnerrollenden Nordmeer«, *Aus
Jens Baggesen's Briefwechsel mit Karl Leonhard
Reinhold und Friedrich Heinrich Jacobi,* hg. von C.
und A. Baggesen, Bd. 1-2, Leipzig 1831; Bd. 1, p.
52.

37 **K... in Fredensborg**] bezieht sich vermutlich
auf den Schneidermeister und späteren Gastwirt
Ole Johansen Cold (1781-1859), ab 1811 Besitzer
des Gasthofes Store Kro in Fredensborg (→ 3,3).
Cold war ein tüchtiger und betriebsamer Gastwirt, der den Gasthof zu einem beliebten Aufenthaltsort für die gehobene Bürgerschicht Kopenhagens machte. Auch an anderen Stellen, an
denen SK Cold erwähnt, schreibt er dessen Namen mit K.

38 **Esrom**] → 3,2.

38 **Gilleleie**] → 3,1.

Nøddebo] Dorf in Nordostseeland nahe am Es-   2   9
rom-See, ca. 6 km nordöstlich von Hillerød (s.
Karte 4, D3); zählte in den 1830ern ca. 480 Einw.

auf dem See] der Esrom-See in Nordostseeland   4
(s. *Karte 4, E3*), ein sich von Norden nach Süden
länglich hinstreckender See von 9 km Länge und
einer Breite zw. zwei und vier km. Im Westen
grenzt er an den Grib Wald und im Südosten an
den Schlossgarten von Fredensborg; als einer
der schönsten Seen Dänemarks bekannt.

Sølyst] Wohnung des Aufsehers für den Esrom-   4
Kanal, der 1802-1805 an der Nordküste des Sees
als Abfluss zur Nordküste Seelands gebaut
wurde, um damit den Transport von Heizmate-
rial vom Grib Wald (→ 9,10) zu erleichtern.

Fredensborg] → 3,3.   5

Esrom-See] → 9,4.   9

Grib Wald] Waldgebiet »Gribskov« auf Nord-   10
ostseeland (s. *Karte 4, D3*), ca. 40 km nord-nord-
westlich von Kopenhagen, mit seinen damals
gut 40 km² der größte Wald von Seeland (und
zweitgrößter Dänemarks).

Posaunenstöße, die das Gericht ankündigen]   19
Anspielung auf die Vorstellung von den Engeln
des Gerichts in der Offenbarung des Johannes,
die durch einen Posaunenstoß jeden neuen Abschnitt in den Ereignissen der Endzeit bezeichnen (Apk 8,2-9,21 und 11,15-19). Cf. auch Mt
24,31.

Chenilleumhang] im Original »Chenille«, frz.,   30
‚Mantel mit großem Kragenteil‘.

eine Vespermahlzeit zu halten] dän. »holde Mid-   32
aften«.

einer Meile] dän. »Fjerdingvei«, gleichbedeu-   6   10
tend mit »Fjerdingmil«, eine viertel dän. Meile
(→ 8,16), also ca. 1,83 km.

einer Gesellschaft für Enthaltsamkeit] dän. »et   17
Maadeholdenheds Selskab«, (private) Vereinigung, die Mäßigung bei alkoholischen Geträn-
ken propagiert. Die erste dän. Vereinigung dieser Art, »Den danske Maadeholdsforening«,
wurde erst im Oktober 1843 gegründet.

für andere Leute zu bleichen] das Aufhellen   20
von neu gewebtem Leinen durch Sonnenlicht
oder bestimmte Spülungen als Dienstleistung.

Rudolph] vermutlich der zwölfjährige Sohn des   30   10
Gastwirtes Mentz (→ 3,2), Rudolph Wilhelm

Theodor Mentz (1823-1900). Er übernahm später den elterlichen Gasthof.

.1   2   **Mein Schaf ... es gewährt]** dän. »Min Ager mig føder, mig klæder mit Faar; her tager jeg min Næring, som Huset formaaer«; Quelle nicht identifiziert.

.1   12   **Gasthaus]** Der Gasthof Gilleleje Kro (→ 3,2), der sich unmittelbar westlich vom Søborg-Kanal (in Verlängerung des Havnevej) und somit außerhalb des eigentlichen Dorfes befand, das sich vom Kanal (→ 7,35) der Küste entlang nach Osten erstreckte; dort wo sich heute Vestergade 1 befindet. Den Gasthof gibt es heute nicht mehr.

12   **Sortebro ... weil die Pest ... hier Halt gemacht haben soll]** dän. »Sortebro«, ,Schwarzbrücken', Gebiet südwestlich des Gasthofs Gilleleje Kro, vermutlich ursprünglich eine Brücke, die in früherer Zeit über einen Wasserlauf führte, der damals die Pfarren Søborg-Gilleleje und Græsted trennte. Die Namensgebung geht wahrscheinlich darauf zurück, dass »der schwarze Tod«, eine Pest, die 1348-1349 auch Nordseeland verheerte, nicht nach Gilleleje gelangte, da laut Volksglauben das Böse keine Wasserläufe überschreiten kann. Der Name kann auch aus dem Jahr 1711 stammen, als eine tödliche Pest durch Nordseeland ging, wobei Gilleleje verschont blieb.

14   **in die kahlen Felder ... nach Norden]** Zu SKs Zeit lagen nördlich von Sortebro Feldflächen (Enemark und Børstrup Strand genannt), die sich bis zur Küste bei Gilbjerghoved erstreckten (s. *Karte 4*, D1).

16   **Gilbjerg]** auch Gilbjerghoved, nördlichste Landspitze Seelands, ein ca. 33 m hoher, steiler Kreidefelsen mit guter Aussicht über das Kattegat (s. *Karte 4*, D1).

24   **die wenigen lieben Verstorbenen]** bezieht sich vermutlich auf die Verstorbenen in SKs engster Familie: der Bruder Søren Michael, als 12-Jähriger am 14. September 1819 verstorben, die Schwester Maren Kirstine, 24-jährig am 15. März 1822, die Schwester Nicoline Christine, 33-jährig am 10. September 1832, der Bruder Niels Andreas, 24-jährig am 21. September 1833, die Mutter Anne Pedersen Kierkegaard geb. Sørensdatter Lund, 67-jährig am 31. Juli 1834, und die

Schwester Petrea Severine, 33-jährig am 29. Dezember 1834. — Die Herausgeber von *SKS* 17 machen in einer textkritischen Anmerkung darauf aufmerksam, dass Barfods Lesart von dän. »de faa kjære Afdøde« vielleicht auf einem nahe liegenden Lesefehler für »de saa kjære Afdøde«, ,die so lieben Verstorbenen' beruht.

27   **sei ich außerhalb des Leibes ... in einem höheren Äther]** Anspielung auf 2 Kor 12,2-4.

9   12   **Enklitikon]** in der gr. Grammatik Bezeichnung für ein Wort, das sich an das vorausgehende betonte Wort anlehnt und sich zu diesem wie ein tonschwaches oder unbetontes Suffix verhält.

14   **Wort Christi ... Eures himmlischen Vaters]** cf. Mt 10,29, wo Jesus sagt »Verkauft man nicht zwei Spatzen für einen Pfennig? und nicht einer von ihnen fällt auf die Erde ohne den Willen Eures Vaters« (NT-1819, von dem SK etwas abweicht).

24   **stille Hochzeit]** dän. »Stille-Bryllup«, ,stille Hochzeit ohne Festlichkeiten'. Gemäß der Verordnung vom 13. März 1683 konnte auf ein Ansuchen hin die königliche Bewilligung erteilt werden, eine kirchliche Trauung zu Hause vorzunehmen; für Kopenhagen wurde durch eine Verordnung vom 23. Mai 1800, § 15, festgelegt, dass solche Bewilligungen vom Magistrat ausgestellt werden konnten. In jedem Fall war eine Abgabe zu leisten.

26   **dessen Auge ... gesegnete Früchte haben wird]** Anspielung auf Gen 1,27-28; cf. auch Gen 2.

31   **Kryptogamen in der Pflanzenwelt]** heute veraltete botanische Bezeichnung für blütenlose Pflanzen, die sich durch Sporen vermehren, wie etwa Farne, Algen, Pilze, Flechten und Moose. Kryptogamisch wurde auch zur Bezeichnung einer heimlich eingegangenen Ehe verwendet (gr. κρυπτός, ,versteckt, verborgen', und γάμος, ,Hochzeit, Ehe, Beilager'), → 12,24.

37   **jener große Philosoph ... ganze Welt anheben könnte]** bezieht sich auf den gr. Mathematiker, Physiker und Erfinder Archimedes (ca. 287-212 v.Chr.) von Syrakus auf Sizilien, dem der Ausspruch »Gib mir einen Punkt, auf dem ich stehen kann, und ich werde die ganze Erde bewegen« zugeschrieben wird. Cf. die Biographie des Marcellus, Kap. 14,7 in Plutarchs *Vitae parallelae*

in der dän. Übersetzung *Plutark's Levnetsbeskrivelser,* übers. von S. Tetens, Bd. 1-4, Kph. 1800-
1811, Ktl. 1197-1200; Bd. 3, 1804, p. 272; cf. Plutarch *Grosse Griechen und Römer* Bd. I-VI, eingel.
und übers. von Konrat Ziegler, Zürich und Stuttgart 1954-1965; Bd. III, p. 318: »So kam es, daß
einmal Archimedes an König Hieron, mit dem
er verwandt und befreundet war, schrieb, es sei
möglich, mit einer gegebenen Kraft eine gegebene Last zu bewegen, und daß er, so heißt es,
pochend auf die Kraft seines Beweises, gesagt
habe, wenn er eine andere Erde zur Verfügung
hätte, so würde er auf sie hinübergehen und von
ihr aus unsere Erde in Bewegung setzen.« Im
Bericht von der Verteidigung von Syrakus gegen die Römer 212 v.Chr. in der Biographie des
Marcellus, Kap. 15-16, erzählt Plutarch von Archimedes' Geschick bei der Konstruktion von
Kriegsmaschinen, die die feindlichen Schiffe
und Waffen unschädlich machten, cf. *Plutark's
Levnetsbeskrivelser* Bd. 3, pp. 273-276, Plutarch
Grosse Griechen und Römer Bd. III, pp. 319-321. S.
auch die römische Geschichte des Titus Livius,
24. Buch, Kap. 34, cf. *T. Livii Patavini Historiarum
libri quæ supersunt omnes,* Stereotypausgabe, Bd.
1-5, Leipzig 1829 (Ktl. 1251-1255); Bd. 3, pp. 43f.

13   12   **mit bewaffnetem Auge**] im Gegensatz zu »mit
bloßem Auge«.

17   **wie einst Jungfrau Maria ... in ihrem Gemüt**]
Anspielung auf Lk 2,15-20.

21   **Christus sich zurückzieht ... König ausrufen
will**] Anspielung auf Joh 12,27-36 und außerdem Joh 6,14-15.

24   **elevierende**] lat., ,erhebend', cf. lat. »elevare«,
,emporheben'.

28   **die Höhe des Parnasses**] dichterischer Rang
und Wert. Der Parnass, ein gr. Gebirgszug, ist in
der gr. Mythologie der Sitz des Apollo und der
Musen.

31   **der Franzose im Verhältnis zu Napoleon**] Die
Wertschätzung des frz. Volkes für den Heerführer Napoleon Bonaparte (1769-1821), der 1799 in
Frankreich an die Macht kam und 1804-1814 sowie 1815 als Kaiser Napoleon I. herrschte.

35   **Hier tritt der Mensch ... Maden, die darunter**]
bezieht sich vermutlich auf Holbergs 81. Fabel,
»Midernes Art og Egenskab« [Art und Eigentümlichkeit des Gewürms], in seinen *Moralske*

Fabler med hosføjede Forklaringer til hver Fabel [Mo-
ralische Fabeln mit beigefügten Erklärungen zu
jeder Fabel], Kph. 1751, pp. 95-99. In der Fabel
lässt ein Drache zwei Maden als »Missionare«
aussenden, die das Selbstverständnis von Maden in der Welt untersuchen sollen. Es zeigt sich,
dass die Maden den Käse, in dem sie sich auf-
halten, als die Welt betrachten und dass sie keine
Vorstellung von einer außerhalb liegenden Welt
und deswegen auch nicht von der Kuhmagd haben, die den Käse gemacht hat; ebenso wenig
von der Ratte, die sich zuweilen ganze »Provin-
zen mitsamt all ihren Einwohnern« vom Käse
schnappte, p. 97. »Allein dies hatten sie mit anderen Tieren und den meisten Menschen gemein, dass sie glaubten, sie [scil. die Welt] sei
nur ihretwegen geschaffen«, p. 96.

Gynther] Anton Günther (→ 44,36).   37

Leute ... mit bewaffnetem Herzen kommen]   38
cf. Anton Günther *Vorschule zur speculativen Theologie des positiven Christenthums. In Briefen* Bd.
1-2, Wien 1828-1829, Ktl. 869-870; Bd. 2, p. 308:
»Wenn die Vorsehung heute Geister in das
Kunstgebiet einführte, die das große Epos der
Geister- und Menschenwelt bald im Zauber des
Lichts und seiner Töne, bald im Zauber des Tons
und seiner Farben so wiederstralen lassen könnten, daß *Klopfstock* erblindete und der blinde
Milton das Gehör verlöre: so wirst Du doch die
gaffende Welt nicht anders vor diesen Schöp-
fungen stehen sehen, als Du die Schattenwelt
unsrer Kunstliebhaber und Kunstrichter er-
blickst vor der *Nacht* eines *Coreggio,* und vor
dem *Auferstehungsmorgen* eines *Andray,* — mit
bewaffnetem Auge zwar, aber auch mit bepan-
zertem Herzen, das keinem Strahle des Glaubens und der Liebe aus jener Welt zugänglich
ist.«

**Fichtes Bemerkung ... das Sandkorn, das die   7   14
Welt konstituiert**] bezieht sich auf Johann Gott-
lieb Fichte (1762-1814), dt. Philosoph, ab 1794
Professor in Jena und ab 1810 in Berlin. Die er-
wähnte Bemerkung in *Die Bestimmung des Men-
schen,* 2. Ausg., Berlin 1838 [1800], Ktl. 500, fin-
det sich pp. 14f.: »In jedem Momente ihrer
Dauer ist die Natur ein zusammenhängendes
Ganze; in jedem Momente muss *jeder einzelne
Theil* derselben so seyn, wie er ist, weil *alle übri-*

gen sind, wie sie sind; und du könntest kein Sandkörnchen von seiner Stelle verrücken, ohne dadurch, vielleicht unsichtbar für deine Augen, durch alle Theile des unermesslichen Ganzen hindurch etwas zu verändern. Aber *jeder Moment dieser Dauer* ist bestimmt durch *alle abgelaufenen Momente,* und wird bestimmen *alle künftigen Momente;* und du kannst in dem gegenwärtigen keines Sandkornes Lage anders denken, als sie ist, ohne dass du genöthigt würdest, die ganze Vergangenheit ins Unbestimmte hinauf, und die ganze Zukunft ins Unbestimmte herab dir anders zu denken. [...] wie kannst du wissen, ob nicht bei derjenigen Witterung des Universum, deren es bedurft hätte, um dieses Sandkörnchen weiter landeinwärts zu treiben, irgend einer deiner Vorväter vor Hunger, oder Frost oder Hitze, würde umgekommen sein, ehe er den Sohn erzeugt hatte, von welchem du abstammest? — Dass du sonach nicht sein würdest, und alles, was du in der Gegenwart, und für die Zukunft zu wirken wähnst, nicht sein würde, weil — ein Sandkörnchen an einer andern Stelle liegt.«

14   10   **Hillerød]** Kleinstadt in Nordostseeland, knapp 35 km nordwestlich von Kopenhagen und gut 20 km südwestlich von Helsingør (s. *Karte 4, D4*); hatte Mitte der 1830er etwa 1840 Einwohner.

13   **Hestehaven]** eine kleine Ansiedlung im Süden von Hillerød (s. *Karte 4, D4*).

14   **Carls-See]** kleiner See im Süden von Hillerød (s. *Karte 4, D4*).

20   **Seerose]** → 8,29.

27   **nicht in den Tempel von Menschenhand]** spielt vermutlich auf Act 17,24 an, wo Paulus sagt: »Gott, der die Welt erschaffen hat und alles in ihr, [...] wohnt nicht in Tempeln, die von Menschenhand gemacht sind.«

32   **Zephir]** milder, kühlender Westwind.

15   1   **Pastor Lyngbyes Vetter]** vermutlich jener Cousin, den Pastor Lyngbye in einem Brief vom 22. Januar 1832 an Professor J. F. Schouw (→ 20,7) erwähnt, in welchem er *Dansk Ugeskrift* abonniert, die an »meinen Vetter und Kommissionär, Buchhalter J. Lyngbye, bei Kaufmann Bendtsens

Witwe, Store Strandstræde Nr. 86 in Kopenhagen, von wo sie mir nach und nach bei Gelegenheit zugesandt werden können«, geschickt werden soll (Botanisk Museum, Kph.). Laut *Kjøbenhavns Veiviser* wohnte 1832 ein »J. Lyngbye, Handelskaufmann« in Store Strandstræde 97; in der Volkszählungsliste für 1834 (Rigsarkivet, Kph.) ist ein Jens Lyngbye unter Nr. 97 als 67-jähriger, lediger, ehemaliger Büroangestellter verzeichnet; unter Nr. 86 ist Witwe Elisabeth Catrine Benzon verzeichnet. Jens Lyngbye, der wohl regelmäßigen Kontakt zu seinem Cousin hatte, scheint also Anfang 1832 bei Frau Benzon gewohnt zu haben, später aber in einer Dachwohnung in der Store Strandstræde Nr. 97. Laut Matrikeln der Pfarre Garnison über verstorbene Männer 1834-1847 (Rigsarkivet, Kph.), verstarb Jens Lyngbye am 8. Februar 1837 im Alter von 72 Jahren. — **Pastor Lyngbye:** Hans Christian Lyngbye (1782-1837), Pfarrer in Søborg und Gilleleje von 1827 bis zu seinem Tod, Botaniker und Zoologe, beschrieb die dän. und nordische Algenflora und die niederen Tiere der dän. Küstenfauna (→ 15,26), Mitglied der Akademie der Wissenschaften ab 1826, Herausgeber färöischer Lieder (1822), unternahm Ausgrabungen der Ruinen von Schloss Søborg (→ 15,29).

Mølleleie] alte Bezeichnung von Mölle, einem   2 kleinen schw. Fischerdorf auf der Westseite von Kullan (→ 15,7). Zu SKs Zeit war es nicht ungewöhnlich, sich für einen Ausflug von einem Schiffer in Gilleleje zur Halbinsel Kullan bringen zu lassen.

Landsitz Krabberup] Schloss Krapperup auf   3 der Halbinsel Kullan (→ 15,7), eines der größten Schlösser in Schonen, im 16. Jh. erbaut, Ende des 18. Jh. umgebaut. 1807 kam es in den Besitz der Familie Gyllenstierna.

Baron Freiherrn von Gyldenstjerne ... Fisch-   3 **sammlung]** Nils Kristoffer Gyllenstierna (1789-1865), schw. Baron, Freiherr, besaß die Fideikommiss-Güter Krapperup und Bjersgård, Amateur-Ichthyologe und Botaniker, verkehrte mit vielen Forschern auf diesen Wissensgebieten; nach seinem Tod wurde seine Fischsammlung und sein Herbarium den Universitäten Lund und Uppsala gestiftet.

4 **die höchsten Punkte ... Vestra Høgkull]** Die
beiden höchsten Erhebungen auf der Halbinsel
(→ 15,7) sind Høgkull (188 m) und Ndr. Ljungås
(178 m).

7 **Kullan]** Halbinsel, ca. 30 km nördlich von Hel-
singborg an der schw. Westküste. Seit Anfang
des 19. Jh. war dies ein beliebter Aufenthaltsort
für Maler.

10 **getrocknet und in Papier gewickelt]** Vermutlich handelt es sich hier um Pflanzen, die unter
Druck getrocknet und danach in Papierum-
schläge gegeben wurden. Derartiges Trocknen
nahm damals ca. zwei Wochen in Anspruch.

11 **Jung Inger sich schwingt ... Wind, weh' ge-
lind]** dän.»Ung Inger sig svinger i Askelunds
Top«, — »Vind, vift gelind«. Wenn es dafür eine
Quelle gibt, konnte sie nicht identifiziert werden. Vielleicht handelt es sich um ein lokales
Lied; Askelund [,Eschenhain'] ist jedenfalls der
ältere, poetische Name für Kongshaven, das zw.
dem Ort Søborg und dem trockengelegten Sø-
borg-See (→ 7,35) liegt.

15   13 **Pastor Lyngbye]** → 15,1.

14 **Søborg-See]** → 7,35.

25 **Algen ... von denen Lyngbye eine Menge ...
sammelte]** → 15,1. Aufgrund Lyngbyes Interesse an Algen verwechselt SK vermutlich Algen
mit Seepflanzen.

26 **Mollusken]** lat. »mollusca«, ,Weichtiere'. In *Rariora Codana* hat Lyngbye sowohl die Algenflora
als auch die niedrigeren Tierarten in der Küstenfauna im Kattegat (Sinus Codana) und ihre Verbreitung beschrieben (Das Manuskript *Rariora
Codana* befindet sich im zoologischen Museum
in Kph.; dessen botanischer Teil wurden von E.
Warming 1879 herausgegeben).

29 **die Ruinen des Schlosses]** Schloss Søborg, eine
Burgruine, die nördlich von Søborg (→ 15,31)
und ca. 4 km südlich von Gilleleje auf Nordostseeland liegt. Die Burg, vielleicht von Erzbischof
Eskil Anfang des 12. Jh. erbaut, wurde der Krone
einverleibt, als Valdemar I. Schloss und Dorf um
1160 eroberte. Das Schloss, auf einer kleinen Insel im flachen Søborg See errichtet, wurde im
Mittelalter als uneinnehmbar betrachtet. Deshalb fand es auch als Gefängnis für prominente
Feinde der Königsmacht Verwendung, u.a. für

Bischof Valdemar von Schleswig, Herzog Valdemar IV. von Schleswig, Erzbischof Jens Grand
und Prinz Buris. Mehrere Könige hielten sich
hier auf, besonders Erik Menved (reg. 1286-
1319), aber auchValdemar Atterdag (→ 7,8), dessen Tochter Margrethe I. 1353 hier geboren wurde. Ab Mitte des 15. Jh. verlor die Burg allmählich an Bedeutung und verfiel schließlich. Sie
soll während der Grafenfehde 1534-1536 (→ 7,8)
zerstört worden sein. Die Ausgrabung der Burgruine wurde von den beiden Pfarrern C. J.
Schröder (Pfarrer 1777-1793) und H. C. Lyngbye
(→ 15,1) geleitet.

Becker in seiner Beschreibung dänischer Bur- 30
gen] der dän. Apotheker und Historiker Johan
Gottfried Burman-Becker (1802-1880) in *Efterretninger om de gamle Borge i Danmark og Hertugdøm-
merne* [Mitteilungen über die alten Burgen in
Dänemark und den Herzogtümern] Bd. 1-3 (Bd.
1 hg. unter dem Pseudonym Johan Gottfried-
sen), Kph. 1830-1832. Zur Beschreibung von
Schloss Søborg s. Bd. 1, pp. 125-135 und Bd. 2,
1831, pp. 103-105.

Die Kirche ... keine gewöhnliche Dorfkirche 31
ist] die Kirche von Søborg, ein romanisches Zie-
gelgebäude mit großem Chor und spätromani-
schem Turm ohne Turmspitze. Ihre ungewöhnliche Geräumigkeit deutet darauf hin, dass sie
als Pfarrkirche für einen größeren Ort gedacht
war. Errichtet wurde sie vermutlich in der zweiten Hälfte des 12. Jh. von König Valdemar I.,
nachdem er Schloss Søborg und Søborg selbst
um 1160 eingenommen hatte. Danach scheint
Søborg königliche Residenz gewesen zu sein;
vom 13. Jh. bis um 1550 war Søborg Marktstadt
(erstmals als solche 1270 urkundlich erwähnt).
Zu SKs Zeit war das Gestühl in drei Reihen angeordnet.

An der Wand ... seit der Reformation] konnte 33
nicht identifiziert werden.

Schlosspfarrer] Pfarrer einer Schlosskirche. Da 36
die unter König Valdemar Atterdag um 1350 erbaute Schlosskapelle vermutlich zur Kirche in
Søborg gehört hat, scheinen die Pfarrer den Titel
Schlosspfarrer behalten zu haben, auch nachdem diese zusammen mit Schloss Søborg um
1535 (→ 15,29) zerstört worden war (also etwa
zeitgleich mit der Einführung der Reformation

in Dänemark 1536). Dies konnte aber nicht verifiziert werden.

37 **30 bis 40 Jahre ... gesessen haben**] Lars Jacobsen, Pfarrer von 1570 bis zu seinem Tod 1602,
Jens Jensen Aalborg von 1636 bis zu seinem Tod
1682 und Cornelius Albertsen Meyer von 1694
bis 1729.

37 **einer sogar 48 Jahre**] Jørgen Hansen, ein ehemaliger Mönch, war Pfarrer von 1522 bis zu seinem
Tod 1570.

16 2 **einen Grabstein**] ein romanischer Stein aus
grobkörnigem, roten Granit, vielleicht Sarggie-
bel oder -deckel, dessen Unterseite die kurze
Runeninschrift »auæmaria«, d.h. »Ave Maria«
(→ 16,3) aufwies. Die erste Mitteilung über den
Stein stammt vom Bibliothekar und Runologen
P. G. Thorsen, der 1838 berichtet, dass er bis vor
drei oder vier Jahren im Wall um den Friedhof
der Søborg Kirche gestanden habe, sich aber nun
im Vorraum (dän. »våbenhus«) der Kirche be-
finde; vermutlich war es Pastor H. C. Lyngbye
(→ 15,1), der 1834 oder 1835 — vielleicht im Zusammenhang mit Reparaturen an Teilen der
Südmauer des Friedhofs 1835 — den Stein verlegen und ihn im Vorraum der Kirche, welcher
damals als Materiallager diente, anbringen ließ.
Heute ist der Stein in die Wand des neuen Vor-
raumes aus dem Jahr 1941 eingemauert. Es handelt sich um den so genannten »Søborg-Stein 1«,
cf. Lis Jacobsen und Erik Moltke *Danmarks Rune-
indskrifter*, Kph. 1942, Nr. 256.

2 **Binderunen**] dän. »Slynge-Runer«, soviel wie
dän. »binderuner«, d.h. Runen, die zusammen-
geschrieben sind, indem sie einen Strich, meist
einen Stab gemeinsam haben; solche Binderunen sind besonders in der späteren Runen-
schriftperiode (ca. 1100-1350) des Mittelalters
(nach skandinavischem Sprachgebrauch ist damit die Zeit ab 1050 gemeint) verbreitet.

3 **Ave Maria**] lat., ‚Gegrüßt seist du, Maria!‘ (cf.
die Anrede des Engels Gabriel an Maria in Lk
1,28, die in der *Vulgata* folgendermaßen lautet:
»Ave, gratia plena, Dominus tecum« [Sei gegrüßt, du Begnadete, der Herr ist mit dir]); einleitende Worte eines kath. Gebetes und Kirchen-
liedes.

3 **nun nach Kopenhagen ... aufgestellt zu werden**] Im Zusammenhang mit der Einrichtung

einer Sammlung für vaterländische Altertümer
und Denkmäler im Bereich der Universitätsbibliothek über der Trinitatis Kirche in Kopenhagen erließ der Universitätsbibliothekar und Professor extraordinarius für Literaturgeschichte
Rasmus Nyerup 1807 eine öffentliche Aufforderung an die Inhaber nordischer Altertümer,
diese der Sammlung zu überstellen. Als Sekretär
der »Kommission zur Aufbewahrung von Altertümern« gelang es Nyerup, u.a. durch Unterstützung seitens der Pfarrerschaft, eine bedeutende Anzahl von Altertümern einzusammeln;
darunter auch Runensteine, die im wendelför-
migen Gang des Rundturms in Kopenhagen
aufgestellt wurden. Der Kaufmann C. J. Thomsen, der 1816 Nyerup nachfolgte, überführte die
Sammlung in Räumlichkeiten auf Schloss Christiansborg; heute ist sie Teil der Sammlungen des
Dänischen Nationalmuseums. Pastor H. C. Lyngbye hatte den Stein nicht nach Kopenhagen geschickt (→ 16,2).

eine Grabinschrift für Königin Helvig ... hier 5
gelebt hat] Helvig (gest. um 1374) war die Gemahlin König Valdemar Atterdags (→ 7,8); sie
wurden auf Schloss Sønderborg 1340 getraut.
Über Königin Helvig berichtet J. G. Burman-Becker in *Efterretninger om de gamle Borge* (→ 15,30)
Bd. 1, p. 134 im Zusammenhang mit Schloss Søborg: »König Waldemar hielt sich häufig auf Søborg auf und man erzählt, dass er sich dort heftig in eine Frau verliebte, die ihm ein Treffen
gewährte, dessen sich Königin Hedvig, die oft
kühl behandelt wurde, bediente und sich am
Abend mit den Kleidern jener Dame bekleidete
und sich am vereinbarten Ort einfand. Margare-
tha, später so berühmt als Regentin des Nordens, wurde auf Søborg geboren. Später verbitterte sich der König gegenüber seiner Königin,
die den Tod von Frau Tove verschuldete und
wegen ihrer Gunst für Folquar Langmandsen,
weswegen Hedvig auf Søborg gebracht wurde,
wo sie starb. Sie wurde auf dem Ortsfriedhof
begraben.« In späterer Zeit wurde nachgewiesen, dass das Liebesverhältnis zu Tove bzw. To-
velille zu Unrecht Valdemar Atterdag anstatt
Valdemar dem Großen zugeschrieben wurde,
und dass Königin Helvig im Alter als Laien-
schwester ins Kloster Esrom eintrat. Die Sage

will, dass sie auf dem Søborger Friedhof begraben sei, es wurde aber später nachgewiesen, dass sie im Kloster Esrom starb und vor einem Altar im Chorraum der Klosterkirche begraben wurde. Die Mönche hielten nach 1377 Totenmessen für sie. 1377 erhielt Königin Margrethe die päpstliche Genehmigung, den Leichnam ihrer Mutter zur Klosterkirche in Sorø zu überführen; der Plan wurde jedoch niemals verwirklicht (sie ließ aber aufgrund derselben Genehmigung den Leichnam ihres Vaters von Vordingborg nach Sorø überführen). In seiner Geschichte Dänemarks von 1601 berichtet Arild Huitfeldt jedoch, dass Königin Helvig auf dem Søborger Friedhof begraben wurde, wo noch lange Zeit ein Baumstamm von der Größe eines Grabsteins lag, in den eine Königin mit einer Krone geschnitzt war; es ist also möglich, dass der Leichnam Helvigs später von Esrom nach Søborg gebracht wurde — wann dies geschehen sein könnte, ist nicht bekannt, vielleicht nach Einführung der Reformation 1536.

16   8   **Gilleleie]** → 3,1.

10   **Giebelversammlungen]** dän. »Gavleforsamlinger«. Gilleleje hatte drei »gavle«, ‚Giebel‘, d.h. Versammlungsorte für die Einwohner; an der Ecke der heutigen Store Strandstræde lag der »Hauptgiebel«, wo die gemeinsamen Angelegenheiten des Fischerdorfes diskutiert wurden, nachdem das Treffen zuvor vom Zunftmeister, dän. »oldermand«, durch Hornblasen bekannt gegeben wurde.

11   **nach jedem Fang ... »einer Mahlzeit« ... seinen Schilling]** Nach einer Ausfahrt versammelte sich die Mannschaft (meist sieben bis acht Leute) des Fischerbootes im Haus des Schiffers zu einer gemeinsamen Mahlzeit, um bei Schnaps und Punsch den Fang zu feiern. Diese Feier kulminierte schließlich in einem von Gesang begleiteten Hüpftanz um den Tisch herum. Dass jeder Teilnehmer einen Schilling (→ 16,13) beitragen musste, konnte nicht verifiziert werden. Vermutlich wurde dieses Fest mit »dem Weihnachtsfest des Schiffers« konfundiert, das auch »die Gesellschaft« genannt wurde, bei dem die Mannschaft samt Familien teilnahmen. Das Fest begann mit Kaffee und Schnaps am Nach-

mittag und nach dem Kartenspiel aß man ein kaltes Gericht mit Bier und Schnaps. Am Abend gab es Punsch. Die ganze Mannschaft trug finanziell zu dem Fest bei, indem jeder ab Martini (11. November) nach jeder Bootsabrechnung einige Schilling in eine gemeinsame Kasse legte.

Schilling] dän. »skilling«, dän. Münzeinheit, besonders 1813-1875, wobei 16 Schilling eine Mark, und 6 Mark einen Reichsbanktaler, dän. »Rigsbankdaler«, ausmachten. Durch die Münzreform 1875 wurde der Reichsbanktaler durch die Krone, der Schilling durch Öre abgelöst (1 Taler = 2 Kronen; 1 Schilling = 2 Öre). 1840 kosteten ca. 500 g Roggenbrot 2-4 Schilling.   13

alle durch Verwandtschaftsbande ... einzige große Familie] Die Bevölkerung Gillelejes war für das Insistieren auf ihren eigenen Traditionen und für die Distanz zu den Fischern und Bauern der Umgebung bekannt, zu denen sie oft eine feindselige Beziehung hatten. Dies führte zu einem hohen Grad von Endogamie.   13

Hesselø] kleine, steinige Insel im Kattegat, ca. 13 Seemeilen nördlich des Einlaufs zum Issefjord.   17

Gilbjerg] → 11,16.   18

Jens Andersen in Fjelenstrup] Im Volksregister für 1834 (Rigsarkivet, Kph.) wird Jens Andersen in Fjellenstrup als 64-jähriger Hofbesitzer, verheiratet mit Karen Andersdatter, angeführt. Laut den Matrikeln der Pfarre Gilleleje starb er am 15. April 1838 im Altenteil. Fjellenstrup bzw. Fjellingstrup ist ein Dorf in der Pfarre Søborg im Süden von Gilleleje (s. *Karte 4, D1*). — Beim hier lemmatisierten Text folgt *SKS* dem Text von *B-fort. 437; EP I-II*, p. 67 bietet »[J. A.]«.   21   16

Saxo, Snorri ... altnordischen Gesellschaft] bezieht sich auf *Danmarks Krønike af Saxo Grammaticus, fordansket af* [Chronik Dänemarks von Saxo Grammatikus, ins Dänische übertragen von] N. F. S. Grundtvig, Bd. 1-3, Kph. 1818-1822; *Norges Konge-Krønike af Snorro Sturlesøn, fordansket af* [Norwegens Königs-Chronik von Snorri Sturluson, ins Dänische übertragen von] N. F. S. Grundtvig, Bd. 1-3, Kph. 1818-1822; und *Oldnordiske Sagaer udgivne i Oversættelse af det Kongelige Nordiske Oldskrift-Selskab* [Altnordische Sagas in Übersetzung herausgegeben durch die Königli-   23

che Nordische Gesellschaft für Schriftdenkmä-
ler des Altertums] Bd. 1-12, übers. von C. C.
Rafn, Kph. 1826-1837 (1835 waren 9 Bde. erschienen), Ktl. 1996-2007.

25 **Pfarrer]** H. C. Lyngbye (→ 15,1).

30 **Hier abgebrochen]** SKS folgt bis einschließlich
der Doppellinie *EP I-II*, pp. 54-67.

16 32 **Kopenhagen]** SKS folgt hier bis p. 31,27 *EP I-II*,
pp. 38-53.

33 **Sie ... Ihres Aufenthaltes in Brasilien war]** Der
Adressat ist vermutlich Peter Wilhelm Lund
(1801-1880), Naturforscher, Paläontologe, Bruder von SKs Schwägern J. C. Lund und H. F.
Lund. Er hielt sich 1825-1829 in Brasilien auf, wo
er meteorologische, biologische und zoologische
Feldstudien trieb; im Sommer 1829 in Kopenhagen. Nach einer längeren Studienreise in Europa
kehrte er zurück und verbrachte den Sommer
1831 in Kopenhagen. 1833 reiste er noch einmal
nach Brasilien, wo er 1880 in Lagoa Santa starb.
1829 erhielt der den Doktorgrad von der Universität Kiel, 1831 wurde er Mitglied der Dänischen Akademie der Wissenschaften. Während seines zweiten Aufenthalts in Brasilien
konzentrierte er sich auf die Erforschung und
Ausgrabung von Kalksteinhöhlen, um Knochenreste ausgestorbener Tierarten zu finden.
Seine epochalen, international Aufsehen erre-
genden Resultate veröffentlichte er in den
Schriften der Akademie der Wissenschaften,
meist unter dem gemeinsamen Titel *Blik paa Brasiliens Dyreverden før sidste Jordomvæltning* [Blick
auf die Tierwelt Brasiliens vor dem letzten Ka-
taklysmus der Erde] (1837-1846). Seine umfassende und einzigartige Sammlung von Kno-
chenresten, darunter von ausgestorbenen Groß-
säugetieren, vermachte er 1845 dem Naturhisto-
rischen Museum in Kopenhagen; seine Sammlung brasilianischer Pflanzen (12.000 Exemplare) befindet sich im Botanischen Museum in
Kopenhagen.

17 19 **Nerium]** lat., »Nerium«, südeuropäischer, im-
mergrüner, zur Familie der *vincae* gehöriger
Busch oder niedrigstämmiger Baum mit weißen,
gelblichen oder roten Blüten; die Gattung *nerium oleander* mit großen, rosaroten Blüten ist
eine beliebte Zimmerpflanze. Beim Abbrechen

eine Stengels tritt ein Tropfen giftigen und mil-
chigen Saftes aus.

kategorischen Imperativ] Der Ausdruck »kate- 31
gorischer Imperativ« wurde von Immanuel
Kant als Bezeichnung für das unbedingte moralische Prinzip geprägt, das den menschlichen
Handlungen ihr allgemeinstes Bewertungskrite-
rium vorgeben soll; formuliert wurde er u.a. in
seiner *Grundlegung zur Metaphysik der Sitten*,
Riga 1785.

**was diese hegelsche Dialektik eigentlich besa- 35
gen will]** Hier ist an die Dialektik zwischen dem
Inneren und dem Äußeren gedacht. Bei den Wenigen wird das Innere (die Motive) im Äußeren
(den Handlungen) ausgedrückt; bei den Vielen
bestimmt das Äußere (die Umgebung) das Innere (die Motive). Insbesondere ist vom Verhältnis zwischen dem Druck der Umgebung und
dem inneren Impuls die Rede.

Faust] Die Faustsage geht auf die Vereinigung 9   18
von landläufigen Magiergeschichten mit alten
Sagenmotiven im Volksbuch *Dr. Faust* (1587) zurück (cf. dessen dän. Übersetzung (→ 53,30) von
vor 1823), und wurde seither in zahlreichen literarischen Werken bearbeitet. Seit G. E. Lessings
(unvollendet gebliebener) Version davon, und
besonders seit und durch Goethes Tragödie
(→ 18,12) wurde die Gestalt des Faust zum Inbegriff von Streben und Wahrheitsuche. SK beschäftigte sich Mitte der 1830er eingehend mit
der Faustsage und ihrer Entwicklung aufgrund
von C. L. Stieglitz' Abhandlung »Die Sage vom
Doctor Faust« in *Historisches Taschenbuch*, hg.
von Fr. v. Raumer, 5. Jg., Leipzig 1834, pp. 125-
210; cf. BB:12.

eine Göttin für die Sehnsucht] bezieht sich viel- 10
leicht auf die nordische Göttin Freyja, die, obwohl als sinnliche Fruchtbarkeitsgöttin dargestellt, in nordischen Quellen und bei Saxo kaum
die Funktion einer Göttin der Sehnsucht hat. Sie
wird aber besonders durch ihre Sehnsucht (vor
allem als erotisches Begehren) charakterisiert bei
Adam Oehlenschläger in *Nordens Guder* [Die
Götter des Nordens], Kph. 1819, z.B. im Gedicht
»Ægirs Giestebud« [Ägirs Gastmahl], p. 339 (cf.
Digterværker af Oehlenschläger Bd. 1-10, Kph.
1835-1840; Bd. 7, 1837, Ktl. 1600, p. 348), und in
N. F. S. Grundtvig *Nordens Mythologi* (→ 42,21),

im Abschnitt »Asynierne« [Die Asinnen], pp. 503f.

12 **Goethe den Faust sich hat bekehren lassen]** bezieht sich vermutlich auf die Schlussszene im 5. Akt in Goethes *Faust. Der Tragödie zweyter Teil in fünf Acten* (1831), die nach Fausts Tod im Himmel spielt; Gretchen bittet hier für Faust, so dass er erlöst zu werden scheint. Cf. *Goethe's Werke. Vollständige Ausgabe letzter Hand* Bd. 1-60, Stuttgart und Tübingen 1828-1842 (Ktl. 1641-1668, Bd. 1-55, 1828-1833); Bd. 41, 1832, pp. 333ff.

13 **wie Merimée im Falle des Don Juan]** Bezugnahme auf die Novelle »Les Ames du purgatoire« in *Revue des Deux Mondes* Bd. 3, 15. August 1834, Paris, pp. 377-434, in der Mérimée den Don Juan bereuen und sich bekehren lässt. — **Mérimée:** Prosper Mérimée (1803-1870), frz. Schriftsteller, besonders Novellist, Archäologe, Wissenschaftler und Staatsmann.

15 **Faust ... dem Teufel zuwandte]** Im Mittelpunkt der Faustsage steht der Pakt, den Faust mit dem Teufel (Mephistopheles) eingeht, um zu Wissen und Erleuchtung zu gelangen.

18 **Erleuchtung]** dän. »Oplysning« bedeutet auch ‚Aufklärung' und ‚Auskunft'.

22 **ließ Mephistopheles ... die verborgenen Verstecke der Erde hineinsehen]** In der Faustsage verleiht Mephistopheles dem Faust die Fähigkeit, alles Irdische zu durchschauen. Cf. auch die zweite Studierzimmer-Szene in Goethes *Faust. Eine Tragödie* (→ 18,12) in *Goethe's Werke* Bd. 12, 1828, pp. 79-102, wo Faust den alles durchdringenden Blick von Mephistopheles übernimmt.

39 **stehe ... wie Herkules ... am Scheideweg]** Redewendung zur Bezeichnung einer schwierigen und entscheidenden Wahl, die sich auf eine nicht erhaltene Erzählung des gr. Sophisten Prodikos von Keos bezieht; diese Erzählung wurde von Xenophon frei in seinen Erinnerungen an Sokrates, *Memorabilia* 2. Buch, Kap. 1 wiedergegeben, cf. *Xenophons Sokratiske Merkværdigheder*, übers. von J. Bloch, Kph. 1792, pp. 115-129. Als der Halbgott Herkules als junger Mann noch nicht wusste, ob er den Weg der Tugend oder des Lasters einschlagen solle, ging er bekümmert und zweifelnd an einen einsamen Scheideweg. Hier traf er zwei Frauen, »die Tugend«

und »das Laster«, die beide versuchten, ihn für sich zu gewinnen; er wählte den Weg der Tugend.

der reiche Bauer ... »Morgen werde ich Dein Leben fordern] bezieht sich auf Lk 12,16-21; Vers 20 wird von SK frei wiedergegeben.   26   19

jenen archimedischen Punkt] → 12,37.   37

Ørsted] Hans Christian Ørsted (1777-1851), Physiker, ab 1806 Professor extraordinarius und ab 1817 ordinarius an der Kopenhagener Universität, deren Rektor er dreimal war, erstmals 1825-1826.   5   20

Klangfigur] symmetrische Muster, die sich im, auf eine waagrechte Glas- oder Metallplatte gestreuten, trockenen Sand oder Ähnlichem bilden, wenn deren Kante mit einem Geigenbogen gestrichen und so zum Vibrieren gebracht wird. Dieses Phänomen wurde vom dt. Physiker E. F. F. Chladni entdeckt und u.a. von H. C. Ørsted studiert, der 1807 nachwies, dass ein reiner Ton eine Hyperbel im Sand hervorbringt. 1808 erhielt Ørsted die Silbermedaille der Dänischen Akademie der Wissenschaften für die Abhandlung »Forsøg over Klangfigurerne« [Versuch über die Klangfiguren], hg. in *Det Kongelige Danske Videnskabernes Selskabs Skrifter for Aar 1807 og 1808* Bd. 5, Kph. 1810, pp. 31-64.   6

Schouw ... Modell für einen Maler ... allen Tieren Namen gibt] Joachim Frederik Schouw (1789-1852), Botaniker, ab 1821 Professor extraordinarius und ab 1845 ordinarius für Botanik an der Kopenhagener Univeristät. — **Modell:** dän. »Studium«; bezieht sich vermutlich auf Schouws botanisches Hauptwerk *Grundtræk til en almindelig Plantegeographie* [Grundriss einer allgemeinen Pflanzengeographie], Kph. 1822, in dem er den verschiedenen Reichen der Pflanzengeographie Namen gibt. — **Adam ... allen Tieren Namen gibt:** bezieht sich auf Gen 2,18-19.   7

Horneman ... mit jeder Pflanze vertraut, wie ein Patriarch] Jens Wilken Hornemann (1770-1841), Botaniker, ab 1801 Lehrer am Botanischen Garten in Kph., ab 1804 Herausgeber von *Flora Danica*, ab 1808 Professor extraordinarius, ab 1817 ordinarius an der Universität Kopenhagen sowie Direktor des Botanischen Gartens. Er veröffentlichte u.a. das grundlegende Handbuch   9 dänischer Flora *Forsøg til en dansk oeconomisk Plantelære* [Versuch einer dänischen ökonomischen Pflanzenlehre] Kph. 1796; eine 3., erweiterte und überarbeitete Ausgabe erschien 1821.

12 **Repräsentant ... Reichstag dabei sein sollte]** Anspielung auf die Wahl von vier Repräsentanten für die vier beratenden, regionalen Ständeversammlungen, die durch Verordnung vom 15. Oktober 1834 eingesetzt wurden. Im November 1834 wurden für Kopenhagen 12 Repräsentanten zur Ständeversammlung der Inselregion gewählt, die erstmals am 1. Oktober 1835 in Roskilde zusammentrat. Der König hatte sich darüber hinaus vorbehalten, selbst Repräsentanten zu wählen, u.a. einen für die Universität Kopenhagen; seine Wahl fiel auf den vorhin genannten J. F. Schouw (→ 20,7); weder J. W. Hornemann noch H. C. Ørsted wurden Repräsentanten, während Letzterer unter den von der Professorenschaft vorgeschlagenen Kandidaten war.

18 **40 Jahre in der Wüste ... das Gelobte Land ... erreichen]** Anspielung auf die Israeliten, die nach dem Auszug aus Ägypten 40 Jahre durch die Wüste wanderten, bevor sie ins Gelobte Land kamen, cf. Ex 15 - Dtn 34.

27 **jene Naturlaute auf Ceylon]** bezieht sich auf die Naturerscheinung, die der dt. Naturphilosoph und Mystiker G. H. Schubert (→ 55,19) als »Teufelsstimme auf Ceilon« bezeichnete. Bald scheint sie wie ein Blitz aus der ungeheuren Ferne, bald ganz aus der Nähe zu kommen; am ehesten erinnert sie an eine klagende Menschenstimme, die zugleich wie ein schnelles Menuett klingt und Schrecken bei jenen hervorrufen, die dies hören. Cf. *Ansichten von der Nachtseite der Naturwissenschaft,* 2. Ausg. Dresden 1818 [1801], pp. 376-378. In *Die Symbolik des Traumes,* 2. Ausg. Bamberg 1821 [1814], Ktl. 776, p. 38, schreibt Schubert: »Dasselbe, was wir bei der Sprache des Traumes bemerken, jenen Ton der Ironie, jene eigenthümliche Ideenassociation und den Geist der Weissagung, finden wir denn auch auf ganz vorzügliche Weise, in dem Originale der Traumwelt, in der Natur wieder. In der That, die Natur scheint ganz mit unserm versteckten Poeten einverstanden, und gemeinschaftlich mit ihm über unsere elende Lust und lustiges Elend zu spotten, wenn sie bald aus Gräbern uns an-

lacht, bald an Hochzeitbetten ihre Trauerklagen hören lässet, und auf diese Weise Klage mit Lust, Fröhlichkeit mit Trauer wunderlich paart, gleich jener Naturstimme, der Luftmusik auf Ceilon, welche im Tone einer tiefklagenden, herzzerschneidenden Stimme, furchtbar lustige Menuetten singt.« (Laut Rechnung von Universitätsbuchhändler C. A. Reitzel vom 31. Dezember 1836 (KA, D pk. 8 læg 1) kaufte sich SK dieses Werk jedoch erst am 22. Februar 1836.)

34 **Orthodoxie]** Gemeint ist die so genannte lutherische bzw. altprotestantische Orthodoxie, eine evangelisch-dogmatische Richtung, deren historische Wurzeln bis zum Beginn des 17. Jh. zurückreichen. Den Ausgangspunkt der orthodoxen Dogmatik bildet eine Doppelthese: erstens, dass die Bibel unabweichliche Grundnorm jeder christlichen Lehre sei, zweitens, dass eben diese reine Lehre dasjenige sei, was zusammen mit den Bekenntnisschriften die Kirche konstituiere. Die orthodoxen Dogmatiker zielten darauf ab, eine umfassende und systematische Darstellung der Theologie Luthers zu geben, und zwar nicht zuletzt zum Zweck einer Selbstabgrenzung und -verteidigung des lutherischen Glaubens gegenüber den übrigen christlichen Konfessionen, besonders der des Calvinismus. Im Verhältnis zu anderen dogmatischen Standpunkten legte die Orthodoxie eine durchweg polemische und intolerante Haltung an den Tag, die sich mit einer deutlichen Tendenz zum Intellektualismus verband. Dennoch wies sie zugleich Spuren eines intensiven geistlichen Lebens und einer echten Anteilnahme an den letzten Daseinsfragen auf. Noch zu SKs Zeiten erfreute sie sich einer gewissen Verbreitung, wenn auch in abgeschwächter Bedeutung, nämlich als konservative Glaubenslehre, die sich rein polemisch gegen »die Welt« abzugrenzen pflegte.

6 21 **in dubio]** lat., ,im Zweifel'.

10 **Rationalismus]** eine Geistesströmung innerhalb der Theologie, die während der Aufklärung, besonders von 1750 bis 1800, vorherrschte. Charakteristisch für den Rationalismus ist die Auffassung, dass sich alle religiösen Glaubenssätze durch die Vernunft begründen lassen müssen und das Abweisen jeglichen Glaubens, der die rationale Fassungskraft übersteigt. Rationalisti-

sche Theologen versuchten daher die christliche
Offenbarungslehre, die biblischen Berichte und
kirchlichen Dogmen so zu deuten, dass sie nicht
in Konflikt mit Vernunft und Erfahrung geraten.
Der Rationalismus ist seinem Wesen nach intellektuell und tolerant, da er einerseits durch die
kritische Prüfung aller überlieferten Werte, und
andererseits durch einen optimistischen Glauben an Fortschritt durch Aufklärung und größeres Verständnis geprägt ist. Die rationalistische
Theologie und Verkündigung legt das Hauptau-
genmerk auf Gott (Gottes Wesen, Eigenschaften
und Verhältnis zur Welt), Tugend (Religionsaus-
übung und Lebensentfaltung in ethischer Frömmigkeit, die sich auf humane und christliche Tugenden stützt), Unsterblichkeit (Unsterblichkeit
der Seele im Gegensatz zum sterblichen Leib)
sowie auf den Unterricht im Katechismus (Er-
lernen der Grundwahrheiten der christlichen
Religion). Noch zu SKs Zeit war der Rationalismus weit verbreitet, besonders bei theologischen Lehrern und Pfarrern, zuweilen aber im
abgeschwächten Sinn einer anti-pietistischen,
vernunftbetonten Glaubenslehre. Prägend war
die rationalistische Theologie auch für das *Lærebog i den Evangelisk-christelige Religion, indrettet
til Brug i de danske Skoler* [Lehrbuch der evangelisch-christlichen Religion, eingerichtet zum Gebrauch in den dänischen Schulen], ausgearbeitet
vom Bischof von Seeland N. E. Balle in Zusammenarbeit mit dem Hofprediger und königlichen Konfessionarius C. B. Bastholm (meist als
Balles Lærebog bezeichnet), 1791 autorisiert und
bis 1856 in Gebrauch (s. Ktl. 183), sowie für das
*Evangelisk-kristelig Psalmebog, til Brug ved Kirke-
og Huus-Andagt* [Evangelisch-christliches Gesangbuch, zum Gebrauch bei Kirch- und Haus-
andacht], 1798 autorisiert und bis 1855 in Gebrauch (s. Ktl. 195-197).

16 **Bedürfnis**] dän. »Trang«, neben der Bedeutung
‚Bedürfnis‘ bezeichnet das Wort auch den ‚spon-
tanen Drang, das Drängen‘.

21 **Arche Noah ... in der ... Tiere Seite an Seite
liegen**] Anspielung auf Gen 6,8-7,9.

21 **einen von Prof. Heiberg ... verwendeten Aus-
druck**] nimmt Bezug auf J. L. Heibergs Artikel
»Om Naturhistoriens Studium i Danmark«
[Über das Studium der Naturgeschichte in Dä-

nemark] in *Kjøbenhavns flyvende Post* Nr. 143,
1830, worin die Rede ist von der »Kjøbenhavns-
Post, deren allumfassende Umarmung eine
wahre Arche Noah ist, worin die reinen und die
unreinen Tiere brüderlich Seite an Seite liegen«.
— **Prof. Heiberg:** Johan Ludvig Heiberg (1791-
1860), dän. Dichter, Herausgeber, Publizist, Lite-
ratur- und Theaterkritiker und (ab 1824) hegelianischer Philosoph, 1822-1825 Dänischlektor an
der Universität Kiel, wurde 1829 zum Titularprofessor ernannt und wirkte 1830-1836 als Dozent für Logik, Ästhetik und dän. Literatur an
der neu errichteten Königlichen Militärhochschule, ab 1829 ebenso als Theaterdichter und
ständiger Übersetzer am Königlichen Theater in
Kopenhagen. Er war 1827, 1828 und 1830 Redakteur von *Kjøbenhavns flyvende Post* sowie 1834-
1837 von *Kjøbenhavns flyvende Post. Interimsblad.*

24 **wie unsere Bürgerwehr in früheren Zeiten**] bezieht sich auf Kopenhagens Bürgerwehr (dän.
»Borgervæbning«, worin alle waffenfähigen Kopenhagener Männer über einen Zeitraum von
25 Jahren dienen mussten, s. »Reglement for Københavns Borgervæbning« vom 1. Juni 1808.
Diese Regelung bestimmte die Zusammenle-
gung der Bürger-Infanterie und der Bürger-Ar-
tillerie unter dem Namen »Kiøbenhavns Borgervæbning«, der vermutlich schon lange um-
gangssprachlich verwendet wurde; die allgemeine Pflicht, militärischen Dienst zu leisten,
wurde durch Aushang am 11. Februar 1803 eingeführt, um eine zureichende Verteidigung der
Stadt zu gewährleisten.

25 **Potsdamer Garde**] bezieht sich auf das berühmte Kavallerieregiment mit Hauptquartier
in Potsdam bei Berlin, das als Leibgarde des
preußischen Königs Friedrich Wilhelm I. (1713-
1740) diente. Cf. z.B. *Karl Friedrich Beckers Verdenshistorie, omarbeidet af Johan Gottfried Woltmann,*
overs. af J. Riise, Bd. 1-12, Kph. 1822-1829, Ktl.
1972-1983; Bd. 9, 1825, p. 319; cf. *Karl Friedrich
Beckers Weltgeschichte. Sechste Ausgabe neu bearbeitet von Johann Wilhelm Toebell. Mit den
Fortsetzungen von J. G. Woltmann und K. A.
Menzel*, Bd. 1ff., 1817ff., Neunter Theil, Berlin
1820; pp. 347f.: »Sein Leibregiment zu Potsdam,
nachher Garde genannt, bestand aus Riesen, die
aus allen Ländern Europa's mühsam zusam-

mengesucht waren, von denen mancher über
tausend Thaler gekostet hatte und täglich eine
Löhnung von zwei Thalern (der Geringste von
einem Gulden) bekam. Der Flügelmann, Ho-
mann, hatte eine solche Höhe, daß August II.,
König von Polen, der doch auch nicht klein war,
ihm nicht mit der ausgestreckten Hand an den
Kopf reichen konnte.«

28 **Legion**] eigentl. eine röm. Heeresabteilung von
4.500-6.000 Soldaten; hier im übertragenen Sinn:
‚eine große Anzahl'.

30 **Kambyses ... die heiligen Hühner und Katzen
vorausschickte**] Als Kambyses (Perserkönig
529-522) 527 v.Chr. die ägyptische Grenzstadt
Pelusion belagerte, leisteten die Ägypter heftigen Widerstand mit Wurfmaschinen; Kambyses
ließ Tiere wie Hunde, Katzen, Schafe und Ibisse,
die den Ägyptern heilig waren, vor sein Heer
bringen, worauf die Beschießung eingestellt und
die Stadt erobert wurde. Der Bericht darüber
findet sich bei Polyainos in *Strategemata* VII, 9
(zweite Hälfte des 2. Jh. n.Chr.).

32 **der römische Konsul ... wenn sie nicht fressen
wollen**] bezieht sich auf Publius Claudius Pul-
cher, 249 v.Chr. röm. Konsul, Oberbefehlshaber
der röm. Flotte. Von ihm wird berichtet, dass er
in der Schlacht von Drepana während des Ersten Punischen Krieges (264-241 v.Chr.), als er die
Flotte von Karthago angreifen wollte, aus dem
Verhalten der heiligen Hühner weissagen ließ;
als diese aber nicht aus dem Käfig kamen um zu
fressen, was als unglücksverheißend galt, habe
er gesagt:»wenn sie nicht essen wollen, so mögen sie trinken«, worauf er sie ins Meer werfen
ließ; er erlitt eine große Niederlage. Cf. Valerius
Maximus *Facta et dicta memorabilia* I. Buch, Kap.
4, 3, *Valerius Maximus Sammlung merkwürdiger
Reden und Thaten*, übers. von Fr. Hoffmann,
Stuttgart 1829 (bestehend aus Bd. 1-5, 1828-1829,
fortlaufende Paginierung), Ktl. 1296, p. 32. Cf.
auch Suetons Biographie des Tiberius, Kap. 2, 2,
*Caji Svetonii Tranqvilli Tolv første Romerske Keise-
res Levnetsbeskrivelse*, übers. von J. Baden, Bd.
1-2, Kph. 1802-1803, Ktl. 1281; Bd. 1, p. 202; cf.
*Des Suetonius Tranquillus Lebensbeschreibungen
der zwölf ersten Römischen Kaiser. Uebersetzt und
mit Anmerkungen begleitet von Dr. Nikolaus*

Gottfried Eichhoff. Erster Band, Frankfurt am
Main, 1821.

Nonnulla desunt] lat., ‚einiges fehlt'; üblicher- 37
weise von Philologen gebraucht, um auf einen
Textverlust unbekannten Ausmaßes hinzuweisen. Da der in *EP I-II* überlieferte Ausdruck nicht
vom Hg. H. P. Barfod, sondern von SK selbst
herrührt, bedeutet dies vermutlich, dass Text
aus einer vorliegenden Kladde, die nun als Reinschrift in AA vorliegt, verloren ging, oder aber
dass hier eine Stelle weiter ausgeführt werden
sollte bzw. noch etwas zu schreben sei. S. edito-
rischer Bericht, p. 321.

theologische Dienstprüfung] dän. »theologisk 39
Attestats« (laut Fundation vom 7. Mai 1788,
Kap.4, § 9-10 und Königlicher Resolution vom
13. Dezember 1835).

**die Erlaubnis bekommt ... Allmenden ... ohne 7   22
gebrandmarkt zu sein**] Weidetiere, die auf gemeinschaftlich genutzte Flächen, so genannten
Allmenden, dän. »Fælleder«, gebracht wurden,
mussten mit dem Zeichen des Besitzers versehen werden.

Vater] Michael Pedersen Kierkegaard (→ 226,10). 11

das eigentliche Kanaan] d.h. das Gelobte Land, 12
das Gott den Israeliten verheißen hat (→ 22,13).
Kanaan ist im AT die Bezeichnung für das Palästina der prä-israelitischen Zeit, das im Großen und Ganzen dem heutigen Israel entspricht.
Der Ausdruck wird auch bildlich für die Belohnung nach überstandenen Anstrengungen verwendet.

**besteigt ... wie einst Moses ... nie hinein ge- 13
langen werde**] Andeutung auf den Bericht in
Dtn 34,1-4. : »Mose stieg aus den Steppen von
Moab hinauf auf den Nebo, den Gipfel des Pis-
ga gegenüber Jericho, und der Herr zeigte ihm
das ganze Land [...]. Der Herr sagte zu ihm:
Das ist das Land, das ich Abraham, Isaak und
Jakob versprochen habe mit dem Schwur: Deinen Nachkommen werde ich es geben. Ich habe
es dich mit deinen Augen schauen lassen. Hin-
überziehen wirst du nicht.« Der Berg Tabor, der
10 km ostsüdöstlich von Nazareth liegt, und öfter im AT erwähnt wird, wurde hier von SK mit
dem Berg Nebo verwechselt. Cf. auch Dtn 32,48-
52.

20 **Gelehrtenrepublik]** einerseits stehender Ausdruck für sämtliche Wissenschaftler eines Ortes oder einer Region, andererseits die Entsprechung zu frz. »république des lettres«, lat. »republica litteraria«. Die Idee zur »Gelehrtenrepublik« entstand im Zusammenhang mit der Errichtung nationaler Akademien und gelehrter Gesellschaften im 17. Jh. als eine Befreiung von der scholastisch-theologischen Tradition, war aber im Gegensatz zu dieser über nationale oder konfessionelle Schranken erhaben und strebte nach einer toleranten und kosmopolitischen, von der Vernunft geleiteten Gemeinschaft von Gelehrten. Im 19. Jh. repräsentierte »die Gelehrtenrepublik« die enzyklopädische Idee von einer Zusammenfassung aller Wissensfelder im Reich des Geistes. Ihre Aufgabe bestand in der Aufklärung der Öffentlichkeit und ihre Mitglieder repräsentierten den Geist in der modernen Gesellschaft; die Gelehrten nahmen den gleichen Rang ein wie die Geistlichkeit im Mittelalter, während die Ungebildeten den neuen Laienstand ausmachten.

21 **Strandpromenade ... Dyrehauge-Park-Saison]** dän. »Strandvejen«, verläuft am Öresund von Østerport nach Helsingør. Der am Park von Jægersborg vorbeiführende Weg wurde an Sonn- und Feiertagen von den Kopenhagenern stark frequentiert, besonders im Zeitraum, in dem der »Dyrehavsbakken«, ein Markt mit verschiedenen Vergnügungsmöglichkeiten, geöffnet hatte (»Dyrehaugstiden«) — zur Zeit SKs vom Johannistag (24. Juni) bis Mariä Heimsuchung (2. Juli).

27 **Bakken]** Dyrehavsbakken (→ 22,21), ein Hügel im Jægersborg Park.

31 **Achilles' Mutter ... ehrenhaften Tod zu verhindern]** Die Göttin Thetis, Mutter des gr. Helden Achilles, versucht diesen der Teilnahme am Kriegszug gegen Troja zu entziehen, da ihm dort ein früher, ehrenhafter Heldentod bestimmt ist. Obwohl sie ihn als Frau verkleiden und auf der Insel Skyros verstecken lässt, wird er durch eine List des Odysseus entdeckt. Daraufhin stattet sie ihn mit Rüstung und Waffen aus. Er schließt sich der gr. Flotte an und kämpft als tapferster Krieger bei der Belagerung Trojas, wird aber schließlich durch einen Pfeil getötet. Cf. Paul Fr. A. Nitsch *Neues mythologisches Wörterbuch*, 2.

Ausg. von F. G. Klopfer, Bd. 1-2, Leipzig und Sorau 1821 [1793], Ktl. 1944-1945; Bd. 1, pp. 18f.

35 **Dyrehauge-Park-Ausflügen der Kopenhagener]** → 22,21.

23 **Johannes ... an der Brust der Gottheit gelegen]** 4 Andeutung auf Joh 21,20, cf. Joh 13,23.

8 **Blick des Lynkeus]** Die gr. Sagengestalt Lynkeus ist für seinen alles durchdringenden, scharfen Blick berühmt.

14 **eine kalte Philosophie ... einer Präexistenz erklären]** bezieht sich vermutlich auf Fr. Baader *Ueber den Paulinischen Begriff des Versehenseins des Menschen im Namen Jesu vor der Welt Schöpfung* Heft 1-3, Würzburg 1837, Ktl. 409-410 und 413; 3. Heft, p. 37 (erste Anm.), wo Baader sagt, dass man »von einer Präexistenz der Kinder im Stammvater sprechen [kann], und einsehen, wie dieses unvermittelte Einsseyn durch die Scheidung als vermitteltes sich confirmiren soll, ohne welche Einsicht man auch die Kategorie des Einen, Gesonderten und Einzelnen nicht begreift.« S. auch die Anm. dazu p. 80: »Wenn hier von einer Präexistenz aller Menschen oder aller Individuen eines Geschlechts in einer primitiven Einheit gesprochen wird, so meint man so wenig ihr Confundirt-, als ihr Nichteinzelnseyn, sondern man will damit nur sagen, daß diese ihre vorzeitliche Existenzweise als eine intelligible die freie Willensthat jedes Einzelnen nicht ausschließt, wenn schon uns nur in der Zeit Denkenden solches nicht begreiflich ist.« (leicht verändert in *Franz von Baader's Sämmtliche Werke* Bd. 1-16, Leipzig 1851-1860; Bd. 4, 1853, p. 391).

18 **Gilleleie]** → 3,1.

22 **beim Kind ... dass es ... sagt: »mich schlage das Pferd«]** Dänische Kinder verwenden in bestimmten Phasen des Spracherwerbs häufig anstatt des Pronomens im Nominativ die oblique Form, also in dem von SK gewählten Beispiel statt »jeg slaaer Hesten« [ich schlage das Pferd] »mig slaaer Hesten« [mich schlage das Pferd]; (→ 122,20).

25 **leidenden]** ‚passiven‘.

37 **statt Juno die Wolke umarmt]** deutet auf die Sage vom mythischen König Ixion, der sich an der Göttin Juno (gr. Hera) sexuell vergehen will. Dies verhindert aber deren Mann Jupiter (gr. Zeus), indem er eine Wolke schafft, die ihr

gleicht, so dass Ixion stattdessen die Wolke um-
fängt, die daraufhin die Zentauren gebiert. Jupiter bestraft Ixion dadurch, dass er diesen auf ein
unaufhörlich wirbelndes Rad flechten lässt. Cf.
Neues mythologisches Wörterbuch (→ 22,31) Bd. 2,
pp. 122f.

4 **8** **Revue passieren lassen**] auf die Weise, wie man
Truppen paradieren lässt und sie inspiziert.

19 **jenen Eltern ... zur Pflege überlassen müssen**]
Zur Zeit SKs war es nicht ungewöhnlich, dass
arme Eltern und besonders alleinstehende Müt-
ter ihre Kinder durch eine öffentliche Institution
in die Pflege von Familien auf dem Lande geben
mussten, was nicht immer im besten Interesse
der Kinder war.

25 **einen Imperativ des Erkennens ... aufgenommen werden**] In einem Exzerpt von 1834-1835
aus Fr. Baader (→ 44,32) *Vorlesungen über speculative Dogmatik* 3. Heft, Münster 1833 (s. Ktl. 396,
1. Heft, Stuttgart und Tübingen 1828, 2.-5. Heft,
Münster 1830-1838), pp. 52f., schreibt SK: [»Der
Imp[erativ] des Erkennens / aus einer gegebenen *Miss*form eines Seienden die Verkehrtheit
der konstitutiven Momente erschließen«] (*Pap.* I
C 33 in Bd. XII, p. 138). In der folgenden Vorlesung bemerkt Baader: »Gegen diese Annahme
einer Indifferenz des Erkannten gegen sein Er-
kanntsein spricht schon die Erfahrung, indem
doch jene Fälle häufig sich bemerklich machen,
in welchen das zu Erkennende dem Erkennen-
den gleichsam entgegen geht, ohne dessen Zu-
thun sich ihm zu erkennen giebt, und aufgiebt,
ja aufnöthigt. Weswegen es ein Irrthum ist, falls
man mit *Kant* keinen Imperativ des Erkennens
zugiebt, und diese aufgegebene Erkenntniß sich
nur als subjektives Postulat deutet«, pp. 54f.

32 **Glück und Unglück des Lebens ... teilen**] dän.
»dele Livets Med- og Modgang«, Anspielung
auf die Trauformel in *Forordnet Alter-Bog for
Danmark* [Vorgeschriebene Agende für Däne-
mark] Kbh. 1830 [1688], Ktl. 381, pp. 256f.

5 **7** **Diebes-Lebens**] cf. »Ideen zu einem ›Meister-
dieb‹«, die SK in einer Aufzeichnung vom 12.
September 1834 entwirft und im September und
Dezember selben Jahres sowie im Januar und
Februar 1835 ergänzt. (*Pap.* I A 11-18 / *T* 1, 57ff.).
Er skizziert darin Leben und Charakter einer
Reihe von bekannten Dieben als Beispiele für

einen Meisterdieb. Cf. auch den Artikel »Svend
Andreas Olsen, en af Kjøbenhavns mærkeligste
Tyve af Profession« [Svend Andreas Olsen, einer
der bemerkenswertesten professionellen Diebe
Kopenhagens] in *Udvalg af danske og udenlandske
Criminalsager og af mærkelige Forhandlinger om
saadanne*, hg. von F. M. Lange, Bd. 1-6, Kph.
1836-1841, Ktl. 926-931; Bd. 1, pp. 31-58.

Assoziierungs-Geist] ‚(Entwicklung von) Ge-   **8**
meinschaftsgefühl / Zusammengehörigkeitsge-
fühl‘. Cf. dazu eine auf den 15. März 1835 datierte Aufzeichnung, in der SK sich über den
»Meisterdieb« bzw. »den italienischen Räuber«
»einen wesentlichen Unterschied darin« notiert,
»dass beim Letzteren das soziale Element das
vorherrschende ist. Wir können ihn uns nur
schwer anders als an der Spitze einer Räuber-
bande vorstellen.« (*Pap.* I A 18 / *T* 1, 61). Cf.
auch den Artikel »Samuel Moses og hans Med-
skyldige, størstedeels Medlemmer af en tydsk
Røverbande« [Samuel Moses und seine Mitschuldigen, größtenteils Mitglieder einer deutschen Räuberbande] in *Udvalg af danske og udenlandske Criminalsager* (→ 25,7) Bd. 1, pp. 59-68.

Schauspieler] im Original »Acteur«.   **9**

Baum des Lebens] cf. Gen 2,9, Gen 3,22-24 und   **21**
Apk 22,2.

sit venia verbo] lat., ‚dem Wort sei Verzeihung   **25**
[gewährt]‘, hier: ‚man möge mir diese Ausdrucksweise gestatten‘.

Thors Hammer ... wohin man ihn auch wirft]   **26**
Laut nordischer Mythologie kehrt Thors Ham-
mer Mjøllnir zu ihm zurück, nachdem er den
Hammer als Waffe geschleudert hat.

subjektiv] dän. »subjectiv«; laut H. P. Barfods   **32**
Fehlerverzeichnis in *EP I-II*, p. XXI, während im
Text *EP I-II*, p. 47 »subobjectiv« steht (→ 25,33).

Fichte] cf. J. G. Fichte *Die Bestimmung des Men-*   **33**
schen (→ 14,7), z.B. p. 80f.: »Welches ist das Band
zwischen dem Subjecte, Mir, und dem Objecte
meines Wissens, dem Dinge? Diese Frage findet
in Absicht *meiner* nicht statt. Ich habe das Wissen in mir selbst, denn ich bin Intelligenz. Was
ich bin, davon *weiss* ich, weil ich es bin, und
wovon ich unmittelbar dadurch weiss, dass ich
überhaupt nur bin, das bin *ich,* weil ich unmittelbar davon weiss. Es bedarf hier keines Bandes zwischen Subjekt und Objekt; mein eigenes

Wesen ist dieses Band. Ich bin Subjekt und Objekt: und diese Subjekt-Objektivität, dieses Zurückkehren des Wissens in sich selbst, ist es, die
ich durch den Begriff *Ich* bezeichne, wenn ich
dabei überhaupt etwas bestimmtes denke.« Und
p. 83.: »Das Subjektive erscheint als der leidende
und stillhaltende Spiegel des Objektiven; das
letztere schwebt dem ersten vor.«

35   **Minerva]** lat. Bezeichnung für die Göttin u.a.
der Weisheit, die der gr. Pallas Athene entspricht; bei ihrer Geburt entspringt sie voll be-
waffnet der Stirn ihres Vaters Zeus.

40   **Vergissmeinnicht]** lat. »myosotis«, kleine, besonders an feuchten Standorten wachsende
Pflanze mit schmalen, länglichen, behaarten
Blättern und kleinen, hellblauen, seltener rosa
oder weißen Blüten.

26   7   **jenen Edelstein ... alles verkaufen]** Anspielung
auf das Gleichnis Jesu von der Perle in Mt 13,45-
46.

32   **Dialektik — Disput]** Die Dialektik ist hier die
hegelsche, wobei das Äußere in das Innere aufgenommen, und so erworben werden soll. Das
dialektische Verhältnis zwischen dem Äußeren
und dem Inneren wird hier buchstäblich als Diskussion (Disput, aus lat. »putare«, ,ins Reine
bringen, urteilen') zwischen dem Subjekt und
dem außerhalb befindlichen Postulat verstanden. Wenn Letzteres vom Subjekt akzeptiert
wird, verliert es den postulierenden Status.

33   **von Ariadne ... das Ungeheuer zu töten]** In
einer gr. Sage verliebt sich Ariadne, Tochter des
kretischen Königs Minos, in Theseus, als dieser
nach Kreta kommt, um das Ungeheuer Minotaurus zu töten, das sich im Labyrinth in Knossos
aufhält. Ariadne hilft Theseus und gibt ihm einen Faden, mit dem er wieder aus dem Labyrinth herausfindet; er besiegt das Ungeheuer
und befreit die Knaben und Mädchen, die als
Opfer für das Ungeheuer gewählt wurden. Danach flüchten Ariadne und Theseus gemeinsam.
Cf. Nitsch *Neues mythologisches Wörterbuch*
(→ 22,31) Bd. 1, p. 309.

37   **die jungen Mädchen ... dem Minotaurus geopfert wurden]** (→ 26,33).

27   2   **die Früchte vom Baum der Erkenntnis gekos-
tet]** Anspielung auf den Bericht vom Sündenfall
in Gen 3. Der dän. Ausdruck »Kundskabens

Træ« [,Baum der Erkenntnis'] kommt in Gen 2,9
(GT-1740) vor.

ausgedienter Pfarrer ... zurückzieht] Üblicher-   13
weise verblieben die Pfarrer bis zu ihrem Tod im
Amt, konnten aber auch ihr Amt freiwillig nie-
derlegen und beim König um Entlassung mit
einer Pension ansuchen. Cf. das Rundschreiben
der Kanzlei vom 3. August 1822, in dem festgehalten wird, dass die Pension nur nach Empfeh-
lung von Bischof und Probst bewilligt wird, sofern der betreffende Pfarrer aufgrund des Alters
oder unheilbarer Krankheit auch durch Unterstützung eines persönlichen Kaplans nicht in
der Lage ist, in seiner Gemeinde zu arbeiten.

Suchen und Finden des Himmelreichs] An-   20
spielung auf Mt 7,7-8; cf. auch Mt 6,33.

γνῶθι σεαυτον] gr., ,erkenne dich selbst!'. In-   30
schrift auf dem bekanntesten Apollontempel in
Delphi. Diese Worte wurden u.a. Thales von Milet und dem spartanischen Gesetzgeber Chilon
zugeschrieben. Cf. 1. Buch, Kap. 1, 39f., in *Diogen Laërtses filosofiske Historie, eller: navnkundige
Filosofers Levnet, Meninger og sindrige Udsagn, i ti
Bøger*, overs. af B. Riisbrigh, udg. af B. Thorlacius, Bd. 1-2, Kph. 1812, Ktl. 1110-1111; Bd. 1, p.
16; cf. Diogenes Laertius *Leben und Meinungen
berühmter Philosophen*, übers. von Otto Apelt, 3.
Aufl. Hamburg 1998, Bd. 1, p. 22: »Von ihm
[Thales] stammt das ,Erkenne dich selbst' her,
das Antisthenes in seinen ›Philosophenfolgen‹
(Diadochae)‹ der Phemonoe zuschreibt; von ihr
habe es Chilon sich zu eigen gemacht.« Das Diktum wurde übrigens von Ovid dem Pythagoras
und von Plutarch dem Äsop zugeschrieben, cf.
L. Moréri *Le Grand Dictionnaire historique, ou le
mélange curieux de l'histoire sacrée et profane* Bd.
1-6, Basel 1731-1732, Ktl. 1965-1969; Bd. 6, p. 230.

auf dem Präsentierteller sitzen] dän. »sidde paa   39
Forundringsstolen«, Gesellschaftsspiel, bei dem
eine auf einem Stuhl sitzende Person erraten
soll, von welchem der Anwesenden verschiedene (häufig neckische) Aussagen über sie stammen; die Bemerkungen, die einem bestimmten
Teilnehmer zugeflüstert werden, sollen etwas
zum Gegenstand haben, das an dieser Person
Verwunderung weckt bzw. besonders merkwürdig ist. Der Ausdruck wird häufig im Sinn von

,ausgeliefert sein, Gegenstand der Kritik von allen sein' verwendet.

28 1 **mit einem Nicht-Erkennen zu beginnen (Sokrates)**] dän. »Ikke-Erkjenden«; Sokrates pflegte für sich kein Wissen in Anspruch zu nehmen außer dem, zu wissen, dass er nicht weiß, cf. Platon *Theaitetos*, 150cff., und *Apologie,* 21d und 23b sowie Aristoteles *Sophistici Elenchi*, 183b. — Sokrates: Sokrates (ca. 470-399 v.Chr.).

2 **Gott die Welt aus dem Nichts erschuf**] seit dem 2. Jh. immer geläufigere Auffassung des Schöpfungsberichts in Gen 1, dass Gott alles aus dem Nichts erschuf (→ 44,6). Cf. auch II Makk 7,28.

18 **gleich Sisyphos von der Spitze des Felsens hinabstößt**] bezieht sich auf die gr. Sagengestalt Sisyphos, der dazu verurteilt ist, im Totenreich einen Felsblock einen steilen Berg hinaufzuwälzen, der aber kurz vor Erreichen des Gipfels immer wieder hinunterrollt. Cf. Homers *Odyssee,* 11. Gesang, v. 592-600.

24 **in der arabischen Erzählung »Morad der Buckelige«**] Eine ägyptische Erzählung (eventuell ein Pastiche darauf) in der Weise jener in *Tausend und einer Nacht,* wo sie aber nicht enthalten ist. In »Monrad den Pukkelryggede« erzählt der Ägypter Morad, wie er als Kind einen Ring mit uralten Schriftzeichen findet, und wie diese von einem alten Gelehrten gedeutet werden. Die Inschrift besagt, dass alles erfüllt werden wird, was er sich wünscht, jedoch so, dass jede Erfüllung ihm auch ein Unglück auferlegen wird. Die Macht, die an den Ring geknüpft ist, gehorcht den Wünschen des Besitzers, jedoch so, dass immer größer Schwierigkeiten damit verbunden sind, in deren Verlauf Morad verstümmelt wird und schließlich als Buckeliger in einem Tollhaus endet; so findet er sich etwa in einem Gefängnis wieder, nachdem er sich an einen sicheren Ort gewünscht hatte, p. 464 in *Bibliothek for Ungdommen* (→ 28,29).

25 **Moden Zeitung, »Bilder Magazin« Nr. 40. 1835**] *Allgemeine Moden-Zeitung. Eine Zeitschrift für die gebildete Welt, begleitet von dem Bilder-Magazin in Miniatur,* hg. von A. Diezmann, 37. Jg., Leipzig 1835. Im begleitenden *Bilder-Magazin in Miniatur* Nr. 40, p. 315 Sp. 2 - p. 320, Sp. 2, und Nr. 41, p. 322 Sp. 2 - p. 325 Sp. 2, findet sich die Erzählung »Morad der Buckelige«. Da es sich um eine

Wochenschrift handelt, müssen Nr. 40 und 41 in den ersten beiden Oktoberwochen 1835 erschienen sein.

Riises Bibliothek for Ungdommen ... p. 453] 29 *Bibliothek for Ungdommen,* hg. von Johan Christian Riise, Bd. 1-8, Kph. 1835-1838; Bd. 4, 1836, pp. 453-474. Die Quellenangabe lautet hier »Nach Diezmann« (→ 28,25).

über einen Mann gehört oder gelesen ... ein 31 **Kastrat**] Quelle nicht identifiziert.

Kinder ... sagen die Wahrheit] Variation eines 36 auch in Dänemark geläufigen Sprichworts mit mehreren Versionen, z.B.: »Kinder, Narren und Betrunkene sagen die Wahrheit; denn die Verständigen wollen nicht« aufgezeichnet in Peder Syv *Aldmindelige Danske Ordsproge* Bd. 1-2, Kph. 1682-1688; Bd. 1, p. 373; »Die Wahrheit wird man von Kindern und betrunkenen [oder verrückten] Leuten hören«, aufgezeichnet in Matthias Moths (ca. 1647-1719) handschriftlichem Wörterbuch in der Königlichen Bibliothek in Kph. (cf. Nr. 3003 in C. Molbech *Danske Ordsprog, Tankesprog og Riimsprog,* Kph. 1850, Ktl. 1573, p. 190); und »Von Kindern und betrunkenen Leuten wird man die Wahrheit erfahren«, angeführt in *Dansk Ordbog,* hg. von Videnskabernes Selskab, Bd. 6, Kph. 1848, p. 125 (s. v. »Sandhed«). Cf. Nr. 8330 in E. Mau *Dansk Ordsprogs-Skat* (→ 30,32) Bd. 2, p. 218, wo die meisten Formen erwähnt sind. Cf. Karl Fr. W. Wander *Deutsches Sprichwörter-Lexikon* 5 Bde., Aalen 1963 [Leipzig 1867-1880], Bd. 2, Sp. 1296.

Lungenkranken ... wenn es am allerschlimms- 6   29 **ten ist**] Zahlreiche ältere Berichte über Tuberkulosekranke beschreiben, dass diese aus unerklärlichen Gründen gerade in Perioden physischer Schwäche ihre ernsthaften Leiden ignorieren würden.

in einer Zeit ... durch unsere Lobreden ... zu 19 **adoptieren wusste**] bezieht sich vielleicht auf den gr. Schriftsteller und Geschichtsschreiber Flavius Arrianus (1. Hälfte des 2. Jh. n.Chr.). Er zeichnete Epiktets Gespräche in Koine auf, schrieb eine Biographie von Alexander in xenophontischem Attisch und verfasste eine Schrift über Indien in Herodots Stil. Über Arrianus bemerkt F. C. Petersen in seinem *Haandbog i den græske Litteraturhistorie* [Handbuch der griechi-

schen Literaturgeschichte], Kph. 1830, Ktl. 1037,
p. 297: »Er zeichnet sich durch Wahrheitsliebe
und Klarheit aus. Er imitierte Xenophon, nicht
ohne Erfolg, wenn auch nicht unbeeinflusst von
seiner Zeit.«

23 **das höchste Lob … einen eigenen Stil zu haben**] Dass der Stil Ausdruck der Individualität
des Verfassers ist, ist eine altbekannte Vorstellung, die im 18. Jh. erneuert wurde, cf. die Worte
des frz. Naturforschers G. L. de Buffon in seiner
Akademieansprache: »Le style est l'homme
même«. Cf. Kap. 13, »Ueber den Stil oder die
Darstellung« in Jean Paul (Pseudonym von Johann Paul Friedrich Richter) *Vorschule der Ästhetik*, 2. Ausg., Bd. 1-3, Stuttgart und Tübingen
1813 [1804], Ktl. 1381-1383, einem Hauptwerk
romantischer Ästhetik, besonders § 76, wo es
einleitend heißt: »Der Stil ist der Mensch selber,
sagt Büffon mit Recht. Wie jedes Volk sich in
seiner Sprache, so malt jeder Autor sich in seinem Stile; die geheimste Eigenthümlichkeit mit
ihren feinen Erhebungen und Vertiefungen
formt sich im Stile, diesem zweiten biegsamen
Leibe des Geistes, lebend ab«, Bd. 2, p. 601.

26 **von den Brocken leben, die vom Tische anderer fallen**] Anspielung auf Mt 15,21-28.

33 **diese unbekannte Gottheit verehrt**] Anspielung auf Act 17,23. NT-1819 bietet dän. »en
ukiendt Gud«, während SK »den ubekjendte
Guddom« verwendet.

35 **Es ist … den ganzen Tag hinschleppen will …
p. 107**] Zitat aus Teil 1, Kap. 7 des Romans
»Heinrich von Ofterdingen« des dt. Philosophen
und romantischen Dichters Novalis (Georg
Friedrich Philipp von Hardenberg) (1772-1801),
cf. *Novalis Schriften*, hg. von L. Tieck und Fr.
Schlegel, 4. erw. Ausg., Bd. 1-2, Berlin 1826
[1802], Ktl. 1776; Bd. 1, p. 107. In Kap. 7 legt
Novalis seine Poetik in einem langem, fiktiven
Gespräch dar. Im gegensätzlichen Verhältnis
zwischen praktischer »Geschicklichkeit« und einem »überfließende[n] Gefühl einer unbegreiflichen Herrlichkeit« wird das Gefühl als ein Morgentraum beschrieben, von dem sich der Dichter befreien muss; die Poesie sei eben eine
»strenge Kunst«. Die Quelle bietet »Morgenträumen« und »drückendere«. (Laut Abrechnung
von C. A. Reitzel vom 31. Dezember 1836 (KA,

D pk. 8 læg 1) schaffte sich SK *Novalis Schriften*
erst am 22. Februar 1836 an.)

**Missweisungen auf dem Kompass meines Le-   23   30
bens**] Anspielung auf die Magnetnadel eines
Kompasses, deren Richtungsangabe fast überall
von der wahren Nordrichtung etwas abweicht
(Missweisung bzw. Deklination). Diese Missweisung beruht darauf, dass sich der Abstand
zwischen dem magnetischen und dem geogra-
phischen Nordpol unregelmäßig ändert, da sich
die magnetischen Pole aufgrund von Bewegungen im Erdkern ändern. Lediglich auf einer einzigen nord-südlich verlaufenden Linie (Agone)
tritt keine Missweisung auf. Die Agone verläuft
geographisch gesehen durch den Atlantik, aber
auch diese Linie verändert sich mit den Magnet-
feldern der Erde.

**man kann nicht sofort ernten, wo man gesät   32
hat**] vielleicht Anspielung auf das dän. Sprich-
wort »Man må så, før man kan høste« [Vor dem
Ernten muss man säen], cf. E. Mau *Dansk
Ordsprogs-Skat* Bd. 1-2, Kph. 1879; Bd. 2, p. 205,
Nr. 8227.

baut man heute eine Brücke unter der Themse]   36
bezieht sich auf den ersten Tunnel unter der
Themse; mit den Grabungen wurde 1825 begonnen, für den öffentlichen Verkehr wurde die Verbindung aber erst 1843 freigegeben. Für die Ausführung des technisch anspruchsvollen Projek-
tes zeichnete der frz.-eng. Ingenieur M. I. Brunel
verantwortlich.

**Methode jenes Philosophen … schweigen zu   1   31
lassen**] bezieht sich auf die dem gr. Philosophen
und Mathematiker Pythagoras (ca. 570-497
v.Chr.) zugeschriebene Gewohnheit, dass An-
wärter auf Mitgliedschaft in seiner Sekte fünf
Jahre schweigen mussten. Dies berichtet der
neuplatonische Philosoph Iamblichos (4. Jh.) in
De vita Pythagorica 17, 72. Cf. auch Buch VIII,
Kap. 1,10 in *Diogen Laërtses filosofiske Historie*
(→ 27,30) Bd. 1, p. 368; cf. *Leben und Meinungen
berühmter Philosophen* (→ 27,30), Bd. 2, p. 115
»Fünf Jahre lang mußten sie schweigen und ausschließlich den Lehrvorträgen folgen als Hörer
und ohne noch den Pythagoras zu Gesicht zu
bekommen, bis sie sich hinreichend bewährt
hätten [. . .]«.

8 **Gott seine Sonne … über Gerechte und Ungerechte**] cf. Mt 5,45, in Übereinstimmung mit NT-1819, wo die Reihenfolge jedoch »über Bösen und Guten« ist.

10 **So sei denn das Los geworfen … Rubikon**] bezieht sich auf das geflügelte Wort »Jacta est alea« bei einer wichtigen Entscheidung, das Cäsar ausgesprochen haben soll, als er 49 v.Chr. den Grenzfluss Rubikon überschritt und nach Rom marschierte, wodurch er den zweiten röm. Bürgerkrieg einleitete, aus dem er schließlich als Alleinherrscher hervorging. Cf. die Biographie Cäsars in *Caji Svetonii Tranqvilli Tolv første Romerske Keiseres Levnetsbeskrivelse* (→ 21,32) Bd. 1, p. 31, Kap. 32; cf. *Des Suetonius Tranquillus Lebensbeschreibungen* (→ 21,32) wo Cäsar sagt: *»Laßt uns gehen wohin uns das Wunderzeichen und die Ungerechtigkeit unserer Feinde ruft; die Würfel sind geworfen«*, p. 34.

18 **nicht wie Lots Weib zurückzuschauen**] bezieht sich auf Gen 19,26.

22 **wie die Moralisten … die Reue verwerfen**] cf. die 15. Vorlesung im 1. Heft von Fr. Baaders *Vorlesungen über speculative Dogmatik* (→ 44,32), p. 96: »Die Religion lehrt, wie die Wurzel des bösen Baumes in ihm zu tilgen, und eine gute ihm einzuerzeugen ist, und alle Werke, die sie fodert, haben nur diesen Zweck, wogegen die irreligiösen Moralisten von dem nichtguten Baume fodern, daß er sofort als solcher gute Früchte bringe. Es ist aber in der That sonderbar, wie diese unsre neuern Moralphilosophen auf den Einfall kommen konnten, die Religion durch die Moral (den sogenannten moralischen Imperativ) entbehrlich zu machen, und das moralische Heil des Menschen nicht im Dativ, sondern lediglich im Imperativ des Gewissens finden zu wollen. Als ob nicht dieser Imperativ, als die Foderung des Gläubigers, eben nur mit der Insolvenz des Schuldners zugleich einträte, diese erweisend aber nicht hebend, so wie im Organismus der Zwang oder die Noth eben nur mit der Impotenz zugleich eintritt.« Es könnte z.B. auch an J. G. Fichte (→ 14,7) gedacht sein, cf. »Zu ›Jacobi an Fichte‹ (Hamburg 1799)«: »An eine unablässige Selbstprüfung unseres Wesens in's Allgemeine hinein, und an Vorbereitungen zu einer Generalbeichte zu gehen, müssiger

Weise, als ob die Welt nicht voll wäre anderer Aufgaben und Thaten, ist sehr unweise. […] Lasset uns selig sein in der einfachen Treue gegen das Göttliche in uns, demselben folgen, wie es uns zieht, und weder durch eigene Werkheiligkeit, noch durch Selbstzerknirschung uns Allerlei ankünsteln, das nicht aus ihm ist«, *Johann Gottlieb Fichte's nachgelassene Werke*, hg. von I. H. Fichte, Bd. 1-3, Bonn 1834-1835 (ein Teil von Ktl. 489-99); Bd. 3, p. 394.

zurückzukehren] *SKS* folgt bis einschließlich 25 der Doppellinien *EP I-II*, pp. 38-53.

Philosophie] *SKS* folgt ab hier bis p. 35,29 *EP* 28   31 *I-II*, pp. 69-73.

den scholastischen Satz … was in der Theolo 35 **gie falsch ist**] cf. W. G. Tennemann *Geschichte der Philosophie* Bd. 1-11, Leipzig 1798-1819, Ktl. 815-826; Bd. 8,2, 1811, pp. 456ff., wo der Streit zw. der theologischen und der philosophischen Fakultät an der Universität von Paris bezüglich des Verhältnisses zw. Theologie und aristotelischer Philosophie sowie die schließlich erreichte Koalition behandelt wird: »Denn sie sahen wohl ein, daß es ein großer Unterschied sey zwischen Wahrheiten, die auf Grundsätzen beruhen, und zwischen Wahrheiten, die blos auf Autorität sich stützen, und da beide nicht immer mit einander übereinstimmten, und sie die einen nicht verläugnen wollten, die andern nicht umstoßen konnten, so halfen sie sich in dem Gedränge damit, *daß Manches in der Philosophie wahr und in der Theologie falsch seyn könne, und es also eine doppelte Wahrheit gebe«*, p. 460. Konservative Theologen schrieben diese Theorie von der zweifachen Wahrheit dem Averroës (12. Jh.) und den Averroisten (besonders Siger von Brabant und Boëtius de Dacia (13. Jh.), den führenden Denkern an der philosophischen Fakultät in Paris) zu. Diese Auffassung wurde im Prolog zur Verurteilung der Ketzereien des radikalen Aristotelismus, die der Pariser Bischof Stephan II. (Étienne Tempier) 1277 in 219 Thesen erließ, verworfen, fand aber doch viel Zustimmung in der letzten Periode der Scholastik. Cf. *Geschichte der Philosophie* Bd. 9, 1814, p. 298, wo es vom ital. Mönch und Philosophen Thomas Campanella (1568-1639) heißt: »Er hat unstreitig Recht, wenn er behauptet, es sey eine durchaus falsche Behauptung, *daß, was in der Philosophie wahr ist, es darum nicht in der Theologie sey,* als wenn eine zweifache widerstreitende Wahrheit denkbar wäre; er hat auch das Wesen und Unwesen der Scholastik mit scharfen Blicken durchschaut«. SK kann diese Auffassung in dieser Formulierung auch durch A. Günther *Der letzte Symboliker.* [...] *in Briefen,* Wien 1834, Ktl. 521, p. 315, gekannt haben, wo an »die scholastische Behauptung von einer *doppelten Wahrheit*« erinnert wird, derzufolge »Etwas philosophisch wahr und zugleich theologisch falsch, und *vice versa* theologisch wahr und philosophisch falsch seyn konnte«. — **scholastischen:** die Scholastik betreffend, d.h. die katholische Theologie, die im Spätmittelalter die Lehre der Kirchenväter unter Einbeziehung der aristotelischen Philosophie durchdachte, um Einheit in der Lehre der katholischen Kirche zu schaffen.

32   17   **Vorstellung vom Erlösungsbedürfnis]** bezieht sich auf einen zentralen Gedanken bei Schleiermacher (→ 43,7), ausgeführt besonders in § 11 und § 22 in *Der christliche Glaube nach den Grundsätzen der evangelischen Kirche im Zusammenhange dargestellt* Bd. 1-2. Die erste Ausg. erschien in Berlin 1821-1822, einen größeren Einfluss gewann jedoch die zweite, überarbeitete Ausg. 1830-1831, die SK nachweislich bei seinen Schleiermacher-Studien 1834-1835 (→ 32,19 und → 32,26) benutzte. SK besaß die 3. Ausg., Berlin 1835-1836, Ktl. 258, die im Verhältnis zur 2. Ausg. unverändert ist; hier in den Kommentaren zu AA wird meist die 3. Ausg. benutzt). In einem vermutlich von 1834 stammenden dänischen Exzerpt aus § 11, 4 (Bd. 1, p. 73), schreibt SK: »Besteht aber in der Gemeinschaft [scil. der christlichen] ein bedeutender Unterschied in der freien Entwicklung des Gottesbewusstseins, dann bedürfen Einige, bei denen es gebunden ist, mehr der Erlösung; und Andere, in denen es höher ist, sind für die E.[rlösung] befähigter, und so erfolgt durch Einwirken Letzterer auf die Ersten eine Näherung an die Erlösung, nur eben nicht weiter als bis der Unterschied zw. den beiden gehoben ist, bloß dadurch, dass die Gemeinschaft besteht« (*Pap.* I C 21, in Bd. XII, p. 128). Das Zitat lautet in Friedrich Schleierma-

cher *Der christliche Glaube nach den Grundsätzen der Evangelischen Kirche im Zusammenhange dargestellt* (1830/31), hg. von Martin Redeker, Berlin / New York 1999 [Nachdruck der 7. Aufl. 1960], im Folgenden kurz Redeker, Bd. 1, p. 80: »Besteht aber in der Gemeinschaft ein bedeutender Unterschied in der freien Entwicklung des Gottesbewußtseins, so sind einige, in denen es am gebundensten ist, erlösungsbedürftiger, und andere, in denen es freier ist, erlösungsfähiger, und so erfolgt durch die Einwirkung der letzteren in den ersteren eine Annäherung an die Erlösung, nur freilich nicht weiter als bis der Unterschied zwischen beiden ziemlich ausgeglichen ist, bloß dadurch, daß eine Gemeinschaft besteht«. In einem dänischen Exzerpt aus § 22, 2 (Bd. 1, p. 125) schreibt SK: »Wenn die Msch. [Menschen] erlöst werden sollen; müssen sie ihrer *bedürftig sein;* und sie wirklich *annehmen können*« (*Pap.* I C 23, in Bd. XII, p. 129). Bei Redeker, Bd. 1, p. 130: »Nämlich was das erste betrifft, wenn die Menschen sollen erlöst werden, so müssen sie ebensowohl der Erlösung bedürftig sein als auch fähig, sie anzunehmen.« In § 22, 2 spricht Schleiermacher von der »Erlösungsbedürftigkeit der menschlichen Natur«, Bd. 1, p. 125 (Redeker, Bd. 1, p. 130). Cf. auch § 71: »Die Erbsünde ist aber zugleich so sehr die eigene Schuld eines Jeden, der daran Theil hat, daß sie am besten als die Gesammtthat und Gesammtschuld des menschlichen Geschlechtes vorgestellt wird, und daß ihre Anerkennung zugleich die der allgemeinen Erlösungsbedürftigkeit ist«, Bd. 1, pp. 381ff. (Redeker, Bd. 1, pp. 374ff.).

zuerst gefühlt und dann erkannt werden] cf.   19 § 8, »Die Frömmigkeit an sich ist weder ein Wissen noch ein Thun, sondern eine Neigung und Bestimmtheit des Gefühls«, in Schleiermachers *Der christliche Glaube,* 1. Ausg., Bd. 1, 1821, wo es in einer einleitenden Anmerkung heißt: »In den Worten *an sich* liegt schon dieses, daß wol aus der Frömmigkeit ein Wissen oder Thun hervorgehen könne als Aeußerung oder Wirkung derselben. An beiden kann sie dann erkannt werden, ist aber selbst keines von beiden in ihrem Anfang und eigentlichen Wesen«, p. 26. Diese Anmerkung fehlt in der 2. und den folgenden Ausg. (→ 32,17), aber SK kann deren Inhalt von

H. L. Martensen gekannt haben, bei dem er 1834 Privatunterricht nahm. Martensen ging Schleiermachers Dogmatik durch, cf. H. L. Martensen *Af mit Levnet* Bd. 1, 1882, p. 78 (H. L. Martensen *Aus meinem Leben. Mittheilungen*, Aus dem Dänischen von A. Michelsen, Karlsruhe und Leipzig 1883-1884, Erste Abtheilung, pp. 91f.).

20 **wenn nun auch die Philosophie ... hierauf stürzen können ... und versuchen ... die Notwendigkeit der Erlösung doch nicht anerkennen**] cf. § 11, 5, in Schleiermachers *Der christliche Glaube* (→ 32,17) Bd. 1, p. 76 (Redeker, Bd. 1, pp. 82f.): »Vielleicht läßt sich in einer allgemeinen Religionsphilosophie, auf welche dann, wenn sie gehörig anerkannt wäre, die Apologetik sich würde berufen können, der innere Charakter des Christenthums an und für sich auf eine solche Weise darstellen, daß dadurch dem Christenthum sein besonderes Gebiet in der religiösen Welt sicher gestellt würde. Dazu würde indeß gehören, daß alle Hauptmomente des frommen Bewußtseins systematisirt würden, und aus ihrem Verhältniß gezeigt, welche darunter solche sind, auf die die andern können bezogen und die selbst in allen andern können mitgesetzt sein. Zeigte sich dann, daß dasjenige, welches wir durch den Ausdrukk Erlösung bezeichnen, ein solches wird, sobald in eine Region, wo das Gottesbewußtsein gebunden ist, eine es befreiende Thatsache eintritt: so wäre dann das Christenthum als eine eigenthümliche Glaubensform sicher gestellt, und in gewissem Sinne construirt. Indeß würde selbst dieses kein Beweis des Christenthums zu nennen sein, indem auch die Religionsphilosophie keine Nöthigung aufstellen könnte, weder eine bestimmte Thatsache als erlösend anzuerkennen, noch auch einem Moment, das ein centrales sein kann, diese Stellung in dem eigenen Bewußtsein wirklich einzuräumen.«

26 **ein Erlösungsbewusstsein**] In einem vermutlich aus dem Jahre 1834 stammenden dänischen Exzerpt aus § 11, 3 in Schleiermachers *Der christliche Glaube* (→ 32,17) Bd. 1, p. 72, schreibt SK: »Sondern die Relation zur Erlösung ist nur aus dem Grund in jedem chr.[istlichen] Bewussts.[ein], weil der Stifter der chr. Gemeinschaft der Erlöser ist; und Chr.[istus] ist nur auf die Weise

Stifter einer frommen Gesellschaft, als die Glieder derselben sich der Erlösung durch ihn bewußt werden« (*Pap.* I C 21, in Bd. XII, p. 128). In der Ausgabe von Redeker (→ 32,17), Bd. 1, p. 79, lautet die Stelle: »Sondern die Beziehung auf die Erlösung ist nur deshalb in jedem christlichen frommen Bewußtsein, weil der Anfänger der christlichen Gemeinschaft der Erlöser ist; und Jesus ist nur auf die Weise Stifter einer frommen Gemeinschaft, als die Glieder derselben sich der Erlösung durch ihn bewußt werden.«

qua] lat., ‚in der Eigenschaft als‘.   2   33

Msch.] *B-fort.* 437 bietet hier die Abkürzung,   17   33 während *EP I-II* p. 71 SKs Abkürzung auflöst.

in Christus zu leben] Der Ausdruck »in Chris-   22 tus Jesus leben« stammt aus II Tim 3,12, wo Paulus laut NT-1819 schreibt: »Ja, auch alle, die fromm in Christus Jesus leben wollen, werden verfolgt werden.«

diese Erbauungsschriften] bezieht sich vermut-   23 lich auf *Vier Bücher vom wahren Christenthum* (erschienen um 1605-1610) von Johann Arndt, die erstmals 1690 in dän. Übersetzung erschienen. Das Werk, oft durch Auszüge aus anderen Schriften Arndts zu *Sechs Bücher vom wahren Christenthum* erweitert, fand außerordentlich weite Verbreitung; es enthält neben Arndts eigenen erbaulichen Betrachtungen und »Beobachtungen« eine große Anzahl von Exzerpten aus anderer christlicher Erbauungsliteratur, z.B. von Thomas von Kempen und Johannes Tauler. Arndt war ein Vorläufer des Pietismus, der orthodoxe protestantische Bußfrömmigkeit mit mittelalterlicher Mystik zu verbinden suchte. SK besaß die Schrift in einer späteren dt. Ausg., *Sämtliche geistreiche Bücher vom wahren Christenthum*, 2. Ausg., Tübingen o.J. [1777], Ktl. 276, und in einer verkürzten dän.-norw. Übersetzung, *Fire Bøger om den sande Christendom*, Kristiania (Oslo) 1829, Ktl. 277.

Hamann 1. T.] *Hamann's Schriften*, hg. von Fr.   30 Roth und G. A. Wiener, Bd. 1-7, Berlin und Leipzig 1821-1825, und Bd. 8,1-2 (Register), Berlin 1842-1843, Ktl. 536-544; Bd. 1. — **Johann Georg Hamann**: (1730-1788), dt. Gelehrter und Verfasser philosophischer Schriften, geboren und aufgewachsen in Königsberg. Immanuel Kant war der berühmteste unter seinen zahlreichen Freunden aus der zeitgenössischen Welt der Literatur und Philosophie. Hamanns schwer zugängliche und anspielungsreiche Schriften wurden zu einer wichtigen philosophischen Quelle für die Auseinandersetzung des 19. Jh. mit dem einseitigen Vernunftideal der Aufklärungsepoche.

31 **Nein ... Wache auf, der Du schläfst]** Zitat aus Hamanns Brief vom 20. Juli 1759 an J. G. Lindner. Hamann vergleicht hier einen »Mensch[en] der in Gott lebt« und den »natürlichen Menschen« mit einem wachenden Menschen und einem »schnarchenden im Tiefen Schlaf« bzw. Träumenden; es sei vergeblich einem Schlafenden und Träumenden sagen zu wollen, dass er schläft und träumt (*Hamann's Schriften* Bd. 1, pp. 418f. / J. G. Hamann, *Briefwechsel,* hg. von Walther Ziesemer und Arthur Henkel, Bd. 1-7, Wiesbaden 1955-1965; Bd. 1, 1955, p. 369).

33 **Aus S. 406 ... eben so verhält es sich gerade]** bezieht sich auf einen Brief vom 3. Juli 1759 von Hamann an J. G. Lindner. Darin zitiert Hamann David Humes kritische Bemerkung, dass die christliche Religion bis auf den heutigen Tag von keinem verständigen Menschen ohne die Annahme eines Wunder geglaubt werden könne, und dass der Glaube selbst für den Gläubigen ein Wunder ist, das alle Prinzipien seines Verstandes umkehrt. Im Anschluss an dieses Zitat bemerkt Hamann: »Hume mag das mit einer höhnischen oder tiefsinnigen Miene gesagt haben; so ist dieß allemal Orthodoxie, und ein Zeugniß der Wahrheit in dem Munde eines Feindes und Verfolgers derselben — Alle seine Zweifel sind Beweise seines Satzes«, *Hamann's Schriften* Bd. 1, p. 406 / *Briefwechsel,* p. 356. Die Bemerkung des schottischen Philosophen David Hume (1711-1776) stammt aus dem X. Abschnitt seiner *Philosophical Essays Concerning Human Understanding*, London 1748, die Hamann unter Beiziehung von J. G. Sulzers dt. Übersetzung *Philosophische Versuche über die menschliche Erkenntnis*, Hamburg und Leipzig 1755, las.

34   8 **vom Teufel stammen]** In Johann Arndts *Vier Bücher vom wahren Christenthum* (→ 33,23) findet sich die explizite Vorstellung, dass Versuchungen, Anfechtungen sowie böse und zweifelnde

Gedanken vom Teufel stammen, cf. z.B. 2. Buch, Kap. 54.

Ulysses ... Sirenen ... die Ohren mit Wachs zu 9 **verstopfen]** Auf der Heimreise von Troja verhinderte Odysseus (lat. Ulysses), vom verlockenden Gesang der Sirenen ins Unglück gestürzt zu werden, indem er auf weisen Ratschlag hin die Ohren seiner Seeleute mit Wachs verklebte und sich selbst an den Mast des Schiffes binden ließ, in dem sie nun sicher vorbeirudern konnten. Cf. *Odyssee*, 12. Gesang, v. 37-54 und v. 165-200.

einen Hauptgegensatz: Augustin und Pelagi- 25 **us]** cf. SKs Mitschrift von § 38 in Professor H. N. Clausens dogmatischen Vorlesungen im Wintersemester 1833-1834 und Sommersemester 1834: »Indem Pelagius nicht nur eine Fortpflanzung der Sünde leugnete; sondern überhaupt jeglichen moralischen Einfluss der Sünde Adams auf die mschle. [menschliche] Natur, nicht nur die moralische Freiheit verfocht; sondern behauptete, dass der Msch. ebenso rein und unverdorben geboren wird, wie er ursprünglich geschaffen ist, wurde er durch einseitigen Eifer für die persönliche Freiheit dazu gebracht, sowohl das Verhältnis des Individuums zum Leben des Geschlechts, als auch das Verhältnis des Msch. zu Gott zu verkennen. Gegen ihn und seine Anhänger stellte Augustinus die Lehre: dass alle Msch. in und mit Adam gesündigt haben und dass sie als gerechte Strafe eine bei der Geburt verdorbene Natur empfangen haben, die einzig die Freiheit hat, das Böse zu tun.« (Not1:6 in *SKS* 19, 35,23-34 / *Pap.* I C 19, in Bd. XII, p. 83). Cf. auch die Mitschrift von § 40, wo vom »pelagianischen Leichtsinn und der augustinischen Zerknirschung« die Rede ist (*SKS* 19, 37,11-12 / *Pap.* I C 19, Bd. XII, p. 85). — **Augustin:** Aurelius Augustinus (354-430), Rhetoriker, Philosoph und Theologe, geb. in Nordafrika, ab 383 in Italien tätig, Bischof von Hippo Regius ab 395; einer der vier röm.-kath. Kirchenväter. Von Augustinus wurde die Vorstellung der Erbsünde erstmals umfassend behandelt. Seine Lehre hält fest, dass die Sünde im Geschlechtsakt und damit bei der Entstehung jedes Menschen wirksam ist, und dass jeder Mensch, weil er in und mit Sünde geboren ist, überhaupt die Befähigung verloren hat, das

Gute zu tun. Weil der Mensch von der Sünde in einer ohnmächtigen Knechtschaft festgehalten wird, kann er selbst nichts zu seiner Erlösung beitragen; er ist vollkommen von Gottes erlösender und unverdienter Gnade abhängig. Diese Gnade fasst Augustinus als Eingießung der göttlichen Gnade (»gratia infusa«) auf, die einerseits die zeitliche Begierde in Liebe zu Gott verwandelt, andererseits den Willen des Menschen neu schafft, um Gottes Willen zu folgen. Von 411 bis zu seinem Tod bekämpfte Augustinus die pelagianische Lehre nachdrücklich. — **Pelagius:** britischer Herkunft, um 400 als asketischer Erweckungsprediger in Rom tätig, von wo aus er um 410 nach Nordafrika und gleich darauf nach Palästina zog, nach 418 gibt es von ihm keine historischen Nachrichten mehr. Pelagius bestreitet die Lehre von der Erbsünde und behauptet die Freiheit des Willens, ein sündenfreies Leben nach Gottes Willen zu leben; er fasst Sünde als Handlung, nicht als Zustand auf; jeder Mensch werde ebenso gut und unverdorben geboren, wie der Mensch, den Gott ursprünglich erschuf. Obwohl Pelagius der Auffassung ist, dass der Mensch selbst seine Erlösung erwirken kann, weist er den Gedanken von Gottes Gnade nicht ab; sie kommt dem Menschen durch Christus entgegen, der durch sein Beispiel dazu anspornt, mit der gewohnheitsbildenden Macht der Sünde zu brechen und ihm nachzufolgen. Die Lehre des Pelagius wurde von zwei nordafrikanischen Synoden 416 und 418 auf das Betreiben Augustinus' hin und endgültig von der Synode in Ephesos 431 verworfen.

34 **Inspirations-Theorie]** Die Lehre, dass jede der biblischen Schriften von Gott »eingegeben« bzw. »eingehaucht« (inspiriert) ist (cf. II Tim 3,16). Deshalb sei die Bibel, die Heilige Schrift, Gottes offenbartes und unfehlbares Wort und damit die höchste Autorität für Glaube und Lehre der Kirche. Hier scheint der Ausdruck aber eher von der biblisch-dogmatischen Auffassung gebraucht, dass Gott fortdauernd seinen Geist, den heiligen Geist in den von der Sünde verdorbenen Menschen »einhaucht« (oder eingießt), und so neuschaffend und ermunternd auf den Willen des Menschen wirkt.

dem synergistischen ... Streit] theologischer 36 Streit im 16. Jh. unter protestantischen Theologen über die Synergie des Menschen, d.h. sein freies »Mitwirken« zu seiner Erlösung. Martin Luther lehrt, dass der Wille des Menschen von der Sünde gebunden ist, und dass Umkehr und Wiedergeburt ausschließlich durch den heiligen Geist erwirkt werden. Philipp Melanchthon brachte 1535 (*Loci theologici*, 2. Ausg.) seine Ansicht vor, dass das Wort, der heilige Geist und der Wille bei der Bekehrung [Umkehr] zusammenwirken, und 1543 (*Loci*, 3. Ausg.) die Ansicht, dass der Wille durch die neuschaffende Hilfe des heiligen Geistes dem Evangelium zustimmen kann, und dass die Umkehr dadurch zustande kommt, dass die Gnade vorausgeht und der Wille begleitet. Nach Luthers und Melanchthons Tod 1546 bzw. 1560 flammte der synergistische Streit erst richtig auf; Melanchthons Synergismus wird besonders von Johann Pfeffinger (Superintendent in Leipzig) und Victorin Strigel (Professor in Jena) vertreten, Luthers Monergismus hingegen von Nicolai v. Amsdorf (Luthers enger Freund und Mitarbeiter) und Matthias Flacius (Professor in Jena) verteidigt (cf. dazu SKs Mitschrift von § 66 in Professor H. N. Clausens dogmatischer Vorlesungen (→ 34,25), No. 1:8 in *SKS* 19, 69f. / *Pap.* I C 19, in Bd. XII, pp. 119f.). Mit der *Formula Concordiae,* der letzten lutherischen Bekenntnisschrift, wurde versucht, den Streit beizulegen. Sie wurde von mehreren bedeutenden Reformationstheologen 1577 verfasst und 1580 herausgegeben, um das drohende Zerwürfnis bezüglich der rechten Lehre in der jungen lutherischen Kirche zu verhindern.

dem semipelagianischen Streit] theologischer 36 Streit im 5. und 6. Jh. über Augustinus' Prädestinationslehre, d.h. die Lehre von der Vorherbestimmung der Seligkeit oder des Verderbens des Menschen durch Gott. Der Semipelagianismus, der vor allem auf den Mönch Johannes Cassianus (gest. um 435) zurückgeht, behauptet, dass Gott allen Menschen seine helfende Gnade angeboten hat, dass sie aber kraft ihres freien Willens die Möglichkeit hatten, diese zurückzuweisen. Diese Lehre fand in Südgallien derart viel Zustimmung, dass eine Synode in den 470ern

die Prädestinationslehre des Augustinus verurteilte. Das rief eine, vor allem durch Bischof Cä-
sarius von Arles (gest. 543) angeführte, starke
Reaktion bei den Anhängern der augustinischen
Gnadenlehre hervor, dass eine Synode in
Orange 529 den Semipelagianismus verwarf
und eine modifizierte augustinische Gnadenlehre annahm. Dabei wurde einerseits festgehalten, dass das Heil wegen der absoluten Sündhaftigkeit des Menschen ausschließlich von der
Gnade Gottes abhängig ist, und andererseits zu-
rückgewiesen, dass Gott den Menschen dazu
vorherbestimmt hat, Böses zu tun; da gleichzeitig betont wurde, dass der Wille des Menschen
durch Gottes Gnade befreit ist und durch seinen
Beistand jene Werke tun kann und soll, die mit
dem ewigen Leben belohnt werden, wurde für
das verantwortliche Mitwirken des Menschen
an seinem Heil Platz gemacht. Die Auffassung,
die auf der Synode von Orange angenommen
wurde, wurde vom röm. Bischof 531 bestätigt
und gewann so die Anerkennung als offizielle
Gnadenlehre der westlichen Kirche.

35   21   **Don Quijote**] der Held in der gleichnamigen
Parodie des span. Dichters Miguel de Cervantes
Saavedra auf einen Ritterroman (I-II, 1605-1615).
Die fixe Idee des verarmten Adeligen aus La
Mancha liegt darin, dass er sich einbildet, in der
Welt der Ritterromane zu leben und romanti-
sche Taten in einer platten Wirklichkeit vollbrin-
gen zu müssen.

21   **die Leichtigkeit ... der böse Dämon ... ihn
ständig verfolgt**] Eine der bekanntesten Taten
Don Quijotes ist es, Windmühlen für Riesen zu
halten, die er dann angreift (I,8). Dabei wird er
von einem Flügel der Windmühle herumgewir-
belt; übel zugerichtet tröstet er sich damit, dass
es eine neuerliche Bosheit eines bösen Zauberers sei, der die Riesen in Windmühlen verwandelt hat, um ihn um die Ehre des Sieges zu bringen, cf. *Den sindrige Herremands Don Quixote af
Mancha Levnet og Bedrifter. Forfattet af Miguel de
Cervantes Saavedra*, übers. von Charlotta D.
Biehl, Bd. 1-4, Kph. 1776-1777, Ktl. 1937-1940; Bd.
1, pp. 58f.

29   **Oktb. 35**] SKS folgt bis hierher *EP I-II*, pp. 69-73.

Bemerkungen ... befanden] SKS folgt bei dem   30   3⁵
hier lemmatisierten Text *B-fort. 437*.
Wenn] SKS folgt ab hier und in den Aufzeich-   32
nungen AA:16 und AA:17 *EP I-II*, pp. 75-76.

dem Volk die Bibel an den Kopf werfen] be-   5   3⁶
zieht sich auf die lutherisch-orthodoxen Theologen (→ 20,34).
jetzt zuletzt das Glaubensbekenntnis] bezieht   6
sich auf N. F. S. Grundtvigs kirchliche Auffassung, die er erstmals in der Streitschrift *Kirkens
Gienmæle mod Professor Theologiæ Dr. H. N. Clausen*, Kph. 1825 darlegte. Darin behauptet
Grundtvig (→ 42,21), dass das apostolische
Glaubensbekenntnis das »Grund-Bekenntnis«
der Kirche sei, das die Christen aller Zeiten vereinigt, und dass die Kirche keine andere »Regel
der Interpretation, außer der [habe], als dass die
Schrift gemäß des Glaubensbekenntnisses verstanden werden muss«, p. 29. Cf. auch p. 9: »die
christliche Kirche (Ecclesia Christiana) ist eine
Glaubensgemeinschaft, mit einem *Glaubensbekenntnis*, das sie all jenen vorlegt, die in sie eingegliedert werden wollen, die sie nur durch *die
Taufe* und *das Abendmahl* in sich eingliedert,
wenn sie sich das Bekenntnis aneignen und die
sie als *abgefallen* betrachtet, wenn sie den Glauben später verwerfen oder sich dem Bekenntnis
verweigern, und die sie als *falsche Christen* d.h.
Ketzer erklärt, wenn sie offenkundig vom Bekenntnis abweichend, hartnäckig darauf beharren, dennoch Christen zu heißen.« Weiterhin p.
24: »Diese Eigentümlichkeit nun, auf die die älteste christliche Kirche baute, [...]. Sie, behaupte
ich, gibt es in unserer, gibt es überall, wo man
das apostolische *Glaubensbekenntnis* zur aus-
schließlichen Bedingung für die Eingliederung
in die Gemeinschaft macht und den Gnaden-
Mitteln: *der Taufe* und *dem Abendmahl* eine dem
Glaubensbekenntnis entsprechende, also *seligmachende Kraft* zuschreibt.«
die Rationalisten] → 21,10.   9
wie Sophokles ... in voller Kraft] cf. Cicero   11
Cato Maior de senectute, Kap. 7, 22: »Nur eifriges
Interesse braucht weiterzuwirken, dann bleiben
die Geisteskräfte im Alter erhalten, und zwar
nicht nur bei berühmten Männern, die auf hohe
Staatsämter zurückblicken können, sondern

auch bei denen, die ein stilles, ruhiges Privatleben führen. Sophokles hat bis ins höchste Alter Tragödien geschrieben; sein Eifer darin erweckte den Anschein, als kümmere er sich um sein Hauswesen überhaupt nicht mehr; daher brachten ihn seine Söhne vor Gericht: Die Richter sollten ihm wegen Schwachsinns die Verfügungsgewalt über sein Vermögen entziehen — so wie auch bei uns einem Vater, der schlecht wirtschaftet, die Vermögensverwaltung abgesprochen zu werden pflegt. Da hat nun, wie es heißt, der greise Dichter die Tragödie, die er gerade in Händen hielt und kurz vorher verfaßt hatte, seinen ‚Oidipus auf Kolonos‘, den Richtern vorgelesen und dann die Frage gestellt, ob diese Dichtung nach ihrer Ansicht von einem Schwachsinnigen stamme. Auf die Rezitation hin erkannten die Richter auf Freispruch«, Marcus Tullius Cicero, *Cato der Ältere. Über das Alter. Laelius. Über die Freundschaft*, Lateinisch-deutsch, Hg. Max Faltner, Darmstadt 1988, p. 31. — Dieses Zitat findet sich auf Latein in G. E. Lessing »Leben des Sophokles« (1760), Nr. 4 in *Beyträge zur Griechischen Litteratur*, Abschnitt KK, cf. *Gotthold Ephraim Lessings sämmtliche Schriften* Bd. 1-30, Berlin 1771-1794; Bd. 14, 1793, p. 410 (SK benutzte diese Ausg. in den 1830ern; später besorgte er sich die Ausg. in 32 Bd., Berlin 1825-1828, Ktl. 1747-1762, wo das Cicero-Zitat in Bd. 10, 1826, pp. 133f. steht). Cf. auch *M. Tullii Ciceronis opera omnia*, hg. von J. A. Ernesti, 2. Ausg., Bd. 1-6, Halle 1757 [1737-1739], Ktl. 1225-1229; Bd. 4, pp. 938f.

13   **Die Stimme ... die Hände sind Esaus**] Bezugnahme auf Gen 27,22, wo Jakob durch Verkleidung den Segen Isaaks erhielt, der Esau zugedacht war.

36   17   **Rationalismus**] → 21,10.
     18   **Typus**] → 145m,13.
     23   **Akkommodation**] Anpassung. — *SKS* folgt bis hierher einschließlich der Doppellinie *EP I-II*, pp. 75-76.

36   25   **Ich**] *SKS* folgt in AA:18 *EP I-II*, pp. 73-75.
     33   **ihre Götter für das Werk des Teufels hielten**] wird Justinus Martyr (2. Jh.) zugeschrieben, cf.

z.B. Kap. 9 seiner *Apologia* I. Die Quelle SKs ist nicht identifiziert.

ihre Tugenden für glänzende Laster] Dieses   34
Diktum wird meist unrichtigerweise Augustinus (→ 34,25) zugeschrieben. Cf. z.B. Tennemanns *Geschichte der Philosophie* (→ 31,35) Bd. 7, 1809, p. 268, wo von Augustinus berichtet wird, dass in seinen späteren Jahren »nicht allein seine eigenthümliche Vorstellung von der Gnade und Gnadenwahl [entstand], sondern auch die Behauptung, daß *die Tugenden der Heiden nur glänzende Laster* seyen, was vor ihm schon *Lactantius* behauptet hatte.« In einer Anmerkung wird auf Lactantius *Institutiones divinae.* Kap. 6, 9, und Kap. 5, 10 verwiesen, wo die gleiche Auffassung, nicht aber diese Formulierung vorkommt. Über Augustinus heißt es bei Tennemann weiter: »Da nun auch die aufgeklärtesten und am meisten geachteten Heiden diese Beziehung auf Gott [als das höchste Gut] nicht kannten, ihre Handlungen nicht Gott zum Gegenstande und Zweck hatten, so entbehren sie des nothwendigen Charakters einer echten Tugend, und sind nur *glänzende Laster.* die den Schein der Tugend haben«, pp. 268f. Es wird dort auch auf Augustinus *De civitate Dei.* 19. Buch, Kap. 25 verwiesen, wo diese Formulierung jedoch ebenso wenig vorkommt. Dessen Auffassung ist es, dass wahre Tugenden nur gemeinsam mit der wahren Religion auftreten. Nur derjenige, der sich auf Gott stützt, ist im Besitz von Tugenden; werden diese jedoch nur um ihrer selbst willen angestrebt, handelt es sich um Laster. Cf. auch *Hutterus redivivus oder Dogmatik der Evangelisch-Lutherischen Kirche. Ein dogmatisches Repertorium für Studierende*, hg. von K. A. Hase, Leipzig 1829, (s. Ktl. 581, 4. Ausg., 1839), § 88, p. 240: »Da die Heiden durch die Erbs.[ünde] gänzl verdorben sind, daher nicht unpassend von AUGTN. [Augustinus] ihre Tugenden glänzende Laster genannt werden [...].«

eine ihrer Koryphäen ... vor Christus für ei-   1   37
nen Klotz und Stein erklärt] cf. *Formula Concordiae* (→ 34,36), 2. Teil, »Solida Declaratio«, 2, 20, wo Luthers Kommentar zu Ps 90 referiert wird: »in spiritualibus et divinis rebus, quae ad animae salutem spectant, homo est [...] similis trunco et lapidi« (»in geistlichen und göttlichen

Sachen, was der Seelen Heil betrifft, da ist der Mensch [...] wie Klotz und Stein«), *Libri symbolici ecclesiae evangelicae sive Concordia*, hg. von K. A. Hase, Bd. 1-2, Leipzig 1827; Bd. 2, p. 661 (*Die Bekenntnisschriften der evangelisch-lutherischen Kirche. Herausgegeben im Gedenkjahr der Augsburgischen Konfession 1930*, [dt./lat.], Göttingen 1930, (*Die Bekenntnisschriften*), pp. 879f.). Hier ist allerdings nicht von den Heiden die Rede, sondern von denen, die nicht wiedergeboren sind.

4   **begannen mit: Kehrt um]** deutet vermutlich auf Johannes den Täufer hin, der laut Mt 3,2 mit diesen Worten seine Laufbahn als Prediger begann, sowie auf Jesus, der laut Mk 1,15 mit ähnlichen Worten zu predigen begann. Cf. auch Act 2,38 und 8,22.

5   **ihr Evangelium ... den Juden ein Ärgernis]** cf. I Kor 1,23.

15   **das Christentum eine Radikalkur ist]** cf. eine auf den 9. Oktober 1835 datierte Aufzeichnung auf einem Zettel: »Mit dem Christentum, oder damit Christ zu werden, geht es wie mit jeder Radikal-Kur, man setzt sie so lange als möglich aus.« (*Pap.* I A 89 / *T* 1, 46).

18   **in ältesten Zeiten ... den entscheidenden Schritt bis zum letzten Augenblick aufzuschieben]** Andeutung auf die alt-kirchliche Gepflogenheit, die Taufe bis zum Sterbebett auszusetzen; das bekannteste Beispiel dafür ist Kaiser Konstantin, der sich kurz vor seinem Tod 337 von Bischof Eusebius von Nicomedia taufen ließ.

23   **Tropenfieber]** durch klimatische (tropische) Bedingungen hervorgerufene Fieber, besonders Malaria, Gelbfieber etc.; hier in übertragenem Sinn von ‚Anfechtungen‘ gebraucht.

23   **darüber zuvor]** cf. AA:14, pp. 33f.

25   **mit der Erklärung, dass alles sündig sei ... die Natur]** zur Sündhaftigkeit des Menschen cf. Augustinus (→ 34,25) und Luther (→ 34,36). Zur Sündhaftigkeit der Natur cf. Röm 8,19-22.

27   **vom breiten Weg im Gegensatz zum schmalen]** Andeutung auf Mt 7,13-14.

29   **5. Akt]** d.h. der letzte Akt.

31   **Loki ... sein Weib an seine Seite setzt]** Loki, in der nordischen Mythologie halb Gott, halb Riese, wird von den Asen auf die erwähnte

Weise bestraft; seine Frau Sigyn fängt das herabtropfende Gift in einer Schale auf; nur wenn sie die Schale leeren muss, trifft Loki das Gift und er erzittert so heftig, dass die Erde bebt. Cf. J. B. Møinichen *Nordiske Folks Overtroe, Guder, Fabler og Helte indtil Frode 7 Tider* [Der Nordländer Aberglauben, Götter, Fabeln und Helden bis auf die Zeiten Frodi des 7. herab], Kph. 1800, Ktl. 1947, p. 300. Die Primärquelle dazu findet sich in *Edda*, »Lokasenna«, im abschließenden Prosatext sowie in *Edda Snorra Sturlusonar*, »Gylfaginning«, Kap. 50(48) (cf. *Die Edda des Snorri Sturluson*, ausgewählt, übersetzt und kommentiert von Arnulf Krause, Stuttgart 1997, p. 72).

35   **nicht einmal einen Tropfen Wasser um seine brennende Zunge zu laben]** Andeutung auf das Gleichnis vom reichen Mann und armen Lazarus, cf. Lk 16,19-32.

5   38   **das Schauen Gottes von Angesicht zu Angesicht ... einem Rätsel]** Andeutung auf I Kor 13,12. — *Rätsel:* dän. »mørk Tale« [‚dunkles Wort, dunkle Rede‘], ‚Rätsel‘, durch welches in NT-1819 gr. »αἴνιγμα« wiedergegeben ist.

21   **wissenschaftlichen Republik]** → 22,20.

30   **jene hohe unüberwindliche Mauer ... gegen — die Barbaren]** die chinesische Mauer. Die ursprüngliche, als Verteidigungsanlage gegen die Tataren vermutlich im 3. Jh. errichtete Mauer, scheint restlos verschwunden zu sein; die jetzige, zum Schutz der chinesischen Nordgrenze erbaute Mauer wurde vermutlich im 14. Jh. angelegt.

33   **de facto]** lat., ‚tatsächlich‘.

4   39   **Unsere Journal-Literatur ... Mittagslicht]** SKs Vortrag vom 28. November 1835 in der Studentenvereinigung (→ 40,9) in Kopenhagen (cf. *Pap.* I B 2, pp. 157-178). — *SKS* folgt im hier und im lemmatisierten Text des folgenden Kommentars *B-fort.* 437.

6   **Morgenbetrachtungen der Kbhvnspost]** mit der Chiffre B gezeichneter Artikel SKs in »Kjøbenhavnspostens Morgenbetragtninger i Nr. 43« [Morgenbetrachtungen in Nr. 43 der Kjøbenhavnspost] in *Kjøbenhavns flyvende Post. Interimsblad* (redigiert von J. L. Heiberg) Nr. 76, 18. Februar 1836, Sp. 1-6; cf. *Bl. art.*, pp. 3-8 (*SV1* XIII, 9-15 / *GW1* ES 7-13).

7 **Über die Polemik von Fædrelandet]** mit der Chiffre B gezeichneter Doppelartikel SKs in *Kjøbenhavns flyvende Post. Interimsblad* (redigiert von J. L. Heiberg) Nr. 82, 12. März 1836, Sp. 1-8, und Nr. 83, 15. März 1836, Sp. 1-4; cf. *Bl. art.*, pp. 9-16 und pp. 17-20 (*SV1* XIII, 16-23 und 23-27 / *GW1 ES* 14-22 und 22-26). — *SKS* folgt ab hier bis Zeile 11 *EP I-II*, p. 101.

8 **den Versuch von Fædrelandet]** Der unsignierte Artikel »Om Flyvepostens Polemik« [Über die Polemik der Flyvepost] in *Fædrelandet* Nr. 77, 4. März 1836, Sp. 633-647. Der Autor (→ 39,35) des Artikels erwidert auf eine Reihe von Anklagen, die *Kjøbenhavns flyvende Post* in mehreren Artikeln, darunter SKs, gegen *Fædrelandet* gerichtet hat, Sp. 643f. *Fædrelandet* war die jüngere der beiden führenden liberalen Zeitschriften (→ 39,8) und wurde von Professor C. N. David und Oberlehrer J. Hage (→ 39,35) 1834 gegründet.

8 **die von mir niedergelegte Behauptung]** und zwar, dass die Artikelserie der *Kjøbenhavnspost* über die Pressefreiheit (vielleicht von Orla Lehmann geschrieben) auf teils unklare, teils ungerechte Weise das dän. Geistesleben zu Beginn des Jh. abgewertet habe, anstatt die Gediegenheit des neuen politischen (liberal-demokratischen) Interesses auf- bzw. überzubewerten. SK hat dies im Artikel »Kjøbenhavnspostens Morgenbetragtninger i Nr. 43« (→ 39,6) behauptet. Die *Kjøbenhavnspost* war die ältere der beiden führenden liberalen Zeitschriften (→ 39,8) und wurde von A. P. Liunge (→ 41,5) 1827 gegründet. In ihren ersten Jahren hatte die Zeitschrift eine hauptsächlich ästhetisch-kulturelle Orientierung, in den 1830ern eine ausgesprochen liberal politische.

11 **An Hrn. Orla Lehmann]** ein mit S. Kierkegaard gezeichneter Artikel SKs in *Kjøbenhavns flyvende Post. Interimsblad* (redigiert von J. L. Heiberg) Nr. 87, 10. April 1836, Sp. 1-8; cf. *Bl. art.*, pp. 21-31, *SV2* XIII, 33-44). — *SKS* folgt bis hierher *EP I-II*, p. 101.

12 **Etwas]** *SKS* folgt ab hier bis p. 39,26 *EP I-II*, p. 100.

16 **jener Vortrag]** → 39,4. — Über die glückliche Aufnahme des Vortrages schreibt der Lehrer und spätere Pfarrer Peter Rørdam (→ 57,9) an seinen Bruder Hans Rørdam in einem Brief vom 23. Februar 1836: »Auch in der Studentenvereinigung hat sich eine Veränderung ereignet; ihr Hauptmann und Führer Lehmann ist gefallen, total geschlagen ,heim ging der tapfre Peter mit dem Scherben auf', und mit ihm die Kjøbenhavns-Post, die L.[ehmann] in letzter Zeit schrieb, und der Siegherr ist der junge Kierkegaard, der jetzt in Flyvende Post unter der Chiffre B schreibt« (*Encounters with Kierkegaard. A life as seen by his contemporaries*, collected, edited, and annotated by Bruce H. Kirmmse. Translated by Bruce H. Kirmmse and Virginia R. Laursen, Princeton, New Jersey 1996, pp. 22f.). Rørdam zitiert hier aus dem Anfang des ersten Aktes von Adam Gottlob Oehlenschlägers *Ludlams Hule. Syngespil.*

16 **die Artikel]** die drei polemischen Artikel »Kjøbenhavnspostens Morgenbetragtninger i Nr. 43« (→ 39,6), »Om Fædrelandets Polemik« (→ 39,7) und »Til Hr. Orla Lehmann« (→ 39,11), die SK gegen die liberalen Zeitungen *Kjøbenhavnsposten* und *Fædrelandet* im Februar bis April 1836 in *Kjøbenhavns flyvende Post. Interimsblad* schrieb. Die beiden ersten sind mit der Chiffre B, der letzte mit S. Kierkegaard gezeichnet. — Über »das Glück«, das die Artikel machten, s. → 39,16 und → 39,19; cf. auch den Brief vom 16. März 1836, den J. L. Heiberg beifügte, als er SK sechs Sonderdrucke von »Om Fædrelandets Polemik« schickte: »Noch einmal Danke für die Abhandlung! Sie hat mir bei neuerlichem Durchlesen noch mehr Vergnügen bereitet« (*B&A* Bd. 1, pp. 39f.). Cf. auch den Brief vom 17. Mai 1836 von Pfarrer Johan G. V. Hahn an P. C. Kierkegaard: »Wie ich von mehreren Seiten höre, ist Dein Bruder Søren voller Kenntnis und Kraft in der Flyvepost aufgetreten« (*Encounters with Kierkegaard* (→ 39,16), p. 23).

17 **Statsvennen Nr. 3]** bezieht sich auf den unsignierten Artikel »Om Kjøbenhavnspostens anonyme Reformationsvæsen« [Über das anonyme Reformationswesen der Kjøbenhavnspost] in der Zeitschrift *Statsvennen* Nr. 3, 5. März 1836, pp. 9f. Diese politisch konservative Zeitschrift wurde vom Redakteur und Herausgeber J. C. Lange herausgegeben und redigiert und erschien 1835-1837.

18 **der erste Artikel (der in Nr. 76)**] »Kjøbenhavnspostens Morgenbetragtninger i Nr. 43« i *Kjøbenhavns flyvende Post. Interimsblad* Nr. 76 (→ 39,6).

19 **Heiberg**] → 21,21. *Kjøbenhavns flyvende Post*
wurde von J. L. Heiberg redigiert und großteils
auch von ihm geschrieben.

19 **dass er viele witzige Dinge geschrieben hat ...
es wäre unbezahlbar**] Die Zeitschrift *Statsvennen* schrieb: »Heiberg hat vielerlei witzige Sachen geschrieben, aber kaum etwas Besseres als
jenen Artikel in der Flyvepost, wo er von den
anonymen Reformatoren in der Kjøbenhavnspost schreibt«. Etwas weiter im Artikel wird der
Polemiker in *Kjøbenhavns flyvende Post* gelobt für
seinen »Witz und eine köstliche Launigkeit;
wenn Rahbek noch unter uns weilen würde,
hätte er das unbezahlbar genannt«, p. 9. — **der
alte Rahbek:** Knud Lyne Rahbek (1760-1830),
dän. Dichter, Herausgeber, Kritiker und Literaturhistoriker.

22 **P. Møller**] Poul Martin Møller (1794-1838), dän.
Dichter und Philosoph, ab 1831 Professor für
Philosophie an der Universität Kopenhagen, wo
er einer von SKs Lehrern war.

24 **weil es das Beste war ... politisch wurde**] J. L.
Heibergs Zeitschrift *Kjøbenhavns flyvende Post*
(→ 21,21), die zunächst dramaturgische und ästhetische Themen behandelte, bekam ab ca. 1830
und besonders in der letzten Zeit 1834-1837 mit
der Beilage »Interimsblade« einen zunehmend
politischen Charakter mit konservativer Tendenz.

26 **E. Boesen**] Emil Ferdinand Boesen (1812-1879),
cand. theol. 1834, SKs Schulkollege und enger
Freund; unterrichtete an v. Westens Schule bis
1849; er hielt jeden zweiten Sonn- und Feiertag
für körperbehinderte Mädchen zw. 13 und 20
Jahren Gottesdienst in J. P. Langgaards orthopädischem Institut; später Pfarrer und Stiftspropst.

26 **von mir war**] *SKS* folgt bis hierher *EP I-II*, p.
100.

39 27 **Daraufhin**] *SKS* folgt ab hier bis p. 42,26 *EP I-II*,
pp. 101-104.

27 **Kjøbenhavnsposten**] → 39,8.

28 **nach Ablauf einer langen Zeit ... »Humoristiske Intelligentsblade« nannte**] Die Zeitschrift
Humoristiske Intelligentsblade erschien lediglich

in drei unpaginierten Nummern ohne Erschei-
nungsdatum, und zwar alle im Jahr 1836. Die
ersten beiden erschienen laut SK gleichzeitig,
die dritte muss unmittelbar danach erschienen
sein, cf. die Abrechnung von Universitätsbuchhändler C. A. Reitzel für SK vom 31. Dezember
1836 (KA, D pk. 8 læg. 1), wo unter dem 4. Mai
»1 Humoristiske Intelligentsblade 1-3« (s. Ktl. U
71) erscheint. Was den langen Zeitraum seit
Mitte März betrifft, schreibt *Humoristiske Intelligentsblade* (Nr. 1) im Editorial: »Die Publikation
der vorliegenden Mitteilung wurde durch zufällige Umstände beträchtlich verzögert; aber dies
konnte uns umso weniger ein Grund sein, sie
zurückzuhalten, als Lobreden auf Menschen
niemals zu spät kommen, und wenn sie auch
nach deren Tod kommen würden.«

Buchdrucker Jørgensen] Peter Nicolai Jørgen- 30
sen (1805-1850), dän. Schriftsteller, erhielt im
April 1829 das Privilegium, sich als Buchdrucker niederzulassen; durch das Herausgeben
von *Supplement-Blade til Kjøbenhavns flyvende
Post* [Supplement-Blätter zu Kjøbenhavns flyvende Post] hatte er 1831 eine ironisch-plagiie-
rende Rolle gegenüber *Kjøbenhavns flyvende Post*
eingenommen, was zu einem Rechtsstreit
führte, den Letztere verlor; Herausgeber und
Redakteur von *Humoristiske Intelligentsblade*.

Autor] vielleicht der noch ganz junge Schrift- 31
steller P. L. Møller (1814-1865), der zu diesem
Zeitpunkt nicht zu dem von SK vermuteten Per-
sonenkreis zählte.

aus der ästhetischen Periode von Kjøbenhavns- 32
posten] → 39,8.

Die ersten beiden Nummern ... gegen mich 33
gerichtet] Die beiden Nummern enthielten einen zweiteiligen, mit X signierten Artikel: »Et
par Ord om den nærværende Journal-Polemik,
med specielt Hensyn til et Stykke i betitlet: ›Om
Fædrelandets Polemik.‹« [Ein paar Worte zur
gegenwärtigen Journal-Polemik, mit besonderer
Berücksichtigung eines Stückes in »Flyvepos-
ten« mit dem Titel: »Über die Polemik von
Fædrelandet«.]

Artikel gegen Hage] der Doppelartikel »Om 35
Fædrelandets Polemik« (→ 39,7) gegen den Artikel »Om Flyvepostens Polemik« in *Fædrelandet*
(→ 39,8), dessen Verfasser Johannes Dam Hage

(1800-1837) war. Er war Theologe, Philologe, Oberlehrer, Politiker und zusammen mit Professor C. N. David Gründer der Zeitschrift *Fædrelandet* (1834) und deren alleiniger Redakteur von 1835-1837.

40   3   **meine Artikel**] SKs Artikel in *Kjøbenhavns flyvende Post* (→ 39,16).

6   **Antwort**] AA:21.

9   **Studentenvereinigung**] dän. »Studenterforeningen«, gegründet 1820, Ort studentischer Zusammenkünfte und Vorträge, u.a. von SK (→ 39,4); es gab dort auch Gelegenheit zur Lektüre von abonnierten Zeitschriften.

13   **Die Nr. 3 ... war gegen die gesamte Flyvepost gerichtet**] Eine dramatische Szene nach dem Vorbild von Holbergs Komödie *Den politiske Kandestøber* [Der politische Kannegießer] mit dem Titel »Flyvepostens Collegium Politicum. Et rørende Lystspil i 6 Scener« [Das Collegium Politicum der Flyvepost. Ein rührendes Lustspiel in 6 Szenen]. — **Flyvepost**: die geläufige Kurzbezeichnung für *Kjøbenhavns flyvende Post*.

14   **die Antwort darauf stand ... nicht mir zu, sondern Heiberg**] da J. L. Heiberg (→ 21,21) der Redakteur von *Kjøbenhavns flyvende Post* war, und weil hauptsächlich Heiberg Gegenstand der Satire in *Humoristische Intelligentsblade* Nr. 3 war.

16   **erklärte Heiberg ... wenn sie eine Antwort von ihm haben wollten**] Die Quelle konnte nicht identifiziert werden; vermutlich eine mündliche Äußerung J. L. Heibergs (→ 21,21).

40   21   **Ich ließ mein Haupthaar schneiden ... dem's da nicht graut in einem fort**] SK schreibt: »Jeg lod ved Paasketid med Hovedhaar afrage, / Af Skræk nu reiser sig den Stump, som blev tilbage, / Og løfter min Paryk en Tomme fra sit Sted, / Hvo kaldes vel Sophist og gruer ei derved.« — Replik des Schneiderburschen Johan von Ehrenpreis in J. H. Wessels Trauerspiel *Kierlighed uden Strømper* [Liebe ohne Strümpfe] (1772), 4. Akt, 5. Szene. Die zweite Zeile lautet dort jedoch dän. »Af Skræk sig reiser nu den Stump som er tilbage« [Aus Schreck erhebt sich nun der Stumpf, der übrig ist], und die letzte Zeile dän. »Hvem bliver skieldt for Tyv, og gyser ei derved?« [Wer würd' beschimpft als Dieb, dem's da nicht graut?], *Samlede Digte af Johan*

Herman Wessel, hg. von A. E. Boye, Kph. 1832, p. 39.

ihre Frühjahrs-Betrachtungen ... und die von Flüssigkeiten ... Dampf schwangere] Anspielung auf das Editorial von *Humoristiske Intelligentsblade* Nr. 1: »Die Wärme beginnt vom Himmel herabzuströmen; die Erde emanzipiert sich von den Fesseln des Winters; das Eis um ihre Brust schmilzt und zerfließt in saftigen Flüssigkeiten und befruchtenden Dämpfen, mit denen sich die Knospen des Lenzes mit einer Heerschar sommergrüner Sprosse entwickeln; die Regenwolken ziehen wie Zugvögel über unsere Häupter und senken sich gleich dem Tau über Mark und Flur — kurz: eine humoristische Tendenz zieht sich durch die ganze Jahreszeit [...] warum soll denn da der Mensch nicht dem Fingerzeig der Natur folgen, das Eis um sein Herz schmelzen und den gesunden Humor sein Gemüt durchströmen und daraus wiederum entströmen lassen? [...] bloßes und einfaches Wasser langt nicht; sondern jeder gebe etwas Intelligenz hinein wie den Embryo in den Spiritus, so hält sich das Ganze besser und bedingt durch die Vereinigung seine eigene Existenz«. Und weiter: »aber jene, die nicht fragen, sondern ohne Umschweife sagen: ›Humor! was kann das nützen? das ist ja Wasser — und wieviel unserer Literatur, wieviele unserer Journale schwimmen nicht im *bloßen* Wasser, ›das obendrein ziemlich trüb ist?‹ — jene wollen wir zum Ersten auf das verweisen, was wir schon erwähnt haben, nämlich dass der Humor nicht bloß und einfach Flüssigkeit ist; dann wollen wir sie an die keineswegs geringe Kraft des Wassers erinnern, und an die Worte von Zetlitz: ›Wasser stärkt, erquickt und erfreut‹; und schließlich wollen wir ihnen zu bedenken geben, ob nicht eben diese Flüssigkeit eine ziemlich bedeutende Rolle im Leben spielt«.

den Morgen-dito der Kjøbenhavnsposten] SK nannte den ersten seiner polemischen Presseartikel »Kjøbenhavnspostens Morgenbetragtninger i Nr. 43« (→ 39,8).

Zwergenzunft] dän. »Dværgelaug« [Zwergenzunft]. Wortspielerische Allusion auf SKs Doppelartikel »Om Fædrelandets Polemik« (→ 39,6), worin dän. »Laugværge«, im Sinne von ‚von der

Zunft in Schutz genommen werden' vorkommt, weil die Zeitschrift *Fædrelandet* anstatt *Kjøbenhavnsposten* (→ 39,8) geantwortet hat, wie z.B. unmündige Witwen einen »lav-værge«, ,Rechtsvertreter' hatten.

5 **Liunge]** Andreas Peter Liunge (1798-1879), Jurist, Schriftsteller und Journalist, gründete 1827 *Kjøbenhavnsposten* und war dort 1827-1845 Herausgeber und 1827-1837 sowie 1842-1843 Redakteur.

8 **Don Quijote]** Die Metaphorik von Flüssigkeiten und Dämpfen beibehaltend, werden hier als zwei miteinander verbundene Gefäße Don Quijote (→ 35,21) mit dem politischen Redakteur (→ 41,5) der *Kjøbenhavnspost* und sein Begleiter Sancho Pansa mit dem ästhetischen Redakteur (→ 39,30) von *Humoristiske Intelligentsblade* identifiziert.

10 **Trafen ... bei einer früheren Gelegenheit]** Im Artikel »Kjøbenhavnspostens Morgenbetragtninger i Nr. 43« (→ 39,6) hatte sich SK die Mitarbeiter der *Kjøbenhavnsposten* in Auerbachs Keller vorgestellt, wie sie gerade dabei sind, einander die Nasen abzuschneiden, cf. *Bl. art.*, p. 8 (*SV1* XIII, 14 / *GW1 ES* 12).

11 **Auerbachs Weinkeller]** bezieht sich auf die Szene »Auerbachs Keller in Leipzig« im ersten Teil von J. W. v. Goethes *Faust. Eine Tragödie* (→ 18,12), in *Goethe's Werke* Bd. 12, 1828, pp. 103-118 (v. 2073-2337).

12 **unseren Humoristen]** SK wusste nicht, wer der anonyme Verfasser in *Humoristiske Intelligentsblade* war (→ 39,31).

14 **Uns ist ... wie fünfhundert Säuen]** Zitat aus der Szene »Auerbachs Keller in Leipzig« im ersten Teil von Goethes *Faust,* in *Goethe's Werke* (→ 18,12) Bd. 12, 1828, p. 115 (v. 2293-2294).

22 **Grünfutter]** Anspielung auf das Editorial (→ 40,32).

23 **bei früherer Gelegenheit ... einem unserer Politiker]** bezieht sich auf SKs Artikel »Til Hr. Orla Lehmann« (→ 39,11). Orla Lehmann war nationalliberaler Politiker, der sich 1834 der liberalen Bewegung anschloss, und der 1835 Mitarbeiter der liberalen Zeitschrift *Kjøbenhavnsposten* (→ 39,8) wurde.

gleich jenen sieben mageren Kühen ... dabei 29 **fetter zu werden]** Anspielung auf den Traum des Pharaos in Gen 41,2-4.

in Holbergs viel frequentiertem Leihhaus] Da- 32 mit ist gemeint, dass viele Schriftsteller Holberg als »Leihhaus« benutzen und von ihm entlehnen, auch der Autor in *Humoristiske Intelligentsblade.* — Holberg: Ludvig Holberg (1684-1754), dän.-norw. Dichter, Philosoph und Historiker, Professor an der Universität Kopenhagen ab 1717.

den von unserem Humoristen Hrn. Hage ... 35 **uns des Flächenmaßes bedienen]** SK scheint den anonymen Verfasser in *Humoristiske Intelligentsblade* (→ 39,31) mit Johannes D. Hage (→ 39,35) zu identifizieren und macht eine Anspielung auf dessen Erwähnung von dem »bedeutenden Umfang und Kubikinhalt unseres Schriftstellers [möglicherweise SK] in der Literatur« in *Humoristiske Intelligentsblade* Nr. 1.

seine Schriften ... Länge und Breite — keine 37 **Tiefe]** bezieht sich vermutlich auf J. D. Hages (→ 39,35) Bücher und Artikel, denen häufig Unselbständigkeit und Oberflächlichkeit vorgeworfen wurde, cf. z.B. *Grundtrækkene af den rene Geografie. Tildeels efter Berghaus's erste Elemente der Erdkunde* [Grundzüge der reinen Geographie. Zum Teil nach Berghaus' erste Elemente der Erdkunde] Kph. 1833, und den Artikel »Historisk Udsigt over Europa i 1835« [Historischer Überblick über Europa im Jahr 1835] in *Fædrelandet* Nr. 81-82, 1836. SKs Anspielung gilt vermutlich dem Vorwort des erstgenannten Werkes, wo Hage »die an mehreren Stellen angeführten genaueren Angaben von Längen und Breiten, Flut- und Längentabellen und mehr dergleichen« erwähnt, p. IV.

Nordens Mythologie ... als er Thor sah] dän. 21   42 Schriftsteller, Dichter, Verfasser geistlicher Lieder, Historiker und Pfarrer Nicolai Frederik Severin Grundtvig (1783-1872) *Nordens Mythologi eller Sindbilled-Sprog historisk-poetisk udviklet og oplyst* [Die Mythologie des Nordens oder Sinnbild-Sprache, historisch-poetisch dargestellt und erläutert], 2. überarbeitete Ausg., Kph. 1832, Ktl. 1949, p. 409: »Dazu machten sich die Trolle auf Steinwall einen Riesen aus Lehm und langem Stroh, der neun Klafter hoch und über die

Brust drei Klafter breit war und schließlich fanden sie ein Pferdeherz, das groß genug für ihn
war; aber sie konnten doch nicht anders als erbeben, als *Thor* sich blicken ließ. Hrungnir selbst
hatte ein Steinherz, das so berühmt wurde, dass
der zackige, dreieckige harte Knoten, den man
ersonnen hatte, noch immer das *Hrungnir*-Herz
genannt wird, und sein Kopf war ebenso aus
Stein, und sein dicker Schild war aus versteiner-
tem Holz. So stand er auf Steinwall und erwartete *Thor,* mit dem Schild vor der Brust und dem
Wetzstein auf der Schulter, nicht gerade einladend. An seiner Seite stand der Lehm-Riese, den
sie *Narrifas* nannten, aber er war so verdutzt,
dass er stallte, als er *Thor* sah.« Das Zitat ist
Grundtvigs Nacherzählung von Thors Kampf
mit Hrungnir aus der *Edda Snorra Sturlusonar*,
»Skáldskaparmál«, Kap. 64, cf. *Die Edda des
Snorri Sturluson* (→ 37,31), pp. 109f. Grundtvig
liest hier irrtümlich Snorris altnord. »steinn
uiðr« [breiter Stein] als »versteinertes Holz«. —
Trolle: in der nordischen Mythologie riesen-
hafte, dämonische Wesen mit übernatürlicher
Kraft und Gestalt, die den Menschen und Göttern feindlich gesinnt sind. Hrungnir ist der
größte dieser riesenhaften Wesen. Thor ist in
ständigem Kampf mit den Trollen, um die Menschen vor deren Bösartigkeit zu verteidigen. —
auf Steinwall: Grundtvig gibt Snorris altnord.
»Grjótunagarðar« mit dän. »Steens-Vedd« wieder; der Grenzort zw. Asenheim und Jö-
tunsheim, an dem der Riese Hrungnir Thor zum
Zweikampf fordert. — **Narrifas:** Grundtvigs er-
klärende Bemerkung: »Es handelt sich um den
barbarischen Namen ‚Mavckrkalfr‘, den ich mit
‚Narrifas‘ übertrage, da ich das Englische ‚mock‘
darin vermute und dies passend finde«, pp.
409f., lässt SK hier aus. Der altnord. Name
»Mavckrkalfr« wird in der Regel mit »Mǫkkur-
kálfi« wiedergegeben.

26 **An]** *SKS* folgt bis hierher *EP I-II*, pp. 101-104.

31 **unser Gegner ... unsere Situation mit der
Thors zu vergleichen]** SK vergleicht sich selbst
mit Thor, seine Gegner aber mit Riesen wie
Hrungnir; er schränkt den Vergleich dahingehend ein, dass bereits ein geringerer als Thor
ausreichen würde, den anonymen Schriftsteller
dazu zu bringen, vor Angst Wasser zu lassen.

des jüngeren Fichte] Immanuel Hermann   2   43
Fichte (1796-1879), dt. Philosoph, Sohn von J. G.
Fichte (→ 14,7), deshalb häufig ‚der jüngere
Fichte‘ genannt; ab 1836 Professor extraordinarius und ab 1840 ordinarius der Philosophie in
Bonn, 1842-1863 Professor in Tübingen. In seinem dreiteiligen philosophischen Hauptwerk
Grundzüge zum Systeme der Philosophie (Bd. 1,
1833, Bd. 2, 1836, und Bd. 3, 1846, Ktl. 502-503
und 509) wirft er der hegelschen Philosophie
radikalen Pantheismus und Verflüchtigung der
Bedeutung des Individuums vor; im Gegensatz
dazu hebt er den Glauben an einen persönlichen
Gott hervor, sowie den Wert des einzelnen Menschen als Persönlichkeit.

Idee der Personlichkeit] *Die Idee der Persönlich-*   3
keit und der individuellen Fortdauer, Elberfeld
1834, Ktl. 505 (*Die Idee der Persönlichkeit*).

Wechselwirkung] geläufiger Begriff des dt. Ide-   6
alismus in der Diskussion über Kausalität, wobei Ursache und Wirkung in einem sich wechselseitig beeinflussenden Verhältnis stehend gedacht werden. Bei Kant ist Wechselwirkung eine
Kategorie der Relation, cf. die dritte Analogie
»Grundsatz des Zugleichseyns, nach dem Gesetze der Wechselwirkung oder Gemeinschaft«,
wo er einleitend schreibt: »Alle Substanzen, so
fern sie im Raume als zugleich wahrgenommen
werden können, sind in durchgängiger Wechselwirkung«, *Critik der reinen Vernunft*, 4. Ausg.,
Riga 1794 [1781], Ktl. 595, p. 256. Für Hegel ist
Wechselwirkung eine der Reflexionskategorien,
cf. *Enzyclopädie der philosophischen Wissenschaften
im Grundrisse*, hg. von L. v. Henning, Bd. 1-3,
Berlin 1840-45 [1817], Ktl. 561-563; Bd. 1, »Die
Logik«, § 155-158, in *Georg Wilhelm Friedrich
Hegel's Werke. Vollständige Ausgabe* Bd. 1-18, Ber-
lin 1832-45 (*Hegel's Werke*); Bd. 6, pp. 307-311
(*Jub.* Bd. 8, pp. 345-349), und *Wissenschaft der
Logik*, hg. von L. v. Henning, Bd. 1-2, Berlin
1833-34 [1812-16], Ktl. 552-554; Bd. 1,2, in *Hegel's
Werke* Bd. 4, pp. 239-243 (*Jub.* Bd. 4, pp. 717-721).
Im dän. Kontext wurde der Ausdruck von J. L.
Heiberg als Teil der Kausalität in *Grundtræk til
Philosophiens Philosophie eller den speculative Logik*
[Grundzüge einer Philosophie der Philosophie
oder der spekulativen Logik] Kph. 1832, § 122-
124, pp. 74-77, behandelt.

7 **Schleiermacher]** Friedrich Daniel Ernst Schleiermacher (1768-1834). Zur Wechselwirkung bei
Schleiermacher s. z.B. *Der christliche Glaube*
(→ 32,17), § 4,2: »Denken wir uns nun Abhängigkeitsgefühl und Freiheitsgefühl in dem Sinne
als Eines, daß nicht nur das Subject, sondern
auch das mitgesezte Andere in beiden dasselbige ist: so ist dann das aus beiden zusammen-
gesezte Gesammtselbstbewußtsein das der
Wechselwirkung des Subjectes mit dem mitgesez-
ten Anderen«, Bd. 1, p. 17. s. auch § 54,2 über die
Allmacht Gottes:»In Beziehung auf Gott [...] ist
ein solcher Unterschied zwischen dem Allgemeinen und Einzelnen nicht vorhanden; sondern in ihm ist ursprünglich die Gattung als die
Gesammtheit aller ihrer Einzelwesen, und diese
wiederum sind mit ihrem Ort in der Gattung
zugleich gesezt und begründet, so daß, was hie-
durch nicht wirklich wird, in Beziehung auf ihn
auch nicht möglich ist. Eben so sagen wir, es sei
manches möglich zufolge der Natur eines Dinges, zusammen genommen seine innere Bestimmtheit durch die Gattung und als Einzelwesen, was doch in und an demselben nicht wirklich wird, weil es gehemmt ist durch die Stellung des Dinges in dem Gebiet der allgemeinen
Wechselwirkung. Diesen Unterschied machen
wir mit Recht, und schreiben dem so als möglich gedachten eben wie jenem eine Wahrheit
zu, weil wir uns nur vermittelst dieses indirec-
ten Verfahrens aus dem unfruchtbaren Gebiet
der Abstraction heraustretend eine Anschauung
zusammensezen von der Bedingtheit der Ent-
wikklung des einzelnen Seins. Könnten wir hingegen für jeden Punkt den Einfluß der gesamm-
ten Wechselwirkung übersehen: so würden wir
doch gleich gesagt haben, was nicht wirklich
geworden, sei auch innerlich des Naturzusam-
menhanges nicht möglich gewesen. In Gott ist
aber nicht eines getrennt vom andern, das Für
sich bestehende besonders, und die Wechselwirkung besonders gegründet, sondern beides mit
und durch einander, so daß in Beziehung auf
ihn nur dasjenige möglich ist, was in dem einen
von beiden eben so sehr begründet ist wie in
dem andern. Auf diese beiden Fälle aber lassen
sich alle zurükkführen, welche für uns eine
Wahrheit haben«, Bd. 1, pp. 282f.

Schelling] Friedrich Wilhelm Joseph Schelling 7
(1775-1854), dt. Philosoph, studierte zusammen
mit Hegel Philosophie und Theologie in Tübingen, wurde 1798 Professor extraordinarius in
Jena, ab 1803 Professor in Würzburg und ab 1806
Generalsekretär der Akademie für bildende
Künste in München, danach von Hegel margi-
nalisiert, aber ab 1827 Professor in München und
von dort als Professor 1841 nach Berlin berufen,
um dem Links-Hegelianismus entgegenzuwirken; 1846 zog er sich zurück. Der Begriff »Wechselwirkung« ist für die Naturphilosophie des
jungen Schelling zentral. Er argumentiert dabei
gegen die traditionelle Auffassung der Kausalität als eine Reihe bzw. Kette von Ursache und
Wirkung; stattdessen führt er den Begriff
»Wechselwirkung« ein, demzufolge die Dinge
in einem derartigen »wechselwirkenden« Verhältnis stehen, dass die Ursache Wirkung und
die Wirkung Ursache ist. Auf diese Weise wird
die Reihe von Ursachen durch ein Netz von Ursachen ersetzt. Cf. die Einleitung zu *Ideen zur
Philosophie der Natur* (1797) und *System des trans-
cendentalen Idealismus* (1800).

der jüngere Fichte] I. H. Fichte verwendet den 8
Begriff Wechselwirkung in *Die Idee der Persönlichkeit* (→ 43,3) im Kontext der Frage nach der
Unsterblichkeit der Seele und benutzt ihn, um
das Verhältnis zwischen Seele und Leib zu erklären. Cf. p. 144: »Zuerst muß das einseitige
Verhältniß von Ursache und Wirkung (von Pro-
ducirendem und Produkt) hier ganz abgehalten
werden: der Organismus des Leibes und der
Seele, als in sich geschlossene Totalität, wo jedes
nur im Andern ist, fällt unter die Kategorie der
Wechselwirkung.« Cf. auch p. 153.

das durch das unendlich Mannigfaltige ... im 9
unendlich Zeit und Raum erfüllenden Jetzt
des Anfangs] cf. *Die Idee der Persönlichkeit*, pp.
62-64: »Die absolute Idee, als durch sich selbst
sich zum unendlichen Unterschiede vollzie-
hend, hat *daran* ihre Wirklichkeit. Sie ist allwirk-
same, schöpferische; unendlich aus sich selbst
quellendes Leben. Diese leichte, aus dem Vorherigen unmittelbar sich ergebende Bestimmung
erhält nur dadurch Interesse, daß sie durch eine
naheliegende Wendung dasjenige in sich aufweist, was wir Princip von *Raum* und *Zeit* nen-

nen müssen, — beide ebenso unabtrennlich von
einander und nur verschiedene Seiten desselbi-
gen *Einen,* wie sich dies so eben an den Begriffen
der Einheit und Unendlichkeit ergeben hat, indem dies ergänzende Verhältniß von Zeiträum-
lichkeit ohne Zweifel nur eine besondere Gestaltung und Anwendung jenes Urverhältnisses ist.
/ Die absolute Idee, indem sie die Sphäre des
Seins unendlich erfüllt, ist darin schlechthin zugleich und in Einem Schlage ihrer Wirklichkeit
— ebenso ein unendlich *Anderes, Auseinander-
weichendes,* als ein unendlich *Eines,* die Continu-
ität, welche nie abbricht, das unendlich Andere
in sich zu verbinden, und in einander überzu-
führen, die wirksame Verkettung des unendlich
aus einander Liegenden. Sich sondernd und *aus-
spannend* in ein absolutes Nebeneinander, ist sie
damit zugleich die energische *Dauer* der im
Wechsel eines Nacheinander sich behauptenden
Wirklichkeit. Die absolute Idee ist, *als wirkliche,
intensive* und *extensive* Unendlichkeit. / Dies ist
der ontologische Ursprung von *Raum* und *Zeit,*
als schlechthin unabtrennlicher. — Die absolute
Selbstvollziehung der *Wirklichkeit* ist daher nur
zu denken, als der unendliche, qualitativ *erfüllte*
Raum: wobei jedoch das gewohnte Mißver-
ständniß abzuhalten ist, wozu selbst unser Ausdruck Veranlassung geben möchte, als wenn der
Raum in seiner Leerheit Etwas für sich sei, als
ob die Füllung als irgend ein zweiter Moment
erst dazutrete. Vielmehr ist die energische *Fülle,*
das sich expandirende Auseinandertreten, das
Sichsondern der Mannigfaltigkeit in ein absolutes Nebeneinander, wie es vom Begriffe der qualitativen Insichbestimmtheit unabtrennlich ist,
Princip seiner Füllung wie Räumlichkeit: der
leere, unerfüllte ist nur eine unwirkliche Abstraktion, welche sich [...] bis zum innern Wider-
spruche treiben läßt. / Darin ist aber unmittelbar auch schon die Zeit abgeleitet. Es wäre nämlich derselbe Irrthum, hier bei der einseitigen
Anschauung des Raumes stehen zu bleiben,
welche Abstraktion abermals für sich in einen
Widerspruch auslaufen müßte, — als etwa vorher bei der bloßen Unendlichkeit, ohne sie in
ihre Einheit aufzunehmen. So ist das qualitativ
unendliche *Außereinander* nicht allein das ruhende, unbewegte — sondern eben damit auch

die *Dauer,* der sich entwickelnde Fortfluß, die
unendliche qualitativ *erfüllte* Zeit. Beide combi-
nirt geben erst die vollständige Anschauung der
Wirklichkeit, des *Insichbestandes* der unendlichen *Bestimmtheit.*«

das System] So bezeichnet I. H. Fichte seine ei-   17
gene Philosophie in *Die Idee der Persönlichkeit,* cf.
den Titel von *Grundzüge zum Systeme der Philosophie* (→ 43,2).

calvinistisch] bezieht sich auf die Prädestinati-   18
onslehre des frz. Reformators Johannes Calvin
(1509-1564), also auf die Lehre vom ewigen Ratschluss Gottes bezüglich des ewigen Lebens jedes einzelnen Menschen oder seiner Verdammnis (→ 34,36). Diese Lehre, die Calvin sprachlich
eng an die Lehre von der Vorsehung Gottes
knüpft, ist in der zweiten, sehr erweiterten
Ausg. seines reformatorischen Hauptwerkes *Ins-
titutio religionis Christianae* 1539 [1536] (s. Ktl.
455-456, eine Ausg. von 1834-1835) dargelegt.
Gott gab Adam einen freien Willen, um zwischen Gut und Böse zu wählen; dass Adam fiel
und das Böse wählte ist auf die Vorausbestim-
mung Gottes zurückzuführen, aber der Fall
Adams ist auf ihn selbst zurückzuführen, da
Gott niemals die Ursache einer Sünde sein kann.
Und so verhält es sich mit jedem Menschen nach
Adam: er kann nicht gegen Gottes Willen sündigen; sündigt er, ist es Gottes Wille, aber Gott
gebietet niemals, dass der Mensch sündige. Das
Leben jedes Menschen ist so im Vorhinein von
Gott festgelegt und der Mensch kann nur wil-
lenlos Gottes Willen Folge leisten. Cf. dazu SKs
Mitschrift von § 65 in Professor H. N. Clausens
dogmatischen Vorlesungen (→ 34,25), wo Cal-
vins wichtigste diesbezügliche Auffassungen zitiert werden (Not1:8 in *SKS* 19, 68f. / *Pap.* I C 19,
Bd. XII, p. 119).

Schleiermachers Modifikation] cf. § 87 in *Hut-*   18
terus redivivus (→ 36,34), p. 237, Anm. 3: »Die von
SCHLRM. [Schleiermacher] behauptete Prädest.[i-
nation] ist aber vielmehr eine Überspann[un]g.
der luth.[erischen] Ansicht, nehml. eine allgemeine Prädest. zur Seligk.[eit] auch als *voluntas
consequens* [,nachfolgender Wille', d.h. Gottes
Ratschluss, dass dem Einzelnen nur so viel
Glück gegeben wird, wie es die Natur erlaubt],
so dass der Unterschied von Guten u. Bösen nur

ein relativer u. verschwindender ist, da endl. alle von der göttlichen Gnade unwiderstehlich ergriffen u. beseligt werden.« Cf. auch Schleiermachers Abhandlung »Ueber die Lehre von der Erwählung« in *Theologische Zeitschrift,* hg. von F. Schleiermacher, W. M. L. de Wette und Fr. Lücke, Heft 1, Berlin 1819, pp. 1-119.

21   **Allwissenheit und Allmacht ... deren Entstehung]** cf. *Die Idee der Persönlichkeit* (→ 43,3), p. 75: »So ist Gott, als Einheit — das absolute Selbst; aber diese Einheit ist nicht die einfache, todte, da sie wieder ein Abstraktum würde, ein wesenlos Unwirkliches, — sondern die unendlich *Einende,* was sie wieder nur im Bewußtsein kann. Die unendliche Bestimmtheit, die wir Welt nennen, ist nur dadurch die *Geeinte* (nicht Chaos und Unvernunft), weil sie vom Geiste durchwaltet, in Gottes Geist erschaffen ist. Gott ist in seiner Unendlichkeit die *geistige* Allgegenwart, — die *All-Wissenheit,* welche abermals nicht zu trennen ist von seinem Selbstbewußtsein, und doch nicht *dasselbe* mit ihm: ihr Band ist seine Persönlichkeit, und in ihrer Vereinigung gründet das unendliche Leben des Geistes Gottes, die Wurzel aller positiven, eigentlich persönlichen Eigenschaften in ihm, welche eine vollständige spekulative Theologie zu entwickeln hätte, und von denen wir gegenwärtig nur festhalten die zunächst sich ergebenden der *Almacht,* des *Urbewußtseins,* und als den Mittelpunkt beider, der *bewußten* Freiheit oder des *Urwillens.* [...] Persönlichkeit setzt *Beziehung* auf ein selbstgegebenes Andere: sie ist unendliche selbstbewußte Entfaltung, lebendige That der *Offenbarung. Die absolute Persönlichkeit Gottes ist nur als die unendlich schöpferische zu denken.*« Cf. auch Anton Günther (→ 44,36) *Vorschule zur speculativen Theologie des positiven Christenthums. In Briefen* (→ 13,38) Bd. 2, pp. 87f.

25   **spricht Fichte an einer Stelle über »besondere Zeit«]** bezieht sich vermutlich auf *Die Idee der Persönlichkeit,* p. 120f.: »So ist Gott nicht bloß der Ewige, zeitlich *All-*erfüllende, sondern *zugleich* erscheint er in besonderer Zeitlichkeit. Seine Offenbarung ist *nicht nur* die allgemeine in der Natur und dem Geiste, sondern näher noch concentrirt sie sich in das Specielle göttlicher Erleuchtungen und Fügungen, die sich durch die gesammte geschichtliche Entwicklung hindurchziehen, und die wir sonst schon als das *göttliche* Element in der Menschengeschichte bezeichneten. Mit Einem Worte: der persönliche Gott wird eine geschichtliche Macht besonderer Offenbarung *an* den Menschen, und hierin ist die schon angedeutete dritte und höchste Form seines Verhältnisses zur Welt gegeben. Innerhalb dieses eigenthümlichen Offenbarungsverlaufes muß aber auch *zeitlich,* wie sie es seit Ewigkeit ist, diese Offenbarung vollendet, Gott ganz im Menschen *gegenwärtig,* irdische Person werden. — Daran ist aber der Geschichte ihre Scheidung und ihr Wendepunkt gegeben: wie alles Vorhergehende vorbereitet auf diese göttliche Urthatsache; so ist alles Nachfolgende nur die immer siegreichere Bewährung jenes ersten Einschlages der göttlichen Menschwerdung, die Fortpflanzung und Ausbreitung der Kindschaft Gottes.«

27   **die chr. Lehre von der Zeit]** Dabei ist an die christliche Lehre von der Fülle der Zeit unter Bezugnahme auf Gal 4,4-5 gedacht.

28   **Sündenfall des Teufels aus der Ewigkeit und dadurch d. Msch. in der Zeit]** Andeutung auf die auf II Petr 2,4 beruhende Vorstellung, dass der Teufel ursprünglich ein Wesen höherer Vollkommenheit, ein guter Engel war, der sich gegen Gott erhob, der aber in seinem Fall die Macht behielt, gegen Gott anzukämpfen. Daran wird die weitere Vorstellung angefügt, dass der Sündenfall des Menschen auf den Teufel zurückgeführt werden kann, da der Teufel in Gestalt einer Schlange Adam und Eva dazu verführt hat, gegen Gott zu sündigen, indem sie von der Frucht vom Baum der Erkenntnis von Gut und Böse aßen (cf. den Bericht vom Sündenfall in Gen 3). Damit wiederholte der Mensch in der Zeit die ursprüngliche Erhebung des Teufels gegen Gott vor jeder Zeit und das Böse kam in die Welt. — Vielleicht ist auch an die Auffassung des Augustinus (→ 34,25) in *De civitate Dei* gedacht: »Der Gottesstaat« oder »die Stadt Gottes« existierte vor der Schöpfung der Welt und bestand in der geschaffenen Welt der Engel, die in völliger Liebe zu Gott lebte; vom Teufel angeführt, brachen jedoch einige dieser Engel aus dem Abhängigkeitsverhältnis von

Gott aus und bildeten die teuflische Gemeinschaft (»civitas diaboli«), die im absoluten Gegensatz zum Reich Gottes (»civitas dei«) stand.
Um die gefallenen Engel zu ersetzen, schuf Gott
die Menschen, die er dazu erziehen und vorbe-
reiten wollte, ins Reich Gottes einzugehen;
durch Adams Fall gelang es dem Teufel jedoch,
sein Reich in die Welt zu bringen. Danach entwickelt sich die Geschichte als ein Kampf zwischen Gott und dem Teufel, ein Kampf, der auch
im Leben des einzelnen Menschen geführt wird.
Cf. auch Anton Günther (→ 44,36) *Vorschule zur
speculativen Theologie des positiven Christenthums.
In Briefen* (→ 13,38) Bd. 2, pp. 84ff., wo die Lehre
des Augustinus über den Fall der Engel und
über die Versuchung des ersten Menschen referiert wird.

30   **nicht den Glauben (bloß das unmittelb. Bewusstsein)**] cf. *Die Idee der Persönlichkeit* (→ 43,3)
pp. 121f.: »Diese Selbstbewährung als Gottmenschen, dieses *innere* und *äußere* Zeugniß hat nur
Christus für sich gegeben, was nun keinesweges
mehr spekulativer, sondern rein geschichtlicher
Erweisung unterliegt. Dies ist das unvertilgbare
historische Element des Christenthums; es ist
nicht bloße Spekulation, sondern es fordert An-
erkenntniß, *Vertrauen* (πίστις [Glaube, Vertrauen, Überzeugung], und daraus ergiebt sich
zugleich die ursprüngliche Bedeutung von
Glaube) — zu einer besondern göttlich-mensch-
lichen *Thatsache,* und von diesem unverrückba-
ren Gesichtspunkte geht Alles in ihm aus. Erst
in Christo und *durch* ihn hat Gott das höchste
Zeugniß, die thatsächliche Gewißheit von sich
gegeben.«

31   **Fichte ... über Hegels Abstraktion hinaus zur
Anschauung gekommen ist**] bezieht sich auf
I. H. Fichtes Kritik an Hegels Auffassung der absoluten Idee, die sich laut Hegel auf vollkommen immanente Weise bzw. a priori entwickelt;
laut I. H. Fichte ist dies Ausdruck einer reinen
Abstraktion. Er hingegen behauptet, dass sich
die Entwicklung der absoluten Idee in der Zeit
ereignet, d.h. dass sie ein empirisches Element
enthält und somit Anschauung impliziert. Anschauung ist in diesem Zusammenhang im
Sinne Kants von der sinnlichen Anschauung des
Menschen gebraucht, deren Formen Zeit und

Raum sind. Cf. *Die Idee der Persönlichkeit* (→ 43,3)
pp. 62-65.

Wind ... wohin er weht] Andeutung auf Joh 2   44
3,8.

wird Xstus von einer reinen Jungfrau geboren] 5
cf. Artikel 3 in der lutherischen Bekenntnisschrift *Confessio Augustana* in dän. Übers. in *Den
rette uforandrede Augsburgske Troesbekjendelse med
sammes, af Ph. Melanchthon forfattede, Apologie,*
übers. von A. G. Rudelbach, Kph. 1825, Ktl. 386,
p. 47 und in J. C. Lindbergs Übers. in *Den danske
Kirkes symbolske Bøger,* Kbh. 1830, p. 11. Cf. *Die
Bekenntnisschriften* (→ 37,1), p. 54: ›Item, es wird
gelehret, daß Gott der Sohn sei Mensch worden,
geboren aus der reinen Jungfrauen Maria [...]«.

eine Schöpfung aus dem Nichts] cf. § 62 in *Hut-*   6
terus redivivus (→ 36,34): »Crea¹io ex nihilo
[‚Schöpfung aus dem Nichts‘]. Im Bgr. [Begriff]
der Schöpfung liegt das Hervorrufen des Seyns
aus dem Nichtseyn. In der H. [Heiligen] S.
[Schrift] ist dasselbe angedeutet, in der krchl.
[kirchlichen] Dgmk. [Dogmatik] wurde es noch
entschiedner hervorgehoben, um die Erzeu-
g[un]g. des Sohnes aus dem göttl. Wesen von
der Schöpf[un]g. der Welt zu unterscheiden«, p.
154. → 28,2.

beschattete der Geist Gottes die Jungfr. Maria] 7
deutet auf den Bericht von der Verkündigung
der Geburt Jesu durch den Engel Gabriel in Lk
1,26-38.

ebenso wie er einstmals über dem Meer   8
schwebte] Andeutung auf den Schöpfungsbericht in Gen 1.

ein neues Moment, das Hören des Wortes —   9
Glaube] Anspielung auf Röm 10,17.

das ... Reden über Tradition auf philosophi-   11
schem Gebiet] Wem diese Andeutung gilt,
konnte nicht identifiziert werden.

Subreption] ‚Erschleichung‘; in der Logik eine   12
bewusst fehlerhafte Beweisführung, die auf un-
beweisbaren oder erdichteten Prämissen beruht.

weshalb Gott die Welt erschuf ... weil sie eine   20
Offenbarung kennen] Cf. Anton Günthers
(→ 44,36) Diskussion mit I. H. Fichte darüber,
warum Gott die Welt erschuf in seinem »Send-
schreiben an I. Hermann Fichte« in *Janusköpfe.
Zur Philosophie und Theologie,* hg. von A. Günther und J. H. Pabst, Wien 1834, Ktl. 524, pp.

395-402. Cf. auch § 61 in *Hutterus redivivus*
(→ 36,34): »*Creatio est revelatio Dei universalis et
primitiva, qua rerum universitatem ad summum bo-
num communicandum ex aeterno amore suo esse vo-
luit*« (‚Die Schöpfung ist Gottes allgemeine und
ursprüngliche Offenbarung, womit er in seiner
ewigen Liebe wünschte, dass alles der Teilhabe
am höchsten Gut diene‘), p. 151. Cf. weiterhin
§ 60, »Begriff, Ursache und Zweck der Schöpfung«, in A. Hahn *Lehrbuch des christlichen Glaubens*, Leipzig 1828, Ktl. 535, pp. 265-283, besonders Anm. 4, »Zweck der Schöpfung«, pp. 271-
276, wo eine Reihe älterer Dogmatiker referiert
wird.

31 **das folgende Stück**] Ein so geartetes Stück folgt
nicht; es scheint nicht abgeschrieben worden zu
sein und ist deshalb auch nicht in *B-fort. 437*
registriert. — Die folgenden Manuskriptseiten
waren laut *B-fort. 437* unbeschrieben.

32 **es muss wohl bei Fr. Baader etwas Entsprechendes geben**] Dabei ist vermutlich an die 11.-
16. Vorlesung im 1. Heft von Fr. Baaders *Vorlesungen über speculative Dogmatik*, 1. Heft, Stuttgart und Tübingen 1828, 2.-5. Heft, Münster
1830-1838, Ktl. 396; 1. Heft, pp. 67-103, gedacht;
cf. besonders pp. 90f.: »Mit andern Worten:
sollte die Himmlischwerdbarkeit im Menschen
a potentia ad actum [‚von der Möglichkeit zur
Wirklichkeit‘] gebracht und fixirt werden, so
mußte seine Irdisch- (Thier)werdbarkeit sowohl
als seine Höllisch- (Teufel)werdbarkeit radikal
in ihm getilgt werden, und wie die centrifugale
Tendenz (die spiritualistische Hoffart) als überwunden und verwandelt das eine Element der
himmlischen Liebe, nämlich die Erhabenheit,
geben sollte, so sollte die dem Centrum entsin-
kende Tendenz (die materialistische Nieder-
trächtigkeit) in ihrer Verwandlung der Liebe
zweites Element, die Demuth, geben, und beede
in dieser Union die göttliche Androgyne mani-
festiren. — Wir werden in der Folge vernehmen,
inwiefern die Geschichte die hier versuchte speculative Darstellung der Versuchung bestättiget,
in welcher der Mensch sich als Bild Gottes hätte
bewähren sollen, weil, wie [I. H.] *Fichte* a. a. O.
[*Sätze zur Vorschule der Theologie*, Stuttgart und
Tübingen, 1828, Ktl. 510] bemerkt, die bloße Speculation in allem, was die Freiheit betrifft, nicht

zureicht — und ich mache Sie, meine Herren,
hier nur darauf aufmerksam, wie richtig die
Schrift die dem Jungfrauenbild feindliche Macht
als Schlange darstellt, weil nicht der teuflische
Hoffartsgeist allein, und auch nicht das Thier
allein, sondern weil nur beide zusammen als
beseßnes Thier, d. i. eben als Schlange, diese
Feindschaft effektiv oder geltend machen können, wie sich denn auch in jeder Sündenlust und
in jeder Schlangenkrümme ihrer Bewegung
diese Doppeltendenz als beseßne Thierheit
nachweisen läßt.« — **Fr. Baader:** (Benedikt)
Franz (Xaver) von Baader, 1765-1841, dt. Arzt,
Bergbaubeamter in München, kath. philosophischer und theologischer Schriftsteller, 1826 Professor honoris causa für Philosophie und spekulative Theologie an der Universität München.
Baader war besonders von Jacob Böhmes Theosophie, J. G. Fichte, I. H. Fichte und F. W. J. Schelling beeinflusst und spielte eine gewisse Rolle
bei der Ausformung der romantischen Naturphilosophie. Er wandte sich gegen Kants theoretische und praktische Philosophie und besonders gegen seine Lehre von der Autonomie des
Willens. Auch die hegelsche Lehre von der Autonomie des Selbstbewusstseins wies Baader ab.
SK besaß die allermeisten Werke Baaders (s. Ktl.
391-418).

im Namen der Mschheit sich die Ehre verbit- 33
tet, der erste Erfinder der Sünde zu sein] Cf. die
15. Vorlesung im 1. Heft von Fr. Baaders *Vorlesungen über speculative Dogmatik* (→ 44,32), p. 93,
Anm.: »In der Folge werden wir aber sehen, daß
die erste Wahl des Menschen nicht mehr diese
primitive, das Böse erst in sich erzeugende war,
weil er dieses schon kreaturlich erzeugt vorfand,
so daß der Mensch sich die ihm von *Kant* zuge-
dachte Ehre, der erste Erfinder des Bösen zu
seyn, verbitten muß.«

gegen Kants radikal Böses eifert] Kants Lehre 35
vom radikalen Bösen, d.h. dass der Mensch einen natürlichen und angeborenen, jedoch
nichtsdestoweniger selbstverschuldeten Hang
dazu hat, unter schlechten Maximen zu handeln, ist in *Die Religion innerhalb der Grenzen der
blossen Vernunft*, Königsberg 1793, dargestellt.
Baader wirft dieser Lehre in seinen Werken wiederholt vor, nicht mit dem Christentum überein-

zustimmen, besonders mit der Erzählung von
einem ursprünglichen und natürlichen Unschuldszustand im Schöpfungsbericht. Vermutlich bezieht sich diese Stelle auf die 17. Vorlesung in Baaders *Vorlesungen über speculative Dogmatik* (→ 44,32) 1. Heft, pp. 103-110, wo Baader
u.a. »die Philosophie« dafür kritisiert, den Begriff eines geschaffenen Wesens mit dem Begriff
eines bösen Wesens gleichzusetzen; ab p. 105
wird die Kritik direkt gegen Kant gerichtet.

36 **Günthers]** Anton Günther (1783-1863), tschechisch-österr. kath. Priester (zunächst Jesuit,
später ohne Ordenszugehörigkeit), Philosoph,
Neuscholastiker. Er erstrebte eine Neuformulie-
rung und Neubegründung der kath. Lehre aufgrund der zeitgenössischen philosophischen
Strömungen und war von J. G. v. Herder, I. Kant,
J. G. Fichte und F. W. J. Schelling beeinflusst. Er
kritisierte, was er als den zeitgenössischen Pantheismus empfand, und argumentierte, auf Descartes' Philosophie gestützt, für eine theistische
Auffassung. SK besaß mehrere seiner Werke, s.
Ktl. 520-523, 869-70 und 1672.

36 **Theorie über die Erbsünde]** cf. *Süd- und Nord-
lichter am Horizonte spekulativer Theologie. Fragment eines evangelischen Briefwechsels,* hg. von Anton Günther, Wien 1832, Ktl. 520. Das Buch besteht aus einem (fiktiven) Briefwechsel zwischen
dem reformierten Pfarrer David d'Herlice und
dem evangelischen Pfarrer Christian Franke;
während d'Herlice gegen Augustinus' Lehre
von Erbsünde und Prädestination argumentiert
(cf. pp. 114ff.), wünscht Franke, sie neu zu formulieren (cf. pp. 180ff.). SK scheint sich auf
Frankes Verteidigung der augustinischen Lehre
von der Erbsünde zu beziehen, wo dieser die
Auffassung von Augustinus vor dem Hintergrund des spätscholastischen Begriffes der
»Menschheit« als das Allgemeine deutet: »In
dieser Voraussetzung behauptete er nun: daß in
Adam und Eva *alle Menschen* gesündigt und eine
Schuld contrahirt hätten, weil die *ganze menschliche Natur* damals in ihnen vorhanden gewesen
wäre — so wie unser naturphilosophische Theologe dasselbe nur mit neuen Worten behauptet,
wenn er sagt: Nicht das Individuelle, sondern
das Geschlechtliche in Adam und Eva hätte gesündigt«, p. 186. Und weiter p. 188: »Der

Mensch seit dem Falle ist wohl *frei zum Bösen,*
aber nicht *frei zum Guten.* Vollkommene Freiheit
habe wohl *Adam* im Paradiese gehabt, durch
welche er *sowohl Gutes als Böses* wollen und thun
konnte; allein durch den Sündenfall sei die
ganze menschliche *Natur* stark *geändert,* und mit
ihr auch die *Willensfreiheit geschwächt* worden.
Die gefallenen Menschen haber zwar noch Freiheit, aber in einem ganz andern Verstande. Sie
begehen nämlich *nur* Böses, und das zwar aus
eigenem Antriebe und freiem Willen, folglich
nicht aus Zwang; hingegen die *volle* Freiheit,
welche das Vermögen zum Guten in sich begreift, haben sie verloren.«

Adam und Eva ... ihres Geschlechtsunter-   37
schiedes nicht bewusst] Diese Auffassung
stützt sich darauf, dass sich Adam und Eva nach
dem Sündenfall vor Gott fürchteten, weil sie
nackt waren und sich deshalb versteckten (Gen
3,10); also waren sie sich vor dem Sündenfall
ihrer Nacktheit (und damit des Geschlechtsun-
terschiedes) nicht bewusst.

Cl. Brentano] Clemens Brentano (1778-1842), dt.   1   45
romantischer Dichter, gab zusammen mit L.
Achim v. Arnim die Volksliedersammlung *Des
Knaben Wunderhorn* (→ 45,24) heraus.

das schöne Annerl] bezieht sich auf die Erzäh-   2
lung »Geschichte vom braven Kasperl und dem
schönen Annerl«. Der Unteroffizier Kasperl ist
mit Annerl verlobt, die bei ihrer Taufpatin, zugleich Kaspers Großmutter, erzogen wird. Kasper verlässt das Heer in Frankreich, um Annerl
zu besuchen; er kommt mitten in der Nacht in
seine Heimat, wo er sich beim Müller einlogiert.
Hier wird er von seinem Vater und dem Stief-
bruder ausgeraubt, die er ergreift und dem Gericht überlässt. Aus Scham darüber, Sohn eines
Diebes zu sein, erschießt sich Kasper auf dem
Grab seiner Mutter und wird dort von seiner
Großmutter gefunden; in einem hinterlassenen
Brief bittet er darum, »ein ehrliches Grab« neben seiner Mutter zu erhalten. Während Kasper
als Soldat in Frankreich war, wird Annerl von
einem vornehmen Mann verführt, der ihr die
Ehe verspricht; sie gebiert ein Kind, dass sie in
ihrer Schürze erstickt, worauf sie sich beim Richter stellt. Da sie den vornehmen Mann nicht un-

glücklich machen will, weigert sie sich, den Namen bekannt zu geben; sie will ihre Strafe annehmen und wird zum Tode verurteilt. Kaspers
Großmutter ist in die Stadt gekommen, um den
Herzog darum zu bitten, dass sowohl Kasper
als auch Annerl »ein ehrliches Grab« bekommen
und um Annerl, die am nächsten Morgen hingerichtet werden soll, zu treffen. Die Nacht ver-
bringt die Großmutter auf der Straße, wo sie
einen jungen Schriftsteller trifft, dem sie die tragische Geschichte erzählt; sie bittet ihn, sich an
den Herzog zu wenden, um die Hinrichtung
aufzuschieben und Kasper und Annerl ein an-
ständiges Grab zu sichern. Der Schriftsteller
sucht den Herzog in der Nacht auf, der von der
Geschichte tief gerührt, dem Fähnrich Graf
Grossinger sogleich befiehlt, zum Ort der Hinrichtung zu reiten, um den Pardon zu überbringen. Grossinger reitet wie verrückt, kommt aber
erst dort an, als der Scharfrichter Annerl gerade
enthauptet hat; er fällt auf die Knie und gesteht,
dass er der Mann ist, der Annerl verführt hat
und bittet darum, hingerichtet zu werden. Nun
kommt der Herzog zur Richtstätte; er verurteilt
Grossinger zum Tode und verspricht der Großmutter »ein ehrliches Grab« für Annerl und Kasper, und dass für beide gepredigt werde. Beim
Begräbnis, während die Soldaten den dritten Sa-
lut über das Grab der beiden schießen, bricht
die Großmutter zusammen und stirbt in den Armen des Schriftstellers; sie bekommt später ihr
Grab neben Kasper und Annerl. Die Erzählung
wurde erstmals gedruckt in *Gaben der Milde. Für
die Bücher-Verloosung »zum Vortheil hülfloser Krieger«*, hg. von F. W. Gubitz, Bd. 1-4, Berlin 1817-
1818; Bd. 2, 1817, pp. 7-81; teilweise gekürzt wieder abgedruckt in *Jahrbuch des Nützlichen und
Unterhaltenden*, hg. von Gubitz, Berlin und Königsberg 1835, pp. 169-193, in *Deutsche Volks-Ka-
lender für das Jahr 1835*, hg. von Gubitz. Auf Dänisch als »Historien om den brave Kasper og
skjøn Ane« in *Harpen. Et æsthetisk Tidsskrift*, hg.
von A. P. Liunge, Bd. 1-4, Kph. 1820-1824; Bd. 1,
Nr. 53, pp. 236-238, Nr. 54, pp. 239-241, Nr. 55,
pp. 243-245, Nr. 56, pp. 248f., Nr. 57, pp. 251-253,
Nr. 58, pp. 255-257, Nr. 59 und Nr. 60, pp. 264-
266; danach aufgenommen in *Phantasiestykker.
En Samling Fortællinger og Noveller* [Phantasie-

stücke. Eine Samlung von Erzählungen und No-
vellen], auf Dän. hg. von A. P. Liunge, Kph. 1821,
pp. 80-123.

sollte ihr keine Volkssage ... als ein wahrer 4
Meister gezeigt] Einer verbreiteten Tradition
zufolge stammt der Stoff dieser Erzählung aus
zwei mündlichen Geschichten, die die Mutter
seiner Freundin Luise Hensel dem Verfasser erzählt haben soll; wahrscheinlicher ist, dass Brentano zwei verschiedene Volkslieder, darunter
»Weltlich Recht« (→ 45,24), als Quelle benutzt
hat.

sana mens in sano corpore] lat., ‚eine gesunde 7
Seele in einem gesunden Körper‘, Redewendung, die vom röm. Satiriker Juvenal (um 60-
140), *Satirae*, 10. Buch, v. 356, stammt.

einfache gottesfürchtige Vers] »Naar Domme- 14
dag kommer for Borg og Vraa, / da falde paa
Jorden de Stjerner smaae. / I Døde! I Døde! Stat
op igjen! / thi I skal gange for Dommen hen; / I
skal hen paa de Høie træde, / hvor de Engle
sidde i Gammen og Glæde. / Saa kommer den
Herre Gud i den Vrimmel / med Regnbuen
skjøn alt paa sin Himmel; / Saa kommer vor
Frelser, den Herre Christ, / og Naade da skulle I
fange forvist. / De høie Træer da stande i gløed /
og haarden Steen skal da vorde saa blød. / Og
Hvo som kan bede denne Bøn, / han bede den
een Gang om Dagen i Løn; / for Gud da vil hans
Sjæl bestaae, / naar vi til Himmelens Rige gaae.«
[Wenn das jüngste Gericht kommt für Burg und
Winkel klein, / dann werden auf die Erde fallen
die Sternelein. / Ihr Toten! Ihr Toten! Steht wieder auf! / denn ihr müsst nun zum Gericht hinauf; / Vor die Höhen müsst ihr eilen, / wo Engel in Lust und Freuden weilen; / Dann kommt
der Herr, Gott in der Schar / mit dem Regenbo-
gen an seinem Himmel so klar; / Dann wird der
Erlöser, der Herr, Christus nahen, / Und Gnade
werdet ihr ganz gewiß empfahen. / Die hohen
Bäum’ in Glut dann steh’n / und harter Stein
wird ganz zergeh’n. / Und der, der dieses Gebet
kann sagen, / er bet’ es still für sich an allen
Tagen; / vor Gott wird seine Seele dann
besteh’n, / wenn wir zum Himmelreich
eingeh’n.] *Phantasiestykker*, p. 85, cf. p. 93, p. 95,
p. 112 und p. 122.

16 **die bange Ahnung des Scharfrichters, als das Schwert sich bewegt**] Als die Taufpatin das bloß dreijährige Annerl mit nach Hause nimmt, nachdem ihre Mutter begraben wurde, suchen sie den Scharfrichter auf, der zugleich »Viehdoktor« ist, um Heilkräuter zu holen. Der Scharfrichter, der auch »Meister« genannt wird, bittet die Taufpatin, mit auf den Dachboden zu kommen, um die passenden Heilkräuter auszusuchen; sie lässt Annerl in der Stube zurück. Als sie wieder zurückkehren, steht Annerl vor einem kleinen Schrank und sagt: »Horch, Großmutter, da ist eine Maus drin! Horch wie sie klappert; da ist eine Maus drin!« Und die alte Frau erzählt weiter: »Bei diesen Worten des Kindes machte der Meister ein sehr ernstes Gesicht, riss den Schrank auf und sagte: Gott sei uns gnädig; denn er sah sein Richtschwert, das auf einem Nagel im Schrank hing, hin und her pendeln. Er nahm das Schwert herab und es schauderte mir. Liebe Frau, sagte er, wenn Ihr das Püppchen recht lieb habt, so haben Sie keine Angst, wenn ich ihm die Haut ein bisschen um den Hals herum mit meinem Schwert einritze; denn es hat sich ihretwegen bewegt, es hat nach ihrem Blut verlangt und wenn ich ihr den Hals nicht damit einritze, wird dem Kind großes Elend im Leben bevorstehen.« Daraufhin ergreift der Scharfrichter das schreiende Mädchen, aber die Frau reißt das Kind an sich; und weil der Bürgermeister gerade in diesem Moment mit seinem kranken Hund hereinkommt, weist er den Scharfrichter zurecht und hindert ihn daran, dem Annerl etwas zu tun. *Phantasiestykker*, pp. 108f.

17 **die Geschichte darüber ... an ihrer Schürze zieht**] Die Taufpatin berichtet: »Ach! *Annerl* war immer ein ganz eigenartiges Mädchen; oft, wenn keiner damit rechnete, ergriff sie mit beiden Händen ihre Schürze und riss sie von sich, als ob Feuer darin sei und dann begann sie ganz entsetzlich zu weinen; aber das hatte seine Gründe: Es hat sie mit den Zähnen ergriffen; der Böse ruht nicht«, *Phantasiestykker*, pp. 93f.

21 **auf dem Friedhof der Selbstmörder**] Laut dem Gesetz Christians V. (*Danske Lov,* 1683), 6. Buch, Kap. 6, Artikel 21, durfte eine Person, die sich selbst das Leben nahm, nicht in geweihter Erde

(→ 45*m,1*), also weder in der Kirche noch im Friedhof, begraben werden, außer wenn zum betreffenden Zeitpunkt Unzurechnungsfähigkeit vorlag. Diese Bestimmung wurde nach und nach gelockert. Zu SKs Zeit wurden eigentliche Selbstmörder auf dem Friedhof der Armenfürsorge (1842 aufgegeben) begraben, der gewöhnlich als »Selbstmörderfriedhof« bezeichnet wurde und am Farimagsvei zwischen Nørreport und dem Sortedams-See lag. Vor SKs Zeit hat man vermutlich in Einzelfällen den nahe gelegenen Friedhof der Strafanstalt benutzt.

23 **Hinrichtungstag**] Hinrichtungen wurden in Kopenhagen auf dem Richtplatz auf Amager außerhalb von Amager Port vollzogen. Die Hingerichteten wurden auf dem nahe gelegenen Friedhof der Strafanstalt begraben.

24 **Ähnlichkeit mit einem Gedicht aus des Knaben Wunderh. ... p. 204**] bezieht sich auf das Lied »Weltlich Recht« in der bekannten romantischen Volksliedsammlung *Des Knaben Wunderhorn. Alt deutsche Lieder,* hg. von L. Achim v. Arnim und Cl. Brentano, 2. Ausg., Bd. 1-3, Heidelberg 1819 [1806-1808], Ktl. 1494-1496; Bd. 2, p. 204. Darin wird von der Hinrichtung einer Kindesmörderin mit dem Namen Nannerl berichtet, bei der, so wie in Brentanos Erzählung, die Begnadigung zu spät eintrifft. (Laut Abrechnung von C. A. Reitzel vom 31. Dezember 1836 (KA, D pk. 8 læg 1) schaffte sich SK *Des Knaben Wunderhorn* am 14. März 1836 an.)

27 **ein Fähnrich ist ... jedoch zu spät**] cf. die beiden letzten Strophen von »Weltlich Recht«: »Der Fähndrich kam geritten und schwenkte seine Fahn': / ›Halt still mit der schönen Nannerl! Ich bringe Pardon.‹ — // ›Fähndrich, lieber Fähndrich, sie ist ja schon tot.‹ — / Gut Nacht, meine schöne Nannerl! Deine Seel' ist bei Gott.« Cf. auch »Historien om den brave Kasper og skjøn Ane« (→ 45*,2*), worin der Erzähler von Fähnrich Graf Grossinger berichtet: »*Grossinger* stürzte; die Leute stoben auseinander, ich sah in die Runde, ich sah ein Stahl in den Strahlen der Morgensonne aufblitzen — Gott! es war das Schwert des Scharfrichters! — Ich sprengte hinzu, ich hörte die Wehklagen der Menge. ›Pardon! Pardon!‹ schrie *Grossinger* und stürzte wie ein Rasender in die Runde, aber der Scharfrich-

ter hielt ihm den blutigen Kopf des schönen *An-nerls* entgegen, das ihn in den Todeszügen mit einem wehmütigen Lächeln anstarrte.« *Phanta-siestykker* (→ 45,2), p. 118.

30 **Steffens' die 4 Norweger]** *De fire Normænd. En Cyclus af Noveller ved Henrich Steffens,* übers. von J. R. Reiersen, Bd. 1-3, Kph. 1835, Ktl. 1586-1588 (Bd. 4-6 in *Henrich Steffens's samlede Fortællinger,* hg. von C.Fr. Güntelberg, Bd. 1-9, Kph. 1834-1839); dt. *Die vier Norweger. Ein Cyklus von No-vellen von Henrich Steffens* Bd. 1-6, Breslau 1828. — **Steffens:** Henrich Steffens (1773-1845), norw.-dän.-dt. Philosoph, Naturforscher und Schrift-steller, Professor in Halle 1804-1806 und 1808-1811, danach Professor in Breslau und ab 1832 in Berlin.

34 **jeder seiner Helden ... beginnt ... über das norwegische Hochland zu sprechen]** cf. z.B. In-giers lange Replik am Beginn der sechsten und letzten Novelle in *De fire Normænd* Bd. 3, p. 314f.; dt. *Die vier Norweger,* Bd. 6, pp. 16f.: »... ich habe oft beschlossen, mich aus dieser finstern Welt zurückzuziehen; aber dann ruft sie mich wieder mit mächtiger Stimme, und ich fühle, ich ver-mag es nicht. Sind die starren Felsen, die hoch und kalt und scharf in das Meer hineinschauen, und die brausenden Wellen, wenn sie gegen die Felsenwände, wie in Wuth entbrannt, schäu-mend sich heranstürzen, nicht die wahren Rie-sengeister Nordens? Wenn ich ihre Gespräche belausche, dann ist mir oft seltsam zu Muthe. — Wenn an einem heitern Tage das Meer wie eine glatte, ruhige, unendliche Fläche vor mir liegt, wenn die schroffen, steinernen Wände mit ruhi-ger Milde in die feuchte Ebene hineinsehen, dann die Sonne die Wänd heiter bescheint und sich in dem Meere spiegelt — wer ahnet dann das Grauen, die geheime Tücke, die sich in die-ser Ruhe verbirgt? Wir stehen leichtsinnig da, und können zu den bösen Geistern, die uns freundlich locken, ein wahres Vertrauen fassen; aber plötzlich bricht die Wuth los, die Sonne birgt sich, in einen zauberischen Nebel hüllen die tückischen Geister ihr zerstörendes Spiel. — Es ist, als haßten sie sich. — Ingrimmig, in kah-ler, öder Dunkelheit starrt der Fels ins empörte Meer durch den feuchten Nebel hinein, in Wuth stürzt sich das Meer, mit thurmhohen Wellen,

auf die Felsen, zersplittert sich, wo diese sich in das Meer hineinwagen, und zornig wird es in schäumender, aber ohnmächtiger Furie zurück-getrieben, um den Angriff beständig zu erneu-ern. — Da glaubt der einfältige Mensch, sie has-sen, sie bekämpfen sich, und es ist doch nur das geheime, zerstörende Bedürfnis. Jetzt erst, in diesem scheinbaren Kampfe verstehen sie sich, und haben sich gemeinschaftlich verschworen, ein jedes Leben zu vernichten.«

Beerdigung in geweihter Erde] → 45,21. Bei der   1   45*n* Neuerrichtung eines Friedhofes musste dieser feierlich vom Pfarrer eingeweiht werden, cf. die Verordnung vom 22. Februar 1805, § 9. — In »Historien om den brave Kasper og skjøn Ane« bestimmt der Herzog, dass sowohl Kasper als auch Annerl »ein ehrliches Grab« neben Kas-pers Mutter, also in geweihter Erde haben sol-len, cf. *Phantasiestykker,* pp. 120f.

den Gott ... bis ins 4. und 5. Glied] cf. z.B. Ex   6 20,5, wo es heißt: »Denn ich, der Herr, dein Gott, bin ein eifersüchtiger Gott: Bei denen, die mir feind sind, verfolge ich die Schuld der Väter an den Söhnen, an der dritten und vierten Genera-tion«.

König Lear ... keine gute Theologie] Replik   15   46 des aufgebrachten Königs Lear im 4. Akt, 6. Szene in William Shakespeares Tragödie *King Lear.* Das wortwörtliche dt. Zitat stammt aus *Shakspeare's dramatische Werke,* übers. von A. W. v. Schlegel und L. Tieck, Bd. 1-9, Berlin 1825-1833 (cf. die 12-bändige Ausg. Ktl. 1883-1888, Berlin 1839-1841); Bd. 8, 1832, p. 362.

Baggesen] Jens Immanuel Baggesen (1764-1826),   24   46 dän. romantischer Schriftsteller, 1811-1814 Pro-fessor der dänischen Sprache und Literatur in Kiel.

Kalundborgchronik] Baggesens komische Er-   24 zählung »Kallundborgs Krønike, eller Censu-rens Oprindelse« [Chronik(novelle) von Kal-lundborg, oder der Ursprung der Zensur] (1786), in *Jens Baggesens danske Værker,* hg. von den Söhnen des Verfassers und C. J. Boye, Bd. 1-12, Kph. 1827-1832, Ktl. 1509-1520; Bd. 1, pp. 221-252.

Da kam zu Pferde ... geritten im Galopp] dän.   26 »Da kom paa Hesten trap trap trap / Jens Skovfod ridende saa rap.«; cf. *Jens Baggesens danske Værker* Bd. 1, p. 235, wo es heißt: »Da kom paa Hesten, trap, trap, trap, / *Jens Skovfogd* ridende saa rap«.

46 32 **Heldengeschichten**] dän. »Kjæmpehistorier«, gehören zusammen mit den Abenteuer- und Wikingersagas zu der literarisch zuweilen anspruchsloseren Gattung der »Fornaldarsögur« (Vorzeitsagas; der Ausdruck wurde von C. C. Rafn geprägt), die ab etwa Mitte des 13. Jh. auf Island aufgezeichnet wurden und u.a. Ereignisse aus der Zeit von vor ca. 850 behandeln, mit zum Teil südgermanischer und skandinavischer Heldendichtung entnommenen, zum Teil eddischen oder frei erfundenen, phantastischen Motiven und Stoffen. Cf. *Nordiske Kæmpe-Historier efter islandske Haandskrifter* [Nordische Heldengeschichten nach isländischen Handschriften] übers. von C. C. Rafn, Bd. 1-3, Kph. 1821-1826, Ktl. 1993-1995. Bd. 3 trägt den Titel: *Nordiske Kæmpe-Historier eller mythiske og romantiske Sagaer efter islandske Haandskrifter* [Nordische Heldengeschichten oder mythische und romantische Sagas nach isländischen Handschriften].

33 **Geschichte ... von ... König Heidrek**] »Hervørs og Kong Hejdreks Saga, efter den islandske Grundskrift fordansket med oplysende Anmærkninger« [Saga von Hervør und König Heidrek, nach der isländischen Quellenschrift, ins Dänische übersetzt mit erklärenden Anmerkungen], von C. C. Rafn, in *Nordiske Kæmpe-Historier* Bd. 3, C, pp. 1-124. Bd. 3 ist in die Abteilungen A, B und C geteilt, die jede für sich paginiert ist.

47 1 **Rafns**] Carl Christian Rafn (1795-1864), dän. Altertumsforscher, Herausgeber und Übersetzer, 1820-1826 Lehrer an der Landkadettenakademie, 1825 Mitbegründer von Det kgl. danske Oldskriftselskab und danach ihr Sekretär, 1826 Titularprofessor.

4 **von beinahe jedem Helden ... der stärkste etc. sei**] Dafür gibt es keine Beispiele in »Hervørs og Kong Hejdreks Saga«; hier werden die Helden immer wieder »ein mächtiger Mann«, »groß und stark«, »ein großer Krieger«, »ein berühmter Krieger«, »sehr mächtig und ein großer Krieger«, »mächtige Kämpfer«, »ein großer Held« genannt. Vom Königssohn Heidrek heißt es, dass »er so stark und tapfer war, dass man nirgendwo seinesgleichen fand«, *Nordiske Kæmpe-Historier* Bd. 3, p. 44; und von Ljótr, dem illegitimen Sohn des späteren König Heidrek wird erzählt, dass er »bereits in jungen Jahren andere zu übertreffen schien«, p. 58.

Svafurlami ... sich eigentl. selbst umgebracht 6 **haben**] Odins Enkelsohn Svafurlami (üblicherweise Svafrlami geschrieben) erhält von den Zwergen Durinn und Dvalinn das Schwert Tyrfingr, wobei die beiden Zwerge den erwähnten Fluch über das Schwert aussprechen; im Zorn schlägt Svafrlami vergebens nach dem einen der beiden, trifft jedoch nur den Stein, in den der Zwerg verschwunden ist. Das Schwert Tyrfingr wird später von Arngrímr übernommen, der Svafrlami im Zweikampf tötet

Agantyr ... dass Stahl nie darin Halt fände] 12 Angantýr, der älteste Sohn Heidreks, übernimmt das Schwert Tyrfingr. Er und seine Brüder treffen bei einem Zweikampf auf der Insel Samsø auf Hiálmarr und Oddr (auch Ǫrvar-Oddr genannt), wobei Letzterer ein Hemd trägt, das ihn unverwundbar macht

während dort ... nur mit Müh und Not] Ǫrvar- 20 Oddr tötet reihum die elf Brüder von Angantýr und gewinnt nach langem und hartem Kampf den Zweikampf, während Argantýr und Hiálmarr sich gegenseitig töten, *Nordiske Kæmpe-Historier* Bd. 3, pp. 18-24.

in der Geschichte von der Fessel ... die es auf 34 **der Welt nicht**] bezieht sich auf ein Motiv aus der nordischen Mythologie, das aus der *Snorra Edda* bekannt ist. Dort werden Göttersagen von Lokis drei Kindern Fenrisúlfr, Miðgarðsormr und Hel (Fenriswolf, Weltschlange und Hel) berichtet. Bis der Wolf bei den endzeitlichen Ereignissen der Ragnarök loskommt und schließlich von Viðarr getötet wird, versuchen die Asen ihn mit der unscheinbaren, aber starken Fessel Gleipnir zu binden. Diese Fessel wurde aus *sechs* (nicht *fünf*) Dingen gefertigt: aus dem Lärm der Katze und dem Bart der Frau und den Wurzeln des Felsens und den Sehnen des Bären und dem Atem des Fisches und dem Speichel des Vogels. (*Snorra Edda*, »Gylfaginning« Kap. 34 (29)); cf. *Die Edda des Snorri Sturluson* (→ 37,31), pp. 41-44.

SKs Quelle scheint N. F. S. Grundtvig *Nordens Mytologi eller Udsigt over Eddalæren for dannede Mænd, der ei selv ere Mytologer* [Mythologie des Nordens oder Überblick über die Eddalehre für gebildete Männer, die nicht selbst Mythologen sind], Kph. 1808, Ktl. 1948, zu sein. Hier wird p. 73 berichtet, dass die Zwerge »das starke, seidenweiche Band Gleipnir« aus folgenden *fünf* Dingen fertigten: »Aus dem Lärm von Katzentritten / Und aus dem Bart der Frauen, / Aus den Wurzeln von Bergen, / Aus dem Atem der Fische / Und dem Speichel der Vögel.« Es wird hinzugefügt: »Deswegen fehlt es in der Natur heute noch an diesen Dingen«.

37 **Als Thor ... auf dem Meeresgrund zu stehen]** Diese Erzählung ist Teil des Mythos von Thors Reise zu Útgarða-Loki in der nordischen Mythologie, wie sie aus der *Snorra Edda,* »Gylfaginning« Kap. 48 (43) bekannt ist (cf. *Die Edda des Snorri Sturluson* (→ 37,31), p. 66). Cf. N. F. S. Grundtvig *Nordens Mytologi* (1808), p. 121, und J. B. Møinichen *Nordiske Folks Overtroe* (→ 37,31), p. 439.

47m 1 **Ørvarodds Saga ... das vor nichts Halt macht]** »Ørvarodds Saga« in C. C. Rafn *Nordiske Kæmpe-Historier* Bd. 3, B (→ 46,33), pp. 57-206; p. 118, wo Ǫgmundr im Kampf mit Ǫrvar-Oddr zu diesem sagt: »ich hieb dir auf die Schultern und hatte vor, dir den einen Arm abzutrennen, aber es biss nicht in dein Hemd, obwohl ich ein Schwert habe, das vor nichts Halt macht.«

9 **kostbare Salbe, die jede Wunde heilt]** bezieht sich auf »Kong Olger Danskes Krønike«, in *Moerskabslæsning* Bd. 1, 2. Teil (→ 50,3), pp. 170f. Als Holger Danske England verlassen und nach Dänemark wollte, fielen ihm 100 Krieger in den Rücken; aber sein Neffe Galter, der von seinem Vater nach England geschickt wurde, kam ihm zur Hilfe. Gemeinsam töteten sie alle Verräter bis auf einen, wurden selbst aber dabei schwer verwundet. »Olger nahm seine Salbe und bestrich ihrer beider Wunden, worauf sie beide genasen. Als Galter das sah, bat er Olger damit er ihm etwas von ebendieser Salbe gäbe, was er auch tat und Galter betrachtete sie als ein kostbares Geschenk und Kleinod.«

48m 28 **die Idee des Staates ... in Sokrates ... verschwand]** Die Kritik an Sokrates, dass er das

Allgemeine und Objektive, d.h. den Staat gegenüber dem Individuum, d.h. dem Subjektiven in den Hintergrund rücke, stammt von Hegel, cf. *Vorlesungen über die Geschichte der Philosophie,* hg. von C. L. Michelet, Bd. 1-3, Berlin 1836, Ktl. 557-559; Bd. 2, in *Hegel's Werke* (→ 43,6) Bd. 14, pp. 71ff., besonders p. 73: »Der Staat hat seine Kraft, welche in der Kontinuität des Allgemeinen bestand, — ununterbrochen von den einzelnen Individuen, Ein Geist, daß das einzelne Bewußtseyn keinen anderen Inhalt und Wesen kennt, als das Gesetz, — verloren«; und pp. 91ff. (*Jub.* Bd. 18, pp. 71ff. und pp. 91ff.).

die von Katholiken ... Heiden nicht selig werden] Die Quelle konnte nicht identifiziert werden. 30 48

mit einem altdeutschen Dichter] unbekannt. — SK schreibt hier »med en gl. tydsk Digter«, was auch als »mit einem alten deutschen Dichter« aufgelöst werden könnte. 2 49

O starker Gott ... mich armen Dichter] Zitat aus dem Gedicht »Vorrede in die kleglige Zukunft« (→ 49,6). SK lässt das Rufzeichen nach »Richter« weg. 4

altdeutsche Lieder von Görres p. 159] *Altteutsche Volks- und Meisterlieder aus den Handschriften der Heidelberger Bibliothek,* hg. von J. Görres, Frankfurt a. M. 1817, Ktl. 1486 (laut Hauptjournal des Buchhändlers Schubothe hat SK das Buch am 29. November 1836 gekauft). Das Gedicht »Vorrede in die kleglige Zukunft« findet sich pp. 158-163, das angeführte Zitat p. 159. — **Görres:** Joseph Görres (1776-1848), dt. Herausgeber, politischer, philosophischer und religiöser Schriftsteller, Philologe und Historiker, ab 1827 Professor der Geschichtswissenschaft in München. 6

Andersens] Hans Christian Andersen (1805-1875), dän. Schriftsteller. 11 49

Novelle: Improvisatoren] *Improvisatoren. Original Roman i to Dele* [Der Improvisator. Originalroman in zwei Teilen] erschien am 9. April 1835. 11

felicissima notte] ital., ‚glücklichste Nacht!' 14

der Nordländer ... 1. T. p.102] Zitat aus H. C. Andersens Fußnote in *Improvisatoren,* 1. Teil, 14

Kap. 8, p. 102. SK ändert H. C. Andersens Interpunktion.

18 **Wächter ... in altdeutschen Liedern**] bezieht sich auf die literarische Gattung des Tagelieds, ein Lied der Trennungsklage am Morgen nach der Liebesnacht; das Tagelied war auch im dt. Minnesang verbreitet. — SK schreibt hier »gl. tydske Sange«, was auch als »alte deutsche Lieder« aufgefasst werden könnte; der Kontext macht jedoch deutlich, dass »altdeutsche« gemeint ist.

20 **Wach uff Wach uff ... der Morgen graut**] Zitat aus dem dt. Volkslied »Wächtersruf«, wo die erste Strophe lautet: »Wach uff! Wach uff! mit heller Stimm / Hub an ein Wächter gute; / Wo zwey Hertzlieb bey einander sin, / Die halten sich in Hute, / Daß ihnen kein Arges wiederfahr, / Und ihnen ihre Sach nit mißlinge.« *Altteutsche Volks- und Meisterlieder* (→ 49,6), p. 111, cf. auch p. 117. Dass der Wächter mit seinem Ruf die Liebenden an den Anbruch des Morgengrauens erinnert, charakterisiert das Wächterlied, eine Form des Tagelieds; zu diesem Motiv cf. auch p. 113, p. 115 und p. 120.

9   25 **Heldengeschichten**] (→ 46,32).

27 **Holger Danske angerannt kommt ... schlägt auf ihn ein**] bezieht sich auf »Kong Olger Danskes Krønike«, in *Moerskabslæsning* Bd. 1, 2. Teil (→ 50,3). Der Ausdruck »angerannt kommen« wird öfters, auch im Sinn von »geritten kommen«, von Holger Danske gebraucht, z.B. 2. Teil, pp. 26-30; dass sie hintereinander »herrennen« wird z.B. p. 112 und p. 121 erwähnt. Im Übrigen kommt »er rannte« überaus häufig sowohl in »Kong Olger Danskes Krønike« als auch in »Krønike om Keiser Carl Magnus« (→ 50,3) vor; in letztgenannter Chronik wird erzählt, dass Kaiser Karl der Große alleine dem flüchtenden heidnischen König Janemund »zwei Meilen« »hinterherrannte«, *Moerskabslæsning* Bd. 1, 1. Teil, p. 71. Später wird von Roland und Oliver (→ 50m,2) erzählt, dass sie »sieben Meilen rannten«, Bd. 1, 1. Teil, p. 113.

9m   4 **zu der ungeheuren Truppenmasse ... von der wir oft sprechen hören**] Immer wieder wird in »Krønike om Keiser Carl Magnus« von 10.000, 20.000 oder 30.000 Mann berichtet, die entweder

heranrücken oder sich auf der Flucht befinden; manchmal auch von 120.000, 300.000, 400.000, cf. *Moerskabslæsning* Bd. 1, 1. Teil (→ 50,3), z.B. p. 25, p. 38, p. 139, p. 167, p. 113 und p. 165. In einem Fall werden die Truppen von Kaiser Karl dem Großen folgendermaßen beschrieben: »Das Heer war zwei Tagesreisen lang und breit, und zwölf Meilen weit hörte man ihr Getöse und Waffengeklirr«, p. 53.

Holger Danske ... erinnert er sich an das Vergangene] bezieht sich auf die frz. Version von   2   50 »Olger Danskes Krønike« (→ 50,24), in *Moerskabslæsning* Bd. 1, 2. Teil (→ 50,3), pp. 273-308; pp. 289-293. — Holger Danske trifft Prinzessin Morgana, die auf Schloss Avalon wohnt. Die Krone, die sie ihm gibt, verleiht ewige Jugend und lässt ihn alle anderen Gefühle außer ihrer Liebe vergessen; der Sage nach war Morgana eine Fee, Tochter des Zauberers Merlin und Schwester des keltischen Königs Artus. Nicht Morgana nimmt Holger Danske die Krone ab, sondern sie löst sich von selbst und fällt in eine Quelle wo sie nicht mehr gefunden wird; Morgana sucht vergeblich danach, p. 293.

Rabecks] *Dansk og Norsk Nationalværk, eller Al-*   3 *mindelig ældgammel Moerskabslæsning* [Dänisch und norwegisches Nationalwerk, oder weit verbreitete uralte Unterhaltungslektüre] hg. von K. L. Rahbek, Bd. 1-3, Kph. 1828-1830, Ktl. 1457-1459. Bd. 1 enthält in zwei für sich paginierten Teilen eine modernisierte Wiedergabe von Christiern Pedersens Übersetzung von »Krønike om Keiser Carl Magnus« und »Kong Olger Danskes Krønike«. — **Rabeck**: Knud Lyne Rahbek (→ 39,19).

die theol. Dispute ... im Kampf führen] in die   15 Erzählung eingeflochtene theologische Diskussionen, cf. *Moerskabslæsning* Bd. 1, 2. Teil (→ 50,3), z.B. pp. 157-160 und p. 266, wo Holger Danske ein Bekenntnis ablegt, das an das Apostolische Glaubensbekenntnis erinnert. Cf. auch Bd. 1, 1. Teil, z.B. pp. 85-88, wo der christliche Held Roland (→ 50m,2) mit dem muslimischen Helden Ferakunde eine Diskussion über die Dreifaltigkeit und die Auferstehung der Toten führt.

einen Mohammedaner ... unsere anderen Abgötter] Jungfrau Gloriant, die Verlobte von Kö-   18

nig Carvel und Gegnerin von Holger Danske
ruft: »Oh Gott Mohammed und unsere anderen
Abgötter, helft geschwind meinem Bräutigam,
damit dieser mächtige Held Olger Danske ihn
mir nicht tötet.« *Moerskabslæsning* Bd. 1, 2. Teil
(→ 50,3), p. 45.

20 **in meinem Exemplar**] SKs Exemplar von *Moerskabslæsning* ist nicht identifiziert.

50m 2 **Oliver ... und Roland hat allein 1000 niedergestreckt**] Oliver und Roland sind Helden in »Krønike om Keiser Carl Magnus«. Hier handelt es
sich vermutlich um eine Bezugnahme auf den
Zweikampf zwischen Roland und dem heidnischen Königssohn Otuel, der christianisiert
wird, sowie auf die anschließende gewaltige
Schlacht, die Roland, Oliver, Otuel und Holger
Danske gegen den mächtigen, heidnischen König Garsia und seine Verbündeten führen, *Moerskabslæsning* Bd. 1, 1. Teil (→ 50,3), pp. 143-148.
SK scheint hier mehrere Episoden zu vermen-
gen.

16 **die langen Merkverse ... auf Helden die er
überwunden hat**] cf. »Krønike om Keiser Carl
Magnus«, *Moerskabslæsning* Bd. 1, 1. Teil
(→ 50,3), p. 179, wo 10 Länder aufgezählt werden. Berichte von einer Reihe von Helden, die in
einer Schlacht überwunden werden, kommen
immer wieder vor, jedoch nicht in der Form eines Merkverses bzw. Katalogverses (dän. »Rem-
se«).

25 **Dies hat Holberg so vortrefflich begriffen**] Vermutlich Anspielung auf die 18. Szene in Holbergs Komödie in einem Akt *Diderich Menschen-
Skræk* (1731), wo Diderich, ein Offizier mit dem
Beinamen »Menschenschreck«, sich erinnert,
dass »mein Name ein derartiger Schrecken unter den Türken war, dass sie kein Glück bei irgendeinem Versuch, Beute zu machen hatten: So
hatte ich ihnen ihr Handwerk verleidet. Ich
wage zu behaupten, dass ich sie alleine bei verschiedenen Kämpfen um 20000 Mann dezi-
mierte und dass ich eigenhändig im Lauf eines
Monats über 2000 Janitscharen auf einmahl
[»über ... einmahl« im Original dt.] massakrier-
te«; gleich anschließend (20. und 21. Szene) bekommt er jedoch Prügel von seiner Frau. S. auch
2. Akt, 1. Szene in Holbergs Komödie *Jacob von
Thyboe Eller Den stortalende Soldat* (1725). Jacob

von Tyboe, ein Offizier mit Hang zu Übertreibungen, erzählt dem Spaßmacher Jesper Oldfux
von seinen angeblichen Taten in Holland, wo er
zuerst in der einen Schlacht alleine eine Armee
besiegte und dann in einer anderen 600 Mann
getötet hat: »Jesper. / Ach! Der Herr musste
wohl eine 0 anfügen. / Tyboe. / Das müssen
eher andere machen. Ich habe mafoi [frz., ,(bei)
meinem Glauben!'] nie nach der Anzahl gefragt.
Jacob von Tyboe kam es seinerzeit auf hundert
mehr oder weniger nicht an. Ich verstehe überhaupt nicht, wie mein Korbsäbel so lange halten
konnte.« *Den Danske Skue-Plads* Bd. 1-7, Kph.
1758 oder 1788 [1731-1754], Ktl. 1566-1567; Bd. 4
und Bd. 3. Die Bände sind ohne Jahreszahl und
unpaginiert. — **Holberg:** Ludvig Holberg (1684-
1754), dän.-norw. Dichter, Philosoph und Historiker, Professor an der Universität Kopenhagen
ab 1717.

Papageno in der Zauberflöte ... ich bin ein Na- 32
turmensch] Papageno, ein märchenhafter und
lustiger Vogelfänger, ist eine der Hauptfiguren
in Mozarts Oper *Die Zauberflöte*, die 1791 zum
Text von Emanuel Schikaneder (1751-1812) kom-
poniert wurde. Cf. *Tryllefløiten. Syngestykke i to
Acter af Emmanuel Schickaneder. Oversat til Mozarts Musik*, af N. T. Bruun, Kph. 1816 (und
*Tryllefløiten. Syngestykke af Schikaneder. Med Mu-
sik af Mozart*, 2. veränderte Ausg., Kph. 1826, die
die Oper in vier Akte teilt; im Kom. wird die
Ausgabe von 1816 verwendet). Im 2. Akt, 3.
Szene singt Papageno: »Ich bin — in etwa das,
was die Gelehrten einen Naturmenschen nennen, der sich's mit Schlaf und Essen und Trinken genug sein lässt — und noch, wenn sich's
träfe, mit einem hübschen Weiblein!«, p. 59. Cf.
2. Aufzug, 3. Auftritt im Text der *Zauberflöte* von
1791.

Holger D. ... aus einem katholischen Land] 24   5(
Die frz. Sage von »Ogier le Danois« ist in einer
Reihe von Versionen bekannt. Christiern Peder-
sens dän. Übersetzung »Kong Olger Danskes
Krønicke« [Die Chronik(novelle) von König
Holger Danske] erschien 1534. Darüber erwähnt
er in seiner Vorrede: »denn machte ich mir
Mühe, dass ich sie auftreiben konnte und fand
sie schließlich zu Paris in Frankreich auf Fran-

zösisch gedruckt, so ließ ich sie zuerst ins Latein übertragen und gab dafür Gold und Geld, weil ich die französische Sprache selbst nicht verstehen konnte. Danach schrieb ich sie mit viel Arbeit nach dem Latein auf Dänisch und ließ sie im Druck erscheinen«, *Moerskabslæsning* Bd. 1, 2. Teil (→ 50,3), pp. 4f. — **Christen Pedersen:** Christiern Pedersen (ca. 1480-1554), dän. Magister, Theologe, Schriftsteller und Übersetzer des Neuen Testaments (1529).

29 **dem Wunderbaren in Holger D.s letztem Leben]** bezieht sich vermutlich darauf, dass Holger Danske 200 Jahre im Paradies war, worauf Jungfrau Morgua ihn auf die Erde schickte, damit er sehen konnte, wie es um das Christentum stand. Wenn er den Goldring trug, den ihm Morgua gegeben hatte, war er wie ein 30-jähriger junger Mann. Er befreite viele Christen aus türkischer Gefangenschaft.

30 **ob es einer glaubt ... es steht nicht im Credo]** bezieht sich auf eine Replik von König Artus (→ 50,2) als er zu dem Schloss kam, in dem sich Holger Danske aufhielt: »hier werden wir gemeinsam in aller Freude bleiben; denn viele törichte Menschen meinen, sie werden zum Jüngsten Tag kommen und gegen den Antichrist und seine Kämpfer streiten, so wie Enoch und Elias kommen werden, um gegen ihn zu predigen. Ob es einer glaubt oder nicht, er sündigt nicht damit. Denn es steht nicht im Credo, es ist auch nicht glaubhaft, dass es geschehen wird.« *Moerskabslæsning* Bd. 1. Teil 2 (→ 50,3), pp. 251f. — **credo:** lat., ‚ich glaube‘; übliche Bezeichnung für das Apostolische Glaubensbekenntnis, das mit dem Wort »credo« anfängt.

51 2 **derjenige, der sie (die Chronik) geschrieben hat ... nicht in der Heiligen Schrift]** Dieses Zitat, mit dem Christiern Pedersens Übersetzung endet, lautet im Zusammenhang: »Derjenige, der sie [d.h. die Chronik] schrieb, meinte, dass er [Holger Danske] zum Jüngsten Gericht wiederkommen und gegen den Antichrist mit Schwert und Speer kämpfen wird, was aber nicht glaubhaft ist und wir müssen dies auch nicht glauben, denn es findet sich nicht in der Heiligen Schrift; jeder darf aber darüber sagen, was Gott ihm eingibt.« *Moerskabslæsning* Bd. 1, Teil 2 (→ 50,3), p. 272.

oft] von SK nachträglich aus »immer« geändert.   25 51

die Annäherung der Kategorien ... nahm er 30 51 **damit alles zurück]** In seinem erkenntnistheoretischen Hauptwerk *Critik der reinen Vernunft* (→ 43,6) argumentiert Kant, dass der Verstand Begriffe von Gegenständen der Erfahrung, von denen sichere Erkenntnis erlangt werden kann, bildet, wenn empirische Anschauungen (räumliche und zeitliche Vorstellungen unbestimmten Erfahrungsgehaltes) unter so genannte Kategorien (Begriffe von möglichen Eigenschaften an Gegenständen) gebracht werden. Wenn die Kategorien nicht-empirisch verwendet werden, d.h. Vorstellungen von Gegenständen gebildet werden, die keiner möglichen Erfahrung zugrunde liegen, wird das gebildet, was Kant Ideen nennt. Diese Ideen beziehen sich nicht auf Gegenstände der Erfahrung und eine auf ihnen begründete theoretische Erkenntnis ist unmöglich. Eine Erkenntnis dessen, was die Sinnesorgane affiziert und deshalb die Vorstellungen hervorruft (Kant nennt dies das Ding an sich), die in Raum und Zeit angeschaut werden, ist ebenso unmöglich. — Die so charakterisierte Lehre Kants läuft also darauf hinaus, dass er einerseits die Erkenntnis im Rahmen der Erfahrungswelt sichert, andererseits die Erkenntnis der »eigentlichen« Wirklichkeit, der Dinge an sich, der Seele, der Welt und Gottes ausschließt. Diese Kritik an Kant wurde zuerst von J. G. Fichte und F. W. J. Schelling formuliert und bildet den Auftakt zur Philosophie der Romantik. — **νοούμενα:** gr.; das Wort wird von Platon verwendet, der z.B. in *Politeia* 508d ff. zwischen nooûmena, d.h. nur von der Vernunft erkennbaren Gegenständen, und phainómena, d.h. sinnlich erkennbaren Gegenständen unterscheidet. Die gleiche Unterscheidung findet sich bei Kant im Abschnitt »Von dem Grunde der Unterscheidung aller Gegenstände überhaupt in *Phaenomena* und *Noumena*« in *Critik der reinen Vernunft*, pp. 294-315. Die Dinge an sich sind solche nooûmena.

Gebrauch des Wortes unendlich in der Philo- 33 **sophie]** Implizit liegt in der kantischen Erkenntnistheorie, dass das Ding an sich unendlich ist, da es nicht bestimmt ist, d.h. kein Gegenstand möglicher Vorstellungen ist.

52 1 **Hegel ... versuchte er das humoristische Element, das es im Xstt. gibt, auszuscheiden]** Die traditionelle Scheidung von Gott und Welt findet sich in der Dichtung der Romantik als Gegensatz zwischen dem Unendlichen und Idealen und dem Endlichen und Realen wieder. In *Vorschule der Ästhetik* (→ 29,23) bestimmt Jean Paul in § 31ff., Bd. 1, pp. 235ff. das Humoristische oder Romantisch-Komische als Ausdruck der Auffassung, dass der Gegensatz subjektiv ist und dass das Endliche im Licht des Unendlichen verstanden werden muss. Im Humor liegt also eine Vermittlung zwischen dem Endlichen und dem Unendlichen vor. Oder mit Jean Pauls Beispiel: Für den Humor gibt es keine einzelnen Toren oder einzelne Torheiten, sondern nur Torheit und eine »tolle Welt«. Wenn die christliche Vermittlung zwischen Gott und Welt, wie sie z.B. in der Christusgestalt zum Ausdruck kommt, als humoristisch im Sinne Jean Pauls verstanden wird, d.h. als das, was hier das »humoristische Element« im Christentum genannt wird, impliziert das, dass es keine Sünder, sondern nur Sündhaftigkeit und eine sündige Welt gibt, wodurch die Verantwortung verscherzt wird. Wenn von Hegel gesagt wird, dass er dieses Element auszuscheiden versuchte, bezieht sich das (kritisch) gerade darauf, dass das Individuum — das Endliche — von der Weltgeschichte, d.h. dem Unendlichen bestimmt ist.

3 **an einer anderen Stelle in meinen Papieren]** bezieht sich vielleicht auf eine auf den 19. Juli datierte Aufzeichnung auf einem losen Blatt: »Sollte das Ironische im Christt. nicht darin liegen, dass es einen Versuch machte, die ganze Welt zu umfassen, aber zur Unmöglichkeit dieses Versuchs lag der Keim in ihm [scil. im Christentum] selbst, und damit hängt das andere zusammen — das Humoristische — dessen [scil. des Christentums] Auffassung von dem, was es eigentl. Welt nennt (dieser Begriff gehört nämlich eigentl. mit zu ihm und es steht deswegen auf halbem Weg), da alles, was sich bisher in der Welt geltend gemacht hatte und noch geltend machte, in Verhältnis zu dem gesetzt wurde, der

vom Christen als der allein Wahre angesehen wird, und deswegen erscheinen ihnen Könige und Fürsten, Macht und Herrlichkeit, Philosophen und Künstler, Feinde und Verfolger etc. etc. als Nichts, und in ihrer Meinung, etwas Großes zu sein — lächerlich —« (*Pap.* I A 207). Cf. auch BB:50.

Quietismus] ursprünglich Bezeichnung für die 5 Lehre des span. Jesuiten und Theologen Luis de Molinas, dass die Seligkeit erreicht wird durch Elimination alles Subjektiven und durch Versinken in Gott, ohne an der Individualität festzuhalten. Hier wird der Ausdruck verwendet, um zu unterstreichen, dass das »Hinsinken« des Individuums ins Allgemeine, d.h. die Betrachtung des Individuums als Produkt der historischen Entwicklung bei Hegel, ethische Forderungen an den Einzelnen ausschließt. Es handelt sich um eine damals öfter gegen Hegels Philosophie vorgebrachte Kritik, dass sie zum Quietismus führe; sie beruht u.a. auf einem Missverständnis von Hegels Behauptung: »Was vernünftig ist, das ist wirklich; und was wirklich ist, das ist vernünftig«, *Grundlinien der Philosophie des Rechts,* hg. von E. Gans, Berlin 1833 [1820], Ktl. 551, »Vorrede«, in *Hegel's Werke* (→ 43,6) Bd. 8, p. 17 (*Jub.* Bd. 7, p. 33), und *Enzyclopädie der philosophischen Wissenschaften im Grundrisse* (→ 43,6) Bd. 1, »Die Logik«, § 6, in *Hegel's Werke* Bd. 6, p. 10 (*Jub.* Bd. 8, p. 48).

Goethe in seinem Faust ... der zweite Teil so 6 spät kam] → 18,12.

Goethe ... in dem einen oder anderen Kunst- 11 werk ... legt er dieses Glaubensbekenntnis ab] bezieht sich auf Goethes Autobiographie *Aus meinem Leben. Dichtung und Wahrheit* (4 Teile, 1811-1831), wo er sagt, dass seine ganze Dichtung »Bruchstücke einer großen Confession« seien, die im Bestreben entstanden sind, »dasjenige was mich erfreute oder quälte, oder sonst beschäftigte, in ein Bild, ein Gedicht zu verwandeln.«, *Goethe's Werke* (→ 18,12) Bd. 24-26, 1829, und Bd. 48, 1833; Bd. 25, pp. 108f.

Hegels nachfolgender Standpunkt ... seine 17 52 Gültigkeit behält] In der hegelschen Dialektik bringt jede Phase der geschichtlichen oder begrifflichen Entwicklung (als zwei Seiten der sel-

ben Sache) ihren Gegensatz und damit ihre Auflösung hervor; dabei geht beides in eine höhere
Einheit ein, die die beiden vorhergehenden Phasen nicht negiert oder vernichtet, sondern diese
in sich aufnimmt, wobei jede seine Gültigkeit
bewahrt. So enthält etwa die Kategorie »Werden« in der hegelschen Kategorienlehre sowohl
»Sein« als auch »Nichts« in sich, wodurch der
Gegensatz zwischen ihnen aufgehoben ist.

20 **wie der Justizrat den Kammerrat verschlingt]**
Laut dän. Rangverordnung vom 14. Oktober
1746 war ein Justizrat höher gestellt als ein Kammerrat (ein wirklicher Justizrat rangierte in der
4., ein titulärer lediglich in der 5. Klasse, während ein wirklicher und ein titulärer Kammerrat
in der 6. bzw. 7. Klasse rangierten). Die Ernen-
nung zu einem höheren Rang eliminierte den
niedrigeren, früheren nicht, sondern nahm diesen in sich auf, wobei nur der höhere benutzt
wurde.

2 21 **eines kleinen Schriftchens ... über Lenaus
Faust]** *Ueber Lenau's Faust*. Von Johannes
M......n, Stuttgart 1836. »Johannes M......n«
steht für Hans Lassen Martensen (1808-1884),
cand. theol. 1832, Auslandsaufenthalt (besonders in Berlin, Heidelberg, München, Wien und
Paris) 1834-1836, lic. theol. 1837 und ab 1838
Lektor für Theologie. Lenau ist das Pseudonym
des romantischen österr. Schriftstellers Nikolaus
Franz Niembsch Edler von Strehlenau (1802-
1850), dessen enger Freund Martensen bei seinem Aufenthalt in Wien 1836 wurde. Martensen
interpretiert den Unterschied zwischen Lenaus
episch-dramatischem Gedicht *Faust. Ein Gedicht*,
Stuttgart und Tübingen 1836, und Goethes Tragödie *Faust* (→ 18,12) und versteht Lenaus *Faust*
als durch und durch christliches Gedicht. Martensen arbeitete seine Schrift ein in seine Abhandlung »Betragtninger over *Ideen af Faust.
Med Hensyn paa Lenaus* Faust« [Betrachtungen
über die Idee des Faust. Mit Berücksichtigung
von Lenaus Faust], in *Perseus, Journal for den speculative Idee*, hg. von J. L. Heiberg, Nr. 1, Juni
1837, Ktl. 569 (*Perseus*), pp. 91-164. Cf. F. C. Sibberns Rezension in *Maanedsskrift for Litteratur*
Bd. 20, Kph. 1838, pp. 405-415.

erzählt wird ... Mephistopheles einen Epilog 22
hält] In Lenaus *Faust* begeht Faust schließlich
Selbstmord und in einem Epilog triumphiert
Mephistopheles darüber, dass Faust irrtümli-
cherweise glaubte, ihm so entgehen zu können.
Cf. Martensens Darstellung in *Ueber Lenau's
Faust*, p. 57, und in »Betragtninger over *Ideen af
Faust. Med Hensyn paa Lenaus* Faust«, in *Perseus*, pp. 162f. Martensen deutet den Epilog —
entgegen Goethes Auffassung — als Zeichen dafür, dass Mephistopheles nicht eine Macht sei,
die mit zum Leben gehört, sondern ein Feind
und Zerstörer des Lebens, *Ueber Lenau's Faust*,
p. 57.

Goethe hat Recht ... Heinrich, Heinrich, 27
schließt] Der erste Teil von Goethes *Faust*
(→ 18,12) endet damit, dass nicht Mephistopheles, sondern eine »Stimme von innen, ver-
hallend« Faust bei seinem Vornamen »Heinrich!
Heinrich!« ruft, während Faust gemeinsam mit
Mephistopheles verschwindet. Cf. *Goethe's
Werke* Bd. 12, 1828, p. 247.

in D. Juan] in Mozarts Oper *Don Giovanni* 32
(→ 8,14).

d. Ewige Jude] Ahasverus; Gestalt mehrerer Sa- 33
gen und Legenden, die Anfang des 13. Jh. ihren
Niederschlag in südeuropäischen und englischen Chroniken fand und in Volksbüchern wei-
terlebte, cf. z.B. J. Görres *Die teutschen Volksbücher*, Heidelberg 1807, Ktl. 1440, pp. 200-203.
Laut einer der Sagen, die möglicherweise arme-
nischen Ursprungs ist, sei »der Ewige Jude« Tür-
wächter bei Pontius Pilatus gewesen und hätte,
als Jesus aus dem Palast geschleppt wurde, diesem mit der Faust auf den Rücken geschlagen;
außerdem habe er Jesus zugerufen, er solle
schneller gehen, worauf dieser sich umdrehte
und sagte: »Ich gehe, aber du sollst warten bis
ich wiederkomme!« Einer anderen Sage zufolge
habe der Ewige Jude es Jesus verwehrt, auf der
Türschwelle seines Hauses auszuruhen, als Jesus sein Kreuz nach Golgatha schleppte. Jüngere Sagen wollen wissen, dass er Schuhmacher
in Jerusalem war. Als Strafe für das, was »der
Ewige Jude« Jesus angetan habe, müsse er auf
ewig ruhelos und verzweifelt auf der Erde he-
rumwandern.

34 **bei Prometheus der Fall war]** Der gr. Prome-
theus-Mythos berichtet, dass dieser das Feuer
vom Himmel stahl und es den Menschen gab,
die er geschaffen hatte. Zeus bestraft ihn dafür,
indem er ihn an einen Felsen kettet; dort hackt
ein Geier jeden Tag an seiner Leber, die aber jede
Nacht nachwächst. Cf. Nitsch *Neues mythologisches Wörterbuch* (→ 22,*31*) Bd. 2, p. 493. Cf. auch
Ueber Lenau's Faust, p. 55, wo Martensen über
Lenaus Faust schreibt: »So wandert er, der von
Gott und der Menschheit Verstoßene, hinaus in
die finstere Nacht. Einsam, am stürmischen Fel-
senstrande sitzt der christliche Prometheus und
schaut ins wilde Meer hinaus. An seinem Herzen nagt der Geyer des unermeßlichen Verlan-
gens, das nie gestillt wird: ›Könnt' ich vergessen, daß ich Creatur!‹« (»Betragtninger over
Ideen af Faust. Med Hensyn paa *Lenaus* Faust«, in
Perseus, p. 161). Martensen betrachtet Faust, Don
Juan und Prometheus als verwandte Figuren
und vergleicht sie miteinander: »Es ist das Gemeinsame der mit Faust verwandten Charaktere, daß sie sich selbst ihren Himmel zerstört
haben. Darum ist auch der Don Juan nicht als
ein gewöhnlicher Roué zu fassen, denn er hat
die Poesie der wahren Liebe gekannt, er hat eine
angeborne Genialität für die Liebe, welches eben
der ideale Punkt ist, woran das Böse anknüpft.
So nagt auch in der alten Welt der Geyer nur am
Herzen des Prometheus, der das Antlitz der
Götter geschaut und an ihren Tischen gesessen
hat. Der wilde Görg hingegen hat nie solche ideale Ausflüge gemacht, er findet sich immer
wohlbehaglich in der dicken Luft seiner Atmosphäre, welche der Strahl der Idee noch nicht
durchdrungen hat«, pp. 54f. (in *Perseus*, pp.
160f.). Cf. weiterhin pp. 6f.: »Die Idee des Faust
ist noch tiefer als die des Prometheus, der mit
den Göttern um die Weltherrschaft streitet, oder
als die des Don Juan, der für seine falsche Le-
benspoesie sich mit der Religion in Kampf ein-
läßt, weil im Faust der Inhalt der absolute Geist
selber ist, und der erschaffene Geist mit seinem
Schöpfer nicht um irgend einen weltlichen Inhalt, sondern um die geistige Ebenbürtigkeit
selbst streitet und richtet« (in *Perseus*, p. 96).

einem Gedicht ... Knaben Wunderhorn] be- 3   53
zieht sich auf das Volkslied »Die schwarzbraune
Hexe« in *Des Knaben Wunderhorn* (→ 45,*24*) Bd. 1,
pp. 34f.

Ein Jäger stieß ... das war verlorn] Zitat aus 4
dem Volkslied »Die schwarzbraune Hexe«, wo
die erste Strophe jedoch so lautet: »Es blies ein
Jäger wohl in sein Horn, / Wohl in sein Horn, /
Und alles was er blies das war verlorn.«

dem Magister] vermutlich Anspielung auf H. L. 15   53
Martensen, der auf seiner Auslandsreise
(→ 52,*21*) u.a. Ph. Marheineke, Henrich Steffens,
L. Tieck, C. Daub, F. v. Baader, F. W. J. Schelling,
G. H. Schubert und N. Lenau besuchte. Cf. Mar-
tensens Autobiographie *Af mit Levnet*, Bd. 1-3,
Kph. 1882-1883; Bd. 1, pp. 85-231 (H. L. Marten-
sen *Aus meinem Leben. Mittheilungen*, Aus dem
Dänischen von A. Michelsen, Karlsruhe und
Leipzig 1883-1884, Erste Abtheilung, pp. 99-267).

Sokrates ... das Losreißen des Individuums 19   53
vom Staat bezeichnet] → 48*m*,*28*.

Läden der allersimpelsten Buchhändler] 28   53
→ 53,*30*.

den Erz-Zauberer Faust etc.] bezieht sich auf 30
*Den i den gandske Verden bekiendte Ertz- Sort-
Kunstner og Trold-Karl Doctor Johan Faust, og Hans
med Dievelen oprettede Forbund, Forundringsfulde
Levnet og skrækkelige Endeligt,* [Des durch die
ganze Welt berufenen Erzschwarzkünstlers und
Zauberers D. Johan Fausts mit dem Teufel auf-
gerichtetes Bündniß, abentheuerlicher Lebenswandel und mit Schrecken genommenes Ende],
Kph. o.J. [»Zum Verkauf in Ulkegade No. 107«,
dt. 1587], Ktl. U 35. Das Buch wurde von »Trib-
lers Witwe« herausgegeben, einem Verlagsbuch-
handel, der von E. M. Tribler, Witwe des Buch-
binders J. F. Tribler, betrieben wurde und Volksbücher, Gassenlieder u.Ä. herausgab. Das Geschäft lag ursprünglich im Haus Ulkegade Nr. 7,
das 1823 in Holmensgade 107 umbenannt (s.
Karte 2, C2-3) wurde. 1823 übernahm Witwe
Tribler das Haus Holmensgade Nr. 114, wo ihr
Sohn, Buchbinder P. W. Tribler, nach ihrem Tod
1829 das Geschäft bis 1839 weiterführte.

54   2   **D. Juan]** → 52,*32*.

54   5   **Faust kann keinen Selbstmord begehen]** Das
Selbstmordmotiv kommt sowohl in Faustsagen
als auch in Lenaus *Faust* (→ 52,*22*) vor.

     5   **er als die über allen ihren]** dän. »som« ist hier
als identifizierendes »als«, nicht als »wie« zu
verstehen. — SK hat dän. »dens« (ihren, scil. der
Idee) aus »hans« (seinen, scil. Fausts) geändert.

     7   **Der Ewige Jude]** → 52,*33*.

54*m* 1   **König David ... Du selbst bist der Mann, Kö-
nig]** Anspielung auf II Sam 12,1-7; SKs Para-
phrase aus Vers 7 lehnt sich an die dän. Übersetzung von 1647 an.

54   27 **Benvenuto Cellini]** (1500-1571), ital. Renais-
sancekünstler, Goldschmied und Bildhauer.

     27 **nach langer Zeit ... die Sonne zu sehen be-
kam]** bezieht sich auf Goethes Übersetzung von
Cellinis 1557 begonnener Autobiographie *Leben
des Benvenuto Cellini, florentinischen Goldschmieds
und Bildhauers, von ihm selbst geschrieben* (1803),
Teil 1, Kap. 13, über Cellinis langen und
schmerzlichen Aufenthalt in einem finsteren
Verließ. Cf. *Goethe's Werke* (→ 18,*12*) Bd. 34 (1.
Teil), 1830, und Bd. 35 (2. Teil), 1830; Bd. 34, pp.
357-380, besonders pp. 369f.

     29 **die Gewalt der Strahlen ... mit festem Blick
stehen]** Zitat aus *Leben des Benvenuto Cellini*, Teil
1, Kap. 13, in *Goethe's Werke* (→ 18,*12*) Bd. 34,
1830, p. 370. SK schreibt »die Gewalt« statt »Die
Gewalt« und »gewönhlich« statt »gewöhnlich«;
abweichende Interpunktion.

55   3   **Goethes W. 8° ... 66 o.]** *Goethe's Werke. Vollständige Ausgabe letzter Hand*, Oktavausgabe, Bd.
1-60, Stuttgart und Tübingen 1828-1842; Bd. 34,
1830, pp. 365f. *Goethe's Werke* erschienen gleichzeitig in zwei Formaten: teils in Sedez-Format
(16°), auf die sich SK meist zu beziehen scheint,
teils in Oktav (8°), die SK laut Rechnung vom 10.
Februar 1836 (KA D pk. 8 læg 1) bei Universitätsbuchhändler C. A. Reitzel kaufte.

55   6   **Trockenamme]** dän. »Goldamme«, eigentl. ‚ste-
rile Amme', Kindermädchen, das nicht stillt im
Gegensatz zur Säugeamme.

Der arme Heinrich] Versepos des dt. Minnesän-   8   55
gers Hartmann v. Aue (1165-1215) vom reichen,
schwäbischen Ritter Heinrich, der so wie Hiob
plötzlich alles verliert und obendrein den Aussatz bekommt. Er sucht nun alle berühmten
Ärzte auf und erfährt, dass er nur geheilt werden kann, wenn eine unschuldige Jungfrau ihr
Herzblut für ihn hingibt. Eine solche findet
Heinrich, aber als der Arzt das Messer schleift,
um das hübsche Mädchen zu töten, entschließt
sich Heinrich, seine Leiden lieber als Ausdruck
für den Willen Gottes anzusehen, als das Opfer
des Mädchen anzunehmen. Auf der Heimreise
wird er durch ein Wunder geheilt und heiratet
später das Mädchen. Cf. G. Schwab *Buch der
schönsten Geschichten und Sagen für Alt und Jung
wieder erzählt* Bd. 1-2, Stuttgart 1836-1837, Ktl.
1429-1430; Bd. 1, pp. 115-137. (Laut einer auf den
31. Dezember 1836 datierten Abrechnung von
Universitätsbuchhändler C. A. Reitzel (KA D pk.
8 læg. 1) beschaffte sich SK die beiden Bände am
10. Januar bzw. am 17. September 1836.) — *SKS*
folgt in AA:47 und AA:48 *B-fort. 437.*

Der Ewige Jude] → 52,*33*.   9   55

Ach] *SKS* folgt ab hier bis p. 55,*24 EP I-II*, p. 123.   10   55
Schubert] Gotthilf Heinrich von Schubert (1780-   19
1860), dt. Arzt, Theologe Naturforscher und Philosoph, ab 1819 Professor der Naturwissenschaften in Erlangen, ab 1827 Professor der Naturgeschichte in München. Schubert wurde von
F. W. J. Schellings Naturphilosophie (→ 43,*7*) beeinflusst und geriet später (etwa ab 1820) unter
den Einfluss einer mystisch-pietistischen Aske-
tik.

»Symbolik des Traums«, 2. Ausg. S. 27] *Die*   20
Symbolik des Traumes, 2. Ausg. (→ 20,*27*), p. 27:
»Ein gewaltiges Heer, zahllos wie Staub und
wohlgerüstet, wird mit einem ohnmächtigen
Nachtgesicht im Traume verglichen, seine Un-
ternehmungen mit dem Thun eines Hungern-
den im Traume, der sich an den erdichteten
Speisen zu ersättigen glaubt, und nur kraftloser
vom Schlafe erwacht.«

der sie als Bilder anführt ... Urformation hin-   20
deuten] cf. *Die Symbolik des Traumes*, 2. Ausg.

(→ 20,27), pp. 20-31. — *SKS* folgt bis einschließlich der beiden Sternchen *EP I-II*, p. 123.

55   26 **So]** *SKS* folgt ab hier bis p. 57,3 *EP I-II*, pp. 122-123.

   26 **satisfactio vicaria]** lat., ‚stellvertretende Genugtuung'; in der christlichen Dogmatik allgemein verwendeter Ausdruck dafür, dass Christus durch seinen Kreuzestod ein für alle Mal stellvertretend die Sünden der Menschen gesühnt hat, indem er die Strafe auf sich genommen hat, die diese sonst hätten erleiden müssen. Cf. z.B. § 96 in *Hutterus redivivus* (→ 36,34), pp. 268-277.

56   2 **Er muss denselben Weg zurückgehen, den er gekommen ist]** cf. die auf einen 13. (vermutlich in der zweiten Hälfte von 1836) datierte Aufzeichnung auf einem losen Blatt, wo SK schreibt: »Die Umkehr ereignet sich langsam. Man muss, wie Fr. Baader richtig bemerkt, den selben retrograden Weg gehen, den man früher vorwärts ging« (*Pap.* I A 174). Hier wird auf Baaders *Vorlesungen über speculative Dogmatik* (→ 44,32), p. 80 Bezug genommen.

   18 **die Zauberei erst mit dem musikalischen Stück (das Lied des Elfenkönigs) aufhört … genau rückwärts spielt (retrograd)]** cf. *Irische Elfenmärchen*, übers. von J. und W. Grimm, Leipzig 1826 (nach Thomas Crofton Croker *Fairy Legends and Traditions of the South of Ireland*, London 1825), Ktl. 1423, p. LXXXIII, wo vom seeländischen Musikstück »Elverkongestykket« erzählt wird, dass es alle, Jung wie Alt, ja sogar leblose Dinge zum Tanzen zwingt und dass der Spielmann selbst nicht aufhören kann, wenn er nicht in der Lage ist, die Melodie rückwärts zu spielen oder wenn ihm niemand die Saiten seiner Geige von hinten durchtrennte. Cf. auch *Mythologie der Feen und Elfen; vom Ursprunge dieses Glaubens bis auf die neuesten Zeiten. Aus dem Englischen* übers. von O. L. B. Wolff, Bd. 1-2, Weimar 1828; Bd. 1, p. 153; ein Werk, das SK gelesen hat, cf. DD:23.

   24 **Luther]** Martin Luther (1483-1546).

   24 **in seinen Tischreden]** Zusammen mit seiner Frau Katharina hatte der allmählich wohlhabendere Luther ein gastfreundliches Haus, das ständig Verwandte, Freunde und Studenten beherbergte. Bei Tisch hielt Luther bald deutsche, bald

lateinische Reden, die nicht nur christliche und kirchliche, sondern auch alltägliche und politische Ereignisse zum Teil humorvoll behandelten. Diese »Tischreden« wurden von den jungen Bewunderern im Hause aufgezeichnet und nach Luthers Tod von dessen engem Freund J. A. Aurifaber als *Tischreden und Colloqvia D. M. Luthers* (1566) herausgegeben. SK besaß *D. Martin Luthers Geist- und Sinn-reiche auserlesene Tisch-Reden und andere erbauliche Gespräche*, hg. von B. Lindnern, Bd. 1-2, Salfeld 1745, Ktl. 225-226.

Er starb … in seiner Leibesstraffe] Zitat aus   25
einer von Luthers Tischreden, worin er die öffentliche Verbrennung eines reumütigen Hexenmeisters erwähnt; sie ist enthalten in F. L. F. v. Dobeneck *Des deutschen Mittelalters Volksglaube und Heroensagen*, hg. von Jean Paul (→ 189m,1), Bd. 1-2, Berlin 1815; Bd. 1, pp. 149-150. SK, der auf dieses Werk in DD:40 verweist, fügt das einleitende »Er« hinzu.

dem … der sich mehr über einen Sünder freut   32   56
… der Umkehr nicht bedürfen] cf. Lk 15,7.

zurückgekehrt] *SKS* folgt bis hierher *EP I-II*, p.   3   57
122-123.

die ganze Welt gewönne … Schaden an seiner   5
Seele] cf. Mt 16,26.

Rørdam] Cathrine Georgia Rørdam, geb. Teil-   9
mann (1777-1842), Witwe von Probst Thomas Schatt Rørdam (gest. 1831), wohnhaft in Frederiksberg. Zum hier erwähnten Zeitpunkt wohnte der Sohn, cand. theol. Peter Rørdam (1806-1883), Lehrer an den Kopenhagener Asylschulen, Grundtvigianer, ab 1841 Pfarrer, bei seiner Mutter zusammen mit seinen drei Schwestern, deren jüngste Bolette war (→ 57,10). — »Rørdam und mit Bolette sprechen« ist im Manuskript ausgestrichen; cf. das Faksimile p. 59.

Bolette] Bolette Christine Rørdam (1815-1887),   10
verlobt mit cand. theol. Peter Købke (gest. 1839), 1841-1850 Hausverwalterin ihres Bruders Peter Rørdam (→ 57,9), 1857 mit Pfarrer N. L. Feilberg verheiratet.

den Engel, der sich mit dem lodernden   11
Schwert] Anspielung auf Gen 3,24; SKs Formulierung lehnt sich an S. B. Hersleb *Lærebog i Bibelhistorien. Udarbeidet især med Hensyn paa de*

høiere Religionsklasser i de lærde Skoler [Lehrbuch in Bibelgeschichte. Ausgearbeitet mit besonderer Berücksichtigung der höheren Religionsklassen in den gelehrten Schulen], 3. Aufl., Kph. 1826 [1812], Ktl. 186 und 187, p. 5 an: »Daraufhin vertrieb Jehova den Menschen aus dem Garten Eden, auf dass sie nicht vom Baum des Lebens äßen und ewig leben. Und er stellte Kerubim mit loderndem Flammenschwert auf, um den Weg dahin zu bewachen.«

15 **nicht sofort**] SK fügt »nicht« später hinzu.

57 20 **Heute ... bessern**] Die Aufzeichnung AA:54 ist im Manuskript ausgestrichen; cf. das Faksimile p. 59.

21 **Rørdams**] → 57,9.

57 29 **als er hinausgetrieben wurde ... arbeite**] Andeutung auf Gen 3,17-19.

31 **ora et labora**] lat., ‚bete und arbeite‘; u.a. von der lat. Sentenz »Ora et labora, Deoque committe futura« (‚Bete und arbeite und lass Gott für die Zukunft sorgen‘). Die Devise »ora et labora« kommt im Buch des Zisterziensers Thomas de Froidmonts Buch *De modo bene vivendi* von ca. 1174 vor, weist aber in ihren Wurzeln bis zur Entstehung des Mönchswesens zurück, drückt die Verbindung von Arbeit und Askese aus, in die das Gebet als unabtrennbares Element eingeht, und findet sich deshalb in mehreren Varianten im Mittelalter. Seit dem 18. Jh. wurde sie häufig als Kurzformel für den Inhalt der Klosterregeln des heiligen Benedikt verwendet, in denen sie jedoch nicht vorkommt.

57 33 **A. v. Arnim**] Ludwig Achim von Arnim (1781-1831), dt. romantischer Dichter, Herausgeber (→ 45,24).

34 **Armuth ... Buße der Gräfinn Dolores, 2 Bände**] Der Roman *Armuth Reichthum Schuld und Buße der Gräfin Dolores. Eine wahre Geschichte zur lehrreichen Unterhaltung armer Fräulein aufgeschrieben* von L. A. v. Arnim, Bd. 1-2, Berlin o.J. [1809 oder 1810].

36 **ihren Verführer**] Gräfin Dolores lässt sich von einem Marquis verführen, während ihr Mann Karl abwesend ist, um ihren Gutshof zu verwalten.

Von einem Don Juan ... vom Teufel los geschwatzt] Zitat aus der 3. Abteilung, Kap. 5, Bd. 2, p. 21; abweichende Orthographie, z.B. »al« statt »all«; nach »jedem Weibe« setzt SK ein Komma statt Doppelpunkt.   1   58

D. J.] Don Juan (→ 52,32).   9

beim wundersamen Doktor] eine Art verkommener Faust, ein romantischer Zauberkünstler im Roman.   12

hier wurde ihm sehr öde ... nicht hineindringen kann] Zitat aus der dritten Abteilung, Kap. 9, Bd. 2, p. 60. Nach »nicht vermocht hatten« setzt SK ein Komma statt Doppelpunkt.   13

JOURNAL DD

JOURNAL DD

übersetzt von
Ulrich Lincoln

Kommentar:
Niels Jørgen Cappelørn, Per Dahl, Carl Henrik Koch und Lars Peter Rømhild

übersetzt und bearbeitet von
Heiko Schulz

Quellen

Ms	KA, A pk. 2 læg 3 und B pk. 2
B-afskrift	Abschrift von Kierkegaards Manuskript durch Barfod
B-fort.	H. P. Barfods Verzeichnis 440
EP I-II	*Af Søren Kierkegaards Efterladte Papirer. 1833-1843*
SKS 17	*DSKE* 1 folgt dem Text des Journals in *SKS* 17 (Seitenzählung am Rand)

~ 💲 ~

213

1   Carl Rosenkranz (Zeitschrift für spekulative Theologie
v. Bauer. Zweites Bandes erstes Heft) p. 1. sagt im Sinne
eines historisch-religiösen Urteils: Gott ist Gott, wo-
⁵ mit er natürlich das Judentum beschreibt, wo der abstrakte Monotheismus nichts anderes als tautologische
Gottesprädikate zuließ. Dies scheint mir indirekt auch
in dem Umstand ausgedrückt zu sein, dass die Juden ja
nicht einmal ihr עדוני auszusprechen wagten; wie auch
¹⁰ der Satz »Gott ist Gott« eine Bezeichnung des für die
Juden so charakteristischen Parallelismus ist, und wie
umgekehrt ihr Parallelismus in seiner weiteren Anwendung zu dem Satz »Gott ist Gott« führen müsste.
cfr.
¹⁵   d. 29. Mai 37.

2   Es gibt eine höchst spekulative und im Hinbl. auf
Daubs philosophische Anschauung sehr interessante
Bemerkung im 3. Heft von Bauers Zeitschrift p. 127. Er
hat nämlich zuvor vom Verhältnis zw. dem natürli-
²⁰ chen und dem geschichtlichen Sinn gesprochen und
diesen als Bedingung für jenen aufgezeigt; aber dann
entwickelt er, wie das Individuum jenen frei diesem
unterordnen kann (und damit die Geschichte (die
Freiheit) unter die Natur – *ganz*) oder diesen jenem
²⁵ (und damit die Freiheit über die Natur – zum Teil), und
führt nun näher die Konsequenz davon aus, dass,
wenn man das Geschichtliche dem Natürlichen unter-
ordnet, und sagt, dass das Subjekt damit auf jene Idee
kommt: an dem Vergangenen sei das anschaulich-Gewe-
³⁰ sene das Unvergängliche, am Gewesenen das Naturli-
che das Unverwesliche (das also nicht wie doch der
Apostel lehrt »verweslich gesäet wird, und unverweslich
auferstehe« sondern, indem es selbst das an sich Unverwesliche sei, nur bis zu seiner Wiederveranschaulichung
³⁵ den Schein des Verweslichen habe).«.
214   d. 29. Mai 37.

[a]den abstrakten Polytheismus   ¹
hat man dagegen im *Pluralis*
»Elohim« der Juden, ohne irgendein weder totales noch distributives Prädikat.   ⁵

[a]Gen. 3,22. מִמֶּנּוּ אַחַד, der Plural in seiner Verbindung mit
dem Singular deutet hier auf
die absolute Einheit der Vielheit. (cfr. Göschel.).   ¹⁰

[b]Der Monotheismus verbirgt
sich stets im Polytheismus, ohne dass er deshalb wie bei den
Griechen (»der unbekannte
Gott«) wie in einer abstrakten[a] ¹⁵
Möglichkeit überall über ihm
schwebt.
              d. 29. Mai 37.

[c]*cfr.* Daub in derselben Zeitschrift, 2. Bd., 1. H. p. 135. »Es ist ²⁰
nicht der Eine, als ein drei-zeiti-
ger Gott, oder als der, welcher
(erstens) ist, der er (zweitens) war,
und (drittens) seyn wird, der er
ist, (wie ihn das Judenthum, dem   ²⁵
Geschichts-Glauben den jen-
seits-geschichtlichen unterord-
nend, und mit solcher Unterord-
nung sich selbst corrumpirend,
knechtisch verehrte) etc.«. –   ³⁰

Hamann könnte ein guter Repräsentant für die im Xstt.   **3**
liegende (hierüber bei einer anderen Gelegenheit),
aber in ihm einseitig entwickelte, humoristische Richtung werden, als eine notw. Folge a) des im Xstt. als
solchem liegenden Humors, b) der durch die Reforma-   5
tion bedingten Isolation des Individuums, die im Katholizismus nicht hervortrat, der ja, da er eine Kirche
hatte, wohl gegen »die Welt« opponieren konnte, obschon er gerade in seinem reinen Begriff als Kirche
wohl minder dazu disponiert sein mochte, aber doch   10
auf jeden Fall den Humor nicht zu einem sich gegen
alles opponierenden und dadurch ziemlich sterilen,
zumindest jeder üppigen Vegetation baren und nur mit
verkümmerten Birken spärlich bewachsenen Gipfel
zu entwickeln vermochte. (Wenn das auch bei Ha-   15
mann nicht der Fall war, so muss der Grund hierfür in
seinem tiefen Gemüt und großer Genialität gesucht
werden, die in demselben Maß an Tiefe zunahm wie es
in der Breite eingezwängt wurde (und H. fand so recht
Gefallen daran, seine wissbegierigen zeitgenössi-   20
schen Tellerschlecker auf seine Storchenflasche einzula-
den); aber dessen ungeachtet sehr gut Repräsentant
für die wahre Mitte dieses Standpunktes sein kann.)
c) durch seine eigene humoristische Naturanlage. So
dass man gewiss zu Recht sagen kann, dass Hamann   25
der größte Humorist im Xstt. ist (d.h. also: als der größte Humorist innerhalb jener Lebens-Anschauung, die
selbst die humoristischste Welthistorische Lebens-Anschauung ist – der größte Humorist in der Welt.).

                              ~   30

Die Anerkennung der negativen Seite der Reforma-   **4**
tion und die *Möglichkeit* einer Rückkehr der durch sie
von der Mutterkirche entfernten Parteien zu dieser
(ohne dass sie deshalb als verlorene Söhne zurückkehren müssten) ist, freilich etwas schüchtern, darin ausge-   35
drückt, dass sie nicht den Mut gehabt haben das zu
tun, was die Katholiken mit ihnen tun – sie für Ketzer zu erklären – nicht den Mut gehabt haben, die Kon-

Journal DD, p. 1 (DD : 1-2)

klusion aus den Prämissen zu vollenden, die sie sich
selbst historisch gegeben haben und die ihnen *als solche* gut gefallen.

d. 2. Juni.

216

Wenn man das Verhältnis zw. der Philosophie (die rein   5
mschliche Anschauung der Welt – der *humane* Standpunkt) und dem Xstt. nicht genau festhält; sondern
ohne sonderlich penetrierende Untersuchungen darüber
sofort damit beginnt, im Dogma zu spekulieren, kann
man leicht zu scheinbar erfreulichen, reichen Ergebnis-   10
sen kommen; doch es kann ebenso leicht so gehen, wie
es seinerzeit mit dem Mergel erging, als man diesen ohne ihn und das Erdreich untersucht zu haben, auf jedwede beliebige Weise ausbrachte – man bekam üppi-
ge Vegetation für einige Jahre; doch danach musste   15
man feststellen, dass die Erde ausgemergelt war.

~

1   [a]Ich sehe, dass Daub in seinen
     nun herausgegebenen Vorle-
     sungen über Anthropologie
     ganz kurz eine ähnliche Bemer-
5   kung darüber macht, warum
     die Alten keinen Humor ge-
     habt haben. cfr. p. 482 u.
            d. 17. April 38.

     [b]Inwieweit tritt es, das Humo-
10   ristische, in Xsti eigenen Äuße-
     rungen hervor z.B.: Schaut auf
     die Lilien auf dem Feld – doch
     sage ich Euch, dass Salomo in
     all seiner Pracht nicht gekleidet
15   war wie eine von ihnen; Du hast
     es den Blinden, den Armen im
     Geiste offenbart; Marta Marta.
     Dies alles sind Äußerungen, die
     durch Hinzufügung einer pole-
20   mischen Farbe alle humoristisch
     wären, aber in Xsti Mund ver-
     söhnend sind. Auch diese Äu-
     ßerung: im Himmel ist größere
     Freude über einen einzigen
25   Sünder, der umkehrt, als über
     100, die **keine** Umkehr nötig
     haben (wo zugleich das Ironi-

Das Humoristische, das überhaupt im Xstt.[a] liegt, ist   6
in einem Hauptsatz ausgedrückt, wo es heißt, dass die
Wahrheit im Mysterium verborgen ist (εν μυστηριω   20
αποκρυφη), wo ja nicht nur gelehrt wird, dass sich die
Wahrheit hier in einem Mysterium findet (eine Aussage,
die zu hören die Welt im Ganzen mehr Lust gehabt hat,
da sich ja oft genug Mysterien gebildet haben, obgleich
die darin Eingegliederten dann sofort wieder die übri-   25
ge Welt im humoristischen Licht auffassten); sondern

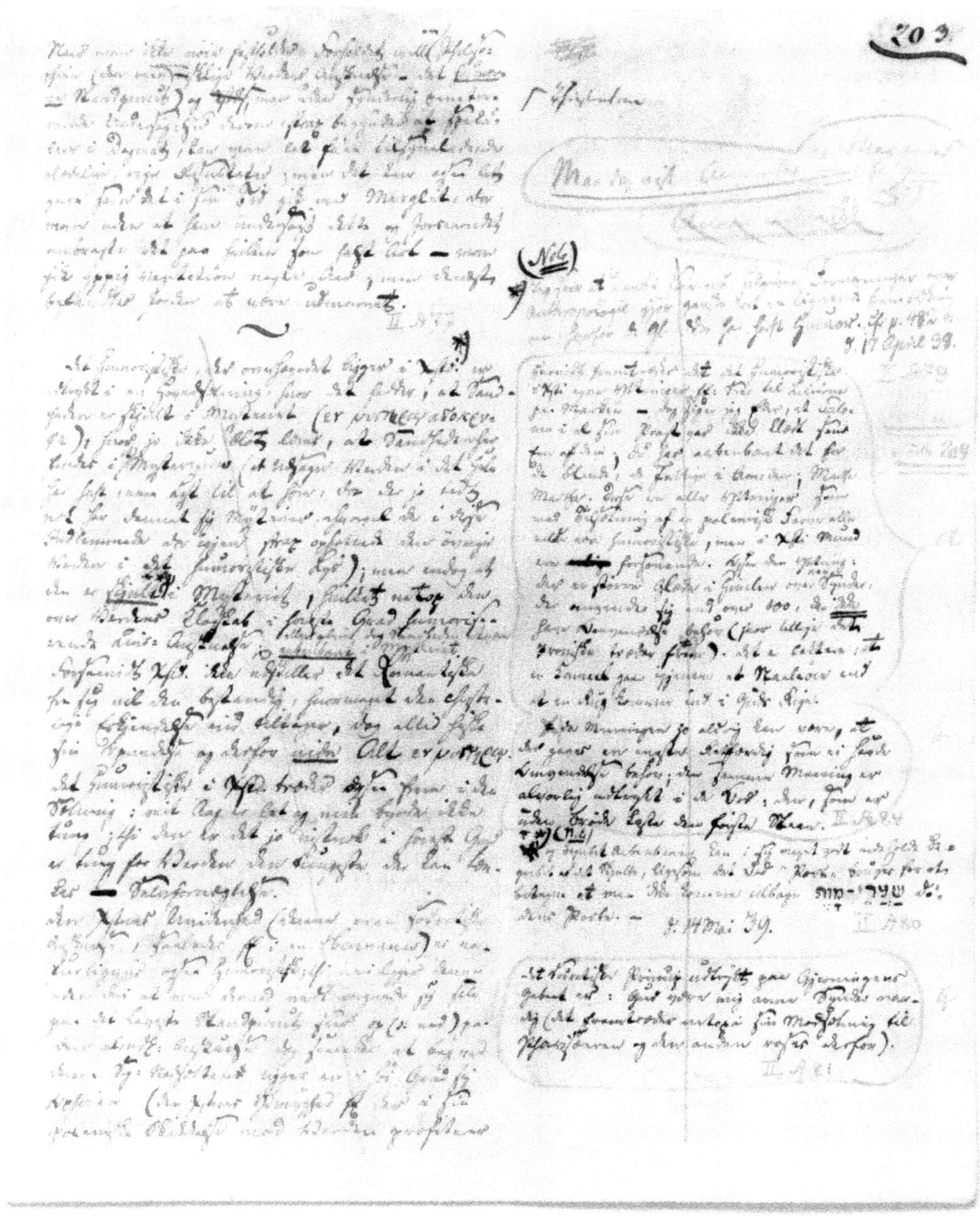

Journal DD, p. 3 (DD:5-6)

1　sche hervortritt[a]). Es ist leichter, dass ein Kamel durch ein
Nadelöhr geht, als dass ein Reicher ins Reich Gottes kommt.

5　[a]da der Sinn ja niemals sein kann,
dass es einen einzigen Gerecht-
fertigten geben könne, der nicht
Umkehr nötig habe; derselbe
Sinn ist in den Worten ernsthaft
10　ausgedrückt: der, der ohne
Sünde ist, werfe den ersten Stein.

[c]und der Begriff Offenbarung
kann in sich sehr wohl den Begriff des Verborgenen enthalten,
15　so wie man das Wort »Pforte«
gebraucht, um auszudrücken,
dass man nicht zurückkommt
שַׁעֲרֵי־מָוֶת die Pforten des Todes. –
d. 14. Mai 39.

20　[d]das sokratische Prinzip ausgedrückt auf dem Gebiet des
Handelns ist: Gott sei mir armen Sünder gnädig (es tritt gerade in seinem Gegensatz zum
25　Pharisäer hervor und der andere wird deswegen gelobt).

[e]Ein Zug hinsichtl. des Humoristischen im Xstt. ist auch,
dass im Mittelalter damals im
30　Xstt. selbst die Parodie entwickelt wurde (cfr. wie dies vortrefflich geschildert wird in W.
Scott »der Abbt« Stuttgart 1828.
2. T. p. 40 u.f. der Narrenpapst,
35　der Kinderbischof, der Abt der
Unvernunft, wo es zugleich poetisch aufgefasst ist, da es hier
ja geschieht, um den Katholizismus zu verspotten, als eine
40　wohlverdiente Nemesis.). Diese
Bemerkung steht hier roh da

sogar, dass sie *verborgen*[c] im Mysterium ist, welches gerade die über die Klugheit der Welt im höchsten Maße
humorisierende Lebensanschauung [ist]; sonst pflegt
doch die Wahrheit im Mysterium *offenbart* zu sein.
Insofern das Xstt. nicht das Romantische aus sich aus-　5
scheidet, wird es stets, wie sehr auch die christliche
Erkenntnis zunimmt, seines Ursprungs gedenken und
deshalb alles εν μυστηριω *wissen*.
Das Humoristische im Xstt. tritt auch hervor in dem
Satz: Mein Joch ist leicht und meine Last nicht schwer;　10
denn das ist sie ja gewiss im höchsten Grad, ist schwer,
für die Welt die schwerste, die man sich denken kann –
Selbstverleugnung.
Die Unwissenheit des Xsten (diese rein sokratische Anschauung, so z.B. bei einem Hamann) ist natürlich　15
auch Humoristik; denn worin liegt diese denn, wenn
nicht darin, dass man, sich selbst auf den niedrigsten
Standpunkt hinunterzwingend, zu der gewöhnl. An-　218
schauung aufsieht (d.h. hinuntersieht), doch so, dass
hinter diesem Sich-Herabsetzen ein im hohen Grad　20
sich Erhöhen liegt (die Demut des Xsten z.B., die in ihrer polemischen Gestalt gegen die Welt ihre eigene Er-
bärmlichkeit bekennt; wohingegen sie auf der anderen
Seite in ihrer normalen Gestalt einen noblen Stolz in-
volviert (der Kleinste im Himmelreich ist größer als Jo-　25
hannes d. Täufer) oder in ihrer Abnormität eine hochmütige Isolation vom gewöhnl. Gang der Dinge
(dem historischen Nexus). So spielt auch das Mirakel
eine große Hauptrolle in dieser Lebens-Anschauung,
nicht wegen des Machtvollen, das darin für das Xstt.　30
aufgetrieben worden ist; sondern weil damit die tief-
sinnigsten Ideen aller Weisen (für diesen Standpunkt)
zu Nichts werden neben dem prophezeienden Esel
Bileams. Je unbedeutender daher das Mirakel ist, wenn
ich so sagen darf, oder je weniger es ins Verhältnis zur　35
geschichtlichen Entwicklung tritt, ja sogar bis zu dem
Extrem, dass diese Anschauung sozusagen Gott versucht, d.h. ein Mirakel wünschen würde, das bloß deshalb getan würde, um Physikprofessoren den Kopf
kraus zu machen – desto mehr freut sie sich darüber, ja　40

sie wird sich wohl am meisten über die Verwandlung
von Wein in Wasser zu Kana freuen. Ja wenn sie sich
über das Mirakel bei der Auferstehung Xsti freut,
dann ist es nicht die wahre Osterfreude, sondern viel
eher Vergnügen über die Pharisäer und deren Soldaten und ihren großen Stein vor dem Grab. Deshalb beschäftigt sich diese Anschauung so gerne mit der
Krippe, mit den Lumpen, in die das Kind gewickelt
wurde, mit der Kreuzigung zw. *zwei Räubern.*[g]
                                    d. 3. Juni 37.

7   Kein Prophet, kein Historiker könnte einen treffen-
deren Ausdruck für den Mohammedanismus finden
als den, den er sich selbst gegeben hat, nämlich dass
dessen heiliges Grab zwischen zwei Magneten
schwebt, es ist das Göttliche, das nicht mschlich geworden ist (Inkarnation), das Mschliche, das nicht göttlich
geworden ist (»Brüder und Miterben in Xsto«); es ist
nicht der individualisierte Polytheismus, nicht der konkretisierte Monotheismus (Jehova); sondern der abstrakte Monotheismus »Gott ist Einer«, wo gerade
die Zahl urgiert werden muss, nicht wie bei dem bis zu
einem gewissen Grad wohl prädikatlosen der Juden;
aber doch stärker konkretisierten: »ich bin, der ich
bin«; es ist nicht Inkarnation (Messias); nicht bloß Prophet (so wie Moses.); denn Propheten gab es mehrere bei den Juden ohne Potenz-, wenn auch mit Grad-
Unterschied; aber Mohammed forderte einen spezifi-
schen Vorrang als solchen (eine Approximation an eine Inkarnation; was aber natürlich wie alles im Mohammedanismus auf halbem Weg stehen blieb.)
                                    d. 3. Juni 37.

und muss in einer Abhandlung
verdaut werden.

[f]Sie vergessen über dem Kreuz
jene tiefsinnige Bemerkung:
dass das Kreuz das Element des
Sternes ist.

[g]und das ist ja auch der Weg,
den das Xstt. immer durch die
Welt gegangen ist zw. zwei
Räubern (denn das sind wir alle), nur der eine war reumütig
und sagte, dass er seine verdiente Strafe erleide. –

[a]eine attentierte Himmelfahrt;
aber niemand fährt in den Himmel hinauf außer dem, der vom
Himmel herabgestiegen ist.

[b]Daher ist es auch recht interessant, die Mohammedaner
auf eine sonderbar ironische
Weise jenes Wappen führen zu
sehen, das ihr Verhältnis zum
Xstt. so treffend charakterisiert
– den Mond, der sein Licht
von der Sonne entlehnt (von
einem Papierzettel mit dem
Datum 5. Jan. 37, den ich in
meiner Schublade fand.).

[c]In diesem Wort: ich bin, der
ich bin, tritt bereits stärker das
persönliche ewige Bewusstsein
hervor und entwickelt deshalb
nicht den Fatalismus so wie die
kalte »Einheit« es tut. Wie auch
diese Worte »ich bin, der ich
bin« eine vorzügliche Antwort
an ungezogene Frager sind.

1   [a]cfr. 1 Joh. 3,2 wo die Gleich-
     heit als das Resultat steht.

Was ist eigentlich der Sinn der Worte in Genes. 3,22   **8**
»Siehe, Adam ist geworden wie einer von uns etc.«, die
Erdmann (Bauers Zeitschrift, 2. Bd. 1. H. p. 205) ge-
braucht, um überdies auch noch seine spekulative
Anschauung zu begründen, dass der Sündenfall von   5
einer Seite gesehen ein Fortschritt ist. ? –

Dass der Pantheismus ein überwundenes Moment in   **9**
der Religion darstellt, Grundlage für sie ist, scheint nun
anerkannt zu werden und damit zugleich der Fehler
in Schleiermachers Definition der Religion als im   10
Pantheismus verbleibend, denn er macht jenes außerhalb der Zeit liegende Verschmelzungsmoment des
Universellen und des Endlichen – zur Religion. –

Eine Parallele zur Religionsphilosophie von   **10**
Karl Rosenkranz.   15
(Bauers Zeitschrift 2. Bd. 1. H. p. 1-32.).
Er zeigt dass man, wenn man die verschiedenen Gestalten der Religion auf den einfachsten Ausdruck re-
duzieren möchte, drei Urteile aufstellen kann.
    1) der Mensch ist Gott   20
    2) Gott ist Gott
    3) Gott ist Mensch.
Das erste ist natürlich der Ethnizismus; er setzt die Einheit nicht als die sich vermittelnde; sondern als unmittelb. und vergisst, wo ein vermittelnder Prozess statt-   220
gefunden hat, dies im Resultat. Es ist ein assertorisches Urteil. So sind die heidnischen Religion Zauberer selbst die Macht, der sich die elementarischen Mächte unterwerfen. In der *indischen* Religion ist *der Brahmane*, oder wer sich mit Bußübungen etc. dazu er-   30
hebt, unmittelb. eins mit Gott. (daher die Unnötigkeit
der Erscheinungs Kongruenz mit seinem Wesen – so
wie in einer anderen Richtung der katholische Geistliche); in der *Buddhistischen* ist *der Lama* unmittelb. Gott.
In *den dualistischen* Religionen ist der Msch. gerade als   35
Zwischenwesen das jenen Prozess Realisierende, die

zwei Mächte bedürfen seiner zu ihrer Vollendung. Hier
tritt anstatt des abstrakten Quietismus die Wechselwirkung zw. der positiven und negativen Substanz,
daher 1) das Heroische; 2) das Tragische (da Hand-
5 lung die Hauptsache ist; aber der Tod setzt dem eine
Grenze.) Bei den *Griechen* war es *Kunstreligion* die schöne Individualität. Mit der größeren Bestimmtheit der
individuellen Freiheit tritt das Heroische und das
Tragische stärker hervor (Herakles); schlägt aber da-
10 nach in sein Gegenteil um. Der Heros, der handelnd
sich zu Gott macht, hat seinen Gegensatz im Atheisten, der durch die Dialektik des Denkens die Götter
leugnet; das Tragische im Komischen, das die zufällige Individualität zum Absoluten macht (Aristopha-
15 nes). *Die Römer.* Hegel bezeichnet deren Religiosität
durch »Ernsthaftigkeit«. Die R. gingen bis zum Wahnsinn, im römischen Kaiser, der sich zum Gott machte:
Er hat nicht, wie der chinesische Keiser seinem Willen eine bestimmte Richtung zu geben; er lebt nicht, wie ein
20 Lama, in einem monchischen Quietismus; er ist kein Held
wie Rostem; er ist kein Künstler, der wie ein Phidias, Skopas Götterideale schafft und dadurch sich endlich als
die Macht der Religion erfährt; durch den Titel, durch den
Namen weiß er sich als die unbedingte Macht. Diese
25 Apotheose ist die Carricatur der hellenischen Apotheose,
die immer als Resultat erscheint.
Der Monotheismus. historisch in *Judentum* und *Moham-*
medanismus und dem isolierter stehenden *Deismus* auf-
tretend. Judentum entwickelt sich durch die ersten
30 Bücher, in denen Gott eher in seiner Allmacht, als Gesetzgeber auftritt, (Moses tritt ganz in den Hinter-
221 grund), worauf in Hiob die losgerissene Individualität
in eine Art Gegensatz zu Gott tritt und in den Psalmen sich dabei beruhigt, dass Gott doch Gott ist, der
35 allmächtige, mit dem der Msch. nicht streiten darf. Der
Mohammedanismus entwickelt die Karikatur, Gottes Allmacht wird hier zur Willkür, seine Lenkung zum
Fatalismus. Der Deismus dreht im Grunde das Verhältnis um; denn während der Monotheismus als sol-
40 cher davon ausgeht, dass Gott Gott ist und daher der

Msch. Msch, geht jener davon aus, dass der Msch.
Msch ist und deshalb Gott Gott (als ein notwendiges
Akzessorium, um die verdiente Glückseligkeit des
Msch. zu realisieren.).

Das Xstentum. Das Heidentum war poetisch, der Mo-   5
notheismus prosaisch; ersteres vollendete sich selbst
im Wahnsinn, nur durch die zahlreichen, gesondert begrenzten Individualitäten konnte da eine Einheit im
Wesen entstehen; wo aber die Substanz die einzelne
Begrenzung überwältigt und dadurch entsteht das   10
Hässliche und Unnatürliche. Suetonius gibt in Vitæ Imperatorum Beispiele davon, Hegel: Sich so als den Inbegriff aller wirklichen Mächte wissend, ist dieser Herr der
Welt das ungeheure Selbstbewußtsein, das sich als den
wirklichen Gott weiß, indem er aber nur das formale   15
Selbst ist, das sie nicht zu bändigen vermag, ist seine Bewegung und Selbstgenuß die eben so ungeheure Aus-
schweifung«. Xstt. ist die negative Identität der zwei im
Monotheismus getrennten und nur aufeinander bezogenen Sätze, aber auch die Aufhebung des unmit-   20
telb., assertorischen Urteils des Heidentums. Das Urteil des Monotheismus ist kategorisch. Das Urteil des
Heidentums wird problematisch, und das des Monotheismus hypothetisch; das Urteil des Xsttums ist ein
apodiktisches, da es die Disjunktion des Göttl. und des   25
Menschl. in konkreter Einheit enthält. Weil Gott an
sich Mensch ist so wird er es auch. Es ist nicht wie bei
den Inkarnationen des indischen Pantheismus, die alle
das Gepräge des Zufalls an sich haben, sowohl hinsichtlich des Entschlusses dazu als auch hinsichtlich ih-   30
rer Form. Doch ist es auch keine Mschwerdung, als ob
Gott des Msch. bedürfte, um zu Bewusstsein zu kommen. Das Xstt. enthält daher die herrlichste Lebens-
Anschauung. Das tragische der Kunstreligion war der
Schmerz des unbegriffenen Todes, der den Genuß der   35
schönen Heiterkeit zwar nicht negirte, wie in Ægypten,   222
aber unangenem störte. Das Traurige im Monotheismus
war die Last des Gesetzes, welches der Mensch zwar als
das des heiligen Gottes, aber nicht als sein eignes anerkannte. Selbst die Autonomie der theoretischen und Au-   40

tokratie der praktischen Vernunft im Deismus ist nur eine
secundäre.

d. 8. Juni 37.

11   Als Gott die ganze Welt geschaffen hatte, da betrach-
5   tete er sie und: siehe, es war sehr *gut*[a], als Christus am
Kreuz starb, da lautete es: »es ist *vollbracht*«.

d. 9. Juni 37.

12   Das Unvermögen des Wunders (sit venia verbo da dies
eigentl. ein Widerspruch ist) an und für sich (um ei-
10   ne Überzeugung zu wecken), losgerissen von seiner
für die Spekulation allein objektiven (gegenständli-
chen) Manifestation der ewigen Freiheit unter Bedingungen, die sie sich selbst gegeben hat (Zeit und
Raum), wird in den Worten ausgesprochen, falls sie
15   nicht an Moses und die Propheten (in einem noch tieferen Sinn an Xstus) glauben, glauben sie auch nicht,
wenn jemand von den Toten auferstünde. Denn sie haben bloß die Frage weiter hinausgerückt. Falls ihnen
nämlich ein solches Faktum erzählt würde, dann
20   würden sie es entweder für wahr halten; doch das wäre Aberglaube; oder sie wären indifferent; oder sie
würden es akzeptieren, nachdem man es ihnen vollständig bewiesen hätte – aber doch wohl nicht als ein
Wunder? Es sei denn, sie würden den Begriff im sel-
25   ben Augenblick aufheben, in dem es von dem konkreten Fall prädiziert wird.
     Daub (in Bauers Zeitschrift 1. Bd. 2. H. p. 103) be-
merkt sehr richtig, dass sowohl dem Zweifel als auch
dem Unglauben sehr wohl damit gedient wäre, dass
30   man sich auf einen Beweis der Wahrheit der biblischen Wunderwerke einließe: »Bei dieser Forderung jedoch ist in der Geschichte *die Freiheit* – denn das gewisse und wahre Factum soll, damit das Wunder zu glauben stehe, ein durch dieses auf *nothwendige* Weise be-
35   dingtes sein, und in der Natur die *Nothwendigkeit* igno-
223 rirt, denn das Wunder, eine *freie* That soll als wäre es ei-

[a]Aber so heißt es, bevor der   1
Msch. erschaffen wurde, es wurde am 6. Tag gesagt, so als ob
damit angedeutet würde, dass
damit mehr kam als »gut« ist.   5
     Kann man hiermit nicht das
merkwürdige Wort in Verbindung bringen: Keiner ist gut
außer Gott«,[a] nämlich als
außerhalb Xsto seiend, als das,   10
was die Hegelianer das reine
Sein nennen würden?

d. 23. Juni 37.

[a]Deshalb wird auch im N. T. davon gesprochen, dass das ganze   15
Werk Gottes gut ist (wo die Differenzen noch nicht entfaltet
sind) und dass Gott *das gute
Werk* in uns vollenden wird
(Phil. 1,6.)   20

d. 11. Nov. 38.

ne *Natur* Begebenheit gesehen – es soll erlebt werden; die
bei der Himmelfahrt des Weltheilands Gegenwärtigen
sahen nur, dass er sich von der Erde entfernte, nicht aber
die unbedingte Freiheit, sie, die Macht seiner Entfernung.
Die Wahrheit, welche dieses Wunder ist, verwirklichte   5
sich, und hat ihre Wirklichkeit in der *Macht,* nicht aber im
vergänglichen und vergangnen *Anblick* dieser Bewegung. Der Zweifler also und der Unglaubige beweisen
selbst so lange beide von jener Forderung eines auf dem
Standpunkte der Geschichte oder der Natur, für die Wahr-   10
heit der Wunder zu führenden Beweises nicht ablassen:
daß in ihnen die bedingte Freiheit sich entweder unter das
Gesetz der Causalität, wie in einer *pragmatisirenden* Ge-
schichts-, oder, wie in einer *blos empirischen* Natur-
Kunde, unter die Sinnlichkeit die ihnen mit der Thierheit   15
gemein ist gestellt habe.« . . . .

d. 12. Juni 37.

Es ist wohl wahr, was Daub sagt (in Bauers Zeit-   **13**
schr.), dass in den 3 Aussagen von X. seine ganze Le-
bensgeschichte enthalten ist (Wisst ihr nicht, dass ich   20
sein muss in meines Vaters Werk; Ich muss die Werke dessen ausführen, der mich gesandt hat, so lange
es Tag ist, es kommt die Nacht, da niemand arbeiten
kann; Es ist vollbracht); aber man darf doch 3 andere
nicht vergessen: er wuchs und wurde mächtig im   25
Geist, voller Weisheit Lk. 2,40; er wird versucht; Mein
Gott, mein Gott, warum hast du mich verlassen.

d. 16. Juni 37.

Es ist das in Röm VIII,19 erwähnte ἀποκαραδοκια   **14**
της κτισεως, dem einzelne poetische Momente in den   30
Sagen z.B. über die Meerfrauen, die durch die Liebe d.
Msch. erlöst wurden, über Gnome etc. entsprechen (F.
de la Motte Fouqué, Hoffmann, Ingemann, die alten Sagen reproduzierend, deren andere Seite darin liegt,
dass diese Geister d. Msch. ins Verderben stürzen kön-   35
nen.

d. 26. Juni 37.

224

15 So erinnern auch Sagen bei verschiedenen Völkern an ihre ausgezeichnetsten Männer, ihre Heroen, – an jenes Wort in Genes.: (du wirst ihren Kopf zertreten, wenn sie deine Ferse verwundet) dadurch dass diese
5 nur an der Ferse verletzlich sind – (Krischna, Herkules, Baldur.)

                              26. Juni 37.

16   Das Mittelalter, das romantisch nur die eine Seite der Ewigkeit auffasste – Verschwinden der Zeit (cfr. Ge-
10 dichte aus dem Mittela.: viele Beispiele – Siebenschläfer etc.); aber nicht wie die Juden die andere, die Innerlichkeit der Zeit in der Ewigkeit. Das Mittel. sagt wohl: 1000 Jahre sind wie ein Tag; aber nicht: ein Tag ist wie 1000 Jahre, weil es als strebendes wohl einen
15 Augenblick der Seligkeit hatte; aber nicht eine Ewigkeit der Seligkeit. Im Übrigen ist es mehr als der einfache Parallelismus, der in den Worten liegt: 1000 Jahre sind vor Gott wie 1 Tag, und 1 Tag wie 1000 Jahre, es ist viel mehr eine echt spekulative Aussage, da sie den
20 Zeitbegriff nicht aufhebt und vernichtet, sondern ihn vervollständigt.

                          d. 30. Juni 37.

17 Wie nahe liegt doch häufig der *unmittelb. Ausdruck* am ironischen und doch wie weit entfernt davon, z.B.
25 Oehlenschläger

    oh Blumen wie Euch es ergeht
      so trifft es mich
    Ein armer Poet wie eine Kornblume steht
      und grämet sich.
30   Dem *nährenden Korn* er im Wege nur ist
      was richtet er aus etc.

Ist es dieselbe, wenn auch weit tiefere, *Unmittelbarkeit*, die bewirkt, dass die Reden Xsti und überhaupt das g. N. T. nicht das ironische oder humoristische Gepräge
35 haben, während bloß ein einziger Strich sofort dem

Ausdruck die allerstärkste Farbe von Ironie und Humor geben würde.

d. 30. Juni 37.

²²⁵

[a]Sokrates wirkt deshalb auch bloß erweckend – Hebamme, die er war – nicht erlösend, außer im uneigentlichen Sinne [d.h. entbindend].

d. 30. Okt. 37.

Die Ironie kann freilich auch eine bestimmte Ruhe hervorbringen (die dann dem Frieden entsprechen muss, der auf die humoristische Darstellung folgt), die allerdings bei weitem nicht die christliche Versöhnung ist (Brüder in Xsto, wo ja jeder andere Unterschied ein absolut verschwindender ist, ein Nichts im Verhältnis dazu, Brüder in Xsto zu sein, machte denn nicht X. einen Unterschied, liebte er nicht Johannes mehr als die anderen (Poul Møller in einem höchst interessanten Gespräch am 30. Juni abends) – sie kann eine gewisse Liebe hervorbringen[b], mit der z.B. Sokrates seine Schüler umfasste (geistige Päderastie, wie Haman sagt); aber das ist ja doch egoistisch, denn er war ihr Erlöser, weitete ihre beklommenen Ausdrücke und Anschauungen in seinem höheren Bewusstsein in seiner Übersicht; doch der Diameter der Bewegung ist nicht so groß wie der [des] Humorist[en] (Himmel – Hölle – der Xst muss alles verachtet haben – die stärkste polemische Bewegung des Ironikers ist nil admirari), die Ironie ist *egoistisch* (sie bekämpft die Spießbürgerlichkeit und doch bleibt sie bestehen, wenn sie auch während das Individuum wie ein Singvogel [sich] erhebt, in die Luft aufsteigt, nach und nach Ballast abwirft, so dass sie hier Gefahr läuft, bei einem »egoistischen Zum-Teufel-damit« zu enden; denn die Ironie hat sich noch nicht selbst totgeschlagen bei ihrer Selbstbetrachtung, wenn das Individuum sich selbst im Licht der Ironie sieht); der Humor ist *lyrisch* (es ist der tiefste Lebens-Ernst – tiefe Poesie, die sich als solche nicht gestalten kann und daher unter den barockesten Formen auskristallisiert – es ist die goldene Ader non fluens – die molimina des höheren Lebens.).

^bund deshalb so ungeheuer verschieden von der neueren idealistisch-philosophischen Verwegenheit.

[c]Deshalb kann der Humor sich dem Blasphemischen nähern Haman will die Weisheit eher von Bileams Esel oder von einem Philosophen wider seinen Willen hören als von einem Engel oder einem Apostel.

[d]dies ist keine Himmelsleiter, auf der die Engel *herunter*steigen aus dem *geöffneten* Himmel; sondern es ist eine Sturmleiter, das Gigantische, das, was im Xstlichen bedeutet, das Reich Gottes mit Gewalt zu nehmen.

Die ganze Haltung in der griechischen Natur (Harmonie – das Schöne) führte dazu, dass wenn auch das Individuum sich losriss und der Kampf begann, die-

ser doch noch davon geprägt war, aus dieser harmonischen Lebens-Anschauung entsprungen zu sein, und
deshalb hörte er bald auf, ohne einen großen Radius
umschrieben zu haben (Sokrates). Doch dann trat eine Lebens-Anschauung auf, die lehrte, dass die ganze
Natur verderbt sei (die tiefste Polemik, die größte Flü-
gelspannweite); aber die Natur nahm Rache – und nun
ergibt sich mir *Humor* im Individuum und *Ironie*[f] in
der Natur, und sie treffen sich darin, dass der Humor
ein Narr in der Welt sein will und die Ironie in der Welt
ihn wirklich dafür halten würde.

226   Man wird sagen, dass Ironie und Humor im Grunde dasselbe sind, nur mit graduellem Unterschied, ich
will mit Paulus, wo er das Verhältnis des Xstt. zum Judentum erwähnt, antworten: Alles ist neu in Xsto
    Der χstliche Humorist ist wie eine Pflanze, von der
nur die Wurzel sichtbar ist, deren Blüte sich vor einer
höheren Sonne entfaltet.
                                        d. 6. Juli 37.

19   Die χstliche Romantik hat wohl ein morgenländisches
Attribut; aber es sind nur die heiligen 3 Könige aus dem
Osten, die ihren Stern gesehen haben und nun ihre *Gaben*
bringen, Gold und kostbares Räucherwerk (die Draperie).
                                        d. 7. Juli 37.

20   Die altchristliche dogmatische Terminologie ist wie
ein Zauberschloss, in dem die schönsten Prinzen und
Prinzessinnen in einem tiefen Schlaf ruhen – sie muss
nur geweckt, belebt werden, um in ihrer ganzen
Herrlichkeit dazustehen.
                                        d. 8. Juli 37.

21   Über romantische Materie in einer adäquaten Gemüts-
stimmung auf Latein zu schreiben ist ebenso unge-
reimt, wie zu verlangen, einen Kreis durch Vierecke zu
beschreiben – die Hyperbeln der humoristischen Le-
bens-Paradoxa überbieten jedes Schema, sprengen je-

[e]Jean Poul ist der größte humoristische *Kapitalist*

[f]Die Ironie in der Natur müsste weiter ausgeführt werden,
so etwa ihre ironischen Zusammenstellungen (der Msch. und
der Affe) etc., bei Schubert
findet man manches in seiner
»Symbolik«, das war etwas,
das die Griechen, soweit ich
weiß, überhaupt nicht kannten.
Das Mittelalter kennt im Märchen *Laune* z.B. jenen Mann,
der, 2 Meilen von einer Mühle
entfernt stehend, es schafft, sie
in Bewegung zu setzen, indem
er *den Finger auf das eine Nasenloch legt* und mit dem anderen bläst

de Zwangsjacke, was bedeutet, neuen Wein in alte
Schläuche zu geben, und will das Latein sie endlich
durch eine erzwungene Eheschließung mit dem ge-
bundenen jugendlichen Liebhaber beherrschen, so
muss das alte zahnlose Weib, das seine Rede nicht zu   5
artikulieren vermag, es entschuldigen, falls er seine Befriedigung auf anderen Wegen sucht.

d. 8. Juli 37.

Siehe, so tritt das Ironische nicht mehr hervor; so oft   **22**
habe ich es mir gedacht als eine Ironie der Welt, wenn   10
z.B. eine Bremse sich auf die Nase eines Mannes setzte
gerade in dem Augenblick, in dem er den letzten
Sprung tat, um sich in die Themse zu stürzen, wenn in
der Geschichte von Loki und dem Zwerg, als Eitri
fortgegangen ist und Brokki am Blasebalg steht, sich   **227**
nun eine Fliege dreimal auf seine Nase setzt; denn hier
erscheint es als einer von Lokis Ränken, um ihn daran zu hindern, die Wette zu gewinnen, im anderen Fall
ist es ein grandioser mschlicher Plan, der von einer
Bremse so schrecklich verspottet wird.   20

d. 8. Juli 37.

Mythologie der Feen und Elfen vom Ursprunge dieses Glaubens   **23**
bis auf die neuesten Zeiten aus dem Englischen übersetzt v. Dr.
O.L.B.Wolff. Weimar. 1822. 2 Th.
1. Teil. Das Märchen von Johann Dietrich (von Rügen),   25
p. 319 erzählt er von den Unterirdischen: Ob sie auch
sterben, das weiß man nicht, oder ob sie, wie Einige erzählen, wenn sie alt werden wollen sich in Steine und
Bäume verkriechen und so sich verwachsen und zu
wundersamen Klängen, Aechzern und Seufzern werden,   30
die sich zuweilen hören lassen ohne daß man weis woher sie kommen oder zu abentheuerlichen Knorrn und
verflochtenen Schlingen, wodurch die Hexen schlüpfen
sollen, wenn sie von den wilden Jäger gejagt werden.

d. 8. Juli 37.   35

24   Humor gab es ja wohl auch im Mittelalter; aber das
      war in einer Totalität, in der Kirche, teils über die
      Welt, teils über sich selbst, deshalb hat er auch nicht so
      viel von dem Kränklichen, das, wie ich glaube, zu die-
  5   sem Begriff dazugehört, und damit hat es auch zu
      tun, dass ein Teil der neueren Humoristen Katholiken
      wurden, eine Gemeinschaft zurückwünschten, eine
      Haltung, die sie in sich selbst nicht hatten.
                                              d. 11. Juli 37.

25   Ich muss mich doch darüber wundern, dass Justi-
      nus Kerner (in seinen Dichtungen) jenes Phänomen in
      so versöhnlicher Weise auffassen kann, das für mich
      immer so schrecklich gewesen ist, seit jenem Augen-
      blick, in dem es mir zum ersten Mal widerfuhr, näm-
 228 lich dass einer ganz dasselbe sagt wie ich. Wenn ich [es]
      auffassen müsste, wäre [es] in dem höchst verwirren-
      den, beinahe Kasperltheater-Unsinn; der eine würde ei-
      nen Satz beginnen, den der andere vollendet, es kä-
      me zu einer Verwirrung darüber, wer denn da ge-
  20 sprochen hat.
                                              d. 11. Juli 37.

26   ▸ *Justinus Kerner* hat mich gerade in diesem Augen-
      blick so sehr interessiert, weil ich bei ihm, wenn auch
      mit einem viel größeren Genie, dasselbe künstlerische
  25 Unvermögen spüre wie bei mir selbst, während ich
      doch zugleich sehe, auf welche Weise etwas getan wer-
      den kann, obwohl die eigentliche Kontinuierlichkeit
      fehlt und nur vervollständigt werden kann durch die
      Kontinuierlichkeit der Stimmung, von der jede ein-
  30 zelne kleine Vorstellung eine Blüte ist, eine Art novel-
      listischer Aphorismus, ein plastisches Studium. Wäh-
      rend seine eigenen »Dichtungen« so voller hervorra-
      gender phantastischer Ideen sind, sind seine »Nach-
      richten aus dem Nachtgebiete der Natur« hingegen so

trocken, dass man daraus beinahe einen indirekten Beweis für ihre Wahrheit führen könnte.

d. 13. Juli 37.

=======   ◄

Die mit Adams Sündenfall ermöglichte, durch das   **27**
damit bedingte Generationsverhältnis (die Kontinuierlichkeit des Geschlechts) verwirklichte Erbsünde,
als die, von der es in Röm 5,13.14 heißt, dass alle Msch.
in Adam sündigten, in ihrer kirchlich orthodoxen
Konsequenz festgehalten und damit jede pelagiani-   *10*
sche Restrinction (cum hoc non ideo propter hoc – hingegen zugleich ein cum hoc et propter hoc) entfernend, führt
sie nicht notw. mit sich die Lehre von der Kirche als
solcher, von ihrem Übermaß guter Werke, vom Se-
gen (den sie infolge ihres katholischen Begriffs mit sich   *15*
führt und als das alleine Adäquate mit sich führt?
Oder inwieweit korrespondiert jene in Röm V aufgestellte Parallele zw. dem ersten und dem zweiten
Adam in seinen zwei Gliedern? Oder gibt es etwas, das
mit der Lehre korrespondiert, dass alle in Adam sün-   *20*
digten und einige in X. erlöst wurden, wenn im einen
Fall die Sünde im Verhältnis zum ganzen Geschlecht
gesetzt, vom Standpunkt des Geschlechtes aus gese-   229
hen wird, im anderen Fall Xstus ins Verhältnis zu jedem einzelnen Individuum gestellt wird? (Denn das   *25*
erhellt ja nichts, wenn man sagt, dass ebenso wie die
einzelnen Msch. zu Sündern erklärt werden nur insofern sie sich in der allgem. Mschheit finden und die
allgem. Mschnatur zu der ihren machen, so werden
auch die Kinder des zweiten Adams freigesprochen   *30*
nur insofern sie an ihm Anteil haben – wobei ja vergessen wird, dass das eine eine Notwendigkeit ist, das
andere eine sich für jedes einzelne Individuum wiederholende Möglichkeit). Oder ist hier in der Welt bereits das Verhältnis eingetreten: Wir sollen Engeln   *35*
gleich sein, ein Verhältnis, von dem doch sonst gesprochen wird wie von einem, das erst in einer anderen
Welt eintritt? Oder ist das nicht dasselbe Problem, das

uns auf dem phänomenologischen Weg begegnet, wo
das besorgte, unruhige Individuum gleichsam einen
Mittler wünscht, etwas, das wir gerade als unprotestantisch erklären müssen. Oder bedingt nicht die Erb-
5   sünde konsequent die Lehre von der Kirche; denn
sonst fehlt das Erbliche, das in der Gemeinschaft Gegebene – oder sind die Individuen losgerissen und der
Kirchenbegriff aufgehoben? in dieser Hinsicht hat
Günther, glaube ich, im Rahmen der Lehre von den
10   Werken etwas sagt. Darin liegt die philosophische Bedeutung der Lehre von einem Übermaß guter Werke
im Schoß der Kirche, von einem Patengeschenk in der
Wiege des Xsten, als bedingt durch die Entwicklung
der Generation im antithetischen Verhältnis zu Adams
15   [Verhältnis] zum Geschlecht. – Damit kann man auch
jene Fürbitte in Verbindung bringen, jenes unaus-
sprechliche Bedürfnis, für sie zu beten, das unglückliche Verstorbene von Lebenden befried. haben wollen. (das kirchliche Dogma der Seelenmesse für Ver-
20   storbene) cfr. Kerner eine Erscheinung aus dem Nachtgebiete der Natur 1836 p. 214.

                                    d. 11. Juli 37.

[a]Resolution vom 13. Juli 1837, erlassen in unserer Studierkammer, Nachm. 6 Uhr.

bund deshalb waren die Aufzeichnungen, die ich habe, entweder so ganz eingeschrumpft, dass ich jetzt nichts mehr von ihnen verstehe, oder sie waren ganz zufällig, woran ich ja auch sehen kann, dass im Allg. auf einen und denselben Tag eine Menge Aufzeichnungen kommen, was darauf deutet, dass es eine Art Rechenschaftstag war, aber das ist irrig. –

[c]Der scheinbare Reichtum an Einfällen und Ideen, den man in der abstrakten Möglichkeit fühlt, ist ebenso unangenehm und ruft eine ähnliche Unruhe hervor wie jene, unter der die Kühe leiden, wenn sie nicht zur rechten Zeit gemolken werden. Wenn einem die äußeren Umstände nicht helfen wollen, dann tut man am besten daran, wie schon die Kühe, sich selbst zu melken.

[d]Etwas Vergleichbares sieht man auch in wissenschaftlicher Hinsicht: es gibt nämlich Msch., die bloß die allerwichtigsten Schriften über die allerwichtigsten Entwicklungen und ihre Momente lesen, die daher wohl ein wenig den wissenschaftlichen Königsweg kennen; aber überhaupt nichts von Nebenwegen und deren unbesungenen Aussichten und Herrlichkeiten, sie halten es

28

Ich habe mich oft darüber gewundert, woran es liegen könnte, dass ich so großen Widerwillen habe, einzelne Bemerkungen aufzuschreiben; aber je mehr ich einzelne große Männer kennenlerne, in deren Schriften man keineswegs das kaleidoskopartige Zusammenschütteln eines gewissen Inbegriffs von Ideen findet (hinsichtlich dessen mir Jean Paul vielleicht durch sein Beispiel eine unangemessene Ängstlichkeit beigebracht hat); je mehr ich aber daran denke, dass ein so frischer Schriftsteller wie Hoffmann es getan hat, dass Lichtenberg es empfiehlt, umso klarer sehe ich, woran das eigentl. lag, dass etwas, das an und für sich unschuldig ist, für mich unangenehm, ja beinahe ekelhaft wurde. Der Grund war doch offenbar, dass ich mir in jedem einzelnen Fall eine publizistische Möglichkeit dachte, die vielleicht eine weitläufigere Ausarbeitung erforderte, mit der mich abzumühen ich keine Lust hatte, und unter der Ermattung einer solchen abstrakten Möglichkeit (eine Art literarischer Schluckauf oder Übelkeit) verdunstete das Aroma des Einfalls und der Stimmungb. Stattdessen meine ich, es wäre gut, durch häufigere Aufzeichnungen die Gedanken mit der Nabelschnur der ersten Stimmung hervortreten zu lassen, und so weit wie möglich jedes Schielen auf ihre mögliche Anwendung zu vergessen, die ich ja dann nicht in jedem einzelnen Fall realisieren werde, indem ich meine Bücher aufschlage, sondern indem ich mich gleich wie in einem Brief an einen vertrauten Freund expektoriere; und damit gewinne ich teils jene Möglichkeit zur Kenntnis meiner selbst zu einem späteren Zeitpunkt, teils jene Geschmeidigkeit im Schreiben, jene Artikulation im schriftlichen Ausdruck, die ich zu einem guten Teil in der Rede habe, jene Kenntnis einer Menge kleiner Züge, die ich bisher mit einem flüchtigen Blick habe dahingestellt sein lassen, und schließlich auch einen Vorteil, so gewiss es in einer anderen Hinsicht wahr ist, was sogar Haman sagt, dass es doch Einfälle gibt, die man nur einmal in seinem Leben hat. Eine solche Übung hinter den Kulis-

230

sen ist gewiss für jeden Menschen notwendig, der nicht
so begabt ist, dass seine Entwicklung in gewissem Sinn
publik ist.

231

29   Danke Lichtenberg, danke! denn Du sagst: dass es
5   nichts Kraftloseres gibt als mit einem so genannten Literator in der Wissenschaft zu sprechen, der selbst
nicht denkt, aber 1000 historisch-literarische Umstände kennt.[a] »Es ist fast als wie die Vorlesung aus einem
Kochbuch, wenn man hungert«. Oh Dank für diese Stim-
10   me in der Wüste, Dank für diese Labsal, gleich dem
Ruf eines wilden Vogels im Schweigen der Nacht
setzt sie die ganze Phantasie in Bewegung; ich stelle
mir vor, dass es nach einem langwierigen Geplauder
mit einem derart gelehrten alten Gaul war, der ihm
15   vielleicht einen glückseligen Augenblick raubte. In
dem Exemplar, in dem ich lese, ist leider eine Anstrei-
chung, die mich stört; denn ich sehe bereits im Geiste
den ein oder anderen Journalisten, der dieses Werk
sorgfältig durchgegangen ist, um das Blatt mit Apho-
20   rismen mit oder ohne Lichtenbergs Namen zu füllen,
und ▸damit hat er mir leider etwas von der Überra-
schung genommen.
    Welch gesegneten Ausdruck proponiert Lichtenberg,
um »die Schreibweise der Leute zu bezeichnen, die in
25   einem gewissen törichten Modestil Alltagsgedanken
aufschreiben, bei denen im besten Fall das ausgeführt
wird, was vernünftige Leute sich bereits bei dem bloßen Wort gedacht haben: *Kandidaten-Prosa.*«

_____

30   Bisweilen tritt ein Phänomen auf, das in geistiger
Hinsicht ganz dem Hinschlummern in einem behagli-
chen Rekonvaleszenten-Gefühl bei der vegetativen
Verdauung entspricht. So tritt hier das Bewusstsein als
ein überschattender Mond vom Proszenium in den
35   Hintergrund; man schlummert gleichsam im Ganzen

zum Teil wie die Engländer mit   1
ihren Festlands-Routen; aber
deshalb ist auch ihr Wissen so
kompendiös.
                              d. 26. Aug. 37.   5

[e]diese abbreviierten Mschen!
                    d. 4. Nov. 37.

[a]sie führen Listen wie Leporel-   10
lo, aber was sie auslassen, ja
darauf kommt es an; während
D. Juan verführt und genießt –
notiert Leporello Zeit, Ort
und Signalement des Mädchens.

hin (ein pantheistisches Element, allerdings ohne dass
es wie das religiöse eine Kraft hinterließe), im orientalischen Dahinträumen im Unendlichen, wo es einem
dann zudem so vorkommt, als ob alles eine Fiktion sei,
– – und man wird wie bei einem grandiosen Gedicht   5
gestimmt: Das Dasein der ganzen Welt, Gottes Dasein,
mein Dasein ist ein Gedicht, in dem alle die mannigfaltigen, die schrecklichen Ungleichmäßigkeiten im Leben, unverdaulich für das menschliche Denken, in einem nebelartigen, träumenden Dasein ausgesöhnt   10
sind. – Oh leider wache ich wieder auf, und was noch
schlimmer ist, beginnt gerade dann die unglückliche
Relativität in allem, beginnen die unendlichen Fragen   232
danach, *was ich bin*, nach meinen Freuden und dem
Interesse anderer an mir, an dem was ich tue, während   15
vielleicht Millionen genau dasselbe tun.

   – Alle sehen das Parodistische im Leben einer Kleinstadt, aber niemand sieht, dass die *Hauptstadt* eine welthistorische Hauptstadt *parodiert*, und dennoch spricht
man miteinander, augenblicklich druckt der eine mit   20
kritzelnden *Duodez*-Buchstaben die *Versalien* des anderen nach; dennoch werden zur selben Zeit mit denselben Worten die Tragödien der Welt Szene für Szene
im größten Theater und im Vaudeville-Theater aufgeführt!   25

d. 14. Juli 37.

   Die Spießbürger überspringen immer ein Moment im   **31**
Leben, und daher kommt das parodistische Verhältnis
denen gegenüber, die über ihnen stehen. – [. . . .] Mora-   30
lität ist für sie das Höchste, viel wichtiger als Intelligenz; aber niemals haben sie die Begeisterung für das
Große gefühlt, für das Talentierte auch noch in seiner
abnormen Gestalt. Ihre *Moral* ist ein kurzer Abriss der
verschiedenen Polizei-Aushänge; das wichtigste für sie   35
ist, ein nützliches Mitglied des Staates zu sein und
Abendbetrachtungen in einem Klub zu halten; sie haben niemals das Heimweh nach einem unbekannten,

fernen Etwas gefühlt, niemals das Tiefe, das darin liegt,
gar nichts zu sein, aus Nørreport hinaus zu spazieren
mit 4 Schilling in der Tasche und einem dünnen Rohr-
stock in der Hand; sie haben keine Ahnung von der
5 Lebensanschauung (die ja eine gnostische Sekte sich zu
eigen machte): die Welt kennen zu lernen durch Sünde,
– und dennoch sagen auch sie: Man muss sich austo-
ben in der Jugend (»wer niemals hat ein Rausch gehabt,
er ist kein braver Mann«); sie haben niemals einen
10 Schimmer der Idee gehabt, die dem zugrunde liegt,
wenn man durch die verborgene, geheimnisvolle, in
seinem ganzen Schrecken nur für die Ahnung offene
Tür eingedrungen ist in jenes Reich der dunklen Seufzer, – wenn man die zermalmten Opfer der Verführung
15 und Betörung und die Kälte des Versuchers sieht.
                              d. 14. Juli 37.

233

32   [Am Rand hinzugefügt:]
      – Man wirft anderen vor, dass sie Gott zu sehr fürch-
ten. Sehr richtig, denn dazu, *Gott* recht zu *lieben* gehört
20 es auch, Gott *gefürchtet* zu haben; die Gottesliebe der
Spießbürger meldet sich, wenn das vegetative Leben in
vollem Gang ist, wenn die Hände sich behaglich über
dem Bauch falten und von dem in einen weichen Lehn-
stuhl zurückgelegten Haupt ein schlaftrunkener Blick
25 sich zur Decke erhebt, zum Höheren, vgl. das pantheis-
tische »Wohl bekomm's« (wohlbekomme es *uns*).
      – Wenn sie von der Kindererziehung sprechen, dann
meinen sie mit wohlerzogenen Kindern dressierte Affen, die bisher unter der wohlweislichen Fürsorge ihrer
30 Eltern gottlob nicht in ein Verhältnis zu etwas Poesie
gekommen sind (und sollten sie ihr ganzes Leben lang
im Haus ihrer Eltern bleiben, so können sie hoffen:
niemals dahin zu kommen), die auch nur im geringsten Maße schädlich für ihre Verdauung sein könnte –
35 und es ist gerade *dieses* Erziehungssystem, das die Auferstehung der Leiber *leugnet!* Nun, es versteht sich, sie
haben dann auch durch *eine kleine* und wohl zulässige
exegetische Modifikation das Wort der Schrift auf ihrer

Seite hinsichtlich des Reiches Gottes hier auf Erden:
dass es *(nicht)* in Essen und Trinken besteht.

»Man soll den Nächsten lieben wie sich selbst,« sagen die Spießbürger und meinen damit diese wohlerzogenen Kinder und nunmehr nützlichen Mitglieder   5
des Staates, – sie haben große Empfänglichkeit für jede
vorläufige Gefühls-Influenza, – teils dass man, wenn
jemand um eine Dochtschere bittet, obwohl er vom
Betreffenden weit weg sitzt, »Bitte sehr« sagen und
sich »mit großem Vergnügen« erheben muss um◄   10

1   [a]sie zu überbringen, teils dass
man daran denke, die gebüh-
renden Kondolenzbesuche ab-
zustatten; aber sie haben nie-
5   mals gefühlt, was es heißt,
dass die ganze Welt ihnen den
Rücken zukehrt; denn der
ganze gesellige Herings-
schwarm, in dem sie leben, lässt
10   natürlich ein solches Verhältnis nicht zu; und falls einmal
ernsthaft Hilfe benötigt wird,
wird ihnen ja gesunder Menschenverstand sagen, dass ei-
15   ner, der im höchsten Grad ihrer bedarf und aller Wahrscheinlichkeit nach niemals in
die Lage kommen wird, die Hilfe zu erwidern, dass dieser
20   nicht – ihr[a] Nächster ist.
d. 19. Juli 37.

[a]Man hat überhaupt keinen Nächsten; denn das »Ich« ist ja zugleich es selbst und sein Nächs-
25   ter, wie man ja auch sagt: Man
ist sich selbst am nächsten (d.h.
man ist sein eigener Nächster).
d. 7. Oktob. 37.

► Ich habe das Tragische mit dem Komischen eben-   33
falls vereinigt: Ich erzähle Witze, die Leute lachen – ich
weine.

d. 14. Juli 37.

──────── ◄ 15

Man eifert so sehr gegen Anthropomorphismen und   34
erinnert sich dessen nicht, dass Xsti Geburt der größte
und bedeutungsvollste ist.

d. 15. Juli 37.

234

──────── 20

35   Sogar das Echo, das vom romantischen Standpunkt
aus im höchsten Grade parodistisch ist (also humoristisch aufgefasst wird), haben die Griechen in ihre har-
monische Lebensanschauung einzupassen verstan-
5   den, und es war eine freundliche Nymphe.
                                        d. 20. Juli 37.

36   cfr. dieses Buch p. 10 und 11.
Der Humor ist die bis zu ihrer größten Vibration durchgeführte Ironie, und obgleich das Xhristliche der ei-
10   gentl. primus motor ist, kann man dennoch in einem
christlichen Europa Leute finden, die nicht weiter gekommen sind, als die Ironie zu beschreiben und deshalb nicht den absolut-vereinzelnden, persönlich-
alleine-bestehenden Humor durchführen konnten, und
15   die daher entweder Ruhe in der Kirche suchen, wo der
ganze Zusammenhalt von Individuen in einem Humor über die *Welt eine χstliche Ironie* entwickelt, so
wie es der Fall bei Tieck etc. war; oder, wo das Religiöse nicht in Bewegung kommt, einen Klub bilden (Sera-
20   pions Brüder – was doch freilich bei Hoffmann nichts
materiell, sondern ideell Wirkliches war.). Nein, Hamann ist doch der größte und eigtlichste Humorist, der
echte humoristische Robinson Crusoe, nicht auf einer
einsamen Insel, sondern im Lärm des Lebens, dessen
25   Humor nicht ein ästhetischer Begriff ist, sondern Leben, nicht ein Held in einem beherrschten Drama.
                                        d. 4. Aug. 37.

235
37   cfr. p. 10 und 11 und 19.
Jetzt sehe ich ein, warum der eigentl. Humor, eben-
30   so wenig wie die Ironie, in einem Roman dargestellt
werden kann und damit aufhört, ein Lebensbegriff zu
sein, gerade weil es mit zum Begriff dazugehört, nicht
zu schreiben, was einen allzu versöhnlichen Standpunkt gegenüber der Welt verraten würde. (weswe-
35   gen ja auch Haman an einer Stelle bemerkt, dass im
Grunde nichts lächerlicher sei, als für Leute zu schreiben). Ebenso wie Sokrates deswegen keine Schriften
hinterließ, hinterließ Hamann nur so viel wie die

[a]es ist deshalb auch sonderbar,   1
dass das Echo im alten nordischen Volksglauben Dverg-
mâl oder Bergmâl heißt, d.h.
Zwerg- oder Bergsprache cfr.   5
Grim irische Elfenmärchen p.
LXXVIII. (Biörn Haldorson 1,73
a. Færöiske Quæder Randers
1822 S. 464. 468.)
                d. 10 Okt. 37.   10

[a]....So erst wird die *Willkür*
verbrecherisch, denn außerdem
ist sie Princip der hochsten
Heiterkeit und Seligkeit z. E. im
Humor.   15
                Rosenkrantz
            Encyclopedie p. 73.

[a]Denn wie sollte es Hamann
einfallen, »seine sämtlichen
Werke« herauszgeben – er, der   20
völlig einig mit Pilatus, den er
sogar zum größten Philosophen erklärte, sagte: Was ich
geschrieben habe, das habe ich
geschrieben. –   25

[b]Deshalb kann der Humorist
eigentl. überhaupt niemals Sys-

1 tematiker werden, denn für
ihn ist jedes System ein neuer
Versuch in der bekannten
Blicher'schen Manier, die gan-
5 ze Welt in einem einzigen Syllogismus zu sprengen; während er selbst dadurch gerade
einen Blick für das Inkommensurable bekommen hat, das
10 der Philosoph niemals berechnen kann und deshalb ver-
achten muss. Er lebt in der Fülle und fühlt deshalb, wie viel
immer zurückbleibt, auch
15 wenn er sich auf das Glücklichste ausgedrückt hat (daher diese Unlust zum Schreiben). Der
Systematiker meint, dass er
Alles sagen kann, und dass das,
20 was sich nicht aussprechen
lässt, fehlerhaft und untergeordnet ist.

[a]Deshalb sehen wir auch in
den Evangelien, dass Dæmoni-
25 aci ein Bewusstsein von Xstus haben (von der Bedeutung
d. Xsttums für die Lebensent-
wicklung) τί εμοι και σοι; aber
sie wünschen auch, dass Xs-
30 tus sie verlassen möge, sie
wagen es nicht, diesen Gedanken durchzuführen. cfr. Luk
8,26-39; Mth 8,28-34; Mk 5,
1-20. Luk 4,31-37; Mk 1,21-28.
35   d. 8. Jan. 39.

[b]Wie ja auch Paulus am Xstt.
Ärgernis genommen hat.

Schreibsucht der neueren Zeit verhältnismäßig notwendig machte, und zudem bloß Gelegenheitsschrif-
ten.

#

Die Ironie bei den Alten ist doch von ganz anderer **38**
Art als bei den Modernen. Schon deren Verhältnis zu
der harmonischen Sprache, das knappe Griechisch
im Gegensatz zu der modernen reflektierenden Weit-
läufigkeit; aber die Ironie der Griechen ist zugleich
plastisch z.B. Diogenes, der nicht die Bemerkung macht, 10
dass man am besten beim Ziel sitzt wenn ein schlechter Schütze schießt, sondern der hingeht und sich
beim Ziel hinsetzt. Oh wenn ich nur Sokrates beim Iro-
nisieren hätte zuhören können.

15

Heyne ist unleugbar ein Humorist *(wie aller Humor vom* **39**
Xstt. selbst entwickelt, indem es, selbst humoristisch, in ei-
nen Gegensatz zu der ironisch entwickelten Welt trat und
noch immer tritt und mit seiner Lehre der Ironie humoris-
tische Funken entlockte, indem es (d. Xstt.) zum Ärgernis 20
wurde, und die Ironie sich nun nicht vom Humor wieder-
gebären und danach versöhnen lassen wollte, sondern sich
zum diabolischen Humor entwickelte); aber er konnte
sich nicht alleine halten und konstituierte ein Gegenbild zur Kirche, die sich humoristisch gegen die Welt 25
entfaltet, da die Welt nun versuchte, sich als eine perennierende humoristische Polemik gegen die Kirche zu
konstituieren.

        d. 26. Aug. 37.   236

40   Ich finde einige bemerkenswerte Worte als ein Zitat
        von Luthers Tischreden bei v. Dobeneck (: des deut-
        schen Mittelalters Volksglauben und Heroensagen 2 Bän-
        de. Berlin 1815), 1. Bd., p. 149 u. von einem, der sich
5   dem Teufel verschrieb: Endlich **betrog** ihn der Teufel
        redlich (welche traurige Ironie für den Betreffenden.)
                                          d. 26. Aug. 37.

41   cfr. p. 11.
        der humoristische Ausdruck für die chr. Schwach-
10   heit: sie sind schwach *in Xsto.* (denn dann ist Gott
        stark in ihnen und deshalb sagt Paulus, dass er mit *sei-
        ner Schwachheit prahlen will,* Gefallen an seiner
        Schwachheit finden will 2 Kor. XII,10 etc.) 2 Kor. XIII,
        4. cfr. Calvin zu dieser Stelle: nos infirmi sumus in illo. In-
15   firmum esse in Chr., hic significat socium esse infirmitatis Chr.
        Ita *suam infirmitatem gloriosam facit,* quod in ea sit Christo con-
        formis: neque jam amplius horreat probrum, quod sibi com-
        mune est cum filio dei, sed interea dicit, se victurum erga eos
        Chr. exemplo. –
20   Wie überhaupt hinsichtl. der humoristischen Auffas-
        sung des Xstt. die sehr abgedroschene dogmatische
        Frage hinsichtl. des Lebens Xsti wichtig wird, ob er
        nämlich im Zustand seiner Erniedrigung das göttliche
        Leben κατα κενωσιν oder κατα κρυψιν hatte, das letz-
25   tere ist eigentl. humoristisch.
                                          d. 27. Aug. 37.

[a]Etwas Humoristisches   1
scheint auch bei 2 Korinth.
XIII,7 vorzuliegen, wo er der
Gemeinde wünscht, dass nichts
Böses ihr widerfahren möge,   5
»nicht damit wir als tüchtig
angesehen werden, sondern damit ihr das Gute tun könnt
ημεις δε ως αδοκιμοι ωμεν, da
ja gerade in dem Maße, in dem   10
ihre Güte wuchs, in gewisser
Weise seine Ehre zunahm; es sei
denn, der Sinn ist, dass er ihnen in dem Maße den Fort-
schritt im Guten wünscht, wie   15
er selbst daneben αδοκιμος
werden muss.
                    d. 27. Aug. 37.

42   Es gibt gewisse Msch., die in einer eingebildet gran-
        diosen Welt leben (oder großartig historischen) und
        nun diesen Maßstab ohne weiteres auf die unbedeu-
30   tendsten Fälle übertragen, wodurch etwas ebenso Lä-
        cherliches zustande kommt, als wollte man ein
        Schächtelchen in Klaftern messen. –
237   d. 27. Aug. 37.

Jenes Moment der Erkenntnis, den die künftige Selig-   **43**
keit doch notwendigerweise auch enthalten muss,
tritt in gewisser Weise hervor in Eph. 1,21. »über jeden
Namen, der genannt werden wird nicht bloß εν τω
αιωνι τουτω; sondern auch εν τω μελλοντι, worin ja   5
doch zugleich enthalten ist, dass man die Bekanntschaft mit Namen machen wird, die größere Bedeutung haben als selbst die allergrößten der Weltgeschichte.

d. 28. Aug. 37.   10

1   [a]Jeder Xst hat auch seinen ir-   Welch ein Typus für die mschliche Herzensgeschichte   **44**
dischen Messias gehabt. –   ist doch dieser Zug bei den Juden, dass sie, als es ihnen schlecht erging in der Welt, die Hoffnung auf ei-
nen Erlöser verzerrend, einen irdischen Messias erwarteten? Wie erinnert dies doch an die vielen Träume-   15
reien von Geld, das heilen und beruhigen solle, von einer glücklichen Heirat, vom Unterkommen in einer
bestimmten Amtskarriere etc. etc.

d. 31. Aug. 37.

Man darf mit seiner Wiedergeburt nicht zu voreilig   **45**
sein, damit es nicht so geht wie beim Zauberer Virgilius, als er sich verjüngen wollte und sich zu diesem
Zweck totschlagen (in Stücke hauen) ließ, und nun
durch die Unvorsichtigkeit dessen, der auf den Kessel
aufpassen sollte, dieser zu früh geöffnet wurde, und   25
er (Virgilius), der gerade erst zu einem Kind geworden war, unter Gejammer verschwand.

d. 31. Aug. 37.

Soweit ich mich erinnere, ist es Seneca, der die denk-   **46**
würdigen Worte spricht: Quæ latebra est, in quam non in-   30
tret metus mortis. –   238

47 *Exzerpt von Wilhelm Lunds Besprechung von Hauchs*
Buch in Maanedsskrift for Litteratur.

Ein Bestehen *an sich*
Ein Bestehen *für sich* (Individualität)

5 Rezeptivität   Spontaneität.

1.   *Kristall.*
          (Produktion)

2.   *Pflanze.*
          (Reproduktion)

10 Absorption   Sekretion.
               a) zur Ernährung.
               b) mittels der eigentl. Sekretion
               c) Exkretion.

3.   *Tier.*
15 Venen.   Arterien.

          Nerven.
Sinnesorgane.   Muskeln.
Gefühl.   Wille.

          (Instinkt)

20 4.   *Mensch.*
    Vernunft.   Freiheit.

48 Es ist doch ein bemerkenswerter Übergang, wenn man
anfängt, Indikativ und Konjunktiv zu unterrichten, insofern ja erst hier für das Bewusstsein klar wird, dass al-
25 les darauf ankommt, wie es gedacht wird, wo also das
Denken in seiner Absolutheit eine scheinbare Realität
ablöst.
239   d. 4. Sept. 37.

Der Indikativ denkt etwas als Wirkliches (Identität   **49**
des Denkens und der Wirklichkeit). Der Konjunktiv
denkt etwas als Denkbares.

Sollte der Grund dafür, dass die Lateiner einen Indika-   **50**
tiv setzen in solchen Sätzen wie: sollte, müsste, könnte,   *5*
es würde zu weitläufig sein, nicht darin liegen, dass
die modernen Sprachen eine viel größere Reflexion in-
volvieren (oder besser: erst entwickelten), von der natürlich jeder Ausdruck wiederum schwanger wird. Das
ist auch der Grund dafür, woran ich bei einer ande-   *10*
ren Gelegenheit denken musste, warum es viel leichter sein müsste, auf Griechisch zu katechisieren (wie ja
denn auch die Griechen den größten Katecheten Sokrates hervorgebracht haben), weil in den modernen
Sprachen der einzelne Ausdruck, sei er noch so verein-   *15*
facht, doch noch eine Reflexion enthält, die ausge-
schieden werden soll.

d. 5. Sept. 37.

1   [a]Hegel spricht ja auch von der
Ernsthaftigkeit der Lateiner ..
daran liegt es vielleicht.

Die Lehre von Indikativ und Konjunktiv enthält im   **51**
Grunde die ästhetischsten Begriffe und bereitet bei-   *20*
nahe den höchsten ästhetischen Genuss (sie grenzt
nämlich an das Musikalische, welches das Höchste
ist), und dem Konjunktiv gilt der so abgedroschene
Satz cogito ergo sum, dies ist das Lebensprinzip des Kon-
junktivs (deshalb könnte man eigentlich die ganze   *25*
neuere Philosophie unter einer Theorie vom Ind. und
Konj. vortragen, sie ist nämlich rein konjunktivisch)

Man müsste einen ganzen Roman schreiben können, in   **52**
dem der präsentische Konjunktiv die unsichtbare Seele wäre, das, was die Beleuchtung für die Malerei ist   *30*

13. Sept. 37.

53   Daher kommt es auch, dass man eigentl. zu Recht je-
        nen Konjunktiv, der wie ein schwaches Aufschimmern
        der Individualität der betreffenden Person eintritt,
        eine dramatische Replik nennen kann, in welcher der
240   Erzähler gleichsam zur Seite tritt und die Bemerkung
        als die aus der Individualität heraus wahre macht
        (d.h. die poetisch wahre), nicht als die faktisch wirkli-
        che, nicht als ob sie ja das auch sein könnte; sondern
        sie wird gerade im Licht der Subjektivität dargestellt. –
10   d. 13. Sept. 37.

54   Es gibt Msch., bei denen man wohl nicht leugnen
        kann, dass sie Msch. sind (d.h. unter den Begriff Msch.
        gehören); die aber mehr oder weniger defective casibus
        sind.
15   d. 13. Sept. 37.

55   Es wäre interessant, die Entwicklung der mschl. Na-
        tur zu verfolgen (bei den einzelnen Msch., d.h. also in
        den einzelnen Lebensaltern) indem man zeigt, worü-
        ber man in den verschiedenen Lebensaltern lacht, in-
20   dem man diese Experimente teils mit ein und demsel-
        ben Autor anstellt, z.B. mit unserem literarischen
        Quellen-Autor Holberg, teils bei den verschiedenen Ar-
        ten des Komischen. Das würde in Verbindung mit Un-
        tersuchungen und Experimenten darüber, in wel-
25   chem Alter das Tragische am meisten gefällt und ande-
        ren psychologischen Betrachtungen über das Verhält-
        nis des Komischen zum Tragischen, z.B. warum man
        Letzteres lieber alleine liest, Ersteres in Gemeinschaft,
        einen Beitrag zu jenem Werk abgeben, von dem ich
30   meine, dass man es jetzt schreiben müsste, nämlich die
        Geschichte der mschlichen Seele (wie in einem norma-
        len Msch.) in der Kontinuierlichkeit des Seelenzustan-
        des (nicht des Begriffs), die sich in einzelnen Gebirgs-
        massiven (d.h. welthistorisch bedeutsamen Repräsen-
35   tanten der Lebensanschauungen) konsolidiert.
                                          d. 20. Sep. 37.

leider ist mein eigentl. Geist so häufig nur κατα κρυψιν   **56**
bei mir zur Stelle.

d. 20. Sept. 37.

Es ist immer der Moses unseres Lebens (das ist unse-   **57**
re volle und ganze poetische Lebenskraft), der nicht in   5
das Gelobte Land kommt. es ist nur der Josua unseres Lebens, der dorthin kommt. Wie Moses zu Josua   241
verhält sich der poetische Morgentraum unseres Lebens zu dessen Wirklichkeit.

d. 23. Sept. 37.   10

Jetzt weiß ich ein passendes Thema für eine Disputati-   **58**
on über den Begriff der Satire bei den Alten, über das
gegenseitige Verhältnis der verschiedenen römischen
Satiriker.

d. 25. Sept. 37.   15

Gerade dadurch hält sich Holbergs E. Montanus noch   **59**
im Komischen (während er nämlich in so vielen anderen Punkten tragisch ist), dass zum Schluss der Wahnsinn siegt, indem er eine Strafe über E. verhängt und
ihn zur *Erkenntnis der Wahrheit* durch ein Mittel (Prü-   20
gel) *zwingt,* das noch verrückter ist als ihr sonstiger
Wahnsinn. –

d. 27. Sept. 37.

Es gibt Msch., die stehen im Leben wie Interjektionen   **60**
in der Rede, ohne Einfluss auf den Satz – das sind die   25
Eremiten im Leben, die höchstens einen Kasus regieren, wie z.B. Oh! me miserum.

d. 29. Sept. 37.

61 In Grimm, irische Elfenmärchen, von denen er im
Hinblick auf ihr englisches Original sagt, sie seien mit
seinen Idiotismen und zum großen Teil mit verba ipsissima direkt aus dem Volk geschöpft, – ist es schon
5   beachtenswert, dass dort hinsichtlich der Frage des
»stillen Volkes« »der Unterirdischen etc., wenn man
sie erst einmal der Unschuld der Phantasie beraubt
hat und dann danach gefragt wird, ob sie als gute
oder als böse Geister ins Verhältnis zu d. Msch. treten,
10   dass es dann beide Antworten gibt; p. 20. die Mahlzeit des Geistlichen: Leute, die sich auf solche Dinge
verstehen, sagen, das stille Volk sey ein Theil jener aus
dem Himmel verstoßenen Engel, die nun auf Erden
festen Fuß gefaßt haben, während ein anderer Theil grö-
242   ßerer Sünden wegen, an einen viel schlimmern Ort noch
tiefer gesunken sey. . . p. 42. die Flasche: In den guten Tagen, wo das stille Folk sich noch haüfiger sehen ließ, als
jetzt in dieser ungläubigen Zeit. Dennoch ist diese Frage keineswegs mit spießbürgerlicher Gründlichkeit
20   beantwortet, aber auf Grund der schlummernden Ironie (cfr. das zweite Buch Nr. 2.) weiß man eigentl.
nicht, ob man lächeln soll über die, die sich vor diesen
Wesen fürchten, oder über diejenigen, die sie mit ihrer vermeintlich gewaltigen Überlegenheit beherrschen
25   wollen, zumindest sehen wir diese Wesen häufig keinesfalls boshafte, wohl aber sarkastische Rache nehmen. –

d. 29. Sept. 37.

62   Mein Leben ist leider allzu konjunktivisch, gebe
30   Gott, ich hätte etwas indikativische Kraft.

d. 7. Okt. 37.

63   Wie ist es doch schrecklich, wenn die ganze Geschichte vor einem krankhaften Grübeln über die eigene jämmerliche Geschichte verschwindet! Wer zeigt
35   den Mittelweg zwischen dieser Selbstverzehrung unter Betrachtungen, als sei man der einzige Msch., der je-

[a]wie es überhaupt bemerkens-   1
wert ist, dass zur gleichen Zeit,
in der diese Wesen in den Sagen
in der Naivität der buntesten
Phantasie lebten, zur gleichen   5
Zeit also wird die Frage gestellt,
ob sie gute oder böse Geister
waren. Doch muss es uns freu-
en, teils dass diese Frage zwar
aufgeworfen, aber auch schnell   10
hingeworfen wurde: das mag dahingestellt bleiben (Grimm p. 20);
teils dass, während in jenen
Zeiten die Gottesfurcht und
deshalb die Abscheu vor dem   15
Bösen größer war, doch zugleich eine gewisse Kindlichkeit in der Auffassung des Guten und Bösen herrschte, auch
im Hinbl. auf den Standpunkt   20
Gottes, und ich wage wohl zu
behaupten, dass es im mittelalterlichen Sünderverständnis
eine tiefe Wehmut gibt; aber
auch ein bisschen Schelmerei   25
(so wie wenn wir Kinder sehen: teilweise die Hoffnung,
die hier immer so lebendig ist
– teilweise die sonderbare
Empfänglichkeit für das Ge-   30
niale, das darin liegt), die freilich niemals mit der trivialen
sophistischen Verständigkeit
unserer prosaischen Zeit verwechselt werden darf, wo wir   35
leider ständig an Wirklichkeit
gewinnen im selben Maße wie
wir an Idee verlieren, d.h. wir
haben geschichtlich wirkliche

Heuchler etc. und alle jene schrecklichen Laster, weil wir es uns nicht genügen lassen, sie in der Sage im Manna der Tradition zu bekommen. –

ᵃso wendet sich das Gemüt oft in tiefer Wehmut zurück zur obendrein verschlissenen Wirklichkeit der Kindheit und, ausgestorben für die Welt, hüllt es sich darin ein wie in ein Totenhemd.

d. 8. Juni 39.

[a]Das nämlich sind die systematischen Wölfe.

mals war, ist oder werden wird, und – einem törichten Trost über ein allg. mschliches commune naufragium? Das ist es doch, was eigentl. die Lehre von einer Kirche bewirken sollte. –

d. 7. Okt. 37.

64 Es liegt etwas besonders Possenhaftes darin, über Brownie (eine Art Elfe cfr. Grimm Irische Elfenmärchen Vorrede p. XLIX.) zu lesen, dass das, was er am meisten schätzt, ein abgetragenes Kleidungsstück istᵃ. Es ist schon seltsam genug zu lesen, wie sie wünschen, etwas zu essen zu bekommen (was Brownie mit vielen anderen dieser Sorte Wesen gemein hat); aber eine solche Person in einem abgelegten Kleidungsstück herumspazieren zu sehen muss wahrlich lächerlich sein.

d. 8. Okt. 37.

243
65 Welch tiefes Gefühl liegt doch darin, dass ein Brownie, wenn man ihm mehr geben will als seine bescheidene Forderung (etwas, wovon er leben kann, und ein altes Kleidungsstück), man ihn damit nötigt, den Ort zu verlassen, dessen guter Genius er war. So verschwindet Freundschaft und jedes Gefühl, wenn man Bezahlung dafür anbietet. –

d. 8. Okt. 37.

66 Hütet euch vor den falschen Propheten, die in Wolfskleidern zu Euch kommen, aber im Inneren Schafe sind, d.h. vor den Phraseologen.

d. 10. Okt. 37.

67 das ist das Unglückselige an unserer Zeit, dass alle Msch. die Wahrheit sagen – wieviel besser muss es nicht gewesen sein, in einer Zeit zu leben, als alle Msch. logen, aber die Steine die Wahrheit sprachen.

d. 10. Okt. 37.

68   Wenn ein Ironiker über die Witze und Einfälle eines
        Humoristen lacht, ist es wie wenn der Geier in Pro-
        metheus' Leber hackt; denn die Einfälle des Humoris-
        ten sind nicht Glückskinder, sondern die Söhne des
5   Schmerzes, und bei jedem von ihnen folgt ein klei-
        nes Stück seiner innersten viscera, und es ist der mage-
        re Ironiker, der die verzweifelte Tiefe des Humoris-
        ten braucht. Sein Lachen ist oft wie das Grinsen des
        Toten. So wie ein durch Schmerz abgerungener Schrei
10   jemandem durchaus lächerlich vorkommen kann,
        der in weitem Abstand nichts von der Situation des-
        sen ahnte, von dem er kam; und wie das Muskelspiel
        im Gesicht eines Stummen oder Schweigenden ei-
        nem lächerlich vorkommen kann, d.h. hervorgerufen
15   durch das Lachen des Individuums, (so wie ja auch
        das Grinsen des Totenmannes auf diese Weise zu erklä-
        ren ist, d.h. das petrefakte Muskelspiel – das ewig hu-
        moristische Schmunzeln über die mschliche Jämmer-
        lichkeit.) so geht es auch mit dem Gelächter des Hu-
20   moristen; und im Grunde verrät es den größeren psy-
        chologischen Blick, wenn man über so etwas weint
244   (NB. nicht in einer Jeremiade, wie traurig es doch mit
        dem Msch. ist, dass er sich um so viele belanglose Din-
        ge sorgt) – als wenn man darüber lacht.
25   d. 11. Okt. 37.

69   Wenn ich früher gesagt habe, dass D. Juan unmittelbar
        musikalisch sei, und damit die unendliche Immanenz
        des Charakters in der Musik bezeichnet habe, dass
        Handlung, Charakter und Text in einem notwendi-
30   gen Verhältnis zueinander stehen wie in keiner ande-
        ren Oper; wenn ich an Lenaus Faust gerade das hervor-
        gehoben habe, dass dort, wo das untergeordnete sinn-
        liche Leben beginnt, Mephisto aufspielt (das Musika-
        lische), um so zu zeigen, das die Genialität des eigentl.
35   sinnlichen Lebens musikalisch ist – dann finde ich die-
        ses bestätigt, wenn ich sehe, dass in der Volkssage das

Dämonische wesentlich musikalisch ist (nicht bloß in
ihrem Tanz, der so leicht ist, dass sie auf dem Wasser
tanzen, kaum eine Spur im taufrischen Gras hinterlassen; denn was ist Tanz ohne Musik; aber welchen mu-
sikalischeren Tanz kann man sich wohl vorstellen als   5
einen solchen immateriellen, bei dem sozusagen der
Tanz die Musik ist, die Musik der Tanz, wo der Tanz
die musikalische Klangfigur, die Musik veranschaulicht, die Musik festgehalten ist in einem sichtbaren
Medium). Musik und Tanz sind die Beschäftigung der   10
Kobolde, Elfenmädchen, Zwerge etc. In Grimms irische Elfenmärchen gibt es das Beispiel eines Wechselbalgs mit großem musikalischen Genie in seiner ganzen unwiderstehlichen Kraft (cfr. auch die Sage vom
Venusberg), cfr. Grimm l. c. p. LXXXII. »Sowohl auf ih-   15
ren Festen als auch ihren Umzügen bringen sie Mu-
sik mit, darin stimmen alle Sagen der Völker überein. Wasserjungfrauen singen unbekannte, wunderbare Gesänge; der Zauber, den der Gesang der Elfin-
nen über die ganze Natur bringt, ist nicht zu beschrei-   20
ben. Danske Viser 1,234. der schwedische Nix oder der
Strömkarl, der in der Tiefe des Wassers sitzend den Elfen
zum Tanz aufspielt. Ja, der Spieler kann nicht davon
ablassen (z.B. »Elfenkönigsstück«), wenn er es nicht
versteht, den Gesang genau rückwärts noch einmal zu   25
spielen, oder jemand von hinten die Saiten durchschneidet.
                                                    d. 11. Okt. 37.

                                                                    245
   Die Msch. werden über Engel richten,   **70**
αποκαραδοκια της κτισεως und was dazu gehört, fin-   30
det man ebenfalls in den Sagen dadurch veranschaulicht, dass das Elfenvolk etc. etc. oft die Hilfe der Msch.
braucht, aber vornehmlich deren Hebammen (vgl.
Grimm »irische Elfenmärchen p. XCVII cfr. Deutsche Sagen Nr. 41, 49; 304. Thiele 1,36. –)   35
                                                    d. 13. Okt. 37.

71   Falls das Volk der Römer egoistisch hinsichtlich des
       entwickelten Gebrauchs des pronomen reflexivum war,
       hinsichtlich der Deutlichkeit, mit der es dieses prono-
       men auf den Hauptbegriff zu beziehen weiß, so glau-
   5   be ich, hat Grundtvig Recht.
                                        d. 24. Okt. 37.

72   es geht in der Entwicklung der Weltgeschichte wie es
       in Disputen geht, man verwickelt sich dermaßen in
       Zwischensätze, dass es am Ende beinahe unmöglich
   10 ist, sich darauf zu besinnen, wovon man ausging.
                                        d. 24. Okt. 37.

73   Alle anderen Religionen sind oblique, der Stifter tritt zur
       Seite und führt einen anderen als redend ein, sie gehö-
       ren deshalb selbst mit zur Religion – das Xstt. allein
   15 ist direkte Rede (Ich bin die Wahrheit).
                                        d. 29. Okt. 37.

74   deshalb liebe ich den Herbst so viel mehr als den Früh-
       ling, denn im Herbst sieht man zum Himmel – im
       Frühjahr zur Erde.
   20   d. 29. Okt. 37.

75   In Clausen und Hohlenbergs Tidsskrift for udenlandsk
       theologisk Litteratur – 1837. 3. Heft p. 485-534 findet
       sich ein Bruchstück einer Abhandlung von *Baur über*
       das Xstliche im Platonismus, die recht einschlägig für
   246 meine Untersuchung über Ironie und Humor ist. Vor-
       nehmlich muss dies jedoch für den Teil gelten, der in
       der Zeitschrift ausgelassen ist, sofern es zu einer sei-
       ner Aufgabenstellungen gehört, den Begriff »Ironie«
       zu entwickeln (inwiefern Baur in dieser Hinsicht sich
   30 des chr. Gegensatzes im – Humoristischen bewusst
       wurde, weiß ich natürlich noch nicht, da ich diese
       Abhandlung nicht gelesen habe.). In seiner Parallele

zw. Xstus und Sokrates gibt es recht gute Dinge. p. 529
»Wie im Heidentum überhaupt das Göttliche nur der
subjektiven Vorstellung angehört, das Mschliche also
immer zur Voraussetzung und Grundlage hat, so dass
gerade diese mschliche Subjektivität des Göttlichen   5
die größte Eigentümlichkeit des Heidentums ist, so
wird selbst eine so außergewöhnliche Persönlichkeit,
wie Sokrates es ist, allein vom mschlichen Standpunkt
aus betrachtet.«.

d. 1. Nov. 37.   10

es ist doch nichts gefährlicher für einen Menschen,   **76**
nichts lähmender als ein gewisses isolierendes Hinstarren auf sich selbst, wodurch Weltgeschichte, Mschleben, Gemeinschaft, kurz alles verschwindet und
man gleich den ομφαλοψυχιται in einem egoistischen   15
Zirkel immer nur seinen eigenen Nabel sieht. – Es ist
deshalb von so tiefer Bedeutung, dass Xstus alleine
die Sünde der Welt trug – alleine – nicht bloß, weil keiner ihn verstehen wollte oder konnte, sondern auch
weil er all das Verschulden auf sich nehmen musste,   20
an denen der Msch. nur trägt, insoweit und in dem ihm
zukommenden Maße als Mitglied der mschlichen Gemeinschaft.

d. 3. Nov. 37.

Es ist recht sonderbar, es sind doch die einander ent-   **77**
sprechenden Phänomene, wenn in einer geschichtli-
chen Periode der Welt die alberne geschichtliche
Gründlichkeit die Mönche dazu bringt, ihre Geschichte mit der Erschaffung der Welt anzufangen und auch
dazu, damit niemals fertig zu werden – die in einer re-   30
flektierenden (nämlich unserer) Zeit die Reflexion so
in Reflexion über sich selbst verstrickt, dass sie sich damit schließlich in rein inhaltsleeren, einführenden, fingierten Bewegungen erschöpft. einführend, ja das sollten sie sein; aber sie sind eher hinausführend, da sie   35
wie Meilensteine, die bloß die Länge des Weges ange-   247

ben, keine Auskunft darüber geben, ob man in Richtung seines Zieles geht (die Hauptstadt) oder weg davon. wie eine Uhr, die falsch geht, wohl die Länge der
Zeit richtig angeben kann, aber trotzdem falsch geht.
überhaupt ist das umgekehrte Verhältnis lächerlich, in
dem bei den meisten wissenschaftlichen Werken der
gegenwärtigen Zeit die Kürze des Inhalts zur Länge
der Darstellung steht. Dies ist weniger die schlechte
Unendlichkeit als vielmehr die jämmerliche Unendlichkeit.

d. 3. Nov. 37.

78   Es ist doch ein Unsinn mit dem Schreiben für die eigene Zeit und zu ihrer Befriedigung; so ist es ja nicht.
Es fängt damit an, dass einer oder mehrere, im Verhältnis zur Größe der Idee (ich bin davon überzeugt, dass
es in allen Tollhäusern Kopernikaner vor Kopernikus gab) verrückt werden – dann folgt ein mächtiger
Geist, der die Idee erfasst, aber von der eigenen Zeit
nicht verstanden wird. Jetzt geht sie durch einen
Zauberschlag auf einmal bei vielen auf und endet als
reine Trivialität. Die Zeit, in der wir leben, ist nicht die
schöne Zeit, in der Minerva dem Kopf des Jupiter entspringt – hier sprengt sie den Kopf ihres eigentl. Vaters und wandert nun unstet umher, bis sie zuletzt in
einem Asyl endet. –

d. 4. Nov. 37.

79   Das Apriorische im Glauben, das über allem Aposte-
riori der Werke schwebt, ist so schön in den Worten
ausgedrückt: Ich weiß, dass nichts in der Welt – Fürs-
tentümer etc. mich X. J. unserem Herren entreißen
kann. Wo sein Glaube ihn auf einen über alle Empirie
erhabenen Felsen stellt, während er doch auf der anderen Seite unmöglich diese ganze hier erwähnte Empirie durchlebt haben kann.

d. 6. Nov. 37.

248

Ahnen ist das Heimweh des irdischen Lebens nach   **80**
dem Höheren, nach jener *Anschaulichkeit,* die der Msch.
in seinem paradiesischen Leben gehabt haben muss.
                                          d. 6. Nov. 37.

Erst der Humor ist deshalb eigentl. spekulativ – er ist   **81**
die für alle Empirie unerschütterliche, echt geniale Ge-
mütsstimmung, während sich Ironie in jedem Moment von einer neuen Abhängigkeit befreit – was also
von einer anderen Seite heißen will, sie ist in jedem
Moment abhängig.   *10*
                                          d. 9. Nov. 37.
cfr. was Erdmann über die religiöse Ironie in »Wissen
und Glauben« 10. Vorlesung, entwickelt, wo die Ironie
in einer Hinsicht ziemlich richtig aufgefasst wird, und
wo er z.B. richtig deren Unterschied zum Unglauben   *15*
gesehen hat, der als solcher determiniert und jeder Einwirkung zugänglich ist. –
                                          d. 9. Nov. 37.

Die historische Antizipation des χstlichen Credo ut in-   **82**
telligam wie auch der diesem korrespondierende   *20*
Standpunkt im rein humanen Bewusstsein ist das alte
Nihil est in intellectu quod non antea fuerit in sensu.
                                          d. 15. Nov. 37.

1 ᵃund danach folgt nach den   Wenn die Ironie (Humor) in ihrer Polemik die ganze   **83**
    Worten des Propheten (Jes 54,1.)   Welt, Himmel und Erde unter Wasser gesetzt und da-   *25*
    eine Segnung: Freue Dich Du   für eine kleine Welt in sich eingeschlossen hat – lässt
    Unfruchtbare, die keine Kin-   sie, wenn ihre Versöhnung mit der Welt wieder begin-
5 der gebar, brich mit lauter Stim-   nen soll, zuerst einen Raben ausfliegen – danach ei-
    me aus, Du, die niemals in   ne Taube, die mit einem Olivenzweig zurückkehrtᵃ –
    Kindesnöten war; denn viel   d. 15. Nov. 37.   *30*
    mehr Kinder bekommt das ein-
    same und verlassene Weib als
10 sie, die den Mann hat«.
              d. 6. April 38.

84   Wenn auch im umgekehrten Verhältnis so wird den-
        noch das wahre Kennzeichen für den wahren Xstus
        dasselbe sein wie für die wahre Eva: dies ist Fleisch von
        meinem Fleisch und Bein von meinem Bein.
5   d. 23. Nov. 37.

249
85   es ist hauptsächlich eine Art Reflexion, durch die man
        sein Objekt gänzlich verliert, und zwar wenn man
        sich wie der Rabe anstellt, als er sein Objekt (den Kä-
        se) wegen der Beredsamkeit des Fuchses verlor. Er ist
10   in dieser Hinsicht ein Bild für die idealistische Lehre,
        die als alles verloren war, nur sich selbst zurückbe-
        hielt.
                                         d. 24. Nov. 37.

86   Schleiermacher ist im Grunde der erste Standpunkt
15   der eigentl. orthodoxen Dogmatik (und er wird des-
        halb auch wieder eine große Bedeutung erlangen), wie
        heterodox sie nun auch in vielen Punkten noch sein
        mag, und natürlich wird sie deutlich modifiziert wer-
        den, sofern der dogmatische Inhalt eine ganz andere
20   objektive Bestimmung und Bestimmtheit erhalten
        wird; doch in vielen Teilen ist seine Position richtig, so
        hat er etwa den Wunderbegriff in seiner Innerlichkeit
        in das System aufgenommen, anstatt, wie früher, wie
        ein Prolegomenon außen vor gehalten zu werden; sein
25   ganzer Standpunkt ist Wunder, und sein ganzes
        Selbstbewusstsein ist ein reines neues chr. Selbst-
        bewusstsein.
                                         d. 7. Dez. 37.

87   Ich möchte eine Novelle schreiben, in der ein Mann
30   auftreten sollte, der jeden Tag beim Gipser auf der
        Østergade vorbeiging, den Hut zog und einen Augen-
        blick stillstand mit den Worten, die er jeden Tag regel-
        mäßig sagte: Oh du wunderbare griechische Natur,

warum wurde es mir verwehrt, unter deinem Himmel
zu leben, zu deiner Glanzzeit.

d. 7. Dez. 37. 11½ Uhr

Ich habe so oft bei mir gedacht, ob es, wenn ich Gott **88**
für etwas gedankt habe, denn eher die Furcht vor dem
Verlust desselben war, die mir das Gebet abgerungen
hat, oder ob es aufgrund religiöser Sicherheit geschah,
die die Welt überwunden hatte.

d. 8. Dez. 37.

250
Ich denke, falls ich jemals ein ernsthafter Xst werde, **89**
werde ich mich am meisten darüber schämen, dass ich
es nicht früher geworden bin, dass ich zuerst alles andere habe versuchen wollen.

d. 8. Dez. 37. –

Ich möchte eine Novelle schreiben, in der die Haupt- **90**
person ein Msch. sein sollte, der ein Paar Brillen bekommen hat, bei denen das eine Glas ebenso stark ver-
kleinern würde wie ein Oxy-Gas-Mikroskop, das andere im selben Maßstab vergrößern würde, seine
ganze Wahrnehmung wäre sehr relativ. 20

d. 10. Dez. 37.

Ich bin ganz entsetzt beim Lesen der Abhandlung, **91**
mit der Fichte seine Zeitschrift beginnt; wenn man einen Mann mit seinen Geistesgaben sich zu einem
Kampf rüsten sieht mit einem solchen Ernst, mit ei- 25
nem solchen »Furcht und Zittern« (Philipper), was sollen da wir anderen sagen. Ich glaube, ich werde die
Studien aufgeben, und jetzt weiß ich, was ich sein
will, ich will versuchen, Zeuge beim Notarius publicus zu
werden. 30

d. 12. Dez. 37.

92   Sobald ich ins Bett gegangen bin und dabei bin ein-
          zuschlafen, passiert es mir manchmal, dass ein Hahn
          um Mitternacht kräht. Es ist ▸ unglaublich, wie sehr das
          die Phantasie beschäftigen kann. Ich erinnere mich ge-
     5   rade an gestern Abend, wie lebhaft meine Kindheitser-
          innerungen von Fredriksborg mir vor Augen traten,
          wo der Hahnenschrei einen neuen Freudentag verkün-
          dete, an dem ich alles wieder bekam: die etwas kühle
          Morgenluft, das taunasse Gras, das es nicht zuließ, sich
     10   ganz so zu tummeln wie man wollte.
                                        d. 16. Dez. 37.

93   [Spätere Hinzufügung:]
          Und ich täuschte mich; denn es war nicht der
          Morgenschrei; sondern der *Mitternachts*schrei.
     15   d. 4. April 38.

251   ─────────

94   Warum erfrischt und erquickt sich die Seele so sehr
          beim *Lesen von Märchen?* Wenn mir alles zuviel ist und
          ich »satt an Tagen« bin, sind Märchen immer das Ver-
     20   jüngungsbad, das sich so wohltuend für mich erweist.
          Dort haben alle irdischen, alle endlichen Sorgen aufge-
          hört; die Freude, ja selbst der Kummer ist unendlich
          (und gerade deshalb wirkt es so ausweitend, wohltu-
          end). Man zieht aus, um den blauen Vogel zu finden,
     25   wie die Prinzessin, die, zur Königin erwählt, einen an-
          deren sich um das Reich kümmern lässt, um selber
          ihren unglücklichen Geliebten zu suchen. Und welch
          unendlich tiefer Kummer liegt doch darin, dass sie, die
          als Bauernmädchen verkleidet umherwandert, zu der
     30   alten Frau, die sie trifft, sagt: »Ich bin nicht allein, meine
          gute Mutter; ich habe ein großes Gefolge bei mir von
          Kummer, Sorgen und Leiden«. Man vergisst dann völlig
          den einzelnen privaten Kummer, den jeder Mensch für
          sich haben kann, um in dem für alle gemeinsamen
     35   tiefen Kummer zu schwelgen, wodurch man so leicht

zu dem Wunsch verführt wird, eine alte Frau zu treffen, zu der man »meine gute Mutter« sagen könnte –
oder etwa ein junges Mädchen, das die ganze Welt
nach seinem Geliebten abwandert, um gemeinsam ihre
Pilgerfahrt anzutreten. – Oder welch kräftig duldende 5
ewige Freundschaft liegt doch in derselben Geschichte
darin, dass der Zaubermeister, der »Huldreich« be-
schützt, 8 Mal um die Erde wandert und dann wie
gewohnt zuerst lange in das Horn stößt und daraufhin
5 Mal aus aller Kraft ruft: » O Huldreich, König Huld- 10
reich! wo bist Du?« – Oder wenn etwa von einem König und einer Königin erzählt wird, die eine einzige
Tochter hatten – da war keine Rede von Finanzen usw.
usw. Sie rufen nicht die Stände zusammen – nein! alle
Ammen rufen sie zusammen. 15

d. 26. Dez. 11½ Uhr.

252

95   Nulla dies sine linea.

              1838.

96   April.
          Eine so lange Periode ist wiederum hingegangen, in
5   der ich mich nicht einmal auf das Geringste konzen-
      trieren konnte – Ich will jetzt versuchen, wieder einen
      kleinen Anlauf zu nehmen
                   Poul Møller ist gestorben.

                        #

97   es gibt gewisse Leute, die sich in ihrem Verhältnis zur
      Entwicklung der Zeit irren, so wie wenn man in der
      Kirche singt, die Orgel und die ganze übrige Gemein-
      de vergisst und seinen eigenen tiefen Bass bewun-
      dert, so als ob es nicht das gemeinsame Singen aller wä-
15   re, sondern allein die eigene Stimme, die so mächtig
      die Kirche füllte.
                              d. 1. April.

98   Ich saß mit dem kleinen Carl auf dem Schoß und er-
      zählte davon, dass es dort in den neuen Zimmern, in
20   die ich zu ziehen beabsichtigte, ein altes Sofa gebe, auf
      das ich mich recht freute. Das mag ich auch sehr ger-
      ne, sagte er. Meine Frage: warum, konnte er natürlich
      nicht beantworten. Aber ist es nicht sonderbar, dass
      ich mit einer seltsamen Wehmut bei Erinnerungen
25   aus einer Zeit verweile, die ich niemals erlebt habe, und
      auf die ich nun ihn in ähnlicher Weise gerichtet sehe.

                        #

[a]Heute morgen sah ich in   1
der frischen kühlen Luft einen
Flug Wildgänse fortfliegen, zuerst waren sie direkt über mir,
dann ferner und immer ferner   5
und schließlich teilten sie sich
in zwei Züge und wölbten sich
gleich zwei Augenbrauen über
meinen Augen, die nun in das
Land der Poesie schauten.   10
              d. 1. April.

Wenn es für einen echten Xsten in seiner Todesstunde **99**
dunkel wird, dann deshalb, weil das Sonnenlicht der
Seligkeit ihm zu stark ins Auge scheint. –

#

253

Inwieweit gibt es ein korrespondierendesª Element in **100**
Hamans tiefem persönlichen Protest gegen die Bedeutungs-Realität des Daseins und dem eigentl. ernsthaften Zweifel in der modernen Philosophie. –

1   ªgerade weil es ein solches
gibt, gerade deshalb muss man
sagen, dass die Idee des Gott-
Msch. nicht bloß ein Erkennt-
5 nisgegenstand ist, sondern zugleich ein erbaulicher Gedanke, der alles Missvergnügen mit
der Welt vertreibt, jede Missweisung berichtigt, ein Gedan-
10 ke, der tröstend dann heran-
tritt, wenn selbst das Große
in der Welt uns klein erscheint,
dann, wenn der Gedanke damit geängstet wird, wie dem
15 Unbedeutenden in der Welt
doch auch sein Recht geschehen kann.
             d. 20. Mai 39.

#

Ich war da, um Nielsen »Freude über Dänemark« vor- **101**
tragen zu hören; so seltsam ergriffen mich aber die
Worte:
      erinnert ihr den weit verreisten Mann

ja jetzt ist er weit verreist – aber ich zumindest werde
seiner schon gedenken.   15
                    d. 2. April.

Es ist sonderbar, dass Justinus der Märtyrer, der **102**
doch in einem, durch die kurze geschichtliche Entwicklung des Xstt. bedingten, scharfen Gegensatz zum
Heidentum [stand], dennoch die Welt bei weitem nicht 20
so polemisch auffasst, wie die neuere Orthodoxie dies
tut.

#

Es gibt überhaupt zwei Richtungen, die das jugendli- **103**
che Leben durchlaufen muss, und die im Mittelalter 25
festgehalten sind und sich für die Betrachtung in einer unbewussten Gleichzeitigkeit entfaltet haben – Rit-
terzeit und Scholastik.
                  d. 4. April.

104 es ist ja nicht so überraschend, welche Rolle (die Göttin der Vernunft) das öffentliche Frauenzimmer in Paris spielte; denn wo sonst kann sich die öffentliche
Meinung natürlicherweise inkorporieren als in einem
⁵ öffentlichen Frauenzimmer, und es ist auch gar nicht
das erste Mal, dass solches geschehen ist; denn schon
Simon Magus gab ja eine Frau, die ein öffentliches
Frauenzimmer war, für seinen ersten ausgedrückten
Gedanken aus (den ersten, der publici juris gemacht
¹⁰ wurde).

#

254
105 ▸▸Das ist ein furchtbar hartes Urteil (4/4)

106 [Der Sabbat der Juden] (6/4)◂◂

107 ▸ An mir ist alles »sprunghaft«: sprunghafte Gedan-
¹⁵ ken – sprunghafte Gicht.

—————   ◂

108 ▸ Es gibt überhaupt wenige Menschen, die in der
Lage sind, die *protestantische* Lebensanschauung zu ertragen, und diese muss, wenn sie in Wahrheit für den
²⁰ *gemeinen Mann* eine Stärkung werden soll, sich entweder in einer kleineren Gemeinschaft konstituieren (Se-
paratismus, Konventikel usw.) oder sich dem Katholizismus annähern, um in beiden Fällen im Sozialen das
gemeinsame Tragen der Lebenslast zu entwickeln, was
²⁵ nur die allerbegabtesten Individuen entbehren können.   ◂
▸ Christus ist wohl für alle gestorben, auch für mich;
aber dieses »für mich« muss doch so verstanden werden, dass er für mich nur gestorben ist, insoweit ich
³⁰ den Vielen angehöre.
                    d. 6. April   ◂

▸▸Die Romantik hat wohl .. (7/4)   **109**

Ein Aphorismus sollte .. (7/4)   **110**

Joh. der Täufer (19/4)   **111**

Transfiguration (21/4)◂◂   **112**

▸ Es gibt *eine unbeschreibliche Freude*, die uns ebenso   **113**
unerklärlich durchglüht wie der Ausbruch des Apos-
tels ohne Motivation hervortritt: »Freut Euch, und
abermals sage ich: freut Euch«. – Nicht eine Freude   255
über dieses oder jenes, sondern der kräftige Ausruf der
Seele »mit Zung' und Mund aus Herzens Grund«: »ich   10
freue mich an meiner Freude, aus, in, mit, bei, auf, an
und mit meiner Freude« – ein himmlischer Kehrreim,
der gleichsam urplötzlich unseren sonstigen Gesang
unterbricht; eine Freude, die wie ein Windhauch kühlt
und erfrischt, eine Böe vom Passat, der vom Hain   15
Mamre zu den ewigen Wohnungen weht.
                    d. 19. Mai, Vormitt. 10½ Uhr.

                    —————————   ◂

▸▸Als Gott die Welt erschaffen hatte [4/6]◂◂   **114**

▸ Fixe Ideen sind wie Krämpfe z.B. im Fuß – das beste   **115**
Mittel dagegen ist draufzutreten.   ◂
                    d. 6. Juli 38.

Wie ich Dir danke, Vater im Himmel, weil Du hier   **116**
auf Erden für eine Zeit wie die gegenwärtige, wo ich
es so dringend bedarf, einen irdischen Vater bereitge-   25
halten hast, der, so hoffe ich es, mit Deiner Hilfe eine

größere Freude beim zweiten Mal haben wird, mein
Vater zu sein, als er es beim ersten Mal hatte.

d. 9. Juli 38.

117   Ich will daran arbeiten, in ein viel innigeres Verhält-
5   nis zum Xstt. zu kommen; denn bis jetzt habe ich, in
‣ einer Weise ganz außerhalb stehend, für seine Wahrheit gekämpft; auf eine rein äußerliche Weise habe ich
das Kreuz Christi so getragen wie Simon von Zyrene.
(Luk. 23,26.)
10   d. 9. Juli 38.

256
118   Ich hoffe, dass es mir hinsichtlich meiner Zufriedenheit mit meinen Lebensverhältnissen *hier daheim* so gehen wird wie einem Mann, von dem ich einmal gelesen
15   habe, der es auch zu Hause satt hatte – und fortreiten
wollte; als er ein kleines Stück weit gekommen war,
strauchelt das Pferd und er fällt herunter, und indem er
aufsteht, fällt sein Blick auf sein Heim, das ihm nun so
schön vorkam, dass er sofort auf sein Pferd stieg, heim-
20   ritt und daheim blieb. Wenn man bloß den richtigen
Blickwinkel dafür bekommt.
d. 10. Juli 38.

-----

119   Das wäre ein vortrefflicher *tragischer* Stoff: der junge
25   Mensch, der unter der Verfolgung durch M. Aurelius,
begeistert durch den Mut, den Polykarp und andere
ähnliche Männer in ihrer Todesstunde zeigten, ebenfalls ein Märtyrer sein wollte, aber als man ihm die
schrecklichen Qualen ausmalte, bekam er es mit der
30   Angst und ... verfluchte Christus, wie es die Heiden
forderten. – Daran sieht man, dass es im Christentum
geht wie im irdischen Leben: man muss zuerst *wachsen*
vor Gott und den Menschen, und auch wenn wir in
unseren Zeiten nicht mehr so großen Versuchungen

ausgesetzt sind, die in so schrecklicher Weise alles vernichten, so müssen doch z.B. werdende Theologen sich
davor in Acht nehmen, dass sie nicht, wenn sie zu früh
mit dem Predigen anfangen, sich schneller ins ▸Chris-
tentum◂ hineinreden als sich dort einzuleben und sich   5
hineinzufinden.◂

d. 11. Juli 38.

In welch engem Verhältnis und wie wesentlich die   **120**
Selbsterkenntnis davon abhängt, wieweit man selbst
erkannt zu werden glaubt, kann man daran sehen,   10
dass Kurzsichtige auch nicht glauben, dass andere sie
auf größere Distanz sehen können. So glaubt der
kurzsichtige Sünder auch nicht, dass Gott seine Abwege erblickt, während der fromme Xst, da er von Gott
erkannt wird, nun auch seine eigene Zerbrechlichkeit   15
mit einer Klarheit erkennt, wie sie nur die Teilhabe am
Seherblick jenes Geistes, der die Nieren prüft, verschaf-
fen kann.

d. 11. Juli 38.

257

Wie es doch bergab geht mit der Welt. In der ältes-   **121**
ten χstlichen Zeit nannte man diejenigen »Bekenner«
(confessores) »die unter Verlust ihres Vermögens und
in Lebensgefahr standhaft das Xstt. bekannten. Jetzt
lernen wir aus jeder Geographie, dass in diesem und jenem Land die christliche Religion soundsoviele Be-   25
kenner hat.

d. 11. Juli 38.

1   [a]Wenn ich so stehe und über
Røyens altem Anwesen tief in
das Gelände um Hestehaven
hinaus schaue, und der Wald
5   sich im Hintergrund mächtig
verdichtet, und das Dunkle
und Geheimnisvolle im Di-

Das Verhältnis zwischen Xstt. und Gnostizismus ist   **122**
auf eine sehr bezeichnende Art im Verhältnis zwi-
schen den zwei Bestimmungen angedeutet, zu denen   30
sie gelangen: das Xstt. zum λογος, der Gnostizismus
zum »Namen« (Xstus war der Name des unsichtbaren
Gottes), Letzteres ist gerade das in hohem Grad Abstrakte, wie ja der gesamte Gnostizismus eine Abstrak-

tion war, weshalb sie ja eigentl. nicht zu einer Zeit- und
Raum-erfüllenden Schöpfung kommen konnten, sondern eigentl. die Schöpfung als identisch mit dem Sündenfall annehmen müssen.

5   d. 26. Juli 38.

123   *Über das Verhältnis zwischen Xsttum und Philosophie*
Motto: Trifft 'n Mann 'n Mann auf 'n'm Weg, und 'n
         Mann hat 'n Rechen und 'n Mann hat 'n Spa-
         ten,
10   kann dann 'n Mann 'n'm Mann schaden ? –
                                        d. 1. Aug. 38.

124   es könnte sehr interessant sein, den Chiliasmus
durch seine geschichtlichen Modifikationen hindurch
bis hin in unsere Zeiten darzustellen, wo er offenbar
15   bis zu einem gewissen Grad wieder zu Wort zu kommen beginnt, z.B. beim jüngeren Fichte etc. Das könnte ein Gegenstück gegen Baurs Gnosis werden, und
diese Lehre könnte den Weg zu den wahren christlich-
dogmatischen Bestimmungen abgeben. (ein Moment
20   dabei könnte z.B. die Lehre vom Abendmahl, Luthers
Auffassung etc. werden) (das Jüdische in der Lehre
muss natürlich zuerst als solches ausgesondert werden.)
                                        d. 2. Aug. 38.

258
125   wie ich sehe, war das Verhältnis, in das die heilige
25   Schrift von einer ganzen dogmatischen Entwicklungs-
linie zu ihrem System gestellt wurde und das später
auf eine indirekte Weise z.B. von Schleiermacher verdrängt wurde, auch in der ältesten Kirche nicht bestim-
mend, wo z.B. in Origenes' περι αρχων erst im 4. Buch

ckickt durch die einzelnen, al-   1
lein stehenden, nur mit Kronen
bewachsenen Stämme noch
stärker hervortreten lässt –
dann meine ich mich selbst leib-   5
haftig als kleines Kind in meiner grünen Jacke und den grau-
en Hosen dahınlaufen zu sehen – aber leider bin ich älter
geworden, ich kann nicht *mich*   10
selbst einholen. – es ist mit der
Wahrnehmung der Kindheit
wie mit der Wahrnehmung einer schönen Gegend, wenn
man rückwärts fährt, man wird   15
auf das Schöne erst in dem Augenblick, im selben Nu recht
aufmerksam, wo es zu ver-
schwinden beginnt und das
einzige, was ich von jener glück-   20
lichen Zeit noch bewahrt ha-
be, ist es *wie ein Kind zu weinen.*
Fredriksborg.
                     d. 30. Juli 38.

[a]es existiert soviel ich weiß ein   25
Werk, das heißt: Corrodi Geschichte der Chiliasmus in 3
Bänden. cfr. Münschers Kirchengeschichte p. 353 Anm. 23.

die Frage der heiligen Schrift etc. behandelt wird, was
also deutlich zeigt, dass die ganze systematische Entwicklung sich an etwas anderes knüpfte, an ein allgem. Glaubensbewusstsein oder etwas anderes in der
Art, da es ja als aus dem systematischen Bau, dem Sys-   5
tem hinausgeschubst, unbeschadet sehr wohl gefehlt
haben könnte. –

                                    d. 6. Aug. 38.

                          †   **126**

    Mein Vater starb am Mittwoch, den 8., nachts um 2   *10*
Uhr. Ich hatte so innig gewünscht, dass er noch ein paar
Jahre leben könnte, und ich halte seinen Tod für das
letzte Opfer, das er seiner Liebe zu mir brachte; denn
er ist nicht von mir gestorben, sondern *für mich gestor-*
ben, damit womöglich noch etwas aus mir werden   *15*
kann. Von allem, was er mir hinterlassen hat, ist sein
Gedächtnis, sein verklärtes Bild, verklärt nicht durch
die Erdichtungen meiner Phantasie (denn das braucht
es nicht), sondern verklärt durch viele einzelne Züge,
von denen ich nun erfahre – mir das teuerste und das,   *20*
was ich am meisten vor der Welt verborgen halten
will; denn ich spüre wohl, dass es in diesem Augenblick nur *einen gibt*, (E. Boesen) mit dem ich in Wahrheit über ihn sprechen kann. Er war ein »getreuer
Freund«.   *25*

                                    d. 11. Aug. 38.

                          #

    Das ist ein merkwürdiger Gegensatz: das Heiden-   **127**
tum belegte den Junggesellenstand mit einer Steuer,
das Xsttum empfahl das Zölibat. –   *30*

                                    d. 11. Aug. 38.

                                                          259
In unseren christlichen Zeiten ist das Xsttum nahe da-   **128**
ran Paganismus zu werden – die Hauptstädte zumindest haben es schon längst verlassen

                                    d. 11. Aug. 38.   *35*

129 Über das Verhältnis des Mannes zur Frau in seiner
geschichtlichen Genese betrachtet – »es ist nicht gut,
dass der Msch. allein bleibt«; die orientalische Auffassung, der zufolge sozusagen mehrere Frauen auf ei-
5 nen Mann gingen (der Mann Nenner – die Frau Zähler). – die Sklaverei der Frau – der Nordländer – die
christl. Anschauung – die moderne Emanzipation. –
d. 13. Aug. 38.

130 Empirie ist der fortwährend sich wiederholende fal-
10 sche Sorites, sowohl im progressiven als auch im regressiven Sinn.
d. 17. Aug. 38.

131 Der Msch. soll nach der Lehre des Xstums in Gott
aufgehen, nicht durch ein pantheistisches Verschwin-
15 den, nicht durch ein Auslöschen aller individuellen
Züge im göttlichen Ozean; sondern durch ein poten-
ziertes Bewusstsein, »der Msch. muss Rechenschaft ablegen für jedes unnütze Wort, das er gesagt hat«, und
wenn auch die Gnade die Sünde tilgt, so ereignet sich
20 doch die Vereinigung mit Gott in der durch diesen
ganzen Prozess abgeklärten Persönlichkeit.
d. 20. Aug. 38.

132 Den universellen Charakter des Xsttums ersieht man
auch daran, dass mit ihm alle nationalen Unterschie-
25 de aufhören, als überwundene Momente. Der einzige, der übrig zu bleiben scheint, ist der zwischen Orient und Okzident, obwohl bereits dieser in weit grö-
ßerem Maß, aber doch wesentlich auf dogmatischen
Gegensätzen als solchen gründet, als jene, die doch se-
30 kundär ihren Grund in nationalen Gegensätzen hatten. Die übrigen Gegensätze ▸ (katholisch – protestan-
260 tisch etc.) liegen oft innerhalb von nationalen Ähnlich-

keiten und gründen alleine in den objektiven Bestimmungen der Idee. –

d. 21. Aug. 38.◂

Die Vollendung der griechischen Entwicklung in der **133**
irdischen Entwicklung, das Aufgehen des Unendli-   5
chen im Endlichen wiederholt sich auch im orientalischen Xstt., insofern das griechische Kreuz[a] T gleichsam das himmlische Streben begrenzt, wohingegen das
römische † ins Unendliche strebt.

d. 22. Aug. 38.   10

1   [a]Der Himmel ist ihnen gewis-
    sermaßen verschlossen, ihr
    Streben hat seine Grenze. –

Im chr. Leben kommt es darauf an, diese zwei Mo-   **134**
mente zu vereinen a) eine unerschütterliche Sicherheit, unerschütterliche Gewissheit über sein Verhältnis zu Gott, über Gottes Gnade und Liebe, die jedoch
nicht in ihrer Abstraktion verstanden werden darf, in   15
der sie doch durch eine lange Reihe von Modifikationen hindurch d. Msch. zuletzt beinahe zum Sündigen bringen kann, um dennoch gerade darin seiner Seligkeit gewiss zu sein, b) eine empirische Entwicklung, die sich jedoch nicht in ihren diskreten Momen-   20
ten verlieren darf, damit sie nicht das Individuum auf
einem stürmischen Meer umhertreibt – (sie in Wüsten hinausjagt, wie es in der Augsburgischen Konfession heißt).

d. 23. Aug. 38.   25

[a]Deren Einheit ist die wahre
5   πλεροφορια, die nach und
    nach an Kraft zunimmt und al-
    le Windstöße immer weiter
    weg treibt und d. Msch. sieg-
    reich über alle Hindernisse
10 führt. –

Es ist doch wirklich kurios, Leo d. Gr. verfolgte die   **135**
Manichäer, weil sie das Abendmahl sub una specie empfingen, und später wurden jene verketzert, die es sub
utraque empfingen.

d. 25. Aug. 38.   30

#

136 es ist eine merkwürdige Kontinuierlichkeit, die sich
durch jene Reihe von Namen zieht, mit denen man die
ersten vier Jahrhunderte bezeichnet hat: apostolicum,
gnosticum, novatianum, arianum. Mit dem ersten Jahr-
5 hundert hat die Kirche sozusagen aufgehört, da ihre
Geschichte in den folgenden mit Ketzernamen bezeichnet wird.

d. 28. Aug. 38. –

261

137   es ist merkwürdig zu sehen, dass die überaus pole-
10 mische Redensart: den Mantel auf beiden Schultern zu
tragen, ein so friedliches Vorbild hat, wie es darin vorliegt, dass das erzbischöfliche pallium »ωμοφοριον«
genannt wird.

d. 2. Sept. 38.

138   Als Philipp d. Schöne von Frankreich die Juden verfolgte, wanderten sie aus und zogen nachher ihr Geld
mit Hilfe von Wechseln ab, jetzt da die Juden überall
geduldet werden, wandern sie aus Deutschland (dem
jungen Deutschland) aus und ziehen durch Nach-
20 druckerei das Kapital des alten Deutschland an sich. –

d. 8. Sept. 38.

139   Einer der Ausbrüche, in denen das Mschliche in Xsto
am stärksten hervortritt, liegt doch in seinen Worten an
Judas: Was Du tust, das tue bald, wo der Gegensatz
25 auch derart stark hervortritt; denn er wusste ja durch
sein Vorauswissen, dass Judas ihn verraten würde (wie
es ja ausdrücklich im Vorhergehenden gesagt worden ist), doch diese mschliche Unruhe, dieses Schwanken als der entscheidende Augenblick sich näherte,
30 fand doch auch seinen Platz und wird ein Trost sein für
viele, wenn sie sich in der Stunde der Not dessen erinnern.

d. 11. Sept.

[a]cfr. p. 9 ober. in diesem Buch.   1

sub rosa   **140**
    an S. S. Blicher
        anlässlich seines Naturkonzertes

Wenn ich ein Vöglein wär,
Und auch zwei Flüglein hätt,   5
Flög ich zu Dir;
Weils aber nicht kann sein,
Bleib ich allhier.
                                                      d. 11. Sept.

                            #   10
                                                                        262
Wenn gewisse Leute versichern, dass sie über Hegel   **141**
hinausgekommen sind, so muss man das bestenfalls
für eine gewagte Metapher halten, mit der sie versuchen, die Gründlichkeit auszudrücken und zu veran-
schaulichen, mit der sie ihn studiert haben, mit der sie   15
versuchen, den unermesslichen Anlauf zu beschrei-
ben, den sie genommen haben, um in ihn hineinzu-
kommen, so dass sie im Schwung nicht anhalten
konnten, sondern aus ihm herausgekommen sind.
                                          d. 12. Sept. 38.   20

                            #

Es ist gerade das Tiefe im Xstt., dass Xstus sowohl   **142**
unser Versöhner als auch unser Richter ist, nicht so,
dass einer unser Versöhner ist und ein anderer unser
Richter, denn dann gerieten wir ja doch unter das Ge-   25
richt, sondern dass der Versöhner und der Richter
derselbe ist.
                                          d. 12. Sept. 38.

                            #

Napoleon scheint mir viel mehr Mohammed zu glei-   **143**
chen als irgendeinem der großen Feldherren der Vergangenheit. N. fühlte sich oder trat zumindest auf
wie ein Missionar, wie einer, der gewisse Ideen verkün-

dete und mitbrachte und dafür kämpfte (jenes Evangelium der Freiheit, das dann klar und deutlich in seinem Geburtsland gehört wurde), dies zeigen z.B. viele seiner Proklamationen in Italien – und ferner verlief
5   N.s Zug in entgegengesetzter Richtung zu Mohammeds Ausbreitung, aber durch dieselben Länder. M.
von O. nach W., N. von W. n. O. –

                              d. 17. Sept.

                         #

144   Die objektive Realität der Versöhnung Christi unabhängig auch von der Subjektivität, die sich diese aneignet, ist sehr klar angedeutet in der Geschichte von den
10 Aussätzigen, die ja alle geheilt wurden, während es
nur von dem 10., der dankbar umkehrte, um Gott die   [a]Was war es denn, das den   1
15 Ehre zu geben, heißt: dein Glaube hat Dir geholfen. –   anderen geholfen hatte?

                              d. 18. Sept.

263
145   So geht es oft dem eigentlich Genialen, wenn er sich
den Eindruck der Wirklichkeit aneignet, wie einem,
der schläft und Feueralarm hört und nun alles auf sei-
20 ne Traumwelt bezieht, während das Faktische darin
für ihn überhaupt nicht als solches auftritt. Und es
liegt etwas sehr Bedeutungsvolles im Hinbl. auf das
Verhältnis zwischen dem Poetischen und dem Faktischen (Letzteres kann ja oft in hohem Grad das Erste
25 sein) darin, wenn man sagt, ich weiß nicht, ob ich das
gesehen oder geträumt habe –

                              d. 19. Sept.

146   Wie die Juden es nicht wagten, den Namen Gottes
auszusprechen, so gibt es die Analogie dazu inner-
30 halb des Xstt. in der Verwendung der lateinischen
Sprache im Gottesdienst. Soweit war man avanciert,
dass die Geistlichkeit Gott aussprechen konnte, aber
die Gemeinde dazu nicht imstande ist.

                              d. 29. Sept. 38.

Über Ausdauer im Gebet   **147**
Von Jakob, dem Vorsteher der Gemeinde in Jerusa-
lem, erzählt man, dass er vom ständigen Beten wie das
Kamel harte Haut auf den Knien gehabt habe, und
dass er mehrere Tage im Gebet aushalten konnte. Unse-   5
rer Zeit erscheint das wohl lachhaft; aber man sollte
doch daran denken, welche Beredsamkeit des Herzens, welche Fülle dazu gehört, so lange beten zu können, ohne müde zu werden, insbesondere wir, denen
es schon schwer fällt, ein recht herzliches Gebet zuwe-   10
ge zu bringen. –
                              d. 1. Okt. 38.

Je mehr Spielraum man dem Individuellen gibt, des-   **148**
to mehr verliert sich das Kontinuierliche – anstelle
eines Kontinents erhält man ein Südseemeer voller In-   15
seln – vielleicht steht diese Entwicklung bevor und
genau dafür ist jener Weltteil aufbewahrt.
                              d. 3. Okt. 38.

                                                            264
Im Mittelalter fühlte man sich in der Kirche so un-   **149**
trennbar mit deren Vergangenheit verbunden, dass   20
man beinahe daran gefesselt war (Katenen)
                              d. 5. Okt. 38

Die Neigung der griechischen Kirche zur Stagnation   **150**
sieht man auch an ihrem Unvermögen, die ihr durch
die Entwicklung gegebenen Völker festzuhalten; die   25
nordischen Nationen waren alle zuerst Arianer und
später Orthodoxe – die von der griechischen Kirche be-
kehrten Nationen gingen später zu Rom über – ja son-
derbarerweise hatte die griechische Kirche auch 150
Jahre länger Väter als die römische, aber sie bekam des-   30
to weniger Söhne. –
                              d. 6. Okt. 38.

151   In diesem Sinn soll das Bild des Verfassers, seine Individualität sich in seinem Werk ausprägen, so wie jenes Porträt, das Christus zu König Abgarus von Edessa gesandt haben soll, das ja nicht ein künstlerisch
5   ausgemaltes Werk war, sondern ein gleichsam unerklärlich mirakulöses Verströmen auf der Leinwand.
                                                d. 6. Okt. 38.

152   Die Kasuistik ist der Pharisäismus auf dem Gebiet
des Erkennens.
10   d. 8. Okt. 38.

153   es ist merkwürdig, was sich in der politischen Entwicklung wiederholt hat, und was so prototypisch dafür im ersten Kreuzzug ist, dass ein Walter v. Haben-
nichts an der Spitze steht, nur dass es in der politi-
15   schen Entwicklung nicht ein Einzelner ist, sondern
der ganze Landsturm, [dessen Leute] sowohl in der einen wie der anderen Hinsicht Habenichtse sind.
                                                d. 10. Okt. 38.

265
154   Es ist doch die interessanteste Zeit, die Periode des
20   Verliebens, in der man, nach dem durch den ersten
Zauberschlag gegebenen Totaleindruck, bei jeder Zu-
sammenkunft, jedem Blick (wie geschwind sich auch
die Seele sozusagen hinter dem Augenlid verbirgt) etwas nach Hause bringt, gleich dem Vogel, der in sei-
25   ner Geschäftigkeit ein Stück nach dem anderen in sein
Nest holt, und sich dennoch ständig von dem großen Reichtum überwältigt fühlt. –
                                                d. 11. Okt. 38

155   Es ist eine witzige Kombination der Geschichte, dass
30   gleichzeitig mit der höchsten Blüte der päpstlichen

Macht (Innozenz III.) ein König lebt, der unter dem Namen »ohne Land«, verewigt dasteht, es ist Päpsten
und Königen immer schwer gefallen, gemeinsam zu
löffeln, doch damals hatte der Papst dem König furchtbar viel weggegessen – nämlich sein Land.   5
                                                d. 11. Okt. 38.

Von Dionysius, dem größten Tyrannen der alten   **156**
Welt, erbte der größte dito der neuen Welt jenes Ohr –
womit er die heimliche Beichte hörte (wie Dionysius
noch den geringsten Laut in seinem bekannten Ge-   10
fängnis hörte.)
                                                d. 11. Okt. 38.

Daran kann man auch den Unterschied zwischen   **157**
Orient und Okzident sehen. Beide hatten auf eine un-
begreifliche, geheimnisvoll-mschliche Art Abdrücke   15
von Xstus zu Stande gebracht – der Orient mit dem bekannten Porträt von Xstus für König Abgarus – der
Okzident mit den 5 Wunden Xsti am Leib des heiligen Franziskus.
                                                d. 13. Okt. 38.   20

1   [a]*das Gesetz*

[b]*Evangelium*

[c]cfr. Röm 1,16 δυναμις γαϱ
ϑεου εστιν.

Die Vereinigung von Gesetz und Evangelium liegt in   **158**
dem schönen Gebet: Zeige Du, dass Du nicht bloß *im*
Hohen und im Heiligen wohnst, sondern auch bei einer
gebeugten Seele und einem Zerknirschten im Geist, *da-*   266
mit die Seele des Gebeugten, und der Geist des Zer-   25
knirschten lebendig gemacht werde in Xsto Jesu, unserem Herrn.
                                                d. 15. Okt. 38.

Die Schwierigkeit, große Männer zu beurteilen (die   **159**
Schwierigkeit nämlich, einen Maßstab zu bekommen),   30
ist dadurch behoben, dass sie meistens einen Maßstab mit sich führen, durch die Schar von an und für

sich bedeutenden Persönlichkeiten, die sich um sie
gruppieren und dadurch eine Zwischeninstanz abgeben, einen Standpunkt, von dem aus man den eigentlichen großen Mann betrachten kann, eine Relativität,
5 um ihn damit zu beurteilen.

d. 20. Okt. 38.

160   Nicht bloß in der Geschichte der Malerei zeichnen
die Niederlande sich durch ihr »Stillleben« aus, auch
in geistiger Hinsicht ebenso stark in einem ebenso ei-
10 gentümlichen Ton[1] und Licht (die Beghinen – etc.)

[1]Die Lollharden hatten ja ihren Namen von ihren sachten Totenliedern, wer denkt dabei nicht an die 4 verrückten Brüder bei Claudius, und welche fatalere Art
des Stilllebens findet sich dort?
15   d. 26. Okt. 38. –

161   Mit einer sonderbaren ironischen Konsequenz äußert sich stets eine große Neigung unter exaltierten Parteien, sich auch im Äußeren in jenem negligè zu zeigen, in dem ihr Gedankengang immer auftritt: Die
20 Adamiten (bei den Hussiten) meinten, dass man, um
vollkommen frei zu sein, splitternackt herumlaufen
müsse, und sie haben vermutlich gemeint, darin lie-
ge der spezifische Unterschied zwischen dem paradiesischen und dem späteren Zustand des Mschen – die
25 Sansculotten sind sattsam bekannt – die Versuche barhälsiger Personen, den nordischen Geist zu restituie-
ren, sind ja im Augenblick so recht in vollem Schwan-
ge. –

d. 29. Okt. 38.

267
162   die katholische Kirche ist das Gegenbild zum Judentum; dort war es Gott in seiner Majestät, der sich auf
der Erde niederließ und in dieser seiner Majestät festgehalten werden wollte (donnerte auf dem Sinai), und

[a]Auch wenn man dem Archi-   1
medes wegen der Wichtigkeit
seiner Entdeckung verzeiht,
dass er splitternackt durch die
Straßen von Syrakus lief – so   5
folgt daraus keineswegs, dass
man diese modernen Natür-
lichkeiten dulden sollte. –
                d. 2. Nov. 38.

[b]so wie die Gymnosophis-   10
ten bei den Indern: Nackte
Fakir's laufen ohne irgend eine
Beschäftigung gleich den kato-
lischen Bettelmonchen herum,
leben von den Gaben Anderer,   15
und haben den Zweck, die Hoheit der Abstraktion zu erreichen
cfr. Hegel Philosophie der Geschichte p. 183.

deshalb entzieht sich dieser historische Moment, als
der Himmel auf Erden war, der Reflexion, während
man sich auf der anderen Seite so fest wie möglich daran klammert, und wie Gott in seiner Majestät ist, so
hat auch der ganze Kultus und an seiner Seite die De-   5
mut, die das Gefühl, nichts vor dem Herrn zu sein,
eingibt, gerade das Majestätische nach außen hin – in
der Kirche ist es der Msch., der nach und nach aufsteigt,
emporgehoben und emporgeholfen von Gott – Gott
fängt mit seiner Erniedrigung an – Xstus nahm   10
Knechtsgestalt an und immer noch nennt sich der
Papst servus servorum. Das Judentum holt Gott vom
Himmel herunter, das Xstt. holt den Msch. hinauf in
den Himmel.

d. 30. Okt. 38.   15

Auch was Xsti Lehre angeht, speist er das Volk mit   **163**
5 Broten und 3 Fischen, wenn man sieht, wie der unbe-
deutendste äußerliche Umstand ihm Anlass zu den
tiefsten Darlegungen gibt, wie weit entfernt dies von
jeglicher großtuerischen Vorbereitung, jeglichem prä-   20
tendierenden Apparat ist.

d. 30. Okt. 38.

^[a]Dies war das Gebet.
Der Text [dazu] sollte sein »Johannes, der in der Wüste predigt«.
   A. Z.   5
   Was habt ihr denn sehen wol-
len, als ihr in die Wüste hinausgegangen seid? Es ist diese ernste, vorbereitende Frage,
mit der Joh. als der Vorgänger   10
des Herrn ihm den Weg im Ge-
müt bereitet, die Juden zum
Nachdenken ruft .... So zu fragen, müssen wohl auch wir
bisweilen versucht sein, wenn   15
wir diesen heiligen Ort bestei-
gen, um das Wort zu verkün-

   Gebet.   **164**
   Vater im Himmel! zu Dir wendet sich unser Gedan-
ke, Dich sucht er abermals in dieser Stunde, nicht wie   25
mit dem unsteten Schritt des verirrten Wanderers, sondern mit dem sicheren Flug des ortskundigen Vogels;
lass Du unsere Zuversicht zu Dir nicht einen flüchtigen Gedanken sein, nicht der Einfall eines Augen-
blicks, nicht die täuschende Beruhigung des irdischen   30
Herzens; lass Du unsere Sehnsucht nach Deinem
Reich, unsere Hoffnungen auf Deine Herrlichkeit nicht
unfruchtbare Wehen sein, nicht wie die wasserlosen
Wolken, sondern aus der Fülle des Herzens sich zu
Dir erheben, und erhört wie erquickender Tau unsere   35

Zunge laben, wie Dein Himmels-Manna uns auf immer sättigen! –

268   d. 30. Okt. 38.

digen. Was habt ihr denn sehen ¹
wollen, als ihr hinausgegangen seid? War es ein *Msch. mit*
prächtigen Kleidern, war es eine
Rede, die ihr auf mschliche ⁵
Weise herausgeputzt in irdischer Pracht und Herrlichkeit
hören wolltet . . . . sucht sie
in Euren eigenen Zusammenkünften . . . . . und wäre ich tö- ¹⁰
richt genug dazu, dann wür-
de ich doch wünschen, dass
ich schließlich Kraft sammelte
wie Samson, um die Herrlichkeit des Tempels umzustoßen, ¹⁵
für die ich so wenig wie er ein
Auge hätte, auch wenn dies
mein eigener Untergang wäre
. . . . *War es ein Schilfrohr, das*
im Wind schwankte? War es ei- ²⁰
ne Rede, die dazu taugt, die
Träumereien der Trägen so
weit zu bringen, um die noch
Wachen in den Schlaf zu lul-
len . . . . sucht sie auf Plät- ²⁵
zen und Straßen . . . . . Aber
wahrlich, so wie eine solche Rede, wie sich gar mancher
wünscht, sich dem Wind fügt,
so wird sie auch gleich der ³⁰
Spreu vor der Worfschaufel, die
der Herr schon in seiner Hand
hält, verweht werden. Nein,
meine Rede soll sein wie der
wilde Honig – ihr Kleid wie das ³⁵
wollene Hemd, das Joh. d.
Täufer trug, rau und scharf, vielen vielleicht eine harte Rede.
– Doch Du lässt dich nicht
fassen in Tempeln, die von ⁴⁰
Mschenhand gebaut sind – wieviel weniger würdest Du Wohnung nehmen in zierlichen
Redensarten. –

Es könnte sonderbar anmuten, dass das N. T. mit ei- **165**
ner Prophetie endet (Joh. Offenbarung); ist dies vielleicht eine Iteration des Judentums, so dass das Xstt.
wieder dahin kommt, über sich selbst hinaus zu weisen? Nein keineswegs, sie ist eher ein Spiegel, der die   5
Strahlen wieder in das Zentrum des christlichen Lebens zurückwirft, sie führt deshalb den Blick nicht hinaus in irgendein Jenseits, sondern beleuchtet nur umso stärker alles, was diesseits ist, deshalb heißt sie
auch »eine Offenbarung«, nicht als eine Weissagung,   10
die bis zu ihrer Erfüllung dunkel bleibt, es ist der chr.
Lebenshauch, der im übrigen N. T. ausgeatmet, jetzt
in der Apokalypse sozusagen wieder eingeatmet
wird. –

> d. 1. Nov. 38.   15

1   [a]dass das Xstt. derart bereits
in seinem ersten Auftreten in
Xsto selbst seinen ganzen Umfang umsegelt hat, das sieht
5   man daran, dass d. Heilige
Geist die Apostel lediglich an
alles mahnen und *erinnern* soll.
> d. 13. Feb. 39.

Dem Katholizismus erging es so, wie es dem gan- **166**
zen Erdball erging, es kam auch in dieser Hinsicht ein
Kopernikus (Luther), der entdeckte, dass Rom nicht
das Zentrum war, um das sich alles drehte, sondern ein
peripherisches Moment. –   20

> d. 2. Nov. 38.

269

Unsere Staatsverfassung nähert sich immer mehr der **167**
der Chinesen an – es fehlte gerade noch, dass man die
Auswanderungen verbieten wollte. –

> d. 2. Nov. 38.   25

Der Scholastizismus fand (wie meiner Theorie nach **168**
jede Entwicklung) ihre Parodie in dem Versuch des
Paulus Cortesius, die Scholastiker nicht so sehr um- als
vielmehr in klassischem Latein reinzuschreiben –
Xstus starb, das hieß dann, er ging über den Acheron.   30
etc.

> d. 3. Nov. 38.

169   Die Mönchsorden sind mit den Jesuiten an ihrem Ende, denn hier fanden sie ihre Parodie in einem so rein
weltlichen Streben.

d. 3. Nov. 38. –

170   Wir werden versucht in der Wüste!
(Predigt über die Versuchungsgeschichte)

Es müssen Augenblicke kommen, schon vor der Stunde, wo auf Erden sich keine Hilfe findet, wo Du Dich
alleine fühlst – wo Du versucht wirst in der Wüste, so
10 dass, riefest du auch über die ganze Erde hin, keine
Stimme, die Dich trösten könnte, Dir antworten würde – außer der, die das Alte T. so entsetzlich geschildert hat, außer der des Allgegenwärtigen, nehme ich
Flügel des Ostens etc. – so bist Du da – diese Stimme,
15 die gerade dem Xsten so tröstlich ist.

d. 11. Nov. 38. –

171   So wie es die Quäker aus moralischen Gründen vermieden, einen Eid abzulegen, so wagte es die Wissenschaftlichkeit des 18. Jh. aus intellektuellen Gründen
20 niemals, Gott zum Zeugen ihrer Wahrheit anzurufen.

d. 11. Nov. 38.

270
172   Es gibt Msch., deren Verderbnis nicht durch äußerlichen Schaden entstand, sondern wo sie sich wie Fäul-
nis bei bestimmten Früchten im Herzen, im Kernge-
25 häuse, entwickelt. –

d. 13. Nov. 38.

173   Die Griechen hatten keine Wunder, so wie sie in ihrer Kunst auch ihre Ideale nicht in *übernatürlicher
Größe* darstellten. –

30 d. 22. Nov. 38. –

[a]Gebet   1
Herr, sei Du uns nahe mit deiner
Kraft, so dass Wir die frohe Be-
teuerung des Herzens spüren,
dass Du nicht weit weg von uns   5
bist, sondern dass wir in Dir
leben, uns regen und sind! –

[b]Auch später wiederholt es
sich in Xsti Leben, dass er in
der Einsamkeit versucht wird,   10
als die Apostel schliefen; so
geht es auch uns in Augenblicken, wo alle, an die wir uns
wenden könnten, in geborge-
ner Ruhe zu schlafen schei-   15
nen, für unseren Kummer nicht
wachzurufen sind; dann gilt
es, einen höheren Trost zu
finden.

Der nicht-philosophische Kopf kann wohl dazu kom-   **174**
men, die Fehlerhaftigkeit eines vorhergehenden
Standpunktes einzusehen; aber dieser stellt sich ihm
nun als etwas Hartes, Undurchdringliches entgegen.
Daher kann man auch beobachten, dass viele Msch.   5
zunächst jede Menge Polemik loswerden müssen, bevor sie zu ihrem eigentl. Gegenstand kommen können
– der philosophische Kopf weicht die vorhergehenden Anschauungen auf, setzt sie in aller Versöhnlich-
keit zu Momenten herab. –   10

                          d. 22. Nov. 38.

Es gibt Fälle im geistigen Leben, wo das Prädikat   **175**
»ohnegleichen« gegen den Willen der Betreffenden, die
es verwenden, dieselbe Bedeutung erhält wie wenn
man, um einen Handschuh oder Strumpf zu loben,   15
sagen würde – dass er *ohnegleichen* sei. –

                          d. 22. Nov. 38.

Mit der Entfaltung der apriorischen Grundbegriffe   **176**
geht es wie mit dem Gebet in der chr. Sphäre, denn
hier sollte man ja glauben, dass der Msch. in der freies-   20
ten, subjektivsten Weise sich ins Verhältnis zur Gotth.
setzt, und doch hören wir, dass es der Heilige Geist ist,
der das Gebet bewirkt, sodass das einzige Gebet, das
übrig bliebe, dies wäre: beten zu können, obwohl bei
genauerem Zusehen sogar dies in uns bewirkt wurde   25
– so gibt es denn auch keine Deduktion, Begriffsentfal-   27¹
tung oder wie man es auch nennen wollte, was irgend
eine konstitutive Kraft hat – der Msch. kann sich lediglich darauf besinnen, und darauf, es zu wollen, wenn
dieser Wille kein leeres, unfruchtbares Gaffen ist – das   30
ist es, was jenem einzigen Gebet entspricht, und ist
ebenso wie dieses wiederum in uns bewirkt.

                          d. 2. Dez. 38.

1   [a]Daher kann man auch sagen,
dass alles Erkennen wie der
Atemzug eine *re*spiratio ist.
                 d. 3. Dez. 38.

177   Aufgrund des Apriorischen, das im Vergleich mit der
zeitlich-sukzessiven Entfaltung im Vorsatz liegt – sind
Vorsätze zum Guten so verlockend, und enthalten so
oft etwas Narkotisches, das eine Intuition entwickelt,
5   und nicht eine Elastizität, die eine Energie gebiert. –
                              d. 2. Dez. 38. –

178   Es ist ein bedeutsames Wort im Hinbl. auf eine unangemessene Freude über Macht und Vollmacht im geistigen Sinn: Freut Euch nicht darüber, dass Euch die
10   Geister unterworfen sind, sondern dass Eure Namen
im Himmel geschrieben sind.« Eben mit diesen Worten warnte der heilige Antonius nach dem Bericht des
Athanasius bei Möhler die Asketen, dass sie nicht das
eine, was not tut, vergessen neben der Macht, die sie
15   hatten, um Dämonen auszutreiben. –
                              d. 6. Dez. 38.

179   Es war eine sehr gute Bemerkung, die Sibbern heute
in seinen Vorlesungen machte, wie man ein eigentl.
ideales Sein annehmen müsse, das in sich ein Sein ha-
20   be, schon bevor es sich im aktuellen Sein ausspricht,
was man ja auch daran sehen könne, dass man von
ewigen Wahrheiten nicht sagen würde, dass sie jetzt
werden, sondern sie werden jetzt offenbar, d.h. in der
Fülle der Zeit. –
25   d. 17. Dez. 38.

180   Es ist wirklich bemerkenswert zu beobachten, wie in
den pietistischen Streitigkeiten seinerzeit nach Speners
Tod, dass die Orthodoxen versuchen geltend zu ma-
272   chen, dass es eine Menge moralischer Adiaphora gibt,
30   während in der pietistischen Entwicklung gerade geltend gemacht wurde, dass es eine Menge Adiaphora
der Erkenntnis gäbe. – Es gilt doch sicherlich nicht
bloß in moralischer, sondern auch in intellektueller

Hinsicht, was Xst. sagt: Eure Rede sei ja, ja und nein, nein, was darüber ist, das ist vom Übel.

d. 18. Dez. 38.

Paulus ist der spiritus asper des christlichen Lebens, **181** Johannes dessen spiritus lenis.

d. 22. Dez. 38.

[a]Und willst Du uns vergönnen, mit den vielen Herrlichkeiten der Wissenschaft bekannt zu werden, oh lass uns darüber doch nicht dies eine vergessen, was not tut, und willst du unsere Geisteskraft auslöschen oder willst du uns alt werden lassen auf Erden, so dass unser Geist stumpf wird, oh eine Sache gibt es, die niemals vergessen werden kann, auch wenn wir alles vergäßen, dass wir durch Deinen Sohn erlöst sind. –

Lasst unsere Rede nicht wie die Blume sein, die heu **182** te auf dem Feld steht und morgen in den Ofen geworfen wird, nicht wie die Blume, auch wenn sie an Pracht Salomos Herrlichkeit übertraf. –

d. 24. Dez. 38.

Hast Du es recht gefühlt, das Tröstliche, das in die **183** ser Betrachtung liegt: Gott versucht niemanden, hast Du die überirdische Stärke, die übernatürliche Größe gefühlt, die Du gegenüber der Sünde bekommst durch den Gedanken, dass es Dein eigen Fleisch und Blut ist, oder deren Versuchungen, die doch ein für alle Mal überwunden sind. (Gott bescheidet dem Msch. wohl Prüfungen, um ihn zu stärken und reifen zu lassen – Versuchungen sind gerade dazu da, um zu zerbrechen, weil man glaubt, dass der Betreffende unterliegen wird), aber hast Du Dich auch durch diesen Gedanken gedemütigt gefühlt: und er wird von niemandem versucht – – warum erhebst Du fast fordernd Deine Stimme zum Himmel – warum bestürmen ihn deine Gedanken, oder meinst Du denn nicht, dass Dein Unglück so groß ist, dass Deine Klage so gerechtfertigt, deine Seufzer so tief, so ergreifend sind, dass Gott dadurch versucht werden sollte, –

Weihnachtsabend 11 Uhr. –

[a]warum ist selbst dein Gebet so herausfordernd, oder ist es etwa, weil Du glaubst, deine Klage sei so gerechtfertigt, dass deine Stimme durch die Himmel schallen und Gott aus seinen verborgenen Tiefen rufen müsste, um mit Dir zu rechten und zu richten. Mit den Worten: und Gott wird von niemandem versucht« verschließt sich dann der Himmel vor

273

184   In der Novelle kommt es so wesentlich auf resultie-
rende Totalität an, die durch die diskrete Mannigfaltigkeit der Darstellung entsteht; denn auch hier gilt: es
wird gesät verweslich und auferweckt unverweslich. –
5   Weihnachts-Abend 11 Uhr.

185   Vater im Himmel! Wecke Du das Gewissen in unserer Brust, lehre Du uns, die Ohren des Geistes deiner
Stimme zu öffnen, um auf deine Rede zu achten, auf
dass Dein Wille rein und klar für uns klingen möge,
10   wie er im Himmel ist, nicht verfälscht durch unsere irdische Klugheit, nicht übertönt von der Stimme der
Leidenschaften, halte Du uns wachsam dabei, mit
Furcht und Zittern an unserer Seligkeit zu arbeiten; Oh
aber lass Du auch dann, wenn das Gesetz am lautes-
15   ten ruft, wenn sein Ernst uns entsetzt, wenn es vom
Sinai donnert, oh lass dann auch eine sanfte Stimme da
sein, die uns zuflüstert, dass wir deine Kinder sind, so
dass wir mit Freude rufen dürfen: Abba Vater. –
              d. 28. Dec. 38. –

186   In *der chr.* Entwicklung gilt, dass der Jünger nicht größer ist als der Meister; in der Welt-Entwicklung ist
dies nicht der Fall – deshalb sollen wir die *Überlieferung der Väter* ehren.
              d. 31. Dez. 38.

187   Der Herr kommt, wenn wir auch seiner harren müssen, er kommt, wenn wir auch alt wie Anna, grau wie
Simeon (dieser zweite Noah) würden, aber wir müssen auf ihn warten in *seinem Haus.*
              d. 31. Dez. 38

solch überheblicher Rede, ohn-   1
mächtig ist sie, ohnmächtig wie
dein Gedanke, wie dein Arm
ohnmächtig ist. Aber wenn
Du Dich dann vor Gott demü-   5
tigst und sagst: Mein Gott,
mein Gott, groß ist meine Sünde, sie schreit zu Dir zum
Himmel … dann öffnet sich der
Himmel wiederum, dann sieht   10
Gott, wie der Prophet sagt,
durch sein Fenster auf Dich herab und sagt: noch kurze Zeit,
noch eine kurze Zeit und ich
werde etc., da lauten Xsti Wor-   15
te über Dich, wie sie einst über
Lazarus lauteten: diese Krankheit ist nicht zum Tode, nein,
ganz im Gegenteil, sie ist zum
Leben.   20

[a]Gib, dass in jeder solchen
Stunde in unserem Herzen – ju-
gendlich hoffnungsvoll dieses
Abba, dieser Vatername, mit
dem Du gerufen werden willst,   25
aufs Neue geboren werden
möge.

[a]Es ist dasselbe Mirakel, das
sich im Leben eines jeden
Xsten wiederholt, dasselbe, über
das die Zeitgenossen sich bei
der Hochzeit zu Kana wun-
derten: Du hast den schlechten
Wein zuerst eingeschenkt und
später den guten, besonders
wird jeder dem zustimmen, der
gefühlt hat, wie die Welt zuerst den guten einschenkt und
danach den schlechten.

                          1. Jan. 39.

[b]Chr. wandelt auf dem Meer.
          Gebet
Herr, beruhige Du die Wogen
in dieser Brust, bändige die Stür-
me! Meine Seele, sei stille, dass
das Göttl. in dir wirken kann!
Meine Seele, sei stille, damit
Gott in Dir ruhen kann, damit
sein Friede Dich überschatten
kann. Ja Vater im Himmel, oft genug haben wir erprobt, dass die
Welt uns nicht Frieden geben
kann, oh aber lass Du uns
fühlen, dass Du Frieden geben
kannst, lass uns die Wahrheit
der Verheißung spüren, dass
die ganze Welt Deinen Frieden
nicht von uns nehmen kann. –
                          d. 1. Jan. 39.

ᵃcfr. Luk. IX,31.

1839.

274
188

Ich fühle gerade in diesem Augenblick die entsetzliche Wahrheit der Worte:
Psalm: 82, 6: Ich habe wohl zu Euch gesagt: dass Ihr
Götter seid, und Kinder des Höchsten; aber Ihr werdet
sterben wie Msch. und wie ein Tyrann zu Grunde gehen. –
                          d. 3. Jan. 39.

Vater im Himmel! Wenn der Gedanke an Dich in unserer Seele erwacht, lass ihn nicht erwachen wie einen aufgeschreckten Vogel, der verwirrt umherflattert,
sondern wie das Kind von seinem Schlaf mit seinem
himmlischen Lächeln.
                          d. 6. Jan. 39.

189

Das Leben eines jeden Einzelnen hat auch seine Genesis und danach seinen *Exodus*ᵃ (seinen Auszug in
die Welt), seinen Levitikus, wo sich der Sinn zum
Himmlischen wendet, seine »Numeri«, wo man die
Jahre zu zählen beginnt, sein Deuteronomion.
                          d. 6. Jan. 39.

190

Das ist das Verwirrende an uns, dass wir zugleich
der Pharisäer und der Zöllner sind.
                          d. 7. Jan. 39.

191

192 Der Christ kann viel in der Welt herumgetrieben
werden und viel mit ihr verkehren, aber sein Religiö-
ses muss er für sich behalten, so wie die Juden auch in
Handel und Wandel römisches Geld mit dem Porträt
⁵ des Kaiser gebrauchten; aber im Tempel gebrauchten
sie ihre eigene Münze.

d. 8. Jan. 39.

275
193 Und will Xstus uns auch nicht erlauben, ihm zu folgen, so wie er die Bitte des Besessenen ειναι συν αυτω
¹⁰ Luk 8,38 abschlug, so wollen wir dennoch wie dieser
hingehen zu unserer Familie und in unsere Heimat
und Gottes Güte verkünden und was mit uns geschehen ist. cfr. Luk 8,39.

d. 9. Jan. 39.

194 .... denn welche Hoffnung gibt es wohl für den
christlichen Lehrer in unserer Zeit, oder welche Aussichten für die Verkündiger des Evangeliums in unserer Entwicklung, wo ja bald die Diener des Wortes
mit ihren christlichen Dogmen wie die Wächter mit ih-
²⁰ ren erbaulichen Versen dastehen werden, (»verzeih'
ob Jesu Wunden unsre Sünd', oh milder Gott«, welcher bemerkenswerter Kontrast zum ganzen Handel
und Wandel auf Gassen und Straßen), auf die niemand
achtet, und deren Gesang nur Interesse findet, weil er
²⁵ die Uhrzeit angibt – wie die Wächter unbeachtet, außer insofern die statistischen Mitteilungen darüber, wer
ein erstes, zweites und drittes Mal aufgeboten wurde, ihnen ein Gnadenjahr zum Weitervegetieren geben würden. –

³⁰   d. 9. Jan. präzise 9 Uhr abends.
        sofern denn der Wächter hier am Platz
        präzise ruft. –

Die chr. Freimütigkeit.   **195**
Mein Sohn, sei guten Mutes, deine Sünden sind Dir
vergeben – dies ist nicht jene Freiheit, die ohne Erfahrung des Gesetzes ist – Freimütigkeit ist die gegenwärtige Zeit der Hoffnung – die Hoffnung ist wie eine   5

1   [a]Hebr. 3,6. την παρρησιαν και   alte Frau, die sehnsuchtsvoll starrt – Freimütigkeit ist
     το καυχημα της   Kraft und Tat. – A) Freimütigkeit vor d. Msch. B) Frei-
     ελπιδος (dieser letz-   mütigkeit vor Gott. Sollte es einmal geschehen, dass
     tere Ausdruck ist   unser Auge sich gen Himmel wendet und wir über den
5   eher eine Beschrei-   unendlichen Abstand erstaunen, und das Auge kei-   10
     bung des ersten).   nen Ruhepunkt zw. Himmel und Erde findet – aber
wenn das Auge der Seele Gott sucht und wir den un-
endlichen Abstand fühlen, dann kommt es auf die
Freimütigkeit an – aber hier haben wir einen Mittler.
                                    d. 11. Januar 39.   15

                                                  276
Vater im Himmel! Wandere Du mit uns, so wie Du   **196**
ehemals in den alten Tagen mit den Juden wander-
test. Oh lass uns nicht glauben, Deiner Erziehung entwachsen zu sein, sondern lass uns zu ihr hin wachsen, unter ihr wachsen, wie die gute Saat in Geduld   20
wächst. Lass uns nicht vergessen, was Du für uns getan hast, und wenn Deine Hilfe wunderbar zur Stelle
gewesen ist, dann lass uns diese nicht wieder suchen
wie undankbare Geschöpfe, weil wir aßen und satt
wurden. Lass Du uns fühlen, dass wir ohne Dich   25
überhaupt nichts vermögen, aber lass uns das nicht
fühlen in feiger Ohnmacht, sondern in kraftvoller Zuversicht, in froher Gewissheit, dass Du in den Schwachen mächtig bist.
                                             d. 16. Jan. 39.   30

Das ist das Traurige mit mir, dass mein Leben, mei-   **197**
ne Seelenzustände, ständig nach zwei Deklinationen
gehen, wodurch nicht bloß die Endungen verschieden
werden, sondern das ganze Wort verändert wird.
                                             d. 17. Jan. 39.   35

198   Meinst Du denn, so wie die Juden Jehova den Zehnten vom Ertrag der Erde und von der Nachkommenschaft der Rinder darbrachten, dass Du ihm ebenso lediglich ein Zehntel Deines Herzens darbringen soll-
5   test – oder, dass, so wie die Juden 6 Tage in der Woche
arbeiteten und am siebten ruhten – Du so an die Welt
und ihre Werke in den 6 Tagen denken solltest, aber an
Gott am 7. Nein der Zehnte des Christen und das Opfer des Xsten ist sein ganzes Herz, und der Feiertag
10   des Xsten ist sein ganzes Leben, und wenn Du Gott den
Zehnten darbringst, dann sieh zu, ob nicht Gott, wie
der Prophet sagt, sein Fenster öffnen und auf dich
herabsehen wird. –   d. 17. Jan. 39.

199   Der stoische Philosoph Empedokles hat einmal gesagt: »Sei fastend in Lastern«. –   d. 17. Jan. 39.

277
200   . . . Denn Leid ist ein altes Wort, es ist fast ebenso alt wie
die Welt, aber »der Tröster« ist auch ein altes Wort;
20   aber doch nicht ganz so alt, wie es auch im Leben des
Einzelnen nicht so alt wird, auch wenn er noch so alt
würde, es ist doch immer eine Nacht jenem Tag vor-
ausgegangen, eine Nacht, in der er aus Furcht vor der
Welt Jesus besuchte, oder eine Nacht, als er an allem
25   verzagt zweifelte, als er nichts Festes fand zw. Himmel und Erde, eine Mitternacht, – als Xstus ihn besuchte, als Xstus zu ihm kam wie einst zu den Jüngern
durch verschlossene Türen. –   d. 18. Jan. 39

201   Der erste Eindruck, den man vom Xstt. bekommt, ist
so wohltuend, so mächtig, dass er im Nu unser ganzes Gemüt[a] verwandelt, so dass es kein Wunder ist,
wenn wir mit den Jüngern wünschen, auf dem Berg zu
bleiben, um dort unser Zelt aufzuschlagen (cfr. Mk.
35   IX,5 etc.); aber wie die Jünger müssen wir wieder he-

[a]Wer bist Du denn, die Herzen   1
aufzuteilen, Du, der dies so-
gar vor jenem Herrn tun will,
der Herzen und Nieren prüft,
vor ihm, jenem Herzensschau-   5
er, der besser als Du selbst
weiß, was in deinem Herzen
wohnt, wo so mancher heimliche Gedanke freien Spiel-
raum im Verborgenen bekam,   10
in jener Verborgenheit, wohin
er nur so selten mit Wohlgefallen geschaut hat, wenn du
nach Xsti Gebot im Verborge-
nen wohltätig warst. Wer nicht   15
für mich ist, der ist gegen
mich. Wer bist Du denn, Deinen Herrn und Deinen Gott
ebenso zeitlich machen zu
wollen, wie Du selbst es bist,   20
ihn, vor dem 1000 Jahre wie ein
Tag sind. Denk daran, dass Du
in seinem Bild und nach seinem Gleichnis erschaffen bist
und das ist das Höchste und   25
Herrlichste, das auszuspre-
chen möglich ist – und Du
willst eigenmächtig, eigensin-
nig ihn in Deinem Bilde schaffen und ihn nach deinem   30
Gleichnis bilden.
                    d. 18. Jan. 39.

ᵃcfr. Luk IX,29.

runter vom Berg, und oft wartet da eine ebenso harte
Prüfung, wie der Dämonische es für die Jünger gewesen ist. (cfr. Mk. IX,11 usw.)

d. 18. Jan. 39.

Herr! Mach Du unser Herz zu Deinem Tempel, wo-   **202**
rin Du Wohnung nehmen wirst. Lass jeden unreinen
Gedanken, jedes irdische Begehren wie den Götzen
Dagon jeden Morgen zerschmettert vor den Füßen der
Bundeslade sich wiederfinden, lehre uns, Fleisch und
Blut zu beherrschen, und lass dies das blutige Opfer   10
sein, so dass wir mit dem Apostel sagen mögen: ich
sterbe täglich.

d. 20. Jan. 39.

Hegel ist ein Johannes *Climacus*, der nicht wie die Gi-   **203**
ganten die Himmel stürmt, indem er Berg auf Berg   15
häuft – sondern er *entert* sie mit seinen Syllogismen.

d. 20. Jan. 39.

278
Gott gib Kraft, einzig daran zu denken, was ich zu tun   **204**
habe; und Du wirst mir dies zeigen und mir danach
gebieten, zu gehen, wie Du einst dem Propheten   20
Elischa geboten hast: Wenn Du jemanden auf Deinem
Weg triffst, dann grüße ihn nicht, und wenn er Dich
grüßt, dann antworte ihm nicht. –

d. 22. Jan. 39.

Es *soll* mit den Seelenzuständen des Msch. so *sein*,   **205**
wie es mit den Buchstaben in den Lexiken *ist*, einige
sind so stark und voluminös entwickelt, andere haben
bloß ein paar wenige Wörter unter sich – aber ein vollständiges Alphabet soll die Seele haben. –

d. 23. Jan. 39.   30

206   .... erst dann, wenn die ängstliche oder hochmütige
Heuchelei des Herzens verdrängt ist, erst dann erklingt das Wort für uns, so wie Xst. erst nachdem die
Pharisäer zum Schweigen gebracht waren und er sich
5   entfernt hatte, erst dann erklang sein Wort so recht
aus der Fülle des Herzens für *die Jünger.*

d. 27. Jan. 39.

207   Lasst uns in Geduld unsere Seelen erwerben. (cfr.
Luk. XXI,19).
10   d. 28. Jan. 39.

Journal DD, p. 1 von hinten (DD: 208)

280
Da der gewählte Titel des Stückes eine unangemessene   **208**
Koketterie zu enthalten scheint, soll es heißen.

Die allumfassende Debatte von Allem gegen Alles

oder

Je verrückter desto besser.   5

Aus den Papieren eines noch Lebenden

1   [a]gewidmet den 7 Verrück-   gegen seinen Willen herausgegeben
ten in Europa, zu denen sich
keine Stadt hat bekennen wollen. –

von

S. Kierkegaard.

281   **Der Streit zwischen dem alten und dem neuen Seifenkeller**

heroisch-patriotisch-kosmopolitisch-philantropisch-fatalistisches Drama

in mehreren Aufzügen

Genanntes Stück ist am Anfang sehr heiter, im Fortgang sehr betrüblich, aber doch im Ausgang sehr fröhlich.

Personen.
Willibald, ein junger Msch.
Eccho, sein Freund
Hr. v. Springgaasen, ein Philosoph
Hr.ᵉ Hastværksen, ein vorläufiges Genie
Hr. Phrase, ein Aventiurier, Mitglied mehrerer gelehrter Gesellschaften und Mitarbeiter in zahlreichen Journalen.
Hr. Ole Wadt, wirkl. Kriegsassessor, ehem. Schreiblehrer.
Eine Fliege, die es mehrere Jahre geschafft hat, beim seligen Hegel zu überwintern, und die das Glück hatte, bei der Abfassung seines Werkes: Phänomenologie des Geistes mehrere Male auf seiner unsterblichen Nase gesessen zu haben.
Eine Dito, Geschwisterkind der zuvor Genannten, eine Hegelianerin.
Ein Horn, Organ für die Volksmeinung, aus welchem man bald patriotisch trinkt und in welches man bald patriotisch bläst, auf dem jeder, wenn sich die Gelegenheit bietet, ein Stück bläst.
Ein Bauchredner: Ein Kämpfer für die Orthographie.
Ein Fußgänger.
Polytechniker.
Grossisten.

[b]Mit einem Titelkupfer, das Luther darstellt, wie er in einem Haselstrauch sitzt und Ruten für Leute schneidet, die unnütze Fragen stellen; einige davon sieht man auf der Erde liegen, andere wird man im ganzen Buch verstreut finden; Unerfahrene würden sich vielleicht dadurch täuschen lassen und sie für Gedankenstriche halten.

[c]Zugeeignet den vier verrückten Brüdern bei Claudius, der Vers wird abgedruckt.

[d]Eine Schluss-Vignette sollte Zachäus im Maulbeerbaum darstellen. –

ᵉHolla (sein Vorname)

[f]unterhalten auf öffentliche Beköstigung im Prytaneum.

[g]Sallust. Jugurtha Cap. IV. profecto existimabunt me magis merito quam ignavia judicium animi mutavisse majusque commodum ex otio meo quam ex aliorum negotiis reipublicæ venturum. –

[h]Damit jedoch diese Piece für irgendetwas nützlich sein kann, soll eine kurze Zusammenfassung der Konversationsthemata folgen, belieblich dargebracht zum Gebrauche für Jedermann und ein Verzeichnis der Schmähworte, die man gebrauchen kann, ohne dafür gemäß der Pressefreiheitsverordnung von 1799 verantwortlich gemacht werden zu können

1 PS: da ich jedoch sehe, dass ein
Floskelschreiber im Contoir
der Kjøbenhavnspost mir stets
zuvorkommt, muss ich mit
5 Schmerzen und bin ich genötigt, dies auszulassen, um nicht
überflüssig zu werden

[i]Man könnte auch Willibald
singen lassen: Selten Geld, Prü-
10 gel desto mehr etc. und Echo
singt: Oh, fatal, welche Qual,
ist es nicht zum Verrücktwerden allemal (diese letzte Arie
hat nämlich in Musik und
15 Idee eine Ähnlichkeit mit der
ersten, insofern man die Verzweiflung einer Modehänd-
lerin bei Auber mit der von
Mozarts Leporello vergleichen
20 kann.).

1. Akt.   282

Man sieht, wie sich Willibald nach einem kleinen Monolog entschließt, zu einer Teegesellschaft zu gehen,
wo er Echo trifft, der die ganze Gesellschaft hinreißt mit
seiner geistreichen Art, seinem Witz, seinen von Willi-   5
bald geliehenen Einfällen. Willibald will gehen, die
Gastgeberin hält ihn zurück, schließlich entkommt er,
eilt nach Hause auf sein Zimmer

Szene
                                                            10
Willibald.
(Sitzt in seinem Arbeits-Zimmer auf seinem Sofa, die
Tabakspfeife im Mund, inmitten einer großen Menge
aufgeschlagener Bücher und Papierzettel, auf welchen er das eine oder andere notiert hat.)
liest in Peter Schlemihl.   15
Was ist das doch für ein merkwürdiges Werk der Schlemihl . . . oder ist es ein Werk . . . bin ich das nicht selbst
. . . ja richtig, eine von Chamissos Phantasien bin ich
. . . selber ein Schatten, der deshalb keinen Schatten werfen kann . . . ich verfalle wie Auroras Mann und kann   20
mir bald Hoffnung machen, wie eine Naturmerkwür-
digkeit unter einer Glasglocke ein Naturalienkabinett
zu schmücken . . . . Oh, dann werde ich einst während der Vorlesungen eines hoch- und wohlgelehrten
Professors das Glas sprengen und meine Lebenshy-   25
perbel wird alle seine Dezimal- und Algebra-Berech-
nungen übertreffen . . . dann wird mein letzter feuersto-
bender gigantischer Seufzer wenigstens den Spießbür-
gern einen so großen Schrecken einjagen, dass ich
von jeder condolence unbehelligt bleiben werde. . . . (eine 30

Tabakswolke ausschnaubend) und diese Nebelmassen
sind also das Reich, in dem ich zu Hause bin. oh! sieh,
wie sie sich verdichten und gleichsam zu Gestalten
werden ... Nun gut, wenn ich selbst ein Schatten sein
5   muss, dann will ich wenigstens auch einen neuen dichten, ich will einen schaffen .... (mit großem Pathos) es
werde ein Msch. .... (im selben Moment nimmt
die Wolke die Gestalt von Echo an) was sehe ich, ist das
nicht mein Quälgeist – mein zweites Ich ..... aber bin
10 ich denn ich ... einerlei (ergreift seinen Säbel) erscheine,
Du aller meiner Worte gewissenhaftester Buchhalter
283 .... erscheine, und mit Dir die ganze Schar der Nach-
plapperer – säßen all Eure Köpfe doch nur auf einem
Hals (er haut hin; aber da ist nichts) .... da ist nichts ...
15 wie, wenn ich das gleiche Experiment mit mir selbst
machte .... (wendet den Säbel gegen sich selbst, im
selben Moment muss er sehr stark husten) habe ich
vielleicht den Stummel der Schreibfeder in den Hals
bekommen, mit dem ich vorhin gespielt habe ..... ich
20 fühle schon, wie er die Luftröhre hinuntergleitet (hustet, nimmt das Licht und sieht in den Spiegel) ... ich
bin ungewöhnlich bleich (hustet) (man hört, wie sich
draußen jemand räuspert – es klopft) ... das ist mein
Freund, wenn ich huste, räuspert er sich .... ich wette,
25 dass er ebenfalls eine Schreibfeder verschluckt hat ...
herein! Echo tritt mit einer ehrerbietigen Geste ein
W. Wo komst du her geritten? (umarmt sehr freund-
    schaftlich)
E. Um so fortzufahren wie Du angefangen hast: Wir sat-
30   teln nur um Mitternacht.
W. Bravo ... aber leider ist dann deine Zeit nun vor-
    bei; denn es ist gerade Schlag 1 Uhr.
E. Oh! in so vortrefflicher Gesellschaft ..... (bemerkt
    den Säbel, den Willibald noch in der Hand hält) was
35 seh' ich da, wozu diese Waffe.
W. Ich war gerade dabei, auf Aufforderung eines mitlei-
    digen Teufels eine Heuschrecke totzuschlagen, da-
    mit sie von seines einzigen Freundes Hand fallen
    könnte (legt den Säbel ab).
40 E. Ich verstehe dich nicht

[j]W. alle Romane lügen   1
E. Das habe ich auch schon be-
    merkt. So las ich neulich et-
    wa einen Roman, der mit den
    Worten anfing: das gelbge-   5
    tünchte Haus an der Ecke
    der Kronprindsensgade und
    der st. Kjøbmagergade ist
    sicherlich den Vorüberge-
    henden oft aufgefallen.« Son- 10
    derbar, dachte ich, das hast
    du noch nie bemerkt. Au-
    genblicklich eile ich dorthin,
    um mich durch die eigene
    Anschauung davon noch   15
    mehr in den Roman zu ver-
    setzen und nach Möglichkeit
    die beschriebene Familie
    kennenzulernen, indem ich
    beim Fenster hineingucke.   20
    Aber trotz aller Anstrengung
    war es nicht möglich, ein
    solches Haus zu finden.
W. Sonderbar, aber hast du
    auch darauf geachtet, aus   25
    welchem Jahr der Roman

1   war oder jedenfalls in welchem
Jahr der Roman spielt, vielleicht ist dieser Ort ja anders
gestrichen worden.

5   E. Sollte das möglich sein, ja,
darüber muss ich mich doch
wirklich erkundigen.

W. Aber mal angenommen,
dass es niemals gelb gewe-

10   sen ist, so ist es doch merkwürdig, dass Du, der selbst
Romane schreibt, diesen
Kniff nicht bemerkt und
nicht selbst benutzt hast.

15   E. Doch, natürlich habe ich ihn
benutzt; aber es wäre mir
niemals eingefallen, dass andere denselben benutzen.

W. So wirst Du wohl das nächs-

20   te Mal, wenn Du Dich dergleichen bedienen willst, die
Reflexion mit in den Roman
einbringen, dass Du sehr
wohl weißt, dass es viele Au-

25   toren gibt, die diesen Kniff
benutzen, um die Leser zu
täuschen; aber dass das, was
Du sagst, so wahr ist, dass
sie sich gerne an das Mietbü-

30   ro wenden und sich dort erkundigen könnten, ob es
nicht ein solches Haus an der
bezeichneten Stelle gibt.

W. Wohl gesprochen.

E. Erkläre Dich, Du bist in einem erregten Zustand …
weshalb hast du die Gesellschaft so früh verlassen …
alle drangen auf mich ein und fragten mich nach
dem Grund – was hätt' ich antworten sollen.   5

W … das weiß ich nicht … was sie wollten.

E: Oh, erleichtere Dein Herz bei mir … bei mir, mit dem
Du in die Schule gegangen bist; bei mir, der ich in so
viele deiner Pläne eingeweiht gewesen bin.

W. (unterbricht ihn) ja Du, der Du zusammen mit mir   10
Prügel vom Rektor bezogen hast … Du, mein bester, mein einziger Freund.

E. (fährt fort) bei mir, an den du mit so tiefer Sympa-   284
thie gebunden bist, ich fühle dasselbe … Du lang-
weilst Dich auf Gesellschaften, das tu ich auch.   15

W. Oh nein, mir scheint, sie sind amüsant.

E. versteht sich, viele von ihnen …. Du suchst Einsamkeit

W. das tust Du auch

E. Oh, wie traurig ist es, missverstanden zu werden,   20
nicht zu wagen, sein ganzes Herz zu öffnen, ja Missverständnis, ja Missverständnis

W. (mit einem ironischen Lächeln) ja, es gibt doch Fälle, wo dem Betreffenden sehr damit gedient sein
kann.   25

E. Das leugne ich nicht – bis zu einem gewissen Grad.

……

nonnulla desunt

W. Ich bin gerade dabei, die Lunge und den Zustand
des Herzens zu untersuchen, mein Atem trillert, ich   30
fühle deutlich, wie ein Stummel der Schreibfeder,
den ich verschluckt habe, langsam hinunterrutscht, um
mir den Garaus zu machen

E. Du solltest einen Bissen Brot essen oder etwas trinken, ich bekam neulich auch einen Krümel in den fal-   35
schen Hals

W. Ich spucke Blut – lauf nach einem Arzt
(E. eilt in größter Hast davon)
W. geh' mit Gott – (während E. die Tür schließt), scher
dich zum Teufel. endlich bin ich ihn denn losgewor-
5 den, oh warum bin ich doch ein geselliges Tier geworden, ein Msch., warum nicht eine Eule oder eine Rohrdommel, dann wäre ich doch der schlimmsten Plage
quitt – der Freunde.
er eilt barhäuptig aus der Tür, immer schneller wer-
10 dend, und man hört nichts außer von weit weg eine
schwache Musik von einer Trommel, Becken und einer verstimmten Klarinette, die das bekannte Thema
aus dem Maurermeister vortragen: Nein, verzage
nicht, nein verzage nicht, immer sind uns Freunde nah'
15 hierüber verzweifelt W. noch mehr und stürzt in Raserei davon.
E. kommt mit dem Arzt zurück.
Seine Verwunderung darüber, W. nicht zu finden, wird
bald abgelöst von einer gewissen feierlichen Stim-
20 mung, hervorgerufen durch die Betrachtung des nun
von seinem belebenden Prinzip verlassenen Zimmers.
E. Ich verkehre viel mit ihm, ein höchst sonderbarer
285 Msch., ein Original, voll der kuriosesten Einfälle, die
herumflattern, da er schreibt wie jene Göttin schreibt,
25 auf Blätter, die er vom Wind verwehen lässt, wie ich
mir einmal in einer Novelle zu sagen erlaubt habe,
von welcher ein Rezensent so gütig war, zu sagen, dass
ich mich gewiss in meinen alten Tagen darüber wundern würde, dass ich in meiner Jugend von solcher Ge-
30 nialität gewesen bin.
D. Oh wenn Sie zu dieser Zeit ihr Gedächtnis nicht
ganz verloren haben sollten, so wird dieses Ihnen ja
wohl die nötige Aufklärung geben können.
E. Er ist ein Msch., den ich im Auge behalte gerade wie
35 die Polizei verdächtige Personen, wie ich mich in einer Novelle ausgedrückt habe, und in meiner doppelten Buchführung über Einfälle ist ihm ein eigenes
Buch eingeräumt. Wenn ich mir nicht selbst ebenso
sehr schaden würde, besonders meinem Honorar, wie
40 ich dem Allgemeinen nutzen könnte, würde ich ein ei-

genes Werk über die Einrichtung einer derartigen Buchführung herausgeben. Ihnen werde ich es aber mittei-
len.
D. Bedenken Sie doch, dass dies ja der erste Schritt ist
E. Bloß keine Furcht, ich bin überzeugt, ihre Praxis
wird Sie hindern, davon Gebrauch zu machen. Es hat
mich übrigens viel Zeit gekostet, bevor ich das Rechte fand sowohl im Hinbl. auf die Berechnung der
Fruchtfolge in dieser literarischen Wechselwirtschaft
als auch auf die chemische Untersuchung des Mer-
gels, den ich gebrauche, und dessen Verhältnis zur Beschaffenheit meiner eigenen Produktion
D. Wie gerne ich dies auch hören würde, so werden sie
doch in eben demselben Grund, auf dem ihr Wohlwollen, es mir mitzuteilen beruhte, einen hinreichenden
Grund sehen und deshalb ... vielleicht wird ein späterer, favorabler Augenblick uns wieder zusammenfüh-
ren, und dann werden Sie vielleicht die Güte haben, ...
es sei denn, dass Sie in dieser Gunst der Stunde einen Grund zum Schweigen sehen sollten. also leben Sie
wohl.
E: Wer weiß, ob es nicht doch eine glückliche Fügung
war, die mich zurückhielt, als ich zum ersten Mal drauf
und dran war, mein Geheimnis zu verraten, obgleich
ich doch nicht leugnen kann, dass ich wohl wünschte, der eine oder andere möge über das große Geheimnis, in dessen Besitz ich bin, zu den Leuten sprechen.
   Wir kehren indes zurück zu Willibald. Verzweifelt
über das letzte freundschaftliche Abschiedslied, wie
wir ihn gesehen haben, stürzte er in der Hoffnung weiter, Freunden doch noch einmal zu entgehen. Dies
sollte ihm freilich nur allzu bald widerfahren. In seiner Verwirrung war er in einen Mann gerannt, der, wie
er nun entdeckte, in ein Gespräch mit zwei anderen
vertieft war. Nachdem er seine Entschuldigung vorgebracht hatte, bekam er zur Antwort, dass er sich
nicht entschuldigen müsse; denn er wäre ein großer
Sünder, das wisse er wohl, und es würde ihn bloß freu-
en, wenn ihm das Glück zuteil würde, etwas um Xsti
willen zu leiden. – Kaum hat Willibald sie verlassen,

1   [k]großer Wettstreit zw. 3 Erweckten darüber, wer der größte Sünder sei. –

[l]*NB.* In diesem Buch wird, was
5   das Folgende betrifft, nur

ehe er in größter Hast ziellos weiter eilt, wobei er laut
für sich deklamiert: Einst war meine Ehr' wie ein spie-
gelklarer Schild aus geschliffnem Stahl, ... nun ist ein
Fleck blutiger Rost darauf ..... Dieses laute Reden ist
5   genug, um einen Polizeispitzel auf ihn aufmerksam
zu machen, der ausgeschickt war, um einige Erweckte festzunehmen, und diese Rede vom »blutigen Rost«
war mehr als ausreichend, um ihn in hohem Grad verdächtig zu machen. Allerdings hatte er W. aus dem
10 Blick verloren, und da es trotz der eifrigsten Bemühungen der Polizei nicht gelang, ihn aufzugreifen, sieht
der Leser die Notwendigkeit ein, dass er nicht mehr
auf der Erde zu finden ist. –

2. Akt.

15 Eine phantastische Landschaft. Prytaneum – wo die
genannten Personen auf öffentliche Kosten unterhalten werden.

Alles ist dreieckig arrangiert – es wird mit 3 Karten
gespielt u. s. w.

20   ### 1. Szene.
Ole Wadt.   Holla Hastværksen.

O. Wadt. Wie gesagt, ich missbillige ihre ganze Richtung keinesfalls, ich bin vielmehr sehr geneigt, ihre
unsterblichen Verdienste für vaterländische Anliegen
25 anzuerkennen; doch was den Stil, was den Ausdruck
betrifft, da ist immer etwas Anstößiges – Ihre Feder ist
nicht weich genug, wenn ich so sagen darf.
H. Sie meinen also, dass es daher kommt, dass ich
Stahlfedern benutze.
287 W. Sehr richtig! Sie haben da eine Bemerkung gemacht, die weit tiefer ist, als Sie selbst vielleicht glauben. Nichts verdirbt die Hand und das Herz dermaßen wie Stahlfedern. Wie würde wohl ein Liebes-
brief geraten, der mit Stahl geschrieben werden sollte.
35 H. Es hat gewiss eine tiefe praktische Bedeutung, einen symbolischen Charakter, dass der Stahl auf diese

der Gedankengang an-   1
zugeben sein, das Übrige
ist nach und nach auf
Papierblättern auszufüh-
ren.   5

Weise von Lanzen und Spießen auf Federn übertragen
worden ist.

W. Ich fühle leider bereits, dass das Schwert der Zeit
durch mein Herz gegangen ist, dass die gegenwärtige
Zeit das Weiche, Geschmeidige, Elastische, Anmuti-   5
ge verloren hat, an dem sich die vergangene Zeit erfreute.

H. Soll ich jetzt mit der alten Geschichte von der vergangenen Zeit geplagt werden. Es war ein idyllischer
Unschuldszustand, aber jetzt sind wir Männer. Jetzt   10
müssen wir mit Ernst in die Dinge eingreifen, uns mit
Stahlhandschuhen wappnen

W. Sie meinen mit Stahlfedern.

H. Oh scheren Sie sich zum Teufel mit Ihrer Gänsefeder, Sie haben keine hochherzigen Gefühle, in Ihnen   15
steckt eine Seele wie in einer Gänsefeder.

(geht weg im Zorn)

2. Szene.

Die Vorigen.   Phrase.   v. Springgaasen.   20

[m]Wenn v.S. seine Skepsis so
richtig entfaltete, pflegte er bedeutungsvoll seinen Finger
an die Nase zu legen, um, wie
Hastvaerksen anmerkte, doch   5
wenigstens einen festen Punkt
im unendlichen Zweifel zu haben. –

(Hr. v. Springgaasen, ein kleiner unansehnlicher
Mann, dessen eines Bein gut eine viertel Elle kürzer
war als das andere, und zur Veranschàulichung seiner
philosophischen Ideen pflegte er, nachdem er sich zu-   25
erst auf das längere Bein gestellt hatte, diesen illusori-
schen Standpunkt zu verlassen, wie er sich auszudrücken pflegte, um die tiefere Realität zu gewinnen).

Phrase hält Hastvaerksen an.

P. Lassen Sie mich einen Augenblick Ihren beflügelten   30
und eilenden Schritt anhalten, Hr. Hastvaerksen. Ein
Anliegen von großer Wichtigkeit hat längere Zeit meine Seele erfüllt, ein Anliegen, bei dessen Ausführung
ich auf ihr geneigtes Mitwirken hoffe rechnen zu dürfen. Den großen Schatz an Kenntnissen, den jeder von   35
uns besitzt, sollten wir keineswegs zu isolieren suchen, sondern Hand in Hand arbeitend eine Realisati-
on grandioser Ziele vollbringen, doch nicht nur das,
wir sollten uns auch bemühen, die großen Resultate
der Wissenschaft dem Volk zugänglich zu machen, die   288

Entwicklung unserer Zeit sollte das an Extensität gewinnen, was sie an Intensität verliert.

v.S. Ja, das ist ja schön und gut mit dem Populären;
aber mein Zweifel ist keineswegs populär; es ist kein
5   Zweifel an manchem und vielem, an diesem oder jenem, nein es ist ein unendlicher Zweifel, ja ich wurde
bisweilen von einem wahren wissenschaftlichen Zweifel geängstigt, ob ich wohl auch genug gezweifelt habe; denn Zweifel ist das Spezifische in der neueren Phi-
10 losophie, die, in parenthesi gesagt, mit Cartesius angefangen hat, der da sagte de omnibus disputandum est,
womit er jenen Satz vollkommen zunichte machte, der
zuvor als ein Grundsatz galt: de gustibus non est disputandum. Sehen Sie, solche großen wissenschaftlichen
15 Probleme werden dem gemeinen Mann unmöglich
mitgeteilt werden können.

P. Es ist ja gar nicht meine Meinung, dass man eigentl.
für Bauern schreiben sollte; Nein für den gebildeten
Mittelstand, für die Grossisten, Polytechniker für die
20 Kapitalisten, und wenn man den Stil ein bisschen
mehr lockerte...

Wadt mit Verlaub, eben das habe ich für Hrn. Hastvaerksen ausgeführt, ja der Stil, die Schreibweise, das ist es,
worauf es ankommt. Man nehme etwas fort von dem
25 Scharfen, Kantigen, dem allzu Spitzen von der Vielflä-
chigkeit der modernen Philosophie, man runde die
Formen etwas mehr ab, und es gibt keinen Zweifel daran, dass es gelingen wird, dass wir vom selben Tag an
die neue Entwicklung zu datieren haben werden.

30 *Hastv.* Philosophie hin, Philosophie her. Nicht auf die
Philosophie kommt es an. Es kommt auf die praktischen Fragen an, die Lebens-Fragen – aufs Leben,
kurz gesagt

v.Sp. ja, was ist das Leben

35 *P.* Das Leben ist ein von sich selbst Ausgehendes zu
sich selbst Zurückkehrendes.

v.Sp. etc. etc. nur um Hrn. Hastvaerksen zu zeigen, wie
schwer es ist, populär zu werden, bin ich ihm mit diesem Einwand gekommen. Auch hier gilt die tief-
40 sinnige Forderung der neueren Philosophie δοσ μοι

που στω. Aber wo soll ich in der vulgären Räsonne-
ments-Sphäre festen Fuß fassen. δοσ μοι που στω.
H. Ja freilich muss es Ihnen immer schwer fallen, festen Fuß zu fassen, und das ist fast bei allen Philoso-　289
phen der Fall, die so schlecht zu Fuß sind wie sie, Hr.　5
Springgaasen.
v.S. Das ist ein niedriger Angriff.
Wadt Ja es mangelt ihm an Form. Das Anstößige tritt in
jeder seiner Äußerungen so stark hervor. –

Nonnulla desunt.　10

3. Szene.
Willibald.

(Etwas verwirrt im Äußeren, er sieht sich verwundert
um, bemerkt die Inschrift »Prytaneum«, wirft sich
vor Freude auf die Erde und küsst sie. bricht in Freu-　15
de aus darüber, vom ganzen Leben befreit zu sein, in
dem er sich bisher geplagt hatte, und darüber, sich in
eine Gegend versetzt zu sehen, in der notwendigerweise Weisheit wohnen muss. Sein Blick fällt auf Springgaasen, geht ihm mit tiefer Ehrerbietung entgegen)　20
Willibald (nähert sich Spr.) Ohne eigentlich zu wissen, wohin ich gekommen bin, ist es mir doch alle-
zeit ein Trost zu wissen, dass wir, dass ich den Hort aller meiner Plagen verlassen habe. Die äuß. Umgebung, der ganze Totaleindruck hat bei mir eine freudi-　25
ge Vorstellung geweckt, eine glückliche Ahnung, dass
hier die Weisheit zu finden sein muss, dass ich hier von
der schrecklichen Relativität geheilt werden müsste,
der ich bisher unterworfen war.
v.Sp. Mein Lieber! Was ihnen fehlt, ist mir völlig klar. Es　30
ist das Faustische, das ist es, an dem die neuere Philosophie, die in parenthesi gesagt, mit Cartesius anfing,
im höchsten Grade gelitten hat. (während dieser Replik
haben die übrigen Mitglieder des Prytaneums im Gespräch untereinander die Szene betreten) (Sp., sich an　35
die übrigen Mitglieder wendend) ... da ich gerade da-

bei bin, eine ganz kurze Darstellung der neueren Philosophie seit Cartesius zu geben, kann ich vielleicht den
übrigen Anwesenden damit dienen, öffentlich darüber
zu sprechen, so dass alle es hören können.

5 *Phrase* Ist das dieselbe Darstellung, von der ich mir bereits früher einen großen Teil angeeignet habe; Oh, da
290 würden sie zumindest mir mit einer solchen Wiederholung den großen Dienst erweisen, mir dazu zu verhelfen, vom Himmelfahrtsberg der Spekulation he-
10 rab die geschichtlichen Inkarnationen der großen
   Ideen zu überschauen.
   v.Sp. O welche Freude, einen solchen Jünger zu haben,
   welche Unermüdlichkeit – Ja wenn Du auch nicht so
   weithin wirken wirst wie Dein Meister, so wirst Du
15 doch bald mit Ehren einen Dozentenposten in nordischen Landen bekleiden können und die hyperbore-
   ische Finsternis zerstreuen.
                    M. H.
   Es war also von dem zu Lebzeiten verfolgten (ob er
20 eigentl. verfolgt wurde, weiß ich nicht, aber da es
   mehrere Jahrhunderte her ist, seit er lebte, ist er ja der
   Mythologie anheim gefallen und in deren Licht gesehen ist er notwendigerweise verfolgt worden) nach seinem Tod vergessenen, doch nun ewig unsterblich ge-
25 machten Cartesius, von dem her sich die ganze neuere
   Philosophie datiert. Ich weiß freilich, dass sich in unsere Gesellschaft leider einige unwissende Msch. einge-
   schlichen haben, die in irdischer Geschäftigkeit für die
   alleruntergeordnetsten Interessen annehmen, die Welt
30 habe erst letztes Jahr begonnen, und die nicht mit uns,
   m. H., den großen Bettag der nunmehr welthistorisch eingetretenen Anschauung begehen, wonach der
   Msch., d.h. der Philosoph, nachdem er vom unmittelb. paradiesischen Unschuldszustand durch die Dia-
35 lektik des Lebens hindurch zum Unmittelb. zurückgekehrt ist, gerade aus diesem Grund nicht arbeiten
   soll, sondern in intuitivem Genießen das bereits durch-
   lebte Weltdrama erneut erleben soll. Es soll mich doch
   wirklich nichts in meiner kontemplativen Ruhe
40 stören. Ich betrachte die gegenteilige Anschauung als

ein verschwindendes Moment, wenn schon nicht aus
einem anderen Grund, so doch deswegen, weil sonst
die meine ja nicht das bleibende wäre. Es war also Cartesius, der die denkwürdigen, auf ewig unvergesslichen Worte aussprach: cogito ergo sum und de omnibus dis-   291
putandum est – Worte, die eigentl. in jedem wohlge-
ordneten spekulativen Staat im Konfirmandenunter-
richt gelehrt werden müssten, und hinsichtlich derer
zumindest kein theologischer Kandidat unwissend
sein sollte, da sich ohne sie kein spekulativer Seelsor-   10
ger Hoffnung machen darf, seinen schwierigen Beruf
mit Erfolg auszuüben.
Ja, welch großer Gedanke – es wird einmal dahin kommen, dass man diese Worte, ich wiederhole sie, cogito
ergo sum und de omnibus disp. est als wissenschaftliche   15
Parole des Staates betrachten wird, als ein Palladium,
das alle Ketzerei vertreiben wird, als Worte, die uns
wie das Wort Adam an die Schöpfung unseres intellektuellen Lebens erinnern werden.

                    Nonnulla desunt.   20

Der Präsident Da es sowohl unseren Satzungen wie
auch der dramatischen Wohlanständigkeit, die wir in
unserer Gesellschaft bislang in Ehren hielten, wider-
streitet, solch lange Monologe zu halten, muss ich sie
von Amts wegen unterbrechen.   25
v.S: es würde mir Leid tun, wenn mich meine Beredsamkeit auf irgendeine Weise dazu hingerissen haben sollte, die althergebrachte Konvenienz unserer Gesellschaft zu übertreten. Und wenn es sich tatsächlich
so verhält, ist der Grund alleine in dem freieren Vor-   30
trag zu suchen, dem ich mich unseres Katechumenen
wegen ergeben habe, dem ich auch im Hinbl. auf die
Beschaffenheit unserer Gesellschaft den rechten
Standpunkt anzuweisen wünschte. Mit der größten
Ruhe getraue ich mich, mehrere der anwesenden Her-   35
ren zu Zeugen dazu aufzurufen, dass der kurze Vortrag, den ich sonst über die neuere Philosphie seit Car-

tesius, oder genauer gesagt über die neuere Philosophie, zu halten pflege, auch im wohlgestaltetsten Drama in keiner Weise zu langwierig wäre. Ja, Hr. Präsident, ich wette, dass er nicht mehr als 1½ Minuten dau-
⁵ ert, da ich ihn gerade im Hinbl. auf die Bedürfnisse
unserer Gesellschaft eingerichtet habe.
Präsident Ich bin abermals genötigt, Sie zur Ordnung zu
rufen und Schweigen zu gebieten.
v.S. Cartesius war es, der da sagte cogito ergo sum und de
¹⁰ omnibus dubitandum.
Präsident silentium.
v.S. Spinoza nun führte diesen Standpunkt rein objektiv durch, so dass alles Dasein zu Undulationen des
Absoluten wurde.
¹⁵ *Präsident* Pedelle mögen vortreten.
v.S. diese Objektivität wurde freilich in der kritischen
Weiterentwicklung gänzlich fortdestilliert, und während Kant diese Skepsis nur bis zu einem gewissen
292 Grad durchführte, blieb es Fichte vorbehalten, dieser
²⁰ Medusa im Kritizismus und in der Nacht der Abstraktion ins Auge zu blicken.
Präsident Ergreift ihn und führt ihn ab.
v.S. da ich sehe, dass man Gewalt gebrauchen will,
kann ich den Teil über Sleiermacher nicht ausführen,
²⁵ Hegel aber war es, der die vorausgegangenen Systeme spekulativ konzentrierte und mit ihm hat deshalb die Erkenntnis ihren eigentl. dogmatischen Höhe-
punkt erreicht.
     (Die Pedelle machen Miene, ihn ergreifen zu wollen)
³⁰ Jetzt bin ich fertig und mit Hegel ist die Weltgeschichte vorbei, führt mich nur ab; denn jetzt ist nichts anderes übrig als Mythologie und ich selbst werde eine
mythologische Person.
Phrase Das ist ein gänzlich einseitiger Standpunkt
³⁵ (räuspert sich) M. H. ich bin über Hegel hinausgekommen, wohin kann ich noch nicht so ganz genau sagen; aber ich bin über ihn hinausgekommen.
v.S. Was muss ich da hören, Schlange! Judas! Lasst mich
los, ja soll denn die ewige Idee immer der Masse un-
⁴⁰ terliegen.

Präsid. Bringt ihn in den Karzer.

(sie führen ihn ab.)

Phrase Ich wiederhole es, meine Herren, ich bin über
Hegel hinausgekommen. Die neuere Philosophie war
es nämlich, die mit Cartesius angefangen hat, der da   5
sagte: cogito ergo sum und de omnibus dubitandum est.
Der Präsident (unterbricht ihn) Da Hr. v. Springgaasen
Anlass zu einigen unangenehmen Vorfällen gegeben
und damit eine Spannung in den Gemütern verur-
sacht hat, sehe ich mich genötigt, die Versammlung   10
aufzuheben .. Jeder gehe zu seinen Geschäften – Was
mich jedoch am meisten schmerzt ist, dass wir nicht
sogleich die Gelegenheit hatten, Hr. v. S.s Meinung in
einer sehr diffizilen Frage zu hören, die in unserer Gesellschaft aufgekommen ist. Das wird nun auf mor-   15
gen auf die Generalversammung verschoben, cui vos ut
frequentes adsitis etiam atque etiam rogamus.   missa est ecclesia. –

                            ～～～～～～～～   20

Inzwischen wusste man im Prytaneum überhaupt
nicht, was man mit Willibald tun sollte, der sich durch
v. Sp. philosophische Vorlesungen nur wenig erbaut
und zufrieden gestellt fand. Schließlich hatte man
beschlossen, ihn an die wissenschaftliche Anstalt zu   293
senden, die das Prytaneum gegründet hatte – die
welthistorische Hochschule. Diese war zwar noch nicht
fertig, und nur das Atrium konnte verwendet werden, dies aber war so groß, dass dort 4 Professoren
gleichzeitig dozierten, ohne einander zu stören, ja es   30
war so groß, dass nicht einmal die Zuhörer hören konnten, was die Dozenten entwickelten, obwohl diese eifrig den Schweiß von ihren durch Anstrengungen auf-
geweichten Stirnen wischten. 2 dieser 4 Professoren
sagten wortwörtlich dasselbe, und wenn sie fertig wa-   35
ren, wandten sie sich mit einer Miene um, als ob niemand in der Welt etwas Derartiges sagen könnte.

Hier war nun Willibald durch persönlichen Umgang allmählich für die Anschauungen gewonnen worden, die im Prytaneum gang und gäbe waren, und   40

hatte insofern bereits einen Einfall wieder bereut, den
er in seiner Verbitterung über v.S. dem Präsidenten
zugeschickt hatte, eine Frage nämlich, woher es komme, dass die Sonne im Prytaneum ihre [Stellung] überhaupt nicht veränderte und infolgedessen das Licht
stets dasselbe blieb, eine Frage, die nun im hohen Maß
das Prytaneum beunruhigte und den Anlass zur Generalversammlung gab, die jetzt abgehalten werden
sollte.

Generalversammlung.
Präsid. v. S. Phrase. Ole Wadt. Hola Hastv. Polytechniker, Philologen etc.
    Der Präsident bringt die Sache zur Sprache, die be-
reits vorläufig bekannt gemacht war, und hoffte daher,
dass die Debatten sanfter verlaufen mögen

Hola Hastv. ich erbitte mir das Wort. Das Phänomen, auf
dessen Klärung jetzt die Aufmerksamkeit gerichtet
werden soll, ist von großer Wichtigkeit, obwohl das
Phänomen für jeden, der mit wachem Auge die Riesen-
schritte der neueren Zeit verfolgt hat, die die Wissenschaften emanzipieren und makadamisieren, leicht zu
erklären ist: es ist das Morgenlicht, es ist das feierli-
che Morgengrauen, es ist der Kampf der Sonne mit
den letzten Anstrengungen der Dunkelheit, es ist, wie
es ein Dichter gesagt hat, des Prytaneums Mai und
des Prytaneums Morgen. Wenn diese erst einmal überwunden sein werden, dann werden sich uns die Augen öffnen für die Resultate der großen Geburtswe-
hen unserer Zeit, dann werden wir ein goldenes Jahr
verkünden, die rechte Neujahrs-Zeit, da der ganze alte Sauerteig und die ewige Schulfuchserei, aller Jesuitismus und Papismus ausgekehrt sein werden.
v.S. Ich verkenne keinesfalls die Bemühungen des verehrten Redners, die zukünftigen Aussichten so hell
wie möglich zu schildern; aber ich würde sagen, dass
er eine Neigung hat, allzu sehr voranzuhasten, allzu
sehr gerade aus zu gehen; ich hingegen, ich spüre den
dialektischen Puls in mir, ich bewege mich im wah-

[n](diese Rede sollte natürlich
viel breiter ausgeführt werden; aber ich will jetzt nur An-
deutungen machen).

ren dialektischen Zickzack. So wie man beobachten
kann, dass der gemeine Fisch, der gemeine Vogel, das
gemeine Tier in seiner Lokomotion schlecht und recht
immer der Nase geradeaus nachgeht, wohingegen
man den edlen Raubvogel, den würdigen Raubfisch,   5
das stolze Raubtier im Sprung seine Beute erobern
sieht, so verhält es sich mit der echten spekulativen Bewegung, wenn man die Bedeutung dieses echt spekulativen Bildes durchführen will. Im Auffassen der
Weltverhältnisse kann daher nicht die Rede sein von   10
Aussichten, wenigstens nicht gerade aus, wie die be-
zaubernden Aussichten des Hrn. Hastvaerksen, eher
müsste man das, was sich für die spekulative Betrachtung ergibt, Einsichten nennen, ebenso wie man bei
einer Schlange, die sich selbst in den Schwanz beißt   15
(dieses unausschöpfliche Bild auf die Spekulation),
nicht sagen kann, dass sie Aussicht hält, sondern Einsicht hält, so dass sie schließlich von hinten in ihr eigenes Auge sieht, sozusagen in und durch ihr eigenes Auge hinaus- und hineinschaut.   20
Hastv. Lange genug habe ich den Weitläufigkeiten von
Hrn. v.S. zugehört, die doch nichts anderes als Hegels berühmtes Gedanken-perpetuum-mobile sind. Doch
wir, die wir für das Leben arbeiten, wir, die wir von
der Schule für das Leben dimittierten, können uns   25
wahrlich nicht damit zufrieden geben, die eine Runde nach der anderen um das Pferd herum zu machen,
ohne auf dem Weg des Lebens weiterzukommen, und
wir können uns nicht abspeisen lassen mit Hr. v.S.s
unausschöpflichen oder, was sie eher zu sein schei-   30
nen, unverschleißbaren Schlangenbildern, und mit
all den Einfällen, die nur im Hirn eines Mannes aufkommen können, der im Zeichen des Steinbocks geboren ist, wie es vermutlich bei Hr. v.S. der Fall ist, ja,
wir überspringen gewiss zu Recht alle seine Sprünge.   35
v.S. Ohne mich durch Hr. Hastvaerksens Missver-
stand stören zu lassen, der mich eines Teils der Freude darüber beraubt, zu sehen, dass er doch zumindest
eine Idee richtig aufgefasst hat, nämlich die Übergangs-Kategorie, mit der man über seinen Vorgänger   295

hinausgeht, werde ich dazu übergehen, das vorgelegte
Problem zu lösen. Das Phänomen lässt sich nämlich
dadurch erklären, dass es Abendlicht ist. Die Philosophie ist nämlich der Abend des Lebens, und mit He-
5 gel, der die vorhergehenden rationellen Systeme spekulativ konzentrierte, ist dieser welthistorisch eingetreten.

Phrase Ich bin über Hegel hinausgekommen.

Hastvaerks. Ich fordere Ballotage

10 *Präsident* soll die Abstimmung mit Kugeln oder offen
sein

v.S. ich begehre das Wort. Es erscheint mir eine Un-
gereimtheit, eine derartige Frage durch Ballotage
entscheiden zu wollen, und es ist meine unvorgreif-
15 liche Meinung, dass die Endlichkeit in der Diskussion,
die man durch Ballotage erreicht, eigentlich keine
Endlichkeit ist, sondern eher die schlechte Unendlichkeit.

   (Mehrere reden aufeinander ein)

20 A. Das ist eine Sache von äußerster Wichtigkeit

B. Das ist eine Lebensfrage

C. das ist eine Prinzipienfrage

D. das ist ein Lebensprinzip.

Ein Polytechniker Der Staat ist ein galvanischer Appa-
25 rat

v.S. Der Staat ist ein Organismus.

Phrase Hr. Präsident, ich fordere sie auf zu klären, ob
ich es bin, der da redet; andernfalls begehre ich das
Wort.

30 *Hastv.* Ich verlange, dass darüber ballotiert wird, ob
ballotiert werden soll. Ich kämpfe für die Freiheit, wir
wollen uns nicht länger von diesen tyrannischen Philosophen unterdrücken lassen.

Ole Wadt. Freunde, wie traurig wäre das, wenn wegen
35 einer solchen Frage das gute Einvernehmen in unserer uralten Gemeinschaft zerstört würde.

Präsident Es ergibt sich die Schwierigkeit, ob unsere
Satzungen in einem solchen Fall Ballotage zulassen

Ein Philologe Ich beantrage, dass ein Komitee von Alter-
40 tumswissenschaftlern eingesetzt wird, damit auf der

Basis gesunder Kritik der Sinn der Satzung herausge-
funden wird.

Präsid. Der Vorschlag des ehrwürdigen Redners scheint
sich zu erübrigen, da die Satzungen erst 1 Jahr alt
sind.   5

Mitten in dieser lärmenden Verhandlung tritt Willibald auf, der inzwischen in der welthistorischen
Hochschule des Prytaneums für die Ideen der Gesellschaft gewonnen wurde, er versichert, dass es sich   296
überhaupt nicht so verhält, und dass die Sonne, die   10
physische nämlich, ihre Lage ja wirklich verändere,
aber dass er mit dem Ganzen die poetische, philosophische, kosmopolitische Ewigkeit habe andeuten wollen, die im geistigen Sinne bereits im Prytaneum eingetreten sei.   15

Dies beruhigt die Gemüter, und die Versammlung
wird aufgehoben.

3. Akt.

Willibald.

(Er spaziert in einer phantastischen Landschaft in der   20
Nähe des Prytaneums)

(mit zunehmendem Pathos) Du Unendlicher, Du ..
welchen Namen soll ich Dir geben, wie soll ich Dich
nennen, Du unendlicher Nenner für alle mschlichen
Zähler, Du absoluter Geist, der Du nun nicht länger ein   25
Geheimnis für mich bist, sondern dessen verborgene
Tiefen ich jetzt ausloten kann; ja, hier ist es gut zu
sein, hier ist die Heimat der Weisheit, hier wo ich meinen unsterblichen Lehrer v. Springgaasen fand, ja jetzt
ist für mich das Licht über allem aufgegangen. (wäh-   30
rend er das sagt, fliegt eine Fliege surrend an ihm vorbei und trägt einige hegelsche Sätze vor; und das
Horn lässt sich mit einigen politischen Theoremen vernehmen) das obendrein, nur dies hat noch gefehlt,
jetzt ist führwahr die Weltgeschichte vorbei; denn jetzt   35
vermag die Natur den Begriff festzuhalten.

Ole Wadt tritt auf.

O. W. Teurer junger Freund, Sie sollten alles dafür tun,
Einheit in der Gesellschaft zu stiften; denn die letzte
Begebenheit hat eine Spannung in den Gemütern hin-
5　terlassen, die mich sehr ängstigt.
W. Ich eile, alles will ich tun, alles, was in meiner Macht
　　steht.
　　　(Arm in Arm gehen sie ab)

Willibald; v. Sp.; Hol. Hastv.; Ole Wadt; Phrase etc.

10　*W.* Obwohl ich glaube, dass der eigtl. Streitpunkt da-
　　durch behoben ist, dass ich meinen Antrag zurückge-
297　zogen habe, so meine ich doch, dass wir auf die eine
　　oder andere Weise andeuten sollten, dass der Friede
　　wieder hergestellt ist, ich meine, wir sollten mit ei-
15　ner neuen Zeitrechnung anfangen und zu diesem
　　Zweck unserer Gesellschaft auch einen neuen Namen
　　geben, unter dem sie im Übrigen dieselbe bleibt. Da-
　　her schlage ich vor, dass wir sie in Zukunft nennen: das
　　Neu- und das Alt-Prytaneum, was NB mit Binde- `
20　strich zu schreiben ist.
　　Hastv. Ich für meinen Teil interessiere mich überhaupt
　　nicht für solch logische Bestimmungen, nur sofern
　　man damit doch eine Entwicklung andeutet, findet dies
　　meinen Beifall.
25　*v.S.* Der Vorschlag selbst kommt mir äußerst spekula-
　　tiv vor, wohl könnte man meinen, dass man, indem
　　man die alte Inschrift »Prytaneum« tilgt und darauf
　　aufs Neue »Prytaneum« schreibt, dasselbe erreicht;
　　doch das würde nur bedeuten, zu dem Unmittelb. zu-
30　rückzukehren, in welchem sich die dialektischen Ge-
　　gensätze noch nicht entwickelt und gegenseitig speku-
　　lativ durchdrungen haben; doch das ist unzutreffend.
　　Hinzu kommt, dass die ganze Begebenheit ein bemer-
　　kenswertes Licht auf eine Mythe wirft, die sicherlich
35　allen Anwesenden bekannt ist, nämlich der Streit
　　zwischen dem alten und dem neuen Seifenkeller, und
　　hieraus leuchtet zugleich die spekulative Bedeutung

der Mythe überhaupt ein, dass sie eine Antizipation
der Geschichte beinhaltet, sozusagen einen Anlauf dazu, Geschichte zu werden.

O. Wadt So sehr ich auch das von Hr. v. S. Ausgespro-
chene billige, so meine ich dennoch, dass wir zu-   5
gleich auch auf eine äußerlichere Weise die Erinnerung an diesen unvergesslichen Tag bewahren sollten, indem wir ein Denkmal, ein Monument errichten.
Dass Belohnungen, sowohl Geldprämien als auch öffentliches Lob, überaus nützlich sind, konnte ich sei-   10
nerzeit als Schreiblehrer an der Realschule feststellen.

Danach wird ein Monument errichtet, bei welcher
Gelegenheit mehrere enthusiastische Trinksprüche
ausgebracht werden, besonders von Willibald.

Ende. –

Kommentar

175   2 **Carl Rosenkranz (Zeitschrift ... erstes Heft) p. 1]** Verweis auf K. Rosenkranz' Artikel »Eine Parallele zur Religionsphilosophie«, erschienen in *Zeitschrift für spekulative Theologie in Gemeinschaft mit einem Verein von Gelehrten*, hg. von Bruno Bauer, Bd. 1-3, Berlin 1836-1838, Ktl. 354-357; Bd. 2, 1837, 1. Heft, pp. 1-31. Rosenkranz leitet seinen Artikel wie folgt ein: »Käme es darauf an, die verschiedenen Gestalten der Religion auf einen möglichst einfachen Ausdruck zurückzubringen, so könnten folgende Urtheile in Vorschlag gebracht werden: / 1) der Mensch ist Gott. / 2) Gott ist Gott. / 3) Gott ist Mensch. / Das erste Urtheil ist das aller ethnischen, das zweite das aller monotheistischen Religionen, das dritte das Urtheil der christlichen Religion, woran sie, auch noch in ihren Sekten, kenntlich ist«. SK referiert den Artikel von Rosenkranz in DD:10. — **Carl Rosenkranz:** Johann Karl Friedrich Rosenkranz (1805-1879), dt. Theologe und Philosoph, 1831 außerordentlicher Professor in Halle, ab 1833 Ordinarius in Königsberg. Rosenkranz galt seinerzeit als einer der bekanntesten und umfassend gebildetsten hegelianischen Theologen. In SKs Besitz befanden sich u.a. die einflussreiche *Encyclopädie der theologischen Wissenschaften*, Halle 1831, Ktl. 35 (→ 199m,16) sowie die *Psychologie oder die Wissenschaft vom subjectiven Geist*, Königsberg 1837, Ktl. 744. — **Bauer:** Bruno Bauer (1809-1882), dt. Theologe, Privatdozent in Berlin, 1839-1842 Professor in Bonn.

  5 **abstrakte Monotheismus]** laut SK der gemeinsame Grundzug in den großen nichtchristlichen Religionen Judentum und Islam. Da keine dieser beiden eine Inkarnationslehre einschließt, vielmehr leugnet, dass Christus Gottes Sohn ist, wird der Monotheismus hier nicht konkretisiert, sondern bleibt abstrakt.

  6 **tautologische Gottesprädikate]** Tautologisch sind diejenigen Prädikate in einer Subjekt-Prädikat-Aussage, die von einem Subjekt ausgesagt werden, dessen Begriff jene Prädikate analytisch

einschließt (z.B. »Alle Körper sind ausgedehnt«) bzw. mit ihnen identisch ist (z.B. »Sokrates ist Sokrates«). Rosenkranz schreibt in dem oben angeführten Artikel: »Der Monotheismus hält das Menschliche und Göttliche scharf *auseinander*. Das Urtheil, in welchem er sich bewegt, hat daher zu seinem Prädicat das Subject selbst. Gott ist Gott, ist ein positives analytisches Urtheil [...].«, p. 11. Mit der Bemerkung, dass der abstrakte Monotheismus ausschließlich tautologische Gottesprädikate zulasse, spielt SK vermutlich auf Ex 3,14 an: »Ich werde sein, der ich sein werde« (GT-1740).

עדוני] 9 irrtümlich statt hebr. אדני, eigentl. ,mein Herr', in der *Septuaginta* meist mit κύριος (,Herr', so auch in dän. Übersetzungen) wiedergegeben. Da die Juden den Gottesnamen Jahwéh bzw. Jahwe nicht aussprechen durften, wurden die vier Konsonanten JHWH im hebr. Text mit den Vokalzeichen für »o« und »a« (von »Adonáj«) versehen, um den Leser daran zu erinnern, dass an dieser Stelle »Adonáj« statt Jahwe zu lesen sei; von daher stammt auch die fehlerhafte Lesart Jehovah (→ 181,19).

des für die Juden so charakteristischen Paral- 10 **lelismus]** Dies bezieht sich auf den Satzparallelismus (häufig Parallelismus membrorum genannt), das wichtigste Stilmittel der hebr. Poesie. Es besteht in einer semantischen und/oder syntaktischen und/oder morphologischen Übereinstimmung in zwei oder mehreren aufeinander folgenden Satzgliedern, Sätzen oder Satzfolgen. Der Ausdruck »parallelismus membrorum« wurde von Robert Lowth (*De sacra poesi Hebraeorum*, 1753, überarbeitet 1763) geprägt. Laut Lowth kann ein solcher Parallelismus entweder synonym sein (bei unterschiedlichem Wortlaut ist der Inhalt der einzelnen Glieder identisch) oder antithetisch (die Glieder stehen im Gegensatz zueinander) oder aber synthetisch (der Inhalt des ersten Gliedes wird im folgenden weitergeführt und entfaltet). Formal gesehen kann sowohl ein Piasmus (die parallelen Glieder erscheinen in derselben Reihenfolge) als auch ein Chiasmus vorliegen (hier werden die Satz- oder Redeteile kreuzweise aufeinander bezogen).

175m 2 **Pluralis »Elohim«**] Pl. des hebr. Wortes 'elóha, ‚Gott'. Die Form wird im Alten Testament zum einen als allgemeine Gattungsbezeichnung (‚Götter, Gottheit'), häufig aber auch als so genannter »Pluralis Majestatis« für Gott gebraucht.

4 **weder totales noch distributives Prädikat**] Total nennt man solche Prädikate, die einer Mehrzahl von Entitäten zugesprochen werden, ohne von den einzelnen Elementen dieser Mehrzahl ausgesagt werden zu können. Prädikate, bei denen diese Möglichkeit besteht und die ebenfalls einer Mehrzahl von Entitäten zugesprochen werden, heißen dagegen distributiv.

6 **Gen. 3,22**] Verweis auf Gen 3,22. Nach dem Sündenfall sagt Gott hier, dass der Mensch geworden ist wie »unsereiner«.

6 **מִמֶּנּוּ אַחַד**] Eigentl. hebr. »אַחַד מִמֶּנּוּ«, 'achád mimmännu, ‚einer von uns, unsereiner', cf. Gen 3,22.

10 **cfr. Göschel**] Cf. K. F. Göschels Artikel »Der Pantheismus und die Genesis« in *Zeitschrift für spekulative Theologie* (→ 175,2) Bd. 2, 1837, 1. Heft, pp. 184-191, besonders p. 188: »Die Elohim, אלהים [→ 175m,2], bilden den schärfsten Gegensatz des abstrakten pantheistischen Gottes. Die *Mehrzahl* hat schon an sich die Individuation zu ihrer nothwendigen Voraussetzung: darum heißt es später: *Unser Einer*, מִמֶּנּוּ אַחַד [→ 175m,6]. Diese Mehrzahl deutet aber hier, in ihrer doppelten Verbindung mit dem Singularis, zugleich auf die absolute *Einheit der Vielheit*, hiermit auf die *Trinität*, die sich selbst in sich selbst Objekt wird, und aus der Differenz des Subjekts und Objekts wieder in die Einheit zurücknimmt.« — **Göschel:** Karl Friedrich Göschel (1781-1861), dt. Philosoph, bemühte sich zunächst und ohne Erfolg um die Vereinigung von Rechts- und Linkshegelianern, schloss sich später Ersteren an und versuchte ebenso wie diese, das Christentum mit Hegels Philosophie zu versöhnen.

14 **der unbekannte Gott**] Dies bezieht sich auf Act 17,23 in der so genannten Areopagrede des Paulus an die Athener.

Daub in derselben Zeitschrift] Carl Daub 19 (1765-1836), dt. Philosoph und Theologe, seit 1795 Professor der Theologie in Heidelberg. Zunächst unter Einwirkung Immanuel Kants wurde Daubs philosophisch-theologisches Denken in den Folgejahren immer stärker von F. W. J. Schelling, schließlich von G. W. F. Hegel beeinflusst. Als Rechtshegelianer avancierte er zu einem führenden Repräsentanten der spekulativen Theologie. SK verweist hier auf Daubs Abhandlung »Die Form der christlichen Dogmen- und Kirchen-Historie« in *Zeitschrift für spekulative Theologie* (→ 175,2) Bd. 1, 1. Heft, pp. 1-60; fortgesetzt in Bd. 1, 2. Heft, pp. 63-132, und abgeschlossen in Bd. 2, 1. Heft, pp. 88-161.

Es ist nicht der Eine ... knechtisch verehrte) 20 etc.] Zitat aus *Zeitschrift für spekulative Theologie* (→ 175,2) Bd. 2, 1. Heft, p. 135. SK lässt Daubs Hervorhebung von »*Eine*« sowie »drei-*zeitiger*« weg und weicht ferner in Orthographie und Interpunktion von seiner Vorlage ab. Nach »verehrte« fährt Daub fort: »sondern der *Eine*, als der drei-*einige*, den die Lehre Jesu, von welcher das Leben *Jesu* zur Bedingung ihres vorerst geschichtlichen Verhältnisses zu den Menschen gemacht wurde, diesen, in und mit den Namen: *Vater, Sohn* und *Geist*, für ihren Glauben, und für ihre Erkenntniß mittelst des Glaubens offenbarte, und den *Moses* und die *Propheten* mit Bezug auf den Stifter dieses Glaubens und auf das Leben des Stifters *geweissagt hatten.*«

Daubs philosophische Anschauung] 17 175 → 175m,19.

3. Heft von Bauers Zeitschrift] *Zeitschrift für spe-* 18 *kulative Theologie* (→ 175,2) Bd. 2, 1837, 1. Heft, pp. 88-161 (→ 175m,19).

dem natürlichen und dem geschichtlichen 19 **Sinn**] Gemeint sind hier die natürlichen (fünf) Sinne in ihrem Verhältnis zum geschichtlichen Sinn.

das Subjekt] Daub meint das intelligente bzw. 28 das Erkenntnissubjekt. Das von SK angeführte Zitat ist Bestandteil eines Abschnittes, in dem Daub die Abhängigkeit des Willens von Natur und Geschichte bzw. seine Beschränkung durch diese erörtert. Weiter heißt es dort: »In dieser Beschränkung setzt, da in ihr, verkehrter Weise, der historische Sinn den natürlichen bedingt und *bedient*, das Wollen sich zum Begehren des Vergangenen, wenn dasselbe in der Reminiszenz ein der Sensation und Imagination wohlgefallendes ist, — und das Begehren zur Sehnsucht nach ihm, das ein solcherweise Beliebtes ist, — — die Sehnsucht aber zum Verlangen seiner Wiederkehr, und temporell- und räumlichbeharrenden Präsenz herab. Dies Verlangen, ein *Wollen* aber als Begehren, hat hiermit *die* gleichnothwendige Folge, daß dem Nachschauungsakt, da er kein anschauender werden, noch sein kann, und blos die Repräsentation des Vergangenen bedingt, ein Imaginations-Akt vom *intelligenten* Subjekt substituirt wird, und dasselbe in ihm, der die *gestaltet*-gewesenen Prinzipien freier Bewegungen und diese Bewegungen selbst nur nachzubilden vermag, auf den *Gedanken* (einen Wahn) geräth«, *Zeitschrift für spekulative Theologie* (→ 175,2) Bd. 2, 1837, 1. Heft, pp. 126f. Es folgt die von SK zitierte Passage.

29 **an dem Vergangenen ... des Verweslichen habe]** Zitat aus *Zeitschrift für spekulative Theologie* (→ 175,2) Bd. 2, 1837, 1. Heft, p. 127. SK schreibt »anschaulich-Gewesene« statt »anschaulich-*Gewesene*« und »seiner Wiederveranschaulichung den Schein« statt »seiner Wiederver*an*schaulichung und Wiederanschauung, *den Schein*«; abweichende Interpunktion. — **verweslich gesäet wird ... auferstehe:** Zitat aus I Kor 15,42.

176 1 **Hamann]** Johann Georg Hamann (1730-1788), (→ 33,30).

20 **seine wissbegierigen ... auf seine Storchenflasche einzuladen]** Anspielung auf Äsops Fabel vom Raben und Storch. Cf. *Phædri Æsopiske Fabler*, overs. af M. R. Thaarup, Kph. 1826, 1. bog, nr. 26, pp. 14f. Eine deutsche Übersetzung der Passage findet man in Phaedrus *Liber Fabularum. Fabelbuch*, hg. und erläutert von O. Schönberger, übers. von F. Rückert und O. Schönberger, Stuttgart 1975, p. 27: »Es soll der Fuchs zuerst den Storch zum Mahl geladen / Und ihm in einer flachen Schüssel flüss'ge Brühe / Gereicht haben, so daß selbst bei größter Mühe / Der Storch von jener Speise nichts erlangen konnte. / Als er nun wiederum den Fuchs zu Gaste lud, / Da

setzte er ein halsiges Gefäß ihm vor, / Zerriebene Speis' enthaltend. Mittels seines Schnabels / Genoß er selbst die Speise, doch der Gast litt Hunger. / Als nun umsonst der Fuchs den Hals der Schüssel leckte, / Da soll der Wandervogel froh gerufen haben: / ›Wozu man selbst das Beispiel gibt, muß man ertragen.‹«

von der Mutterkirche] d.h. von der röm.-kath. Kirche.   33   176

als verlorene Söhne zurückkehren] Anspielung   34 auf Jesu Gleichnis vom verlorenen Sohn (cf. Lk 15,11-32).

nicht den Mut ... sie für Ketzer zu erklären] In   36 der Tat weisen die beiden frühesten lutherischen Bekenntnisschriften — die so genannte *Confessio Augustana* von 1530 sowie die *Apologia Confessionis Augustanae* von 1531 — keine formelle Verurteilung der röm.-kath. Kirche auf. Anders verhält es sich zwar mit einer späteren evangelischlutherischen Bekenntnisschrift, der so genannten *Formula Concordiae* von 1580, aber diese hat in der dänisch-lutherischen Kirche nicht den Status eines verbindlichen Bekenntnisses. Zitiert werden die lutherischen Bekenntnisschriften nach *Die Bekenntnisschriften* (→ 37,1).

was die Katholiken mit ihnen tun] Auf dem   37 Konzil, das in Trient in den Jahren 1545-1547, 1551-1552 sowie 1562-1563 abgehalten wurde (und das unter dem Namen Tridentinum bzw. Tridentiner Konzil bekannt ist), wurde der Protestantismus als Häresie verurteilt. Cf. hierzu z.B. *Münschers Lærebog i den christelige Kirkehistorie* (→ 225m,28), p. 224.

penetrierende] ›eindringliche‹.   8   178

wie es seinerzeit mit dem Mergel ... ausge-   11 **mergelt war]** SK spielt auf den in früheren Zeiten bei vielen Bauern verbreiteten Irrtum an, der Zusatz von Mergel (ein Sedimentgestein aus Ton und Kalk) könne das Düngen des Ackerbodens ersetzen. Sie verzichteten deshalb darauf, mit dem Ergebnis, dass der Boden nach und nach »ausgemergelt«, d.h. ausgezehrt wurde. Cf. das dän. Sprichwort »Mergel giver en rig far, men en fattig søn« [Mergel macht den Vater reich, aber den Sohn arm]; cf. *Dansk Ordbog*, hg. v. Videnskabernes Selskab, Bd. 4, Kph. 1826, p. 133;

ferner E. Mau *Dansk Ordsprogs-Skat* Bd. 1-2, Kph. 1879; Nr. 6433, Bd. 2, p. 23). Seit Anfang des 19. Jh. setzten mehr und mehr dän. Bauern dem Ackerboden Mergel zu, um die Humusbildung voranzutreiben und der Übersäuerung des Bodens entgegenzuwirken.

178 19 die Wahrheit im Mysterium verborgen] Vermutlich eine Anspielung auf I Kor 2,7: »Vielmehr verkündigen wir das Geheimnis der verborgenen Weisheit Gottes [»Θεοῦ σοφίαν ἐν μυστηρίῳ τὴν ἀποκεκρυμμένην«]«. Cf. auch Eph 3,9; Kol 1,26 und 2,3.

20 εν μυστηριω αποκρυφη] gr., ‚verborgen im Geheimnis‘. Zwar ist das gr. Äquivalent für »Wahrheit« (ἀλήθεια) dem grammatischen Geschlecht nach feminin; da aber das Adjektiv »ἀπόκρυφος« zweiendig ist, folglich eine im Maskulinum wie Femininum gemeinsame Formenbildung aufweist, muss es statt »αποκρυφη« richtig »ἀπόκρυφος« heißen.

25 **die darin Eingegliederten]** dän. »de deri Indlemmede«, hier: ‚die darin Eingeweihten, Aufgenommenen‘.

180 8 εν μυστηριω] gr., ‚im Geheimnis‘ (→ 178,20).

10 **Mein Joch ist leicht und meine Last nicht schwer]** cf. Mt 11,30: »Denn mein Joch drückt nicht, und meine Last ist leicht.«

14 **rein sokratische Anschauung]** Anspielung auf das Prinzip der sokratischen Unwissenheit. So erklärt Sokrates z.B. in *Theaitetos* 149d-150a: Mir »geht es [...] wie den Hebammen: ich selbst bin nicht imstande, eine Weisheit hervorzubringen, und das haben mir auch schon manche zum Vorwurf gemacht: daß ich wohl die anderen ausfrage, selbst aber über keinen Gegenstand eine eigene Meinung hervorbringe, weil ich nämlich nichts Gescheites zu sagen weiß, und diesen Vorwurf machen sie mir zu Recht. Der Grund davon aber ist der: zu entbinden nötigt mich der Gott, zu gebären aber hat er mir versagt. So bin ich denn also selbst durchaus nicht weise, und es gibt auch keinen weisen Fund, der als Frucht meiner Seele ans Licht gekommen wäre.« (*Platon. Sämtliche Werke*, hg. von Olof Gigon, Bd. 1-8, Zürich 1974; Bd. 5, p. 17). Cf. *Apologie* 21d; dort erklärt Sokrates:»Um diesen kleinen Vorsprung bin ich also offenbar weiser, daß ich eben das,

was ich nicht weiß, auch nicht zu wissen vermeine.« (*Platon. Sämtliche Werke* Bd. 2, p. 217).

Hamann] Möglicherweise denkt SK an Hamanns »Sokratische Denkwürdigkeiten« (1759). 15 Dort heißt es u.a.: »Sokrates war, meine Herren, kein gemeiner Kunstrichter. Er unterschied in den Schriften des Heraklitus dasjenige, was er nicht verstand, von dem, was er darin verstand, und that eine sehr billige und bescheidene Vermuthung von dem Verständlichen auf das Unverständliche«, *Hamann's Schriften* (→ 33,30), Bd. 2, 1821, p. 12.

hinter diesem Sich-Herabsetzen ein . . . sich Erhöhen] Vermutlich eine Anspielung auf Mt 20 23,12, wo Jesus sagt: »Denn wer sich selbst erhöht, wird erniedrigt, und wer sich selbst erniedrigt, wird erhöht werden.«

bekennt] dän. »profitere«, ‚sich zu etwas bekennen‘. 23

der Kleinste im Himmelreich ... Johannes d. 25 **Täufer]** cf. Mt 11,11. Johannes der Täufer, Sohn von Zacharias und Elisabeth, sah sich selbst als Vorläufer und Wegbereiter für den kommenden Messias; er lebte streng asketisch und wirkte im Wüstengebiet am Jordan, wo er Umkehr und Gericht predigte, die Bußwilligen taufte und eine Schar von Anhängern um sich sammelte. Seine Bemühungen waren jedoch nur von kurzer Dauer, da der Landesfürst Herodes Antipas ihn gefangen nehmen und wenig später hinrichten ließ.

Nexus] lat., ‚Zusammenhang, Verknüpfung, 28 Verkettung‘.

für diesen Standpunkt] cf. Hamanns Brief an 32 J. G. Lindner vom 12. Oktober 1759. Dort heißt es: »Baumgarten, Forstmann, Reichel, Paulus und Kephas sind Menschen, und ich höre öfters mit mehr Freude das Wort Gottes im Munde eines Pharisäers, als eines Zeugen wider seinen Willen, als aus dem Munde eines Engels des Lichts.«, *Hamann's Schriften* (→ 33,30), Bd. 1, p. 497. Cf. BB:37, Anmerkung 8.

dem prophezeienden Esel Bileams] Anspielung auf die Geschichte in Num 22,21-25, in der 33 der Seher Bileam von Moabs König Balak gerufen wird, um die Israeliten zu verfluchen. Gegen den Willen Gottes zieht Bileam los. Auf dem Weg weicht die Eselin Bileams zweimal vor dem

Engel des Herrn aus. Das dritte Mal ist ein Aus-
weichen unmöglich, und so legt sich die Eselin
hin. Der erzürnt auf die Eselin einschlagende
Bileam sieht den Engel erst jetzt und muss erkennen, dass sie sein Leben gerettet hat.

181 1 **die Verwandlung von Wein in Wasser zu Kana**]
Anspielung auf Joh 2,1-11.

5 **die Pharisäer und ... ihren großen Stein vor
dem Grab**] Anspielung auf Mt 27,62-66. Dort
wird berichtet, dass die Hohen Priester und Pharisäer Pilatus aufsuchen und ihn auffordern, das
Grab Jesu drei Tage lang bewachen zu lassen,
um zu verhindern, dass dessen Jünger den
Leichnam stehlen und das Volk dazu bringen
könnten zu glauben, er sei von den Toten aufer-
standen. Pilatus kommt ihrer Aufforderung
durch Abordnung einer Wache und durch die
Versiegelung des Steines vor dem Grab nach. —
Allerdings hatten nicht die Pharisäer, sondern
Josef von Arimathäa besagten Stein vor das
Grab gewälzt; dieser hatte zuvor Pilatus dazu
bewogen, ihm den Leichnam Jesu zu übergeben, und ihn in ein neues Grab gebettet, das er
ursprünglich für sich selbst hatte anlegen lassen, cf. Mt 27,57-61.

7 **mit der Krippe ... gewickelt wurde**] Anspielung auf die Umstände der Geburt Jesu nach Lk
2,1-7. Cf. z.B. H. A. Brorsons Weihnachtslied
»Frisk op! endnu en Gang« [Frisch auf! noch
einmal]; (1732); dort heißt es in der 6. Strophe:
»Jeg har i Stalden funden / Min Skat i Pjalter
bunden« [Ich hab' im Stall gefunden / meinen
Schatz, in Lumpen gebunden], *Troens rare Klenodie, i nogle aandelige Sange fremstillet af Hans
Adolph Brorson,* hg. von L. C. Hagen, Kph. 1834,
Ktl. 199, p. 19. Cf. *DDS,* Nr. 103 (4. Strophe).

9 **Kreuzigung zw. zwei Räubern**] → 181*m*,9.

178*m* 1 **Daub**] → 175*m*,19.

178*m* 1 **in seinen nun herausgegebenen Vorlesungen**]
cf. *D. Carl Daub's Vorlesungen über die philosophische Anthropologie,* hg. von Ph. Marheineke und
Th.W. D. Dittenberger, Berlin 1838, in Bd. 1 von
*D. Carl Daub's philosophische und theologische Vor-
lesungen,* hg. von Marheineke und Dittenberger,
Bd. 1-7, Berlin 1838-1844, Ktl. 472-472g. Das Prinzip des Humors, so erklärt Daub hier, »ist keine
Neigung, geschweige eine Leidenschaft, sondern ist die Energie der Vernunft und Freiheit in

ihrer Unabhängigkeit von aller Leidenschaft,
vereint mit durchdringendem Verstand, schar-
fer Urtheilskraft, lebendiger Phantasie, schla-
gendem Witz. Der Humorist ist der Menschen-
kenner [...]«, p. 481. Daub führt sodann aus,
wie der Humorist auf dem Wege der Betrachtung seiner selbst und des Nächsten in der Perspektive der Unendlichkeit alles Selbstische und
alle Leidenschaften ablegt, und fährt fort: »Nicht
jedes Volk hat seine Humoristen. In der Literatur der Griechen und Römer finden sich keine;
denn Satyriker sind keine Humoristen. Bei den
Satyrikern wird das Endliche blos dem Relativen
gegenübergestellt. Warum die alte Welt die ästhetische Denkart, die wir Humor nennen, nicht
hatte, kann der Gegenstand einer wissenschaftlichen Untersuchung seyn. Hat es vielleicht seinen Grund darin, daß das ewige Licht damals
noch nicht aufgegangen war, wie jetzt im Christenthum?«, p. 482.

die Alten] SK kürzt hier mit dän. »de Gl.« (de 6
Gamle) ab und meint damit die Griechen und
Römer, (→ 178*m*,1).

Schaut auf die Lilien auf dem Feld ... wie eine 11
von ihnen] cf. Mt 6,28-29.

Du hast es den Blinden] vermutlich Anspie- 15
lung auf einen Satz Jesu in Mt 11,25: »Ich preise
dich, Vater, Herr des Himmels und der Erde,
weil du all das den Weisen und Klugen verborgen, den Unmündigen aber offenbart hast.«

den Armen im Geiste] Cf. Mt 5,3. 16

Marta Marta] Anspielung auf Lk 10,41-42. 17

im Himmel ist größere Freude ... keine Um- 23
kehr nötig haben] Cf. Lk 15,7.

Es ist leichter ... ins Reich Gottes kommt] Zitat 1 180*m*
aus Mt 19,24.

der ohne Sünde ist ... den ersten Stein] Zitat 10
aus Joh 8,7.

שַׁעֲרֵי־מָוֶת] hebr. »sha'are-máwäth«, Pforten des 18
Todes, cf. Ps 9,14 und 107,18 (*Biblia hebraica,* hg.
von A. Hahn, Stereotypausg., Leipzig 1839, Ktl.
1, p. 997 und p. 1065).

das sokratische Prinzip] → 180,14. 20

Gott sei mir armen Sünder gnädig ... deswe- 22
gen gelobt] Anspielung auf das Gleichnis Jesu
vom Gebet des Pharisäers und Zöllners im Tempel (Lk 18,10-14).

im Mittelalter damals im Xstt. selbst die Paro- 29

die entwickelt] SK denkt hier vermutlich an das »Narrenfest«, eine von kirchlicher Seite nur teilweise gebilligte Volksbelustigung, die im Mittelalter zur Neujahrszeit stattfand, und zwar als eine Art Ersatz für die heidnischen Saturnalien. Derartige Feste sind unter christlicher Mitwirkung seit dem zweiten, mehr noch seit dem 4. Jh. n.Chr. bekannt. Vom 11. Jh. an wurden sie durch klerikale Feste für Diakone bzw. den niederen Klerus sowie durch Kinderfeste für Dom- und Stiftsschüler ersetzt. Im Zuge der ausgelassenen Festlichkeiten und der damit verbundenen lärmenden Umzüge wurden witzige und frivole Lieder gesungen, Kinder, Jugendliche und Diakone verkleideten sich als Bischöfe, Äbte oder als Papst und es wurden Gottesdienstparodien, so genannte »Narrenmessen«, abgehalten. Seit dem 13. Jh. wählte man einen »Kinderbischof«, »Narrenabt« oder gar »Narrenpapst«, der in geistliche Gewänder gekleidet wurde und dem man für einen Tag die bischöflichen Amtsgeschäfte übertrug. Obgleich mehrfach der Versuch unternommen wurde, besonders die Klerikerfeste zu unterbinden, und obwohl man im 16. Jh. die Wahl von »Kinderbischöfen« per Erlass verbot, hielt sich der Brauch an vielen Orten bis weit ins 18. Jh. In Kap. 4 des zweiten Teils von *Der Abt* erörtert Walter Scott diese mittelalterlichen »Narrenfeste«, cf. *Walter Scott's sämmtliche Werke* (→ 180m,32) Bd. 86, pp. 45f.

32   **W. Scott »der Abbt« Stuttgart 1828]** SK bezieht sich hier auf den Roman *The Abbot* (1820) des schottischen Juristen und Schriftstellers Sir Walter Scott (1771-1832), genauer auf Leonhard Tafels dt. Übers. mit dem Titel *Der Abt eine Fortsetzung des Klosters* in 5 Teilen, welche die Bd. 85-89, Stuttgart 1828 von *Walter Scott's sämmtliche Werke* Bd. 1-173, Stuttgart 1826-1833, umfasst.

34   **2. T. p. 40 u.f. der Narrenpapst ... Abt der Unvernunft]** In Kap. 4 und 5 des zweiten Teils von *Der Abt eine Fortsetzung des Klosters* (*Walter Scott's sämmtliche Werke* Bd. 86, pp. 41-76) wird von einem karnevalartigen Aufzug berichtet, der als Nachahmung mittelalterlicher Narrenfeste und mit der Absicht einer Verspottung der katholischen Kirche die Amtseinführung des neuen Abtes im Kloster St. Maria stört. Bezüg-

lich des »Kinderbischofs« und des »Abtes der Unvernunft« heißt es p. 47: In »England und Schottland mußte die Inful der Katholiken — das Baret des reformirten Bischofs — der Mantel und das Ueberschläglein der calvinischen Geistlichen der Reihe nach jenen lustigen Personen, dem Narrenpapst, dem Kinderbischof und dem Abt der Unvernunft zum Schmucke dienen.« Cf. auch *Abbeden. En romantisk Skildring af Walter Scott,* übers. von Andreas Rasmussen, 1.-3. Teil, Kph. 1823; 1. Teil, p. 197.

zw. zwei Räubern ... seine verdiente Strafe erleide] Anspielung auf Lk 23,32-33.39-43.   9   181m

Ausdruck für den Mohammedanismus ... zwischen zwei Magneten schwebt] Anspielung auf die Legende von Mohammeds eisernem Sarg in Medina, der sich mit Hilfe zweier Magneten schwebend in der Luft gehalten haben soll. Cf. dazu etwa »Mahomed« in Holbergs *Adskillige store Heltes [...] sammenlignede Historier og Bedrifter* [Mehrerer großer Helden [...] miteinander verglichene Geschichten und Taten] (1739); *Ludvig Holbergs udvalgte Skrifter* Bd. 1-21, hg. von K. L. Rahbek, Kph. 1804-1814; Bd. 10, 1807, p. 76.   12   181

Inkarnation] lat. »incarnatio«, ,Fleischwerdung'; Anspielung auf die Menschwerdung Gottes in Christus, cf. z.B. Joh 1,14.   16

Brüder und Miterben in Xsto] Verknüpfung von Formulierungen aus Kol 1,2 (»die gläubigen Brüder in Christo«, NT-1819) und Röm 8,17 (»Miterben Christi«).   17

der individualisierte Polytheismus] Cf. den Artikel von K. Rosenkranz »Eine Parallele zur Religionsphilosophie« (→ 175,2) in *Zeitschrift für spekulative Theologie* Bd. 2, 1837, 1. Heft, pp. 6ff., wo Rosenkranz von der Individualität der griechischen Götter spricht.   18

der konkretisierte Monotheismus] cf. J. E. Erdmanns Artikel »Pantheismus die Grundlage der Religion« in *Zeitschrift für spekulative Theologie* (→ 175,2) Bd. 1, 2. Heft, pp. 133-157. Erdmann kontrastiert hier im Zuge einer Diskussion des Gottesbegriffs im jüdischen Monotheismus »das Concretum Jehovah« dem Terminus Elohim (→ 175m,2), der als »das Abstraktum von Gott, — *Gottheit*« (p. 147) aufzufassen sei. Cf. auch Erdmanns Artikel »Ueber den Begriff des Sün-   18 denfalls und des Bösen« (→ 182,3) in *Zeitschrift für spekulative Theologie* Bd. 2, 1837, 1. Heft, pp. 197f.

19 **Jehova**] → 175,9.

19 **der abstrakte Monotheismus**] → 175,5.

20 **Gott ist Einer**] Gal 3,20 (NT-1819); cf. auch Dtn 6,4.

23 **ich bin, der ich bin**] cf. Ex 3,14. SK weicht hier von GT-1740 (»jeg skal være den, som jeg skal være«, ,ich werde sein, der ich sein werde') ab.

24 **Messias**] gr. Transkription von hebr. »Mashijách« bzw. aramäisch »Meshichá«, ,der Gesalbte'; entspricht dem gr. »Χριστός«.

25 **so wie Moses**] Moses, Hauptfigur im zweiten bis fünften Buch des Alten Testaments (Ex bis Dtn), führt auf Gottes Befehl die Israeliten aus Ägypten und übermittelt ihnen am Sinai Gottes Offenbarung. Moses wird im Alten Testament zwar nirgends im wörtlichen Sinne, wohl aber (nämlich in Dtn 34,10) als Prophet im übertragenen Sinne verstanden, wobei ihm als solchem niemals jemand an Bedeutung gleichkommen solle.

25 **Propheten gab es mehrere bei den Juden**] Abgesehen von den so genannten Schriftpropheten, deren Bücher in den Bestand des Alten Testaments eingegangen sind (z.B. Jesaja, Jeremia etc.), wird darin auch von einer ganzen Reihe weiterer Prophetengestalten sowie deren mehr oder minder hervortretender Wirksamkeit berichtet (z.B. Samuel, Elia etc.).

26 **Potenz- ... Unterschied**] Unterschied an (Geistes-)Kraft.

27 **Mohammed**] Muhamed ibn Abdallah ibn Abdel-Muttalib (ca. 570-632 n.Chr.), arabischer Prophet und Begründer des Islam.

181*m* 14 **attentierte**] ,beabsichtigt, aber nicht ausgeführt'.

15 **niemand fährt in den Himmel ... herabgestiegen ist**] Anspielung auf Joh 3,13.

26 **einem Papierzettel**] Dieser Zettel ist im Kierkegaard-Archiv nicht auffindbar.

29 **ich bin, der ich bin**] cf. Ex 3,14. → 181,23.

182 1 **Genes. 3,22**] → 175*m*,6.

3 **Erdmann (Bauers ... p. 205)**] SK bezieht sich auf J. E. Erdmanns Artikel »Ueber den Begriff des Sündenfalls und des Bösen« in *Zeitschrift für spekulative Theologie* (→ 175,2) Bd. 2, 1837, 1. Heft,

pp. 192-214. Erdmann weist dort auf einen vermeintlichen Widerspruch in der Sündenfallerzählung hin, der sich mit der Gestalt der Schlange verbindet. Einerseits soll diese, wie Gen 3,12f. andeutet, Adam und Eva »betrogen« haben, indem sie diesen in Aussicht stellte, durch den Genuss der verbotenen Frucht und die damit einhergehende Erkenntnis von Gut und Böse »zu werden wie Gott« (cf. Gen 3,5). Andererseits bestätigt Gott im Anschluss an die Verbotsübertretung selbst, dass der Mensch durch die damit gewonnene Erkenntnis von Gut und Böse »geworden [ist] wie unsereiner« (Gen 3,22). Insofern scheint die Schlange in der Tat nur die Wahrheit (vorher-)gesagt zu haben. Diese Schwierigkeit, so Erdmann, »verschwindet aber, sobald man die Worte ganz so streng nimmt, wie sie sich geben: die Gottheit schuf den Menschen, damit er ihr gleich sei, durch den Fall sind sie nach der göttlichen Erklärung geworden nicht wie die Elohim, sondern wie *Einer* der Elohim. [...] also nur *partiell* ist er der Gottheit gleich geworden. Die Schlange hat also allerdings gelogen, indem sie volle Gottgleichheit versprach, nun aber die Gleichheit nur *partiell* eingetreten ist. Daß die Gleichheit, zu welcher der Mensch bestimmt ist, erst partiell geworden ist, heißt nichts Anderes, als daß er nur erst angefangen hat, das zu werden, wozu er bestimmt ist. Daß er als dies, wozu er bestimmt ist, *gesetzt* ist, ist der Fortschritt, daß er aber erst *angefangen* hat als dies gesetzt zu sein, der Mangel. Der Fall ist also *einmal* Aufhören der ursprünglichen Einheit, daher ein *Verlust* und es reuet Gott, — *dann* aber ist der Mensch jetzt geworden wozu er bestimmt war, und dies wird von Gott anerkannt, ist also ein wirklicher *Fortschritt*, — *endlich* aber ist dieser Fortschritt nur erst ein Anfangen, das Ende aber erst ist die Wahrheit, und jene Begebenheit ist darum ein *Durchgangspunkt*«, p. 205. — **Erdmann:** Johann Eduard Erdmann (1805-1892), dt. Theologe, Philosoph und Philosophiehistoriker hegelscher Provenienz; 1836 außerordentlicher Professor in Berlin, ab 1839 Ordinarius in Halle.

1 Joh. 3,2] »Liebe Brüder, jetzt sind wir Kinder Gottes. Aber was wir sein werden, ist noch nicht offenbar geworden. Wir wissen, daß wir ihm   1 182*m*

ähnlich sein werden, wenn er offenbar wird;
denn wir werden ihn sehen, wie er ist.«

182 7 **der Pantheismus ... Grundlage für sie]** Cf. J. E.
Erdmanns Artikel »Pantheismus die Grundlage
der Religion« (→ 181,18) in *Zeitschrift für speku-*
lative Theologie (→ 175,2) Bd. 1, 2. Heft, p. 142:
»Eben weil der Pantheismus Grundlage aller Religion ist, eben deswegen ist keine einzige Religion mehr Pantheismus, sondern wo Religion
ist, ist der Pantheismus schon mehr oder minder aufgehobnes Moment geworden, ist darin
negirt [...]. Wo Religion ist, ist darum der Pantheismus zur bloßen Grundlage geworden, d.h.
überwunden.«

9 **der Fehler in Schleiermachers Definition der**
Religion ... Pantheismus] Cf. J. E. Erdmanns
Artikel »Pantheismus die Grundlage der Religion« in *Zeitschrift für spekulative Theologie*
(→ 175,2) Bd. 1, 2. Heft, p. 143: »Wir haben oben
die Lehre von der *schlechthinigen* Abhängigkeit
von Gott als den (subjektiven) Standpunkt des
Pantheismus bezeichnet. Schleiermacher, um
diesen Standpunkt als den religiösen geltend zu
machen, läßt augenblicklich das Subjekt, wenn
auch mit einem *Minimum* der Selbstthätigkeit,
der Gottheit *gegenüber stehn* (daher Abhängig-
keits*gefühl*). Damit ist der consequente Pantheismus schon nicht mehr da, sondern wenn auch
nur in Etwas, über ihn hinausgegangen. Sobald
Schleiermacher dann zu den ethischen Religionen kommt, in welchen die Selbstthätigkeit des
Subjekts hervortritt, geschieht das noch vielmehr. Wegen dieser Stellung kann man dem
Schleiermacherschen Standpunkt den entgegengesetzten Vorwurf machen, daß er zuwenig und
zu viel pantheistisch sei. Zu *wenig* darin, daß die
Grundlage der Religion, die er in der Einleitung
seiner Glaubenslehre aufstellt, nicht mehr reiner
Pantheismus ist, sondern schon eine Dualität,
ein Gegensatz des Fühlenden gegen die Gottheit
gelehrt wird, — zu *viel* aber darin, daß der Pantheismus bei ihm nicht im *Grunde* bleibt, sondern auch in der Entwicklung der Religion sich
erhebt (sein Haupt erhebt), und so ist für die
bloße Grundlage schon zu viel geschehn, indem
schon Gefühl da ist, für die Religion selbst zu
wenig, indem die Abhängigkeit noch schlecht-

hinig ist.« — **Schleiermacher:** Friedrich Daniel
Ernst Schleiermacher (1768-1834), dt. Theologe,
Religionsphilosoph und klassischer Philologe,
1796 Pfarrer in Berlin, 1804 Extraordinarius in
Halle, ab 1810 Theologieprofessor in Berlin,
(→ 215,14). In seinem Jugendwerk *Über die Reli-*
gion. Reden an die Gebildeten unter ihren Veräch-
tern, Berlin 1799, definiert Schleiermacher Religion als Anschauung und Gefühl des Univer-
sums, d.h. als unmittelbare Erfahrung des Unendlichen im Endlichen. Religion dürfe daher
nicht mit Denken (hier: qua Metaphysik) oder
Handeln (hier: qua Moral) verwechselt werden.
In seiner gut 20 Jahre später publizierten Dogmatik *Der christliche Glaube* (→ 182,11) lässt
Schleiermacher das Anschauungsmoment im
Religionsbegriff fallen. Stattdessen wird diese
als schlechthinniges Abhängigkeitsgefühl bzw.
als   unmittelbares   Gottesbewusstsein   im
menschlichen Selbstbewusstsein bestimmt, wobei sich das Wort »Gott« eben als der eindeutigs-
te Ausdruck für jene Instanz nahe legt, von der
der Mensch sich absolut abhängig fühlt. Die
Aufgabe der Dogmatik besteht dann darin, eine
lehrmäßige Darstellung der Grundaussagen des
Glaubens zu liefern, gewissermaßen eine
Sprachlehre für die Vermittlung des Christentums; denn der Inhalt des christlichen Glaubens
kann, so Schleiermacher, nicht im Sinn einer
Lehre von Gott objektiviert werden. In diesem
Punkt setzt er sich von der Tradition der (alt-)
protestantischen Dogmatik nicht weniger ab als
von einem spekulativen Dogmatikverständnis
hegelscher Provenienz. Obwohl Schleiermacher
nicht unmittelbar schulbildend gewirkt hat, war
sein Ansatz dennoch von kaum zu überschät-
zender Bedeutung für die Entwicklung der Dogmatik im 19. und 20. Jh.

jenes ... Verschmelzungsmoment ... zur Reli- 11
gion] cf. z.B. § 8,2 in Schleiermachers *Der christ-*
liche Glaube nach den Grundsätzen der evangeli-
schen Kirche im Zusammenhange dargestellt, 3.
Aufl., Bd. 1-2, Berlin 1835-1836, Ktl. 258 (die erste Ausg. erschien 1821-1822 in Berlin; weit einflussreicher wurde jedoch die zweite, umgearbeitete Aufl. von 1830; die dritte bietet einen
unveränderten Abdruck der zweiten Aufl.); Bd.
1, pp. 44-46.

182 14 **Eine Parallele zur Religionsphilosophie ... p.
1-32.)]** → 175,2.

17 **Er zeigt ... Mensch]** Exzerpt aus p. 1 (→ 175,2).

23 **Ethnizismus ... unterwerfen]** Exzerpte von pp.
1 und 2 (→ 175,2). — **Religion Zauberer:** Rosenkranz schreibt: »Der *Zauberer* der Naturreligion
ist selbst die Macht, welche die elementarischen
Gewalten sich unterwirft, das Vergangene und
Zukünftige durchschaut, über Leben und Tod
gebietet.«, p. 2. — **Ethnizismus:** ‚heidnische Religion‘. Rosenkranz (→ 175,2) benutzt beide Begriffe synonym. Das Heidentum wird nach seinem Dafürhalten dadurch zur Religion, dass es
die göttliche mit der menschlichen Natur vereint denkt. Alle derartigen Religionen haben allerdings »den Mangel, die Einheit nicht als eine
sich vermittelnde, sondern als eine unmittelbare
zu setzen und wenigstens da, wo ein vermittelnder Prozeß statt gefunden hat, denselben im
Resultat wieder zu vergessen. Das synthetische
Urtheil [der Mensch ist Gott] ist daher ein assertorisches«, p. 2. — **assertorisches Urteil:** ein Urteil, das den Anspruch erheben kann, faktisch —
nicht aber: notwendigerweise — wahr zu sein.
— **die elementarischen Mächte:** Naturkräfte.

29 **In der indischen ... der Lama unmittelb. Gott]**
Exzerpte von p. 3 (→ 175,2). — **Brahmane:** indi-
scher Opferpriester. — **Lama:** tibetisch-bud-
dhistischer Mönch. Rosenkranz identifiziert den
tibetischen Buddhismus mit dem Buddhismus
im Allgemeinen. — **der katholische Geistliche:**
cf. dazu Rosenkranz: »Es ist dasselbe Verhältniß,
nur in colossalem Maaße, was auch in der rö-
misch-katholischen Kirche darin gesetzt ist, daß
das Priesterthum als ein *character indelebilis* behandelt wird, so daß das reale Betragen des Subjekts dem Begriff seiner Würde nicht congruent
zu sein braucht und ihm doch die nämliche Ehrfurcht gezollt werden muß«, p. 3.

35 **In den dualistischen ... setzt dem eine Grenze)]** Exzerpte von pp. 5 und 6 (→ 175,2). — **seiner:** scil. des Menschen, der am Kampf zwischen
Gut und Böse, zwischen Licht und Dunkelheit
teilhat. Rosenkranz wörtlich: In »allen dualistischen Systemen erhält der Mensch die Stellung,
Mitkämpfer der einen Substanz gegen die andere
zu sein«, p. 5. — **des abstrakten Quietismus:**
Rosenkranz beurteilt so die buddhistische Lehre

vom Auslöschen der Begierde. — **Substanz:** Rosenkranz bezieht den Begriff sowohl auf das
Gute (die positive Substanz) wie auf das Böse
(die negative Substanz), da beides im Dualismus Gegenstands- bzw. Personcharakter besitzt
und insofern als etwas Substantielles und nicht
nur als Eigenschaft gewisser Handlungen gilt.
Bei den Griechen war es Kunstreligion ... (Aris- 6 183
tophanes)] Exzerpte von pp. 6-8 (→ 175,2). —
Herakles: (lat. Hercules), der populärste und am
meisten verehrte Held der antiken Mythologie.
— **Der Heros:** Eine Pointe von Rosenkranz besteht darin, dass weder die Naturreligionen
noch der Pantheismus einen Begriff des Helden
oder Heroen besitzen, dass dieser Begriff vielmehr eine Errungenschaft der dualistischen Religionen sei, in denen das Dasein als Kampf zwischen Gut und Böse dargestellt werde. — **Dialektik des Denkens:** Dialektisch betrachtet
führt jede positiv prädizierende Behauptung
über einen Gegenstand ihre eigene Negation,
d.h. deren negativ prädizierendes Korrelat mit
sich bzw. herbei, woraufhin sich beide, die ursprüngliche und die negierende Prädikation, in
einer höheren bzw. dialektisch reicheren Prädi-
zierung vereinen, in der sie als absolute Wahrheit zwar negiert, als relative Wahrheitsmo-
mente jedoch aufbewahrt sind. Im vorliegenden
Fall besagt das, mit Rosenkranz' Worten: »Der
Heros, der sich handelnd zum Göttlichen erhebt,
hat seine Kehrseite an dem *Atheisten,* der durch
die Dialektik des Denkens den Glauben an die
Götter in sich vernichtet«, p. 7. — **Aristophanes:**
gr. Komödiendichter (ca. 445-385 v.Chr.). Rosenkranz beschreibt in diesem Zusammenhang, wie
der tragische Heroismus in den komischen umschlägt, der als solcher »die *zufällige* Individualität zum Absoluten macht«. Dies bedeute zugleich, dass sich die gr. Kunstreligion, d.h. die
Verehrung der schönen Individualität (»der
Mensch ist Gott«), auflöst. Für diese Auflösung
aber, so Rosenkranz weiter, »ist Aristophanes
noch lange nicht genug gewürdigt. Hegel hat in
der Abhandlung über das Naturrecht und in der
Phänomenologie auch hierüber die tiefste Anschauung, allein nur summarisch, kund gegeben. *Rötscher* hat in seinem Aristophanes diese
Gedanken weiter verfolgt.« p. 8.

16 **Die R. ... sich zum Gott machte]** Exzerpte von pp. 9 und 10 (→ 175,2). — **Die R.:** Die Römer.

18 **Er hat nicht ... als Resultat erscheint]** Zitat p. 10 (→ 175,2). SK wiederholt »durch« vor »den Namen« und kursiviert weder »Titel« noch »Namen«. Ferner weicht sein Zitat in Orthographie und Interpunktion vom Original ab. — **Rostem:** Rustam (oder Rustem), Held des altiranischen Sagenkreises. — **Phidias:** gr. Bildhauer aus Athen (geb. ca. 490 v.Chr.). — **Skopas:** gr. Bildhauer (4. Jh. v.Chr.) aus Paros, der zweitgrößten Insel in der ägäischen Inselgruppe der Kykladen.

27 **Der Monotheismus ... nicht streiten darf]** Exzerpte von pp. 12-14 (→ 175,2). — **Deismus:** Religiöse Anschauung, die Gott als transzendenten Schöpfer auffasst, der einst die Welt in Bewegung gesetzt sowie ferner als absoluten Gesetzgeber, der den Menschen das Sittengesetz ins Herz gelegt hat, sich seither aber gleichgültig zum Lauf der Welt und zum Schicksal der Menschen in ihr verhält. — **die ersten Bücher:** die fünf Bücher Mose im Alten Testament. — **Moses:** → 181,25. — **in Hiob:** Gemeint ist das Buch Hiob im Alten Testament.

35 **Der Mohammedanismus ... seine Lenkung zum Fatalismus]** Exzerpte von pp. 16 und 17 (→ 175,2).

38 **Der Deismus dreht ... zu realisieren.)]** Exzerpte von p. 19 und, zum Teil, p. 24 (→ 175,2), wo Rosenkranz die deistische These »wenn der Mensch ist, so ist — weil er seiner für seine Glückseligkeit bedarf — Gott«, erörtert. — **Akzessorium:** ,Nebensache, beiläufige Angelegenheit'.

184 5 **Das Xstentum. Das Heidentum ... Beispiele davon]** Exzerpte von pp. 21 und 22 (→ 175,2). — **die Substanz:** Diese ist hier gleichbedeutend mit dem Absoluten im Prozess seiner geschichtlichen Entfaltung. Jede historische Epoche geht zugrunde, indem dasjenige, worin sie ihr Wesen hat, in sein Gegenteil umschlägt — hier, indem die heidnische Vergottung des Menschen verstanden als schöne Individualität aufgehoben wird. Die Substanz, so Rosenkranz, »zerdrängt in ihrer Gährung das schwache Gefäß; [...] im Pantheismus rasen die quietistischen Orgien des sich selbst tödtenden Denkens, im Dualismus

die rauschenden der Geschlechtsvermischung und heroischen Berserkerwuth; der römische Kaiser *sucht* wenigstens außer sich zu kommen. Er ist nicht ein Pantheon, das die schönen Götter in freundlicher Einheit versammelt; er ist nur der Abgrund, worin sie verschwinden, weshalb auch statt der plastischen Begrenzung, in welcher Form und Inhalt in einander aufgehen, die Häßlichkeit und die Unnatur an der Tagesordnung sind«, pp. 21f. — **Vitae Imperatorum:** lat., ,Lebensbeschreibungen der Kaiser'. Der röm. Historiker Gajus Tranquillus Suetonius (ca. 70 - ca. 140 n.Chr.) schildert in *De vita Caesarum* ausführlich das Leben — und die Ausschweifungen — der zwölf röm. Kaiser von Cäsar bis Domitian. SK besaß die Übersetzung *Caji Svetonii Tranqvilli Tolv første Romerske Keiseres Levnetsbeskrivelse*, übers. von J. Baden, Bd. 1-2, Kph. 1802-1803, Ktl. 1281.

12 **Hegel: Sich so als den Inbegriff ... Ausschweifung]** Zitat mit abweichender Interpunktion aus p. 22 (→ 175,2). Dabei bezieht sich »dieser Herr der Welt« auf den Kaiser. Das Zitat findet sich in Hegels *Phänomenologie des Geistes*, hg. v. J. Schulze, Berlin 1832 [1807], Ktl. 550, in *Georg Wilhelm Friedrich Hegel's Werke. Vollständige Ausgabe* Bd. 1-18, Berlin 1832-1845; Bd. 2, p. 363 (*Jub.* Bd. 2, p. 371).

18 **Xstt. ist die negative Identität ... in konkreter Einheit enthält]** Exzerpte von pp. 23 und 24 (→ 175,2). — **negative Identität:** Identität des Entgegengesetzten; diejenige Form von Identität, in der der Unterschied aufrechterhalten bleibt. — **assertorischen:** → 182,23. — **kategorisch:** bezieht sich auf die Form von Urteilen; kategorische Urteile sind solche, in denen einem Subjekt ein Prädikat zu- oder abgesprochen wird. — **problematisch:** Bezeichnung für ein möglicherweise wahres Urteil. — **hypothetisch:** Die Form eines hypothetischen Urteils lautet: »Wenn X der Fall ist, so ist auch Y der Fall«. Rosenkranz macht hier geltend, dass im Christentum aus dem kategorischen Urteil »Gott ist Gott« des Monotheismus ein hypothetisches Urteil wird, das die Form hat: »Wenn Gott existiert, so existiert — durch ihn — auch der Mensch (nämlich der Gottmensch, Jesus)«. — **apodiktisches:** Bezeichnung für ein Urteil, des-

sen kontradiktorisches Gegenteil undenkbar ist.
— **Disjunktion:** ,Unterscheidung, Trennung, Entgegensetzung'. Der Grundgedanke ist hier, dass im Christentum ein Gegensatz zwischen Gott und Mensch statuiert wird — ein Gegensatz, von dem jedoch zugleich gelten soll, dass er in der Gestalt des Gottmenschen Jesus vermittelt bzw. überwunden ist.

26 **Weil Gott ... wird er es auch**] Zitat mit abweichender Interpunktion aus p. 25 (→ 175,2).

27 **Es ist nicht wie bei den ... Form**] Exzerpt von p. 25 (→ 175,2). Die Götter des Hinduismus treten in einer Vielzahl wechselnder Formen und Gestalten auf; in diesem Sinne betet man z.B. den vedischen Gott Vishnu in einer Reihe unterschiedlicher »Inkarnationen« an.

31 **Doch ist es auch keine ... Bewusstsein zu kommen**] Exzerpt von p. 26 (→ 175,2).

33 **Das Xstt. ... herrlichste Lebens-Anschauung**] Exzerpt von p. 30 (→ 175,2).

34 **Das tragische der Kunstreligion ... nur eine secundäre**] Zitat mit abweichender und teils fehlerhafter Orthographie aus pp. 30f. (→ 175,2).

185 5 **siehe, es war sehr gut**] Bezugnahme auf Gen 1,31: »Gott sah alles an, was er gemacht hatte: Es war sehr gut.« Die von SK hier gebrauchte Wendung »sehr gut« [dän. »saare godt«] erscheint in keiner der offiziellen dän. Bibelausgaben zwischen 1550 und 1740, sondern erst in der autorisierten Übersetzung des Alten Testaments von 1931; sie wird hingegen in der von Hans Tausen veranstalteten Übersetzung der fünf Bücher Mose [De fem Mosebøger] von 1535 benutzt, ebenso in der dän. Ausgabe von Luthers Kleinem Katechismus [Dr. M. Luthers liden Catechismus] von 1693 sowie in späteren Ausgaben (s. Ktl. 189, eine Ausgabe von 1849). Von da aus wurde sie auch von anderen übernommen, cf. z.B. die Paraphrase des Schöpfungsberichtes in S. B. Herslebs Lærebog i Bibelhistorien. Udarbeidet især med Hensyn paa de høiere Religionsklasser i de lærde Skoler, 3. Aufl., Kph. 1826 [1812], Ktl. 186 und 187, p. 2: »Da sah Gott alles, was er gemacht hatte, und siehe! es war sehr gut [»det var saare godt«].« Cf. ferner das dän. Trauritual, das Gen 1,31 wie folgt wiedergibt: »Und Gott sah all das, was er geschaffen hatte, und siehe! es war alles

sehr gut [»det var altsammen saare godt«]«, Forordnet Alter-Bog for Danmark, Kph. 1830 [1688], Ktl. 381, p. 261.

es ist vollbracht] Joh 19,30.   6

so heißt es, bevor der Msch. erschaffen wurde]   1   185m
Bevor Gott den Menschen schafft, heißt es (in Gen 1,25): »Gott sah, daß es gut war [GT-1740: »og Gud saae, at det var godt«]«. Nachdem er den Menschen geschaffen hat (cf. Gen 1,26f.) lautet die entsprechende Formulierung hingegen: »Gott sah alles an, was er gemacht hatte: Es war sehr gut [GT-1740: »det var meget godt«]«.

Keiner ist gut außer Gott] Bezugnahme auf Mk   8
10,18, wo Jesus den reichen Jüngling mit den Worten zurechtweist: »Warum nennst du mich gut? Niemand ist gut außer Gott, dem Einen.«

was die Hegelianer das reine Sein nennen würden] Hegel beginnt seine Logik mit dem »reinen   11
Sein« als der äußersten Abstraktion von jeder Bestimmung, d.h. jeder konkretisierenden Aussage und / oder Prädikation. Cf. Wissenschaft der Logik, hg. von L. v. Henning, Bd. 1-2, Berlin 1833-1834 [1812-1816], Ktl. 552-554; Bd. 1, in Hegel's Werke (→ 184,12) Bd. 3, p. 77 (Jub. Bd. 4, p. 87): »Seyn, reines Seyn, — ohne alle weitere Bestimmung.« Cf. auch Encyclopädie der philosophischen Wissenschaften im Grundrisse, hg. von L. v. Henning, Bd. 1-3, Berlin 1840-1845 [1817], Ktl. 561-563; Bd. 1, in Hegel's Werke Bd. 6, p. 165, § 86 (Jub. Bd. 8, p. 203): »Das reine Seyn macht den Anfang, weil es sowohl reiner Gedanke, als das unbestimmte einfache Unmittelbare ist, der erste Anfang aber nichts vermitteltes und weiter bestimmtes seyn kann.« H. L. Martensen charakterisiert Hegels reines Sein folgendermaßen: »[...] das reine Sein = Nichts. Dies ist die leerste und inhaltsloseste aller Denkbestimmungen, zugleich aber diejenige, von welcher zu abstrahieren unmöglich ist. Sie ist die einzige Kategorie, die ohne Voraussetzung ist, selbst aber in allen anderen vorausgesetzt und in ihnen enthalten ist; und erst hier fasst das Denken festen Fuß und kann die Erkenntnis der an sich unabhängigen Wahrheit beginnen.« Cf. Martensens Rezension von J. L. Heibergs Indlednings-Foredrag til det i November 1834 begyndte logiske Cursus paa den kongelige militaire Høiskole (→ 130,32), Kph.

1835, in *Maanedsskrift for Litteratur* Bd. 16, Kph. 1836, pp. 521f.

15 **dass das ganze Werk Gottes gut ist**] Hier können eine Reihe neutestamentlicher Stellen gemeint sein, cf. aber vor allem Jak 1,17:»jede gute Gabe und jedes vollkommene Geschenk kommt von oben, vom Vater der Gestirne, bei dem es keine Veränderung und keine Verfinsterung gibt.«

20 **Phil. 1,6.**] Paulus schreibt an der genannten Stelle den Philippern:»Ich vertraue darauf, daß er, der bei euch das gute Werk begonnen hat, es auch vollenden wird bis zum Tag Christi Jesu.«

185   8   **Das Unvermögen des Wunders ... (Zeit und Raum)**] cf. Daubs Abhandlung »Die Form der christlichen Dogmen- und Kirchen-Historie« (→ 175*m*,19) in *Zeitschrift für spekulative Theologie* (→ 175,2) Bd. 1, 2. Heft, pp. 95-103. — **sit venia verbo**: lat., ,wenn ich mich so ausdrücken darf'.

14   **falls sie nicht an Moses ... von den Toten auferstünde**] Bezugnahme auf das Gleichnis Jesu vom reichen Mann und armen Lazarus (Lk 16,19-31), speziell auf Lk 16,31, wo Abraham die von SK zitierten Worte als Ausspruch über die Brüder des reichen Mannes in den Mund gelegt werden. — **Moses:** → 181,25.

26   **prädiziert**] ,zugesprochen, zugeschrieben, ausgesagt'.

27   **Daub (in Bauers Zeitschrift 1. Bd. 2. H. p. 103)**] Carl Daubs Abhandlung »Die Form der christlichen Dogmen- und Kirchen-Historie« (→ 175*m*,19) in *Zeitschrift für spekulative Theologie* (→ 175,2) Bd. 1, 2. Heft, p. 103.

31   **Bei dieser Forderung ... gestellt habe**] Zitat mit abweichender Orthographie und Interpunktion aus *Zeitschrift für spekulative Theologie* (→ 175,2) Bd. 1, 2. Heft, pp. 103f. — **pragmatisirenden Geschichts- ... Kunde**: Daub stellt hier diejenige Art von Geschichtsschreibung, die die Ursachen historischer Erscheinungen zu erforschen sucht (= pragmatische Geschichtsschreibung), einer Art von Geschichtsschreibung gegenüber, die in Analogie zur rein beschreibenden Naturwissenschaft lediglich die historisch verbürgten Tatsachen darlegt.

Es ist wohl wahr, was Daub sagt ... Lebensge-   18   186 schichte enthalten ist] Bezieht sich auf Carl Daubs Abhandlung »Die Form der christlichen Dogmen- und Kirchen-Historie« (→ 175*m*,19) in *Zeitschrift für spekulative Theologie* (→ 175,2) Bd. 2, 1837, 1. Heft, pp. 88f.:»Das Wort *Jesu* an seine Eltern: (im Evangelium sein erstes) ›wisset ihr nicht, daß ich sein muß in dem, das meines Vaters ist?‹ (Lucä 2, V. 49.) das andere an seine Jünger: ›ich muß wirken die Werke des, der mich gesandt hat, so lange es Tag ist; es kommt die Nacht, da niemand wirken kann.‹ (Joh. 9, V. 4, vergl. Kap. 5, V. 17.) und sein Wort an die gesammte Menschheit: ›es ist vollbracht‹ (Joh. 19, V. 30.) — diese drei Worte sind eben so viele Data, auf die alle übrigen, in den Lehren, die er offenbart, in den Thaten, die er thut, in den Leiden, die er duldet, und in den Berichten der Evangelisten über ihn, sich beziehen; und es darf nur die Beziehung eines jeden der übrigen auf diese drei Data, ingleichen die eines jeden, durch jedes Datum entweder blos indicirten, — oder (Weissagung und Wunder betreffend) selbst geschilderten Faktums auf eben dieselben erforscht sein, so ist die Form, die der Inhalt hat, in ihrer erhabenen Einheit mit ihm, und durch keinerlei Widerstreit gestörten Identität mit sich erkannt, und für die Historie des Zeitalters der dieser eigne Gegenstand (das Leben *Jesu*, als das *allein gleich*-göttliche und menschliche) erfaßt.« **Wisst ihr nicht ... meines Vaters Werk**] Lk 2,49,   20 in der Übersetzung von NT-1819, wo es aber heißt: »wusset ihr nicht«.

Ich muss die Werke ... da niemand arbeiten   21 kann] Joh 9,4 in enger Anlehnung an NT-1819, wo es heißt: »Ich soll die Werke dessen tun, der mich ausgesandt hat, so lange es Tag ist; es kommt die Nacht, da niemand arbeiten kann.« **Es ist vollbracht**] Joh 19,30.   23

er wuchs ... voller Weisheit] Cf. Lk 2,40; hier in   25 ähnlicher Formulierung wie in NT-1819, wo es heißt: »Aber das Kind wuchs und wurde stark im Geist, voll von Weisheit.«

er wird versucht] Cf. Mk 1,13, wo berichtet   26 wird, dass Jesus vom Geist in die Wüste getrieben wurde: »Dort blieb Jesus vierzig Tage und wurde vom Satan in Versuchung geführt«; cf. auch Mt 4,1-11.

26 **Mein Gott, mein Gott … mich verlassen**] Mt
27,46.

186 29 **απoκαραδοκια της κτισεως**] gr., ‚das sehnsüch-
tige Erwarten‘ oder — mit Luther — ‚ängstliche
Harren‘ der Schöpfung, Röm 8,19.

32 **Gnome**] Erdgeister, zwergenartige Wesen.

33 **Hoffmann**] Ernst Theodor Amadeus Hoffmann
(1776-1822), dt. Jurist und Schriftsteller, Verfasser einer Vielzahl von Erzählungen und Novellen, häufig mit märchenhaftem Inhalt. Hoffmann war außerdem Komponist und Musikphi-
losoph; u.a. komponierte er zum Text von Friedrich de la Motte Fouqué (→ 186,33) die Oper *Undine* (Erstaufführung 1816).

33 **F. de la Motte Fouqué**] Friedrich de la Motte
Fouqué (1777-1843), dt. Schriftsteller, verfasste
u.a. das Märchen *Undine* (1811).

33 **Ingemann**] Bernhard Severin Ingemann (1789-
1862), dän. Schriftsteller, trat u.a. mit dem Märchen *De Underjordiske* [Die Unterirdischen]
(1817), ferner mit *Eventyr og Fortællinger* [Mär-
chen und Erzählungen] (1820) sowie *Varulven,
Den levende Døde* [Der Werwolf, Der lebendig
Tote] und *Corsicaneren. Tre Fortællinger* [Der Kor-
se. Drei Erzählungen] (1835) hervor.

187 3 **Genes.:**] Genesis.

3 **du wirst ihren Kopf zertreten, wenn sie deine
Ferse verwundet**] Bezugnahme auf Gen 3,15.

5 **Krischna**] Hinduistische Gottheit, die der Überlieferung nach durch einen Pfeil starb, der sie
aufgrund eines Fehlschusses in den Fuß traf.

5 **Herkules**] röm. Bezeichnung für den gr. Sagen-
held Herakles. Gemeint ist hier wohl eher Achilles, eine andere Sagengestalt der gr. Mythologie.
Dieser war nur an einer einzigen Stelle seines
Körpers — eben der Ferse — verwundbar und
starb, indem er tatsächlich durch einen (von
Apollon gelenkten) Pfeil an dieser Stelle getroffen wurde.

6 **Baldur**] Der nordische Gott Baldr, den nur die
Mistel verletzen kann; ein Zweig davon, zum
Geschoss geformt, tötet ihn. Der Bericht davon
wurde überliefert in *Edda*, »Voluspá« 31f., aus-
führlicher in »Gylfaginning«, Kap. 48 (44) in
Edda Snorra Sturlusonar (cf. *Die Edda des Snorri
Sturluson* (→ 37,31), p. 67).

Das Mittelalter, das romantisch] An der Wende 8 187
zum 19. Jh. wurde das Wort romantisch in zwei
Bedeutungen, nämlich typologisch und chronologisch, gebraucht. In chronologischer Hinsicht
bezeichnete man damit die mittelalterliche und
als solche dezidiert christliche im Gegensatz zur
klassischen bzw. modernen Kunstauffassung.
Typologisch betrachtet wurde der Begriff in der
Hauptsache auf eine bestimmte Art der Darstellung von Gefühlen und Leidenschaften im fikti-
onalen Kontext des Romans angewandt. So erklärt z.B. Hegel, der den Begriff in der Regel
chronologisch gebraucht, der Inhalt der romantischen Kunst sei »die absolute Innerlichkeit«;
diese aber werde idealiter in der christlichen
Kunst des Mittelalters manifest; cf. *Vorlesungen
über die Aesthetik,* hg. von H. G. Hotho, Bd. 1-3,
Berlin 1835, Ktl. 1384-1386; Bd. 2, in *Hegel's
Werke* (→ 184,12) Bd. 10,2, pp. 122f. (*Jub.* Bd. 13,
pp. 122f.). Bei Heinrich Heine hingegen verschmelzen die beiden Bedeutungen: »Was war
aber die romantische Schule in Deutschland? /
Sie war nichts anders als die Wiedererweckung
der Poesie des Mittelalters, wie sie sich in dessen Liedern, Bild- und Bauwerken, in Kunst und
Leben, manifestirt hatte. Diese Poesie aber war
aus dem Christenthume hervorgegangen, sie
war eine Passionsblume, die dem Blute Christi
entsprossen«, *Die romantische Schule,* Hamburg
1836 [1833], Ktl. U 63, p. 7.

Siebenschläfer] Anspielung auf die Legende 10
der sieben Märtyrer in Ephesos, die in einer zu-
gemauerten Höhle 200 Jahre lang schliefen. Sie
ist Bestandteil der so genannten *Legenda aurea,*
und wird u.a. in B. S. Ingemanns (→ 186,33)
*Huldre-Gaverne eller Ole Navnløses Levnets-Even-
tyr fortalt af ham selv* [Die Elfengaben oder das
von ihm selbst erzählte Lebensmärchen von Ole
Navnløse], Kph. 1831, nacherzählt.

der einfache Parallelismus] → 175,10. 16

1000 Jahre … 1 Tag wie 1000 Jahre] cf. II Petr 17
3,8.

echt spekulative Aussage … vervollständigt] 19
Hegel zufolge stehen Begriffe und deren konträ-
rer oder kontradiktorischer Widerspruch in einem dialektischen Verhältnis zueinander, sodass
der jeweils gegebene Begriff durch dessen Gegenteil nicht einfach negiert bzw. zunichte ge-

macht (z.B. »Norden und Nicht-Norden«), sondern zugleich mit diesem aufbewahrt wird (z.B.
»Norden und Süden«). Diese zweifache Bewegung von Negation und Bewahrung nennt Hegel Aufhebung. Spekulative Aussagen sind
dann solche Aussagen, die die organische Einheit von Begriffen samt deren Gegensätzen ausdrücken (z.B. »ein Weg nach Norden ist auch ein
Weg nach Süden«). Im vorliegenden Fall fasst
SK die Ausdrücke »ein Tag« und »1000 Jahre«
als ein dialektisches Gegensatzverhältnis im be-
schriebenen Sinne auf.

187   25 **Oehlenschläger]** Adam Oehlenschläger (1779-
1850), dän. Dichter, 1809 Honorarprofessor, ab
1810 Extraordinarius für Ästhetik, 1831-1832
Rektor der Universität Kopenhagen.

  26 **oh Blumen wie Euch es ergeht ... was richtet
er aus etc.]** Zitat aus dem Gedicht »Morgen-Van-
dring« [Morgenwanderung] im Abschnitt »Lan-
gelands-Reise« [Langelandsreise] aus *Adam
Oehlenschlägers Poetiske Skrifter* Bd. 1-2, Kph.
1805, Ktl. 1597; Bd. 1, p. 364: »Smaablomster! Ak
som det Eder gaaer, / Saa gaaer det mig. / En
stakkels Poet, som en Kornblomst staaer, / Og
græmmer sig. / Det nærende Korn kun i Veien
han er; / Hvad retter han ud? / Han hæver sit
barnlige Farveskier / Kun fromt til Gud!«

  33 **g.]** ganze.

188   8 **Brüder in Xsto]** → 181,17.

  11 **liebte er nicht Johannes mehr als die anderen]**
Anspielung auf Joh 13,23; 19,26; 20,2; 21,7.20 —
allesamt Stellen, an denen von demjenigen Jünger die Rede ist, »den Jesus liebte«.

  12 **Poul Møller]** Poul Martin Møller (1794-1838),
dän. Philosoph und Dichter, ab 1830 Professor
der Philosophie an der Universität Kopenhagen.

  15 **geistige Päderastie, wie Haman sagt]** cf. »Fünf
Hirtenbriefe das Schuldrama betreffend« (1763),
in *Hamann's Schriften* (→ 33,30) Bd. 2, 1821, p.
434. Hamann spricht hier von der »Schande der
heiligen Päderastie«. — **Päderastie:** homosexu-
elles Verhältnis zwischen erwachsenen Männern und Jungen.

  17 **beklommenen]** dän. »beængede«.

  22 **nil admirari]** lat., ‚nichts (zu) bewundern'; ge-
flügeltes Wort im Anschluss an den Einleitungs-

satz der Horazischen Briefe, 1. Buch (*Epistola-
rum* I), Nr. 6,1; cf. *Q. Horatii Flacci opera,* Stereotypausg., Leipzig 1828, Ktl. 1248, p. 232. In der dänischen Übersetzung von J. Baden heißt es an
der entsprechenden Stelle: »Nichts zu bewundern, [...] ist beinahe das erste und einzige, das
zur Glückseligkeit führen und diese erhalten
kann.« Baden fügt dem genannten Ausdruck er-
läuternd hinzu: »nichts als groß betrachten,
nichts als begehrenswert oder zu fürchtendes«,
Horatius Flaccu's samtlige Værker, übers. von J.
Baden, Bd. 1-2, Kph. 1792-1793; Bd. 2, pp. 299
und 304. Horaz' Ausdruck hat im Übrigen historische Vorläufer im pythagoreischen »τὸ
μηδὲν θαυμάζειν« [‚niemals sich verwundern']
sowie im Prinzip der »ἀθαυμαστία« [‚Uner-
schütterlichkeit'] als Lebensideal der gr. Philosophen. So empfehlen z.B. die Epikureer die
»ἀταραξία«, die Stoiker hingegen die
»ἀπαθεία«, d.h. den unerschütterlichen Gleich-
mut und die Freiheit von Leidenschaften als
höchstes Gut bzw. als das Ideal des Weisen.
Ähnlich »negative« Moralprinzipien trifft man
auch bei den Kynikern und im Skeptizismus an.

Ballast] dän. »Baglast«, ältere Form des gleich- 26
bedeutenden dän. »Ballast«, ‚Sand- oder Stein-
last zum Gewichtsausgleich im untersten Raum
des Schiffes'.

sich ... gestalten] dän. »gestalte sig«, ‚Form an- 32
nehmen'.

die goldene Ader non fluens] Bezeichnung für 34
Hämorrhoide. — **non fluens:** lat., ‚nicht flie-
ßend', hier als Epitheton verwendet.

molimina] Pl. von lat. »molimen«, ‚Anstren- 35
gung, Bemühung, Bestrebung, schwierige Sache'.

Harmonie — das Schöne] In der pythagorei- 36
schen und platonischen Ästhetik wird das
Schöne mit dem Harmonischen, dem Wohlge-
ordneten und Wohlproportionierten identifiziert. Cf. z.B. Platons Dialog *Philebos* 64e; dort
erklärt Sokrates, dass »Maß und richtiges Verhältnis [...] überall zur Entstehung von Schönheit und menschlicher Tüchtigkeit« führen (*Platon. Sämtliche Werke* (→ 180,14) Bd. 6, p. 98). Seit
der dt. Archäologe und Kunsthistoriker Johann
Winckelmann 1755 seine *Geschichte der Kunst des
Altertums* veröffentlicht hatte, wurde die gr.

Kunst und die Welt der Griechen insgesamt als Resultat eines im gr. Volkscharakter angelegten Strebens nach Harmonie gedeutet. Winckelmanns Auffassung der einzelnen kunstgeschichtlichen Epochen als organische Einheiten erhielt besonders für das Verständnis von Kunst und Antike im dt. Idealismus große Bedeutung. Wenn etwa Hegel erklärt, das Reich der Griechen sei »wahre Harmonie, die Welt der anmutigsten, aber vergänglichen oder schnell vorübergehenden Blüthe«, so liegt er damit auf einer Linie mit Winckelmann; cf. Hegels *Vorlesungen über die Philosophie der Geschichte*, hg. von E. Gans und K. Hegel, Berlin 1840 [1837], in *Hegel's Werke* (→ 184,12) Bd. 9, p. 131 (*Jub.* Bd. 11, p. 153).

189   4   **dann trat eine Lebens-Anschauung auf**] Gemeint ist das Christentum.

5   **die ganze Natur verderbt sei**] cf. z.B. SKs Mitschrift von § 38 in H. N. Clausens dogmatischen Vorlesungen im Wintersemester 1833-1834 bzw. Sommersemester 1834. Dort heißt es, Augustinus habe die Lehre vorgetragen, »dass alle Menschen in und mit Adam gesündigt und als gerechte Strafe eine durch die Geburt verderbte Natur empfangen haben, die lediglich die Freiheit zum Tun des Bösen besitzt«, *Pap.* I C 19, in Bd. XII, p. 83.

14   **Paulus ... Alles ist neu in Xsto**] dän. »Alt er Nyt i Xsto«, Anspielung auf II Kor 5,17, wo Paulus schreibt: »Wenn jemand in Christus ist, dann ist er eine neue Schöpfung: das Alte ist vergangen, Neues ist geworden.« Cf. dieselbe Stelle in NT-1819, wo die Formulierung »Alles ist neu geworden« [»Alt er blevet nyt«] verwendet wird.

188m   2   **Hebamme**] → 180,14.

3   **erlösend ... d.h. entbindend**] dän. »forløse«, ‚erlösen, befreien‘ wird auch im Zusammenhang mit der Entbindung von Schwangeren verwendet. Die Parenthese des Übersetzers verdeutlicht SKs Spiel mit den verschiedenen Bedeutungen des Wortes.

8   **neueren idealistisch-philosophischen**] Bezugnahme auf J. G. Fichte und G. W. F. Hegel, vielleicht auch auf Hegels dän. Adepten J. L. Heiberg und H. L. Martensen, deren Hang zum Dozieren aus der Sicht SKs noch weit stärker war als der ihres Meisters.

Haman] Hamann (→ 33,30).   13

die Weisheit eher von Bileams Esel ... einem   13
Apostel] → 180,32. — Bileams Esel: → 180,33.

Himmelsleiter ... geöffneten Himmel] Bezugnahme auf Gen 28,12. Dort wird berichtet, dass Jakob im Traum eine Leiter sah, »die auf der Erde stand und bis zum Himmel reichte. Auf ihr stiegen Engel Gottes auf und nieder.« Cf. ferner Joh 1,51, wo Jesus seinen Jüngern eröffnet: »Ihr werdet den Himmel geöffnet und die Engel Gottes auf- und niedersteigen sehen über dem Menschensohn.«   18

Gigantische] In der gr. Mythologie stürmen die Giganten, die Söhne Gäas, den Himmel bzw. den Thron des Zeus; hier: ‚das Himmelstürmende‘.   22

das Reich Gottes mit Gewalt zu nehmen] Bezugnahme auf Mt 11,12. Cf. NT-1819, wo es heißt »Aber seit den Tagen Johannes des Täufers bis heute drängt man mit Gewalt ins Himmelreich, und die, die eindringen, reißen es an sich«.   23

Jean Poul] Jean Paul, Pseudonym für Johann Paul Friedrich Richter (1763-1825); dt. Schriftsteller, verfasste eine Vielzahl von Romanen in sprunghaft-geschwätzigem, dabei in der Regel humoristischem oder satirischem Stil. Richter war weder Romantiker noch Klassizist (wie sein Zeitgenosse Goethe); am ehesten mag er als der letzte Repräsentant für die Empfindsamkeit des 18. Jh. gelten. Jean Paul gilt als einer der meistgelesenen und -zitierten Autoren des 19. Jh. Auch als Ästhetiktheoretiker übte er beträchtlichen Einfluss aus, und zwar mit seiner *Vorschule der Aesthetik* von 1804 (2. erw. Aufl., Bd. 1-3, Stuttgart und Tübingen 1813, Ktl. 1381-1383). SK besaß *Jean Paul's sämmtliche Werke* Bd. 1-60, Berlin 1826-1828, Ktl. 1777-1799.   1   189m

der größte humoristische Kapitalist] Vielleicht will SK hier zum Ausdruck bringen, dass das umfangreiche Werk Jean Pauls über die größte »Kapitalansammlung« humoristischer Einfälle, Beschreibungen und Situationen verfügt.   1

ihre ironischen Zusammenstellungen ... in   5   189m
seiner »Symbolik«] Cf. z.B. *Die Symbolik des Traumes*, 2. Ausg., Bamberg 1821 [1814], Ktl. 776, p. 41: »So findet sich denn auch anderwärts in der Natur dieselbe (ironische) Zusammenstellung der entferntesten Extreme. Unmittelbar auf

den vernünftigen gemäßigten Menschen, folgt
in der Ideenassociation der Natur der tolle Affe,
auf den weisen, keuschen Elephanten, das un-
reine Schwein, auf das Pferd der Esel, auf das
hässliche Cameel die schlanken Reharten, auf
die mit dem gewöhnlichen Loos der Säugthiere
unzufriedne, dem Vogel nachäffende Fleder-
maus, folgt in verschiedener Hinsicht die Maus,
die sich kaum aus der Tiefe herauswagt; dann
wieder auf den windigen, immer unruhig bewegten Affen, der träge Lori, und selbst das
Faulthier scheinet nach einer gewissen Affen-
ähnlichkeit seines äußeren Gesichtsumrisses der
träumenden Natur nicht gar zu fern vom Affen
weg zu liegen.«

7 **Schubert**] Gotthilf Heinrich von Schubert (1780-
1860), dt. Arzt, Naturforscher und Philosoph,
1819 Professor für Naturwissenschaften in Erlangen, ab 1827 in München. Schubert war zunächst stark durch F. W. J. Schellings Naturphilosophie, später (ab ca. 1820) durch mystische,
pietistische und asketische Geistesströmungen
beeinflusst.

13 **jenen Mann, der, 2 Meilen von einer Mühle
entfernt ... bläst**] Anspielung auf das Märchen
»Sechse kommen durch die ganze Welt« in *Kin-
der- und Haus-Märchen,* hg. von J. L. K. und W. K.
Grimm, 2. Aufl., Bd. 1-3, Berlin 1819-1822 [1812],
Ktl. 1425-1427; Bd. 1, pp. 378-385. Hier wird erzählt, wie ein wackerer Krieger mit seinen beiden Dienern, einem Holzfäller und einem Jäger,
auf sieben Windmühlen trifft, »deren Flügel trieben ganz hastig herum, und ging doch links und
rechts kein Wind und bewegte sich kein Blätt-
chen. Da sprach der Mann: ›ich weiß nicht, was
die Windmühlen treibt, es regt sich ja kein Lüft-
chen!‹ und ging mit seinen Dienern weiter, und
als sie zwei Meilen fortgegangen waren, sahen
sie einen auf einem Baum sitzen, der hielt das
eine Nasenloch zu und blies aus dem andern.
›Mein, was treibst du da oben‹, fragte der Mann.
Er antwortete: ›zwei Meilen von hier stehen sieben Windmühlen, seht, die blase ich an, daß sie
gehen‹«, p. 379.

189 20 **wohl**] dän. »vistnok«, ‚gewiss, sicher‘; hier im
Sinne von ‚wahrscheinlich‘.

die heiligen 3 Könige aus dem Osten ... kost- 21
bares Räucherwerk] Anspielung auf eine Stelle
aus der Geburtsgeschichte Jesu nach Mt 2,1-12.
Draperie] kunstvoller Faltenwurf von Vorhän- 23
gen und Gewändern. Cf. eine Aufzeichnung auf
einem losen Blatt vom 4. August 1836: »Das Romantische kann man in gewisser Weise auch an
der Draperie sehen, die die moderne Kunst ihren Bildsäulen und Gemälden verleiht (in gewisser Weise Allegorie) [...]«, *Pap.* I A 218.

neuen Wein in alte Schläuche zu geben] Cf. 1   190
das Wort Jesu aus Mt 9,17: »Auch füllt man nicht
neuen Wein in alte Schläuche. Sonst reißen die
Schläuche, der Wein läuft aus, und die Schläuche sind unbrauchbar.«
Weib] dän. »Kjerling«, auch ‚Vettel‘. 5

Geschichte von Loki und dem Zwerg ... die 14   190
Wette zu gewinnen] Bezugnahme auf die Erzählung von Loki, der unter Einsatz seines Kopfes mit dem Zwerg Brokki wettet, dass dessen
Bruder, der Schmied Eitri (bzw. Sindri), nicht
imstande sei, drei ebenso kostbare Dinge herzu-
stellen wie Sifs goldenes Haar, das Schiff
Skíðblaðnir und den Speer Gungnir. Eitri macht
sich daran, die drei geforderten Dinge herzu-
stellen. Er legt zunächst eine Schweinshaut, danach Gold und zuletzt Eisen ins Feuer; außerdem setzt er Brokki an den Blasebalg und schärft
ihm ein, diesen ohne Unterlass in Bewegung zu
halten, bis er, Eitri, zurückkomme, da das, was
er ins Feuer gelegt hat, andernfalls zerstört werde. Brokki wird jedoch durch eine Fliege beläs-
tigt, die ihn dreimal sticht: das erste Mal in die
Hand, das zweite Mal in den Nacken und beim
dritten Mal zwischen die Augen. Die ersten beiden Male lässt er sich nicht beirren; zuletzt aber
sticht die Fliege so fest zu, dass ihm das Blut in
die Augen rinnt und er nichts mehr sehen kann
— da trocknet er rasch das Blut und jagt die
Fliege fort. So kommt es, dass Eitri das Schwein
Gullinborsti, den Ring Draupnir und den Hammer Mjǫllnir hervorbringt. Eitri übergibt Brokki
die drei Dinge und schickt ihn zu Odin, Freyr
und Thor, die in der Sache ein Urteil fällen sollen — mit dem Ergebnis, dass Loki die Wette
verliert. Cf. J. B. Møinichen *Nordiske Folks Over-*

troe (→ 37,*31*), Kph. 1800, Ktl. 1947, pp. 64f. und pp. 81f. Cf. auch »Loke und der Zwerg« in *Mythologie der Feen und Elfen* (→ 190,*22*), Bd. 1, pp. 131-135. Die Primärquelle dazu findet sich in Snorri Sturlusons *Edda*, »Skáldskaparmál«, Kap. 33 (45), cf. *Die Edda des Snorri Sturluson* (→ 37,*31*), pp. 140-142.

190 22 **Mythologie der Feen und Elfen ... 1828. 2 Th.**] *Mythologie der Feen und Elfen; vom Ursprunge dieses Glaubens bis auf die neuesten Zeiten. Aus dem Englischen* übers. von O. L. B. Wolff, Bd. 1-2, Weimar 1828.

25 **1. Teil. Das Märchen ... (von Rügen)**] cf. »Abentheuer des Johann Dietrich«, im Abschnitt »Rügen«, in *Mythologie der Feen und Elfen* Bd. 1, pp. 298-367.

26 **Unterirdischen**] Übernatürliche zwergenartige Wesen, die nach altem Volksglauben unter der Erde leben. Cf. *Mythologie der Feen und Elfen* Bd. 1, pp. 315ff.

26 **Ob sie auch sterben ... gejagt werden**] Zitat aus *Mythologie der Feen und Elfen* Bd. 1, p. 319. Abweichende Orthographie und Interpunktion.

191 2 **Totalität**] SK verleiht hier der zu Beginn des 19. Jh. gängigen Auffassung Ausdruck, beim Mittelalter handle es sich um eine durch eine christliche Einheitskultur charakterisierte organische Totalität. — Zum Zusammenhang von Totalität und Humor cf. § 32, »Humorische Totalität«, in Jean Pauls *Vorschule der Aesthetik* (→ 189*m*,1) Bd. 1, pp. 237-247.

6 **ein Teil der neueren Humoristen Katholiken wurden**] SK denkt hier vermutlich an die »Romantiker«, cf. hierzu die Aufzeichnung auf einem losen Blatt vom März 1836, wo SK sich explizit die Frage stellt: »Woher kam es, dass die meisten, zumindest aber die bedeutendsten Vertreter der rom. Schule zum Katholizismus übergetreten sind [...]«, *Pap.* I A 134 / *T* 1, 69. So etwa konvertierte Friedrich Schlegel, während Ludwig Tieck dies nicht tat, obgleich er sich viel mit dem Katholizismus beschäftigte. Mögliche Quelle SKs mag hier Heinrich Heine sein, cf. *Die romantische Schule*, Hamburg 1836, Ktl. U 63 (gekauft am 16. Februar 1836 bei Universitätsbuchhändler C. A. Reitzel laut Rechnung vom 31. De-

zember 1836 (KA D Pk. 8 læg 1)), p. 52: »Bei mehreren Anhängern der romantischen Schule bedurfte es keines formellen Uebergangs, sie waren Katholiken von Geburt, z.B. Herr Görres und Herr Klemens Brentano, und sie entsagten nur ihren bisherigen freigeistigen Ansichten. Andere aber waren im Schoße der protestantischen Kirche geboren und erzogen, z.B. Friedrich Schlegel, Herr Ludwig Tieck, Novalis, Werner, Schütz, Carové, Adam Müller u. s. w., und ihr Uebertritt zum Katholizismus bedurfte eines öffentlichen Akts.«

191 10 **Justinus Kerner**] Andreas Justinus Kerner (1786-1862), dt. Schriftsteller und Arzt mit besonderem Interesse für parapsychologische Phänomene; als Dichter einer der Hauptrepräsentanten der spätromantischen »Schwäbischen Dichterschule«.

11 **in seinen Dichtungen**] *Die Dichtungen von Justinus Kerner. Neue vollständige Sammlung in Einem Bande,* Stuttgart und Tübingen 1834, Ktl. 1734.

11 **jenes Phänomen in so versöhnlicher Weise auffassen**] Cf. »Fünfte Vorstellung« von »Fünfte Schattenreihe« in »Dichtungen in Prosa« aus *Die Dichtungen von Justinus Kerner,* pp. 386f.: »Ich erstaunte nicht wenig, daß der Mühlknecht sprach, wie ich spreche, auch mein Gesicht fast gänzlich angenommen hatte. / Schon wollte ich ihn aufmerksam darauf machen, als er selbst sagte: ‚Ich weiß nicht — ich komme mir vor, wie ihr mir vorkommt.' / Wir besahen einander wechselsweise mit und ohne Spiegel, und ich empfand eine große Freude über diese Erscheinung: denn der Mühlknecht schrieb sie der innigen Freundschaft zu, die er zu mir gefaßt.«

15 **Wenn ich [es] ... wäre [es]**] dän. »Naar jeg skulde opfatte vilde [...]«; hier scheint ein Bruch im Satzbau vorzuliegen. Der Sinn scheint zu sein: »Wenn ich [dieses Phänomen] auffassen müsste, würde [es] in dem höchst verwirrenden, beinahe Kasperltheater-Unsinn [hervortreten].«

17 **Kasperltheater**] im Original »-mester-jakelske Unsinn«. Jakel (Diminutiv von Jakob): Bauern- und Narrenfigur, der die so genannten Meister-Jakob-Komödien ihren Namen verdanken. Es handelte sich dabei um Aufführungen mit klei-

nen Handpuppen bzw. Marionettenfiguren, die zu den zeitgenössischen Volksbelustigungen gehörten. Sie ähneln dem Puppenspiel oder Kasperltheater in anderen Ländern, gehen in ihrer dän. Variante aber auf Jørgen Qvist (gest. 1811) zurück, der seine Vorstellungen auf dem so genannten Dyrehavsbakken (Rummelplatz nördlich von Kopenhagen) gab.

191   22   **Justinus Kerner]** → 191,10. Bei der gesamten Aufzeichnung DD:26 folgt *SKS* Barfods Ausgabe *EP I-II*, p. 124.

27   **die eigentliche Kontinuierlichkeit fehlt]** SK meint wohl, dass das künstlerische Talent bei Justinus Kerner wie bei ihm selbst ein nur spezifisches und kein universelles sei wie z.B. bei J. W. von Goethe.

32   **Dichtungen]** → 191,11.

33   **»Nachrichten aus dem Nachtgebiete der Natur«]** *Eine Erscheinung aus dem Nachtgebiete der Natur, durch eine Reihe von Zeugen gerichtlich bestätigt und den Naturforschern zum Bedenken mitgetheilt,* Stuttgart und Tübingen 1836. Kerner berichtet hier von den Erscheinungen der Elisabetha Eslinger im Herbst 1835 und Frühjahr 1836, indem er Gerichtsprotokolle, ärztliche Atteste und schriftliche Zeugenaussagen örtlicher Geistlicher untersucht und kommentiert.

192   5   **Adams Sündenfall]** cf. die alttestamentliche Erzählung vom Sündenfall, Gen 3,1-19.

7   **Erbsünde]** Die Vorstellung von der Erbsünde, d.h. dass die Sünde fortgepflanzt bzw. ererbt wird, stützt sich auf eine Reihe von Bibelstellen: zunächst und vor allem Gen 3; sodann auf Ps 51,7: »Denn ich bin in Schuld geboren; in Sünde hat mich meine Mutter empfangen«; cf. schließlich Röm 5,12-14: »Durch einen einzigen Menschen kam die Sünde in die Welt und durch die Sünde der Tod, und auf diese Weise gelangte der Tod zu allen Menschen, weil alle sündigten. Sünde war schon vor dem Gesetz in der Welt, aber Sünde wird nicht angerechnet, wo es kein Gesetz gibt; dennoch herrschte der Tod von Adam bis Moses auch über die, welche nicht wie Adam durch Übertreten eines Gebotes gesündigt hatten [...].« Freilich wird der Erbsündengedanke erst durch Augustinus umfassend

behandelt. Seine Lehre hält fest, dass die Sünde im Geschlechtsakt und damit bei der Entstehung jedes Menschen wirksam ist. Ferner geht dieser, da er unvermeidlich in und mit Sünde geboren wird, seiner schöpfungsmäßig ursprünglicheren Fähigkeit zum Guten verlustig. Diese Lehre wurde kirchlicherseits im Rahmen der Konzilien von Karthago (412, 416 und 418 n.Chr.) und Ephesus (431 n.Chr.) einhellig als Dogma bestätigt. Weitergeführt hat es die Reformation. Dies dokumentiert die lutherische Bekenntnisschrift *Confessio Augustana* (→ 176,36) Art. 2 (»Über die Erbsünde«), wo es heißt: »Weiter wird bei uns [d.h. den Reformatoren] gelehrt, daß nach Adams Fall alle Menschen, so naturlich geborn werden, in Sunden empfangen und geborn werden, das ist, daß sie alle von Mutterleib an voll boser Lust und Neigung seind und kein wahre Gottesfurcht, keinen wahren Glauben an Gott von Natur haben können; daß auch dieselbige angeborne Seuch und Erbsunde wahrhaftiglich Sund sei und verdamme alle die unter ewigen Gotteszorn, so nicht durch die Tauf und heiligen Geist wiederum neu geborn werden« (*Die Bekenntnisschriften* (→ 37,1), pp. 52f.). Cf. *Den rette uforandrede Augsburgske Troesbekjendelse med sammes, af Ph. Melanchton forfattede, Apologie,* übers. von A. G. Rudelbach, Kph. 1825, Ktl. 386, p. 46. Mit der anderen Hälfte von Art. 2 wird das dogmatische Problem der Erbsünde akzentuiert: »Hieneben werden verworfen die Pelagianer [→ 192,10] und andere, so die Erbsund nicht fur Sund halten, damit sie die Natur fromm machen durch naturlich Kräft, zu Schmach dem Leiden und Verdienst Christi« (*Die Bekenntnisschriften* (→ 37,1), p. 53; cf. *Den Augsburgske Troesbekjendelse,* p. 47).

Röm 5,13.14] → 192,7.   8

pelagianische Restrinction] ,pelagianische Einschränkung bzw. Vorbehalt'. — **Pelagius:**   10 Mönch britischer Herkunft, wirkte um 400 n.Chr. als asketischer Erweckungsprediger in Rom, von wo er ca. 410 n.Chr. nach Afrika und bald darauf nach Palästina zog; dort verliert sich seine Spur im Jahr 418 n.Chr. Pelagius bestritt Faktum und Folgen der Erbsünde und hielt stattdessen an der Freiheit des menschlichen Willens fest, ein sündenfreies Leben in Übereinstimmung mit Gottes Willen führen zu können. Die Sünde an sich fasste er als reine Tat und nicht als Zustand auf; daher werde jeder Mensch ebenso unverdorben geboren wie der, den Gott ursprünglich geschaffen hat. Obwohl Pelagius der Auffassung war, dass jeder Mensch von sich aus seine Erlösung erwirken könne, leugnete er keineswegs die göttliche Gnade; diese komme dem Menschen vielmehr durch Christus entgegen, der durch sein leuchtendes Beispiel den Menschen dazu ansporne, mit der zur Gewohnheit gewordenen Macht der Sünde zu brechen und ihm nachzufolgen. Auf Veranlassung von Augustinus wurde die pelagianische Lehre von zwei nordafrikanischen Synoden im Jahre 416 und 418 n.Chr. sowie von der Synode in Ephesus 431 n.Chr. als Häresie verurteilt.

11 **cum hoc non ideo propter hoc**] lat., ‚mit diesem zugleich, (aber) deshalb nicht (etwa) aufgrund von diesem‘.

12 **cum hoc et propter hoc**] lat., ‚sowohl mit diesem zugleich wie aufgrund von diesem‘.

13 **die Lehre von der Kirche**] Vermutlich Anspielung auf den röm.-kath. Grundsatz »extra ecclesiam nulla salus« (lat., ‚außerhalb der Kirche kein Heil‘), der besagt, dass die Mitgliedschaft in der (katholischen) Kirche notwendige Voraussetzung dafür ist, am Versöhnungswerk Christi bzw. am ewigen Heil teilzuhaben.

14 **Übermaß guter Werke**] Anspielung auf die röm.-kath. Lehre vom Überschuss der durch Christus und die Heiligen vollbrachten guten Werke, der als solcher anderen zugute kommt.

17 **Röm V ... dem zweiten Adam**] Anspielung auf Röm 5,12-21. Paulus zieht dort eine typologische Parallele zwischen dem ‚ersten Adam‘, der durch seinen Fall die Sünde in die Welt (cf. Gen 3) und das Verdammungsurteil über alle Menschen gebracht hat, und dem ‚zweiten Adam‘, Christus, der kraft seiner Gerechtigkeit für alle Menschen Gerechtigkeit und Leben erwirkt hat.

20 **mit der Lehre korrespondiert ... in X. erlöst wurden**] SK denkt hier vermutlich an die Lehre von der bedingten Errettung oder Erlösung. Dogmatisch gesprochen haben alle Menschen kraft der Erbsünde gesündigt und sind von daher der ewigen Verdammung anheim gefallen. Gleichwohl gilt allen kraft göttlicher Gnade und

durch das Versöhnungswerk Christi die Verheißung auf Errettung, freilich unter der Bedingung, dass der Einzelne dieses Angebot glaubend an- und entgegennimmt. Hiermit eng verknüpft ist der dogmatische Gedanke des Partikularismus bzw. der besonderen Gnadenwahl. Danach haben zwar alle Menschen gesündigt; dank des christlichen Versöhnungswerkes sind aber dennoch einige von ihnen zum ewigen Heil erwählt oder bestimmt. Cf. SKs Referat von § 66 in H. N. Clausens dogmatischen Vorlesungen im Wintersemester 1833-1834 sowie Sommersemester 1834 in *SKS* 19, 69f., Not1:8 / *Pap.* I C 19 in Bd. XII, p. 121.

35 **Wir sollen Engeln gleich sein**] Anspielung auf ein Wort Jesu in Lk 20,36. In NT-1819 heißt es dort von den Auferstandenen: »Sie können ja nicht mehr sterben; denn sie sind Engeln gleich und Gottes Kinder, weil sie Kinder der Auferstehung sind.«

1   193 **phänomenologischen Weg**] Anspielung auf Hegels Phänomenologie des Geistes als einer Wissenschaft der (Selbst-)Erfahrung des Bewusstseins, die als solche die Selbstentfaltung des Geistes von der Stufe der Unmittelbarkeit (im Sinne der sinnlichen Gewissheit) bis hin zum absoluten Wissen (im Sinne der Wissenschaft) beschreibt. Cf. *Phänomenologie des Geistes*, hg. von J. Schulze, Berlin 1832 [1807], Ktl. 550, in *Hegel's Werke* (→ 184,12) Bd. 2 (*Jub.* Bd. 2).

2   **das besorgte, unruhige Individuum ... Mittler**] Anspielung auf Hegels Analyse des »unglücklichen Bewußtseyns« als einer Übergangsstufe in der *Phänomenologie des Geistes*. Ausgangspunkt ist hier das »bekümmerte« bzw. mit sich entzweite religiöse Bewusstsein, das durch eine Reihe unterschiedlicher Vermittlungsinstanzen mit Gott vereinigt zu werden sucht und jene Vereinigung schließlich in der »Mittler«-Gestalt der Kirche findet. Cf. *Phänomenologie des Geistes* in *Hegel's Werke* (→ 184,12) Bd. 2, pp. 171f. (*Jub.* Bd. 2, pp. 179f.).

3   **Mittler ... unprotestantisch**] Hinweis auf die protestantische Kritik an der katholischen Kirchenlehre, in der der Geistliche im Allgemeinen, der Papst im Besonderen als heilsnotwendige Mittlerfiguren zwischen Gott und Mensch erscheinen. Cf. z.B. § 120 in *Hutterus redivivus oder*

Dogmatik der Evangelisch-Lutherischen Kirche. Ein dogmatisches Repertorium für Studierende, hg. von K. A. Hase, 2. Aufl., Leipzig 1833 [1828], p. 356 (SK besaß die 4. Aufl. 1839, s. Ktl. 581).

9 **der Lehre von den Werken]** SK spielt vermutlich auf den 7. und 13. Brief in Anton Günthers *Vorschule zur speculativen Theologie des positiven Christenthums. In Briefen* Bd. 1-2, Wien 1828-1829, Ktl. 869-870, an; cf. Bd. 2, »Die Incarnationstheorie«, pp. 135-152, besonders pp. 146-149 sowie pp. 306-352, besonders pp. 312-315 und pp. 325-345. Cf. außerdem den 5. und 6. Brief, »Die Lehre von der Kirche« in Günthers *Der letzte Symboliker.* [...] *in Briefen,* Wien 1834, Ktl. 521, p. 177 und pp. 213-227.

9 **Günther]** Anton Günther (1783-1863), tschechisch-österr. Philosoph und katholischer Säkular- (d.h. ordensunabhängiger) Priester. Als Neuscholastiker strebte Günther nach einer Reformulierung bzw. Neubegründung der katholischen Kirchenlehre auf der Basis der zeitgenössischen Philosophie. Er war besonders durch J. G. v. Herder, Immanuel Kant, J. G. Fichte sowie F. W. J. Schelling beeinflusst und vertrat ausgehend von Descartes einen dezidiert theistischen Standpunkt, den er gegen das, was er als zeitgenössischen Pantheismus wahrnahm und kritisierte, zu verteidigen suchte. SK besaß verschiedene von Günthers Werken, s. Ktl. 520-523, 869-70 und 1672.

12 **Patengeschenk in der Wiege des Xsten]** Anspielung auf einen Brauch, demzufolge der Vater (oder andere Taufgäste und Nachbarn) ein Geschenk — häufig in Form von Geld, so genanntem Wiegengeld — an der Wiege des Kindes niederlegte(n).

16 **jene Fürbitte ... Lebenden befried. haben wollen]** Ein immer wiederkehrender Zug in den Erscheinungen, die Justinus Kerner in *Eine Erscheinung aus dem Nachtgebiete der Natur* (→ 191,33) schildert, ist deren Forderung nach Fürbitte, cf. pp. 1, 7 und 12ff. SK bezieht sich auf eine oder mehrere dieser zahlreichen Stellen in Kerners Text, die dies zum Ausdruck bringen, cf. z.B. pp. 213f.: »Eben so ist das beständige Anliegen der Erscheinung, mit ihr zu beten, und zwar an einer bestimmten Stelle, ebenfalls kein leeres Vorgeben der Eslingerin, denn constant wiederholt

sich dieß in hundert gleichen Beobachtungen immer. Die Eslingerin sagte, wie schon bemerkt, oft zur Erscheinung: sie sey selbst eine Sünderin, warum sie sich an sie wende? worauf, wie sie sagte, die Erscheinung nur seufzte und noch mehr in sie um Gebet drang.« — **befried.:** befriedigt.

das kirchliche Dogma der Seelenmesse für 19 **Verstorbene]** Gemeint ist das röm.-kath. Dogma der Heilswirksamkeit von Messen, die für Verstorbene abgehalten wurden — teils am Begräbnistag, teils an festgesetzten Tagen nach dem und am Jahrestag des Todes oder Begräbnisses sowie am Allerheiligentag. Nach Einführung der Fegefeuerlehre fasste man die Seelenmessen als direkte Sühne für die Sünden derjenigen auf, zu deren Erinnerung sie begangen wurden. SK bezieht sich an dieser Stelle vermutlich auf Justinus Kerner *Eine Erscheinung aus dem Nachtgebiete der Natur* (→ 191,33), pp. 237f., wo das Gebetsverlangen des Verstorbenen, das sich in der Erscheinung Ausdruck verschafft, mit der Idee der Seelenmesse verknüpft wird: »Die Lehre vom Fegfeuer (Mittelreiche), die Lehre vom Gebet für Verstorbene, die Lehre vom Exorcismus in der katholischen Religion, *ist allein aus solchen Erfahrungen hervorgegangen,* ist rein aus der Natur hervorgegangen. Wäre es aber wirklich so, was dem nicht so ist, daß nämlich solche Beobachtungen weniger in der katholischen, als in der lutherischen Welt gemacht würden, so könnte dieß gerade deßwegen geschehen, weil die Katholiken Seelenmessen, Gebet für Verstorbene, anerkennen und *unaufgefordert ausüben,* jene Seelen also nicht nöthig haben, sich ihnen noch mit dieser Bitte zu nähern, sie dazu aufzufordern, darum zu quälen, was sie aber bei Lutheranern thun müßten, *weil diese unaufgefordert für keine verstorbene Seele beten.* Dieß könnten Katholiken entgegnen, allein jene Behauptung ist durchaus falsch.«

Kerner ... Nachtgebiete der Natur 1836 p. 214] 20 Justinus Kerner *Eine Erscheinung aus dem Nachtgebiete der Natur* (→ 191,33), p. 214: »Dieser Einzige ist dann so einem nach Vermittlung schmachtenden Geiste so hoch willkommen, wie einem nach geistlichem Trost oder Gebet sehnsüchtigen Todtkranken, der weiter keine

Wahl hat, es der Tröster oder Beichtvater ist, von dem er auch weiß, daß er vielleicht ein eben so großer Sünder als er selbst ist, den er aber nur eben allein haben kann.«

194   6   **Inbegriffs]** Summe von Einzelelementen, unter einem Oberbegriff zusammengefasst.

7   **Jean Paul]** SK mag hier auf den Umstand anspielen, dass Jean Paul (→ 189*m*,1) Notizbücher benutzte, in denen er Zitate, Einfälle und Ideen festhielt. Später fügte er diese kaleidoskopartigen Einträge häufig in seine Bücher ein. Die Verarbeitung derartiger Einfälle und Lesefrüchte ist z.B. mit aller Deutlichkeit in der *Vorschule der Aesthetik* (→ 189*m*,1) zu erkennen.

10   **Hoffmann]** → 186,33.

11   **Lichtenberg es empfiehlt]** Cf. *G. C. Lichtenberg's Ideen, Maximen und Einfälle. Nebst dessen Charakteristik,* hg. von G. Jördens, Bd. 1, 2. Ausg., Leipzig 1831 [1827], sowie Bd. 2, 1. Aufl., Leipzig 1830, Ktl. 1773-1774; Bd. 1, p. 111: »Ich glaube, daß man selbst bei abnehmendem Gedächtniß und sinkender Geisteskraft überhaupt noch immer gut schreiben kann, wenn man nur nicht zu viel auf den Augenblick ankommen läßt, sondern bei seiner Lektüre oder seinen Meditationen immer niederschreibt, zu künftigem Gebrauch.« Cf. auch Bd. 1, pp. 29f. und 119f. — Lichtenberg: Georg Christoph Lichtenberg (1742-1799), dt. satirischer Schriftsteller und Physiker, 1769 außerordentlicher, 1775 ordentlicher Professor in Göttingen, als Schriftsteller besonders wegen seiner satirisch-witzigen Ausfälle gegen die sentimentalen Tendenzen des »Sturm und Drang« bekannt.

29   **expektoriere]** abgeleitet von lat. »expectorare«, ‚aus der Brust vertreiben‘, hier: ‚ausschütten, ergießen‘.

37   **Haman sagt ... nur einmal in seinem Leben hat]** Cf. *Hamann's Schriften* (→ 33,30) Bd. 3, 1822, p. 392: »So wahr ist, daß es Gedanken giebt, die man nur Einmal in seinem Leben hat, und nicht Meister ist wieder hervorzubringen.«

194*m*   1   **Resolution]** Offizielle Bezeichnung für die Antwort des Königs oder eines seiner Beamten auf ein Gesuch, eine Anfrage, eine Klage oder Ähnliches; vom König mit der feststehenden und vom jeweiligen Datum gefolgten Wendung un-

terzeichnet: »Givet paa Vort Slot Christiansborg« [Erlassen auf unserem Schloß Christiansborg].

erlassen in unserer Studierkammer] Vielleicht   2 eine Anspielung auf Poul Martin Møllers »Forsøg til et Himmelbrev, i Grundtvigs nye historiske Smag, fundet af Poul Møller« [Versuch eines Himmelbriefs nach Grundtvigs neuem historischem Geschmack, gefunden von Poul Møller], in *Nyeste Skilderie af Kjøbenhavn,* hg. von S. Soldin, 15. Jahrg., Kph. 1818, Nr. 101, Sp. 1696-1699. Møllers Satire lässt Grundtvigs »Himmelsbrief« (einen Brief also, der vermeintlich vom Himmel fiel) mit den feierlich-majestätischen Worten schließen: »Erlassen auf unserer Residenz in der Løngangsstraße, direkt gegenüber dem Vartov-Kloster«, Sp. 1698. SK wohnte bis Juli 1837 zu Hause bei seinem Vater (Nytorv 2), zog aber danach in die Løvstræde (s. *Karte 2,* C2).

Festlands-Routen] Haupttreiserouten für engli-   2   195*m* sche Touristen auf dem europäischen Kontinent.

abbreviierten] dän. »abrivierede«, ‚verkürzten,   6 abgestumpften‘.

Lichtenberg] → 194,11.   4   195

nichts Kraftloseres gibt ... historisch-literari-   5 sche Umstände kennt] Zitat aus *G. C. Lichtenberg's Ideen, Maximen und Einfälle* (→ 194,11) Bd. 1, p. 117: »daß es nichts Kraftloseres giebt, als die Unterredung mit einem sogenannten Literator in der Wissenschaft, in der er nicht selbst gedacht hat, aber tausend historischliterärische Umständchen weiß.« — **Literator:** ‚Bibliograph, Buchkundiger‘.

Es ist fast als wie ... wenn man hungert] Zitat   8 aus *G. C. Lichtenberg's Ideen, Maximen und Einfälle* (→ 194,11) Bd. 1, p. 117. SK ergänzt »die« vor »Vorlesung«.

Stimme in der Wüste] bezieht sich vermutlich   9 auf Johannes den Täufer (→ 180,25); in Mt 3,3 heißt es unter Bezugnahme auf Jes 40,3 von ihm: »Eine Stimme ruft in der Wüste« (ähnlich in NT-1819).

In dem Exemplar ... eine Anstreichung] Das in   15 der Königlichen Bibliothek Kopenhagen befindliche Exemplar von Bd. 1 (2. Ausg.) weist einen senkrechten Bleistiftstrich am linken Rand der

Textstelle auf, die SK in seiner eigenen dän. Übersetzung (→ 195,5) zitiert.

21 **damit hat er mir leider]** *SKS* folgt ab hier und bis zum Ende der Aufzeichnung DD:32 Barfods Ausgabe *EP I-II,* pp. 126-129.

23 **proponiert]** proponieren, ‚vorschlagen'.

23 **Lichtenberg]** → 194,11.

24 **die Schreibweise der Leute ... Kandidaten-Prosa]** Cf. *G. C. Lichtenberg's Ideen, Maximen und Einfälle* (→ 194,11) Bd. 1, p. 122: »Ein Mensch wählt sich ein Thema, beleuchtet es mit seinem Lichtchen, so gut er's hat, und schreibt alsdann in einem gewissen erträglichen Modestyl seine Alltagsbemerkungen, dergleichen jeder Sekundaner auch hätte machen, aber nicht so faßlich ausdrücken können. Für diese Art zu schreiben, welches die Lieblingsart der mittelmäßigen und untermittelmäßigen Köpfe ist [...], habe ich kein besseres Wort, als *Kandidaten-Prose* finden können. Es wird höchstens das ausgeführt, was die Vernünftigen schon bei dem bloßen Wort gedacht haben.«

195m 9 **Listen wie Leporello ... Mädchens]** Anspielung auf W. A. Mozarts Oper *Don Giovanni,* und zwar in der dän. Version *Don Juan* (→ 254m,9), 1. Akt, 6. Szene (1. Akt, 5. Szene im Libretto von 1787), wo der Diener Leporello eine Liste über Anzahl, Nationalität, Alter und Aussehen der Geliebten seines Herrn präsentiert.

195 34 **Proszenium]** Vorbühne, d.h. derjenige Teil der Bühne, der sich vor dem Vorhang befindet.

196 21 **Duodez-Buchstaben]** Buchstaben in kleinem Schrifttyp, so wie er im so genannten Duodez-Buchformat zur Anwendung kommt, bei dem jeder Bogen in zwölf Blätter gefaltet wird; Miniaturbuchstaben.

21 **Versalien]** Großbuchstaben am Anfang eines Buchabschnittes.

24 **Vaudeville-Theater]** Theater mit leichterem, anspruchslosem Repertoire von Vaudeville-Revuen; hier: Lustspiel- oder Boulevard-Theater.

196 35 **Polizei-Aushänge]** Polizeilich autorisierte Bekanntmachungen, deren Verbreitung und öffentliche Wahrnehmung noch zu SKs Zeiten dadurch gewährleistet wurden, dass man sie an Straßenecken oder speziellen Plakatsäulen an-

klebte. Im Gegensatz zu Kanzleiplakaten, -verordnungen und -erlassen enthielten diese polizeilichen Bekanntmachungen typischerweise detaillierte Vorschriften, wie sich der Bürger im Sinne eines »guten Benehmens und der Aufrechterhaltung der Ordnung« [dän. »en god politi«] zu verhalten habe: Nämlich im Sinne von Ruhe und Ordnung, Beachtung von Sitte und Brauch sowie der Beförderung des Erwerbslebens. Die Plakate wurden daher mit einer pedantischen und starren Rechtshandhabung in Verbindung gebracht.

Nørreport] s. *Karte 2, C1.* 2   197

Schilling] im Original mit »ß« abgekürzt. Die 3 dän. Münzeinheit »Skilling« war besonders im Zeitraum von 1813-1873 gebräuchlich. Für 16 Schilling erhielt man eine Mark, für 6 Mark einen Reichsbanktaler. Im Zuge der Münzreform von 1873 wurde der Reichsbanktaler durch die Krone, der Schilling durch das Öre abgelöst (1 Reichsbanktaler = 2 Kronen, 1 Schilling = 2 Öre). 1840 kostete ein Pfund Roggenbrot 2-4 Schilling.

Lebensanschauung ... durch Sünde] Vielleicht 5 denkt SK hier an die Karpokratianer, eine auf Karpokrates (2. Jh.) zurückgeführte gnostische Sekte, cf. Eusebs Kirchengeschichte, 4. Buch, Kap. 7, *Kirkens Historie af Eusebius* (→ 223,25), p. 191, sowie ferner G. Arnold *Kirchen- und Ketzerhistorie* Bd. 1-4, Frankfurt a.M. 1699-1700, Ktl. 154-155; Bd. 1, pp. 67f. Denkbar wäre auch eine Anspielung auf die Nikolaiten, eine auf Nikolaos (2. Jh.) zurückgeführte gnostische Sekte, cf. H. E. F. Guerike *Handbuch der Kirchengeschichte,* 3. Aufl., Bd. 1-2, Halle 1838 [1833], Ktl. 158-159; Bd. 1, p. 155. Beide Sekten sollen tendenziell antijüdisch und antinomistisch gewesen sein; sie sollen gelehrt haben, man müsse die Laster besiegen, indem man sich ihnen hingibt.

wer niemals ... kein braver Mann] Zitat aus 8 der ersten Strophe eines deutschen Liedes: »Wer niemals einen Rausch gehabt, / Das ist kein braver Mann. / Wer seinen Durst mit Achteln labt, / Fang lieber gar nicht an. / Da dreht sich alles um und um / In unserm Capitolium«; cf. *Visebog indeholdende udvalgte danske Selskabssange; med Tillæg af nogle svenske og tydske,* hg. von A. Seidelin, Kph. 1814, Ktl. 1483, p. 400.

13 **jenes Reich der dunklen Seufzer**] Cf. J. Görres *Die teutschen Volksbücher,* Heidelberg 1807, Ktl. 1440, p. 61: »Die Erzählung von dem dunkeln Lande, aus dem beständig Menschenstimmen tönen, und in das die Nachkommenschaft eines heidnischen Königs, der die Christen verfolgte, auf ihr Gebeht vom Himmel gebännt und gefangen wohnt«. SK bezieht sich auf diese Stelle in einer auf einem Papierstreifen notierten Aufzeichnung vom 25. Januar 1837: »Das dunkle Land, wo man nur Seufzer hört (cfr. Görres. p. 61)«, *Pap.* I A 326.

197 35 **dieses Erziehungssystem ... Auferstehung der Leiber leugnet**] Vielleicht Anspielung auf den so genannten Philanthropismus, der von dem stark durch J. J. Rousseau beeinflussten dt. Theologen und rationalistischen Pädagogen Johann Georg Basedow (1723-1790) begründet wurde. Basedow war ab 1753 an der dän. Sorø Akademie beschäftigt und kam dort mit einer Reihe von Deutschen in Kontakt, die zu jener Zeit in den höheren Kreisen Kopenhagens tonangebend waren. 1768 wurde er entlassen, erhielt aber Unterstützung von der dän. Regierung. Als Philanthrop verwarf er eine Reihe zentraler christlicher Dogmen. Grundzüge seines optimistischen Menschenbildes wurden zu Bestandteilen seines neuen Schul- und Erziehungsverständnisses, das u.a. eine weitgehende Disziplinierung des Kindes vorsah.

38 **das Wort der Schrift ... Essen und Trinken besteht**] Anspielung auf Röm 14,17.

198 3 **Man soll den Nächsten lieben wie sich selbst**] Anspielung auf den zweiten Teil des so genannten Doppelgebotes der Liebe, cf. Mt 22,39.

198*m* 25 **Man ist sich selbst am nächsten**] cf. die Redensart »jeder ist sich selbst am nächsten«. Die dän. Entsprechung ist als Nr. 1997 aufgezeichnet in N. F. S. Grundtvig *Danske Ordsprog og Mundheld,* Kph. 1845, Ktl. 1549, p. 76; auch bekannt in der Form »Man ist sich selbst am nächsten«, cf. Nr. 7003 in E. Mau *Dansk Ordsprogs-Skat* (→ 178,11) Bd. 2, p. 82.

198 11 **Ich habe ... Juli 37.**] *SKS* folgt bei DD:33 einschließlich der Trennlinie Barfods Ausgabe *EP I-II,* p. 128.

Anthropomorphismen] Übertragung menschlicher Eigenschaften auf Götter oder Tiere, umgekehrt auch Vermenschlichung des Göttlichen. 16 198

Echo] Laut gr. Mythologie stellt Pan der Bergnymphe Echo nach. Als sie ihn abweist, wird sie von dem verschmähten Freier zerrissen, so dass nur ihre Stimme zurückbleibt. Ovid erzählt in seinen *Metamorphosen,* 3. Gesang, v. 356-401, eine andere Geschichte: Als Echo die Göttin Hera mit Klatsch hingehalten hatte, während sich Zeus mit anderen Nymphen vergnügte, wurde sie für ihre Schwatzhaftigkeit bestraft, indem sie nur mehr die Worte anderer wiederholen konnte. Später verzehrt sie sich in unglücklicher Liebe zu dem schönen Jüngling Narziss, so dass nur ihre Stimme erhalten blieb. Trotz ihres Zorns folgt sie ihm in sein späteres Elend — als ein liebevoller Nachhall seiner Stimme. 1 199

Grim irische Elfenmärchen p. LXXVIII] *Irische Elfenmärchen,* übers. von J. L. K. und W. K. Grimm, Leipzig 1826 (nach [Thomas Crofton Croker] *Fairy legends and traditions of the South of Ireland,* London 1825), Ktl. 1423, »Einleitung«, p. LXXVIII: »Bemerkenswerth ist, daß das Echo in dem nordischen Volksglauben *Dvergmâl* oder *Bergmâl* d.h. Zwerg- oder Bergsprache genannt wird«; hierauf folgen die Hinweise auf »Biörn Haldorson« (→ 199*m*,7) und »Färöiske Qvæder« (→ 199*m*,8). 6 199*m*

Biörn Haldorson 1,73 a] cf. *Lexicon islandico-latino-danicum Biörnonis Haldorsonii. Biörn Haldorsens islandske Lexikon. Ex manuscriptis legati Arna-Magnæani cura R. K. Raskii editum,* Bd. 1-2, Kph. 1814; Bd. 1, p. 73, Sp. 1. Der Eintrag lautet: »Bergmál, *n. eccho, resonantia,* Nachhall. Widerschall, Echo.« — **Biörn Haldorson:** Björn Halldórsson (1724-1794), isländischer Philologe. 7

Færöiske Qvæder ... S. 464. 468] Cf. *Færøiske Qvæder om Sigurd Fofnersbane og hans Æt* [Färöische Lieder über Sigurd Fafnisbane und sein Geschlecht], gesammelt und übers. von H. C. Lyngbye, Randers 1822, Ktl. 1484, p. 464 und p. 468; beide Seiten enthalten Strophen, in denen das Wort »Dvörgamaal« auftritt. Eine Fußnote (pp. 464f.) gibt folgende Erklärung: »Dvörgamaal isl. [isländisch] Dvergmál d.h. Dvergemaal, Spra- 8

che der Zwerge oder Bergbewohner, d.h. Widerhall im Gebirge, Echo.«

199 7 **dieses Buch p. 10 und 11**] Damit bezieht sich SK
auf die Originalpaginierung des vorliegenden
Journals DD, p. 10 und p. 11 (DD:17-DD:20).

10 **primus motor**] lat., ‚erster Beweger, Grund der
Bewegung‘.

18 **Tieck**] Johann Ludwig Tieck (1773-1853), dt.
Schriftsteller, Übersetzer und Herausgeber.
Tieck war u.a. bekannt für seine romantischen
Nachdichtungen mittelalterlicher Legenden
und für sein ironisches Spiel mit Fiktionen und
Illusionen, z.b. der indirekten Verspottung des
zeitgenössischen Spießbürgertums, der er vor
allem in einer Reihe satirischer Lesedramen
Ausdruck verlieh.

19 **Serapions Brüder**] *Die Serapions-Brüder. Gesammelte Erzählungen und Mährchen*, Novellen-
sammlung in 4 Bd. (1819-1821) von E. T. A. Hoffmann; cf. Bd. 1-4, 1827, in *E. T. A. Hoffmann's ausgewählte Schriften* Bd. 1-10, Berlin 1827-1828, Ktl.
1712-1716. Das Erzählen der Novellen findet in
einer kleinen Gesellschaft statt, die aus den vier
Serapionsbrüdern Theodor, Ottmar, Sylvester
und Vincenz besteht.

20 **Hoffmann**] → 186,33.

21 **Hamann**] → 33m,30.

22 **eigtlichste**] eigentlichste.

23 **Robinson Crusoe**] Hauptperson im Roman *Life
and Strange Surprising Adventures of Robinson
Crusoe* (1719) des engl. Schriftstellers Daniel De-
foe. Robinson wird nach einem Schiffbruch auf
eine unbewohnte Insel verschlagen. Der Roman
wurde in viele europäische Sprachen übersetzt,
ins Dänische 1744-1745 und 1826; cf. *Robinson
Crusoe's mærkværdige Begivenheder*, übers. von L.
Kruse, Kph. 1826.

199m 11 **So erst wird die Willkür verbrecherisch ... im
Humor**] Zitat aus § 43, »Die Willkür«, in K. Rosenkranz' *Encyklopädie der theologischen Wissenschaften* (→ 175,2), p. 73. SK hebt »Willkür« hervor und schreibt »z. E:« (zum Exempel) statt
»z.B.«

16 **Rosenkrantz Encyclopedie p. 73**] K. Rosenkranz *Encyklopädie der theologischen Wissenschaften* (→ 175,2), p. 73: »Indem aber die Glückseligkeit den Menschen an das Einzelne und Endli-

che verweis't und mit diesem ihn verbindet, so
geschieht es unvermerkt, daß die Freiheit des
Willens von dem Einzelnen beherrscht wird. So
entsteht die *Willkür*, ein Moment der Freiheit,
aus welcher das Böse dadurch hervorgeht, daß
sie ihre Zufälligkeit und Nichtigkeit dem göttlichen Gesetz gegenüber mit Bewußtsein fixirt. So
erst wird die Willkür verbrecherisch, denn außerdem ist sie Princip der höchsten Heiterkeit
und Seligkeit, z.B. im Humor.« In Übereinstimmung mit Kant unterscheidet Rosenkranz hier
zwischen »Wille« (als dem Vermögen der reinen
praktischen Vernunft, nach allgemeinen Regeln
zu handeln) und »Willkür« (als dem entweder
durch Vernunft oder durch Neigungen bzw. Gefühle bestimmten Willen). Der vernunftbe-
stimmte Wille heißt bei Kant »freie Willkür.«

p. 10 und 11 und 19] Damit bezieht sich SK auf 28 199
die Originalpaginierung des vorliegenden Journals DD, pp. 10, 11 und 19 (DD:17-DD:20 und
DD:34-DD:36).

Haman ... für Leute zu schreiben] Die Stelle 35
konnte nicht identifiziert werden. Cf. aber
Hamann's Schriften (→ 33,30) Bd. 1, p. 423; dort
schreibt Hamann: »Das Publicum, der blessirte
Officier und ein guter Freund wollen vielleicht
auf gleiche Art amüsirt seyn. — Unter den Bedingungen werde ich in Ewigkeit kein Autor.
Ich will lieber wie ein einsamer Vogel auf dem
Dache leben und mit David verstummen und
still seyn, selbst meiner Freuden schweigen und
mein Leid in mich fressen. Mein Herz ist entbrannt in meinem Leibe, und wenn ich dran
denke, werd' ich entzündet.«

Denn wie sollte es Hamann einfallen ... sämt- 18 199m
lichen Werke] cf. aber *Hamann's Schriften*
(→ 33,30) Bd. 1, pp. X-XI. Der Herausgeber, Fr.
Roth, schreibt dort: »Gegen das Ende seines Lebens, da *Herder's* und *Jacobi's* Zeugnisse von Hamann auf das Publicum zu wirken anfingen,
wurde er selbst vielfältig aufgefordert, eine
Sammlung seiner Schriften, welche damals
schon äußerst selten waren, zu veranstalten.
Man wird in seinen Briefen an *Herder* und an
Scheffner sehen, wie geneigt er dazu war, wie
aber die von ihm selbst anerkannte Unmöglichkeit, alles dunkle darin aufzuhellen, ihn zurück-

hielt. Er gestand seinen Freunden, daß er von der Absicht mancher Stelle, so klar sie ihm, da er schrieb, gewesen, keine Rechenschaft mehr zu geben wisse. Was von dem Verfasser gefordert werden mochte, dieser selbst aber nicht leisten konnte, das war von einem andern Herausgeber offenbar nicht zu begehren. Gleichwohl hat am meisten die Scheu vor dieser Forderung den verewigten *Jacobi* an der Ausführung des Vorsatzes, den er bald nach Hamann's Tode gefaßt, desselben Schriften zu ordnen und herauszugeben, gehindert. Erst in seinen letzten Jahren dachte er muthiger daran, nachdem er von neuem diese Schriften fast alle nach der Zeitfolge durchgangen hatte. Da ich ihm dabey behülflich gewesen war, so wählte er mich zum Gehülfen der Herausgabe, woran er gehen wollte, so bald die Sammlung seiner eigenen Werke vollendet wäre. Leider hat er selbst dieses nicht erlebt.«

21 **völlig einig mit Pilatus ... habe ich geschrieben**] Cf. *Hamann's Schriften* (→ 33,30) Bd. 5, 1824, p. 274, wo Hamann erklärt: »Mir Ignoranten ist, nächst dem Prediger des alten Bundes, der *weiseste Schriftsteller und dunkelste Prophet,* der Executor des neuen Testaments, Pontius Pilatus. Ihm war *vox populi vox Dei,* ohne sich an die Träume seiner Gemahlin zu kehren. Sein güldenes: *Quod scripsi, scripsi* ist das *Mysterium magnum* meiner epigrammatischen Autorschaft: was ich geschrieben habe, das decke zu; was ich noch schreiben soll, regiere du!« — **Pilatus:** röm. Prokurator in Judäa und Samaria 26-36 n.Chr. — **Was ich geschrieben habe, das habe ich geschrieben:** cf. Joh 19,22 und Joh 19,19.

200m 4 **Blicher'schen Manier ... Syllogismus zu sprengen**] Anspielung auf die Novelle »Fjorten Dage i Jylland« [Vierzehn Tage auf Jütland] des dän. Pfarrers und Schriftstellers Steen Steensen Blicher (1782-1848). Im letzten Abschnitt der Novelle, betitelt »Gjensyn« [Wiedersehen], tritt eine Person auf, die sich für den zeitgenössischen dt. Philosophen Lorenz Oken ausgibt. Wie Holbergs Niels Klim, beabsichtigt dieser, in die Unterwelt hinabzusteigen: »Ich steige hinab und sprenge den ganzen Erdball wie eine Bombe mit einem einzigen simplen Syllogismus, und zersplittere ihn in all die Atome, aus denen der Stümper Xeno sie einst zusammengeflickt hat.«

Samlede Noveller Bd. 1-5 sowie Ergänzungsband, Kph. 1833-1840, Ktl. 1521-1523 (Bd. 1 in 2. Aufl., 1833); Bd. 5, 1836, p. 212. — **Syllogismus:** logische Schlussfolgerung, wobei der eigentliche Schluss oder die Konklusion aus zwei Voraussetzungen bzw. Prämissen abgeleitet wird.

das Inkommensurable] das, was mangels eines 8 gemeinsamen Maßstabes unvergleichbar ist. Ursprünglich bezog sich der Ausdruck Inkommensurabilität auf das Verhältnis der Seitenlänge zur Diagonallänge eines Quadrates.

bei den Alten] SK kürzt »de. Gl.« (»de Gamle«) 5   200 ab. Gemeint sind die gr. Ironiker, vor allem Sokrates.

plastisch] Hier im Sinne einer situativ-fakti- 10 schen Darstellung durch lebende Personen statt im bloßen Medium des Wortes.

Diogenes] Diogenes von Sinope (412 oder 403 10 v.Chr. - 324 oder 321 v.Chr.), gr. Philosoph, Mitbegründer der so genannten kynischen Schule. Die Anekdote, auf die SK anspielt, wird von Diogenes Laertius im 6. Buch, Kap. 2, 67 seiner Philosophiegeschichte überliefert; cf. *Diogen Laërtses filosofiske Historie* (→ 27,30) Bd. 1-2, Kph. 1812, Ktl. 1110-1111; Bd. 1, p. 258; cf. Diogenes Laertius *Leben und Meinungen berühmter Philosophen* (→ 27,30) Bd. 1, p. 328: »Als er [Diogenes] einen unfähigen Bogenschützen sah, setzte er sich unmittelbar neben dem Ziele nieder mit den Worten: ›Da bin ich sicher vor seinem Pfeil.‹ «

Heyne] Heinrich Heine (1797-1856); gemeint ist 16   200 hier vermutlich Heines *Die romantische Schule* (→ 187,8).

perennierende] ‚bleibende, sich durchhaltende, 26 dauerhafte‘.

Dæmoniaci] lat., ‚die dämonisch Besessenen‘. 24 200m

τί εμοι χαι σοι] gr., wörtlich ‚was für mich und 28 für dich?‘, d.h. ‚was habe ich mit dir zu schaffen?‘, ‚lass mich in Frieden!‘ Die Formel erscheint im Neuen Testament mehrmals, cf. z.B. die Schilderung des besessenen Geraseners, Mk 5,1-20, besonders v. 6-7.

Luk 8,26-39] Der lukanische Bericht über den 33 besessenen Geraseners.

Mth 8,28-34] Der Bericht des Matthäusevangeliums über die beiden besessenen Gadarener. 33

33   **Mk 5,1-20]** Der markinische Bericht über den besessenen Gerasener (→ 200*m,28*).

34   **Luk 4,31-37]** Der lukanische Bericht über Jesu Heilung des Mannes mit dem unreinen Geist.

34   **Mk 1,21-28]** Der markinische Bericht über Jesu Heilung des Mannes mit dem unreinen Geist.

36   **Wie ja auch Paulus ... Ärgernis genommen hat]** cf. Paulus' autobiographischen Bericht in Gal 1,10-24, besonders v. 13-14 und v. 23, sowie Act 8,1-3 und 9,1-2.

201   2   **Luthers Tischreden]** Zusammen mit seiner Frau Katharina führte der in späteren Jahren gut gestellte Luther ein gastfreies Haus, in dem ständig Verwandte, Freunde und Studenten versammelt waren, die dort wohnten. Bei Tisch sprach Luther, zuweilen auf Deutsch, zuweilen auf Latein, über alle möglichen Themen, nicht nur über christliche oder kirchliche, sondern auch über alltägliche oder politische Angelegenheiten, wobei er Scherzhaftes und Anekdotisches stets mit einzuflechten wußte. Diese »Tischreden« wurden von den jungen Bewunderern, die sich im Haus aufhielten, niedergeschrieben und nach Luthers Tod von dessen nahem Freund J. A. Aurifaber unter dem Titel *Tischreden und Colloqvia D. M. Luthers* 1566 gesammelt herausgegeben. SK besaß *D. Martin Luthers Geist- und Sinn-reiche auserlesene Tisch-Reden und andere erbauliche Gespräche*, hg. von B. Lindnern, Bd. 1-2, Salfeld 1745, Ktl. 225-226.

2   **v. Dobeneck ... endlich betrog ihn der Teufel redlich]** Friedrich Ludwig Ferdinand v. Dobeneck *Des deutschen Mittelalters Volksglaube und Heroensagen,* hg. von Jean Paul (→ 189*m,1*), Bd. 1-2, Berlin 1815; Bd. 1, pp. 149f. Luther erzählt hier von einem armen Wahrsager und Zauberer, den der Teufel reich zu machen versprach, falls er der Taufe und der Erlösung durch Christus abschwöre und nie mehr Buße tun wolle. Der arme Mann ließ sich darauf ein, woraufhin der Teufel ihm eine Kristallkugel gab, die ihm die Wahrsagerei ermöglichte, so dass er großen Zulauf hatte und reich wurde. »Endlich betrog ihn der Teufel redlich« (p. 149 unten) und ließ ihn in der Kristallkugel alles verkehrt herum sehen, was z.B. dazu führte, dass er Unschuldige des Diebstahls bezichtigte. Man warf ihn daher

selbst ins Gefängnis, wo er bekannte, dass er einen Pakt mit dem Teufel geschlossen habe, und Buße tat; daraufhin wurde er öffentlich hingerichtet, starb aber frohen Herzens.

p. 11] Damit bezieht sich SK auf die Originalpaginierung des vorliegenden Journals DD, p. 11 (DD:18 ab »in die Luft steigt« bis einschließlich DD:20).   8   201

sie sind schwach in Xsto ... 2 Kor XIII,4] II Kor   10   13,4. Paulus schreibt an der genannten Stelle im Hinblick auf Christus: »Zwar wurde er in seiner Schwachheit gekreuzigt, aber er lebt aus Gottes Kraft. Auch wir sind schwach in ihm, aber wir werden zusammen mit ihm vor euren [scil. die Korinther] Augen aus Gottes Kraft leben.«

sagt Paulus ... 2 Kor XII,10] II Kor 12,10; gemeint sind hier die Verse 9 und 10. Paulus hat zuvor berichtet, wie er den Herrn dreimal gebeten habe, seinen »Pfahl im Fleische« von ihm zu nehmen; dieser aber habe geantwortet: »Meine Gnade genügt dir; denn sie erweist ihre Kraft in der Schwachheit.« Paulus fährt fort: »Viel lieber also will ich mich meiner Schwachheit rühmen [ähnlich NT-1819: »rose mig af«, während SK hier »prale af« verwendet], damit die Kraft Christi auf mich herabkommt. Deswegen bejahe ich meine Ohnmacht, alle Mißhandlungen und Nöte, Verfolgungen und Ängste, die ich für Christus ertrage; denn wenn ich schwach bin, dann bin ich stark.«   11

Calvin zu dieser Stelle] Jean Calvin (1509-1564),   14   frz. Theologe und Reformator; cf. seinen Kommentar zu II Kor 13,4 in *Ioannis Calvini in Novum Testamentum commentarii,* hg. von A. Tholuck, Bd. 1-7, Berlin 1833-1834, Ktl. 92-95; Bd. 5, 1834, p. 601.

nos infirmi sumus in illo ... eos Chr. exemplo]   14   lat., »Wir sind schwach in Christus. — In Christus schwach zu sein bedeutet, an Christi Schwachheit teilzunehmen. Auf diese Weise *macht er* [Paulus] *seine eigene Schwachheit ruhmeswürdig,* weil er dadurch mit Christus konform werde: er solle nun nicht länger die Verhöhnung fürchten, die er mit Gottes Sohn teilt; stattdessen sagt er, dass er durch das Vorbild Christi ihnen [scil. den Korinthern] gegenüber siegreich sein

werde.« Hervorhebungen von SK; außerdem abweichende Orthographie und Interpunktion.

24 **κατα κενωσιν**] gr., ‚in (Selbst-)Ausleerung‘,
‚Selbstentäußerung‘. Cf. Phil 2,7: »ἀλλὰ ἑαυτόν
ἐκένωσεν«. Die traditionelle Übersetzung lautet:
»sondern er [Christus] setzte sich selbst herab«
(so der dän. Wortlaut in NT-1819) bzw. »er ver-
zichtete darauf [Gott gleich zu sein]«. Der Ausdruck kann aber auch durch »er entäußerte sich
selbst« übersetzt werden. Dies entspricht der so
genannten Kenosislehre, derzufolge Christus,
obschon Gottes Sohn und daher selbst göttlicher
Gestalt, sich selbst erniedrigte, indem er Mensch
wurde — eine Lehre, die sich u.a. auf II Kor 8,9
stützt.

24 **κατα κρυψιν**] gr., ‚in Verborgenheit‘, ‚unkennt-
lich‘, ‚inkognito‘. Cf. z.B. Phil 2,7, wo es heißt,
dass Christus Knechtsgestalt annahm und der
Erscheinung nach als Mensch erkannt wurde.
Christus war, dogmatisch gesprochen, Gott »inkognito«, indem er seine göttlichen Eigenschaften verbarg.

201m 2 **2 Korinth. XIII,7 ... ως αδοκιμοι ωμεν**] II Kor
13,7; Paulus schreibt dort: »Aber ich bitte zu
Gott, dass Ihr nichts Böses tun sollt; nicht damit
wir als tüchtig angesehen werden, sondern damit Ihr das Gute tun sollt, [»ἡμεῖς δὲ ὡς ἀδόκιμοι
ὦμεν«] wenn wir auch wie die Untüchtigen sei-
en.« (nach dän. Wortlaut NT-1819).

9 **αδοκιμος**] gr., ‚unerprobt, unerfahren, untaug-
lich‘.

201 32 **in Klaftern**] dän. »Favnemaal«, ‚Messgerät zum
Messen eines dän. »favn« [1 favn = 3 alen = ca.
188 cm]‘.

202 3 **Eph. 1,21 ... εν τω μελλοντι**] Cf. Eph 1,20f., wo
es heißt, dass Gott Christus »von den Toten auferweckt und im Himmel auf den Platz zu seiner
Rechten erhoben hat, | hoch über alle Fürsten
und Gewalten, Mächte und Herrschaften und
über jeden Namen, der nicht nur in dieser Welt
[»ἐν τῷ αἰῶνι τούτῳ«], sondern auch in der zukünftigen [»ἐν τῷ μέλλοντι«] genannt wird.«

202 11 **ein Typus**] ‚Muster, charakteristischer Zug‘.
14 **Messias**] → 181,24.

so geht wie beim Zauberer Virgilius ... Ge- 21 202
jammer verschwand] Anspielung auf eine der
zahlreichen legendarischen Erzählungen, die in
Spätantike, Mittelalter und Renaissance über
den röm. Dichter Publius Vergilius Maro (1. Jh.
n.Chr.) in Umlauf waren, und die diesen als
Zauberer darstellen. SK referiert hier möglicherweise den Abschnitt »Virgilius will sich verjüngen, und stirbt« in der Geschichte »Virgilius der
Zauberer« aus *Erzählungen und Märchen*, hg. von
Fr. H. v. der Hagen, Bd. 1-2, Prenzlau 1825-1826;
Bd. 1, pp. 145-209; pp. 198-203. Hier wird erzählt, wie sich Virgilius von seinem Knecht in
Stücke schneiden und eingepökelt in ein Fass
legen ließ, um sich auf diese Weise zu verjüngen. Über dem Fass sollte der Knecht eine
Lampe anbringen, die darauf herabtropfte, und
diese neun Tage lang wiederauffüllen. Nachdem
der Kaiser, dessen Ratgeber Virgilius war, den
Knecht am siebten Tag gezwungen hatte, ihn zu
dem Fass zu führen, wurde jener als vermeintli-
cher Mörder seines Herrn getötet. Später aber
sah man ein nacktes Kind dreimal um das Fass
laufen und diesen Tag verfluchen, da man seinen Verjüngungsprozess gestört habe. Virgilius
aber wurde nie mehr gesehen.

Seneca] Lucius Annaeus Seneca (ca. 4 v.Chr. - 65 29 202
n.Chr.), röm. Politiker, Schriftsteller und stoischer Philosoph.

Quæ latebra est ... metus mortis] lat., ‚Wo ist 30
der Schlupfwinkel, in den die Furcht vor dem
Tod nicht eindringen kann?‘ Zitat aus Senecas
Epistulae morales Nr. 82,4. SK hatte zwei lat. Ausgaben von Senecas Werken (s. Ktl. 1274-1279),
deren Verbleib allerdings ungeklärt ist.

Wilhelm Lunds Besprechung] Die Rezension 1 203
erschien anonym — übrigens auch für Hauch
selbst, cf. dessen diesbezügliche Bemerkungen
in *Kjøbenhavns-Posten* Nr. 283, 2. Dezember 1831.
— **Wilhelm Lund:** Peter Wilhelm Lund (1801-
1880), Naturforscher und Paläontologe. Lebte
von 1825 bis 1829 in Brasilien, wo er meteorologische, biologische und zoologische Feldstudien
vornahm. Den Sommer 1829 verbrachte er in
Kopenhagen; danach suchte er zwei Jahre lang
verschiedene naturwissenschaftliche Zentren in

Europa auf, bevor er im Sommer 1831 nach Kopenhagen zurückkehrte. Von dort brach er 1833
erneut nach Brasilien auf, wo er bis zu seinem
Tod blieb; er starb in Lagoa Santa. 1829 erhielt
Lund den Doktortitel von der Universität Kiel;
1831 wurde er Mitglied der *Videnskabernes Selskab* [Gesellschaft der Wissenschaften] in Kopenhagen. Während seines zweiten Brasilienaufent-
haltes konzentrierte er seine Forschungsarbeit
auf die Ausgrabung von Kalksteinhöhlen, in denen er Knochenreste und andere Spuren ausgestorbener Tierarten suchte. Die Epoche machenden Resultate seiner Forschungen fanden international Beachtung; Lund publizierte sie in der
Schriftenreihe der Gesellschaft der Wissenschaften, die meisten von ihnen unter dem gemeinsamen Titel *Blik paa Brasiliens Dyreverden før sidste
Jordomvæltning* [Blick auf die brasilianische Tierwelt vor dem letzten Kataklysmus] (1837-1846).

1 **Hauchs Buch**] Gemeint ist Hauchs Abhandlung
»Kort Oversigt over en Deel rudimentariske Or-
ganer, over deres Bestemmelse i Naturen, samt
over en systematisk Udviklingsfølge, der tildeels paa disse kunde bygges« [Kurze Übersicht
über eine Reihe rudimentärer Organe, über deren Bestimmung innerhalb der Natur sowie
über eine systematische Entwicklungsabfolge,
die sich teilweise darauf stützen ließe], in *Blan-
dinger fra Sorøe. Et Tidsskrift*, hg. von C. Lütken
und J. H. Bredsdorff, 1. Heft, Slagelse 1831, pp.
16-76. — Hauch: Johannes Carsten Hauch (1790-
1872), dän. Schriftsteller und Zoologe, von 1827-
1846 Lektor der Naturwissenschaften an der
Sorø Akademie.

2 **Maanedsskrift for Litteratur**] SK bezieht sich
auf Bd. 6, Kph. 1831, pp. 309-356.

203 23 **Indikativ und Konjunktiv zu unterrichten**]
Diese und die folgenden Aufzeichnungen stehen vermutlich damit in Zusammenhang, dass
SK in der zweitletzten Klasse der Borgerdyd-
skole in Kopenhagen Latein unterrichtet hat. SK
scheint den Unterricht zu Anfang des Schuljah-
res, am 1. Oktober 1837, begonnen zu haben.
Deshalb wurde SKs »lære«, ‚lernen, lehren‘, mit
»unterrichten« wiedergegeben.

katechisieren] durch Gespräch (Frage und Ant-   12   204
wort) unterrichten.

Katecheten] Lehrer, der durch Gespräch unter-   13
richtet.

Hegel spricht ... Ernsthaftigkeit] cf. DD:10 so-   1   204*m*
wie K. Rosenkranz' Artikel »Eine Parallele zur
Religionsphilosophie« in *Zeitschrift für spekulative Theologie* (→ 175,2) Bd. 2, 1837, 1. Heft, p. 9:
»Hegel spricht den Römern auch gar nicht ab,
daß sie sich die Religion viel Zeit und Mühe
haben kosten lassen, allein durch das Gerüst der
Cärimonien blickt er immer auf den Grund und
da findet er phantasielose, schwunglose Prosa,
die ihn abstößt. Er will durch das Wort ‚Ernsthaftigkeit‘, womit er den Charakter der römischen Religion in ihrer Erscheinung bezeichnet,
das Doppelsinnige sagen, daß es den Römern
bei allem Aufwand von religiösem Gepränge,
das sie machten, mit der Religion doch nicht so
Ernst war, als mit Krieg, Eroberungen, Rechts-
händeln.« Cf. ferner Hegels *Vorlesungen über die
Philosophie der Religion*, hg. von Ph. Marheineke,
Bd. 1-2, Berlin 1840 [1832], Ktl. 564-565; Bd. 1, in
Hegel's Werke (→ 184,12) Bd. 12, p. 165 (*Jub.*, Bd.
16, p. 165).

cogito ergo sum] lat., ‚ich denke, also bin ich‘.   24   204
Dieser Satz gilt als grundlegend für das philosophische System des frz. Philosophen und Wis-
senschaftlers René Descartes, obgleich er selbst
ihn nicht genau in dieser Form überliefert hat;
cf. Kap. 4 von *Dissertatio de methodo*, in *Renati
Descartes opera philosophica*, Amsterdam 1678,
Ktl. 473, wo die lat. Fassung in der Form »Ego
cogito, ergo sum« angeführt wird. Seither findet
sich der genannte Satz in nahezu jeder Philosophiegeschichte, so z.B. auch in G. W. F. Hegels
Vorlesungen über die Geschichte der Philosophie, hg.
von K. L. Michelet, Bd. 1-3, Berlin 1836, Ktl. 557-
559; Bd. 3, in *Hegel's Werke* (→ 184,12) Bd. 13-15;
Bd. 15, p. 339 (*Jub.* Bd. 19, p. 339): »Das Denken
als Seyn, und das Seyn als Denken, das ist meine
Gewißheit, Ich. Dieß ist das berühmte *Cogito,
ergo sum*; Denken und Seyn ist so darin unzertrennlich verbunden.« Der Satz wurde später
zum Schlagwort H. L. Martensens (→ 264,5) und
in dessen Vorlesungen oft wiederholt, cf. seine
»Forelæsninger over Indledning til speculativ

Dogmatik« [Vorlesungen zur Einleitung in die spekulative Dogmatik] vom Wintersemester 1837-1838. Martensen erklärt hier: »*Cartesius* [...] sagte *cogito ergo sum* sowie de *omnibus dubitandum est* und gab damit das Prinzip für die neuere protestantische Subjektivität vor« (Not4:7 in *SKS* 19, 131 / *Pap.* II C 18, p. 328). Cf. auch § 5, § 12 und § 24, in Martensens Lizentiatsabhandlung *De autonomia conscientiæ sui humanæ*, Kph. 1837, Ktl. 648, pp. 19, 49 und 96.

205   13 **defective casibus**] teilweise lat., ‚dem Kasus nach unvollständig‘. Anspielung auf den grammat. Ausdruck »defectiva casibus«, den C. G. Zumpt in *Lateinische Grammatik*, 7. Ausg., Berlin 1834 [1818], Ktl. 1010, p. 85 wie folgt definiert: »*Defectiva casibus* heißen diejenigen Substantiva, denen ein oder mehrere Casus fehlen.«

205   21 **literarischen Quellen-Autor Holberg**] Ludvig Holberg (1684-1754), dän.-norw. Dichter, Philosoph und Historiker, ab 1717 Professor an der Universität Kopenhagen. Vermutlich spielt SK mit dem Ausdruck dän. »Kilde-Skribent«, der hier mit »literarischer Quellen-Autor« wiedergegeben ist, auf das Ansehen Holbergs als Vaterfigur und grundlegende »Quelle« der neueren dän. Literatur an.

206   1 **κατα κρυψιν**] → 201,24.

206   4 **Moses**] → 181,25.

      5 **nicht in das Gelobte Land kommt**] Anspielung auf die an Moses gerichteten Worte Gottes in Dtn 32,49-50.52: »Geh hinauf in das Gebirge Abarim, das du vor dir siehst, steig auf den Berg Nebo, der in Moab gegenüber Jericho liegt, und schau auf das Land Kanaan, das ich den Israeliten als Grundbesitz geben werde. Dort auf dem Berg, den du ersteigst, sollst du sterben und sollst mit deinen Vorfahren vereint werden, wie dein Bruder Aaron auf dem Berg Hor gestorben ist [...]. Du darfst das Land von der anderen Talseite aus sehen. Aber du darfst das Land, das ich den Israeliten geben werde, nicht betreten.« Cf. auch Dtn 34,1-4.

      6 **Josua ... der dorthin kommt**] Laut Num 26,65 war Josua einer der beiden Männer, die als einzige unter den zur Wüstengeneration Gehörenden nicht in der Wüste sterben, sondern das verheißene Land betreten sollten. Nach Dtn 31,1-8 wurde er von Mose als Nachfolger eingesetzt, und zwar mit dem Auftrag, das Volk nach Kanaan zu führen. Nach dem Tod des Mose übertrug Gott Josua die Leitung des israelitischen Volkes und befahl ihm, in das verheißene Land einzuziehen, cf. Jos 1,2. Das Josuabuch beschreibt, wie dieser das gesamte Westjordanland einnimmt und unterwirft.

Morgentraum] Gemeint ist der Traum, der die Hoffnung auf den Anbruch einer besseren Zeit spiegelt. 8

bei den Alten] SK kürzt mit »de Gl.« (»de Gamle«) ab und meint die antiken Autoren (→ 178m,6). 12 206

römischen Satiriker] Vermutlich denkt SK hier an Quintus Horatius Flaccus (65 v.Chr. - 8 n.Chr.), Aulus Persius Flaccus (34 - 62 n.Chr.) und Decimus Junius Juvenalis (ca. 65 - ca. 135 n.Chr.). 13

Holbergs E. Montanus] Gemeint ist Ludvig Holbergs (→ 205,21) Komödie *Erasmus Montanus eller Rasmus Berg* (1731), cf. *Den Danske Skue-Plads* Bd. 1-7, Kph. 1758 oder 1788 [1731-1754], Ktl. 1566-1567; Bd. 5 (ohne Jahres- und Seitenzahl). 16 206

Prügel] Anspielung auf den fünften und letzten Akt, 4. und 5. Szene, wo Erasmus Montanus als Soldat gedrillt und geprügelt wird, bis sich sein Schwiegervater Jeronimus seiner erbarmt und ihn unter der Bedingung freikauft, dass er von seinen ursprünglichen Meinungen abglässt und einräumt, dass die Erde flach ist. 20

einen Kasus regieren] Ausdruck der Sprachwissenschaft: ‚einen bestimmten Fall nach sich ziehen, erfordern‘. 26 206

Oh! me miserum] lat., ‚Ach, ich Erbärmlicher / Elender!‘ 27

er ... sagt ... verba ipsissima] cf. *Irische Elfenmärchen*, »Vorrede«, p. VI (Druckfehler für IV): »Daher bedarf es kaum der Versicherung, welche er [d.h. der Verfasser der englischen Ausga- 1 207

be] in ein paar als Einleitung vorangehenden
Zeilen gibt, daß er alles aus dem Munde des
Volks und in dem Styl, in welchem es gewöhn-
lich vorgetragen werde, aufgenommen habe.«
— Idiotismen: eigentümliche Ausdrücke eines
Idioms, Abweichungen vom gewöhnlichen
Sprachgebrauch. — verba ipsissima: lat., eigent-
lich ‚genau dieselben Worte‘, hier: ‚buchstäblich,
wortwörtlich‘.

1 Grimm, irische Elfenmärchen] *Irische Elfenmärchen,* übers. von J. L. K. und W. K. Grimm
(→ 199*m*,6).

6 »stillen Volkes«] Cf. »Das stille Volk« im Abschnitt »Die Elfen in Irland« in *Irische Elfenmärchen,* »Einleitung«, pp. IX-XV; p. IX findet sich
folgende Fußnotenerläuterung: »Wörtlich: das
gute Volk (the good people). Der irische Ausdruck für Elfe in dieser Beziehung ist Shefro
[...]. She oder Shi heißt ohne Zweifel Elfe«. Cf.
ferner den Abschnitt »Das stille Volk«, pp. 1-82,
der aus elf Märchen besteht.

6 Unterirdischen] → 190,26.

6 wenn man sie erst ... beide Antworten gibt]
Cf. *Irische Elfenmärchen,* »Einleitung«, p. XIII, wo
das Verhältnis zw. Elfen und Menschen erörtert
wird: Die »Elfen erscheinen in einem gewissen
Zwielicht; beides das Böse wie das Gute hat zugleich Theil an ihnen und sie zeigen ebenso
wohl eine schwarze als eine weiße Seite. Es sind
vom Himmel gestoßene Engel, die nicht bis in die
Hölle gesunken sind, die aber selbst in Angst
und Ungewißheit über ihre Zukunft zweifeln,
ob sie am jüngsten Tage Begnadigung erhalten
werden. Dieses nächtliche, teuflische bricht
sichtbar in ihren Neigungen und Handlungen
hervor. Wenn sie in Erinnerung des ursprünglichen Lichtes wohlwollend und freundlich gegen die Menschen scheinen, so treibt sie das
böse Element ihrer Natur zu heimtückischen
und verderblichen Streichen an. Ihre Schönheit,
die wunderbare Pracht ihrer Wohnungen, ihre
Fröhlichkeit ist dann nichts, als ein falscher
Schein, und ihre wahre Gestalt von abschrec-
kender Häßlichkeit erregt Grausen.«

10 die Mahlzeit des Geistlichen ... gesunken sey]
Zitat aus dem Märchen »Die Mahlzeit des Geistlichen«, Nr. 4 im Abschnitt »Das stille Volk« in

Irische Elfenmärchen, pp. 20-25; p. 20. Abweichende Orthographie und Interpunktion.

p. 42 ... dieser ungläubigen Zeit] Zitat aus dem   16
Märchen »Die Flasche«, Nr. 9 im Abschnitt »Das
stille Volk« in *Irische Elfenmärchen,* pp. 42-55; p.
42. SK schreibt »Folk« statt »Volk«; auch sonst
abweichende Orthographie und Interpunktion.

das zweite Buch Nr. 2] Vermutlich Anspielung   21
auf das Märchen »Die erzürnten Elfen«, Nr. 2 im
Abschnitt »Das stille Volk« in *Irische Elfenmärchen,* pp. 9-12. Die Geschichte handelt von einem jungen Mann, der von dem stillen Volk gehört, aber keine Furcht vor ihm hat. Als er eines
Nachts an einen Berg gelangt, der jenem angeblich als Unterschlupf dient, und darin eine Öffnung entdeckt, beschließt er herauszufinden, ob
jene Wesen tatsächlich dort wohnen. Er ergreift
einen Stein, groß wie zwei Fäuste, schleudert
diesen in die Öffnung und hört, wie dieser von
Felsblock zu Felsblock springt. Als er sich jedoch herunterbeugt, um nachzusehen, wohin
der Stein verschwunden ist, kehrt dieser plötzlich zurück und trifft ihn mit solcher Wucht mitten ins Gesicht, dass er zu Boden stürzt.

das mag dahingestellt bleiben (Grimm p. 20)]   11 207*m*
Zitat aus *Irische Elfenmärchen,* p. 20. Fortsetzung
des in (→ 207,10) angeführten Zitates.

commune naufragium] lat., ‚gemeinsamer   2   208
Schiffbruch‘. Anspielung auf die lat. Redensart
»commune naufragium omnibus solatium« [ge-
meinsamer Schiffbruch dient allen zum Trost],
die Erasmus von Rotterdam Anfang des 16. Jh.
in seiner Sprichwörtersammlung *Adagia* (4. Chi-
liade, Centurie 3, Proverbium 9) anführt. Sie
wird auch in der Fassung »commune naufragium dulce« [gemeinsamer Schiffbruch ist süß]
überliefert; diese findet sich bei Erasmus allerdings nicht, ihr Ursprung ist unbekannt.

Brownie] engl., ‚kleiner Naturgeist, der seine   7   208
Hilfsbereitschaft vorzugsweise nachts unter Be-
weis stellt und als kleinwüchsiges, braunes
Männchen vorgestellt wird‘ (→ 208,7).

Grimm Irische Elfenmärchen Vorrede p. XLIX]   7
cf. *Irische Elfenmärchen,* übers. von J. L. K. und
W. K. Grimm (→ 199*m*,6), »Einleitung«, Abschnitt
»Die Elfen in Schottland«, Punkt 12 »Der Brow-

nie«, p. XLIX: »Er spricht niemals von seiner Abkunft, doch scheint er, im Ganzen betrachtet, zu den Elfen zu gehören. Er ist von Gestalt nicht so schlank, aber wohlgewachsen und artig, dagegen ihn andere als mager und zottig schildern. Den Namen hat er von seiner besonders *braunen* Farbe. Er ist arbeitsam, auf den Vortheil seines Herrn bedacht und immer zur Hand, nach einigen Tag und Nacht, nach andern liegt er bei Tag in seinem Winkel versteckt und arbeitet bei Nacht. Alles thut er für magere Kost und zuweilen ein abgelegtes Kleidungsstück; ja er pflegt bei jeder anderen Belohnung zu verschwinden. Ein so wohlfeiler und nützlicher Diener ist also sehr schätzenswerth, aber durch Geld nicht zu kaufen.«

208   16   **dass ein Brownie ... guter Genius er war]** → 208,7.

208   24   **Hütet euch vor den falschen Propheten ... Schafe sind]** Anspielung auf und Spiel mit einem Ausspruch Jesu in Mt 7,15: »Hütet euch vor den falschen Propheten; sie kommen zu euch wie (harmlose) Schafe, in Wirklichkeit aber sind sie reißende Wölfe.«

      26   **Phraseologen]** Phrasendrescher.

208   30   **als alle Msch. logen, aber die Steine die Wahrheit sprachen]** Vermutlich Anspielung auf den neutestamentlichen Bericht über Jesu Einzug in Jerusalem (cf. Lk 19,28-40). Als die ganze Jüngerschar Gott preist und Jesus als König huldigt, fordern einige Pharisäer diesen auf, jene in ihre Schranken zu weisen. Jesus aber antwortet ihnen: »Wenn sie schweigen, werden die Steine schreien.« (v. 40). Cf. auch Hab 2,11.

209   2   **der Geier in Prometheus' Leber hackt]** → 52,34.
      4   **Glückskinder]** dän. »Lune-Glutter«.
      6   **viscera]** lat., ,Eingeweide'.
      16   **Totenmannes]** Gemeint sind Gespenst oder Sensenmann.
      17   **petrefakte]** ,versteinerte'.

209   26   **Wenn ich früher gesagt habe ... unmittelbar musikalisch]** SK bezieht sich auf eine Aufzeichnung mit der Überschrift »Etwas über den Pa-

gen im Figaro; Papageno in der Zauberflöte und Don Juan«, datiert auf den 26. Januar 1837; sie findet sich im Journal BB, cf. BB:24 — **D. Juan:** Don Juan; so wurde der Name der Hauptperson in W. A. Mozarts Oper *Don Giovanni* (→ 254m,9) und diese selbst im Dänischen bezeichnet.

wenn ich an Lenaus Faust ... das Musikali- 31 **sche]** SK bezieht sich auf eine auf den 29. September 1837 datierte Randnotiz im Journal BB (cf. BB:11.a). — **Lenaus Faust:** Lenau ist das Pseudonym des zu den Romantikern gehörenden österr. Schriftstellers Nikolaus Franz Niembsch Edler von Strehlenau (1802-1850). Die Rede ist hier von Lenaus dramatischer Dichtung *Faust. Ein Gedicht,* Stuttgart und Tübingen 1836, »Der Tanz«, pp. 49ff. — **Mephisto:** oder Mephistopheles ist der Diener und böse Geist bzw. Teufel in der Faust-Erzählung.

ihrem Tanz ... Spur im taufrischen Gras hin- 2   210 **terlassen]** cf. *Irische Elfenmärchen* (→ 199m,6), »Einleitung«, pp. LXXXIf.: »Aller Orten besteht die Lust und Beschäftigung der Elfen im *Tanz.* [...] Kreiße, die sie in das thauige Gras getreten, erblickt man außer Schottland auch in Scandinavien und Norddeutschland und jeder ruft bei ihrem Anblick: ›da haben die Elfen getanzt!‹ [...] Auch sieht man die Nixen auf dem Wasserspiegel tanzen.«

Grimms irische Elfenmärchen] *Irische Elfenmär-* 11 *chen,* übers. von J. L. K. und W. K. Grimm (→ 199m,6).

Wechselbalgs mit großem musikalischen Ge- 12 **nie ... Kraft]** Anspielung auf die Sage *Der kleine Sackpfeifer,* die von einem Wechselbalg handelt, der durch sein Dudelsackspiel Lebewesen und leblose Dinge gleichermaßen verhexte, sodass sie zu tanzen anfingen. Cf. *Irische Elfenmärchen* (→ 199m,6), pp. 25-35, besonders p. 30. Cf. ferner Journal BB:11.a.

die Sage vom Venusberg] SK bezieht sich auf L. 14 Tiecks (→ 199,18) Erzählung »Der getreue Eckart und der Tannenhäuser« (1799), die die Geschichte vom Venusberg enthält. Die Erzählung wurde aufgenommen in Tiecks *Phantasus. Eine Sammlung von Mährchen, Erzählungen, Schauspielen und Novellen* Bd. 1-3, Berlin 1812-1816 und wiederveröffentlicht als Bd. 4-5 in *Ludwig Tieck's Schriften* Bd. 1-15, Berlin 1828, sowie Bd. 16-28,

Berlin 1843-1854; Bd. 4, 173-213. Cf. ferner Journal BB:11.

15 **Grimm l. c. p. LXXXII. »Sowohl ... die Saiten durchschneidet.**] dän. Exzerpt aus *Irische Elfenmärchen* (→ 199*m*,6), »Einleitung«, p. LXXXII: »Wo die Elfen ein Fest feiern, da bringen sie auch die Musik mit, ebenso wenig fehlt sie bei ihren großen Zügen; darin stimmen die Sagen aller Völker überein. Die Wasserjungfrauen wissen unbekannte Lieder zu singen (Deutsche S[a-gen]. Nr. 306) und der Zauber ist nicht zu beschreiben, den der Gesang der Elfinnen auf die ganze Natur hervorbringt, alles horcht darauf und scheint gleichsam zu erstarren.« — **l. c. p.:** lat. Abkürzung für »loco citato pagina«, ‚am angegebenen Ort, Seite'. — **Danske Viser 1, 234:** Hinweis auf das dän. Volkslied »Elvehøj« [Elfenhügel], in dem die betörende und verzaubernde Wirkung des Elfengesanges besungen wird; cf. *Udvalgte Danske Viser fra Middeladeren,* hg. von W. H. F. Abrahamson, K. Nyerup und K. L. Rahbek, Bd. 1-5, Kph. 1812-1814, Ktl. 1477-1481; Bd. 1, pp. 234-236.

21 **der schwedische Nix ... zum Tanz aufspielt**] Zitat aus *Irische Elfenmärchen* (→ 199*m*,6), »Einleitung«, p. LXXXIII.

23 **Ja, der Spieler ... (z.B. »Elfenkönigsstück«) ... die Saiten durchschneidet**] Teilweise dän. Exzerpt aus *Irische Elfenmärchen,* »Einleitung«, p. LXXXIII, wo über ein seeländisches Musikstück, »das Elfenkönigsstück«, berichtet wird, das ebenso wie jener junge Dudelsackspieler (→ 210,12) Alt und Jung, ja sogar unbelebte Dinge zum Tanzen bringt: »und der Spieler selbst kann nicht ablassen wenn er nicht versteht das Lied genau rückwärts zu spielen oder ihm jemand von hinten die Saiten der Geige zerschneidet.« Cf. auch *Mythologien der Feen und Elfen* (→ 190,22) Bd. 1, p. 153.

210 29 **Msch. werden über Engel richten**] Anspielung auf I Kor 6,3, wo Paulus den Korinthern schreibt: »Wißt ihr nicht, daß wir über Engel richten werden? Also erst recht über Alltägliches.«

30 **αποκαραδοκια της κτισεως**] → 186,29.

32 **Elfenvolk ... Hebammen ... »irische Elfenmärchen ... Thiele 1,36**] Cf. *Irische Elfenmärchen*

(→ 199*m*,6), »Einleitung«, p. XCVII: »Die Elfen nehmen auch Dienste der Menschen in Anspruch. Zwei Musiker mußten in einem schottischen Shian hundert Jahre lang aufspielen. Am häufigsten kommt jedoch vor, daß sie Wehemütter in ihre Berge oder unter das Wasser eilig geholt und ihren Beistand verlangt haben (Deutsche S. Nr. 41. 49. 304. Thiele I. 36.).« — **Deutsche Sagen Nr. 41, 49; 304:** *Deutsche Sagen,* hg. von J. L. K. und W. K. Grimm, Bd. 1-2, Berlin 1816-1818; Bd. 1, pp. 51-54 (Nr. 41, »Die Ahnfrau von Ranzau«), pp. 61-63 (Nr. 49, »Der Wassermann«) und pp. 392f. (Nr. 304, »Der Nix an der Keller«). — **Thiele 1,36:** *Danske Folkesagn* (→ 3,5) Bd. 1-2, Kph. 1818-1823, Ktl. 1591-1592; Bd. 1, p. 36 (das entsprechende Kapitel trägt den Titel »De Underjordiske hente en Gjordemoder« [Die Unterirdischen holen eine Hebamme]).

pronomen reflexivum] Reflexivpronomen, 2   211
rückbezügliches Fürwort.

hat Grundtvig Recht] Vermutlich Anspielung 5
auf Grundtvigs Abhandlung »Rom og Jerusalem. (En historisk Parallel)« [Rom und Jerusalem. (Eine historische Parallele)] in *Theologisk Maanedsskrift,* hg. von N. F. S. Grundtvig und A. G. Rudelbach, Bd. 1-13, Kph. 1825-1828, Ktl. 346-351; Bd. 1, pp. 201-230; hier p. 204 und besonders pp. 213f.: *»Vernünftig* müssen wir nämlich jede Betrachtung und jeden Gedankengang nennen, worin wir *von uns selbst aus schließen,* ohne uns innerhalb der Schlußfolgerung selber zu widersprechen. Man sieht nun leicht, dass die Vernunft in der römischen Betrachtungsweise von sich selbst auf die Welt schließt und danach strebt, die innere und äußere Erfahrung so weit wie möglich mit ihrer Selbständigkeit und ihrem Eigensinn zusammenzureimen. In Jerusalem hingegen schließt die Vernunft von sich auf ihren Schöpfer und beruft sich dabei auf eine äußere Erfahrung (die Offenbarung) zur Erklärung der inneren, indem sie den Menschen belehrt, dass all seine Verzagtheit und all sein Unglück seinem Eigensinn entspringen, welcher die vollkommene Abhängigkeit des Menschen von seinem Schöpfer zunichtemachen will, dies aber natürlich nicht vermag [...]. Die römische Vernunft gründet all ihre Schlüsse auf ihr sinn-

liches Verhältnis zur sichtbaren Welt, die israelitische die ihren auf ihr geistiges Verhältnis zum
Unsichtbaren. Kurzum, die römische Weisheit
entspringt den Sinnen, die israelitische dem Gewissen.« Cf. auch Grundtvigs *Haandbog i Ver-
denshistorien* [Handbuch zur Weltgeschichte] Bd.
1-3, Kph. 1833-1842; Bd. 2, 1836, pp. 18f. —
Grundtvig: Nicolai Frederik Severin Grundtvig
(1783-1872), dän. Schriftsteller, (Kirchenlied-)
Dichter, Historiker und Pastor.

211   8   **Disputen]** von lat. »putare«, ‚ins Reine bringen,
urteilen‘, hier: ‚Diskussion‘.

  9   **Zwischensätze]** Aussagen, die die Prämissen einer Argumentation mit deren Schlussfolgerung
verbinden und deren Wahrheit bewiesen werden muss, damit die der Schlussfolgerung als
gerechtfertigt gelten kann.

211   12   **oblique]** Adv. von lat. »obliquus«, ‚schräg,
schief, seitlich‘, hier metaphorisch: ‚verblümt,
versteckt, indirekt‘.

  15   **Ich bin die Wahrheit]** bezieht sich auf ein Wort
Jesu in Joh 14,6: »Ich bin der Weg und die Wahrheit und das Leben.«

211   21   **Clausen und Hohlenbergs ... p. 485-534]** Gemeint ist *Tidsskrift for udenlandsk theologisk Litteratur,* hg. von H. N. Clausen und M. H. Hohlenberg, 5. Jahrgang, Kph. 1837, pp. 485-533 (SK
besaß den kompletten 4. Jahrgang, Kph. 1836,
Ktl. U 29, aber laut Verzeichnis des Nachfolge-
bandes, p. VII, gehörte »Kjerkegaard, Stud. theol.« auch zu den Subskribenten des 5. Jahrgan-
ges; nicht gemeint sein kann hier SKs Bruder
P. C. Kierkegaard, da dieser bereits 1826 zum
theologischen Kandidaten avanciert war). Unter
der Ägide der beiden Herausgeber erschien die
Zeitschrift mit jeweils vier Heften pro Jahr zwischen 1833 und 1841. — **Clausen:** Henrik Nicolai Clausen (1793-1877), dän. Theologe und Politiker, Dr. phil. et theol., 1822 außerordentlicher,
ab 1830 ordentlicher Professor für Theologie
(Fachgebiet Dogmatik) an der Universität Kopenhagen. — **Hohlenberg:** Matthias Hagen
Hohlenberg (1797-1845), dän. Theologe, Dr. phil.
et theol., 1827 außerordentlicher, 1831 ordentli-

cher Professor für Theologie (Fachgebiet Altes
Testament) an der Universität Kopenhagen.

Abhandlung von Baur über das Xstliche im   23
Platonismus] Gemeint ist Baurs Buch *Das
Christliche des Platonismus oder Socrates und Christus. Eine religions-philosophische Untersuchung,*
Tübingen 1837, Ktl. 422 (ein Nachdruck aus *Tübinger Zeitschrift für Theologie,* Tübingen 1837, 3.
Heft). Cf. die Einleitung der Herausgeber in
Tidsskrift for udenlandsk theologisk Litteratur, p.
485. — **Ferdinand Christian Baur** (1792-1860),
dt. evangelischer Theologe, ab 1826 Professor an
der Universität Tübingen und Begründer der so
genannten Tübinger Schule.

den Teil gelten, der in der Zeitschrift ausgelas-   26
sen ist] Das in Clausens Zeitschrift enthaltene
Bruchstück der Abhandlung besteht aus einer
dän. Übersetzung des zweiten Abschnittes »Die
Verwandtschaft des Platonismus mit dem Christenthum, in Hinsicht der Bedeutung, welche der
Person des Sokrates von Plato gegeben wird« in
Das Christliche des Platonismus (→ 211,23), pp. 90-
154 sowie aus dem Schluss des ersten Abschnittes »Die Verwandtschaft des Platonismus und
des Christenthums, nach dem Charakter der
Hauptlehren der platonischen Philosophie und
dem allgemeinen Standpunkt derselben betrachtet«, pp. 20-89.

In seiner Parallele zw. Xstus und Sokrates] Ge-   32
meinsamkeiten und Unterschiede zwischen Sokrates und Christus werden von Baur wiederholt herausgestellt, cf. *Tidsskrift for udenlandsk
theologisk Litteratur* (→ 211,21), pp. 506f., pp.
509ff., pp. 514ff. und pp. 523-527.

p. 529 »Wie im Heidentum überhaupt ... aus   1   212
betrachtet] SK zitiert hier *Tidsskrift for udenlandsk theologisk Litteratur* (→ 211,21), pp. 528f.,
benutzt dabei jedoch vereinzelt Abkürzungen
und weicht in Orthographie bzw. Interpunktion
geringfügig von seiner Vorlage ab.

ομφαλοψυχιται] gr., ‚Nabelbeschauer‘. Der Aus-   15   212
druck geht auf die so genannten Omphalo-
psychiten oder Hesychasten (später Palamiten)
zurück, einer Lebens- und Lehrrichtung gr.-or-
thodoxer, asketischer Mönche, die u.a. im 14. Jh.
auf dem Berg Athos lebten. Mittels äußerster
meditativer Konzentration, die durch unausge-

setztes Starren auf den eigenen Nabel erreicht wird, versuchen diese in einen Zustand vollständiger (Gebets-)Ruhe (»ἡσυχία«) bzw. religiöser Entrückung (Hesychasmus) zu gelangen, der in ein mystisches Erleben des Alls und die Schau der göttlichen Herrlichkeit mündet.

212   28   **Mönche ... Geschichte mit der Erschaffung der Welt anzufangen]** Anspielung auf die christlichen Universalhistorien, die im Mittelalter nach dem Vorbild der Weltchronik des Eusebius von Cäsarea häufig von Mönchen verfasst wurden. Eusebs Weltgeschichte umfasst die Periode von der Erschaffung der Welt bis ca. 300 n.Chr. und stützt sich ihrerseits auf die Chronographie des Sextus Julius Africanus, die die Hauptbegebenheiten der heiligen sowie der Profangeschichte von der Weltschöpfung bis ins Jahr 220 n.Chr. zusammenstellt. Solche und ähnliche, häufig sehr weitläufige Universalhistorien zielen darauf ab, Alter und Zuverlässigkeit der Bibel zu beweisen und erstrecken sich daher über weite Zeiträume, bis hin zur Erschaffung der Welt. Dabei stützen sie sich in der Regel auf die biblischen Zeugnisse als Hauptquelle und hier besonders auf die alttestamentliche Heilsgeschichte bzw. deren Anfang, die Sintfluterzählung (cf. Gen 6-9), als Richtschnur für die Deutung der geschichtlichen Entwicklung, die, nach göttlichem Plan ablaufend, ihren entscheidenden Wendepunkt in der Geburt Jesu findet, um sodann auf den Tag des jüngsten Gerichts sowie den Untergang der Welt und das ewige Leben zuzulaufen.

213   8   **die schlechte Unendlichkeit]** Stehender Ausdruck in der Philosophie Hegels. Hegels Begriffsdialektik zufolge kann das Endliche nur im Lichte des Unendlichen, der endliche Teil nur im Horizont des sich entfaltenden unendlichen Ganzen angemessen expliziert werden. Dialektisch heißt diese Auffassung des Endlichen, weil sie die Behauptung einer Synthese des Endlichen und des Unendlichen zur Voraussetzung hat bzw. entfaltet. Bewegt sich das Bewusstsein hingegen bloß sukzessiv von einem Ding oder einer Vorstellung zur nächsten in einer endlosen Reihe an sich endlicher Bestimmungen, ohne auf Widerspruch und dialektische Einheit von

Endlichkeit und Unendlichkeit aufmerksam zu werden, so bezeichnet Hegel diese undialektische Abstraktion als schlechte oder negative Unendlichkeit. »Schlecht« ist diese eben als bloß endlose Reihe von Endlichem, die sich nicht als dialektischer Prozess, also aus ihrem Bezug zur Unendlichkeit definiert. Cf. z.B. *Encyclopädie* (→ 185m,11) Bd. 1, in *Hegel's Werke* (→ 184,12) Bd. 6, p. 184 (*Jub.* Bd. 8, p. 222) sowie *Wissenschaft der Logik* (→ 185m,11) Bd. 1, in *Hegel's Werke* Bd. 3, pp. 150-153 (*Jub.* Bd. 4, pp. 160-162). Im zeitgenössischen dän. Kontext wird der Ausdruck z.B. von L. Zeuthen in *Menneskets moralske Selvstændighed* [Die moralische Selbständigkeit des Menschen], Kph. 1832, p. 72 sowie von J. L. Heiberg in *Indlednings-Foredrag* (→ 130,32), pp. 6 und 11, gebraucht bzw. erläutert.

Kopernikus] Nikolaus Kopernikus (Nikolaus   16   213
Koppernigk) (1473-1543), polnischer Astronom, vertrat als Erster in der Neuzeit das so genannte heliozentrische Weltbild (die Sonne als Mittelpunkt der Erde, um die herum die Planeten, somit auch die Erde, kreisen).

Minerva dem Kopf des Jupiter entspringt] Ge-   22
meint ist die röm. Göttin der Weisheit, Minerva (gr. Athene), die der mythischen Überlieferung nach in vollendeter Gestalt Jupiters (gr. Zeus) Haupt entsprang.

Asyl] Zeitgenössischer Ausdruck für Pflege-   25
oder Wohlfahrtsheime, die allen hilfs- bzw. pflegebedürftigen Personen, vor allem Kindern, offen standen. In der zeitgenössischen liberalen dän. Presse galt der Aufruf zur Einrichtung von Asylen als verbreiteter und populärer Ausdruck der sozialen Verantwortung des Bürgertums.

**Ich weiß, dass nichts in der Welt ... entreißen   29   213
kann]** Anspielung auf einen bekannten Satz des Paulus in Röm 8, 38-39: »Denn ich bin gewiß: Weder Tod noch Leben, weder Engel noch Mächte [NT-1819: »ei heller Engle, ei heller Fyrstendømmer«], weder Gegenwärtiges noch Zukünftiges, weder Gewalten der Höhe oder Tiefe noch irgendeine andere Kreatur können uns scheiden von der Liebe Gottes, die in Christus Jesus ist, unserem Herrn.« SKs Wiedergabe

weicht hier etwas von der autorisierten Übersetzung in NT-1819 ab.

214   12   **Erdmann]** → 182,3.

12   **über die religiöse Ironie in »Wissen und Glauben« 10. Vorlesung]** SK bezieht sich auf J. E.
Erdmann *Vorlesungen über Glauben und Wissen
als Einleitung in die Dogmatik und Religionsphilosophie*, Berlin 1837, Ktl. 479, pp. 80-88. Unterschied und gemeinsamer Ausgangspunkt des
religiösen Nihilismus und der religiösen Ironie
werden hier wie folgt bestimmt: »Was [...] das
Ich mit sich selber identisch seyn läßt, indem es
geglaubt wird, das wird wahr seyn. Es kommt
dabei auf das, was das Object sonst ist, d.h. was
sein Inhalt ist, gar nicht an, sondern ein jedes
Glaubensobject ist wahr, welches glaubend, das
Ich mit sich in Uebereinstimmung bleibt. Dieser
Standpunkt fixirt, gibt den *religiösen Nihilismus*
(oder Indifferentismus). [...] Hat nun das Ich,
indem es das Glaubensobject gelten läßt, zugleich das Bewußtseyn darüber, daß es dasselbe
nicht etwa einer objectiven Beschaffenheit, oder
seines Inhalts wegen gelten läßt, sondern daß es
ganz zufällig sey, was für ein Object für wahr
gehalten werde, daß es eben darum ihm erlaubt
sey, das Object beliebig zu wechseln, wenn es
nur mit sich selber in Uebereinstimmung bleibe,
so gibt das den Standpunkt, den wir *religiöse
Ironie* nennen können«, pp. 81-83. Das Prinzip
des religiösen Nihilismus lautet also: »Glaube,
was du glaubst. *Was*, ist unwesentlich«, p. 85;
diese Haltung potenziert die religiöse Ironie, indem sie darüber hinaus das Bewusstsein der
Gleichgültigkeit des Glaubensinhaltes als solcher einschließt, ja zum Prinzip erhebt.

13   **Ironie ... deren Unterschied zum Unglauben]**
Cf. *Vorlesungen über Glauben und Wissen*, 11. Vorlesung, die Erdmann mit »Der Unglaube« über-
schreibt; dieser wird von der religiösen Ironie
wie folgt unterschieden: »Wenn [...] die religiöse Ironie darin bestand, daß das religiöse Bewußtseyn, indem es einen Inhalt besaß, zugleich
diesen Inhalt als unwahren, (weil einen *anderen*
Inhalt als wahren) wußte, so wird itzt dem Bewußtseyn die Wahrheit nicht etwa darin be-
stehn, daß *auch* der entgegengesetzte Inhalt
wahr ist, sondern das Bewußtseyn wird die

Wahrheit in nichts Anders setzen, als darein, daß
jeder objective Inhalt, weil er dies ist, verworfen
wird. Den Standpunkt, wo das Bewußtseyn sich
als wahr und befriedigt weiß, indem und nur
weil es allen Inhalt verwirft, nennen wir *Unglauben*«, p. 90.

Credo ut intelligam] lat., ‚ich glaube, damit ich   19   214
einsehe / erkenne'. Der vielfach angeführte Satz
geht auf Anselm von Canterbury (1033-1109),
genauer auf eine Stelle aus *Proslogion*, Kap. 1,
zurück: »Neque enim quaero intelligere, ut credam, sed credo, ut intelligam« [Denn ich suche
nicht nach Einsicht, damit ich glaube, sondern
ich glaube, damit ich einsehe]. Cf. W. G. Tennemann *Geschichte der Philosophie* Bd. 1-11, Leipzig
1798-1819, Ktl. 815-826; Bd. 8,1, 1810, p. 120,
Anm. 71; ferner H. L. Martensens Rezension von
J. L. Heibergs *Indlednings-Foredrag* in *Maanedsskrift for Litteratur* Bd. 16, Kph. 1836 (→ 130,32),
pp. 516f.: »Sie [die hegelsche Philosophie] ist
Konsequenz und Resultat jahrhundertelanger
Arbeit, aber um dieses Resultat zu verstehen,
kommt es darauf an, das Prinzip zu erfassen,
das derjenigen philosophischen Richtung zu
Grunde liegt, die im Gegensatz zur christlichen
Philosophie des Mittelalters als *die herrschende* in
der gesamten neueren Zeit bezeichnet zu werden verdient. Die mittelalterliche Philosophie
ruhte im Glauben, ihr Prinzip ist Anselms bekanntes *credam ut intelligam* [lat., ‚ich werde
glauben, damit ich einsehe / erkenne'], das sich
im Grunde nicht unterscheidet von dem uralten
Wort: Gottesfurcht ist Anfang der Weisheit.«
Martensen wiederholt die lat. Wendung p. 516
und erwähnt sie ferner in seiner Lizentiatsabhandlung *De autonomia conscientiæ sui humanæ*
(→ 204,24), p. 6.

Nihil est in intellectu ... in sensu] lat., ‚Nichts   22
ist im Verstand, das nicht zuvor in den Sinnen
war'. Dieser vielfach zitierte erkenntnistheoreti-
sche Grundsatz gilt als Grundgedanke des aristotelischen Empirismus; er kehrt in der Form
»Nihil est in intellectu quod non sit prius in
sensu« [‚Nichts ist im Verstand, das nicht zuvor
in den Sinnen wäre'] z.B. bei Thomas von Aquin
(1225-1274) wieder, und zwar in dessen *Quaestiones disputatae de veritate* 2, 3. Obwohl Aristote-

les die Formulierung selbst nicht gebraucht,
lässt sie sich auf seine Theorie der Sinneserfah-
rung und der Abstraktion zurückführen, wie sie
im 2. Buch von *De anima* (besonders Kap. 12)
sowie im 3. Buch (besonders Kap. 4) entfaltet
wird. Aufgrund des hegelschen Gebrauchs der
Formel im Kontext seiner Verteidigung des Idealismus wurde diese im zeitgenössischen philosophischen Diskurs heftig diskutiert; cf. *Encyclopädie* (→ 185*m*,11) Bd. 1, »Die Logik«, in *Hegel's
Werke* (→ 184,12) Bd. 6, § 8, p. 14 (*Jub.* Bd. 8, 52):
»Es ist ein alter Satz, der dem *Aristoteles* fälsch-
licherweise so zugeschrieben zu werden pflegt,
als ob damit der Standpunkt seiner Philosophie
ausgedrückt seyn sollte: *nihil est in intellectu,
quod non fuerit in sensu;* — es ist nichts im Denken, was nicht im Sinne, in der Erfahrung gewesen. Es ist nur für einen Mißverstand zu achten,
wenn die spekulative Philosophie diesen Satz
nicht zugeben wollte. Aber umgekehrt wird sie
ebenso behaupten: *nihil est in sensu, quod non
fuerit in intellectu,* — in dem ganz allgemeinen
Sinne, daß der νοῦς und in tieferer Bestimmung
der Geist, die Ursache der Welt ist, und in dem
nähern, [...] daß das rechtliche, sittliche, religiöse Gefühl ein Gefühl und damit eine Erfahrung
von solchem Inhalte ist, der seine Wurzel und
seinen Sitz nur im Denken hat.« Hegels polemi-
scher Gebrauch der aristotelischen Formel wird
von Fr. Baader in dessen *Vorlesungen über speculative Dogmatik,* 2. Heft, Münster 1830 (s. Ktl.
396, Heft 1, Stuttgart und Tübingen 1828, Hefte
2-5, Münster 1830-1838), p. 53, sowie von H. L.
Martensen in *De autonomia conscientiæ sui humanæ* (→ 204,24), p. 40 diskutiert. Cf. ferner Hegels *Vorlesungen über die Geschichte der Philosophie* (→ 204,24) Bd. 2, in *Hegel's Werke* (→ 184,12)
Bd. 14, pp. 332 und 385 (*Jub.* Bd. 18, pp. 332 und
385).

214 24 **die ganze Welt ... unter Wasser gesetzt]** Anspielung auf die alttestamentliche Sintfluterzählung, cf. Gen 6-7.

26 **eine kleine Welt in sich eingeschlossen]** Anspielung auf die Arche Noah, cf. Gen 6-8.

28 **zuerst einen Raben ausfliegen ... mit einem
Ölblatt zurückkehrt]** Anspielung auf den alttestamentlichen Bericht vom Ende der Sintflut (cf.

Gen 8,6-12): Danach öffnete Noah, vierzig Tage
nachdem die Arche auf dem Berg Ararat ge-
strandet ist, eine Luke und entließ einen Raben,
der hin- und herfliegen sollte, bis das Wasser
sich von der Erde zurückgezogen hatte. Sodann
entsandte er eine Taube, aber da diese nirgends
eine trockene Stelle fand, wo sie sich niederlassen konnte, kehrte sie zurück zur Arche. Nach
sieben Tagen entließ Noah erneut eine Taube
und diese kehrte gegen Abend mit einem frischen Olivenblatt im Schnabel zurück; da erkannte Noah, dass sich das Wasser von der Erde
zurückgezogen hatte. Nach weiteren sieben Tagen entsandte er ein drittes Mal eine Taube —
und diesmal kehrte diese nicht zurück.

Freue Dich ... die den Mann hat] Cf. Jes 54,1: 3 214*m*
»Freu dich, du Unfruchtbare, die nie gebar, du,
die nie in Wehen lag, brich in Jubel aus und
jauchze! Denn die Einsame hat jetzt viel mehr
Söhne als die Vermählte, spricht der Herr.« Der
Text, den SK hier bietet, weicht stark von den
dän. Übersetzungen des Alten Testaments von
1647 und 1740 ab. Es handelt sich also entweder
um SKs eigene, allerdings ungewöhnlich alter-
tümelnde Übersetzung, oder aber um eine
fremde Vorlage von nicht identifizierter Herkunft.

dies ist Fleisch ... Bein von meinem Bein] SK 3 215
zitiert die Worte Adams, nachdem Gott Eva aus
dessen Rippe erschaffen hatte, cf. Gen 2,23.

der Rabe anstellt, als er sein Objekt ... Bered- 8 215
samkeit des Fuchses] Anspielung auf Äsops Fa-
bel vom Raben, der, um dem Fuchs seine
Stimme vorzuführen, das Stück Käse aus dem
Schnabel fallen lässt. Schließlich bekommt der
Fuchs den Käse. Cf. *Phædri Æsopiske Fabler,*
übers. von M. R. Thaarup, Kph. 1826, 1. Buch,
Nr. 13, pp. 8f. Eine deutsche Übersetzung der
Passage findet man in Phaedrus *Liber Fabularum.
Fabelbuch* (→ 176,20), p. 17.

Schleiermacher] In *Über die Religion, Reden an* 14 215
die Gebildeten unter ihren Verächtern, Berlin 1799,
führt Schleiermacher das Wesen von Religion
und Frömmigkeit auf die gefühlsbestimmte Anschauung des Unendlichen im Endlichen zu-

rück. Demgegenüber liegt seiner unter dem Titel *Der christliche Glaube* (→ 182,11) publizierten
Dogmatik die Auffassung der Religion als
schlechthinniges Abhängigkeitsgefühl (nämlich
im Verhältnis zu etwas als dem schlechthin
Überlegenen, Unabhängigen und als solchem
Göttlichen) zugrunde. Dogmatik wird von daher als Reflexion und d.h. zugleich als Versuch
einer sprachlich adäquaten Erfassung des religiösen Grundgefühls verstanden. Mit dieser Auffassung der Dogmatik setzt sich Schleiermacher
sowohl vom traditionell-protestantischen wie
vom hegelianisch-spekulativen Dogmatikverständnis scharf ab. Sein eigener Ansatz erwies
sich gleichwohl als prägend.

14 **der erste Standpunkt der eigentl. orthodoxen
Dogmatik ... Bedeutung erlangen]** Cf. I. H.
Fichtes Abhandlung »Speculation og Aabenbaring« [Spekulation und Offenbarung] (→ 216,22)
in *Tidsskrift for udenlandsk theologisk Litteratur*
(→ 216,22), pp. 755f.; cf. dt. Text p. 9: »*Schleiermacher* hat dieselbe entscheidende Krisis des religiösen Bewusstseins eingeleitet, die sich innerhalb
der spekulativen Richtung in der Weise äußert,
in der der negative Idealismus durch die vollständig durchgeführte Reflexion sich selbst
überwunden hat. Zugleich ist darin auf der einen Seite, gegenüber der toten Buchstabenor-
thodoxie, eine lebendige Quelle des Glaubens
eröffnet [im dt. Original »wiedereröffnet«], die
aus der Gegenwart eines göttlichen Zeugnisses
schöpft, die sich auf innerliche Weise stetig
selbst erneuert; auf der anderen Seite ist darin
ein wissenschaftliches Prinzip und ein Mittelpunkt gegeben, um die positiven Lehrgehalte
erneut und wahrhaft verlebendigend sich anzueignen: ein entscheidender Gewinn sowohl für
die Umbildung der gegenwärtigen Theologie
wie für die Wiedererneuerung und Auffri-
schung des religiösen Lebens unter uns.« — **orthodoxe Dogmatik**: → 20,34.

22 **Wunderbegriff]** Vor allem in *Über die Religion*
(→ 215,14) deutet Schleiermacher das Wunder
im Sinne des Vermögens, das Ewige und Göttliche im Endlichen und Natürlichen wahrzuneh-
men. Das Wunder ist daher »nur der religiöse
Name für Begebenheit, jede, auch die allerna-
türlichste und gewöhnlichste, sobald sie sich

dazu eignet, daß die religiöse Ansicht von ihr
die herrschende sein kann, ist ein Wunder«,
p. 118.

in seiner Innerlichkeit ... aufgenommen] 22
Schleiermacher lehnt den Begriff des Wunders
als eines »objektiven«, den kausalen Naturzu-
sammenhang unterbrechender Ereignisses ab.
Der Terminus wird vielmehr »subjektiv«, d.h.
als diejenige Art und Weise bestimmt, in der das
religiöse Selbstbewusstsein als eines Gefühls
schlechthinniger Abhängigkeit von Gott die
Wirklichkeit im Ganzen erfährt. So kann SK
auch von Schleiermacher sagen, dass »sein ganzer Standpunkt Wunder ist«. Der Ausdruck »System« bezieht sich dabei auf Schleiermachers
Dogmatik *Der christliche Glaube* (→ 182,11).

wie ein Prolegomenon] SK verwendet hier die 23
außergewöhnliche Form dän. »prælegomenisk«,
d.h. ‚in der Weise eines Prolegomenon‘, hier:
‚einleitungsweise‘. Der Ausdruck Prolegomena
bezeichnet den Einleitungsabschnitt einer wissenschaftlichen Schrift, die im Fall einer theologischen Dogmatik über deren Ansatz und Prinzip sowie über ihre Methode und erkenntnisthe-
oretische Voraussetzungen Rechenschaft gibt.

sein ganzes Selbstbewusstsein ... chr. Selbst- 25
bewusstsein] Schleiermacher zufolge ist das religiöse Selbstbewusstsein stets und notwendig
historisch-kulturell vermittelt; eine »natürliche
Religion« ist daher undenkbar. Speziell für den
Christen erscheint hierbei Jesus selbst als die
reinste Verkörperung des Gottesbewusstseins
im Sinne des Gefühls schlechthinniger Abhängigkeit, wobei sich dieses im Falle des Gottmenschen darin manifestiert, dass alles in seinem
Leben auf Gott bezogen wird. Jesus Christus
fungiert somit als Urbild für das religiöse Selbstbewusstsein des Christen, so dass sich umgekehrt von Schleiermachers Position behaupten
lässt, sein »ganzes Selbstbewusstsein ist ein reines neues chr. Selbstbewusstsein«.

Novelle] Die Novelle avancierte in den 1820ern 29 215
und stärker noch in den 1830ern zu einem der
populärsten literarischen Genres in Dänemark.
Sie entwickelte eine eigene, zum Teil von der
deutschen Novelle abweichende Form.

30 **Gipser auf der Østergade]** SK spielt auf Gui-
seppe Barsugli an, der Gipsabdrücke anfertigte
und in einer Auslage auf der Kopenhagener Østergade ausstellte (s. *Karte 2, C2-D2*).

216 7 **religiöser Sicherheit ... Welt überwunden
hatte]** Anspielung auf I Joh 5,4.

216 15 **Novelle]** → 215,*29*.

18 **Oxy-Gas-Mikroskop]** Gemeint ist ein Hydro-
oxygengasmikroskop, d.h. ein Projektions- oder
Lampenmikroskop, benannt nach dem Hydro-
oxygen- oder Knallgas, das hierbei als Brenn-
stoff der Lichtquelle dient. Ein derartiges Mikro-
skop wurde 1837 in Kopenhagen vorgeführt, cf.
Berlingske Tidende Nr. 296 vom 13. Dezember
1837 (Sp. 6f.): »Allen Liebhabern von Kunst und
Wissenschaft muss stets als erfreuliches Zeichen
gelten, wenn sich hie und da ein Genie über das
Allgemeine erhebt. Ein solches Genie ist in
Schleswig hervorgetreten, wo es Herrn *Heß*, der
bereits seit einigen Jahren mit der Anfertigung
optischer Artikel beschäftigt war, gelang, ein
Hydro-Oxygen-Gas-Mikroskop zu entwickeln, das
Vergrößerungen in einem Maße zulässt, das
selbst das Døblersche [eigentl. Döbereiner'sche]
übertrifft. Bei einer Vorführung desselben im Lo-
kal des Bürgervereins hat Herr Heß dem Publikum Gelegenheit gegeben, die interessanten Ef-
fekte aus der Nähe zu betrachten und zu bewundern. So verwandelten sich kleinste, mit
bloßem Auge kaum wahrnehmbare Wassertier-
chen in Riesenungeheuer, das Bein einer Spinne
vergrößerte sich auf 14 Fuß Länge, der Durch-
messer eines Mückenkopfes auf anderthalb bis
zwei Fuß, bewachsen mit kleinen Federbüschen
von 6 bis 8 Fuß Länge.« Das genaue Datum der
genannten Vorführung konnte nicht eruiert werden. Da die Kopenhagener Vereine ihre Zusammenkünfte in der Regel am Sonntagabend abhielten, kann man aber davon ausgehen, dass
sie am Sonntag, den 10. Dezember 1837 stattgefunden hat.

216 22 **Abhandlung, mit der Fichte seine Zeitschrift
beginnt]** Gemeint ist I. H. Fichtes Abhandlung
»Spekulation und Offenbarung«, der die von
ihm ins Leben gerufene *Zeitschrift für Philosophie*

und spekulative Theologie einleitet, cf. Bd. 1, 1.
Heft, Bonn 1837, pp. 1-31. Fichtes Abhandlung
setzt sich mit dem Offenbarungsbegriff der
(nach)hegelschen Philosophie auseinander und
erschien in dän. Sprache unter dem Titel »Speculation og Aabenbaring« in *Tidsskrift for udenlandsk theologisk Litteratur*, 5. Jg., Kph. 1837
(→ 211,*21*), pp. 747-777. Über Zweck und Aufgabe der Zeitschrift heißt es in einer dän. Zusammenfassung von Fichtes Vorwort, sie wolle
sich, »ohne einer ausschließenden Schule oder
irgendeinem literarischen Klüngel Raum zu geben, [...] der Aufgaben der christlichen Spekulation annehmen, ihnen eine weitere und tiefere
Durchdringung geben und namentlich jene tief-
greifenden Fragen der Dogmatik und der praktischen Theologie, die gegenwärtig beide Kirchen in Bewegung setzen und alte Gegensätze
erneut aufbrechen zu lassen scheinen, auf philosophisch festen Boden überführen und hier, in
der spekulativen Durchführung, einer Lösung
oder zumindest einer gegenseitigen Anerkennung näherbringen« (p. 747). — **Fichte:** Immanuel Hermann Fichte (1796-1879), dt. Philosoph,
Sohn von J. G. Fichte, daher häufig der »jüngere
Fichte« genannt; ab 1836 Extraordinarius für
Philosophie in Bonn.

sich zu einem Kampf rüsten ... mit einem sol- 24
chen Ernst] Cf. besonders den Schluss von Fichtes Abhandlung (→ 216,*22*) in *Tidsskrift for udenlandsk theologisk Litteratur*, p. 776: »Wir müssen
[...] uns rüsten für eine Periode [im dt. Original
»Weltzeit«], in der uns weit ernstere und tief
greifendere Geisteskrisen beschieden sind als sie
irgendeine vorhergehende Zeit erlebt hat. Wenn
alle Denk- und Willenskräfte, die selbst verdreht, entartet und ausgerüstet mit den Waffen
einer verstrickenden Sophistik und mit stolzer
Energie, in den Kampf treten, dann bedürfen
wir wahrlich anderer Schutzwehre dagegen, als
der bloßen Berufung auf historische Autoritäten
oder auf Brauch und Sitte oder auf alte gestelzte
Schulweisheit. Und dies ist der neue Charakter
der Gegenwart, der in seiner wahren Bedeutung
in der Tat nur von demjenigen erkannt werden
kann, der selber auf lebendige und zugleich
klare Weise im Positiven verwurzelt ist.« Die
Grundlagen dieser neuen Erkenntnis, so Fichte

abschließend, »sind in Wirklichkeit bereits durch die gegenwärtige Wende der Philosophie« (p. 777) gelegt. Zum dt. Text I. H. Fichtes s. »Spekulation und Offenbarung« (→ 216,22), p. 29.

26 **»Furcht und Zittern« (Philipper)**] cf. Phil 2,12. SK spielt hier vermutlich auf Fichtes Bemerkung an, dass Schleiermachers Theorie des ursprünglichen Gottesbewusstseins als schlechthinniges Abhängigkeitsgefühl die äußersten Extreme dieses Bewusstseins umfasst, das »von der niederen Roheit, die eine Götterfurcht und abergläubische Scheu empfindet, [. . .] bis zur Höhe einer bewussten, aus freier Neigung hervorgehenden Unterwerfung, die sich als Demut und Liebe empfindet« reicht, *Tidsskrift for udenlandsk theologisk Litteratur*, p. 756; zum dt. Text I. H. Fichtes cf. »Spekulation und Offenbarung« (→ 216,22), p. 10. — Philipper: Mitglieder der von Paulus gegründeten christlichen Gemeinde im mazedonischen Philippi, an die er auch einen seiner Briefe richtet.

29 **Zeuge beim Notarius publicus**] Notarius publicus, lat., ,öffentlicher Schreiber', hier: ,Notar'. Im damaligen Kopenhagen Bezeichnung für einen Beamten, dessen Aufgabe darin bestand, Rechtsdokumente, z.B. Testamente, Personaldokumente, Berufungen, Schuldverschreibungen und richterliche Urteile zu bezeugen und zu beglaubigen. Zur Ausübung seines Amtes bedurfte er eines Zeugen, der im gegebenen Fall bestätigen konnte, der Unterzeichnung des betreffenden Dokumentes beigewohnt zu haben; dessen Gegenwart wurde dabei per Unterschrift bestätigt.

217 2 **ein Hahn um Mitternacht kräht**] → 217,14.

3 **unglaublich, wie sehr**] *SKS* folgt ab hier bis zum Ende von DD:94 einschließlich der Trennlinie Barfods Ausgabe *EP I-II*, pp. 134-135.

6 **Fredriksborg**] Ortschaft Frederiksborg in Nordostseeland, nordwestlich des Schlosses und nördlich von Hillerød gelegen (s. *Karte 4, D4*); bekannt vor allem wegen des Frederiksbergschlosses. Um die Mitte der 1830er hatte die Gemeinde Frederiksborg ca. 720 Einwohner. Als Kind verbrachte SK hier häufig seine Ferien, cf. Journal DD:122.a.

Mitternachtsschrei] d.h. der Hahnenschrei um 14 217 Mitternacht.

Verjüngungsbad] Vermutlich Anspielung auf 19 217 Tit 3,5: Gott machte uns selig: »nicht weil wir Werke vollbracht hätten, die uns gerecht machen können, sondern aufgrund seines Erbarmens — durch das Bad der Wiedergeburt und der Erneuerung im Heiligen Geist.«

satt an Tagen] Bestandteil einer feststehenden 19 alttestamentlichen Wendung, derzufolge jemand »alt und satt an (Lebens)tagen« sein mag; cf. z.B. Gen 25,8 und Hi 42,17.

Man zieht aus, um den blauen Vogel zu finden 24 **... Geliebten zu suchen**] Anspielung auf die Gestalt der Königin Florine im Märchen »Der blaue Vogel«, dessen Kernmotiv bereits im 12. Jh. bekannt war. Später wurde es von Marie Catherine Le Jumel de Barneville, baronne d'Aulnoy, unter dem Titel »L'Oiseau bleu« in ihre Märchensammlung *Contes de fées* Bd. 1-4, Paris 1697 aufgenommen. Erzählt wird darin, wie die Prinzessin Florine unmittelbar nachdem sie Königin wurde, einen Staatsrat ernennt, der die Regierung verwalten soll, damit sie in die Welt hinausziehen und ihren geliebten König Charmant suchen kann. Diesen hatte ihre Stiefmutter aufgrund seiner Weigerung, ihre hässliche Tochter zu heiraten, in einen blauen Vogel verwandelt. SK kannte das Märchen vielleicht aus *Feen-Märchen der Frau Gräfin v. Aulnoy in vier Bänden*, in *Die Blaue Bibliothek aller Nationen*, hg. von F. J. Bertuch und F. Jacobs, Bd. 1-12, Gotha und Weimar 1790-1800, Ktl. 1445-1456; Bd. 3-4 und Bd. 9-10. In Bd. 3, pp. 67-126, findet sich das Märchen in dt. Übersetzung unter dem Titel »Der blaue Vogel«, die hier angezogene Passage steht p. 108; cf. jedoch → 218,7.

als Bauernmädchen verkleidet ... Sorgen und 29 **Leiden**] In »Der blaue Vogel« wird berichtet, wie die Königin Florine sich in der Verkleidung eines Bauernmädchens auf die Suche nach dem Geliebten macht; dabei begegnet sie auf ihrer Wanderung einer alten, buckligen Frau, die sie fragt, weshalb sie so allein sei. »Ach Mütterchen! erwiedert Florine, ich bin nicht allein; Kummer, Unruhe und Beschwerden sind meine Gesellschafter, und Thränen begleiteten diese

Antwort«, *Die Blaue Bibliothek aller Nationen* (→ 217,24) Bd. 3, p. 111; cf. jedoch → 218,7.

218   3   **ein junges Mädchen ... anzutreten**] Die Quelle konnte nicht identifiziert werden.

7   **der Zaubermeister ... König Huldreich! wo bist du?**] Das Märchen vom blauen Vogel berichtet u.a. von dem guten Freund des Königs Charmant, genannt »der Zauberer«, der sich so sehr über das Verschwinden des Königs bekümmert, dass er achtmal vergeblich die ganze Erde durchläuft, um ihn zu finden. Auf seiner neunten Wanderung gelangt er in einen Wald, wo sich der König aufhält, bläst wie gewöhnlich fünfmal in sein Horn und ruft mit aller Kraft den Namen des Königs — woraufhin dieser die Stimme seines Freundes wiedererkennt. Cf. *Die Blaue Bibliothek aller Nationen* (→ 217,24) Bd. 3, p. 103. Das von SK angeführte Zitat findet sich allerdings nicht in der hier zugrunde gelegten dt. Übersetzung, in der der König durchweg Charmant und nicht Huldreich genannt wird. SK mag daher eine andere dt. Ausgabe benutzt haben, die nicht identifiziert werden konnte.

11   **einem König und einer Königin ... alle Ammen rufen sie zusammen**] Vermutlich Anspielung auf das Märchen »Prinzessin Frühlingsschön« in *Feen-Märchen der Frau Gräfin v. Aulnoy in vier Bänden*, in *Die Blaue Bibliothek aller Nationen* (→ 217,24) Bd. 3, pp. 188-220. Darin wird von einem König und einer Königin berichtet, deren Kinder allesamt früh verstorben waren. Als aber die Königin nach langer Zeit erneut schwanger wird, ruft man die besten Ammen zusammen, um eine von ihnen auszuwählen, die verhindern soll, dass auch dieses Kind stirbt, pp. 188f.

14   **Sie rufen nicht die Stände zusammen**] Anspielung auf die vier beratenden Provinzialständeversammlungen in Dänemark, die laut Verordnung vom 15. Mai 1834 einberufen wurden. Die Ständeversammlung der so genannten »Øststifter« (Kirchenkreise der Inselregion) trat als erste am 1. Oktober 1835 in Roskilde zusammen, die übrigen am 11. April 1836; die zweite Versammlung fand 1838 statt.

219   1   **Nulla dies sine linea**] lat., ‚kein Tag ohne Linie / Strich‘; Spruch, der dem berühmten gr. Maler Apelles (2. Hälfte des 4. Jh. v.Chr.) beigelegt wird

und sich darauf bezieht, dass dieser jeden Tag an der Vervollkommnung seiner Fähigkeiten arbeitete. Hier vermutlich in der Bedeutung ‚kein Tag ohne (geschriebene) Zeile‘ gemeint.

Poul Møller ist gestorben] Der Kopenhagener   8   219
Dichter und Philosophieprofessor Poul Martin Møller starb am 13. März 1838 im Alter von knapp 44 Jahren.

kleinen Carl] Gemeint ist vermutlich SKs Neffe,   18   219
der spätere Landwirt und Hofbesitzer Carl Ferdinand Lund (1830-1912), Sohn von Nicoline Christine Lund, geb. Kierkegaard, und Johann Christian Lund.

den neuen Zimmern, in die ich zu ziehen beabsichtigte]   19
SK scheint geplant zu haben, seine Wohnung in der Løvstræde (s. *Karte 2, C2*) am Ziehtag im April (3. Dienstag dieses Monats) zu verlassen; hier hatte er vermutlich gewohnt, seit er am 1. September 1837 von zu Hause (Nytorv 2) ausgezogen war. An welche Zimmer SK dabei denkt, ist ungewiss; ebenso wenig ist bekannt, ob er sie jemals tatsächlich bezogen hat.

Hamans ... Protest ... Bedeutungs-Realität]   6   220
Worauf SK hier anspielt, ist unklar.

dem eigentl. ernsthaften Zweifel in der modernen Philosophie]   7
Cf. z.B. H. L. Martensens Rezension von J. L. Heibergs *Indlednings-Foredrag* in *Maanedsskrift for Litteratur* Bd. 16, Kph. 1836 (→ 130,32), p. 518: »Der Wahlspruch lautet nunmehr: *Zweifel* ist der Anfang der Weisheit.« Martensen betont im Übrigen, dass der Zweifel als Prinzip der methodischen Wissenschaft — und d.h. der hegelschen Philosophie — nicht mit bloß negativer Skepsis verwechselt werden darf: »Die Forderung: ›*de omnibus dubitandum est*‹ [an allem muss gezweifelt werden] ist keineswegs ebenso leicht erfüllt wie sie ausgesprochen ist; gefordert wird hier nämlich kein endlicher Zweifel, nicht der populäre Zweifel an diesem oder jenem, bei dem man doch stets etwas zurückbehält, das nicht in Zweifel gezogen wird. [...] Die Wissenschaft fordert [...] den absoluten, den unendlichen Zweifel. Daher musste jedes der verschiedenen Systeme, die in dieser Richtung philosophiert haben, die gesamte Phi-

losophie von vorn beginnen; es zeigte sich nämlich stets, dass das vorangegangene System eine
Voraussetzung unangetastet gelassen hatte, die
nicht in Zweifel gezogen worden war, und dass
diese den unberechtigten Anfang bildete, von
dem ausgegangen wurde«, pp. 519f. Die Behauptung, die neuere Philosophie beginne mit
dem Zweifel, beruft sich in der Regel auf Descartes als philosophiehistorischen Einsatzpunkt, cf.
z.B. die Überschrift zum 1. Teil, § 1, der *Principia
philosophiae* (1644): »Veritatem inquirenti, semel
in vita de omnibus, quantum fieri potest, esse
dubitandum« [Wer nach der Wahrheit sucht,
muss einmal in seinem Leben, soweit möglich,
an allem gezweifelt haben]; cf. auch Hegels *Vorlesungen über die Geschichte der Philosophie*
(→ 204,24) Bd. 3, in *Hegel's Werke* Bd. 15, pp.
334ff. (*Jub.* Bd. 19, pp. 334ff.) sowie *Phänomenologie des Geistes* in *Hegel's Werke* (→ 184,12) Bd. 2,
p. 63 (*Jub.* Bd. 2, p. 71).

220 10 **Nielsen**] Nicolai Peter Nielsen (1795-1860), ab
1820 Schauspieler am Königlichen Theater Kopenhagen.

10 **Freude über Dänemark**] SK bezieht sich auf
Poul Martin Møllers (→ 219,8) Gedicht »Rosen
blusser alt i Danas Have« [Die Rose erglüht
schon in Danas Garten], niedergeschrieben im
Juli 1820 in Manila während einer Orientreise
(1819-1820). Das Gedicht wurde unter dem Titel
»Glæde over Danmark« [Freude über Däne-
mark] in K. L. Rahbeks *Tilskuerne. Et Ugeskrift*
Nr. 47, Bd. 1, Kph. 1823, pp. 374-376, abgedruckt
und von P. N. Nielsen am Sonntag, den 1. April
1838, im Rahmen einer abendlichen Veranstal-
tung vorgetragen, die der Kammermusiker C. F.
Lemming am Königlichen Theater Kopenhagen
arrangiert hatte; cf. *Adresseavisen* Nr. 77 vom 31.
März 1838.

13 **erinnert ihr den weit verreisten Mann**] Cf. die
3. Strophe von Poul Martin Møllers Gedicht, die
mit den Worten »Mine Venner i den danske
Sommer! / Mindes I den vidtforreiste Mand?«
[Meine Freunde im dänischen Sommer! / Gedenkt ihr des weit gereisten Mannes?] beginnt.

220 17 **Justinus der Märtyrer**] Altkirchlicher Apologet,
geboren ca. 100 n.Chr. in Samaria als Kind heid-

nischer Eltern; studierte zunächst Philosophie
(besonders die des Platonismus) und trat später
zum Christentum über. Als umherreisender
christlicher Philosoph gelangte er u.a. nach
Rom, wo er ca. 165 n.Chr. als Märtyrer starb.
Von seinen zahlreichen Werken sind nur wenige
erhalten, darunter die beiden Verteidigungsschriften des christlichen Glaubens, die er an
den röm. Kaiser Antonius Pius richtete; cf. *Justinus Martyrs Apologier eller Forsvarsskrifter for
Christendommen,* übers. von C. H. Muus, Kph.
1836, Ktl. 141.

die Welt bei weitem nicht so polemisch auf- 20
fasst] SK spielt hier vermutlich darauf an, dass
die Verteidigungsschriften Justins weniger polemisch denn apologetisch argumentieren. Dafür
spricht z.B. seine Versicherung, dass sich die
Christen nach Kräften darum bemühen, gute
röm. Staatsbürger zu sein. Cf. in diesem Sinne
Erste Apologie, § 17: Zwar »beten wir Gott allein an, aber in allem anderen sind wir Euch
[dem Kaiser] gern zu Diensten, erkennen Euch
als Herren und Regenten unter den Menschen
an und beten zu Gott, dass Ihr Euch zugleich
mit der Herrschaft auch durch Weisheit aus-
zeichnen mögt«, *Justinus Martyrs Apologier,* pp.
23f. Cf. auch § 20: »Wie ungerechtfertigt ist es
doch, uns mehr als alle anderen mit Hass zu
verfolgen — uns, die doch in gewissen Teilen
ganz dasselbe sagen wie Eure eigenen hochge-
schätzten Dichter und Philosophen, ja diese in
einigen Stücken sogar noch übertreffen, indem
wir nämlich auf sachgemäße Weise von der
Gottheit sprechen, wofür außer uns wohl niemand ähnlich gültige Beweisgründe hat. Lehren
wir, dass das Ganze seine Gestalt und sein Dasein von Gott hat, so klingt dieser Satz ja plato-
nisch; reden wir von einem bevorstehenden
Weltenbrand, so stimmen wir darin ja mit den
Stoikern überein; sprechen wir davon, dass die
Böswilligen ihrer Strafe nicht entgehen, da ja die
Seelen selbst nach dem Tode ihr Bewusstsein
behalten, wohingegen die Guten freigesprochen
werden und ein glückseliges Leben leben, — so
dürfte Euch die Übereinstimmung dieser Lehre
mit den Aussagen der Dichter und Philosophen
nicht verborgen bleiben«, pp. 28f.

neuere Orthodoxie] → 20,34. 21

220 27 **Ritterzeit]** Gemeint ist das Hochmittelalter (12.-
         13. Jh.), als sich in Europa ein mit christlichen
         Ideen durchsetztes Ritterideal herausbildete,
         das nicht nur die Beherrschung der Kriegskunst
         einschloss, sondern auch eine gewisse höfische
         Bildung.

     28 **Scholastik]** diejenige Gestalt der katholischen
         Theologie, die im Mittelalter den Versuch unter-
         nahm, die Lehre der Kirchenväter unter Rück-
         griff auf die aristotelische Philosophie neu zu
         durchdenken (besonders in der Hochscholastik
         im 12. und 13. Jh.), und zwar mit dem Ziel, die
         Lehre der katholischen Kirche zu vereinheitli-
         chen. In der Regel waren die so genannten Scho-
         lastiker einem Kloster bzw. einer Mönchsge-
         meinschaft oder aber, von Beginn des 13. Jh. an,
         einer der Universitäten verbunden, die während
         dieser Zeit in Europa entstanden.

221   1 **die Göttin der Vernunft ... in Paris]** Anspie-
         lung auf den Versuch, während der frz. Revolu-
         tion 1793 eine Gottesverehrung der Vernunft zu
         institutionalisieren, cf. *Karl Friedrich Beckers Ver-
         denshistorie, omarbeidet af Johan Gottfried Wolt-
         mann*, übers. von J. Riise, Bd. 1-12, Kph. 1822-
         1829, Ktl. 1972-1983; Bd. 11, 1827, p. 532:»Die
         Zerstörer des christlichen Kirchenwesens erfan-
         den den *Kultus der Vernunft* und vollzogen den-
         selben zum ersten Mal am 10. November 1793 in
         der Kirche *Notre Dame*. Eine berüchtigte Stra-
         ßendirne wurde als Göttin der Vernunft auf ei-
         nem Triumphwagen halbnackt zum Altar gefah-
         ren und dort mit Hymnen und Weihrauch ver-
         ehrt.«

      7 **Simon Magus]** der samaritanische Zauberer Si-
         mon, der in Act 8,9-13.18-24 erwähnt wird und
         der unter dem Namen Simon Magus (lat., ,Wei-
         ser, Zauberer') seit der Spätantike zum Gegen-
         stand zahlreicher phantastischer Erzählungen
         wird.

      7 **gab ja eine Frau ... ausgesprochenen Gedan-
         ken aus]** Cf. Justins Erste Apologie, § 26, wo-
         nach der Samaritaner Simon aufgrund seiner
         Zauberkünste für gottgleich angesehen wurde
         und in Rom Ehrenbezeugungen erhielt. »Abge-
         sehen von vereinzelten anderen,« so heißt es
         dort weiter, »verbeugen sich nahezu alle Sama-
         ritaner vor ihm und nennen ihn *den obersten*

Gott, während eine gewisse Helene, die zu jener
Zeit mit ihm umherzog, vorzeiten aber ein öf-
fentliches Frauenzimmer gewesen war, den Na-
men seines *ersten ausgedrückten Gedankens trägt*«,
Justinus Martyrs Apologier (→ 220,17), pp. 35f.
F. C. Baur berichtet davon auch in *Die christliche
Gnosis* (→ 225,17), pp. 307f.

publici juris] lat., eigentl. ,der Öffentlichkeit an- 9
heim gefallen', hier: ,bekannt oder publik gemacht, publiziert'.

Das ist ein furchtbar] *SKS* folgt ab hier bis zum 12 221
Ende von DD:106 Barfods Ausgabe *B-fort.* 440.

An mir ist alles] *SKS* folgt in DD:107 einschließ- 14 221
lich der Trennlinie Barfods Ausgabe *EP I-II*, p.
148.

sprunghaft ... Gicht] SK schreibt hier dän. »,fly- 14
vende': flyvende Tanker — flyvende Gigt«. Cf.
dän. »Flyvegigt«, ,nicht ständige, sondern ab-
rupt auftretende Gichtschmerzen' und »Fly-
vetanke«, ,hastig entstandener Gedanke'.

**Es gibt überhaupt wenige Menschen ... ent- 17 221
behren können.]** *SKS* folgt hier Barfods Ausgabe *EP I-II*, p. 155.

die protestantische Lebensanschauung] Diese 18
besagt, dass der Mensch nicht nur als Sünder
geboren wird, sondern durch die Sünde überdies so vollständig verderbt ist, dass er die Fähigkeit verloren hat, Gutes zu tun, und daher zu
seiner Rettung auf keine Weise beizutragen vermag. Diese hängt im Gegenteil einzig und allein
an Gottes unverdienter Barmherzigkeit. Nur
durch den Glauben an Jesus Christus, der für
jeden einzelnen Sünder den Tod auf sich genommen hat, kann der Mensch gerecht werden. Da
jedoch der Gläubige nach wie vor in dieser Welt
lebt, bleibt er stets gerecht und Sünder zugleich
(»simul justus et peccator«, wie Luther schreibt).
SK mag hier freilich ebenso an das autoritätskri-
tische Verhältnis des Protestantismus zur Kirche
denken, wonach der Einzelne in direkter, durch
keine Zwischeninstanzen vermittelter Verantwortung vor Gott steht (→ 193,3). Cf. auch Journal DD:134.

Konventikel] Bezeichnung für fromme Laien- 22
kreise bzw. deren Zusammenkünfte im privaten

Kreis außerhalb der Kirche. Diese Zusammenkünfte dienten in der Regel erbaulichen Zwecken, d.h. der gemeinschaftlichen Gottesvereh-
rung sowie dem gegenseitigen Ansporn zur
Nachfolge. Von der offiziellen Kirche wurden
die Konventikel häufig als sektiererisch ver-
dächtigt bzw. offen verurteilt. Cf. J. F. Prahls Abhandlung »Conventikelvæsenet i dets Forhold
til Religion og Sædelighed, til Stat og Kirke«
[Das Konventikelwesen in seinem Verhältnis zu
Religion und Sittlichkeit, zu Staat und Kirche] in
Tidsskrift for udenlandsk theologisk Litteratur, 5. Jg.,
Kph. 1837 (→ 211,*21*), pp. 417-484.

27 **Christus ist wohl]** *SKS* folgt hier bis zum Ende
von DD:108 Barfods Ausgabe *EP I-II,* p. XXII.

28 **»für mich«]** Luther stellt als entscheidendes Moment des persönlichen Glaubens wiederholt
heraus, dass Christus »für mich« (lat. »pro me«)
gestorben ist.

222 1 **Die Romantik hat wohl]** *SKS* folgt bei DD:109-
112 Barfods Ausgabe *B-fort. 440.*

222 3 **Joh. der Täufer]** Johannes der Täufer (→ 180,*25*).

222 4 **Transfiguration]** Umbildung, Verwandlung in
eine neue, wunderbarere Gestalt; Verklärung (cf.
z.B. Mt 17,1-8: die Verklärung Jesu).

222 5 **Es gibt eine unbeschreibliche Freude]** *SKS*
folgt in DD:113 bis zum Ende einschließlich der
Trennlinie Barfods Ausgabe *EP I-II,* pp. 154-155.

6 **Ausbruch des Apostels ... Freut euch]** Anspielung auf den Ausruf des Apostels Paulus in Phil
4,4: »Freut euch im Herrn zu jeder Zeit! Noch
einmal sage ich: Freut euch!«

9 **mit Zung' und Mund aus Herzens Grund]**
Zeile aus dem mitternächtlichen Ruf des Wäch-
ters im damaligen Kopenhagen, cf. den Abschnitt »Vægternes Natte-Sang udi Kjøbenhavn«
[Nachtgesang der Wächter in Kopenhagen] in
Instruction for Natte-Vægterne i Kjøbenhavn [In-
struktion für Nachtwächter in Kopenhagen],
Kph. 1784, p. 21: »Det var om Midnats Tide /
Vor Frelser han blev fød, / Til Trøst al Verden
vide, / Som ellers var forød; / Vor Klokke er
slagen Tolv; / Med Tung' og Mund / Af Hier-
tens Grund / Befal eder Gud i Vold.« [Es war

um die Mitternachtsstunde / Als unser Retter
geboren wurde, / Zum Trost wisse es die ganze
Welt / Die sonst vertan gewesen wäre / Unsere
Uhr hat zwölf geschlagen / Mit Zung' und
Mund / Aus Herzens Grund / Befehlt euch in
Gottes Macht].

11 **an meiner Freude, aus, in, mit, bei, auf, an und
mit]** Vermutlich Anspielung auf grammat. Merk-
reihen zum Einprägen von Präpositionen.

15 **Hain Mamre]** Oase bei Hebron; bildlicher Ausdruck für Orte, an denen der Mensch Gott begegnet und seine Verheißungen entgegennimmt. Cf. Gen 13,18, wonach Abraham sich
»im Hain Mamre, der bei Hebron ist« (GT-1740)
niederließ. Cf. außerdem Gen 13,1-15, wo berichtet wird, dass Gott Abraham im »Hain
Mamre« (GT-1740) aufsucht und ihm zusagt,
dass Sara einen Sohn gebären wird.

16 **ewigen Wohnungen]** verbreitete Metapher für
das Himmelreich, cf. z.B. Lk 16,9; Luther übersetzt »die ewigen Hütten«.

19 222 **Als Gott die Welt erschaffen hatte]** *SKS* folgt in
DD:114 Barfods Ausgabe *B-fort. 440.*

20 222 **Fixe Ideen ... draufzutreten]** *SKS* folgt hier mit
Ausnahme von dän »er at træde« Barfods Aus-
gabe *EP I-II,* p. 155.

6 223 **einer Weise ganz außerhalb ... hineinzufin-
den]** *SKS* folgt hier mit Ausnahme von »und
sich hineinzufinden« Barfods Ausgabe *EP I-II,*
pp. 155-156.

9 **Luk.]** Lukasevangelium.

14 223 **Mann, von dem ich einmal gelesen habe ...
daheim blieb]** Cf. Justinus Kerner *Eine Erscheinung aus dem Nachtgebiete der Natur* (→ 191,*33*),
p. 299, wo die von SK angeführte Begebenheit
erzählt wird.

24 223 **der junge Mensch]** Anspielung auf einen Phrygier namens Quintus, cf. »Polykarps Marty-
rium«, Kap. 4. Hier heißt es im Anschluss an die
Schilderung der Leiden sowie des Märtyrerto-
des einer Reihe von Christen (vor allem dem
des Germanikus, der von Raubtieren getötet
wurde): »Einer war darunter, ein Phrygier na-

mens Quintus, der erst kürzlich von zu Hause
eingetroffen war und den beim Anblick der
Raubtiere der Mut verließ. Eben dieser aber
hatte zuvor sich selbst und einige andere dazu
angespornt, freiwillig in den Kampf zu ziehen.
Mit viel Überredung brachte der Landeshaupt-
mann ihn nunmehr dazu, abzuschwören und zu
opfern. Daher, liebe Brüder, können wir den
nicht preisen, der sich auf diese Weise selbst in
Gefahr begibt. Etwas Derartiges lehrt das Evan-
gelium nicht«, »Den Smyrnensiske Menigheds
Beretning om Biskop Polykarps Martyrdød«, in
*Aposteldisciplen den Smyrnensiske Biskop Polykarps
Brev til Philippenserne samt Beretningen om hans
Martyrdød*, übers. von C. H. Muus, Kph. 1836,
Ktl. 141, p. 21. Das Polykarpmartyrium ist Teil
von *Die Apostolischen Väter*, cf. *Die Apostolischen
Väter*, gr.-dt. Parallelausg., neu übers. und hg.
von Andreas Lindemann und Henning Paulsen,
Tübingen 1992, pp. 244-257 (Brief), pp. 260-285
(Martyrium).

25 **unter der Verfolgung durch M. Aurelius]** Marcus Aurelius Antoninus, röm. Kaiser (161-180
n.Chr.) und stoischer Philosoph; unter seiner Regierung kam es mehrfach zu Christenverfolgun-
gen, auch in Kleinasien. Den Märtyrerfreimut
der Christen betrachtete er als Ausdruck bloßen
Starrsinns bzw. als Versuch, Aufsehen zu erregen; daher ordnete er 177 n.Chr. an, dass die
Anhänger neuer Sekten und Religionen, die das
Volk in Aufruhr versetzten, unter Strafe zu stellen seien. Dass Quintus seinen christlichen
Glauben verriet und Polykarp unter Marcus Aurelius den Märyrertod erlitt, berichtet Muus in
der Einleitung zu den oben genannten beiden
Schriften, pp. IX-X; seine ursprüngliche Quelle
ist allerdings Eusebs Kirchengeschichte, 4. Buch,
Kap. 15; cf. *Kirkens Historie gjennem de tre første
aarhundreder af Eusebius*, übers. von C. H. Muus,
Kph. 1832, Ktl. U 37, p. 204.

26 **begeistert]** dän. »enthusiasmeret«.

26 **Polykarp]** Bischof von Smyrna in Kleinasien,
starb als Märtyrer an einem Samstag, den 23.
Februar, vermutlich im Jahre 155 n.Chr.; 86 Jahre
lang, so erklärt er in einer kurz vor dem Märtyrertod gehaltenen Rede, habe er als Christ gelebt. Im Polykarpmartyrium wird sein Edelmut
und seine mustergültige Haltung im Angesicht

des Martyriums überliefert. Sein Brief an die Gemeinde in Philippi ist enthalten in *Die apostolischen Väter* (→ 223,24).

wachsen vor Gott und den Menschen] Anspie-   32
lung auf Lk 2,52.

hineinreden als sich ... hineinzufinden.] *SKS*   5   224
folgt hier Barfods Ausgabe *EP I-II*, p. 156.

die Nieren prüft] Dass Gott »Herz und Nieren   17   224
prüft«, ist eine stehende Wendung der hebr. Bibel, cf. z.B. Ps 7,10 und 26,2; Jer 11,20 und 17,10.

Bekenner ... das Xstt. bekannten] Zitat aus   21   224
Münschers Lærebog i den christelige Kirkehistorie
(→ 225m,28), p. 46: »Die Christen, die um ihres
Glaubens willen den Tod erlitten, hießen *Märtyrer*; von diesen muss man streng genommen *die
Bekenner* (confessores) unterscheiden, die bei
Verlust ihres Vermögens und Lebensgefahr
standhaft das Christentum bekannten.« — **confessores:** pl., lat., ‚Bekenner'. Cf. im Übrigen den
editorischen Bericht p. 494.

jeder Geographie ... soundsoviele Bekenner]   24
Bezugnahme auf zeitgenössische geographische
Darstellungen, in denen bezüglich solcher Länder, in denen der heidnische Glaube vorherrschte, Angaben zu Bekennern des christlichen Glaubens gemacht wurden; cf. z.B. J. Hübners einschlägige Bemerkungen zu China in
Fuldstændig Geographie, aus dem Dt. übers., Bd.
1, Kph. 1743, Bd. 2, Kph. 1749, und Bd. 3, Kph.
1745; Bd. 2, p. 619. Diese Stelle lautet in *Johann
Hübners Vollständige Geographie*, Fünfte neue und
vermehrte Ausgabe, Erster Theil, Hamburg
1745; Zweiter Theil, Hamburg 1745; Dritter
Theil, Hamburg 1745: »Um das Jahr 1618. ist
auch die Christliche Religion in diesem Lande
bekannt worden, darinnen sich sonderlich die
Dominicaner, die Franciscaner, und die Jesuiten
viel Mühe gegeben haben. Von 1618. bis 1650.
sind 150000. von 1650. bis 1667. aber 104980. das
macht zusammen 240480. Seelen innerhalb 50.
Jahren bekehrt worden. Dieses Bekehrungs-
Werck ist unter andern darum etwas langsam
von statten gegangen, weil die Missionarii vor-
hero selber die Chinesische Sprache lernen mus-
ten, wozu eine Zeit von 20. Jahren erfordert wurde.«, Theil 2, p. 546.

224 31 **λογος**] gr., ,Wort'. Cf. Joh 1,1-2: »Im Anfang war
das Wort [ὁ λόγος], und das Wort [ὁ λόγος] war
bei Gott, und das Wort [ὁ λόγος] war Gott. Im
Anfang war es [ὁ λόγος] bei Gott.« Cf. ferner Joh
1,14 über die Inkarnation »des Wortes« in Christus: »Und das Wort [ὁ λόγος] ist Fleisch geworden und hat unter uns gewohnt, und wir haben
die Herrlichkeit gesehen, die Herrlichkeit des
einzigen Sohnes vom Vater, voll Gnade und
Wahrheit.«

31 **Gnostizismus zum »Namen«**] cf. z.B. Irenäus'
(2. Jh.) antignostische Schrift *Adversus haereses*,
1. Buch, Kap. 21,3. Dort heißt es: »Bei anderen
besteht die Einweihung in einer Taufe und sie
taufen: Auf den Namen des unbekannten Vaters
von Allem, — der Wahrheit, der Mutter von Allem, — und auf Ihn, der aus dem Himmel über
Jesus herabkam!«, s. *Kirkens Historie efter Eusebius* (→ 223,25), p. 198; Eusebius überliefert diese
Stelle in Buch 4, Kap. 11 seiner Kirchengeschichte. Cf. ferner Eusebius von Caesarea *Kirchengeschichte*, hg. von H. Kraft, Darmstadt 1989, p. 204
und Irenäus von Lyon, *Darlegung der apostolischen Verkündigung. Gegen die Häresien*, übers.
und eingel. von N. Brox, Freiburg et al. 1993, p.
278f. Cf. auch F. C. Baur *Die christliche Gnosis*
(→ 225,17), Ktl. 421. Baur kommt hier u.a. auf
den gnostischen Gebrauch der allegorischen
Zahlendeutung im »Barnabasbrief« (Kap. 9,7-9)
zu sprechen; in diesem Zusammenhang heißt es
(p. 87): »Es ist hier von der Beschneidung die
Rede, und der Verfasser fordert seine Leser auf,
ihren tiefern Sinn wohl zu fassen. ,Abraham,
welcher zuerst die Beschneidung einführte, voll-
zog sie im Geiste hinblikend auf den Sohn (Jesus), indem er in drei Buchstaben die Lehre niederlegte [...]. Denn es heißt: Und Abraham be-
schnitt von seinem Hause 318 Männer. Worin
besteht nun die ihm ertheilte Erkenntniß (τίς οὖν
ἡ δοθεῖσα τούτῳ γνῶσις;)? Merket, was die ersten 18 und dann die 300 bedeuten. Was die 18
betrifft, so wird 10 durch ι, 8 durch η bezeichnet,
und du hast den Namen Jesus. Und weil das
Kreuz in T die Gnade (d.h. seine mystische Bedeutung) haben sollte, heißt es, es seyen 300 (neben den 18) gewesen. So hat er mit zwei Buchstaben Jesus, mit einem das Kreuz angedeutet.
Das weiß der, der das eingepflanzte Geschenk

seiner Lehre in uns niedergelegt hat [...].' Auch
hier bedeutet also das Wort γνῶσις den mit dem
äussern Zeichen des Buchstabens verbundenen
geheimen, mystisch allegorischen Sinn. Wir sehen demnach hier genau auch in dem Sprachgebrauch des Worts γνῶσις den Ursprung des damit verbundenen Begriffs. Wie die jüdisch-
christliche Gnosis ihre älteste Wurzel in der Allegorie hat, die sich über den blossen Buchstaben erheben, und den äusserlich gegebenen Inhalt der Schriften des A. T. vergeistigen wollte,
so hatte diese, durch die Allegorie vermittelte,
geistige Erkenntniß selbst auch den Namen
Gnosis [...].«

Røyens altem Anwesen] dän. »Røyens gl.   2 224m
Sted«, gemeint ist das spätere »Petersborg«, das
Mads Nielsen Røyen (gest. 1827) gehörte, dem
Bruder der ersten Frau (Kirstine Nielsdatter,
geb. Røyen) von SKs Vater.

Hestehaven] leicht hügeliges Waldgebiet nahe   3
dem Schloss Frederiksborg (s. *Karte 4, D4*).

mich selbst leibhaftig als kleines Kind ... da-   5 225m
hinlaufen] cf. DD:92.

Fredriksborg] → 217,6.   23

Trifft 'n Mann ... schaden] dän. »Naar jen   7   225
Mand møder jen Mand paa jen Vei, og jen Mand
har en Riv og jen Mand har en Spade, kan jen
Mand gjøre jen Mand nogen Skade?« Es handelt
sich vielleicht um eine dialektale sprichwörtli-
che Redewendung, deren Quelle nicht identifiziert werden konnte.

Chiliasmus] Lehre über bzw. Glaube an ein be-   12 225
vorstehendes tausendjähriges Reich Christi auf
Erden. Gestützt wird dieser Glaube auf Apk
20,1-6. Die ihm zugrunde liegende Vorstellung
ist in der gesamten Kirchengeschichte verbreitet, nicht zuletzt in Konventikeln (→ 221,22). Er
tritt in zwei Grundformen auf: Der so genannte
»chiliasmus crassus« [,grober Chiliasmus']
sucht die Verwirklichung des tausendjährigen
Reiches im Kampf und notfalls mit Gewalt her-
beizuzwingen; der so genannte »chiliasmus sub-
tilissimus« [,verfeinerter Chiliasmus'] hingegen
verbindet damit eine geistige Blütezeit der Kirche und des Christentums vor der Wiederkunft

Christi (H. L. Martensen gilt als Exponent dieser letzteren Auffassung).

16 **jüngeren Fichte**] cf. dessen Abhandlung »Speculation og Aabenbaring« in *Tidsskrift for udenlandsk theologisk Litteratur* 5 (1837), pp. 747-777 (→ 216,22). Fichte behauptet hier (z.B. pp. 763 und 769f.; im dt. Original pp. 15 und 23f.), der Islam sei bereits in den »chiliastischen Vorstellungen der orientalischen Sekten« vorbereitet bzw. -gebildet gewesen. Wenig später (pp. 776f.) fordert er dazu auf, sich angesichts der bevorstehenden tief greifenden Geisteskrisen für den Kampf zu rüsten (→ 216,22), und entwickelt vor diesem Hintergrund seine eigene (moderne) Vorstellung von Chiliasmus: »die Macht der Zerstörung greift jetzt um so viel eindringlicher und aufregender ins Leben ein, weil sie Platz genommen hat — nicht in der rohen Macht des Äußeren, sondern in der Tiefe des Verstandes selbst, wo sie sich mit den höchsten geistigen Gütern, mit Wahrheit und Freiheit, dabei zugleich unterstützt von hoher Genialität und von dämonischer Begeisterung verteidigt. Eine solche glanzerfüllte Klarheit der Negation kann nur von einem höheren Verstand, der aus dem göttlichen Licht schöpft, ausgelöscht werden; das Tiefste, Eindringendste, Geheimnisvollste will nicht mehr nur geglaubt sein, wodurch es selbst für die willigste Empfänglichkeit etwas Zweideutiges, Unaneigenbares bleiben kann; es soll erkannt, siegreich gerechtfertigt werden, auf dass die letzte geistige Entscheidung vorbereitet werde, in der keine Entschuldigung mehr für den ist, der sich abwendet, damit er nach seinem *Willen* gerichtet werde. Und dieser Gesichtspunkt drängt sich jetzt um so unumgänglicher auf, als gerade jetzt die Religionslehre in Gefahr ist, ihren positiven Boden für immer sich entrissen zu sehen durch die Vollendung jenes negativ philosophischen Verstandes, sofern es ihr durch eine noch tiefere spekulative Erkenntnis nicht gelingt, ihn sich neu und für immer zu erkämpfen.« Zum originalen dt. Text dieser Stelle cf. I. H. Fichte »Spekulation und Offenbarung« (→ 216,22), p. 29.

17 **Baurs Gnosis**] Gemeint ist F. C. Baur (→ 211,23) *Die christliche Gnosis oder die christliche Religions-Philosophie in ihrer geschichtlichen Entwicklung*, Tü-

bingen 1835, Ktl. 421; das Buch wurde von F. R. Hasse in *Zeitschrift für spekulative Theologie* (→ 175,2) Bd. 1, 2. Heft, pp. 209-244, rezensiert. Baurs historischer Abriss beschränkt sich nicht auf die Gnostiker der Alten Kirche, sondern bezieht auch J. Böhmes Theosophie, Schellings Naturphilosophie, Schleiermachers Glaubenslehre und Hegels Religionsphilosophie in jene geschichtliche Entwicklung ein, die die »christliche Gnosis« in Gestalt der Religionsphilosophie durchlaufen habe. Diese Entwicklung, so Baur weiter, sei ferner von entscheidender Bedeutung für die Selbstabgrenzung »der wahren christlich-dogmatischen Bestimmungen« gewesen.

das Jüdische in der Lehre] Man nimmt an, dass 21 der so genannte grobe Chiliasmus (→ 225,12) im jüdischen Vorstellungskreis verwurzelt ist; cf. etwa das (spätjüdische) IV. Esrabuch, das innerhalb der Urkirche im Umkreis des Judenchristentums weiterwirkte und während der Reformationszeit unter den Anabaptisten neue Anhänger fand. In der *Confessio Augustana* (→ 176,36), Art. 17, wurde deren Ansicht wie folgt verurteilt: »Derhalben werden die Wiedertaufer verworfen, so lehren, daß die Teufel und verdammte Menschen nicht ewige Pein und Qual haben werden. Item, werden hie verworfen auch etlich judisch Lehren, die sich auch itzund eräugen, daß vor der Auferstehung der Toten eitel Heilige, Fromme ein weltlich Reich haben und alle Gottlosen vertilgen werden.« (*Die Bekenntnisschriften* (→ 37,1) p. 70; *Den Augsburgske Troesbekjendelse* (→ 192,7), p. 58). In einer Fußnote zu dem (nach dän. Wortlaut) »jüdischen Irrtum« schreibt Rudelbach: »*Der Chiliasmus* oder die Lehre von einem tausendjährigen Reich auf Erden vor der Wiederkunft des Herrn zum Gericht, welche einst in der Sekte der *Wiedertäufer* eine Reihe von Anhängern fand [...], wird hier mit Recht als ein *jüdischer Irrtum* bezeichnet; denn er ist wohl am ehesten auf ein Missverständnis des früheren und späteren Judentums bezüglich derjenigen prophetischen Stellen zurückzuführen, die vom Reich des Messias handeln.«

Corrodi Geschichte der Chiliasmus] Heinrich 26 225m Corrodi *Kritische Geschichte des Chiliasmus* Bd. 1-3, Frankfurt, Leipzig und Zürich 1781-1783.

28 **Münschers Kirchengeschichte p. 353 Anm. 23]** *Dr. Wilhelm Münschers Lærebog i den christelige Kirkehistorie til Brug ved Forelæsninger,* übers. von F. Münter, umgearbeitete Neuausgabe von J. Møller, Kph. 1831, Ktl. 168, p. 353, Anmerkung 23 mit folgendem Hinweis: »*Corrodi* Gesch. des Chiliasmus 3 Th. 3 Abth. S. 157. 183.«

225 25 **einer ganzen dogmatischen Entwicklungslinie]** spielt auf die Orthodoxie an (→ 20,*34*).

27 **von Schleiermacher verdrängt]** → 215,*14* und → 215,*14*.

29 **Origenes]** (ca.185 - ca. 255 n.Chr.), Kirchenlehrer, führender Kopf der Alexandriaschule 202-231 n.Chr.; wurde aufgrund einer Anklage wegen Ketzerei abgesetzt.

29 **περι αρχων]** gr., *Von den Prinzipien,* das dogmatische Hauptwerk des Origenes; geschrieben zwischen 212 und 215 n.Chr., ist es zum überwiegenden Teil in einer von Rufinus unter dem Titel *De principiis* angefertigten freien Übersetzung ins Lateinische erhalten.

29 **erst im 4. Buch ... heiligen Schrift]** *Περὶ ἀρχῶν* besteht aus vier Büchern. Das erste hat Gott, Logos, Heiligen Geist und die Engel, das zweite die Welt, den Menschen sowie die Inkarnation, freien Willen und das Eschaton, das dritte Sünde und Erlösung und das vierte die Heilige Schrift zum Thema.

226 10 **Mein Vater]** Michael Pedersen Kierkegaard (1756-1838). Nach Beendigung der Lehre bei seinem Onkel Niels Andersen, erwarb er 1780 einen Gewerbeschein als Wollwarenhändler in Kopenhagen und erhielt acht Jahre später die Zulassung als Großhändler für den Import und Weiterverkauf ausländischer Warenpartien (Zucker, Sirup und Kaffee). Dank seines kaufmännischen Geschicks brachte er es zu beträchtlichem Reichtum, so dass er sich schon im Alter von 40 Jahren mit seinem Privatvermögen zurückziehen konnte, wobei er dieses Vermögen in den Folgejahren als Rentier und Investor noch zu vergrößern verstand. Im Mai 1794 hatte er Kirstine Røyen geheiratet, die jedoch bereits im März 1796 verstarb. Die Ehe blieb kinderlos. Gut ein Jahr später, am 26. April 1797, heiratete er Ane Lund, mit der er insgesamt sieben Kinder hatte, von denen SK das jüngste war. 1803 zog M. P. Kierkegaard mit seiner Familie nach Hillerød, kehrte aber schon 1805 nach Kopenhagen zurück und ließ sich in der Østergade 9 nieder (s. *Karte 2, C2*), bevor er 1809 ein Haus am Nytorv 2 erwarb (s. *Karte 2, B2*), wo er bis zu seinem Tod wohnte.

E. Boesen] Emil Ferdinand Boesen (1812-1879), 23
cand. theol. 1834, SKs Schulkamerad und naher Freund, bis 1849 Lehrer an der Westens Skole; hielt jeden zweiten Sonn- und Feiertag in J. P. Langgaards orthopädischem Institut in Store Tuborg Gottesdienste für körperlich behinderte junge Mädchen zwischen 13 und 20 Jahren ab; später Pfarrer und Stiftsprobst.

getreuer Freund] dän. »fuldtroe Ven«, cf. alt- 24
nord. »fulltrúi«, ‚vertrauter, treuer (göttlicher) Freund', altnord. »fulltraustr«, ‚vollauf verlässlich' und altnord. »fulltryggvi«, ‚vollkommenes Vertrauen, (Rechts-)Sicherheit', wobei »full-« in allen Fällen als verstärkendes Präfix dient. »Fuldtroe Ven« ist ein gebräuchlicher gehobener Ausdruck der älteren dän. Sprache und auch zu SKs Zeit. Er wird auch in der Bedeutung ‚Liebste/r' verwendet. Außerdem wird er in der Erbauungsliteratur und in geistlichen Liedern gebraucht, und zwar hauptsächlich auf Christus bezogen; cf. z.B. Grundtvigs Übersetzung »Mindes vi en fultroe Ven«, Nr. 372 in seinem *Sangværk til den Danske Kirke* Bd. 1-2, Kph. 1837-1841; Bd. 1, Ktl. 201, p. 726.

das Heidentum belegte den Junggesellenstand 28 226
mit einer Steuer] Cf. Plutarch *Vitae parallelae,* wo es in der Biographie von Marcus Furius Camillus (Kap. 2,2) heißt, er habe in seiner Eigenschaft als Zensor (ca. 400 v.Chr.) »die unverheirateten Männer, teils durch vernünftige Ermahnungen, teils durch Geldbußen [dazu gebracht], Witwen zu heiraten, von denen es infolge der häufigen Kriege besonders viele gab«, cf. *Plutark's Levnetsbeskrivelser,* übers. von S. Tetens, Bd. 1-4, Kph. 1800-1811, Ktl. 1197-1200; Bd. 2, 1803, p. 72. Im Verlauf der späteren Republik ging man von dieser Regelung ab, sie wurde aber in der Kaiserzeit wiederbelebt. So brüstete sich Augustus (röm. Kaiser von 27 v.Chr. bis 14 n.Chr.), die Bestrafung derjenigen verschärft zu

haben, die sich diesbezüglich nicht nach den Gesetzen richteten. Von einer regelrechten Bestrafung Unverheirateter bzw. Kinderloser konnte dabei zwar keine Rede sein, wohl aber von ökonomischen Nachteilen und der Einschränkung gewisser Rechte, z.B. bezüglich der Möglichkeit zu erben oder Mittel aus Stiftungen entgegenzunehmen.

30 **das Xsttum empfahl das Zölibat**] cf. z.B. I Kor 7,1.6-7.8, wo Paulus den unverheirateten Stand empfiehlt.

226 33 **Paganismus**] ‚Sache des Dorfes, der Provinz‘, hier: ‚Heidentum‘. Cf. lat.»pagus«, ‚Dorf, Landstrich‘; lat.»paganus«, ‚Bauer, einer der kein Kriegsmann ist‘, wird in der Bedeutung ‚Heide‘ verwendet. Dies hängt damit zusammen, dass sowohl süd- als auch nordgermanische Stämme von Städten aus christianisiert wurden, und daher das Land, die Provinz lange Zeit heidnisch blieb.

227 2 **es ist nicht gut, dass der Msch. allein bleibt**] cf. Gen 2,18.

3 **orientalische**] ‚mittelöstliche‘.

7 **moderne Emanzipation**] Mode- und Losungswort des »jungen Deutschland« (→ 229,18), einer Bewegung, die verstärkt für die Emanzipation der Frau eintrat. 1838 scheinen ähnliche Bestrebungen zwar noch nicht bedeutend auf Dänemark übergegriffen zu haben, deutlich ist aber, dass sich eine Reihe von Intellektuellen bereits berufen fühlt, ihnen entgegenzutreten — unter ihnen auch SK: Cf. dessen sarkastischen Zeitungsartikel »Ogsaa et Forsvar for Qvindens høie Anlæg« in *Kjøbenhavns flyvende Post. Interimsblade* Nr. 34, 17. Dezember 1834 (*SV1* XIII, 5-8 / *GW1 ES* 3-6).

227 9 **falsche Sorites ... als auch im regressiven Sinn**] Der Sorites bzw. Häufelschluss bezeichnet in seiner ursprünglichen Bedeutung (die hier zugrunde zu liegen scheint) eine spezielle Form des Fehlschlusses. Dessen Paradigma lautet: »Wenn ein einziges Korn keinen Kornhaufen bildet, dann auch nicht zwei oder mehr Körner. Daraus folgt, dass keine Kornhaufen existieren.« Dies ist der so genannte progressive Typ des

Sorites. Der regressive schließt in umgekehrter Richtung: »Wenn n Körner einen Kornhaufen bilden, dann auch n-1, n-2 ... Körner. Daraus folgt, dass ein einziges Korn einen Kornhaufen bildet.« Im Mittelalter ist der Begriff ein Synonym für die so genannten Kettenschlüsse, d.h. für Syllogismen mit mehr als zwei Prämissen (→ 200m,4). Hieran anknüpfend bezeichnet F. C. Sibberns *Logik som Tænkelære*, 2. Aufl., Kph. 1835 [1827], Ktl. 777, pp. 339f., diejenigen aus kategiorischen Subjekt-Prädikat-Aussagen zusammengesetzen Kettenschlüsse als progressiv, bei denen (a) das Prädikat einer vorausgehenden Prämisse jeweils als Subjekt der nachfolgenden fungiert, und (b) das Subjekt der ersten Prämisse in der Konklusion mit dem Prädikat der letzten verbunden wird.

der Msch. muss Rechenschaft ablegen ... ge- 17 227 **sagt hat**] cf. Mt 12,36: »Ich [scil. Jesus] sage euch: Über jedes unnütze Wort, das die Menschen reden, werden sie am Tag des Gerichts Rechenschaft ablegen müssen.«

zwischen Orient und Okzident] Anspielung 26 227 auf das Schisma von 1054 n.Chr., d.h. den Bruch der gr.-orth. Ost- mit der röm.-kath. Westkirche. **(katholisch — protestantisch etc.) ... 21. Aug.** 31 **38.**] *SKS* folgt in DD:132 Barfods Ausgabe *B-afskrift*, p. 48.

den objektiven Bestimmungen der Idee] SK 1 228 greift hier auf die Terminologie Hegels zurück, welcher der Idee sowohl eine objektive wie eine subjektive Seite zuspricht, wobei die Einseitigkeit beider in der so genannten »absoluten Idee« aufgehoben sein soll. In der *Wissenschaft der Logik* werden drei objektive Bestimmungen der Idee angeführt: »A. Das lebendige Individuum«, »B. Der Lebens-Proceß«, »C. Die Gattung«, cf. *Wissenschaft der Logik*, hg. von L. v. Henning, Bd. 1-2, Berlin 1833-1834 [1812-1816], Ktl. 552-554; Bd. 2, in *Hegel's Werke* (→ 184,12) Bd. 5, pp. 244-262 (*Jub.* Bd. 5, pp. 244-262). Cf. ferner *Encyclopädie* (→ 185m,11) Bd. 1, »Die Logik«, in *Hegel's Werke* Bd. 6, § 216-222, pp. 391-396 (*Jub.* Bd. 8, pp. 429-434).

228 6 **im orientalischen Xstt.**] d.h. im gr.-orth. Christentum.

228 20 **diskreten**] ‚voneinander getrennte, abgesonderte'.

22 **sie in Wüsten hinausjagt ... Augsburgischen Konfession**] cf. *Confessio Augustana* (→ 176,36), Art. 20: Den Trost des Evangeliums »hat man vorzeiten nicht getrieben in Predigten, sonder die armen Gewissen auf eigne Werk trieben, und seind mancherlei Werk furgenommen. Dann etliche hat das Gewissen in die Klöster gejaget, der Hoffnung, daselbst Gnad zu erwerben durch Klosterleben«, *Die Bekenntnisschriften* (→ 37,1), p. 75. Cf. ferner *Den Augsburgske Troesbekjendelse* (→ 192,7), p. 65. Die lat. Version hat »expulit in desertum« [hat in die Wüste / Einöde getrieben], cf. *Confessio Augustana invariata*, Kph. 1817, Ktl. 469, p. 30.

228m 5 **πλεροφορια**] gr., irrtümlich für »πληροφορία«, ‚Fülle, volle Gewissheit, Sicherheit'. Paulus erklärt in Kol 2,1-2, er wolle die Kolosser wissen lassen, welchen Kampf er um sie und all diejenigen führe, »die mich persönlich nie gesehen haben. Dadurch sollen sie getröstet werden; sie sollen in Liebe zusammenhalten, um die tiefe und reiche Einsicht (πᾶν πλοῦτος τῆς πληροφορίας) zu erlangen und das göttliche Geheimnis zu erkennen, das Christus ist«.

228 26 **Leo d. Gr.**] Leo der Große oder Leo I., röm.-kath. Papst 440-461 n.Chr. Er gab unter Berufung auf Mt 16,18 das Papsttum als Fundament der Kirche aus und verfolgte unnachgiebig alle Lehrabweichungen, u.a. die der Manichäer.

27 **Manichäer**] Anhänger des Manichäismus, einer synkretistisch-religiösen Gemeinschaft, die von dem Perser Mani (ca. 216-276 n.Chr.) gegründet wurde und Elemente der altpersischen und babylonischen Religionen sowie des Christentums, des Buddhismus und des Gnostizismus in sich vereint. Der Manichäismus weist in seiner Anthropologie und Kosmologie stark dualistische, in der Ethik durchweg asketische Züge auf. Er fand rasch zahlreiche Anhänger, so dass sich bereits um 300 n.Chr. Manichäer von Indien bis zum Mittelmeer nachweisen lassen. Zahlreiche Versuche die Sekte zu bekämpfen, trugen

lediglich zu ihrer wachsenden Popularität bei, mit der Folge, dass der Manichäismus bis ins Mittelalter weit verbreitet war. Dass Leo I. dessen Anhänger unnachgiebig verfolgte, weil sie das Abendmahl nur unter der Gestalt des Brotes feierten, berichtet H. E. F. Guerike in *Handbuch der Kirchengeschichte*, 3. Aufl., Bd. 1-2, Halle 1838 [1833], Ktl. 158-159; Bd. 1, p. 545.

sub una specie] lat., ‚unter einer Gestalt' (näm- 27 lich der des Brotes, das beim Abendmahl gereicht wird). Vom 12. Jh. an wurde es in der röm.-kath. Kirche mehr und mehr üblich, den Genuss des Abendmahlweins dem Priester vorzubehalten. Cf. Guerike *Handbuch der Kirchengeschichte* Bd. 1, pp. 545f. Diese Verfahrensweise wurde vom Konstanzer Konzil 1415 als verbindlich festgesetzt und vom Konzil in Trient (→ 176,37) bestätigt.

sub utraque] eigentl. ‚sub utraque specie', lat., 28 ‚unter beiderlei Gestalt' (nämlich sowohl der des Brotes wie der des Weines, die beide beim Abendmahl gereicht werden). Weil die Hussiten begonnen hatten, das Abendmahl in beiderlei Gestalt auszuteilen, wurden sie 1415 vom Konstanzer Konzil verurteilt; nichtsdestoweniger setzten sowohl ihr radikaler Flügel, die so genannten Taboriten, wie die gemäßigten unter ihnen, die so genannten Utraquisten, diese Praxis fort. Cf. Guerike *Handbuch der Kirchengeschichte* Bd. 1, pp. 684-686.

Namen ... die ersten vier Jahrhunderte] Die 2 229 Quelle dieser Angaben konnte nicht identifiziert werden.

apostolicum] lat., ‚das apostolische', hier als Be- 3 zeichnung für das 1. Jh. n.Chr., unter Anspielung auf die Apostel Jesu.

gnosticum] lat., ‚das gnostische', hier als Be- 4 zeichnung für das 2. Jh. n.Chr., unter Anspielung auf den so genannten Gnostizismus, eine antike Geistesströmung, die die philosophisch-theologische Diskussion im genannten Zeitraum entscheidend geprägt hat.

novatianum] lat., ‚das novatianische', hier als 4 Bezeichnung für das 3. Jh. n.Chr., unter Anspielung auf den röm. Priester und Schrifttheologen Novatian, der der Überlieferung nach im Jahre 257 n.Chr. den Märtyrertod erlitt. Als der Bischof von Rom 250 n.Chr. als Märtyrer starb, wurde Novatian zum eigentlichen Oberhaupt der röm. Gemeinde. Als er bei der Bischofswahl 251 n.Chr. übergangen wurde, weigerte er sich, den neu gewählten Bischof anzuerkennen und ließ sich von seinen eigenen Anhängern zum Bischof ernennen, woraufhin diese noch im selben Jahr von der röm. Synode exkommuniziert wurden. Als ein Verfechter strenger Kirchenzucht und Bußpraxis vertrat er die Auffassung, dass die Heiligkeit der Kirche von der Reinheit ihrer Mitglieder abhängig sei, weshalb kein vom Glauben Abgefallener wieder aufgenommen werden dürfe. Sein rigides Kirchenverständnis fand in der christlichen Welt breite Zustimmung; so entstanden überall, vor allem aber in Kleinasien und Syrien, novatianische Kirchen. Da die Novatianer als Ketzer galten, ging vom 4. Jh. an die christliche Staatsmacht gegen sie vor. Novatianische Gemeinden finden sich aber bis weit ins 7. Jh.

4 **arianum**] lat., ‚das arianische‘, hier als Bezeichnung für das 4. Jh., unter Anspielung auf den alexandrinischen Presbyter Arios (lat. Arius, ca. 250-336 n.Chr.). In der Absicht, ein streng philosophisches Verständnis Gottes als reines, einfaches (d.h. nicht zusammengesetztes) Sein zu wahren, erklärte Arius, dass der Logos, d.h. die zweite Person der Trinität, nicht ein und desselben Wesens (gr. »ὁμοούσιος«) wie der Vater, d.h. die erste trinitarische Person, sein könne. Jener sei vielmehr vor aller Zeit und vor der Entstehung der Welt aus Nichts erschaffen worden. Als menschliche Person sei Jesus Christus überdies eine Vereinigung des Logos mit einem unbeseelten Körper. Vermutlich 319 n.Chr. wurde Arius während einer Synode auf Veranlassung des Bischofs Alexander von Alexandrien als Ketzer exkommuniziert. Ein Versuch zur Beilegung der daraufhin ausbrechenden innerkirchlichen Streitigkeiten erfolgte auf der ersten Reichssynode in Nicäa (325 n.Chr.). Hier einigten sich die 250 anwesenden Bischöfe auf das so genannte Nizänische Glaubensbekenntnis. Es hält u.a. fest, dass Jesus Christus, Gottes Sohn, »geboren, nicht geschaffen, mit dem Vater in einerlei Wesen [gr. ὁμοούσιον]« (*Die Bekenntnisschriften* (→ 37,1), p. 26) sei. Hiermit war der Arianismus

faktisch als Häresie verurteilt. Dennoch setzten sich die erbitterten Auseinandersetzungen in der Folgezeit fort und zogen tiefe Spaltungen zwischen den unterschiedlichen theologischen und kirchenpolitischen Fraktionen nach sich. Beigelegt wurde der Streit erst auf der Synode in Konstantinopel 381 n.Chr.

das erzbischöfliche pallium ... ωμοφοριον] Cf. 12 229 K. Hase *Kirkehistorie. Lærebog nærmest for akademiske Forelæsninger*, übers. von C. Winther und T. Schorn, Kph. 1837, Ktl. 160-166, p. 168: »Die Feiertagstracht der griechischen Bischöfe aus weißer Wolle, *Pallium* [ὡμοφόριον], wurde von den Päpsten seit dem 6. Jahrh. an vereinzelte Bischöfe im Westen gesandt, als Zeichen besonderer Ehre und der Verbundenheit mit dem apostolischen Stuhl.« — **pallium:** lat., ‚Mantel, Überwurf, Bedeckung‘; wurde später zur Bezeichnung für ein handbreites, mit sechs schwarzen Kreuzen besetztes Band aus Wolle, das vom Papst und den Erzbischöfen der röm.-kath. Kirche um den Hals getragen wurde. — **ωμοφοριον:** gr., eigentl. ‚etwas, das auf den Schultern getragen wird‘.

Philipp d. Schöne von Frankreich] Anspielung 15 229 auf Philipp IV. (1268-1314), König von Frankreich ab 1285, der den Beinamen »der Schöne« erhielt.

die Juden verfolgte ... Wechseln] 1306 ließ Phi- 15 lipp der Schöne alle Juden aus Frankreich ausweisen und deren Besitz beschlagnahmen. Diese Maßnahme verschaffte ihm zunächst raschen finanziellen Gewinn; schon bald aber ergaben sich Schwierigkeiten, die Schulden an die jüdischen Händler einzutreiben, und er sah sich genötigt, einigen Juden zu erlauben, zeitweilig nach Frankreich einzureisen, um ihre Gläubiger zu identifizieren.

dem jungen Deutschland] dt. literarische Be- 18 wegung zwischen ca. 1830 und 1850, die freisinnige, moral- und kirchenkritische Ansichten vertrat und verbreitete. Die jüdischen Schriftsteller Ludwig Börne und Heinrich Heine, die während der 1830er Zuflucht in Paris gesucht hatten, standen dieser Bewegung nahe. In Paris hatte auch das dt.-jüdische Bankiersgeschlecht Rothschild ein Bankhaus gegründet.

19 **ziehen durch Nachdruckerei ... an sich**] Cf. *Kjøbenhavnsposten* Nr. 245, 6. September 1838, p. 990; hier wird ein Artikel der frz. Zeitschrift *Revue des Deux Mondes* referiert, der eine Übersicht über den fallenden Absatz politischer Journale in Paris enthält: »Anlässlich dieser Übersicht erhebt die *Revue des deux mondes* schwere Vorwürfe gegen Minister *Salvandy*, weil er den ausländischen Nachdrucken französischer Publikationen keine größere Aufmerksamkeit schenkt. Im Unterschied dazu hat es bislang kein französisches Journal der Mühe für wert befunden, sich über die tetot'schen Nachdrucke deutscher Klassiker zu beklagen, die einen um so schändlicheren Diebstahl darstellen, als die meisten dieser fehlerhaften, die deutschen Meisterwerke verhunzenden Ausgaben in Paris teurer verkauft werden als die Originalausgaben in Deutschland« (»tetot'schen« vermutlich irrtümlich für »didotschen«, was sich auf den frz. Verlag Didot bezieht, der aufgrund seiner Stereotypdrucke von Klassikerausgaben im 19. Jh. ebenso bekannt wie erfolgreich war).

229 24 **Judas**] Judas Ischariot, einer der zwölf Jünger Jesu; verriet diesen angeblich gegen Bezahlung an die jüdische Führungsschicht.

24 **Was Du tust, das tue bald**] Joh 13,27, im Wortlaut von NT-1819.

26 **sein Vorauswissen ... gesagt worden ist**] Bezugnahme auf Joh 13,18-19.21.26. Jesus kündigt seinen Jüngern an, dass ihn einer von ihnen verraten werde; auf die Frage, um wen es sich handelt, antwortet er: »Der ist es, dem ich den Bissen Brot, den ich eintauche, geben werde.« (v. 26).

28 **diese mschliche Unruhe**] bezieht sich auf Joh 13,21: »Nach diesen Worten war Jesus im Innersten erschüttert und bekräftigte: Amen, amen, das sage ich euch: Einer von euch wird mich verraten.«

30 **wird ein Trost sein ... in der Stunde der Not**] Vermutlich Anspielung auf Joh 13,19. Nachdem Jesus vorausgesagt hat, dass man ihn verraten wird, fügt er hinzu: »Ich sage es euch schon jetzt, ehe es geschieht, damit ihr, wenn es ge-

schehen ist, glaubt: Ich bin es.« Cf. auch Joh 14,29.

sub rosa] lat., ‚unter der Rose', im übertragenen 1 230 Sinne: ‚vertraulich, unter vier Augen'.

S. S. Blicher] → 200m,4. 2

Naturkonzertes] Blichers Gedichtsammlung 3 *Trækfuglene. Naturconcert* [Die Zugvögel. Naturkonzert], Randers, Ktl. 1525, erschien im August 1838.

Wenn ich ein Vöglein wär ... Bleib ich allhier] 4 Zitat aus dem Lied »Der Flug der Liebe« in *Volkslieder, gesammelt von J. G. v. Herder,* neu hg. von J. Falck, Bd. 1-2, Leipzig 1825, Ktl. 1487-1488; Bd. 1, p. 104. Die erste Strophe lautet: »Wenn ich ein Vöglein wär', / Und auch zwei Flüglein hätt' / Flög' ich zu dir; / Weil es aber nicht kann seyn, / Bleib' ich allhier.«

über Hegel hinausgekommen] »Hinauskom- 11 230 men« oder »hinausgehen über« sind feststehende Wendungen im dän. Hegelianismus. Cf. etwa H. L. Martensens Rezension von J. L. Heibergs (→ 21,21) *Indlednings-Foredrag* in *Maanedsskrift for Litteratur* Bd. 16, Kph. 1836 (→ 130,32), pp. 515ff., wo Martensen erklärt, Heiberg sei »hinausgekommen über« Hegels Philosophie; außerdem F. C. Sibberns Rezension von Heibergs Zeitschrift *Perseus, Journal for det speculative Idee* Nr. 1, Juni 1837, Ktl. 569, in *Maanedsskrift for Litteratur* Bd. 19, Kph. 1838, pp. 291f., wo Sibbern sich anerkennend über Heiberg äußert, da dieser »sich sowohl einigermaßen frei in den hegelschen Anschauungen zu bewegen vermag wie auch dazu ansetzt, *hinauszugehen über* Hegel«; ferner Sibberns *Bemærkninger og Undersøgelser, fornemmelig betreffende Hegels Philosophie, betragtet i Forhold til vor Tid* [Bemerkungen und Untersuchungen, hauptsächlich die Philosophie Hegels betreffend, im Verhältnis zu unserer Zeit betrachtet], Kph. 1838, Ktl. 778 (Separatausgabe der o.g. Rezension, die im August 1838 erschien), pp. 9f. Der hinter dem genannten Ausdruck stehende Gedanke hat seinen impliziten Bezugspunkt in einer Eigentümlichkeit im Denken der historisch unmittelbar vorausgehenden großen dt. Philosophen Kant, Fichte, Schelling und Hegel: Jeder von diesen nimmt seinen Ausgangspunkt erklärtermaßen beim jeweiligen Vorgänger, modifiziert dessen Ansatz jedoch auf je spezifische Weise und endet damit, ihn zu verwerfen. In diesem Sinne heißt es, alle genannten Denker seien »hinausgekommen über« diejenigen, bei denen sie selbst anknüpfen. Nach Hegels Tod (1831) wurde die philosophische Debatte der 1830er von der Frage beherrscht, wer dessen System weiterführen bzw. »über ihn hinausgehen« würde.

230   30   **Napoleon**] frz. General und Staatsmann (1769-1821), kam durch einen Staatsstreich an die Macht und ließ sich 1804 zum Kaiser ausrufen; seither Kaiser Napoleon I (1804-1814 und 1815) genannt.

30   **Mohammed**] arabischer Prophet und Feldherr (ca. 570-632 n.Chr.), Begründer des Islam (arabisch, ‚Glaube‘). Geboren in Mekka, dem Ort seines Offenbarungsempfangs, floh er 622 n.Chr. nach Medina — dem Jahr, das die Muslime (arabisch, ‚die Gläubigen‘) als Beginn ihrer Zeitrechnung ansehen. Cf. z.B. *Beckers Verdenshistorie* (→ 221,1) Bd. 4, 1823, pp. 109-117; Karl Friedrich Becker *Die Weltgeschichte*. Vierte Auflage, bearbeitet von J. G. Woltmann Bd. 1ff. 1817ff., Vierter Theil, Berlin 1819, pp. 117-125.

231   1   **jenes Evangelium der Freiheit**] Gemeint ist das auf die frz. Revolution zurückgehende Grundprinzip der bürgerlichen Rechte, das im Zuge der napoleonischen Eroberungen in vielen mittel- und südeuropäischen Ländern Verbreitung und Zustimmung fand.

3   **viele seiner Proklamationen in Italien**] Während seines siegreichen Italienfeldzuges wandte sich Napoleon Bonaparte wiederholt an die Öffentlichkeit, um diese davon zu überzeugen, dass die frz. Eroberungen auf einen Zugewinn an Freiheit für die Italiener abzielten.

6   **M. von O. nach W.**] 629 n.Chr. eroberte Mohammed Mekka, sieben Jahre nach seiner Flucht von Mekka nach Medina. Im selben Jahr unterwarf sich ganz Arabien und ein Teil Syriens seinem voranrückenden Heer. Erst nach seinem Tod (632 n.Chr.) setzten seine Nachfolger, die Kalifen, die Eroberungen fort, und zwar von Osten nach Westen, so dass sich der Islam von Ägypten (640 n.Chr.) über Nordafrika bis hin zum

Atlantik und zur Straße von Gibraltar ausbreitete. Anschließend wurde auch Spanien vom Heer der Muslime besiegt (711 n.Chr.), während der Versuch, Frankreich zu erobern (732 n.Chr.), scheiterte, woraufhin der Islam sich jenseits der Pyrenäen konsolidierte. Cf. z.B. *Beckers Verdenshistorie* (→ 221,1) Bd. 4, 1823, pp. 121-123; zum dt. Text cf. K. F. Becker *Die Weltgeschichte* (→ 230,30), Vierter Theil, 1819, pp. 123-125.

N. von W. n. O.] 1794-1795 hatte Frankreich den   7
größten Teil der antifranzösischen Koalition, die von England angeführt wurde, bezwungen und auch das spanische Heer in den Pyrenäen besiegt, ohne jedoch in Spanien selbst einzumarschieren. Im März 1796 rückte Napoleon Bonaparte als General und Oberkommandierender des Heeres nach Italien vor, wo er 1797 die Cisalpine Republik ausrufen konnte. 1798-1799 unternahm er eine Expedition nach Ägypten, das England zu seiner Interessenssphäre rechnete. Am 31. Juni 1798 ging er in Alexandria an Land, erlitt aber schon am 1. August in einer Seeschlacht auf der Höhe von Abukir eine entscheidende Niederlage gegen die englische Flotte unter Nelson. Nachdem er auf diese Weise den Großteil seiner Flotte verloren hatte, marschierte er gen Osten, nach Syrien. Im März 1799 besetzte er Jaffa, musste jedoch anschließend die Belagerung von Akkon abbrechen und im Juni desselben Jahres mit großen Verlusten nach Kairo zurückkehren. Am 23. August segelte er nach Frankreich zurück. Cf. A. Thiers *Geschichte der französischen Revolution*, übers. von F. Philippi, Bd. 1-5, Leipzig 1836, Ktl. 2024-2028; Bd. 4-5.

Geschichte von den 10 Aussätzigen ... hat Dir   12   231
geholfen] cf. Lk 17,11-19.

Juden ... den Namen Gottes auszusprechen]   28   231
→ 175,9.

Verwendung der lateinischen Sprache im Got-   30
tesdienst] Gemeint ist der Sprachgebrauch in der röm.-kath. Kirche; cf. *Münschers Lærebog i den christelige Kirkehistorie* (→ 225m,28), p. 128: »Im Abendland wurden die Liturgien anderer Länder nach und nach von der römischen verdrängt, mit der Folge, dass die lateinische Spra-

che im Gottesdienst üblich wurde.« Im Zuge der Reformation ersetzte man diese in den protestantischen Kirchen durch die Muttersprache, u.a. mit der Begründung, dass Latein nur den Priestern, nicht aber den Laien verständlich sei.

232   2   **Jakob, dem Vorsteher ... im Gebet aushalten konnte**] Cf. Buch 2, Kap. 23 in *Kirkens Historie gjennem de tre første Aarhundreder af Eusebius* [Geschichte der Kirche in den ersten drei Jahrhunderten von Eusebius], übers. von C. H. Muus, Kph. 1832, Ktl. U 37, p. 97. Eusebius von Caesarea zitiert hier in seiner *Kirchengeschichte* aus einem der ca. 180 n.Chr. entstandenen *Hypomnemata* des christlichen Schriftstellers Hegesipp, das sich auf den Herrenbruder Jakobus bezieht: »Nächst den Aposteln stand der *Herrenbruder Jakobus* der Gemeinde vor, er, der bereits seit der Zeit Christi bis in unsere Tage allerorten den Namen *der Gerechte* getragen hat; [. . .]. Er war der Einzige, der das Recht hatte, den Tempel zu betreten; dabei ging er nicht in wollenen, sondern nur in Leinenkleidern, ging auf diese Weise hinein und bat auf seinen Knien um Sündenvergebung für das Volk, so dass seine Knie vom fortwährenden Niederknien schwielig wurden wie bei einem Kamel.«

232   15   **ein Südseemeer voller Inseln**] Gemeint ist Ozeanien, d.h. die Vielzahl von Inseln und Inselgruppen im südlichen Teil des Stillen Ozeans, die hier als Weltteil aufgefasst werden.

232   21   **Katenen**] Eigentl. ‚Ketten‘ (von lat. »catena«, ‚Kette‘); bezieht sich auf die so genannten »catenae patrum«, mittelalterliche Textsammlungen, die mehrere, von unterschiedlichen Autoren stammende Deutungen eines biblischen Buches enthalten, wobei diese von der Alten Kirche bis zum Mittelalter reichen und in ihrer Verknüpfung zu einem übergeordneten Ganzen als Glieder einer ununterbrochenen Überlieferungskette erscheinen. Mit Hilfe dieser Verkettungen versuchte die (insbesondere Byzantinische) Kirche ihre Schriftdeutung auch äußerlich an die Überlieferung der Väter zu binden und die eigene Nähe zur Alten Kirche zu dokumen-

tieren. Cf. dazu etwa Guerike *Handbuch der Kirchengeschichte* (→ 228,27) Bd. 1, ɔ. 388.

25   232   **die nordischen Nationen ... Arianer ... Orthodoxe**] Cf. *Münschers Lærebog i den christelige Kirkehistorie* (→ 225m,28), p. 92. Dort wird berichtet, dass der Arianismus (→ 229,4) im Röm. Reich aufgrund der Maßnahmen von Theodosius I. zwar unterdrückt, »von den eingewanderten nordischen Nationen jedoch angenommen worden war und bei den *Vandalen* und *Ostgoten* im Zuge der Zerstörung ihrer Staaten verschwand, von den *Burgundern, Westgoten* und *Langobarden* hingegen freiwillig aufgegeben wurde.« — **Orthodoxe**: d.h. Griechisch-Orthodoxe.

1   233   **des Verfassers ... Individualität ... in seinem Werk**] cf. dazu Kap. 14, »Ueber den Stil oder die Darstellung«, in Jean Pauls *Vorschule der Aesthetik*, 2. Aufl. (→ 189m,1), besonders § 76. Hier heißt es einleitend: »Der Stil ist der Mensch selber, sagt Büffon mit Recht. Wie jedes Volk sich in seiner Sprache, so malt jeder Autor sich in seinem Stile; die geheimste Eigenthümlichkeit mit ihren feinen Erhebungen und Vertiefungen formt sich im Stile, diesem zweiten biegsamen Leibe des Geistes, lebend ab«, Bd. 2, p. 601.

2   **jenes Porträt, das Christus ... mirakulöses Verströmen**] bezieht sich auf die Sage von Abgar V., König des mesopotamischen Reiches Osrhoën (Hauptstadt: Edessa) zur Zeit Jesu. Nach dem Bericht des 1. Buches, Kap. 13, in *Kirkens Historie gjennem de tre første Aarhundreder af Eusebius* (→ 232,2), pp. 48f., stand Abgar im Briefwechsel mit Jesus. Eine spätere Ausschmückung der Sage will wissen, dass in Edessa ein Bildnis Jesu nachweisbar gewesen sei, das man auf Wunsch des Abgar angefertigt habe und das großes Ansehen genoss. SKs Quelle konnte nicht identifiziert werden.

8   233   **Die Kasuistik**] Der Begriff steht ursprünglich für diejenige Disziplin der Moralphilosophie, die es mit der Anwendung allgemeiner moralischer Prinzipien auf konkrete Einzelfälle zu tun hat. Häufig wird er jedoch in abschätziger Bedeutung gebraucht: Er bezeichnet dann eine Form von Moral, die die Universalität und Un-

bedingtheit ihrer Prinzipien je nach Bedarf und Umständen relativiert. SK scheint den Begriff hier ebenfalls abschätzig, freilich in erkenntnistheoretischer Hinsicht zu verwenden: Er steht demnach für diejenige Erkenntnisart, die sich auf Einzelfälle beschränkt, ohne den jeweiligen Zusammenhang zu berücksichtigen, in dem diese ihre bestimmte Stelle haben.

233 13 **im ersten Kreuzzug**] Dieser geht zurück auf die Kirchenversammlung von Clermont (Auvergne) im Jahr 1095. Ziel war es, Jerusalem einzunehmen und die Stadt bzw. das heilige Grab von Juden und Türken zu befreien. So geschah es, nach blutigen Schlachten, im Juli 1099. Das 300.000 Mann starke Heer, das gegen Jerusalem vorrückte, bestand aus frz. und dt. Truppen, die unter der Leitung von Fürsten, Herzogen, Grafen und weiteren Rittern dem vermeintlich heiligen Krieg ihr Leben geweiht hatten. Cf. dazu *Beckers Verdenshistorie* (→ 221,1) Bd. 4, 1823, pp. 426-435; dort wird Folgendes über Walther Habenichts berichtet: »Zur Verwunderung aller fand sich [der Eremit] *Peter von Amiens* bereits im Frühjahr [1096] bei der Burg Herzog *Gottfrieds* ein — mit 15.000 Leuten, Abschaum der Nation, ohne Manneszucht und ohne den geringsten Besitz. Sein Leutnant war ein verarmter französischer Ritter namens *Walther,* den die übrigen seiner Armut wegen *Walther Habenichts* (Gautier Senzaveir) nannten. *Gottfried von Bouillon,* der mit diesen Wichten vermutlich nichts zu tun haben wollte, riet ihm [Peter von Amiens] vorauszuziehen und versprach, alsbald nachzukommen. Jener heilige Mann zog also voraus und unterwegs vergrößerte sich sein Haufen wie ein Schneeball. So musste er ihn teilen und übergab den vordersten Teil an *Walther,* der ihn unter großen Mühen durch Deutschland, durch das Land der Ungarn und Bulgaren (Servien) bis in die Gegend bei Konstantinopel brachte, wo der griechische Kaiser sich ihrer schließlich erbarmte.« Danach traf auch Peter mit seinen 40.000 Mann ein und führte diese mit Walthers Truppen zusammen. Der gr. Kaiser leitete sie unverzüglich über den Bosporus nach Bithynien, wo sie den Türken in die Hände fielen, »die das ganze Heer bis auf dreitausend Mann

niedersäbelten, mit denen *Peter* sich noch rechtzeitig nach Konstantinopel retten konnte«, pp. 427f. Zum dt. Text cf. K. F. Becker *Die Weltgeschichte* (→ 230,30), Vierter Theil, 1819, pp. 447f.

Landsturm] Bezeichnung für ein Heer, das auf 16
dem Wege der allgemeinen Mobilmachung zustande gekommen ist.

interessanteste Zeit] »Interessant«, etwa im 19 233
Sinne von ‚durch sinnliche Reize fesselnd‘, war in den 1830ern ein Modewort in Kopenhagen.

Innozenz III.] Einflussreicher Papst im Über- 1 234
gang vom 12. zum 13. Jh. (1198-1216); verhängte im Jahre 1209 ein Interdikt über England und König Johann (→ 234,1), um 1213 das Land zu einem Lehen Roms zu machen. Cf. *Hases Kirkehistorie* (→ 229,12), p. 233.

ein König ... ohne Land] Gemeint ist John 1
Lackland (Johann ohne Land) König von England (1199-1216), unter dessen Herrschaft das Land eine Reihe von Rückschlägen erlitt, u.a. die 1213 von Papst Innozenz III. verhängte Lehnsunterwerfung.

Dionysius] Dionysios I. oder Dionysius der Äl- 7 234
tere (430-367 v.Chr.), Tyrann in Syrakus auf Sizilien (ab 404 v.Chr.), berüchtigt wegen seiner ausgeprägten Machtgier, seines Ehrgeizes und seiner Grausamkeit.

der größte dito der neuen Welt] Vermutlich eine 8
Anspielung auf den Klerus, der im 11. Jh. in einem Ausmaß Macht über den Menschen gewann, das »bis in die Ewigkeit reichte« und das Recht einzuräumen schien, dem Sünder Geldstrafen und Almosenzwang aufzuerlegen; cf. *Hases Kirkehistorie* (→ 229,12), p. 246.

jenes Ohr ... die heimliche Beichte] Cf. *Hases* 8
Kirkehistorie (→ 229,12), pp. 246f.: »Einer Anschauung zufolge, die beschlossen, aber nicht unwidersprochen war, konnten Todsünden nur im Beichstuhl vergeben werden. Dass diese Beichte [confessio auricularis] mindestens einmal jährlich für alle Sünden, denen man sich bewusst war, abgelegt werden sollte und unverbrüchliches Stillschweigen darüber bewahrt wird, machte Innozenz III. zum Kirchengesetz. Seither galt die Beichte als notwendige Voraus-

setzung zur Seligkeit, Herzen und Geheimnisse der Völker gerieten in die Hände der Priester.« Der von Hase angeführte lat. Ausdruck »confessio auricularis« bedeutet ‚Ohrenbeichte‘. Gemeint ist die auch unter der Bezeichnung »Aurikularkonfession« bekannte Beichte unter vier Augen, bei der als solcher der Beichtende gewissermaßen in das bzw. zum Ohr des Beichtvaters spricht.

9 **Dionysius ... in seinem bekannten Gefängnis hörte**] Bezugnahme auf die Höhle »Das Ohr des Tyrannen Dionysius'« auf Sizilien. Der Sage nach war die Höhle so gebaut, dass sich in ihr alle Geräusche sammelten und an einer Stelle wie in einem Brennpunkt vereinigten. Dort befand sich ein kleines Loch, das in Verbindung mit einer Kammer stand, in der sich Dionysius zu verbergen pflegte. Legte er das Ohr an dieses Loch, so konnte er alles deutlich vernehmen, was in der Höhle gesprochen wurde — die er aus diesem Grund als Gefängnis einrichten ließ. Cf. O. Wolff *Historisk Ordbog eller kortfattede Levnetsløb over alle Personer, som have giort sig et Navn ved Evner, Dyder, Misgierninger, Opfindelser, Vildfarelser, eller nogenslags mærkværdig Daad, fra Verdens Skabelse indtil vore Tider* Bd. 1-11, Kph. 1815-1819; Bd. 11, 1815, pp. 162f.

234 14 **Orient und Okzident**] → 227,26.

17 **Porträt von Xstus für König Abgarus**] → 233,2.

18 **5 Wunden Xsti ... heiligen Franziskus**] Franz von Assisi (1182-1226), Stifter des Franziskanerordens, 1228 heilig gesprochen. Nachdem er als Missionar umhergereist war und die Regeln für seinen Mönchsorden ausgearbeitet hatte, zog sich Franz 1224 in die Einsamkeit des Alvernerberges zurück; hier wurde er mit den fünf Wunden Christi, d.h. den Nägelmalen an Händen und Füßen sowie der durch einen Speerstoß verursachten Seitenwunde stigmatisiert. SKs Quelle konnte nicht identifiziert werden.

234 22 **schönen Gebet**] SKs Quelle konnte nicht identifiziert werden.

22 **im Hohen und im Heiligen wohnst ... des zerknirschten**] Anspielung auf Jes 57,15, wobei sich SK im Wortlaut nach GT-1740 richtet.

δυναμις γαρ θεου εστιν] gr., ‚denn es ist eine   3 234m
Kraft Gottes‘.

Beghinen] auch Beginen oder Beguinen. Es han-   10 235
delt sich um holländische Schwesternschaften, benannt nach dem Priester und Bußprediger Lambert Bègue (gest. ca. 1177). Cf. *Hases Kirkehistorie* (→ 229,12), p. 338: »In den Niederlanden hatten sich bereits im 11. Jh. vereinzelte Frauen ohne unbedingtes Gelöbnis in speziellen Häusern zum Zwecke der Ausübung barmherziger Werke zusammengefunden; im Volksmund hießen sie *Beghinen* oder Betschwestern. Im 13. Jh. vergrößerten sich die Schwesternschaften in ungewöhnlichem Maße, da viele [von ihnen] sich sowohl von der allgemeinen Kirche wie den Klöstern enttäuscht sahen oder [hier] aus Armutsgründen keine Einkleidung erhielten.«

Lollharden ... sachten Totenliedern] Über die   11
Lollharden oder auch Lollarden cf. *Hases Kirkehistorie* (→ 229,12), p. 338: »Eine spezielle Gruppe von ihnen, deren Wirken der Krankenpflege und den Totenbegräbnissen gewidmet war, ging [1300] erneut von den Niederlanden aus; man nannte sie nach ihrem Schutzheiligen *Alexiani*, nach ihren Behausungen *Cellitæ*, nach ihrem leisen Gleichgesang *Lollharden* [Nollbrüder].«

die 4 verrückten Brüder bei Claudius] Anspie-   12
lung auf eine kurze Erzählung von Matthias Claudius (1740-1850) unter dem Titel »Der Besuch im St. Hiob zu **«. Die Erzählung handelt von einer Einrichtung für Geisteskranke namens St. Hiob, das von einem gewissen Herrn Bernard geleitet wird. Hier wohnen u.a. vier geisteskranke Brüder, welche »beysammen saßen gegen einander über, wie sie auf dem Kupfer sitzen — Söhne eines Musikanten, und Vater und Mutter waren im St. *Hiob* gestorben. Herr *Bernard* sagte, sie säßen die meiste Zeit so und ließen den ganzen Tag wenig oder gar nichts von sich hören; nur so oft ein Kranker im Stift gestorben sey, werde mit drey Schlägen vom Thurm signirt, und so oft die Glocke gerührt werde, sängen sie einen Vers aus einem Todtenliede. Man nenne sie auch deswegen im Stift die *Todten-Hähne*.« Cf. Matthias Claudius *Werke*, 5. Aufl., Bd. 1-4, 1.-8. Teil, Hamburg 1838 [1774-1812], Ktl. 1631-1632; Bd. 2, 4. Teil (Separattitel

ASMUS omnia sua SECUM portans, oder Sämmt-liche Werke des Wandsbecker Bothen, Vierter Theil, Wandsbeck 1774), pp. 124f. Die Erzählung ist mit zwei Kupferstichen illustriert, von denen der eine die vier Brüder zeigt, die stumm einander gegenübersitzen.

235 19 **Die Adamiten (bei den Hussiten)]** Anspielung auf eine extreme Splittergruppe der so genannten Taboriten, die zu den Hussiten, d.h. den Anhängern des tschechischen Reformators Johannes Hus (ca. 1369-1415) zählen. Die Adamiten, benannt nach der alttestamentlichen Gestalt Adams (cf. Gen 2-5), traten für die Nacktheit als Ausdruck vollkommener Freiheit im paradiesischen Unschuldszustand Adams und Evas vor dem Sündenfall ein.

25 **Sansculotten]** aus dem Französischen, wo es eigentl. ‚die Unbehosten' bedeutet. Es handelt sich um die Bezeichnung für Männer aus dem Volk, die während der frz. Revolution keine Kniebundhosen trugen wie die Adeligen, sondern einfache lange Beinkleider.

25 **Versuche barhälsiger Personen ... nordischen Geist]** Anspielung auf die grundtvigianische Verehrung des altnordischen Kulturkreises, die durch eine historische Vortragsreihe motiviert wurde, welche Grundtvig ab 20. Juni 1838 unter stetig wachsendem Zulauf bis Ende Herbst desselben Jahres dreimal wöchentlich in Borchs Kollegium in Kopenhagen hielt. Cf. den Artikel »Et Brev til Kjøbenhavnspostens Redacteur«, gezeichnet von »P. H.« (Fr. Barfod), in *Kjøbenhavnsposten* Nr. 288, 19. Oktober 1838. Ohne Kragen zu erscheinen, konnte altnordische Männlichkeit signalisieren.

235m 1 **Archimedes]** (ca. 287-212 v.Chr.), gr. Mathematiker, Naturwissenschaftler und Erfinder, lebte in Syrakus.

4 **splitternackt durch die Straßen von Syrakus lief]** Anspielung auf eine archimedische Anekdote: Dieser soll das so genannte »archimedische Prinzip«, demzufolge ein ruhender Körper, der in eine Flüssigkeit getaucht wird, ebenso viel an Gewichtsverlust erfährt wie die verdrängte Flüssigkeitsmenge wiegt, entdeckt haben, während er selbst in einer Badewanne lag. Vor lauter Begeisterung über die Entdeckung sei

er aus der Wanne gesprungen und mit dem Ausruf »Heúreka« splitternackt durch die Straßen gelaufen. Die Anekdote wird vom röm. Architekten und Ingenieur Vitruvius (1. Jh. v.Chr.) in *De architectura,* 9. Buch, praefatio, 10, überliefert.

die Gymnosophisten] d.h. nackte Weise; der 10 Ausdruck wird von indischen Asketen gebraucht, die (nahezu) nackt umhergingen. Cf. Hegels *Vorlesungen über die Philosophie der Geschichte* (→ 188,36) in *Hegel's Werke* (→ 184,12) Bd. 9, p. 183 (*Jub.* Bd. 11, p. 205): »Solcher Lebensweisen, die auf die Vernichtung hingehen, giebt es nun noch unendliche Modificationen. Dahin gehören z.B. die Gymnosophisten, wie sie die Griechen nannten.«

Nackte Fakir's laufen ... Abstraktion zu errei- 11 **chen]** Hegel schreibt in der zitierten Passage »katholischen Bettelmönchen«. Die Fortsetzung lautet: »die vollkommene Verdumpfung des Bewußtseyns, von wo aus der Uebergang zum physischen Tode nicht mehr sehr groß ist.«

Hegel Philosophie der Geschichte p. 183] cf. 18 Hegels *Vorlesungen über die Philosophie der Geschichte* (→ 188,36) in *Hegel's Werke* (→ 184,12) Bd. 9, p. 183 (*Jub.* Bd. 11, p. 205).

donnerte auf dem Sinai] Bezugnahme auf die 33 235 alttestamentliche Überlieferung der Offenbarung Gottes unter Donner und Blitz am Berg Sinai, cf. Ex 19,16.

dieser historische Moment ... auf Erden war] 1 236 Bezugnahme auf den alttestamentlichen Bericht von Gottes Offenbarung am Sinai (→ 235,33) als dem entscheidenden historischen Moment, in dem Gott Mose das Gesetz übergibt und einen Pakt mit den Israeliten schließt, cf. Ex 24.

nahm Knechtsgestalt an] cf. v. 7 des so genann- 10 ten Christushymnus in Phil 2,5-11 (→ 201,24).

servus servorum] lat., ‚Diener der Diener', hier: 12 ‚der demütigste Diener'. Unverkürzt lautet dieser lat. Beiname des Papstes »Servus servorum Dei«, ‚Diener der Diener Gottes'. Cf. Guerike *Handbuch der Kirchengeschichte* (→ 228,27) Bd. 1, pp. 374f.; hier wird berichtet, dass Pelagius II. sowie ihm folgend Gregor I. Protest gegen den Patriarchen Konstantinopels, Johannes den Fastenden, erhoben hat, als dieser sich 587 n.Chr. den Titel »ökumenischer Bischof« beilegte. Seitdem, so Guericke weiter, »nannte der römische Bischoff sich [...] *Servus servorum Dei*«. Die neuere Forschung hat nachgewiesen, dass Gregor diesen Titel bereits vor dem Streit mit Johannes verwendete; tatsächlich scheint er es auch gewesen zu sein, der ihn faktisch eingeführt hat.

236 16 **speist er das Volk ... 3 Fischen**] Bezugnahme auf die Speisung der 5.000 laut Mt 14,13-21; dort werden allerdings fünf Brote und *zwei* Fische erwähnt, cf. v. 18f.

237 1 **Dein Himmels-Manna**] Anspielung auf Ex 16; dort wird berichtet, wie Gott Manna vom Himmel fallen ließ, das den Israeliten zur Nahrung diente, als sie auf ihrer Wanderung durch die Wüste Hunger litten.

236m 2 **Johannes, der in der Wüste predigt**] bezieht sich auf Mt 11,2-11, Predigttext am dritten Sonntag im Advent: »Johannes hörte im Gefängnis von den Taten Christi. Da schickte er seine Jünger zu ihm und ließ ihn fragen: Bist du der, der kommen soll, oder müssen wir auf einen andern warten? Jesus antwortete ihnen: Geht und berichtet Johannes, was ihr hört und seht: Blinde sehen wieder, und Lahme gehen; Aussätzige werden rein, und Taube hören; Tote stehen auf, und den Armen wird das Evangelium verkündet. Selig ist, wer an mir keinen Anstoß nimmt. Als sie gegangen waren, begann Jesus zu der Menge über Johannes zu reden; er sagte: Was habt ihr denn sehen wollen, als ihr in die Wüste hinausgegangen seid? Ein Schilfrohr, das im Wind schwankt? Oder was habt ihr sehen wollen, als ihr hinausgegangen seid? Einen Mann in feiner Kleidung? Leute, die fein gekleidet sind, findet man in den Palästen der Könige. Oder wozu seid ihr hinausgegangen? Um einen Propheten zu sehen? Ja, ich sage euch: Ihr habt sogar mehr gesehen als einen Propheten. Er ist der, von dem es in der Schrift heißt: Ich sende meinen Boten vor dir her; / er soll den Weg für dich bahnen.« Der dän. Text der Perikope findet sich in *Forordnet Alter-Bog for Danmark* [Agende], Kph. 1830 [1688], Ktl. 381, pp. 8f. — **Johannes:** Johannes der Täufer (→ 180,25).

5 **A. Z.**] Andächtige Zuhörer.

heiligen Ort] häufige, vor allem in Predigten 16 benutzte Bezeichnung für die Kirche.

Kraft sammelte wie Samson ... eigener Unter- 13 237m **gang**] Anspielung auf Jdc 16, die alttestamentliche Erzählung von Samson, einem Führer der Israeliten, und dessen Kampf gegen die Philister. Nachdem es Samsons Geliebter, der Philisterin Dalila, gelungen war, ihn zu überlisten und ihm eine Haarlocke abzuschneiden, sodass er seine übermenschlichen Kräfte verlor, wurde er von den Philistern ergriffen; man stach ihm die Augen aus und warf ihn ins Gefängnis. Dort aber wuchs sein Haar erneut und mit ihm seine Kräfte. Eines Tages, als die Philisterfürsten zu einem großen Opferfest versammelt waren, ließen sie Samson aus dem Gefängnis zu holen, um mit ihm ihre Späße zu treiben. Als er eintraf, umfasste er mit beiden Händen die zwei Mittelsäulen des Hauses, in dem alle versammelt waren, und stemmte sich mit solcher Kraft dagegen, dass das ganze Haus einstürzte und ihn und alle anderen unter sich begrub.

sucht sie auf Plätzen und Straßen] Anspielung 25 auf ein Gleichnis Jesu in Mt 11,16-17: »Mit wem soll ich diese Generation vergleichen? Sie gleicht Kindern, die auf dem Marktplatz sitzen und anderen Kindern zurufen: Wir haben für euch auf der Flöte (Hochzeitslieder) gespielt, und ihr habt nicht getanzt; wir haben Klagelieder gesungen, und ihr habt euch nicht an die Brust geschlagen.«

gleich der Spreu vor der Worfschaufel ... in 30 **seiner Hand**] Anspielung auf einen Satz Johannes des Täufers über Jesus: »Schon hält er die Schaufel [NT-1819: »Kasteskovl«, ebenso SK] in der Hand, er wird die Spreu vom Weizen trennen und den Weizen in seine Scheune bringen; die Spreu aber wird er in nie erlöschendem Feuer verbrennen.«

der wilde Honig ... das wollene Hemd] An- 34 spielung auf Mt 3,4: »Er aber, Johannes, hatte ein Gewand aus Kamelhaaren an und einen ledernen Gürtel um seine Lenden; seine Speise aber waren Heuschrecken und wilder Honig.«

Du lässt dich nicht fassen in Tempeln ... Msch- 39 **enhand**] Anspielung auf einen paulinischen Satz in Act 17,24: »Gott ... wohnt nicht in Tempeln, die mit Händen gemacht sind.«

238 3 **Iteration]** ‚Wiederholung, Verdoppelung‘, scil. der prophetischen Schriften des Alten Testaments.

 13 **Apokalypse]** das gr. Äquivalent für Offenbarung; gemeint ist hier das letzte Buch des Neuen Testaments, die Offenbarung des Johannes.

238*m* 5 **d. Heilige Geist ... mahnen und erinnern soll]** Anspielung auf eine an die Jünger gerichtete Aussage Jesu, Joh 14,26: »Aber der Tröster, der heilige Geist, den mein Vater senden wird in meinem Namen, der wird euch alles lehren und euch an alles erinnern, was ich euch gesagt habe.«

238 18 **Kopernikus]** → 213,*16*.

 18 **Luther]** Martin Luther.

238 22 **Unsere Staatsverfassung nähert sich ... der der Chinesen]** Worauf SK hier anspielt, ist unklar. Formell weisen die dän. und die chinesische Regierungsform zwar in der Tat eine Reihe von Gemeinsamkeiten auf: Absolutismus, Patriarchalismus, Bürokratismus, Unantastbarkeit der Verfassung, dynastisches Thronfolgeprinzip etc.; cf. Hegels Ausführungen über China in *Vorlesungen über die Philosophie der Geschichte* (→ 188,*36*) in *Hegel's Werke* (→ 184,*12*) Bd. 9, pp. 141-169 (*Jub.* Bd. 11, pp. 163-191). SKs Vergleich scheint indessen eher durch aktuelle politische Ereignisse in Dänemark motiviert zu sein: 1838 trat z.B. die beratenden Ständeversammlung zum zweiten Mal zusammen (→ 218,*14*), und hier stand nicht zuletzt die nationale Sache auf der Tagesordnung, bei der es von dän. Seite darum ging, dän. Sprache und Eigenart gegenüber einer angeblichen dt. Dominanz zu schützen.

 24 **Auswanderungen verbieten]** Spielt vermutlich auf den chinesischen Isolationismus an, der seit Beginn des 15. Jh. unter anderem in einem generellen Emigrationsverbot zum Ausdruck kam. Die dän. Regierung hat Auswanderungen nie verboten; allerdings war dieses Phänomen zu SKs Zeiten noch weitgehend unbekannt. Vermutlich ist dessen Bruder Niels Andreas Kierkegaard, der 1832 nach Nordamerika auswanderte, einer der ersten bekannten Fälle.

Scholastizismus] → 220,*28*.   26   238

wie meiner Theorie nach jede Entwicklung]   26
Cf. SKs Aufzeichnung auf einem losen Blatt vom 20. November 1836, wonach »jede Epoche [...] erst mit ihrer Parodie zu Ende ist« (*Pap.* I A 285 / *T* 1, 55).

Paulus Cortesius ... in klassischem Latein] Paolo Cortese (1465-1510), ital. Theologe, Schriftsteller und päpstlicher Notar. Als virtuoser Stilist bekannt, pflegte Cortese sich in formvollendet ciceronischem Latein auszudrücken. Er schrieb u.a. *Sententiarum P. Lombardi commentarii* in vier Bänden (Rom 1503). Cf. Guerikes *Handbuch der Kirchengeschichte* (→ 228,*27*) Bd. 1, p. 645, wo Cortesius ein »Cicero unter den Scholastikern« genannt wird, der diesen aber nur von der einen, nämlich inhaltlichen Seite angehört habe, wohingegen seine »classische Sprache den scholastischen Inhalt zu verspotten schien«.

ging über den Acheron] Laut gr. Mythologie   30
überquert jeder Mensch auf dem Weg ins Totenreich des Hades Acheron, den Fluss des Elends.

Jesuiten ... rein weltlichen Streben] Cf. *Hases*   1   239
Kirkehistorie (→ 229,*12*), § 462, »Die Entwicklung des Jesuitismus«, pp. 488f., besonders p. 489: »Frei von der Unbeholfenheit des älteren Mönchswesens ging der Orden, der über jegliche Art von Dispens verfügte, in alle weltlichen Verhältnisse als dritte Form eines in die Welt vollständig zurückgekehrten Mönchswesens ein und war bereits gegen Ende des [16.] Jahrhunderts durch die Erziehung der Jugend, die Einwirkung auf die Nationen sowie die Bevormundung der Fürsten zur ersten Macht innerhalb der katholischen Kirche geworden, dem Papsttum nur um des gemeinsamem Vorteils willen untertan.«

Versuchungsgeschichte] Gemeint ist die Erzählung   6   239
lung von der Versuchung Jesu in der Wüste (Mt 4,1-11), die am ersten Fastensonntag als Predigttext zugrunde liegt, cf. *Forordnet Alter-Bog* (→ 236*m,2*), pp. 49f.

Stimme ... des Allgegenwärtigen] d.h. des allgegenwärtigen Gottes. Ps 139 gilt traditionell als   11
eine der zentralen biblischen Belegstellen für

den dogmatischen Allgegenwärtigkeitsgedan-
ken, (→ 239,13).

13 **nehme ich Flügel des Ostens ... bist Du da**]
Anspielung auf Ps 139,8-10: »Steige ich hinauf in
den Himmel, so bist du dort; bette ich mich in
der Unterwelt, bist du zugegen. Nehme ich die
Flügel des Morgenrots und lasse mich nieder
am äußersten Meer, auch dort wird deine Hand
mich ergreifen und deine Rechte mich fassen.«
SK weicht hier auch vom Wortlaut in GT-1740
ab.

239m 5 **dass Du nicht weit weg von uns bist ... in Dir
leben, uns regen und sind**] bezieht sich auf Act
17,27-28. Dort heißt es von Gott »[...] denn keinem von uns ist er fern. Denn in ihm leben wir,
bewegen wir uns und sind wir«. SKs Wiedergabe lehnt sich dabei an NT-1819 an.

9 **in der Einsamkeit versucht wird, als die Apostel schliefen**] Anspielung auf Mt 26,36-46: Die
drei Apostel, die Jesus mit in den Garten Gethse-
mane genommen hatte, fielen wiederholt in
Schlaf, während er selbst, von allen verlassen,
vor Gott darum kämpft, seinen bevorstehenden
Tod vermeiden zu können. Diese Episode wird
häufig als Versuchungsgeschichte Jesu gedeutet.

239 17 **Quäker ... vermieden, einen Eid abzulegen**]
Cf. *Hases Kirkehistorie* (→ 229,12), p. 536: »Ur-
christlich und durch die Verhältnisse bedingt,
unter denen sie entstanden waren, ist ihre Weigerung, Kriegsdienst zu leisten, Eide abzulegen
und den Zehnten zu entrichten, sowie ihre Verachtung weltlicher Lust, Üppigkeit und jedwe-
der Rangordnung.« Bei den so genannten Quä-
kern (The Society of Friends) handelt es sich um
eine christliche Glaubensgemeinschaft, die ca.
1650 von dem Engländer George Fox gegründet
wurde.

240 13 **ohnegleichen**] dän. »mageløs«, ,ohnegleichen,
beispiellos, unvergleichlich, einzigartig'. SK
spielt mit diesem Ausdruck öfter auf N. F. S.
Grundtvig an.

240 18 **der apriorischen Grundbegriffe ... keine Deduktion ... konstitutive Kraft hat**] Kritik an
Kants Versuch einer transzendentalen Deduktion der Kategorien als reiner Verstandesbegrif-

fe. Kant zufolge sind die Kategorien (z.B. Substanz und Akzidenz, Ursache und Wirkung)
apriorisch gültig; sie gelten mit anderen Worten
unabhängig von aller Erfahrung, ja umgekehrt
ermöglichen bzw. »konstituieren« sie diese bzw.
deren Objektivität allererst. Cf. dazu Kants
»Transcendentale Deduction der reinen Ver-
standsbegriffe« in *Critik der reinen Vernunft*, 4.
Ausg., Riga 1794 [1781], Ktl. 595, pp. 129-169.

22 **hören wir, dass es der Heilige Geist ... der das
Gebet bewirkt**] Anspielung auf einen Satz des
Paulus in Röm 8,26: »Denn wir wissen nicht,
worum wir in rechter Weise beten sollen; der
Geist selber tritt jedoch für uns ein mit Seufzen,
das wir nicht in Worte fassen können.«

2 240m **der Atemzug**] dän. »Aandedraget«. Dieser Ausdruck ermöglicht es SK, »(heiliger) Geist« (dän.
»(Hellig-)Aand«; lat. »spiritus«, auch in der Bedeutung ,Atem, Hauch'), »Atemzug« (lat. »spiratio«) und lat. »respiratio« miteinander in Zusammenhang zu bringen.

3 **respiratio**] Anspielung auf die Zusammensetzung des lat. Wortes aus re- und spirare, ,aus-/
rück-/ wieder atmen', hier: ,das (Ein- und?)
Ausatmen'. Cf. *Imann. Joh. Gerhard Schellers aus-
führliches und möglichst vollständiges lateinisch-
deutsches Lexicon oder Wörterbuch* Bd. 1-5, 3. erw.
Aufl., Leipzig 1804 [1783-84], Ktl. 1016-1020; Bd.
4, s.v. Respiratio, Sp. 9391f.: »1) eigentlich das
Zurückathmen oder Ausathmen: hernach das
Athemholen [...] 2) Ausdünstung [...] 3) das
Ausruhen, die Ablassung«.

9 241 **Freut Euch nicht darüber ... im Himmel geschrieben sind**] Übersetztes Zitat aus J. A. Möhler *Athanasius der Grosse und die Kirche seiner Zeit,
besonders im Kampfe mit dem Arianismus* Bd. 1-2,
Mainz 1827, Ktl. 635-636; Bd. 1, p. 98: »[F]reuet
euch nicht, daß die Dämonen euch unterworfen
sind; sondern daß eure Namen in dem Himmel
geschrieben sind (Luc. 10,20).«

12 **der heilige Antonius**] gr.-ägyptischer Eremit
(ca. 250 oder 260 - ca. 356 n.Chr.), lebte als Asket
in der Wüste, ca. eine Tagesreise vom Roten
Meer entfernt. Während des arianischen Streites
befand er sich vermutlich in Alexandria, um vor
der Lehre des Arius (→ 229,4) zu warnen. Da-

nach kehrte er in die Wüste zurück, wo ihn viele Asketen aufsuchten.

12 **Bericht des Athanasius]** Hinweis auf die *Vita Antonii* des Athanasius. Athanasius der Große (295-373 n.Chr.) war Metropolitanbischof in Alexandria und der führende Kopf im Kampf gegen Arius. Als Jugendlicher hatte er sich in der Wüste bei Antonius aufgehalten. J. A. Möhler gibt in *Athanasius der Grosse und die Kirche seiner Zeit*, pp. 90-113, nur »das Wissenswürdigste« aus der Antoniusbiografie wieder.

13 **Möhler]** Johann Adam Möhler (1796-1838), dt. kath. Theologe und Patrologe, 1829 Professor für Kirchengeschichte in Tübingen, ab 1835 in München.

13 **das eine, was not tut]** → 181,17. SK folgt im Wortlaut NT-1819.

241 17 **Sibbern]** Frederik Christian Sibbern (1785-1872), dän. Philosoph, ab 1813 Professor an der Universität Kopenhagen. Im Wintersemester 1838-1839 trug Sibbern, jeweils montags, freitags und samstags von 18-19 Uhr, seine »Kristendomsphilosophi« [Christentumsphilosophie] vor (s. *Kjøbenhavns Universitets Aarbog for 1838*, hg. von H. B. Selmer, o.J., p. 96). Dabei handelte es sich um die Sibbern'sche Variante einer spekulativ-theologischen Verknüpfung von Religion und Philosophie. Freilich glückte es ihm nie, seiner Christentumsphilosophie eine abschließende Gestalt zu geben, und mit den Jahren gab er das Projekt auf.

19 **annehmen ... werden jetzt offenbar]** cf. Sibberns Rezension von J. L. Heibergs Zeitschrift *Perseus* in *Maanedsskrift for Litteratur* Bd. 19 (→ 230,11), pp. 356f. Dort heißt es: »Unter ideellem Sein verstehe ich das, was z.B. den sogenannten ewigen Wahrheiten sowie all demjenigen zukommt, was sich innerhalb der rein ideellen Region auf rein apriorische Weise entdecken lässt. Als Pythagoras seinen bekannten Lehrsatz entdeckte, entstand dieser doch nicht erst; nein, er wurde nur *entdeckt*. Und auf diese Weise bleibt vieles, unendlich vieles in dieser ideellen Region, z.B. in der reinen Mathematik, übrig, von welchem erkannt werden muss, dass es an sich wirklich *da ist*, als etwas, das in jener ideellen Region sein Bestehen hat, mit einer ge-

wissen Bestimmtheit und einem *bestimmten Inhalt*, dessen ideelles Sein jedoch nicht von seinem Hervortreten für die endlichen Wesen abhängt, in denen und für welche es sich erhebt, wie es denn einer Sphäre angehört, in der keinerlei *Werden* stattfindet.« Cf. auch Sibberns *Bemærkninger og Undersøgelser* (→ 230,11), pp. 74f.

Fülle der Zeit] Vermutlich Anspielung auf Gal 24 4,4-5: »Als aber die Zeit erfüllt war [NT-1819: »Men der Tidens Fylde kom«], sandte Gott seinen Sohn, geboren von einer Frau und dem Gesetz unterstellt, damit er die freikaufe, die unter dem Gesetz stehen, und damit wir die Sohnschaft erlangen.«

pietistischen Streitigkeiten ... moralischer 27 241 **Adiaphora]** Anspielung auf eine theologische Auseinandersetzung zwischen Pietismus und lutherischer Orthodoxie, die in Guerikes *Handbuch der Kirchengeschichte* (→ 228,27) Bd. 2, pp. 1069f., »der neue adiaphoristische Streit« genannt wird. Dieser brach aus, noch bevor der evangelische Theologe und Pfarrer Philipp Jakob Spener (1635-1705) gestorben war, zog aber erst nach dessen Tod weitere Kreise. Begonnen hatte er als Diskussion über die Heiligung der Wiedergeborenen und die Freiheit des Christen, über die reine Lehre im Unterschied zum reinen Lebenswandel; schon bald entstand eine heftige Auseinandersetzung über die Frage, ob und inwieweit moralisch indifferente Handlungen, so genannte Adiaphora, denkbar seien. Die Pietisten behaupteten, dass die Heiligung den Lebenswandel des Wiedergeborenen insgesamt durchdringen müsse; keine Handlung sei so unbedeutend, dass sie aus dem Geltungsbereich des offenbarten Moralgesetzes herausfiele. Daher verurteilten sie Tanz, Kartenspiel, Alkohol- und Tabakgenuss und Ähnliches. Die Orthodoxen hingegen betrachteten diese und ähnliche Handlungen als an sich gleichgültige bzw. moralisch indifferente Angelegenheiten, die der persönlichen Freiheit und Entscheidung des einzelnen Christen unterstehen, weshalb niemand ein Recht habe, sich darin einzumischen. Eine detaillierte Schilderung des Streites findet sich in J. G. Walch *Historische und Theologische Einleitung in die Religions-Streitigkeiten Der Evangelisch-*

Lutherischen Kirche Bd. 1-5, Jena 1730-1736, Ktl. 853-862 (hier in 10 Bdn., davon Bd. 1 in 3. Ausg., 1733); s. besonders Bd. 5, pp. 821-842.

30 **der pietistischen Entwicklung ... Adiaphora der Erkenntnis]** Anspielung auf die theologische Auseinandersetzung zwischen Pietismus und lutherischer Orthodoxie zu Beginn des 18. Jh., bei der es um das Verhältnis von Theologie und Philosophie sowie um Umfang und Reinheit der dogmatischen Lehre ging. Cf. dazu Guerike *Handbuch der Kirchengeschichte* (→ 228,27) Bd. 2, pp. 1070f. Der Pietismus kritisierte den Gebrauch aristotelisch- bzw. scholastisch-metaphysischer Begriffe und Theoreme innerhalb der lutherisch-orthodoxen Dogmatik und betrachtete die philosophischen Erkenntnisse als für die Erbauung des Wiedergeborenen gleichgültige Adiaphora. Umgekehrt warfen die Orthodoxen den Pietisten Indifferenz gegenüber der reinen christlichen Lehre nach den Bekenntnisschriften vor und beschuldigten sie, wesentliche Bestandteile des christlichen Dogmas zu unterschlagen. Gegenstand und Verlauf der Auseinandersetzung sind ausführlich dokumentiert in J. G. Walch *Historische und Theologische Einleitung in die Religions-Streitigkeiten Der Evangelisch-Lutherischen Kirche* Bd. 2, 1734, pp. 16-25, sowie Bd. 5, pp. 159-167.

242 1 **Eure Rede sei ja, ja ... vom Übel]** cf. Mt 5,37 (SK weicht im Wortlaut von NT-1819 ab).

242 4 **spiritus asper]** lat., ,rauher, starker Hauch'; Aspirationszeichen , das im Griechischen den H-Anlaut vor einem Vokal oder Diphtong eines Wortes bezeichnet sowie über den gr. Buchstaben Rho gesetzt wird, wenn dieser im Anlaut steht.

5 **Johannes]** Gemeint ist der Apostel Johannes, der als Verfasser des Johannesevangeliums angegeben wird.

5 **spiritus lenis]** lat., ,sanfter Hauch'; Aspirationszeichen ', das im Griechischen über einem Vokal oder Diphtong im Anlaut eines Wortes platziert wird und zur Angabe einer fehlenden Aspiration verwendet wird.

242 7 **die Blume sein, die heute ... in den Ofen geworfen wird]** Bezugnahme auf einen Satz Jesu

in Mt 6,30: »Wenn aber Gott schon das Gras so prächtig kleidet, das heute auf dem Feld steht und morgen ins Feuer [NT-1819: »i Ovnen«] geworfen wird, wieviel mehr dann euch, ihr Kleingläubigen.«

die Blume ... Salomos Herrlichkeit übertraf] 9 Bezugnahme auf einen Satz Jesu über die Lilien auf dem Feld in Mt 6,29: »Doch ich sage euch: Selbst Salomo war in all seiner Pracht nicht gekleidet wie eine von ihnen.«

nicht dies eine vergessen, was not tut] → 241,13. 5 242m
Deinen Sohn] d.h. Jesus Christus. 14

Gott versucht niemanden ... Dein eigen 13 242 **Fleisch und Blut]** Bezugnahme auf Jak 1,13f.: »Keiner, der in Versuchung gerät, soll sagen: Ich werde von Gott in Versuchung geführt. Denn Gott kann nicht in die Versuchung kommen, Böses zu tun, und er führt auch selbst niemand in Versuchung. Jeder wird von seiner eigenen Begierde, die ihn lockt und fängt, in Versuchung geführt.«

und er wird von niemandem versucht] 23 → 242,13.

seinen verborgenen Tiefen] Der Ausdruck »in 22 242m die verborgenen Tiefen von Gottes Wesen schauen« stammt aus Nr. 2, »Betragtningens Standpunct« [Der Standpunkt der Betrachtung], in J. P. Mynsters *Betragtninger over de christelige Troeslærdomme* [Betrachtungen über die christlichen Glaubenslehren] Bd. 1-2, 2. Aufl., Kph. 1837 [1833], Ktl. 254-255; Bd. 1, p. 11.

Gott wird von niemandem versucht] → 242,13. 25 242m
Mein Gott, mein Gott] Anspielung auf den Ausruf 6 243m ruf Jesu am Kreuz (Mt 27,46), der einen Satz aus Ps 22,2 aufgreift: »Mein Gott, mein Gott, warum hast du mich verlassen?«

meine Sünde, sie schreit zu Dir zum Himmel] 7 Anspielung auf die alttestamentliche Erzählung Gen 4,1-16. Nach dem Mord Kains an seinem Bruder Abel spricht Gott zu Kain: »Was hast du getan? Das Blut deines Bruders schreit zu mir vom Ackerboden.« (v. 10). Cf. den Ausruf: »Wie groß ist meine Missetat, dass sie gen Himmel steigt und schreit [...]«, aus »Das Gebet vor und nach der Beichte und Entgegennahme des Abendmahls« in *Evangelisk-kristelig Psalmebog til*

Brug ved Kirke- og Huus-Andagt (→ 21,10), Kph. 1823 [1798], Ktl. 196, p. 630.

9 **dann öffnet sich der Himmel wiederum ... noch kurze Zeit**] Die Quelle konnte nicht identifiziert werden. Cf. aber Ps 14,2: »Der blickt vom Himmel herab auf die Menschen, ob noch ein Verständiger da ist, der Gott sucht.«

13 **noch kurze Zeit**] Anspielung auf einen Satz Jesu an seine Jünger: »Noch kurze Zeit [NT-1819: »Om en liden Stund«] , dann seht ihr mich nicht mehr, und wieder eine kurze Zeit, dann werdet ihr mich sehen.«, Joh 16,16. Cf. auch Hebr 10,37: Nur »noch eine kurze Zeit, dann wird der kommen, der kommen soll, und er bleibt nicht aus«.

16 **über Lazarus ... diese Krankheit ist nicht zum Tode**] cf. Joh 11,4.

243 1 **Novelle**] → 215,29; kann im damaligen Dän. auch Roman bedeuten.

2 **diskrete**] hier im Sinne von: ,nur angedeutet, dahinterliegend, untergründig'.

3 **es wird gesät verweslich ... auferstehen unverweslich**] Cf. I Kor 15,42, wo Paulus den Ausdruck im Kontext seiner Ausführungen über die Auferstehung der Toten verwendet.

243 9 **Dein Wille ... wie er im Himmel ist**] Vermutlich Anspielung auf Einleitung und dritte Bitte des Vaterunser (cf. Mt 6,9-10).

12 **mit Furcht und Zittern ... unserer Seligkeit**] Anspielung auf Phil 2,12, wo Paulus seine Adressaten auffordert: »müht euch [NT-1819: »arbeider«] mit Furcht und Zittern um euer Heil [NT-1819: »Saliggiørelse«]«.

15 **wenn es vom Sinai donnert**] → 235,33.

18 **rufen dürfen: Abba Vater**] Bezugnahme auf einen Satz des Paulus in Röm 8,15: »[...] sondern ihr habt den Geist empfangen, der euch zu Söhnen macht, den Geist, in dem wir rufen: Abba, Vater!« — **Abba**: aramäisch, ,Vater' (Anredeform, ursprünglich Diminutivum).

20 **der Jünger nicht größer ... als der Meister**] Anspielung auf einen Satz Jesu in Mt 10,24: »Ein Jünger steht nicht über seinem Meister [NT-1819: »er ikke over Mesteren«] und ein Sklave nicht über seinem Herrn« und Joh 13,16: »Der Sklave ist nicht größer als sein Herr [NT-

1819: »en Tiener er ikke større end hans Mester«]«.

alt wie Anna] Bezieht sich auf den lukanischen 26 　243 Bericht (Lk 2,36-38) von der 84-jährigen Prophetin Anna, die den neugeborenen Jesus im Jerusalemer Tempel sah und all denen von ihm erzählte, die »auf die Erlösung Jerusalems warteten« (v. 38).

grau wie Simeon] Anspielung auf den lukani- 26 schen Bericht (Lk 2,25-35) über den gottesfürchtigen Greis Simeon, der getrieben vom Geist in den Jerusalemer Tempel kam, wo er den neugeborenen Jesus auf seine Arme nahm und Gott lobte, da er nun das Heil gesehen habe. — Teile dieses sowie des vorhergehenden Textes, nämlich Lk 2,33-40, bilden den Predigttext für den Sonntag nach Weihnachten, cf. *Forordnet Alter-Bog* (→ 236m,2), pp. 20f.

dieser zweite Noah] SK vergleicht den betagten 27 Simeon, der »gerecht und fromm [...] auf die Rettung Israels« (Lk 2,25) wartete, mit Noah, der nach alttestamentlicher Aussage zur Zeit der Sintfluterzählung ebenfalls ein »gerechter, untadeliger Mann unter seinen Zeitgenossen« (Gen 6,9) war.

auf ihn warten in seinem Haus] Gemeint sind 28 Tempel, Synagoge oder Kirche. SK spielt hier offenbar auf Lk 2,37 an, wo es von der Prophetin Anna heißt: »Sie hielt sich ständig im Tempel auf und diente Gott Tag und Nacht mit Fasten und Beten.«

Psalm: 82, 6: Ich habe ... wie ein Tyrann] Nach 4 　244 der zeitgenössischen Luther-Übersetzung lautet die Stelle wie folgt: »Ich habe wohl gesagt: Ihr seyd Götter, und allzumal Kinder des Höchsten; Aber ihr werdet sterben, wie Menschen, und wie ein Tyrann zu Grunde gehen.« Cf. *Die Bibel oder die ganze Heilige Schrift* (→ 163,12).

bei der Hochzeit zu Kana wunderten ... später 4 　244m **den guten**] Bezieht sich auf die johannäische Erzählung vom Weinwunder bei der Hochzeit zu Kana (Joh 2,1-11). Die Erzählung ist Predigttext für den zweiten Sonntag nach dem Dreikönigstag, cf. *Forordnet Alter-Bog* (→ 236m,2), pp. 30f.

Chr. wandelt auf dem Meer] Anspielung auf 14 den Seewandel Jesu nach Mt 14,22-33. Vielleicht

denkt SK auch an die Sturmstillung Jesu nach
Mt 8,23-27 (cf. den Wortlaut des nachfolgenden
Gebetes); letztere Stelle ist der Predigttext für
den vierten Sonntag nach dem Dreikönigstag,
cf. *Forordnet Alter-Bog* (→ 236*m*,2), pp. 35f.

16 **Wogen in dieser Brust**] Vielleicht Anspielung
auf die Worte des Psalmisten in Ps 42,8: »Flut
ruft der Flut zu beim Tosen deiner Wasser, all
deine Wellen und Wogen gehen über mich hin.«

20 **Meine Seele, sei stille**] Vermutlich Anspielung
auf Ps 62,2, der in GT-1740 lautet: »Meine Seele
ist einzig stille zu Gott; von ihm kommt meine
Rettung.«

22 **sein Friede Dich überschatten kann**] Vermutlich Anspielung auf die Ankündigung der Geburt Jesu nach Lk; der Engel Gabriel verkündet
Maria u.a.: »Der Heilige Geist wird über dich
kommen, und die Kraft des Höchsten wird dich
überschatten«, Lk 1,35.

24 **die Welt uns nicht ... Du Frieden geben
kannst**] Vermutlich Anspielung auf einen Satz
aus der jesuanischen Abschiedsrede an die Jünger: »Frieden hinterlasse ich euch, meinen Frieden gebe ich euch; nicht einen Frieden, wie die
Welt ihn gibt, gebe ich euch.«, Joh 14,27.

244 15 **Genesis**] gr., ,Erzeugung, Entstehen'; auch Bezeichnung des ersten Buches Mose, das mit dem
Bericht über die Entstehung aller Dinge durch
die göttliche Schöpfung beginnt.

16 **Exodus**] lat. Form von gr. »ἔξοδος«, ,Ausgang,
Auszug'; auch Bezeichnung für das zweite Buch
Mose, das u.a. den Bericht über den Exodus der
Israeliten aus Ägypten enthält.

17 **Levitikus**] lat. Bezeichnung für das dritte Buch
Mose, das kultische Gesetze und Verordnungen
für die so genannten Leviten (jüdische Priester
aus dem Stamm Levi) enthält.

18 **Numeri**] lat., ,Zahlen'; auch Bezeichnung für
das vierte Buch Mose, in dem u.a. eine Volkszählung der Israeliten festgehalten wird.

19 **Deuteronomion**] gr., ,die zweite Gesetzgebung';
auch Bezeichnung für das fünfte und abschließende Buch Mose, das eine zweite mosaische
Gesetzgebung im Blick auf die Verhältnisse Ka-
naans enthält.

244*m* 33 **Luk. IX,31**] Lk 9,31. Es handelt sich um den Kontext der Verklärungsgeschichte Jesu (Lk 9,28-36).

Laut v. 30 spricht Jesus auf einem Berg mit zwei
Männern, Mose und Elija; diese »erschienen in
strahlendem Licht und sprachen von seinem
Ende, das sich in Jerusalem erfüllen sollte« (v.
31).

Pharisäer und der Zöllner] bezieht sich auf das   22   244
Gleichnis Jesu vom Pharisäer und Zöllner, Lk
18,10-14.

die Juden auch in Handel und Wandel ... Port-   3   245
rät des Kaisers] Cf. z.B. Mt 22,18-21, wo Jesus
auf die Frage der Pharisäer und der Herodesan-
hänger, ob es erlaubt sei, dem Kaiser Steuern zu
zahlen, antwortet: »Ihr Heuchler, warum stellt
ihr mir eine Falle? Zeigt mir die Münze, mit der
ihr eure Steuern zahlt! Da hielten sie ihm einen
Denar hin. Er fragte sie: Wessen Bild und Aufschrift ist das? Sie antworteten: Des Kaisers.
Darauf sagte er zu ihnen: So gebt dem Kaiser,
was dem Kaiser gehört, und Gott, was Gott gehört!«

im Tempel ... ihre eigene Münze] Anspielung   5
auf Ex 30,12f.; dort wird angeordnet, dass alle
per Zählung gemusterten Israeliten dem Herrn
eine Steuer, das so genannte Sühnegeld, in Höhe
eines halben Schekels (Luther 1984: »Taler«) zu
entrichten hätten, »nach dem Münzgewicht des
Heiligtums« (v. 13). »Schekel« steht hier sowohl
für eine Münz- wie eine Gewichtseinheit, da
Geld zu jener Zeit ausschließlich aus Metall-
münzen bestand, deren Wert ihrem Gewicht
entsprach (z.B. ein Schekel Silber = 11 g Silber).
Die Abgabe, die jeder männliche Israelit ab einem Alter von zwanzig Jahren zu entrichten
hatte, war ursprünglich für den Dienst im Of-
fenbarungszelt (cf. Ex 30,16), später für den
Tempel bestimmt.

die Bitte des Besessenen ... cfr. Lk 8,39] Lk   9   245
8,38-39: »Der Mann, den die Dämonen verlassen
hatten, bat Jesus, bei ihm bleiben zu dürfen.
Doch Jesus schickte ihn weg und sagte: Kehr in
dein Haus zurück, und erzähl alles, was Gott
für dich getan hat. Da ging er weg und verkündete in der ganzen Stadt, was Jesus für ihn getan
hatte.« — εἶναι σὺν αὐτῷ: gr., ,bei ihm / mit
ihm zusammen sein'.

245 19 **die Wächter mit ihren erbaulichen Versen]** Zu
SKs Zeit gab es Wächter auf den Straßen von
Kopenhagen, zu deren Aufgaben es gehörte,
Straßenbeleuchtungen anzuzünden, für Ruhe
und Ordnung zu sorgen und beim Ausbruch
von Bränden einzugreifen. Sie hatten ferner zu
jeder vollen Stunde die offiziell verordneten
Wächterstrophen zu deklamieren: Von November bis Februar zwischen 20 und 5 Uhr morgens;
im März, September und Oktober zwischen 21
und vier Uhr morgens; im April und August
zwischen 22 und drei Uhr morgens; von Mai bis
Juli zwischen 23 und zwei Uhr morgens. Cf. § 5
und § 9 in *Instruction for Natte-Vægterne i Kiøbenhavn*, Kph. 1784, pp. 6 und 10. Man nimmt an,
dass der Wortlaut der Wächterstrophen, bei denen es sich im Wesentlichen um geistliche Lieder, also um Erbauliches handelte, auf Thomas
Kingo zurückgeht.

20 **verzeih' ob Jesu Wunden unsre Sünd', oh milder Gott]** Cf. den 21-Uhr-Vers der Kopenhagener Wächter: »Nu skrider Dagen under, / Og
Natten vælder ud, / Forlad, for Jesu Vunder, /
Vor Synd, O milde Gud! / Bevare Kongens
Huus, / Samt alle Mand / I disse Land, / Fra
Fiendens Vold og Knuus. [Es geht der Tag nun
unter, / Und die Nacht quillt hervor, / Verzeih'
ob Jesu Wunden, / Unsre Sünd', oh milder Gott!
/ Bewahr' des Königs Haus, / Samt allen Man-
nen / In diesen Landen / Vor Feindes Gewalt
und Zwang.]« (dän. 1686), *Instruction for Natte-
Vægterne i Kiøbenhavn*, Kph. 1784, p. 20.

26 **statistischen Mitteilungen ... drittes Mal]** Vielleicht ein Hinweis darauf, dass ein Pfarrer das
Aufgebot zur Eheschließung nicht nur im Kir-
chenbuch für Trauungen anführen, sondern
auch dem örtlichen Bischof davon Mitteilung
machen musste. — **ein erstes ... und drittes
Mal aufgeboten wurde:** Laut *Kirke-Ritual for
Danmark og Norge* von 1685 hatte ein Pfarrer an
drei aufeinanderfolgenden Sonntagen mit iden-
tischem Wortlaut von der Kanzel anzukündi-
gen, dass N. N. beabsichtige, die Ehe mit N. N.
einzugehen; cf. *Dannemarks og Norges Kirke-Ritual*, Kph. 1762, pp. 315f. Das Aufgebot zur Ehe
war eine gesetzlich verankerte Pflicht, festgelegt
im Dänischen Gesetz Christians V. und per Verordnung bestätigt am 30. April 1824.

Gnadenjahr] SK schreibt »Nassensaar« für 28
»Naadsensaar«. Gemeint ist derjenige Zeitraum,
in dem ein aus dem Dienst geschiedener Pfarrer
das Recht behielt, in seiner Dienstwohnung zu
wohnen und an den Amtseinkünften teilzuhaben.

hier am Platz] Gemeint ist der Platz »Kultorvet« 31
[Kohlenmarkt]; SK wohnte in Nr. 132, jetzt Nr.
11 (s. *Karte 2, C1*).

Mein Sohn ... deine Sünden sind dir verge- 2   246
ben] Bezieht sich auf die neutestamentliche Erzählung von der Heilung des Gelähmten in
Kapernaum, den Jesus, bevor er ihn heilt, mit
den Worten anspricht: »Hab Vertrauen
[NT-1819: »vær frimodig«], mein Sohn, deine
Sünden sind dir vergeben [NT-1819: »for-
ladte«]«, Mt 9,2.

Mittler] gemeint ist Christus. 14

την παρρησιαν και το καυχημα της ελπιδος] 1 246m
gr., ‚die Freimütigkeit und den Ruhm der Hoffnung‘, cf. Hebr 3,6.

in den alten Tagen mit den Juden wandertest] 17 246
Bezieht sich vermutlich auf die Wüstenwande-
rung der Israeliten nach ihrem Auszug aus
Ägypten. Der alttestamentlichen Erzählung zufolge ging Gott ihnen dabei voran, tagsüber in
einer Wolken-, bei Nacht in einer Feuersäule, cf.
Ex 13,21-22.

die gute Saat in Geduld wächst] Anspielung 20
auf Jesu Auslegung des Gleichnisses vom Sä-
mann. Dort heißt es u.a. laut NT-1819: »Das aber
in der guten Erde sind die, welche, wenn sie das
Wort hören, es in einem schönen und guten Herzen behalten und tragen Frucht in Geduld.«

ohne Dich überhaupt nichts vermögen] Ver- 25
mutlich Anspielung auf Phil 4,13, wo Paulus
schreibt: »Alles vermag ich durch ihn, der mir
Kraft gibt.«

dass Du in den Schwachen mächtig bist] cf. II 28
Kor 12,9. Außerdem H. A. Brorsons geistliches
Lied »Gud skal alting mage [Gott wird alles ma-
chen]« (1734, aufgenommen in *Troens Rare Klenodie*, 1739); die 5. Strophe lautet wie folgt: »Gud
skal alting mage / Mægtig i de Svage / Han sig
altid teer, / Skulde eller kunde / Nogen gaae til
Grunde, / Som paa Herren seer? / Allesteds /

Da vel tilfreds, / Alting staaer udi hans Hænder, / Al din Trang han kjender. [Gott wird alles machen / Mächtig in den Schwachen / Zeigt er sich immer, / Sollte oder könnte da / Jemand zu Grunde gehen / Der auf den Herrn sieht? / Allerorten / Denn wohl zufrieden / Alle Dinge liegen in seinen Händen / All dein Bedürfnis kennt er.]«, *Troens rare Klenodie, i nogle aandelige Sange fremstillet af Hans Adolph Brorson,* hg. von L. C. Hagen, Kph. 1834, Ktl. 199, p. 163. *DDS,* Nr. 29.

247   1   **die Juden Jehova den Zehnten ... darbrachten]** cf. die alttestamentlichen Bestimmungen zur Entrichtung des Zehnten in Dtn 14,22-29. — **Jehovah:** → 175,9.

5   **6 Tage in der Woche arbeiteten und am siebten ruhten]** cf. das dritte der Zehn Gebote, Ex 20,8-11.

11   **wie der Prophet sagt ... auf dich herabsehen wird]** → 243m,9.

247m   3   **jenem Herrn ... der Herz und Nieren prüft]** eine alt- und neutestamentlich gängige Wendung; cf. z.B. Ps 7,10; Jer 11,20; Apk 2,23.

7   **weiß, was in deinem Herzen wohnt]** vermutlich Anspielung auf Act 15,8, wo Petrus von Gott als dem, »der die Herzen kennt«, spricht.

14   **nach Xsti Gebot im Verborgenen wohltätig]** Vermutlich Anspielung auf ein Wort Jesu, Mt 6,6: »Du aber geh in deine Kammer, wenn du betest, und schließ die Tür zu; dann bete zu deinem Vater der im Verborgenen ist; und dein Vater, der auch das Verborgene sieht, wird es dir vergelten.«

15   **Wer nicht für mich ist, der ist gegen mich]** cf. Mt 12,30 (zum dän. Wortlaut cf. NT-1819).

21   **ihn, vor dem 1000 Jahre wie ein Tag sind]** → 187,17.

23   **in seinem Bild und nach seinem Gleichnis erschaffen]** bezieht sich auf Gen 1,26: »Dann sprach Gott: Laßt uns Menschen machen als unser Abbild, uns ähnlich.« SK hält sich an den Wortlaut in GT-1740.

247   15   **Der stoische Philosoph Empedokles]** Als Stoiker bezeichnet man erstens und in philosophiehistorischer Hinsicht die Anhänger des Stoizismus — jener gr. Philosophenschule der Stoa, die

ca. 300 v.Chr. gegründet wurde; sie lehrt u.a., dass der Mensch sein Handeln von Neigungen und Leidenschaften unbeeinflusst halten solle. In einem abgeleiteten, anthropologisch-ethischen Sinn nennt man zweitens auch diejenigen Stoiker, die ihre Lebensführung von äußeren und inneren Einflüssen unabhängig zu machen versuchen. In keiner der beiden Bedeutungen kann der gr. Naturphilosoph Empedokles aus Agrigent auf Sizilien (490-430 v.Chr.) Stoiker genannt werden. Poul Martin Møller weist darauf hin, dass Empedokles der Mitschüler des Zenon von Elea war (beide waren wiederum Schüler des Parmenides), und SK mag Letzteren mit dem Gründer der stoischen Schule, Zenon von Kition, verwechselt haben. Cf. »Udkast til Forelæsninger over den ældre Philosophies Historie«, die einen Abschnitt über Empedokles enthalten (in *Efterladte Skrifter af Poul M. Møller* Bd. 1-3, Kph. 1839-1843, Ktl. 1574-1576; Bd. 2, hg. von F. C. Olsen, 1842, p. 338). Poul Martin Møller las 1833-1834 und 1834-1835 über die ältere Philosophiegeschichte.

Sei fastend in Lastern] Cf. Plutarch *De cohibenda*   16   *ira,* Kap. 16, 464 B, wo Empedokles (DK 31B144) mit dem Ausspruch »νεστεῦσαι κακότητος« [Vom Bösen / von der Sünde sich ernüchtern] zitiert wird. Cf. *Plutarchi Chaeronensis varia scripta quae Moralia vulgo vocantur,* Stereotypausgabe, Bd. 1-6, Leipzig 1829, Ktl. 1172-1177; Bd. 3, p. 258. Cf. auch *Moralische Schriften* (in *Plutarchs Werke* Bd. 20-32) Bd. 1-13 übers. von J. C. F. Bähr, Stuttgart 1828-1838, Ktl. 1178-1180; Bd. 11, 1835, p. 1439, wo der Ausdruck mit »in der Bosheit stets ein Fasten zu halten« wiedergegeben wird, während eine Anmerkung den gr. Ausdruck nebst folgender Übersetzung bietet: »an Bosheit zu fasten«.

eine Nacht ... Jesus besuchte] Anspielung auf   22   247   die neutestamentliche Nikodemuserzählung, aus der hervorgeht, dass dieser — vermutlich aus Furcht vor den führenden Juden — Jesus bei Nacht aufsuchte, cf. Joh 3,2.

Xstus zu ihm kam ... durch verschlossene Türen] Anspielung auf Joh 20,19.26, wonach der   27   auferstandene Jesus zweimal im Kreise seiner Jünger erschien, die sich aus Furcht vor den Juden hinter verschlossenen Türen versammelt hatten.

247 34 **Mk. IX,5 etc.**] Mk 9,5 ist ein Vers aus dem markinischen Bericht über die Verklärung Jesu auf dem Berg (Mk 9,1-8). Nachdem Jesus vor den Augen seiner Jünger Petrus, Jakobus und Johannes, die ihn begleitet hatten, verklärt worden war, ferner Mose und Elija erschienen waren und mit Jesus gesprochen hatten, sprach Petrus zu ihm (v. 5):»Rabbi, es ist gut, daß wir hier sind. Wir wollen drei Hütten bauen, eine für dich, eine für Mose und eine für Elija.«

248 3 **Mk. IX,11 usw.**] Mk 9,11. Angespielt wird hier auf zwei neutestamentliche Stellen: Erstens Mk 9,9, wo berichtet wird, dass Jesus nach seiner Verklärung mit den drei Jüngern den Berg wieder hinabsteigt; zweitens Mk 9,14-29, d.h. die Erzählung über den von einem Dämon besessenen Knaben, den Jesus, nachdem die anderen Jünger ihm nicht hatten helfen können, selbst heilt.

247m 33 **Luk IX,29**] Lk 9,29: »Und während er [scil. Jesus] betete, veränderte sich das Aussehen seines Gesichtes, und sein Gewand wurde leuchtend weiß.« Der Vers ist Bestandteil des lukanischen Verklärungsberichtes, Lk 9,28-36.

248 5 **Mach Du unser Herz ... Wohnung nehmen wirst**] Anspielung auf einen paulinischen Satz im ersten Korintherbrief: »Wißt ihr nicht, daß ihr Gottes Tempel seid und der Geist Gottes in euch wohnt?«, I Kor 3,16; cf. I Kor 6,19 und II Kor 6,16.

7 **Götzen Dagon ... vor den Füßen der Bundeslade**] Anspielung auf I Sam 5,3-4. Nachdem die Philister den Israeliten die Bundeslade geraubt hatten, stellten sie sie neben das Götterbild Dagons in dessen Tempel in Aschdod: »Als die Einwohner von Aschdod aber am nächsten Morgen aufstanden, war Dagon vornüber gefallen und lag vor der Lade des Herrn mit dem Gesicht auf dem Boden. Sie nahmen Dagon und stellten ihn wieder an seinen Platz. Doch als sie am nächsten Morgen in der Frühe wieder aufstanden, da war Dagon wieder vornüber gefallen und lag vor der Lade des Herrn mit dem Gesicht auf dem Boden. Dagons Kopf und seine beiden

Hände lagen abgeschlagen auf der Schwelle. Nur der Rumpf war Dagon geblieben.«

mit dem Apostel ... ich sterbe täglich] Anspie- 11 lung auf eine paulinische Briefstelle, I Kor 15,31: »Täglich sehe ich dem Tod ins Auge [NT-1819: »Jeg døer dagligen«], so wahr ihr, Brüder, mein Ruhm seid, den ich in Christus Jesus, unserem Herrn, empfangen habe.«

Johannes Climacus] Johannes mit dem Beina- 14 248 men Klimax, lat. Climacus (ca. 525-616 n.Chr.), gr. Theologe und Mönch, lebte 40 Jahre lang als Eremit am Fuß des Sinaiberges. Sein Beiname Klimax leitet sich vom Titel einer von ihm verfassten Schrift Κλίμαξ τοῦ παραδείσου (lat. *Scala paradisi*, ‚Die Paradiesleiter‘) in Anspielung auf die so genannte Jakobsleiter (cf. Gen 28,12) her. Er führt darin aus, wie man in 30 Stufen zur christlichen Vollkommenheit gelangen kann, indem man die eigenen Laster überwindet und sich durch Anwendung asketischer Hilfsmittel christliche Tugenden aneignet. Cf. dazu W. M. L. de Wette *Christliche Sittenlehre* Bd. 1-4 (in 3 Teilen), Berlin 1819-1823, Ktl. U 110; Bd. 2 (Teil 2,1), 1821, pp. 52-55, und *Lærebog i den christelige Sædelære og sammes Historie*, übers. von C. E. Scharling, Kph. 1835 [dt. 1833], Ktl. 871, pp. 135-140, wo auf das o.g. Werk des Climacus verwiesen wird.

die Giganten ... Berg auf Berg häuft] Einer gr. 14 Sage zufolge wollen die Riesen Otus und Ephialtes, Söhne des Meeresgottes Poseidon, den Himmel stürmen und die Götter angreifen, indem sie den Berg Ossa auf den Olymp und den Pelion auf den Ossa zu stapeln versuchen. Cf. Nitsch *Neues mythologisches Wörterbuch* (→ 22,31) Bd. 1, p. 751.

Syllogismen] Hier wohl nur im übertragenen 16 Sinne, da Hegels Methode weniger syllogistischer (→ 200m,4) denn spekulativ-dialektischer Natur ist.

wie Du einst dem Propheten Elischa geboten 20 248 **hast ... ihm nicht**] Anspielung auf II Reg 4,29, wonach freilich nicht Gott derjenige ist, der Elisa, sondern dieser, der seinem Diener Gehasi verbietet, Entgegenkommende zu grüßen. —

Elischa: auch Elisa, alttestamentlicher Prophet im Nordreich des 9. Jh. v.Chr.; cf. II Reg 2-13.

249   3   **erst nachdem die Pharisäer ... für die Jünger]** Dass Jesus die Pharisäer zum Schweigen bringt, bezeugen viele neutestamentliche Stellen, cf. z.B. Mt 22,22 und Joh 8,9. Zum Weggehen und Verbergen Jesu cf. Joh 12,36. Die Formulierung »sein Wort so recht aus der Fülle des Herzens« spielt vermutlich auf die Abschiedsrede Jesu an, cf. Joh 14-17.

249   8   **erwerben]** SK verwendet das ungewöhnliche dän. »forhverve«, während NT-1819 »bevarer« bietet.

9   **Luk. XXI,19]** Lk 21,19: »Wenn ihr standhaft bleibt, werdet ihr das Leben gewinnen.« NT-1819: »Ved Eders Bestandighed bevarer Eders Siele.« Cf. auch die zeitgenössische Luther-übersetzung: »Fasset eure Seelen mit Geduld.« Cf. *Die Bibel oder die ganze Heilige Schrift* (→ 163,12).

252   5   **Je verrückter desto besser]** Die Redensart erscheint u.a. als Kehrreim im Schlussgesang des Epilogs von J. H. Wessels parodistischem Trauerspiel *Kierlighed uden Strømper* (1772), cf. *Samlede Digte af Johan Herman Wessel*, hg. von A. E. Boye, Kph. 1832, pp. 71-73.

6   **Aus den Papieren eines noch Lebenden ... von S. Kierkegaard]** cf. den Titel von SKs Erstlingsschrift *Af en endnu Levendes Papirer. Udgivet mod hans Villie af S. Kjerkegaard* [Aus eines noch Lebenden Papieren. Wider seinen Willen herausgegeben von S. Kjerkegaard], Kph. 1838, in *SKS* 1, 7. Das Buch erschien am 7. September, cf. *SKS* K1, 67.

252m   1   **den 7 Verrückten in Europa]** Vielleicht eine ironische Anspielung auf die so genannten sieben Weisen, bei denen es sich um berühmte Staatsmänner aus verschiedenen gr. Städten im 6. Jh. v.Chr. handelt.

253   1   **der Streit zwischen dem alten und dem neuen Seifenkeller]** Sprichwörtlich gewordene dän. Redewendung, deren Hintergrund in der Auseinandersetzung zwischen zwei Kopenhagener Ladenbesitzern um 1810 zu finden ist: A. Møller besaß eine Seifenhandlung im Kellergeschoss

des Hauses Ulfelts Plads 110 (heute Gråbrødre Torv 3 (s. *Karte 2, C2*)); als ein Konkurrent in der Nachbarschaft hinzukam, brachte Møller ein Schild über seinem Laden an, das die Aufschrift trug: »Her er den rigtige gamle Sæbekjælder, hvor de rigtige gamle Sæbekjælderfolk boe [Hier ist der richtige alte Seifenkeller, wo die richtigen alten Seifenkellerleute wohnen]« (s. *Historiske Meddelelser om København* Bd. 2, 2, 1925-1926, pp. 406f.).

Eccho] → 199,1.   11

Springgaasen] dän., eigentl. ,Springgans', zeit-   12 genössisches Spielzeug, angefertigt aus dem Brustbein einer Gans, das mittels einer Feder dazu gebracht wird, in die Höhe zu schnellen; vielleicht im übertragenen Sinn von einem sprunghaften, leichtlebigen, unsoliden Menschen gebraucht. Cf. St. St. Blichers Novelle »Fjorten Dage i Jylland«, wo ein »Professor Springgaas« erwähnt wird, in *Samlede Noveller* Bd. 1, 2. Aufl., Kph. 1833 [1833], Bd. 2-5, Kph. 1833-1836, Ergänzungsband Kph. 1840, Ktl. 1521-1523; Bd. 5, p. 100.

Aventiurier] cf. mittelhochdeutsch »aventiure«,   14 ,Abenteuer, Wagnis'; hier ist der Abenteurer gemeint.

wirkl. Kriegsassessor] Ein dän. Kriegsassessor   17 war Beisitzer in einem so genannten Kriegskollegium, d.h. einem Zusammenschluss hoch stehender Offiziere, in dem er nach der Rangverordnung vom 14. Oktober 1746 den vierten Rang innerhalb der achten von insgesamt neun Klassen, deren Verhältnis jene Verordnung regelte, einnahm. Das Attribut »wirklich« deutete üblicherweise darauf hin, dass der Betreffende die mit seinem Titel verbundene Funktion auch tatsächlich ausübte.

seligen Hegel] Hegel starb 1831; seine gesam-   18 melten Werke (→ 184,12), die ab 1832 erschienen, tragen den Untertitel *Vollständige Ausgabe durch einen Verein von Freunden des Verewigten.* Obwohl das Wort »verewigt« an sich nur ,verstorben' bedeutet, spielt SKs Rede vom »seligen« Hegel hier zweifellos auf die religiösen Konnotationen an, die im Begriff des Verewigten liegen. Ihren historischen Bezugspunkt hat die Ironie seiner Redeweise ferner darin, dass unmittelbar nach Hegels Tod ein Streit um die

Vereinbarkeit seiner Philosophie mit der Idee einer individuellen Unsterblichkeit der Seele ausbrach — ein Streit, der den Hegelianismus in eine rechte (pro) und linke (contra) Partei spaltete. Cf. ferner den Ausdruck »unsterbliche Nase«, der gleichfalls auf den Untertitel von Hegels gesammelten Werken anzuspielen scheint.

20 **Phänomenologie des Geistes]** *Die Phänomenologie des Geistes* — so lautet der Titel von Hegels erstem, Epoche machenden Werk, das 1807 erschien.

29 **Ein Kämpfer für die Orthographie]** Mit der Veröffentlichung von Rasmus Rasks *Forsøg til en videnskabelig dansk Retskrivningslære* [Versuch einer wissenschaftlichen dänischen Rechtschreiblehre] (1826) setzte in Dänemark eine lebhafte Diskussion über die Rechtschreibung ein, die mit N. M. Petersens *Kortfattet dansk Retskrivningslære* [Kurzgefasste dänische Rechtschreiblehre] von 1837 publizistisch weitergeführt wurde. Auf Petersen spielt SK vermutlich an. Im selben Jahr wurde ferner eine Gesellschaft zur Verbreitung einer verbesserten Rechtschreibung (Selskabet for en forbedret Retskrivnings Udbredelse) ins Leben gerufen. Vorangetrieben wurde die Diskussion schließlich durch die 1837 erschienenen Ausgaben der Zeitschrift »Nordisk Ugeskrift«.

253m 1 **Titelkupfer]** Kupferstichbild auf dem Vorsatzblatt eines Buches, in der Regel zusammen mit dessen Titel abgedruckt.

2 **Luther]** Martin Luther.

12 **den vier verrückten Brüdern ... Claudius]** → 235,12.

14 **Vers]** Gemeint ist der Vers von Martin Schalling (1532-1608), den »die vier verrückten Brüder« singen (→ 235,12): »Ach, Herr! laß dein' lieb' Engelein / Am letzten End' die Seele mein / In Abrahams Schooß tragen, / Den Leib in sein'm Schlaf-Kämmerlein, / Gar sanft ohn' ein'ge Quaal und Pein, / Ruhn bis am jüngsten Tage«, Matthias Claudius *Werke* Bd. 2, 4. Teil, p. 127.

16 **Zachäus im Maulbeerbaum]** Anspielung auf die neutestamentliche Zachäusgeschichte. Wegen seiner geringen Körpergröße konnte Zachäus Jesus bei dessen Einzug in Jericho nicht sehen und stieg daher auf einen Maulbeerbaum, Lk 19,1-10.

unterhalten auf öffentliche Beköstigung im 19 **Prytaneum]** Prytaneum bzw. Prytaneſon hieß der Sitz des Stadtrates in Athen sowie anderer Städte im alten Griechenland. Den Bürgern einer Stadt konnte die Ehre zuteil werden, an den kostenlosen Mahlzeiten im Prytaneum teilnehmen zu dürfen. SK spielt hier auf eine Stelle in Platons *Apologie des Sokrates* an (36b-37a), wo dieser überlegt, welche Belohnung ihm für seine langjährigen und hervorragenden Verdienste wohl zustehe; schließlich erklärt er, es falle ihm nichts Passenderes ein als die lebenslange Beköstigung im Prytaneum.

Sallust. Jugurtha Cap. IV. ... reipublicae ven- 21 **turum]** Gemeint ist Gaius Sallustius Crispus (ca. 87-35 v.Chr.) *Jugurtha*, Kap. 4, 4, cf. *C. Sallusti Crispi opera quae supersunt*, hg. von Fr. Kritz, Bd. 1-2, Leipzig 1828-1834, Ktl. 1269-1270. Die von SK zitierte Stelle steht in Bd. 2, pp. 22f.; sie lautet in der Übersetzung R. Møllers: »[Man wird] sich sicherlich davon überzeugen, dass ich meinen Entschluss aus guten Gründen und nicht etwa aus Trägheit geändert habe; ja, dass der Staat größeren Nutzen aus meiner Muse als aus der Umtriebigkeit anderer ziehen wird«, *Sallusts Jugurthinske Krig*, Kph. 1812 (cf. Ktl. 1273), pp. 9f. SK lässt »mei« [‚mein'] nach »animi« aus und gibt den lat. Text mit geringen orthographischen Abweichungen wieder.

belieblich] bei SK dt.; gemeint ist: ‚gefällig'. 31

zum Gebrauche für Jedermann] Bei SK dt.; ver- 32 mutlich ironische Anspielung auf die gleichlautenden Untertitel zeitgenössischer populärwissenschaftlicher Darstellungen. Eine bestimmte Quelle konnte nicht ausgemacht werden.

Schmähworte ... Pressefreiheitsverordnung 34 **von 1799]** Gemeint ist die dän. Verordnung vom 27. September 1799. Sie setzt u.a. fest, dass jeder, der gegen die gesetzlich gebotenen Anstandsregeln gegenüber Regierung und Gesetzgebung verstößt, indem er »mit Verbitterung an der Regierung herumnörgelt oder seine Anmerkungen über deren Maßnahmen *in ungehörige und anstandswidrige Ausdrücke* kleidet«, mit vier bis 14 Tagen Gefängnis bei Wasser und Brot zu bestrafen sei (§ 7). Die Verordnung wurde in der Folgezeit mehrmals modifiziert, und noch in den 1830ern beklagte sich die liberale Presse häufig über die unscharfen Grenzen der Pressefreiheit, die in der Unsicherheit darüber zum Ausdruck komme, ob und welche »Schmähworte« zulässig seien und welche nicht.

254*m* 1 **PS:**] Postskriptum.

2 **Floskelschreiber im Contoir der Kjøbenhavnspost**] Vermutlich Anspielung auf den Redakteur der Zeitung *Kjøbenhavnsposten,* A. P. Liunge. Anlässlich der am 17. Oktober 1836 erlassenen Kanzleiverordnung gegen die Verbreitung der norw. Zeitschrift *Den Constitutionelle* in Dänemark schrieb Liunge ab 20. Oktober desselben Jahres eine Reihe mehr oder weniger einschüchternder Artikel gegen die aus seiner Sicht gesetzeswidrige Handhabung der Pressefreiheitsverordnung seitens der Kanzlei. Dies hatte am 31. Oktober 1836 die Beschlagnahmung von Nr. 308 der Zeitung zur Folge. Da die Kanzlei sich entgegen der Aufforderung Liunges weigerte, ein Gericht über die Gesetzmäßigkeit der Beschlagnahmung entscheiden zu lassen, erklärte er in Nr. 346 (9. Dezember), jene habe entgegen dem Wunsch des Königs sowie der Ständeversammlung »*eine vollkommene, komplette Zensur in Dänemark*« eingeführt. Schließlich mahnte er in seinem letzten Artikel vom 30. Dezember (Nr. 366) an, dass »ein Volk sich auf nichts anderes verlassen darf als sich selbst«; im Übrigen gelte: »[J]e voller das Maß ist, desto näher ist es daran, überzulaufen«. Durch diese versteckte Drohung bezüglich einer möglichen Reaktion des Volkes auf die Kanzleiverordnungen sowie seine gewaltsamen Kritik derselben lieferte Liunge auf seine Weise ein »Verzeichnis derjenigen Schmähworte, von denen man Gebrauch machen kann, ohne nach der Pressefreiheitsverordnung zur Verantwortung gezogen zu werden«; denn in seinem Falle blieb eine Anklage hinsichtlich deren Übertretung aus. — **Kjøbenhavnspost:** gegründet 1827, während der 1830er führendes Organ der liberalen Presse Dänemarks.

254 16 **Schlemihl ... keinen Schatten werfen kann**] Anspielung auf die Figur des dünnen, langen, alten Mannes in Chamissos Märchen *Peter Schlemihl's wundersame Geschichte,* 3. Ausg., Nürnberg 1835 [1814], Ktl. 1630. Der lange Mann bringt Peter Schlemihl dazu, ihm seinen Schatten als Gegenwert für einen unerschöpflichen Glücksbeutel zu verkaufen, rollt den erworbenen Schatten daraufhin zusammen, steckt ihn ein und bewahrt ihn in seiner Tasche auf, so dass Schlemihl keinen Schatten mehr werfen kann (pp. 19f.). Cf. *Peter Schlemihl's forunderlige Historie,* übers. von Fr. Schaldemose, Kph. 1841, pp. 10f. — **Chamisso:** Adelbert von Chamisso (eigentl. Louis Charles Adelaïde de Chamisso de Boncourt, 1781-1838), frz.-dt. Dichter und Naturforscher.

Auroras Mann] Laut gr. Mythologie Tithon, 20 dem seine Geliebte Aurora (gr. Eos, die Göttin der Morgenröte) ewiges Leben, jedoch keine ewige Jugend verschaffte, so dass er unaufhörlich altert und den Anblick eines nicht enden wollenden Verfalls bietet. Cf. Nitsch *Neues mythologisches Wörterbuch* (→ 193,20) Bd. 1, pp. 364f.

Naturalienkabinett] Sammlung von ausge- 22 stopften Tieren, Versteinerungen etc.

Selten Geld, Prügel desto mehr etc.] Die ersten 9 254*m* Worte von Don Giovannis Diener Leporello im 1. Akt, 1. Szene von Mozarts Oper *Don Giovanni* (1787), nach dem Libretto von L. da Ponte; cf. *Don Juan. Opera i tvende Akter bearbeidet til Mozarts Musik,* übers. von L. Kruse, Kph. 1807, p. 3: »Sielden Penge, Prygl desfleer! / Staae om Natten udenfor / Medens Herren inde leer, / Det var hidtil mine Kaar! / Hvorfor selv ei Herre være / Fanden være Tiener meer! / Viin forstaaer jeg at begiære, / Spore op hver deilig Pige, / Lønlig mig til hende snige! / Jo, Jo! Herre kan jeg være / Fanden være Tiener meer.« Neuausgaben dieser Übersetzung erschienen mit vereinzelten, geringfügigen Änderungen 1811 (hier unter demselben Titel, aber ohne Szeneneinteilung) sowie 1822, unter dem Titel *Don Juan. Opera* (hier erneut mit Einschluss der Szeneneinteilung). Die dt. Fassung lautet: »Keine Ruh' bei Tag und Nacht, Nichts, was mir Vergnügen macht, Schmale Kost und wenig Geld, Das ertrage, wem's gefällt. — Ich will selbst den Herren machen, Mag nicht länger Diener sein, Nein, nein, nein, nein, Ich mag nicht länger Diener sein. Gnädger Herr, Ihr habt gut lachen! Tändelt Ihr mit einer Schönen, Dann muß ich als Wache stöhnen! Ich will selbst den Herren machen, Mag nicht länger Diener sein, Nein, nein,

nein, nein« (W. A. Mozart, *Don Giovanni*, Libretto von L. da Ponte, zweisprachige Ausg., bearb. von H. Levi, hg. von H. Günther, Frankfurt a.M. 1989, p. 15).

11 **Oh, fatal, welche Qual, ist es nicht zum Verrücktwerden allemal**] Text der Modehändlerin Madame Charlotte aus dem 1. Akt, 1. Szene, in *Bruden* [Die Braut], Singspiel mit Musik von Fr. Auber, Text von A. E. Scribe, übers. von J. L. Heiberg, *Det kongelige Theaters Repertoire* Nr. 35, Kph. 1831 [frz. 1829], pp. 1f.: »Hvilken Nød, hvilken Qval! / Hvor den Stand er fatal, / Som ved Moden sin Lykke maa søge! / [. . .] / Hvilken Nød, hvilken Qval! / Maa man ei blive gal, / Naar man skal efter Alle sig føie? [Welche Not, welche Qual! / Wie ist der Stand doch fatal, / der mit der Mode sein Glück suchen muss! / [. . .] / Welche Not, welche Qual! / Ist es nicht zum Verrücktwerden allemal, / Wenn man sich nach allen richten muss?]« Das Stück wurde am Königlichen Theater in Kopenhagen zwischen 1831 und 1837 26 Mal, davon 1837 viermal aufgeführt.

18 **Auber**] Daniel François Esprit Aubert (1782-1871), frz. Komponist.

19 **Mozarts**] → 181,17.

255   13 **säßen all Eure Köpfe doch nur auf einem Hals**] Anspielung auf einen Ausspruch des röm. Kaisers Caligula: »Hätte das römische Volk doch nur einen einzigen Nacken!« (um nämlich mit einem einzigen Schlag geköpft werden zu können). Cf. Suetons Biografie »Cajus Cäsar Caligula«, Kap. 30, in *Caji Svetonii Tranqvilli Tolv første Romerske Keiseres Levnetsbeskrivelse* (→ 184,5) Bd. 1, p. 312.

27 **Wo komst du her geritten?**] Zitat der abschließenden Zeile der 14. Strophe aus der Ballade »Lenore« (1773) des dt. Dichters G. A. Bürger; cf. *Bürgers Gedichte* Bd. 1-2, Gotha und New York 1828 (*Hand-Bibliothek der Deutschen Classiker*); Bd. 1, p. 52. Kierkegaard zitiert auf Deutsch mit abweichender Orthographie.

255m   4 **einen Roman . . . Vorbeigehenden oft aufgefallen**] SKs Quelle (falls eine solche existiert) konnte nicht identifiziert werden.

6 **an der Ecke der Kronprindsensgade und der st. Kjøbmagergade**] (s. *Karte 2, C2*). — **st.:** für dän. »store«, ,große‘.

Mietbüro] Gemeint ist ein privates Wohnungs-   29 256m
vermittlungsbüro, das zu SKs Zeiten an der Ecke Nellikegade (heute Asylgade) und Vingårdsstræde lag (s. *Karte 2, C2*).

nonnulla desunt] lat., ,es fehlt etwas / einiges‘;   28   256
ein üblicher philologischer Ausdruck, der auf einen Textverlust von unbekanntem Ausmaß hinweist. Da der Zusatz, wie er in *EP I-II* überliefert ist, nicht auf den Herausgeber H. P. Barfod, sondern auf SKs eigene Hand zurückgeht, bezieht er sich entweder darauf, dass aus dessen Sicht ein Textstück aus einer zurückliegenden Kladde verloren gegangen oder aber darauf, dass hier ein noch fehlender Text zu ergänzen bzw. fortzuführen sei.

ein geselliges Tier . . . ein Msch] Vielleicht An-   5   257
spielung auf Aristoteles *Politica*, 1. Buch, Kap. 2 (1253a); dort wird die These aufgestellt, dass der Mensch von Natur ein »πολιτικόν ζῷον«, ein ,politisches Tier / Lebewesen‘« sei. Cf. *Aristoteles graece*, hg. von I. Bekker, Bd. 1-2, Berlin 1831, Ktl. 1074-1075.

Rohrdommel] Ein zur Familie der Reiher gehö-   6
render Nachtvogel, der bevorzugt in Ried- und Schilfgebieten lebt (hier vor allem die so genannte große Rohrdommel, lat. Botaurus stellaris). Der äußerst scheue Vogel scheint früher in Dänemark weit verbreitet gewesen zu sein; mit dem Verschwinden der großen Riedgebiete, die ihm auch als Nistplatz dienten, ist er selten geworden. In GT-1740 wird in Ps 102,7 die Rohrdommel mit Einsamkeit assoziert: »Ich wurde gleich einer Rohrdommel in der Einöde.«

Thema aus dem Maurermeister . . . uns   12
Freunde nah’] Schlussgesang (3. Akt, 13. und letzte Szene), in den alle mit den Worten einstimmen: »Aldrig forsager! / Aldrig forsager! / Altid Venner er os nær [Verzagt nie! / Verzagt nie! / Stets sind Freunde uns nah]«; die Zeile stammt aus *Muurmesteren. Syngespil i tre Acter af Scribe og Delavigne, Musiken af Auber* [Der Maurermeister. Singspiel in drei Akten von Scribe und Delavigne, Musik von Auber] übers. von Th. Overskou, in *Det kgl. Theaters Repertoire*, Nr. 17, Bd. 1, Kph. 1829 [frz. 1825], p. 18. Zwischen 1827 und 1837 wurde das Stück insgesamt 33 Mal am Königlichen Theater in Kopenhagen aufgeführt, davon einmal 1837.

24 **wie jene Göttin … vom Wind verwehen lässt]**
Vielleicht eine Anspielung auf die Sibylle von
Kumae des delphischen Orakels. In Vergils Epos
Aeneis, 6. Gesang. v. 74-75, wird diese von Ae-
neas gebeten, mündlich zu weissagen statt ihre
Orakelsprüche auf Blätter zu notieren, »damit
sie nicht ein Spielball der Winde werden«, *Virgils Æneide*, übers. von J. H. Schønheyder, Bd.
1-2, Kph. 1812; Bd. 1, p. 252.

26 **Novelle]** → 215,29.

31 **D.]** Doktor.

36 **doppelten Buchführung]** Das allgemein übliche
System der Buchführung, bei dem jeder Ge-
schäftsvorgang und Vermögensveränderung
zweimal verbucht wird — einmal als Habenbu-
chung, ein zweites Mal als Sollbuchung. Dieses
Verfahren wurde 1504 von dem ital. Mönch Bac-
ciolo da Borgo di Santa Sepolchro entwickelt.

40 **dem Allgemeinen]** dän. »det Almene«, bezeichnet im Sinne des zeitgenössischen Hegelianismus häufig institutionell verankerte Verhaltens-
regeln im Kontext von Familie, bürgerlicher Gesellschaft und Staat.

258   9 **Fruchtfolge … Wechselwirtschaft … Mergels]**
SK verwendet dän. »Rotation« und »Vexeldrift«.
Fruchtfolge und Fruchtwechsel (»Wechselwirtschaft«) sind landwirtschaftliche Fachausdrü-
cke, die eine bestimmte Form der Bewirtschaf-
tung bezeichnen. Fruchtfolge bezeichnet eine
bestimmte Aufeinanderfolge des Anbaus verschiedener Kulturpflanzen auf einer bestimmten Nutzfläche. Wechselwirtschaft bezeichnet
eine Art der Fruchtfolge, bei der in regelmäßi-
gem Wechsel der Anbau von Halm- und Hül-
senfrüchte etc. auf verschiedenen Nutzflächen
und damit verbunden eine Veränderung der Bo-
denbearbeitung. Brache sowie das Ausbringen
von Mergel (→ 178,11) bildeten wichtige Bestandteile dieser Bewirtschaftungsweise, die
man zwischen ca. 1800 und 1840 im dän. Ackerbau einzuführen versuchte.

22 **glückliche Fügung]** dän. »lykkelig Styrelse«.
»Styrelse« (cf. lat. »gubernatio«) kann bei SK
auch öfter mit »Lenkung« wiedergegeben werden.

39 **etwas um Xsti willen zu leiden]** Anspielung
auf einen paulinischen Ausspruch in Phil 1,29.

Einst war meine Ehr' … blutiger Rost darauf] 2   259
Freie Wiedergabe von Palnatokes Replik gege-
nüber Thorvald im 5. Akt, 2. Szene (»Palnatokes
Huus«) von Oehlenschlägers Trauerspiel *Palna-
toke* (1809). Cf. *Oehlenschlägers Tragødier* Bd. 1-11,
Kph. 1831-1841; Bd. 1, p. 349; dort lautet die
Replik:»Min Ære var tilforn et speilglat Skiold /
Af slebent Staal; — hvor Solens Straale faldt, /
Der blinkte den med dobbelt Glands tilbage, —
/ Nu staaer en Plet af blodig Rust paa Skioldet;
/ Jeg gnider den ved Dag, ved Nat — og kan /
Ei faa den ud! [Meine Ehre war einst ein spiegel-
glatter Schild / Aus geschliffenem Stahl; — wo
immer Sonnenstrahlen hinfielen, / Da blinkte er
mit doppeltem Glanz zurück, — / Jetzt ist ein
Fleck von blutigem Rost auf dem Schild; / Ich
reibe ihn bei Tag, bei Nacht — und kann / ihn
nicht herausbekommen!]«.

Polizeispitzel] dän. »Politie-Agent«, ‚Spion im 5
Dienste der (Geheim-)Polizei', hier: ‚Kriminal-
beamter in Zivil'.

Erweckte] Gemeint ist hier ein Kreis von Perso- 6
nen, die sich mit einer jener pietistischen Erweckungsbewegungen (dän. »gudelige vækkelser«) verbunden wissen, die in Dänemark während der ersten Jahrzehnte des 19. Jh. wiederholt auftraten.

Prytaneum] → 253,19.   15

Stahlfedern] Zu SKs Zeiten wurden Stahlfedern 29
aus dünnem Stahlblech gehämmert. Sie besaßen
eine gespaltene Spitze und waren erheblich
schmaler als der so genannte »Christian IX.«-
Federhalter des 20. Jh. Die Feder wurde an einem Schaft befestigt, für den unterschiedliche
Materialien zur Verwendung kamen. Während
der 1830er hatte die Stahlfeder den Gänsefeder-
kiel nach und nach abgelöst und avancierte zum
weitverbreitetsten Schreibwerkzeug. Die ersten
Stahlfedern dänischer Herstellung kamen 1812
auf den Markt; seit Beginn der 1830 waren in
Kopenhagen verschiedene Arten von Stahlfedern aus engl. Fabrikation erhältlich.

Gänsefeder] → 259,29.   14   260

gut eine viertel Elle] Dän. »et godt qvarteer«, 23
gemeint ist ein Viertel einer damaligen dän. Elle;
das entspricht ca. 15,7 cm.

mein Zweifel ist keineswegs populär … ein 4   261
unendlicher Zweifel] → 220,7.

7 **wahren wissenschaftlichen Zweifel ... neueren Philosophie ... Cartesius]** Anspielung auf
H. L. Martensens Rezension von J. L. Heibergs
Indlednings-Foredrag in *Maanedsskrift for Litteratur* Bd. 16, Kph. 1836 (→ 243,15), pp. 517f.: »Es
war bekanntlich *Cartesius,* der als Reformator
der Philosophie auftrat und die scholastische
Philosophie bekämpfte. Tradition, kirchliche
Autorität, jede *gegebene Voraussetzung* wurde
aufgehoben; denn die Wissenschaft wollte nunmehr die Wahrheit aus sich selbst erkennen, und
nur was sich durch die innere zwingende Notwendigkeit des Gedankens als unumstößliche
Wahrheit ausweisen konnte, durfte als solche
für den Menschen Gültigkeit beanspruchen.«
Und weiter: »[Der Forscher] muss den Mut haben, auf der einen Seite gegenüber den Wünschen und Sehnsüchten seines eigenen Herzens
zu resignieren, auf der anderen Seite sich von
allen historischen Vorurteilen loszureißen, um
unbestochen von allen endlichen Hinsichten
nach der Wahrheit um ihrer selbst willen zu suchen, und der Wahlspruch heißt nun: Der *Zweifel* ist der Anfang zur Weisheit. / Durch diesen
Zweifel hindurch wird nach einem Ausgangspunkt gesucht, an dem kein Zweifel mehr möglich ist, eine *Gewissheit,* die nicht unterschieden
ist von der *Wahrheit* selbst.« Und pp. 519f.: »Die
Wissenschaft fordert also den absoluten, den unendlichen Zweifel! Daher musste jedes der unterschiedlichen Systeme, die innerhalb dieser
Richtung philosophierten, die gesamte Philosophie von vorn beginnen, denn es erwies sich
stets, dass das vorhergehende System eine Voraussetzung stehen gelassen hatte, die nicht dem
Zweifel unterzogen worden war, und dass diese
der unberechtigte Anfang war, von dem ausgegangen wurde.« — **in paranthesi:** lat., ,einge-
schoben, in Parenthese, nebenbei bemerkt'. —
Cartesius: latinisierte Fassung von (René) Descartes (1596-1650), frz. Philosoph, Mathematiker
und Naturforscher.

11 **de omnibus disputandum est]** lat., ,über alles
muss disputiert werden'; vermutlich mit (ironischer) Absicht veränderte Fassung des Satzes
»de omnibus dubitandum est« (→ 220,7).

13 **de gustibus non est disputandum]** lat. Redewendung, ,über Geschmack(-sdinge) lässt sich

nicht streiten'. Cf. auch die dän. Fassung »Om
smag og behag skal man aldrig trættes«, aufgezeichnet als Nr. 2430 in N. F. S. Grundtvig *Danske
Ordsprog og Mundheld* (→ 198m,4), p. 93.

35 **Das Leben ist ein von sich selbst ... Zurück-
kehrendes]** Anspielung auf F. C. Sibberns be-
rühmt-berüchtigte Definition des Lebens, die
Generationen von Kopenhagener Studenten
wörtlich zu zitieren hatten, wenn man ihnen bei
der damaligen (zweiten) Examensprüfung (für
Fächer die nicht Teil des Abiturs waren) im Fach
Psychologie die Frage vorlegte: »Was ist das Leben?«. Zuerst erschien diese Definition im ersten Teil von Sibberns *Menneskets aandelige Natur
og Væsen. Et Udkast til en Psychologi* [Geistige
Natur und Wesen des Menschen. Ein Entwurf
zu einer Psychologie] Bd. 1-2, Kph. 1819-1828;
Bd. 1, p. 14: »Das Erste und Konstitutive im Organismus ist das Leben, d.h. ein aus innerer
Quelle hervorbrechendes, nicht bloß mögliches,
sondern wirklich sich äußerndes und unablässig sich erhaltendes Wirken in einem Inbegriff
mannigfaltiger Teile oder überhaupt in einem
gewissen Äußeren, welches Äußere durch jenes
dem Leben eigene Wirken sowohl zu dem gebildet wird, was es ist, als auch und unablässig als
ein für sich bestehendes Ganzes erhalten wird.
So dass die Einheit des Organismus keineswegs
eine durch Sammlung oder Zusammensetzung
entstandene, sondern eine ursprüngliche Einheit ist, in welcher dasjenige, was die mannigfaltigen Teile zu einem Ganzen vereinigt, das
erste ist, das, selbst bildend, die ganze Mannigfaltigkeit hervorgewirkt [dän. »fremvirket«] hat,
in der es jetzt lebt und wirkt.«

40 **der neueren Philosophie ... δοσ μοι που στω]**
vielleicht Anspielung auf H. L. Martensens Rezension von J. L. Heibergs *Indlednings-Foredrag,*
in *Maanedsskrift for Litteratur* Bd. 16, Kph. 1836
(→ 185m,11), p. 521: »Um ihn [scil. den unbedingten Gedanken] zu finden, gilt es nicht mehr und
nicht weniger als jenen Punkt *außerhalb* der Welt
zu finden, nach dem bereits die alten griechischen Weisen suchten. (*Da mihi punctum & coe-
lum terramque movebo* [lat., ,Gib mir einen Punkt,
und ich werde Himmel und Erde bewegen']).
Diesen erfahrungs- und bewusstseinsunabhän-
gigen Punkt versucht *Hegel* zu finden, indem er

den dialektischen Zweifel durchführt.« — **δοσ μοι που στω:** gr., »δός μοι ποῦ στῶ«, ‚gib mir eine Stelle, um zu stehen‘ (die Fortsetzung lautet: »und ich werde die Erde bewegen«). Der Satz wird dem gr. Mathematiker, Physiker und Erfinder Archimedes von Syrakus zugeschrieben. H. L. Martensen zitiert den Satz auf Griechisch in seiner akademischen Abhandlung *De autonomia conscientiæ sui humanæ* (→ 204,24), p. 34, die er am 12. Juli 1837 verteidigt hat. Cf. Plutarchs Biographie »Marcellus«, Kap. 14, 7, in *Vitae parallelae*: »Unterdessen schrieb jedoch Archimedes an König Hiero, seinen Verwandten und Freund, dass man mittels einer gegebenen Kraft imstande sei, jede beliebige Last zu bewegen; ja, er soll sogar, in übertriebenem Vertrauen auf die Kraft seines Beweises, behauptet haben, er könne unsere Erde selbst bewegen, sofern ihm unterdessen eine andere Erde zur Verfügung stünde, um auf sie hinüberzutreten«, *Plutark's Levnetsbeskrivelser* (→ 226,28) Bd. 3, 1804, p. 272.

262   10   **Nonnulla desunt]** → 256,28.
24   **äuß.]** äußere.
31   **das Faustische ... die neuere Philosophie ... gelitten hat]** Anspielung auf H. L. Martensens Rezension von J. L. Heibergs *Indledings-Foredrag* in *Maanedsskrift for Litteratur* Bd. 16, Kph. 1836 (→ 185m,11), p. 527: »Hier erlaube ich mir lediglich *Goethes* Faust in Erinnerung zu rufen. Er hat ebenfalls den Glauben für den Zweifel aufgegeben. Er spekuliert gleichfalls [scil. wie Hegel] über den Logos, kann sich aber in keiner Weise darein finden, dass es ‚das Wort‘ bedeuten soll. Daher umschreibt er ihn ein ums andere Mal — darin ein getreues Abbild der neueren Spekulation in ihrem Verhältnis zur Offenbarung.«

263   16   **hyperboreische]** aus der latinisierten Form von gr. »ὑπερβόρεος«, ‚über den Boreas (Nordwind) hinaus, jenseits des Boreas‘, hier: ‚zum äußersten Norden gehörend‘.
31   **m. H.]** Meine Herren (Anrede).

264   5   **cogito ergo sum]** → 204,24. Anspielung auf H. L. Martensens Rezension von J. L. Heibergs *Indledings-Foredrag* in *Maanedsskrift for Litteratur* Bd. 16, Kph. 1836 (→ 185m,11), pp. 517f.: »Es war bekanntlich *Cartesius*, der als Reformator der Phi-

losophie auftrat und die scholastische Philosophie bekämpfte. Die Tradition, die kirchliche Autorität, jede *gegebene Voraussetzung* wurde aufgehoben; denn die Wissenschaft wollte nunmehr die Wahrheit aus sich selbst erkennen, und nur was sich durch die innere zwingende Notwendigkeit des Gedankens als unumstößliche Wahrheit ausweisen konnte, durfte als solche für den Menschen Gültigkeit beanspruchen. Im cartesianischen *cogito ergo sum* sprach sich das Prinzip dieser Philosophie aus, die in der protestantischen Welt entwickelt wurde. [...] Es gibt nun zwar eine Erkenntnis der Religion, aber keine religiöse Erkenntnis, denn der notwendige Gedanke ist nun das einzige Licht, dem sich der Forscher anvertraut.«

Palladium] ‚Schutz- oder Heilmittel‘. Latinisierte Form von gr. »παλλάδιον«, das ein Kultbild der mit Schild und erhobenem Speer bewaffneten Göttin Pallas Athena als Schutzgottheit einer Stadt bezeichnet, von dem Bestand und Schicksal der Stadt abhängen.   16

Adam ... Schöpfung unseres intellektuellen Lebens] Anspielung auf H. L. Martensens Rezension von J. L. Heibergs *Indledings-Foredrag* in *Maanedsskrift for Litteratur* Bd. 16, Kph. 1836 (→ 185m,11), p. 523. Martensen erklärt hier, Heiberg setze als unumstößlich voraus, »was allem philosophischen Rationalismus zu Grunde liegt, [nämlich] dass ‚nur die Bildung des Denkens auch Bildung des *Menschen* ist; denn der Gedanke ist nun einmal das Menschliche, das uns von der untergeordneten Natur unterscheidet, und zugleich das Göttliche, das uns mit der uns übergeordneten Welt vereint.‘ ‚Die Bildung unseres Denkens ist daher die Bildung unserer selbst.‘«   18

Nonnulla desunt] → 256,28.   20

dramatischen Wohlanständigkeit ... langen Monologe] Ersteres bezieht sich auf frz. »bienséance«, ‚Schicklichkeit im szenischen Gebaren und der dramatischen Sprache‘. Der Widerstand gegen lange Monologe dürfte hierin allerdings kaum begründet sein, eher schon in der klassischen Forderung französischer Dramaturgie nach Wahrscheinlichkeit des Dargestellten (frz. »vraisemblance«).   22

31 **Katechumenen**] Schüler, den der Priester oder Pfarrer in den Grundlagen des christlichen Glaubens unterweist.

265   9 **de omnibus dubitandum**] → 220,7 und → 261,11.

11 **silentium**] lat., ‚Stille, Ruhe, Schweigen'.

12 **Spinoza ... rein objektiv**] Anspielung auf eine These H. L. Martensens in seiner Rezension von J. L. Heibergs *Indlednings-Foredrag* in *Maanedsskrift for Litteratur* Bd. 16, Kph. 1836 (→ 185m,11), p. 520: »Spinoza resignierte gegenüber dem Ich, er zweifelte an der Realität des Subjektes, aber das Objektive, die Substanz, [die] *causa sui* [lat., ‚Ursache seiner selbst'] nahm er ohne weitere Untersuchung als den festen, unbezweifelbaren Punkt, von dem aus er sein ganzes System entwickelte.« — **Spinoza:** Baruch de Spinoza (1632-1677), aus Holland stammender jüdischer, rationalistischer Philosoph.

13 **alles Dasein zu Undulationen des Absoluten**] Im Unterschied zu Descartes, der als Dualist die Existenz zweier Substanzen, einer materiellen und als solcher ausgedehnten, sowie einer denkenden und als solcher immateriellen, annimmt, ist Spinoza Monist: Er führt infolgedessen alles Sein auf eine einzige Substanz (das Absolute: qua Gott oder Natur) zurück, wobei diese allerdings in zwei irreduziblen Gestalten, Ausdehnung und Denken, auftritt. Die materiellen Dinge sowie die einzelnen Denk- und Bewusstseinsvollzüge sind dann lediglich »Modi«, in denen diese beiden zu Grunde liegenden »Attribute« der Substanz sich manifestieren. Dass jene zu bloßen Kräuselungen oder Wellenbewegungen (Undulationen) auf der Oberfläche der einen absoluten Substanz reduziert werden, erscheint von daher als durchaus treffende Ausdrucksweise.

18 **Kant diese Skepsis ... durchführte**] Anspielung auf eine These H. L. Martensens in seiner Rezension von J. L. Heibergs *Indlednings-Foredrag* in *Maanedsskrift for Litteratur* Bd. 16, Kph. 1836 (→ 185m,11), p. 520: »Kant [...] wagte es nicht, sich dem Objektiven anzuvertrauen, er zog die Realität der gesamten Wirklichkeit dialektisch in Zweifel, wohingegen all seine Untersuchungen über die Möglichkeitsbedingungen von Erfahrung ihren letzten Haltepunkt in dem:

Ich denke hatten. Dies denkende Ich bedenkt mit größter Sorgfalt alle seine Gedanken, ob und inwieweit sie wahr sind, aber das Ich selber bleibt unbedacht.«

19 **Fichte**] Anspielung auf eine These H. L. Martensens in seiner Rezension von J. L. Heibergs *Indlednings-Foredrag* in *Maanedsskrift for Litteratur* Bd. 16, Kph. 1836 (→ 185m,11), p. 524: »*Fichtes reines* Ich versuchte die gesamte Außenwelt im Äther des Denkens zu verflüchtigen, das gesamte äußere Universum als durch die eigene Tätigkeit des Ichs gesetzt zu denken; indessen bleibt doch beständig etwas Äußerliches zurück, das sich nicht aus der Tätigkeit des Denkens erklären lässt, etwas, mit dem das Ich trotz seines Strebens niemals fertigzuwerden vermag.« — **Fichte:** Johann Gottlieb Fichte (1762-1814), genannt der ältere Fichte, dt. Philosoph, 1794 Professor in Jena, ab 1810 in Berlin.

20 **Medusa ... ins Auge zu blicken**] Medusa ist eine der drei Gorgonen der gr. Mythologie, die durch ihre Blicke jeden versteinern, der sie ansieht.

20 **Kritizismus**] Gemeint ist der deutsche Idealismus, besonders die Philosophie Kants, und zwar in Anlehnung an dessen so genannte »kritische« Hauptwerke: *Kritik der reinen Vernunft* (1781), *Kritik der praktischen Vernunft* (1788), *Kritik der Urteilskraft* (1790).

24 **Sleiermacher**] Fälschlich für Schleiermacher → 182,9.

25 **Hegel ... spekulativ konzentrierte**] Anspielung auf eine These H. L. Martensens in seiner Rezension von J. L. Heibergs *Indlednings-Foredrag* in *Maanedsskrift for Litteratur* Bd. 16, Kph. 1836 (→ 185m,11), p. 524: »Jeder, der in unserer Zeit dem denkenden Selbstbewusstsein in dessen Streben nach Helligkeit und Klarheit gefolgt ist, kann nicht umhin, die erhöhte Vernunftnotwendigkeit und tiefe Konsequenz zu bewundern und anzuerkennen, die das hegelsche System durchherrscht. Alle untergeordneten Systeme, die das rationalistische Prinzip in sich tragen, ohne es durchgeführt zu haben, werden zur sicheren Beute dieses Sytems und müssen sich als Momente darin aufnehmen lassen.«

30 **mit Hegel ist die Weltgeschichte vorbei**] Vermutlich Anspielung auf die zuvorgenannte Be-

hauptung (→ 265,25), dass Hegels Philosophie alle früheren Systeme in sich aufnimmt und auf diese Weise die (Philosophie-)Geschichte zum Abschluss bringt. Diese Auffassung entsprach einer weitverbreiteten Lesart Hegels, obwohl dieser selbst seine *Vorlesungen über die Geschichte der Philosophie* (→ 204,24) keineswegs in die These münden lässt, dass seinem eigenen System ein derart abschließender Charakter zukommt.

35 **über Hegel hinausgekommen]** → 230,11.

38 **Judas]** → 229,24.

266 1 **Karzer]** ‚Arrestraum in Universitäten und Gymnasien‘.

16 **cui vos ut frequentes ... etiam rogamus]** lat., ‚zu welcher zahlreich zu erscheinen wir euch wieder und wieder bitten‘.

17 **missa est ecclesia]** lat., ‚die Versammlung ist entlassen‘.

25 **die wissenschaftliche Anstalt ... die welthistorische Hochschule]** Vielleicht Anspielung auf N. F. S. Grundtvigs Idee »einer *Hochschule* für *volkstümliche* Wissenschaftlichkeit und *bürgerliche* Ausbildung«, *Politiske Betragtninger,* Kph. 1831, pp. 50f. Cf. auch *Nordens Mythologi eller Sindbilled-Sprog historisk-poetisk udviklet og oplyst,* 2. umgearb. Ausg., Kph. 1832, Ktl. 1949, pp. 28ff.: »Eine *bürgerliche* und *ritterliche Akademie,* oder wie immer man eine solche höhere Anstalt für Volksbildung und praktische Geschicklichkeit in allen Hauptfächern nennen will, dies ist offenbar in allen Ländern der große Mangel, dem abgeholfen werden muss; und das bald, sowohl um der bürgerlichen Gesellschaft wie um der Gelehrsamkeit willen.«

267 4 **die Sonne ... ihre Stellung überhaupt nicht veränderte]** Vermutlich Anspielung auf Jos 10,12-13, wo Josua vor dem Angriff der Israeliten auf die Amoriter der Sonne und dem Mond gebietet stillzustehen; danach heißt es: »Die Sonne blieb also mitten am Himmel stehen, und ihr Untergang verzögerte sich, ungefähr einen ganzen Tag lang.«

21 **makadamisieren]** ‚Straßenbelag aufbringen‘, nach dem schottischen Ingenieur John Loudon McAdam (1759-1836).

25 **ein Dichter ... des Prytaneums Mai und des Prytaneums Morgen]** Vermutlich Anspielung

auf die Verszeile eines Gedichtes mit dem Wortlaut »Danmarks Mai og Danmarks Morgen« [Dänemarks Mai und Dänemarks Morgen]; das Gedicht feiert die am 31. Mai 1831 in Kraft tretende Anordnung zur Einführung der beratenden Ständeversammlungen in Dänemark. Der Tag wurde während der folgenden Jahre mit den so genannten »28. Mai-Festen« begangen, bei denen sich die Teilnehmer mit Gesang vergnügten und Trinksprüche ausbrachten, um »den Tag [zu] feiern, den der Dichter so schön ›*Danmarks Mai og Danmarks Morgen*‹ nennt«, wie es in einem Artikel in *Kjøbenhavnsposten* Nr. 130 vom 2. Juni 1835 (p. 518) heißt. Weder das Gedicht noch sein Autor konnte zweifelsfrei identifiziert werden; es spricht aber einiges dafür, dass es sich bei letzterem um den Arzt O. L. Bang handelt, der unter dem Kürzel »Dr. B-o.« eine ganze Reihe von Gesängen für die o.g. Feste schrieb, die auch häufig »Danmarks Mai« [Dänemarks Mai] genannt wurden.

29 **goldenes Jahr ... die rechte Neujahrs-Zeit]** Anspielung auf N. F. S. Grundtvigs geistliches Lied zum Advent »Blomstre som en Rosen-Gaard«, in *Sang-Værk til den Danske Kirke* Bd. 1-2, Kph. 1837-1841; Bd. 1, Ktl. 201, Nr. 132. Die erste Strophe lautet: »Blomstre som en Rosen-Gaard / Skal de øde Vange, / Blomstre i et Gylden-Aar, / Under Fugle-Sange! / Mødes skal i Straale-Dands / Libanons og Karmels Glands, / Sarons Yndigheder! [Blühen wie ein Rosengarten / Sollen die öden Flure / Blühen in einem goldenen Jahr / Unter Vogelsang! / Treffen sollen im Strahlentanz / sich Libanons und Karmels Glanz, / Sarons Reize!]«, p. 330. Cf. auch die letzte Strophe: »Høit bebude Gylden-Aar / Glade Nyaars-Sange! / Blomstre som en Rosen-Gaard / ... [Laut verheißen ein goldenes Jahr / Glückliche Neujahrsgesänge! / Blühen wie ein Rosengarten]«, p. 334. DDS, Nr. 60. — **goldenes Jahr:** dän. »Gylden-Aar«, poetischer Ausdruck, vielleicht von Grundtvig, für ‚glückliches, sorgenfreies Jahr‘.

30 **der ganze alte Sauerteig ... ausgekehrt sein werden]** Anspielung auf einen paulinischen Satz in I Kor 5,7: »Schafft den alten Sauerteig weg, damit ihr neuer Teig seid. Ihr seid ja schon

ungesäuertes Brot; denn als unser Paschalamm ist Christus geopfert worden.«

31 **Schulfuchserei**] Das dän. »Skolefuxerie« schwingt, wie das dt. Wort, in der Bedeutung ‚pedantisches gelehrtes Gehabe‘ und ‚ungehobeltes Benehmen, Benehmen des Klassenletzten‘. Vielleicht handelt es sich um einen gängigen Vorwurf der Grundtvigianer gegenüber der akademischen Theologie, cf. H. L. Martensen autobiographischen Rückblick in *Af mit Levnet* Bd. 1-3, Kph. 1882-1883; Bd. 1, p. 36 bzw. H. L. Martensen *Aus meinem Leben. Mittheilungen*, Aus dem Dänischen von A. Michelsen, Karlsruhe und Leipzig 1883-1884, Erste Abtheilung, p. 43): »War von Theologie die Rede, so ergoß sich [seitens der Grundtvigianer] ein Strom von Verhöhnungen der Schulfuchserei und aller der unnützen Gelehrsamkeit mit welcher man auf der Hochschule vollgepfropft werde [...]«.

31 **Jesuitismus**] → 239,1.

32 **Papismus**] d.h. Katholizismus.

268 3 **Lokomotion**] ‚Bewegung von einem Ort zum anderen‘.

15 **Schlange, die sich selbst in den Schwanz beißt**] Bezieht sich auf Miðgarðsormr, die Midgardschlange, bei der es sich laut nordischer Mythologie um ein »schreckliches Ungeheuer, gezeugt von Loki [...] und der Riesin Angrboða«, handelt. Nachdem sie bei den Riesen aufgezogen worden war, wurde sie »auf den Grund des großen Meeres hinabgestürzt, wo sie so sehr an Größe zunahm, dass sie sich mit ihrem Körper um die Erde winden und sogar in den eigenen Schwanz beißen konnte«, *Nordiske Folks Overtroe* (→ 190,14), pp. 303-304.

22 **Hegels berühmtes Gedanken-perpetuum-mobile**] Ironische Anspielung auf Hegels Methode, deren innere Dynamik die dialektische Logik des Gedankens wie ein Perpetuum mobile, d.h. ohne Energiezufuhr von außen bewegt.

25 **Schule für das Leben**] Anspielung auf den lat. Ausdruck »non scholae, sed vitae discimus« [nicht für die Schule, sondern für das Leben lernen wir], cf. Seneca d. Jüngere (4 v.Chr. - 65 n.Chr.) *Epistolæ morales*, Kap. 106, 12. Der Ausdruck diente auch zu SKs Zeiten als Wahlspruch für viele Schulen, u.a. auch für das Kopenhagener Lyceum, wo er über dem Eingang stand.

eine Runde nach der anderen um das Pferd 26 **herum zu machen**] So wie jene frisch dimittierten Studenten, die bei ihrer Feier um die Reiterstatue am Kongens Nytorv in Kopenhagen herumfahren (s. *Karte 2, D2-3*).

Einfällen, die nur im Hirn eines Mannes aufkommen] Anspielung auf I Kor 2,9, wo Paulus (unter Berufung auf Jes 64,3) erklärt, dass Gott denen, die ihn lieben, offenbart hat, »was keinem Menschen in den Sinn gekommen ist«. 32

im Zeichen des Steinbocks geboren] Das 33 zehnte Tierkreiszeichen (Zodiak). Von denen, die in diesem Zeichen, d.h. zwischen dem 22. Dezember und 20. Januar geboren sind, wird häufig behauptet, sie seien für größere (gesellschaftliche oder in anderer Weise kollektive) Aufgaben prädisponiert; außerdem schreibt man ihnen Charaktereigenschaften wie Sachlichkeit, Ernst und methodische Beharrlichkeit zu.

Übergangs-Kategorie] Eine Kategorie, die eine 39 vorliegende Begriffsbestimmung in eine andere überführt, jene mit dieser vermittelt. Laut Hegel vollzieht sich dieser Übergang dialektisch: Jede Begriffsbestimmung generiert ihr eigenes Gegenteil, und zwar mit Hilfe einer dritten, den wechselseitigen Übergang beider konstituierenden Kategorie, die jene beiden zugleich als in einer höheren dialektischen Einheit aufgehoben erweist.

über seinen Vorgänger hinausgeht] → 230,11. 40

Die Philosophie ist nämlich der Abend des Lebens] Anspielung auf Hegels berühmte Sätze in der Vorrede zu den *Grundlinien der Philosophie des Rechts*, hg. von E. Gans, Berlin 1833 [1821], Ktl. 551, in *Hegel's Werke* (→ 184,12) Bd. 8, pp. 20f. (*Jub.* Bd. 7, pp. 36f.): »Als der *Gedanke* der Welt erscheint sie [scil. die Philosophie] erst in der Zeit, nachdem die Wirklichkeit ihren Bildungsproceß vollendet und sich fertig gemacht hat. Dieß, was der Begriff lehrt, zeigt nothwendig ebenso die Geschichte, daß erst in der Reise der Wirklichkeit das Ideale dem Realen gegenüber erscheint und jenes sich dieselbe Welt, in ihrer Substanz erfaßt, in Gestalt eines intellektuellen Reichs erbaut. Wenn die Philosophie ihr Grau in Grau mahlt, dann ist eine Gestalt des Lebens alt geworden, und mit Grau in Grau läßt 3 269 sie sich nicht verjüngen, sondern nur erkennen; die Eule der Minerva beginnt erst mit der einbrechenden Dämmerung ihren Flug.«

4   **Hegel ... die vorhergehenden rationellen Systeme**] → 265,25.

6   **ist dieser welthistorisch eingetreten**] → 265,30.

9   **Ballotage**] Abstimmung, bei der ursprünglich die Stimmabgabe mit Hilfe verschiedenfarbiger Kugeln anstatt durch Stimmzettel erfolgte.

17   **die schlechte Unendlichkeit**] → 213,8.

24   **ein galvanischer Apparat**] Apparatur, mittels derer Muskeln durch elektrische Reize zur Kontraktion stimuliert werden können. Das Phänomen wurde 1789 von dem ital. Arzt Luigi Galváni entdeckt, nach dem die Apparatur benannt ist.

26   **Der Staat ist ein Organismus**] Cf. Hegel *Grundlinien der Philosophie des Rechts* (→ 269,3) in *Hegel's Werke* (→ 184,12) Bd. 8, p. 331 (*Jub.* Bd. 7, p. 347): »Der Staat ist Organismus, das heißt Entwickelung der Idee zu ihren Unterschieden. Diese unterschiedenen Seiten sind so die verschiedenen Gewalten und deren Geschäfte und Wirksamkeiten, wodurch das Allgemeine sich fortwährend auf nothwendige Weise hervorbringt, und indem es eben in seiner Produktion vorausgesetzt ist, sich erhält. Dieser Organismus ist die politische Verfassung.«

270   26   **verborgene Tiefen**] → 242m,7.

27   **hier ist es gut zu sein**] Anspielung auf einen Satz aus der Verklärungsgeschichte Jesu, → 247,32.

35   **jetzt ist ... die Weltgeschichte vorbei**] → 265,30.

36   **die Natur den Begriff festzuhalten**] Folgt man Hegels Sprachgebrauch, so ist der Terminus »Begriff« der emphatische Ausdruck für die Einheit von Wahrheit und Wirklichkeit, Denken und Sein. Im ersten Teil des hegelschen Systems, der Logik, wird diese Einheit in Abstraktion von jeder empirischen Wirklichkeit entfaltet; im zweiten Teil, der Naturphilosophie, untersucht Hegel die mannigfaltigen Formen, in denen der Begriff im Umkreis der Natur bzw. Naturerkenntnis (qua Biologie, Chemie, Anatomie etc.) hervortritt. Die Philosophie des Geistes schließlich hat das stufenweise Sichselbstdurchsichtigwerden des Begriffs im Medium des Geistes bzw. dessen (moralische, künstlerische, religiöse

und zuletzt philosophische) Manifestationen zum Gegenstand. Erst auf diese: letzten, spekulativ-philosophischen Höhe des Begriffs wird die Immanenz des Geistes, für diesen selbst, auch im Medium der Natur deutlich. Erst jetzt kann somit »die Natur den Begriff festhalten«.

6   272   **äußerlichere**] dän. »mere udv.«.

11   **Realschule**] dän. »Efterslægten«, eigentl. ‚Nachkommenschaft, späteres Geschlecht, Nachgeschlecht'; umgangssprachliche Bezeichnung für die bürgerliche Realschule, welche die 1786 gestiftete *Selskabet for Efterslægten* [Gesellschaft für die Nachkommenschaft] im Jahre 1797 gründete und die in der Østergade gegenüber der St. Jørgensgade lag (s. *Karte 2, C2*).

JOURNAL HH

JOURNAL HH

übersetzt von
Krista-Maria Deuser und Hermann Deuser

Kommentar:
Niels Jørgen Cappelørn und Christian Fink Tolstrup

übersetzt und bearbeitet von
Krista-Maria Deuser und Hermann Deuser

Quellen

Ms.   KA, A pk. 42 læg 1 und C pk. 4 læg 2
B-fort.   H.P. Barfods Verzeichnis 444
SKS 18   *DSKE* 2 folgt dem Text des Journals in *SKS* 18 (Seitenzählung am Rand)

125

1 Kphgn. d. 14. Juni 1840.

2   *Alles ist Neu in Christo.*
dies wird mein Standpunkt für eine spekulative chr. Er-
kenntnislehre sein. (Neu nicht nur insofern als es et-
5 was anderes ist, sondern auch als das Verhältnis des
Erneuerten, des Verjüngten zu dem Veralteten, Über-
lebten.)
       dieser Standpunkt wird zugleich polemisch und iro-
nisch sein.
10   dies wird außerdem zeigen, dass Xstt. nicht ein Zu-
sammenscharen um einen einzigen Gegenstand, um
eine einzige Normal-Gesinnung ist, – nicht wie ein neuer Lappen auf ein altes Tuch, sondern wie ein Verjün-
gungs-Trank.
15   Der komparative Standpunkt von dem aus man
bisher das Xstt. in ein Verhältnis zur Vergangenheit gesetzt hat ist dieser:

       Nichts ist Neu unter der Sonne.
       Dieser Standpunkt verhält sich negativ zum Phä-
20   nomen, erschlägt das Leben durch die abstrakte
Monotonie, die hier doziert wird, während der andere [Standpunkt] befruchtend ist.
die Idee der Mediation selbst, die Losung der neueren
Philosophie, ist gerade das Gegenteil zum Chr., für
25 dessen Standpunkt die vorhergehende Existenz nicht
so leicht verdaulich ist, sondern schwer in ihm und
auf ihm liegt, ebenso wie für das einzelne Individuum seine Existenz vor dem Glauben keineswegs bloß
sorglos mediiert, sondern mit tiefem Leid versöhnt
30 wird; wie überhaupt die beiden Gedankenbestimmun-
gen in gleicher Weise notw. sind: dass Xstt. das ist,
was in keines Mschen Gedanken entstanden ist, und
wenn es dem Msch. gegeben wird, ihm dennoch natürlich ist, so dass auch hier Gott schöpferisch ist.

[a]fortes fortuna ist der Standp. 1
der Heiden. Gott ist mächtig in
den Schwachen ist der chr.
[Standpunkt]: man sieht sofort,
dass der erste eine unmittel- 5
bare Bestimmung ist, da das
Glück hier bloß der Reflex der
vorhandenen unmittelb. Genialität des Einzelnen ist, die unmittelb. harmonia praestabilita: 10
der andere ist eine reflektierte
Bestimmung, die durch die Vernichtung des Einzelnen geschieht.

Wenn ich sage, dass Alles neu ist in Xsto, dann gilt dies   **3**
insbesondere für alle anthropologischen Standpunk-
te; denn das eigentl. Wissen von Gott (die göttl. Metaphysik, die Dreieinigkeit) ward vorher nie gehört und
ist demnach in einem anderen Sinn neu in Xsto.; hier   *5*
sieht man vor allem die Gültigkeit des Offenbarungsbegriffs gegenüber dem rein humanen Standpunkt.   126
Man muß die beiden Sätze unterscheiden: Alles ist neu,
was eine ästhetische Anschauung ist – Alles ist neu in
Xsto, was eine dogmatische, welthistorisch spekula-   *10*
tive Anschauung ist.

Es gehört moralischer Mut dazu zu trauern; es gehört   **4**
religiöser Mut dazu, froh zu sein. –

auch hieran sieht man das negative polemische Verhält-   **5**
nis, in welches die Welt der Heiden eine zukünftige   *15*
Existenz zu der gegenwärtigen setzt, dass jeder bei
seiner Ankunft im Elysium aus der Lethe trinken muss;
die chr. Anschauung lehrt, dass der Msch. Rechenschaft ablegen muss für jedes ungebührliche Wort, was
unter anderem wohl als die totale Präsenz des Vergan-   *20*
genen verstanden werden muss, auch wenn eine andere Lethe das Nagende und Verzehrende daran weg-
nehmen wird.

▸▸Neujahrs Morgen   **6**

Über den Vorsatz◂◂   **7**

Journal HH, p. 1 (HH:1-2)

Journal HH, p. [2] (HH:2-5)

129

8 wir lesen: und Gott versuchte Abrah. und er sprach zu ihm Abrh.
Abrhr. und Abraham antwortete hier bin ich. Es ist jener vertrauensvolle gottergebene Sinn, jene Freimütigkeit, den Versuchungen entgegenzutreten, freudig zu antworten hier bin ich,
5   worauf wir aufmerksam sein müssen. Ist dies mit uns nun ebenso, oder ist es nicht eher so, wenn wir bemerken, dass sich die
schweren Prüfungen nähern, dann würden wir uns so gerne
entziehen, wir wünschten bloß einen Winkel auf der Welt, um
uns darin zu verstecken, wünschten die Berge würden uns ver-
10   stecken, oder ungeduldig suchten wir die Bürde von uns auf
Andere zu wälzen; oder selbst die, die nicht versuchen zu flüchten, wie langsam, wie widerwillig bewegt sich der Fuß auf der
Bahn voran. Nicht so mit Ab., er antwortet freudig Hier bin ich;
er fällt keinem zur Last mit seinem Leid, nicht Sarah, wie wohl
15   er sah, dass es sie äußerst betrüben würde Isaak zu verlieren,
nicht Elieser, dem treuen Diener in seinem Haus, bei dem er
doch am ehesten Trost gesucht haben müsste. Wir lesen: er stand
früh am Morgen auf. Er hatte es eilig wie zu einem Freuden-
fest und beim Morgengrauen war er an der von dem Herren be-
20   stimmten Stelle auf Moria. Und er spaltete das Holz und band
Isaak und er entzündete das Feuer und zog das Messer. Mein
Z., es gab manch einen Vater in Israel, der glaubte mit seinem
Kind Alles zu verlieren, was ihm lieb war, dass er jeder Zukunfts-
Hoffnung beraubt würde, aber es war doch kein Kind der Ver-
25   heißung in dem Sinne, wie es Isaak für Abr. war. Es gab manchen Vater, der es verloren hat, aber da war es ja doch Gottes allmächtige und unerforschliche Lenkung, da war es ja doch Gott
der gleichsam selbst das gegebene Versprechen auslöschte, der
[Vater] müsste wie Hiob sagen: der Herr hat es gegeben der Herr
30   hat es genommen. nicht so bei Abraham, es wurde von seiner
eigenen Hand gefordert, Isaaks Schicksal war mit dem Messer
in Abr.s Hand gelegt. Und er stand früh hier auf dem Berg, er der
al[te] Mann mit seiner einzigen Hoffnung. Aber er zweifelte
nicht, er schaute nicht nach rechts und links, er forderte den
35   Himmel nicht mit seinen Klagen heraus. Er wusste, dies war
das schwerste Opfer, das Gott von ihm fordern konnte, aber er
wusste auch, dass nichts zu groß war für Gott. Wir kennen nun
130 alle den Ausgang der Geschichte. Er überrascht uns vielleicht
nicht mehr, weil wir ihn aus frühester Kindheit kennen, doch da

liegt der Fehler ja in Wahrheit nicht in der Geschichte, sondern
in uns, weil wir zu träge sind, um wirklich mit Abraham zu fühlen, mit ihm zu leiden. Er kehrte zurück, fröhlich, unbeschwert,
auf Gott vertrauend; denn er hatte nicht gewankt, er hatte sich
nichts vorzuwerfen. Wenn wir uns vorstellen würden, dass Ab-   5
raham beim ängstlichen und verzweifelten Umherschauen den
Widder entdeckt hätte, der seinen Sohn retten sollte, wäre er
dann nicht beschämt nach Hause gegangen, ohne Vertrauen auf
die Zukunft, ohne die Gewissheit vor sich selbst, dass er bereit
war, Gott jedes Opfer zu bringen, ohne die himmlische Stim-   10
me in seinem Herzen, die ihm Gottes Gnade und Liebe verkündete.

Abraham sagte auch nicht, nun bin ich ein alter Mann gewor-   **9**
den, meine Jugend ging dahin, mein Traum hat sich nicht erfüllt, ich wurde zum Mann und was ich begehrte, hast Du mir   15
verwehrt, dann wurde ich ein Greis, und auf wundersame Weise erfülltest Du Alles; vergönne mir nun einen stillen Abend,
ruf mich nicht wieder hinaus zu neuen Kämpfen, lass mich froh
sein an dem, was Du mir als Trost meines Alters gegeben hast.

Über das Erbauliche, das in dem Gedanken liegt, dass wir Gott   **10**
gegenüber **immer Unrecht** *haben.*

sonst werden wir versucht, die Vorsehung anzuzweifeln.
Denn wäre da ein Msch., ein einziger, mag er der mächtigste, der
in der Welt gelebt hat oder der geringste gewesen sein, das tut
nichts zur Sache, der am Tag des Jüngsten Gerichts mit Recht   25
sagen könnte, um mich wurde nicht getrauert, im großen Haushalt ging ich vergessen; oder ob er auch, wenn er sich selbst viel
anrechnete, mit Recht sagen könnte: ich bekenne es, ich bin in der
Welt umher geirrt, ich bin vom Weg der Wahrheit abgewichen,
aber ich habe meine Sünde ja bereut, ich habe meine Kräfte an-   30
gestrengt im aufrichtigen Vorsatz zum Guten, ich habe meine
Stimme erhoben und habe zum Himmel um Hilfe gerufen,
aber niemand antwortete, kein Ausweg kam in Sicht, keine auch
noch so entfernte Beruhigung ... Wäre dem so, dann wäre doch   131
Alles Torheit, wo wäre da die Grenze.   35

– Jeder, der der Versuchung nachgegeben hat, muss ja doch zugeben, dass da eine Möglichkeit war, dass im nächsten Augenblick die Hilfe schon da gewesen wäre; und dies ist kein Sophis-
mus, wie es dem zweifelnden Sinn scheinen könnte, der sagen
5 wird, dass man dies immer sagen könne, sondern eine Betrachtung.

11 *Über Christi aufopferndes Wandeln unter uns. –*
Man hat zu verschiedenen Zeiten Xsti Leiden verschiedenartig
aufgefasst, teils den großen physischen Schmerz etc., aber Du
10 hast ja doch gespürt, wie verzehrend auch das bereuende Leid
ist, so ist doch das Leid, das uns ergreift, wenn wir unschuldig
leiden, wenn wir die Folgen der Schuld anderer tragen müssen, um so größer, so wie das Leiden Xsti. Aber unter all dem
Leiden war er nicht der, der an sich selbst dachte, oder gar ande-
15 ren mit seinem Leid zur Last gefallen wäre, er der mit so großem Recht den Leidenden, die bei ihm Trost suchten, hätte sagen können, seht ihr denn nicht wie sehr ich leide, wie schwer
die Bürde auf meinen Schultern lastet; und dennoch war er zu
jeder Zeit in jedem Augenblick bereit, den Klagen und Leiden
20 anderer zuzuhören, zu trösten.

12 **Die Prüfungen Gottes.**
... Oder hast Du ihn nie gesehen m. Z., ihn den liebevollen Vater, der sein Kind weit weg von sich in die Welt hinaus schickte,
damit es reif und geprüft werde für das Werk des Lebens; hast
25 Du nicht gesehen, wie zärtlich sein Auge auf ihm ruhte, so lange es ihm noch folgen konnte, wie bekümmert er zu Hause saß
und sehnsuchtsvoll auf eine Nachricht von dem geliebten Kind
wartete. Und doch war er es ja selbst gewesen, der ihm die Prüfung auferlegt hatte. Es stand ihm ja frei, ihn zurückzurufen,
30 ihn unter seinen eigenen Augen aufwachsen und älter werden zu
sehen, soweit wie möglich jeden giftigen Hauch von Versuchung von ihm fernzuhalten. Aber er sah ein, dass dies nicht Va-
terliebe wäre, sondern eine unangebrachte Schwäche, und des-
132 halb schickte er ihn fort; der Grund der Prüfung also war Liebe ..
35 Oder hast Du nie einen gesehen, der denjenigen prüfte, den er
am meisten auf der Welt liebte, hast Du nicht gesehen, wie er-

finderisch er war für schwierige, immer schwerere Prüfungen,
um sich tiefer und tiefer von der Liebe zu überzeugen und ihrer zu vergewissern, deren Besitz ihm seine Seligkeit bedeutete. Hast Du nicht gesehen, wie ängstlich er war, wie unruhig, um
wieviel mehr er oft litt als prüfte; und doch war es ja sein eig-   5
ner Einfall, er hätte zufrieden sein können mit der Liebe, in deren Besitz er sich wusste; aber er wollte dies nicht; und also war
Liebe der Grund zur Prüfung; und ist es nicht so, dass wir überhaupt nur das, was wir lieben, auch durch Prüfungen zu besit-
zen wünschen.   10
   Gottes Prüfungen sind in der Liebe begründet.
Und scheint es Dir auch, dass das Bild jenes liebevollen Vaters,
der so besorgt um das Wohl seines Kindes zu Hause sitzt, so
schön ist, dass Du deswegen etwas entbehren würdest, wenn
sich die Vorstellung ausweitete auf den allmächtigen Vater im   15
Himmel, so ist ja doch der Unterschied selbst erhebend; denn
dass er von uns keinen Bericht erwartet, das kommt ja daher,
dass er stets bei uns ist; und dass er keine Angst um uns hat daher, dass er der allmächtige Gott ist;

    Gottes Prüfungen sind deswegen, was in den beiden   20
    ausgewählten Bildern schon angedeutet wurde:
     1) erzieherisch.

    2) auf die Gründung einer tieferen Gemeinschaft mit
    Gott hinzielend.
Wir wissen wohl, dass wir in vieler Hinsicht in diesem Erdenle-   25
ben immer erzogen werden müssen, und wir werden uns die
Einbildung nicht wünschen, wir seien dem entwachsen – einmal muss dies ja aufhören, und ein Schimmer davon muss hier
im Leben schon zu spüren sein.

Du klagst über die Msch. über die Verderbtheit der Welt, wir   **13**
wollen nicht entscheiden, ob Du Recht hast, wir wollen zugeben, dass weit heiligere Männer als wir mit mehr Befugnis dieselbe Klage geführt haben:

   es ist kein Grund   133
   in Hand und Mund   35

worauf nun sei zu bauen
jedes Herz ist gebunden
jedes Ich ist verschwunden
jeder Schalk in Kindesmunden
5   keinem Versprechen ist zu trauen.

Aber vieles liegt in Dir selbst; denn es ist doch ein Streit, den niemand sonst für Dich streiten kann, ein Zweifel, den sonst niemand beruhigen kann; ein Leiden, das niemand sonst stillen
kann, das Leiden und die Besorgnis um Gott, bist Du erst darü-
10   ber beruhigt, so wirst Du die Welt viel besser finden; denn dann
wirst Du in der Welt nicht suchen und von ihr nicht fordern, was
sie nicht geben kann. – dann wirst Du selbst imstande sein, andere zu trösten und zu beruhigen.

14   Zu Dir wollen wir unseren Sinn wenden, Du unser Gott, wir wol-
15   len Dich gänzlich darin herrschen lassen; denn Du bist der, der
erhöht und der erniedrigt: und stünden wir auch geehrt in der
Welt, höchst vertrauenswürdig unter den Msch., wäre auch das
Schicksal vieler in unsere Hand gelegt und hätten viele vielleicht neidisch zu uns aufgeschaut, fände doch unser ganzes
20   Streben, unser Handeln, unsere Sehnsucht, unsere Hoffnung in
der Welt keine Gnade vor deinen Augen, gerechter Gott, oh, was
wäre da jene Herrlichkeit gegen diese Unglückseligkeit; und
stünden wir gebeugt und bekümmert, verkannt, verlassen, allein mit unserem Leid, und dennoch ruhte Dein Auge, das in
25   das Verborgene sieht, mit Wohlgefallen auf unserem Streben
und Handeln, unserer Hoffnung und unserem Harren auf Dich,
und was wäre jenes Missgeschick gegen diese Seligkeit; und
stünden wir gedemütigt und zerknirscht bei dem Gedanken an
eigene Schuld, hätten unsere Sünden uns den anderen Msch.
30   fremd gemacht, so dass kein Trost bis zu uns drang, und dennoch unsere Reue den Weg zu Deinem Thron gefunden hätte,
barmherziger Gott, und Gnade vor Deinen Augen, oh, was wären jene Leiden gegen diese Seligkeit

15   ⌊das Xstentum wird uns Alles sein.⌋

134

⌊machtlos die himmlischen Kräfte über sich, in der Hitze des   **16**
Streites wird Gottes Gnade dich über*schatten.*⌋

Gottes väterliche Liebe.   **17**

. . . . und scheint es Dir auch, während der Gedanke das väterliche Heim verlässt und sich draußen in der weiten Welt ver-   5
irrt, um sich zu der Vorstellung des allmächtigen Schöpfers aller Dinge und doch zugleich des gemeinsamen Vaters aller em-
por zu heben, dass Du doch Etwas versäumst von der Zuneigung, die dir nämlich zuteil wurde in deinem Vaterhaus, weil
dein irdischer Vater nur dein Vater war und nur Du sein Kind,   10
und scheint es Dir wie eine Folge daraus, dass dies Bild nicht
ganz passt, da du ja fühlst, dass solche irdischen Vorstellungen nicht übertragen werden sollten, nun dann räumen wir ein,
dass das Bild nicht ganz passend ist.
Aber als Du selbst ängstlich und bekümmert zu ihm gingst, dei-   15
nem irdischen Vater, um Trost und Beruhigung zu finden, und
Du ihn selbst gebeugt, betrübt gefunden hast und auf diese
Weise sein Leid dein eigenes nur vergrößerte, nicht linderte,
auch wenn Du für einen Augenblick deine eigenen Leiden aus
Mitgefühl mit den seinen vergessen hast; und wenn Du hinge-   20
gen untröstlich und machtlos Deinen Sinn und Deinen Gedanken zu ihm, der für Alle sorgt, gewandt hast, und ihn immer
mächtig in dem Schwachen gefunden hast, je mächtiger desto
schwächer Du selbst wurdest, mein Zuhörer, da passte das Bild
auch nicht ganz, und wohl Dir je mehr Du spürst, dass das Bild   25
nicht passt. War es in der Vergangenheit deswegen, dass Du mit
einer gewissen Wehmut spürtest, dass, obwohl Du das Beste genommen hast, was Du auf Erden hattest, um damit das Himmlische auszudrücken, dass auch dieses nicht zum Himmel vor-
dringen konnte, sondern sich unterwegs auflöste und für Dich   30
verschwand, nun, dann ist es nicht so; denn nun hast Du gespürt, dass Gott nicht nach der irdischen Bezeichnung so genannt wird, sondern dass es umgekehrt ist, dass es ist wie die
Schrift sagt, dass es nach ihm deinem himmlischen Vater ist, dass
alle Väterlichkeit einen Namen hat im Himmel und auf Erden,   35
dass der Vatername nicht von der Erde aus zum Himmel

strebt, sondern vom Himmel zur Erde hinabsteigt, so dass Du,
135   auch wenn Du den besten Vater gehabt hättest, den es auf Er-
      den geben könnte, so wäre auch er nur dein Stiefvater, nur ein
      Abglanz der väterlichen Liebe, nach der er benannt ist. –

18   nur ein Schatten, ein Abglanz, ein Bild, eine Ähnlichkeit, ein
      dunkles Wort über die Väterlichkeit von der alle Väterl. ihren Na-
      men hat im Himmel und auf E[rden]. Oh! m. Z., hast Du diese
      Seligkeit begriffen, besser gesagt, ist es meiner Darstellung ge-
      lungen, Dich daran zu erinnern, was Du Besseres und Reicheres
10   und Seligeres besitzt; besser gesagt, habe ich Dich überhaupt
      nicht verwirrt.

19   *Was es bedeutet, Erfahrung machen zu wollen*
                    mit dem Ev. über Nikodemus.
                              Gebet
15   … und wenn Du uns begnadest mit einer der besseren Stun-
      den, da wollen wir Dich bitten, dass es keine dieser vielen flüch-
      tigen Stimmungen sei, die nur unsere Sinne in verschiedene
      Richtungen beunruhigen, sondern dass jede dieser Stunden ei-
      ne Verheißung darüber beinhalte, dass sie nicht die einzige sei,
20   damit das Leid uns nicht derart überwältige, dass wenn die Zeit
      der Gnade kommt, wir uns dann nicht dafür sammeln könn-
      ten; oder dass die Freude uns so hinreißen würde, dass uns der
      Augenblick des Segens unbemerkt und ungenutzt dahinschwin-
      det. Wir wissen wohl, dass es uns gebrechlichen Msch. nicht ge-
25   geben ist, dass das Göttl. beständig in uns wohnt, aber wir wis-
      sen doch auch, dass es das ist, wonach wir streben, und dass Du
      Dich nicht ohne Zeugnis lassen wirst, und Deine Gnade keine
      Quelle ist, die austrocknet weil wir aus ihr schöpfen, sondern
      dass sie um so reichlicher sprudelt und desto höher springt je tie-
30   fer wir graben. Wir vermögen nicht Zeit und Ort zu bestim-
      men, aber lehre Du uns unseren Sinn zu bereiten, dass er im rech-
      ten Augenblick nicht unfähig und unwürdig sei zum Empfan-
      gen, nicht kalt und unfruchtbar. –
      Erfahrung zu machen, ja es ist ein großer Gedanke, viel erlebt zu
35   haben, einen unerschöpflichen geistigen Schatz zu besitzen, der
      niemals von uns genommen werden kann, ja das ist ein gro-

ßes Ziel. Dies ist der Wunsch, der den Jüngeren begeistert, wenn
sein Herz in einer unbestimmten Sehnsucht schwelgt, er
wünscht dass nichts seinem Blick entginge, nichts von ihm unge-   136
prüft bliebe, dass er sich in Allem versuchte, wohl oft mit dem
verfänglichen Wunsch verbunden, mit Recht sagen zu können,   5
auch dies habe ich [selbst] empfunden. Und es ist nicht nur das
Erfreuliche, sondern auch das Traurige, von dem er wünscht,
geprüft worden zu sein, um sich später mit Freude daran zu erinnern, dass auch der Kelch des Leidens ihm gereicht wurde,
dass er dessen Bitterkeit gekostet und sich dennoch aufrecht ge-   10
halten hat.

Aber hier liegt schon der Fehler darin, alles erlebt haben zu
wollen, bevor er so richtig angefangen hat zu leben.

Und nun der Ältere, bei ihm setzen wir ja voraus, dass er es erlebt hat und über das jugendl. Verlangen sich doch oft einbil-   15
det, dass das, was der Einzelne erlebt hat, Nichts ist gegenüber dem, was er selbst erleben wird, auch wenn er mit Stolz sich
selbst als einen betagten Mann sieht, der weitaus reicher an Erfahrung ist, so hat er doch eine gewisse Achtung vor dem was
der Ältere besitzt, weil er ja erfahren ist; denn wie traurig wäre   20
es nicht, sich einen Greis vorzustellen, der sein ganzes Leben
hindurch bloß gleichzeitig mit seinem eigenen Leben gewesen
wäre, und darüber Bescheid wüsste wie von jeder anderen äu-
ß[eren] Begebenheit, er wüsste Zeit und Glockenschlag, aber die
innere Aneignung davon, – Wir sehen auf diese Weise, dass we-   25
der das unruhige Verlangen nach draußen in die Welt, noch
das bloße Leben in der Welt genug ist, um Erfahrung zu machen. In einem gewissen Sinn machen wohl auch diese [Men-
schen] Erfahrung, aber da sich in ihnen nicht die Macht entwickelt, die alles überwindet und überschaut, werden sie nie *aus*   30
Erfahrung klug. Dazu gehört der Willens-Akt, der Erfahrung [be-
wusst] machen will, *der sich im Augenblick der Trauer der Freude*
erinnern **wird,** *die er erlebt hat, der in der Stunde der Freude die Trau-*
er nicht vergißt, die droht

Xstliche Erfahrung.   20

.... auch diese Andachtsstunde wird nun bald entschwun-
den sein, sie wird vielleicht für Dich Bedeutung haben, so dass

Du dich oft daran erinnern wirst, oder sie wird spurlos verschwinden, so dass Du binnen der nächsten Stunde vergeblich
versuchen wirst, Dich darauf zu besinnen – wir wissen es nicht,
wer kennt das Wirken des Geistes, der vorbeizieht wie das
5 Wetter und keiner weiß wo er herkommt oder wo er hinzieht;
137 das aber wissen wir, dass, wenn Deine Gegenwart im Haus des
Herren deine Andacht in seinem Tempel nicht wie die Blume ist
und die reichste Entfaltung der stillen häuslichen Andacht, die
Dich täglich in deinem Tun bestärkt, deine Freude heiligt, dei-
10 ne Trauer adelt

21 ..... und wenn die Versuchungen sich nähern, dann wollen wir
uns ihrer nicht entziehen, weil wir ja wissen, dass sie dadurch
nicht überwunden sind, dass sie im Gegenteil stärker wiederkommen, wir wollen nicht hinsinken in ein ohnmächtiges Dö-
15 sen, so dass wir eher sagen müssten, dass es mehr mit uns geschieht als dass wir handelten, damit wir nicht, falls die Versuchung uns auch nicht zu Fall bringt, beschämt da stünden wie
die, die sagen müssen, dass es nicht unsere Schuld war, dass wir
nicht gefallen sind, sondern ein Schicksal, das uns errettet hat.
20 Wir sagen dies keineswegs als wollten wir den eitlen Gedanken
nähren, dass wir es selbst gewesen wären, die sich durch ihre
eigene Stärke gerettet hätten; denn wir wissen, dass wir ohne
Gott nichts vermögen, jedoch Alles, wenn Gott bei uns ist. Wir
sagten deshalb mit Fleiß, es sei wie ein Schicksal gewesen, das
25 uns versuchte, denn wie sollten wir wagen, es eine Lenkung zu
nennen, und dabei den Gedanken zu Gott erheben, wenn wir
uns im selben Augenblick bewusst werden, nicht selbsttätig gewesen zu sein; denn ebenso wie Gott mit uns sein soll, wenn etwas zu leisten ist, so müssen auch wir sozusagen mit Gott sein,
30 wach sein, Xsti Mitarbeiter, nicht eingeschlummert oder hin-
weggeträumt; denn die Austreibung der Versuchung ohne unser Mitwirken gibt keine Sicherheit gegenüber neuem Streit, kein
aus dem Streit heraus erneuertes und bestätigtes Vertrauen auf
den Beistand Gottes. –

35 ⎯⎯⎯⎯⎯⎯

der zweite Angriff der Versuchung ist immer der schlimmste,   **22**
ob er uns nun übermütig findet darüber, dass der erste besiegt
wurde, oder bekümmert darüber, dass wir uns dem ersten entzogen haben. –

und Gott mache die Versuchung und ihr Ende so, dass wir es er-   **23**
tragen können. Du, m. Z., der du geprüft wurdest in schweren
Versuchungen und vielleicht oft den guten Streit gestritten und   138
gesiegt hast, ach, aber als Du dann der Versuchung bisweilen
unterlagst und Du standest da, als sie über Dich siegte, und ach
Du standest da in dem Bewusstsein, dass die Schlacht verloren   10
war, und Du blicktest über die Öde, die in Deiner Seele lag, und
es war Dir als wäre alles verloren, und die Verzweiflung lockt
Dich, ihre Begeisterung berauscht Dich schon. Da kamen dir vielleicht diese Worte in den Sinn: Gott mache das Ende der Versuchung so, dass wir es ertragen können, denn das Ende der Ver-   15
suchung ist nicht immer Sieg, aber ihr Ende mache Gott so,
dass wir es ertragen können, und deine Seele soll wieder nüchtern und wach werden.

Das Verhältnis der Gemeinde zu Xstus   **24**
im Bild von der Braut und dem Bräutig.   20

Es könnte vielleicht unpassend erscheinen, ... das Göttl. wird in
unserer Zeit weit höher gestellt, als dass es sich mit solchen Bildern begnügen sollte .. dies ist nun gut und schlecht zugleich
und man darf niemals die Bedeutung des Bildes übersehen ...
man soll mit solchen Bildern nicht spielen od. damit *liebäugeln*   25
.... Oder sollte der Grund dafür, dass man dieses Bild nicht
mag, wenn es denn in seiner Reinheit aufgefasst wird, nicht der
sein, dass die Liebe in unserer Zeit nicht so aufopfernd ist, so begeistert, so ausdauernd. Hier müssen wir nun daran erinnern,
dass das ganze Leben ja eine Verlobungszeit ist, das Grab ist die   30
Brautkammer, der Himmel . . . . . od. ist es nicht so, wenn wir uns
den seligen Augenblick vorstellen, wenn der Glaubende nach
den vielen Verirrungen, den vielen Missverständnissen, nachdem
er die vielen Missgeschicke und die vielen Versuchungen überwunden hat, nun endlich in die Arme seines Erlösers sinkt. –   35

25   Über die Vergebung der Sünden.

Man hat oft mit einer gewissen Geringschätzung vom Xstt. gesprochen im Vergleich zu den großen Aufgaben, die sich die
Mschheit ansonsten gesetzt hat; man hat beklagt, dass es das
5 Große im Msch. verkleinere, oder man hat über seine Einfachheit gespottet, dass es die Selbständigkeit des Msch. gar nicht
139 förderte, sondern ein untätiges Empfangen, und das war es,
was man unter Glaube verstand. Doch so wie das Xstt. das
Leichteste ist, so ist es auch das Schwerste, gerade weil es dem
10 Msch. schwer fällt, sich zu bezwingen … so hier die Vergebung
der Sünden. Es wird Dir nicht befohlen, dies oder Jenes zu tun,
es wird kein Weg angewiesen, um deine Schuld abzuarbeiten;
sondern Du sollst glauben, dass es eine Sündenvergebung gibt

Das ist unmöglich, sagst Du, der Du in deiner Weisheit schon
15 fertig bist mit dem Xstt., es ist unmöglich, weil es unbegreiflich ist … . . es ist unmöglich, sagst Du, der sich so gerne wünschen würde, dass dies wahr sei, der noch immer mit seinem
Blick auf dem Xstt. verweilt, weil Du fühlst, dass es von dort
kommen muss, wenn es überhaupt kommen wird … . Es ist un-
20 möglich, sagst Du, Du der doch spürte, dass es wirklich ist, Du
dessen Reue in eine stille Trauer verwandelt wurde, es ist unmöglich, sagst Du, und bringst damit deinen unaussprechlichen
Dank an Gott, zum Ausdruck, der in seiner unbegreiflichen Gnade und Barmherzigkeit sich in Xsto mit der Welt versöhnt hat. –

25

26   **Gute Werke**
Wir erinnern uns ja doch alle an eine Zeit, da wir uns wünschten, einen Vater, eine Mutter oder sonst jemanden, der uns lieb
war, mit einem Geschenk zu erfreuen, ja, vielleicht gar zu über-
raschen, und wenn wir dann halb verschämt wegen dessen Ge-
30 ringheit es überbrachten, mit abgewandtem Gesicht, so muss
ein gutes Werk sein, schamhaft … , dort stünden wir ja nicht mit
aufgeschlagenem Rechnungsbuch und sagten, dies gebe ich
Dir, und nun verlange ich etwas von Dir … . die linke Hand darf

nicht wissen was die rechte tut, frei von aller Selbstre-
flexion. Als Kinder brachten wir den Eltern die Ge-
schenke, die sie oft selbst uns gegeben hatten, und so
steht es immer mit Gott.

... Denn was hülfe es Dir schon, wenn Dein Auge ge-   **27**
schlossen wäre, so dass es sich am Glanz der Welt
nicht mehr erfreute, was hülfe es, wenn dein Ohr verschlossen wäre, so dass sich die Eitelkeit der Welt kei-   140
nen Weg mehr dahin bahnte, was hülfe es Dir, wenn
dein Herz kalt und ruhig wäre, so dass die Geschäfte   10
der Welt es nicht mehr bewegten; was hülfe es Dir,
wenn dein Auge für die himmlische Herrlichkeit nicht
wieder geöffnet wäre, Dein Ohr offen für die unaussprechlichen Worte, die von oben her kommen, dein
Herz nicht bewegt und voll von himmlischer Stim-   15
mung?

Herr unser Gott, lehre Du uns richtig zu beten, dass   **28**
unsere Seele sich für Dich öffne, dass sie einen heim-
lichen Wunsch nicht verbirgt, von dem sie weiß, dass
Du ihn nicht erfüllen wirst, dass sie aber auch keine   20
stille heimliche Furcht nährt davor, dass Du ihr etwas verweigern müsstest, das zu ihrem Frieden und ihrer Erlösung dienen könnte, so dass sie ihre Ruhe dort
suchen und finden darf, wo allein sie zu haben ist, im
demütigen Dank an Dich; denn erst, wenn wir es ver-   25
stehen, Dir immer zu danken, erst dann haben wir die
Welt überwunden.

.. und Xstus *sitzt* ja nicht immer zur rechten Hand des   **29**
Vaters, aber wenn Gefahren drohen, dann *erhebt* er
sich, dann steht er aufrecht, wie auch Stephanus ihn ge-   30
sehen hat, zur Rechten des Vaters.

30   über das Ev. von Nikodemus.

      *Über das Erfahrung machen **wollen**.*
      das ist es, wonach der Jüngere trachtet, worauf der
      Ältere stolz ist.

5   . . .

      Auch diese Andachtsstunde wird nun bald ent-
      schwunden sein; sie wird vielleicht für Dich Bedeu-
      tung haben, so dass Du dich oft daran erinnern wirst,
      sie kann vielleicht spurlos verschwinden, so dass Du
10   binnen der nächsten Stunde vergeblich versuchen
      wirst, Dich auf sie zu besinnen – ich weiß es nicht, wer
      kennt das Wirken des Geistes, der vorbeizieht wie das
141   Wetter, und keiner weiß, woher er kommt oder wo-
      hin er zieht; aber dies weiß ich, dass, wenn Deine An-
15   wesenheit im Hause des Herren, deine Andacht in
      seinem Tempel nicht wie die Blume ist, und die reichs-
      te Entfaltung der stillen häuslichen Andacht, die täg-
      lich Dich und Dein Tun stärkt, Deine Freude heiligt
      und Deine Trauer adelt –

31   .... Und wenn die Versuchungen sich nähern, dann
      wollen wir uns ihnen nicht entziehen, weil wir ja wis-
      sen, dass sie damit nicht überwunden sind, dass sie im
      Gegenteil stärker wiederkehren, wir wollen nicht hin-
      sinken in ein ohnmächtiges Dösen, so dass wir eher
25   sagen müssten, dass es mehr mit uns geschieht als dass
      wir handelten, damit wir nicht, wenn die Versuchung
      uns auch nicht mitgerissen hat, doch beschämt daste-
      hen wie jene, die sagen müssen, es sei nicht unsere
      Schuld gewesen, dass wir nicht gefallen sind, son-
30   dern zugeben, dass es Schicksal war[a]. Wir sagen dies
      nicht als ob wir den eitlen Gedanken nähren wollten,
      dass wir selbst es gewesen wären, die sich durch ihre
      eigene Stärke gerettet hätten; denn wir wissen, dass
      wir ohne Gott nichts vermögen, sondern weil wir un-

[a]dass wir nicht einschlummern   1
und uns von der Versuchung
wegträumen; denn so ein Ende
der Versuchung ohne unser
Mitwirken gibt keine Sicher-   5
heit vor einem neuen Streit,

1 kein aus dem Streit gewonne-
nes erneuertes und bestätigtes
Vertrauen zu Gott.

sere Freude und Seligkeit in das Wissen setzen, dass
wir *mit* Gott alles vermögen.

Unsere Gemeinschaft mit Xstus   **32**
eine Homilie.
über Röm: »weder Engel, Teufel, ...   5
Engel (Gal. 1.,8.
Teufel (Eph.)
Gegenwär.
Zukünftig.
das Hohe   10
das Tiefe.

.... Paulus hat alles erwähnt, nur eine Sache hat er
nicht erwähnt, aber er war ja auch ein Apostel des Herren. Wir wollen sie erwähnen: dass auch *wir* selbst
nicht. Das ist noch ein Feind.   15

                                                  142
Die Gemeinde als Braut Xsti   **33**
über das Evangelium von einem König, der die Hochzeit seines Sohnes ausrichtet.

.... Wenn wir uns den seligen Augenblick vorstellen, wenn nach den vielen Trennungen, den vielen   20
Prüfungen, endlich diejenigen vereint werden, die einander lieben.

Wir dürfen ja doch Bilder benutzen, warum nicht das
beste?

Er lernte an dem, was er litt   **34**
Das wird von Xstus selbst gesagt – und doch, falls jemand davon verschont geblieben sein sollte, so war
wohl er es, der Alles wusste.

diese Methode ist *die der Innerlichkeit*

Kommentar

129 *1* **d. 14. Juni 1840]** Trinitatissonntag mit dem Evangelientext Joh 3,1-15 (Jesu Gespräch mit Nikodemus über die Wiedergeburt im Glauben), → 139,13.

129 *2* **Alles ist Neu in Christo]** cf. II Kor 5,17.

12 **ein neuer Lappen auf ein altes Tuch]** cf. Mt 9,16. SKs Formulierung lehnt sich an die Übersetzung in *Die Bibel oder die ganze heilige Schrift nach der deutschen Übersetzung Dr. Martin Luthers mit einer Vorrede vom Dr. Hüffel,* Carlsruhe und Leipzig 1836, Ktl. 3 an.

13 **Verjüngungs-Trank]** bezieht sich auf den Zaubertrank, den Faust trinkt unmittelbar bevor er Margarete trifft, und der ihm jugendlichen Antrieb geben soll; cf. die Szene in der Hexenküche in Goethes *Faust. Eine Tragödie,* in *Goethe's Werke. Vollständige Ausgabe letzter Hand* Bd. 1-60, Stuttgart und Tübingen 1828-1842 (Ktl. 1641-1668, Bd. 1-55, 1828-33); Bd. 12, 1828, pp. 128-132. – Möglich wäre auch eine polemische Reaktion auf J. L. Heibergs Artikel »En logisk Bemærkning i Anledning af H. H. Hr. Biskop Dr. *Mynsters* Afhandling om Rationalisme og Supranaturalisme, i forrige Hefter af dette Tidsskrift« [Eine logische Bemerkung zur Abhandlung von H. H. Hr. Bischof Dr. *Mynster* über Rationalismus und Supranaturalismus, in den vorherigen Heften dieser Zeitschrift] in *Tidsskrift for Litteratur og Kritik,* hg. von F. C. Petersen, Bd. 1, Kph. 1839, pp. 441-456; cf. z.B. pp. 455f.: »auf diese Weise hat Hegel die Philosophie zu dem Punkt geführt, wo ein plötzlicher Wechsel der Standpunkte, die nur durch einen Sprung erreicht werden können, nicht länger stattfinden wird, sondern alles Neue wird durch konstitutionelle Entwicklung des Vorhandenen entstehen, wirklich nur insofern dies in Ehren gehalten wird. [...] So wird denn die konstitutionelle Form der Philosophie auf den Weg gebracht und diese trägt selbst die Quelle ihrer Verjüngung in sich.«

Der komparative Standpunkt ... Nichts ist *15* **Neu unter der Sonne]** cf. z.B. J. P. Mynsters Abhandlung »Rationalisme. Supranaturalisme« in *Tidsskrift for Litteratur og Kritik* (→ 129,13), Bd. 1, pp. 249-268. Mynster übersetzt hier auf p. 260 folgende Passage aus C. H. Weiße *Die evangelische Geschichte kritisch und philosophisch bearbeitet* Bd. 1-2, Leipzig 1838: »Wir läugnen die Mirakel, durch welche Gott, erst vor Christus, aber nur unter dem israelitischen Volke, dann in Christus selbst, seine äußerliche Macht über die Natur in Durchbrechung des gesetzmäßigen Naturlaufes offenbart haben soll, und geben nur solche Wunder zu, welche in Manifestationen der Macht des Geistes auch über Gebiete, die ihm in den gewöhnlichen Zuständen unzugänglich bleiben, bestehen; von diesen Wundern aber behaupten wir, daß sie sich unter Heiden nicht minder, wie unter Juden, und in Christus nur auf ausgezeichnetere Weise, als anderwärts, zugetragen haben.«, Bd. 2, p. 513. – **Nichts ist Neu unter der Sonne:** cf. Koh. 1,9.

Idee der Mediation selbst, die Losung der neu- *23* **eren Philosophie]** Der Ausdruck ›Mediation‹ kommt bei Hegel nicht vor und wird von den dän. Hegelianern als die Wiedergabe des hegelschen Begriffs ›Vermittlung‹ benutzt. Cf. z.B. J. L. Heiberg »Det logiske System« in *Perseus, Journal for den speculative Idee,* hg. von Heiberg, Nr. 1-2, Kph. 1837-1838, Ktl. 569; Nr. 2, p. 18, p. 21 und besonders p. 30. Cf. auch SK's Referat aus H. L. Martensens Vorlesungen über »Den Speculative Dogmatik« im Journal KK:11, § 6 und § 16. Cf. ferner H. L. Martensen »Rationalisme, Supranaturalisme og *principium exclusi medii* (I Anledning af H. H. Biskop Mynsters Afhandling herom i dette Tidsskrifts forrige Hefte)« in *Tidsskrift for Litteratur og Kritik* (→ 129,13), Bd. 1, pp. 456-473; besonders p. 458: »Der Mittelpunkt des Christentums, die Inkarnationslehre, die Lehre vom Gottmenschen, zeigt ja gerade, dass die christliche Metaphysik nicht in einem Entweder-Oder beruhen kann, sondern dass er nur in *dem Dritten* zur Wahrheit kommt, das jenes Prinzip [das Prinzip vom ausgeschlossenen Dritten] ausschließt.« Weiter behauptet Martensen, p. 459, »dass der Begriff des Übernatürlichen nicht wirklich werden kann ohne durch das Natürliche mediiert zu werden, und also dieses als sein eigenes Moment enthalten muss«. Cf. auch A. P. Adler *Den isolerede Subjectivitet i dens vigtigste Skikkelser* [Die isolierte Subjektivität in ihren wichtigsten Gestalten], Erster Teil, Kph. 1840, § 8, p. 22: »denn alle Philosophie beruht auf Mediation«.

24 **das Gegenteil zum Chr.**] cf. Mynsters Abhandlung »Rationalisme. Supranaturalisme« in *Tidsskrift for Litteratur og Kritik* (→ 129,13), Bd. 1, pp. 249-268, besonders pp. 261f. Dazu schreibt Martensen in seiner Abhandlung in der genannten Zeitschrift (→ 129,23): »Man muss zugeben und muss dringend darauf bestehen, dass Christus nicht hervortritt nach dem Lauf der Natur, dass die neue Schöpfung in Christus das erste Glied in einer neuen Reihe ist, eine neue unmittelbare Eingießung des göttlichen Lebens in das menschliche. Christus ist nicht das *Produkt* des Menschengeschlechts, sein Eintritt in die Geschichte ist nicht das *Resultat* des Entwicklungsprozesses des Menschengeschlechtes, wenn auch mit diesem mediiert«, p. 463.

32 **was in keines Menschen Gedanken entstanden ist**] cf. II Kor 2,9. Cf. im Übrigen Mynsters Abhandlung »Rationalisme. Supranaturalisme« in *Tidsskrift for Litteratur og Kritik* (→ 129,13), Bd. 1, p. 258, wo er den Rationalismus kritisch betrachtet als »nichts anderes als den Inbegriff jener Erkenntnisse über Gott und die göttlichen Dinge, die die Vernunft selbst geben kann«.

129m 1 **fortes fortuna**] eigentl. »fortes fortuna adiuvat«, lat., »den Tapferen hilft das Glück«, Zitat aus *Phormio*, 2. Akt, 2. Szene (v. 203), cf. *P. Terentii Afri Comoediae sex*, hg. von B. F. Schmieder und F. Schmieder, 2. Ausg., Halle 1819 [1794], Ktl. 1291, p. 425. Cf. auch Publius Terentius Afer *Andria, Selvplageren og Formio, tre latinske Lystspil*, ins Dän. übers. von Mathias Rathje, Kph. 1797, Ktl. 1295, 2. Teil, p. 124, wo der Ausdruck so wiedergegeben wird: »wer wagt, der gewinnt«.

Gott ist mächtig in den Schwachen] cf. II Kor 2 12,9; cf. auch II Kor 13,4.

harmonia praestabilita] lat., ›vorherbestimmte 10 Harmonie‹. Der Begriff wurde geprägt durch den dt. Philosophen und Naturwissenschaftler Gottfried Wilhelm Leibniz (1646-1716), cf. 1. Teil, § 59 in »Versuche in der Theodizee über die Güte Gottes, die Freiheit des Menschen und den Ursprung des Übels« (1710), cf. *Theodicee*, hg. von J. C. Gottsched, 5. Ausg., Hannover u. Leipzig 1763, Ktl. 619, pp. 212-215. Leibniz verwendet den Begriff »l'Harmonie préétablie« in *La monadologie* (1714), § 80, cf. *God. Guil. Leibnitii Opera philosophica, quae exstant*, hg. von J. E. Erdmann, Bd. 1-2, Berlin 1839-1840, Ktl. 620; Bd. 2, p. 711.

Gültigkeit des Offenbarungsbegriffs] Cf. z.B. 6 130 Mynsters Abhandlung »Rationalisme. Supranaturalisme« in *Tidsskrift for Litteratur og Kritik* (→ 129,13), Bd. 1, pp. 249-268, in der Mynster auf die Wirklichkeit und Gültigkeit der Offenbarung besteht. Cf. z.B. p. 266, wo Mynster – unter Aufnahme von H. N. Clausens Definition des »konsequenten Rationalismus« in dessen »Sendebrev til Udgiveren« in *Nyt theologisk Bibliothek*, hg. von J. Møller, Bd. 1-20, Kph. 1821-1832, Bd. 16, 1830, p. 288 – den »konsequenten Rationalismus« und den Naturalismus dafür kritisiert, »die Notwendigkeit und die Wirklichkeit einer Offenbarung als eine auf übernatürliche Weise veranstaltete Mitteilung Gottes an die Menschen zu verwerfen«, und sich dem Supranaturalismus anschließt, der »sich just auf eine derartige Offenbarung gründet«.

Alles ist neu in Xsto ... Anschauung ist] 9 → 129,24 cf. Mynsters Kritik an C. H. Weiße (→ 129,15): »Auch nach seiner Auffassung ist die Menschwerdung Gottes in Christus ebenso ein Akt der Menschheit wie der Gottheit, und er liegt in einer Reihe mit allen anderen herausragenden Ereignissen des weltgeschichtlichen Entwicklungsprozesses der Menschheit«, *Tidsskrift for Litteratur og Kritik* (→ 129,13) Bd. 1, p. 260.

jeder bei seiner Ankunft im Elysium aus der 16 130 **Lethe trinken muss**] bezieht sich auf die allgemeine Vorstellung der pythagoreischen und pla-

tonischen Philosophie, nach der die unsterblichen Seelen aus Lethe, dem Fluss des Vergessens, der aus dem Elysium entspringt, trinken
müssen, um ihr früheres Leben auf der Erde
und in der Unterwelt zu vergessen, bevor sie
wieder in einen Körper einziehen können. Cf.
Platons *Staat*, 10. Buch, 621a-b.

18 **Rechenschaft ablegen muss für jedes ungebührliche Wort]** cf. Mt 12,36.

133 1 **und Gott versuchte Abrah. ... Abraham antwortete hier bin ich]** cf. Gen 22,1 und ferner
Gen 12-25.

9 **die Berge würden uns verstecken]** cf. Lk 23,30.

10 **die Bürde von uns auf Andere zu wälzen]** cf.
Gal 6,2.

13 **Ab.]** Abraham.

16 **Elieser, dem treuen Diener]** In Gen 15,2-3 wird
der Haussklave Elieser erwähnt, der Abraham
beerben soll, wenn dieser keine Nachkommen
hat.

17 **Wir lesen: er stand früh ... und zog das Mes-
ser]** cf. Gen 22,3-10.

21 **Mein Z.]** Mein Zuhörer.

24 **Kind der Verheißung in dem Sinne, wie es
Isaak für Abr. war]** (→ 133,*1*), cf. Gal 4,28; auch
Röm 9,8.

26 **Gottes allmächtige und unerforschliche Len-
kung]** cf. *Lærebog i den Evangelisk-christelige Reli-
gion, indrettet til Brug i de danske Skoler* [Lehrbuch
der evangelisch-christlichen Religion zum Ge-
brauch an den dänischen Schulen] (von N. E.
Balle und C. B. Bastholm, oft zitiert als *Balles
Lærebog*), Kph. 1824 [1791], Ktl. 183, Kap. 1, »Om
Gud og hans Egenskaber« [Über Gott und seine
Eigenschaften], Abschnitt 3, § 3, p. 13, sowie
Kap. 2, »Om Guds Gierninger« [Über die Werke
Gottes], Abschnitt 2, § 5, pp. 25f. – unerforsch-
liche: cf. Röm 11,33.

29 **der Herr hat es gegeben der Herr hat es ge-
nommen]** cf. Hi 1,21.

33 **seiner einzigen Hoffnung]** cf. Röm 4,18; cf. auch
Gen 17,15-21.

33 **er zweifelte nicht]** cf. Röm 4,20.

38 **den Ausgang der Geschichte]** cf. Gen 22,12-13.

134 3 **Er kehrte zurück]** cf. Gen 22,19.

10 **die himmlische Stimme]** cf. Gen 22,15-18.

Abraham sagte ... alter Mann geworden] cf. 13 134
Röm 4,19-21.

Trost meines Alters] d.h. Isaak.   19

ich habe meine Stimme erhoben ... entfernte 31 134
Beruhigung] cf. Ps 22,3; auch Hi 30,20.

m. Z.] mein Zuhörer.   22 135

Gottes Prüfungen sind in der Liebe begrün- 11 136
det] → 136,*22*.

er stets bei uns ist] cf. Mt 28,20.   18

der allmächtige Gott ist] → 133,*26*.   19

erzieherisch] cf. Hebr 12,5-6; cf auch Prov 3,11- 22
12.

es ist kein Grund ... keinem Versprechen ist 34 136
zu trauen] Zitat mit orthographischen Abwei-
chungen aus Thomas Kingos Kirchenlied: »Ak,
Herre, see / Min Hjerte-Vee« [Ach, Herr, sieh an
/ Mein Herze-Leid], 8. Strophe, cf. Nr. 221 in
Psalmer og aandelige Sange af Thomas Kingo,
[Psalmgesänge und geistliche Lieder von Tho-
mas Kingo], hg. von P. A. Fenger, Kph. 1827, Ktl.
203, pp. 491f. Das Lied erschien als »Dend IV.
Sang. Sorrigfuld og dog Trøstefuld« [Das IV.
Lied. Sorgenvoll und dennoch Trostreich], in
Thomas Kingos Aandelige Siunge-koors Anden Part
(1681).

Du bist der, der erhöht und der erniedrigt] cf. I 15 137
Sam 2,7; cf. auch Ps 75,8.

Hoffnung in der Welt] cf. Eph 2,12.   20

Gnade vor deinen Augen] ein oft verwendeter 21
Ausdruck im AT, cf. z.B. Gen 6,8; 18,3; 19,19.

Dein Auge, das in das Verborgene sieht] cf. Mt 24
6,4 und 6,18.

Hoffnung] cf. Röm 8,19.   26

wird Gottes Geist dich überschatten] cf. Lk 2 138
1,35.

allmächtigen Schöpfers aller Dinge] cf. *Balles* 6 138
Lærebog (→ 133,*26*), Kap. 2, »Om Guds Gierninger« [Über die Werke Gottes], Abschnitt 1, § 1, p.
17: »Im Anfang hatte Gott Himmel und Erde aus
Nichts geschaffen, mit seiner eigenen allmächtigen Kraft allein«.

7 des gemeinsamen Vaters aller] cf. Luthers Erklärung in der Einleitung zum »Vaterunser« im
Kleinen Katechismus. SK benutzte die dän. Ausg.
unter dem Titel *Doct. Morten Luthers liden (eller
mindre) Catechismus,* Kph. o. Jg. [ca. 1820].

22 ihm, der für Alle sorgt] cf. *Balles Lærebog*
(→ 133,*26*), Kap. 2, »Om Guds Gierninger« [Über
die Werke Gottes], Abschnitt 2, § 2.a, p. 22: »Gott
sorgt für alle seine Geschöpfe, die kleinsten wie
die größten«.

23 mächtig in dem Schwachen] → 129*m,2.*

33 die Schrift sagt ... alle Väterlichkeit einen Namen hat ... auf Erden] cf. Eph 3,14-15.

139   5 ein Schatten] cf. Kol 2,17; auch Hebr 8,5; 10,1.

5 ein Abglanz, ein Bild] cf. I Kor 11,7.

5 ein dunkles Wort] dän. »mørk Tale« [dunkles
Wort, dunkle Rede] gibt in NT-1819 gr. »ai-
nigma« wieder; cf. I Kor 13,12.

7 m. Z.] mein Zuhörer.

139 13 Ev. über Nikodemus] Joh 3,1-15, Evangelium
zum Trinitatissonntag, cf. *Forordnet Alter-Bog for
Danmark,* Kph. 1830 [1688], Ktl. 381, pp. 104-106.
– Nikodemus: Pharisäer, Mitglied des Hohen
Rates der Juden (Synedrium), Lehrer; er verteidigt Jesus gegen den Angriff der Pharisäer, Joh
7,50-52; er trauert zusammen mit Josef von Arimathäa bei der Grablegung Jesu, Joh 19,38-42.

20 die Zeit der Gnade] cf. Lk 19,44.

26 Du Dich nicht ohne Zeugnis lassen wirst] cf.
Act 14,17.

28 Quelle] cf. Joh 4,14.

30 Wir vermögen nicht Zeit und Ort zu bestim-
men] cf. Act 1,7; auch z.B. Mt 24,36; 25,13 und I
Thess 5,1.

31 rechten Augenblick] cf. Eph 5,16.

35 einen unerschöpflichen geistigen Schatz] cf. Lk
12,33.

140   4 in Allem versuchte] cf. I Thess 5,21.

24 wüsste Zeit und Glockenschlag] → 139,*30.*

141   4 Wirken des Geistes ... wo er hinzieht] cf. Joh
3,8 (→ 139,*13*).

6 Haus des Herren] im AT fester Ausdruck für
den Tempel, im NT für die Kirche, cf. I Tim 3,15.

wir ohne Gott nichts vermögen, jedoch Alles,   23 141
wenn Gott bei uns ist] cf. Phil 4,13.

eine Lenkung] → 133,*26.*   25

wach sein ... nicht eingeschlummert] cf. Mt   30
26,36-46.

Gott mache die Versuchung ... dass wir es er-   5 142
tragen können] cf. I Kor 10,13.

m.Z.] mein Zuhörer.   6

vielleicht oft den guten Streit gestritten] cf. II   7
Tim 4,7.

nüchtern und wach] cf. I Thess 5,6.   17

Das Verhältnis der Gemeinde zu Xstus ...   19 142
Braut und dem Bräutig.] Bereits im AT wird die
Zeit der Gegenwart des Messias mit einer Hochzeit verglichen (cf. Jes 62,5). Im NT wird an den
alttestamentlich-jüdischen Gebrauch der Parallele Braut/Bräutigam = Israel/JHWH (cf. z.B.
Hos 1-3; Jer 3; Jes 54,1-10; Cant 4,9-11; Sir 15,2
und Weish 8,2-9) angeknüpft und auf die Gemeinde und Jesus angewandt (cf. das Gleichnis
von den klugen und törichten Jungfrauen, Mt
25,1-12). Die Anwendung dieser Allegorie begegnet auch in II Kor 11,2. Paulus sieht sich hier
selbst als den Brautführer an, der die Gemeinde
dem endgültigen Bund mit ihrem Herrn entge-
genführt (in Eph 5,22-32 wird dasselbe im Bild
der Ehe beschrieben). In den letzten Kapiteln
von Apk findet sich schließlich das Bild von der
Brautgemeinde, die auf ihren himmlischen
Bräutigam (dieser wird hier als »Lamm« Gottes
bezeichnet) wartet, cf. Apk 19,7.9; 21,2.9 und
22,17.20. Das Bild von der Gemeinde als Braut
Christi fand später vielfach Anwendung in Predigten, Kirchenliedern und in der Erbauungsliteratur (nicht zuletzt in der Mystik und im Pietismus).

das ganze Leben ja eine Verlobungszeit ist] be-   30
zieht sich auf die Vorstellung in der Mystik und
im Pietismus, dass Gläubige im irdischen Leben
mit Christus verlobt seien und beim Tod wie die
Braut vom Bräutigam-Christus geholt würden,
um so in das ewige Leben einzugehen.

das Grab ist die Brautkammer] bezieht sich auf   30
die Vorstellung in der Mystik und im Pietismus,
dass das Grab die Brautkammer sei, in der der
Gläubige als Braut dem Christus als Bräutigam

begegnet, um mit ihm im Himmel vereint zu sein.

143 21 **verwandelt**] dän. »forklaret«, auch ›verklärt‹.

23 **Gott ... sich in Xsto mit der Welt versöhnt hat**] cf. z.B. II Kor 5,18-19.

143 34 **die linke Hand darf nicht wissen was die rechte tut**] cf. Mt 6,3.

144 13 **unaussprechlichen Worte**] cf. II Kor 12,4.

144 17 **lehre Du uns richtig zu beten**] cf. Lk 11,1.

22 **zu ihrem Frieden und ihrer Erlösung dienen**] cf. Lk 19,42.

26 **die Welt überwunden**] cf. I Joh 5,4-5.

144 28 **Xristus sitzt ja nicht immer zur rechten Hand des Vaters**] cf. z.B. Mk 16,19; Lk 22,69; Eph 1,20; Kol 3,1; Hebr 10,12 sowie den 2. Art. des Apostolischen Glaubensbekenntnisses: »sitzend zur rechten Gottes des allmächtigen Vaters«.

30 **Stephanus ihn gesehen hat, zur Rechten des Vaters**] cf. Act 7,54-60. – Stephanus: einer der sieben Armenpfleger der Urgemeinde in Jerusalem, der durch falsche Zeugenaussagen in einem Prozess vor dem Synedrium angeklagt wird, gegen das Gesetz des Mose gesprochen zu haben. Nach einer großen Verteidigungsrede wird er von einer aufgebrachten Volksmenge vor den Toren Jerusalems gesteinigt (Act 7,2-53).

145 1 **das Ev. von Nikodemus**] Joh 3,1-15 (→ 139,13).

2 **Über das Erfahrung machen wollen**] s. HH:19; cf. den editorischen Bericht zu HH, p. 500.

6 **Auch diese Andachtsstunde ... Deine Trauer adelt**] s. HH:20; cf. den editorischen Bericht zu HH, p. 500.

11 **wer kennt das Wirken des Geistes ... vorbeizieht**] cf. Joh 3,8 (→ 139,13 und → 141,4).

15 **Hause des Herren**] → 141,6.

145 20 **.... Und wenn die Versuchungen ... dass wir mit Gott Alles vermögen**] s. HH:21; cf. den editorischen Bericht zu HH, p. 500.

33 **wir wissen, dass wir ohne Gott nichts vermögen ... dass wir mit Gott Alles vermögen**] → 141,23.

dass wir nicht einschlummern ... Vertrauen zu Gott] s. HH:21; cf. den editorischen Bericht zu HH, p. 500. 1 145*m*

Gemeinschaft mit Xstus] cf. I Kor 1,9 und I Joh 1,6 . 3 146

Homilie] cf. z.B. A. G. Schmidt *Die Homilie, eine besondere geistliche Redegattung, in ihrem ganzen Umfange dargestellt*, Halle 1827, § 2: »Die Homilie ist eine fortlaufende, eine Hauptidee durchführende populäre Erklärung und ungesuchte Anwendung einer reichhaltigen kürzern oder längern Schriftstelle nach der Folge ihres Inhalts.« 4

Röm: »weder Engel, Teufel, ...] cf. Röm 8,38-39. 5

Teufel (Eph.)] cf. Eph. 6,11. 7

Gegenwär.] Gegenwärtiges (cf. Röm 8,38). 8

Zukünftig.] Zukünftiges (cf. Röm 8,38). 9

Apostel des Herren] Paulus verstand sich selbst als Apostel, cf. z.B. Röm 1,1-2. 13

Die Gemeinde als Braut Xsti] → 142,19. 16 146

das Evangelium von einem König ... Sohnes ausrichtet] cf. Mt 22,1-14, das Evangelium zum 20. Sonntag nach Trinitatis, cf. *Forordnet Alter-Bog* (→ 139,13), pp. 160f. 17

Er lernte an dem, was er litt] cf. Hebr 5,8. 25 146

falls jemand davon verschont geblieben sein sollte ... wohl er] cf. Mt 26,39. 26

Alles wusste] cf. z.B. Joh 18,4. 28

JOURNAL JJ

JOURNAL JJ

übersetzt von
Richard Purkarthofer

Kommentar:
Peter Tudvad

übersetzt von
Sabrina Broocks, Markus Kleinert, Jens Eike Schnall und Heiko Schulz

redigiert von
Richard Purkarthofer und Gerhard Schreiber

Quellen

Ms.	KA, A pk. 4
B-fort.	H.P. Barfods Verzeichnis 368
EP I-II	*Af Søren Kierkegaards Efterladte Papirer. 1833-1843*
Pap.	*Søren Kierkegaards Papirer*, 2. erweiterte Ausgabe, 1968-1978
SKS 18	*DSKE* 2 folgt dem Text des Journals in *SKS* 18 (Seitenzählung am Rand)

145

1 ▸   1842.

Mai.

Ein recht vollendetes Beispiel für *Romantik* finde ich im Alten
Testament, im Buch Judit, Kap. 10, V. 11:

5   »Und Judit ging hinaus, sie, und ihre Dienerin mit ihr; die Männer
der Stadt aber sahen ihr nach, bis sie den Berg hinabgestiegen war,
bis sie durch das Tal geschritten war und sie sie nicht mehr sehen
konnten. Und sie gingen geradewegs durch das Tal.«

---

2   Worin liegt das Komische in der folgenden Begebenheit.
Heute kam draußen auf der Esplanade einer aus dem Armen-
haus zu mir und überreichte mir ein Schreiben, das durchzule-
sen er mich bat. Es fing folgendermaßen an: Ich werfe mich in
tiefster Untertänigkeit vor Ihnen auf die Knie u.s.w.; – unwill-
15   kürlich blickte ich über das Papier hinweg auf ihn, ob er das
auch tat; er tat es jedoch nicht. Wäre es komischer gewesen,
wenn er es getan hätte? Liegt das Komische in diesem Gegensatz
zwischen einer Redensart und der Wirklichkeit?

---

3   Es wäre ein Motiv für eine Tragödie, einen Helden eine echte
große Tat vollbracht haben zu lassen, aber im Augenblick der
Handlung entdeckte er die Kollision nicht, erst danach und *damit* würde das Stück beginnen; er würde sich selbst gegenüber
ratlos, ob es verantwortbar war, ob man die allgemeinen Gesetze
25   zu kränken wagt u.s.w. So z.B. Königin Elisabeth bereuen zu
lassen, dass sie genug Mut gehabt hatte, Essex hinrichten zu
lassen, nicht dem Urteil des Herzens gefolgt war, sondern dem
Gebot der Staatsverhältnisse. Oder Brutus bereuen, dass er den
Sohn hinrichten ließ.

30   ─────────   ◂

146

Ein spanisches Lied. (Lessing. 17. Bd. p. 281.)   4
  Gestern liebt ich,
  Heute leid' ich,
  Morgen sterb' ich,
  Dennoch denk' ich,   5
  Heut' und morgen,
  Gern an gestern.

═══

  Da war heute eine Frau, die sagte aus Anlass des   5
Ausbleibens von Regen, unser Herrgott weiß schon,   10
wann es am besten ist, und dann kommt er bestimmt
durch Gottes Hilfe.

═══

  Es geht doch ständig darum, sich vom Äußeren nicht   6
stören zu lassen. Wenn man sich etwa, um den Satz zu   15
widerlegen, dass es etwas absolut Moralisches gibt,
auf das Widersprüchliche in Sitten und Gebräuchen berufen hat, so himmelschreiende Beispiele wie jenes angeführt hat, dass die Wilden ihre Eltern totschlagen,
so hat man sich am Äußeren versehen. Wenn man näm-   20
lich beweisen könnte, dass die Wilden behaupten,
dass man seine Eltern hassen soll, so wäre das etwas
anderes; aber dies meinen sie nicht, sie meinen, dass
man sie lieben soll, und der Fehler ist lediglich die
Art, wie sich das äußert; das aber ist ja klar, dass die   25
Wilden nicht beabsichtigen, ihren Eltern zu schaden,
sondern ihnen zu nutzen.

═══

  »Schreibe« sprach jene Stimme und der Prophet ant-   7
wortete »für wen?« – Die Stimme sprach: für die Todten,   30
für die, die Du in der Vorwelt lieb hast«. – »Werden sie
mich lesen.« – »Ja, denn sie kommen zurück als Nachwelt«.
  cfr. Herder zur Litteratur und Kunst 16. Bd. p. 114

═══

35

1   [a]cfr. auch denselben Band p.
8.9.10 bezüglich eines Gedichts von Bischof Synesius,
das zu lesen sich lohnt.

147

8 Solange man mit jemandem noch etwas ausstehen
hat, wird man nicht glücklich. Ilithyia war jene Göttin, die den Gebärenden zu Hilfe kam. Wenn sie mit
gefalteten Händen dasaß, konnte die Gebärende nicht
5 gebären, ebenso wenn es einen anderen Msch. gibt,
der die Hände faltet, dann kann man nicht glücklich
werden; vielleicht ist es ein Bittender, dem er etwas
abgeschlagen hat. –

         ═

9 Der Widerspruch ist eigtl. die Kategorie des Komischen.

         ═

10 Je organischer ein Körper entwickelt ist, desto entsetzlicher ist die Verwesung. Wenn das Gras verrot-
15 tet, ist es ein Wohlgeruch, wenn ein Tier verwest,
stinkt es. Die Verdammnis eines Mannes ist entsetzlich, noch entsetzlicher die einer Frau. Ist das ein Beweis dafür, dass der Mann höher steht als die Frau?

         ═

11 Ich könnte schon ein Ende für meine Antigone gestalten, wenn ich sie ein Mannsbild sein ließe. Er ver-
ließe dann die Geliebte, weil er sie nicht gemeinsam mit
seinem eigenen Schmerz behalten könnte. Um das
richtig anzustellen, müsste er seine ganze Liebe zu ei-
25 nem Betrug gegen sie machen; denn sonst würde sie
auf eine gänzlich unverantwortliche Weise an seinem Leiden beteiligt werden. Diese Kränkung würde
den Zorn der Familie erregen; ein Bruder z.B. würde als
Rächer auftreten, wobei ich dann meinen Helden in
30 einem Duell fallen ließe.
           d. 20. Nov. 42.

1   [a]Zu einer derartigen Tragödie könnte das Leben von Aeschulus Anlass geben, da er un-
wissentlich die Mysterien of-
5   fenbart.
        cfr. Arist. Ethik 3,2.

Anlage. Einer gibt eine Novelle heraus, um die Auf-   **12**
merksamkeit vom Historischen darin abzulenken,
verwendet er fingierte Namen, das Schicksal will, dass
er zufällig den Namen eines Mädchens verwendet,
das es wirklich gibt, auf das viele Einzelheiten passen.   5
Das Mädchen in der Novelle ist in unvorteilhaftem   148
Licht dargestellt; das wirkliche Mädchen ist bloßge-
stellt. Der Verfasser kann sich nur aus der Sache retten, indem er die Wahrheit gesteht. Das kann er nicht –
Kollision.   10

                        d. 20. Nov. 42.

»Inter accidentia sola, non autem inter formas substantiales   **13**
individuorum ejusdem speciei, plus et minus reperitur.«
     cfr. Cartesius de methodo p. 1.

                #   15

Cartesius hat zum großen Teil sein System in den 6   **14**
ersten meditationes niedergelegt. Man braucht doch
nicht immer Systeme zu schreiben. Ich will »philosophische Erwägungen in Heften herausgeben und darin kann ich mit meinen vorläufigen Bedenken her-   20
ausrücken. Es wäre vielleicht gar nicht verkehrt, auf
Latein zu schreiben.

                #

Solons Satz, dass keiner sich glücklich preisen dür-   **15**
fe, solange er lebt, enthält einen tiefen Schmerz über   25
das Leben; denn eigtl. bedeutet dies, dass keiner glücklich ist bis zu dem Augenblick, in dem er es gewesen
ist, und dann ist er doch auf eine Weise unglücklich,
da er sein Glück als etwas Vergangenes weiß.

                #   30

Inwiefern hat das alte Wort: opposita juxta se posita ma-   **16**
gis illucescunt spekulative Gültigkeit im Verhältnis zum

Bau des ganzen Mschlebens, inwiefern ist es bloß eine
ästhetisch-praktische Regel. Hat sie spekulative Gültigkeit, so ist die Duplizität des Lebens statuiert.

#

17   Welche Anschauung enthält die tiefste Auffassung
des Lebens, dass Gegensatz die Mschen vereinigt oder
149   Einheit und Gleichheit. Heraklit lehrte, dass nur Dinge, die einander entgegenstehen, füreinander nützlich
sind; Empedokles, dass jedes Ding nur vom Ähnli-
10   chen angezogen wird.
cfr. Arist. Ethik 8,2.

#

18   In der Welt der Wissenschaften ist es gegangen wie
in der des Handels. Zuerst erfolgte der Umsatz in natu-
15   ra, später erfand man Geld; jetzt erfolgt in der Wissenschaft der ganze Umsatz in Papiergeld, um den sich
kein Msch. kümmert außer – Professoren.

#

19   Soweit hat es keine Orthodoxie mit überspannter
20   Götzendienerei getrieben, wie man es in der Kaiserzeit mit dem Bild des Kaisers trieb: ein Mann wurde
wegen Majestäts-Beleidigung verurteilt, der seinen
Sklaven schlug, welcher eine Silberdrachme bei sich
trug, auf die das Bild des Kaisers geprägt war (cfr. Phi-
25   lostratus Leben des Apollonius v. Tyana p. 185. Die Anmerkung dazu zitiert Suetonius vita Tiberii 58.).

#

20   Es wäre ein recht brauchbares Motiv für eine Tragödie, wenn man es ein bisschen modernisieren wür-
30   de, die Geschichte, die in Aristoteles' Politik 5,4. über
den Ursprung politischer Unruhen in Delphi erzählt
wird, die auf eine Heiratsangelegenheit zurück-

gehen. Der Bräutigam, dem die Auguren ein Unglück vorhersa-
gen, das seinen Ursprung in seiner Heirat haben wird, ändert
plötzlich seinen Plan, als er kommt, um die Braut zu holen. Die
Familie fühlt sich beleidigt, da sie dies als Hohn auffasst, um
sich zu rächen unterschiebt sie, während er im Tempel ist, ein   5
Tempelgefäß in seinen Hausrat, und er wurde als Tempelräuber
verurteilt.

#

150

In Aristoteles' Ethik 5. Buch Kap. 10, finden sich eine Menge   **21**
Beispiele dafür, wie Könige aus eigener Schuld Revolutionen   10
veranlasst haben. Es sind oft sehr interessante Kollisionen, eine
wahre Fundgrube für einen Dichter.

#

Derart begeistert sollte man sein, wie Dion es war, als er mit   **22**
wenigen Begleitern in den Krieg gegen Dionys zog: ihm sei es   15
genug, sagte er, daran teilgenommen zu haben; wenn er auch
in dem Augenblick, in dem er an Land steigt, sterben sollte, ohne die Gelegenheit zu bekommen, irgendetwas auszurichten,
würde er diesen Tod dennoch als glücklich und ehrenhaft ansehen.   20
cfr. Aristoteles Politik 5,10 (bei Garve p. 468.)

#

2 Dinge sind es, sagt Leibnitz gleich am Anfang der Theodi-   **23**
zee, die d. Msch. im Besonderen Schwierigkeiten bereitet haben,
und zwar das Verhältnis zw. Freiheit und Notw., und der Zu-   25
sammenhang der Materie und ihrer einzelnen Teile. Ersteres Problem hat *alle Mschen* beschäftigt, letzteres die Philosophen.

#

1   [a]und p. 518 § 55 le
sophisme paresseux
(λογος αργος) sophis-
ma pigrum.

Vortrefflich ist, was Leibnitz über die faule Vernunft »la raison   **24**
paresseuse« sagt cfr. Erdmanns Ausgabe p. 470, zweite Spalte. –   30
Chrysipp hat sie auch gebraucht, cfr. Tennemann Gesch. d. Ph.
4. Bd. p. 300.

#

25 Das ist etwas psychologisch Bemerkenswertes. Vindex rebellierte unter Nero. Was Nero am meisten verbitterte, war, dass jener gesagt hatte, er sei alles eher als ein Kitharaspieler, und eher
5 ein Kitharaspieler als ein König.« Was ihn kränkte, war, dass er
ihn als einen schlechten Kitharaspieler ansah.
151   Philostratus. Leben des Apollonius von Tyana. 5,10. p. 430
in Übersetzung
die Fußnote zitiert Dio Cassius LXIII, 22-24.
10   Sveton. Vit. Ner. 41.

#

26 Der Augustiner-General Gregorius Rimini nahm die Verdammung der kleinen Kinder an und bekam deshalb den Beinamen tortor infantum cfr. Leibnitz Theodizee 1., § 92.

15   #

27 Ein Jesuit Johan Davidius hat ein Buch geschrieben: Veridicus
Christianus, das gleichsam eine Bibliomantie ist, worin man aufschlagen kann, um vom Plötzlichen ergriffen zu werden und
dadurch Xst. zu werden
20   cfr. Leibnitz Theod. 1, 101.

#

28 Gegen die Gomaristen erschien eine satirische Schrift: fur praedestinatus. cfr. Leibnitz Theodiz. § 167.

#

29 Welcher Roman mag das sein, den Leibnitz in seiner Theodizee § 173 unter dem Titel: Mademoiselle de Scudéry erwähnt?
So heißt ja auch Hoffmanns bekannte Erzählung.

#

Augustus scheint sehr vergnügt gestorben zu sein;   **30**
er hat in seiner Todesstunde einen griechischen Vers zitiert, der bedeutet: plaudite, Sveton führt ihn an:

Δοτε κροτον, και παντες υμεις μετα χαρας
κτυπησατε.   5

    cfr. Leibnitz Theod. § 261.

#

152

[a]cfr. 6. Buch, 11 p. 500.   Es ist eine recht komische Geckenhaftigkeit von Apol-   **31**
[b]Eine ähnliche Geckenhaftig-   lonius von Tyana, diese Ausweitung des Satzes, sich
keit von einem der Anhänger   selbst zu erkennen. Dies wurde als schwierig und als   10
Heraklits. Heraklit hatte ge-   das Höchste angesehen, und doch ist er damit nicht zusagt: man kann nicht zweimal   frieden, sondern sagt von Pythagoras, was er doch
durch denselben Fluss gehen.   wohl auch auf sich selbst beziehen wird, dass er sich
Ein Jünger wollte dies verbes-   nicht bloß selbst erkannt hätte, sondern zugleich
sern und sagte: man kann es   wüsste, wer er gewesen sei. Damit ist auf eine sonder-   15
auch nicht einmal tun. Damit   bar komische Weise der Tiefsinn des ersten Satzes
ist der Nerv gehoben, der Satz,   aufgehoben. So ergeht es in unserer Zeit vielen Philoso-
insofern er überhaupt zu et-   phen, sie müssen etwas mehr sagen und machen damit
was wurde, wurde zum Gegen-   das Ganze lächerlich, wenn es auch immer genug geben
teil, zu einem eleatischen Satz,   wird, die finden, dass dies eine ungeheure Weisheit sei.   20
der die Bewegung leugnet.

Left column line numbers: 1, 5, 10

#

Wenn man einen einzigen Gedanken hat, einen un-   **32**
endlichen jedoch, dann kann man von ihm das ganze
Leben hindurch getragen werden, leicht und fliegend,
so wie der Hyperboreer Abaris, der, von einem Pfeil   25
getragen, die ganze Welt bereiste
        Herodot IV, 36

#

    Cantantur haec, laudantur haec,   **33**
        Dicuntur, audiuntur.   30
    Scribuntur haec, leguntur haec
        Et lecta negliguntur.

#

34   *Situation*

Ein Msch. erhält einen Brief von einem anderen
Msch. Sobald er nur die Anschrift sieht, erahnt er gleich
dessen Inhalt, der äußerst entscheidend für sein gan-
5   zes Leben ist. Er nimmt sich keine Zeit, den Brief zu
lesen, stürzt hin zum anderen. Dieser unterstellt, dass
jener den Brief gelesen hat und da es darin wirklich
um das geht, was Ersterer erahnt hatte, wird Letzterer
in seinem Irrtum bestärkt. Es erstaunt ihn, dass der
10   Inhalt gar nicht berücksichtigt wird, er muss dies für eine Art Hartnäckigkeit ansehen. Noch steht es in seiner Macht, der Sache ein anderes Aussehen zu ge-
153   ben, das alles und auch ihr Verhältnis ändert. Es gelingt. Lange Zeit danach liest Ersterer zufällig den Brief
15   und sieht, wie er durch seine Übereilung alles verkehrt und dem anderen Unrecht getan hat. (diese
Schuld ist eine tragische Schuld. Königin Elisabeth
trägt in der bekannten Situation mit dem Ring keine
Schuld, die Schuld liegt bei einem anderen, dies ist das
20   Unvollkommene dabei). (Die Übereilung könnte dadurch motiviert werden, dass augenblicklich etwas
geschehen musste, weil die Zeit kurz war, und auf die
Weise der erste Msch. in dieser Eile seine Aufmerksamkeit alleine auf das Handeln richtete, was verzeih-
25   lich war, um so mehr, als er wohl wusste, dass er das
Allgemeine kennen musste)

#

35   Wenn man den Glauben als ein bloßes Erkennen historischer Dinge auffassen will, so gelangt man conse-
30   quent und simplement zu solchen Lächerlichkeiten,
wie zu meinen, dass es mit zum Glauben gehört, ob
die Erde flach oder rund ist. In Erasmus Montanus sagt
Jeronymus deshalb sehr richtig, Erasmus habe irrige
Glaubensmeinungen, und führt an, dieser glaube, die
35   Erde sei rund.

#

In Kings Werk: de origine mundi in der 4. Abteilung des 5. Ka-   **36**
pitels finden sich zweifellos mehrere Notizen, die in ethischer
Hinsicht recht brauchbar wären.

#

Leibnitz erzählt, dass es einen Baron Andrè Taifel gegeben ha-   **37**
be, der in seinem Wappen einen Satyr und folgende spanische Inschrift führte: mas perdido y menos arrepentido plus perdu et moins
repentant, und dass später ein Graf Villamedina, der in die Königin
verliebt war, denselben Wahlspruch hatte, um eine hoffnungslose
Leidenschaft zu bezeichnen, die man doch nicht aufgeben will   10
cfr. Erdmanns Ausgabe von Leibnitz p. 652, 2. Spalte.

154

Es könnte ein kleines Epigramm auf das Verhältnis zwischen   **38**
Heidentum und Xstt. sein, jene Worte, die sich in Philostrat des
Älteren Heldengeschichten (in der Übersetzung p. 20) finden:
auf wilden Bäumen sind die Blüten wohlriechend, auf zahmen   15
die Früchte.

#

Als Amor Psyche verließ, sagte er zu ihr: Du sollst Mutter ei-   **39**
nes Kindes werden, das ein Gottes-Kind wird, wenn Du
schweigst, nur ein Msch., wenn Du das Geheimnis verrätst. – Je-   20
der Msch., der zu schweigen weiß, wird ein Gotteskind; denn
im Schweigen liegt die Besinnung auf seine göttl. Herkunft,
der, der spricht, wird ein Msch. – Wie viele wissen zu schweigen
– wie viele verstehen auch nur, was das besagt: zu schweigen

25

»Was ich vorhersage, wird entweder geschehen, od. es wird   **40**
nicht geschehen; denn Apollo verlieh mir die Gabe der Prophe-
zeiung.«

Tiresias.

(Diese Worte finden sich irgendwo bei Leibnitz in seiner Theo-   30
dizee, zitiert nach Bayle, glaube ich).

#

41 παντως γαϱ ουδεις Εϱωτα εφυγεν η φευξεται μεχϱι αν καλλος
η και οφθαλμοι βλεπωσιν. –
cfr. die letzten Worte der Vorrede zu Longi Pastoralia. –

5   #

42   Abälard ließe sich trefflich dramatisch behandeln. In Bossuets Geschichte, 6. Band p. 315 u.f., habe ich einzelne Winke bezüglich seines Lebens unterstrichen. Die Situationen würden
äußerst interessant werden; Heloise war nicht nur in Abälard
10 verliebt, sondern philosophisch in ihn vernarrt, stolz auf seine
Berühmtheit, eifersüchtig auf seine philosophische Ehre.

#
155
43   Worin liegt das Komische in diesen Worten des Erasmus Rotterodamus
15   neque enim sum nescia (es ist die stultitia, die sprechend eingeführt wird) quam male audiat stultitia etiam apud stultissimos.
cfr. Stultitiae Laus p. 1.

#

44   Je mehr ein Msch. über einen anderen, den er liebt, erhoben ist,
20 desto mehr wird er (mschlich gesprochen) sich versucht fühlen, diesen zu sich heraufzuziehen; aber desto mehr wird er
(göttl. gesprochen) sich dazu bewegt fühlen, zu ihm hinabzusteigen. Dies ist die Dialektik der Liebe. Sonderbar genug, dass
man dies im Xstt. nicht gesehen hat, sondern beständig von
25 Christi Mschwerdung als einem Mitleid od. als einer Notwendigkeit gesprochen hat.

#

45   Wenn es je dazu käme, dass ich angeklagt würde, da würde
ich sogleich eine Bittschrift an seine Majestät einbringen, ob mir
30 nicht die Gnade gewährt würde, sogleich zur (im Verhältnis

zum Vorfall) Höchststrafe verurteilt zu werden, und wenn es
denn die Hinrichtung wäre, darum, dass sie sogleich exekutiert
werden möge. Darum würde ich aus folgenden Gründen ersuchen: 1) weil der Prozess Geld kostet, 2) Zeit kostet, und ich habe keine Zeit, darauf zu warten, dass Mschen herauskriegen   5
werden, was das Gerechte sei, was mir im Übrigen gleichgültig
ist, wenn es nur bald ein Ende mit der Sache hat 3) weil dieses
ganze Gerede von Gerechtigkeit Geschwätz ist und man sich
ebenso gut ohne Gesetz und Urteil hinrichten lassen kann wie
nach dem Gerichtsbescheid von 3 Instanzen.   10

#

156

Je bedeutender eine Individualität ist, als desto leichter wird   **46**
er die Wirklichkeit empfinden, als desto schwerer die Möglichkeit. Dies ist der Ausdruck einer ethischen Betrachtung. Ästhetisch betrachtet (d.h. im Verhältnis zum Genuss) wird er die   15
Möglichkeit intensiver empfinden als die Wirklichkeit.

#

Quod vero (perdix) supervolante masculo, vel audita solum voce ejus,   **47**
vel etiam solo halitu oris concepto concipiat, Aristoteles refert.
                    Hieronymi Cardani de rerum varietate p. 375.   20

Die philosophische Terminologie und der Gebrauch dersel-   **48**
ben arten doch reinweg ins Lächerliche aus. Ich würde gerne
wissen, was man sagen würde, wenn ich im Hinbl. auf Erdbeben der al[ten] Terminologie folgen würde.
    »Inter terrae miracula est motus ejus, de quo alias dictum est. Quatuor   25
ejus differentiae, ab effectu. *Chasmatichus, Brasmatichus, Clitimachus, Micematichus.*«
    Jeder würde leicht den Unterschied verstehen, jedoch nicht die
Terminologie.
                    cfr. Hieronymus Cardanus de varietate rerum p. 57.   30

#

49   Es ist recht interessant, dass die Pythagoreer annahmen, dass εν sowohl περιττον als auch αρτιον ist – es ist dem Sein gleich, das sowohl Sein als auch Nicht-Sein ist d.h. der Bewegung.

#

50   Hamann 8. Bd. p. 307. u.

Es ist eine recht interessante Geschichte, die Lukian über Demonax erzählen soll. Nicht nur der, der die eleusinischen Mysterien offen mitgeteilt hat, sondern auch der, der sich nicht darin einweihen lassen wollte, wurde bestraft. Letzteres war der Fall bei

157   Demonax. Die Athener, die sich schon bevor sie seine Verteidigung gehört hatten, darauf eingestellt haben, ihn zu steinigen, waren jedoch bewegt, als sie seine Erklärung hörten, dass er sich nicht darin einweihen lassen könne, weil er die Bedingung nicht erfüllen könne, dass

[a]Sie findet sich bei   1
Lukian im 2. Bd.

51   ▸▸Es freut mich zu sehen, dass Trendlenburg

52   Das, was Wahnsinn konstituiert◂◂

53   ▸   Als ich »Entweder – Oder« mit dem Satz habe enden lassen, dass nur die Wahrheit, die erbaut, Wahrheit für einen ist, so gibt es leider wohl nur wenige, welche die Anschauung sehen, die

20   darin liegt. In der griechischen Philosophie wurde viel über das Kriterium der Wahrheit gestritten (vgl. z.B. Tennemann Gesch. d. Philos. 5. C. S. 301); es wäre recht interessant, diese Sache weiter zu verfolgen. Ich zweifle indessen stark daran, dass man einen konkreteren Ausdruck finden wird. Die Leute glauben

25   vermutlich, jene Worte in »Entweder – Oder« stehen als ein Ausdruck; es hätte auch ein anderer Ausdruck verwendet werden können. Die Worte sind ja nicht einmal gesperrt, – Herrgott noch mal, so ist vermutlich nicht viel an ihnen.

Mein Urteil über »Entweder – Oder«.   **54**
Es war ein junger Mensch, glücklich begabt wie ein Alkibia-
des. Er verlief sich in der Welt. In seiner Not sah er sich nach
einem Sokrates um, aber in seiner eigenen Zeit fand er keinen.
Da bat er die Götter, ihn selbst in einen solchen zu verwandeln.   5
Und siehe da! Der, der so stolz darauf war ein Alkibiades zu
sein, er wurde so beschämt und gedemütigt durch die Gnade
der Götter, dass er, als er eben das bekommen hatte, worauf er
stolz sein konnte, sich geringer fühlte als alle.

───────────   ◄   10

158

Dies ist es, was ich bei einem Msch wünsche, was ein Stoiker   **55**
in üblem Sinne verwendet: ευκαταφορια εις παθος (cfr. Tennemann Gesch. d. Ph. Bd. 4. p. 129. Anm.).

#

Wenn ich schon nichts anderes durch das Schreiben von »Ent-   **56**
weder – Oder« bewiesen habe, so habe ich doch bewiesen, dass
man in der dänischen Literatur ein Werk schreiben kann, dass
man arbeiten kann, ohne die warmen Wickel der Sympathie zu
benötigen, ohne die Inzitamente der Erwartung zu benötigen,
dass man arbeiten kann, während man den Strom gegen sich hat,   20
dass man fleißig sein kann, ohne es zu scheinen, dass man sich
in Stille sammelt, während beinahe jeder Stümper von einem
Studenten es sich herausnimmt, einen für einen Tagedieb anzusehen. Wenn das Buch selbst auch sinnlos wäre, seine Entstehung ist dennoch das bündigste Epigramm, das ich über eine   25
quasselnde philosophische Mitzeit geschrieben habe.

#

Man sagt, die Erfahrung mache einen Msch. klug. Dies ist sehr   **57**
unvernünftig gesprochen. Gäbe es nichts Höheres als Erfahrung, so würde sie ihn nachgerade verrückt machen.   30

#

58   Xsti Auftreten ist und bleibt doch ein Paradox. Im Verhältnis
zu seiner eigenen Zeit lag es darin, dass er, dieser bestimmte
einzelne Msch, der wie andere Mschen aussah, so sprach wie sie,
Sitte und Brauch folgte, dass er Gottes Sohn war. Für jede spä-
5   tere Zeit ist das Paradox ein anderes; denn da sie ihn nicht mit
leiblichen Augen sieht, fällt es leichter, sich ihn als Gottes Sohn
vorzustellen, aber nun kommt das Anstößige, dass er im Gedankengang eines bestimmten Zeitalters sprach. Und doch, hätte er dies nicht getan, wäre seiner eigenen Zeit gegenüber eine
10   große Ungerechtigkeit geschehen; denn sie wäre dann ja die einzige gewesen, die ein Paradox gehabt hätte, an dem man Anstoß nehmen konnte. – Dass seine eigene Zeit das schlimmste
Paradox hatte, ist zumindest meine Meinung; denn die senti-
159   mentale Sehnsucht danach, gleichzeitig mit Xsto gewesen zu
15   sein, von der viele reden, hat nicht viel zu bedeuten, Zeuge eines solchen Paradoxes zu sein ist eine höchst ernste Sache.

#

59   Dies ist ein herrliches Gedicht von Evald, Warnung vor Selbstmord. Ein Vers besonders:
20   Vermag des Meeres Woge zu versehren?
Vermag Gift Gottes Prägung aufzuzehren?
    Kann der Dolch Gedanken töten?

cfr. 1. Bd. p. 299.

#

60   Das Bewusstsein setzt sich selbst voraus, und nach seinem Ur-
sprung zu fragen ist eine müßige Frage, die ebenso kaptiös ist
wie die al[te]: was war zuerst da, der Baum oder der Kern?
Hätte es keinen Kern gegeben, woher kam dann der erste Baum?
Hätte es keinen Baum gegeben, woher kam dann der erste
Kern?

30

#

61   Es ist merkwürdig genug, dass Schakspeare in Machbet das,
worin wir die Gewissensbisse von Lady M. ahnen, zu einer
Schlafwandler-Szene werden ließ. Ich glaube, die Wirkung wäre noch größer geworden, wenn er sie selbst hätte wissen las-

sen, dass sie schlafwandle, und sie sich nun niemals
dem Schlaf anzuvertrauen wagte, aus Schreck, sich darin zu verraten: In einer solchen nächtlichen Stunde,
wo sie alles von sich entfernt hätte, wo sie der ganzen Welt einen ruhigen und unerschütterlichen Schlaf   5
wünschte, bloß um es dann zu wagen, sich selbst etwas Schlummer zu gönnen, in dieser nächtlichen
Angst, wo sie bloß einschlummerte und alle Augenblicke aufwachte, würde sich ihre Qual entsetzlich aus-
nehmen.   10

#

Das eigtl. Brüten über der Idee soll jedem profanen   **62**
Wissen verborgen sein, auch dem Einmischen Frem-
der – so wie auch der Vogel sein Ei nicht ausbrüten will,   160
wenn man es angerührt hat.   15

#

Die Entwicklung des Lebens ist ein merkwürdiger   **63**
Rückschritt; das Kind zerbricht sich den Kopf darüber, die schwierigen Dinge zu verstehen, der Ältere
kann gerade die allersimpelsten nicht verstehen.   20

#

Als ich sehr jung war, konnte ich nicht verstehen, wie   **64**
man sich beim Schreiben eines Buches anzustellen hat.
Das verstehe ich mittlerweile sehr gut, jetzt kann ich
hingegen nicht begreifen, warum dies überhaupt ir-   25
gendwer tun mag.

#

Was die ältere Philosophie, die älteste in Griechen-   **65**
land, vorzüglich beschäftigte, ist die Frage nach *der*
Bewegung, wodurch die Welt entstanden ist, das konsti-   30
tutive Verhältnis der Elemente zueinander. – Was die
neueste Philosophie besonders beschäftigt hat, ist die

Bewegung, d.h. die logische Bewegung. Es wäre nicht
ohne Bedeutung, die verschiedenen Sätze dieser beiden Sphären zu parallelisieren. Die neuere Philosophie hat für die Bewegung nie Rechenschaft abgelegt. So etwa findet sich in der sonst ja leidlich weitläu-
figen Kategorie-Tafel keine Kategorie namens Mediation, welche doch für die neueste Ph. die wesentlichste von allen ist, ja, eigtl. ihr Nerv, das, wodurch sie sich
von jeder älteren unterscheiden will.

#

66   Pythagoras sagte, dass der weiseste Mensch der war,
der den Dingen ihren Namen gab und der die Zahl erfunden hat.
    cfr. Tennemann 1. Bd. p. 101.

#

161
67   Jedes unendliche Wissen ist negativ, (ein unendli-
ches Verhältnis ist auch dies, »immer Unrecht zu haben), und doch ist das Negative höher als das Positive[1]. So lehrte etwa Pythagoras auch, dass die gerade
Zahl unvollkommen, die ungerade vollkommen ist.

#

[1]so etwa betrachteten die Pythagoreer auch das Endliche als höher und vollkommener als das Unendliche.
    cfr. Tennemann 1. Bd. p. 115.

[a]Wie die Pythagoreer überhaupt nicht das als das Vollkommene betrachteten, woraus etwas entsteht, sondern
das, was daraus entsteht.
    cfr. Tennemann 1. Bd. p. 119.

68   Dass das Einheits-Prinzip das Gegensatz-Prinzip
aufgehoben hat, kann man nur im selben Sinne sagen,
wie Pythagoras lehrte, dass die Eins keine Zahl sei.
Die Eins geht der Teilung voraus und mit der Teilung
fängt die Zahl erst an. Die Einheit geht dem Gegensatz voraus und mit dem Gegensatz fängt das Dasein erst an.

[a]oder im selben Sinne wie Zeno der Eleate sagtə: μηδεν των
οντων εστι το ἑν cfr. Tennemann 1. Bd. p. 202 und Anmerkung.

#

Heraklit zog sich von den Geschäften zurück, schrieb sein be-   **69**
rühmtes Werk, legte es im Tempel der Diana wie einen Schatz
nieder, der nur für Kenner zugänglich sein sollte.

5

Einer der sieben Weisen hat gesagt, es sei verwunderlich, dass   **70**
auf der Rennbahn die Kunsterfahrenen kämpften, während die
in der Kunst Unerfahrenen dabei Richter waren.

#

Das Entsetzliche ist, wenn das Bewusstsein eines Mschen von   **71**
Kindheit an einem Druck ausgesetzt wurde, den die ganze Elastizität der Seele, die ganze Energie der Freiheit nicht beheben
kann. Kummer im Leben kann das Bewusstsein wohl verdrü-
cken, tritt der Kummer aber erst in reiferem Alter ein, bleibt ihm
keine Zeit, diese Natur-Gestalt anzunehmen, es wird ein histo-   162
risches Moment, nicht etwas, das gleichsam über dem Bewusstsein selbst liegt. Jener, der einen solchen Druck von Kindheit an
hat, er ist gleichsam ein Kind, das mit der Zange aus dem Mutterleib geholt wird und das beständig eine Reminiszenz an den
Schmerz der Mutter hat. Ein solcher Druck lässt sich nicht be-   20
heben, aber deswegen braucht man nicht zu verzweifeln; denn
dies lässt sich in Demut tragen. Das ist unleugbar eine der
schwierigsten Aufgaben, weil es so schwierig ist, dies unter die
Bestimmung Schuld zu subsumieren. Es gab eine Zeit, in der ich
aus Furcht davor, stolz auf meine Leiden zu werden, den Satz   25
aufstellte, dass alle Mschen im Grunde gleich viel leiden. Doch
dies ist im Grunde eine Art Stoizismus, der durch seine Abstraktion die konkretere Vorstellung von einer Vorsehung aufhebt. Pontoppidan sagt in seiner Erklärung: dass einzelne
Mschen in außergewöhnlichen Leiden versucht werden, aber   30
dies wird einmal ihrer Seele fruchten. Dies ist weit schöner.

#

72   Wenn behauptet wird, dass das, was ich sage, dasselbe ist, wie
     das, was all die Anderen sagen, da werde ich nichts dagegen ha-
     ben, sofern man dies im selben Sinn nimmt, wie Leukipp ge-
     sagt hat, dass ein Trauerspiel und ein Lustspiel aus denselben
5   Buchstaben besteht, nur die Anordnung verschieden sei.
                         cfr. Tennemann Gesch. d. Ph. 1. Bd. p. 264 u.

                              #

73   Dass Gottes Sohn Msch wurde, ist freilich das höchste meta-
     physische und religiöse Paradox, aber es ist noch nicht das tiefs-
10   te ethische Paradox. Xsti Auftreten behielt eine Polemik gegen
     das Dasein. Er wurde Msch. so wie alle anderen, aber zu den
     konkret-ethischen Momenten der Wirklichkeit stand er in ei-
     nem polemischen Verhältnis. Er zog umher und lehrte die Leu-
     te, besaß nichts, hatte nichts, worauf er sein Haupt legen konn-
15   te. Das ist nun freilich erhebend, den Glauben und das Vertrau-
     en auf die Vorsehung zu sehen, das einen Msch. sorglos wie den
     Vogel des Himmels und die Blume des Feldes macht; aber in-
163 wiefern ist dies ein ethischer Ausdruck für ein Mschleben. Soll
     ein Msch. denn nicht arbeiten um zu leben, darf ich es denn sein
20   lassen für den nächsten Tag zu sorgen. Hier begegnen die aller-
     schwierigsten Probleme. Xsti Leben hatte ein negativ-polemi-
     sches Verhältnis zu Kirche und Staat. Das höchste ethische Para-
     dox würde sein, wenn Gottes Sohn in diese ganze Wirklichkeit
     eingehen, ein Teil davon würde, sich unter all ihre kleinlichen
25   Verhältnisse beugen würde; denn wenn ich auch Mut und Ver-
     trauen und Glauben hätte, Hungers zu sterben, so ist dies be-
     wundernswürdig und in jeder Generation gibt es wohl keine
     10, die es haben, wir aber lernen ja doch und verkünden, dass es
     etwas noch Größeres wäre, sich dem unterzuordnen
30   Gott helfe dem armen Kopf, der mit dieser Art Zweifel zu tun
     hat, dem unglücklichen Msch., der Leidenschaft genug zum
     Denken besitzt, dem stummen Buchstaben, der nichts anderes
     tun kann für andere Mschen als stillzuschweigen mit dem, was
     er leidet, und wenn möglich zu lächeln, damit es ihm keiner
35   anmerkt.

                              #

Will man mein bisschen Weisheit als Sophistik bezeichnen, so   **74**
muss ich doch darauf aufmerksam machen, dass ihr zumindest eine Eigenschaft fehlt, die doch sowohl laut Platons als auch
laut Aristoteles' Definitionen dazugehört: dass man durch sie
Geld verdient.   *5*
cfr. Tennemann Gesch. d. Ph. 1. Bd. p. 355. Anm. 6.

#

Ich werde mir selbst sagen, was Sokrates dem Theaitet sagt: **75**
Ωδινεις γαρ, ω φιλε Θεαιτητε, δια το μη κενος αλλ' εγκυμων
ειναι.   *10*
cfr. Ast 2. Tom. p. 22.

#

Anlage.   **76**
Ein Msch. hat sich in seiner frühen Jugend einmal in einem exaltierten Zustand hinreißen lassen, ein öffentliches Frauenzim-   *164*
mer zu besuchen. Das alles ist vergessen. Nun will er heiraten. Da erwacht die Angst. Die Möglichkeit, dass er Vater sein
könnte, dass irgendwo in der Welt ein Geschöpf leben könnte,
das ihm sein Leben verdankt, martert ihn Tag und Nacht. Er
kann niemanden darin einweihen, er besitzt nicht einmal selbst   *20*
verlässliche Gewissheit über das Faktum – Deswegen muss es
bei einem öffentlichen Frauenzimmer passiert sein, in der wilden Absichtslosigkeit der Jugend; wäre es eine flüchtige Liebe-
lei oder eine wirkliche Verführung gewesen, ließe es sich nicht
denken, dass er unwissend sein könnte, aber jetzt ist gerade die- *25*
se Unwissenheit die Unruhe in seiner Qual. Andererseits kann
der Zweifel, eben aufgrund der Leichtsinnigkeit des ganzen Faktums, erst recht in Bewegung geraten, wenn er sich wirklich
verliebt.

30

Es ist besser zu geben als zu nehmen, aber es kann zuweilen   **77**
demütiger sein, annehmen zu wollen, als geben zu wollen. Es
mag vielleicht manchen geben, der bereit wäre, aus Liebe alles
hinzugeben, aber nichts annehmen wollte.

#

78   ... ein Kuss, der etwas mehr als ein Vorgeschmack war.

#

79   Anlage.

Ein Msch, der lange ein Geheimnis mit sich herumgetragen
hat, wird schwachsinnig. Hier sollte man glauben, dass sein Geheimnis an den Tag kommen müsste, aber siehe da, trotz seiner Wahnsinnigkeit hält seine Seele doch an der Verborgenheit
fest und seine Umgebung wird noch mehr von der Wahrheit der
falschen Geschichte überzeugt, mit der er sie betrogen hat. Er
wird von seinem Wahnsinn geheilt, erfährt alles, woraus er erse-
hen kann, dass er nichts verraten hat. Wäre das nun erfreulich
für ihn oder nicht, vielleicht könnte er sich gewünscht haben,
in seiner Wahnsinnigkeit sein Geheimnis loszuwerden; es ist als
ob es da ein Schicksal gebe, das ihn zwang, in seinem Geheimnis zu bleiben und ihn nicht daraus loslassen wollte. Oder wäre
es nicht erfreulich, wäre es nicht ein guter Genius, der ihm half,
sein Geheimnis zu bewahren.

#

80   Un sot trouve toujours un plus sot, qui l'admire.
                                        Boileau.

#

81   Wenn ich nicht reus voti bin, will mir nichts gelingen. Dadurch bekam ich das theologische Dienstzeugnis, dadurch
schrieb ich meine Abhandlung, dadurch wurde ich in 11 Monaten mit »Entweder – Oder« fix und fertig. Wenn irgendein
Msch. den eigtl. Beweggrund zu wissen bekäme, ... Herrgott
noch mal, ein so großes Werk, denkt man wohl, muss einen
sehr tiefen Grund haben ... und doch betrifft er gänzlich mein
privates Leben – und die Absicht – ja, bekäme man die zu wissen, so würde ich für wildverrückt erklärt. Wenn ich selbst es als
eine interessante Arbeit ansehen würde, das würde man mir

vielleicht nachsehen, aber dass ich es für eine gute Tat
hielt, dass es das ist, was mir an der ganzen Sache am
meisten zusagt ...

#

Wo ist bloß die Grenze zwischen Lebensweisheit und   **82**
Religiosität. Mynsters Predigten sind bei Weitem nicht
immer rein religiös, er tröstet auch damit, dass es
vielleicht wieder gut werden kann, dass sanftere Tage
kommen u.s.w., was doch eigtl. noch kein religiöser
Trost ist; man sträubt sich dagegen, in den Strom hin-   10
auszugehen, man versucht so lange als möglich zu
waten. Solange dies nicht bestimmt entschieden ist,
bleibt immer ein Zweifel an der Bedeutung der Wirklichkeit im ganzen Gedankengang eines Menschen.

15

Woran sich die Skeptiker eigtl. verfangen sollen, ist   **83**
das Ethische. Alle, von Cartesius angefangen, haben
gemeint, dass sie in der Zeit, in der sie zweifelten,   166
nichts Bestimmtes im Hinbl. auf Wissen aussagen dürften, hingegen dürften sie sehr wohl handeln, weil man   20
sich in dieser Hinsicht mit dem Wahrscheinlichen begnügen könnte. Welch ungeheurer Widerspruch! Als
ob es nicht viel entsetzlicher wäre, etwas zu tun, das
einem zweifelhaft ist (denn dadurch zieht man sich
Verantwortung zu), als etwas zu statuieren. Oder war   25
das, weil das Ethische in sich gewiss sei? So gäbe es
also etwas, was der Zweifel nicht zu erreichen vermag!

#

1   [a]An diesem Punkt liegt das   Xstus verbarg etwas vor seinen Jüngern, weil sie es   **84**
Paradox meines Lebens, ge-   nicht zu tragen vermochten. Dies war liebevoll von
gen Gott habe ich immer Un-   ihm gehandelt, aber ist es ethisch? Es ist einer der
recht, aber ist dies ein Verbre-   schwierigsten ethischen Zweifel, wenn ich durch Ver-
5   chen gegen Mschen?   schweigen einen anderen Mschen von einem Schmerz

erlösen kann, ist mir das erlaubt, oder begehe ich nicht
einen Eingriff in seine mschliche Existenz.

#

85   Jene Frau, die in der Französischen Revolution »als
5   Göttin der Vernunft« angebetet wurde, könnte einen
brauchbaren Stoff für ein Drama abgeben. Sie starb bekanntlich später im elendigsten Zustand in einem
Hospital.

#

86   Theodorus Atheos hat gesagt: er gab seine Lehre mit
der rechten Hand, aber seine Zuhörer nahmen sie mit
der linken an.
   cfr. Tennemann Gesch. d. Ph. 2. Bd. p. 124. Anm. 39.

#

87   *Anlage.*
   Lass uns annehmen (was weder das al[te] T. noch der
Koran verlauten), dass Isaak wusste, dass der Sinn der
Reise, die er mit seinem Vater zum Berg Moria unternehmen sollte, darin lag, dass er geopfert werden sol-
20   le – wenn nun ein Dichter in meiner eigenen Zeit le-
167   ben würde, könnte er wohl erzählen, was diese beiden
Männer auf dem Weg miteinander gesprochen haben[a].
Ich denke zunächst hat Abraham mit seiner ganzen
väterlichen Liebe auf ihn geblickt, sein ehrwürdiges
25   Antlitz, sein zerknirschtes Herz haben seine Rede eindringlicher gemacht, er hat Isaak ermahnt, sein Schicksal mit Geduld zu tragen, er hat ihm dunkel zu verstehen gegeben, dass er als Vater noch mehr dabei
leide. – Doch es half nichts. Da, denke ich, hat sich
30   Abraham einen Augenblick von ihm abgewandt und
als er sich ▸ihm wieder zugewandt hatte, war er un-
kenntlich für ihn, sein Auge war wild, seine Miene
eisig, die ehrwürdigen Locken hatten sich wie Furien
über seinem Haupt erhoben. Er griff Isaak an der Brust,

[a] Man könnte es zugleich so   1
einrichten, dass Abrahams vor-
hergehendes Leben nicht ohne Schuld gewesen war, und
ihn in seinem stillen Sinn an   5
dem Gedanker herumkauen
lassen, dass es Gottes Strafe sei,
ihn vielleicht gar den schwermütigen Einfall bekommen
lassen, dass er Gott dabei zu   10
Hilfe kommen müsse, die Strafe so schwer als möglich zu
machen.

er zog das Messer, er sagte: »Du hast geglaubt, dass ich es um
Gottes willen tue, Du hast Dich geirrt, ich bin ein Götzendiener,
diese Lust ist wieder in meiner Seele erwacht, ich werde Dich
ermorden, dies ist meine Lust, ich bin schlimmer als irgendein
Menschenfresser, verzweifle Du törichter Junge, der Du Dir ein-   5
gebildet hattest, dass ich dein Vater sei; ich bin dein Mörder, und
dies ist meine Lust«. Und Isaak fiel auf die Knie und rief zum
Himmel: Barmherziger Gott, erbarme Dich meiner. Da aber
sprach Abraham ganz sachte zu sich selbst: »So soll es sein; denn
es ist doch besser, er glaubt, dass ich ein Unmensch sei, dass er   10
mich verflucht, dass ich sein Vater sei, und doch noch zu Gott
betet, als dass er wissen sollte, dass es Gott war, der die Versuchung auferlegte, denn da würde er seinen Verstand verlieren
und vielleicht Gott verfluchen«.

– Wo aber wäre wohl in dieser Zeit der Dichter, der derartige   15
Kollisionen ahnte? Und doch war Abrahams Verhalten echt poetisch, großmütig, großmütiger als alles, wovon ich in Tragödien
gelesen habe. – Wenn das Kind entwöhnt werden soll, dann
schwärzt die Mutter ihre Brust, aber ihr Auge ruht gleich liebevoll auf dem Kind. Dieses glaubt, es sei die Brust, die sich ver-   20
ändert habe, die Mutter aber sei unverändert. Und warum
schwärzt sie die Brust, weil sie sagt, es sei ein Jammer, dass sie
lieblich aussehe, wenn das Kind sie nicht bekommen dürfe. –
Diese Kollision ist leicht gelöst; denn die Brust ist nur ein Teil der
Mutter selbst. Glücklich der, der keine schrecklicheren Kollisio-   25
nen erlebte, der nicht *sich selbst* anzuschwärzen brauchte, der
nicht zur Hölle fahren brauchte, um zu erfahren, wie ein Teufel
aussieht, auf dass er sich selbst so zeichnen könnte, und wenn   168
möglich auf diese Weise einen anderen Menschen zu erlösen,
zumindest in dessen Gottes-Verhältnis. Das wäre die Abrahams-   30
Kollision.

– Derjenige, der dieses Rätsel erklärt hat, er hat mein Leben
erklärt.

Doch wer wäre in meiner◄ ⌊Zeit, der es verstünde?⌋

35

88   Heute stand im Anzeigenblatt: wegen anderweitiger Bestimmung 16 Ellen schweren, schwarzen Seidenstoffes zu verkaufen.« Weiß Gott, was die erste Bestimmung gewesen sein mag.
Es könnte eine gute Replik abgeben, wenn man ein Mädchen,
5   das in den entscheidenden Tagen vor der Hochzeit betrogen
worden ist, inserieren ließe, dass 16 Ellen schweren, schwarzen
Seidenstoffes u.s.w., die für ein Brautkleid bestimmt waren.

#

89   ⌊Meine Liebes-Beziehung ist von einer eignen Natur. Es ist ei-
10   ne gewöhnl. Taktik, derer sich theolog. Kandidaten bedienen,
dass sie damit anfangen, Lehrer, ja, nach und nach Seelsorger für
ihre Auserwählten zu sein und damit enden, Liebhaber und
Ehemänner zu werden. Ich fing damit an, Liebhaber zu sein, und
ende damit, Seelsorger zu sein. Wenn es schon sein muss, so ist
15   mein Verhalten doch weit besser, ich habe das Heilige im
Dienste meiner Liebe nicht herabgewürdigt, ich beuge ebenso
sehr mich selbst wie ich einen anderen unter das Religiöse zu
beugen suche⌋

#

90   Das Erbauliche ist das Einzige, was in Wahrheit Scherz und
Ernst vereinigt. So ist es etwa ein Scherz, der köstlicher ist als die
ganze Welt, dass Gott im Himmel der einzige Große ist, zu dem
man frischweg Du sagt, ist man auch noch so klein, aber dieser Scherz ist zugleich der tiefste Ernst, eben weil jeder Msch.
25   dies tut. Es ist hingegen ein sehr unvollkommener, schlechter,
mschlicher Scherz, dass ein einzelner Günstling die irdische Ma-
169   jestät mit dem vertraulichen Du anredet, deswegen ist auch
kein Ernst in diesem Scherz.

#

91   Hier draußen im Grib-Wald gibt es einen Ort, der heißt Achtwegewinkel. Dieser Name sagt mir besonders zu.

#

Je mehr ein Msch. zu vergessen vermag, desto mehr Metamor- **92**
phosen kann sein Leben bekommen, je mehr er zu erinnern vermag, desto göttlicher wird sein Leben.

#

Das ist doch kurios. Jenes kleine Vorwort zu den »zwei Predig- **93**
ten« hatte ich zu ändern beschlossen, weil es mir eine gewisse
geistige Erotik in sich zu bergen schien und weil es mir so außerordentlich schwerfällt, mich so friedlich hinzugeben, dass der
polemische Gegensatz nicht deutlich zur Stelle ist. Ich eile hinauf in die Buchdruckerei. Was passiert! Der Setzer bittet um die- 10
ses Vorwort. Ich lachte freilich ein wenig über ▸ihn, bei mir jedoch dachte ich: dann kann ja *er* der »Einzelne« sein. Aus Freude
darüber hatte ich zuerst beschlossen, nur 2 Exemplare drucken
zu lassen und dem Setzer das eine zu schenken. Es war etwas
wirklich Schönes darin, seine Bewegung zu sehen. Ein Setzer, 15
von dem man doch meinen sollte, er würde eines Manuskripts
ebenso leid wie ein Verfasser!

        * *   ◂

▸▸Falls jemals nach meinem Tod◂◂ **94**

▸ Nach meinem Tod soll keiner in meinen Papieren (dies ist **95**
mein Trost) eine einzige Auskunft darüber finden, was mein
Leben *eigentlich* ausgefüllt hat; *jene* Schrift in meinem Innersten
finden, die alles erklärt, und die oft das, was die Welt Bagatellen
nennen würde, zu ungeheuer wichtigen Ereignissen für mich
macht, und was ich als unbedeutend ansehe, wenn ich die heim- 170
liche Note wegnehme, die es erklärt.

Auf folgende Weise rettet man in *unserer Zeit* das Religiöse. **96**
Man quittiert der Wirklichkeit dankend mit Humor (denn die
Endlichkeit ist zwar Sünde, aber nicht die, über die zu sorgen ist) 30
und auf diese Weise vermag man es gesund zu bewahren. Man
geht nicht ins Kloster, sondern man wird ein Narr in der Welt;

man gedenkt Christi Worte: wenn Du fastest (was will dies anderes besagen als: wenn Du sorgst, denn das Fasten war ja bloß
das äußerliche Zeichen der Sorge), dann salbe Dein Haupt und
wasche Dein Angesicht, auf dass Du den Menschen nicht zu
fasten scheinst. Durch diese Worte ist alles Geschwätz über Gemeinde und das Leben für die Idee der Gemeinde aufgehoben.
Das Erste, was das Religiöse tut, ist seine Tür zu schließen und
im Verborgenen zu reden.

Überhaupt ist die Innerlichkeit bei Weitem inkommensurabler
für die Äußerlichkeit, und kein Mensch, auch nicht der offenher-
zigste, vermag alles zu sagen und all die Gegensatz-Ausdrücke
zu begründen.

---

97 Meine Bestimmung scheint zu sein, die Wahrheit vortragen zu
sollen, soweit ich sie entdecke, derart, dass dies gleichzeitig mit
der Vernichtung jeder möglichen Vollmacht geschieht. Während
ich also in den Augen der Menschen unmündig, im höchsten
Grad unzuverlässig werde, sage ich das Wahre und bringe sie
dadurch in den Widerspruch, aus dem ihnen nur herausgehol-
fen werden kann, indem sie sich selbst die Wahrheit aneignen.
Erst *dessen* Persönlichkeit ist gereift, der sich das Wahre aneignet,
ganz gleich ob nun Bileams Esel spricht oder ein Fratzen-
schneider mit seinem schallenden Gelächter oder ein Apostel
und ein Engel.

---

98 Schriftsteller zu sein ist mittlerweile das Allerelendigste ge-
171 worden. Im Allgemeinen muss man auftreten wie jener Gärtnerbursche auf einer Vignette im Anzeigenblatt, mit dem Hut in der
Hand, mit Kratzfuß und Kriecherei, mit guten Rekommandationen sich empfehlend. Wie dumm: der, der schreibt, muss das,
worüber er schreibt, besser verstehen als der, der liest, sonst
kann er nicht schreiben. –

Oder man muss zusehen, ein durchtriebener Winkeladvokat
zu werden, der es versteht, dem Publikum eine Nase zu drehen.
– Das werde ich nicht, das werde ich nicht, das werde ich nicht,
nein, nein, zum T– mit dem Ganzen. Ich schreibe wie *ich* will

und das gilt, dann mögen die anderen doch tun, was sie wollen, es sein lassen zu kaufen, lesen, rezensieren u.s.w. –

Es ►►ist so◄◄ sonderbar, wie streng ich in gewissem Sinn erzogen werde. Ab und zu werde ich in das finstere Loch hinabgesteckt, dort krieche ich in Qual und Schmerz herum, sehe nichts, keinen Ausweg. Da erwacht plötzlich ein Gedanke in meiner Seele, so lebendig als ob ich ihn niemals zuvor gehabt hätte, wenn er mir auch nicht unbekannt ist, so war ich ihm vorher doch nur gleichsam zur linken Hand angetraut, nun werde ich ihm zur rechten angetraut. Wenn er sich nun in mir festgesetzt hat, dann werde ich ein wenig verwöhnt, ich werde in die Arme geschlossen, und ich, der ich wie eine Heuschrecke eingeschrumpft war, wachse nun wieder aus, gesund, feist, froh, warmblütig, geschmeidig wie ein Neugeborenes. Danach muss ich gleichsam mein Wort darauf geben, dass ich diesen Gedanken bis zum Äußersten verfolgen werde, ich setze mein Leben als Pfand ein, und nun bin ich eingespannt. Innehalten kann ich nicht und die Kräfte halten aus. Dann werde ich fertig und nun beginnt alles von vorn.

*

Wenn ich Gottes Missfallen habe, da ist mir elender zumute als einem Schlachtkalb; wenn er mir beifällig zunickt, da bin ich stolzer als die ganze Welt.

Ich weiß sehr wohl, dass ich im Augenblick der begabteste Kopf unter allen Jüngeren bin, aber ich weiß ebenso, dass dies morgen schon von mir genommen werden kann, ja bevor ich diese Periode zu Ende bringe. Wenn ein anderer entdeckt, dass er ein guter Kopf ist, so meint er, damit für sein ganzes Leben versorgt zu sein, das meine ich nicht; in diesem Sinne auf die Endlichkeit bauen kann ich nicht.

_____

102   Man soll so ästhetisch entwickelt sein, dass man die ethischen
         Probleme ästhetisch ergreifen kann, sonst geht es dreckig mit
         dem Ethischen. Wie viele schaffen das? Daub sagt irgendwo,
5   dass wenn ein Soldat in einer stürmischen Unwetternacht alleine
         auf seinem Posten mit geladenem Gewehr bei einem Pulverturm
         in Blitz und Donner steht, dann bekommt er Gedanken, die
         andere nicht bekommen. Schon möglich, wenn er ästhetisch hin-
         reichend entwickelt ist; schon möglich, wenn er ästhetisch hin-
10   reichend entwickelt ist, um nicht zu vergessen. Wie vielen Men-
         schen könnte man nicht von jenem Asketen erzählen, der in
         Einsamkeit lebte und nur Tau und Regen trank, und der einen
         Augenblick seine Einsamkeit verließ, Wein zu schmecken bekam
         und dem Trunk verfiel – wie vielen kann man dies nicht er-
15   zählen, ohne dass es für sie mehr als ein Kuriosum wird? Wie
         viele fühlen die Angst und das Beben, die das *ethische* Problem
         fassen?

_____

103   Immer wieder höre ich auf die Töne in meinem Inneren, auf
20   die frohen Winke der Musik und den tiefen Ernst der Orgel; sie
         zusammenzuarbeiten ist eine Aufgabe nicht für einen Kompo-
         nisten sondern für einen *Menschen,* der sich mangels größerer
         Herausforderungen des Lebens auf die simple beschränkt, *sich
         selbst* verstehen zu wollen. – Mediieren ist keine Kunst, wenn
25   man keine Momente in sich hat.

_____

104   Es ist ein Verdienst, das *Bournonville* in seiner Darstellung des
         Mephistopheles hat, jener Sprung, mit dem er immer auftritt
173   und sich in eine plastische Stellung hineinspringt. Dieser Sprung
30   ist ein Moment, das in der Auffassung des Dämonischen beach-
         tet werden sollte. Das Dämonische ist nämlich das *Plötzliche.* –
         Eine andere Seite des Dämonischen ist das Langweilige, so
         wie es der kleine *Winsløv* so trefflich auffasste, wodurch es in das
         Komische übergeht (die Art, auf die er: »Geduld« in Karl der

Große als Pipin sagte – vgl. seinen Klister in die Unzer-
trennlichen).

———

In *Petrarcas* Gedicht: Amors Triumph gibt es viele   **105**
kleinere Züge, aus denen man in erotischer Hinsicht   5
etwas machen könnte; denn in dieser Hinsicht kann
man Petrarca nicht eben des Meisterlichen zeihen. Für
ihn ist es etwas Historisches, etwas Äußeres, was er
vernimmt, nicht der Herzschlag der Idee darin, und
während er es betrachtet, hat er nicht die Konkupis-   10
zenz der Idee, kein wollüstig seliges Schaudern im Augenblick der Empfängnis.

———

Es ist unglaublich, welche Naivität man sogar bei   **106**
einem so entwickelten Verfasser wie *Heiberg* antreffen   15
kann, welch leichtsinnigen Galimathias, was die Kategorie der Zeit betrifft, welch dramatisch-konventionel-
les Gerede, z.B. in De Danske i Paris, 1. Akt, 12. Szene.
Der Major erzählt kurz seinen Lebenslauf.◂ Er endet
damit, dass man in Kopenh. große Augen machen   20
würde, wenn man ihn, den man ständig einen Hagestolz zu nennen beliebt hatte, mit einer Frau und einer 17-jährigen Tochter zurückkehren sähe.« Er war
also 18 Jahre verheiratet, kein Msch. hat das geahnt, er
hat keinen geängsteten Augenblick, keine Leiden, kei-   25
ne bangen Ahnungen u.s.w., oder er hatte dies gehabt,
aber keiner vermochte es, ihn zu durchdringen. Es ist
wirklich schade für diesen Mann, dass er es nicht zu
mehr als zum Major gebracht hat, und dies obendrein vor ganz kurzer Zeit, er müsste zumindest   30
Oberstleutnant sein. Mein guter Hr. Major, mein guter
Hr. Prof., ein klein wenig über dieses Kunststück zu
erfahren, das würde ich schon gerne, und dafür würde ich Ihnen das ganze Vaudeville schenken; bloß ein
paar Blätter; denn der, der sich mit dem Wichtigen be-   174
schäftigt, braucht nicht so viele Szenen. Und wenn ich

100 Taler dafür kriegen würde, und wenn ich für ein
Genie erklärt würde, ich würde nicht einen solchen
Quatsch im Ernst geschrieben haben.ᵃ Der Major
schwatzt (auf Heibergs Ordre) ganz ernstlich, ganz so
5   wie Holbergs Ulysses, der auch ein Held seiner Zeit
ist.

ᵃso zu schreiben, ist eben das,   1
was ich die Feder mit Klatsch
auf dem Papier laufen lassen
nenne.

107   ⌊Am Ostersonntag beim Abendgottesdienst in der
Frue-Kirche (bei Mynsters Predigt) nickte sie mir zu,
ich weiß nicht, ob es bittend oder vergebend war, aber
10   auf jeden Fall so hingebungsvoll. Ich hatte mich auf
einen abgelegenen Platz gesetzt, aber sie hat mich entdeckt. Gott gebe, sie hätte es nicht getan. Jetzt sind anderthalb Jahre Leiden vergebens, all meine ungeheuren Anstrengungen, sie glaubt dennoch nicht, dass ich
15   ein Betrüger war, sie glaubt mir. Welche Prüfungen
stehen ihr nun nicht bevor. Das Nächste wird, dass ich
ein Heuchler bin. Je höher wir hinaufkommen, desto
schrecklicher. Dass ein Msch. mit meiner Innerlichkeit,
meiner Religiosität, sich so benehmen konnte! Und
20   doch kann ich jetzt nicht länger allein für sie leben,
mich nicht der Verachtung der Mschen aussetzen, um
meine Ehre zu verlieren, das habe ich ja getan. Werde ich nicht im Wahnsinn hingehen und ein Schurke
werden, bloß um sie das glauben zu machen – und
25   was würde es helfen. Sie würde doch meinen, dass ich
es früher nicht war.
   Jeden Montag zw. 9-10 am Vormittag hat sie mich getroffen. Ich habe keinen Schritt dazu getan. Sie weiß,
welchen Weg ich zu gehen pflege, ich weiß, was für
30   einen Weg sie⌋

⌊ich werde doch alles so einrichten, dass sie nicht ahnt,
dass sie vielleicht selbst ein wenig Schuld trägt. Ein
junges Mädchen sollte ja Stille und Demut haben,
hier war sie es, die stolz war und ich derjenige, der sie
35   Demut lehren musste, indem ich mich selbst demütigte. Da nahm sie meine Schwermut eitel, sie glaubte, das
war, weil sie ein so unvergleichliches Mädchen sei,

dass ich so demütig war. Da bot sie mir die Spitze, Gott
vergebe es, sie weckte meinen Stolz, das ist meine
Sünde. Ich fuhr sie auf Grund. Das hatte sie verdient,
das ist meine aufrichtige Meinung, aber nicht das Spätere. Damals war es, dass meine Schwermut erwach-   5
te, je mehr sie sich nun in leidenschaftlicher Heftigkeit
an mich klammerte, desto mehr fühlte ich die Verant-   175
wortung, so schwer wäre sie nie geworden, wäre dieser Streit nicht gewesen. Da zerbarst das Band.⌋

Die zweite Predigt könnte auch anders angelegt sein.   **108**
Sie könnte mit den Worten anfangen: vermögt denn
Ihr, die Ihr böse seid, Euren Kindern gute Gaben zu
geben, wie viel mehr sollte Gott es dann nicht vermö-

[a]Die Mschen verstehen sich   gen.[1] Sie sollte dann mit dem Zweifel anfangen, ob
sehr wenig auf das, was das   ein Msch denn wirklich vermag, gute Gaben zu ge-   15
Gute ist. Sie wissen mit Wind   ben. Dieser Zweifel sollte bis zum äußersten Para-
und Wetter Bescheid (cfr. eine   dox durchgeführt werden, so dass selbst die Liebe (die
Stelle im Evangel.: wenn der   rein mschliche) eine zweifelhafte gute Gabe würde. Es
Himmel sich rötet, dann sagt   erwiese sich dann, dass jene Worte von Xstus eher ei-
Ihr: es wird Wind geben   ne Ironie waren als so, wie man sie im Allg. versteht.   20
   Hiob. 28, 1-11. v. 12.   Danach sollte die Bewegung gemacht werden.

==

[1]Xstus will daraus die Güte Gottes beweisen, und der
Beweis ist ein schlagender; aber er will nicht den ersten Satz beweisen.   25

▸   *Berlin d. 10. Mai 1843.*   **109**
   Am Tag nach meiner Ankunft ging es mir so schlecht,
dass ich beinahe in die Knie gegangen wäre.
   In Stralsund wäre ich beinahe verrückt geworden,
als ich ein junges Mädchen oben Fortepiano spielen   30
hörte, unter anderem auch Webers letzten Walzer.
Letztes Mal, als ich in Berlin war, war dies das erste
Stück, das mich im Thiergarten empfing, vorgetragen
von einem Blinden, der auf der Harfe spielte.

Es ist, als ob alles mich bloß dazu bringen sollte,
daran zu denken; mein Apotheker, der ein eifriger
Junggeselle gewesen war, hat sich verheiratet. In diesem Zusammenhang erklärte er mehrere Dinge: man
5   lebt nur einmal; man braucht einen Menschen, dem
man sich verständlich machen kann. Wie viel liegt
denn nicht darin, besonders wenn es ohne jede Prätention gesagt wird, dann trifft es mich.

Im Hotel Sachsen habe ich ein Zimmer, das zum
10   Wasser hin liegt, wo die Boote ankern. Herrgott noch
mal, das erinnert ans Al[te]. – Im Hintergrund habe ich
176 die Kirche, – und deren Glockenklang, wenn er die Zeit
angibt, dringt mir in Mark und Bein.

━━━━━

110   Der Gedanke, dass Gott Liebe ist in dem Sinn, dass
er immer derselbe ist, ist so abstrakt, dass er im Grunde
ein skeptischer Gedanke ist.

━━━━━

111   ▸▸Das◂◂ *absolute* Paradox würde sein, dass Gottes
20   Sohn Mensch würde, zur Welt käme, so herumginge,
dass es gar keiner merkte, im strengsten Sinne ein *ein-*
zelner Mensch würde, der einem Beruf nachginge, heiratete usw. (An diesem Punkt ließen sich die einzelnen
Bemerkungen abhandeln, inwiefern das Leben Christi
25   nach einem höheren Maßstab angelegt ist als das Ethische). In diesem Fall wäre Gott der größte Ironiker
gewesen, nicht Gott und der Vater der Menschen. (Falls
meine höchstverehrten zeitgenössischen Theologen
und Philosophen für 4 Groschen Gedanken im Kopf
30   hätten, dann hätten sie dies längst entdeckt, vielleicht
viel Wind darum gemacht. Doch Gedanken habe ich
bei ihnen gerade nicht gefunden). Das *göttliche* Paradox ist, dass er bemerkt wird, wenn schon nicht auf
andere Weise, so dadurch, dass er gekreuzigt wird,
35   dass er Wunder tut usw., worin denn liegt, dass er
doch an seiner göttlichen◂ Vollmacht kenntlich ist,

auch wenn diese den Glauben erfordert, um ihr Paradox zu lösen – der törichte mschliche Verstand will,
dass es vorwärts mit ihm gehe, er seine Zeit ergreife, sie
begeistere u.s.w. Herrgott noch mal, da ist freilich etwas Großes in der Welt geschehen, wenn jemandes   5
Zeit ergriffen wird.

#

Gott ist freilich Liebe, aber nicht Liebe zu Sündern.   **112**
Dies ist er erst in Xsto d.h. in der Versöhnung.

10

Der Einzige, mit dem ich jemals liederlich geredet   **113**
habe ist eigtl. der alte China-Kapitän, mit dem ich bei
Mini rede und der glaubt, dass ich 40 Jahre alt bin.   177
Doch ist dieses Reden eher humoristisch. Wenn er anfängt davon zu erzählen, wie auf Manila jeder ein Mä-   15
del hat, od. vom Kommers, den er in seiner Jugend
mit den Mädels (das ist sein Lieblingsausdruck) in London hatte, die man mit einem Glas Grog bewirtet;
»denn darauf halten sie so viel.« – Die Situation ist humoristisch genug, ein alter China-Kapitän (74 Jahre   20
alt) redet mit mir auf diese Weise davon. Im Übrigen
war er wohl selbst nicht besonders mit von der Partie; denn es ist noch eine Reinheit in ihm, die für ihn
zeugt; sein Ausdruck ist deshalb mehr humoristisch als
liederlich.   25

#

Auch dies ist eine Folge der Verstandes-Entwick-   **114**
lung und Weisheit unserer Zeit, dass einem Msch.
nichts ferner geworden ist als Gott, obwohl ihm nichts
näher ist, weshalb das Religiöse eine gewisse dum-   30
me Feierlichkeit angenommen hat, in der kein Sinn ist,
und Gottes Name mit einer ebensolchen nichtssagenden Veneration genannt wird, wie das Tintenfass betrachtet wird, das im obersten Gerichtshof den König

darstellt. Deshalb kann in unserer Zeit ein simpler und
natürlicher Erguss des Religiösen beinahe zur Blas-
phemie werden, und die Art und Weise in der man sich
im al[ten] Testament erlaubt, Gott anzureden, muss
5   als unziemlich und gegen das Zeremoniell versto-
ßend Ärgernis hervorrufen, und dennoch nährten jene
Männer gewiss eine ganz anders geartete, tiefe Ehrfurcht vor Gott.

\#

115   d. 17. Mai.
⌊Hätte ich Glauben gehabt, so wäre ich bei Regine geblieben. Gott sei Lob und Dank, dies habe ich jetzt eingesehen. Ich war in diesen Tagen nahe daran, meinen Verstand zu verlieren. Mschlich gesprochen hatte
15   ich ihr gegenüber Recht, ich hätte mich vielleicht niemals verloben dürfen, aber von dem Augenblick an habe ich ritterlich gegen sie gehandelt. Im ästhetischen
und ritterlichen Sinn habe ich sie weit höher geliebt
als sie mich geliebt hat; denn sonst wäre sie weder stolz
20   mir gegenüber gewesen noch hätte sie mich später mit
178   ihrem Schrei geängstigt. Ich hatte damals mit einer
Erzählung, betitelt: Schuldig – Nicht Schuldig, angefangen, die natürlich Sachen enthalten würde, die die
Welt in Erstaunen versetzen könnten; denn ich lebe in
25   mir selbst seit 1½ Jahren mehr Poesie als alle Romane zusammengenommen; aber ich kann und will
dennoch nicht, mein Verhältnis zu ihr soll nicht poetisch verflüchtigt werden, es hat eine Realität ganz anderer Art. Sie ist keine Theaterprinzessin geworden,[a]
30   so soll sie, wenn möglich, meine Frau werden. Herrgott noch mal, das war ja mein einziger Wunsch, und
doch musste ich mir das verwehren. Und darin hatte
ich mschlich gesprochen vollkommen Recht und habe in hohem Grad nobel gegen sie gehandelt, indem ich
35   sie meinen Schmerz nicht habe ahnen lassen. Ich war
rein ästhetisch gesprochen ein großer Msch; ich wage
mir selbst das Lob auszusprechen, dass ich tat, was
Wenige an meiner Stelle tun würden; denn hätte ich

⌊[a]wer hätte auch ahnen kön-   1
nen, dass ein so junges Mädchen solche Ideen birgt. Es war
denn auch eine sehr unreife
und bloß eitle Idee, wie sich mit   5
der Zeit ja auch herausstellte;
denn wenn es da wirklich
Elemente gegeben hätte, da wäre die Weise, auf welche ich
die Verlobung aufhob, absolut   10
entscheidend gewesen. Sol-

1 ches hätte eben diese Art von
Elastizität verleihen müssen.
Aber so war ·· Mädchen, zuerst schnippisch und außer sich
5 vor Stolz und Übermut, dann
feige.⌋

nicht so sehr an ihr Wohl gedacht, so hätte ich sie ja
nehmen können, als sie selbst darum bat (was sie ge-
wisslich niemals hätte tun sollen, das war eine falsche Waffe), als der Vater darum bat, ihr eine Wohltat
erweisen, und meinen Wunsch erfüllt bekommen kön- 5
nen, und wäre sie dessen einmal müde geworden, so
hätte ich sie ja mit der Erklärung züchtigen können,
dass sie selbst es verlangt habe. Das habe ich nicht getan. Gott ist mein Zeuge, dass dies mein einziger
Wunsch war, Gott ist mein Zeuge, wie ich über mich 10
selbst gewacht habe, damit kein Vergessen ihr Gedenken auslösche, ich habe, glaube ich, mit keinem jungen Mädchen seit dieser Zeit gesprochen; ich habe gedacht, dass jeder Schlingel von einem Verlobten in
mir ein unvollkommenes Wesen, einen Schurken sah, 15
ich habe meiner Zeit gedient; denn wahrlich, es war gewiss ein ziemlich voll-⌋

⌊wäre dies gewiss geschehen. Aber im Hinbl. auf eine
Ehe gilt nicht, dass alles in dem Zustand verkauft wird,
in dem es sich beim Hammerschlag befindet, hier geht 20
es um ein wenig Redlichkeit für die frühere Zeit. Hier
ist wieder meine Ritterlichkeit deutlich. Hätte ich sie
als meine künftige Ehefrau nicht höher geehrt als
mich selbst, wäre ich auf ihre Ehre nicht stolzer gewesen als auf meine, so hätte ich geschwiegen und ih- 25
ren und meinen Wunsch erfüllt, mich ihr antrauen lassen – so manche Ehe birgt ja Geschichtchen. Das wollte ich nicht, dann würde sie meine Nebenfrau, da würde ich sie lieber ermorden. – Aber hätte ich mich ihr 179
erklären sollen, hätte ich sie in entsetzliche Dinge ein- 30
weihen müssen, mein Verhältnis zu Vater, seine
Schwermut, die ewige Nacht, die im Innersten brütet,
meine Verirrung, Lüste, Ausschweifungen, die vielleicht in Gottes Augen nicht so himmelschreiend sind,
denn es war ja doch Angst, die mich irregehen ließ, 35
und wo hätte ich Zuflucht suchen sollen, wusste oder
ahnte ich doch, dass der einzige Mann, den ich um seiner Stärke und Kraft willen bewundert hatte,
schwankte.⌋ –

#

116   Der Glaube hofft deshalb auch für dieses Leben, aber
       wohlgemerkt kraft des Absurden, nicht kraft mschli-
       chen Verstandes, sonst ist es lediglich Lebens-Weis-
5   heit, nicht Glaube.

#

117   Der Glaube ist deshalb das, was die Griechen den
       göttl. Wahnsinn nannten. Dies ist nicht bloß eine geist-
       reiche Bemerkung, sondern etwas, das sich ohne wei-
10   teres ausführen lässt.

#

118   Was an trüben Gedanken und schwarzen Leiden-
       schaften noch in mir haust, das will ich in einer Schrift
       loszuwerden versuchen, die heißen soll:
15   Selbstbetrachtung eines Aussätzigen

#

119   Den höchsten Ausdruck, den die ethische Betrach-
       tung des Lebens hat, ist zu bereuen, und ich soll all-
       zeit bereuen – aber eben dies ist der Selbstwider-
20   spruch des Ethischen, wodurch das Paradox des Religiö-
       sen hervorbricht, d.h. die Versöhnung, was dem Glau-
       ben entspricht. Rein ethisch gesprochen muss ich sa-
       gen, dass selbst das Beste, was ich tue, bloß Sünde ist,
       also werde ich es bereuen, aber dann kann ich eigtl.
25   nicht zum Handeln kommen, da ich Reue tun soll.

#

180
120 ▸ Ich hatte daran gedacht, Agnete und der Wasser-
       mann von einer Seite zu bearbeiten, die wohl keinem
       Dichter in den Sinn gekommen ist. Der Wassermann ist
30   ein Verführer, aber als er Agnetes Liebe gewonnen hat,

[a]es soll eine Szene zwischen   1
zwei Aussätzigen sein, der eine ist sympathetisch und will
sich nicht zeigen, um die Msch.
nicht zu ängstigen, der ande-   5
re will sich rächen, indem er
Angst einjagt. Der eine hat Brüder, hat erst später entdeckt,
was mit ihnen los war, die
ganze Familie ist dem Aussatz   10
anheimgefallen.

da rührt ihn das so, dass er ihr ganz angehören will. – Aber
siehe, das kann er nicht, da müsste er sie in seine ganze traurige
Existenz einweihen, dass er zu gewissen Zeiten ein Ungeheuer
ist u. s. w., die Kirche kann ihnen ihren Segen nicht geben. Da
verzweifelt er, taucht in seiner Verzweiflung auf den Grund des   5
Meeres und bleibt dort, aber bildet Agnete ein, dass er sie bloß
betrügen wollte.

Dies ist doch Poesie, nicht dieses elende erbärmliche Gewäsch,
bei dem sich alles um Lächerlichkeiten und Narrenstreiche
dreht.   10

Ein solcher Knoten lässt sich nur durch das Religiöse lösen
(das daher seinen Namen hat, weil es jegliche Verzauberung
löst); wenn der Wassermann glauben könnte, so könnte sein
Glaube ihn vielleicht in einen Menschen verwandeln.

----   15

Ich muss noch einmal meine Antigone aufgreifen. Dabei wird   **121**
die Aufgabe sein, die Ahnung von Schuld psychologisch zu ent-
wickeln und zu motivieren. – Zu diesem Zweck habe ich an
Salomo und David gedacht, an das Verhältnis des jugendlichen
Salomo zu David; denn es ist ganz gewiss, dass sowohl Salomos   20
Verständigkeit (das Überwiegende daran) als auch seine Wollust
Konsequenzen von Davids Größe sind. Er hatte schon früher die
ungeheure Bewegung in David geahnt, nicht gewusst, welche
Schuld auf ihm lasten könnte, jedoch gesehen, wie dieser tief
gottesfürchtige Mann seiner Reue einen so ethischen Ausdruck   25
verleiht; denn eine andere Sache wäre es ja gewesen, wenn David Mystiker gewesen wäre. Diese Vorstellungen, diese Ahnungen ersticken das Energische (ausgenommen in Form der Phantasie), wecken die Verständigkeit, und diese Kombination aus
dem Phantastischen und der Verständigkeit, der das Moment   30
des Willens fehlt, ist eigentlich das Wollüstige.

181
Jesus Sirach scheint Ironie nicht zu schätzen, vgl. 41,19: Besser   **122**
einer, der seine Torheit verbirgt, als einer, der seine Weisheit
verbirgt.   35

123   Wenn man durch Bereuen in einem Liebes-Verhältnis zu Gott
       bleiben kann, so ist es doch wesentlich der Mensch selbst, der
       alles tut, auch wenn die Reue in ihrer äußersten Grenze als ein
  5   Leiden bestimmt wird. Die Reue ist kein Paradox, aber wenn sie
       aufhört, beginnt das Paradox; deshalb ist der, der die Versöh-
       nung glaubt, größer als der zutiefst Reuige. Die Reue verstrickt
       sich ständig selbst; denn soll sie das Höchste, das Einzige in
       einem Menschen sein, das Erlösende, so gerät sie wiederum in
  10   eine Dialektik, ob sie nun tief genug ist u. s. w.

124   Es gilt gerade, Gott in Kleinigkeiten glauben zu können, sonst
       steht man ja doch in keinem rechten Verhältnis zu ihm. Wollte
       man von einem Menschen sagen: er ist mein Freund, das weiß
  15   ich, und was auch geschieht, so bleibt er mein Freund; aber es
       trifft sich so sonderbar, dass dem unsere Anschauung des Ein-
       zelnen in jedem Augenblick genau entgegensteht; aber nichts-
       destotrotz halte ich daran fest, dass er mein Freund ist, – so hätte
       es doch eine verkehrte Bewandtnis damit, und es wäre eigent-
  20   lich eine Art Schwärmerei. So gilt es auch, Gott mit in die Wirk-
       lichkeit dieser Welt hineinzuziehen, wo er doch gewiss ist. Als
       Paulus an Bord des Schiffes war, das beinahe unterging, da be-
       tete er nicht bloß für seine ewige Seligkeit, sondern auch für
       seine zeitliche. Vielleicht hätte er gleich denken können: jetzt ist
  25   es vorbei, etc., ich will einzig an die Seligkeit meiner Seele den-
       ken. Und er war doch ein Apostel des Herrn.

125   NB.:
       »Was aber ist des Ruhmes schmeichelnde Lust
       Gegen ein Liebesseufzen aus eines Mädchens Brust«.
  30   *Schack Staffeldt.*

182
Idee: **126**

Erinnerungen aus meinem Leben
von
Nebukadnezar,
ehemals Kaiser, später ein Ochse.   5
Herausgegeben
von
Nicolaus Notabene.

In einem neulich erschienenen Werk: »C. Cilnius Maecenas,   **127**
eine historische Untersuchung v. Dr. Frandsen«, in Altona (Altona
1843) sehe ich, S. 230 o., dass er verschiedene Mittel anwandte,
um einzuschlafen, das Geplätscher eines Wasserfalles u. s. w.
Dies ließe sich verwenden. (Es wird berichtet, dass er 3 Jahre an
Schlaflosigkeit litt. S. 229 wird ein anderes Beispiel für 10 Jahre   15
angeführt, ja eine vornehme Dame, die 35 Jahre lang nicht
schlief).

Beispiel für Dialektik in Richtung auf Schuld und Unschuld   **128**

Ein al[ter] Wollüstling, jedoch noch witzig ironisch (ein Diplo-   20
mat) führt einige junge Mädchen in eine Bildergalerie mit griechischer Skulptur. Einige junge Herren sind in der Gesellschaft.
Eines der jungen Mädchen, die unschuldigste von allen, errötet,
nicht weil es sie stört, sondern weil in der Miene des al[ten] Schlin-
gels etwas ist, das ihre Schamhaftigkeit verletzt. Dieses Erröten   25
entgeht jedoch nicht seiner Aufmerksamkeit, sie liest das Urteil
in seiner Miene, und im selben Moment sieht auch einer der jungen Herren auf sie – sie ist gekränkt, sie kann zu keinem Msch.
darüber sprechen, und sie wird melancholisch.

30

183
Was Tarquinius Superbus in seinem Garten mit den Mohnköpfen   **129**
sprach, verstand der Sohn, aber nicht der Bote.
    cfr. Hamann 3. Bd. p. 190 M.

#

130   NB.:
      periissem nisi periissem.

#

131   Es ist schön, was Sokrates im Kratylos sagt: von sich selbst be-
      trogen zu werden, ist das Allerschlimmste; denn wenn der Be-
      trüger sich auch nicht einen Augenblick entfernt, sondern stän-
      dig bei der Hand ist, wie sollte das nicht entsetzlich sein?
      Kratylos § 428. Schl. Übers. 2. T. 2. Abt. p. 104.

10   #

132   Es liegt etwas sonderbar Tragisches und Komisches darin,
      dass Gott im Himmel der einzige Potentat ist, der sein Inkogni-
      to bewahren darf; sonst sind die Menschen ja eifrig genug, Der-
      artiges aufzudecken.

15   #

133   Als Motto zu »Furcht und Zittern« hätte zunächst stehen sol-
      len »Schreibe« – »für wen« – »Schreibe für die Toten, für dieje-
      nigen, die Du in einer früheren Zeit lieb hast« – »werden sie mich
      denn lesen?« – »Nein!«

20   #

134   ▸▸In Shakspeares »Ende gut....◂◂

135   ▸   Ich könnte Lust verspüren ein Gegenbild zum »Tagebuch des
      Verführers« ▸▸zu◂◂ schreiben. Es sollte sich um eine weibliche
      Figur handeln: »Tagebuch der Hetäre«. Es wäre wohl der Mühe
25   wert, eine derartige Gestalt zu zeichnen.

                              *

184

Die Fortsetzung vom Tagebuch des Verführers **136**
müsste im *Pikanten* liegen, sein Verhältnis zu einer jungen Ehefrau.

So sollte die Literatur sein, kein Pflegeheim für **137**
Krüppel, sondern ein Tummelplatz für gesunde, frohe,
gedeihende, lachende, vollbürtige Glückskinder, wohl-
gestaltete, abgeschlossene, selbstzufriedene Wesen, jedes einzelne Abbild der Mutter und Kraft der väterlichen Lenden, keine Aborte ohnmächtiger Wünsche,   10
keine Spätlinge von Nachwehen.

Es ist keineswegs eine sophistische Betrachtung, **138**
dass man jeden Augenblick in seiner Seele die Möglichkeit beibehält, dass Gott noch in diesem Augen-   15
blick alles gutmachen kann. Erhält man sie nicht aufrecht, dann ermattet man sich selbst in Verzweiflung
und ist nicht imstande, das Gute zu empfangen, wenn
es wirklich angeboten wird.

20

Blätter aus dem Notizbuch eines Straßenaufsehers. **139**
Unter diesem Titel könnte ich Lust haben, die einzelnen Stadtviertel zu beschreiben, über die sozusagen
eine poetische Stimmung ausgebreitet ist, z.B. den Kultorv (das ist jener Platz, auf dem am meisten Stimmung   25
ist), Straßenszenen, ein Gossenbrett, usw., die Fischerbüsen. Welch vortrefflicher Gegensatz, im einen Augenblick seine Gedanken in die unendliche Aussicht
über das Wasser bei der Knippelsbrücke enteilen lassen, im nächsten Augenblick sich darein zu vertiefen,   30
Dorsche und Schollen in einem Fischbottich zu betrachten. Ständig sollen Personen mit hineingewoben
werden, Liebes-Abenteuer, die Dienstmädchen u.s.w.

Überhaupt ist es bemerkenswert, welch gesunden Humor man oft bei den Dienstmädchen findet, besonders
wenn sie den Putz der vornehmen Damen rezensieren.
185 – Derzeit ist es mein Studium, jedes Kind, das ich
5 treffe, zum Lachen zu bringen.

——————   ◄

140 ⌊sie. Wenn sie all meine Leiden im letzten Jahr kennen
würde. Sie hätte niemals etwas entdecken sollen.
Aber da verändert sich mit einem Mal meine ganze An-
10 schauung. Bei der Trauung muss ich einen Eid ablegen – also darf ich nichts verschweigen; und andererseits, es gibt Dinge, die ich ihr nicht sagen kann. Dass
das Göttl. mit in die Ehe kommt, ist mein Ruin. Wenn
ich mich ihr nicht antrauen lasse, dann kränke ich sie.
15 Wäre ein unethisches Verhältnis vertretbar – dann fin-
ge ich noch morgen an. Sie hat mich gebeten, dies ist
mir genug. Sie kann mir bedingungslos vertrauen,
aber es ist eine unselige Existenz. Ich tanze auf einem
Vulkan und muss sie denn mittanzen lassen, so lange
20 es dauern mag. Deswegen ist es von mir demütiger, in
Stille zu verbleiben. Dass es mich demütigt, das weiß
ich nur allzu gut.⌋
#

141 Die Hauptsache ist doch, dass man gegen Gott auf-
25 richtig ist, dass man nicht versucht, irgendetwas zu
entgehen, sondern durchdringt, bis er selber die Erklärung gibt; ob sie nun so ist, wie man selbst sie wünschen könnte oder nicht, sie ist doch die beste.

#

142 Dies könnte eine gute dramatische Figur werden: eine tief humoristische Natur, die sich als Modehändler etabliert hatte und alles, Einfluss, Geldmittel, darauf verwendete, die Frauen lächerlich zu machen, während er im Verhältnis zu ihnen so insinuant wie mög-
35 lich wäre, sie durch seine Schmeicheleien und Reden

[a]Er kreiert z.B. eine neue   1
weibliche Tracht, um in die Kirche zu gehen, um sie auch dort
bloßzustellen.

1   [b]Replik: Was ist das Entscheidende im Leben, es ist Mode-
sache – Gottesfurcht ist Mode-
sache und Liebe und Fisch-
5   beinkleider und Nasenringe bei
den Wilden – – nur darin unterscheide ich mich von anderen, dass ich dies eingesehen
habe und auf jede Weise je-
10   nem erhabenen Genius zu Hilfe komme, bis ich schallend la-
che über das lächerlichste Tier
unter allen Tieren, d.h. den
Menschen; aber da kommt ja
15   Baronesse von der Vüe, sie will
sich vermutlich eine neue Nar-
rentracht kaufen.

[c]Ich betrüge meine Kunden
nicht, ich gebrauche immer
20   die erlesensten Sachen in allem, echtes Gold, echte Brüsse-
ler Spitzen, ich habe lediglich
meine Freude daran, alles zu
verschneiden und das Ge-
25   schmacklose daraus hervorzubringen; denn Gold und Silber und echte Shawls verachte
ich gerade ebenso tief wie die
Frauen, die sich darin einhül-
30   len.

[d]Er bringt die Damen dazu, in
ihrer Kleidung die Parteiunterschiede andeuten zu wollen, in welche die Männer ge-
35   trennt sind; dies gewinnt das
Gefallen der Männer und auf
diese Weise ist alles bloßge-
stellt.

betörte, nicht etwa weil er irgendeine Gunst begehrte
(dazu wäre er allzu geistig), sondern um sie dazu zu
bringen, sich so lächerlich als möglich zu kleiden und
dann stillte er seine Verachtung für Frauen, und besonders, wenn eine solche Dame einen Mann fände,   5
der ein ebenso großer Tor wäre. – Um ihn zu bestra-   186
fen, könnte man die dramatische Anlage dahin führen
lassen, dass alle Mschen das, was er auf seine bösarti-
ge Weise in die Mode einführte, wirklich für geschmackvoll hielten, so dass er selbst schließlich der   10
Einzige wäre, der lachte, und dennoch hätte er vollkommen Recht. – Dann würde er sich selbst in ein
Mädchen verlieben. Mit ihr will er eine Ausnahme machen, er kann nicht ertragen, dass sie in der lächerli-
chen Tracht gehen sollte, die ►er selbst in Mode brachte,   15
um das Geschlecht bloßzustellen. Jedoch kann er sie
nicht überzeugen und muss nun ertragen, dass seine
Geliebte so wie die anderen herumgeht.

*

Unter dem Titel: ►►Durchschnitts-Sache◄◄ (oder   **143**
auch: kreuz und quer) wollte ich eine düstere Schilderung des Lebens geben, wie es zu gewissen Tageszeiten
in Kopenhagen ist. 9 Uhr: Die kleinen Kinder, die in die
Schule gehen; 10 Uhr: Die Dienstmädchen; 1 Uhr: die
vornehme Welt. Der Umstand, dass das Leben über-   25
haupt[?] zu verschiedenen Zeiten verschieden gefärbt
ist, wie das Wasser von den verschiedenen Fisch-
schwärmen, – es sollte mit einer Lyrik über meine liebe
Haupt- und Residenzstadt Kopenhagen den Anfang
machen.   30

————————

Es ist doch kurieus mit meinem kleinen Sekretär Hr.   **144**
Christensen. Ich wette doch, dass er es ist, der auf verschiedene Weise immer wieder in Blättern und in klei-

nen Piecen schmiert; denn es ist nicht selten, dass ich
auf einen Anklang meiner Ideen stoße, zwar nicht so,
wie ich sie zu schreiben, aber sie mündlich hinzuwer-
fen pflege. Und ich, der ich ihn so wohlwollend behan-
5   delt habe, ihn gut bezahlte, ihn stundenlang konver-
sierte, wofür ich ihn bezahlt habe, bloß damit es ihn
nicht kränken und demütigen sollte, dass ihn sein Unvermögen dazu genötigt hat, Abschreiber zu sein; ich
habe ihn zu einem Miteingeweihten in das Ganze ge-
10   macht, warf einen Schleier der Mystifikation über das
Ganze, gestaltete ihm auf jegliche Weise die Zeit so
187 angenehm als möglich. – Der ist doch gewiss von ihm,
der kleine Artikel, der im Portefeuille stand, gerade
einige Tage bevor Entweder – Oder erschienen ist. Das
15   war doch nicht schön von ihm. Er könnte mich ja ins
Vertrauen ziehen und sagen, dass er Lust darauf hätte,
Schriftsteller zu sein; aber seine Schriftstellerei hat kein
gutes Gewissen. Er bemerkt wohl selbst, dass ich ein
wenig verändert bin, obwohl ich ihm gegenüber gleich
20   höflich und wohlwollend war. Dagegen habe ich ihm
ein gewisses neugieriges Herumschnüffeln in meinem
Zimmer abgewöhnt; man muss ihn sich ein wenig vom
Leibe halten; ich hasse alle Nachdrucker.

———————   ◄

145 ⌊Meine Aufzeichnungen im Hinbl. auf mein Verhältnis zu Regine sind sonderbar verdreht; denn was in
der Zeit zuerst war, wird immer zuletzt aufgezeichnet,
eben weil das Erste einen so entscheidenden Eindruck
auf mich gemacht hat, dass ich kein Vergessen befürch-
30   ten musste. So habe ich etwas vom Entscheidendsten
noch nicht einmal aufgezeichnet, dass sie selbst mehrmals erklärte, wenn ich sie bloß davon überzeugen
könnte, dass ich ein Betrüger sei, so würde sie sich in
alles finden. Übrigens war diese Äußerung, wenn ich
35   sie nun bedenke, wiederum eine Entfaltung ihres
Übermutes, als ob sie eine derartige ethische Struktur
hätte. Es hätte deshalb nicht so viel Gewicht darauf gelegt werden dürfen. Das Dasein ist doch tiefsinnig. Ich

erwies dem Mädchen das Vertrauen, all das Große zu glauben,
das sie mir von sich selbst verstehen zu geben beliebt, kraft dessen handle ich – oh, so wird es vielleicht am schlimmsten für
sie. Da sieht man also, wie unglückselig es ist, wenn ein Mädchen keine religiöse Erziehung erhalten hat. Wenn ich daran den-   5
ke, dass da wirklich einige Zeit verronnen ist, bevor es eigtl.
Eindruck auf sie machte, dass ich ihr einmal die Woche Mynsters Predigten vorgelesen habe. Es ist doch sonderbar, dass ein
Mädchen sich in ihren eigenen Augen so groß vorkommen kann,
dass der Umstand, dass sie (qua die Einzelne) mich mit ihrer   10
Liebe beehrte, oder besser durch das Verlobtsein, dass dieser
Umstand mich so erschüttern sollte. Wenn es auf Differenzen an-
käme, glaube ich doch wohl, dass ich es mit ihr aufnehmen
könnte.]

15

                                                        188
　　Dies ist das Schwierige daran, dass man sowohl das al[te] als   **146**
auch das n[eue] Testament hat; denn das a. hat ganz andere Kategorien. Denn was würde wohl das n. T. über einen Glauben sagen,
der meint, dass es einem so richtig gut in der Welt, im Zeitlichen
gehen soll, anstatt dieses aufzugeben, um das Ewige zu ergrei-   20
fen. Von daher die Unbeständigkeit im geistlichen Vortrag, ganz
abhängig davon, ob das a. oder das n. T. darin transparent ist.

#

　　Ich könnte vielleicht die Tragödie meiner Kindheit reproduzie-   **147**
ren, die entsetzliche, geheime Erklärung des Religiösen, die mir   25
bange Ahnungen in die Hände spielte und die meine Phantasie aushämmerte, mein Ärgernis am Religiösen in einer Novelle, die da heißt: die rätselhafte Familie. Es sollte ganz patriarcha-
lisch idyllisch begonnen werden, so dass niemand es ahnen
würde, ehe plötzlich jenes Wort darin erklingen und alles zum   30
Entsetzen erklären würde.

#

　　.... Denn wenn das Gebet auch nichts ausrichtet auf der Er-   **148**
de, arbeitet es doch im Himmel.

#

149   Und wenn Du auch für Dich selbst weißt, dass Du viel gelitten hast, und diese menschliche Vermutung in Deiner Seele erwacht, dass dies doch ein Ende haben wird und bessere Zeiten
5   kommen werden, was hilft es Dir, wenn Du bloß auf das Vergangene starren und neuen Kummer daraus saugen wirst, anstatt
Dich darauf zu freuen, dass die Stunde Deiner Befreiung vielleicht bald schlagen wird, dass Du nicht so erschöpft sein wirst,
dass Du ihren Schlag nicht hören kannst, wenn sie schlägt.

10   #

#

189
150   Ein Geistesschwacher, der umherginge und alle Kinder betrachtete; denn er hatte einmal, wie er glaubte, ein Mädchen ge-
schwängert, wusste aber nicht was aus ihm geworden war und
15   war jetzt nur darum besorgt, wenn möglich das Kind zu finden. Keiner konnte sich die unbeschreibliche Teilnahme erklären, mit der er ein Kind betrachten konnte.

#

151   Nullum exstitit magnum ingenium sine aliqua dementia dies ist der
20   weltliche Ausdruck für den religiösen Satz: wen Gott im religiösen Sinn segnet, den verflucht er eo ipso im weltlichen. So muss
es sein, Ersteres hat seinen Grund in der Begrenztheit des Daseins, Letzteres in der Duplizität des Daseins.

#

152   Da erst beginnt das Leben, schwierig zu werden, wenn die
Aufgabe des Lebens selbst dialektisch wird, d.h. wenn eine vorausgehende Dialektik die Aufgabe zu konstituieren hat. Überall
wo derart die Freiheit in die Diskussion eintritt, ist dies der Fall.
Ein Msch. ist geistesschwach, die mschliche Kraft, die Freiheit
30   des Willens kann dem ja entgegenarbeiten, hier ist das Problem: soll er sich gleichsam selbst verfolgen und vielleicht darüber verrückt werden, dass er es nicht bewältigen kann; oder soll

er sich demütig darein ergeben. Und ist dieses Demütigen nicht
doch Schwäche? Schande über die Mschen, die wimmern, wo
die Aufgabe selbst nicht dialektisch ist.

#

Die Methode mit dem Zweifel anzufangen, um zur Philoso-   **153**
phie zu kommen, scheint ebenso zweckmäßig zu sein, wie einen Soldaten krumm liegen zu lassen, damit er später gerade
stehen kann.

#

190
Es gibt Mschen, die ihre Rede ebenso weise und abstrakt ein-   **154**
teilen, wie eine Stubenuhr, die Verwandte von mir hatten, die
Zeit einteilte. Sie dachte vermutl. folgendermaßen: wie unge-
reimt, das eine Mal 12 Schläge zu machen und das andere Mal
nur 1. Sie pausierte deshalb gleich viel Zeit zwischen jedem
Schlag, wenn es also 12 Uhr war, machte sie 1 Schlag und da-   15
nach jede Viertelstunde einen Schlag, so dass es 3 Uhr geworden war, bevor sie mit 12 fertig wurde.

#

Replik: **155**
Eine humoristische Individualität trifft auf ein Mädchen, das   20
ihm einmal versichert hatte, dass es in den Tod ginge, wenn er es
verlassen würde, er trifft sie nun verlobt an. Er grüßt sie und
sagt: darf ich Ihnen für die Wohltat danken, die Sie mir erwiesen haben, vielleicht erlauben Sie, dass ich mich erkenntlich zeige, (er nimmt aus seiner Westentasche 2 Mark und 8 Schilling,   25
die er ihr überreicht. Aus Erbitterung verstummt sie, bleibt aber
dennoch stehen und versucht, ihm mit ihrem Blick zu imponie-
ren; da fährt er fort:) Nichts zu danken, dies ist ein Beitrag zur
Aussteuer, und an dem Tag, an dem Sie Hochzeit halten und damit ihre Wohltat erst krönen, verpflichte ich mich bei allem,   30
was heilig ist, Gottes und Ihrer ewigen Seligkeit wegen, Ihnen
weitere 2 Mark und 8 Schilling zu senden.

#

156   Anstatt der Anlage in der »Wiederholung« könnte ich mir eine andere vorstellen. Ein junger Msch. mit Phantasie und vielen anderen Elementen, der aber bisher in anderem Dienst stand,
verliebt sich in ein junges Mädchen; ▸ denn eine erfahrene Co-
5   quette dafür zu gebrauchen, interessiert nicht so sehr psychologisch als vielmehr von einer anderen Seite her. Dieses junge
Mädchen ist wohl rein und unschuldig, aber sehr phantastisch
gerade in Richtung des Erotischen. Er kommt mit seinen einfältigen Vorstellungen. Sie entwickelt ihn. In dem Augenblick,
10   wo sie sich seiner so recht erfreut, zeigt es sich, dass er nicht bei
ihr bleiben kann. Der abenteuerliche Drang nach dem Mannig-
191 faltigen ist geweckt und sie muss fort. Sie hatte selbst in gewisser
Weise in ihm einen Verführer herangebildet, einen Verführer, der
die Einschränkung hat, dass er sie niemals verführen kann. Üb-
15   rigens könnte es recht interessant sein, es ihn zu einem späteren
Zeitpunkt, wenn er in seiner vollen Kraft steht, um Übung be-
reichert, darauf anlegen zu lassen, auch sie zu verführen, »weil
er ihr zu viel verdankte.«

---

157   *Anlage.*
Ein Genie, ausgestattet mit allen möglichen Gaben, mit der
Macht, das ganze Dasein zu beherrschen und die Menschen sich
hörig zu machen, entdeckt in seinem Bewusstsein einen kleinen
harten Punkt, eine kleine Verrücktheit. Darüber erbittert er so,
25   dass er beschließt, sich umzubringen; denn dieser kleine Punkt
ist ihm alles, er macht ihn zu einem dienenden Geist, einem
Menschen. Dieser kleine Punkt ist zugleich nicht etwas bloß
Äußerliches (z.B. hinken, einäugig sein, hässlich sein u.s.w., Derartiges würde ihn nicht weiter beschäftigen), sondern hat ein
30   Moment von Geist, und man sollte da meinen, dass er durch
Freiheit behoben werden könnte; deshalb regt er ihn auf.

---

158   Es ist doch eigentlich eine Unvollkommenheit an einer Persönlichkeit, dass sie sich einem anderen Menschen so hingeben
35   kann, dass sie sich nicht selbst zurückbehält. Eine echte gereifte

Persönlichkeit gehört sich selbst eben so, wie eine an den Taubenschlag gewöhnte‹ Taube diesem zugehört; man kann sie an beliebig viele verkaufen, sie wird immer in den Schlag zurückkehren.

#

Die Wiederholung kehrt überall wieder. 1) Wenn ich handeln **159** soll, da hat meine Handlung im Bewusstsein existiert, in Vorstellung und Gedanke, sonst handle ich gedankenlos, d.h. ich handle nicht. 2) Wenn ich nun handeln soll, dann setze ich voraus, dass ich in ursprünglich integrem Zustand bin. Jetzt kommt das Problem der Sünde. Dies ist die zweite Wiederholung; denn jetzt muss ich wieder zu mir selbst zurück. 3) Das eigtl. Para **192** dox, wodurch ich der Einzelne werde; denn falls ich in der Sünde, verstanden als das Allgemeine, verbleibe, ist nur die Wiederholung Nr. 2 da.

Damit kann man vergleichen die aristotelische Kategorie: Das – Was – war – seyn.) cfr. Marbach Geschichte der Philos. d. Mittelalters § 128. p. 4 und 5. und § 102 in seiner Geschichte der griechischen Philosophie.

#

Das Verhältnis der Gottheit zum Menschen, so wie jedwede Phi **160** losophie es aufzufassen imstande ist, hat bereits Aristoteles vortrefflich ausgedrückt, wenn er sagt: dass Gott alles bewegt, selbst ἀκίνητος. (Soweit ich erinnere, hat Schelling in Berlin darauf aufmerksam gemacht.) Dies ist eigtl. der abstrakte Begriff von Un-Veränderlichkeit, und sein Wirken ist deshalb ein magnetisches Zauberwirken, gleich einem Sirenen-Gesang. So endet jeder Rationalismus in Aberglauben. .

#

Dies ist ein Beispiel, das ich gebrauchen kann. Steffens er **161** zählt im 7. Bd. seiner Erinnerungen von einem Bürgermeister Benda, einem ansonsten talentvollen und energischen Mann, dass er eine Perücke trug. Sobald er sie abnahm, verwirrte sich ihm alles. – Diese Knechtschaft im Sinne von an eine Perücke ge-

bunden zu sein. Nicht nur, dass er sich wie andere eine kleine
Verkühlung holte, sondern dass er verrückt wurde. cfr. p. 215
und 216.

162   ▸ Die Trilogie von der so viel Wesens gemacht wird: Kunst,
5   Religion, Philosophie, hat ja schon Plato und besonders Plotin:
        Musik, Liebe, Philosophie.

---

163   Es ist nun recht gut, dass man sagt, der ethische Ausdruck sei,
        sein Talent in seine Berufung zu verwandeln. Aber die Frage ist
10   hier weit diffiziler. Inwiefern darf ein Individuum in seiner Wahl
        nicht die Rücksicht auf das Religiöse übersehen? Mein eigenes
        Leben ist ein Beispiel. Wäre ich meiner Lust gefolgt, hätte ich
193   gewählt, wozu ich offenbar ein entschiedenes Talent hatte: Poli-
        zeibeamter zu werden, dann wäre ich weit glücklicher gewor-
15   den, als ich es späterhin wurde, obgleich nun auch alles besser
        ist. Mein Scharfsinn hätte sich nach außen gewendet. Das Reli-
        giöse wäre eine Innerlichkeitsbestimmung geworden, die nicht
        weiter verfolgt worden wäre, auch wenn ich oft auf sie zurück-
        gekommen wäre. Indem ich durch das Religiöse zu meiner ei-
20   gentlichen Aufgabe [ging?], wandte ich meinen Scharfsinn ge-
        gen mich selbst. Falls diese so genannte Wirklichkeit das Höchste
        ist, hätte ich anders wählen sollen. Hier erblickt man eine neue
        Schwierigkeit.

---

164   Das Gesetz für die Delikatesse, mit welcher ein Schriftsteller
        verwenden darf, was er selbst erlebt hat, ist, dass er niemals das
        Wahre sagt, sondern das Wahre für sich selbst behält und dieses
        sich bloß auf verschiedene Weise brechen lässt.

---

165   Heiberg bemerkte in seinem Lärmen anlässlich »Entweder –
        Oder«, dass darin Bemerkungen seien, von denen man nicht
        recht wüsste, ob sie tiefsinnig sind oder nicht. Das ist der große

Vorteil, den Prof. Heiberg und Konsorten haben, dass man von dem, was sie sagen, im Voraus weiß, noch bevor man es hört, dass es tiefsinnig ist. Teils hat dies seinen Grund darin, dass man bei ihnen selten oder nie einen einzigen primitiven Gedanken findet. Was sie wissen, entlehnen sie von Hegel. Und Hegel ist ja tiefsinnig, – ergo ist das, was Prof. Heiberg sagt auch tiefsinnig. Auf diese Weise kann jeder theologische Student, der sich in seiner Predigt auf lauter Bibelzitate beschränkt, der Allertiefsinnigste werden; denn die Bibel ist doch wohl das tiefsinnigste Buch.

———————

Es gibt in unserer Zeit viele Menschen, die das Resultat des **166** ganzen Daseins besitzen, und nicht für das Geringste Rechenschaft zu geben wissen.

———————

194

Es ist ganz richtig, was die Philosophie sagt, dass das Leben **167** rückwärts verstanden werden muss. Aber darüber vergisst man den anderen Satz, dass es *vorwärts gelebt werden* muss. Welcher Satz bei genauerem Durchdenken gerade damit endet, dass das Leben in der Zeitlichkeit nie recht verständlich wird, eben weil ich in keinem Augenblick vollkommene Ruhe finden kann, um die Stellung: rückwärts einzunehmen.

———————

Es ist doch nichts mit der Zeit anzufangen, ehe sie weit tiefere **168** Erschütterungen erhält. Die ganze Zeit lässt sich einteilen in diejenigen, die schreiben, und diejenigen, die nicht schreiben. Die, die schreiben, repräsentieren die Verzweiflung, und die, die lesen, missbilligen das zwar und meinen eine bessere Weisheit zu haben, und dennoch, falls sie zu schreiben imstande wären, würden sie dasselbe schreiben. Im Grunde sind sie alle gleich verzweifelt, aber wenn man keine Gelegenheit bekommt, sich mit seiner Verzweiflung wichtig zu machen, dann ist es nicht der Mühe wert, zu verzweifeln und sich damit bemerkbar zu machen. Heißt das den Zweifel überwunden zu haben? – Es kann

eigentlich als ein Motto für die ganze Zeit angesehen werden,
was in der deutschen Theologie steht: (mag sein, dass das deutsche Wort im Sinn des Verfassers nicht ganz diese Bedeutung
gehabt hat, er hat das Maximum der Verzweiflung nicht erahnt):
»wenn wir nicht mehr geistig reich sind, so vergessen wir Gottes
und rühmen (rühmen) uns, verloren zu sein«. (Vgl. Kap. 10. S.
41). Dieser Ruhm ist es, den unsere Zeit sozusagen vor Gott
haben will. Damit zeigt die Verzweiflung der Zeit an, dass sie
Gott doch nicht entbehren kann, denn die Pointe ihrer Verzweiflung ist gerade, dass es einen Gott gibt. Sie gleicht einem Mädchen, das sich, wenn sie ihren Willen mit dem Geliebten nicht
bekommen kann, ihm zum Trotz in einen anderen verliebt. Damit zeigt sie gerade ihre Abhängigkeit von ihm an, und die
Pointe in ihrer ersten Liebe ist eben das Verhältnis zum Ersten.
Derart will die Zeit sich gleichsam in den Augen Gottes wichtig
machen. Sie behandelt ihn so wie Emmeline in der ersten Liebe
den Vater behandelt. Bekommt sie nicht ihren Willen, dann wird
sie krank, und dann stirbt sie: »und wenn ich dann einmal tot
bin, ja, dann ist es zu spät«. – Vermutlich meint unsere Zeit, Gott
würde auf ähnliche Weise in Verlegenheit geraten.

———————

169 Das Entsetzlichste, das einem Menschen passieren kann, ist,
dass er im Wesentlichen sich selbst komisch wird, dass er entdeckt, dass z.B. der Gehalt seiner Gefühle dummes Zeug ist.
Dessen läuft ein Mensch leicht Gefahr durch sein Verhältnis zu
einem anderen Menschen, z.B. indem er Ausrufen und Auf-
schreien u.s.w. Glauben schenkt. Hier gilt es, fest gebaut zu sein.

———————

170 Ich verbitte mir jegliche Rezension; denn ein Rezensent ist mir
ebenso widerwärtig, wie ein herumstreifender Barbiergeselle,
der mit seinem Barbierwasser, das für alle Kunden gebraucht
wird, angelaufen kommt und mir mit seinen feuchten Fingern
im Gesicht herumfummelt.

———————

Neujahrsgratulationen gehen weit. Die verdächtigen Personen   **171**
(besonders die listigsten, die der Polizei am meisten Ungelegen-
heiten machen) gratulieren den Polizeibeamten. Es fehlte gerade
noch, dass der Scharfrichter jenem gratuliert, den er mit Auspeitschen bedient hat.   5

»Die Wiederholung« ist und bleibt eine religiöse Kategorie.   **172**
Constantin Constantius kommt deshalb nicht weiter. Er ist klug,
Ironiker, bekämpft das Interessante, merkt aber nicht, dass er
selbst darin hängen bleibt. Die erste Form des Interessanten ist   10
es, die Abwechslung zu lieben; die zweite, die Wiederholung zu
wollen, aber doch in Selbstgenugsamkeit, ohne Leiden darin, –
deshalb strandet Constantin an dem, was er selbst entdeckt hat,
und der junge Mensch kommt weiter.

15

196

Das Gastmahl,   **173**
   besser vielleicht: In vino veritas,
   oder: Die nächtliche Stunde.
   (Die Grundstimmung wird denn im Verhältnis zum Titel eine
verschiedene sein.)   20
   Der Erzähler spaziert im Achtwegewinkel um Einsamkeit zu
finden. Da trifft er einen Freund, »obgleich er eher erwartet hatte,
lediglich einen aufgeschreckten Vogel anzutreffen«. Er erzählt
ihm nun alles von jenem Gastmahl. Durch den Gegensatz zur
tiefen Stille des Waldes nimmt sich die Erzählung von der lär-   25
menden nächtlichen Stunde besser, phantastischer aus. –
   Vortrag über Eros.
   Dort versammeln sich die Personen: Johannes, mit dem Beinamen der Verführer, Victor Eremita, der unglückliche Liebhaber
der Erinnerung, Constantin Constantius, »ein junger Mensch«.   30
Letzterer, ein ganz junger Mensch, hält einen Vortrag, in dem er
beweist, dass das Lieben und die sinnliche Lust das Allerlächerlichste sind (deren furchtbare Konsequenzen – Kinder zu bekommen; sowie, dass der Mensch sich in dieser Lust selber narrt
und nur dem Dasein dient). Er benutzt eine Abhandlung von   35
Henr. Cornel. Agrippa: de nobilitate et praecellentia foeminaei sexus«

(die ich besitze). Durch das Benutzen ihrer Naivität, wird die
komische und humoristische Wirkung sichergestellt.

Die Abmachung ist, dass jeder seinem Vortrag eine bestimmte
erlebte Liebesgeschichte zugrunde legt. – Der junge Mensch er-
5   klärt jedoch, dass er keine solche anbringen kann, da er stets
klug genug gewesen ist, sich herauszuhalten. »Man kann sich
selbst komisch werden, wenn man dahin gerät, an einem Mädchen, dessen Wesen stets dummes Zeug ist, teilzuhaben. *Wenn*
man schon mit ihnen zu tun haben muss, darf man nur verfüh-
10   ren«.

Das Gastmahl beginnt mit einer Situation. Sie sind in einem
festlich beleuchteten Saal versammelt, wo es Tafelmusik (aus
Don Juan) gibt; sie selbst sind in voller Pracht und ein Diener für
197   jeden. Während die Tafelmusik erklingt, erhebt sich Victor Ere-
15   mita und schlägt vor, zuerst folgendes Lied zu singen:

        Mein volles Glas und des Liedes frische Töne.

Sogleich zeigt sich dessen Wirkung auf die anwesenden Herren,
die schnell das Humoristische darin erkennen, dass eine solche
Gesellschaft in ihrem phantastischen Gegensatz zum Zeitalter
20   der Trinklieder ein Trinklied singt.

----

174   .... denn das Gebet ist wohl, wenn es hier auf Erden gehört
wird und sich unter die menschlichen geschäftigen Worte
mischt, ein müßiges Reden; aber es arbeitet im Himmel; und das
25   Gebet sät wohl oft in Verweslichkeit, aber es erntet doch in Un-
verweslichkeit.

----

175   Wenn ich mich dessen recht vergewissern will, wie erbärmlich
es ist, für die Menschen in dem Sinn wirken zu wollen, dass man
30   auch nur einen Augenblick meint, im Sichtbaren zu ernten, –
dann lese ich die Szene in Shakspeares Julius Cäsar, in der Brutus und Antonius nacheinander über Cäsars Leichnam sprechen.

In unseren Zeiten wird das Bücherschreiben derart **176**
elendig, und Leute schreiben über Dinge, über die sie
niemals nachgedacht, geschweige denn dass sie sie erlebt haben, – ich habe mich deshalb entschlossen, nur
Schriften von Männern zu lesen, die hingerichtet wur-   5
den, oder auf andere Weise gefährdet waren.

––––––––––

▸▸Albertus Magnus   **177**

Matthäus Parisiensis◂◂   **178**

     198

»Denn wovon man frühzeitig als Kind sehr viel weiß, **179**
davon ist man sicher, später hin und im Alter nichts zu wissen, und der Mann der Gründlichkeit wird zuletzt höchstens der Sophiste seines Jugendwahns.« cfr. Kants vermischte Schriften v. Tieftrunk 2. Bd. p. 253.
Welcher Philosoph hat nicht einmal, zwischen den Be-   15
theurungen eines vernünftigen und festüberredeten Au-
genzeugen, und der innern Gegenwehr eines unüber-
windlichen Zweifels, die einfältigste Figur gemacht, die
man sich vorstellen kan?
  selbes Buch p. 250.   20

\#

Abälard muss ich doch einmal verwenden. Er muss **180**
gänzlich modernisiert werden. Die Konflikte in seiner Seele dürfen nicht die zwischen der Autorität des
Papstes und der Kirche und seinem Wissen sein, son-   25
dern zwischen der Sympathie in ihm, die gerne das Bestehende aufrechterhalten will. – Und dann Heloise –
  cfr. p. 13 in diesem Buch.

\#

181 Constantin Constantius' Reise nach Berlin ist nichts
Zufälliges. Er entwickelt insbesondere die Stimmung
für die Posse, und erreicht darin die äußerste Spitze des
Humoristischen.

#

182 ... Denn es sind nur die Tagelöhner des Lebens, die wie
Fabrikarbeiter jeden Samstagabend Bezahlung fordern und unmöglich länger warten können (was denn
auch nicht so verwunderlich ist; denn das, wofür sie
arbeiten, würde allzu unbedeutend werden, wenn man
zu lange darauf warten müsste), aber die hochgemu-
te Seele hat die Courage, die ganze Zeitlichkeit zur
Woche zu machen, in der man arbeitet, ohne Lohn zu
erhalten.

[a]und wenn dann gar der Lohn
anfängt, Undank zu werden,
dann wird er erst recht begeistert, denn dann kann er in
Wahrheit sagen, dass er gratis
dient.

#

199

183 ▸   *Das Tagebuch des Verführers*
      Nr. 2.
    Ein Versuch im Dämonischen
       von
    Johannes Mephistopheles.
 NB. Dies ist es, was die Zeit haben will, vor dem
Schrecklichen schwindlig werden und sich dann ein-
bilden, selbst besser zu sein. Von mir wird sie es nicht
bekommen.

      Vorrede.
 Die Idee verdanke ich der von Victor Eremita herausgegebenen, und ich kann nur bedauern, dass dieser
Verfasser anstatt die vorzüglichen Gedanken, die ihm
zur Verfügung standen, zu verfolgen, erbaulich wurde.
       *
 Die Szene ist in Cordelias Haus, die er mit Eduard
verheiratet antrifft; – in ihrem Haus gibt es ein junges
Mädchen, das der Gegenstand ist, während dies, dass
es in Cordelias Haus ist, das Raffinement ist.
       *

Er potenziert den Genuss, indem er jeden Moment den Gedanken festhält und ihn gleichsam in den Genuss mit hinein-
dividiert, dass dies sein letztes Abenteuer wird, – ferner potenziert er, indem er in der einzelnen Situation alles Erotischen
kompendiös die Erinnerung an jenes Mädchen, das diesseits der   5
Idee der Weiblichkeit zu Grunde ging, reproduziert, – er potenziert, indem er sein ganzes eigenes Leben reproduziert, wodurch
die psychologischen Voraussetzungen in seiner Seele zum Vor-
schein kommen.

*   10

Er lernt eine Hetäre kennen, mit der er eine psychologische
Vereinigung stiftet, um das Verhältnis zwischen der Verführung,
die von einem Mann ausgeht, und derjenigen, die von einer Frau
ausgeht, zu erwägen; – zuletzt beschließt er, auch sie zu Fall zu
bringen.   15

*

Er karamboliert mit einem Don Juan wegen desselben Mädchens. Dadurch wird die Methode erhellt, aber er versteht es,
Don Juan als ein dienendes Moment in seinem Plan zu benutzen.   ◄ 20

#

200
Es könnte vergnüglich sein, ein Schauspiel damit beginnen zu   **184**
lassen, (die Szene wäre im Wohnzimmer eines Mannes auf dem
Lande und er spricht mit seinem Nachbarn):

»Ja, mein Freund und Nachbar, es bleibt bei dem, was ich ge-   25
sagt habe, unser Verhältnis bleibt unverändert, wenn ich auch
Kammerrat geworden bin.«

#

Deshalb ist die Inkarnation so überaus schwierig zu verste-   **185**
hen, weil es für den absolut Erhabenen so überaus schwierig ist, 30
sich dem Geringen in der Gleichheit der Liebe (nicht in der He-
rablassung der Liebe) verständlich zu machen – dies ist das
Erotisch-Tiefe darin, was man durch ein irdisches Missverständnis so aufgefasst hat, als wäre es zum Ärgernis und Fall geschehen. – Wenn ein Fürst ein einfaches Bauernmädchen lieben   35
würde, dann wäre die Aufgabe, die Gleichheit zu finden, über-

aus schwierig. Er würde nicht bloß seine königliche Würde verbergen (sie nicht hervorlugen lassen), sondern, wenn sie nun
wünschte, dass er sich als König erweisen und sie zu ihm erheben möge, da würde er sagen: dies ist unschön, und das würde gerade das tief Erotische in ihm zeigen, dass er darum besorgt ist, sie nicht zu verletzen und auch nicht ihre irdische Eitelkeit zu befriedigen (was in einem anderen Sinn eine Sünde wider sie ist, auch wenn sie darum bittet), sondern sie in Wahrheit
zu lieben und gänzlich gleich mit ihr zu werden. –

                              #

186   … Denn mit der Zeit zu kämpfen ist das Gefährlichste, sie verwundet ja wie der parthische Schütze im Fliehen und greift stets
am schlimmsten von hinten an.

                              #

187   Das System ist in der hegelschen Schule eine ähnliche Fiktion
wie die, die Schelling in »dem unendlichen Epos« zur Welt gebracht hat und die damals weidlich ihr Glück gemacht hat.

                              #

201
188   … der heutige Tag ist ein Vogel in der Hand, der fliegen will, und
der morgige Tag ist ein Vogel auf dem Dach. –

                              #

189   Was ist dieses Leben, wo das einzig Gewisse das Einzige ist,
worüber man nichts mit Gewissheit in Erfahrung bringen kann:
der Tod; denn wenn ich bin, ist der Tod nicht, und wenn der
Tod ist, bin ich nicht

                              #

190   Was ist Glück? Ein Gespenst, das erst ist, wenn es gewesen ist?
Was ist die Hoffnung? Ein aufdringlicher Quälgeist, den man
nicht los wird; ein schlauer Betrüger, der länger selbst als die
Ehrlichkeit aushält; ein zänkischer Freund, der immer Recht behalten will, selbst wo der Kaiser das seine verloren hat. Was ist

die Erinnerung, ein lästiger Tröster; ein Feigling, der von hinten
verwundet, ein Schatten, den man nicht verkaufen kann, auch
wenn ihn jemand kaufen wollte! Was ist Glückseligkeit, ein
Wunsch, den man jedem gibt, der ihn haben will; was ist der
Glaube, ein Strick, in dem man sich verfängt, wenn man sich   5
nicht selbst erhängt; was Wahrheit, ein Geheimnis, das der Ster-
bende mit sich nimmt. was ist Freundschaft, eine Plage mehr!
was ist Erwartung, ein fliegender Pfeil, der nicht von der Stelle
kommt, was ist die Erfüllung, ein Pfeil, der am Ziel vorbeigeht.

                              #   10

    So wie die Vorstellung von Gott sich aus dem Geist des Msch. **191**
durch dessen Verhältnis zu sich selbst und zur Welt entwickelt, so die Vorstellung von Christus durch Sündenbewusstsein. Dies war es, was dem Heidentum fehlte, und nicht so sehr
die historische Offenbarung.   15

                              #

    Es ist doch bemerkenswert, dass Spinoza ständig gegen das   **192**
Wunder, gegen die Offenbarung u.s.w. den Einwand gebraucht,   202
es sei eigentümlich für die Juden, etwas unmittelbar auf Gott
zurückzuführen und die Zwischen-Ursachen zu überspringen,   20
gerade so, als ob dies bloß für die Juden eigentümlich sei und
nicht das Eigentümliche in jeglicher Religiosität, so, dass Spinoza selbst es getan hat, wenn anders er Religiosität gehabt hat,
und als ob nicht gerade hier die Schwierigkeit läge: ob, inwiefern, wie, kurz: Untersuchungen, die dem schärfsten Denken   25
vollauf zu tun geben.

                              #

    Es ist und bleibt doch eine Erwägung, die man nicht einfach   **193**
so ohne weiteres abweisen kann: inwiefern die Vernunft als Anfechtung im Verhältnis zum Glauben angesehen werden soll-   30
te, inwiefern die Vernunft sündig ist, inwiefern dies, dass der
Glaube und die Vernunft übereinstimmen, wiederum ein Glau-
bens-Gegenstand ist.

#

194   Diejenige Betrachtung, die die Duplizität des Lebens (den Du-
        alismus) sieht, ist höher und tiefer als diejenige, die nach der
        Einheit sucht od. »Studien zur Einheit betreibt« (ein Ausdruck
5   Hegels über jegliches Streben der Philosophie); diejenige, die
        die Ewigkeit als τελος sieht, und die teleologische Betrach-
        tung überhaupt, ist höher als jedwede Immanenz bzw. jede Re-
        de von causa sufficiens. Jene Leidenschaft, die das Heidentum als
        Sünde betrachtete, und die Ewigkeit der Höllenstrafen annahm,
10   ist größer als die summa summarum der Gedankenlosigkeit
        (die recht lose ist), die alles unter der Immanenz betrachtet.

#

195   Interjektions-Bemerkung
                              bezüglich
15   der Rezension von »Furcht und Zittern« in Scharlings
        und Engelstofts Zeitschrift
                                von
                          Johannes de silentio.
        Gleich, nachdem ich diese Rezension gelesen hatte, sagte ich
203   mir, hier haben wir es, sagte ich; dieser Verfasser ist unser Mann,
        er erklärt alles, erklärt alle Schwierigkeiten und verschwendet
        keine Zeit damit, sie vorläufig zu verstehen; darf ich dies zum
        Anlass nehmen, diesem Verfasser alles nur mögliche Glück zu
        wünschen: Freude über Dänemark, Ehre über den Verfasser, ein
25   Wohlgefallen in der Zeitschrift.
                                    ehrerbietigst
                                    Joh. d. s.

#

Es gibt nur 3 Stellungen zw. Glauben und Wissen.   **196**

1) Paulus: ich weiß, was ich geglaubt habe

2) credo ut intelligam.

3) Der Glaube ist das Unmittelbare.

In ihnen allen ist Wissen ein Späteres als der Glaube.   5

#

Wenn man Kind ist und kein Spielzeug hat, dann ist man   **197**
wohlversorgt; denn dann nimmt sich die Phantasie seiner an. Ich
denke noch mit Bewunderung an den Haspelzapfen meiner
Kindheit, das einzige Spielzeug, das ich hatte – welche Bekannt-   10
schaft wäre so interessant wie diese gewesen. Und doch gehörte er mir noch nicht einmal ganz. Er hatte sozusagen seine
Amtsverpflichtungen als wirklicher Haspelzapfen, und dann
erst in seinem otium wurde er zu meinem Vergnügen. Man klagt
in unseren Zeiten darüber, dass ein Beamter zu viele Ämter ver-   15
eint, aber er vereinte alle,

#

▸   1813 wurde ich im verrückten Geldjahr geboren, als so manch   **198**
anderer falscher Schein in Umlauf gebracht wurde. Und mit
einem solchen Schein, dünkt mich, könnte meine Existenz am   20
besten verglichen werden. Es ist etwas an mir, als ob ich etwas
Großes sei, aber aufgrund der verrückten Konjunkturen gelte ich
nur wenig.
    Und ein solcher Schein wurde zuweilen einer Familie zum   204
Unglück.   25

———————

Die Erfüllung der Mutterpflichten nimmt sich am besten in   **199**
einer Kollision mit den konventionellen Formen aus. So sah ich
etwa heute eine vornehme Dame, die selbst mit ihrem kleinen
Kind auf dem Arm ging; das Kind war vermutlich müde gewor-   30

den oder des Gehens überdrüssig, jedenfalls war es gegen Ab-
sprache und Vereinbarung; denn sonst wäre vermutlich ein Do-
mestik mitgenommen worden. So ging sie durch die Østergade
und war keineswegs böse, verlegen, gereizt, sondern sah mit
Freude auf ihr Kind. Das war wirklich ein *schöner* Anblick.

---

200   Dass ein Mensch in den Widerwärtigkeiten des Lebens ein
wenig gebeugt wird, ist ihm dienlich, so wie der Docht einer
Wachskerze einmal gebeugt wird, – dann putzt er sich den ganzen Abend selbst.

---

201   Dass ich da bin, war die ewige Voraussetzung der Antike; dass
ich ein Sünder bin, ist die neue Unmittelbarkeit des christlichen
Bewusstseins; das eine lässt sich ebenso wenig demonstrieren
wie das andere.

---

202   Gottes Dasein *beweisen* zu wollen ist das Allerlächerlichste.
Entweder ist er da, und dann kann man es nicht beweisen (ebenso
wenig wie ich beweisen kann, dass ein Mensch da ist; ich kann
höchstens irgendetwas das bezeugen lassen, aber dann setze ich
ja das Dasein voraus); – *oder* er ist nicht da, und dann kann es
auch nicht bewiesen werden.

---

203   Was die Betrachtung der Natur für das erste (humane) Gottesbewusstsein ist, ist die Betrachtung der Offenbarung für das
zweite unmittelbare Gottesbewusstsein (Sündenbewusstsein).
Hier muss die Schlacht entschieden werden, nicht den Leuten
die Wahrscheinlichkeit u.s.w. einer Offenbarung aufschwatzen,
sondern ihnen das Maul stopfen und ihr Gottesbewusstsein unter das Sündenbewusstsein legen.

Es gibt in der Sphäre des Denkens ein Feilschen, ein   **204**
zu einem gewissen Grad Verstehen, das ebenso gewiss
zum Geschwafel führt, wie die guten Vorsätze zur Hölle.

----------   *5*

Falls das Christentum zur Natur in der Welt werden   **205**
könnte, so bräuchte man nicht jedes Kind taufen; denn
dann *wäre* ja das Kind, das christlichen Eltern geboren
wird, bereits bei der Geburt Christ[1].◄ Das Sündenbewusstsein ist und bleibt conditio sine qua non für jegli-   *10*
ches Xstt. und könnte irgendetwas einfach davon ent-
bunden werden, dann könnte das Kind auch gar nicht
Xst werden. Und dies ist gerade der Beweis dafür, dass
das Christentum die höchste Religion ist, dass niemand der Bedeutung des Menschen einen so tiefen und   *15*
so hohen Ausdruck gegeben hat wie den, dass er Sünder ist. Dieses Bewusstsein ist es, das dem Heidentum fehlt.

[1]) Inzwischen hat man das Christentum eigentlich natu-
     ralisieren wollen. Darauf zielt, vielleicht unbewusst,   *20*
     Martensens ruhmvolle Tauf-Theorie.

#

Es ist wohl wahr, dass man lernt, indem man ande-   **206**
re unterrichtet, aber man nimmt zuweilen auch Schaden daran. Wenn etwa ein junger theologischer Kandi-   *25*
dat zu früh für andere zu predigen beginnt, dann
rächt sich das leicht hinterher. Er gewöhnt sich daran,
die Herrlichkeit des Glaubens z.B. so glühend, phan-
tasievoll zu schildern, wie immer er es nun vermag.
Sein Handeln steht indessen in keinem Verhältnis da-   206
zu und hat bisher keinen Anlass gefunden, weil er nur
wenig versucht ist. Wenn es sich nun erweist, dass er
nicht just gleich ein Apostel u.s.w. wird, dann endet es
leicht damit, dass er gänzlich verzagt.

#

207   NB Berauscht an ungesunden Ausdunstungen von
Versprechungen.

#

208   Bereits Plato (und wie bezeichnend ist das nicht für
Leute wie Feuerbach, die es so eilig damit haben, den   [a]Aristoteles sagt auch, dass   1
Geschlechtsunterschied geltend zu machen, in welcher   Tiere, ja Frauen misslungen
Hinsicht sie sich doch wohl am ehesten auf das Hei-   sind, und unvollständige For-
dentum berufen sollten) nimmt eigtl. an, dass der   men.
10   vollkommene Zustand des Msch die Geschlechtsindif-
ferenz ist. Er nimmt an, dass es ursprünglich nur das
männliche Geschlecht gab (wenn kein weibliches Geschlecht gedacht wird, ist der Geschlechtsunterschied
ja indifferenziiert), aber durch Verderbnis und Entar-
15   tung entstand das weibliche Geschlecht. Er nimmt an,
dass die schlechten und feigen Männer im Tod zu
Frauen werden, lässt ihnen aber doch die Hoffnung,
wieder zum männlichen Geschlecht erhoben zu werden. Im vollkommenen Leben, meint er, wird das
20   männliche Geschlecht wie am Anfang das einzige sein:
d.h. das Geschlecht ist indifferent. So Plato, und das,
obwohl die Staats-Idee die Kulmination seiner Philosophie war, wie viel mehr dann [im Falle] der christlichen Anschauung.

25   #

209   Im Grunde steht die Sache so, dass, wenn ein Msch.
nicht all die Kraft, die ihm gegeben ist, zuerst gegen
sich selbst gebraucht, wodurch er sich selbst zunichte-
macht, dann ist er entweder ein Dummkopf od. feig,
30   all seinem Mut zum Trotz. Die Kraft, die einem Msch
gegeben ist (in der Möglichkeit), ist gänzlich dialektisch, und der einzig wahre Ausdruck für das wahre
Ver▸ständnis seiner selbst in der Möglichkeit ist, dass
er eben in der Lage ist, sich selbst zunichtezumachen,

weil er, selbst wenn er stärker als die ganze Welt ist, doch nicht
stärker als er selbst ist. Wenn einem dies einmal beigebracht
wurde, dann werden wir schon Platz machen für Religiosität,   207
und dann wohl auch für das Christentum; denn der schlimmste
Ausdruck für diese Ohnmacht ist die Sünde. Und nur deshalb ist   5
das Christentum die absolute Religion, weil es den Menschen als
Sünder verstanden hat; denn keine andere Unterscheidung kann
den Menschen derart in seiner Unterschiedenheit von Gott anerkennen.

―――――   10

Während *Spang* heute mit all seinem Aplomb und seiner Sal-   **210**
bung u.s.w. auf die Kanzel trat und des Weiten und Breiten
gestikulierte, – saß ein Dienstmädchen gleich unter der Kanzel.
Sie hatte das Lied ganz ruhig gesungen; aber sobald die Predigt
anfing, begann sie zu weinen. Nun ist es überhaupt schwierig,   15
über Spang zum *Weinen* zu kommen, aber insbesondere über
den Anfang dieser Predigt war das absolut unmöglich, woraus
ich schließe, dass sie in die Kirche gekommen ist, *um zu* weinen.
Es war erschütternd: *auf* der Kanzel die ganze Prätention mit
Mienen und Gebärden; gleich *darunter* ein Dienstmädchen, das   20
kein Wort von dem hört, was er sagt, oder nur gelegentlich ein
Wort davon herausgreift, und das Gotteshaus wenn schon nicht
als ein Bethaus, so doch als ein Tränenhaus betrachtet, in dem sie
sich über all die vielen Kränkungen ausweinen kann, die sie
erlitten hat, seit sie zuletzt dort war. Eigentlich müsste es jedem   25
Dienstboten ausbedungen sein jeden Sonntag Ausgang zu haben
und jeden Sonntagvormittag in die Kirche zu gehen. – Die
Dienstmädchen sind mir überall der liebste Menschenschlag,
sowohl in der Kirche als auch in Frederiksberg.

―――――   30

Welch ungeheure Begriffskonfusion in unserer Zeit! Insbeson-   **211**
dere im Gepredige der Pfarrer zeigt sich das aufs deutlichste. Sie
sind so hochgelehrt geworden, sprechen stets von der ganzen
Weltgeschichte, und dann vielleicht ein wenig, gegen Ende hin,
vom Einzelnen im Besonderen. Und dann erst ihre Kategorien!   35
Ich hörte einen Pfarrer, der über ein Evangelium von der Him-

melfahrt predigte. Er wollte das Historische daran hervorheben,
die historische Begebenheit; und nun formte er eine schöne Kli-
208   max; die Apostel haben es nämlich nicht nur mit den Augen des
Glaubens gesehen (dies wurde ausgeführt und natürlich der
5   abergläubischen Wirkung zuliebe so, dass es zu *nichts* Außeror-
dentlichem wurde), sondern auch mit ihren sinnlichen Augen
(tüchtige sinnliche Gestikulation). Er schlug auf die Kanzel, so
dass die Gemeinde es zumindest hörte (den Knall nämlich), ja,
und die Gemeinde wurde überzeugt. Welch unerschöpfliches
10   Galimathias! Seine Klimax ist gerade verdreht gebildet, und
während der Gedanke ihn laut prustend auslacht, weil seine
Rede nicht ansteigt, sondern abfällt (vom Höheren zum Niedrigeren geht), nimmt seine Gestikulation zu, als ob er vom Niedrigeren zum Höheren ginge. Dass die Zäsur im Vers auf die
15   unrechte Stelle fallen und den Gedanken verwirren kann, dies ist
verzeihlich; aber ein solcher Widerspruch – welch Komik liegt
nicht darin? Ach, ach, aber die Leute kümmern sich so wenig um
das Geistige, dass sie das gar nicht bemerken.

---

212   Die Menschen scheinen die Sprache nicht bekommen zu haben, um die Gedanken zu verbergen (Talleyrand, bereits vor ihm
Young in den Nachtgedanken); sondern um zu verbergen, dass
sie *keine* Gedanken haben.

---

213   Der Verstand verschmäht alles, worauf die Phantasie und das
Gefühl kommen. Dies ist sehr richtig vom Verstand; aber das
Gefühl und die Phantasie tun das Gleiche mit gleichem Recht
mit dem Verstand. Oder gehört denn etwa Gefühl und Phantasie
nicht ebenso wesentlich dem Menschen an, wie der Verstand?
30   Oder versucht der Verstand vielleicht zuerst zu beweisen, dass
er das Höchste ist; und wen will er davon überzeugen; sich
selbst? Dessen bedarf es ja nicht. Die Phantasie, das Gefühl? Das
vermag er nicht. Es ist deshalb eine ganz genau ebenso große
Willkür, ausschließlich dem Verstand zu huldigen, wie aus-
35   schließlich Gefühl und Phantasie zu huldigen. Hier liegt das
Wahre darin, den Verstand gefangen zu nehmen, dem Verstand

zu entsagen, um zur Wahrheit zu kommen; denn der Verstand
ist ebenso selbstisch und betrügerisch wie Gefühl und Phantasie.

———————

209

Nächstes Mal werde ich mich Petrus Ramus nennen und als   **214**
Motto die historische Nachricht über ihn anbringen, dass er ge-   5
tadelt wurde, daß er gegen die Observants mit der Philosophie
Beredsamkeit verbinde. (Vgl. Jacobi, Smtl. W. 4. Bd., 1. Abteilung;
Vorwort).

———————

Nikodemus kam wohl mit der Nacht, aber ging nicht mit dem   **215**
Tag weg. Die Wahrheit in der Nacht zu suchen, ist so, wie den
Auferstandenen unter den Toten zu suchen.

———————

Die Aufgabe ist nicht, was die Dummheit der Menschen dafür   **216**
hält: das Christentum vor den Menschen zu rechtfertigen; son-   15
dern: sich selbst vor dem Christentum zu rechtfertigen.

———————

Situation: **217**
Ein Mann, der auf einer Floßbrücke steht, entdeckt mithilfe
eines Fernrohres, dass sich etwas im Wasser bewegt, bis er sieht,   20
dass das, was er sieht, der Schatten eines kleinen Tieres auf dem
Grund ist, das auf der Oberfläche liegt und am Ertrinken ist.
Zuerst wirft er sich in voller Länge nieder, um es mit einer
Stange zu retten; aber die Strömung macht ihm das unmöglich;
dann entkleidet er sich, watet hinaus, mit dem Fernrohr in der   25
einen Hand, um es zu erspähen, da die Bewegung des Meeres
die Ruhe der Sicht stört, – und rettet es schließlich. Aus diesem
Anlass haben sich etliche Menschen versammelt, um zu sehen,
was er macht; ein Polizeibeamter kommt hinzu und nimmt ihn
fest, da er an einer Stelle ins Wasser gestiegen ist, wo dies nicht   30
erlaubt ist. Da nimmt er sein kleines Tier, das jedoch so klein wie
ein Marienkäfer ist, zeigt es vor und erklärt, dass *er* sich hinaus-

210   gewagt habe, um *es* zu retten – und die ganze Menge lacht ihn
      aus, und die Polizei bestraft ihn!
           Der Fehler liegt nun nicht darin, dass man sein Mitleid nicht
      verstehen kann (denn davon ist hier weniger die Rede), sondern
5   dass man nicht einsehen kann, dass etwas Unbedeutendes durch
      die Einbildungskraft u.s.w. eines Menschen dahin gebracht wer-
      den kann, ihn *absolut* zu beschäftigen.

---

218   Der natürliche Ausgangspunkt für Gottesfurcht ist *Staunen.*
10   Solange jedoch das Staunen ohne jegliche Reflexion ist, ist es
      auch ausgeliefert und kann auf das Allerlächerlichste verfallen.
      Wenn das Christentum das Heidentum nicht als Sünde betrach-
      ten würde; wenn einem das Göttliche nicht so heilig wäre, dass
      man sich nicht dazu verleiten lassen könnte, dessen lächerlichen
15   Missbrauch und Verirrung zum Gegenstand komischer Darstel-
      lung machen zu wollen, wäre dies wohl längst geschehen. Doch
      dass dies nicht geschehen ist, zeigt vielleicht zugleich, wie
      dumm die Religionsspötter im Allgemeinen sind, da sie nicht
      einmal Geist genug haben, die Aufgaben zu erfassen. Wenn der
20   heidnische Germane in die ungeheuren Wälder ging, wenn die
      Sonnenstrahlen trügerisch auf einen Baumstamm fielen, so dass
      er einem ungeheuren Menschen glich, oder wenn der fahle
      Mondschein einer solchen Gestalt gleichsam Geist einhauchte, –
      dann *glaubte* er, es sei der Gott. Hier böten sich Vorteile genug
25   für eine ästhetische Auffassung des Komischen in der romanti-
      schen Umgebung, – und nun das Komische: dass *dies* der Gott
      ist. Ginge ein solcher Mensch ein wenig tiefer in den Wald hin-
      ein, und sähe einen noch größeren Baum, der ihn auf ähnliche
      Weise erstaunte – so wäre *das* der Gott.
30   Sobald *die Reflexion* hinzutritt, wird das Staunen geläutert; aber
      jetzt kommt die ungeheure Verirrung des Verstandes, die ebenso
      dumm wie der Aberglaube ist, dass die Reflexion das Staunen
      fortnähme. Nein! sie nimmt all das fort, was bloß die eigene
      Erfindung des Menschen war, wovon der Aberglaube noch
35   nichts wusste, – aber gerade dann steht man bei der rechten
      Entscheidung, *dort,* wo das *absolute* Staunen dem in Wahrheit
211   Göttlichen entspricht, auf das der Verstand nicht gestoßen ist.
      Hier erst fängt der Glaube an.

*

So ist es etwa auch komisch (Aufgabe für die Ironie), dass man   **219**
sagt, ein König habe das Christentum in sein Reich »eingeführt«
so wie man eine verbesserte Schafzucht einführt. Das Christentum ist gerade das Einzige, das sich nicht *einführen* lässt.   5

━━━━━━

Ich hätte ▸▸Lust dazu◂◂ einige »Brautreden« im selben Stil wie   **220**
meine erbaulichen zu schreiben, so dass das Verhältnis der Betreffenden rein dichterisch angelegt wäre.

──────   10

Dies ist die Skala.   **221**
Das *Unmittelbare.* Bereits im Verhältnis dazu sind alle Wahrscheinlichkeiten eine Torheit (so etwa Verliebtheit – wenn Desdemona sich in Othello verliebt). Die meisten Menschen leben
nun in einer gewissen Reflexion und tun deshalb niemals   15
irgendetwas rein unmittelbar, sondern pfuschen in dem Unmittelbaren und der Reflexion. – Wenn die Reflexion gänzlich ausgeschöpft ist, dann beginnt **der Glaube.** Hier ist es wieder
ebenso töricht mit Wahrscheinlichkeiten oder Einwendungen
daherzukommen; denn um zum Glauben gelangt zu sein, müs-   20
sen eben alle derartigen Zeitweiligkeiten ausgeschöpft sein. Alles worauf die Reflexion deshalb verfallen kann, hat der Glaube
bereits durchdacht.

──────

Dies ist ein vortreffliches Wort von Hamann über die abstrak-   **222**
ten Bestimmungen: »die Jungfraukinder der Speculation«.

━━━━━━   ◂

212
Der Satz des Cartesius: ich denke – also bin ich, ist, logisch   **223**
betrachtet, ein Wortspiel, da das: ich bin, logisch nichts anderes
bedeutet als: ich bin denkend oder ich denke.   30
cfr. Jacobi S.W. 2. Bd. p. 102. Anm.

#

224   Baco sagt: tempus siquidem simile est fluvio, qui levia atque inflata ad
nos devehit, solida autem et pondus habentia submergit.
       Jacobi S.W. 2. Bd. p. 134. Anm.

#

225   Wenn man sagt, dass der Glaube sich auf Autorität stützt und
damit meint, das Dialektische ausgeschlossen zu haben, so ist
dies nicht der Fall; denn das Dialektische fängt damit an, zu fragen, wie es denn damit zugeht, dass man sich dieser Autorität
hingibt, ob man nicht selbst verstehen kann, warum man sie
gewählt, ob es ein Zufall ist; denn in diesem Fall ist die Autorität nicht Autorität, nicht einmal für den Glaubenden, wenn er
selbst bei sich weiß, dass es ein Zufall ist.

#

226   **Die stille Verzweiflung**

                     Eine Erzählung.

     Der Engländer Swift errichtete in seiner Jugend ein Tollhaus,
in das er in seinem Alter selbst kam. Hier soll er sich, so wird
erzählt, häufig in einem Spiegel betrachtet und gesagt haben: Armer alter Mann.

     Es war ein Vater und ein Sohn. Beide geistig sehr begabt, bei-
de witzig, besonders der Vater. Jeder, der ihr Haus kannte und
dort hinkam, fand gewiss, dass es sehr unterhaltsam war. Im Allgemeinen disputierten sie nur zusammen und unterhielten einander wie zwei kluge Köpfe, ohne Vater und Sohn zu sein. Ein
seltenes Mal, wenn der Vater auf den Sohn blickte und sah, dass
er sehr bekümmert war, stand er still vor ihm und sagte: Armes Kind, Du gehst in einer stillen Verzweiflung. Aber er fragte
ihn niemals näher danach, ach! und das konnte er nicht; denn
er ging auch selbst in einer stillen Verzweiflung. Ansonsten wurde nie ein Wort über diese Sache verloren. Aber der Vater und

der Sohn waren vielleicht zwei der schwermütigsten Menschen, die seit Menschengedenken gelebt haben.

Daher rührt das Wort: die stille Verzweiflung. Es wird sonst nie verwendet; denn man hat im Allg. eine andere Vorstellung von Verzweiflung. Sobald der Sohn dieses Wort nur für sich aussprach: die stille Verzweiflung, brach er immer in Tränen aus, teils weil es so unerklärlich erschütternd war, teils weil er der bewegten Stimme des Vaters gedachte, wenn er, wie alle Schwermut, lakonisch war, aber auch das Bündige der Schwermut hatte.

Und der Vater glaubte, die Schwermut des Sohnes verschuldet zu haben, und der Sohn glaubte, die Schwermut des Vaters verschuldet zu haben, deshalb sprachen sie nie darüber. Und jener Ausbruch des Vaters war ein Ausbruch seiner eigenen Schwermut, so dass er, wenn er es sagte, mehr zu sich selbst als zum Sohn sprach.

#

Die Skizze, die ich in »Der Begriff Angst« von einem Beobachter entworfen habe, wird vermutl. den ein oder anderen stören. Sie gehört jedoch mit dazu und ist gleichsam ein Wasserzeichen in der Arbeit. Überhaupt stehe ich immer in dichterischem Verhältnis zu meinen Arbeiten, deshalb bin ich pseudonym. Gleichzeitig damit, dass das Buch etwas entwickelt, wird die entsprechende Individualität abgezeichnet. Vigilius Hauf. zeichnet nun mehrere ab; aber zugleich habe ich eine Skizze von ihm im Buch entworfen.

#

Dies ist ebenfalls eine der missverstandenen Klimaxe, die man im Hinbl. auf das Christentum gebildet hat. Man zeichnet in Wort und Schilderung ein Bild von Christus, dann sagt man: schon eine solche Idee alleine muss jeden Msch. bewegen, geschweige denn die Wirklichkeit. Die Sache ist, dass es viel leichter und weit weniger gefährlich für den Verstand ist, die Idee zu

bewundern als die Wirklichkeit zu glauben. Hinzu kommt, dass
man die eigtl. Pointe in der Schwebe lässt: dass dies der Gott ist.
  Als Beispiel lässt sich eine Stelle von Claudius anführen, die
bei Jacobi S.W. 3. Bd. p. 282 zitiert wird.

5   #

229   Eine erschütternde Beredsamkeit ist doch (wenn auch auf andere Weise, doch erschütternd wie die Stimme von Abels Blut,
die zum Himmel schreit), wenn man das knappe Wort liest, das
ein Verstorbener auf sein Grab setzen ließ, das letzte Wort, den
10 letzten Willen, das letzte Schreien, in das er seine ganze Seele gelegt hat. Was ist alles Pfarrergepredige im Vergleich mit diesem Kommentar. Unter der Heiliggeistkirche gibt es einige kleine Kellerfenster mit Eisenstangen davor. Ein Totenkopf ist ab-
gebildet und nun die kurze Sentenz angebracht. So ruft sie aus
15 dem Grab herauf zu einem. – Der letzte Kampf des Todes, in
dem keine Zeit mehr ist, eine große Auswahl zu treffen, od. dazu, über Kategorien zu reden, oder über den Unterschied zwischen Heidentum und Xstt.

                                  #

230   Dies ist der große Unterschied, was die Betrachtung der Vergebung der Sünde betrifft, dass man einem anderen Msch. die
gleiche Sünde vergibt, davon überzeugt ist, dass Gott sie vergeben wird; aber wenn es sich um einen selbst handelt, dann hapert es. Das philosophische Gerede, das nichts erklärt und nichts
25 versteht, sondern lediglich weiter geht, bleibt natürlich bei der
Sünde nicht stehen. Dies jedoch ist die erste Bedingung, um wei-
terzugehen, dass man derart schuldig wird, dass, während alle
anderen Mschen Vergebung finden können, man selbst es nicht
kann. Man ist gewillt zu glauben, dass es so Vieles gibt, was zur
30 Entschuldigung der anderen dient; aber für einen selbst gibt es
215 keine Entschuldigung. – All dies ist gänzlich in Ordnung, und
diese Emphasis der Subjektivität ist notwendig, damit nicht das
ganze Dasein in höchst gleichgültigem Gerede über Persien,
China aufgelöst wird.

\#

In al[ten] Zeiten machte man sich selbst wichtig, indem man   **231**
adelig, vermögend u.s.w. war, nun ist man liberaler und weltge-
schichtlicher geworden, nun machen wir uns alle wichtig, indem wir im 19. Jh. geboren sind – Oh! Du wunderbares 19.   5
Jahrhundert. Oh! beneidenswertes Los.

\#

Meine erbaulichen Reden könnte ich vielleicht noch aparter   **232**
machen: erbauliche Reden für Könige und Königinnen, – für
Bettler, – u.s.w. –   10

\#

Was Jacobi abweisend (nämlich, dass es sich nicht so verhält)   **233**
über das Gute, das Schöne, das Wahre sagt, dass sie aus Not er-
fundene Ideen, Kategorien der Verzweiflung sind, das gilt in Wahrheit vom Glauben (Furcht und Zittern) und dies ist die Bedeu-   15
tung des Glaubens. Er ist eine Idee, die man nur in der Not findet, und eine Kategorie der Verzweiflung.
    Jacobi S. W. 3. Bd. p. 435.

\#

Ist denn keine ewige Übereinstimmung (harmonia praestabilita)   **234**
getroffen zwischen dem Himmlischen und dem Irdischen?

\#

Eigentlich ist Gott terminus medius in allem, was sich ein Msch.   **235**
vornimmt; der Unterschied zwischen dem Religiösen und dem
bloßen Msch. ist, dass Letzterer nicht darum weiß – deshalb ist   25
d. Xstt. die höchste Verbindung zw. Gott und Msch., weil es gerade dies zu Bewusstsein gebracht hat.

\#

216

236   Ein gestrichener Passus in einer erbaulichen Rede: über den
Pfahl im Fleisch. *Zu humoristisch.*

Wie es Letzterem ergangen ist, so ist es vielleicht zuweilen im
Leben zugegangen, und da wir ja über Leiden sprechen sollen
5   und es gerade für diese Zeiten eigentümlich zu sein scheint, dass
man sich nicht so leicht selbst wichtig wird durch Ruhm, Macht
und Vorzug als vielmehr durch Leiden; und da eine tiefe Wahrheit darin liegt, Leiden als das wahre Bildungsmittel zu betrachten, ist es vielleicht dienlich, an das Unwahre darin zu erin-
10   nern. Aber da wir nicht die Vollmacht des Ermahnens haben,
wählen wir ein anderes Mittel. Lächle deshalb nur ein wenig
über das, m. Z., was ich jetzt erzählen werde, es ist und bleibt
dennoch eine erbauliche Rede, und wenn Du beim Anhören dazu gebracht würdest, über Dich selbst zu lächeln, so hätte die
15   Rede Dich ja dazu bewegt, Dich selbst zu ermahnen. Es war einmal ein Mann, der hatte ein Reitpferd; jedes Mal wenn er vom
Reiten heimgekommen war, war er wohl etwas angestrengt,
freute sich aber des Pferdes, freute sich des Reitens. Da lieh eines Tages ein anderer Mann sein Pferd und kehrte rasch zu-
20   rück, in den stärksten Ausdrücken erklärend, dass das Pferd entsetzlich stoßen würde; aber der Besitzer antwortete: tut es das,
davon wusste ich nichts; denn da ich niemals zuvor auf irgendeinem Pferd gesessen bin, glaubte ich, dass Reiten eben so sei und
dass die heftige Bewegung zur Freude mit dazugehöre. Doch
25   von diesem Augenblick an ging eine Veränderung mit ihm vor;
niemals ritt er mehr, weil er kein Pferd finden konnte, das ge-
mächlich genug war, und weil er schließlich das Unmögliche
wollte, dass sich das Pferd bewegen sollte, ohne dass man es
merkte. So, m. Z., gibt es vielleicht manchen, der die Sorgen und
30   Widerwärtigkeiten des Lebens in dem Glauben trägt, dass dies
eben so zum Leben mit dazugehört, dass zu leben eben so ist,
und dass es dessen ungeachtet eine Freude ist; bis ihm jemand
sagt, dass dies so entsetzlich ist und er dann niemals mehr froh
wird, sondern höchstens sich selbst wichtig darin, nicht froh zu
35   sein und darin, an allem im Leben etwas aussetzen zu können. –

#

217

All mein Reden von Pathos und Leidenschaft möge niemand   **237**
so missverstehen, als ob ich jede unbeschnittene Unmittelbarkeit, jede unrasierte Leidenschaft zu legitimieren beabsichtigte.

#

In Fenelon's Lebensbeschreibungen und Lehr-Satze Franckfurt   **238**
und Leipzig 1748 lese ich im Abschnitt über Periander etwas, das
ich davor nie gelesen habe und was äußerst interessant und poetisch ist.
Die Stelle ist von p. 80 u. – 87 u.

10

Die dänische Philosophie, wenn einmal von einer solchen die   **239**
Rede sein soll, wird darin von der deutschen verschieden sein,
dass sie überhaupt nicht mit Nichts oder ohne jegliche Voraussetzung anfängt, oder alles durch Mediieren erklärt, da sie ganz im
Gegenteil mit dem Satz anfängt: dass es viele Dinge zwischen   15
Himmel und Erde gibt, die kein Philosoph erklärt hat. Dieser
Satz wird, indem er in die Philosophie aufgenommen worden ist,
das gehörige Korrektiv abgeben und zugleich eine humoris-
tisch-erbauliche Bewegtheit über das Ganze werfen.

20

Darf ich überhaupt (wie gerne ich auch hätte, dass jemand   **240**
meine Anschauung teilt) meine Kunst dazu gebrauchen, einen
Msch. zu gewinnen, heißt dies nicht doch in gewisser Weise ihn
zu betrügen. Wenn er mich bewegt, gerührt, begeistert u.s.w.
sieht, so nimmt er meine Anschauung an, also aus einem ganz   25
anderen Grund als ich und aus einem unwahren Grund.
Die meisten verstehen vermutl. gar nicht, wovon die Rede ist,
wenn einem irgendeine Kunst zu gebrauchen freisteht, so muss
man sie gebrauchen, ja der, der sie nicht so gebraucht, er ist ein
unsittlicher Msch, der die Pflicht nicht anerkennt, ohne Ernst,   30
selbstverliebt u.s.w. Antwort: Bah!

#

\#

218

241   In dieser Zeit bin ich so indolent gewesen, dass ich rein gar
nichts leiden konnte, und während ich mich schmerzlich in Melancholie gewunden habe, war das Einzige, was ich wollte: zu
5   Pferde zu sitzen, mit »einer Dame vor Augen, die vom Altan der
Burg mit ihrem Schleier winkt«; meiner Ansicht nach läge die
Burg in einem Wald, doch so, dass der Altan von ferne zu sehen wäre, vor dem Wald sollte eine Wiese liegen, ein Kleefeld,
das durch einen kleinen Wassergraben davon getrennt wäre,
10   und über die Wiese sollte ich reiten – und jene Schöne auf der
Burg wäre doch nicht bestimmter, als dass sie beinahe selbst mit
dem Schleier zu verwechseln ist. Dies sollte sich an einem
Nachmittag ereignen, wenn die milde Mischung der Sonne

——— oder in der späten Abendstunde, wenn der Himmel mit
15   dem Meer verkehrt, da diese Verbindung unterbrechen, das Wasser durchschneiden, sie an der Küste mit dem Schleier winken
sehen, doch so, dass sie selbst und der Schleier mit den Gestalten des Abendnebels zu verwechseln ist.

\#

242   Es ist und bleibt doch die schwerste Anfechtung, wenn ein
Msch. nicht weiß, ob der Grund seines Leidens Geistesschwäche oder Sünde ist. Die Freiheit, die sonst gebraucht wird, um damit zu kämpfen, ist hier in ihrem entsetzlichsten Gegensatz dialektisch geworden.

25   \#

243   Ist es denn nicht ein coup des mains, dass Gottes gewaltige
Hand, die er auf einen Msch. legt, um zu demütigen, im selben
Augenblick die Hand des Segens ist.

\#

219

244   Das Schweigen des individuellen Lebens ist gleich der Jung-
fräulichkeit einer Frau, und der, der es bricht, er ist gleich einer

Frau, die ein zweites Mal lieben soll, und eine Frau, die
ein zweites Mal lieben soll, ist wie eine gebrochene
Blume.

#

Es geht mir mit meinem Gefühl im Leben wie ei-   **245**
nem Engländer, der in Geldverlegenheit kam, obgleich
er eine 100-Pfundnote hatte, aber am Ort, wo er war,
gab es keinen, der sie wechseln konnte.

#

10

Es gibt eigtl. nur eine einzige Qualität, dies ist die In-   **246**
dividualität. Darum dreht sich alles, und daher kommt
es auch, dass jeder von sich selbst qualitativ versteht, was er von anderen quantitativ versteht. Dies bewirkt die Individualität, aber nicht jeder Msch. will sie   15
haben.

#

Wie ungeduldig ich im Grunde bin, ersehe ich am   **247**
besten daraus, dass mir eine schwangere Frau das Entsetzlichste zu sein scheint, weil es eben 9 Monate dau-   20
ern muss, und deshalb aller Wille, alle Leidenschaft,
die äußerste Kraftanstrengung nichts vermögen.

#

Jeder hofft doch irgendetwas, wenn er in die Welt hin-   **248**
ausgeht – und will nun in diesem Geringen treu sein.   25
Aber derjenige, der in die Welt hinausging und nichts
besaß als eine teure Erinnerung, nichts erwartete, aber
dem Andenken treu war, er war ja auch treu im Geringen und er wird über mehr gestellt werden; denn eine solche Erinnerung soll ihm das Ewige werden.   30

#

220

249   M. Z., es ist ja so sonderbar, dass es nicht jedem im
Leben gegeben ist, Schriftsteller zu werden, dazu gehören verschiedene Gaben. Ach, aber gehe einmal auf
5   den Friedhof hinaus, betrachte die Gräber und siehe!
dort ist zuweilen ein Msch. Schriftsteller geworden,
der am allerwenigsten daran gedacht hatte. Diese kurzen Inschriften, ein frommes Wort, ein Andenken z.B.:
das Gedächtnis des Gottesfürchtigen ist im Segen. – da
10   draußen predigt alles; denn so wie die Natur Gott verkündet, so predigt jedes Grab. Dort ist ein Grabmal, es
stellt ein junges Mädchen im Brustbild dar, sie ist gewiss wunderschön gewesen, jetzt ist der Stein eingesunken und Nesseln wachsen um das Grab. Sie scheint
15   keine Familie gehabt zu haben. – Ein anderes Grab
birgt einen Krieger, sein Helm und Schwert liegen auf
dem Sarg und darunter steht, dass sein Gedächtnis niemals vergessen werden soll. Ach, und doch ist bereits
der Deckel des Geländers verzogen, man ist versucht,
20   sein Schwert zu nehmen und ihn zu verteidigen, er tut
es ja nicht mehr – und die Trauernden meinten, sein
Gedächtnis wird niemals vergessen werden.

#

250   Was ist doch Goethe in aus meinem Leben anderes als
25   ein talentvoller Defensor von Fadaisen. An keinem
Punkt hat er die Idee realisiert; aber sich von allem los-
schwatzen (von Mädchen, und der Idee des Liebens,
und vom Xstt. u.s.w.), das kann er.

#

251   Falls jemand die Richtigkeit des Satzes in Zweifel
ziehen will, dass es eine bewegte Zeit ist, in der wir leben, da möge er bedenken, dass Pastor Grundtvig
lebt, ein Mann, der Archimedes bei Weitem übertrifft
und nicht einmal einen festen Punkt braucht od. auch
35   nur davon träumt, einen zu brauchen, um Himmel

[a]und all dies ist doch eine sehr   1
geringfügige Sache, wenn man
es will, und er ist doch nur
dem Grad nach von einem Verbrecher verschieden, der auch   5
die Schuld wegdichtet, »sie
durch Dichten von sich entfernt«

und Erde zu bewegen, nein, er macht das ohne Halt. So
wenig braucht er, oder richtiger, solcherart braucht er
nichts, um diese ungeheure Wirkung hervorzubringen,
und da er bekanntlich ebenso im Stande ist, wegen
nichts in Raserei zu geraten, so wird man leicht einse-   5
hen, dass die Zeit nicht bloß bewegt ist, sondern dass
es ordentlich ängstlich ist, Zeitgenosse dieses biernordischen Kämpen zu sein.

#

221

es ist sonderbar genug, dass ein junges Mädchen, ge-   **252**
rade je reiner es ist, diejenige ist, die zuerst ihre Sündhaftigkeit erkennt. Das hat mich sehr gefreut, denn
eigtl. war es dieses Phänomen, wodurch ich größte
Schwierigkeiten hatte, die Sünde zu denken und alles unter Sünde zu legen; mit uns anderen geht das   15
leicht genug.

#

Der, der sich, um die Richtigkeit der Wahrheit zu be-   **253**
weisen, auf »Mehrere«, auf den Beifall der Zeit, der
Zeiten beruft (nicht im Verhältnis zur faktischen   20
Wahrheit, denn die ist ja gerade das rein Historische),
sondern im Verhältnis zum Ewigen, zur ewigen
Wahrheit, er widerlegt die Wahrheit gerade durch seinen Beweis; denn die Wahrheit ist eben die, dass jeder Gott gegenüber Rechenschaft über sich abzulegen   25
hat. Dies (d.h. die Wahrheit) will er nicht verstehen,
und dennoch will er ihre Richtigkeit beweisen

#

Es ist fatal genug, überrascht zu werden, wenn man   **254**
Einsamkeit sucht. Es geht doch an, wenn man von ei-   30
nem Verirrten od. einer Gesellschaft überrascht wird,
die vermutl. nur selten dahin kommen, aber seinen
einsamen Winkel gefunden zu haben und jetzt plötzlich von einem Einsamen überrascht zu werden, der das-

selbe sucht, ist ebenso fatal wie Gegenstand der fixen
Idee eines verrückten Mannes od. der fixen Idee einer
ᵃ hysterischen Frau zu werden.

ᵃ(Die Zeitschrift Politivennen   1
schreibt dieses Wort: heulsterisch)

\#

255   Ich werde nun Gelegenheitsreden schreiben anstatt
erbaulicher Reden. Brautreden und Beichtreden, od.
Grabreden.

\#

256   Es ist ein schönes Wort, das der gemeine Mann vom
10   Sterben gebraucht: dass Gott oder der liebe Gott sich
222   aufhellt für ihn, Also während es gerade am dunkels-
ten wird, denn wo ist es so dunkel wie im Grab, hellt
sich Gott auf.

\#

257   Die zweite Ehe ist nur ein mäßiger Nachdruck., eine
mäßige Zweitausgabe.

\#

258   Man beschäftigt sich mit dem Heiligen, geht fleißig
in die Kirche, betet, liest erbauliche Schriften, ach, inso-
20   fern tut man doch mehr als viele andere; aber nimm
einmal an, Gott liegt gar nichts daran, nimm an, er
würde mit der Überlegenheit der Unendlichkeit sagen: was gehst Du mich an. Gäbe es jemanden, der diesen Gedanken aushielte; denn aufzuhören, ihn zu den-
25   ken, ist nicht so schwierig.

\#

259   Die junge Mutter (hübsch, rank, ein Samt-Schal,
rasch gehend) mit ihrem kleinen Sohn. Sie ließ sich von
den kleinen Streichen des Buben überhaupt nicht
30   stören, sondern hielt ihr Kirchengebet, las während der

Messe im Gesangbuch alles mit. Sie dachte sich die Vorkehrung
aus, dem Buben einen kleinen Platz im Gestühl anzuweisen,
wo er sich um sich selbst kümmerte, während sie gänzlich ins
Göttliche vertieft war. Ach! sonst sind die Eltern häufig so eifrig damit beschäftigt, die Kinder zum Stillsitzen anzuhalten,   5
als ob dies ihre Aufgabe in der Kirche wäre. Wie schön, sie das eine, was Not tut, wählen zu sehen, und wie schön löste sie nicht
die Kollision. Ich dankte, rein ästhetisch allen guten Genien,
dass alles ruhig verlief und werde dieses schöne Bild nicht so
leicht vergessen.   10

#

Das Zeitliche mit dem Ewigen vertauschen (dies sagt man im   **260**
Allg. vom Tod) ließe sich mit großer Wirkung im Erbaulichen
gebrauchen.

15
                                                                             223
NB.   **261**

Dass das Identitäts-Prinzip in einem gewissen Sinn höher als
das Kontradiktionsprinzip und das diesem Zugrundeliegende
ist, ist nicht schwierig einzusehen. Aber das Identitäts-prinzip ist
bloß die Grenze für das mschliche Denken, es ist wie die blau-   20
en Berge, wie die Linie, die der Zeichner den Grund nennt – die
Zeichnung ist die Hauptsache. So lange ich in der Zeit lebe, ist
das Identitäts-Prinz. nur eine Abstraktion. Nichts ist deshalb
leichter, als sich selbst und anderen einzubilden, dass man die
Identität von allem denkt, indem man den Unterschied fahren   25
lässt. Man müsste doch einem solchen Mschen die Frage stellen, wie er es anstellt, zu leben, denn in der Identität bin ich außerhalb der Zeit. Ein Selbstmord ist deshalb die einzige ethische Konsequenz des in der Zeit festgehaltenen Identitäts-Prin-
zips. Die Verwirrung entsteht deshalb bloß, weil man in ande-   30
ren Kategorien lebt, als jenen, in denen man Bücher schreibt –
oh! elendiges Bücherschreiben.
Solange ich lebe, lebe ich im Widerspruch, denn das Leben
selbst ist Widerspruch. Auf der einen Seite habe ich die ewige
Wahrheit, auf der anderen Seite das mannigfaltige Dasein, das   35

der Msch. als solcher nicht zu durchdringen vermag, denn dann
müsste er allwissend sein.

    Das Verbindungsglied ist deshalb der Glaube.

Die Identität kann niemals terminus a quo werden, sondern ist ter-
5   minus ad quem, man gelangt nur ständig zu ihr, nämlich durch
Abstraktion.

#

262   Die Dialektik des Anfangs ist abgedroschen genug, doch hat
man eine Seite vergessen, dass der Anfang eine Unterbrechung
10   sein und also eine ganze Gedankenreihe voraussetzen muss, um
zum Anfangen zu kommen. So gibt es kein voraussetzungsloses Anfangen; denn wenn schon nichts anderes vorausgesetzt
wird, wird doch der Akt vorausgesetzt, wodurch ich von allem
224   abstrahiere. Aber das kann ich in keinem Augenblick machen;
15   denn dann kann ich überhaupt nicht dazu kommen anzufangen,
da ich meine Kraft brauche, um von allem zu abstrahieren.

#

263   In dieser Zeit leide ich sehr an der stummen Schwüle der Gedanken. Es ist eine Angst über mir, ich kann nicht einmal sa-
20   gen, was es ist, das ich nicht verstehen kann. Wie Nebukadnezar muss ich nicht nur um die Erklärung des Traumes bitten,
sondern darum, dass man mir sagt, was ich geträumt habe.

#

264   Ein Anfang ist immer ein Entschluss, aber ein Entschluss ist eigtl.
25   ewig, (denn sonst sind es nur Narrenstreiche und was sich bei
einer späteren Betrachtung als Skepsis erweisen wird). Wenn
ich mich also dazu entschließe, Logik zu studieren. Dann setze
ich das ganze Leben ein. Ansonsten taugt es nichts, und ich stu-
diere nur wie für das zweite Examen. Im gleichen Augenblick
30   trifft man auf das Bedenken, ob dies die Bestimmung des Lebens od. ob es zu verantworten sein kann, das ganze Leben darauf zu verwenden. Fehlt mir diese Reflexion od. eine ähnliche,

dann fange ich nicht kraft Entschlusses, sondern kraft
Talents (od. Torheit – Mode – u.s.w. um dazuzugehö-
ren) an, und fange also unmittelbar an, was überhaupt
nichts erklärt.

Warum doch die neuere Wissenschaft so trügerisch   5
geworden ist, und verschweigt, wie es der Einzelne angestellt hat. Deshalb kann man sie nicht verstehen,
weil sie nicht wissen, wie sie selbst es gemacht haben.
Selbst bedeutsame Schriften kaschieren derart häufig
eine Unwahrheit, weil der Verfasser sich selbst nicht   10
verstanden hat, wohl aber eine gewisse Wissenschaft,
wobei Letzteres weit leichter ist als Ersteres.

#

Falls Hegel seine ganze Logik geschrieben und im   **265**
Vorwort gesagt hätte, dass es nur ein Gedankenexperi-   15
ment sei, in dem er sich obendrein an vielen Stellen
vor etwas gedrückt hätte, so wäre er wohl der größ-   225
te Denker, der gelebt hat. So ist er komisch

#

[a]cfr. Trendlenburg elementa p.   Die obersten Prinzipien lassen sich nur indirekt (ne-   **266**
15 u. und 16 o. und viele Stel-   gativ) beweisen. Diesen Gedanken findet man öfters
len in logische Untersuchungen.   bei Trendlenburg in logische Untersuchungen entwickelt. Er ist mir für den Sprung von Wichtigkeit, und
dafür, zu zeigen, dass das Höchste nur als Grenze erreicht wird.   25

In den Schlussfiguren hat die Möglichkeit, negativ
zu schließen, bei Weitem das Übergewicht über die
Bejahung. cfr. Trendlenburg Erläuterungen zu seiner
aristotelischen Logik p. 58.

Aus Analogie und Induktion lässt sich nur durch ei-   30
nen Sprung schließen.

Jegliches andere Schließen ist wesentlich Identität.

Trendlenburg scheint gar nicht aufmerksam zu sein
auf den Sprung.

#

267   Die doppelte Bedeutung des Unmittelbaren bei Aris-
5   toteles.

Trendlenburg Erläuterungen p. 109. auf § 51 verwiesen.

In der hegelschen Philosophie wird das Unmitt. teils
willkürlich, teils subrept (im Sinne des Sinnlichen)
verwendet.

10   #

268   Sich beständig mit demselben beschäftigen zu können ist ein gutes Zeichen; denn nur Zigeuner kommen
niemals mehr an einen Ort, wenn sie einmal dort gewesen sind. (cfr. Preciosa, wo die al[te] Zigeunerin
15   dies sagt).

#

226
269   Wie Tordenskjold den Schweden im Hinbl. auf die
Anzahl seiner Truppen hinterging, indem er dieselben Soldaten durch eine andere Gasse hindurch-
20   marschieren und dann noch einmal vorbeimarschie-
ren ließ – wie einer, der zur Neujahrszeit die unermüdlich tätigen Feuerwehrleute gratulierend durch die
Gassen stürzen sieht, glauben muss, dass das Feuer-
wehrcorps sehr zahlreich sei, aber es ständig dieselben
25   sind: so sollte man auch glauben, dass unsere Zeit eine in Wahrheit bewegte sei, unsere Zeit in Wahrheit etwas zu sagen hätte, aber es sind bloß dieselben ausgedarbten Redensarten, die durch eine Quergasse her-
ummarschieren und dann wieder daherkommen, die-
30   se ausgedarbten Redensarten: dies ist es, was die Zeit
fordert, ein lange gefühltes Bedürfnis, die Gefahr steht
vor der Tür. So etwa ist jetzt ein neues Gesangbuch

zur Forderung der Zeit geworden, Heiberg glaubt, es
sei Astronomie – vielleicht sollte man astronomische
Kirchenlieder für den Anhang wählen. – Ich glaube,
die Zeit hat nur eine einzige Forderung, nämlich die,
an der Nase herumgeführt zu werden. Dieses Bedürf-   5
nis wird wohl befriedigt werden.

#

NB. Nur im Wunder kann Gott sich dem Menschen zei-   **270**
gen, d.h. sobald er Gott sieht, sieht er ein Wunder.
Aber das Wunder zu sehen, ist ihm nicht durch sich   10
selbst möglich, da das Wunder seine eigene Vernichtung ist. Dies drückten die Juden bildlich dadurch
aus, dass Gott zu sehen der Tod war. Richtiger muss
man sagen, dass Gott zu sehen od. das Wunder zu sehen kraft des Absurden ist, denn der Verstand muss   15
aus dem Weg gehen

#

Allmählich wird ja ein wenig mehr vom Paradox ge-   **271**
sprochen; bald wird denn auch das Gerede davon und
damit das Paradox zu einem ενδοξον. Wie ist es doch   20
komisch mit diesen Mschen, die ein für alle Mal davon
befreit sind, bei dem was sie sagen, etwas zu denken.,
und die bloß gierig darauf sind, eines neuen Wortes
habhaft zu werden, mit dem sie hausieren können.

25

227

Der Sophist Gorgias soll gesagt haben: die Tragödie   **272**
sei eine Taüschung, bei welcher der Taüschende gerechter erscheine als der Nichttaüschende; und der Ge-
taüschte weiser als der Nichtgetaüschte. – dies im Hinbl.
darauf, dass die Schauspielkunst eine Täuschung ist   30
und sein will. – Rötscher zitiert diese Worte in seiner:
die Kunst der dramatischen Darstellung Berlin 1841 p. 20
Anm. und zitiert diese Stelle nach Bode Geschichte der
hellenischen Dichtkunst.

---

1   [a]NB.

---

[a] Und dies gilt im Verhältnis
zu Vielem, dass der Getäusch-
te, d.h. der, der sich täuschen
5   lässt, weiser als der nicht Ge-
täuschte ist. z.B. im Verhältnis
zu Illusion und Begeisterung.

\#

273   Viel von dem [in] in vino veritas Gesagten mag viel-
       leicht schrecklich sinnlich erscheinen; ich höre schon
       einen Ramaschrei, und doch, was ist das gegen Goe-
5   the z.B. Philine in Wilhelm Meister.

\#

274   Rahel sagt: ist es so, Mutter zu sein – dann. Von wie
       vielen Dingen im Leben gilt nicht dieses.: ist es so.

\#

275   Bei Esrom
       Sonnenschein im Vordergrund. Die Wolken sam-
       meln sich über dem Grib-Wald (gen Nøddebo). Die
       Wolken wandern hinab gegen Esrom, die Bäume beu-
       gen sich unter ihnen, (vom Wind). Es sieht aus, als ob
15   das Ganze eine Armee wäre, ein auswanderndes Volk;
       die Wolken sind wie die leichte Kavallerie, die darü-
       ber flankiert.

\#

276   das Komische liegt ständig im *Widerspruch*. Wenn ein
20   Mann ansucht, sich als Bierzapfer niederlassen zu dür-
       fen, und dies abgeschlagen wird, ist es nicht ko-
       misch. Wenn hingegen ein Mädchen um die Erlaubnis
       ansucht, sich als öffentliches Frauenzimmer nieder-
       lassen zu dürfen, und dies abgeschlagen wird, was zu-
228   weilen vorkommt, so ist dies komisch, und es enthält
       mehrere Widersprüche und ist deshalb sehr komisch.

———————

277   Wenn es dem Bierzapfer verwehrt würde, weil es so
       viele davon gäbe, wäre es nicht komisch, aber wenn es
30   ihm verwehrt würde, weil es so wenige gäbe, wäre es

lächerlich, ebenso wie ein Bäcker, den eine Arme um etwas bat,
und er antwortete: nein Mütterchen, sie bekommt nichts, man
kann nicht allen geben, da war neulich einer, der bekam auch
nichts.

=   5

Die Reden des Verführers sind gleich den Wolken, die man   **278**
Schauer nennt.

#

Anlässlich dessen, was ich bei Rötscher über den ethischen   **279**
Akzent lese, fällt mir ein, dass auch ich ihn in meinem persönli-   10
chen Leben richtig benutzt habe, sowohl als Dichter als auch als
Deklamator, als ich anlässlich meines Verhältnisses zu Regine
und der Aufhebung der Verlobung und ihres gewissen Todes
sagte: sie wählt den Schrei, ich den Schmerz; jetzt kann ich sagen, sie wählte den Schrei, ich wählte den Schmerz.   15

#

Shelley bemerkt in der Einl. zu seinem Gedicht Prometheus   **280**
anlässlich Prometheus, dass ihm die Idee dazu bei Weitem schöner erscheint als die Idee zum Teufel, weil Prometheus rein, erhaben, nicht verdorben und verderbend wie Satan ist. Das ist   20
wahr, aber das Unglück ist ein ganz anderes: gegenüber Gott eine so berechtigte Idee wie Prometheus zu denken. Wohl ist Satan groß, aber seine Verdorbenheit macht eben aus, dass man ihn
mit Gott zusammen denken kann.

25
                                                                     229
NB.   **281**

Jedwede Rede von einer höheren Einheit, die absolute Gegensätze vereinen soll, ist bloß ein metaphysisches Attentat auf die
Ethik. So auch all die dumme Rede vom Positiven und vom Positiven, ein negierender Geist zu sein, doch der Redende ist ein   30
positiver Geist – Blödsinn! Im selben Maß wie ein Msch. Positi-

vität hat, hat er auch Negativität. Diesen dialektischen Ursprung der Freiheit vergisst die Freiheit niemals. Dies kommt
nur daher, dass man mit seinen Kategorien schlampig umgeht,
man spricht über das Gute und lobt es, man führt vielleicht ein
5   Beispiel an, und siehe, es ist eine rein unmittelb. Bestimmung
wie z.B. ein gutes Herz, was man einen guten Msch. nennt. Man
spricht davon, dass man an allem zweifeln soll, und wenn man
dann über Hamlet schreibt, dann bekreuzigt man sich, dass es
Reflexionssucht sei, und Hamlet hatte es doch noch nicht dahin
10 gebracht, an allem zu zweifeln. – Wä! Wä! Wä! Siebenbürgen.

#

282   Auf Prof. David würde ich gern die Worte Baggesens anwenden: alles nimmt ein Ende, selbst der Mantel, den Herr N. ein
drittes Mal wenden ließ, selbst Jesper Mortens Predigt beim letz-
15 ten Abendgottesdienst nahm ein Ende.

#

283   *Replik einer Individualität.*

»Als Mädchen lehrte mich meine Frau, kurze Sätze zu schrei-   [a]Eigentlich für den   1
ben; denn sie saß zuweilen bei mir, und am Ende jedes Satzes   Gerichtsrat in »Links
20 versprach sie mir einen Kuss. Als ich dann gelernt hatte, kurze   und Rechts« bestimmt
Sätze zu schreiben, wofür mich mein Rezensent lobte, heirate-
te ich, und dann lehrte mich meine Frau, dass es nicht der Mühe wert sei, Bücher zu schreiben«.

#

230
284   Seinerzeit muss die Kleidung so vortrefflich gewesen sein,
dass die Wolle auf der Innenseite noch einmal auswuchs. Daher
kam es, dass man einen Mantel zweimal wenden lassen konnte (das hatte Vater bei seinem Porzellan-Mantel machen lassen)
und dann erst war er sowohl gewendet als auch abgeschabt.

30   #

das Dumme an Grundtvig (der nun gänzlich ins Vau- **285**
deville abgetreten ist, für das er ja immer schon eine
Anlage hatte, unter anderem durch die Gedankenlosigkeit, Prophet und Seher sein zu wollen, ohne zu
ahnen, wie eine solche Figur nach all den Krisen des 5
Christentums modifiziert sein muss) ist, dass er immer
Sicherheit auf Geist haben will. Daher diese fade Derbheit und Geistreichigkeit á la Lars Mathiesen. Trefflich,
dass er die Worte: Damen und Herren gewählt hat,
das erinnert gänzlich an den Dyrhaugs-Park. So wie 10
seine Geistreichigkeit, so ist auch das oi! Ei! o! ah! der
Barhälsigen – eine Leibgarde von Interjektionen, die
einzige Mschklasse, die Grundtvig für sich gewonnen
hat. – Durch das Reden meint er so große Wirkung
hervorzurufen. o! ja, besonders in Richtung auf das 15
Dunkle. Übrigens könnte er vielleicht auch Wirkung
hervorrufen, indem er auf dem Kopf steht. Schließlich
wird Schwitzen, Augenbrauenrunzeln, sich an die
Stirn schlagen, selbstgewiss Lächeln, sichtlich unter der
Macht des Geistes in Ohnmacht fallen etc. ein Beweis 20
für die Wahrheit der Lehre. Es ist wie damals, als Helveg zur Ehre des Christt. auf der Kanzel sprang und
vermutl. dessen Wahrheit damit beweisen wollte,
dass er einen halben Ellen in die Höhe springen könne.

25

Die Voraussetzung des Bewusstseins od. gleichsam **286**
die Tonart steigt ständig, aber innerhalb ihrer wiederholt sich dasselbe. Es ist hinlänglich bekannt, dass eine Kanonade bewirkt, dass man nichts hört, aber es ist
auch bekannt, dass man sich an eine Kanonade so ge- 30
wöhnen kann, dass man jedes Wort hört. So ist in der
modernen Zeit gegenüber der Gräzität z.B. die Stille,
innerhalb derer ein Lärm gehört wird. Dieser Lärm
würde für die Griechen gereicht haben, aber wir reden 231
so wie einer mitten unter einer Kanonade wie bitte? 35
sagen würde, da die Kanonade für ihn Stille wäre.

#

1 [a]das kommt mir ebenso lächerlich vor wie wenn ein
baumstarker Kerl von einem
Pfarrer beim Beten, um zu zei-
5 gen, wie innerlich er betet,
Gladiator-Posituren einnimmt,
um die Muskelbewegungen
in den Armen u.s.w. zu zeigen.
Nicht die Muskeln sind es, die
10 man braucht, um zu beten, und
um innerlich zu beten, – auch
ist es nicht diese Art des Be-
bens, die das des Geistes und
der Innerlichkeit ist.

287   Der Unterschied zw. der Kunst des Schauspielers
       und der der Wirklichkeit.

       Der Schauspieler soll bewegt erscheinen, während er
       gefasst ist (ist er wirklich unruhig, so ist es verfehlt). In
5   der Wirklichkeit muss man gefasst erscheinen, ob-
       gleich man bewegt ist (ist man nicht wirklich bewegt,
       so ist es verfehlt, und leicht genug, gefasst zu sein.).

                              #

288   Es ist mir ganz wunderlich, das 3. Kapitel des 3.
10   Buchs von Aristoteles de anima zu lesen. Vor andert-
       halb Jahren fing ich mit einem kleinen Aufsatz: de om-
       nibus dubitandum an, in dem ich meinen ersten Versuch
       einer kleinen spekulativen Darstellung unternahm.
       Der bewegende Begriff, den ich verwendete, war: Irr-
15   tum. So macht es Aristoteles auch. Damals hatte ich
       nicht das Mindeste von Aristoteles, wohl aber eine
       Menge von Platon gelesen.

       Die Griechen bleiben doch mein Trost. Die verdamm-
       te Lügenhaftigkeit, die durch Hegel in die Philoso-
20   phie kam, dieses unendliche Andeuten und Verraten,
       und Schwadronieren und Auswalzen irgendeiner ein-
       zelnen Stelle des Griechischen!

       Gepriesen sei Trendlenburg; einer der am nüchterns-
       ten denkenden Philologen, den ich kenne.

25   #

289   NB. So wie »Vorworte« von Nicolaus Notabene, muss
       ich wieder eine kleine polemische Piece herausbringen.
       Ich denke, man könnte das unter der Bezeichnung:
       Musterschriften, oder Proben in verschiedener Schrift   [a]NB   1
232   tun. Man parodiert da die einzelnen. Dies geschieht
       zugleich, damit sich die Ironie besser ausnehmen kann.

Es ist offensichtlich, dass den Platz, den Politik in Griechen- **290**
land einnahm, die Religion im Xstt. eingenommen hat (das
eigtl. Volkstümliche), worüber geredet wird und wo durch die
Rede eingewirkt wird. Aristoteles' Rhetorik dürfte deshalb rein
formal so manches Licht auf die religiösen Probleme werfen. *5*
Die ganze Frage nach Sein und Nicht-Sein, die in der aristotelischen Philosophie gar nicht vorkommt (seine ουσια πρωτη und
δευτερα, cfr. die Kategorien, ist etwas ganz anderes), verlegt er in
die Rhetorik als das, was insbesondere Überzeugung hervorbringen soll. πιστις, im Pluralis verwendet er πιστεις. *10*

\#

Wenn ich nicht falsch erinnere, ist es in Minna v. Barnhelm, wo **291**
Lessing eine der Personen sagen lässt, dass ein wortloser Seufzer die beste Art ist, Gott anzubeten. Das klingt recht gut, bedeutet aber eigtl. doch, dass man sich mit dem Religiösen nicht *15*
recht einzulassen wagt od. einlassen will, sondern nur zwischen-
durch einmal danach starrt wie nach der Grenze des Daseins:
den blauen Bergen. Soll man sich mit dem Religiösen zum all-
täglichen Gebrauch einkleiden, dann kommen Anfechtungen.

\# *20*

\#

Es gibt viele vorlaute und leicht ins Schwitzen geratende **292**
Mschen, die dumm genug sind anzunehmen, dass ihre Dummheit Ernsthaftigkeit ist, und ernsthaft-dumm genug, anderen
das weismachen zu wollen. Was man so Ernst nennt, ist die ein- *25*
fachste aller Attitüden, statt dass Ernst die feinste Frucht der
äußersten Reflexion ist. Derjenige, der nämlich nicht den Scherz
hat, um seinen Ernst damit zu kontrollieren, der wird ernst wie
Jeronimus bei Holberg. Von daher dieses heuchlerische Gezeter
gegen jeden, der nicht dumm genug ist, sondern witzig und *30*
scherzhaft und also ernst am rechten Ort: der ist nicht ernsthaft. *233*
Es verhält sich im Gegenteil umgekehrt: Derjenige, der nicht jeden Augenblick seinen Ernst der Prüfung des Scherzes zu unter-
ziehen wagt, der ist dumm, ist komisch

#

293   Eine kleine Schrift, die Reitzel mir zugeschickt hat, habe ich
        zurückgeschickt, will aber doch den Titel notieren:
            »Über die Aesthetik der Hegelschen Philosophie
5   v. Wilhelm Danzel. Hamburg 1844.

#

294   Hamanns so genannte Gewissens-Ehe, die nichts Bürgerli-
        ches war, wie verhält es sich damit. Roth in der Vorrede zum 3.
        Band erwähnt sie bloß und berichtet, dass es Akten dazu gibt,
10   aber er wagt es nicht, sie herauszugeben. Er zitiert übrigens
        Reichardts Urania für 1812.

            Muss nachgeforscht werden

295   ▸ Es ist etwas recht Schnurriges daran: Hamann sagt, dass vor
        Gott nichts vergessen ist, dass es aber bei Menschen Ideen und
15   Einfälle gibt, die man nie mehr als einmal in seinem Leben be-
        kommt, – und diese Äußerung, gerade diese Äußerung kommt
        zwei Mal vor, im 3. Band und im 5. Bd. Ich habe sie in meinem
        Exemplar markiert.

                    ───────────   ◂

296   das dünnste Bier kann ebenso stark schäumen wie das stärkste,
        aber der Unterschied ist, dass sich der Schaum des dünnen
        Biers höchstens eine Minute hält, der des starken Biers aber je
        nach dessen Stärke. So auch mit den Mschen, der Unterschied ist
        nicht, dass einige schäumen können, andere nicht, sie haben al-
25   le ihre Zeit dazu, aber die Frage ist, wie lange es sich hält.

#

234
297   ▸ Als Vater gestorben ist, sagte Sibbern zu mir: »Jetzt werden
        Sie ja niemals die theologische Dienstprüfung hinkriegen«, und
        dann bekam ich sie gerade; hätte Vater weitergelebt, hätte ich sie

nie bekommen. – Als ich die Verlobung aufhob, sagte
Peter zu mir: »Jetzt bist Du verloren«. Und doch ist es
offensichtlich, dass wenn anders etwas aus mir geworden ist, ich es gerade durch diesen Schritt geworden
bin.

—————

Dieselben Zweifel wie bei der Betrachtung der Welt,   **298**
der Natur, seiner selbst, des Ganges der Ereignisse
stellen sich dem Glauben an Gott entgegen – dieselben Zweifel müssen sich im Hinbl. auf das Xstentum einfinden. Ich kann im Hinbl. auf d. Xstt. keine
größere und andere Gewissheit verlangen als die, die
ich im Hinbl. auf jene Gewissheit über das Dasein Gottes habe. – Diese Parallele wäre es vielleicht wert, einmal auszuführen. –

#

[a]In seinem Auftreten müsste
etwas Unsicheres sein, das seinen Grund in seiner inneren
Unsicherheit hat, das er selber
aber, sich selbst und andere
belügend, als List erklärt. Seine
Unsicherheit war nicht erlogen, erlogen aber war, dass er
es hinterher zur Gewitztheit
erklärte. Dass er zuweilen
sagte, was zu sagen er nicht
wünschte, traf zu, aber hinterher log er und erklärte, dass es
dazu diente, andere auszuspio-
nieren.

Der Polizei-Agent   **299**

Sollte dramatisch behandelt werden.

Eine dämonische Figur, die ebenso gut selbst ein Bruder Leichtfuß, ja ein Mörder u.s.w. hätte werden können, nun aber Diener der Gerechtigkeit ist. (eine ver-
fehlte Kindheit und Jugend hat ihm das Mschge-
schlecht verhasst gemacht.)
Die Auffassung der ganzen Polizei-Gerechtigkeit als
bloße Notwehr gegen Armut, so wie das Verhältnis
der Spartaner zu Heloten. (Widerspruch der Idee).
Der Widerspruch, dass eine solche Figur der Gerechtigkeit dient, und es dennoch so gut macht, dass er der
Ausgezeichnetste ist.

Unter dem Titel Privatissima und so zart als mög-   **300**
lich gehalten, hätte ich Lust, eine weibliche Figur zu
zeichnen, die eben durch ihre liebenswerte bescheide-

ne schüchterne Resignation groß wäre (z.B. eine etwas
235 idealisierte Cornelia Olsen, die vortrefflichste weibliche Figur, die ich gekannt habe, und die einzige, die
mir Bewunderung abgenötigt hat). Sie sollte erleben,
5 dass die Schwester mit dem verheiratet sei, den sie
selbst liebte. Dies ist die Kollision für Resignation.

#

301   Eine Gegen-Parabel zu jener von den Samenkörnern.
Sie soll von den Predigern handeln.
10   Ein Saatguteigentümer gab jedem seiner Diener den
gleichen Teil vom gleich guten Saatgut.
    Aber einer verwahrte das Saatgut an einem feuchten
Ort, so dass es verdorben war und zu früh keimte.
    Und einer mischte es mit der einfacheren Saat.
15   Und einer dachte: Die Saat ist nun ja meine, warum
soll ich sie aussäen, und er verkaufte sie für Geld.
    Und einer säte sie wohl aus, aber streute sie so acht-
los aus, als ob sie nichts wert wäre.
    Einer streute sie aus, aber legte ihr zu hohen Wert bei.

20 Das ist Pfusch, denn die Einheit der Idee ist nicht ge-
wahrt; aber es lässt sich verwenden, der Einfall ist
recht gut und besonders brauchbar als Schluss einer
Rede, od. als Anfang, um Misslichkeiten zu entfernen.

#

302   Eine leichtsinnige und eitle Individualität hat stets
eine außerordentliche Vorstellung von der Auszeich-
nung eines Apostels, d.h. dem Glücklichen, dem
Glänzenden, ein Apostel zu sein; eine demütige und
tiefe Individualität hat stets eine außerordentliche Vor-
30 stellung von den Leiden eines Apostels.

Das Populäre   **303**

Man ist nicht unpopulär, weil man Kunst-Ausdrücke
verwendet; denn dies ist etwas Zufälliges und sie können in Mode kommen, wie es sukzessive bis hinab
zum einfachsten Menschen geschieht.   5

Derjenige ist und bleibt unpopulär, der einen einzi-   236
gen Gedanken ganz zu Ende denkt. Deshalb war Sokrates unpopulär, obwohl er keine Kunstausdrücke
verwendete, denn seine Unwissenheit, wenn sie festgehalten wird, ist lebens-anstrengender als die ganze   10
Philosophie Hegels.

#

Eine Wunde offen halten kann ja auch gesund sein: **304**
eine gesunde und offene Wunde; zuweilen ist es am
schlimmsten, wenn sie zuwächst   15

#

1   [a]Dabei könnte auch Karnea-   Eine neue Wissenschaft sollte eingeführt werden: die   **305**
des Wahrscheinlichkeitslehre   christliche Redekunst. zu konstruieren ad modum Aristo-
berücksichtigt werden cfr. Rit-   teles' Rhetorik. Die ganze Dogmatik ist ein Missver-
ter Gesch. der Philosophie 3.   ständnis, besonders wie sie sich jetzt entwickelt hat.   20
5   Bd. p. 677,78,79.

[b]NB   #

[c]Aristoteles setzt die Redekunst   In al[ten] Zeiten glaubte man, was man hörte ginge   **306**
und die Mittel, Glauben zu er-   einen selbst an: de te fabula alles ginge einen an, jetzt
wecken (πιστεις), in Bezug zu   glaubt ein jeder, dass er eine Fabel erzählen kann, die
10 Wahrscheinlichkeit, so dass sie   die ganze Mschheit angeht, nur nicht ihn.   25
(im Unterschied zum Wissen)
damit zu tun hat, was sich auch   #
anders verhalten kann. Die
christliche Beredsamkeit wür-   Ein Genie, das von seiner eigenen Zeit missverstan-   **307**
15 de darin von der griechischen   den wird, vertröstet sich auf eine bessere Nachwelt.
verschieden sein, dass sie es   dies scheint d. Msch. stark gesagt zu sein, und doch ist
ausschließlich mit *Unwahrschein-*   es schwach gesagt. Die Welt bleibt in etwa immer die- 30
lichkeit zu tun hat, damit zu zei-   selbe; oder ist das Geschlecht besser, das huldigt, was
gen, dass es unwahrscheinlich

er gesagt hat, weil er es gesagt hat? Das Geschlecht, das
ihn bewundert, kreuzigt zugleich einen Zeitgenossen, den wiederum ein nächstes Geschlecht bewundert, denn die Welt bleibt immer dieselbe, und was sie
nicht vertragen kann, ist die Gleichzeitigkeit mit dem
Großen. – Ich kann nicht verstehen, wie derlei ein Genie so viel beschäftigen kann. Nein, z.B. hoffen, einmal mit Sokr. zusammenzutreffen, um mit ihm im
schönen Gespräch zu konferieren – und dann zu pfei-
fen auf Zeitgenossen und Nachwelt.

#

237

308   Wenn ein König, um unerkannt zu sein, wie ein Krämer gekleidet ginge, und zufälligerweise ein Krämer
dem König täuschend ähnlich sähe, so würde man
über beide lachen, aber der Grund [wäre] umgekehrt:
über den Krämer, weil er nicht der König wäre, über
den König, weil er der Krämer wäre.

#

309   Der einfache Bürgers-Mann, der immer, wenn er einem Armen die geringfügige Gabe (mehr konnte er
nicht erübrigen) gab, den Hut abnahm, so tief, als ob es
ein Vorgesetzter wäre, so freundlich, als ob es sein bester Freund wäre.

#

310   Es ist wohl gewiss, dass man von keinem so viel lernt
wie von Kindern, aber es ist auch gewiss, dass ein Vater gerade dadurch leicht verdorben werden kann.
Ein solches Wesen um sich zu haben, dem man zumu-
tet, für alles herzuhalten, und von dem man dennoch nicht bloß Gehorsam, sondern Liebe fordert, jemanden um sich zu haben, dem gegenüber man ständig Recht behält, das ist eine gefährliche Sache.

#

ist, damit man es dann glauben
kann. Hier ist die Wahrscheinlichkeit ebenso sehr zu verwerfen wie dort Unwahr-
scheinlichkeit, aber der Unterschied zum Wissen ist in beiden derselbe.

Aus einem möglichen Vorwort zu meinen Gelegenheitsreden.   **311**

... Oder ob nicht eine Frau, die ein Tuch zu heiligem Gebrauch
bestickt, jeden Stich so sorgfältig wie möglich ausführt und vielleicht mehrmals von vorn beginnt; aber ob es sie nicht betrüben würde, wenn jemand fehl sehen und auf die Perlen-   5
bestickung anstatt auf das Altartuch sehen würde, oder einen
Fehler anstatt des Altartuchs sehen würde? Sie fände ihre unbe-
zahlbare Freude darin, alles so sorgfältig als möglich auszuführen, eben weil diese Arbeit keine Bedeutung hat und haben soll,
denn die Bedeutung vermag die Näherin nicht mit ins Tuch   10
hineinzusticken, sie liegt im Betrachter

#

238

.... Um anstatt Gewissen und Gottes Geist eine Gesellschaft   **312**
der tierischen Ausdünstung der Mschen herauszubekommen,
ein Etwas, das sie in Bedrängnis ausschwitzen, ein Etwas, das   15
die öffentliche Meinung genannt wird und von den Philosophen: der objektive Geist

#

unter allen glänzenden Sünden sind die affektierten Tugenden   **313**
die schlimmsten.   20

#

Jener starke Blasebalg in der Brust der Orgel.   **314**

#

Der Widerspruch, der Kutscher auf dem armen Leichenwagen,   **315**
der die Pferdedecke nur halb über das eine Pferd gelegt hatte, um   25
es besser zu schlagen.   das Tiefe im Tod.   das Prosaische darin.

#

Die Sünde in einem Msch. ist gleich dem griechischen Feuer,   **316**
das nicht mit Wasser gelöscht werden kann, – hier nur mit Tränen.

239

317   Eine neue Schrift.

        Gottes Urteil.   [a]Ein Ehemann.   *1*

       Eine Leidensgeschichte.

5   psychologisches Experiment   [b] es wäre ihm ein Leichtes ge-
                 von   wesen, freigegeben zu wer-
                                                          den, wenn er sie in sein Leiden
                                                          einweihen würde, aber das   *5*
           . . . . . de profundis.   fürchtet er gerade, dass deren
                                                          Entsetzen sie gänzlich vernich-
Hier werden die Kategorien der Sünde verwendet. Die   ten wird, od. sie derart sym-
Verschlossenheit liegt darin, dass er nicht wagt, je-   pathetisch macht, dass sie ihm
10 manden wissen zu lassen, dass er eine Strafe erleidet.   wie Kains Ehefrau folgen will,   *10*
                                                          und gerade das will er nicht.
                                                          – Andererseits scheint er Gott
                                                          dies zu schulden, derart ero-
                                                          tisch seine Leiden zu ver-
                                                          schweigen.   *15*
                                                            cfr. p. 185 ganz unten.
                                                            cfr. p. 194.

Journal JJ, p.173 (JJ: 319-320)

241

318   Schluss – Enthymema – Entschluss.

                  Eine Trilogie.

        Dies wird eine Untersuchung, die von Wichtigkeit
        für meine über den Sprung und über den Unterschied
5   zw. einem pathetischen und einem dialektischen
        Übergang sein wird.
        Letztendlich ist das, was ich einen pathetischen
        Übergang nenne, das, was Aristoteles Enthymema
        nannte. Vielleicht. Wie seltsam, dass ich erst jetzt vom
10   Enthymema in Aristoteles' Rhetorik lese.

319   Manchmal wird man ungeduldig, weil es nicht besser
        glückt, das Gute zu wollen, aber diese Ungeduld ist
        doch nicht Sorge über seine Sünde, sondern Gewalttä-
        tigkeit wider Gott. und Mangel an Aufrichtigkeit.

15   #

320   geht es bisweilen wie einem freigelassenen Verbre-
        cher, an dem ein entlaufener Gefangener wie eine be-
        ängstigende Erinnerung vorübergeht, od. zu ihm
        kommt,: so kommt bisweilen die Erinnerung an etwas
20   längst Überwundenes beängstigend mit ihrem Be-
        such. Wird man ungeduldig und will sich nicht dazu
        bekennen, hat man verloren. Dann klagt man, man
        meint, daran erinnert zu werden, sei ungerecht, statt
        demütig dafür zu danken, wenn man nun besser ist.

25   #

321   Mir geht es im Verhältnis zur Ehe wie Diana im Ver-
        hältnis zu den Gebärenden: selbst unverheiratet, half
        sie.

                            #

[a] und zu jeder Besserung ge-   1
hört doch vor allem ein demü-
tiges Erinnern seiner Schwäche, wie es war, c̈a

242

Nicht bloß in Griechenland war das Theater Gottesdienst,   **322**
auch in Persien, ni fallor. Man nahm an, dass derjenige, der auf eigene Rechnung Schauspiele aufführen ließ, im Himmel belohnt wurde. Also in etwa wie im Mittelalter Kirchen und Klöster zu bauen.   5

\#

Definition der Ironie.   **323**

Ironie ist die Einheit von ethischer Leidenschaft, die in Innerlichkeit das eigene Ich unendlich akzentuiert – und von Bildung, die im Äußeren (im Verkehr mit Msch.) vom eigenen Ich   10
unendlich abstrahiert. Letzteres bewirkt, dass keiner Ersteres
bemerkt, und darin liegt die Kunst und dadurch wird die wahre Verunendlichung des Ersteren bedingt.

Lächerlich ist es in unserer Zeit, die Pfarrer vor der Askese des   **324**
Mittelalters (Mönche und Nonnen u.s.w. Flagellationen u.s.w.)   15
warnen hören. Münter strengt sich besonders auf diesem Gebiet an – ach! im 19. Jh. vor derartigem zu warnen (das ist wahnsinnig.). – Und dann urteilt man noch so dumm über die Askese. Es lag etwas Kindliches in ihr; sie hatten eine Vorstellung
von dem Entsetzlichen darin, eine Verantwortung und eine   20
Schuld sein ganzes Leben hindurch zu tragen, dieses ewige Andauern, während sie von Tag zu Tag wächst. Deshalb war die Askese ein Ausdruck für diese Lebens-Anschauung, gleich einem
Kind, das seine Strafe an diesem Tag erleidet und dann ist alles
vergessen und das Kind wieder ein braves Kind. – sie war fer-   25
ner ein erotischer Ausdruck. Oder wenn ein Mädchen in einem
erotischen Verhältnis sich gegen den Geliebten versah, ob sie
wohl sofort seiner unveränderten Liebe froh wäre, würde sie
nicht zu ihm sagen: oh! schimpf ein wenig mit mir. – Ob schließlich nicht jeder in unserer Zeit, das heißt jeder der Einzelnen,   30
die in unserer Zeit ein wenig religiösen Sinn haben, ob er wohl
nicht dasselbe täte., aber auf eine andere Weise, dass er sich z.B.
ein Vergnügen verweigert, weil er sich seiner nicht freut od.
nicht zufrieden mit sich selbst ist, in die Kirche geht –

Die Pfarrer, die wir jetzt haben, sind die dümmsten von allen.
243　– und dann will man Bischof Mynster negligieren, den Einzigen, der weiß, wovon die Rede ist.

#

325　Jetzt ist der Augenblick da, jetzt ist zu schreiben: eine dialektische Anleitung für die pseudonymen Bücher aller pseudonymen Schriftsteller. –

#

326　　　　　Das Verhältnis zwischen Entweder – Oder und
10　　　　　　　　　　　den Stadien.
　　　　　　　　　　　　────────

In Entweder – Oder war das ästhetische Moment ein Gegenwärtiges im Kampf mit dem Ethischen, und das Ethische die Wahl
aus ihm heraus. Deshalb gab es nur zwei Momente und der Ge-
15　richtsrat war absolut siegreich, wenn es auch mit einer Predigt
endete, und mit der Bemerkung: dass nur die Wahrheit, die erbaut, Wahrheit für mich ist (die Innerlichkeit – von dort der
Ausgangspunkt für meine erbaulichen Reden.)

In den Stadien gibt es 3 Momente und die Stellung ist eine ande-
20　re

1) das Ästhetisch-Sinnliche ist als etwas Vorübergegangenes
(deshalb »eine Erinnerung«) zurückgedrängt, denn es kann ja
nicht gänzlich zunichte werden.
der junge Msch. (Gedanken-Schwermut); Constantin Const.
25　(Verstandes-Verhärtung). Victor Eremita, der jetzt nicht mehr
Herausgeber sein kann (sympathetische Ironie); der Modehändler (dämonische Verzweiflung) Johannes der Verführer (Verlorenheit, eine »gezeichnete« Individualität). Er endet damit,
dass die Frau nur ein Augenblick ist. Eben da beginnt der Ge-
30　richtsrat: dass die Schönheit der Frau zunimmt mit den Jahren,
ihre Realität gerade in der Zeit.

2) das ethische Moment ist kämpfend. Der Gerichtsrat nicht
gemütlich dozierend, sondern streitend im Dasein, weil er hier
nicht abschließen kann, wenn er auch hier wiederum jedes ästhe-

tische Stadium mit Pathos besiegen, sich mit den Ästhetikern
aber nicht in Witz messen kann

3) das Religiöse wird zu einer dämonischen Approximation   244
(der Quidam des Experiments) Humor als dessen Voraussetzung
und Inkognito (Frater Taciturnus).   5

d. 14. Mai 1845.   327

in Berlin angekommen.

Die einzige brauchbare Figur an Bord des Dampfschiffes war
ein junger Kerl. (ein Bursch.) mit einer Samtmütze auf, festge-
bunden mit einem Schal, ein gestreifter Kittel über einem Rock,   10
ein Stock, der vorne an einem der Knöpfe an einer Schnur
hängt. Treuherzig, offen, reisend, auf alles aufmerksam, naiv,
schüchtern und dennoch freimütig. Indem man ihn mit einem
solchen Schwermütig-Reisenden (wie Hr. Hagen) kombinierte,
ließe sich eine Wirkung im Wehmütigen erzielen.   15

———————

Zwei neue Bücher müssen geschrieben werden: **328**

Bekenntnisse eines Dichters.
Sein Leiden ist, dass er ständig eine religiöse Individualität sein
will, und ständig fehlgreift und Dichter wird: also ein unglück-   20
liches Verliebtsein in Gott (die Leidenschaft dialektisch in Richtung darauf, dass etwas gleichsam Trügerisches an Gott ist.)

#

Geheimnisse eines Herzens.   **329**
cfr. p. 163 in diesem Buch.   25
(Privatissima)

1   [a]Sophie Beaumarchai.
(Clavigo).

oder

Nächst dem Unglück und
dennoch der Unglücklichste.

Solche Situationen gibt es mehrere im Leben, wo der, der dane-   30
ben steht und also außerhalb, dennoch am meisten leidet.

245

330   *Eine Figur.*

Ein Greis, der im Königlichen Garten, od. im Kirsch- od. Philosophen-Gang sitzt. (Der Gegensatz die warme Sommerluft,
das Erfrischende des Grüns: und der Al[te]). Er selbst ist ein al-
5   [ter] Witwer, hat keine Kinder, speist ab und zu bei einem wohl-
habenderen Verwandten. Dort sitzt er regelmäßig an bestimmten Tagen.

                                 ✳

331   Das was eigtl. das Schwierigere ist, ist das Dialektische im Lei-
10   den des Gottes-Verhältnisses anzuhalten. Man sagt, dass man
aufs Bessere hoffen soll, man wird Gott noch einmal danken,
nach Regen kommt Sonnenschein u. s. w. Was will dies besagen? Was ist dieses Bessere, wofür man Gott danken soll; offenbar das, dessen Annehmlichkeit od. dessen Unannehmlichkeit
15   man seinem endlichen Verstand nach statuiert. Aber dann ist ja
die Danksagung selbst ein Rückgang, da ich mich in der Danksagung in den niedrigsten Kategorien bewege. Ich streite mich
mit Gott herum, wie Emeline mit ihrem Vater. Wenn es wahr und
der einzige Ausdruck für das Gottes-Verhältnis ist, dass Alles,
20   was Gott tut, gut ist, dann ist ja die Rede von Aufhören od. Nicht-
Aufhören, von wieder gutem Wetter u. s. w. (was in der zeitlichen Welt passt, wo schlechtes Wetter wirklich kein gutes Wetter ist) ein Rückgang. Das Missliche kommt daher, dass man im
einen Augenblick Miene macht, die ungeheure Bewegung der
25   Unendlichkeit ausführen zu wollen, im nächsten Augenblick einem der Mut dazu fehlt, und man hofft und dankt in den Kategorien der Endlichkeit. Es ist so wie mit Liebenden. Zufrieden
miteinander wollen sie Alles entbehren od. entbehren können,
aber bald, bald hören sie zwar nicht auf, einander zu lieben, ge-
30   ben der Sache aber eine andere Richtung und wenn es dann hapert, dann hoffen sie auf bessere Zeiten, in denen die Liebe so
recht froh sein soll (also ist sie doch nicht absolut genug), und
danken dann wieder (also war sie nicht absolut genug.). Im
Hinbl. auf dieses dialektische Schwanken findet man in den
35   meisten erbaulichen Schriften gar keine Anleitung. – Vielleicht
246   hat seit undenklichen Zeiten nichts einen so tiefen Eindruck auf

mich gemacht wie in diesen Tagen Davids Psalmen, ach! aber er
lässt einen in den dialektischen Schwankungen im Stich. Die Sache ist die: all das Mannigfaltige, tief und herrlich und erqui-
ckend und lindernd, wenn es die Eingeweide erschüttert, ist
Ausdruck für den Inhalt seines Lebens, aber wenn ich nun anfan-   5
gen soll, und es also in dem ebenso lyrischen wie dialektischen Total-Gedanken sammeln soll, dann birst es. Bald hofft er
(und dann wiederum bald ewig, bald für die Zeit, aber diese
beiden Bestimmungen der Hoffnung sind durch eine Ewigkeit
getrennt und es müsste deutlich sein, was was ist) bald tröstet er   10
sich mit seiner Unschuld, bald verflucht er Feinde u. s. w. Aber
demjenigen, der anfangen soll, und also ungewiss anfangen soll,
dem ist damit nicht gedient, er fordert den einen Gedanken, den
einen, ob es das Ewige sein soll (dass Alles gut ist, gleich gut,
und das Hinauszögern der Danksagung Dummheit od. Trug) od.   15
ob es sein soll: das Annehmliche und das Unannehmliche; ob
Gott Alles sein soll, und d. Msch. nicht muckst, außer um zu sagen: das ist gut, od. ob d. Msch. dreinreden soll.

==

ad p. 171 ganz unten.   **332**
    Der dialektische Widerspruch muss so gehalten werden, dass
zweideutig bleibt, ob er verschlossen bleibt allein aus erotischer Verliebtheit in Gott, od. aus Stolz gegen Mschen.
    Selbst in Davids Psalmen finden sich Beispiele für die Art von
Verschlossenheit, die sich jedes Mschverhältnisses entziehen   25
will, um auf Du und Du mit Gott zu kommen.

#

    Die Unendlichkeitsdialektik des religiösen Leidens (z.B. wenn   **333**
wir allein für dieses Leben hofften, wären wir die Elendsten von
allen) muss in der Zeit (Gottesfurcht trägt Verheißung für das   30
Leben, das jetzt ist) angehalten werden. Wie aber werden diese
beiden Verhältnisse qualifiziert. Der höchste Ausdruck für den
Gehalt des Erdenlebens (der Zeitlichkeit) ist ja gerade die Erwartung des Ewigen bzw. dessen Gegenwärtigsein. Aber im
selben Augenblick habe ich wieder den Umfang meines ganzen   35

247 irdischen Verstandes aufgegeben, und das konkretere Verständnis der »Verheißung für dieses Leben« ist schwierig gemacht,
da sie eigtl. mit der letzten »Verheißung für das Leben, das da
kommt« identifiziert ist. Wenn nämlich Gottesfurcht Verhei-
5 ßung für das Leben trägt, das da kommt, und ich weiß darum,
dann ist dieses mein Wissen darum in der Zeitlichkeit eben die
Verheißung der Gottesfurcht für das gegenwärtige Leben selbst.

Wenn ein Msch. eigtl. mit den latenten Bestimmungen der religiösen Unendlichkeit in seiner Rede sprechen würde, dann
10 würde man ihn als verrückt ansehen. Bereits eine solche Äußerung von Sokrates »dass, wenn der Schiffer den Reisenden
übers Meer an seinen Bestimmungsort gebracht hat, dann geht er
(der Schiffer) ganz ruhig am Strand auf und ab, nimmt seine Bezahlung, und doch kann er ja nicht wissen, ob er damit Nut-
15 zen gebracht hat, od. ob es nicht besser gewesen wäre, der Reisende wäre auf See umgekommen,« bereits eine solche Äußerung (wenn der Leser tüchtig genug wäre, die dialektische
Hintergründigkeit zu bemerken, und nicht darüber hinwegglit-
te od. glaubte, es wäre eine Redensart) würde als eine Äuße-
20 rung der Verrücktheit angesehen werden.

Darin liegt die trügerische Verrücktheit der dialektischen Darstellung, nur der Dialektische entdeckt sie, und er weiß zugleich, dass es nicht just Verrücktheit ist (ebenso wenig wie es
Verrücktheit ist, mein ewiges Wissen als gewisser denn meine
25 sinnliche Wahrnehmung anzusehen; während man sich sonst
umgekehrt ausdrückt: und wenn einer zu sagen wagte: Gott ist
ebenso gewiss da, wie es gewiss ist, dass ich hier diesen Stock
in meiner Hand halte. Ach! das ist eine törichte Gewissheit, die
einem schon die griechische Skepsis entwinden könnte, nein,
30 dass Gott da ist, ist ganz anders gewiss als alle, alle sinnliche
Wahrnehmung.), der Unerfahrene, der systematisch Betörte
merkt nichts, weil nicht gegrölt wird, was eben der dialektische
Widerspruch ist, denn das Unmittelbare ist sich seiner selbst
nur bewusst, wenn es schreit, das Dialektische ist sich seiner
35 selbst sicher.

\#

248

1   [a]und weil die Furien wirkliche
    Gestalten waren, mussten sie
    außerhalb des Tempels blei-
    ben, in dem der Unglückliche
5   Ruhe fand – aber Groll folgt
    mit hinein.

... Im Heidentum sah man die Furien den Schuldi-   **334**
gen verfolgen, sah ihre entsetzlichen Gestalten – aber
Groll kann man nicht sehen, Groll, der ist verborgen,
eine verborgene Schwangerschaft, mit einem
schlechten Gewissen als Vater.   5

===

Hier bereits liegt das Dialektische (im Verhältnis zur   **335**
Innerlichkeit des Religiösen). Jetzt fällt einem die
ängstliche Sorge ein, dass das Allerentsetzlichste passieren wird; was dann, soll er nun diesem Gedanken   10
fortzuweichen gebieten, um sich nicht selbst zu quälen? In diesem Fall entscheidet er durch endliche Kategorien das Religiöse, was irreligiös ist. Soll er sich ihm
öffnen? Wo halten wir dann das Dialektische an. (cfr.
p. 182.) Soll er sagen: doch nicht mein, sondern Dein   15
Wille? Wenn diese betende Aussage in Wahrheit sein
soll und keine trügerische Wendung im Dienste endlicher Kategorien, dann muss er wirklich die Möglichkeit des Schlimmsten gedacht haben, aber dieses Denken ist schon so schlimm wie die Wirklichkeit des Lei- 20
dens. Oder soll man vielleicht sagen, die Glückseligkeit d. Msch. gehört auch zum Religiösen, deshalb
muss man die düsteren Gedanken fernhalten; Gott
will, dass wir froh sind. Richtig, aber wo will er, dass
wir froh sind. Jetzt fängt die Dialektik wieder an. Sol- 25
len wir nicht froh darüber sein, Gott zu bewahren und
Alles zu verlieren, d.h. uns nicht bloß dareinfinden,
sondern begeistert rufen: siehe, hier ist die einzige,
die einzige Freude, die einzige Glückseligkeit.

30

Der unmittelb. Religiöse tut Vieles so, dass der un-   **336**
endlich reflektierte Religiöse, wenn er das Gleiche tut,
weil es schön ist, das halb humoristisch und halb bereuend auffassen muss. z.B. der unmittelb. Religiöse

geht jeden Sonntag 3-mal in die Kirche. Er baut zwar
nicht seine Seligkeit darauf, (dann ist er irreligiös, od.
weiß nicht, was er tut) aber er ist doch froh darüber,
Gott gleichsam ein Weniges vergelten zu können, für
249   all das, was Gott für ihn tun kann (hier trifft das sokratische Wort zu, als Sokr. die Einladung, zu König Archelaos zu kommen, nicht annehmen wollte, weil er
sie nicht erwidern konnte – derart wollen viele sich
nicht mit Gott einlassen, weil sie fühlen, zunichte zu
10   werden). Im A. T., im Mohammedanismus, im Mittelalt. taucht hier das im unschuldigen Sinn Verdienst-
liche, die guten Werke auf. – Der unendlich Reflektierte tut das Gleiche, geht z.B. jeden Sonntag 3-mal in die
Kirche, aber fasst dies rein humoristisch auf und mit
15   der Bereitschaft, sofort zu bereuen: humoristisch, dass
er es nicht sein lassen kann, dass er sein Wort zu hören und in seinem Haus zu sein nicht müde werden
kann; halb bereuend, falls es sich doch so verhalten
sollte, dass er immer wieder eines neuen Inzitaments
20   in seinem Gottes-Verhältnis bedarf.

#

337   In »Biblische Legenden der Muselmänner aus arabischen Qvellen v. Dr. G. Weil, Frankfurt a. M. 1845« steht
irgendwo von einer der erwähnten Personen, dass
25   Gott selbst ihm persönlich zur Erde gefolgt ist, und vor
dem Sarg einherging, und die 4 Engel dahinter her. –
Das rein Humoristische darin . .

#

338   Im selben Buch wird mehrmals erzählt, dass die er-
30   wähnten heiligen Personen von Gott verlangen, in einer schweren Prüfung versucht zu werden, um ihm darin ihre Ergebenheit recht zeigen zu können – und
dann missglückt es ihnen.

#

1   [a]Eine Situation, wo er in länd-
     licher Gegend die Ausgelassen-
     heit einiger badender Kinder
     in der Bucht des kleinen Binnen-
5   sees hört, sie danach scherzend
     am Weg dahermarschieren sieht,
     wodurch sich ihm das Missver-
     hältnis recht aufdrängt zwischen
     derart ein Kind zu sein und wie
10   er, mit dieser ungeheuren Verant-
     wortung, zu existieren; während
     das reifere Alter des Tieres und
     der Pflanze und von allem ande-
     ren dem entspricht, was die
15   Kindheit ist.

     [b]Replik: was mir besonders
     fehlt, ist meine Kanzel: das ist die
     Situation, wenn man Leiden hat,
     und das Totenlager und das
20   Krankenbett.

     [c]de occultis non judicat ecclesia
     könnte der Titel werden.

     [d]und eine Replik von ihm:
     wäre es doch nicht so, dass die
25   Kirche nicht über das Verborge-
     ne urteilt – würde sie es doch
     nur tun. Was für manchen ein
     Trost ist, bedeutet für mich das
     Andauern meines Leidens. Soll
30   ich es selbst melden? Dann ist
     meine Tätigkeit verhindert. Wa-
     ge ich, es zu unterlassen?

     [e]Ich habe ein neues Exemplar
     des kanonischen Rechts gekauft,
35   um wiederum aufs Neue zu un-
     tersuchen, ob ich wieder Pfarrer
     zu sein wage – aber wenn ich
     bloß das Exemplar kaufe, schau-
     dert es mich, denn es ist, als ob
40   der Buchhändler mir ansehen
     könnte, welchen schmerzvollen
     Gebrauch ich davon mache.

250

#

Es wäre vielleicht richtig, ein psychologisches Expe-   **339**
riment an einem anderen Punkt anzusetzen: ein angehender Geistlicher z.B., der sich davor fürchtet, Geistlicher zu werden (wegen Schuld – Situation, er geht an   5
einen abseits gelegenen Ort, weil er es aus Furcht, überrascht zu werden, nicht einmal zu Hause zu tun wagt,
und liest das kanonische Recht, um zu sehen, welche Sünden die Kirche verbietet – dies: de occultis non judicat ecclesia) und doch ist sein einziger Wunsch, es zu   10
werden, gerade weil es ihm auf diese Weise möglich
scheint, seine Schuld einigermaßen zu tilgen. – Der dialektische Widerspruch zw. ob er anderen nützt, indem er seine Schuld verschweigt und versucht auf ei-
ne stillere Art zu wirken, od. ob es besser wäre, mit al-   15
lem herauszurücken.

#

cfr. p. 182. 189.   **340**
Bereits hier liegt das Dialektische im Verhältnis zum
Religiösen. Wenn z.B. ein Mensch betend zu Gott sa-   20

Journal JJ, p. 194 (JJ : 339-340)

gen würde, dass er sich das Xstt. noch nicht gänzlich angeeig- 252
net hat, dass er noch Zweifel hätte, und dass Gott ihm deswegen noch Zeit geben möge, sie zu überwinden (und so ver-
streicht denn immer Zeit), dann ergreift ihn stracks das Dialektische, denn dieser Zeit-Aufwand wird im selben Augenblick un-   5
endlich dialektisch (gesetzt er stürbe morgen, und das Xstt.
wäre das allein Seligmachende, und er außen vor), weil die ewige Entscheidung sich selbst mit einer unendlichen Geschwin-
digkeit fordert. Dies zeigt wiederum, wie schwierig es ist, in
der Zeit einen historischen Ausgangspunkt für eine ewige Selig-   10
keit zu bekommen.

Dies muss jetzt getan werden: Ein Verschlossener wird in ei-   **341**
nem dritten Moment geschildert, in dem er selbst entdeckt, dass
seine Schuld keine andere als jene ist, dass er verschlossen war.   15
– Das Dialektische: ob er nun selbst in diesem Augenblick dämonisch gesehen nicht größer ist, als wenn er sofort gesprochen
hätte. Die Verschlossenheit kommt deshalb wieder, und obwohl er diese Entdeckung gemacht hat, behält er sie wiederum
für sich selbst im Verschlossenen.   20

Die Ewigkeit der Höllen-Strafen ist irgendwie leicht zu bewei-   **342**
sen, und jedenfalls lässt es sich hier wieder zeigen, wie schwierig es ist, einen historischen Ausgangspunkt für eine ewige Seligkeit in der Zeit zu bekommen, und zugleich, wie gedanken-   25
los sich d. Mschen benehmen. Das eine (das Problem der »Brocken«) soll so leicht verständlich sein, jeder begreift es. Das andere (die Ewigkeit der Höllenstrafen, d.h. eine ewige Unseligkeit) will keiner annehmen, und die Kirche lehrt es vergebens,
denn man darf sehr gewiss annehmen, dass keiner es glaubt.   30
Ach! Ach! Ach! welche Denker. Das Problem ist gänzlich dasselbe. Kann jemand das eine denken (die Entscheidung einer ewigen Seligkeit in der Zeit) dann hat er eo ipso auch das andere gedacht. Kann die Zeit ein adäquates Medium für die Entscheidung einer ewigen Seligkeit sein, so ist sie es ja auch für eine   35

253   ewige Unseligkeit. Hier liegt der Knoten, während die Beweise,
       die die Orthodoxen vorgebracht haben, bar jeder Kategorie sind.
          Der Knoten ist gerade, dass sich das Ewige jeder Entschei-
       dung in der Zeit entzieht, weil es sich selbst voraussetzt.

5   #

343   Die Spekulanten in unserer Zeit sind so dumm-objektiv, dass
       sie ganz vergessen, dass der Denker selbst ja gleich dem Instru-
       ment des Flötenspielers ist, und es deshalb von äußerster Wich-
       tigkeit ist, sein Instrument zu kennen (hier liegt die Psycholo-
10   gie), ja von ganz anderer Wichtigkeit ist, weil der Denker im Ver-
       hältnis der unendlichen Innerlichkeit zu seinem Gegenstand ist,
       wie kein Flötenspieler es zu seinem Instrument ist.

                                #

344   das objektive Denken schert sich überhaupt nicht um den Den-
15   kenden, und wird schließlich so objektiv, dass es gleich jenem
       Pförtner sagen kann, dass er bloß mit dem Schreiben zu schaf-
       fen habe, die anderen mit dem Lesen.

                                #

345   Denkt man eigtl. *eine Existenz unter der Form der Ewigkeit, dann
20   folgt eo ipso die Isolation.* Das Verzweifelte ist, dass man darüber
       niemals etwas bei den Denkern erfährt, derlei übergehen sie.
       Aber wenn es bloß z.B. (in Weil biblische Legenden der Musel-
       manner Frankfurt a M. 1845) p. 277 heißt, dass Adam am Jüngs-
       ten Tag rufen wird: O! Herr rette nur meine Seele, ich kümmere
25   mich weder um Eva noch um Abel; und dann alle Reden Xsti
       vom Untergang Jerusalems, wo gerade das seine Bedeutung
       hat, dass das Gottes-Verhältnis in seiner ewigen Gültigkeit jedes
       Verhältnis neutralisieren wird, wo er sagt: (Mark. 13,9) Ihr aber
       seht Euch vor – was wird dann aus all den geschäftigen welthis-
30   torischen sozialen Kategorien?

                                #

254

Wiese mir das System auch höflich ein Gästezim-   **346**
mer im Dachboden an, damit ich doch mit von der Partie sein könne, so bin ich doch lieber ein Denker, der
wie ein Vogel auf dem Zweig ist.

5

Auf diese Weise wäre es vielleicht auch interessant   **347**
Lady Machbeth aufzufassen: sie schlafwandelt nicht,
sondern wagt es nicht, zu schlafen, sie fürchtet, dass
der Schlaf etwas verrät.

Szene um Mitternacht: sie sitzt allein in ihrem Zim-   10
mer, sie geht ängstlich umher und sieht nach, ob alle
Türen verschlossen sind, (sie wird schwermütig-dis-
trait, sieht mehrmals nach, weil ihr ist, als ob sie es das
vorige Mal vergessen hätte.), so ist sie beinahe wie eine Schlafwandlerin, sie setzt sich nieder: 15

Schlaf, Schlaf, entsetzliche Erfindung, entsetzliche
Notwendigkeit, Du einzige Macht, die ich fürchte, die
es vermochte, mir mein Geheimnis zu entreißen, wie
kein Msch. es vermag, Du listiger Betörer, der einen
Msch. in seine Gewalt bannt, und ihn zu seinem eige-   20
nen Denunzianten macht, Du hast also die Macht, Du
vermagst zu tun, was kein anderer vermag, während
ich schlafe – nein, noch schlafe ich ja nicht, ich will
nicht schlafen – und doch muss ich schlafen oh,
schreckliche Notwendigkeit, warum kann ich nicht oh-   25
ne Schlaf auskommen, wie ich gelernt habe, ohne die
Gefühle des Herzens auszukommen, die anderen eine
Notw. sind – aber ich schlafe innerhalb verschlossener Türen, die Vertäfelung ist ausgeführt, um jeglichen Laut zu verhindern – und dennoch, wo gibt es ein   30
Versteck, auch Wände haben Ohren.

NB. Diese ließe sich vielleicht besser mit einer solchen Individualität wie Cromwell durchführen, od.
aber müsste die Leidenschaft ein weiblicheres Gepräge haben.   35

Schlaf – Du kannst kommen, um mich zu beschla-
fen, und mich dessen berauben, wessen kein Mann
mich berauben kann; bin ich in deiner Umarmung aufgelöst, dann schaust Du mir tief ins Innerste meiner
5   Seele, in diesen Abgrund, in den zu sehen ich selbst
nur wage, wenn ich weiß, dass ich jeden daran hindern kann, dort hinab zu sehen. – Ach! mein Kopf ist
255 so schwach, ich bedarf der Ruhe, und doch kann ich in
der halben Sekunde, in der das Bewusstsein vor der
10   Gegenwart des Schlafes flieht, kann ich Alles verraten; dass eine halbe Sekunde diese Macht über mich
hat, ein halbe Sekunde, die die Notwendigkeit des
Schlafes grausam fordert. Warum fürchte ich den Schlaf
wie einen Fluch, wo er der größte Segen für andere ist,
15   – bin ich verflucht? Könnte ich den Schlaf doch mein
ganzes Leben lang entbehren! Unmenschlich, mir
schaudert beinahe davor, derart ein Geist geworden zu
sein. Und kann ich nicht ohne ihn auskommen, Grau-
en mich ihm anzuvertrauen. Schmerzliche Wachheit.
20   Dennoch bedarf ich seiner, nein ich bedarf des Ster-
bens, des letzten Schlafes, der mein einziger ist, wenn
ich weiß, dass es der Schlaf des Todes ist, dann wage
ich es, mein Haupt auf das Kissen zu legen, warum?
Weil dann der Tod dafür sorgt, dass alles ruhig wird. –
25   Ich hasse Lady Seymour, ich habe einen Verdacht,
dass sie sich über meine Vorsichts-Maßregeln aufhält
(ich muss unbedingt lügen und falsche Gründe für die
Ausführung meiner Schlafkammer anführen), aber
ich wage es nicht zu fragen, ich schaudere davor, gera-
30   de dadurch etwas zu verraten, und doch würde ich alles darum geben, Gewissheit über ihre Gedanken zu
gewinnen.

#

348 Die Witwe, die 3 Pfennige in den Opferkasten legte,
35   tat auch ein Wunder wie jenes mit den 5 Broten und
den 3 Fischen: sie gab mehr als die Reichen, also wurden 3 Pfennige verwandelt in Überfluss.

[a]sie hat ständig Domestiken,   1
die kein Englisch verstehen, aus
Furcht, dass sie etwas erfahren könnten, im Allg. Franzo-
sen; aber allmählich drückt sich   5
auch ihre Qual auf Französisch aus. Die Szene könnte deshalb mit einigen französischen
Worten anfangen.

#

Zwei Dienstmädchen; das eine mit dem Liebsten am   **349**
Arm, geputzt (es war Sonntag); sie unterhielten sich
und da sagte diejenige ohne Liebsten: ja man muss
sich damit zufriedengeben, den Lohn in sich selbst zu   5
haben und einst droben und schau, das ist mir ein
Dienstmädchen, sie ist offenbar nicht halbjährlich od.
monatsweise versprochen und bei gutem Lohn – sie
hat sich ewig versprochen – und doch wie rührend!

#　　　　　　　　　　　　　　　　10
256

1   ᵃnach dem Tod.   Zuweilen hört man, dass, wenn man nicht derselbeᵃ   **350**
bleibe, keine Unsterblichkeit sei. Weiß Gott, wie es
dem Menschenschlag gelingen mag, die bereits im Leben unglaublich viele Male verändert werden. (Es ist
recht gut, was man in einem kleinen Aufsatz Plut-   15
archs über das Wort: εἰ in Delphi § 18 findet.).

#

Die feigen Hunde, die nicht beißen, bellen stracks,   **351**
wenn sie den Fremden sehen; wenn er vorüber ist,
schweigen sie – die gefährlichen Hunde schweigen   20
ganz stille, während man an ihnen vorübergeht, sie
folgen ein paar Schritte nach, darauf bellen sie einmal
od. zweimal, dann beißen sie: so mit d. Mschen im
Hinbl. auf den Eindruck, den die Ereignisse des Lebens auf sie machen, die niedrigeren Naturen bellen   25
stracks – die Ernsteren gehen langsam hinterher und
bewahren alles.

#

Der kleine Trupp von Begeisterten, der in Pastor   **352**
Grundtvigs biernordischem Ausschank ausgebildet   30
wurde

#

353   Es ist seltsam, dass der Corsar nie darauf gekom-
       men ist, die Leute in antiker Manier darzustellen, nackt
       mit einem Feigenblatt.
          Eine Zeichnung von Herkules z.B. od. in dem Stil et-
   5   wa, und dann darunter: Pastor Grundtvig.

                              #

354   Heute wollte ich zu Vaters Grab hinausgehen, unge-   [a]Das könnte bearbeitet wer-   1
       wöhnl. drängte es mich dazu, ungewöhnl. war ich in   den mit ironischem Teint unter
       mich selbst gesunken, – was passiert, als ich eben zum   dem Titel: Tränen an einem
   10 Eingang bei der Kurve kam, kommt eine Frau daher-   Grab.
       gelaufen, mit Hut und Schal und Parasol, eine recht so
       alberne Dame. Der Schweiß schoss an ihr herunter,
       und sie richtet sich an eine al[te] Frau, die einige Schrit-
       te von mir mit einem Korb im Arm ging: wo bleibst
   257 Du nur, wir haben jetzt eine halbe Stunde gewartet,
       (daraufhin wurde das Gespräch doch so fortgesetzt,
       dass sie vor lauter Geschäftigkeit gleich einem Hund
       vorauslief und dann einen Schritt zurück) wir haben
       eine halbe Stunde gewartet, meine Schwester ist am
   20 Weinen, der Leichenwagen bereits angekommen, und
       das ganze Gefolge, und die Posaunenbläser sind ge-
       kommen u.s.w. – wie possenhaft – die Schwester, die
       beinahe am Weinen war, ist also beinahe am Weinen
       darüber, dass die Posaunenbläser gekommen waren,
   25 im Gegensatz zur Frau mit dem Korb. – Ich nahm ei-
       nen anderen Weg, und glücklicherweise mussten sie
       nicht in die Nähe von Vaters Grab. Es ist doch son-
       derbar, wie sich das Komische gerade in die entschei-
       denden Stimmungen schlingt.
   30   d. 10. Juni 45.

355   Die Neuseeländer küssen einander mit der Nase. –
       Die Stelle zitiert Engel in seiner Mimik aus einer Reise-
       beschreibung, die er anführt.

                              #

Derart trügerisch ist William Afhams Partie (in den Stadien) **356**
eingerichtet, dass gerade das triviale Urteil dummer und fahri-
ger Mschen, sie sei dieselbe, ein Lob und die höchste Anerkennung ist. Ja, das eben ist die Kunst. Ich werde nie die Angst vergessen, in der ich selbst war, nicht erreichen zu können, was ich   5
einmal geleistet hatte, und doch wäre es so einfach gewesen, andere Namen zu wählen. Deshalb sagt Afham auch, dass Const.
gesagt haben soll, dass er niemals wieder ein Gastmahl geben
wolle, und V. Eremita, dass er niemals wieder D. J. in Worten bewundern wolle. Während der Gerichtsrat hingegen sagt, dass er   10
ständig fortfahren könne, zu wiederholen.[1] Der Verfasser selbst
hat also angedeutet, wo es möglich ist und wo es nicht möglich ist.

[1]»dass nur Räuber und Zigeuner sagen, wo man einmal gewesen ist, soll man nie wieder zurückkehren.«   15

=

258
»Die Stadien« bekommen nicht so viele Leser wie Entweder –   **357**
Oder, wecken so gut wie kein Aufsehen. Das ist vortrefflich, auf
diese Weise werde ich den gaffenden Pöbel los, der mit dabei sein
will, sobald er glaubt, dass es einen Auflauf gibt. Ich habe ja   20
auch selbst vorhergesagt, dass dies geschehen wird, in der Nachschrift zu Schuldig? – Nicht-Schuldig?

#

Es ist ein sonderbarer psychologischer Widerspruch, der im   **358**
Folgenden liegt: 25
Bekanntlich ist Leiden und Schmerz eine Bedingung für manche Art von Ausgezeichnetheit, im Verhältnis zu Dichtern,
Künstlern, religiösen Individualitäten u.s.w. Ohne diese Leiden
wären sie nicht zu dem Großen geworden; nimm die Leiden
weg, gib ihnen gute Tage, gib ihnen ihre Wünsche – und mit dem   30
Großen ist's vorbei. Bekämen sie denn den Wunsch erfüllt und
das Leiden weggenommen, dann hätten sie ja noch mehr verloren: ergo sollten sie ja froh über das Leiden sein, so froh, dass sie
es nicht wegwünschen. Aber dann sind sie ja wieder über das
Leiden hinaus. Ob wohl eine derart gestellte Individualität dies   35

wirklich verstehen könnte. – Man könnte ein Individuum eben
auf der Spitze halten, wo er ständig nach dem Höchsten hascht,
damit sich zeigen kann, wieweit sich das machen ließe.

#

359   Die Schrift sagt, man soll Gott lieben von all seinem Vermögen; gibt es in dieser Hinsicht auch Unterschiede in den Vermö-
gensverhältnissen. –

#

360   Da ist etwas, das mich vom Lehrersein abstößt – es wäre am
richtigsten, wenn der Pfarrer die Predigt eines anderen Pfarrers
vorlesen würde, damit er selbst recht Zuhörer bei der Ermahnung sein könnte.

#

259
361   Man glaubt, es sei so leicht, ja man greift es als einen Fehler bei
meiner Darstellung an, dass sie sich in dieser Doppelheit hält –
sie sollten es selbst einmal versuchen. Die grölende versichern-
de direkte Mitteilung ist unendlich leichter.

#

#

362   Die Rezension meiner »Brocken« in der deutschen Zeitschrift
hat den wesentlichen Fehler, dass sie den Inhalt dozierend hervortreten lässt, statt dass die Schrift durch den Gegensatz der
Form experimentierend ist, worin gerade die Elastizität der Ironie liegt. Zu tun, als ob das Christentum eine Invention von
Joh. Climacus sei, ist ja gerade eine beißende Satire über die Unverschämtheit der Philosophie wider es. Und dann wieder die
orthodoxen Formen im Experiment herauszustreichen »so
dass unsere Zeit, die bloß mediiert u.s.w., sie kaum wiedererkennen wird« und[a] zu glauben, das ist etwas Neues – das ist die
Ironie. Aber der Ernst liegt eben in demselben, auf diese Weise d. Christent. Recht widerfahren lassen wollen – bevor man
mediiert.

[a](dies sind die Worte
des Rezensenten)

\#

Ein mögliches Schlusswort zu   **363**
all den pseudonymen Schriften
von
Nicolaus Notabene.   5

Ich werde nämlich einem höchstgeehrten Publikum erzählen,
wie es damit zuging, dass ich Schriftsteller wurde. Die Geschichte ist ganz einfach, denn es ist weit davon, dass ich ein Gesicht, einen Traum, die Eingebung eines Genius oder etwas Derartiges hätte, worauf ich mich berufen könnte. Ich hatte einige 10
Jahre meines Studentenlebens in einer Art Müßiggang hinge-
bracht, wohl einiges gelesen und gedacht, aber meine Indolenz
hatte gänzlich überwogen; da sitze ich also vor 4 Jahren eines
Sonntagnachmittags draußen beim Konditor im Frederiksberger Park und rauche meine Zigarre und schaue mir die Dienst- 15
mädchen an, und schau, plötzlich ergreift mich dieser Gedanke:
Du vertust jetzt Deine Zeit, ohne irgendeinen Nutzen; in allen 260
Richtungen tritt ein teures Genie nach dem anderen auf und
macht das Leben und das Dasein und den welthistorischen Betrieb und die Kommunikation mit der ewigen Seligkeit immer 20
leichter – *was tust Du?* Solltest Du denn nicht irgendetwas her-
ausfinden, wodurch auch Du der Zeit dienen könntest. Da fiel
es mir ein,: was, wenn ich mich hinsetzte und alles schwierig
machte. So muss man versuchen, auf jedwede Weise zu Diensten zu sein. Auch wenn die Zeit nicht ein bisschen Ballast nö- 25
tig hätte, so müsste ich doch von all jenen geliebt werden, die
alles leicht machen, denn wenn es gar keinen gibt, der es schwer
machen würde, dann wird es allzu leicht – es leicht zu machen. Von diesem Augenblick an habe ich an dieser Arbeit meine Unterhaltung gefunden, ich meine, die Arbeit war unterhal- 30
tend, denn in einem anderen Sinn habe ich dadurch keinen Un-
terhalt gefunden, sondern Geld zugesetzt. Man kann ja auch
nicht verlangen, dass die Leute dafür Geld ausgeben, um alles er-
schwert zu bekommen, das hieße ja, es noch schwerer zu machen. Nein, eigtl. sollten die, die es leicht machen, mich unter- 35
halten, denn sie ziehen Nutzen daraus. Sie haben mich denn
auch redlich benutzt, und geradezu angenommen, dass ich es

um ihretwegen tue, bloß damit sie etwas hätten, das sie leichter
machen könnten.

#

364   Es könnte einen brauchbaren dramatischen Gegensatz abge-
5   ben, einen mit Sokrates zeitgenössischen Wahrsager darzustellen, der einen Helden vorhersagt, der da kommen soll. Der
Held wäre Sokrates und er wäre da, der Wahrsager aber wüsste
davon, und Sokrates wäre gerade derjenige, der am wenigsten
von allen dazu ausersehen schien. Welches Verdienst könnte
10   man nun der Voraussage eines solchen Wahrsagers beilegen –
und doch hätte er ja Recht.

#

365   Es könnte ein recht schnurriger Plan für ein Vaudeville sein, eine schwedische Familie, die in den Blättern all das über die un-
15   vergleichliche dänische Gastfreiheit (, dass die Barbiere der
Bart gratis abnähmen, die öffentlichen Frauenzimmer einer gra-
261 tis bedienten (cfr. Entweder – Oder) u.s.w.) gelesen hätte, gute
14 Tage später nach Kopenhagen fahren zu lassen, in der festen Überzeugung, dass dies in Kopenh. immer so sei, und dies
20   sich nun in Situationen entwickeln zu lassen. Zum Ausgleich
für das Missverständnis könnte man das ganze mit einer
glücklichen Verliebtheit enden lassen, deren ersten Keim man
Sympathie mit der Situation des Missverständnisses sein lassen
könnte.

25   #

#

366   . . . . . innerlich wie das letzte Sehnen des Verlorenen nach der Seligkeit seiner Seele, wenn er untergeht. – schmerzlich wie die
erste aufdämmernde Bewusstheit des Trinkers, wenn er auf-
30   wacht.

#

poetice. . . .

und wenn dann der Herbst mit seiner frischen, stärken-
den Kühle kommt, wenn die in der Atmosphäre auf-
gesparte Sommerwärme wie eine Möglichkeit ist, ei- 5
ne mütterliche Fürsorge, damit der sie Genießende sich
nicht verkühle, wenn man so gleichsam stets ein leichtes Überkleid zur Hand hat, während der Herbst-
wind stärkt – und wenn dann der Herbst kommt, und

1 [a]Alles, was gegenwärtig ist,
erregt die Kritik, aber die Erinnerung entwaffnet sie und erlaubt es einem, die Idealität
5 nicht zum Verwerfen, sondern
zum Verschönen des Vergangenen zu gebrauchen.

die Flüchtigkeit des Lebens die Begierde wachruft, 10
wenn der Wald nicht sicher und geborgen dasteht, als
sollte er auf ewig so dastehen, sondern die Farbe
wechselt, sobald man auch nur auf ihn blickt, denn
Wechsel entflammt die Lust, wenn das Weib sicher
und ruhig dasteht, dann erregt sie nicht, aber wenn sie 15
die Farbe ändert, dann bedeutet dieser Wechsel: geschwind geschwind. Und also mit dem Herbst. Denn

[b]Wohl mahnt uns im Herbst
alles an Untergang – und den-
10 noch scheint er mir die schönste
Zeit zu sein; möge es denn,
wenn ich einmal in meinem
Untergang bin, jemanden geben, der dann so viel auf mich
15 hält wie ich auf den Herbst.

niemals treibt im Sommer die Wolke so geschwinde
wie im Herbst, und niemals verfällt Echo im Herbst
darauf, einzuhalten, sich auszuruhen in des Waldes 20
warmer Luft, nein, unaufhaltsam eilt es an sich selbst
vorüber.

#

262

Martensen hat äußerst scharfsinnig gezeigt, dass es **368**
nichts Indifferentes gibt, sondern dass es dies bloß ist, 25
weil wir dessen ethische Pointe nicht erfasst haben.
Dies gar zu zitieren hat Mag. Hagen in seiner Abhandlung Anlass gefunden, vermutl. um Prof. Martensen doch auch zu zitieren. Es sind äußerst tiefsinnige
Bemerkungen dieser Art, durch welche besonders 30
unbedeutende Köpfe erstaunt werden und erstaunen
machen. Sobald das Individuum lebt, existiert, so ist
das Indifferente da und in der Alternation der Existenz selbst begründet. Ewig gesehen ist alles in Abgeschlossenheit gestellt, dann ist es ziemlich natürlich, 35

dass da nichts Indifferentes ist. Das Indifferente kann
nur im Verhältnis zu Existenz und Werden gedacht
werden. Sobald die Abgeschlossenheit da ist, die ewige Abgeschlossenheit, erhält das Metaphysische derart die Übermacht, dass da nichts ethisch Indifferentes ist, denn das Metaphysische ist. Das Indifferente
verhält sich zum Werden, und deshalb ist die ganze
Martensensche Weisheit das Pendant dazu, dass das
Vergangene notwendiger ist als das Zukünftige.

#

#

369   Wenn ein Schiffer mit seiner Obstschute hinaus-
fährt, weiß er im Allgem. die ganze Rute im Voraus;
aber ein Flottenkapitän sticht in See und erst auf hoher See erhält er seine Ordre: so das Genie, er liegt auf
hoher See und erhält seine Ordre, wir anderen wissen so in etwa dies und jenes über dies und das, was
wir unternehmen.

#

370   *Situation.*

Mit einer Modifikation könnte sie im psychologischen Experiment (Schuldig? – Nicht-Schuldig?) gebraucht worden sein: Der Quidam des Experiments
wäre z.B. theologischer Kandidat, wäre Pfarrer geworden, hätte sich auf dem Lande aufgehalten, wäre in
die Hauptstadt gekommen, hätte auf Ersuchen eines
seiner Freunde zum Hauptgottesdienst gepredigt, hätte die Predigt ganz gut gehalten, würde ein Blatt Papier hervorholen mit der Liste all jener, die von der
Kanzel aufgeboten werden – und liest: zum 3. Mal –
hier folgte der Name des Mädchens, mit dem er verlobt gewesen war und dann ein anderer Name.

#

1   ªgrölendes

Wenn ich mich unendlich mit etwas beschäftige und   **371**
ich mit Leuten darüber reden will, die dies als Narretei ansehen, was dann? Ja, wenn ich einª Genié bin, das
sich berufen fühlt, die ganze Welt umzuschaffen, so
spreche ich grölend in der Zuversicht, dass ich die   *5*
Leute schon dahin kriege einzusehen, dass es sich dabei um das unendlich Wichtige handelt. Habe ich
aber ein wenig Verstand, und Reflexion, dann nehme
ich nichts Derartiges von mir selbst an, drücke deshalb das Missverhältnis aus, indem ich das Komische   *10*
zwischen uns setze und in der Form des Komischen darüber rede. Dadurch vermeide ich auch, womit das
grölende Genie immer endet, nämlich komisch zu werden, eben weil ich selbst es begriffen habe.

15

#

Im Grunde ist jeder Msch. zum Herrschen geboren.   **372**
Das sieht man am besten an Kindern. Heute sah ich
ein kleines Mädchen, das auf dem Arm einer Amme
saß. Sie trafen einige Bekannte aus der Verwandtschaft   *20*
des Kindes. Die Amme hielt eine Blume in ihrer Hand,
und jetzt mussten sie allesamt allleruntertänigst an
der Blume riechen und hatschi! sagen. Dies wurde
mehrmals wiederholt, wollte die Amme jemanden
übergehen, merkte das Mädchen sogleich auf und be-   *25*
deutete ihr, dass sie alles genau zu machen habe.
Demjenigen aber, der das Niesen richtig gut gemacht
hatte, lächelte die kleine Herrscherin ein allerhöchstes Wohlbehagen zu.
Dann wollte die Amme, dass es gehen solle, aber es   *30*
beugte sich ein wenig aus dem Arm heraus, darauf
ließ es den Kopf ein wenig zurückfallen und belohnte
die Amme mit einem Kuss von unten – und dies mit
einer Prätention und doch mit einer Kindlichkeit.

35

264

373   Die stattlich gekleidete Dame, die alleine in einem
        von Eskildsens Booten auf dem Kanal herumfuhr,
        Sonntag-Nachmittag.

                              #

374   Replik einer humoristischen Individualität:

        »Wie es am angenehmsten ist, unerkannt durch die Welt
        zu stiefeln, weder von S. Majestät, dem König, I. Majes-
        tät, der Königin, I. Majestät, der Königinwitwe, noch
        von S. königl. Hoheit, dem Kronprinzen, gekannt zu
10   sein – so scheint mir auch, dass von Gott gekannt zu   [a]Kann Gott ohne Mühe Alles   1
        sein das Leben so unendlich beschwerlich macht. Über-   tun, so verhindert seine Gegen-
        all, wo er mit dabei ist, da wird jede ½ Stunde *unend-* wart des Menschen träges
        lich wichtig. Auf diese Weise zu leben, hält man nicht 60   Ruh'n.
        Jahre lang aus, so wenig wie die angestrengte Examens-
15   vorbereitung, die man doch nur 3 Jahre lang aushält,
        obwohl sie ja nicht so anstrengend ist. Alles löst sich
        in Widerspruch auf. Bald wird man wachgepredigt, auf
        dass man nicht herumdöse, sondern mit der höchsten
        Leidenschaft der Unendlichkeit lebe. Nun wohl, man
20   nimmt sich zusammen, man kommt geschniegelt und   bman kommt mit einer Leiden-   5
        gestriegelt zur Parade^b – und dann heißt es, man   schaft dahergelaufen, wie sie
        muss eben lernen, die Segel zu reffen.^c Was hat das zu   keiner während des Bombarde-
        bedeuten – am Ende kommen alle Mschen gleich weit,   ments hatte.
        und das Ganze hat nicht viel Wert. Es geht hier so, wie
25   es mir mit meinem Arzt erging. Ich klagte über Un-   cMan steht wie auf dem Berg
        wohlsein. Er antwortet: Sie trinken sicher zu viel Kaf-   der Verklärung und soll los –   10
        fee, und gehen zu wenig. 3 Wochen danach spreche ich   aber dann gelingt es den klei-
        wieder mit ihm und sage: ich befinde mich wirklich   nen Erfordernissen der End-
        nicht wohl, aber jetzt kann es doch nicht vom Kaffee-   lichkeit und den Läpper-
30   trinken sein, denn ich trinke überhaupt keinen Kaffee,   schulden beim Krämer, Schus-
        oder aus Mangel an Bewegung, denn ich gehe den   ter und Schneider einen fest-   15
        ganzen Tag. Er antwortet: ja, dann muss der Grund   zuhalten und summarum: man
        wohl sein, dass Sie keinen Kaffee trinken, und dass Sie   bleibt bei der Erde und die
        zu viel gehen. Das Unwohlsein war und blieb also   Verwandlung geschieht nicht
35   dasselbe, aber wenn ich Kaffe trinke, dann rührt mein   mit einem [selbst], sondern
        Unwohlsein daher, dass ich Kaffee trinke, und wenn   mit dem Berg der Verklärung,   20
                                                              der sich in einen Misthaufen

1 verwandelt. Es ist, wie wenn
ein Mann vom Per Madsens
Gang an den Hof soll, aber auf
so viele Verkettungen der
5 Endlichkeit trifft, bevor er dieser Gasse entkommt, dass er
sich bei Hofe nicht mehr zeigen kann und zu Hause bleiben muss. Das Dasein ist stän-
10 dig eine beginnende Tragödie, die zu einem Vaudeville
wird.

[d]Wem fiele es auch ein, einen
Pegasus und eine Schind-
15 mähre gemeinsam vor denselben Wagen zu spannen, um damit zu fahren: und so ist ja das
Existieren für einen, den aus
Endlichkeit und Unendlichkeit
20 Zusammengesetzten.

[e]eine al[te] Jungfer oder Pensionist die Rätsel raten.

ᵃdieser verschwitzte schwüle
Breiumschlag, der der Körper
25 und des Körpers Mattigkeit ist

ᵇdenn der Körper nur hat aus-
gedient

ich keinen Kaffee trinke, dann rührt mein Unwohlsein
daher, dass ich keinen Kaffee trinke. Und ebenso mit
uns Mschen. Das ganze irdische Dasein ist eine Art Unwohlsein, bei einigen ist der Grund zu viel Anstren- 265
gung, bei anderen zu wenig, und fragt jemand nach 5
dem Grund, dann fragt man ihn zuerst: strengen Sie
sich sehr an; bejaht er dies, dann sagt man: Der Grund
ist zu viel Anstrengung. Verneint er: sagt man das
Entgegengesetzte, zieht den Schwanz ein und schleicht
sich davon. Und wenn mir jemand 10 Rt. gäbe, ich 10
würde es doch nicht auf mich nehmen, des Lebens Rätsel zu erklären. Warum sollte ich auch? Wenn das Leben ein Rätsel ist, so endet es wohl damit, dass der, der
das Rätsel aufgegeben hat, es selbst erklärt, wenn er
merkt, dass sich keiner ums Raten reißt. Ich habe das 15
Rätsel nicht inventiert, aber sowohl im Frisindede, im
Freischütz wie in anderen Blättern, in denen Rätsel
aufgegeben werden, folgt die Erklärung in der nächsten Nummer. Der Vorzug, im Blatt als derjenige genannt zu werden, der das Rätsel am selben Tag erra- 20
ten hat, an dem wir alle es erfahren haben, beschäftigt
mich nicht.«

Replik: 375

So wie der Kranke sich danach sehnt, die Bandage abzuwerfen, so sehnt sich mein gesunder Geist danach, 25
die Mattigkeit des Körpers abzuwerfenᵃ; so wie der
siegreiche General, wenn das Pferd unter ihm erschossen wird, ruft: ein neues Pferd – oh, wagte doch
die siegreiche Gesundheit meines Geistes derart zu
rufen: ein neues Pferd, einen neuen Körperᵇ; wie derje- 30
nige, der in Lebensgefahr auf See, wenn ein anderer
Ertrinkender sein Bein ergreifen will, ihn mit aller
Anstrengung von sich stößt, so hält mein Körper wie
eine schwere Last an meinem Geist fest, so dass es
zum Untergang des Todes kommt; wie ein Dampf- 35
schiff, dessen Maschinerie im Verhältnis zum Bau des
Schiffes zu groß ist: so leide ich.

#

376   Etwas über das Durchgehen der Kühe.   [a]»Die ganze Natur hat frohe   1
                                                        Gebärden«, so auch die Kühe,
        Eine Studie.   wenngleich es eine Frage bleibt,
                                                        inwieweit dem nicht etwas
        besonders Detail-Beschreibung, wie die einzelnen   Ironie zugrunde liegt.   5
   5   Kühe aussähen, wenn sie mit ihrer genialen Vor-
  266   stellung auftreten, Beschreibung des Schwanz-
        schwungs, des schrägen Galopps, des Augenaus-
        druckes – derjenigen, die es störte, dass ich ihr
        zusah und sogleich den Schwanz wieder zw. die
  10   Beine nahm

#

377   Wenn man zu einem Kind gesagt hätte, dass das Bein
        zu brechen Sünde sei, in welcher Angst würde es dann
        nicht leben und es vermutl. häufiger brechen, und be-
  15   reits den Umstand, dass es nahe dran gewesen sei, be-
        trachtete es als Sünde. Gesetzt, es wäre ihm unmög-
        lich, diesen Kindheitseindruck zu verwinden. Dann
        würde es wohl aus Liebe zu den Eltern, auf dass ihr
        Fehlgriff nicht durch seinen Untergang zu etwas Ent-
  20   setzlichem werde, so lange wie möglich durchhalten.
        Derart spannt man ein Pferd vor eine zu große Bürde,
        es zieht aus Leibeskräften – und dann stürzt es.
            Und eine solche »Irreführung« im Hinbl. darauf, was
        Sünde ist, kommt zuweilen wohl vor, vielleicht gera-
  25   de hervorgerufen durch einen, der es gut meint. Wie
        wenn ein Mann, der sehr ausschweifend gewesen war,
        eben um seinen Sohn vor demselben recht abzuschre-
        cken, den Geschlechtstrieb selbst als Sünde auffas-
        sen würde – und vergäße, dass es da einen Unter-
  30   schied zw. ihm und dem Kind gibt, – dass das Kind
        unschuldig ist, und deshalb notwendigerweise miss-
        verstehen muss. Der Unglückliche, der bereits als
        Kind derart eingespannt wird, um durch das Leben zu
        ziehen und sich zu schinden.

#

.... Und wenn Du jeden Sonntag zur Kirche gingest, **378**
und oft erbauliche Schriften läsest, und zuhörtest und
läsest, aber alles, worüber gesprochen wird, ginge
Dich wohl an, aber dennoch würde jene Art von Lei-   5
den, die Deine tägliche ist, niemals erwähnt. Wenn es,
jedes Mal da Amen gesagt ward, deine einsame Erbauung war zu sagen: Gäbe Gott, dass das, was hier gesagt wurde, meine Aufgabe wäre. Wenn Pferde erbauliche Versammlungen abhalten könnten und dabei   10
davon gesprochen würde, Hunger zu leiden und grausam von einem Kutscher geschlagen zu werden, im
Stall getreten zu werden, gepiesackt zu werden, im

[a]ein Pferd, das jedes Mal freu-   1
dig dahergelaufen kam, wenn
sie sich am Abend auf der Wei-
de zur Herde versammelten,
darauf hoffend, durch genaues   5
Zuhören etwas herauszube-
kommen – bis es bekümmert
wieder umkehrte und seinen
einsamen Zufluchtsort aufsuchte.   10

Winter unter den freien Himmel hinaus gejagt zu werden – es aber ein Pferd unter den Zuhörern gäbe,   15
das jedes Mal betrübt nach Hause ginge, denn Alles,   267
worüber gesprochen wurde und was die anderen Pferde einander zu verstehen gaben, wenn sie unter dem
Kummet die Köpfe zusammenstecken, od. sich auf
dem Feld gegenseitig ins Vertrauen ziehen[b], das ver-   20
stand es wohl, aber über seine Leiden wurde niemals
gesprochen.[c]

[b]oder sich durch Gewieher zur
gemeinsamen Betrachtung
zusammenrufen,

#

[c]od. wenn sie am taufeuchten
Sommermorgen mit den Köp-   15
fen schlagen, während die Wiese so einladend aussieht,

Es wäre wohl nicht undenkbar, dass ein Msch. sein   **379**
ganzes Leben in ständiger Sorge zubrächte, nicht den   25
Glauben zu haben, von dem doch zu sagen wäre und
zu dem gesagt werden würde: mein Lieber, Du hattest
den Glauben, und Deine Sorge war lediglich der
Schmerz der Innerlichkeit.

30

#

Wenn man Luther liest, erhält man ja freilich den Ein-   **380**
druck eines selbstgewissen, eines sicheren Geistes, der

mit einer Entschiedenheit spricht, die »gewaltig« ist (er
predigte gewaltig – εξουσια Mth. Ev. 7.). Und doch
scheint mir diese Sicherheit etwas Tumultuarisches an
sich zu haben, das gerade Unsicherheit ist. Es ist hinreichend bekannt, dass der eine Seelenzustand sich
häufig in seinem Gegensatz zu verbergen sucht. Man
ermannt sich selbst an dem starken Wort, und das Wort
wird beinahe noch stärker, bloß weil man selbst
schwankt. Dies ist kein Betrug, es ist ein frommer Versuch. Der Unsicherheit der Angst will man nicht einmal Worte verleihen, man will (od. wagt) es nicht einmal, sie zu benennen, und man zwingt den Gegensatz gerade im Vertrauen darauf hervor, dass dies etwas helfen wird. Auf diese Weise verwendet Luther
vorherrschend, was mit so viel Maß im N. T. gebraucht wird, die Sünde wider den Heiligen Geist. Um
sich selbst und den Gläubigen zu forcieren, gebraucht
er für alles sogleich und drakonisch dieses Wort. In
diesem Fall bleibt schließlich kein einziger Msch. übrig, der nicht ein Mal, ja viele Male gegen den Heiligen Geist gesündigt hat. Und wenn nun im N. T.
steht, dass diese Sünde nicht vergeben werden kann,
was dann? – Ich weiß sehr wohl, dass sich die meisten bekreuzigen würden, wenn ich die Sicherheit Luthers z.B. mit der des Sokrates vergleichen würde. Aber
rührt das denn nicht daher, dass die meisten Mschen
mehr Sinn und Neigung für das Tumultuarische haben. Luther wurde bekanntlich von einem Blitz, der
seinen Freund an seiner Seite tötete, sehr erschüttert,
aber derart sind seine Äußerungen ständig, als ob in
einem fort der Blitz hinter ihm einschlüge.

#

381   Ein Beweis für die Wahrheit
                        des Christts.

Dieser Beweis liegt darin, dass es sich oftmals zugetragen hat, dass dessen eifrigster Feind sein eifrigster Verteidiger geworden ist. Das Entgegengesetzte

passiert häufig Philosophien und dergleichen, dass der wärms-
te Anhänger zu einem Feind wird und abfällt. Das Doppel-
Verhältnis am Chrstt. erweist gerade dessen absolute Wahrheit,
dass es ebenso sehr aufbringt wie es anzieht. Sonst ist das erste Verhältnis des Anhängers direkt bestimmt, nicht als Feind,   5
sondern als Freund, er wird eingenommen (beim Xstt. wird er
abgestoßen) und dann wird er es leid. Mit dem Chrstt. umgekehrt, so bedeutungsvoll ist es, dass es zuerst abstößt und dann
anzieht, und das Abstoßen des Gegensatzes ist der Kraftmesser
der Innerlichkeit.   10

#

Replik.   **382**

Wie es bei einer großen Heringslieferung eine äußere Lage
gibt, die verdrückt und mitgenommen ist, wie bei der Verpackung von Früchten jene Exemplare, die außen liegen, bestoßen   15
und beschädigt werden: so gibt es auch in jeder Generation einige Mschen, die zuäußerst liegen und durch die Verpackung leiden, die nur jene schützt, die in der Mitte liegen

#

20
                                                                   269
Der barmherzige Samariter könnte erhellt werden durch ei-   **383**
nen Vergleich mit jenen beiden englischen Lords, die, als sie einen Unglücklichen auf einem durchgehenden Pferd in gestrecktem Galopp auf einer Landstraße daherkommen sahen, jeden Augenblick dabei herunterzustürzen und um Hilfe ru-   25
fend, das ganz ruhig betrachteten und im gleichen Augenblick
sagte der eine: 100 Pfund, dass er herunterfällt, und der andere antwortete: topp, die Wette gilt; worauf sie ihren Rennpfer-
den die Sporen gaben, vorauseilten, um die Gatter unterwegs zu
öffnen und an den Mautstationen zu bezahlen, auf dass nichts   30
den unglücklichen Reiter stoppen möge. Der Levit und der
Priester gingen doch bloß vorüber, aber eine Wette abzuschlie-
ßen anstatt zu helfen!

#

384

Bewegung; Wiederholung; Entscheidung
eine Trilogie.

#

385   Die ethische Besinnung im Leben ist das Entscheidende. Sie ist
die Autorisation und das Maß der menschlichen Existenz. Dann
mag die Differenz im Übrigen sein wie sie will: ob ein Grossist Millionen von Ellen ausmisst und eine arme Witwe bloß ein
paar hundert im Jahr, dieser Unterschied ist gleichgültig, bei-
10   de aber messen sie mit der *autorisierten* Elle.

#

386   Die echte Perle bildet sich bekanntlich in der Muschel, indem sie den Tau einsaugt. Aber nach Ammianus Marcelinus
macht es einen Unterschied, ob es der Morgen- oder Abendtau
15   ist, den sie einsaugt. – So auch mit den Mschen: edle Individualitäten der *Hoffnung* od. der Erinnerung.

#

270

387   Sonderbar genug, bringt doch der abstrakte Ausdruck im rhe-
torischen Vortrag zuweilen mehr Wirkung hervor als die kon-
20   krete Schilderung. z.B. wenn ein Pfarrer sagen würde: »ich
kenne nicht Dein Leben, m. Z., ich weiß nicht, was Dir besonders am Herzen liegt, was Dein verborgener Kummer ist«, so
würde er vielleicht demjenigen Tränen entlocken, der unbewegt
dasitzen würde, wenn er wirklich seinen bestimmten Kummer
25   schilderte. So wie die Lyrik des Mittelalters häufig im Universa-
lismus liegt, dass der Leidende z.B. statt von sich selbst von einem Msch. im Allgem. spricht (dieses lyrische Objektivieren), so
hat auch die Abstraktion etwas Bestechendes, gleich einer Bri-
se des Allgemeinen, die über das Haupt des Zuhörers hin-
30   weht und ihn gerade deshalb berührt, weil nicht bestimmt von
ihm gesprochen wird.

Sonderbar genug: eine kleine Bedeutungslosigkeit fristet na-   **388**
türlich ein höchst missachtetes Leben und ist von allen Klugen
übersehen; dafür revanchiert sich die kleine Bedeutungslosigkeit zuweilen, denn wenn jemand verrückt wird, dann beinahe immer über eine kleine Bedeutungslosigkeit.   5

#

Aufgabe für ein Drama: **389**

Ein Schauspieler in seiner persönlichen Existenz ist heutzutage
vielleicht die einzige brauchbare Figur, die noch nicht benutzt ist.
Der Existenz-Widerspruch, und die Schwierigkeit sind von dra-   10
matischer Wirkung. Ein solches Stück wie z.B. Kean zeichnet
sich diesbezüglich aus und der al[te] Souffleur ist am Ende vielleicht die beste Figur darin.

#

Wenn Erasmus beweist, dass Nille ein Stein ist, dann sieht man   **390**
komisch, wie ohnmächtig der Syllogismus ist; wenn Mme. Nielsen (im Mädchen von Lyon) mit der ganzen treuen Zuverlässigkeit einer einfältigen Mutter von ihrem Sohn, der eine außer-
ordentl. Dame zur Ehe bekommen hat, sagt, dass das doch
nicht so verwunderlich sei: denn wenn mein Sohn auch kein   20
Prinz ist, so müsste er eigentlich einer sein, und das ist doch bei-   271
nahe gleich gut – dann zeigt sie, welche Macht Pathos hat. Eben
dieselben Worte würden, mit anderer Stimme vorgetragen, eine komische Wirkung erzielen, weil das Gesagte, was den Verstand betrifft, Galimathias ist, aber im frommen Betrug der de-   25
mütigen Mutterliebe ungeheuer pathetisch.

#

Glücklicherweise bin ich nicht einer von den Auserwählten   **391**
des Glückes od. von den überaus Bewunderten, denn so willig
ich bin, mich mit jenen zu freuen und ihnen meinen Tribut zu   30
zollen, so wenig wünschte ich, selbst ein solcher zu sein, da ei-

ne solche Existenz zwiespältig im Verhältnis zum Allgemeinen,
trostlos im Verhältnis zu den Unglücklichen ist. –

Es gibt einen Vogel, der Regenvogel genannt wird, und so bin
ich, wenn in der Generation sich ein Unwetter zusammenzuzie-
5 hen beginnt, dann erscheinen die Art von Individualitäten, wie
ich es bin.

#

392   von allen Ausschweifungen ist doch diese Geistreichheit der   [a]pantheistische   1
Verwesung die ekelhafteste. Lass einen Msch. persönlich in der
10 Jugend sündigen, lass ihn Mädchen verführen, lass ihn den
Wein begehren – da gibt es doch Hoffnung, dass dies einmal als
Sünde auf sein Gewissen fallen kann. Aber diese Vornehm-
heit, der elendige Glanz der Verlorenheit, dass das Individuum
in der Generation evaporiert, sich selbst mit Rom und Griechen-
15 land und Asien verwechselt, dieser Schimmel der Aufgebla-
senheit, so dass das Individuum nicht zu jenen gehört, die durch
Wollust leiblich verstanden diliciis diffluentes sind, sondern geistig verstanden in der Albernheit der Gedankenlosigkeit diffluentes sind.

20   #

393   Wenn die Untertanen in einem Land, in dem ein König auf
dem Thron ist, sich zusammensetzten um zu untersuchen, ob es
nun nicht das Richtigste sei, einen König zu haben, so würde
272 der wohl wütend werden. Und gerade so macht man es mit Gott
25 – man vergisst, dass es Gott gibt, und erwägt, ob es am richtigsten, akzeptabelsten sei, einen Gott zu haben.

#

394   Wie es Pflanzen gibt, die nicht bloß ihre nützliche Frucht tragen, sondern zugleich den Erdboden, in dem sie wachsen, rei-
30 nigen und veredeln, dessen Kraft also keineswegs auszehren,
sondern ihn im Gegenteil veredeln – so verhält es sich mit jeder
guten Bestrebung, sie trägt nicht nur ihre Frucht, sondern sie
reinigt zugleich den Erdboden des Gemüts.

#

Die Dialektik der Bewunderung.   **395**

Der ästhetisch-sinnliche Msch. bewundert das Fremde, das was in keinem Verhältnis zu ihm selbst steht;
der Ethische bewundert, was die wesentliche Gleich-   5
heit mit ihm enthält, das Große, das zum Vorbild des-
sen werden kann, was er selbst sein soll; der Religiöse bewundert Gott, der zwar das absolut Verschiedene
ist, aber doch das, mit dem er Gleichheit durch die absolute Ungleichheit haben soll. (Anbetung).   10

#

es ist humoristisch richtig, dass Hamlet bei einer   **396**
Feuerzange schwört; das Umgekehrte ebenso, z.B.
wenn einer sagen würde: ich getraue mich meinen
Kopf darauf zu setzen, dass da reichlich für 4 Gro-   15
schen Gold auf Heibergs Urania ist. . |
    Der Widerspruch liegt im Pathetischen: seinen
    Kopf darauf setzen; und dann 4 Groschen, und
    wird verschärft durch das Prädikat: reichlich.

20

Sonderbar genug; heute Abend bin ich zum Vester-   **397**
port hinausgegangen, es war dunkel; in einer der kleinen Alleen ging ich an ein paar Jungen vorbei. Ich habe sie kaum bemerkt, war bereits an ihnen vorbei, da
hörte ich, dass der eine erzählend zum anderen sagte: 273
daraufhin kamen sie also zu einer alten Wahrsage-
rin.« In diesem Sommer geschah mir das Gleiche in der
Abenddämmerung draußen beim Peblingesee, es waren zwei junge Mädchen, und die eine sagte: darauf-
hin sah er weit weg ein al[tes] Schloss.« Ich glaube, dass   30
der größte Dichter kaum eine solche Wirkung hervorbringen könnte, wie diese ergreifenden Anklänge ans
Märchen: an das al[te] Schloss weit weg, an dieses Daraufhin, od. sie gingen so lange *bis*, u.s.w. .

#

398   Gehe denn längs des Strandes und lass die Bewegung des Meeres die Unbestimmtheit der Gedanken
begleiten – aber stehe nicht still, entdecke nicht die Ein-
5   förmigkeit, wenn Du sie bloß ½ Sekunde gehört hast:
so ist es bereits schwer, sich von ihrem Zauber loszureißen. Sitze im Boot, lass des Wassers Wellenschlag sich
verwirrend in des Denkens Festhalten an einem einzigen Gedanken mischen, so dass der Wellenschlag
10   bald gehört wird, bald nicht gehört wird – aber lass das
Auge sich nicht in die Bewegung des Wassers verlieben, wenn Du Dich bloß ½ Sekunde dessen Einför-
migkeit hingibst, dann ist die Natur-Überredung beinahe wie ein Gelübde auf ewig.

15   #

399   … Aber da ist keiner, der Gott *fürchtet*; man hört ihn
nicht im Donner, dazu hat man zu geistige Vorstellungen; man sieht ihn nicht in Schicksalen – und an Innerlichkeit hat man nichts. Wie denn alles dressiert ist
20   in der Konvenienz der Endlichkeit, so ist Gott selbst
abgerichtet worden; die Pfarrer haben ihn an einer
Leine, mithilfe gewisser Bedingungen. ganz je nachdem wie sie an der Leine ziehen.

#

400   Grimur Thomsen muss doch ein sehr gelehrter Mann
sein; das ersieht man aus den vielen Schriften, die er in
seiner Dissertation zitiert und doch sieht man der Dissertation an, dass er noch mehr Schriften gelesen haben muss, z.B. Furcht und Zittern, Angst, Entweder –
30   Oder, die er nicht zitiert. –

[a]er scheint die Literatur in 1
zwei ungleich große Teile zu
teilen: die Schriften, die er benutzt, und diejenigen, die er benutzt um sie zu zitieren: da 5
kann man ja nicht leugnen, dass
er die Literatur benutzt hat.
– Man kann ihm nicht vorwer-
fen, sein Licht unter den
Scheffel zu stellen; aber ande- 10
rerseits kann es ja auch irre-

#

1 führend sein, ein Licht auf einem Berg anzubringen, wenn
es sich höchstens dazu eignet,
an den niedrigeren Orten zu
5 leuchten.

274

Situation.

401

Ein al[ter] Falke, einer von jenen, deren Vorfahren
zur Jagd gebraucht wurden, sitzt in einem einsamen
Baum und erzählt für sich selbst, wie es in jenen stol-
zen Tagen zuging (mit einem Moment von Schwärme- 5
rei auszuführen) in einem Sumpf darunter, vom
Schilf verborgen, sitzen 2 Frösche in tiefstem Staunen
über das, was der Falke erzählt; sie hatten eben damit
anfangen wollen, sich gegenseitig ihren Lebenslauf zu
erzählen, als sie auf ihn aufmerksam werden, und ge- 10
nieren sich nun anzufangen.

Es wäre lustig, plötzlich diese Frage in irgendeinem **402**
Blatt einrücken zu lassen: warum doch ein jeder
Msch. zumindest in gewissen Stunden eine so unbeschreibliche Sehnsucht hat, ein Vogel zu sein? Ohne ein 15
weiteres Wort. Novellistisch ließe sich etwas Derartiges verwenden, wenn es ein abgesprochenes Zeichen zw. Zweien wäre, od. eine Wette, so dass die Novelle damit anfinge: eines Tages las man in der Allgemeinen Zeitung unter der Überschrift Eine Frage fol- 20
gende Zeile – die in der Stadt M. allgemeine Verwunderung erregte.

Wenn ein Mann, der einen sonst grüßt, mit einem **403**
sehr vornehmen Mann geht, dann grüßt er nicht. Ist
dies nun Stolz? Weit davon, es ist, weil er selbst daran 25
verzweifelt, kombinieren zu können; Goethe hätte es
nicht getan.

#

Schwieriger als eine ganze Ästhetik zu schreiben ist **404**
es, einen einzigen Schauspieler zu beschreiben, 30
schwieriger als einen einzigen Schauspieler zu beschreiben ist es, eine einzige Vorstellung von ihm zu

beschreiben. Je weniger das Stoffmäßige ist (all das
über das chinesische Drama und das des Mittelalters,
und das altnordische, das spanische u.s.w. u.s.w), desto schwieriger die Aufgabe, da die Aufgabe das Dar-
5   stellungsvermögen einer direkten Prüfung unter-
275 zieht. Je mehr man sich des Übersichts-Mediums zu bedienen wagt, desto leichter, denn da die Massen so
groß sind, so scheint es, dass man doch irgendetwas
durch diese gänzlich abstrakten Betrachtungen sagt,
10   die jeder auswendig kann. Je konkreter jedoch die Aufgabe desto schwieriger. Weiß Gott, wie lange Philosophen sich noch mit der Illusion aufplustern werden,
die sie sich selbst und anderen weisgemacht haben,
dass Übersichten das Schwierigste sind.

15   =

405 Peter Rørdam ist ein sehr vielversprechender und
kindlicher Msch. (er sagt: ich bin zornig; und dann ist
er schon nicht mehr zornig; und dann wieder zornig, er macht sein Bedürfnis vernehmlich, und ist in in-
20   tellektueller Hins. in der Phase, in der man als Kind alles in die Hosen gehen lässt), schade nur, dass 70 Jahre das Maximum des Lebens sind; falls es Brauch und
Sitte wäre, dass man im Durchschnitt 250 Jahre alt
würde, dann wäre R. normal, so wie er nun in seinem
25   40. Jahr ist.

                          #

406 Die Bürde bleibt immer dieselbe; aber jedes Mal,
wenn er ermüdet ruft: wie spät ist es, ist die Antwort:
eine Ewigkeit.

30   (in einer italienischen Volkssage wird erzählt, dass
ein Unglücklicher in der Hölle erwachte und rief: wie
spät ist es und
die Antwort bekam: eine Ewigkeit.)
irgendwo in Entweder – Oder benutzt.

#

Wenn kein Erdbeben, kein Vulkanausbruch, keine   **407**
Pest, kein Krieg u.s.w. die Menschen die Ungewissheit
von Allem lehrt, so sollte für den Alltagsgebrauch der
religiöse Vortrag dahingehend wirken. Ja, packe es dort   5
an.

#

276

Für einen Msch, der dabei ist sich zu befreien, liegt   **408**
etwas Entsetzliches darin, einen anderen in eben dieselbe Verirrung sinken zu sehen (dies ist berührt in   10
Schuldig – Nicht-schuldig, in Frater Taci. Schreiben
über die sympathetische Reue). Wenn aber gilt, dass ich
nicht berechtigt bin, mich mit anderen zu vergleichen, um mich zu loben und zu überheben, sondern
dass ich mich bloß zum Ideal zu verhalten habe; dann   15
gilt auch, dass ich nicht berechtigt bin, mich mit anderen zu vergleichen, um über mich selbst zu verzweifeln, sondern auch hier soll ich mich an mich selbst
und an die Wahrheit halten, und mich nie darauf einlassen, weder stolz noch sympathetisch die Wahrheit   20
durch das Schicksal eines Dritten verstehen zu wollen, das ich ja nie kennen kann, sondern die ewige
Wahrheit erfassen.

=

25

Ein seltsam erbärmlicher Anblick ist es, eine arme   **409**
Schindmähre zu sehen, wenn sie vor einen Wagen ge-
spannt ist, mit einem Futtersack vor sich und doch
nicht fressen kann. Oder wenn solch ein armes Pferd
den Futtersack verdreht gekriegt hat und nicht fres-   30
sen kann, und keiner daran denkt, ihm zu helfen.

#

410   Es wäre eine humoristisch richtige Replik von einem Ehemann an seine Gattin, wenn sie schwanger ist:
hör mal, Mütterchen, könntest Du nicht ein wenig zusehen und Dich ein wenig sputen mit diesem Stück
5   Arbeit. Ein Humorist ist leicht ein wenig ungeduldig,
aber der Gang der Natur ist eine Satire über mschl. Eile und mschl. Langsamkeit.

#

411   *Abschließende einfältige Nachschrift.*

10   Der Sinn des letzten Passus im Vorwort (od. ob er im
Nachwort zu stehen kommt): »Denn wenn ich es
schon selbst sagen muss: ich bin nichts weniger als ein
277   Teufelskerl« u.s.w. ist, dass es in der Kunst zu existieren überhaupt keinen Lehrmeister, geradewegs ver-
15   standen, geben kann. Dies wurde oft genug gesagt im
Buch, und doch ist es hier so gesagt, dass viele es geradewegs verstehen werden und mir doch gewiss keiner Einwendungen machen wird. Die Haken sitzen
in den Worten: »die zweideutige Kunst«[a] und weiter
20   unten: sei dies nun ein erfreuliches od. betrübliches
Zeichen,« ein erfreuliches nämlich, dass es keinen
gibt, weil der, der es geradewegs sein will, ein Tor ist,
und schließlich: »ferne sei mir der leere und eitle Gedanke, ein solcher Lehrmeister zu sein.« (eitel ist hier
25   im biblischen Sinn. . – Im Verhältnis dazu, zu existieren, gibt es nur Lernende, denn derjenige, der sich einbildet, dass er derart fertig sei, dass er andere beleh-
ren kann und darüber selbst zu existieren und zu lernen vergisst: der ist ein Tor. Im Verhältnis dazu, zu
30   existieren, gibt es für alle Existierenden einen einzigen
Lehrmeister: die Existenz selber.

[a]danach: dann soll bei Gott
schon noch was dabei herauskommen. Der Sinn ist, entweder kann jemand etwas lernen, indem er Zeuge ist, denn
Zeuge zu sein ist keine direkte
Mitteilung, od. dass klar wird,
dass es keinen Lehrmeister
gibt.

412   In der Schrift »Abschließende Nachschrift« habe ich
irgendwo einige Worte von Luther (über die babylonische Gefangenschaft) zitiert. Dort steht »in diesen
35   Sacramenten,« und zweifellos hat Luther damit die 5

katholischen gemeint. Nun stürzt jemand vor und erhebt Einspruch u.s.w., Ja, nur zu. Gerade das wollte ich
ja. Im Buch wollte ich keine gelehrte Untersuchung
eröffnen, auch nicht meine besten Waffen gebrauchen.
Jetzt lässt sich ein Geehrter durch einen kleinen Vor-   5
teil provozieren: und dann habe ich Gelegenheit, das
weit Wichtigere in derselben Schrift zu zitieren, das
ich in meinem Exemplar (Gerlachs Ausgabe) angemerkt habe.

                              #   10

Heute habe ich einen Droschkenkutscher über einen   **413**
betrunkenen Kutscher, der in ziemlich schnellem Trab
vorbeifuhr, sagen hören: »er hat etwas von der Richtung abbekommen, die einen in die Gosse begleitet.«

                              #   15
                                                                278
                Abschließende Nachschrift.   **414**

Das ganze Manuskript ist, in Bausch und Bogen, gegen Medio Dez. 1845 in die Buchdruckerei abgeliefert gewesen. »Eine erste und letzte Erklärung war auf
einem Stück Papier im ursprünglichen Manuskript   20
entworfen, aber zur Seite gelegt, um ausgearbeitet zu
werden, und wurde erst so spät als möglich abgeliefert, damit es nicht in einer Buchdruckerei herumlä-
ge.[a] Eine Anmerkung zu einer Stelle über die pseudonymen Schriften hatte ich nicht mit abdrucken las-   25
sen wollen, bloß weil sie während des Drucks geschrieben worden war. Die Lüge und der Stadtklatsch
und die Pöbelhaftigkeit, von der man umgeben ist,
macht einem die Stellung zuweilen schwierig genug,
macht mich vielleicht allzu überspannt ängstlich, die   30
Wahrheit bis zur kleinsten Faser auf meiner Seite zu
haben, aber was hilft das alles?

                              #

1   [a]Ich bin einen Augenblick im
    Zweifel gewesen, ob ich nicht
    im Hinbl. auf die Umstände
    (der dumme Corsaren-Schlamas-
5   sel und der Stadtklatsch) das
    Eingeständnis meiner Verfas-
    serschaft auslassen sollte, ob
    ich nicht im Gedruckten durch
    die Angabe der Daten zu erken-
10 nen geben sollte, das das Ganze
    älter war, als dieser ganze dum-
    me Schlamassel. Aber, Nein!
    Ich schulde es der Wahrheit, ge-

415   Meine Absicht ist es, mich jetzt dazu auszubilden,
Pfarrer zu werden. Ich habe mehrere Monate Gott gebeten, weiterzuhelfen, denn für mich steht es nun
schon länger fest, dass ich nicht mehr Schriftsteller sein
dürfe, was ich nämlich nur ganz od. gar nicht sein
will. Aus diesem Grund habe ich auch nicht gleichzeitig mit der Korrektur etwas Neues angefangen, sondern nur die kleine Anzeige der zwei Zeitalter, die
abermals abschließend ist.

                     d. 7. Febr. 1846.

#

416   Das Entsetzliche mit jenem Mann, der einmal als
kleiner Junge, als er Schafe hütete auf der jütischen
Heide, viel Schlimmes erlitt, hungerte und verkom-
men war, auf einer Anhöhe sich erhob und Gott fluch-
te – und dieser Mann war nicht imstande, dies zu vergessen, als er 82 Jahre alt war.

#

417   De occultis non judicat ecclesia   cfr. p. 268.
                cfr. p. 194, 185 und 171 in diesem Buch.
Wage ich es, die Schuld zu verschweigen? Andererseits, wage ich es, sie selbst anzuzeigen. Falls Gott
will, dass sie offenbar wird: dann kann er es ja wohl
tun, und diese Selbstanzeige kann ja auch Vorsehung-
Spielen bedeuten.

     Heute ging eine Erinnerung anklagend an mir vorü-
ber. Gesetzt, die Anklage würde jetzt hervorbrechen.
Ich könnte weit fort reisen, fort von hier, in einem fremden Land leben, ein neues Leben, fern der Erinnerung, fern jeder Möglichkeit, dass es offenbar würde.
Ich könnte verborgen leben – Nein, ich habe am Ort zu
bleiben, alles unverändert zu tun, ohne eine einzige
Klugheits-Maßregel alles Gott überlassend. Entsetzlich, was einen Msch. so entwickeln kann, am Ort zu
bleiben, gebildet allein durch Möglichkeit.

rade keine Rücksicht auf Derartiges zu nehmen, und alles so
zu machen, wie es bestimmt
gewesen ist, es Gott anheim
stellend, was dabei herauskommen soll, alles aus seiner Hand
als eine gute und eine vollkommene Gabe empfangend, und
es verschmähend, klug zu handeln, und darauf vertrauend,
dass er mir einen sicheren und
gewissen Geist gibt.

[a]Hier könnte auch das deutsche Sprichwort verwendet
werden: Gott richt't, wenn niemand spricht (d.h. wenn alle
schweigen, wenn keiner daran
denkt anzuklagen, keiner sich
träumen lässt, dass da Klage
ist, od. wenn der Ankläger ein
Toter ist.) cfr. Deutsche Märchen und Sagen v. I. W. Wolf.
Leipzig 1845 p. 213.

#

Goethe ist es, glaube ich, der irgendwo sagt: **418**
Ach, da ich irrte, hatt' ich viel Gespielen,
Seit ich die Wahrheit kenne, bin ich fast allein.

===   5

Bisher habe ich mich dienend verhalten, indem ich den Pseudonymen   **419**
dazu verhalf, Schriftsteller zu werden, was, wenn ich mich nun künftig
dazu entschließen würde, das bisschen Produktivität, der gegenüber ich
indulgent sein könnte, in Form von Kritik zu äußern, so dass ich, was ich
zu sagen hätte, in Kritiken niederlegte, die aus irgendeiner Schrift mei-   10
ne Gedanken herauswickelten, so dass sie doch auch in der Schrift liegen
könnten. Damit würde ich doch vermeiden, Schriftsteller zu werden.

im Febr. 1846.

Eigentlich ist das Gewissen das, was eine Persönlichkeit kon-   **420**
stituiert, Persönlichkeit ist eine individuelle Bestimmtheit, da-   15
durch konstatiert, dass sie von Gott in der Möglichkeit des Gewissens gewusst wird. Denn das Gewissen kann schlummern,
aber dessen Möglichkeit ist das Konstitutive. Sonst wäre die
Bestimmtheit ein transitorisches Moment. Nicht einmal das Be-   280
wusstsein von der Bestimmtheit, das Selbstbewusstsein, ist das   20
Konstitutive, insofern es nur jenes Verhältnis ist, in dem sich die
Bestimmtheit zu sich selbst verhält, während Gottes Mitwissen
die Fixierung, die Befestigung ist.

#

Prof. Nielsen sagte zu Sager, als dieser anlässlich der Besichti-   **421**
gung von Zimmern bei ihm draußen in Frederiksberg äußerte,
dass es so schön für den Prof. sei, in seinem Otium da draußen leben und studieren zu können: »nein, (gemach, gemach,) Sager,
jetzt muss ich nicht mehr lesen, jetzt muss ich sterben.« Im Gegensatz zu Direktor Sagers gewiss galanter Vorstellung vom   30
Studieren macht das »Lesen« des al[ten] Fuchses einen herrlichen
Eindruck; die ganze Geschichte ist eine vortreffliche Bezeichnung

von Prof. Nielsens edler Einfachheit – und dann das Resignierte:
jetzt muss ich bloß sterben.

#

422   Der Begriff der *literarischen Verächtlichkeit* lässt sich durch fol-
5   gende Prädikate bestimmen: sie ist ohne Idee-Berechtigung,
       obschon sie etwas Talent hat, ohne Lebens-Anschauung, feige,
       knechtisch gesinnt, frech, geldgierig; und es gehört deshalb we-
       sentlich zu ihr, anonym zu sein. Würde man, um den Unter-
       schied recht zu sehen, zum Vergleich an die Auflösung Griechen-
10   lands und die Komödie des Aristophanes denken, dann steht
       Aristophanes bevollmächtigt durch Idee, ausgezeichnet durch
       Genie, erhaben durch persönlichen Mut da. Es gehörte in Wahr-
       heit Mut dazu, den Demagogen Kleon darzustellen, und dazu,
       da kein Schauspieler es wagte, selbst seine Rolle im Stück zu
15   übernehmen. Aber ebenso wenig, wie das Altertum überhaupt
       an die Abstraktion der modernen Auflösung heranreichen konn-
       te, ebenso wenig hat es, selbst in der Periode der Verderbtheit,
       eine eigtl. Analogie zu jener Art feiger Elendigkeit, wie sie die
       Anonymität begünstigt. Wohl sagt Sokrates in der Apologie,
20   dass seine eigtl. Ankläger, diejenigen, die ihn bereits durch vie-
       le Jahre hindurch anklagten, wie Schatten seien, die keiner grei-
281   fen kann; ist aber der Stadtklatsch und das Reden zw. Mann
       und Mann wie Schatten, so wird es doch in gewisser Weise von
       wirklichen Mschen gebildet, durch die Anonymität aber kann
25   ein Einziger eine Legion von Schatten hervorzaubern.

#

423   Heutzutage kann jedermann einen so einigermaßen gelunge-
       nen Aufsatz über alles Beliebige schreiben; aber keiner will od.
       kann die anstrengende Arbeit aushalten, einen einzigen Gedan-
30   ken ganz und gar bis in all seine feinsten Konsequenzen auszu-
       denken. Hingegen schätzt man es gerade in unserer Zeit, Baga-
       tellen zu schreiben, und derjenige, der ein großes Buch schreibt,
       macht sich damit beinahe lächerlich. In al[ten] Tagen las man
       große Bücher, und sofern man Flugschriften und Blätter las,
35   wollte man das nicht recht eingestehen: jetzt fühlt sich jeder da-
       zu verpflichtet, gelesen zu haben, was in einem Blatt oder einer

Flugschrift steht, er schämt sich aber dafür, ein großes Buch aus-
gelesen zu haben, er befürchtet, dass dies für Beschränktheit angesehen wird.

#

Bernhard von Clairvaux: impleri visitationibus Dei anima non potest,   **424**
quae distractionibus subjacet.

#

Es endet doch schließlich damit, dass, so wie Metaphysik die   **425**
Theologie verdrängt hat, so verdrängt Physik die Sittenlehre.
Die ganze moderne statistische Betrachtung des Sittlichen trägt   10
dazu bei.

#

Jedes Mal, wenn ich ein neues Blatt »zur Belustigung« erschei-   **426**
nen sehe: dann denke ich immer mit Wehmut: Herrgott noch
mal, ist da schon wieder einer, der drauf und dran war, ins Was-   15
ser zu gehen, aber zuvor doch noch das Äußerste wagen wollte
und sich als Blattschreiber im Witzigen, Satirischen versucht.

#

                                                      282
Die neue Entwicklung in unserer Zeit kann keine politische   **427**
werden, denn das Politische ist dialektisch im Verhältnis zw. Ge-   20
neration und Individuum in *repräsentierenden* Individu[en]; aber
in unserer Zeit ist bereits jedes Individuum dabei, allzu reflektiert zu sein, um sich damit begnügen zu können, bloß *repräsen-*
tiert zu sein.

25

Das Honorar, selbst für die bekannten Schriftsteller, ist in der   **428**
dänischen Literatur heutzutage sehr gering, wohingegen das
Trinkgeld, das für die literarischen Kulis abfällt, sehr beachtlich
ist. Je verächtlicher ein Literat heutzutage ist, desto mehr verdient er.   30

#

429   Man glaubt, es sei komisch, wenn einer eine falsche Vorstellung hat, und man lacht darüber, wenn sie geäußert wird. Selbst
Holberg verwendet solche Komik, obwohl sie eigtl. unecht und
5   bloß zufällig ist. z.B. wenn die Leute auf dem Berg annehmen,
dass die Erde flach ist. Nun, Herrgott noch mal, das ist ja nicht
so etwas Schreckliches, das Komische liegt eher auf der anderen
Seite, dass jemand so selbstzufrieden darüber ist, zu wissen,
dass sie rund ist. Wenn es komisch ist, eine unwahre Vorstel-
10   lung von irgendeiner Sache zu haben: dann sind wir alle mehr
od. minder komisch, und dann erwartet uns wohl die ein od. andere Entdeckung, um uns lächerlich zu machen. Aber dieses
Komische ist, wie gesagt, etwas Untergeordnetes, und dennoch
ist der Sinn und das Verständnis für das Komische so wenig
15   entwickelt, dass dies beinahe immer verwendet wird und gar so
selten das rein Komische.

Das rein Komische ist, dass jemand das Richtige weiß und dennoch anzeigt, dass er es nicht weiß. Hier ist der wesentliche Widerspruch. Jemand weiß, dass da ein Gott ist – und er sagt: hol' mich
20   der Teufel, das weiß ich. Er weiß, dass alles ungewiss ist, und
doch »hat die Erfahrung ihn gelehrt« sich an das »Gewisse« zu
halten, an *jenes* Gewisse nämlich, das gerade ungewiss ist.

#

283
430   *Die Dialektik der Gemeinschaft bzw. der Gesellschaft ist folgende:*

25   1) diejenigen Einzelheiten, die sich im Verhältnis zueinander verhalten, sind jede für sich niedriger als das Verhältnis.
So ist im körperlichen Organismus das
einzelne Glied niedriger; im Sonnensystem der einzelne
Himmelskörper.

30   2) diejenigen Einzelheiten, die sich im Verhältnis zueinander verhalten, sind jede für sich gleich für das Verhältnis.
So im irdischen Lieben, jede als solche ist
etwas für sich, aber der Drang zum Verhältnis ist
derselbe für beide.

3) die Einzelheiten, die sich im Verhältnis zueinander verhalten, sind jede für sich höher als das Verhältnis.

So in der religiösen, höchsten Form. Der Einzelne verhält sich zuerst zu Gott und dann zur Gemeinschaft; aber dieses erstere Verhältnis ist das höchste, wenn er auch letzteres nicht verschmäht.

cfr. auch abschließende Nachschrift p. 327.

dass die Aufgabe nicht die ist, vom Individuum zum Geschlecht zu kommen, sondern vom Individuum durch das Geschlecht hindurch das Individuum zu erreichen.

cfr. eine Abhandlung von Dr. Bayer der Begriff der sittlichen Gemeinschaft (in Fichtes Zeitschrift. 13. Bd. 1844 p. 80.).

seine Dreiteilung ist: Beziehung, Bezug, Eeinheit. (cfr. p. 80 und 81.).

De occultis non judicat ecclesia. **431**

cfr. p. 256, 194, 185, 171.

Man könnte da die Leidens-Geschichte einer unglücklichen Liebhaberin hineinschlingen, so dass sie im Datum einander entsprächen, ohne darüber hinaus das Mindeste miteinander zu tun zu haben.

In den Besitz beider Teile wäre der Herausgeber auf sonderbare Weise gekommen. 284

\#

Wenn ein bis zur Verlorenheit Verirrter dabei ist, untergehen **432** zu wollen, dann ist Folgendes die letzte Replik und das Zeichen: in mir geht doch etwas Besseres unter. Auf diese Weise steigt eine Blase vom Ertrinkenden auf, dies ist das Zeichen – dann sinkt er. So wie Eingeschlossenheit der Untergang eines Msch. werden kann, weil er das Verborgene nicht heraussagen will, so wird das Aussprechen jenes Wortes: der Untergang. Denn das Aussprechen ist eben der Ausdruck dafür, dass er sich selbst so objektiv geworden ist, dass er von seinem eigenen Un-

tergang zu sprechen wagt, wie von etwas Entschiedenem, das einen Dritten nicht einmal psychologisch interessieren könnte.
Diese Hoffnung, dass da doch etwas Besseres in ihm war, das in
Verschwiegenheit dazu hätte verwendet werden sollen, an sei-
5   ner Erlösung zu arbeiten, diese Hoffnung wird ausgegeben und
als Ingredienz in jener Leichenrede benutzt, die er über sich
selbst hält.

#

433   *Das Rechenstück.*

10   Wenn ich ein Pfarrer wäre, und so reden könnte, dass der Einzelne, wenn er von der Kirche nach Hause ginge, sich nur danach
sehnte, mich das nächste Mal zu hören, während er mich lobte
und über mich jubilierte; – andererseits, wenn ich aufmerksam
auf den Einzelnen, seine Individualität studierend, wüsste, wie
15   er beeinflusst würde und ihn dann zurückstoßen würde, so
dass er schließlich beinahe zornig auf mich würde, und hinein-
ginge, seine Türe schlösse und zu Gott beten würde: in welchem Fall hätte ich ihm mehr genützt; im einen Fall hätte gerade mein Betrug ihm zur Wahrheit verholfen; im anderen Fall
20   wäre gerade meine Beihilfe zur Wahrheit der Betrug geworden;
im einen Fall hätte er bei Wahrheit geendet und mit dem Betrug angefangen, im anderen hätte er beim Betrug geendet und
mit der Wahrheit angefangen.
Aber dessen ungeachtet werden Menschen einen solchen be-
25   nötigen, wenn schon nicht in einem anderen Sinn, so in dem, in
285   dem die Stoiker sagten: sapientem nulla re indigere, et tamen multis il-
li rebus opus esse. – Ergo quamvis se ipso contentus sit sapiens, amicis il-
li opus est, non ut habeat, qui sibi aegro assideat, sed ut habeat ali-
quem, cui ipse assideat, pro quo mori possit.
30   Dies ist zitiert nach einer kleinen Abhandlung von Dr.
Bayer in Fichtes Zeitschrift. 13. Bd. 1844. p. 86. –

#

434   Die Berlingske Zeitung kann in literarischer und kritischer
Hinsicht (denn mit dem, was ihre hauptsächliche Aufgabe ist:
35   dem Politischen, verhält es sich anders) am besten mit Butter-

1   [a]Dieser Mangel an Selbstbe-
    hauptung ist und bleibt der Ru-
    in, alles dreht sich um Geld;
    wenn es sich nur rentieren
5   würde, ich bin mir sicher, man
    würde einen Mschen dazu
    bringen, ein Journal herauszu-
    geben, das darauf berechnet
    ist, auf dem Klo gelesen zu wer-
10 den.

brotpapier verglichen werden; man liest sie, während
man isst, ja mangels einer Serviette habe ich sogar einmal einen Mann sich damit den Mund abwischen gesehen. Es gilt aber überall, dass die Umgebung große
Bedeutung hat; was folglich, ohne so gehoben zu sein,   5
dass es nicht jedermann sehr gut verständlich wäre,
erwünscht ist, um einen Leser wenn möglich ein wenig ernst zu stimmen: das darf nicht auf diese Weise
gelesen werden. Darum würde ich es vorziehen, in
der B.Z. nichts abgedruckt zu sehen. Lieber als die Ver-   10
breitung, die dem von mir Geschriebenen zuteil werden kann, indem es in der B.Z. steht, viel lieber wünschte ich einzig und allein einen Leser.

                              #

                              #   15

Und dann tadelt man mich, weil ich etwas auf Myns-   **435**
ter halte, und auch mit Freuden eine kleine Äußerung seiner Anerkennung annehme. Ist es nicht das
Gleiche, was ich in Fædrelandet 1845 gesagt habe, als
ich mir verbat, von Berlingske Zeitung gelobt zu wer-   20
den, ist es nicht das Gleiche, was ich immer gesagt habe, in meiner ersten Schrift und bis zur letzten. –
Und nun die Vorrede zur »abschließenden Nachschrift.« 1) ist sie von Johannes Climacus – und es gilt
ja auch hier, was hinten im Buch steht, dass das Pseu-   25
donym nicht ich bin – und erlaubt sich eine Rücksichtslosigkeit, wie ich es weder kann noch will. 2) von welchen Äußerungen des Beifalls und des Tadels wird
gesprochen? Über Analogien zum Hurra und pereat des
Volkshaufens. Also weil er all diese Auflaufs-Aner-   286
kennung verschmäht und verwirft, verschmäht er deshalb auch den einzelnen, in Wahrheit Ausgezeichneten? Welche Dummheit. Wenn es denn einem solchen Blatt wie dem Corsaren nicht ganz an Selbsterkenntnis fehlte, würde es leicht sehen, warum ich nicht   35
von ihm anerkannt werden will; und wenn es denn
bloß einigermaßen Selbsterkenntnis hätte, würde es

einsehen, warum ich gar noch verhöhnt werden will
von ihm, dessen Verächtlichkeit nur vor seinen eigenen Augen verborgen ist.

#

436   Denn meinem Begriffe nach bedeutet zu siegen nicht,
dass *ich* siege, sondern dass die Idee durch mich siegt,
mag ich auch geopfert werden.

#

437   Was die Wissenschaft eben so schwierig macht, über-
10   sieht man ganz. Man nimmt an, dass jeder und so
auch der Wissenschaftler weiß, was er tun soll (ethisch)
in der Welt – und nun opfert er sich für seine Wissenschaft. Aber die ethische Besinnung selbst war es ja,
was zuerst besorgt werden sollte – und da würde viel-
15   leicht die ganze Wissenschaft stranden. Sein persönli-
ches Leben hat denn der Wissenschaftler in ganz anderen Kategorien als seinen wissenschaftlichen, aber
gerade jene ersteren wären ja die wichtigsten. Der Wissenschaftler betet z.B. – und sein ganzes Streben hat es
20   nun eilig, das Dasein Gottes zu beweisen. Aber wie
kann er denn innerlich beten, wenn sein Wesen in diesem Selbstwiderspruch gespalten ist. Und wenn er
denn innerlich betet, dann ist zu fragen, wie er denn
vom Beten zur Beschäftigung mit seiner Wissenschaft
25   übergeht, es ist zu fragen, wie er sich als Wissenschaftler selbst darin versteht, zu beten, und wie er sich
als Betender selbst darin versteht, Wissenschaftler zu
sein.

[a] Auf diese Weise beginnt eine   1
kleine Abhandlung von Spi-
noza (de emendatione intellectus
p. 495.) so natürlich und sim-
pel.   5

438   Wenn ein Msch. nach äußerstem Vermögen arbeiten
30   will, aber ständig hinzufügt, dass er nicht verlangt, etwas auszurichten, dann wird er als Egoist angesehen;
287   arbeitet er halb so viel, dabei aber ständig versi-
chernd, dass er so gerne etwas ausrichten würde u.s.w.,
dann wird er für seine Sympathie gelobt, und warum?

Weil diese Ordnung der Dinge eine Konzession an den Msch.-
Haufen enthält, dem es schmeichelt, dass er seinetwegen so geschäftig ist. Diese Verdrehtheit der Verhältnisse ist es, zu der
hin auf so viele Weisen tendiert wird. Ein Schriftsteller ordnet
sich Publikum unter, bittet um schonendes Urteil seitens Publi-   5
kum u.s.w., das schmeichelt und schließlich wird ein Schriftsteller gleich einem Tagelöhner und jeder Krämer Publikum.

#

Spinoza verwirft die teleologische Auffassung des Daseins   **439**
und sagt (am Ende des ersten Buchs der Ethik), dass sich die te-   10
leologische Betrachtung nur hält, indem man Zuflucht zum
asylum ignorantiae nimmt – man ist über die causa efficiens in Unwissenheit und dann macht man die Teleologie. – Im zweiten
Teil der Ethik verteidigt er seine Immanenz und sagt, dass sie
überall ist, nur weiß man nicht überall, was causa efficiens ist. Aber   15
da nimmt ja Spinoza seine Zuflucht zum asylum ignorantiae. Die
Verfechter der Teleologie schließen: man kennt sie nicht, ergo
gibt es sie nicht. Spinoza schließt: man ist unwissend darüber,
ergo gibt es sie.
Was will das besagen, das will besagen, die Unwissenheit ist   20
der unsichtbare Einheitspunkt für die beiden Wege. Zur Unwissenheit kann man gelangen, und es ist dort, wo, wie es in der
»abschließenden Nachschrift« heißt, der Weg abbiegt. (cfr. abschließende Nachschrift 2. Teil. Cap. II. Die Subjektivität ist die
Wahrheit.)   25

Wenn es schon schief gehen muss (denn am besten ist das late-   **440**
re, bene latuit,) so ist es doch immer besser, dass der Durchschnitt der Msch. einen heruntermacht, statt einen zu bewundern; denn der Durchschnitt der Msch. bleibt wesentlich derselbe, ob er nun das eine oder das andere tut, bleibt gleich dumm,   30
gleich töricht; aber wenn er Ersteres tut, ist das Verhältnis weniger wahnsinnig, als wenn er Letzteres tut. Man versteht das   288
Wahre nicht – und dann macht man es halt herunter; darin liegt
doch ein Sinn. Aber man versteht das Wahre nicht – und dann
bewundert man es. Das ist Wahnsinn.   35

#

441   Wenn nicht plötzlich ein paar 1000 Jahre den Msch abge-
zwackt werden und diese Brücke abgehauen wird, um die Menschen zu lehren, mit den Problemen des Lebens und des Da-
5   seins selbst anzufangen: dann verwirrt sich alles. Man verwechselt das existentielle Problem selbst mit dessen Reflex im Bewusstsein der Gelehrten aller Generationen. Die Hauptsache im
Verhältnis zu jedem existentiellen Problem ist dessen Bedeutung für mich, danach kann ich zusehen, ob ich dazu tauge, es
10   gelehrt abzuhandeln.

#

442   Statt all des Hochtrabenden über den Anfang der Wissenschaft, muss man wieder wie in alten Tagen menschlich mit jener Frage anfangen, ob ich Wissenschaftler werde.
15   Man fängt also mit einer rein ethischen Erwägung an, die vielleicht am besten in platonischer Dialogform gehalten wird, um
alles so einfach wie möglich zu halten.
Was zum Anfangen bewegt, wird dann wiederum: *Staunen* so
wie in al[ten] Tagen bei den Griechen. Zu dem über das Stau-
20   nen könnte dann mit Vorteil das verwendet werden, was Cartesius in seiner Schrift über die Affekte bemerkt, dass Staunen keinen Gegensatz hat; und was Spinoza im dritten Buch der Ethik
über admiratio[a] bemerkt, die er nicht mit zu den drei Affekten   [a]cfr. p. 369.   1
rechnet, aus denen er alles ableitet (cupiditas, laetitia, tristitia).[1] –
25   Subsidialiter könnte hier das mit dem Zweifel Anfangen berücksichtigt werden.
Das, was zum Anfangen bewegt, ist *Staunen,* Das, womit angefangen wird, ist ein *Entschluss.*

[1]*Anm.* Den griechischen Begriff κινησις gebraucht er offenbar in
30   transitio, wie er von laetitia und tristitia aussagt, dass es transitio in
perfectionem, nicht perfectio selbst ist. p. 368.

289
443   Ich habe jetzt Spinozas Ethik durchgelesen. Sonderbar ist es
doch, eine Ethik über einem, zwar richtigen, aber derart unbestimmten Prinzip zu konstruieren, wie dem: suum esse conservare,

und es in einer derartigen Zweideutigkeit festzuhalten, dass es
ebenso gut das Körperliche, Egoistische, wie die höchste Resignation in der intellektuellen Liebe bezeichnen kann.

    Aber ein Widerspruch ist es doch wohl, abzuhandeln, wie,
durch welche Mittel man die Vollkommenheit im Beherrschen   5
der Affekte erlangt, den Weg zu dieser Vollkommenheit (cfr. p.
430 am Ende), und dies dann als eine Immanenz-Theorie auszu-
geben; denn Weg ist ja eben Dialektik der Teleologie. Ich gehe
diesen oder jenen Weg, tue dies oder das – *um zu,* aber dieses
um zu trennt ja den Weg und das Ziel.   10

#

    Heute wurde im Anzeigenblatt bekanntgegeben, dass ein klei-   **444**
ner Junge von 8 Jahren gestorben ist, und die Todesanzeige endete so: »dies wird traurigst für seine kleinen Freunde bekannt-
gegeben«. na bravo, von Jungen wird angenommen, dass sie   15
Zeitungen lesen, um zu sehen, ob einer ihrer kleinen Freunde gestorben ist.

#

    Nach und nach wird die Zeitungs-Kritik sich auf Gegenstän-   **445**
de erstrecken, an die man am wenigsten denkt. Neulich stand   20
in einer der Provinz-Zeitungen, dass ein Mann von Scharfrichter N. N. hingerichtet wurde, der dies mit großer Akkuratesse
getan habe; auch Scharfrichter F. F., der zugegen war, um jemanden zu stäupen, habe dies zur vollsten Zufriedenheit getan.

25

    Dem Beifall des Augenblicks nachzujagen ist, als ob man sei- **446**
nem eigenen Schatten nachjagte. Demjenigen, der ihm nach-
jagt, entflieht er. Ich denke an ein Bild in einer Erbauungs-
Schrift: ein Kind läuft seinem eigenen Schatten hinterher, und
der Schatten läuft ja gerade mit ihm.   30

#

290

447 Spinoza in Praefatio tractatus theologico-politicus.

p. 88.

... reliquis autem hunc tractatum commendare non studeo, nam nihil est
quod sperem, eundem iis placere aliqua ratione posse; novi enim quam
pertinaciter ea praejudicia in mente inhaerent, quae pietatis specie amplexus est animus; novi deinde aeque impossibile esse vulgo superstitionem adimere ac metum; novi denique constantiam vulgi contumaciam esse, nec ratione regi, sed impetu rapi ad laudandum vel vituperandum.
Vulgus ergo et omnes, qui iisdem cum vulgo affectibus conflictantur, ad
haec legenda non invito, quin potius vellem, ut hunc librum prorsus negligant, quam eundem perverse, ut omnia solent, interpretando molesti
sint, et dum sibi nihil prosunt, aliis obsint

Der letzte Satz enthält eine Abbitte im Voraus.

#

448 Draußen auf dem Friedhof hat eine Witwe folgenden Vers über
ihren Verstorbenen gesetzt:

Mann! Du hast nun ausgekämpft

Aber Mann, derart emphatisch, bezeichnet einen Helden, es bedeutet nicht einen Ehemann (denn nur im niederen Stil wird so
gesagt: Mann, mein Mann, ihr Mann), viel weniger einen Leichenbitter. Ach und der Verstorbene war ja eben ein Leichenbitter.

#

449 ... Der Neidige ist ein Martyrer, aber des Teufels.

cfr. Abraham a S. Clara
sämtl. Schr. X Bd. p. 392.

#

291
Der Hebräerbrief: **450**
X, 39: Wir aber sind nicht von denen,
die *sich entziehen zu ihrem Verderben.*

#

In einer al[ten] Erbauungs-Schrift (Arndt wahres Christt.) wird **451**
so schön das Bibelwort kommentiert: »dass Gott unsere Tränen abwischen wird« – er fügt nämlich die vortreffliche kateche-
tische Frage hinzu: wie aber soll Gott sie abwischen können,
wenn Du gar nicht geweint hast? – Welche Wahrheit in dieser
Einfalt; welch rührende Beredsamkeit. 10

#

Anaxagoras soll gesagt haben: beschränkt ist der Sinn, **452**
schwach ist der Geist, kurz das Leben.
Das steht wohl bei Cicero in quaestiones academicae 1,12.

15

Im Gewissen, da hat Gott die Macht. Lass denn einen Msch. al- **453**
le Macht der Welt haben, da drinnen ist Gott dennoch der
Mächtige. Und so spricht ja der Mächtige, der weiß, dass er die
Macht hat, zum Ohnmächtigen: tue Du nur, was Du willst, gib
nur den Anschein, dass Du der Mächtige bist; wie es sich ver- 20
hält, das bleibt ein Geheimnis zw. Dir und mir.

#

Aus einer Gelegenheitsrede **454**

… der Wald will sich nicht einlassen mit dem Einsamen, deshalb gibt er ihm das Wort zurück, ohne Veränderung, ohne Teil- 25
nahme, dessen Widerhall ist wie ein Nein, wenn er auch mehrmals erschallt, [ist] er doch nur ein wiederholtes Nein; würde der
Wald mit ihm sprechen, dann antwortete er wohl; nähme der
Wald Anteil an ihm, dann würde er ja das Wort behalten, es unverändert bewahren. – 30

292

455 Empedokles nahm 2 Arten von Wahnsinn an: die eine habe ihren Grund in der Krankheit des Körpers, die andere in der Reinigung der Seele.
      cfr. Ritter 1. Bd. p. 571
5   er zitiert in einer Fußnote: Coel. Aurel. de morbis chron. 1,5: Empedoclem sequentes alium (sc. furorem) dicunt ex animi purgamento fieri, alium alienatione mentis ex corporis causa sive iniquitate.

                              #

456   Es ist eine sehr gute Bemerkung von Ritter in (d. Einl. zum 1.   [a]p. 23.   1
10   Band) bezüglich der konstruierenden Auffassung, dass es bes-
ser angehe, die Geschichte der ganzen Welt zu konstruieren als
die Geschichte der Erde und der Mschheit, dass es besser angehe, die Geschichte der Mschheit zu konstruieren als die der
Philosophie – sowie dass es doch glücklicherweise noch keinem
15   eingefallen ist, die Geschichte eines einzelnen Msch. konstruieren zu wollen. – Dies ist sehr satirisch und wahr. Die Idee der
Konstruktion ist phantastisch und gerät eben deshalb beim
Konkreten in Verlegenheit. So decken auch große Übersichten –
die Unwissenheit eines Msch. zu (weshalb besonders Halbstu-
20   dierte darin exzellieren) und eine kleine Konkretion macht sie
offenbar.

                              #

                              #

457   Zur literarischen Verächtlichkeit gehört wesentlich anonym
25   zu sein, um dem noch eins draufzusetzen sind selbst deren Subskribenten anonym; sie wird durch Tagelöhner repräsentiert,
und um dem noch eins draufzusetzen ließen sich selbst die Subskribenten durch Gesinde repräsentieren.

                              #

Nach und nach, sowie die Aufklärung und Bildung zunimmt,   **458**
und die Anforderungen immer höher werden, wird es natürlich immer schwieriger, als Philosoph die Forderung der Zeit zu   293
befriedigen. Im Altertum forderte man: das Vermögen des Geistes, die Freiheit der Gesinnung, die Leidenschaft des Denkens.   5
Man vergleiche die jetzige Zeit, jetzt fordert man, in Kopenhagen, dass ein Philosoph darüber hinaus feiste od. doch wohlgeformte Beine hat, und dass seine Kleidung nach der Mode sitzt.
Es wird immer schwieriger, außer wenn man sich mit letzterer
Forderung alleine begnügt und annimmt, dass jeder, der feiste   10
oder doch wohlgeformte Beine hat und dessen Kleidung nach
der Mode sitzt, Philosoph ist.

#

Schließlich wird alles auf den Kopf gestellt. Es wird nicht ge-   **459**
schrieben, damit irgendjemand etwas daraus lernen kann; Ih,   15
Gott behüt', welche Unhöflichkeit, die Leserwelt weiß alles.
Nicht der Leser ist es, der des Verfassers bedarf (wie der Kranke des Arztes), nein, der Verfasser ist es, der des Lesers bedarf.
Ein Verfasser ist deshalb kurz und gut ein Mensch, der in Geld-
verlegenheiten ist; so schreibt er denn, und das ist so, als ob er   20
in einem Examen wäre, wo die Leserwelt, die alles weiß, die No-
ten verteilt. Einer, der schreibt, aber kein Geld verdient, ist kein
Verfasser; deshalb nennt man ja auch diejenigen nicht Verfasser, die im Anzeigenblatt schreiben, denn das kostet Geld. – So
auch mit der Kunst. Ein Schauspieler ist nicht einer, der, einge-   25
weiht in die Geheimnisse der täuschenden Kunst, die Zuschauer belehrend betrügen will. Ih, Gott behüt', Publikum versteht
sich selbst bestens darauf, Komödie zu spielen. Nicht Publikum ist es, das des Schauspielers bedarf, nein, der Schauspieler
bedarf Publikums. Ein Schauspieler ist ein Mensch, der in Geld-   30
verlegenheiten ist, und wenn er spielt, dann ist er im Examen. –

#

.... denn als er in den Tagen des Überflusses sammelte od. als   **460**
der ganze Reichtum der Welt ihm zuströmte, war er denn damals reicher als der Ärmste? Oder füllt etwa alles Gold der   35

Welt, das in Geldgier bewahrt wird, mehr als od. überhaupt so
viel wie das Scherflein in der Genügsamkeit des Armen.

#

294

461   Wenn Donner in der Luft liegt, und man dann die Wasserflä-
5   che und den einzelnen Baum sieht, dann ist das Ganze so, wie
wenn auf einer Glasfläche gespielt wird, wodurch die Klangfigur entsteht. Es liegt noch etwas Zitterndes in der Gestalt.

#

462   Schließlich werden alle Fragen kommunistisch. In einem aus
10   Jütland eingeschickten Artikel in der Kopenh. Post wird das
ungünstige Urteil einiger Deutscher über Madvigs lateinische
Graṁatik abgedruckt. So schreibt man über Madvigs lateinische Grammatik (eine ungeheuer unbekannte Größe) und über
das Urteil einiger deutscher Professoren (eine sehr zweideuti-
15   ge Größe) – für Bierzapfer u.s.w. . Schließlich denkt sich ein Bierzapfer vielleicht: warum sollte ich mir denn keine Meinung
über Latein und Griechisch bilden können; das ist ja bloß ein
Überbleibsel aus dem Mittelalter und dem Kastenwesen. Be-
zahle ich denn nicht ein hohes Schulgeld für meinen Sohn in der
20   gelehrten Schule: sollte ich mich dann nicht auf Latein und
Griechisch verstehen, od. doch eine Meinung dazu haben können.

#

463   Wie ein jeder Untermieter einen Stiefelputzer hat, so hat auch
25   jeder größere Verfasser den ein od. anderen Pfuscher, der ihm
mit Geschimpfe aufwartet, der regelmäßig, wenn der Verfasser etwas schreibt, in einem Blatt verkündet, dass dies das gei-
ferndste Gewäsch ist u.s.w. . So hat Madvig etwa Baden, ein solcher Pfuscher ist auch P. L. Møller. Ein solcher Pfuscher ist wie
30   einer der Kulis auf dem Markt; wenn die Bauern auf den Markt
kommen, sucht sich jeder Kuli seinen Wagen aus, wo er etwas
verdienen zu können glaubt, und so sucht sich auch der Pfuscher einen Verfasser aus, an dem er etwas verdienen kann, sofern der Name des Verfassers dafür bürgt, dass das Publikum
35   schon etwas – Boshaftes über ihn lesen will. –

#

#

295

Der Unmittelbare meint und bildet sich ein, dass die Hauptsa-   **464**
che beim Beten, das, worauf er es besonders anzulegen hat, das
ist, dass *Gott hört* worum **er** *betet.* Und doch ist es im ewigen   5
Sinne der Wahrheit genau umgekehrt: nicht dann ist das Verhältnis des Gebets das Wahre, wenn Gott hört, worum gebetet wird,
sondern wenn es *der Betende ist,* der so lange betet, bis er es ist,
der der Hörende ist, der hört, was Gott will. Der Unmittelbare
macht viele Worte und ist deshalb eigtl. fordernd, wenn er be-   10
tet; der wahre Betende ist bloß *hörig.*

#

#

Wunderlich! Da draußen vor der Stadt liegt der Acker der To-   **465**
ten – eines kleinen Häuslers Grund, kaum so groß wie das   15
Grundstück eines Häuslers, und dennoch bietet er dem Inhalt
des ganzen Lebens Raum. Es ist ein kompendiöses Abbild der
Wirklichkeit, ein kurzer Inbegriff, eine Taschen-Ausgabe!

#

»Knaben sollen über Euch richten« sagt einer der alten Prophe-   **466**
ten und verkündet dies als die härteste Strafe über das ungehor-
same Israel. Das passt auf unsere Zeit – Knaben schreiben in
den Zeitschriften u.s.w.. Hierher passt auch, wovon Sokrates in
Platos Staat spricht, dass schließlich die Eltern vor den Kindern bange sind und aus Furcht vor ihnen Faxen machen und   25
spaßen – so, wie die Kinder es haben wollen.

#

Es gibt gewisse Dinge, die mit zu den Unannehmlichkeiten   **467**
des Lebens gehören, und die, obschon unbedeutend, doch lästig genug sind. Dazu rechne ich: Zug, und Rauch, und Wan-   30
zen, und Geschwätz.

#

296

468   Ein östliches Sprichwort besagt: Wer Jemanden lobt, dann
        schmäht, der lügt zweimal.«
        steht in 1001 Nacht, die 829. Nacht. (in meiner großen Ausgabe)

5   #

469   Der beste Beweis dafür, dass es eine gerechte Lenkung gibt, ist
        zu sagen: »ich *will* dies glauben, was auch geschehen mag.« Al-
        les Beweisen ist Alberei, eine Art zwiespältiger Gesinnung, die
        auf zwei Wegen (dem objektiven und dem subjektiven) mit ei-
10   nem Mal dasselbe erreichen will. Der Glaubende sagt zu sich
        selbst: »das Allerabscheulichste wäre doch, wenn Du Dir in ei-
        nem noch so verborgenen Gedanken erlaubtest, Gott zu beleidi-
        gen, von ihm zu denken, dass er Unrecht tat. Also, ob nun je-
        mand ein dickes Buch schreiben will, um Gott zu rechtfertigen,
15   od. um ihn anzuklagen, was kümmert mich das, ich will glau-
        ben. Wo mir ist, als könnte ich verstehen, da werde ich es doch
        vorziehen zu glauben, denn glauben ist seliger; und solange wir
        Menschen in dieser Welt leben, gerät das Verstehen leicht zu ei-
        ner Einbildung und einer kameradschaftlichen Aufdringlich-
20   keit; und wo ich nicht verstehen kann, ja, da ist es selig zu glau-
        ben.

                                     #

470   Ach, wenn eine Regierung sich erst einmal im Druck rechtfer-
        tigen muss, dann schaut es ganz verrückt aus, aber auf diese
25   Weise ist Gottes Verhältnis zur Welt ja nicht wie eine irdische Re-
        gierung, er hat doch wohl das Recht des Schöpfers darauf,
        Glauben und Gehorsam von dem Geschaffenen zu fordern, und
        auch, dass jegliches Geschöpf in seinem Herzen über ihn aus-
        schließlich das zu denken wagt, was genehm ist. Gott ist ja doch
30   nicht wie ein Wahlkönig, der bei der nächsten Ständeversamm-
        lung abgesetzt werden könnte, wenn er sich nicht hinlänglich
        rechtfertigte. Die Sache ist ganz einfach. Die Strafe wurde vom
        liebevollen Vater der Übertretungen wegen erfunden. Aber wie
        es nun einmal in einem großen Haushalt geht, wo es viele Kin-

der gibt, da bekommt zuweilen auch der Unschuldige etwas ab,
ebenso in dem großen Haushalt, wo es so viele Millionen
gibt. . . . nein, nicht ebenso, denn der Grund, warum es in diesem Haushalt, wo es viele Kinder gibt, so zugeht, ist, dass der Va-   297
ter und der Lehrer doch nur Mschen sind, aber Gott kann sehr
wohl alles überschauen, ihm verwirrt es sich nicht, ihm, der alle
Haare zählt. Der Unschuldige bekommt deshalb nicht etwas ab
von der Strafe, aber er muss etwas vom Leid mittragen. Sobald
sich der unschuldig Leidende an Gott wendet und fragt, ob es
eine Strafe ist, bekommt er sogleich die Antwort: »nein, mein   10
liebes Kind, es ist keine Strafe, das weißt Du ja.«

#

Schelling bemerkt richtig in der Vorrede zu Steffens' nachge-   **471**
lassenen Schriften: »wenn es einmal so weit gekommen ist, dass
die Menge Richter darüber ist, was Wahrheit ist, dann dauert es   15
nicht mehr lange, bis es damit losgeht, dies mit den Fäusten zu
entscheiden.«

#

Ein Ironiker, der in der Majorität ist, ist eo ipso ein mäßiger Iro-   **472**
niker. In der Majorität zu sein, ist ein Wunsch der Unmittelbar-   20
keit, die Ironie ist vorne und hinten verdächtig. Ein wahrer Ironiker war deshalb noch nie in der Majorität. Es ist der Spaßmacher, der das ist.

#

Man glaubt und faselt und ist gerührt darüber, dass Sokrates so   **473**
populär war. Ja, Pustekuchen, dieses ständige Gespräch mit
Schustern und Gerbern u.s.w., das war ironische Polemik gegen
die »gelehrten Philosophen« und außerdem vergnügte es ihn,
dass es aussah, als ob sie miteinander im Gespräch wären (er und
der Schuster), weil sie dieselben Ausdrücke gebrauchten – aber   30
Sokr. verstand etwas ganz anderes dabei.

#

474   H. Hertz macht als Polemiker denselben Eindruck auf mich
wie ein Offizier, der als Volontär in fremden Diensten Zuschauer bei einer Schlacht gewesen war, heimkommt und jetzt auf
der Allmende vor der Stadt ein Manöver arrangiert, das die
5   Schlacht sein soll: Hertz arrangiert eine Schlacht, wenn alles
schon vorüber ist.

#

298
475   Einen Schacher-Juden hat das Publikum am liebsten als
Schriftsteller, denn ihn kann man recht rupfen. Es unterhält und
10   befriedigt das allergnädigste Publikum, dass die Gaben des
Geistes etwas sind, das man vornehm für ein paar Taler kaufen
kann, um dann nach dem Juden zu treten. Kein anderer kann
natürlich als Schriftsteller solche Bedingungen bieten, in solchem Maß krämerisch kriechend in seiner Bude stehen – wenn er
15   bloß Geld verdient.

#

476   Von welcher Tüchtigkeit ein Individuum ist, kann man daran
ermessen, wie weit er es zwischen *verstehen* und *wollen* hat. Was
ein Msch. verstehen kann, das zu wollen muss er sich auch zwin-
20   gen können. Zwischen verstehen und wollen liegen die Ent-
schuldigungen und die Ausflüchte.

#

477   *Warum verglich sich Sokrates*
                  mit einer Bremse?

25   Weil er bloß ethische Bedeutung haben wollte. Er wollte kein
bewundertes Genie sein, das außerhalb der Anderen stünde
und deshalb im Grunde den Anderen das Leben leicht machte,
indem sie sagten: ja, er hat's leicht, er ist Genie. Nein, er tat bloß,
was jeder Msch. kann, er verstand bloß, was jeder Msch. ver-
30   steht. Darin das Epigrammatische. Er biss sich im Einzelnen fest,
ihn mit diesem Gewöhnlichen ständig zwingend und reizend.
Auf diese Weise war er eine Bremse, er, der die Leidenschaft

des Einzelnen herausforderte., der es ihm nicht gestattete, ge-
mächlich und verweichlicht immer nur zu bewundern, sondern
sich selbst von ihm forderte. Wenn ein Msch. ethische Kräfte
hat, wollen die Leute ihn gerne zum Genie machen, bloß um ihn
loszuwerden; denn sein Leben enthält eine Forderung.   5

#

                                                                    299

    Das Vortreffliche an Platos Staat ist gerade, dass er den Staat   **478**
nicht höher als den Einzelnen macht, am allerwenigsten im hegelianischen Stuss-Sinn. Um den Einzelnen zu beschreiben, beschreibt er den Staat, er beschreibt einen Demokraten, und um   10
dies zu tun, beschreibt er die Demokratie; er konstruiert einen
Staat für den Einzelnen, unum noris omnes – dies ist die rechte
mschliche Idealität; sonst gelangt man doch zu der Konfusion,
dass Viele eben als Viele etwas ganz [anderes] ausmachen, als
was jeder für sich ist.   15

#

#

Keine Pflichtschule dimittiert für die Ewigkeit.   **479**

#

    Wenn ein Msch. nicht das wird, was er verstehen kann, so ver-   **480**
steht er es auch nicht. Nur Themistokles verstand Miltiades,
deshalb wurde er es auch.

#

    Derjenige Begriff, in dem sich d. Xstt. vielleicht am bestimm-   **481**
testen von der Antike differenziert, ist der Begriff des Guten.   25
Die Gräzität vermochte das Gute nicht ohne das Schöne zu denken (die Richtung nach außen). Im Xstt. ist der wesentliche
Ausdruck des Guten Leiden (die Richtung nach innen; denn das
Leiden liegt gerade darin, dass die Richtung nach draußen negiert ist – die Sünde der Welt.).   30

#

482   Dass mehrere von Platos Dialogen ohne Resultat enden, hat einen weit tieferen Grund, als ich früher gedacht habe. Es ist nämlich eine Widerspiegelung von Sokrates' mäeutischer Kunst,
die den Leser od. den Zuhörer selbsttätig macht und deshalb
nicht im Resultat, sondern mit einem Stachel endet. Dies ist eine vortreffliche Parodie auf die moderne Leiermethode, die alles, je eher, desto besser, auf einmal sagt, was keine Selbsttätig-
keit hervorruft, sondern den Leser nur zum Nachleiern veranlasst.

#

#

483   Die Zeit wird schon noch kommen, wo man es ebenso abge-
schmackt finden wird, Resultat mitzuteilen (was die Zeit jetzt
fordert und wonach sie schreit), wie einst, eine Nutzanwen-
dung für moralische Erzählungen zu schreiben. Derjenige, der
nicht mittels des Wegs das Resultat selbst zu finden vermag, bekommt es ohnehin nicht, er bildet es sich bloß ein.

#

484   Sensation ist die mäßigste aller Kategorien. Dächte man sich
eine gottesfürchtige Frau mit recht frommer Innerlichkeit beim
Singen eines Kirchenlieds, wohl deutlich, so dass jedes Wort gehört wird, aber keineswegs mit erhobener Stimme, eher mit
dem demütig bebenden Ersticken od. Dämpfen fast wie die Resignation des Todes: dann müsste man ganz still sein, um es zu
hören – aber Sensation ist, wie wenn ein brüllender Nachtwächter alle anderen übertönt, ohne die mindeste Innerlichkeit zu
haben. Denn eine schöne Stimme zu haben od. nicht, tut nichts
zur Sache im Bezug auf Innerlichkeit.

#

Dass es Verleger gibt, dass es Mschen gibt, deren ganze we-   **485**
sentliche Existenz ausdrückt, dass Bücher Ware sind, und ein
Schriftsteller Kaufmann: ist etwas gänzlich Unsittliches. Insofern zu einem Geistes-Verhältnis (wie dem, Schriftsteller zu sein)
das Pekuniäre hinzutritt, dass er entlohnt wird, Honorar be-   5
kommt u.s.w.: sollte derjenige, der das Geistes-Verhältnis konstituiert, wesentlich auch selbst das Geld-Verhältnis konstituieren, selbst das Pekuniäre übernehmen, keineswegs eines womöglich größeren pekuniären Verdienstes wegen, oh, weit davon,
nein, sondern damit denn doch ein wenig Scham sein kann.   10
Wird das Geld-Verhältnis so konstituiert, dass es zur Erwerbs-   301
quelle eines ganz anderen Mschen wird, so wird dies leicht
Frechheit. An Verleger-Frechheit gibt es ja genug Beispiele; das
Freche liegt darin, ganz vorbehaltslos bis zum Äußersten Geis-
teshervorbringung als Ware zu betrachten. Das Publikum erhält   15
dann wieder durch Geld die Macht über den Verleger, der Verleger durch das Geld-Verhältnis die Macht über den Schriftsteller, und dann sitzt da zuweilen vielleicht ein Schriftsteller (der
keusch und schamhaft im Verhältnis zum Geld sein soll wie ein
Mädchen im Verhältnis dazu, ihre Tugend zu verkaufen) und er-   20
rötet, gekränkt, aber ohne Macht, durchzudringen.
Lass uns annehmen, es würde Brauch, dass ein Pfarrer einen
Verwalter hätte, der sein Geld, seinen Zehnt, sein Opfergeld
u.s.w. einkassiert; dagegen ist nichts einzuwenden, insofern der
Verwalter im Dienst des Pfarrers steht. Aber lass uns nun anneh-   25
men, dass ein solcher Verwalter zu einem eigenen Gewerbe
würde, der dem Pfarrer abkauft, was ihm zukommt, und nun
selbst spekuliert und ausschließlich finanzielles Interesse daran
hätte, dass der Pfarrer sich gut mit der Gemeinde steht. Was
dann? Ja, die Folge wäre dann, dass es Brauch würde, dass der   30
Pfarrer am Sonnabend, wenn er mit seiner Predigt fertig ist, hinüber zum Verwalter ginge und sie ihm zeigte. Und dann würde
der Verwalter sagen: ja, wenn Euer Hochwürden auf diese Weise
reden, dann kommt keiner in die Kirche, und damit ist mir hol
mich der Teufel nicht gedient, schon was den Klingelbeutel an-   35
geht; und dann kann ich auch nicht so viel im Jahr entrichten,
was ja in Eurem eigenen Interesse ist. Nein, Sie müssen der Gemeinde ein wenig schöntun; ich werd' Ihnen gleich sagen, wie. Kann
ich auch just keine Predigt schreiben, so weiß ich doch vortrefflich Bescheid über die Zeit und was die Gemeinde fordert.«   40

Ich denke, der Pfarrer würde vor Scham erröten und sagen: »bin ich denn als Lehrer bestellt, um der Gemeinde schönzutun und damit Sie Geld verdienen können« Aber der Verwalter antwortet: »das ist Überspanntheit und dergleichen, solche Vor-
5 nehmheit interessiert mich bei Gott nicht. Ein jeder ist Dieb in seinem Gewerbe, und das ist mein Gewerbe, dass Euer Hochwd. die Zeit zufrieden stellen.«

So zw. dem Pfarrer und dem Verwalter: schon das Widerwärtige darin, dass der Geld-Mensch in der Predigt schnüffelt und
302 sie lukrativ beurteilt, ist abscheulich genug. Und dabei ist der Verwalter doch nicht so unterstützt wie ein Verleger, dessen Geld-Betrachtung Rückhalt bei allen Taglöhnern der Tagespresse findet.

Aber ohne Schamhaftigkeit kein wahres Geistes-Verhältnis;
15 aber wie soll die mögliche Schamhaftigkeit des Schriftstellers dem Leser zugute kommen, wenn sie durch dieses Medium der Frechheit gehen soll: Geld, Geld, Geld, die Forderung der Zeit, Geld, Geld.

#

486   Es ist doch eigtl. eine trügerische Wendung von Bischof Mynster, wenn er in seinen Predigten (die: unser tägliches Brot gib uns heute; und die über die Wunder) bezüglich der Vergebung der Sünden sagt: *einst* (d.h. in der Ewigkeit) wird doch zu demjenigen, der sich reuig demütigte und glaubte, gesagt wer-
25 den: Deine Sünden sind Dir vergeben.« einst, d.h. in der Ewigkeit; das Verzwickte an der Vergebung der Sünden ist aber eben, sie in der Zeit geltend zu machen. Sie ist die neue Schöpfung; und der Pfarrer sagt ja bei der Beichte: »ich sage Dir die gnadenvolle Vergebung deiner Sünden zu«, ist diese Zusage bloß futu-
30 risch. Dies heißt wieder, die Immanenz zu gebrauchen (dieses einst) anstatt der Transzendenz

#

487   Der entsetzlichste Ausdruck dafür, wie Xstus missverstanden würde: ist nicht einmal, wenn er gänzlich unbemerkt geblie-
35 ben wäre, nein, sondern dass er Gegenstand der Neugierde der gedankenlosen Menge wird, so dass die ewige Wahrheit im Le-

ben wandelt und die Straßenjungen hinterdrein laufen und das
Dienstmädchen auf die Gasse rennt – um ihn anzuglotzen –
aber keiner, keiner dächte daran, was er sei, od. bekäme irgendeinen Eindruck.

#

Die Schwierigkeit mit dem Spekulieren nimmt im Verhältnis   **488**
damit zu, wie man das, worüber man spekuliert, existentiell verwenden soll. Der, der mit einem zerknirschten Gewissen da-
sitzt und in jedem Augenblick die Linderung gebrauchen könnte, an die Vergebung der Sünden zu glauben: wenn er spekulie-   303
ren soll, dann hapert es. Aber im Allg. ergeht es den Philosophen (sowohl Hegel als auch all den anderen), wie es den meisten Mschen geht, dass sie im Grunde zum täglichen Gebrauch in
ganz anderen Kategorien existieren als jenen, in denen sie spekulieren, sich mit etwas ganz anderem trösten als mit dem, wor-   15
über sie feierlich reden. Von daher all die Verlogenheit und
Konfusion, die es in der Wissenschaft gibt.

#

In Jesaja 46 findet sich ein überaus tiefer Ausdruck für den Un-   **489**
terschied zwischen einem Götzen und dem wahren Gott. Jeho-   20
va sagt zu Israel: dass *er* sein Volk *trägt,* während *die Götzendie-*
ner ihre Götzen tragen müssen.

#

Es geht den meisten Systematikern im Verhältnis zu ihren Sys-   **490**
temen, wie wenn jemand ein ungeheures Schloss baut und   25
selbst daneben in einer Scheune wohnt: sie leben nicht selbst in
ihm, dem ungeheuren systematischen Gebäude. Aber in Geis-
tes-Verhältnissen ist und bleibt dies ein entscheidender Einwand. Geistig verstanden müssen die Gedanken eines Menschen das Gebäude sein, in dem er wohnt – sonst stimmt etwas   30
nicht.

#

491   Es ist unbegreiflich, dass ein Kirchenlieddichter wie Kingo
darauf verfallen konnte, solche Kirchenlieder zu schreiben, wie
die historischen Verderbungen der Evangelien, wo sich der
Reim als eine störende Narretei im Vergleich zu den kurzen ein-
5   fältigen Erzählungen der Evangelien selbst erweist.

#

492   Alles dreht sich darum, absolut zu unterscheiden zwischen der quanti-
tativen und der qualitativen Dialektik. Die ganze Logik ist quantitative
Dialektik, bzw. modale Dialektik, denn alles ist, und das Ganze ist ein
10   und dasselbe. Die qualitative Dialektik ist im Dasein heimisch.

#

304
493   Derjenige, der wie ich, von Kind an eine polemische Vorstellung vom ganzen Dasein gehabt hat, und nun in letzter Zeit eine Weile auf Behandlung erster Klasse im »Corsaren« war, der,
15   so scheint es doch, hat im Verhältnis zur Zeit gute Voraussetzungen. So etwas ist viel Geld wert.

#

494   Das Landleben hat doch diese Annehmlichkeit, dass da 10 Kühe, so in etwa, 15 Schafe, 2 Schweine, eine Menge Spatzen auf
20   einen Msch. kommen – woraus man ersieht, dass ein Msch. etwas zu bedeuten hat. In der Hauptstadt kommen 100 Msch. auf
eine einzige Kuh, woraus man ersieht, dass eine Kuh etwas zu
bedeuten hat. Aber obschon die in der Hauptstadt zirkulierende Mschen-Masse ungedecktes Geld ist, so scheint sich doch
25   keiner darum zu kümmern – Mensch zu *werden*, wohingegen die
meisten Mschen heiratslustig und die respektiven Ehen in emsiger Geschäftigkeit sind – damit da noch mehr Mschen *werden*
können.

#

30   #

Wenn ein Msch sehr darauf versessen ist, einen anderen Msch **495**
bei Gott anzuklagen, darauf, die Sache vor Gottes Richtstuhl
einzuklagen: da ergeht es ihm wie es seinerzeit einem der Taschendiebe Kopenhagens erging. Er hatte im Verein mit einem
anderen einen beträchtlichen Diebstahl ausgeführt und erhielt   *5*
bei der Verteilung unter anderem 3 Hunderttalerscheine. Mit
einem davon ging er zu einem Hehler, um ihn zu wechseln. Der
Hehler nimmt den Schein, geht in ein anderes Zimmer – als ob
er ihn wechseln wollte. Daraufhin kommt er wieder heraus,
wünscht einen guten Tag und tut als ob nichts wäre. Die Sache   *10*
verlief unter 4 Augen mit aller juridischen Umsicht, der Hehler
war also weidlich sicher. Das hat der Taschendieb vermutl. selber eingesehen. Indes, er wurde dennoch so rasend darüber, über
diese Heimtücke, dass er hinging und die Sache bei der Polizei
anzeigte. Eine tatkräftige und eifrige Polizei tut natürlich alles,   305
um nach Möglichkeit dem Unschuldigen zu seinem Recht zu
verhelfen, bzw. zu den 100 Rtl., betrachtet aber zugleich die Sache nicht einseitig, sondern von einem höheren Gesichtspunkt
aus – und fragt deshalb ganz richtig den Betrogenen, woher er
denn selbst die 100 Rtl. bekommen habe. Ach, der arme Betroge-   *20*
ne, der nun obendrein desselben Hunderttalerscheins wegen
verhaftet wurde.

#

#

So richtig behaglich ist es, Besuch auf dem Lande zu machen, **496**
wenn man in dem Alter ist, da Gastgeber und Gastgeberin nur
wünschen, dass man sich mit sich selbst beschäftige, und nur
darauf aufpassen, dass man nicht zu Schaden komme.

#

Affektation wird am besten übersetzt durch: Sich-etwas-Anlü- **497**
gen; der Affektierte lügt nicht, sondern er lügt sich etwas an,
entweder direkt od. indem er das Entgegengesetzte tut, od. indem er etwas unterlässt.

#

498   Leider muss ich sagen: mein Leben ist vertan. Falls ich an einem anderen Ort als hier in Kopenhagen leben würde, verstünde man darunter wohl, dass ich die besten Jahre meiner Jugend in Leichtsinnigkeit vergeudet hätte, mit konfusen Studien,
5   vielleicht in Ausschweifungen. Ach, nein, es verhält sich umgekehrt. Ich bin gerade etwas geworden – und deshalb ist mein Leben als vertan zu betrachten hier in Kopenh., wo man glücklich und äußerst behaglich nur leben kann, solange man nichts
ist, hier in Kopenh., wo letztlich nichts anderes als Böses über je-
10   den gesagt wird, der etwas ist, woraus offenbar folgt, dass der,
der nichts ist, mit Stolz sagen kann: über mich wird nichts Böses
gesagt. Wenn man hier in Kopenh. Student ist, Kandidat, aber
auch nicht mehr, Bevollmächtigter Kopist in einem königl. Büro, Krämerbursche, Schüler an der Kunstakademie, aber auch
306   nicht mehr, dann kann man, bei sehr starker Hitze, obwohl es
hier nicht Brauch und Sitte ist, mit Sonnenschirm zu gehen, dies
dennoch ungezwungen und unbekümmert tun – aber wenn ich
z.B. so verwegen bin, dies zu tun, dann ist es Stolz. Es wacht eine Zerberus-Missgunst über jeden Schritt desjenigen, der etwas
20   ist, um es als Stolz und Hochmut zu erklären.

#

499   Überhaupt ist es eine große Frage, inwieweit es erlaubt ist, so
rein persönlich zu wirken, wie dadurch, dass man sagt: man
wurde auf eine wunderbare Weise errettet. Auf alle Fälle muss
25   man vermeiden, eine phantastische Wirkung hervorzubringen.
Man muss dann genau und bestimmt sagen, worin die eigene
Verirrung und Sünde bestanden hat, sonst kann man leicht gerade Unschuldigere durch eine grauenhafte Vorstellung des Bösen ängstigen. – Übrigens ist das Umgekehrte zuweilen eben-
30   so gefährlich, wenn ein Msch. sein eigenes Leben schier verschweigt, aber in Schilderungen ein solches Kolorit bringt, dass
man unwillkürlich einen Schluss mit Bezug auf dessen eigenes
Leben zieht. Jemand kann selbst mit dem Bösen eine so entsetzliche Bekanntschaft gemacht haben, dass, wenn z.B. für ihn ge-
35   predigt werden sollte, ohne Schaden solche Schilderungen gebraucht werden könnten, aber man kann durch sie auch ängstigen. Und man kann das Böse wohlmeinend so erschütternd

schildern, und gerade dadurch die Angst in die Seele eines Jüng-
lings locken.

#

Ganz bestimmt beruht einiges von dem, das zur guten Auf-   **500**
nahme von Entweder – Oder beitrug, darauf, dass es das Erste   5
war, dass man glauben konnte, es sei die Arbeit vieler Jahre –
und daraus schließen, dass der Stil gut und ausgearbeitet war.
Es wurde, in Bausch und Bogen, in 11 Monaten geschrieben. nur
eine pagina, wenn's hochkommt, (der Diapsalmata) hat existiert. Insofern habe ich auch mehr Zeit auf all die späteren ver-   10
wendet. Das meiste von Entweder – Oder wurde bloß 2-mal geschrieben. (natürlich das ausgenommen, was durchdacht wurde, während ich gehe, aber so ist es ja immer); nun schreibe ich
zuweilen eher 3[-mal].

15
                                                                        307
Jedes Natur-Phänomen *beruhigt,* und umso mehr, je länger   **501**
man auf es sieht od. hört. Jedes Kunst-Produkt erregt die Ungeduld. Das Gesetz für ein Feuerwerk würde schließlich lauten,
dass es in 5 Minuten abgebrannt sein muss, je kürzer desto besser. Das Sausen des Windes aber, und der Wechselgesang der   20
Woge, und das Wispern des Grases u.s.w. gewinnt mit jeden 5
Minuten, in denen man es hört

#

#

Über das Evangelium vom barmherzigen Samariter könnte so   **502**
gepredigt werden:

von den Dreien, die jeder »denselben Weg entlang« gingen –
und jeder dennoch seines eigenen Weges.

dieses: »denselben Weg entlang« sind die Worte des Textes.

#

503   Zurzeit gibt es ein Kunstkabinett draußen vor Vesterport; der
Vorführer od. Ausrufer sagt: hier wird zugleich der neue
Glücks-Stern vorgeführt, wo jeder sein volles Alter erfährt, samt
5   zukünftiger Braut bzw. Bräutigam« Herrgott noch mal, wie al[t]
man ist, das weiß ja meist jeder selbst, dazu braucht es keiner
verborgenen Kunst – aber seine zukünftige Braut: ja, das wäre es
wohl wert, in Erfahrung zu bringen. – Im Übrigen ist es vortrefflich, dass die Reklame hinsichtlich der Information, die der
10   Eintretende erhält, so qualitativ verschiedene Aussagen enthält.

#

504   Wenn man sagt: während sich dieses oder jenes ereignete, geschah etwas anderes, dann denkt man stets Ersteres als etwas,
das länger dauert und deshalb so verwendet werden kann, dass
308   Letzteres bloß einen Moment innerhalb des ersten Während
ausfüllt. Man sagt: während Cicero Konsul war, ereignete sich
dieses oder jenes; während Pitt Minister war u.s.w.. Es zeitigte
deshalb eine vortreffliche parodische Wirkung, als man damals
in der Zeitung mit Bezug auf die Feierlichkeiten bei Skamlings-
20   banken las: *während* Grundtvig sprach, kamen die Bewohner
Fünens an. Das Gleichgültige sind natürlich die Bewohner Fünens, das Vortreffliche und Witzige ist aber der Eindruck, den
man von der phantastischen Länge von Pastor Grundtvigs Rede bekommt – dass *während* er sprach (während Cicero Konsul
25   war). Man könnte z.B. sagen: *während* Grundtvig sprach, lief eine französische Flotte aus und eroberte Algier.

309

1842. Mai.   **505**

Disjecta Membra.

… und wenn mir der bittere Kelch der Leiden gereicht wird, da   **506**
werde ich wohl beten, wenn es denn möglich ist, dass er dann
von mir genommen werden möge, aber wenn dies nicht mög-   5
lich ist, da will ich ihn mit frischem Mut ergreifen und ich will
nicht mein Auge auf den Kelch richten, sondern auf den, der
ihn mir reicht, und ich will meinen Blick nicht auf den Boden des
Kelches richten, um zu sehen ob er wohl bald geleert sein wird,
sondern ich will denjenigen betrachten, der ihn mir reicht, und   10
während ich den Becher vertrauensvoll schwinge, da will ich
nicht zu einem anderen Msch sagen: Auf Dein Wohlergehen,
während ich selber dessen Wohlgeschmack genieße, sondern ich
sage: Auf mein Wohlergehen und leere dessen Bitterkeit, auf
mein Wohlergehen, denn ich weiß es und bin dessen vergewis-   15
sert, dass es zu meinem Wohlergehen ist, wenn ich ihn leere, zu
meinem Wohlergehen, wenn ich nicht einen Tropfen übrig lasse.

#

….. und es war seines Auges Lust und es war seines Herzens Be-   **507**
gehr. Und er streckte seinen Arm danach aus und er ergriff es,
aber er konnte es nicht behalten; es wurde ihm dargeboten,
aber er konnte es nicht besitzen – ach, und es war seines Auges
Lust und es war seines Herzens Begehr. Und seine Seele war
der Verzweiflung nahe; er aber zog den größeren Schmerz, es zu   25
verlieren und aufzugeben, dem geringeren vor, es zu Unrecht
zu besitzen; od. besser gesagt, denn so würden wir uns wohl an
diesem heiligen Ort ausdrücken, er wählte den geringeren
Schmerz, es zu missen, anstatt des größeren, es im Unfrieden
der Seele zu besitzen….. und es erwies sich auf wunderbare   30
Weise, dass es zu seinem Besten war.

#

508   ... Denn es wäre ja nicht das Entsetzliche, dass ich Strafe leiden
sollte, wie ich sie verdient hatte, weil ich Unrecht tat, sondern
310   es wäre das Entsetzliche, dass ich od. irgendein Msch. Unrecht
tun könnte, ohne dass da einer wäre, der es strafte; und es wä-
5   re ja nicht das Entsetzliche, dass ich mit Angst und Grauen in der
Betörung meines Herzens erwachte, sondern dies wäre wohl
das Entsetzliche, wenn ich od. irgendein Msch. sein Herz so betören könnte, dass es keine Macht mehr gäbe, die es zu wecken
vermöchte. . . . . ich aber will handeln, wie ich es in diesem Au-
10   genblick für das Beste halte, aber dann will ich Dich, oh Gott, bitten, dass, so ich Unrecht gehandelt habe, dein Strafgericht mir
keine Ruhe gönnen möge, bis ich nicht meine Verirrung eingesehen habe; denn mir ist nicht daran gelegen, dass ich dem ent-
gehe, sondern dass der Wahrheit genüge getan wird. Nicht will
15   ich mich verbergen, od. meine Handlung vor mir selbst verbergen; ich weiß und will wissen, was ich getan habe, und erwachte ich auch mitten in der Nacht, so will ich doch mit Bestimmtheit sagen können, was ich getan habe, und ich will mich nicht
selbst betören, ich will es deutlich und klar wissen, ganz gleich,
20   ob es mir zu späterer Zeit zur Beschämung oder gar zum Entsetzen, od. zur Freude und Beruhigung gereicht.

#

509   Es gibt Mschen, die mit einem gewissen Stolz sagen, ich schul-
de keinem anderen Msch. etwas, ich habe mich selbst gebildet
25   und geformt. Es gibt andere, die sagen, jener große Denker war
mein Lehrer, jener ausgezeichnete General, und ich rechne mir
das als eine Ehre an, sein Schüler zu sein, unter seinen Augen
gekämpft zu haben – aber was meinst Du, wenn ein Msch. sagen würde: Gott im Himmel war mein Lehrer, und ich rechne es
30   mir als eine Ehre an, sein Schüler zu sein, er hat mich erzogen.

#

510   Deshalb soll meine Stimme laut jubeln, lauter als die Stimme
jener Frau, die geboren hat, lauter als der Freudenruf der Engel über einen Sünder, der umkehrt, freudiger als das Morgen-
35   lied der Vögel; denn was ich gesucht habe, das habe ich gefunden, und wenn die Msch. mir auch alles raubten, wenn sie mich

aus ihrer Gemeinschaft verstießen, behielte ich doch
diese Freude; wenn mir alles genommen würde, ich
würde dennoch stets das Beste behalten – das selige   311
Staunen über die unendliche Liebe Gottes, über die
Weisheit seiner Ratschlüsse.   5

#

[a]Die Frau hat mehr Angst als der Mann; deshalb war sie es, die die Schlange zum Angriff ausersehen und die sie durch ihre Angst betrogen hat.

Oft genug hat man nun das Wesen der Erbsünde ent-   **511**
wickelt, und dennoch ermangelte man einer Hauptka-
tegorie – das ist *Angst*, denn sie ist deren eigtl. Bestimmung; Angst ist nämlich ein Begehren dessen, was   10
man fürchtet, eine sympathetische Antipathie; Angst
ist eine fremde Macht, die das Individuum ergreift,
und doch kann man sich nicht losreißen davon, und
will es auch nicht, denn man fürchtet, aber was man
fürchtet, das begehrt man. Angst macht das Individu-   15
um nun ohnmächtig, und die erste Sünde geschieht
immer in Ohnmacht; ihr fehlt es daher scheinbar an Zu-
rechenbarkeit, aber dieser Mangel ist die eigtl. Bestri-
ckung.

[b]Hamann macht im 6. Bd. seiner Schriften p. 194, eine Bemerkung, die ich gebrauchen kann, obwohl er sie weder so verstanden hat, wie ich sie zu verstehen wünsche, noch sich mehr dabei gedacht hat: Diese Angst in der Welt ist aber der einzige Beweis unserer Heterogeneität. Denn fehlte uns nichts, so würden wir es nicht besser machen, als die Heiden und Transcendental-Philosophen, die von Gott nichts wissen, und in die liebe Natur sich wie die Narren vergaffen, keine Heimweh würde uns anwandeln. Diese impertinente Unruhe, diese heilige Hypochondrie.....

20

Hast Du es zu Dir selber gesagt, als Du so froh warst,   **512**
dass Du mit Leichtigkeit alleine durchs Leben gehen
konntest, hast Du es zu Dir selber gesagt, als Du so
traurig warst, dass es Dir schien, als ob selbst Gott im
Himmel Dir nicht helfen könnte.   25

#

#

... Vielleicht drückst Du Dich kindlicher aus, viel-   **513**
leicht sagst Du: Gott ist ja allmächtig, ihm ist dies eine
so leichte Sache, und mir ist es so überaus wichtig,   30
dass mein Wunsch erfüllt wird; meine Zukunft, meine
Freude, alles hängt davon ab. »Es ist liebenswert, dass
Du, obgleich die Leiden drohen, nicht Deine Kindlich-

keit verlierst; Du bezirzt uns – und doch, nicht wahr?,
Du könntest nicht wünschen, Gott auf diese Weise zu
bezirzen; denn wenn Du auch bekommen würdest, was
Du gewünscht hast, würdest Du es ja bekommen, wie
5   ein Kind es bekommt, Du könntest Gott nicht von
Deinem ganzen Herzen lieben, ihn nicht mit all Deiner Leidenschaft lieben – und erst diese Liebe ziemt
sich für einen Msch., erst sie macht ihn glücklich.

                              #

312
514   .... Wenn denn alles verloren ist, wenn Dir verweigert
wurde, was Dir das Liebste war, wenn kein Zweifel
mehr bleibt, der die Seele in Atem halten kann, wenn
sie in Tod und Mattheit hinsinken will, »weil nichts
mehr für sie zu tun bleibt« ... Sollte denn gar nichts
15   mehr sein? Eines weiß ich doch noch, wenn Du, bevor
Du Dich zum Sterben niederlegst, obwohl Du am Leben bleibst, Dich selbst fragen würdest: liebe ich Gott
noch ebenso sehr wie einst. Schau, wenn Du eingestehen müsstest, dass Du das nicht tust, dann hätte Dei-
20   ne Seele keine Zeit, um einzuschlummern, sondern sie
hätte viel zu tun; und wenn Du vernehmen würdest,
dass Du es tust, dann würdest Du so froh werden, dass
Du Dich lebendiger denn je fühlst.

                              #

515   ... man kann auch nicht immer das Ausmaß des Lei-
des und des Schmerzes nach dem Schreien und Lärmen beurteilen.

                              #

516   ... und findest, dass es ein Rätsel ist, tiefer als ir-
30   gendein Gedanke, der in eines Mschen Herz gekommen ist, dass Gott alle Zeremonien hasst, dass man
ohne weiteres (ex tempore) mit ihm reden kann, ohne angemeldet zu werden u.s.w., in der Lust des Lebens, in
sorgenvollen Nächten; dass man immer Anlass hat,

ihm zu danken, und wenn man darauf vergisst, ist er liebevoll
genug, sie daran zu erinnern. Ich sinniere darüber, wie ausgeglichen Gott mit dem Msch. handelt; denn es muss weit
schwieriger für ihn sein, einen Msch. so zu lieben, dass er nicht
von Gottes Liebe zermalmt wird, weit schwieriger für ihn, sich   5
so klein zu machen, dass ein Msch. ihn wirklich lieben kann.

Und wenn man nicht einen einzigen Msch hat, dem man sich
verständlich machen kann, dann ist er willens zuzuhören und
er hat ein besseres Gedächtnis als alle Mschen, besser als man
selbst. Und wenn sich die eignen Gedanken verwirren, so dass   10
man weder ein noch aus weiß, dann hat er auch nicht das Mindeste von dem vergessen, das zu erinnern man ihn gebeten hat;   313
und wenn dem nicht so wäre, dann wäre alles gleichgültig, ob
man es nun selbst im Gedächtnis behalten konnte od. nicht.

                              #   15

.... Und als Du so recht der Welt müde geworden warst, als Du   **517**
Deiner Leidenschaft in einem einzigen Wort Ausdruck geben
wolltest, da sagtest Du vielleicht: Die Welt vergeht und ihre Lust.
Aber im selben Augenblick dachte Deine Seele daran, dass dies
ein altes Wort sei und Du wiederholtest unwillkürlich deine   20
nächste Kindheitserinnerung: Gottes Wort währt ewiglich. Zunächst sagtest Du es eher gleichgültig; aber schließlich wurde es
Dir Alles.

                              #

Kommentar

149 1 **1842. Mai]** Nach einem viereinhalb Monate
währenden Aufenthalt in Berlin war SK am 6.
März 1842 nach Kopenhagen zurückgekehrt
und hatte am 14. April das Manuskript des »Tagebuchs des Verführers« für *Entweder – Oder*
(→ 161,17) abgeschlossen, cf. den Bericht in *SKS*
K2-3, 55; am 5. Mai wurde SK 29 Jahre alt.

4 **Buch Judit ... das Tal]** wörtliches Zitat aus Jdt
10,11 (GT-1740; Verszählung in EÜ Jdt 10,10).

149 11 **einer aus dem Armenhaus]** dän. »Ladegaards-
lem«, Insasse im Ladegaard, einer Einrichtung
im Kopenhagener Ladegaardsvej (heute Åbou-
levard) unmittelbar hinter dem Damm zwischen
St. Jørgens Sø und Peblinge Sø (s. *Karte 5, B3*).
Ab 1822 wurden die Gebäude des Ladegaard als
Arbeitshaus für Arme und ab 1833 für die
Zwangsarbeit von Sträflingen und Landstrei-
chern verwendet.

11 **Esplanade]** Die schattigen Alleen der üblicherweise »Grønningen« genannten Esplanade (s.
Karte 2, F2-G2) wurden im Sommer besonders
vom besseren Bürgertum zum Spaziergang genutzt.

149 25 **Königin Elisabeth ... genug Mut gehabt hatte,
Essex hinrichten zu lassen]** Die engl. Königin
Elizabeth I. (1558-1603) musste 1601 den jungen
Grafen von Essex aus politischen Rücksichten
hinrichten lassen, obgleich sie sehr von ihm eingenommen war: Nach seinem katastrophalen
Feldzug in Irland 1599 wollte die Königin seinen Stolz exemplarisch strafen, indem sie ihm
den Posten des Gouverneurs entzog und ihn
zwischenzeitig des Hofes verwies. Essex plante
daraufhin eine Verschwörung gegen die Königin. Diese wurde jedoch aufgedeckt und er
selbst gefangen genommen. Die Königin erwartete, dass er sie um Vergebung bitten würde,
doch da diese Bitte ausblieb, ließ sie ihn ihrer
Zuneigung zum Trotz hinrichten. Weiter wird
erzählt, dass die Königin Essex einen Ring zum

Zeichen ihrer unvergänglichen Gunst geschenkt
hatte: falls er eines Tages in Ungnade fiele, solle
er ihn an die Königin schicken, um sie an ihren
Gunstbeweis zu erinnern. Später erfuhr die Königin, dass Essex versucht hatte, ihr diesen Ring
aus dem Gefängnis zu senden, was jedoch von
seinen Gegnern verhindert wurde; darüber war
sie so verzweifelt, dass sie nach zehn Tagen verstarb. Cf. z.B. G. E. Lessing (→ 150,1) *Hambur-
gische Dramaturgie* (1767), Nr. 22 und 23, in *Gotthold Ephraim Lessing's sämmtliche Schriften* Bd.
1-32, Berlin 1825-1828, Ktl. 1747-1762; Bd. 24,
1827, pp. 162-171.

Brutus ... den Sohn hinrichten ließ] Lucius 28
Junius Brutus, Anstifter zur Vertreibung des
letzten römischen Königs Tarquinius Superbus
(→ 188,32) und einer der beiden ersten Konsuln
der 510 v.Chr. gegründeten Republik, wurde
durch die von ihm selbst beschlossenen Gesetze
dazu gezwungen, seine Söhne Titus und Tiberius hinrichten zu lassen, da sie an einer Verschwörung gegen die Republik beteiligt waren.
Vor der Hinrichtung bereuten sie ihre Taten und
das versammelte Volk legte eine Fürbitte für sie
ein, doch Brutus blieb bei seinem Urteil und war
bei der Hinrichtung zugegen. Livius berichtet
davon in *Römische Geschichte* II, 4f. Valerius Maximus berichtet knapp darüber in *Sammlung
merkwürdiger Reden und Thaten,* übers. von F.
Hoffmann, Stuttgart 1829, Ktl. 1296, p. 354, unter der Überschrift »Aelterliche Strenge«. Cf.
Furcht und Zittern (1843), »Problema I«, *SKS* 4,
151 / *GW1 FZ* 62.

Ein spanisches Lied ... Gern an gestern] Zitat 1   150
aus Lessings »Lied aus dem Spanischen« in
Lessing's sämmtliche Schriften (→ 149,25), Bd. 17,
1827, p. 281. – **Lessing:** Gotthold Ephraim Lessing (1729-1781), dt. Schriftsteller, Dramatiker,
Kritiker und Philosoph.

150 10 **Ausbleibens von Regen**] Im April und Mai 1842 bestimmte anhaltende Trockenheit und Hitze das Wetter, das im Verlauf des Juni umschlug mit Abkühlung und heftigen Unwettern; die Kopenhagener Zeitungen berichteten emsig darüber, cf. z.B. *Dagen*, 15. Juni (Nr. 162).

150 15 **Wenn man ... ihre Eltern totschlagen**] Quelle nicht identifiziert.

150 29 **»Schreibe« sprach jene Stimme ... 16. Bd. p. 114**] Zitat aus *Johann Gottfried von Herder's sämmtliche Werke. Zur schönen Litteratur und Kunst* Bd. 1-20, Stuttgart und Tübingen 1827-1830, Ktl. 1685-1694; Bd. 16, 1829, p. 114. – **Herder:** Johann Gottfried von Herder (1744-1803), dt. Polyhistor, Theologe, Kritiker und Philologe.

150m 1 **denselben Band ... Bischof Synesius**] cf. *Herder's Werke. Zur schönen Litteratur und Kunst* (→ 150,29), Bd. 16, pp. 9-11; *SKS-E.* – **Synesius:** cf. Herders Anmerkung zum Gedicht, p. 9: »Synesius ward im Jahr 410 Bischof zu Ptolemais, und bedung sich dabei ausdrücklich, daß er weder seine Frau verlassen, noch eine Auferstehung des Leibes glauben dürfe. Seine Hymnen sowohl als seine andern Schriften sind ein Gemisch des Christenthums und der Alexandrinischen Philosophie, in welcher *Hypatia* seine Lehrerinn gewesen war.«

151 2 **Ilithyia**] in der röm. Mythologie ein Beiname der Göttin Diana (→ 249,26), der ihre Funktion als Geburtshelferin betont, cf. z.B. den Artikel »ILITHYIA« in Paul Fr. A. Nitsch *Neues mythologisches Wörterbuch* (→ 5,17), Bd. 2, pp. 23-28. Ilithyía wird auch als eigene Göttin dargestellt, dann als Tochter der Diana.

3 **Wenn sie mit ... nicht gebären**] bezieht sich auf die Erzählung von Ilithyías Versuch, die Geburt des Herkules zu verzögern und damit Alkmenes Geburtsschmerzen zu vergrößern, cf. Ovid *Metamorphoses*, 9. Gesang, v. 299f., in *P. Ovidii Nasonis opera quae supersunt*, hg. von A. Richter, Stereotypausgabe, Bd. 1-3, Leipzig 1828, Ktl. 1265; Bd. 2, p. 199.

151 20 **meine Antigone**] bezieht sich auf SKs eigene Behandlung der Antigone im Manuskript »Der

Reflex des antiken Tragischen im modernen Tragischen«, das zu diesem Zeitpunkt abgeschlossen war und später in den ersten Teil von *Entweder – Oder* (→ 161,17) einging, cf. *SKS* 2, 137-162 / *GW1 EO1*, 147-176 und den editorischen Bericht, *SKS* K2-3, 38-58. – **Antigone:** Tochter der thebanischen Sagengestalt König Ödipus, u.a. dargestellt von Sophokles (ca. 496-406 v.Chr.) in der gleichnamigen Tragödie. *Antigone* wird meist im Zusammenhang mit Sophokles' Tragödien *Oedipus rex* und *Oedipus Coloneus* betrachtet. SK besaß sowohl eine gr. Ausgabe von Sophokles' Werken, *Sophoclis Tragoediae*, hg. von C. H. Weise, Bd. 1-2, Leipzig 1841, Ktl. 1201, als auch eine dt. Übersetzung, *Sophokles*, übers. von J. J. Donner, Heidelberg 1839, Ktl. 1202.

1 152 **Novelle ... fingierte Namen**] Die Novelle avancierte in den 1820ern und stärker noch in den 1830ern zu einem der populärsten literarischen Genres in Dänemark. Sie entwickelte eine eigene, zum Teil von der dt. Novelle abweichende Form. Zu ihren wichtigsten Vertretern zählen Schriftsteller wie Carl Bernhard (Pseudonym von A. de Saint-Aubain), St. St. Blicher und »Forfatteren til ›En Hverdags-Historie‹« [Der Verfasser von ›Eine Alltagsgeschichte‹] (Pseudonym von Thomasine Gyllembourg). Sowohl in Carl Bernhards Novellen als auch in den »Alltagsgeschichten« waren Schauplatz und Personentypen für die Kopenhagener Bürgerschaft wiedererkennbar, und Thomasine Gyllembourg forderte die Neugier ihrer Leser bewusst heraus, indem sie den »fingierten Namen« den Anschein der Wirklichkeit verlieh; so lässt sie z.B. in *Kjøbenhavns flyvende Post. Interimsblade* (redigiert von ihrem Sohn J. L. Heiberg) in ein Feuilleton das Schreiben eines gewissen »Christian« einrücken, worin dieser die unvorteilhafte Charakteristik eines ehrgeizigen und berechnenden Kopenhagener Mädchens namens »Mathilde F.« gibt (Nr. 25-26, 21. bzw. 26. September 1834, cf. Ktl. 1607).

2 152m **Aeschulus**] Aischylos (525-456 v.Chr.), gr. Tragödiendichter; von seinen 90 Tragödien sind sieben überliefert, darunter die *Orestie*, die einzige uns erhaltene antike Trilogie, cf. z.B. *Des Aischy-*

los Werke, übers. von J. G. Droysen, 2. Ausg., Berlin 1842 [1832], Ktl. 1046.

6 **Arist. Ethik 3,2**] Aristoteles *Die nikomachische Ethik*, 3. Buch, Kap. 2 (1111a 8-10). Aristoteles erwägt dort, inwiefern Unwissenheit eine freie Handlung entschuldigen kann, cf. »Die Sittenlehre des Aristoteles« in *Die Ethik des Aristoteles*, übers. und kommentiert von C. Garve, Bd. 1-2, Breslau 1798-1801, Ktl. 1082-1083; Bd. 2, p. 12: »Wenn z.B. jemand etwas sagt, so kann er vielleicht nicht wissen, daß das, was er sagt, ein Geheimniß sey, – so wie es dem Aeschylus in Absicht der Mysterien gegangen seyn soll.« In seinem Kommentar hierzu schreibt Garve in der Anm. pp. 12f.: »Der tragische Dichter Aeschylus soll in einigen seiner Stücke, wovon aber keines mehr vorhanden ist, einige von den geheimen Lehren oder Gebräuchen der Eleusinischen Mysterien bekannt gemacht haben: – worüber das Atheniensische Volk so aufgebracht war, daß es ihn im Theater steinigen wollte. Er floh zum Altar des Bacchus, und der Areopagus, welcher über die Entweihung der Mysterien zu richten hatte, entschied, ›daß er nicht deßhalb unverhört ums Leben gebracht werden dürfe; besonders da er läugnete, daß ihm die Verpflichtung, die Sachen welche er gesagt hatte, geheim halten, bekannt gewesen wäre.‹ Im Grunde aber wollten die Richter ihm dadurch nur Zeit geben, zu entfliehen: – und diese Nachsicht hatte er seinem tapfern Betragen in der Marathonischen Schlacht, und den Verdiensten seines Bruders zu danken, der in eben dieser Schlacht beyde Hände verlohren hatte.« – **Arist.:** Aristoteles von Stageira (384-322 v.Chr.), gr. Philosoph, Logiker und Naturforscher. In seiner privaten Bibliothek hatte SK verschiedene Ausgaben von Aristoteles' gesammelten Werken, cf. *Aristotelis Opera cum Averrois commentariis* Bd. 1-9, Venedig 1562-1574 (Ktl. 1056-1068), *Aristotelis Opera omnia graece* Bd. 1-5, hg. von J. T. Buhle, Zweibrücken 1791-1797 (Ktl. 1069-1073), *Aristoteles Graece*, hg. von I. Bekker, Bd. 1-2, Berlin 1831 (Ktl. 1074-1075), und *Aristotelis Latine*, hg. von I. Bekker, Berlin 1831 (Ktl. 1076).

152 12 **Inter accidentia sola ... Cartesius de methode p. 1**] lat., ›Nur bei den Akzidenzien, nicht aber

bei den substanziellen Formen der Individuen derselben Art gibt es ein Mehr oder Weniger‹. Zitat aus *Dissertatio de methodo* (frz. 1637, lat. 1644), in *Renati Des-Cartes opera philosophica* Bd. 1-4, 6. Elzevier-Ausg., Amsterdam 1677-1678 (Bd. 1, 1678, Bd. 2-4, 1677) [1644], Ktl. 473; Bd. 3, p. 1. – **Cartesius:** lat. Name für René Descartes (1596-1650), frz. Philosoph, Mathematiker und Naturforscher.

Cartesius hat ... niedergelegt] bezieht sich auf 16 152 Descartes *Meditationes de prima philosophia* (lat. 1641, frz. 1647), cf. *Renati Des-Cartes opera philosophica* (→ 152,12), Bd. 1. Das Werk ist eingeteilt in sechs Meditationen.

Systeme zu schreiben] Seit Descartes wird Phi- 18 losophie im Allgemeinen bestimmt als eine Totalanschauung, die in einem vollständigen System zu formulieren ist; mit »Systemen« verweist SK wohl besonders auf Spinoza (→ 208,17), Leibniz (→ 154,23), Kant (→ 204,10), Schelling (→ 198,24) und nicht zuletzt auf Hegel und seine Schüler (→ 200,1), die behaupteten, dass die Philosophie sich nur in einem System wissenschaftlich darstellen lässt.

Solons Satz ... er lebt] bezieht sich auf die Ge- 24 152 schichte vom reichen und mächtigen lydischen König Kroisos, über den in Herodots *Historien*, 1. Buch, Kap. 32, berichtet wird, dass er einst den weisen Solon von Athen fragte, ob ihn dieser nicht für glücklich halte. Auf diese Frage antwortete Solon: »Vor seinem Ende aber muß man sich wohl hüten, daß man saget, er sei glückselig, sondern nur, es gehe ihm wohl«, *Die Geschichten des Herodotos*, übers. von F. Lange, Bd. 1-2, Berlin 1811-1812, Ktl. 1117; Bd. 1, p. 19.

opposita juxta se posita magis illucescunt] lat. 31 152 [eigentl. »ellucescunt«], ›Gegensätze, die man nebeneinanderstellt, treten schärfer ans Licht‹; allg. Lehrsatz der klassischen Rhetorik.

Heraklit] gr. Denker (ca. 540-480 v.Chr.), der sich 7 153 dadurch auszeichnet, dass er seine Gedanken in aufeinander bezogenen Antithesen formuliert.

Empedokles ... vom Ähnlichen angezogen 9 **wird**] gr. Naturphilosoph aus Agrigent auf Sizilien (ca. 490-430 v.Chr.), der seine Kosmologie in dem fragmentarisch überlieferten Lehrgedicht *Über die Natur* entfaltet hat.

11 **Arist. Ethik 8,2]** Aristoteles *Die nikomachische Ethik* (→ 152m,6), 8. Buch, Kap. 2 (1155a 32 - 1156a 5). Aristoteles behandelt hier die Frage, ob Freunde durch Neigung für das Gleiche oder das Widerstreitende vereinigt werden. Cf. »Die Sittenlehre des Aristoteles« in *Die Ethik des Aristoteles* (→ 152m,6), Bd. 2, p. 431 (1155b 4-6): »Sie führen ferner den Heraklit an, welcher sagt, daß das, was einander entgegen steht, auch einander nützlich sey, daß nur aus Dingen, die von einander entfernt sind, eine schöne Harmonie werden könne, und daß alles durch den Streit der Elemente sey hervorgebracht worden. / Diesem widersprechen Empedokles und andere, welche behaupten, daß jede Sache von der ihr ähnlichen angezogen werde und sie wechselweise anziehe.«

153 14 **in natura]** lat., ›im natürlichen Zustand‹; ›in Naturalien‹.

153 24 **Philostratus Leben des Apollonius v. Tyana p. 185]** *Leben des Apollonius von Tyana*, 1. Buch, Kap. 15, in *Flavius Philostratus, des Aeltern, Werke*, übers. von H. F. Jacobs, Bd. 1-5 mit fortlaufender Paginierung (in *Griechische Prosaiker in neuen Uebersetzungen*, hg. von G. L. F. Tafel, C. N. von Osiander und G. Schwab, Bd. 25, Bd. 48, Bd. 66, Bd. 106 und Bd. 111), Stuttgart 1828-1832, Ktl. 1143; Bd. 2, 1829, p. 185: »Da war nun jedes Alter gegen den Statthalter aufgeregt, und sie griffen zum Feuer gegen ihn, ob er gleich Schutz bei den kaiserlichen Standbildern suchte, die damals furchtbarer und unverletzlicher waren, als selbst Zeus in Olympia; denn es waren Bilder des Tiberius, unter dem ein Mann des Majestätsverbrechens schuldig befunden wurde, der seinen Sclaven geschlagen hatte, welcher eine silberne Drachme mit dem ausgeprägten Bilde des Kaisers bei sich trug.« Cf. hierzu die Fußnote: »Schutz bei den Standbildern der Herrscher zu suchen, war, wie es scheint, unter den Ptolemäern gebräuchlich geworden; in Rom kam es unter August auf. Antoninus Pius verbot es. Von der tyrannischen Ausdehnung, mit der unter Ti-

berius das Majestätsgesetz gehandhabt wurde, gibt *Suetonius (vita Tiber.* 58.) Beispiele, welche den hier erwähnten nicht nachstehen.« – **Philostratus:** Flavius Philostratus oder Philostratus der Ältere (ca. 170-245), gr. Sophist und Rhetor, der sich unter Kaiser Septimus Severus am Hof in Rom aufhielt, wo er u.a. die Werke *Apollonius von Tyana* und *Heldengeschichten* (→ 158,13) verfasste, die SK beide in dt. Übers. besaß. – **Apollonius v. Tyana:** Apollonios von Tyana in Kappadokien (1. Jh. n.Chr.), gr. Philosoph, Angehöriger der neupythagoreischen Schule, die die Präexistenz der Seele behauptet.

Suetonius vita Tiberii 58] Suetons Biographie 26 des röm. Kaisers Tiberius Claudius Nero, § 58. Der röm. Geschichtsschreiber Gajus Tranquillus Suetonius (geb. ca. 70) beschrieb in *De vita Caesarum* das Leben der zwölf röm. Kaiser von Caesar bis Domitian und behandelte ausführlich deren Ausschweifungen, cf. z.B. *Caji Svetonii Tranqvilli Tolv første Romerske Keiseres Levnetsbeskrivelse*, übers. von J. Baden, Bd. 1-2, Kph. 1802-1803, Ktl. 1281 (*Romerske Keiseres Levnetsbeskrivelse*).

Aristoteles' Politik 5,4 ... Tempelräuber verur- 30 153 **teilt]** etwas freiere Übersetzung aus Aristoteles *Politik*, 5. Buch, Kap. 4 (1303b 37 - 1304a 4); vermutlich nach *Die Politik des Aristoteles*, übers. von C. Garve, hg. und kommentiert von G. G. Fülleborn, Bd. 1-2, Breslau 1799-1802, Ktl. 1088-1089; Bd. 1, pp. 407f.; *SKS-E.* Diese Passage findet Eingang in *Furcht und Zittern* (1843), »Problema III«, *SKS* 4, 178 / *GW1 FZ* 99f.

Aristoteles' Ethik 5. Buch Kap. 10] Fehler für 9 154 Aristoteles (→ 152m,6) *Politik*, 5. Buch, Kap. 10 (1311a 28 - 1312a 11). Cf. *Die Politik des Aristoteles* (→ 153,30), Bd. 1, pp. 460-466; *SKS-E.*

Derart begeistert sollte man ... Garve p. 468] 14 154 übers. Zitat aus Aristoteles' (→ 152m,6) *Politik* (1312a 33-39), 5. Buch, Kap. 10, in *Die Politik des Aristoteles* (→ 153,30), Bd. 1, p. 468; *SKS-E.* – **Dion:** syrakusischer Staatsmann (geb. 409 v.Chr.), berühmt für den Versuch einer Umsetzung von Platons Staatsgedanken, 366 v.Chr. von Dionysios dem Jüngeren vertrieben, den er wiederum nach der Landung eines Söldnerheers 357 v.Chr. vertrieb. – **Dionys**: Dionysios der Jüngere, Tyrann von Syrakus 367-356 v.Chr., bis er von Dion vertrieben wurde, erneut Tyrann 346-343 v.Chr. – **Garve**: Christian Garve (1742-1798), dt. Philosoph, Essayist und Übersetzer.

154   23   **Leibnitz**] Gottfried Wilhelm Leibniz (1646-1716), dt. Philosoph und Polyhistor.

23   **am Anfang der Theodizee**] cf. *Essais de Théodicée sur la Bonté de Dieu, la Liberté de l'Homme et l'Origine du Mal*, in *God. Guil. Leibnitii opera philosophica, quae exstant*, hg. von J. E. Erdmann, Bd. 1-2 (mit fortlaufender Paginierung), Berlin 1839-1840, Ktl. 620 (*Opera philosophica*); Bd. 2, p. 470, Sp. 1: »Il y a deux Labyrinthes fameux, ou notre Raison s'égare bien souvent: l'un regarde la grande Question *du Libre et du Nécessaire*, surtout dans la production et dans l'Orgine du *Mal*; l'autre consiste dans la discussion *de la Continuité, et des indivisibles*, qui en paroissent les Élemens, et où doit entrer la considération de l'*Infini*. Le premier embarasse presque tout le Genrehumain, l'autre n'exerce que les Philosophes.« Cf. auch *Herrn Gottfried Wilhelms, Freyherrn von Leibnitz, Theodicee, das ist, Versuch von der Güte Gottes, Freyheit des Menschen, und vom Ursprunge des Bösen*, hg. von J. C. Gottsched, 5. Ausg., Hannover und Leipzig 1763 [1710], Ktl. 619 (*Theodicee*), p. 72; *SKS-E*.

154   29   **la raison paresseuse**] frz., ›die faule Vernunft‹.

30   **Erdmanns Ausgabe p. 470, zweite Spalte**] Leibniz *Opera philosophica* (→ 154,23), Bd. 2, p. 470, Sp. 2: »Les hommes presque de tout tems ont été troublés par un sophisme, que les Anciens appelloient *la Raison paresseuse*, parce qu'il alloit à ne rien faire, ou du moins à n'avoir soin de rien, et à ne suivre que le penchant des plaisirs présens.« Cf. *Theodicee* (→ 154,23), p. 73, wo Gottsched »la Raison paresseuse« übersetzt mit »die faule Vernunft«.

31   **Chrysipp ... 4. Bd. p. 300**] W. G. Tennemann *Geschichte der Philosophie* Bd. 1-11, Leipzig 1798-1819, Ktl. 815-826; Bd. 4, 1803, p. 300: »Der erste Einwurf gegen das Fatum bestand darinn, daß dadurch alle vernünftige Thätigkeit des Menschen, wo nicht unmöglich, doch vergeblich ge-

macht werde. Denn wenn es durch das Schicksal verhängt sey, daß ein Kranker wieder gesund werde, so moge er Arzneymittel nehmen und vernünftige Lebensordnung halten, oder nicht, er werde doch gesund werden, so wie im entgegengesetzten Falle er auch bey Anwendung der besten Mittel doch sterben müsse. Diesen Trugschluß der faulen Vernunft (αϱγος λογος), widerlegte Chrysipp treffend dadurch, daß er zeigte, daß dieses eine bedingte Begebenheit ist, welche ohne ihre Bedingung nicht wirklich werden kann; daß wenn also die Begebenheit durch das Schicksal verhängt ist, auch in dem Weltplan auf die Bedingung gerechnet sey; daß also kein blindes, sondern verständiges Schicksal anzunehmen sey, durch welches keine selbständige Bestimmung zu vernünftiger Thätigkeit, keine Wahl vernünftiger Mittel zu den vorgesetzten Zwecken verworfen werde.« – **Tennemann:** Wilhelm Gottlieb Tennemann (1761-1819), dt. Philosoph, 1798 außerordentlicher Prof. in Jena, 1804 ordentlicher Prof. in Marburg. – **Chrysipp:** Chrysippos von Soloi in Kilikien (ca. 281 - ca. 208 v.Chr.), gr. stoischer Philosoph, bedeutender Logiker der Antike.

p. 518 § 55 ... sophisma pigrum] Leibniz *Opera*   1   154m *philosophica* (→ 154,23), Bd. 2, p. 518, Sp. 1: »Cette considération fait tomber en même tems ce qui étoit appellé des Anciens *le sophisme paresseux* (αϱγος λογος) qui concluoit a ne rien faire: car (disoit-on) si ce que je demande doit arriver, il arrivera, quand je ne ferois rien«. – **le sophisme paresseux:** frz., ›der faule Trugschluss‹. – **(αϱγος λογος):** gr., das Argument der Passivität, das im Zusammenhang der Diskussion des Wahrheitswertes von Aussagen über die Zukunft verwendet wird, demzufolge es sinnlos sei, etwas zu tun oder zu unterlassen, wenn durch ein Schicksal alles festgelegt sei. – **sophisma pigrum:** in der dt. Übersetzung der *Theodicee* (→ 154,23), § 55, p. 166, wird dieser lat. Ausdruck zur Wiedergabe von Leibniz' frz. Form »le sophisme paresseux« verwendet.

Vindex rebellierte unter Nero] Während des   2   155 ersten, missglückten Aufstands gegen Nero (röm. Kaiser 54-68 n.Chr.) 68 n.Chr. wurde der röm. Statthalter Vindex von den Truppen in Gallien zum Kaiser ausgerufen.

7 **Philostratus ... p. 430 in Übersetzung ... Vit. Ner. 41]** *Leben des Apollonius von Tyana*, 5. Buch, Kap. 10, in *Flavius Philostratus, des Aeltern, Werke* (→ 153,24), Bd. 3, 1830, p. 430: »Während Nero in Achaja sang, regte Vindex die Hesperischen Völker gegen ihn auf; ein Mann, welcher die Saiten, die Nero so unverständig schlug, wohl zu zerreißen vermochte. So hielt er eine Rede gegen ihn an das Heer, über das er gesetzt war, dergleichen nur eine edle Philosophie über einen Tyrannen eingeben kann. Er sagte darin, Nero sey Alles eher als ein Citharöde, und mehr ein Citharöde als ein König.« Und in der Fußnote ibid.: »Von der Verschwörung des Vindex gegen Nero s.[iehe] *Dio Cass.* LXIII, 22-24., wo auch eine seiner Reden angeführt wird, die Einiges von Dem enthält, was Philostratus hier anführt. Von Allem, was V. gegen ihn gesagt hatte, kränkte ihn nichts so sehr, als der Vorwurf, daß er ein schlechter Citharöde sey. *Sueton. Vit. Ner.* 41.« – **Dio Cassius LXIII, 22-24:** 63. Buch, Kap. 22-24, in *Römische Geschichte* des gr. Historikers und röm. Konsuls Dion Cassius (ca. 150-235), cf. *Cassius Dio's Römische Geschichte*, übers. von L. Tafel, Bd. 1-13 mit fortlaufender Paginierung (in *Griechische Prosaiker in neuen Uebersetzungen*, hg. von G. L. F. Tafel, C. N. von Osiander und G. Schwab), Stuttgart 1831-1839, laut Rechnung gekauft bei Buchhändler Philipsen am 16. Januar 1843 (KA, D pk. 7 læg 7), Ktl. 1098-1100; Bd. 12, 1839, pp. 1486-1488. – **Sveton. Vit. Ner. 41:** Suetons Nero-Biographie (auch genannt »Tiberius Claudius Drusus Caesar«), § 41, in seinem Werk *De vita Caesarum* (→ 153,26).

155 12 **Der Augustiner-General ... tortor infantum]** Gregor von Rimini (ca. 1300-1358), Augustinergeneral (d.h. Oberbefehlshaber im Mönchsorden der Augustiner), hielt Vorlesungen in Paris und ab 1351 in Rimini; er behauptete, dass ungetaufte Kinder in die Hölle kommen, während diese nach allg. katholischer Auffassung in eine Vorhölle kommen, wo weder Qual noch Seligkeit herrschen. – **tortor infantum:** (→ 155,14).

14 **Leibnitz Theodizee 1., § 92]** Leibniz (→ 154,23) *Theodicee* (→ 154,23), 1. Teil, § 92, p. 210: »Grego-

rius von Rimini, General der Augustiner, ist mit wenigen andern, wider die von den Schulen seiner Zeit angenommene Meynung, dem heil. *Augustin* gefolget, und deswegen der Henker der Kinder (*Tortor infantum*) genennet worden.«

Johan Davidius ... Veridicus Christianus] J. 16 15E David *Veridicus Christianus, seu de fidei christianae capitibus*, Antwerpen 1601. Johannes David (1546-1613), belgischer Theologe, trat 1581 in den Jesuitenorden ein.

eine Bibliomantie ist, worin man aufschlagen 17 **kann]** zu Bibliomantie (Einholung von Rat mittels zufällig aufgeschlagener Buchstellen) verwendetes Buch.

Leibnitz Theod. 1, 101] Leibniz (→ 154,23) *Theo*- 20 *dicee* (→ 154,23), 1. Teil, § 101, p. 220: »Der Pater *Johann Davidius*, ein Jesuit, hat ein Buch geschrieben, unter dem Titel: *Veridicus Christianus;* welches gleichsam eine Art einer *Bibliomantie* ist, darinnen man die Stellen, zur Nachahmung des *Tolle Lege* des heiligen *Augustins* [*Conf.* 8,12] von ungefehr erwählet: und es ist gleichsam ein andächtiges Spiel.«

die Gomaristen] Anhänger von Franciscus Go- 22 15E marus (1563-1641), reformierter Theologe, der ein streng orthodoxes Verständnis des Dogmas von Gottes Gnade als allein entscheidend für das Heil des einzelnen Menschen vertrat; die Gomaristen bewirkten, dass ihr weniger dogmatischer Widerpart, die Remonstranten oder Arminianer, aus der reformierten Kirche ausgewiesen wurden.

fur praedestinatus] *Fur praedestinatus*, London 22 1651, vermutlich verfasst vom engl. Erzbischof William Sancroft.

Leibnitz Theodiz. § 167] cf. Leibniz *Theodicee* 23 (→ 154,23), 2. Teil, § 167, p. 330: »Es kam zu eben der Zeit eine sinnreiche Satire wider die *Gomaristen* heraus, unter dem Titel: *Fur praedestinatus, der prädestinirte Dieb;* in der man einen zum Galgen verdammten Dieb einführet, der alle seine Gottlosigkeiten Gott zuschreibt, und seiner bösen Thaten ungeachtet, dennoch glaubet, daß er zur Seligkeit auserwählet sey; der sich einbildet, er habe an diesem Glauben schon genug, und einen Contraremonstrantischen Prediger, der ihn zum Tode bereiten soll, mit *argumentis ad hominem* widerlegt. Allein dieser Dieb wird endlich durch einen alten, wegen der *arminianischen* Lehre abgesetzten Prediger bekehret; welchen der Stockmeister aus Mitleiden mit dem armen Sünder, und mit der Schwachheit des Predigers, heimlich zu ihm geführet hatte. Man hat zwar auf diese Spottschrift geantwortet: allein die Antworten auf dergleichen satirische Schriften sind nie so angenehm, als die Satiren selbst.«

155 25 **Roman ... Mademoiselle de Scudéry]** cf. Leibniz (→ 154,23), *Opera philosophica* (→ 154,23), Bd. 2, p. 557, Sp. 1, wo Leibniz Spinozas Determinismus (→ 140,23) diskutiert. In diesem Zusammenhang bezweifelt er, dass ein Determinist behaupten würde, eine Möglichkeit, wie sie z.B. in einem Roman geschildert werden kann, müsse notwendigerweise Wirklichkeit sein, gewesen sein oder werden, obgleich nicht zu leugnen ist, dass Mademoiselle de Scudérys (wirklichkeitsferne) Romane möglich sind: »Je ne crois point qu'un Spinosiste dise que tous les romans qu'on peut imaginer, existent réellement à présent, ou ont existé, ou existeront encore dans quelque endroit de l'Univers: cependant on ne sauroit nier que des Romans, comme ceux de Mademoiselle de Scudéry, ou comme l'Octavia, ne soient possibles.« Erwähnt wird also nicht ein Roman mit dem Titel »Mademoiselle de Scudéry«, sondern die Schriftstellerin dieses Namens. Cf. Gottscheds dt. Übersetzung der *Theodicee* (→ 154,23), p. 344; *SKS-E*. – **Mademoiselle de Scudéry:** Madeleine de Scudéry (1607-1701), frz. Schriftstellerin, schrieb zahlreiche Romane, die zwar populär, aber auch wegen übertriebener Empfindsamkeit berüchtigt waren.

27 **Hoffmanns bekannte Erzählung]** »Das Fräulein von Scuderi. Erzählung aus dem Zeitalter Ludwig des Vierzehnten«, geht in den Novellenzyklus *Die Serapionsbrüder* (1819-1821) ein, nachgedruckt in *E. T. A. Hoffmann's ausgewählte Schriften* Bd. 1-10, Berlin 1827-28, Ktl. 1712-1716; Bd. 1-4; Bd. 3, pp. 177-259.

156 1 **Augustus]** röm. Kaiser (23 v.Chr. - 14 n.Chr.).
3 **plaudite]** lat., ›klatscht!‹. In röm. Komödien die abschließende Aufforderung an das Publikum,

Beifall zu spenden; cf. Leibniz *Theodicee* (→ 154,23), 3. Teil, § 261, p. 400

Sveton führt ihn an] cf. z.B. Sueton *Romerske* 3 *Keiseres Levnetsbeskrivelse* (→ 153,26), Bd. 1, pp. 195f.

Δοτε κροτον ... Theod. § 261] gr., ›Klatscht Bei- 4 fall und stampft alle vor Vergnügen‹. SK zitiert ohne diakritische Zeichen aus ¨eibniz *Theodicee* (→ 154,23), 3. Teil, § 261, p. 400. wo Leibniz das gr. Zitat mit Verweis auf Sueton wiedergibt.

Apollonius von Tyana] → 153,24. 8 156
des Satzes, sich selbst zu erkennen] Inschrift 9 auf dem bekanntesten Apollontempel in Delphi: γνωϑι σεαυτον. Diese Worte wurden u.a. Thales von Milet und dem spartanischen Gesetzgeber Chilon zugeschrieben. Cf. 1. Buch, Kap. 39f., in *Diogen Laërtses filosofiske Historie, eller: navnkundige Filosofers Levnet, Meninger og sindrige Udsagn, i ti Bøger*, übers. von B. Riisbrigh, hg. von B. Thorlacius, Bd. 1-2, Kph. 1812, Ktl. 1110-1111; Bd. 1, p. 16 (Diogenes Laertius *Leben und Meinungen berühmter Philosophen*, übers. von Otto Apelt, 3. Aufl., Hamburg 1998, Bd. 1, p. 22: »Von ihm [Thales] stammt das Erkenne dich selbst her, das Antisthenes in seinen Philosophenfolgen (Diadochae) der Phemonoe zuschreibt; von ihr habe es Chilon sich zu eigen gemacht«). Das Diktum wurde übrigens von Ovid dem Pythagoras und von Plutarch dem Äsop zugeschrieben, cf. L. Moréri *Le Grand Dictionnaire historique* (→ 47,3), Bd. 6, p. 230.

Pythagoras] gr. Mathematiker und Philosoph 12 (ca. 570-497 v.Chr.).

6. Buch, 11 p. 500] 6. Buch, Kap 11, in *Leben des* 1 156m *Apollonius von Tyana*, in Flavius Philostratus, *des Aeltern, Werke* (→ 153,24), Bd. 3, 1830, p. 500: »Denn da ich in Pythagoras Lehre Großes erkannte, und daß er durch geheimnißvolle Weisheit nicht bloß wußte, Wer er sey, sondern auch, Wer er gewesen sey [...] so eilte ich seiner Lehre zu«.

Heraklits] → 153,7. 3

Heraklit hatte gesagt ... einmal tun] cf. z.B. 3 W. G. Tennemann *Geschichte der Philosophie* (→ 154,31), Bd. 1, p. 220.

einem eleatischen Satz, der die Bewegung 13 **leugnet]** Die eleatische Schule ist benannt nach

der ionisch-gr. Kolonie Elea (heute Velia) an der
südital. Westküste; die Schule war eine der ältesten im gr. Großreich und wurde ca. 540 v.Chr.
vom Philosophen Xenophanes von Kolophon
gegründet, der wegen seiner Zweifel an der Gültigkeit menschlicher Erkenntnis oft als erster
Skeptiker bezeichnet wird. Weiterentwickelt
wurde die eleatische Skepsis v.a. von Parmenides und dessen Schülern, Zenon und Melissos,
die sich im Anschluss an ihren Lehrmeister mittels paradoxaler Aussagen über die Unteilbar-
keit des Seienden und die Unmöglichkeit jeder
Form von Bewegung ausdrückten. Cf. W. G.
Tennemann *Geschichte der Philosophie* (→ 154,*31*),
Bd. 1, pp. 150-153.

156 25 **der Hyperboreer Abaris**] ein apollinischer
Priester, cf. z.B. O. Wolff *Historisk Ordbog* Bd.
1-11, Kph. 1807-1819; Bd. 1, p. 6. – **Hyperboreer:**
in der antiken Mythologie ein Volk, das hoch im
Norden wohnte, ›jenseits des Boreas‹, d.h. jenseits des als Gott personifizierten Nordwinds.

27 **Herodot IV, 36**] 4. Buch, Kap. 36 in *Die Geschichten des Herodotos* (→ 152,*24*), Bd. 1, p. 326: »Und
so viel von den Hyperboreern; denn die Geschichte von dem Abaris, der auch ein Hyperboreer sein soll, erzähl' ich gar nicht, nämlich daß
er mit dem Pfeil um die ganze Erde gegangen,
ohne etwas zu essen.«

156 29 **Cantantur haec ... lecta negliguntur**] lat., ›Man
singt es und man lobt es viel, / Man sagt's und
hört's in jedem Stil; / Man schreibt davon und
ließt es / Man ließt's und doch – vergisst es.‹.
Wörtliches Zitat aus Leibniz *Nouveaux Essais sur
l'Entendement Humain, par l'Autuer du Système de
l'Harmonie Préétablie* (1703), in *Opera philosophica*
(→ 154,*23*), Bd. 1, p. 216, Sp. 2.

157 17 **Königin Elisabeth ... mit dem Ring**] → 149,*25*.

157 32 **In Erasmus Montanus ... die Erde sei rund**]
bezieht sich auf L. Holbergs Komödie *Erasmus
Montanus eller Rasmus Berg* (1731): der Fronvogt
Jesper erzählt Jeronimus, dass sein zukünftiger
Schwiegersohn Erasmus Montanus »gar seltsame Glaubensmeinungen hat«, da dieser behauptet, »die Erde sei rund. Was soll ich dazu

sagen, Monsieur Jeronimus? das bedeutet doch
nichts anderes als alle Religion umzustürzen
und das Volk vom Glauben abzubringen. Ein
Heide könnte nicht schlimmer reden« (3. Akt, 4.
Szene). Hierauf verhört Jeronimus Erasmus:
»Mir wurde gesagt, dass Ihr solch eigenartige
Meinungen habt; die Leute müssen ja denken,
dass Ihr verrückt seid oder ganz katholisch im
Kopf; denn wie kann ein vernünftiger Mensch
auf die Torheit verfallen zu sagen, die Erde sei
rund« (3. Akt, 5. Szene). Nachdem sich Jeronimus von Erasmus' gottlosem Glauben, dass die
Erde rund sei, überzeugt hat, sagt er zu seiner
Tochter Lisbed: »Du musst wissen, mein Kind,
als er sich mit dir verlobte, war er ein anständi-
ger Mensch, und ein guter Christ; doch jetzt ist
er ein Ketzer und Schwärmer, der eher in eine
Litanei gehört als in Schwägerschaft mit uns«,
wonach er Erasmus versichert, »dass Ihr niemals meine Tochter bekommt, solange Ihr bei
Euren Irrtümern bleibt« (3. Akt, 6. Szene). Cf.
Den Danske Skue-Plads Bd. 1-7, Kph. 1758 oder
1788 [1731-1754], Ktl. 1566-1567; Bd. 5 (ohne Jah-
res- und Seitenzahl). *Erasmus Montanus eller Rasmus Berg* wurde Montag, den 19. Dezember 1842
am Königlichen Theater in Kopenhagen aufgeführt.

In Kings Werk ... 4. Abteilung] bezieht sich auf   1   158
Guilielmo King *De Origine Mali*, Bremen 1704,
Kap. 5, 4. Abschnitt, pp. 193-197. SK entnimmt
den Hinweis hierauf Leibniz' *Remarques sur le
Livre de l'Origine du Mal, publié depuis peu en Angleterre* (einer Diskussion von King *De Origine
Mali*), § 26, abgedruckt in *Opera philosophica*
(→ 154,*23*), Bd. 2, p. 651, Sp. 1, wo über ›un-
schickliche Wahl‹ berichtet wird: »qu'on ne doit
point choisir des choses impossibles, inconsis-
tantes, nuisibles, contraires à la Volonté Divine,
préoccupées par d'autres. Et l'Auteur [d.h. King]
remarque très-bien qu'en dérogeant sans besoin
à la félicité d'autrui, on choque la Volonté Divine, qui veut que tous soient heureux autant
qu'il se peut. J'en dirai autant de la IV. *Section*,
où il ist parlé de la source des élections indues,
qui sont l'erreur ou l'ignorance, a négligence, la
légéreté à changer trop facilement l'obstination
à ne pas changer à tems, et les mauvaises habi-

tudes; enfin l'importunité des appétits, qui nous poussent souvent mal à propos vers les choces externes.«

58 11 Erdmanns Ausgabe von Leibnitz p. 652, 2. Spalte] cf. Leibniz (→ 154,23) *Remarques sur le Livre de l'Origine du Mal, publié depuis peu en Angleterre,* § 27, abgedruckt in *Opera philosophica* (→ 154,23), Bd. 2, p. 652, Sp. 2:»Le Baron André Taifel Seigneur Autrichien, Cavallerizzo maggior de Ferdinand Archiduc d'Autriche, depuis Empereur second du nom faisant allusion à son nom (qui semble signifier un Diable en Allemand) prit pour Symbole un Diable ou Satyre, avec ce mot Espagnol, *mas perdido y menos arrepentido* [span., ›mehr verloren und weniger reuig‹], plus perdu, et moins repentant; ce qui marque une passion sans espérance, et dont on ne se peut détacher. Et cette devise a été répétée depuis par le Comte de Villamediana Espagnol, quand on le disoit amoureux de la Reine.«

58 13 Philostrat des Älteren ... auf zahmen die Früchte] übersetztes Zitat aus *Heldengeschichten,* in *Flavius Philostratus, des Aeltern, Werke* (→ 153,24), Bd. 1, p. 20: »An wilden Bäumen sind die Blüthen wohlriechend; an zahmen, die Früchte.« – **Philostrat des Älteren:** oder Flavius Philostratus (→ 153,24).

58 18 Als Amor ... das Geheimnis verrätst] bezieht sich auf die antike Sage von Amor und Psyche, die vom röm. Satiriker Lucius Apuleius (geb. ca. 125) nachgedichtet und zusammen mit vielen anderen Einschüben in sein Hauptwerk *Metamorphoses* 5,11,6, eingefügt wurde. Darin wird u.a. erzählt, wie Amor sich in die wunderschöne Psyche verliebt, sie aber nur nachts besucht und ihr verbietet, ihn anzusehen. Als er sich eines Nachts zurückzieht, gebietet er ihr wieder Schweigen und verrät ihr, dass sie schwanger ist: »Mit einem Kind, das göttlich, wenn du schweigst – / Doch menschlich, wen[n] du das Geheimniss zeigst.«; dies notiert sich SK in einem Entwurf zu *Entweder – Oder* (1843) in *Pap.* III B 179,42 aus *Amor und Psyche, freie metrische Bearbeitung nach dem Lateinischen des Apuleius,* übers. von J. Kehrein, Giessen 1834, Ktl. 1216, p.

40. SK besaß sowohl eine lat. als auch eine dt. Ausg. von Apuleius' Nachdichtung der Sage von Amor und Psyche, worin die Replik angeführt wird, cf. *Apuleii Fabula de Psyche et Cupidine,* hg. von J. C. Orellius, Turici 1833, Ktl. 1217, p. 19, Zeile 20-23.

Was ich vorhersage ... die Gabe der Prophe- 26 158 zeiung] übersetztes Zitat aus den *Satiren* des röm. Dichters Horaz, 2. Buch, Nr. 5, v. 59f. Das lat. Original lautet:»quidquid dicam, aut erit aut non: / Divinare etenim magnus mihi donat Apollo«, *Q. Horatii Flacci opera,* Stereotypausg., Leipzig 1828, Ktl. 1248, p. 211.

Tiresias] oder Teiresias, blinder gr. Wahrsager, 29 ursprünglich im 11. Gesang der *Odyssee* Homers, in dem Odysseus dessen Seele aus dem Totenreich heraufbeschwört, um eine Weissagung zu erhalten. Horaz' Satire ersinnt eine Fortsetzung dieses Gesprächs, richtet sich aber gegen die in Rom gerade ihr Unwesen treibenden Erbschleicher.

Diese Worte ... nach Bayle] cf. Leibniz *Theodi- 30 cee* (→ 154,23), 2. Teil, § 169, p. 335, wo Leibniz Bayle zitiert:»Man hat nicht ohne Grund diese Rede des Tiresias für auslachens würdig gehalten: *Alles was ich sagen werde, das wird entweder geschehen, oder nicht; denn der große Apollo giebt mir die Kraft zu prophezeihen.*« Leibniz zitiert nach dem Artikel »Epicurus« in P. Bayle *Dictionaire historique et critique,* cf. auch Leibniz *Opera philosophica* (→ 154,23), Bd. 2, p. 555, Sp. 1. – **Bayle:** Pierre Bayle (1647-1706), frz. Philosoph und Kritiker, Vorkämpfer für Meinungs- und Religionsfreiheit, gab 1695-1697 sein Hauptwerk *Dictionnaire historique et critique* heraus, das bis 1740 in mehreren erweiterten Ausgaben erschien; SK besaß eine dt. Übers. der letzten Ausgabe, cf. *Herrn Peter Baylens Historisches und Kritisches Wörterbuch,* übers. von J. C. Gottsched, Bd. 1-4, Leipzig 1741-1744, Ktl. 1961-1964.

παντως ... και οφθαλμοι βλεπωσιν] gr., ›denn 2 159 gewiss gibt es keinen, der dem Eros entgangen ist, und keiner wird ihm entgehen können, solange es Schönheit gibt, und Augen, die sehen‹. Zitat ohne diakritische Zeichen aus *Pastoralia* (→ 159,4), weshalb das letzte η als ῇ zu lesen ist.

4 **die letzten Worte der Vorrede zu Longi Pasto-ralia**] Longos »Daphnis und Chloë«, § 4 der Ein-leitung seiner *Pastoralia*, cf. *Longi Pastoralia graece et latine*, hg. von E. E. Seiler, Leipzig 1843, Ktl. 1128, p. 4.

159 6 **Abälard ... Heloise**] bezieht sich auf die be-kannte Liebesgeschichte zwischen dem frz. Phi-losophen und Theologen, Pierre Abélard (1079-1142), und Héloïse (ca. 1101-1164): Abälard traf Heloise in Paris, war hingerissen von ihr und bot ihrem Vormund und Onkel, Fulbert, an, sie zu unterrichten. Abälard zog als Hauslehrer ein, die beiden verliebten sich und gaben sich vorbe-haltslos ihrer Liebe hin, bis Fulbert vom Verhält-nis erfuhr; Heloise erwartete inzwischen ein Kind und die beiden Liebenden flüchteten. Um sich mit Fulbert zu versöhnen, heiratete Abälard Heloise, doch wurde die Ehe als ein Geheimnis behandelt. Als Abälard bald darauf Heloise als Gast in einem Kloster unterbrachte, glaubte Ful-bert, dass Abälard sich von seiner Ehefrau tren-nen wolle, und nahm Rache. Er heuerte einige Männer an, die eines Nachts bei Abälard einbra-chen und ihn entmannten. Danach suchte Abä-lard in einem Kloster Zuflucht, wurde später Abt und gründete ein Nonnenkloster, dessen Äbtissin die bis dahin als Nonne lebende He-loise wurde.

6 **Bossuets Geschichte, 6. Band p. 315 u.f.**] J. B. Bossuet *Einleitung in die allgemeine Geschichte der Welt, bis auf Kaiser Carl den Grossen für den ehema-ligen Dauphin von Frankreich abgefasst, uebersetzt und mit einem Anhange historisch-critischer Ab-handlungen vermehrt von Johann Andreas Cramer* Bd. 1-7 (Bd. 2-7 besteht aus Cramers 2.-7. Fort-setzung von Bossuets ursprünglichem Werk und trägt anders als Bd. 1 den Titel *Einleitung in die Geschichte der Welt und der Religion, fortgeset-zet von D. Johann Andreas Cramer*), Leipzig 1748-1786, Ktl. 1984-1990; Bd. 6, 1785, pp. 315-317; *SKS-E*. – Die angeführte Stelle findet sich in dem Kapitel »Ueber Peter Abélards Versuche, den Lehrbegrif der Religion seiner Zeit dialektisch zu erklären und zu beweisen«, pp. 309-411, da-rin die Biographie pp. 310-337. SKs Exemplar der *Einleitung in die Geschichte* ist nicht bekannt und daher auch nicht die Winke bezüglich Abä-

lards Leben, die er als für eine dramatische Be-handlung besonders geeignet angesehen und unterstrichen hat; da aber der übrige Teil der Biographie allein über Abälards theologische Karriere berichtet, darf als sicher gelten, dass SKs Unterstreichungen auf den angeführten Sei-ten zu finden sind. – **Bossuet:** Jacques Bénigne Bossuet (1627-1704), frz. Theologe, Rhetor, His-toriker und Rechtsgelehrter, gab ein Bischofs-amt auf, als ihm der König die Erziehung des Dauphins übertrug; als Lehrbuch für diesen schrieb er u.a. *Discours sur l'histoire universelle jusqu'à l'empire de Charlemagne* (1681), das von J. A. Cramer übersetzt wurde und Bd. 1, Teil 1, der *Einleitung in die Geschichte* bildet.

Heloise ... eifersüchtig auf seine philosophi-sche Ehre] Dies wird angedeutet in *Einleitung in die Geschichte* (→ 159,6), p. 316. 9

Erasmus Rotterodamus] Erasmus von Rotter-dam (1467 od. 1469-1536), holländischer Philo-loge und Philosoph. 13 15⁹

neque enim ... Stultitiae Laus p. 1] lat., ›mir ist 15 auch nicht unbekannt, wie übel von der Torheit auch die ärgsten Toren reden‹. SK zitiert aus *Desiderii Erasmi Roterodami ΜΩΡΙΑΣ ΕΓΚΩ-ΜΙΟΝ, sive Declamatio in laudem stultitiæ* [Eras-mus von Rotterdams Lob der Torheit oder Vor-trag zum Preise der Torheit], Leipzig 1702, Ktl. 478, p. 1.

eine Bittschrift an seine Majestät einbringen] 29 15⁹ Der König besaß laut höchstem Gericht des Reichs, dem Obersten Gericht, ein Prärogativ, durch welches er nach eigenem Gutdünken ei-nen verurteilten Verbrecher begnadigen konnte; er gebrauchte dieses Prärogativ für gewöhnlich, um Todesurteile zu kassieren, die dann durch eine lebenslange oder langjährige Freiheitsstrafe ersetzt wurden. Oft empfahl das Oberste Ge-richt selbst dem König, das Urteil durch eine Freiheitsstrafe zu ersetzen; war das nicht der Fall, konnte der Verurteilte oder einer seiner An-gehörigen beim König ein Begnadigungsgesuch einreichen.

Höchststrafe ... Hinrichtung] Laut *Christian V's* 1 16(*Danske Lov* (1683, hier übersetzt nach dem or-thographisch aktualisierten *Kong Christian den*

Femtes Danske Lov af det Iuridiske Fakultet giennemset, hg. von Bærens, Kph. 1797) war die höchste Strafe, und zwar für Majestätsverbrechen: »Ehre, Leben und Güter verwirkt zu haben, die rechte Hand ist ihm lebendigen Leibes abzuschlagen, der Körper zu teilen und zu rädern, und der Kopf zusammen mit der Hand auf eine Stange zu stecken« (6. Buch, Kap. 4, § 1). Einfache Todesstrafe, d.h. Hinrichtung ohne Rädern o.ä., stand für gewöhnlich auf Mord (6. Buch, Kap. 6). Wenn aber ein Mord in der Absicht der Selbsttötung durch die Todesstrafe begangen schien, wurde der Mörder laut Verordnung vom 18. Dezember 1767 gerade nicht zum Tode, sondern zu anderen, als passender empfundener Strafen verurteilt.

4 **der Prozess Geld kostet**] cf. P. G. Bang und J. E. Larsen *Systematisk Fremstilling af den danske Procesmaade* Bd. 1-5, Kph. 1841; Bd. 2, p. 481: »Unter *Prozesskosten im weiteren Sinne* verstand das Recht [*Danske Lov*] und verstehen die späteren Anordnungen noch all die Ausgaben, die von der Prozessführung herrühren, wie zum Beispiel Gerichtsgebühr, Stempelsteuer, Anwaltshonorar, Reisekosten, wozu noch Abgeltung für Aufwand und Zeitverlust der Partei durch den verursachten Prozess kommen.«

4 **Zeit kostet**] cf. Verordnung vom 3. Juni 1796 betreffend »Gehörige und schnelle Rechtspflege«, die begründet wurde mit Hinweis darauf, »dass die Beschwerden, die über die Langsamkeit des Rechtsgangs geführt werden, ebenso berechtigt wie verbreitet sind«. Trotz der Verordnung wurden die Rechtsprozesse weiterhin wegen Langsamkeit kritisiert.

9 **ohne Gesetz und Urteil hinrichten lassen kann**] Laut *Danske Lov* durfte niemand ohne »Gesetz und Urteil« verurteilt werden, doch gelegentlich setzte der König Kommissionsgerichtshöfe ohne Berufungsmöglichkeit ein, wie er sich auch gelegentlich das Recht vorbehielt, in die Rechtspflege einzugreifen.

10 **dem Gerichtsbescheid von 3 Instanzen**] bezieht sich auf den dreistufigen Instanzenzug der Gerichtsbarkeit. Seit 1771 gab es jedoch nur zwei Instanzen im Kopenhagener Rechtssystem. Erste Instanz war das Hof- und Stadtgericht (ab 1805 das Oberlandes- samt Hof- und Stadtge-

richt), zweite Instanz das Oberste Gericht (→ 182,32). Im übrigen Seeland gab es drei Instanzen, weil die lokalen Stadt- und Kreisgerichte den anderen noch vorgeschaltet waren.

Quod vero ... varietate p. 375] lat., ›Aristoteles 18 160 schreibt [*Historia Animalium*, 5. Buch, Kap. 5, 541a 27-29], dass (das Weibchen der Rebhühner) schon empfängt, wenn das Männchen über es hinwegfliegt, oder es nur dessen Stimme hört oder sogar nur dessen Hauch einatmet.‹ SK setzt *perdix* (lat., ›Rebhuhn‹) aus dem vorhergehenden Satz ein, zitiert aber ansonsten aus Hieronymus Cardanus *De Rerum Varietate, libri XVII*, Basel 1581 [1557], Ktl. 137, p. 375. – **Hieronymi Cardani:** Hieronymus Cardanus (1501-1576), ital. Mathematiker, Arzt und Philosoph.

Inter terrae miracula ... Micematichus ... Hie- 25 160 **ronymus Cardanus ... p. 57**] lat., ›Zu den sonderbaren Erscheinungen der Erde zählt deren Beben, worüber wir früher gesprochen haben. Je nach den Folgen des Erdbebens unterscheidet man vier verschiedene Typen: die chasmatischen, brasmatischen, clitimachischen und micematischen.‹ Teilweises Zitat aus Hieronymus Cardanus *De Rerum Varietate, libri XVII* (→ 160,18), p. 57, mit folgender Aufzählung der Erdbebentypen: »Chasmatichus, cùm perfoditur terra, atque dehiscit: succeditque lacus, aut specus. Brasmatichus, cùm attollitur: sic fiunt montes, eo in mari insulae nascuntur. Clitimachus, cùm euertuntur aedificia: ex hoc genere maximus, Traiani tempore, cùm euersa est ciuitas: eo ipse, ut ferunt, miraculo seruatus. Micematichus, cùm dum fit sonus maximus, exauditur.« [lat., ›Das Erdbeben heißt chasmatisch, wenn die Erde rissig wird und sich öffnet; daraufhin bildet sich dort ein See oder eine Höhle. Man nennt das Erdbeben brasmatisch, wenn sich die Erdkruste in die Luft erhebt; so entstehen Berge, und auf diese Weise bilden sich Inseln im Meer. Man nennt es clitimachisch, wenn Gebäude einstürzen. Zu Trajans Zeit gab es ein sehr kräftiges dieser Sorte, und die Stadt wurde in Trümmer gelegt; der Kaiser selbst soll nur durch ein Wunder daraus gerettet worden sein. Das Erdbeben heißt micematisch, wenn man nur ein sehr lautes Geräusch hört.‹]

161 1 **die Pythagoreer annahmen, dass εν sowohl περιττον als auch αρτιον ist]** cf. W. G. Tennemann *Geschichte der Philosophie* (→ 154,31), Bd. 1, p. 105: »Die Elemente der Zahlen sind das *Ungerade*, (περιττον) und *Gerade* (αρτιον), weil nehmlich alle Zahlen unter die zwei Klassen, gerade und ungerade, gebraucht werden können. *Eins* [εν] enthält beide Elemente, und daher ist sie gleichsam der Stamm, aus welchem alle Zahlen (wahrscheinlich durch Addition) entspringen. Die Eins selbst ist keine Zahl, denn jede Zahl ist eine Mehrheit von Einheiten.« – εν: gr., ›eins, das Eine‹. – περιττον: gr., ›ungerade (Zahl)‹. – αρτιον: gr., ›gerade (Zahl)‹ (→ 165,6). – **Pythagoreer:** eine philosophische Schule und eine religiös-kultische Gemeinschaft, die von Pythagoras in Süditalien gegründet und die im 4. Jh. aufgelöst wurde. Cf. W. G. Tennemann *Geschichte der Philosophie* Bd. 1, pp. 75-150.

2 **dem Sein gleich ... Nicht-Sein ist d.h. der Bewegung]** scheint am ehesten zu verweisen auf Poul Martin Møllers Diskussion der Wirkursache, die Aristoteles im 2. Buch, Kap. 3, der *Physik* (194b 29f.) einführt. Cf. *Efterladte Skrifter af Poul M. Møller* Bd. 1-3 (Bd. 1 hg. von Chr. Winther, Bd. 2-3 hg. von F. C. Olsen), Kph. 1839-1843, Ktl. 1574-1576; Bd. 2, 1842, p. 481: »Alle Wesen bestehen aus Materie und Form, aber wie werden diese zwei Elemente vereinigt; wie wird das, was als Anlage ist, wirklich? Diesen Übergang von Möglichkeit zu Wirklichkeit nennt Aristoteles *Bewegung* (κινησις [→ 299,29]) und meint, er habe damit die Schwierigkeiten beseitigt, die in der Bestimmung dieses Begriffs liegen: die Bewegung ist sowohl wirklich als auch nicht wirklich, da sie Übergang von Möglichkeit zu Wirklichkeit ist.« – **Poul Martin Møller:** dän. Schriftsteller und Philosoph (1794-1838), 1822 Adjunkt für Latein und Griechisch an der Metropolitanschule in Kopenhagen, 1826 Lektor und 1828 Prof. der Philosophie an der Universität in Kristiania (Oslo), von 1831 bis zu seinem Tod Prof. der Philosophie an der Universität in Kopenhagen, dort einer von SKs Lehrern. – **Bewegung:** → 164,28.

Hamann 8. Bd. p. 307. u.] cf. *Hamann's Schriften* 5 161 (→ 30m,1), Bd. 8,1, 1842, pp. 307f., die Anmerkung (d.h. Hamanns Anmerkungen zu Hesychius *Apologie des Ordens der Frey-Mäurer. Von dem Bruder **** Mitgliede der ** schottischen Loge zu P*. Neue ganz umgearbeitete und einzige authentische Ausgabe. Philadelphia, im Jahr 3882. d.i. 1778,* Berlin 1778, pp. 321 bzw. 323): »S. *321*. Nicht nur die Bekanntmachung, sondern so gar die Vernachläßigung der Mysterien wurde zu gewissen Zeiten zum strafbaren Verbrechen gemacht. Der verehrungswürdige Demonax, dessen Leben Lucian so schön beschrieben hat, wurde in Athen – – angeklagt, daß er – – unter allen Griechen (μόνος ἁπαντων) der einzige sey, der sich nicht in die Eleusinischen Geheimnisse habe einweihen lassen. (*Tom. I. Opp. Lucian. Amstel. 1687. p. 861.*) Die Athenienser, die sich vor seiner Vertheidigung schon mit Werkzeugen zur Steinigung versehen hatten, befriedigten sich doch zuletzt mit seiner Verantwortung, daß er sich in keinem Falle, die Myst. möchten nützlich oder schädlich seyn, einweihen lassen könnte, weil er sich zur Erfüllung der Bedingung, unter welcher sie mitgetheilet würden, unfähig fühlte. Wären sie nemlich nützlich; so würde er sie ausbreiten, um durch ihre Vortrefflichkeit alle Menschen zur Einweihung zu reizen. Fände er sie hingegen schädlich, so würde er sie auch alsdenn nicht verschweigen, um alle Menschen davon abzuhalten – – – S. *323*. Der zweyte sonderbare Umstand in der Geschichte der Geheimnisse, ist die Seltenheit der Anklagen ihrer Entweihung. Man konnte auf so tausendfältige Art unvorsichtig seyn, oder einer Unvorsichtigkeit beschuldiget werden &c.«

Lukian] Lukian von Samosata (ca. 125-180), gr. 6 Schriftsteller, bekannt v.a. seiner vielen satirischen Dialoge wegen. Er erhielt den Beinamen »der Spötter«, weil er die politischen, philosophischen und nicht zuletzt die religiösen Bestrebungen seiner Zeit der Lächerlichkeit preisgab.

Demonax] gr. Philosoph (2. Jh.), gehörte zur ky- 6 nischen Schule, betonte jedoch gegenüber der Askese die praktische Moral der Schule.

Lukian im 2. Bd.] cf. »Demonax« in *Lucians* 2 161m *Schriften*, übers. von H. Waser, Bd. 1-4, Zürich

1769-1773, Ktl. 1135-1138; Bd. 2, 1769, pp. 254-281; pp. 260f.

.61 15 **Trendlenburg**] Friedrich Adolph Trendelenburg (1802-1872), dt. Philosoph und Philologe. Laut Rechnung von Buchhändler P. G. Philipsen (KA, D pk. 7 læg 7) kaufte SK am 13. Februar 1843 Trendlenburgs *Elementa logices Aristotelicae. Editio altera recognita et aucta*, Berlin 1842 [1837], Ktl. 844, und *Erläuterungen zu den Elementen der aristotelischen Logik*, Berlin 1842, Ktl. 845.

.61 17 **Entweder – Oder**] *Entweder – Oder. Ein Lebens-Fragment herausgegeben von Victor Eremita* kam am 15. Februar 1843 aus der Druckerei und erschien am 20. Februar.

18 **dass nur die ... Wahrheit für einen ist**] freies Zitat aus »Ultimatum« (*SKS* 3, 315-332 / *GW1 EO2*, 357-377), und zwar aus der Predigt des jütländischen Pfarrers über »Das Erbauliche, das in dem Gedanken liegt, dass wir gegen Gott immer Unrecht haben«, die mit den Worten schließt: »allein die Wahrheit, die erbaut, ist Wahrheit für Dich«, *SKS* 3, 332,35 / *GW1 EO2*, 377.

21 **Tennemann Gesch. d. Philos. 5. C. S. 301**] cf. W. G. Tennemann *Geschichte der Philosophie* (→ 154,31), Bd. 5, 1805, p. 301: »Ueber das Kriterium der Wahrheit herrscht die größte Uneinigkeit unter den dogmatischen Philosophen. Einige haben behauptet, es gebe gar kein Kriterium, wie Xenophanes, Xeniades, Anacharsis, Protagoras, Dionysidorus, Gorgias, Metrodorus, Anaxarchus der Eudämonist, und Monimus der Cyniker. Andere nehmen zwar ein Kriterium an, weichen aber in der Bestimmung desselben gar sehr von einander ab. Nach einigen ist die Vernunft, nach andern das Gefühl, nach dem Epikur der Sinn, nach Plato und Aristoteles die Vernunft und der Sinn, nach den Stoikern die begreifende Vorstellung die letzte Bestimmungsgrund der Wahrheit.«

162 1 **Entweder – Oder**] → 161,17.
2 **junger Mensch ... in der Welt**] Alkibiades (ca. 450-404 v.Chr.), gr. Politiker, in Platons Dialog *Symposion* der begeisterte Jüngling und Liebhaber des Sokrates, berühmt für seine Beredsam-

keit, Begabung und Schönheit, berüchtigt für seine Launen und Ausschweifungen sowie seinen Ehrgeiz, cf. z.B. Plutarchs Alkibiades-Biographie, 16, in *Vitae parallelae*, ir. *Plutark's Levnetsbeskrivelser*, übers. von S. Tetens, Bd. 1-4, Kph. 1800-1811, Ktl. 1197-1200; Bd. 2, 1803, pp. 341f. – **glücklich begabt ... verlief sich:** spielt vielleicht auf Prov 21,16 an.
Sokrates] Sokrates (ca. 470-399 v.Chr.).   4

ein Stoiker ... p. 129. Anm.] cf W. G. Tenne- 11 162
mann *Geschichte der Philosophie* (→ 154,31), Bd. 4, 1803, p. 129, Fußnote 98, wo über den Stoiker Chrysippos (→ 154,31) vermerkt ist, er habe krankhafte Neigung als »ευκαταφορια εις παθος« (gr., ›Hang zum Leiden‹) bezeichnet.

die Erfahrung mache einen Msch. klug] cf. das 28 162
Sprichwort »Erfaring er den bedste *Lære-Mester*« [Erfahrung ist der beste Lehrmeister], Nr. 1739 in N. F. S. Grundtvig *Danske Ordsprog og Mundheld*, Kph. 1845, Ktl. 1549, p. 66. Ebenfalls aufgezeichnet als Nr. 1778 in E. Mau *Dansk Ordsprogs-Skat* Bd. 1-2, Kph. 1879; Bd. 1, p. 180.

Gedicht von Evald, Warnung vor Selbstmord] 18 163
cf. »En aandelig Sang, hvori indføres Forsonerens Jesu Christi kierlige Advarsel til dem, som fristes af de onde og ulyksalige Tanker at ville forkorte deres eget Liv« [Ein geistlicher Gesang, worin die liebevolle Warnung des Versöhners Jesus Christus an diejenigen eingeführt wird, die von den bösen und unglückseligen Gedanken, ihr eigenes Leben verkürzen zu wollen, versucht werden] (1779) in *Johannes Ewalds samtlige Skrifter* Bd. 1-4, Kph. 1780-1791, Ktl. 1533-1536; Bd. 1, pp. 291-302. – **Evald:** Johannes Ewald (1743-1781), dän. Dichter.

1. Bd. p. 299] cf. *Johannes Ewalds samtlige Skrifter* 23
(→ 163,18), Bd. 1, p. 299, woraus SK die ersten drei von den sechs Versen der Strophe zitiert; ihre Fortsetzung lautet: »Kan Aander døe? Kan Mennesket / Undflye sin Siel, sig selv saa let / Som Støv, hvorpaa det anker?« [Können Geister sterben? Kann der Mensch / Seiner Seele entfliehen, sich selbst so leicht / Wie Staub, worüber er klagt?]

163   27 **was war zuerst da, der Baum oder der Kern]** Der Ausdruck konnte nicht nachgewiesen werden.

163   32 **Schakspeare in Machbet ... Lady M. ahnen]** cf. Shakespeare *Macbeth*, 5. Akt, 1. Szene, in *Macbeth. Tragedie i fem Acter. Efter Shakspeare og Schiller bearbeidet til Opførelse paa den danske Skueplads ved P. Foersom*, Kph. 1816, pp. 101-106: Lady Macbeth hat ihren Mann dazu verleitet, König Duncan zu ermorden, damit er selbst König werden kann; doch in der Schlafwandlerszene wird gesagt, sie leide an »schlechtem Gewissen« (p. 105). Ihr Zimmermädchen und ihr Arzt sehen, wie sie schlafwandelt und dabei vergeblich Duncans Blut von ihren Händen abzuwaschen versucht. Macbeth wurde am Königlichen Theater in Kopenhagen zwischen 1817 und 1843 14 Mal aufgeführt; 1843 wurde die Tragödie am 5., 9. und 25. März aufgeführt.

164   28 **ältere Philosophie ... Verhältnis der Elemente zueinander]** bezieht sich auf die vorsokratische Diskussion über die Bewegung, cf. den Abschnitt »Geschichte der Philosophie in der ersten Periode bis auf Sokrates« in W. G. Tennemann *Geschichte der Philosophie* (→ 154,31), Bd. 1, pp. 29-53 (v.a. pp. 36-43): »Die Frage: *wie und woraus ist die Welt entstanden*, wäre also das erste Problem, welches sich die speculierende Vernunft vorlegte, und womit sie einen Schritt über die Erfahrungswelt hinaus that«, p. 37. Man nahm axiomatisch als dasjenige, woraus die Welt entstanden war, »eine erste Materie, einen *Grundstoff*, aus welchem sich in der Folge alle organische und unorganische Stoffe und Wesen entwickelten, oder vielmehr einen *Elementarzustand* an, in welchem alle Stoffe beisammen gemischt waren, aus dem sie durch die Scheidung abgesondert und in Körper verbunden wurden«, p. 39. Da sich die übrigen Elemente der erfahrenen Welt aber nicht durch Rekurs auf ein Grundelement (Wasser, Luft, Feuer) erklären ließen, »legte man eine ursprüngliche Mischung von allen Elemente zum Grunde«, p. 41. Durch eine Bewegung in diesem »ursprünglichen Gemisch« war die Welt entstanden: »Waren mehrere *ungleichartige Elementartheile* in einen chao-

tischen Zustand aufgelöst und mit einander vermischt; so entwickelte sich durch *Absonderung* und *Verbindung* die gegenwärtige Körperwelt; bei *einartigen Atomen* ging diese Bildung durch *Trennung* und *Verbindung* von Statten. Bei allen diesen Veränderungen der ersten Materie und den daraus entstehenden Bildungen wurde Bewegung als die wirkende Ursache vorausgesetzt. Diese setzt aber selbst wieder als etwas Entstandenes einen Grund voraus. Die Vernunft konnte aber, um ihren Streben nach dem Unbedingten ein Genüge zu thun, nicht weiter gehen, als der Urmaterie eine ursprüngliche Bewegkraft beizulegen, welche auch eben so wenig als die Materie selbst entstanden war. Diese *Bewegkraft* äußerte sich durch *Anziehung* und *Zurückstoßen*, als *Freundschaft* und *Feindschaft*.«, p. 42.

die neueste Philosophie ... die logische Bewegung] 31 Im Gegensatz zur klassischen Logik operiert Hegel in seiner spekulativen Logik (→ 232,14) mit einer Vermittlung oder Versöhnung gegensätzlicher Begriffe: Ein logischer Begriff (eine Kategorie) setzt seinen Gegensatz, wodurch ein neuer gebildet wird, der sowohl den ursprünglichen Begriff als auch dessen Gegensatz enthält; auf diese Weise setzt z.B. der abstrakte und inhaltslose Begriff »Sein« seinen Gegensatz »Nichts« und wird damit im Begriff »Werden« vereint. Diese Bewegung von »Sein« über »Nichts« zu »Werden« ist eine logische Bewegung (→ 165,6). – **die neueste Philosophie:** SK folgt der damals in der dän. Philosophiegeschichtsschreibung üblichen Unterscheidung zwischen der älteren (= griechischen) und der neueren (= modernen) Philosophie; die Entwicklung der letzteren sowohl in den deutschen Ländern als auch in Dänemark ab Hegel bezeichnet SK häufig als »die neueste Philosophie« (→ 200,1).

die verschiedenen Sätze dieser beiden Sphären zu parallelisieren] 2 165 d.h. den gr. Begriff von Bewegung als Übergang von Möglichkeit zu Wirklichkeit mit dem hegelschen Begriff von Bewegung als Vermittlung logisch gegensätzlicher Begriffe (Kategorien) zu vergleichen.

Kategorie-Tafel] 6 d.h. Übersicht über Kategorien, in Aristoteles' Philosophie verstanden teils als logische Begriffe (grundlegende Prädikate des Denkens), teils als ontologische Begriffe (grundlegende Eigenschaften der Wirklichkeit). Aristoteles führt bis zu zehn Kategorien an (*Cat.* 1b 25ff., *Top.* 103b 22ff.), behauptet aber nicht, dass diese Kategorientafel erschöpfend sein muss; vor Aristoteles behaupteten die Pythagoreer, dass es genau zehn Kategorien geben müsse, die sie in einer Kategorientafel aufstellten, worin diese zehn Kategorien als das Vollkommene ihren Gegensätzen als dem Unvollkommenen gegenübergestellt werden, cf. die von Tennemann angegebene »Tafel der Kategorien« (*Geschichte der Philosophie* (→ 154,31), Bd. 1, p. 115), die SK – vermutlich kurz nach seiner Rückkehr aus Berlin nach Kopenhagen (→ 149,1) – in ein Notizbuch exzerpiert (*L-fort.* 366a): das Endliche/das Unendliche, das Eine/das Viele, das Ungerade/das Gerade, das Rechte/das Linke, das Männliche/das Weibliche, das Ruhende/das Bewegte, das Gerade/das Krumme, das Licht/die Finsternis, das Gute/das Böse, das Viereck/das ungleichseitige Viereck (Not13:4 in *SKS* 19, 384). Eine entsprechende »Tafel über die Kategorien« findet sich in P. M. Møller *Efterladte Skrifter* (→ 161,2), Bd. 2, 1842, pp. 322f. Kant fasst die Kategorien als reine Verstandesformen auf, d.h. als logische und nicht ontologische Begriffe, cf. seine »Tafel der Kategorien« in *Critik der reinen Vernunft*, 4. Ausg., Riga 1794 [1781], Ktl. 595, p. 106. In einem Notizbuch (*L-fort.* 366c) hat SK in einer Aufzeichnung aus K. Werders Vorlesungen in Berlin im Wintersemester 1841/42 über »Logik und Metaphysik, mit besonderer Rücksicht auf herausragende Systeme in der älteren und neueren Philosophie« eine Tafel über Hegels Kategorien aufgestellt (Not9:9 in *SKS* 19, 280).

6   **keine Kategorie ... die wesentlichste von allen ist]** Der Ausdruck »Mediation«, der bei Hegel (→ 200,1) nicht vorkommt, wird von den dän. Hegelianern zur Wiedergabe des hegelschen Begriffs »Vermittlung« bzw. »Versöhnung« verwendet. So schreibt z.B. der dän. Theologe und Hegelianer A. P. Adler in *Populaire Foredrag over Hegels objective Logik* [Populäre Vorträge über Hegels objektive Logik], Kph. 1842, Ktl. 383, § 9: »die dialektische Bewegung, durch die das hegelsche System charakterisiert wird, besteht

nicht nur in der Negation. Dialektik drückt bei Hegel sowohl die objektive Notwendigkeit aus, durch welche die Unmittelbarkeit ins Entgegengesetzte übergeht, als auch die, durch welche beide, Unmittelbarkeit und Gedanke, in eine gemeinsame, höhere Einheit übergehen; sie umfasst also sowohl die Negation als auch die Mediation. Wir haben gesagt, dass die Negation der Übergang der Unmittelbarkeit ins Gegenteil ist; die Mediation ist die Versöhnung der Gegensätze in der höheren Einheit.«, p. 19.

Pythagoras] → 156,12.   11   165
Tennemann 1. Bd. p. 101] W. G Tennemann *Ge-*   14
schichte der Philosophie (→ 154,31), Bd. 1, p. 101: »Daher konnte Pythagoras mit Recht sagen: der weiseste Mann dünke ihm der zu seyn, der den Dingen ihre Nahmen gegeben, und die Zahlen erfunden habe.«

immer Unrecht zu haben] → 161,18.   17   165
So lehrte etwa Pythagoras ... die ungerade   19
vollkommen ist] cf. W. G. Tennemann *Geschichte der Philosophie* (→ 154,31), Bd. 1, p. 105: »Die geraden Zahlen sind *unvollkommen, unvollständig,* die *ungeraden* vollkommen und *vollständig*«. Cf. die pythagoreische Kategorientafel (→ 165,6). In einem Notizbuch (*L-fort.* 366a, → 165,6) exzerpiert SK dieselbe Stelle: »die geraden sind unvollkommen und unvollständig; die *ungeraden* sind vollkommen und vollständig« (Not14:1 in *SKS* 19, 425). – **Pythagoras:** → 161,1.
die Pythagoreer] → 161,1.   21
Tennemann 1. Bd. p. 115] Unmittelbar nach   23
Aufstellung der pythagoreischen ›Kategorientafel‹ (→ 165,6) schreibt Tennemann *Geschichte der Philosophie* Bd. 1, p. 115f.: »Diejenige Idee, welche die Erfinder dieser Tafel leitete, war, alle Begriffe, durch welche den Dingen eine *Vollkommenheit* beigelegt wird, auf der einen Seite, so wie auf der andern diejenigen zusammen zu stellen, welche einen *Mangel der Vollkommenheit* nach ihrer Vorstellungsart einschließen. Daher stehet der Begriff des *Endlichen* oder *Begrenzten*, und auf der andern Seite der *des Unendlichen* oben an. Denn mit dem *Endlichen,* der *Einheit* verglichen sie alles *Bestimmte* und *Regelmäßige,* / [p. 116] / mit dem *Unendlichen, Gleichen* aber das

Unbestimmte, Unordentliche, Unerkennbare in der
Welt.«

165m 6 **Tennemann 1. Bd. p. 119**] W. G. Tennemann *Ge-*
schichte der Philosophie Bd. 1, p. 119, wo der Verfasser schreibt, »daß die Pythagoräer nicht das
Princip woraus etwas enstehet, sondern *was dar-*
aus enstehet, wie bei den Pflanzen, Thieren, für
das vollkommenste gehalten haben«.

165 25 **das Einheits-Prinzip ... das Gegensatz-Prin-**
zip] → 209,4 und → 230,18.

27 **Pythagoras lehrte, dass die Eins keine Zahl sei**]
→ 161,1.

165m 7 **Zeno der Eleate**] Zenon von Elea (5. Jh. v.Chr.),
gr. Philosoph der eleatischen Schule, → 156m,13.

8 **μηδεν των οντων**] gr., ›das Eine ist nicht vom
Seienden‹. Zitat aus W. G. Tennemann *Geschichte*
der Philosophie (→ 154,31), Bd. 1, p. 202, Anmerkung 75, wo der gr. Philosoph Simplikios (gest.
547) als Quelle angegeben ist. Die Anmerkung
ist folgender Passage beigegeben, p. 202: »Ael-
tere und neuere Schriftsteller haben behauptet,
Zeno habe die Existenz der einen Substanz nicht nur
bezweifelt sondern ganz und gar geleugnet, und gesagt: *sie sey keins von den existirenden Dingen*, er
habe daraus gefolgert: *es existire gar nichts*.«

166 2 **Heraklit zog ... für Kenner**] Exzerpt aus W. G.
Tennemann *Geschichte der Philosophie* (→ 154,31),
Bd. 1, p. 210. – **Heraklit:** → 153,7. – **Dianas:**
→ 249,26.

166 6 **Einer der sieben Weisen ... Richter waren**] Die
sieben Weisen waren altgriechischer Überlieferung zufolge sieben Staatsmänner aus dem 7.
und 6. Jh. v.Chr., bekannt v.a. für eine Reihe kurzer Lebensregeln; die Quellen sind uneins über
ihre Namen. Hier wird auf den skythisch gebo-
renen Philosophen Anacharsis Bezug genommen, der in Diogenes Laertios' Philosophiegeschichte, 1. Buch, Kap. 8, 103, erwähnt ist, wo
ihm folgende Replik zugeschrieben wird: »Er
sprach seine Verwunderung darüber aus, daß
bei den Griechen die Meister der Kunst im Wett-
kampf miteinander stritten, als Richter aber die
Laien aufträten.« (*Leben und Meinungen berühm-*
ter Philosophen (→ 156,9), Bd. 1, p. 57), *Diogen*
Laërtses filosofiske Historie Bd. 1, p. 47.

ein Kind ... Schmerz der Mutter hat] Bei 18 166
schwierigen Geburten, wenn z.B. Blutstürze
oder Krämpfe das Leben der Mutter bedrohten,
wurde das Kind mit einer Zange geholt und dabei dessen Kopf vorübergehend verformt; cf. M.
Saxtorph *Nyeste Udtog af Fødsels-Videnskaben, til*
Brug for Jordemødrene, 3. Aufl., Kph. 1828 [1802],
§ 290, p. 229: »Die Zange ist ein Instrument, mit
welchem man wie mit Eisenhänden gewisse
Teile des Kindes umfassen und, ohne diesen damit zu schaden, das Kind sicher herausziehen
kann.«

Stoizismus] philosophische Schule, gegründet 27
von Zenon ca. 300 v.Chr. in Griechenland und in
den ersten Jahrhunderten n.Chr. weitergeführt
in Rom u.a. von Seneca, Epiktet und Marcus
Aurelius; hier mit Bezug auf deren Lehre, dass
alle Menschen von Natur aus gleich und grundsätzlich befähigt sind, sich über zufällige Leiden
zu erheben, um eine ideale Seelenruhe zu ver-
wirklichen.

Pontoppidan sagt in seiner Erklärung ... ihrer 29
Seele fruchten] bezieht sich auf Erik Pontoppidan (1698-1764) *Sandhed til Gudfrygtighed udi en*
eenfoldig og efter Mulighed kort dog tilstrekkelig For-
klaring over Sal. Doct. Mort. Luthers Liden Cate-
chismo [Wahrheit zur Gottesfurcht aus einer einfältigen und nach Möglichkeit kurzen doch hinreichenden Erklärung von des Sel. Doct. Mart.
Luthers Kleinem Katechismus], Kph. 1738 (im
Allgemeinen bekannt und bezeichnet als »Pon-
toppidans Erklärung«), pp. 168f.: »Sind nicht
ungläubige und gotteslästerliche Gedanken
oder Einfälle gefährliche Versuchungen des Teufels und des menschlichen Herzens? / Ja, doch
ein Gläubiger, der große Abscheu davor hat und
nach Vermögen dagegen streitet, kann sich damit trösten, dass Gott sieht, dass es seinerseits
kein freiwilliges Tun, sondern ein schmerzliches
Leiden ist, das zu guter Letzt auch seinen seligen Nutzen hat.« Und pp. 136f.: »Was sind solche Gnadengaben des Evangeliums? / Es ist
[...] der Ausfall selbst der bittersten Leiden zum
Besten der Gläubigen; eine lebendige Hoffnung
auf die Seligkeit, worauf schließlich die unaus-
sprechliche ewige Freude und Herrlichkeit im
Himmel usw. folgen.«

67   3   **Leukipp]** Leukippos von Milet (5. Jh. v.Chr.), gr.
Philosoph; vermutlich Verfasser des fragmentarisch erhaltenen *Megas Diakosmos.*

     4   **ein Trauerspiel ... p. 264 u.]** übersetztes Zitat
aus W. G. Tennemann *Geschichte der Philosophie*
(→ 154,31), Bd. 1, p. 264, unten.

67   13   **zog umher ... hatte nichts, worauf er sein
Haupt legen konnte]** spielt an auf Mt 8,20. Cf.
ferner Lk 9,58.

     16   **sorglos wie den Vogel des Himmels und die
Blume des Feldes ... Soll ein Msch. ... Tag zu
sorgen]** Anspielung auf Mt 6,24-34.

     28   **wir aber lernen ja doch ... sich dem unterzu-
ordnen]** Die Lehrbücher für den Religionsunter-
richt mahnten jeden zum Fleiß in seinem jeweiligen Beruf, um sich in die von Gott sanktio-
nierte weltliche Ordnung einzuordnen und um
das tägliche Auskommen seiner selbst und seines Hausstands zu sichern, cf. z.B. Kap. 6, den
Abschnitt über die Pflicht, »Sorge für unser zeit-
liches Wohl« zu tragen, § 1a in *Balles Lærebog*
(→ 56,12): »Wir müssen danach streben, unseren
Wohlstand zu mehren, durch Fleiß in unserem
rechtmäßigen Beruf wie durch eine kluge Spar-
samkeit, sowohl zu unserem eigenen Nutzen als
auch, um anderen in ihren Bedürfnissen helfen
zu können«, p. 72.

68   1   **mein bisschen Weisheit als Sophistik bezeich-
nen]** bezieht sich vielleicht auf J. L. Heibergs
und M. A. Goldschmidts Besprechungen von
Entweder – Oder (→ 161,17): In »Litterær Vintersæd« [Literarische Wintersaat] in *Intelligensblade* (→ 199,30) preist Heiberg »die ungewöhnliche Geistesgröße, Gelehrsamkeit und stilisti-
sche Fertigkeit des Verfassers« (Bd. 2, p. 290),
aber »zweifelt nicht daran, dass der Verfasser
ebenso viel einnehmen würde, wenn er es [das
Buch] für Geld vorführt, wie wenn er es für Geld
lesen lässt« (Bd. 2, p. 288). Im *Corsaren* vom 10.
März 1843 (Nr. 129) schreibt Goldschmidt über
den Verfasser: er ist »ein mächtiger Geist, er ist
ein Geistesaristokrat, er spottet über das ganze
Menschengeschlecht, zeigt dessen Jämmerlich-
keit« (Sp. 1), und daher hat der Verfasser überdies seine Ehre dareingesetzt, selbst die Kosten
der Veröffentlichung zu tragen, ohne Rücksicht

darauf, ob jemand sie kaufen würde oder nicht
(Sp. 2f.).

eine Eigenschaft fehlt ... durch sie Geld ver-   3
dient] *Entweder – Oder* erschien in Kommission
bei C. A. Reitzel und SK war somit sein eigener
Verleger, eine Geschäftsform, die einschloss,
dass er selbst den Vertrag mit der Druckerei
schließen musste; für Papier und Druck bezahlte
er 640 Reichstaler und 46 Schilling (→ 181,30)
und für die ersten 100 verkauften Exemplare
erhielt er am 7. Mai 1843 von C. A. Reitzel 395
Reichstaler und 80 Schilling. SK verdiente also
zunächst einmal nichts an der Veröffentlichung,
cf. den Bericht zu *Enten – Eller, SKS* K2-3, 58-62.
– **Platos:** Platon (427-347 v.Chr.). Von Platons
Werken besaß SK u.a. eine gr.-lat. Ausg. *Platonis
opera, quae exstant*, hg. von F. Ast, Bd. 1-11, Leipzig 1819-1832, Ktl. 1144-1154, eine dt. Übers. *Platons Werke*, übers. von F. Schleiermacher, Teil 1-3
in 6 Bänden, Berlin 1817-1828 [1304-1828], Ktl.
1158-1163, sowie eine dän. Teilübersetzung *Udvalgte Dialoger af Platon*, übers. von C. J. Heise,
Bd. 1-8, Kph. 1831-1859; Bd. 1-3, 1830-1838, Ktl.
1164-1166. – **Aristoteles:** → 152m,6.

Tennemann ... Anm. 6] W. G. Tennemann *Ge-*   6
schichte der Philosophie (→ 154,31), Bd. 1, p. 355,
Fußnote 6b: »Dieses sind die Charactere, welche
Plato von den Sophisten an mehreren Stellen
vorzüglich in seinem Dialog *Sophista* [231d-e]
angiebt. z. B. S. 230 νεων και πλουσιων εμμισθος
θηρευτης, 2) εμπορος τις περι τα της ψυχης
μαθηματα, 3) περι ταυτα καπηλος, 4) αυτο-
πωλης περι τα μαθηματα, 5) της αγωνιστηκης
περι λογους αθλητης την εριστικην τεχνην
αφορισμενος, 6) δοξων εμποδιων μαθημασι περι
ψυχην καθαρτης [gr., »reicher Jünglinge wolbe-
lohnter Nachsteller [...] Zweiters war er ein
Großhändler für die Seele vorzüglich mit Kenntnissen. [...] Und zeigte er sich nicht drittens als
ein Krämer mit eben diesen? Th[eäitetos] Ja, und
viertens war er uns doch ein Eigenhändler mit
Kenntnissen. FR[emder aus Elea] [...] Das fünfte
will ich versuchen anzuführen. Aus der Kampf-
geschicklichkeit wurde er nemlich als ein Kunst-
fechter im Streitgespräch abgesondert. [...] er
sei der von Meinungen, welche in der Seele den
Kenntnissen im Wege stehn, reiniget« (hier zitiert nach *Platons Werke* (→ 168,31, 2,2 (Bd. 4),

1824, pp. 176f.]. Doch das letzte Merkmal, sagt er, könne dem Sophisten noch streitig gemacht werden. Aristoteles de Sophist. elenchis c. 1. [165a 21-23] εστι γαρ ἡ σοφιστηκη φαινομενη σοφια, ουσα δε μη· και ὁ σοφιστης χρηματιστης απο, φαινομενης σοφιας, αλλ᾽ ουκ ουσης [gr., ›Die Sophistik ist nämlich scheinbare, keine wirkliche Weisheit, und der Sophist ein Mensch, der mit scheinbarer, nicht wirklicher Weisheit Geschäfte macht‹].«

168   8   **Sokrates dem Theaitet sagt**] cf. Sokrates' (→ 162,4) Replik in Platons Dialog *Theaitetos*, 148e. – **Theaitet:** Theaitetos (415 oder 413-369 v.Chr.), gr. Mathematiker.

9   **Ωδινεις γαρ ... p. 22**] gr., ›Du hast eben Geburtsschmerzen, lieber Theätetos, weil du nicht leer bist, sondern schwanger gehst‹ (*Theaitetos* 148e). SK zitiert übrigens wörtlich aus *Platonis opera* (→ 168,3), Bd. 2, 1820, p. 22, lässt aber die diakritischen Zeichen fort.

168   15   **öffentlichen Frauenzimmer**] Laut *Danske Lov* (→ 160,1) war Prostitution gesetzwidrig, wurde aber als de facto nicht zu verhindern toleriert; in einem Versuch, die weit verbreiteten Geschlechtskrankheiten einzudämmen, wurde den Prostituierten Anonymität und kostenlose Behandlung möglicher Krankheiten zugesichert, wenn sie sich selbst auf dem Polizeiamt meldeten. Cf. A. F. Bergsøe *Den danske Stats Statistik* Bd. 1-4, Kph. 1844-1853; Bd. 3, 1848, p. 36:»Im Zusammenhang mit dieser Materie soll hier nicht unerwähnt bleiben, dass die Zahl der bei der Polizei gemeldeten öffentlichen Frauenzimmer in Kopenhagen in der letzten Dekade ca. 300 betrug, mal mehr, mal weniger, und dass es wohl sehr wenig andere als die Gemeldeten gibt, die gewerblich der Unzucht nachgehen, da die Polizei sehr aufmerksam und streng in dieser Hinsicht ist, wohingegen die Zahl derer, die dadurch einen Nebenverdienst suchen, nicht unter 1000 anzusetzen ist.«

17   **er Vater sein könnte ... ihm sein Leben verdankt**] Es war nicht ungewöhnlich, dass Prostituierte Kinder zur Welt brachten, wenngleich sie eine Schwangerschaft zu vermeiden versuchten; aber »es ist daran zu erinnern, dass jedes Jahr vermutlich nur zwischen ⅓ und ¼ aller gefallenen Mädchen schwanger werden, selbst wenn man deren Fruchtbarkeit für ebenso groß wie die der verheirateten Frauen hält, was sie doch sicherlich nicht ist«, A. F. Bergsøe *Den danske Stats Statistik* Bd. 3, 1848, p. 32. Ein behördlicher Aushang vom 6. Dezember 1839 mahnte, dass der Vater (falls er sich identifizieren ließ) dazu verpflichtet war, »für sein natürliches Kind zu sorgen«. – **irgendwo in der Welt ... ihm sein Leben verdankt:** Wenn eine Prostituierte (oder ein unverheiratetes Mädchen) gebären sollte, konnte sie sich anonym in die Königliche Geburts- und Pflegestiftung in der Amaliegade (s. *Karte 2, F3*) einweisen lassen. Hier konnte sie das Kind gegen Entrichtung eines Alimentationsbeitrags der Fürsorge der Stiftung oder einer Pflegefamilie übergeben. Die wenigsten Prostituierten konnten den jährlichen Beitrag von 50 Reichstalern (→ 181,30) entrichten und waren daher in der Regel gezwungen, die Neugeborenen mit sich zu nehmen, wenn sie nicht stattdessen ihre Anonymität aufgeben wollten.

Es ist besser zu geben als zu nehmen] Anspielung auf Act 20,35.   *31*   168

bereit wäre, aus Liebe alles hinzugeben] spielt   *33* vielleicht auf Tit 3,1 an.

Un sot trouve ... Boileau] wörtliches Zitat aus   *20*   169 F. C. Eilschov *Philosophiske Breve Over adskillige nyttige vigtige Ting*, Kph. 1748, Ktl. 475, p. 126, Fußnote y. Cf. den Text ibid., wo Eilschov das übersetzte Zitat zur Charakteristik von Freidenkern benutzt, die mithilfe von Fabeln und haltlosem Wissen die Vorsehung leugnen: »Ein Narr sich einen größeren noch findet / den er mit seiner Narretei leicht blendet (y).« Die Verse gehen zurück auf den frz. Dichter und Kritiker Nicolas Boileau-Despréaux (1636-1711) *L'art poétique* (1674), 1. Gesang, v. 232.

reus voti] lat., ›durch ein Gelübde gebunden‹.   *23*   169 Der Ausdruck erscheint in Vergils *Aeneis*, 5. Gesang, v. 237, und bezeichnet die Verpflichtung, sein Gelübde gegenüber den Göttern zu erfüllen (weil der Wunsch erfüllt wurde).

24 **theologische Dienstzeugnis**] eigentl. attestier-
ter Examensnachweis, d.h. theologische Dienstprüfung (nach Fundation vom 7. Mai 1788, Kap.
4, § 9-10, und königlicher Resolution vom 13.
Dezember 1835). SK legte seine theologische
Dienstprüfung am 3. Juli 1840 ab.

25 **Abhandlung**] dän. »Disputats«. Nach Disputation der Magisterabhandlung *Über den Begriff der
Ironie*, Kph. 1841, am 29. September 1841 erhielt
SK den philosophischen Magistergrad (1854
wurde der Magistergrad samt Disputation mit
dem Doktorgrad gleichgestellt); er mag die Abhandlung schon 1838-1839 begonnen haben, die
Ausarbeitung erfolgte wohl von ca. September
1840 bis kurz vor Abgabe am 3. Juni 1841, d.h.
während der Verlobung mit Regine Olsen
(→ 179,8), cf. den Bericht zu *Om Begrebet Ironi*,
SKS K1, 125-129.

25 **in 11 Monaten mit »Entweder – Oder«**] Nachdem SK seine Magisterabhandlung am 29. September 1841 verteidigt hatte, reiste er am 25.
Oktober 1841 nach Berlin, wo er u.a. intensiv am
Manuskript von *Entweder – Oder* arbeitete. Am
6. März 1842 kehrte er aus Berlin zurück und am
15. Februar 1843 war das Buch fertig von der
Druckerei. Siehe den den Bericht zu *Enten – Eller*, SKS K2-3, 38-58.

170 6 **Mynsters Predigten**] cf. J. P. Mynster *Prædikener
paa alle Søn- og Hellig-Dage i Aaret* Bd. 1-2, 3.
Aufl., Kph. 1837 [1823], Ktl. 2191, und *Prædikener* Bd. 1-2, Kph. 1810-1815; Bd. 1, 3. Aufl., 1826,
und Bd. 2, 2. Aufl., 1832, Ktl. 2192. – **Mynsters:**
Jacob Peter Mynster (1775-1854), dän. Theologe,
ab 1834 Bischof von Seeland und als solcher Pri-
mas der dän. Kirche.

7 **er tröstet ... sanftere Tage kommen**] cf. z.B. J. P.
Mynster »Formaning til at holde fast ved Haa-
bet« [Ermahnung, an der Hoffnung festzuhal-
ten] in *Prædikener paa alle Søn- og Hellig-Dage i
Aaret* Bd. 2, p. 398: »Es ist wohl so, dass sich
auch an heiteren Tagen oft Wolken über dem
Haupt der Menschen zusammenbrauen, und
deren Weg in Nebel und Dunkelheit hüllen; aber
es ist fürwahr auch so, dass nach Regen wieder
die Sonne scheint, nach dem Winter kommt der
Frühling, nach traurigen Zeiten kommen wieder frohere.«

Cartesius angefangen, haben gemeint ... dem 17 170
Wahrscheinlichen begnügen könnte] In *Meditationes de prima philosophia* (in *Renati Des-Cartes
opera philosophica* (→ 152,12), Bd. 1, pp. 1-4) erklärt Descartes, dass die philosophischen Probleme, die er mithilfe seines methodischen
Zweifels lösen zu können glaubt, nur spekulative Wahrheiten und weder den Glauben noch
das Handeln betreffen; in der 1. Meditation (pp.
5-8) formuliert Descartes prägnant, dass es beim
Zweifeln nicht darum geht zu handeln, sondern
nur zu meditieren und zu erkennen. – **Cartesius:** → 152,12.

Xstus verbarg etwas ... es nicht zu tragen ver- 30 170
mochten] Anspielung auf Joh 16,12.
gegen Gott habe ich immer Unrecht] → 161,18. 2 170m

Jene Frau ... Göttin der Vernunft] »Die Zerstö- 4 171
rer des christlichen Kirchenwesens erfanden den
Kultus der Vernunft und vollzogen denselben
zum ersten Mal am 10. November 1793 in der
Kirche *Notre Dame*. Eine berüchtigte Straßen-
dirne wurde als Göttin der Vernunft auf einem
Triumphwagen halbnackt zum Altar gefahren
und dort mit Hymnen und Weihrauch verehrt.«
So *Karl Friedrich Beckers Verdenshistorie, omarbeidet af Johan Gottfried Woltmann*, ins Dän. übers.
von J. Riise, Bd. 1-12, Kph. 1822-1829, Ktl. 1972-
1983; Bd. 11, 1827, p. 532. Über das weitere Geschick der Frau berichtet Becker nichts.

Theodorus Atheos ... p. 124. Anm. 39] übers. 10 171
Zitat aus W. G. Tennemann *Geschichte der Philosophie* (→ 154,31), Bd. 2, 1799, p. 124, Fußnote 39,
wo Tennemann gr. aus Plutarch *De tranquillitate
animi* zitiert. – **Theodorus Atheos:** Theodoros
von Kyrene (4. Jh. v.Chr.), gr. epikureischer Philosoph mit dem Beinamen *átheos*, gr. ›gottlos‹.

was weder das al[te] T. noch der Koran verlau- 16 171
ten] cf. Gen 22,1-19, wo Gott Abraham auffordert, seinen Sohn Isaak zu opfern. – **Koran:** SK
besaß *Der Koran*, übers. von L. Ullmann, Crefeld
1840, Ktl. 603; er hat wohl vergeblich in der 14.
Sure gesucht, die den Titel »Abraham« trägt (pp.
206-211), doch laut 37. Sure, »Die sich Ordnen-
den« (pp. 383-389), v. 102, kannte Ismael (der im

Koran statt seines Bruders Isaak Gegenstand
von Abrahams Prüfung ist) eigentlich Abrahams
Absicht, cf. p. 386: »Als dieser [Ismael] nun in
die Jahre der Einsicht kam, da sagte Abraham
zu ihm: O mein Sohn, ich sah in einem Traume,
daß ich dich zum Opfer darbringen soll; nun
bedenke, was du davon hältst. Er aber antwortete: Thue, mein Vater, wie dir geheißen worden, und du wirst mich, mit Gottes Willen, ganz
geduldig finden.«

172   18   **Wenn das Kind ... die Mutter ihre Brust]** cf.
»Stimmung« in *Furcht und Zittern* (1843) *SKS* 4,
108 / *GW1 FZ* 9.

173   1   **Heute stand ... schweren, schwarzen Seiden-
stoffes]** cf. *Adresseavisen* vom 10. April 1843 (Nr.
85), 1. Beilage, Sp. 10: »*Bitte zu beachten!* / Wegen anderweitiger Bestimmung 14 Ellen schweren schwarzen Seidenstoffes (die für eigenen Gebrauch erstanden wurden) zu verkaufen, auf
beiden Seiten gleich und 5 Quart breit, mitsamt
einem sehr hübschen französischen Shawl, der
bedeutend unter Einkaufspreis verkauft wird,
in der Borgergade 204, Parterre, 1. Tür von der
Gothersgade her.« Unter der Rubrik »Blandede
Bekjendtgørelser« [Vermischte Bekanntmachun-
gen] in *Adresseavisen* war der Ausdruck »Formedelst anden Bestemmelse« [Wegen anderweitiger Bestimmung] eine stehende Wendung. – **Anzeigenblatt:** eigentl. *Kjøbenhavns kongelig alene
privilegerede Adressecomptoirs Efterretninger*, gegründet 1759 und wichtigstes Organ des Kopenhagener Anzeigenmarkts, da sie als einzige Zeitung in Kopenhagen – *Berlingske Tidende* ausgenommen – zur Veröffentlichung von Anzeigen
gegen Bezahlung berechtigt war; seit 1800 erschien die Zeitung sechs Tage die Woche und in
den 1840er Jahren betrug die Auflage 7000 Exemplare, cf. A. F. Bergsøe *Den danske Stats Statistik* Bd. 1-4, Kph. 1844-1853; Bd. 3, 1848, pp. 261f.

173   10   **theolog. Kandidaten ... anfangen, Lehrer ...
zu sein]** Noch zu SKs Zeit wurden viele der
theologischen Kandidaten nach der theologischen Dienstprüfung als Hauslehrer für die Kinder von wohlhabenden Bürgern oder Beamten
angestellt, cf. »Om de theologiske Candidaters
Huuslærerliv« in *Archiv for den praktiske Theolo-*

gie, hg. von J. S. B. Suhr, Bd. 1-2, Kph. 1839-1840;
Bd. 1, pp. 273-289.

Ich fing ... Seelsorger zu sein] SK wurde am 3.   13
Juli 1840 theologischer Kandidat und verlobte
sich am 8. September desselben Jahres mit Regine Olsen (→ 179,8); dass er ›damit ende, Seelsorger zu sein‹, spielt vielleicht darauf an, dass
er sie nach dem Bruch der Verlobung (wahrscheinlich am 12. Oktober 1841) auf Drängen
ihres Vaters am selben Abend und am darauffolgenden Tag zu trösten versuchte (cf. »Mit Forhold til ›hende‹« [Mein Verhältnis zu ›ihr‹], datiert auf den 24. August 1849, Not15:4 in *SKS* 19,
435f. / *T* 3, 305), es kann aber auch auf *Zwei
erbauliche Reden* (→ 174,5) als besonders an Regine Olsen alias »hiin Enkelte« [jene Einzelne]
(→ 174,12) gerichtet anspielen, cf. den Kom. zu
SKS 5, 13,11, in *SKS K5*, 35.

ein Scherz ... Du sagt] cf. FF:91.   21   173
die irdische Majestät mit dem vertraulichen   26
Du anredet] Jeder Untertan hatte den König mit
»Deres Majestæt« [Eure Majestät] zu titulieren,
wie sowohl *Kongeloven* (1665, veröffentlicht
1709) als auch *Danske Lov* (→ 160,1) gebieten,
»den König als das vortrefflichste und höchste
Oberhaupt hier auf Erden über allen menschlichen Gesetzen anzusehen und zu achten, und
das kein Oberhaupt oder Richter über sich
kennt, weder in geistlichen noch weltlichen Dingen, außer Gott allein« (hier übersetzt nach
Danske Lov, 1. Buch, Kap. 1, § 1, das mit unbedeutenden orthographischen Abweichungen
Kongeloven folgt).

draußen im Grib-Wald gibt es einen Ort ...   30   173
Achtwegewinkel] Gribskov in Nordseeland
(Frederiksborger Amt), knapp 40 km nord-nord-
westlich von Kopenhagen, war (und ist) Seelands größter Wald; umfasste 42 km² Schutz-
wald, d.h. eingehegten Wald, in dem das Vieh
nicht weiden durfte, mit angrenzenden Wäldern
insgesamt 55 km². Cf. A. F. Bergsøe *Den danske
Stats Statistik* Bd. 1-4, Kph. 1844-1853; Bd. 2, 1847,
p. 213. Im 17. Jh. wurden geradelinige Wegsys-
teme im Sternenmuster für die Parforcejagd im
Wald angelegt. Der Achtwegewinkel ist ein
Kreuzungspunkt solcher Wege; er befindet sich

im südlichen Ende des Waldes, nahe Kildeport, wurde früher aber fälschlich mit dem Rødepæl Stjern oder Syvstjern identifiziert (wo 1913 ein Denkmal für SK errichtet wurde). Achtwege-winkel wurde ferner als Bezeichnung für den angrenzenden Teil des Grib-Walds verwendet, so auf einer Waldkarte von ca. 1850, während der Name z.B. auf J. H. Mansa *Kort over den nor-døstlige Deel af Sjælland*, Kph. 1837 (und später), Ktl. 2051 (s. *Karte 3, D3*) fehlt.

74   5   **Vorwort zu den »zwei Predigten«**] d.h. das Vor-wort zu *Zwei erbauliche Reden*, Kph. 1843, cf. *SKS 5, 13 / GW1, 2R43, 381*. Das Vorwort ist mit »Kopenhagen, 5. Mai 1843«, also SKs 30. Ge-burtstag, gezeichnet; es handelt sich jedoch um eine Vordatierung, da das Buch bereits am Sams-tag, den 6. Mai fertig aus der Druckerei kam (und am Dienstag, den 16. Mai erschien); SK hat sein Manuskript vermutlich Mitte April beim Setzer abgegeben, cf. den Bericht zur dän. Aus-gabe der Reden, *SKS* K5, 15f. – **zwei Predigten:** Im Vorwort zu *Zwei erbauliche Reden* schreibt SK, dass das Buch »Reden genannt worden ist, nicht Predigten, weil ihr Verfasser keine Vollmacht zu *predigen* hat«, *SKS* 5, 13,2 / *GW1, 2R43, 381*.

9   **Ich eile hinauf in die Buchdruckerei ... Der Setzer**] SK wohnte in der Nørregade, heutige Nr. 38 (s. *Karte 2, B1*); Bianco Lunos Buchdrucke-rei lag an der westlichen Ecke von Østergade und Pedermadsensgang, heutige Ny Østergade (s. *Karte 2, D2*). Der Setzer ist nicht identifiziert. Cf. übrigens den Bericht zu *To opbyggelige Taler* (1843), *SKS* K5, 15f.

12   **der »Einzelne«**] und zwar, wie SK im Vorwort zu *Zwei erbauliche Reden* schreibt, »jener Ein-zelne, den ich mit Freude und Dankbarkeit *mei-nen* Leser nenne, jenen Einzelnen, den es [scil. das Buch] sucht, nach dem es gleichsam seine Arme ausstreckt, jenen Einzelnen, der wohlwol-lend genug ist, sich finden zu lassen, wohlwol-lend genug, es entgegenzunehmen«, *SKS* 5, 13,11 / *GW1, 2R43, 381*; dän. »hiin Enkelte« ist geschlechtsneutral.

13   **zuerst beschlossen, nur 2 Exemplare drucken zu lassen**] *Zwei erbauliche Reden* erschien ver-mutlich in einer Auflage von 500 Exemplaren, cf. den editorischen Bericht, *SKS* K5, 20.

Sünde ... über die zu sorgen ist] → 249,13.   30   174

Christi Worte: wenn Du fastest ... dann salbe Dein Haupt und wasche Dein Angesicht] cf. Mt 6,17.   1   175

Gemeinde und ... die Idee der Gemeinde] spielt vermutlich an auf N. F. S. Grundtvig (→ 227,32) und seine Lehre von der Gemeinschaft der Gemeinde als dem Fundament des Chris-tentums.   5

Vollmacht] in den frühen Schriften bezieht sich SK mit dem Ausdruck Vollmacht (dän. »Myn-dighed«) besonders auf die Autorität eines ordi-nierten Pfarrers in der dänischen Kirche; (→ 174,5).   16   175

Bileams Esel spricht] cf. Num 22.21-30.   22

jener Gärtnerbursche ... Rekommandationen sich empfehlend] bezieht sich auf eine Vignette, die allerdings nicht in *Adresseavisen* (→ 173,1), sondern in *Berlingske Tidende* oft unter der Rub-rik »Freie Stellen« im Zusammenhang mit An-zeigen für Gärtnerei und Gartenarbeit verwen-det wurde: die Vignette zeigt einen Mann, der in vornübergebeugter Stellung und mit einer Gieß-kanne in den Händen einige Büsche gießt, cf. z.B. 6., 11. und 16. Februar 1843 (Nr. 34, 39 und 44). Unter der Vignette ist am 11. Februar fol-gende Anzeige zu lesen: »Für einen, vorzugs-weise ledigen Gärtner, der tüchtig in seinem Be-ruf ist und sich selbst an aller anfallenden Arbeit beteiligt und der zugleich Zeugnisse über Mä-ßigkeit und gute Führung vorweisen kann, ist zum 1. Mai eine Stelle frei, auf Hørbygaard per Postamt Holbek«. Siehe Abbildung 8. Cf. auch eine Anzeige unter entsprechender Vignette am 10. Februar 1840 (Nr. 33): »Ein junger Mann, der das Gärtner-Examen bestanden und in den fol-genden Jahren bei tüchtigen Landwirten die Landwirtschaft erlernt hat, wünscht eine Anstel-lung als Verwalter, gleichviel ob auf einem grö-ßeren oder kleineren Landgut. Empfehlungen können beigebracht werden. Man wende sich an den Krämer Hr. Øst, Ecke Integade und Kir-kestræde, der genauere Auskunft gibt.«   27   175

Das werde ich nicht ... dem Ganzen] teilweise übers. Zitat aus *Fra Diavolo eller Værtshuset i Ter-racina. Syngespil i 3 Akter af E. Scribe; oversat til*   35

Italiensk Opera paa Hoftheatret
Søndagen den 12te Februar, Kl. 7.

I Capuleti e i Montecchi.
eller

Giulietta e Romeo
tragisk Opera i 3 Acter. Musiken til de to første Acter af
Bellini og til 3die Act Vaccai.
Billetter faaes hos Hr. Capozzi, Kongens Nytorv 354,
og ved Indgangen, som aabnes Kl. 6.

Marasini, Directeur.

At vi Undertegnede efter Overeenskomst med af-
gangne Etatsraad og Hofviinhandler Chr. Waage-
petersens og efterlevende Enkefrues sælleds Boe
have overtaget det samme tilhörende fortrinligt assor-
terede Viinlager i Gaarden Nr. 79 i Store Strandstræde tilligemed det derfra hidrörende Regnings-
krav, samt at vi i Forening og under det ældre Firma
"Waagepetersen, Kongl. Hofviinhandler" fortsætte
den i bemeldte Gaard i en Række af Aar förte Viin-
handel en gros & en detail, undlade vi ikke at be-
kjendtgjöre, anbefalende os til den samme Tillid
hvormed vor Forgjænger var beæret.
Kjöbenhavn den 8de Febr. 1843.
Mozart Waagepetersen,   Fr. Chr. Giede,
Kongl. Hofviinhandler.   Viinhandler.

Garverie.
Et saadant önskes tilkjöbs eller tilleie i en af Provinds-
stæderne. Billet. mrkt. R. Nr. 75, med Opgivelse af det
Fornödne, bedes aflagt paa denne Tidendes Contoir.

Ledige Tjenester.
For en, helst ugift Gartner, der er dulig i sit
Fag og selv tager Deel i alt forefaldende Ar-
beide og som tillige kan producere Beviser for
Ædruligbed og god Opförsel, er Tjeneste ledig
til 1ste Mai, paa Hörbygaard pr. Holbek.

Gartner.
For en uglvt Gartner, der kan forestaae en Kjøkkenhauge
og tillige er kyndig i Blumisterie, er Ansættelse strax at er-
holve paa en Herregaard i Sielland, naar han med fordeel-
agtige Vidnesbyrd melder sig i Hestemöllestræde Nr. 77,
3die Sal.

Tjenestesøgende.
En ung forældreløs Pige, Datter af en Embedsmand, som
ikke har Familie at kunne tye til, ønsker sig i et Huus paa
Landet for at deeltage i indvendige Sysler, helst som Sy-
pige, da hun har lært saavel mandlig som qvindelig Stræ-
derhyvning, hvilken hun ogsaa er istand til at lære fra sig.
Gode Anbefalinger haves. Ubetydelig Løn fordres, da hun
har en lille Pension, hvormod hun vil sætte mere Priis paa

Retslige

Ifølge tagen Bestemm
mand Boe Jensen i
tilhörende Gaard i ben
Ager og Eng 3 Tdr. 5
34 Tdr. Plöieland, for
og Törvemose, stillet ti
des Mandagene den 13
3die Marts d. A., hver
förste paa Röbbye Raa
Gaardens Bygninger,
gode og vel vedligehold
Lysthavendes Underretni
Fuglse Herredsconto

Mandagen den 13
dag Kl. 2—4, bliver
seret Udlæg, ved Auctio
Auctioners Afhold
Huset Nr. 42 p
lille Kirke
For Eiendommen, der
til 12,000 Rbd. Sølv
8000 Rbd. r. S.
Auctionen afholdes i t
Conditioner, Udkomst
Høiesteretsadvocat E.
Denne Bekjendtgjörel
kommende til Efterretni

Tirsdagen den 14de
dagen Kl. 12, bliver v
solut bortsolgt:
Eiendommen "Isle
paa Kjøbenha
Hartk. Ager o
2¼ Alb., og
10,000 Rbd.,
Auction er b
Auctionen afholdes pa
Auctionsconditionern
brevene, Panteattester,
tor Nyholm, Frederik

N
Paa Tirsdag, den 14
af Flytning formedelst
Auction til absolut
sen tilhörende Eiendom
Eiendommen, hvori
og Lysestøberi, ligge
gode og til 3 a 4 Fami
der en god Have og 3
vemose.
Lysestøber Inve
Auctionen afholdes pa
og Conditionerne ere f

Mandag

8. Annonce in *Adresseavisen* mit Vignette eines Gärtners (→ 175,27)

Aubers Musik af Th. Overskou [Fra Diavolo oder das Wirtshaus in Terracina. Singspiel in 3 Akten von E. Scribe; übersetzt zu Aubers Musik von Th. Overskou], 1. Akt, 3. Szene (*Det konge-lige Theaters Repertoire* Nr. 37, Kph. 1831, pp. 3f.): »Jeg gjerne saae, jeg gjerne saae, / At De paa Moden altid var, / At *diamonds and* Silk' De bar, / Og dertil mine Peng' *let* gaae! / Jeg glad det saae, jeg glad det saae! / Men hvis, Mylady! De mig til / En Mand paa Moden gjøre vil – / *You are in fault* – jeg svarer: nei! / Det vil jeg ei, det vil jeg ei! – / *No, no, no, no, no, Goddam!* / Det vil jeg ei, – det vil jeg ei!« [Ich seh's so gern, ich seh's so gern, / Dass Sie stets à la mode geht, / Dass Sie *diamonds and* Seide trägt, / Und dafür mein Geld *let go*! / Ich wäre des froh, ich wäre des froh! / Falls Sie aber, Mylady! mich / in einen Mann à la mode modeln will – / *You are in fault* – rufe ich: nein! / Das werde ich nicht, das werde ich nicht! – / *No, no, no, no, no, Goddam!* / Das werde ich nicht, – das werde ich nicht!]. Dies singt Lord Rokborough, ein Engländer auf Italienreise, für seine Frau Pamela, die er der Koketterie beschuldigte. Zwischen dem 19. Mai 1831 und dem 21. Februar 1842 wurde das Stück 53 Mal am Königlichen Theater in Kopenhagen aufgeführt.

176 1 **dann mögen die anderen ... es sein lassen zu kaufen, lesen, rezensieren u.s.w.]** spielt ver-mutlich an auf J. L. Heibergs Besprechung von *Entweder – Oder* in »Litterær Vintersæd« [Litera-rische Wintersaat] in *Intelligensblade* (→ 199,30), pp. 288f.: »Man denkt: Habe ich Zeit, solch ein Buch zu lesen, und welche Garantie habe ich, dass das Opfer belohnt wird? Man fühlt sich schon allein vom Titel sonderbar ergriffen, da man ihn auf sein eigenes Verhältnis zum Buch appliziert, und sich fragt: Soll ich dies entweder lesen oder es sein lassen?«

176 5 **in das finstere Loch hinabgesteckt ... sehe nichts, keinen Ausweg]** Anspielung auf Ps 88, 2-9, cf. besonders v. 7-9.

13 **wie eine Heuschrecke eingeschrumpft war]** vermutlich eine Anspielung auf Tithonus, in der antiken Mythologie verheiratet mit Aurora (Eos), der Göttin der Morgenröte: Sie erwirkte für Tithonus Unsterblichkeit, vergaß aber zu-

gleich ewige Jugend für ihn zu erbitten; er al-terte, büßte sowohl seine Schönheit ein als auch ihre Liebe und bat vergebens darum, wieder sterblich zu werden; stattdessen wurde er in eine Zikade oder Heuschrecke verwandelt, cf. *Neues mythologisches Wörterbuch* (→ 5,17), Bd. 1, p. 365. SK mag auch anspielen auf Ps 109,23.

Schlachtkalb] das (Milch-)Kalb, das Gott zu op-   23   **176** fern ist (cf. Lev 9,3 und 22,27). In diesem Zusam-menhang scheint SK außerdem anzuspielen auf Efraims Klage an Gott in Jer 31.18.

Daub sagt ... die andere nicht bekommen] be-   4   **177** zieht sich auf eine Äußerung des dt. Theologen Karl Daub (1765-1836) in einem Gespräch mit dem dt. Philosophen Karl Rosenkranz (1805-1879), wiedergegeben in dessen *Erinnerungen an Karl Daub*, Berlin 1837, Ktl. 743. Als Rosenkranz sich darüber beklagt, dass er zurück nach Preu-ßen und Wehrdienst leisten soll, bemerkt Daub: »Alles Praktische, beschied er mich, hat eine Seite der concreten Erfüllung. Und glauben Sie mir nur, so als Schildwacht, zur Nachtzeit auf einsamen Posten, etwa an einem Pulvermaga-zin, hat man Gedanken, die außerdem ganz *un-möglich* sind. Also grämen Sie sich darum nicht«, pp. 24f. Cf. auch die dän. Übersetzung in *Erin-dringer om Karl Daub*, in *Tidsskrift for udenlandsk theologisk Litteratur* (→ 264,11), 5. Jg., Kph. 1837, pp. 534-562; p. 551.

jenem Asketen ... dem Trunk verfiel] nicht   11 identifiziert.

die Angst und das Beben] verweist wohl v.a.   16 auf Hi 4,13-14.

Mediieren] → 165,6.   24   **177**

Bournonville ... in seiner Darstellung des Me-   27   **177** **phistopheles]** Der dän. Solotänzer, Choreo-graph und Ballettmeister Antoine August Bour-nonville (1805-1879) war ab 1830 fest angestellt am Königlichen Theater in Kopenhagen; sein ei-genes Ballett *Faust. Original romantisk Ballet i tre Akter*, Kph. 1832, wurde dort zwischen 25. April 1832 und 13. März 1843 32 Mal aufgeführt, ab 10. Juni 1842 tanzte er selbst die Partie des Me-phistopheles (vorher die des Faust).

33 **Winsløv ... »Geduld« ... die Unzertrennli-
chen]** Carl Winsløw (1796-1834), dän. Schauspieler, am Königlichen Theater von 1819 bis zu seinem Tod. In den fünf Aufführungen von Adam
Oehlenschlägers Tragödie *Karl den Store* in der
Saison 1829/30 spielte Winsløv die Rolle von
König Karls natürlichem Sohn Pipin; dieser sagt
nicht »Geduld«, aber SK denkt wohl an seinen
Monolog im 1. Akt, in dem er u.a. erklärt, seine
elementarische Ungeduld zügeln zu wollen, um
seinen Vater betrügen zu können: »Haben die
Elemente Mitleid? / Sie zermalmen Dach und
Hütten, Mast und Flotten. / Das rote Feuer wirbelt herum mit seiner Flamme, / lockt mit seiner Schönheit, ohne Nachsicht, / Und das Meer
lächelt, während es Menschen ertränkt. / Aber
dennoch bleiben Feuer, Wasser, Luft / Doch
Adels-Elemente. – Mein Vater aber / Gehört nur
der *Erde* an. Er *nährt* jene! / Und weiß nicht,
dass eine gehorsame, tüchtige Herde / In Zucht
gehalten werden muss, wie eine Meute ausge-
hungerter Hunde. – / Aber nun muss ich mich
doch etwas beherrschen, / Und die Weise ein
wenig nach *seinem* Ton stimmen« (cf. *Oehlenschlägers Tragødier* Bd. 1-9, Kph. 1841-1844, Ktl.
1601-1605; Bd. 7, 1842, pp. 17f.; laut Rechnung
von Buchhändler Reitzel hat SK diese erst am
12. November 1844 gekauft (KA, D pk. 7 læg 6),
doch hat er vermutlich die Aufführung der Tragödie am Königlichen Theater gesehen und aus
dem Gedächtnis aufgerufen). – In J. L. Heibergs
Vaudeville *De Uadskillelige* [Die Unzertrennli-
chen] (1827) spielte Winsløv 1827-1834 die Rolle
von Klister; dieser ist stets griesgrämig und im
Streit mit seiner Freundin Amalie, so dass die
beiden »I Vrøvleri og Kjedsommelighed« [in Fa-
selei und Langeweile] unzertrennlich sind, wie
es in der 2. Szene heißt, cf. *J. L. Heibergs Samlede
Skrifter. Skuespil* Bd. 1-7, Kph. 1833-1841, Ktl.
1553-1559; Bd. 4, 1835, p. 230.

178 4 **Petrarcas Gedicht: Amors Triumph]** bezieht
sich auf »Trionfo dell'Amore«, cf. die dt. Übersetzung »Triumph Amors« in *Francesco
Petrarca's sämmtliche italienische Gedichte* Bd. 1-6,
übers. von Bruckbräu, München 1827, Ktl. 1932-
1933; Bd. 5, pp. 51-78. Im Gedicht berichtet der
Erzähler, wie er in seinen Liebesqualen die Ein-

samkeit suchte, dabei jedoch vom geflügelten
Liebesgott Amor gestört wird, der mit Opfern
seiner Liebespfeile aus Welt- und Literaturgeschichte unterhält: Cäsar und Kleopatra, Theseus und Ariadne, Jason und Medea, Jakob und
Rahel und viele andere, deren Schicksal betrau-
ert wird. – **Petrarcas:** Francesco Petrarca (1304-
1374), ital. Dichter, Philologe und Philosoph.

Heiberg] Johan Ludwig Heiberg (1791-1860), 15   178
dän. Dichter, Herausgeber von Zeitschriften, Li-
teratur- und Theaterkritiker und (ab 1824) erklärtermaßen hegelianischer Philosoph; 1829
zum Titularprofessor ernannt, 1830-1836 Dozent
für Logik, Ästhetik und dän. Literatur an der
neu errichteten Königlichen Militärhochschule,
ab 1829 als Theaterdichter und ständiger Übersetzer am Königlichen Theater in Kopenhagen
angestellt, als dessen Zensor er ab 1839 fun-
gierte; 1831 Heirat mit der Schauspielerin Johanne Luise Pätges (1812-1890), mit der er das
Heibergsche Haus zum Treffpunkt des gebildeten Bürgertums machte.

De Danske i Paris, 1. Akt, 12. Szene] cf. J. L. 18
Heiberg *De Danske i Paris. Vaudeville i to Acter*
[Die Dänen in Paris. Vaudeville in zwei Akten],
1. Akt, 12. Szene. In seiner Jugend reist Johannes
Bruun ins Ausland und trifft in Frankreich ein
Mädchen aus niederer Schicht; sie heiraten und
bekommen eine Tochter, Juliette, doch aus
Furcht, von seinem reichen Onkel enterbt zu
werden, verheimlicht Johannes seine Ehe. Jedoch verliert er sein Vermögen und verfolgt daher eine militärische Karriere in seiner dänischen Heimat, weshalb er Frau und Kind viele
Jahre nicht sieht. Schließlich wird er zum Major
befördert und bald darauf, 1816, nach Frankreich zum Dienst in einem Regiment entsandt,
das nach den Freiheitskriegen und dem Wiener
Kongress an der alliierten Besetzung des Landes
beteiligt ist. Auch ist sein Onkel gestorben und
hat Johannes ein großes Erbe hinterlassen. So
kann dieser endlich mit seiner Ehefrau und seinem Kind wiedervereinigt werden. Im 1. Akt,
12. Szene, sitzt er in einem Garten vor einem
Haus in Bouchain, worin das Regiment einquar-
tiert werden soll, rekapituliert seine Geschichte
und schließt mit einem Vorausblick auf die

Rückkehr nach Kopenhagen: »Und in Kopenhagen wird man große Augen machen, wenn man mich, den man stets einen Hagestolz zu nennen beliebte, mit einer Frau und einer Tochter von siebzehn Jahren zurückkehren sieht«, J. L. Heiberg *Skuespil* (→ 177,33); Bd. 5, 1835, p. 48. Zwischen 29. Januar 1833 und 19. Mai 1842 wurde *De Danske i Paris* 41 Mal am Königlichen Theater in Kopenhagen aufgeführt.

79   5   **Holbergs Ulysses ... ein Held seiner Zeit]** In seiner Komödie *Ulysses von Ithaca eller En tydsk Comoedie* (1725) folgt Holberg im Großen und Ganzen den Begebenheiten in *Iliade* und *Odyssee*, richtet aber ständig eine satirische Spitze gegen den phantastischen Zeitverlauf in den homerischen Epen: Als Ulysses (lat. für Odysseus) von Helenas Entführung nach Troja gehört hat, sendet er seinen Diener, Chilian, aus, um die gr. Könige um Beistand für einen Kriegszug gegen die Trojaner zu bitten; er schwört, sich nicht vor Chilians Rückkehr rasieren lassen zu wollen, so dass dieser, als er nach einem Jahr heimkehrt, Ulysses mit einem langen Bart antrifft, der sich aber als bloße Maskerade erweist. Während der Belagerung Trojas wird Chilian mit der Bewachung eines Passes vor der Stadt beauftragt, er kommt aber nicht einmal dazu, sich um Essen und Trinken zu kümmern, ehe Ulysses zurückkehrt und behauptet, dass zehn Jahre vergangen sind. Gleich danach wird Troja eingenommen, einen Augenblick später sind Ulysses und Chilian auf dem Heimweg und angeblich 20 Jahre unterwegs gewesen. Chilian überschlägt, dass Ulysses nun 70 Jahre alt sein muss, und wundert sich deshalb, als sich die sonst so keusche Dido heftig in diesen verliebt. Nach 36 Jahren gelangen sie endlich heim nach Ithaka, wo Ulysses' Frau Penolope beinahe so beständig wie in Homers *Iliade* war. Cf. *Den Danske Skue-Plads* Bd. 1-7, Kph. 1758 oder 1788 [1731-1754], Ktl. 1566-1567; Bd. 3 (ohne Jahres- und Seitenzahl). *Ulysses von Ithaca* war damals seit 1835 nicht mehr am Königlichen Theater in Kopenhagen aufgeführt worden. – **Holbergs:** Ludvig Holberg (1684-1754), dän.-norw. Schriftsteller und Gelehrter, ab 1717 Professor an der Universität Kopenhagen, später deren Rektor und 1737-1751 Vermögensverwalter. In Verbindung mit der Gründung eines dän. Theaters in der Lille Grønnegade (heute Ny Adelgade) schrieb Holberg seine ersten Komödien, hg. in drei Bänden 1723-1725. Die ersten 25 Komödien erschienen unter dem Titel *Den Danske Skue-Plads* Bd. 1-5.

Am Ostersonntag ... Frue-Kirche ... Mynsters Predigt]   7   179   Ostersonntag fiel 1843 auf den 16. April, cf. die Predigerliste für den ersten Ostertag in *Adresseavisen* (→ 173,1), 15. April 1843, Nr. 89: »Abendgottesdienst. / [...] Frue Kirke, [...] Hr. Bischof Mynster [→ 170,6].« – **Frue-Kirke:** Vor Frue Kirke in Kopenhagen (s. *Karte 2, B1*).

nickte sie mir zu]   8   Regine Olsen (1822-1904), mit der SK vom 8. September 1840 bis zum 12. Oktober 1841 verlobt war (→ 173,13). 1843 verlobte sich Regine mit Johan Frederik Schlegel (→ 173,30), dem sie am 3. November 1847 angetraut wurde.

hier ... selbst demütigte]   34   cf. das Notizbuch »Mein Verhältnis zu ›ihr‹«, datiert auf den 24. August 1849, worin SK erwähnt, sie habe während der Verlobung gesagt, »dass sie mich aus Mitleid genommen habe«, und »wenn sie glauben würde, ich käme bloß aus Gewohnheit, dann würde sie sofort Schluss machen«, Not15:4 in *SKS* 19, 434,23-24 / *T* 3, 302.

Da bot sie mir die Spitze]   1   180   bezieht sich wohl auf den 11. August 1841: SK versuchte durch Rücksendung ihres Verlobungsrings mit Regine zu brechen, was sie aber mit einem Brief quittierte, worin sie ihn (laut einer Aufzeichnung mit dem Titel »Mein Verhältnis zu ihr« von ca. 1. September 1849 in Journal NB12) beschwor »um Jesu Christi willen und beim Andenken meines verstorbenen Vaters sie nicht zu verlassen« (NB12:122 in *SKS* 22, 216 / *GW1 B* 22).

das Spätere]   4   bezieht sich wohl auf die zwei folgenden Monate – bis zum Bruch am 12. Oktober –, von denen SK in »Mein Verhältnis zu ›ihr‹« (→ 179,34) als von »den zwei Monaten des Betrugs « (Not15:4.h in *SKS* 19, 435 / *T* 3, 305) spricht, in welchen er »um sie abzuschütteln [...] so grausam sein musste« (Not15:4 in *SKS* 19, 435,27-30 / *T* 3, 304).

Da zerbarst das Band]   9   als nämlich SK wohl am 12. Oktober 1841 endgültig mit Regine brach.

180 10 **Die zweite Predigt**] d.h. »Alle gute und alle
vollkommene Gabe kommt von oben herab« in
Zwei erbauliche Reden (1843), cf. *SKS* 5, 39-56 /
GW1, 2R43, 407-424. Diese zweite der beiden
Predigten, die SK in seinem Vorwort nachdrücklich als Reden und nicht als Predigten bezeichnet (→ 174,5), nimmt ihren Ausgang von Jak
1,17-21 (cf. v. 17, dem der Titel entlehnt ist).

11 **vermögt denn Ihr ... Gott es dann nicht vermögen**] cf. Mt 7,11.

180*m* 5 **Evangel. ... es wird Wind geben**] verweist auf
Christi Wort an die Pharisäer und Sadduzäer,
als sie um ein Zeichen bitten, Mt 16,2-3 (NT-1819
führt die Verse an, obwohl sie nur von einem
Teil der Textzeugen angeführt sind).

180 26 **Berlin d. 10. Mai 1843**] SK reiste am Montag,
den 8. Mai 1843 mit dem Dampfschiff von Ko-
penhagen nach Stralsund, cf. *Dagen,* 8. Mai 1843,
Nr. 125: »8. Mai. Abreise mit dem Dampfschiff
Dronning Elisabeth 11 Uhr vormittags nach *Stralsund:* Magister Kierkegaard [...].« (Cf. *Adresseavisen* (→ 173,1), 6. Mai 1843, Nr. 106: »Das Post-
Dampfschiff *Königin Elisabeth* nach *Ystad* und
Stralsund jeden *Montag*-Vormittag *11 Uhr* nimmt
Reisende und deren Güter mit, samt Geld- und
Paketpostsendungen nach Ostpreußen und
Fahrzeuge nach Stralsund. / *Reisende* melden
sich an auf dem königlichen Posthof im *Paket-
postcomptoir,* jeden Sonntag von *9* bis *2 Uhr* und
von *6* bis *8 Uhr,* sowie Montagmorgen von *8* bis
9 Uhr.«) SK übernachtete in Stralsund und reiste
tags darauf mit der Postkutsche weiter nach Berlin, wo er somit am 9. Mai ankam. Am Dienstag,
den 30. Mai 1843 war SK zurück in Kopenhagen, cf. *Dagen* vom 31. Mai 1843: »30. Mai. Angekommen mit dem Dampfschiff *Svenska Lejonet*
10 Uhr am Vormittag aus *Stralsund:* Magister
Kierkegaard [...]«. Die Heimreise erfolgte teils
mit dem Zug, nämlich von Berlin nach Anger-
münde, von da aus mit der Postkutsche nach
Stralsund. (Cf. *Adresseavisen,* 10. Mai 1843, Nr.
109: »Mit der für die halbe Strecke bereits in
Betrieb genommenen Eisenbahn dauert eine
Reise von *Stettin* nach *Berlin* 9 bis 10 Stunden,
während die Reise von *Stralsund* nach *Berlin*
circa 30 Stunden erfordert.« Siehe den Entwurf
zu einem Brief an A. F. Krieger, in dem SK von

seinen Unannehmlichkeiten auf der Zugreise
berichtet, *B&A* (Nr. 81), Bd. 1, pp. 119-120 / *GW1*
B 116-118 (Nr. 56).

Webers letzten Walzer] cf. z.B. *Carl Maria de* 31
Webers sidste Vals, in *Udvalg af nye og yndede
Dandse for Piano-Forte,* Nr. 15, Kph. 1831. – **Weber**s: Carl Maria von Weber (1786-1826), dt.
Komponist, bedeutsam für die dt. Romantik in
der Musik, u.a. durch die Oper *Der Freischütz*
(1821, ursprünglich *Die Jägerbraut*), die zwischen
1822 und 1841 am Königlichen Theater in Kopenhagen 60 Mal aufgeführt wurde.

Letztes Mal, als ich in Berlin war] d.h. von 32
Ende Oktober 1841 bis Anfang März 1842.

Thiergarten] s. *Karte 4, Da-Ea.* 33

mein Apotheker ... hat sich verheiratet] ver- 2 18**1**
mutlich identisch mit SKs Hauswirt während
seines vorherigen Berlinaufenthalts, da er in einem auf den 15. Mai 1843 datierten Brief an den
Freund Emil Boesen (1812-1881) berichtet, dass
er nun in seinen früheren Wohnsitz gezogen ist
(→ 181,11):»Meine Adresse ist Jägerstrasse und
Charlottenstrasse an der Ecke. mein früherer
Wohnsitz, nur hat der Hauswirt geheiratet, und
daher lebe ich wie ein Eremit in einem einzigen
Zimmer, in welchem sogar mein Bett steht«,
B&A (Nr. 80), Bd. 1, p. 119 / *GW1* B 114 (Nr. 55).
1841/42 mietete SK die ganze Wohnung im 1.
Stock, während er sich nun 1843 mit dem Mie-
ten eines einzelnen Zimmers bei Apotheker
Lange begnügen muss, der seit 1840 die »König-
Salomo-Apotheke« im Erdgeschoss derselben
Adresse betrieben hatte, cf. *Adreß-Kalender für
die königlich Haupt- und Residenz-Städte Berlin und
Potsdam, desgleichen für Brandenburg, Charlotten-
burg, Frankfurt, Neu-Ruppin, Oranienburg, Prenz-
low, Schwedt und Spandaw,* Berlin 1842, p. 364.

Im Hotel Sachsen ... Boote ankern] Bei der An- 9
kunft in Berlin nahm SK Logis im Hôtel de Saxe,
Burgstraße 20 (s. *Karte 4, Cf*), cf. *Adreß-Kalender,*
Berlin 1842, p. 369, wo das Hotel unter »Gast-
hoefe erster Klasse« rangiert. Cf. auch einen
Brief an Emil Boesen, der am selben Tag wie die
Aufzeichnung in *JJ* geschrieben scheint:»Ich bin
nun in Berlin, logiere bis auf weiteres im Hotel
Sachsen, bin außerordentlich angestrengt von
der Reise, etwas geschwächt, doch das gibt sich
wohl. Gestern kam ich an«, *B&A* (Nr. 79), Bd. 1,

pp. 117f. / *GW1* B 112 (Nr. 53). Der Brief wurde
zusammen mit einem darauf folgenden, auf den
15. Mai 1843 datierten, abgesandt; → 181,2. –
Wasser . . ., wo die Boote ankern: d.h. die Spree
östlich der Spreeinsel und nördlich der Fried-
richsbrücke (s. *Karte 4, Cf*).

11 **das erinnert . . . die Kirche]** Die Kirche, die SK
vom Hôtel de Saxe im Hintergrund sehen kann,
ist der Berliner Dom südlich der Friedrichsbrü-
cke (s. *Karte 4, Cf*). – **ans Al[te]:** d.h. SKs vorherigen Aufenthalt in Berlin (→ 181,2), bei dem er
zunächst »Mittelstraße N° 61 / eine Treppe
hoch« (*B&A* (Nr. 49), Bd. 1, pp. 72f. / *GW1* B 65
(Nr. 39)) wohnte, dann »Jägerstraße N° 57 eine
Treppe hoch« (*B&A* (Nr. 60), Bd. 1, p. 91 / *GW1*
B 83 (Nr. 44)). Mittelstraße Nr. 61 liegt zwar nicht
in unmittelbarer Nähe des Wassers (der Spree),
doch in der Straße liegt die Dorotheen Kirche (s.
Karte 4, Dc). Ecke Jägerstraße und Charlotten-
straße (s. *Karte 4, Ed*) liegt auch nicht in der
Nähe des Wassers, aber – nördlich des Gendar-
menmarkts – nahe der Französischen Kirche,
später genannt Französischer Dom (s. *Karte 4,
Dd*).

181 29 **4 Groschen]** 4 Schilling, im dän. Original mit
»ß« abgekürzt; d.h. 1/4 Mark oder 1/24 Reichstaler; feste Wendung für einen sehr kleinen Betrag. Die dän. Währung war durch Verordnung
vom 31. Juli 1818 eingeteilt in Reichstaler (eigentl. »Reichsbanktaler«, damals üblicherweise
abkürzt »Rbd.«), Mark und Schilling, so dass 6
Mark einem Reichstaler und 16 Schilling einer
Mark entsprachen; 1 Reichstaler entsprach also
96 Schilling. – Am Hof- und Stadtgericht
(→ 160,10) verdiente ein Gerichtsrat im Jahr
1.200-1.800 Reichstaler und ein Prokurist 400-
500 Reichstaler, wobei man 400 Reichstaler als
zur Versorgung einer Familie ausreichend anschlug; eine Hausangestellte erhielt höchstens
30 Reichstaler im Jahr neben Kost und Logis, ein
Handwerksgeselle hatte freie Kost und Logis
beim Meister, verdiente aber normalerweise 200
Reichstaler im Jahr. Ein Paar Schuhe kosteten 3
Reichstaler und ein Pfund Schwarzbrot 2-4
Schilling; für 2 Mark oder 32 Schilling waren
SKs *Zwei erbauliche Reden* (1843) zu erwerben.

182 2 **törichte]** vielleicht Anspielung auf I Kor 1,21-24.

der alte China-Kapitän ... 74 Jahre alt] nicht 12 182
identifiziert. Er mag in der Zeit des florierenden
Handels 1793-1799 Kapitän auf einem der vielen
Schiffe gewesen sein, die den lukrativen Zwi-
schenhandel mit Ostindien und China betrieben, den die neutrale dän. Flagge während der
Freiheitskriege ermöglichte.

Mini] eine Konditorei auf Kongens Nytorv, die 13
SK seit Mitte der 1830er Jahre häufig besuchte
und die darüber hinaus seinen privaten Kauf
von Kaffeebohnen besorgte. Cf. *Veiviser eller An-
viisning til Kiøbenhavns, Christianshavns, Forstæ-
dernes og Frederiksbergs Beboere* (*Kiøbenhavns Veiviser*), 1843, p. 416: »Mini, Jacob, Conditor, Kongens Nytorv 3«, d.h. an der südlichen Ecke des
Platzes und der Lille Kongensgade (s. *Karte 2,
D2-3*). Die Nummern in *Kiøbenhavns Veiviser*
sind nicht Strassennummern, sondern Matrikel-
nummern, die in den einzelnen Stadtvierteln gesondert gezählt werden (→ 190,22).

London] wurde in der Zeit des florierenden 17
Handels 1793-1799 nur selten angelaufen und
überhaupt nicht, als Dänemark 1801-1814 mit
England im Krieg lag; später wurde England
nach Norwegen, Preußen und Schweden der
wichtigste überseeische Handelspartner des
Landes und London somit einer der von den
dän. Handelsschiffen am häufigsten angelaufe-
nen Häfen.

Gottes Name] bezieht sich auf Ex 20,7. 32 182
nichtssagenden Veneration ... das Tintenfass 32
**..., das im obersten Gerichtshof den König
darstellt]** Gewöhnlich präsidierte der König auf
dem Thron im Obersten Gerichtshof nur bei dessen jährlicher Eröffnung am ersten Donnerstag
im März, doch waren die Advokaten des Obersten Gerichtshofs stets dazu verpflichtet, in ihren
Plädoyers die Rede in ehrerbietigen Wendungen an den König zu richten (→ 173,26). Auf dem
Thron könnte ein Tintenfass als Symbol für den
Namen des Königs gestanden sein, da die Urteile des Obersten Gerichtshofs formell den Willen des Königs repräsentierten und also in seinem Namen erlassen wurden.

die Art und Weise ... Gott anzureden] Es ist 3 183
ein charakteristischer Zug des AT, dass der Be-

tende Gott in der zweiten Person anspricht; s. die Aufzeichnung JJ:90.

183   10   **d. 17. Mai**] am Mittwoch, den 17. Mai 1843 war SK noch in Berlin (→ 180,26).

11   **Regine**] → 179,8.

20   **mit ihrem Schrei geängstigt**] Cf. die Aufzeichnung NB:210 vom Mai 1847 in *SKS* 20, 122 / *T* 2, 98, wo SK Regines Ausruf »ich sterbe« als Reaktion auf die Aufhebung der Verlobung referiert.

21   **Ich hatte damals ... »Schuldig – Nicht Schuldig«, angefangen**] SK hatte vermutlich schon während der Ausarbeitung des Manuskripts von *Enten – Eller* [Entweder – Oder] mit einer Erzählung begonnen, die ursprünglich »Unglückliche Liebe« heißen sollte, cf. eine Bemerkung auf der Vorderseite des zweiten vorderen Vorsatzblattes in SKs Handexemplar von *Enten – Eller* (*Pap.* IV A 215 / *GW1 EO1*, XIV). Während seines Aufenthalts in Berlin im Mai 1843 kam SK auf die Idee zurück und fing mit der Niederschrift einer neuen Erzählung an, die nun zum ersten Mal unter dem Titel »Schuldig – Nicht Schuldig« (→ 247,4) erscheint; nur zwei Fragmente des Manuskripts sind erhalten, von denen ein einzelner Abschnitt auf das Verhältnis zu Regine Olsen Bezug zu nehmen scheint: »Wenn meine Ehre nicht auf dem Spiel gestanden hätte, wenn mein Stolz nicht gekränkt gewesen wäre, ich habe es gewollt, aber nicht gekonnt. – Hätte sie mich verlassen Was dann – dann wäre alles nichts. – « (*Pap.* IV B 142). Über diese Phase der Entstehung von »›Schuldig?‹ – ›Nicht-Schuldig?‹«, das später in *Stadien auf des Lebens Weg* (→ 247,4) eingeht, cf. den Bericht der dän. Ausgabe, *SKS* K6, 53-60.

25   **seit 1½ Jahren**] d.h. seit SK die Verlobung aufhob (→ 173,13).

30   **so soll sie, wenn möglich, meine Frau werden**] SK hat von Regines Verlobung mit Johan Frederik Schlegel (1817-1896) vermutlich erst nach seiner Heimkehr nach Kopenhagen am 30. Mai erfahren und er konnte daher immer noch eine Wiederaufnahme des Verhältnisses erwägen.

184   1   **so hätte ich sie ... selbst darum bat**] In »Mein Verhältnis zu ›ihr‹« (→ 179,34) schreibt SK: »Ein wenig davon, wie es mit mir zusammenhing, hat sie doch geahnt. Denn öfter fiel diese Bemer-

kung: Du wirst doch niemals froh, dann ändert es für Dich doch nichts, wenn ich bei Dir bleiben darf. Sie sagte auch einmal: dass sie mich nie nach etwas fragen würde, wenn sie nur bei mir bleiben dürfe« (Not15:4.f in *SKS* 19, 435 / *T* 3, 303f.). »Sie sagte, dass sie mir gerne das ganze Leben lang dafür danken wolle, bei mir bleiben zu dürfen, wenn sie auch in einem kleinen Schrank wohnen müsste« (Not15:6 in *SKS* 19, 435 / *T* 3, 311).

als der Vater darum bat] Am selben Tag, an dem   4
SK mit Regine gebrochen hatte, bat ihn ihr Vater, Etatsrat Therkel Olsen (1784-1849), darum, bei ihr zu bleiben, cf. »Mein Verhältnis zu ›ihr‹« (→ 179,34), wo SK u.a. schreibt: »Von ihr ging ich unmittelbar ins Theater, weil ich Emil Boesen treffen wollte [...]. Der Aufzug war vorbei. Als ich aus dem 2. Parkett gehe, kommt der Etatsrat aus dem ersten Parkett und sagt: darf ich mit Ihnen sprechen. Wir gingen gemeinsam zu ihm nach Hause. Er ist verzweifelt. Er sagte: es wird ihr Tod sein, sie ist vollkommen verzweifelt. Ich sagte: ich werde sie schon beruhigen; doch die Sache ist entschieden. Er sagte: ich bin ein stolzer Mann; es ist hart; aber ich bitte Sie, sie nicht zu verlassen. Fürwahr er war groß; er erschütterte mich. Aber ich blieb bei dem Meinen.« (Not15:4 in *SKS* 19, 435f. / *T* 3, 305).

gewiss ein ziemlich voll- ... wäre dies gewiss   16
geschehen] laut *B-fort.* wurde hier ein Blatt, und zwar die Seiten pp. 52-53, aus dem Manuskript herausgetrennt.

Vater] SKs Vater, Michael Pedersen Kierkegaard   31
(1756-1838), aufgewachsen in Sædding in Westjütland, wo er u.a. Schafe hütete; kam mit ca. 12 Jahren nach Kopenhagen, um bei seinem Onkel, dem Wollwarenhändler Niels Andersen, in die Lehre zu gehen. 1780 erwarb er einen Gewerbeschein als Wollwarenhändler in Kopenhagen und erhielt acht Jahre später die Zulassung als Großhändler für den Import und Weiterverkauf ausländischer Warenpartien (Zucker, Sirup und Kaffee). Dank seines kaufmännischen Geschicks brachte er es zu beträchtlichem Reichtum, so dass er sich schon im Alter von 40 Jahren mit seinem Privatvermögen zurückziehen konnte, wobei er dieses Vermögen in den Folgejahren als Rentier und Investor noch zu vergrößern ver-

stand. Im Mai 1794 hatte er Kirstine Røyen geheiratet, die am 23. März 1796 verstarb. Die Ehe
blieb kinderlos. Am 26. April 1797 heiratete er
Ane Sørensdatter Lund (1768-1834), mit der er
sieben Kinder hatte: Maren Kirstine (1797-1822),
Nicoline Christine (1799-1832), Petrea Severine
(1801-1834), Peter Christian (1805-1888), Søren
Michael (1807-1819), Niels Andreas (1809-1833)
und SK (1813-1855); beim Tod des Vaters lebten
von diesen nur noch SK und Peter Christian.
Mit Ausnahme der Jahre 1803-1805 lebte die Familie in Kopenhagen, wo M. P. Kierkegaard 1809
das Haus am Nytorv 2 erwarb (s. *Karte 2, B2*);
dort wohnte er bis zu seinem Tod am 9. August
1838.

85   7   **was die Griechen den göttl. Wahnsinn nannten**] spielt wohl an auf Platons Dialog *Phaidros*
(244a - 245b, 256, 249d-e und 265b), wo sich eine
ausführlichere Darstellung der gr. *theia mania*
und seiner verschiedenen Erscheinungsformen
findet: prophetische Begeisterung, religiöse Ek-
stase, poetische Inspiration und erotischer
Wahnsinn. Cf. *Platons Werke* (→ 168,3), 1,1 (Bd.
1), pp. 110-112, p. 130, pp. 119f. und p. 145.

85   15   **Selbstbetrachtung eines Aussätzigen**] ein von
der Hautkrankheit Lepra Befallener, was zu SKs
Zeit als moralisch anstößig galt, cf. *Danske Lov*
(→ 160,1), 3. Buch, Kap. 16, § 14, Ziffer 7.

85   17   **Den höchsten Ausdruck ... Reue tun soll**] cf.
den zweiten Teil von *Entweder – Oder* (1843), wo
Gerichtsrat Wilhelm die Reue als einen wesentlichen Teil seiner ethischen Lebensanschauung
behandelt, v.a. *SKS* 3, 207-209 / *GW1 EO2*, 229-
232; *Furcht und Zittern* (1843), »Problema III«,
SKS 4, 188 / *GW1 FZ* 111, Anm. 1, und *Der Begriff Angst* (1844), Kap. 4, § 1, *SKS* 4, 419,21-29 /
GW1 BA 121. – **ich soll allzeit bereuen:** cf. den
Artikel »Reue«, § 1, in *M. Gottfried Büchner's biblische Real- und Verbal-Hand-Concordanz oder Ex-
egetisch-homiletisches Lexicon* Bd. 1-2 (mit fortlaufender Paginierung), 6. Ausg. von H. L. Heub-
ner, Halle 1837-1840 [1740], Ktl. 79 (*Büchner's biblische Hand-Concordanz*); Bd. 2, 1837, p. 1055:
»Unser ganzes Leben soll eine stete Buße sein.«
– **dass selbst das Beste, was ich tue, bloß Sünde**

ist: Der Kirchenvater Augustinus (354-430) hat
die Vorstellung von der Erbsünde umfassend
behandelt und dahingehend dargestellt, dass
die Sünde im Geschlechtsakt und damit in der
Entstehung jedes Menschen wirkt und jeder
Mensch, weil in und mit Sünde geboren, die
Fähigkeit verloren hat, das Gute zu tun. Cf. SKs
Referat von § 38 der Dogmatikvorlesungen
H. N. Clausens an der Universität Kopenhagen
im Wintersemester 1833/34 und Sommersemester 1834, in denen es mit Bezug auf die Lehre
des Augustinus heißt, »dass alle Msch. in und
mit Adam gesündigt haben und als gerechte
Strafe eine bei der Geburt verdorbene Natur
empfangen haben, die nur die Freiheit hat, das
Böse zu tun« (Not1:6 in *SKS* 19, 35,32-34). – **aber
dann kann ich eigtl. ... Reue tun soll:** bezieht
sich möglicherweise auf H. L. Martensen, der in
Grundrids til Moralphilosophiens System, Kph.
1841, Ktl. 650, p. 45, schreibt, der dt. Philosoph
Johann Gottlieb Fichte (1762-1814) verwerfe die
Reue, »weil getane Tat nicht zu ändern ist und
der Mensch sich keine Zeit für Reue zu nehmen
wagt«.

Agnete und der Wassermann] cf. die dän. volks-   27   185
tümliche Ballade »Agnete og Havmanden« [Ag-
nete und der Wassermann] in *Udvalgte Danske
Viser fra Middelalderen; efter A. S. Vedels og P. Syvs
trykte Udgaver og efter haandskrevne Samlinger*, hg.
von W. Abrahamson, R. Nyerup und K. L. Rahbek, Bd. 1-5, Kph. 1812-1814, Ktl. 1477-1481; Bd.
1, pp. 313-315. Cf. die Nachdichtung in Jens Baggesen (→ 237,12) »Agnete fra Holmegaard« [Ag-
nete von Holmegaard] (1808), *Jens Baggesens
danske Værker*, hg. von den Söhnen des Verfassers und C. J. Boye, Bd. 1-12, Kph. 1827-1832, Ktl.
1509-1520; Bd. 2, 1828, pp. 348-358 (auch abgedruckt in *Danske Romanzer af danske Digtere*, hg.
von Chr. Winther, Kph. 1836, Ktl U 112, pp.
329-338, und in *Danske Romanzer, hundrede og
fem*, hg. von Chr. Winther, Kph. 1839, Ktl. 2196,
pp. 279-286). Auch H. C. Andersen präsentierte
eine Nachdichtung, und zwar in dramatischer
Form: *Agnete og Havmanden* [Agnete und der
Wassermann] (1834); das Stück wurde ein Miss-
erfolg und nur zwei Mal am Königlichen Theater in Kopenhagen aufgeführt, am 20. April bzw.

2. Mai 1843, cf. u.a. die Besprechung in *Ny Porte-feuille* 1843, Bd. 2, Sp. 120-122, die im Anschluss an SKs Kritik von H. C. Andersen als Dramati-ker in *Aus eines noch Lebenden Papieren* (1838) die lyrischen Qualitäten der Dichtung preist, ihr die Eignung zur dramatischen Aufführung aber ab-spricht.

28 **die wohl keinem Dichter in den Sinn gekom-men ist**] Anspielung auf I Kor 2,9.

186 4 **die Kirche kann ihnen ihren Segen nicht ge-ben**] verweist auf eine Strophe von »Agnete fra Holmegaard« in *Jens Baggesens danske Værker* (→ 185,27), worin Agnete in der Holmekirke vom Geist ihrer Mutter erfährt, dass ihr mensch-licher Mann sich aus Verzweiflung darüber, dass sie ihn und ihre zwei kleinen Töchter verlassen hat, das Leben genommen hat: »Agnete, hun stirred / Mod Altertavlen hen – / Og Altertav-len vendte sig, og / Alteret med den – / Alt med den / Sig vendte, hvor hun Øiet / I Kirken vendte hen« [Agnete, sie starrte / auf das Altar-bild – / Und das Altarbild drehte sich, und / der Altar dazu – / Alles drehte sich mit ihm, wohin sie den Blick / In der Kirche auch rich-tete], Bd. 2, p. 357. – **ihren Segen ... geben:** Laut *Dannemarks og Norges Kirke-Ritual*, Kph. 1762 [1685] (*Kirke-Ritualet*), p. 325, hatte der Pfarrer den Segen des Brautpaares zu beschließen mit »dem Segen: / Der HErr sei mit Euch &c.« Cf. *Forordnet Alter-Bog for Danmark* (*Alterbogen*), Kph. 1830 [1688], Ktl. 381, p. 242.

5 **taucht in seiner Verzweiflung auf den Grund des Meeres und bleibt dort**] verweist auf eine Strophe von »Agnete fra Holmegaard« in *Jens Baggesens danske Værker* Bd. 2, p. 352: »Han stop-ped hendes Øre, / Han stopped hendes Mund; / Saa foer han med den Skiønne / Dybt ned i Havets Bund. / [...].« [Er verschloss ihr Ohr, / Er verschloss ihren Mund; / So fuhr er mit der Schönen / tief in des Meeres Grund. / [...].] In einem auf Mittwoch, den 9. Dezember 1840 da-tierten Brief an Regine Olsen zitiert SK diese Verse und kommentiert sie folgendermaßen: »Das ist ungefähr, was ich getan habe; denn da mein eigentliches Leben nicht in der äußerlichen und sichtbaren Welt ist, sondern tief drunten in der Heimlichkeit der Seele (und welches Bild ist hierfür wohl schöner und treffender als das

Meer), so weiß ich mich mit nichts zu verglei-chen außer einem Wassermann; so wurde es denn aber auch notw., zu verschließen ›ihr Ohr und zu verschließen ihren Mund‹, das will hei-ßen, solange die Niederfahrt währt; denn dort unten bedarf es dessen nicht, wie man ja aus dem folgenden Vers ersieht: ›Mund auf Mund‹ «, *B&A* Bd. 1, p. 56 (Nr. 26) / *GW1 B* 39 (Nr. 19). Cf. auch eine nachfolgende Strophe über Agnetes fatale Fahrt zur Holmekirke:»Han stopped hen-des Øre, / Han stopped hendes Mund, / Saa foer han op med hende / Til Holmegaardens Grund – / Mund fra Mund / De skiltes, og han dukked / Igien til Havets Bund« [Er verschloss ihr Ohr, / Er verschloss ihren Mund, / So fuhr er hinauf mit ihr / Zu Holmegaards Grund – / Mund von Mund / Sie schieden, und er tauchte / Wieder auf den Meeresgrund], *Jens Baggesens danske Værker* Bd. 2, p. 353.

das Religiöse ... jegliche Verzauberung löst] 11 lat. »religio« wird u.a. mit dem Verb »religo«, ›lösen‹ in Verbindung gebracht.

meine Antigone ... Ahnung von Schuld] ver- 16 186 weist auf die antike Tragödie *Antigone*, die SK in *Entweder – Oder* als eine moderne Tragödie (→ 151,20) fortschreibt: In der gr. Tragödie sei das Wesentliche eine substantielle Sorge, in der modernen Tragödie hingegen ein reflektierter Schmerz, hier hervorgerufen durch Antigones Ahnung der väterlichen Schuld, d.h. König Ödi-pus' Ehe mit seiner Mutter: »Nun ist meine An-tigone kein gewöhnliches Mädchen, und so ist auch ihre Mitgift ungewöhnlich: ihr Schmerz«, *SKS* 2, 161,5 / *GW1 EO1*, 174.

Salomo und David] Könige von Israel (10. Jh. 19 v.Chr.): Salomo ist Sohn aus Davids Ehe mit Batseba, der Frau Urias, in die sich David ver-liebte und die er schwängerte, während ihr Mann fern von Jerusalem im Krieg war. David veranlasste den Tod Urias, heiratete Batseba und bekam mit ihr einen Sohn; als Strafe für Davids Sünde ließ Gott diesen Sohn sterben. Gleich da-nach schwängerte David wieder Batseba, und sie gebar Salomo, der als König von Israel für seine Weisheit berühmt und für seine Unzucht berüchtigt ist, cf. I Reg 11,1-4.

26 **wenn David Mystiker gewesen wäre**] cf. den zweiten Teil von *Entweder – Oder*, worin Gerichtsrat Wilhelm zwischen Reue und Mystik unterscheidet, *SKS* 3, 236f. / *GW1 EO2*, 263-265.

186 33 **Jesus Sirach ... 41,19: Besser ... Weisheit verbirgt**] wörtliches Zitat aus Sir 41,19 (GT-1740; EÜ Sir 41,14), dort jedoch »Besser ist [...].«

187 2 **Wenn man durch Bereuen ... tief genug ist u. s. w.**] Für das protestantische Verständnis der Reue (→ 185,17) ist entscheidend, dass der Reuige sich nicht durch seine Reue um die Vergebung der Sünden verdient machen kann: »Mit der Reue selbst verdienen wir zwar nichts bei GOtt; denn die Sünde ist ein solcher Greuel vor ihm, daß, wenn sich gleich ein Mensch über dieselbe zu Tode grämte, so würde er sich doch nicht genugsam grämen können, um GOtt damit zu genügen«, *Büchner's biblische Hand-Concordanz* (→ 185,17), Bd. 2, 1837, p. 1055. Cf. auch die 30. der 95 Thesen, die Martin Luther am 30. Oktober 1517 an die Kirche in Wittenberg anschlug: »Niemand ist deß gewiß, daß er wahre Reu und Leid genug habe; viel weniger kann er gewiß seyn, ob er vollkommene Vergebung der Sünden bekommen habe«, *Luthers Werke* (→ 288,6), Bd. 1, p. 33. Siehe JJ:119. – **durch Bereuen in einem Liebes-Verhältnis zu Gott bleiben:** cf. Gerichtsrat Wilhelms Darstellung der Reue im zweiten Teil von *Entweder – Oder*, in welcher er erklärt, man müsse sich solcherart in seine Geschichte ›zurück bereuen‹, dass man sich selbst in Gott findet: »es gibt auch eine Liebe, mit der ich Gott liebe, und diese hat in der Sprache nur einen Ausdruck, das ist: Reue. [...] sobald ich frei liebe und Gott liebe, da bereue ich«, *SKS* 3, 207,32 / *GW1 EO2*, 230. Und: »so ist es Zeichen eines großmütigen Menschen, einer tiefen Seele, dass er geneigt ist zur Reue, dass er mit Gott nicht rechtet, sondern bereut und Gott liebt in seiner Reue«, *SKS* 3, 227,6 / *GW1 EO2*, 253.

187 21 **Als Paulus ... für seine zeitliche**] bezieht sich auf Act 27,33f.

Was aber ist ... eines Mädchens Brust] die letzten beiden Verse der ersten Strophe von Schack Staffeldts Romanze »Elskovsbaalet« [Das Liebesfeuer], cf. *Hundrede Romanzer*, hg. von Chr. Winther, Kph. 1836, Ktl. U 112, p. 415, und *Danske Romanzer, hundrede og fem*, hg. von Chr. Winther, Kph. 1839, Ktl. 2196, p. 354. Die Romanze ist außerdem abgedruckt in Schack Staffeldt *Samlede Digte*, hg. von F. L. Liebenberg, Kph. 1843, Ktl. 1579-1580, deren Erscheinen *Berlingske Tidende* am 15. Juni meldet, die J. L. Heiberg (→ 178,15) aber schon in »Lyrisk Poesie« in *Intelligensblade* (→ 199,30), Nr. 26-27, 15. April 1843, behandelt, cf. Ktl. U 56 (cf. den Bericht zu *Gjentagelsen*, *SKS* K4, 22). Abweichung: Staffeldt hat »von« statt »aus«. – **Schack Staffeldt:** dän. Dichter (1769-1826). 28 187

Nebukadnezar] Nebukadnezar II (605-562 v.Chr.), König von Babel, der in Dan 4 von einem Traum erzählt, den der Prophet Daniel dem König in v. 4,22 (in GT-1740 v. 4,25) so deutet: »Man wird dich aus der Gemeinschaft der Menschen ausstoßen. Du mußt bei den wilden Tieren leben und dich von Gras ernähren wie die Ochsen. So werden sieben Zeiten über dich hingehen, bis du erkennst, daß der Höchste über die Herrschaft bei den Menschen gebietet und sie verleiht, wem er will.« 4 188

Nicolaus Notabene] »Notabene« (lat., ›merke wohl!‹) bezeichnet eine kritische Anmerkung. Die Initialen des Namens entsprechen der üblichen Angabe einer ungenannten oder unbekannten Person, N. N., Abk. für lat. »nomen nescio«, ›den Namen weiß ich nicht‹. 8

einem neulich erschienenen Werk ... (Altona 1843)] P. S. Frandsen *C. Cilnius Maecenas. Eine historische Untersuchung über dessen Leben und Wirken*, Altona 1843. Es ist nicht gelungen, die Publikation genauer zu datieren. – **C. Cilnius Maecenas:** Cajus (oder Gajus) Cilnius Maecenas (gest. 8 v.Chr.), röm. Adliger, enger Freund und Ratgeber von Kaiser Augustus, liebte Kunst und Literatur und erwarb sich Verdienste durch die Förderung von u.a. Vergil und Horaz, weshalb sein Name auf diejenigen übertragen wird, die Kunst und Wissenschaft fördern, also Mäzenen. 10 188

12 **S. 230 o.]** p. 230 oben: »Vergebens sucht er den Schlaf durch entfernte Töne einer sanften Musik, und durch das Geplätscher der Wasserfälle. Sogar durch starken Wein bemüht er umsonst sich einzuschläfern.«

15 **S. 229]** p. 229: »Nur in den drei letzten Lebensjahren litt er, laut *Plinius*, an *beständiger Schlaflosigkeit*, wie es in der eben angeführten Stelle [*Naturalis historia* 7,172] heißt: »*Eidem triennio supremo nullo horae momento contigit somnus.* [lat., ›In seinen drei letzten Lebensjahren gelang es ihm zu keinem Zeitpunkt einzuschlafen‹]. Dies Leiden mag arg genug gewesen sein, aber Meibom weiß doch mehrere Fälle anzuführen, gegen welche *drei Jahre* ganz wegfallen, nemlich Nizolius, jener Affe des Cicero, hat *zehn* ganze Jahre den Schlaf nicht gesehen, und eine gewisse Edelfrau soll sogar 35 Jahre bei guter Gesundheit, und ohne allen Nachtheil, *schlaflos* zugebracht haben.«

188 21 **eine Bildergalerie mit griechischer Skulptur]** In Kopenhagen gab es keine Galerie mit gr. Skulptur, doch eine kleinere Sammlung gr. Antiquitäten im Königlichen Kunstmuseum in der Dronningens Tværgade (s. *Karte 2, E2*). Der isl.-dän. Bildhauer Berthel Thorvaldsen (1770-1844) brachte 1838 eine größere Sammlung röm. und gr. Abgüsse aus Rom mit nach Hause, doch war diese bis zur Fertigstellung von Thorvaldsens Museum 1848 nicht öffentlich zugänglich; dagegen war ein Teil seiner eigenen neoklassizistischen Werke im April 1843 auf der jährlichen Ausstellung der Kunstakademie (s. *Karte 2, D3*) zu sehen, cf. den Artikel »Konstudstillingen« in *Journal for Literatur og Konst* Bd. 1, Kph. 1843, pp. 224-233 und pp. 279-325; p. 224.

188 31 **Was Tarquinius Superbus ... Hamann 3. Bd. p. 190 M.]** wörtliches Zitat aus *Hamann's Schriften* (→ 30*m*,1), Bd. 3, 1822, p. 190, Mitte. – **Tarquinius Superbus:** Der letzte König in Rom (534-510 v.Chr.) vor Einführung der Republik. Von ihm wird erzählt, dass sein Sohn, Sextus Tarquinius, um die Stadt Gabii unter die Herrschaft des Vaters zu bringen, sich zunächst selbst durch List eine mächtige Position in der Stadt verschaffte und dann seinen Vater durch einen

Boten fragen ließ, wie er weiter vorgehen solle. Tarquinius Superbus, der dem Boten nicht traute, sagte nichts, sondern führte den Boten in einen Garten, wo er mit seinem Stock die Köpfe der höchsten Mohnblumen abschlug. Dies berichtete der Bote dem Sohn, der begriff, dass er die hervorragendsten Männer der Stadt aus dem Weg zu räumen habe.

periissem nisi periissem] lat., ›ich wäre zu- 3 189
grunde gegangen, wäre ich nicht zugrunde gegangen‹. – J. G. Hamann verwendet den Ausdruck in einem Brief vom 2. Mai 1764 an Johannes G. Lindner: »Periissem, nisi periissem, hoffe ich auch noch einmal sagen zu können«, *Hamann's Schriften* (→ 30*m*,1), Bd. 3, 1822, p. 224. Im selben Band, p. 151, bringt Hamann den Ausspruch in der Form: »Nisi periissemus, periissemus« und schreibt ihn einem Griechen zu; es handelt sich um den Athener Staatsmann Themistokles (gest. ca. 460 v.Chr.), der laut Plutarchs Themistokles-Biographie 29,7 in *Vitae parallelae* etwas Derartiges gesagt haben soll, nachdem er aus Athen vertrieben worden und als Gefolgsmann des Perserkönigs zu großem Ansehen gelangt war.

Sokrates ... Kratyllus § 428] SKs Übersetzung 5 189
von Platons Dialog *Kratylos* 428d, cf. *Platonis opera* (→ 168,3), Bd. 3, 1821, p. 228
Schl. Übers. 2. T. 2. Abt. p. 104] *Platons Werke* 9
(→ 168,3), »Zweiten Theiles Zweiter Band« (Bd. 4), 1824, p. 104: »Denn von sich selbst hintergangen zu werden, ist doch das allerärgste. Denn wenn der Betrieger auch nicht auf ein Weilchen sich entfernt, sondern immer bei der Hand ist, wie sollte das nicht schreklich sein?« – **Schl.:** Friedrich Schleiermacher (1768-1834), dt. Theologe und Philosoph, ab 1810 Theologieprofessor an der Universität in Berlin, gab die erste nahezu vollständige deutsche Platonübersetzung heraus, besagte *Platons Werke*.

Motto zu »Furcht und Zittern«] *Frygt og Bæven.* 16 189
Dialektisk Lyrik af Johannes de silentio [Furcht und Zittern. Dialektische Lyrik von Johannes de silentio] verließ Bianco Lunos Buchdruckerei am 7. Oktober und erschien am 16. Oktober 1843.

Als Motto verwendete SK das in JJ:129 aufge-
zeichnete Zitat von Hamann, cf. *SKS* 4, 100,1 /
GW1 FZ 12, ferner *SKS* K4, 96.

17 **»Schreibe« ... »Nein!«**] vermutlich SKs eigene
Variation und Übersetzung des obigen Herder-
Zitats, s. JJ:7.

89 21 **Shakspeares »Ende gut**] Shakespeare *Ende gut,
Alles gut* (engl. *All's well that ends well*), in
Shakspeare's dramatische Werke, übers. von A. W.
v. Schlegel und L. Tieck, Bd. 1-12, Berlin 1839-
1841, Ktl. 1883-1888; Bd. 11, 1840, pp. 265-373.

89 22 **Tagebuch des Verführers**] »Das Tagebuch des
Verführers« in *Entweder – Oder*, *SKS* 2, 291-432 /
GW1 EO1, 323-484. Das Interessante, ein Lieb-
lingsthema der Zeit, bildet ein Motiv des Verführers Johannes, cf. den Kommentar zu *SKS* 2,
17,2 in *SKS* K2-3, 88f. und → 202,8.

90 1 **Die Fortsetzung vom Tagebuch des Verführers
... einer jungen Ehefrau**] Im »Tagebuch des
Verführers« (→ 189,22) schreibt Johannes, »dass
ich meine Beute immerfort unter den jungen
Mädchen suche, nicht unter den jungen Frauen.
Eine Ehefrau hat weniger Natur, mehr Koketterie, das Verhältnis zu ihr ist nicht schön, nicht
interessant, es ist pikant, und das Pikante
kommt stets als Letztes«, *SKS* 2, 314,15 / *GW1
EO1*, 348, s. den Kommentar in der dän. Ausgabe, *SKS* K2-3, 206.

90 5 **Pflegeheim für Krüppel**] Hospital für Kriegsin-
validen und Angehörige der Streitkräfte. In Kopenhagen gab es zu SKs Zeit drei vom Militär
verwaltete Hospitäler: das Garnisonshospital in
der Rigensgade (s. *Karte 2, E1*) und Søetatens
Hospital zw. Fredericiagade und Olfert Fischers
Gade, damals Nellikegade und Balsomgade (s.
Karte 2, E2), sowie das »Qvæsthus« in Christianshavn (s. *Karte 2, C4*), das anders als die beiden
vorhergenannten in Friedenszeiten nur bei Epi-
demien o.ä. genutzt wurde.

6 **gesunde, frohe, gedeihende ... Abbild der
Mutter**] cf. SKs dritten und letzten Brief an Emil
Boesen aus Berlin (→ 181,9), datiert auf den 25.
Mai 1843, in dem er eine fertiggestellte Arbeit
erwähnt, vermutlich das Manuskript zu *Die Wie-*

derholung (→ 197,1), und eine begonnene Arbeit,
vermutlich das Manuskript zu *Furcht und Zittern* (→ 189,16): »In den vergangenen Monaten
hatte ich in Indolenz ein richtiges Sturzbad auf-
gepumpt, jetzt habe ich an der Schnur gezogen,
und die Ideen purzeln über mich nieder, gesunde, frohe, wohlgedeihende, muntere, gesegnete Kinder, leicht geboren und doch alle mit
dem Muttermal meiner Persönlichkeit«, *B&A*
Bd. 1, p. 121 (Nr. 82) / *GW1 B* 115 (Nr. 55).
Kraft der väterlichen Lenden] cf. zu diesem   9
Ausdruck z.B. Gen 35,11.

Blätter aus dem Notizbuch eines Straßenauf-   21 190
sehers] verweist auf B. S. Ingemann *Blade af Jerusalems Skomagers Lommebog* [Blätter aus dem
Notizbuch des Schuhmachers von Jerusalem],
Kph. 1833, Ktl. 1571. SK scheint in der Aufzeichnung einen früher auf einem losen Blatt festgehaltenen Entwurf auszuarbeiten, cf. *Pap.* III A
245f. – **Straßenaufsehers**: beaufsichtigte Sauber-
keit und Instandhaltung der Straßen in einem
bestimmten Stadtviertel, s. den folgenden Kommentar.

die einzelnen Stadtviertel] Kopenhagen war   22
bezüglich Kataster und Steuererhebung in 12
Stadtviertel eingeteilt. Eine detaillierte Beschreibung der Stadtviertel bietet S. Sterm *Statistisk-
Topographisk Beskrivelse over Hoved- og Residents-
staden Kjøbenhavn*, Kph. 1841, pp. 23-77; die Namen der einzelnen Stadtviertel sind unter »Far-
vernes Forklaring« [Farblegende] in der Karte
im Anhang angeführt (s. *Karte 1*).

den Kultorv ... Stimmung ist] cf. S. Sterm *Sta-*   24
tistisk-Topographisk Beskrivelse over Kjøbenhavn, p.
83: »Auf dem *Kultorv*, im Klædebo- und Rosen-
borgviertel, draußen vor Nørreport, von Frede-
riksborggade bis Lille-Kjøbmagergade, bietet
der Bauer, besonders aus dem nordöstlichen Teil
Seelands, Kohle, Torf und Brennholz feil« (s.
Karte 2, C1).

Gossenbrett] ein Brett, das vor Toren und Ein-   26
gangstüren über den Rinnstein gelegt wurde;
nur in der Østergade (→ 211,3) waren die Rinn-
steine ganz überdeckt. Die Vertiefungen und
Rinnen in den Straßen, in denen Wasser und
flüssiger Unrat ablaufen konnte, standen wie die
gesetzlich vorgeschriebenen Gossenbretter un-

ter der Kontrolle eines Straßenaufsehers; bei Unwetter konnte sich ein Rinnstein in einen übel riechenden Strom verwandeln, der lose Bretter mit sich riss, weshalb diese ständig Gegenstand öffentlicher Beschwerden waren.

26 **die Fischerbüsen**] Wasserfahrzeug mit einem Raum, der durch Löcher das Einströmen von Meerwasser und damit den Transport lebendiger Fische erlaubt. Die Fischerbüsen lagen üblicherweise am Gammelstrands Kai (s. *Karte 2, B2*), so dass die frischen Fische auf dem Fisketorv verkauft werden konnten, cf. S. Sterm *Statistisk-Topographisk Beskrivelse over Kjøbenhavn*, pp. 79f.

29 **Knippelsbrücke**] dän. »Knippelsbro«, Zugbrücke, die von der Spitze Nybørs über den Hafen nach Christianshavn führt (s. *Karte 2, C3*).

191 10 **Bei der Trauung ... nichts verschweigen**] Laut *Alterbogen* (→ 186,4) fragt der Pfarrer zuerst den Bräutigam, »Ob Ihr mit Gott im Himmel zu Rate gegangen seid, dann mit Eurer eigenen Herzensgesinnung, danach auch mit Euren Verwandten und Freunden, dass Ihr dieses ehrliche Mädchen (Frau), die an Eurer Seite steht, N. N., zur Ehefrau haben wollt« (p. 256). *Kirke-Ritualet* (→ 186,4) schreibt weiter vor, dass Braut und Bräutigam einige Tage vor der Trauung beim Priester vorstellig werden, um »ihm gesetzliches Führungszeugnis und Beweis vorzuzeigen, dass von keiner Seite etwas vorliegt, das nach dem Gesetz ihre Ehe verhindern kann« (p. 308).

13 **Wenn ich mich ihr nicht ... kränke ich sie**] Wenn er nichtsdestotrotz mit ihr verlobt geblieben wäre, hätte er sie nicht im *juristischen* Sinne gekränkt, weil die Verlobung ihre Gesetzeskraft mit Verordnung vom 4. Januar 1799 eingebüßt hatte, wonach die Verlobten nicht wie ehedem zur Trauung vor dem siebten Sonntag nach der Verlobung verpflichtet waren, sondern die Trauung nach eigenem Gutdünken *aufschieben* konnten; doch galten im Bürgertum noch in den 1840er Jahren sehr lange Verlobungszeiten als anstößig. Wenn er dagegen die Verlobung *lösen* wollte, ohne ihre Zustimmung zu erhalten, müsste er sich bei der Schlichtungskommission um deren Sanktion zu bemühen (cf. Kanzlei

schreiben an den Bischof von Seeland vom 17. Juli 1802).

Sie hat mich gebeten, dies ist mir genug] 16 → 184,1.

Modehändler] 1839 gab es 81 Modehändler in 31 19 Kph., cf. S. Sterm *Statistisk-Topographisk Beskrivelse over Kjøbenhavn* (→ 190,22), p. 100. Laut Rechnungen (KA, D pk. 8 læg 1 und læg 25) ließ sich SK u.a. bei »Agerskov, C. T., Mode- und Manufakturhändler, Skinderg. 24« einkleiden, *Kjøbenhavns Veiviser* (→ 182,13), 1843, p. 5.

weibliche Tracht, um in die Kirche zu gehen] 2 191 In Kopenhagen scheinen die Frauen des Bürgertums so großes Gewicht auf gut gekleidetes Erscheinen im Gottesdienst gelegt zu haben, dass sie in einem gewissen Umfang das schlecht gekleidete einfache Volk vom Kirchgang abhielten, cf. »Hvem gaaer i Kirke?« [Wer geht in die Kirche?] in *Den Frisindede* Nr. 119-120, 14. Oktober 1845, pp. 475-477.

Fischbeinkleider] Zu SKs Zeit war die Krino 4 192 line zwar längst aus der Mode, aber besonders aus Holbergs Komödien am Königlichen Theater in Kopenhagen noch bekannt.

Nasenringe bei den Wilden] Nasenreife als 5 weiblicher Schmuck sind aus der Bibel bekannt, cf. z.B. Jes 3,21 und Ez 16,12, sowie aus der Ethnographie. Hier wird zugleich auf den Ring angespielt, den man einem Bullen zum besseren Führen durch die Nase zieht oder einem Schwein, um es am Wühlen in der Erde zu hindern.

jenem erhabenen Genius] bezieht sich vermut 9 lich auf Sokrates → 162,4.

das Geschmacklose] In der gebildeten Welt 24 wurde, besonders von J. L. Heiberg (→ 178,15), dem Geschmack besonderer Wert beigemessen; seine Frau, die Schauspielerin Johanne Luise Heiberg (1812-1890), schrieb gerade einen anonymen »Mode-Artikel, meddeelt af en Dame« [Mode-Artikel, mitgeteilt von einer Dame] in *Intelligensblade* Nr. 39-40, 1. November 1843, worin sie das unterschieds- und geschmacklose Anbiedern bei der Mode kritisiert: »Wenn in Paris eine Dame eine Mode-Boutique betritt und Hüte, Shawls, Kleider, Bänder usw. zu sehen wünscht, dann ist die erste Frage, die an sie gerichtet wird, ob es für sie selbst sei, und wenn nicht, ob die Dame jung oder älter ist; und nach der Antwort richtet sich, was gezeigt wird. In unseren Boutiquen kennt man nur eine Mode, und das ist die neueste, und der hat sich nun jeder zu unterwerfen, ohne Rücksicht auf Alter und übrige Individualität«, *Intelligensblade* (→ 199,30), Bd. 4, p. 93.

31 **in ihrer Kleidung ... andeuten zu wollen]** Politische Organisationen im modernen Sinne gab es 1843 nicht, doch in den beratenden Ständeversammlungen (→ 307,30) und in der aufkommenden Tagespresse wurde zwischen Liberalen und Konservativen polarisiert. Ob diese ihre Parteiunterschiede in der Kleidung ausdrückten, ist ungewiss, cf. aber »Af en Forrykts Papirer. Forsigtighedsregler for Borgeren og Landmanden mod Indflydelsen af Oprørssmitte og Nutidens Oplysning, overeenstemmende med Tidens Trang« [Aus eines Verrückten Papieren. Vorsichtsmaßregeln für den Bürger und den Landmann gegen den Einfluss der Aufruhrsseuche und Auflösung der Gegenwart, in Übereinstimmung mit dem Bedürfnis der Zeit] in *Corsaren*, 2. Juni 1843 (Nr. 141), wo unter empfohlenen »Forsigtighedsregler ved Klædedragten« [Vorsichtsmaßregeln bei der Kleidung] steht, »Alle seine Kleider müssen sehr eng sitzen, damit er sich nur schwer darin bewegen kann [die Liberalen wurden auch ›Bewegungspartei‹ genannt]. Er darf keinen *Über*rock tragen, da das Wort Über [frz. »ouver«, konnotiert liberal] sehr verdächtig ist«, Sp. 10.

192 23 **9 Uhr: Die kleinen Kinder, die in die Schule gehen]** von Montag bis Samstag üblicher Unterrichtsbeginn in den Kopenhagener Schulen.

24 **10 Uhr: Die Dienstmädchen]** Vormittags gingen die Dienstmädchen zum Einkaufen auf den Markt, z.B. Gammeltorv/Nytorv, Kopenhagens wichtigstem Markt für Getreide- und Fleischwaren, Geflügel, Obst und anderes mehr, oder auf den Fisketorv, um Fisch zu kaufen (→ 190,26).

24 **1 Uhr: die vornehme Welt]** Gegen oder nach Mittag konnten die Männer des höheren Bürgertums z.B. den Klub aufsuchen oder mit ihren Frauen auf den Wällen, Langelinie (s. *Karte 2,*

G2-H2) oder auf der Esplanade (Grønnningen) (→ 149,11) spazieren gehen; außerdem konnte man in der Østergade (→ 211,3) einkaufen, in der die vornehmeren Geschäfte lagen.

Sekretär Hr. Christensen] Peter Vilhelm Chris- 32 192
tensen (1819-1863), dän. Theologe, 1838 von Peter Christian Kierkegaard, SKs älterem Bruder, an die Universität in Kopenhagen zugelassen, bestand am 6. Juli 1842 die theologische Dienstprüfung, im Zeitraum 1842-1843 SKs Sekretär, cf. den Bericht zu *Enten – Eller*, *SKS* K2-3, 52-54.
immer wieder in Blättern und in kleinen Pi- 34
ecen schmiert] verweist möglicherweise auf eine anonyme Piece, deren Erscheinen *Adresseavisen* (Nr. 188) am 12. August 1843 annoncierte: *Med hvad Ret kaldes Theologien Løgn? Nogle Modbemærkninger mod det Brøchnerske Skrift* [Mit welchem Recht wird die Theologie Lüge genannt? Einige Gegenbemerkungen gegen die Brøchnersche Schrift], Kph. 1843, cf. Hans Brøchner *Nogle Bemærkninger om Daaben, foranledigede ved Prof. Martensens Skrift: Den christelige Daab* [Einige Bemerkungen über die Taufe, veranlasst durch Prof. Martensens Schrift: Die christliche Taufe], Kph. 1843, Ktl. U 27. P. V. Christensen ist nicht als Verfasser der genannten Piece identifiziert, er veröffentlichte aber während der Zeit als SKs Sekretär unter eigenem Namen »Foreløbig Anmeldelse af Catalogue raisonné des médailles antiques de la Cyrénaïque et de l'anciennes Afrique par M. M. Falbe et Lindberg« in *Journal for Literatur og Konst* Bd. 2, Heft 1 (angekündigt als »under Pressen« [im Druck] in *Adresseavisen* (→ 173,1), 29. Juni 1843, Nr. 150), pp. 15-34, sowie den weiter unten genannten Artikel (→ 193,13).

ihn gut bezahlte] Die Höhe des Honorars ist 5 193
nicht bekannt; dagegen hält SK später fest (cf. NB12:43 in *SKS* 22, 166), dass er 100 Reichstaler (→ 181,30) für das Korrekturlesen der *Abschließenden unwissenschaftlichen Nachschrift* (→ 287,9) zahlte, was vermutlich eine gute Bezahlung bedeutete, da zum Vergleich der Jahreslohn eines Kopisten am Hof- und Stadtgericht 300-400 Reichstaler betrug.

der kleine Artikel ... Entweder – Oder erschie- 13
nen ist] bezieht sich auf *Litterært Qvægsølv eller*

Forsøg i det høiere Vanvid, samt Lucida Intervalla
[Literarisches Quecksilber oder Versuche im höheren Wahnwitz, samt lichten Augenblicken],
ein anonymer Artikel in *Ny Portefeuille* Bd. 1, 7.
Heft (Sp. 198-216), 12. Februar 1843; acht Tage
später, am 20. Februar 1843, veröffentlichte SK
Entweder – Oder (→ 161,17). Der anonyme Artikel
ist eine Sammlung von Aphorismen, deren ironischer Ton und ironische Anschauung in mehreren »Diapsalmata« und gewissen Beobachtungen des Johannes im »Tagebuch des Verführers«
in *Entweder – Oder* wiederzuerkennen ist.

23 **Nachdrucker]** in Bezug auf den Raubdruck cf.
die Königliche Verordnung vom 7. Januar 1741:
»Eine solche Schrift aber, deren Eigentümer jemand einmal so oder auf eine andere rechtmäßige Weise geworden ist, soll ihm ständig, als
sein Eigen, gehören; welches niemand sich aneignen oder durch Nachdruck nutzen darf, bei
Konfiszierung aller Exemplare und anderer beliebiger *Geldstrafe*; es sei denn, es geschieht mit
Zustimmung und vollkommenem Gewähren
des Autors oder ersten Verlegers.«

193 25 **Meine Aufzeichnungen im Hinbl. auf mein
Verhältnis zu Regine]** s. JJ:89, JJ:107, JJ:115 und
JJ:140. – **Regine:** → 179,8.

194 7 **Mynsters Predigten]** → 170,6.

12 **Differenzen]** bezeichnet bei SK meist den Unterschied an Fertigkeiten, Bildung o.ä. zwischen
Menschen.

194 18 **einen Glauben ... in der Welt]** s. JJ:82 und
JJ:116.

194 24 **Tragödie meiner Kindheit ... in die Hände
spielte]** cf. JJ:115 (gegen Ende).

195 3 **diese menschliche ... Zeiten kommen werden]**
cf. JJ:82.

195 13 **ein Mädchen geschwängert]** s. JJ:76.

15 **das Kind zu finden]** → 168,17.

195 19 **Nullum exstitit ... aliqua dementia]** lat., ›Es
gibt kein großes Genie ohne einen Funken von
Wahnsinn‹. Paraphrase von Seneca (ca. 4 v.Chr. -
65 n.Chr.) *De tranquillitate animi* 17, 10: »nullum

magnum ingenium fuit sine mixtura dementiae
fuit [lat., ›Nie hat es ein großes Genie ohne eine
Beimischung von Wahnsinn gegeben‹]«, cf. *L.
Annaei Senecae opera* Bd. 1-5, Leipzig 1832, Ktl.
1275-1279; Bd. 4, p. 102. Seneca nennt Aristoteles
(→ 152m,6) als seine Quelle (*Problemata*, 30. Buch,
Kap. 1, 954a 34-37). – SK scheint hier (und sowohl in der vorhergehenden wie in der nachfolgenden Aufzeichnung über Geistesschwäche)
einen Gedanken des bereits fertigen Manuskripts zu *Furcht und Zittern* (→ 189,16) auszuarbeiten, wo er ebenfalls an die Stelle bei Seneca
anknüpft, cf. *SKS* 4, 195,13 / *GW1 FZ* 121.

Die Methode ... zur Philosophie zu kommen] 5 196
Die philosophische Forderung, an allem zu
zweifeln (lat. »de omnibus dubitandum est«)
stammt von Descartes (→ 152,12), der in der
Überschrift des 1. Teils, § 1, von *Principia philosophiae* (1644) schreibt: »Veritatem inquirenti, semel in vita de omnibus, quantum fieri potest,
esse dubitandum« [lat., ›Um die Wahrheit zu
finden, muss einmal im Leben an allem, soweit
es möglich ist, gezweifelt werden‹], *Renati Des-
Cartes opera philosophica* (→ 152,12), Bd. 2, p. 1.
Der Satz, den SK bereits in *Johannes Climacus
oder De omnibus dubitandum est* (→ 239,11) kritisiert, wurde im dän. Hegelianismus häufig angeführt und diskutiert, so z.B. von H. L. Martensen und J. L. Heiberg.

eine Stubenuhr ... mit 12 fertig wurde] Dieselbe Geschichte wird in einer nicht verwendeten Aufzeichnung erzählt, die SK ursprünglich
in A's Papiere in *Entweder – Oder* eingehen lassen wollte, vermutlich in die »Diapsalmata«,
und die wahrscheinlich 1841 oder 1842 geschrieben wurde, cf. *Pap.* III B 180,18.   11 196

Mädchen, das ihm einmal ... verlassen würde] 20 196
→ 183,20.
2 Mark und 8 Schilling] → 181,29. So viel betrug 25
1844 z.B. der Preis einer neuen Ausg. des NT
(16°).

der Anlage in der »Wiederholung«] *Die Wiederholung. Ein Versuch in der experimentierenden Psychologie von Constantin Constantius* verließ Bi-   1 197 anco Lunos Buchdruckerei am 7. Oktober und erschien am 16. Oktober 1843.

17 »weil er ihr zu viel verdankte.«] vermutlich ein fiktives Zitat.

.97 30 man sollte da ... behoben werden könnte] cf. JJ:152.

.98 12 zu mir selbst zurück] cf. *Die Wiederholung* (→ 197,1), worin Der junge Mensch, nachdem er von der Heirat seiner früheren Verlobten erfahren hat, in seinem letzten Brief an seinen verschwiegenen Mitwisser, Constantin Constantius, u.a. schreibt: »Ich bin wieder ich selbst; hier habe ich die Wiederholung«, *SKS* 4, 87,5 / *GW1 W* 89, cf. *SKS* 4, 87,24-28 / *GW1 W* 89 und *SKS* 4, 88,7-12 / *GW1 W* 90.

16 die aristotelische Kategorie: Das – Was – war – seyn] bezieht sich auf einen von Aristoteles geprägten Ausdruck, um die Form oder wesentliche Natur einer Sache zu bezeichnen, cf. z.B. *Metaphysik*, 983a 27f., »τὸ τί ἦν εἶναι« (gr., ›das, was es heißt (ist/war), (dies) zu sein‹), was Marbach (cf. den folgenden Kommentar) übersetzt mit »das Was-war-sein«.

17 Marbach Geschichte ... p. 4 und 5.] G. O. Marbach *Geschichte der Philosophie des Mittelalters* (Bd. 2 in *Lehrbuch der Geschichte der Philosophie* Bd. 1-2 (mit gesonderter Paginierung, aber fortlaufender Paragraphierung), Leipzig 1838-1841, Ktl. 642-643), § 128, pp. 4f.; *SKS-E*. – Marbach: Gotthard Oswald Marbach (1810-1890), dt. Philosoph, Naturwissenschaftler und Schriftsteller, Philosophieprofessor in Leipzig.

18 § 102 ... griechischen Philosophie] G. O. Marbach *Geschichte der Griechischen Philosophie* (Bd. 1 in *Lehrbuch der Geschichte der Philosophie*), § 102 (über Aristoteles' *Metaphysik*), pp. 247-263; *SKS-E*.

.98 22 Aristoteles ... sagt ... selbst ακινητος] bezieht sich auf Aristoteles' Bestimmung des ersten Bewegers in der *Metaphysik*, 12. Buch, Kap. 7f. (1072a 19ff.) und in der *Physik*, 8. Buch, Kap. 5 (258b 4f.). In Tennemanns *Geschichte der Philosophie* (→ 154,31), Bd. 3, 1801, p. 159, wird die Stelle aus der *Physik* wie folgt paraphrasiert: »*Dieses erste Bewegende kann nicht von einem andern wie-*

der bewegt werden, es muß bewegen ohne bewegt zu werden (το πρωτον κινουν ακινητον [gr., to prōton kinoun akinēton, ›das erste bewegende Unbewegte‹).« – ακινητος: gr., ›unbewegt‹.

Schelling in Berlin ... aufmerksam gemacht] 24 verweist auf Schellings Vorlesungen in Berlin 1841/42 (→ 180,32), die SK teilweise besuchte und von denen er Mitschriften anfertigte, worin über Aristoteles' erste Ursache oder erstes Prinzip vermerkt ist: »Das Letzte [in einem retrograden Schluss zurück auf die erste Ursache] hat er [Aristoteles] gleichzeitig als ein Existierendes, da seine Wissenschaft die Wissenschaft des Existierenden ist. Dennoch ist aber das, was ihm besonders im Sinne liegt, nicht daß, sondern was. Er braucht auch das Letzte nicht als ein Prinzip; es ist für ihn nur Endursache, nicht hervorbringende, nicht τελος ποιητικον [gr., ›schaffender Zweck‹]. Dieses Letzte ist τελος [gr., ›Zweck, Ziel‹], selbst ακινητον [gr., ›unbewegt‹]. Alles zieht es an, selbst bleibt es unbewegt, gleichsam wie das Begehrte Gegenstand des Begehrens ist, selbst aber ruhig bleibt.« (übers. von Eva Schlechta-Nordentoft in Anton Mirko Koktanek *Schellings Seinslehre und Kierkegaard. Mit Erstausgabe der Nachschriften zweier Schellingvorlesungen von G. M. Mittermair und Sören Kierkegaard*, München 1962, p. 123), *Pap.* III C 27 in Bd. XIII, p. 278. – Schelling: Friedrich Wilhelm Joseph Schelling (1775-1854), dt. Philosoph, studierte 1790-1795 zusammen mit Hegel (→ 200,1) Philosophie und Theologie in Tübingen, wurde 1798 Professor extraordinarius in Jena, ab 1803 Professor in Würzburg, lehrte von 1820 bis 1827 an der Universität in Erlangen, danach Professor in München. Von dort wurde er 1841 an die Universität in Berlin berufen, um dem Linkshegelianismus entgegenzuwirken; 1846 zog er sich zurück.

Steffens erzählt ... p. 215 und 216] Henrich 30 198 Steffens *Was ich erlebte* Bd. 1-2, 2. Ausg., Breslau 1844 [1840], und Bd. 3-10, Breslau 1841-1844, Ktl. 1834-1843; Bd. 7, 1843, pp. 215f.: »Ich nenne vor Allem Benda, Bürgermeister in Landeshut, welcher trotz der opponirenden Gesinnung der Stadt, mich von dem ersten Augenblicke an, völlig rücksichtslos unterstützte. Er war ein merkwürdiger und vielseitig gebildeter Mann. Als Gerichtsperson in Polnisch-Lissa, damals preußisch, hatte er mit großer Kühnheit einen zum Tode verurtheilten Verbrecher gerettet, durch eine Opposition, die für ihn mit vielen Unannehmlichkeiten verbunden war. / [p. 216] / Auch seine Stellung in Landeshut ward, den Bürgern gegenüber, durch seine erklärte Gesinnung während des Krieges bedenklich; er war ein sehr thätiger und umsichtiger Beamter, periodisch aber von einer düstern melancholischen Stimmung gequält. Eine psychologische Merkwürdigkeit war die, daß er genöthigt, eine Perücke zu tragen, sobald er diese abnahm, verwirrten sich alle Gedanken und er ward von einer unsäglichen Angst ergriffen.« – **Steffens:** Henrich Steffens (1773-1845), norw.-dän.-dt. Philosoph, Naturforscher und Schriftsteller, beeinflusst von Schelling (→ 198,24) und der dt. Romantik, der er 1802-1803 in einer Reihe von Vorlesungen in Dänemark Eingang verschaffte.

199   4   **Trilogie ... Kunst, Religion, Philosophie]** In *Encyklopädie der philosophischen Wissenschaften im Grundrisse*, Heidelberg 1817, bestimmt Hegel (→ 200,1) die Entwicklung des absoluten Geistes durch die Momente »Die Religion der Kunst« (§ 456-464), »Die geoffenbarte Religion« (§ 465-471) und »Die Philosophie« (§ 472-477), pp. 279-288 (*Jub.* Bd. 6, pp. 301-310). Besonders J. L. Heiberg (→ 178,15) greift diese Idee später auf, so z.B. in *Grundtræk til Philosophiens Philosophie eller den speculative Logik. Som Ledetraad ved Forelæsningerne paa den kongelige militaire Høiskole*, Kph. 1832 (auch veröffentlicht als *Ledetraad ved Forelæsningerne over Philosophiens Philosophie eller den speculative Logik ved den kongelige militaire Høiskole*, Kph. 1831-1832, mit derselben Paginierung), § 189-191, pp. 122-124, worin er die Entwicklung der »spekulativen Idee« darstellt von ihrem unmittelbaren Ausdruck im »Schönen« (§ 189) über »Das Gute« (§ 190) zum »Wahren« (§ 191); in § 192, Anm. 1, p. 124, identifiziert er diese Momente mit Kunst, Religion und Philosophie.

5   **Plato ... Musik, Liebe, Philosophie]** cf. Marbach *Geschichte der Philosophie des Mittelalters* (→ 198,17), p. 58 und besonders die darauf bezo-

gene Fußnote 11, pp. 63f.: »Plotin erkennt (nach Platon) drei Wege an, welche führen *wohin man streben muss:* Musik, Liebe, Philosophie. [...] – Als andere Wege zum Ewigen führt Plotin die Musik und die Liebe an, wie wir gesehen haben. Es läuft diess auf dasselbe hinaus, wenn Neuere die Kunst und die Religion neben der Philosophie als Mittel bezeichnen, durch welche das Ewige geschaut werde.« – **Plato:** → 168,3. – **Plotin:** oder Plotinos (204-270 n.Chr.), alexandrinischer Philosoph, Begründer des Neoplatonismus.

man sagt ... Berufung zu verwandeln] im Protestantismus ein allg. ethischer Lehrsatz, der auf Luthers Gedanken von der Arbeit als Berufung zurückgeht, cf. z.B. W. M. L. de Wette *Lærebog i den christelige Sædelære og sammes Historie*, übers. von C. E. Scharling, Kph. 1835 (dt. Original *Lehrbuch der christlichen Sittenlehre und der Geschichte derselben*, Berlin 1833), Ktl. 871, § 280, pp. 255f. Sein Talent in seine Berufung zu verwandeln ist als Aufgabe der Bildung eine tragende Idee von Goethes Doppelroman *Wilhelm Meisters Lehrjahre* und *Wilhelm Meisters Wanderjahre oder die Entsagenden* (→ 235,4). Im zweiten Teil von *Entweder – Oder* (→ 161,17) erläutert der Ethiker Gerichtsrat Wilhelm, wie das besondere Talent als eine allgemeine Berufung zu handhaben ist, und zwar durch die Arbeit, cf. *SKS* 3, 275-281 / *GW1 EO2*, 310-317, besonders 276,34-277,4 / 311.

meiner Lust ... Polizeibeamter zu werden] cf. die Journalaufzeichnung AA:12, datiert auf den 1. August 1835: »Deshalb glaubte ich, es wäre gut, mich auf die *Jurisprudenz* zu werfen, um an den vielen Verstrickungen des Lebens meine Scharfsinnigkeit zu entwickeln. Hier bot sich gerade eine große Menge an Einzelheiten, in denen ich mich verlieren könnte; hier hätte ich vielleicht von den gegebenen Fakten her eine Totalität konstruieren, einen Organismus des Diebes-Lebens, und es in all seine dunklen Seiten verfolgen können«, *SKS* 17, 25 / *DSKE* 1, 25.

Heiberg bemerkte ... tiefsinnig sind oder nicht] cf. J. L. Heibergs Besprechung von *Entweder – Oder* (→ 161,17) in »Litterær Vintersæd« in *Intelligensblade* Nr. 24, 1. März 1843: »Man stößt auf viele piquante Reflexionen; einige davon sind vielleicht sogar tiefsinnig, das weiß man nicht gewiss«, *Intelligensblade*, hg. von J. L. Heiberg, Bd. 1-4, Kph. 1842-1844 (cf. Ktl. U 56); Bd. 2, pp. 285-292; p. 289. – **Heiberg:** → 178,*15*.

200   *1* **Heiberg und Konsorten ... Was sie wissen, entlehnen sie von Hegel]** Wie J. L. Heiberg versuchten u.a. die Theologen H. L. Martensen (→ 212,*21*) und A. P. Adler sowie der Philosoph Rasmus Nielsen, sich auf Hegel gründend weiterzudenken, cf. besonders J. L. Heiberg *Grundtræk til Philosophiens Philosophie eller den speculative Logik* (→ 199,*4*) und *Perseus, Journal for den speculative Idee* Bd. 1-2, hg. von J. L. Heiberg, Kph. 1837-1838, Ktl. 569 (*Perseus*). – **Hegel:** Georg Wilhelm Friedrich Hegel (1770-1831), dt. Philosoph, 1801-1806 Privatdozent in Jena, 1816-1818 Professor in Heidelberg und von 1818 bis zu seinem Tod Professor in Berlin. SK besaß in seiner Bibliothek eine Reihe Einzelausgaben aus *Georg Wilhelm Friedrich Hegel's Werke. Vollständige Ausgabe* Bd. 1-18, Berlin 1832-1845 (*Hegel's Werke*).

200 *12* **Menschen, die das Resultat des ganzen Daseins besitzen]** verweist u.a. auf die Hegelianer, die eine erschöpfende Darstellung des Daseins in einem wissenschaftlichen System geben zu können meinten, z.B. Martensen (→ 212,*21*), der über Hegels System schreibt, dass es »mit einer unendlichen Bedeutung für unsere Zeit auftritt, da es die vollendetste und umfassendste Entwicklung des rationalen Wissens beinhaltet, womit eine ganze Ära in der Geschichte der Philosophie abgeschlossen zu sein scheint, die unabhängig von aller Tradition und gegebenen Positivität das Rätsel des Daseins zu lösen suchte«, *Maanedsskrift for Litteratur*, hg. von einer Gesellschaft, Bd. 16, Kph. 1836, p. 515. Cf. auch J. L. Heiberg, der anlässlich einer Besprechung von *Om Philosophiens Betydning for den nuværende Tid*, Kph. 1833, Ktl. 568, schreibt, dass die spekulative Idee nicht nur, »so wie in unserer gewohnten Vorstellung von Gott als Vater und Schöpfer, einseitig als *Urheber* von Allem zu betrachten ist, sondern zugleich als das *Resultat* von Allem, und besonders als das Resultat des Bewusst-

seins«, *Dansk Litteratur-Tidende for 1833*, Kph. 1833, Nr. 46, p. 777.

die Philosophie sagt ... verstanden werden *16* 200
muss] bezieht sich vermutlich auf Karl Daub (→ 177,*4*), dem SK in *Aus eines noch Lebenden Papieren* (1838) die Auffassung belegt, dass im Leben »der Augenblick eintreten [muss], in welchem man, wie Daub bemerkt, das Leben rückwärts versteht durch die Idee«, *SKS* 1, 33,16 / *GW1 ES* 64. Die Quelle konnte nicht identifiziert werden.

den Zweifel überwunden zu haben] verweist *34* 200
auf die hegelianischen Philosophen, besonders Martensen und Heiberg, die den Zweifel nicht nur zum methodischen Ausgangspunkt machten (→ 196,*5*), sondern diesen auch überwinden (›darüber hinausgehen‹ oder ›weitergehen‹) wollten, cf. das Vorwort zu *Furcht und Zittern* (→ 189,*16*): »Jeder spekulative Marqueur, der gewissenhaft den bedeutungsvollen Gang der neueren Philosophie pointiert, jeder Privatdozent, Repetent, Student, jeder Randsiedler und Eingesessene in der Philosophie bleibt nicht dabei stehen, an allem zu zweifeln, sondern geht weiter«, *SKS* 4, 101,4 / *GW1 FZ* 3.

der deutschen Theologie ... Kap. 10. S. 41] *Die* *2* 201
deutsche Theologie, eine sehr alte, für jeden Christen äußerst wichtige Schrift, mit einer Vorrede von Dr. Martin Luther und dem gewesenen Generalsuperintendenten Johann Arnd, hg. von F. C. Krüger, Lemgo 1822, Ktl. 634, Kap. 10 (›Die vollkommnen Menschen begehren nichts anders, als daß sie dem ewigen Gut möchten das seyn, was dem Menschen seine Hand ist. Sie haben verlohren die Furcht der Hölle und die Begierde des Himmelreichs«, pp. 39-41), p. 41: »Was ist aber edler, als wahre geistliche Armuth? Matth. 5,3. Und wenn sie uns vorgehalten wird; so wollen wir sie nicht. Wir wollen stets geistlich reich seyn, so, daß wir in uns großen Geschmack, Süßigkeit und Lust befinden. So wäre uns wohl und wir hätten Gott lieb. Wenn uns aber das entfällt; so ist uns weh; so vergessen wir Gottes und rühmen, wir seyn verlohren. Das ist ein großes Gebrechen und ein böses Zeichen. Denn ein wahrer Liebhaber Gottes hat Gott oder das ewige

Gut gleich lieb im Haben und im Darben, in Süß, Sauer und desgleichen. (Ps. 73,25.26.) Hierin erkenne und merke sich ein Jeglicher – darnach prüfe und erforsche sich jeder, damit er erfahre, wie er mit Gott und seinen Herzen steht«.

16 **Emmeline in der ersten Liebe**] bezieht sich auf die 1. Szene von A. E. Scribes Lustspiel in einem Akt, *Den første Kjærlighed* [Die erste Liebe], das SK in *Entweder – Oder* (→ 161,17) behandelt hat, cf. *SKS* 2, 225-270 / *GW1 EO1,* 247-299. Emmelines Vater, Dervière, will sie gegen ihren Willen einem Freier, Rinville, vorstellen, obwohl sie nur *einen* zu heiraten bereit ist, nämlich ihre erste Liebe, den Vetter Charles, den sie acht Jahre nicht gesehen hat: »*Emmeline.* Zwei Tage lang hatte ich jetzt Zahnschmerzen oder Fieber, ich weiß nicht, was von beiden, aber jedenfalls geht es mir schlecht. / *Dervière.* Dann muss es Fieber sein! und ich bin Schuld daran! / *Emmeline.* Ja, wer denn sonst? Auch mein Aussehen hat sich schon gänzlich verändert; ich merke es genau, wenn ich vor dem Spiegel stehe. Von Tag zu Tag wird es schlimmer. Und wenn ich dann tot und dahin bin, dann wirst Du sagen: Meine arme Emmeline, die so ein liebes Mädchen war!, aber dann ist es zu spät.«, *Det kgl. Theaters Repertoire* Nr. 45, Kph. 1832, Ktl. U 98, p. 2. *Den første Kjærlighed* wurde zwischen dem 10. Juni 1831 und dem 11. November 1843 57 Mal am Königlichen Theater in Kopenhagen aufgeführt.

201 30 **herumstreifender Barbiergeselle ... angelaufen kommt**] Barbiergeselle, der von seinem Meister aus der Barbierstube geschickt wird, um – versehen mit Becken und Rasiermesser – Kunden auf Straßen und Märkten zu rasieren.

202 1 **Neujahrsgratulationen**] Nach altem Brauch und in Erwartung einer kleinen Anerkennung suchten Polizisten und andere Amtspersonen, besonders in Kopenhagen, in den Tagen um Neujahr die Bewohner ihres Distrikts auf, um zu gratulieren, d.h. »Prosit Neujahr!« zu wünschen. Nicht nur die liberale, sondern auch die konservative Presse kritisierte den Brauch, cf. z.B. die konservative Zeitung *Dagen* am 5. Januar 1843 (Nr. 4): » – *Neujahrs-Gratulanten.* Nun

wurde seit einer Reihe von Jahren so heftig gegen die verderbliche und höchst unpassende Neujahrs-Gratulation geschrieben und gewettert, dass man dieses Übel mit der Wurzel ausgerottet glauben sollte. Es schien auch so, als ob diese übertriebene Höflichkeit in den letzten Jahren etwas abgenommen hätte, aber gewiss ist, dass kaum ein früherer Neujahrstag einen solchen Schwarm und Pulk von Gratulanten aufzuweisen hatte wie der letzte Sonntag [1. Januar 1843]. Vom Scharfrichter abgesehen, der vor einem Vierteljahrhundert die Leute auch mit seiner Aufwartung am Neujahrstag beehrte und der nach altem Gewohnheitsrecht dazu befugt sein soll, in dem Haus, worin er keine Aufmerksamkeit erhalten hatte, eine Fensterscheibe einzuwerfen, so glauben wir nicht, dass irgendein Stand, der sich in früheren Zeiten der Gratulation gewidmet hatte, in diesem Jahr fehlte, wohingegen eher mehrere neue Gratulanten wie Pilze aus der Erde geschossen sind«.

Auspeitschen] dän. »Kagstrygning«, das Aus- 4 peitschen eines Verurteilten mit der Rute, wobei dieser an den Pranger (dän. »Kag«) gestellt war, der in Kopenhagen auf dem Halmtorv stand (s. *Karte 2, A2*). Die Auspeitschung fand außerdem als Disziplinarstrafe von Strafgefangenen Anwendung.

Die Wiederholung] → 197,1. 7 202
Constantin Constantius ... bekämpft das Interessante] Mit Bezug auf die Vorliebe junger 8 Mädchen für interessante Männer schreibt Constantin Constantius in der *Wiederholung* (→ 197,1): »Falls ein Mann sich im Interessanten verlaufen hätte, wer sollte ihn denn da retten, wenn nicht eben ein Mädchen. Und tut sie nicht auch das Verkehrte damit? Entweder ist der Betreffende nicht im Stande, es zu leisten, und dann ist es indelikat, es zu fordern; oder er kann es, und dann ...., denn ein junges Mädchen sollte eben so vorsichtig sein, niemals das Interessante hervorzulocken; das Mädchen, welches das tut, verliert immer, in der Idee gesehen; denn das Interessante lässt sich niemals wiederholen; diejenige, welche es nicht tut, siegt immer«, *SKS* 4, 23,36 / *GW1 W* 20. – **das Interessante:** seit ca. 1830 ein Modewort, übernommen

aus der dt. Kunsttheorie; Sammelbezeichnung für die künstlerischen Wirkmittel, die als nicht-schön, aber faszinierend galten. »Interessant« kann somit der Ausdruck sein für Spannung, Tendenz, Disharmonie, das individuell Proble-matische, das Reizende, das Aufsehen Erre-gende, aber zugleich auch für den raffinierten oder reflektierten Stil und die aufreizende Neu-heit in Stoff und Arrangement. Im dänischen Kontext wurde »das Interessante« von J. L. Hei-berg aktualisiert, der in seiner Besprechung von Oehlenschlägers Schauspiel *Dina* in *Intelligens-blade* Nr. 16-17, 15. November 1842, schrieb, dass die antike Tragödie »das *Interessante* [nicht kannte], welches ein moderner Begriff ist, für den die alten Sprachen nicht einmal einen ent-sprechenden Ausdruck hatten. Dieser Umstand bezeichnet sowohl das Große, das Kolossale an der antiken Tragödie wie zugleich auch deren Einschränkung; denn daraus folgt, dass so sehr jene Dichtungsart Charakter-*Schilderungen* for-dert, so wenig kann sie im Grunde Charakter-*Entwicklungen* zulassen; hier gibt es nämlich sozusagen nichts zu entwickeln, ebenso wenig wie an einer Marmorstatue; alles ist von Anfang an in allen seinen Umrissen plastisch bestimmt, ja sogar vorausbestimmt«, *Intelligensblade* (→ 199,30), Bd. 2, p. 80.

11 **die Abwechslung]** cf. z.B. »Die Wechselwirt-schaft. Versuch einer sozialen Klugheitslehre« im ersten Teil von *Entweder – Oder*, *SKS* 2, 271-289 / *GW1 EO1*, 301-321.

14 **der junge Mensch]** Figur in *Die Wiederholung* → 197,1.

202 17 **In vino veritas]** Ursprünglich ein gr. Sprich-wort, aufgezeichnet von dem Sammler von Sprichwörtern Zenobios (ca. 100 n.Chr.), doch in der Form »Wein ist auch Wahrheit« schon beim Lyriker Alkaios von Mytilene (ca. 600 v.Chr.) be-legt. In der gr. Literatur finden sich zahlreiche Bezugnahmen auf dieses Sprichwort, z.B. in Pla-tons Dialog *Symposion*, 217e, worin es unter aus-drücklicher Bezugnahme auf das Sprichwort heißt, dass »der Wein mit oder ohne Kinder die Wahrheit redete«, *Platons Werke* (→ 168,3), 2,2 (Bd. 4), 1824, p. 458; *Udvalgte Dialoger af Platon* Bd. 2, 1831, p. 93. Die hier wiedergegebene lat.

Form geht vermutlich auf Erasmus von Rotter-dam zurück, der sie in seine Sprichwörtersamm-lung *Adagia* (1. chil., cent. 7, 17) zu Beginn des 16. Jh. aufnimmt und kommentiert. Cf. » ›In vino veritas‹ « in *Stadien auf des Lebens Weg* (→ 247,4), *SKS* 6, 15-84 / *GW1 SLW* 7-90.

21 **Achtwegewinkel]** → 173,30.

27 **Vortrag über Eros]** In der gr. Mythologie ist Eros der Gott der Liebe, cf. Platons *Symposion*, in dem die Teilnehmer Reden über die Liebe halten.

28 **Johannes, mit dem Beinamen der Verführer]** der Verfasser vom »Tagebuch des Verführers« im ersten Teil von *Entweder – Oder*, *SKS* 2, 291-432 / *GW1 EO1*, 323-484.

29 **Victor Eremita]** lat., ›der siegende Einsiedler, der in Einsamkeit Siegende‹; Herausgeber von *Entweder – Oder*, cf. das Titelblatt, *SKS* 2, 9,5 / *GW1 EO1*, [1].

29 **der unglückliche Liebhaber der Erinnerung]** cf. »Der Unglücklichste« im ersten Teil von *Ent-weder – Oder* (*SKS* 2, 211-223 / *GW1 EO1*, 231-245), worin »der unglückliche Liebhaber der Er-innerung« (*SKS* 2, 222,21 / *GW1 EO1*, 244) vom Pseudonym A zum Unglücklichsten überhaupt gekürt wird.

30 **Constantin Constantius, »ein junger Mensch«]** → 197,1.

36 **Henr. Cornel. Agrippa ... foeminaei sexus]** Henricus Cornelius Agrippa, latinisierte Form von Heinrich Cornelius Agrippa von Nettes-heim (1486-1535), dt. Philosoph und Theologe. SK besaß Agrippas Schrift *De incertitudine et va-nitate scientiarum atque artium declamatio* (1526) in einer Ausgabe von 1622 (Frankfurt und Leip-zig). In diesem Werk miteingebunden befand sich auch *De nobilitate et praecellentia foeminei se-xus, ejusdemque supra virilem eminentia libellus* in SKs Bibliothek, cf. Ktl. 113 und *Fund og Fors-kning* Bd. XIII, Kph. 1966, p. 166.

12 203 **Tafelmusik (aus Don Juan)]** bezieht sich viel-leicht auf die Musik zu Don Giovannis letztem Abendmahl in Mozarts Oper *Don Giovanni*, 2. Akt, 13. Szene, bevor Donna Elvira und der Komtur kommen. Cf. *Entweder – Oder*, *SKS* 2, 135,7-25 / *GW1 EO1*, 144. Wenn die Tafelmusik in *Don Giovanni* gemeint wäre, dann handelte es sich um Vicente Martín y Solers (1754-1806) Oper *Una cosa rara* (1786) zum Libretto L. da

Pontes, aus der Mozart das Thema »Oh quanto un si bel giubilo« zitiert.

16 **Mein volles Glas und des Liedes frische Töne]** s. die Aufzeichnung FF:161 vom Januar 1838 im vorliegenden Band und den dazugehörigen Kommentar.

18 **eine solche Gesellschaft ... ein Trinklied singt]** verweist auf die letzten Jahrzehnte des 18. Jh., als sich das aufgeklärte Bürgertum in Klubs und Gesellschaften versammelte, in denen Trinklieder von Verfassern wie J. H. Wessel, K. L. Rahbek, P. A. Heiberg und Jens Baggesen sehr geschätzt wurden. Von den Klubs aus erreichten die Trinklieder allmählich den Mittelstand, und seit der Jahrhundertwende wurden populäre Liedsammlungen zu einem einträglichen Geschäft für die Buchbranche. Cf. J. L. Heiberg »Bellman, som comisk Dithyrambiker. Et Foredrag, holdt ved det scandinaviske Selskabs Bellmans-Fest den 20de December 1843« [Bellmann, als komischer Dithyrambiker. Ein Vortrag, gehalten auf dem Bellman-Fest der skandinavischen Gesellschaft am 20. Dezember 1843] in *Intelligensblade* (→ 199,30), Nr. 41-42, 1. Januar 1844, Bd. 4, pp. 115-140. Heiberg schließt seine einleitenden Worte wie folgt: »Doch, meine einleitenden Worte sind wohl überflüssig; die richtige Stimmung muss schon durch den bloßen Anblick der bacchantischen Embleme zu Wege gebracht sein, mit denen die Kunst uns umringt hat; diese kolossale, von Satyrn umschwärmte Punschbowle hat uns schon auf den richtigen Standpunkt gestellt; die Gesänge, die soeben für unser Ohr erklungen sind, und des Vorredners Schilderung eines dem Dienste Bacchi geweihten Dichterlebens, – all dies hat uns zu einem Eingang geführt, über dem geschrieben steht: ›Tretet ein! denn auch hier sind Götter.‹ «, pp. 116f. Später verweist Heiberg auf »unsere seinerzeit so beliebte und noch immer berühmte Trinklied-Literatur«, und er bemerkt, »dass die so genannten Trinklieder jener Zeit dazu bestimmt waren, von allen Gästen rings um eine muntere Speisetafel im Chor gesungen zu werden«, p. 124.

203 25 **sät wohl ... in Unverweslichkeit]** Bezugnahme auf I Kor 15,42.

die Szene in Shakspeares ... Leichnam sprechen] cf. Shakespeare *Julius Cäsar*, 3. Aufzug, 2. Szene, in *Shakspeare's dramatische Werke* (→ 189,21), Bd. 5, 1841, pp. 55-65. Nach dem von den Verschwörern verübten Mord an Cäsar in der vorhergehenden Szene überzeugt Brutus zunächst die auf dem Forum versammelten Römer davon, dass Cäsar ein Diktator war, der nur bekommen habe, was er verdiente; die Bürger sind dazu bereit, Brutus zum Kaiser zu küren, doch zuvor verlässt er das Forum, um Antonius über Cäsars Leichnam sprechen zu lassen. Dieser überzeugt sie stattdessen von Cäsars unverdientem Schicksal, und nun wollen sie ihn sofort rächen, während Brutus und seine Verschwörer in aller Eile Rom verlassen haben.   31   20[3]

Albertus Magnus] Albert von Bollstädt (1193-1280), genannt Albert der Große oder Albertus Magnus, dt. Scholastiker und Wissenschaftler, cf. § 197f. in G. O. Marbach *Lehrbuch der Geschichte der Philosophie* (→ 198,17), Bd. 2, pp. 301-310, und W. G. Tennemann *Geschichte der Philosophie* (→ 154,31), Bd. 8,1, 1810, pp. 323-325, sowie Bd. 8,2, 1811, pp. 484-533, hierzu besonders p. 485. Die Aufzeichnung ist nicht erhalten; lediglich der Name »Albertus Magnus«, der in H. P. Barfods Verzeichnis (*B-fort.* 368) angeführt ist, weist darauf hin, dass sich auf p. 95 des Manuskripts zu JJ eine ihn betreffende Aufzeichnung befunden habe. Diese diente vermutlich als Entwurf für eine Passage in *Der Begriff Angst* (→ 220,18), wo SK auf das hinweist, »was Albertus Magnus widerfuhr, als er im Übermut wider die Gottheit auf seine Spekulation pochte, dass er plötzlich dumm wurde«, *SKS* 4, 450,12 / *GW1 BA* 156f., cf. »Tekstredegørelse«, *SKS* K4, 321.   8   20[4]

Matthäus Parisiensis] engl. Historiker (ca. 1200-1259), cf. W. G. Tennemann *Geschichte der Philosophie* (→ 154,31), Bd. 8,1, 1810, p. 314, Anm. 152, wo mit diesem als Quelle vom frz. scholastischen Theologen Simon Tornacensis (1130-1201) erzählt wird, der während einer Vorlesung über die Dreieinigkeitslehre behauptete, diese auf Wunsch widerlegen zu können: »Er wurde darauf zur Strafe stumm und einfältig, ein Spott und Gelächter aller Leute. Er konnte hernach   9   20[4] kaum in zwei Jahren wieder lesen lernen.« Die Aufzeichnung ist nicht erhalten; lediglich der Name »Matthäus Parisiensis«, der in H. P. Barfods Verzeichnis (*B-fort.* 368) angeführt ist, weist darauf hin, dass sich auf p. 95 des Manuskripts zu JJ eine ihn betreffende Aufzeichnung befunden habe. Diese diente vermutlich als Entwurf für die oben genannte Passage in *Der Begriff Angst* (→ 204,*8*), wo SK in einer Anmerkung die Erläuterungen aus Tennemann zitiert, cf. *SKS* 4, 450,21 / *GW1 BA* 156.

204 10 **Denn wovon ... 2. Bd. p. 253**] wörtliches Zitat aus *Imanuel Kant's vermischte Schriften*, hg. von J. H. Tieftrunk, Bd. 1-3, Halle 1799 (ein 4. Bd. erschien in Königsberg 1807), Ktl. 1731-1733; Bd. 2, p. 253. Es entstammt wie das folgende Zitat der Abhandlung *Träume eines Geistersehers, erläutert durch Träume der Metaphysik* [1766], pp. 247-346. – **Kant**s: Immanuel Kant (1724-1804), dt. Philosoph, 1770-1796 Professor an der Universität in Königsberg.

15 **Welcher Philosoph ... p. 250**] wörtliches Zitat aus demselben Buch, p. 250, allerdings schreibt SK »kan« statt »kann«.

204 22 **Abälard ... Konflikte ... zwischen der Autorität des Papstes und der Kirche und seinem Wissen**] Abälard (→ 159,*6*) geriet mit der Kirche in Konflikt, als er den Glauben an ihre Lehre verweigerte, falls er diese nicht mit seinem Intellekt begreifen könne: »Zwar wollte auch er seine Dialektik und Speculation nicht zur Bekämpfung, sondern zur Erörterung und Vertheidigung der kirchlichen Glaubenslehre gebrauchen; aber er verfuhr dabei zügelloser und kühner, als andere seiner Zeitgenossen, in seinem früheren Leben bis zur Frivolität, und manche seiner Principien waren so sehr nur auf seine subjective Vernünftigkeit basirt, daß ihre seichten Ergebnisse mit der historischen Objectivität der göttlichen Offenbarungslehre, die er allein aus inneren Gründen deduciren mochte, nur zuvor Eingesehenes glaubend, in entschiedenem Conflict standen«, H. E. F. Guerike *Handbuch der Kirchengeschichte*, 3. Ausg., Bd. 1-2, Halle 1838 [1833], Ktl. 158-159; Bd. 1, p. 557. Auf der Synode von Soissons (1121) wurde seine Lehre ver-

urteilt und im Beisein eines päpstlichen Gesandten musste er selbst eines seiner Bücher dem Feuer übergeben; auf der Synode von Sens (1140) wurde seine Lehre erneut verurteilt und sein anschließendes Gesuch an den Papst blieb vergeblich.

der Sympathie in ihm ... Heloise] Der skiz- 26 zierte Konflikt besteht wohl darin, dass gerade die Kirche, die Abälard bestehen lassen will, seine weitere Ehe mit Heloise nach der Entmannung (→ 159,*6*) nicht zulässt, cf. J. B. Bossuet *Einleitung in die Geschichte* (→ 159,*61*, Bd. 6, 1785, pp. 316f., wo auf die Kastration verwiesen wird, »wodurch die weitere Fortsetzung seiner Ehe unmöglich ward, sie nun wider ihre Neigung völlig eine Nonne werden, er aber auch, nach dem damaligen Aberglauben, der Welt entsagen und in den Mönchsstand zu treten, sich entschließen mußte.«

cfr. p. 13 in diesem Buch] cf. die Aufzeichnung 28 JJ:42 im eingebundenen Journal, die auf p. 13 des Manuskripts beginnt.

Constantin Constantius' Reise nach Berlin] 1 205
→ 197,1.

die Posse] anspruchslose Komödie, die durch 3 Übertreibungen und Unwahrscheinlichkeiten Gelächter erregt, aber auch durch gutmütigen, gesunden Menschenverstand, durch Lokalkolorit und Mundart. Die Stücke, die häufig Musik- und Gesangsnummern einschließen, können sich der Satire annähern; sie waren im Berlin der 1830er und 1840er Jahre populär. Cf. *Die Wiederholung* (→ 197,1), *SKS* 4, 33-43 / *GW1 W* 33-43.

die Tagelöhner des Lebens] verweist auf das 6 205 Gleichnis von den Arbeitern im Weinberg, cf. Mt 20,1-16, Text der Perikope für Sonntag Septuagesima, 1844 der 4. Februar.

Fabrikarbeiter ... Bezahlung fordern] Ab ca. 7 1840 wurden viele neue Fabriken mit Berufen gegründet, die nicht dem Zunftzwang unterlagen; die Fabrikanten konnten den Lohn weitgehend entsprechend der Willkür des Marktes festsetzen, während die Zünfte einen höheren Lohn in ihren eigenen Berufen festzuhalten versuchten, cf. A. F. Bergsøe *Om Laugsvæsen og Næringsfrihed med specielt Hensyn til en Reform i* *den danske Lovgivning i denne Retning,* Kph. 1840, p. 120, wo der liberale Verfasser beklagt, dass ein »fabrikmäßiger Betrieb« in den Handwerkszünften nicht durchgeführt wurde (cf. die Verordnung vom 21. März 1800 über *Haandværks-Laugene i Kiøbenhavn*): »denn niemand darf sich anderer denn im Rahmen der Zunft ausgebildeter Handwerksgesellen bedienen, und solche wollen sich weder mit solcher fabrikmäßiger Arbeit abgeben [...] noch mit einem so geringen Lohn begnügen, den solche einfache Beschäftigungen abwerfen können, und der niederste und ärmste Teil der Bevölkerung, für den selbst der geringste Verdienst eine Wohltat wäre, wird dadurch gehindert, zu solcher Arbeit gebraucht zu werden.« Die Fabrikanten stellten sowohl Tagelöhner als auch feste Mitarbeiter (Fabrikarbeiter) an; so beschäftigte z.B. *Lundes Jernstøberi* in Kph. 1844 »40 Fabrikarbeiter und 54 Tagelöhner«, A. F. Bergsøe *Den danske Stats Statistik* Bd. 1-4, Kph. 1844-1853; Bd. 2, 1847, p. 450.

205*m* 1 **der Lohn anfängt, Undank zu werden]** Variation der dän. Redewendung »Han fik Utak til Løn for beviist Tieneste« [Er erhielt Undank zum Lohn für erwiesene Dienste], verzeichnet in *Dansk Ordbog,* hg. von Videnskabernes Selskab, Bd. 3, Kph. 1820, p. 181.

205 16 **Das Tagebuch des Verführers]** cf. »Das Tagebuch des Verführers« im ersten Teil von *Entweder – Oder* (→ 161,17), *SKS* 2, 291-432 / *GW1 EO1,* 323-484.

20 **Johannes Mephistopheles]** Mephistopheles ist in der Faust-Tradition der Name des Teufels, der Dr. Johann bzw. Johannes Faust verführt. Im »Tagebuch des Verführers« erwägt Johannes, ob er sich mit Mephistopheles vergleichen könne, cf. *SKS* 2, 339f. / *GW1 EO1,* 378.

21 **vor dem Schrecklichen schwindlig werden ... besser zu sein]** Den Zeitgenossen und nicht zuletzt J. L. Heiberg (→ 178,15) ›schwindelte es vor dem Schrecklichen‹, dem der Zugang zu Bühne und Literatur verwehrt wurde. So erregte »Das Tagebuch des Verführers« allgemeine Verärgerung: In seiner Besprechung von *Entweder – Oder* in »Litterær Vintersæd« schrieb Heiberg, dass »man sich schüttelt, man sich ekelt, man aufgewühlt wird, und man sich selbst fragt, nicht, ob

es möglich ist, dass ein Mensch wie dieser Verführer sein kann, sondern ob es möglich ist, dass eine Schriftsteller-Individualität so beschaffen sein kann, dass es ihr Vergnügen bereitet, sich in so einen Charakter hineinzuversetzen, und ihn in seinen stillen Gedanken auszuarbeiten«, *Intelligensblade* (→ 199,30), Bd. 2, pp. 290f. J. F. Hagen besprach *Entweder – Oder* in *Fædrelandet* von 7. bis 21. Mai 1843 (Nr. 1227-1228, Nr. 1234 und Nr. 1241, cf. Ktl. U 39; teilweise übersetzt in *Materialien zur Philosophie Søren Kierkegaards,* hg. von Michael Theunissen und Wilfried Greve, Frankfurt 1979, pp. 108-118), wo er schrieb, dass die Praxis des Verführers zu verstehen sei als »ein diabolisches Gedankenexperiment; denn der Mensch ist doch, Gott sei Dank, mit allzu festen Banden an das gebunden, was ein Höheres ist denn er selbst, als dass er eine solche Methode wollen, geschweige denn durchführen können sollte«, Nr. 1234, p. 9906. Und in einer redaktionellen Anmerkung zu »Episode af ›Forførerens Dagbog‹« [Episode aus dem ›Tagebuch des Verführers‹] in *Den Frisindede* vom 23. Februar 1843 (Nr. 23, Ktl. U 34) heißt es, man könne versucht sein, gewisse »moralische Aufseher [aufzufordern], den Verfasser in Acht und Bann zu tun, die moralische Gesundheitspolizei zu bitten, das Werk zu konfiszieren und den Unbekannten *in effigie* zu verbrennen; doch im nächsten Augenblick würde man auf jeden Fall zugestehen, dass diejenigen, die dieses Buch lesen, wohl kaum daran Schaden nehmen können«, p. 90.

der von Victor Eremita herausgegebenen ... erbaulich wurde] 26 Victor Eremita wird als Herausgeber von *Entweder – Oder* (→ 202,29) und damit vom »Tagebuch des Verführers« vorgestellt. In seinem »Vorwort« zum Werk legt Eremita u.a. sein Verständnis vom »Tagebuch des Verführers« dar, das er für eine Dichtung und keine wirkliche Begebenheit hält (*SKS* 2, 16,23 / *GW1 EO1,* 9f.); vielleicht wird darauf Bezug genommen.

Die Szene ist in Cordelias Haus ... verheiratet antrifft] 31 Im »Tagebuch des Verführers« beschreibt Johannes detailliert seine methodische Verführung von Cordelia, in die bereits ein anderer, nämlich Edvard, verliebt ist; diese drei

Personen werden von einer vierten, Cordelias Tante, ergänzt, in deren Haus sich die Verführung anbahnt.

206　6　**Idee der Weiblichkeit**] In einem Manuskript zu *Entweder – Oder* hatte SK zunächst folgenden Passus für As Vorwort zum »Tagebuch des Verführers« vorgesehen, diesen aber später mit Tinte durchgestrichen: »Als ich das Tagebuch umdrehte, bemerkte ich, dass darin auch auf der anderen Seite geschrieben worden war. Es enthielt eine Abhandlung mit dem Titel: die Frau kategorisch betrachtet« (*Pap.* III B 48; Manuskript 4, cf. »Tekstredegørelse« zu *Enten – Eller*, *SKS* K2-3, 13-15).

11　**Hetäre**] s. JJ:135.

17　**Don Juan**] Im Abschnitt »Sinnliche Genialität, als Verführung bestimmt« (*SKS* 2, 92-107 / *GW1 EO1*, 93-110) in *Entweder – Oder* werden Don Juan und Faust als Repräsentanten des sinnlichen bzw. geistigen Prinzips der Verführung einander kontrastiert, weil Don Juan als sinnliches Begehren extensiv verführt, während Faust durch die Sprache als Medium des Geistes intensiv verführt: »Dies ist der eigentliche Verführer, das ästhetische Interesse ist hier auch ein anderes, nämlich: das Wie, die Methode«, *SKS* 2, 103,15 / *GW1 EO1*, 106.

206　27　**Kammerrat**] Laut dän. Rangverordnung vom 14. Oktober 1746 rangierte ein Kammerrat in der 7. Klasse (von insgesamt neun) als Nr. 2 und ein wirklicher Kammerrat in der 6. Klasse als Nr. 2. Ein Kammerrat war anzureden mit »hochverehrter und hochwohlgeborener Herr«, cf. »Titulaturer til Rangspersoner i alfabetisk Orden« in C. Bartholin *Almindelig Brev- og Formularbog* Bd. 1-2, Kph. 1844, Ktl. 933; Bd. 1, pp. 49-56.

206　30　**den absolut Erhabenen ... dem Geringen in der Gleichheit der Liebe**] vermutlich eine Anspielung auf die Epistel für Palmsonntag (1844 der 31. März), Phil 2,5-11; *Alterbogen* [Agende] (→ 186,4), p. 64. Cf. JJ:44.

207　11　**verwundet ja wie ... von hinten an**] cf. Plutarchs Crassus-Biographie, Kap. 24,6, in seinen *Vitae parallelae*, worin von den Parthern erzählt wird, dass sie selbst auf der Flucht noch eifrig

ihre Pfeile verschossen, cf. *Plutarchi vitae parallelae*, Stereotypausgabe, Bd. 1-9, Leipzig 1829, Ktl. 1181-1189; Bd. 5, p. 192.

Schelling ... »dem unendlichen Epos«] Diese　16　207 Formulierung findet sich nicht in Schellings Schriften, verweist aber vielleicht auf »*das große Epos*«, von dem SK in Karl Rosenkranz' kommentierter Ausg. von Schellings *Vorlesungen, gehalten im Sommer 1842 an der Universität zu Königsberg*, Danzig 1843, Ktl. 766, p. 187, gelesen haben könnte, wo Rosenkranz schreibt: »Allein seine Grille, *Philosophie und Poesie* zu verschmelzen*, verführte ihn neben diesen vortrefflichen Expositionen zu den trübsten Aeußerungen über die *Mythologie*, welche Dante aus der Wissenschaft sich geschaffen habe und womit er als der Erste für die moderne Poesie *vorbildlich* geworden; verführte ihn, der falschen, neuerdings wieder bei uns aufgewärmten Theorie zu huldigen, das Ziel der Poesie ([Hegel und Schelling *Kritisches Journal der Philosophie* Bd. 2, Heft 3, Tübingen 1803] S. 37) in *das große Epos* zu setzen, das ›bis jetzt nur rhapsodisch und in einzelnen Erscheinungen verkündet, dann als beschlossene Totalität hervortreten werde.‹ « – **Schelling:** → 198,24.

der heutige Tag ... Vogel auf dem Dach] Be-　19　207 zugnahme auf das dän. Sprichwort: »Bedre én fugl i hånden end to på taget« [Besser ein Vogel in der Hand als zwei auf dem Dach], cf. Nr. 1677 in E. Mau *Dansk Ordsprogs-Skat* (→ 162,28), Bd. 1, p. 168. Die Formulierung scheint ferner auf Mt 6,34 anzuspielen.

Was ist dieses Leben] Diese und die folgende　22　207 Aufzeichnung scheint SK im Zusammenhang und mit wenigen Abweichungen zu verwenden in »Seine Seele bewahren in Geduld« in *Zwei erbauliche Reden* Kph. 1844, cf. *SKS* 5, 198,12 / *GW1*, *2R44*, 110. SK lieferte das Manuskript am 13. Februar 1844 an Bianco Lunos Buchdruckerei; es ist jedoch nicht zu entscheiden, ob die Aufzeichnungen in *JJ* früher oder später notiert wurden.

wenn ich bin ... nicht] bezieht sich auf Epikur　24 (341-270 v.Chr.), gr. Philosoph und ästhetischer

Lebenskünstler, der gesagt haben soll: »solange wir noch da sind, ist der Tod nicht da; stellt sich aber der Tod ein, so sind wir nicht mehr da«, 10. Buch, 125, in *Leben und Meinungen berühmter Philosophen* (→ 156,9), p. 281; *Diogen Laërtses filosofiske Historie* Bd. 1, p. 502.

207   27   **Was ist Glück ... gewesen ist]** → 152,24.

28   **Was ist die Hoffnung ... ein zänkischer Freund]** Falls auf Redewendungen angespielt wird, konnten diese nicht identifiziert werden.

30   **immer Recht behalten ... das seine verloren hat]** verweist auf das dän. Sprichwort »Hvor intet er, har kejseren tabt sin ret« [Wo nichts ist, hat der Kaiser sein Recht verloren], cf. Nr. 1362 in N. F. S. Grundtvig *Danske Ordsprog og Mundheld* (→ 162,28), p. 52, und Nr. 4391 in E. Mau *Dansk Ordsprogs-Skat* (→ 148,28), Bd. 1, p. 486.

31   **Was ist die Erinnerung, ein lästiger Tröster]** Falls auf eine Redewendung Bezug genommen wird, konnte diese nicht identifiziert werden.

208   1   **ein Feigling]** dän. »Nidding«. Das Wort wurde im 19. Jh. archaisierend wiederaufgenommen.

2   **ein Schatten ... kaufen wollte]** Anspielung auf Adelbert von (eigentl. Louis Charles Adelaide de) Chamisso *Peter Schlemihl's wundersame Geschichte*, 3. Ausg., Nürnberg 1835 [1814], Ktl. 1630. Darin wird erzählt, wie Peter Schlemihl der Versuchung des Teufels erliegt, seinen Schatten für ein unerschöpfliches Glückssäckel zu verkaufen.

3   **Was ist Glückseligkeit ... haben will]** Falls auf eine Redewendung Bezug genommen wird, konnte diese nicht identifiziert werden.

4   **was ist der Glaube ... nicht selbst erhängt]** Falls auf eine Redewendung Bezug genommen wird, konnte diese nicht identifiziert werden.

6   **was Wahrheit ... mit sich nimmt]** Falls auf eine Redewendung Bezug genommen wird, konnte diese nicht identifiziert werden.

7   **was ist Freundschaft, eine Plage mehr]** Falls auf eine Redewendung Bezug genommen wird, konnte diese nicht identifiziert werden.

8   **ein fliegender Pfeil, der nicht von der Stelle kommt]** Anspielung auf das nach ihm benannte Paradox des Vorsokratikers Zenon von Elea (5. Jh. v.Chr.), das er gegen die Wirklichkeit der Bewegung ins Treffen führte; demzufolge bewegt

sich ein fliegender Pfeil nicht, weil er sich zu jedem Augenblick an einem bestimmten, fest umrissenen Ort befindet und zu jedem gegebenen Zeitpunkt in Ruhe ist. Zenons Argument ist überliefert und weitergeführt von Aristoteles (→ 152m,6) im 9. Buch der *Physik*, v.a. Kap. 6,9 (239b, 5ff.), das die Quelle der späteren philosophiegeschichtlichen Darstellungen bildet, cf. z.B. W. G. Tennemann *Geschichte der Philosophie* (→ 154,31), Bd. 1, pp. 198f.

Spinoza ... Zwischen-Ursachen zu überspringen] cf. Kap. 1, »De Prophetia«, in Spinoza *Tractatus theologico-politicus* (1670), in *Benedicti de Spinoza opera philosophica omnia*, hg. von A. F. Gförer, Stuttgart 1830, Ktl. 788 (*Spinoza opera*), pp. 81-255 [265]; pp. 90-99. Im erwähnten Kapitel diskutiert Spinoza das Wesen der Prophetie und der Offenbarung im AT, und bemerkt diesbezüglich p. 91: »Sed hic apprime notandum, quod Judaei nunquam causarum mediarum sive particularium faciunt mentionem, nec eas curant, sed religionis ac pietatis, sive (ut vulgo dici solet) devotionis causa ad Deum semper recurrunt« [lat., »Hierbei ist nun vor allem zu bemerken, daß die Juden die Mittel- oder Teilursachen erwähnen noch sie beachten, sondern daß sie aus Religiosität und Frömmigkeit oder (wie man gewöhnlich sagt) aus Demut immer alles auf Gott beziehen«, (zitiert nach *Theologisch-Politischer Traktat*. Auf der Grundlage der Übers. von Carl Gebhardt neu bearb., eingeleitet und hg. von Günter Gawlick, Hamburg 1976, p. 16)]. – **Spinoza:** Baruch (oder Benedikt) de Spinoza (1632-1677), aus Holland stammender Philosoph, der sich durch naturwissenschaftliche und philosophische Studien allmählich vom jüdischen Glauben entfernte und 1656 aus der Synagoge ausgestoßen wurde. Er veröffentlichte unter eigenem Namen nur eine einzige Schrift, und zwar *Renati Des Cartes Principiorum Philosophiae Pars I, & II* (1663, dt. Titel *Der Prinzipien der Philosophie René Descartes' Teil I & II*), während sein Hauptwerk *Ethica ordine geometrico demonstrata* (abgeschlossen 1675, dt. Titel *Ethik, nach der geometrischen Methode dargestellt*) erst 1677 postum erschien.

17   208

209 4 **Studien ... Streben der Philosophie**] Die ge-
        naue Formulierung findet sich nicht bei Hegel,
        ist aber ein treffender Ausdruck für das Einheits-
        streben seines systematischen Denkens, weil die
        Philosophie als Wissenschaft die Erscheinungen
        in einem zusammenhängenden und vollständi-
        gen System darzustellen und zu erklären hat. –
        Hegel: → 200,1.

     6 **τελος**] gr., (télos) ›Zweck, Ziel‹.

     6 **teleologische Betrachtung**] Zum Folgenden cf.
        die Aufzeichnung JJ:439.

     8 **causa sufficiens**] lat., ›hinreichende Ursache‹.

     8 **Jene Leidenschaft ... Höllenstrafen annahm**] s.
        JJ:324.

209 15 **der Rezension von »Furcht und Zittern« ...
         Zeitschrift**] cf. die anonyme Rezension von
         Furcht und Zittern (→ 189,16) in *Theologisk Tids-
         skrift*, hg. von C. E. Scharling und C. T. Engel-
         stoft, Bd. 8 (1844; Neue Reihe, Bd. 2), pp. 191-
         199; die Besprechung findet sich im ersten Heft
         des Jahrgangs, das in *Berlingske Tidende* Nr. 58, 1.
         März 1844, als »in diesen Tagen« erschienen er-
         wähnt wird. Der Verfasser war der Theologe Jo-
         han Frederik Hagen (1817-1859), der ehedem
         Entweder – Oder in *Fædrelandet* von 7. bis 21. Mai
         (Nr. 1227-1228, 1234 und 1241, cf. Ktl. U 39) be-
         sprochen hatte. Eine Übersetzung der Rezension
         findet man in *Materialien zur Philosophie Søren
         Kierkegaards*, hg. von Michael Theunissen und
         Wilfried Greve, Frankfurt 1979, pp. 123-125.

     18 **Johannes de silentio**] der pseudonyme Verfas-
         ser von *Furcht und Zittern*.

     21 **erklärt alles, erklärt alle Schwierigkeiten**]
         Nach »einem gedrängten Resümee der allge-
         meinen Gedankenentwicklung«, p. 197, versucht
         Hagen, das problematische Verhältnis zwischen
         Glauben und Vernunft aufzulösen, welches Jo-
         hannes de silentio so formulierte, dass der Gläu-
         bige nur kraft des Absurden glaubt. Hagen be-
         hauptet stattdessen, dass der Gläubige »kraft
         der höheren Weisheit glaubt, die er im Glauben
         eingeschlossen weiß und die dessen Mysterium
         ausmacht. Es kommt hier zuallererst darauf an,
         sich den Unterschied zwischen dem Absurden
         und dem Mysterium recht klar zu machen. Das
         Absurde steht in einem rein negativen, exklusi-
         ven Verhältnis zum Intelligenten und ist, als sol-

ches, das absolute Unvernünftige, mit anderen
Worten – absolut transzendent [...]. Denn das
ist doch etwas, was aus sich selbst folgt, dass da
von einer Vermittlung des Glaubens keine Rede
sein kann, solange dieser als ein *Absurdum* in
exklusiven d.h. unvermittelbaren Gegensatz
zum Allgemein-Vernünftigen gestellt wird; da
aber das *Mysterium* des Glaubens diese Stellung
nicht einnimmt, ist die Vermittlung nicht ausgeschlossen. – Man kann somit nicht leugnen, dass
der Verf., in seinem begeisterten Interesse, die
Aufgaben des Glaubens zu ihrem hohen Wert
hinaufzutreiben, sich eines Betrugs schuldig
macht, und dass er in dieser Hinsicht seine Taktik treffend mit der jener holländischen Kauf-
männer vergleicht, die, als die Preise für Ge-
würz etwas flau wurden, ein paar Ladungen im
Meer versenken ließen, um die Preise wieder
heraufzuschrauben«, pp. 198f.

Freude über Dänemark] Titel eines Gedichts 24
von P. M. Møller (→ 161,2). Auf seiner langen
Orientreise (1819-1821) verfasste er das Gedicht
»Rosen blusser alt i Danas Have« [Die Rose erglüht schon in Danas Garten], hg. unter dem
Titel »Glæde over Danmark« [Freude über Dä-
nemark] in K. L. Rahbeks *Tilskuerne. Et Ugeskrift*
Nr. 47, Bd. 1, Kph. 1823, pp. 374-376, später wie-
derabgedruckt in *Efterladte Skrifter* Bd. 1, 1839,
pp. 47-49.

Ehre über den Verfasser, ein Wohlgefallen in 24
der Zeitschrift] Anspielung auf den Lobpreis
am Schluss des Weihnachtsevangeliums, Lk
2,14, stark an die Formulierung in NT-1819 an-
gelehnt.

Paulus: ich weiß, was ich geglaubt habe] ei- 2   210
gentl. »ich weiß, wem ich Glauben geschenkt
habe«, II Tim 1,12.

credo ut intelligam] lat., ›ich glaube, damit ich 3
einsehe / erkenne‹. Der Ausdruck geht zurück
auf den engl. Scholastiker Anselm von Canterbury (ca. 1033-1109), dessen Grundsatz war, dass
der Glaube aller Religionsphilosophie voraus-
zugehen und Norm der Vernunft zu bleiben
habe, cf. *Proslogion*, Kap. 1: »Neque enim quaero
intelligere, ut credam, sed credo, ut intelligam.
Nam et hoc credo, quia nisi credidero, non intelligam« (lat., ›Denn ich suche nicht nach Einsicht,

damit ich glaube, sondern ich glaube, damit ich einsehe. Ich glaube nämlich auch, dass wenn ich nicht glauben würde, ich nicht einsehen würde.‹), hier zitiert nach W. G. Tennemann *Geschichte der Philosophie* (→ 154,31), Bd. 8,1, 1810, p. 120, Anm. 71. Übrigens verwendet F. Schleiermacher den lat. Ausdruck im Motto zu *Der christliche Glaube nach den Grundsätzen der evangelischen Kirche im Zusammenhange dargestellt* Bd. 1-2, 3. Ausg., Berlin 1835-1836 [1821-1822], Ktl. 258.

4 **Der Glaube ist das Unmittelbare]** verweist vermutlich auf die hegelianischen Dogmatiker, u.a. den dt. Theologen Philipp Marheineke (1780-1846), der behauptet, dass der Glaube eine Unmittelbarkeit (oder unmittelbares Wissen von Gott) und im spekulativen Wissen aufzuheben ist, und dass dieses Wissen als spekulatives höher steht als der Glaube, cf. *Die Grundlehren der christlichen Dogmatik als Wissenschaft*, 2. Ausg., Berlin 1827 [1819], Ktl. 644, § 85-86, pp. 48f. Eine solche Anschauung wird in *Furcht und Zittern* (→ 189,16) verzeichnet und ihr widersprochen: »Die neuere Philosophie hat sich erlaubt, an die Stelle von Glauben ohne weiteres das Unmittelbare zu setzen« (*SKS* 4, 161,21 / *GW1 FZ* 75f.), und: »Die Philosophie lehrt, dass das Unmittelbare aufgehoben werden soll. Das ist schon wahr; aber nicht wahr ist, dass [...] der Glaube ohne weiteres das Unmittelbare ist« (*SKS* 4, 188,16 / *GW1 FZ* 112). In der Einleitung zu *Der Begriff Angst* (→ 220,18) heißt es entsprechend, dass »man so in der Dogmatik den *Glauben* das *Unmittelbare* nennt« (*SKS* 4, 318,10 / *GW1 BA* 7); und im Entwurf zu dieser Stelle, den SK wohl im Dezember 1843 oder Januar 1844 angefertigt hat (cf. *SKS* K4, 331f.), merkt er am Rand an, dass »dieses doch jeden Tag genau vor unseren Augen geschieht« (*Pap.* V B 49,2). Damit bezieht er sich vielleicht auf H. L. Martensens Besprechung von J. L. Heibergs *Indlednings-Foredrag til det i November 1834 begyndte logiske Cursus paa den kongelige militaire Høiskole* in *Maanedsskrift for Litteratur* Bd. 16, pp. 516f.

210   9 **Haspelzapfen]** konischer Holzstab; verwendet wurde er, wenn es galt, mit dem Aufwickeln eines Garnknäuels auf eine Haspel zu beginnen.

Oft war er mit Schnitzereien verziert und war wohl auch ein charakteristisches Geschenk des Bräutigams an seine Braut.

Amtsverpflichtungen als wirklicher ... zu mei-   13 nem Vergnügen] Anspielung auf den Unterschied zwischen wirklichen Ämtern und Titularämtern, → 206,27.

Man klagt ... zu viele Ämter vereint] Die Op-   14 position gegen den Absolutismus klagte oft darüber, dass die Beamten des Königs ›zu viele Ämter‹ innehätten; Gegenstand solcher Kritik war z.B. der Polizeidirektor Kopenhagens, weil er nicht nur Chef der Polizisten, sondern auch (bis 1. Juli 1845) Justiziar am Polizeigericht war, so dass exekutive und judikative Gewalt hier in einem Amt vereint waren, cf. z.B. *Kjøbenhavnsposten*, 2. März 1843, Nr. 52, p. 207. Gerade *Kjøbenhavnsposten* vertrat das Prinzip der Gewaltenteilung, und in einem Doppel-Artikel mit dem Titel »Staatsverwaltung von oben nach unten« (Nr. 43, 19. Februar, und Nr. 45, 21. Februar 1844) bzw. »Staatsverwaltung von unten nach oben« (Nr. 50, 27. Februar, Nr. 51, 28. Februar, und Nr. 54, 2. März 1844) wurde der Verwaltungsapparat im Allgemeinen wegen des bürokratischen Zentralismus kritisiert.

1813 wurde ich ... in Umlauf gebracht wurde]   18   210 Nach Dänemarks Verwicklung in die Napoleonischen Befreiungskriege versuchte die Regierung die Aufrüstung dadurch zu finanzieren, dass sie die Kurantbank ungedeckte Geldscheine ausgeben ließ, weshalb der Staat 1813 real bankrottierte, cf. C. F. Allen *Haandbog i Fædrelandets Historie med stadigt Henblik paa Folkets og Statens indre Udvikling*, Kph. 1840, Ktl. 2011, p. 589: »Als eine Folge dieser außerordentlichen Vermehrung der Menge an Scheinen, für die es keine Deckung gab, sank das Papiergeld tief unter seinen Nennwert. Man musste deshalb unter der stetig wachsenden Verwirrung im Geldwesen zu dem bedauerlichen, jedoch unausweichlichen Mittel greifen, den Wert des Geldes herabzusetzen, so dass 6 Reichstaler Courant auf nur 1 Reichstaler des neuen Reichsbankgeldes kamen. Dieses wurde von der neu gegründeten Reichsbank ausgegeben (5. Januar 1813)«. SK wurde am 5. Mai geboren.

211 3 **Østergade**] Straße zwischen Amagertorv und Kongens Nytorv, wo ursprünglich das Østerport [Osttor] stand, von dem der Straßenname herrührt, cf. S. Sterm *Statistisk-Topographisk Beskrivelse over Kjøbenhavn* (→ 190,22), p. 44: »Die Straße ist nun teils eine Geschäftsstraße, in der man um die 150 Läden zählt, teils eine zum Spaziergang gebrauchte Straße« (s. *Karte 2, C2-D2*).

211 8 **der Docht einer Wachskerze einmal gebeugt ... Abend selbst**] Indem die Spitze des Dochts (Schnuppe) einer Wachskerze gebeugt wurde, vermied man einen schwelenden Docht, den man mit einer Lichtschere abschneiden (putzen) musste; stattdessen putzte der Docht sozusagen sich selbst.

211 12 **Dass ich da bin, war die ewige Voraussetzung der Antike**] Diese und die folgende Aufzeichnung bildeten ursprünglich vielleicht einen Entwurf zu *Philosophische Brocken* (→ 234,18), den SK verworfen hat, aber durch Niederschrift in das Journal bewahren wollte, cf. eine Passage in der vorläufigen Ausarbeitung von Kap. 3 (*Pap.* V B 5,3) sowie das gedruckte Manuskript, *SKS* 4, 245,20-34 / *GW1 PB* 38, und »Tekstredegørelse« in *SKS* K4, 187, Anm. 1.

211 17 **Gottes Dasein beweisen zu wollen**] Vor allem in der Antike und in der Scholastik versuchten Philosophen und Theologen, Gottes Dasein zu beweisen, cf. die so genannten Gottesbeweise, die Kant in ontologische, kosmologische und teleologische oder physikotheologische einteilt, *Critik der reinen Vernunft* (→ 165,6), pp. 611-658. Kant leugnet den Nutzen der Gottesbeweise, die aber von Hegel, nun unter anderen theoretischen Voraussetzungen, wieder diskutiert werden, cf. *Vorlesungen über die Philosophie der Religion. Nebst einer Schrift über die Beweise vom Daseyn Gottes* Bd. 2 (in *Hegel's Werke* (→ 200,1), Bd. 12, *Jub.* Bd. 16), pp. 357-553.

212 3 **die guten Vorsätze zur Hölle**] das dän. Sprichwort: »Vejen til Helvede er brolagt (od. belagt) med gode forsætter« [Der Weg zur Hölle ist mit guten Vorsätzen gepflastert] ist registriert unter

der Nr. 3554 in E. Mau *Dansk Ordsprogs-Skat* (→ 162,28), Bd. 1, p. 402.

Falls das Christentum ... taufen] verweist auf 6 212 H. L. Martensen *Den christelige Daab betragtet med Hensyn paa det baptistiske Spørgsmaal*, Kph. 1843, Ktl. 652, p. 23: »Denn es ist an und für sich klar, daß in derjenigen Periode, als es wesentlich Aufgabe war, die Kirche zu pflanzen, Vieles sich anders gestalten mußte, als in den nachfolgenden Zeiten, da die Kirche feste Wurzel geschlagen hat in der Welt, und das Reich Gottes, Natur geworden ist. So muß namentlich die Taufe, obgleich ihr sacramentales Wesen, ihr Grundverhältniß zum Glauben stets dasselbe ist, auf andere Weise hervortreten, wo das Reich Gottes durch *Mission* verbreitet werden soll – wo es also von außen in die Volksgeister hineingebracht wird – als da, wo es mittelst seiner schon stattfindenden *Inhabitation* verbreitet werden soll, wo es der Volksgeistern einwohnt und von innen heraus seine weltbildenden Kräfte entfalten soll.« (hier zitiert nach der zweiten Auflage der dt. Übers. *Die christliche Taufe*, Gotha 1860, pp. 33f.)

Martensens ruhmvolle Tauf-Theorie] H. L. 21 Martensen *Den christelige Daab betragtet med Hensyn paa det baptistiske Spørgsmaal* (→ 212,6) wurde rezensiert in *Theologisk Tidsskrift*, hg. von Scharling und Engelstoft, Bd. 7 (Neue Reihe, Bd. 1), Kph. 1844, pp. 358-360; in *Journal for Literatur og Kunst* Bd. 2, Kph. 1843, pp. 272-311; unter dem Zeichen »–g.« in *For Literatur og Kritik. Et Fjerdingaarsskrift* Bd. 2, Odense 1844, pp. 74-92; und von A. F. Beck in *Theologische Jahrbücher*, hg. von E. Zeller, Tübingen 1843, Heft 4. pp. 760-785, anlässlich der dt. Übers. *Die christliche Taufe und die baptistische Frage*, Hamburg und Gotha 1843. Cf. ferner Hans Brøchner *Nogle Bemærkninger om Daaben, foranledigede ved Prof. Martensens Skrift: ›Den christelige Daab‹*, Kph. 1843, Ktl. U 27 (→ 192,34), und M. Eiríksson *Om Baptister og Barnedaab, samt flere Momenter af Den kirkelige og speculative Christendom*, Kph. 1844, pp. 316-433, cf. hierzu *Epistola eller Sende-Brev til Sr. Magnus Eiriksson fra en arden gammel Landsbypræst. Til Publici videre Nytte og Fornøielse nu til Trykken befordret*, Kph. 1844. laut Rechnung gekauft bei Philipsen am 24. Juli 1844 (KA, D pk. 7 læg 7), Ktl. U 36. Martensen antwortete auf Eiríkssons Kritik in *Berlingske Tidende*, 29. April 1844 (Nr. 115). – **Martensen**s: Hans Lassen Martensen (1808-1884), cand. theol. 1832, nach einer Auslandsreise 1834-1836 Tutor von u.a. SK, 1837 lic. theol., ab 1838 Lektor für Theologie an der Universität Kopenhagen, wo er 1840 zum Professor extraordinarius für Theologie berufen wurde, am 16. Mai 1845 zum Hofprediger ernannt.

212 25 **junger theologischer Kandidat**] verweist vielleicht besonders auf den jungen Grundtvig (→ 227,32).

213 2 **Berauscht an ungesunden Ausdunstungen von Versprechungen**] Die Aufzeichnung ist vermutlich eine Reminiszenz an SKs Entwurf für eine geplante, aber nicht verwendete Nachschrift zu *Der Begriff Angst* (→ 220,18), wo er unter Hinweis auf »die neuere Philosophie« (→ 164,31) und ihre »Løftemagere« (›große Versprechungen machende Sprücheklopfer‹) seine rasch ausgearbeitete Schrift als »ein entsetzliches Urteil über und ein drastisches Epigramm auf deren beschönigte Unwahrheiten und deren ganzes leeres, nur den ungesunden Rausch von Versprechungen ausdünstendes Wesen« bezeichnet (*Pap.* V B 48, cf. »Tekstredegørelse« in *SKS* K4, 323). So verstanden verweist SK auf die von den dän. Hegelianern geäußerten, aber nicht eingelösten Versprechen, ein vollständiges »System« zu schreiben und herauszugeben, z.B. ein logisches (cf. J. L. Heiberg »Det logiske System« in *Perseus* (→ 200,1), Bd. 2, p. 7, und »I Anledning af Recensionen over mit Skrift: Om Philosophiens Betydning for den nuværende Tid« in *Dansk Litteratur-Tidende for 1833*, redigiert von Jens Møller, Nr. 46, Kph. 1833, p. 765) oder ein moralphilosophisches (cf. H. L. Martensen *Grundrids til Moralphilosophiens System* (→ 185,17), p. III). – Nachdem er diesen Passus im April 1844 ins Journal JJ eingetragen hatte, scheint SK ihn jedoch im Entwurf der Rede »Wider Feigheit« in *Vier erbauliche Reden* 1844 (→ 222,8) verwendet zu haben: »wenn alles das, was unecht glitzert, die geschminkte Unwahrheit, hoch in Ehren gehalten wird und sogar

dem Verkannten das Urteil sprechen möchte« (*SKS* 5, 356,19 / *GW1, 4R44*, 81). Zu dieser Stelle findet sich im Entwurf ein nicht verwendeter Zusatz: »wenn Gedankenlosigkeit und Wortgewäsch und nichtssagende Gefühle und Beschlüsse der Eilfertigkeit und Unverstand und aufgeschminkte Selbstliebe und der ungesunde Rausch von Versprechungen und Vorsätzen einen solchen [Verkannten] angreifen« (*Pap.* V B 220,3). Falls dies auch die Perspektive für die Journalaufzeichnung ist, wird darin nicht auf Philosophen, sondern eher auf Prediger im Anschluss an Grundtvig (→ 227,32) Bezug genommen.

Plato … aber durch Verderbnis … weibliche 5 213 Geschlecht] In Platons Dialog *Timaios* erzählt Timaios, dass Gott nach der Schöpfung unsterblicher Wesen diese drei Arten sterblicher Wesen erschaffen ließ: den Mann, die Frau und das Tier. Die beste Art Mensch solle Mann genannt werden; da aber die Natur des Menschen aus sowohl Sterblichem wie Unsterblichem besteht, hat er in dem ihm zugemessenen Leben die Aufgabe, seine sterbliche Begierde zu bezwingen; glückt ihm das nicht, wird er als Frau wiedergeboren und vor dieselbe Aufgabe gestellt. Wenn er als Frau seine Begierde nicht bezwingen kann, wird er als Tier einer solchen Art wiedergeboren, die seiner Verfehlung entspricht; gelingt es ihm aber, wird er als Mann wiedergeboren, und erst wenn er als Mann in Übereinstimmung mit seiner göttlichen Natur gelebt hat, wird er den Verwandlungen endlich entkommen und unter die ewigen Seelen aufgenommen werden (*Timaios* 41b-42c).

Feuerbach … geltend zu machen] cf. L. Feuer- 6 bach *Das Wesen des Christenthums*, 2. Ausg., Leipzig 1843 [1841], Ktl. 488, das SK laut Buchhändlerrechnung von Philipsen am 20. März 1844 gekauft hat (KA, D pk. 7 læg 7). Nach Feuerbach ist der Mensch u.a. auch durch »die Geschlechtsdifferenz« wesentlich bestimmt, weshalb er an verschiedenen Stellen des Werkes das Christentum wegen der Aufhebung dieser Differenz kritisiert, cf. vor allem p. 249: »Der Christ identificirt unmittelbar mit dem Individuum die Gattung: er streift daher die *Geschlechtsdifferenz* als einen lästigen, zufälligen Anhang von sich ab. Mann und Weib zusammen machen erst den wirklichen Menschen aus, Mann und Weib zusammen ist die Existenz der Gattung – denn ihre Verbindung ist die Quelle der Vielheit, die Quelle anderer Menschen. Der Mensch daher, der seine Mannheit nicht negirt, der sich fühlt als Mann und dieses Gefühl als ein natur- und gesetzmäßiges Gefühl anerkennt, der weiß und fühlt sich als ein *Theilwesen*, welches eines andern Theilwesens zur Hervorbringung des Ganzen, der wahren Menschheit bedarf. Der Christ dagegen erfaßt sich in seiner überschwänglichen, transcendenten Subjectivität als ein *für sich selbst* vollkommnes Wesen.« – **Feuerbach:** Ludwig Feuerbach (1804-1872), dt. Philosoph, so genannter Linkshegelianer. Neben dem genannten Werk Feuerbachs hatte sich SK schon früher *Geschichte der neuern Philosophie*, Ansbach 1837, Ktl. 487, und *Abälard und Heloise oder der Schriftsteller und der Mensch*, Ansbach 1834, Ktl. 1637 (→ 204,22) zugelegt.

15 **Er nimmt an ... zu Frauen werden]** cf. *Timaios* 90e: »So viele nämlich von den gewordenen Männern feig waren und das Leben auf unrechte Weise hinbrachten, wurden, wie man mit Wahrscheinlichkeit schliessen kann, bei dem zweiten Werden in Weiber verwandelt«, *Platon's Timæus und Kritias*, übers. von F. W. Wagner, Breslau 1841, Ktl. 1168, p. 116.

22 **Staats-Idee ... christlichen Anschauung]** bezieht sich auf den Dialog *Der Staat*, in dem Platon die umfassendste und systematischste Darstellung seiner ganzen Philosophie gibt, und in dem Sokrates zu Beginn des 5. Buchs (449a - 457a) dafür argumentiert, dass Jungen und Mädchen zusammen und ohne Unterschied erzogen werden sollen, da die Natur des Mannes und der Frau wesentlich dieselbe sei und sich bloß hinsichtlich der Stärke unterscheide (*Platons Werke* (→ 168,3), 3,1 (Bd. 6), 1828, pp. 263-276). – **christlichen Anschauung:** cf. Gal 3,28.

213m 1 **Aristoteles sagt ... unvollständige Formen]** Aristoteles schreibt in *De generatione animalium*, 4. Buch, Kap. 6 (775a 15-16), dass die weibliche Natur als eine natürliche Unvollkommenheit anzusehen ist. Im 2. Buch, Kap. 3 (737a 27-30) derselben Abhandlung heißt es, dass das Weib-

chen (oder die Frau) eine Art entstelltes Männchen (oder entstellter Mann) ist, dessen (deren) Beitrag zur Bildung des neuen Individuums nur das seelische Prinzip fehlt.

selbst wenn er ... stärker als er selbst ist] vielleicht eine Anspielung auf Lk 9,25. 1 214

Christentum die absolute Religion] cf. den 3. Teil (mit dem Titel »Die absolute Religion«) von Hegels *Vorlesungen über die Philosophie der Religion* (→ 211,17), Bd. 2 (in *Hegel's Werke* (→ 200,1), Bd. 12, *Jub.* Bd. 16), pp. 189-355, wo Hegel das Christentum mit der absoluten Religion identifiziert. 6

Spang] Peter Johannes Spang (1796-1846), dän. Pfarrer, seit 3. Mai 1840 residierender Kaplan an der Helliggeistes Kirke (s. *Karte 2*, B2/C2). SK kannte Spang persönlich und schrieb u.a. an ihn während seines Aufenthalts in Berlin 1841/42, cf. *B&A* Bd. 1, pp. 75-77 (Nr. 51) und pp. 91-93 (Nr. 61). 11 214

die Predigt] Spang predigte u.a. im Hauptgottesdienst am Sonntag, den 12. Mai 1844 über den Text für den 5. Sonntag nach Ostern, Joh 16,23-28; auf diese Predigt bezieht sich SK vermutlich. 14

Gotteshaus ... ein Tränenhaus betrachtet] verweist auf Mt 21,13. Cf. Jes 56,7. 22

jedem Dienstboten ausbedungen sein ... in die Kirche zu gehen] Gemäß *Danske Lov* (→ 160,1), 6. Buch, Kap. 3, § 2, sollten Hausherrn »Hausangestellten und Bediensteten den Kirchgang [vorschreiben], und sie keinesfalls davon abhalten«, sowie gemäß § 6 sollte jede Herrschaft »Hausangestellten an Feiertagen von Transportarbeiten und aller anderen Arbeit, was es auch sein möge, gänzlich verschonen, wenn nicht ein solch unvermeidbarer Bedarf, ohne jedoch den Gottesdienst zu versäumen, eintritt, der schlechterdings keinen Aufschub duldet.« Diese Bestimmungen wurden 1844 gerade diskutiert (u.a. auf den Ständeversammlungen in Viborg und Roskilde, → 307,30) und später präzisiert durch die Verordnung vom 26. März 1845 über die »gebührende Feier der Sonn- und Feiertage«, § 4, die der Herrschaft und dem Hausherrn gebot, »Hausangestellten [...] Zeit und 25

Gelegenheit zum eifrigen Besuch des Gottesdienstes [zu geben], und diese anzuhalten, sie
darauf zu verwenden.« Ein Teil der Geistlichkeit
hatte für ein *bestimmtes* Recht auf Verschonung
von Arbeit am Sonntag plädiert, aber mit Rücksicht auf ›Hausfrieden und Subordination‹
wollte die Kanzlei der Dienerschaft nur ein *be-
dingtes* Recht zugestehen. Cf. *Tidende for Forhandlinger ved Provindsialstænderne for Sjællands, Fy-
ens og Lollands-Falsters Stifter samt for Færøerne
(Roskilde Stænder-Tidende),* Kph. und Roskilde
1844, Nr. 21, Bd. 1, Sp. 335. – **ausbedungen sein:**
SK verwendet den Ausdruck ›stipulieren‹.

29 **Frederiksberg**] verweist auf Frederiksberg
Have, ca. 3 km vor dem damaligen Vesterport
gelegen. Die Spazierwege des Gartens waren bei
Dienerschaft wie Bürgerschaft beliebt, besonders im Sommer und nicht zuletzt sonntags.

214 32 **Gepredige der Pfarrer ... von der ganzen Weltgeschichte**] bezieht sich vor allem auf Pfarrer
im Anschluss an Grundtvig (→ 227,32), der sich
sowohl als Theologe wie als Historiker eingehend mit der Weltgeschichte beschäftigte.

36 **Pfarrer, der über ein Evangelium von der Himmelfahrt predigte**] am Christi Himmelfahrtstag,
Donnerstag, den 16. Mai 1844, predigten u.a.
Hofprediger J. H. Paulli in der Schlosskirche, Lizentiat, 2. residierender Kaplan P. C. Rothe in
Vor Frue Kirche, Pastor Spang (→ 214,11) in Helliggeistes Kirche (heute Helligåndskirke) und
(wahrscheinlich Harald) Boisen in Vartov, cf.
Adresseavisen (→ 173,1), 15. Mai 1844, Nr. 113. –
Evangelium von der Himmelfahrt: Das Evangelium für Christi Himmelfahrtstag ist Mk
16,14-20, cf. insbesondere v. 14, dessentwillen
der Schwerpunkt der Predigt auf den »Augen
des Glaubens« und den »sinnlichen Augen« gelegen haben mag. Cf. auch die Epistel für denselben Tag, Act 1,1-11, insbesondere v. 9-11.

215 20 **Die Menschen scheinen die Sprache ... bekommen zu haben ... (Talleyrand ... Young in
den Nachtgedanken)**] Der frz. Bischof und
Staatsmann Charles-Maurice de Talleyrand
(1754-1838) soll 1807 zum span. Gesandten Is-
quierdo gesagt haben: »La parole a été donnée à
l'homme pour déguiser sa pensée«; die Quelle

konnte nicht identifiziert werden. – **Young in
den Nachtgedanken:** d.h. *The Complaint or
Night-Thoughts on Life, Death, and Immortality*
(1742-1745) des engl. Dichters und Pfarrers Ed-
ward Young (1681-1765), cf. »Dr. Eduard Young's
Klagen, oder Nachtgedanken über Leben, Tod
und Unsterblichkeit. In neun Nächten« in *Einige
Werke von Dr. Eduard Young,* übers. von J. A.
Ebert, Bd. 1-3, Hildesheim und Braunschweig
1772-1777 (Bd. 1-2, 1777; Bd. 3, 1772), Ktl. 1911;
Bd. 1. Es ist jedoch das Gedicht »Love of Fame«,
in dem Young (über die Höfe) Derartiges bemerkt, cf. »Dr. Eduard Young's sieben characte-
ristische Satiren auf die Ruhmbegierde, die allgemeine Leidenschaft« in *Einige Werke von Dr.
Eduard Young* Bd. 3, p. 36: »wo der natürliche
Zweck der Sprache vermieden wird, und Menschen nur reden, um die Seele zu verhehlen«.

den Verstand gefangen zu nehmen] Anspie-   36   215
lung auf II Kor 10,5: »Wir nehmen alles Denken
gefangen, so dass es Christus gehorcht«.

Petrus Ramus] lat. für Pierre de la Ramée (1515-   4   216
1572), frz. Humanist und Mathematiker, neben
anderen Ämtern Professor für Rhetorik und Philosophie am Collège Royal; entlassen 1561 wegen seiner Kritik der Scholastik und Sympathie
für die Reformation, aus demselben Grund in
der Bartholomäusnacht am 24. August 1572 ermordet.

dass er ... 1. Abteilung; Vorwort] wörtliches   5
Zitat aus »Vorbericht« in *Friedrich Heinrich
Jacobi's Werke,* hg. von F. Roth, Bd. 1-6 (in 8 Bd.),
Leipzig 1812-1825, Ktl. 1722-1728 (*Jacobi's Werke*);
Bd. 4,1, 1819, p. LI. – **Jacobi:** Friedrich Heinrich
Jacobi (1743-1819), dt. Philosoph, erst Kauf-
mann, später Beamter. Stark beeinflusst durch
den Freund J. G. Hamann führte er eine aus-
führliche Diskussion mit seinen Zeitgenossen (I.
Kant, J. G. Fichte, F. W. J. Schelling, M. Mendels-
sohn) und entwickelte eine eigene ›Lebensphi-
losophie‹, in deren Mittelpunkt Gefühl und
Glauben stehen.

Nikodemus kam wohl mit der Nacht] s. Joh 3,2;   10   216
cf. Joh 3,1-15, das Evangelium für Trinitatissonntag, 1844 der 2. Juni.

11 **den Auferstandenen unter den Toten zu su-**
chen] cf. Lk 24,5-6.

216 *14* **Die Aufgabe ist ... das Christentum vor den**
Menschen zu rechtfertigen] verweist vielleicht
auf eine Besprechung von *Enten – Eller* [Entwe-
der – Oder] in *For Literatur og Kritik. Et Fjerding-*
aarsskrift, 16. Oktober 1843 (Bd. 1, pp. 377-405),
worin der Theologe Adjunkt H. P. Kofoed-Hansen (1813-1893) in einer Abschweifung behauptet, »dass die Kirche es noch nicht verstanden
hat, sich der Gebildeteren zu bemächtigen [...].
Die so genannten Erweckten und ›Heiligen‹ [Be-
zeichnung für Mitglieder von protestantischen
Erweckungsbewegungen des frühen 19. Jh. in
Dänemark, wie etwa Pietisten und Herrnhuter]
mögen deshalb sagen, was sie wollen, die Gebildeten der neueren Zeit begnügen sich doch
nicht länger mit dem altmodischen Christentum
oder dem alten Glauben, sondern fordern ihn in
einer neuen und frischen Form vorgebracht, die
ihm allein ein philosophisches Bad zu schenken
vermag«, pp. 384f. Kofoed-Hansens Bemerkungen wurde entgegengetreten von Bischof J. P.
Mynster im Artikel »Kirkelig Polemik« in *Intel-*
ligensblade (→ 199,30), 1. Januar 1844 (Nr. 41-42,
Bd. 4, pp. 97-114). Kofoed-Hansen erwiderte in
Fædrelandet, 19. Januar 1844 (Nr. 1479, Sp. 11859-
11864). Cf. auch F. Schleiermacher *Ueber die Re-*
ligion. Reden an die Gebildeten unter ihren Veräch-
tern, 5. Ausg., Berlin 1843 [1799], Ktl. 271.

216 *30* **ins Wasser gestiegen ist ... erlaubt ist]** cf. das
Polizeiplakat vom 14. Juli 1791, das im Hinblick
auf den Schiffsverkehr das Schwimmen beim
Zollamt und in den Kanälen verbot, insbesondere in der Nähe der Brücken (Knippels-, Hol-
mens- und Højbro), s. *Karte 2, C2-3*.

217 *9* **Staunen]** dän. »Forundring«; cf. die Aufzeichnung EE:179 und die Kommentare dazu, ferner
JJ:442.

12 **das Christentum das Heidentum nicht als**
Sünde betrachten würde] cf. z.B. *Büchner's bib-*
lische Hand-Concordanz (→ 185,17), Bd. 1, 1840, p.
705, Sp. 2: »Die Schrift lehrt die Verirrungen des
Heidenthums überall als GOtt schlechthin miß-

fällige Greuel, und Folgen der Sünde, ja als Werk
des Satans ansehen.«

man sagt ... Schafzucht einführt] vielleicht An-   *2*   218
spielung auf C. F. Allen, der in *Haandbog i Fædre-*
landets Historie (→ 210,18) berichtet, dass »die
vollständige Einführung des Christentums in
Dänemark auf Knud den Großen zurückgeht«,
der als König von Dänemark (1019-1035) außerdem dafür sorgte, dass »einwandernde Engländer, sowohl weltliche als auch geistliche, die
Kenntnis für einen verbesserten Ackerbau, für
neue Handwerke und Künste mitbrachten«, pp.
79f.

Brautreden] d.h. Hochzeitsrede, cf. die Bestim-   *7*   218
mung darüber in Kap. 9, »Om Ægteskab« [Über
die Ehe], in *Kirke-Ritualet* (→ 186,4): »Wenn die
Trauung geschehen soll, tritt der Pfarrer vor und
hält direkt vor den Brautleuten stehend ihnen
eine kleine Rede über die Ehe, wozu er die kurze
Erklärung eines Bibelspruchs gebrauchen kann,
sofern er die Handlung betreffen kann, und
schließt hernach mit einem kurzen Wunsch«, p.
318.

meine erbaulichen] d.h. SKs *Erbauliche Reden*,   *8*
cf. *SKS* 5. Am 8. Juni 1844 erschienen gerade
Drei erbauliche Reden, GW1, 3R44.

Das Unmittelbare] s. JJ:196.   *12*   218

Desdemona sich in Othello verliebt] cf. Shake-   *13*
speares Tragödie *Othello*, *Shakspeare's dramatische*
Werke (→ 189,21), Bd. 12, 1840, pp. 1-134.

Reflexion] s. JJ:218.   *17*

töricht] → 182,2.   *19*

Wort von Hamann ... die Jungfraukinder der   *25*   218
Speculation] scheint sich in dieser Formulierung bei Hamann nicht zu finden. SKs Quelle ist
F. H. Jacobi, der in »David Hume über den Glauben, oder Idealismus und Realismus. Ein Gespräch« schreibt: »Jedes Wort bezieht sich auf
einen Begriff; jeder Begriff ursprünglich auf
Wahrnehmung durch den äußeren oder inneren
Sinn. Die reinsten Begriffe, oder, wie Hamann
sie irgendwo genannt hat, die *Jungfernkinder* der
Speculation, sind davon nicht ausgenommen;
sie haben zuverlässig einen Vater, wie sie eine

Mutter haben, und sind zum Daseyn auf eine
eben so natürliche Weise gekommen, wie die
Begriffe von einzelnen Dingen und ihre Benen-
nungen, welche *nomina propria* waren, ehe sie
nomina appellativa wurden.«, in *Jacobi's Werke*
(→ 216,5), Bd. 2, 1815, pp. 1-310; pp. 218f. – **Hamann**: → 30*m,1*.

218   28   **Der Satz des Cartesius ... Jacobi S. W. 2. Bd. p.
102. Anm.**] übersetztes Zitat aus *Jacobi's Werke*
(→ 216,5), Bd. 2, 1815, p. 102, wo Jacobi in der
Anmerkung *Idee einer Apodiktik* (1799) des dt.
Philosophen Friedrich Bouterwek (1765-1828)
zitiert: »Der Schluß des Cartesius: *Ich denke; also
bin ich:* ist in den Augen der Logik ein Wortspiel,
weil das: *Ich bin;* logisch nichts heißt, als: *Ich bin
denkend;* oder: *Ich denke.*« – **Der Satz des Cartesius: ich denke – also bin ich:** verweist auf Descartes, der mit einer langen Tradition brach, die
die Wirklichkeit ausgehend von metaphysi-
schen Prämissen darstellen wollte, und stattdessen nach den Möglichkeiten einer sicheren
menschlichen Erkenntnis fragte, welche er im
unbezweifelbaren Faktum des »ich denke« fand,
cf. Kap. 4 in *Dissertatio de methodo* (→ 152,12), wo
er schreibt: »Ego cogito, ergo sum« (lat., ›Ich
denke, also bin ich‹).

219   2   **Baco**] Francis Bacon (1561-1626), engl. Philosoph
und Staatsmann.
      2   **tempus siquidem ... Jacobi S. W. 2. Bd. p. 134.
Anm.**] lat., ›Denn die Zeit ist einem Flusse ähnlich, der uns das Leichte und Aufgeblasene zu-
führt, das Schwere und Feste aber geht unter.‹;
wörtliches Zitat aus *Jacobi's Werke* (→ 216,5), Bd.
2, 1815, p. 134, wo Jacobi in der Anmerkung
Bacons *De dignitate et augmentis scientiarum* (lat.
1623, engl. 1605) zitiert.

219   15   **stille Verzweiflung**] cf. die Journalaufzeichnung
EE:117 im vorliegenden Band über verschiedene
Formen von Träg- und Mattheit, datiert auf den
20. Juli 1839, zu der SK am Rand (EE:117.a) hinzufügt, »dies ist es, was mein Vater nannte: *eine
stille Verzweiflung*«. In seiner Probepredigt im
Pastoralseminar (→ 258,3) am 12. Januar 1841
weist SK ebenfalls auf die stille Verzweiflung
hin: »Hat es nicht jene Zeit gegeben, da du nie-

mand fandest, an den du dich hättest wenden
können, da stiller Verzweiflung Finsternis über
deiner Seele brütete und du doch nicht den Mut
hattest, diese fahren zu lassen, sondern sie umgekehrt festhieltest und selber abermals brüte-
test über deiner Verzweiflung?«, *Pap.* III C 1, p.
243 / *GW1 ES* 104.

Der Engländer Swift ... Armer alter Mann] Jo-   17
nathan Swift (1667-1745), engl. satirischer
Schriftsteller und anglikanischer Propst in Dublin. Swift fürchtete viele Jahre, seinen Verstand
zu verlieren; 1731 schrieb er *Verses on the Death
of Dr. Swift* (gedruckt 1739), in denen er u.a. über
den Verstorbenen sagt, dass er sein bescheide-
nes Vermögen auf die Errichtung eines Tollhau-
ses verwendete. 1733 veröffentlichte er *A Serious
and Useful Scheme, To make an Hospital for Incurab-
les*, d.h. unverbesserliche Toren, Halunken, zän-
kische Weiber, Lügner u.a., und er äußerte den
Wunsch – als unheilbar schreibkrank – selbst
darin aufgenommen zu werden. Swifts späte
Jahre waren von Depressionen geprägt, er
wurde geisteskrank und beschloss seine Tage in
vollständigem Stumpfsinn. Bei seinem Tod hinterließ er ein Drittel seines Vermögens für die
Errichtung eines Hospitals für Geisteskranke in
seiner Geburtsstadt Dublin. Dass er in seiner
Jugend ein Tollhaus errichtet habe, in dem er
selbst endete, ist jedoch eine Anekdote, die sich
einer Vermischung der erwähnten Umstände
verdankt. – SKs Formulierung enthält eine Parodie auf Goethes Motto für den 2. Teil (6.-10.
Buch) seiner Autobiographie *Dichtung und
Wahrheit* (→ 227,24): »Was man in der Jugend
wünscht, hat man im Alter die Fülle«, cf.
Goethe's Werke (→ 213,24), Bd. 25, 1829, p. 1. – Die
Anekdote von Swift vor dem Spiegel kennt SK
aus J. G. Hamanns *Wolken. Ein Nachspiel Sokrati-
scher Denkwürdigkeiten* (1761), cf. *Hamann's
Schriften* (→ 30*m,1*), Bd. 2, 1821, pp. 61f. (die Fußnote): »wie der kindische Swift über den alten
armen Mann die Achseln zuckte, den er im Spiegel sahe, und der nichts anders als sein eigener
Schatten war«.

Skizze ... entworfen habe] Das Manuskript zu   18   220
*Der Begriff Angst. Eine schlichte psychologisch-an-
deutende Überlegung in Richtung auf das dogmati-*

sche Problem der Erbsünde von Vigilius Haufniensis, Kph. 1844, wurde zusammen mit dem Manuskript zu *Vorworte. Unterhaltungslektüre für einzelne Stände je nach Zeit und Gelegenheit* von Nikolaus Notabene, Kph. 1844, am 18. Mai 1844 an Bianco Lunos Buchdruckerei abgeliefert. Beide Bücher verließen die Druckerei am 11. Juni 1844 und erschienen am 17. Juni. – **Skizze ... von einem Beobachter:** cf. *SKS* 4, 359f. / *GW1 BA* 53-55.

21 **stehe ich ... deshalb bin ich pseudonym]** SK hatte *Der Begriff Angst* ursprünglich unter eigenem Namen veröffentlichen wollen und scheint sich erst unmittelbar vor der Abgabe des Manuskripts an die Druckerei für die Pseudonymität entschieden zu haben, cf. *SKS* K4, 323f.

24 **Vigilius Hauf. zeichnet nun mehrere ab]** u.a. unschuldige Junge, ästhetische und religiöse Genies, wahnsinnig Reuige, dämonische Individualitäten, verstockte Verbrecher, Eingeschlossene, Spekulanten und Scheinheilige. – **Vigilius Hauf.:** lat., ›der wachsame Beobachter von/aus Kopenhagen‹ oder ›der Wächter von/aus Kopenhagen‹.

220 29 **Man zeichnet in Wort ... die Wirklichkeit]** Falls sich ›man‹ auf jemand Bestimmten bezieht, konnte dieser nicht identifiziert werden. – **eine solche Idee alleine muss ... bewegen ... die Wirklichkeit:** vielleicht eine Anspielung auf Hegels Philosophie (→ 200,1), in der die spekulative Idee die Einheit von abstraktem Begriff und dessen Verwirklichung in der Wirklichkeit ist.

221 3 **Claudius]** Matthias Claudius (1740-1815), dt. Schriftsteller, u.a. unter dem Namen »Asmus der Wandsbecker Bote«, cf. Matthias Claudius *ASMUS omnia sua SECUM portans, oder Sämmtliche Werke des Wandsbecker Bothen* Bd. 1-8, 5. Ausg., Hamburg 1838 [1790-1812]; Bd. 1-4, Ktl. 1631-1632.

4 **Jacobi S. W. 3. Bd. p. 282 zitiert wird]** cf. *Jacobi's Werke* (→ 216,5), Bd. 3, 1816, p. 282, wo Jacobi Claudius' Darstellung von Christus zitiert: »›Ein Erretter aus aller Noth, von allem Uebel; Ein Erlöser vom Bösen; – Ein Helfer, der umher ging und wohl that, *und selbst nicht hatte wo er sein Haupt hinlege!* um den die Lahmen gehen, die Aussätzigen rein werden, die Tauben hören,

die Todten auferstehen *und den Armen das Evangelium gepredigt wird.* Dem Wind und Meer gehorsam sind, und – *der die Kindlein zu sich kommen ließ, und sie herzete und segnete* ..... der keine Mühe und keine Schmach achtete und geduldig war bis zum Tod am Kreuz, daß er sein Werk vollende; – der in die Welt kam die Welt selig zu machen, *und der darin geschlagen und gemartert ward und mit einer Dornenkrone hinaus ging!*‹« «

die Stimme von Abels Blut, die zum Himmel 7 221 **schreit]** cf. Gen 4,10-11.

Unter der Heiliggeistkirche ... Sentenz ange- 12 **bracht]** verweist offenbar auf eine Krypta unter der Helliggeist-Kirche (heute: Helligåndskirke) (s. *Karte 2, B2/C2*). Das Grab lässt sich nicht identifizieren, da die Krypten der Kirche 1878 im Zuge eines Umbaus aufgelassen wurden. – **Totenkopf:** bis in die Mitte des 18. Jh. war die Verzierung von Gedenktafeln, Grabsteinen und Särgen mit Totenköpfen gebräuchlich, doch unter dem Eindruck des Neuklassizismus wurde der Brauch zurückgedrängt und um 1800 verschwand er.

über Kategorien zu reden ... Heidentum und 17 **Xstt.]** bezieht sich auf die endlosen Diskussionen zwischen u.a. hegelianischen Philosophen und Theologen. – **Kategorien:** → 165,6.

die Betrachtung der ... die gleiche Sünde ver- 20 221 **gibt]** Anspielung auf die fünfte Bitte im Vaterunser, Mt 6,12.

Das philosophische Gerede, das ... lediglich 24 **weiter geht ... nicht stehen]** bezieht sich vermutlich auf Hegels Religionsphilosophie, worin die Sünde auf vielfältige Weise bestimmt wird, u.a. als der Standpunkt oder das Selbstverständnis, dass der Mensch an sich und seinem *Begriff* nach gut ist, aber in *Wirklichkeit* böse. Als Geist darf der Mensch jedoch nicht bei diesem Standpunkt stehen bleiben, cf. G. W. F. Hegel *Vorlesungen über die Philosophie der Religion* (→ 211,17), Bd. 2 (in *Hegel's Werke* (→ 200,1) Bd. 12, *Jub.* Bd. 16), p. 269: »Der Geist soll sich betrachten und dadurch ist die Entzweiung [zw. Begriff und Wirklichkeit], er soll nicht stehen bleiben auf diesem Standpunkt, daß er nicht ist, wie er an sich ist, soll seinem Begriff angemessen werden,

der allgemeine Geist«. SK mag außerdem auf
H. L. Martensen Bezug nehmen, der in § 36-39
in *Grundrids til Moralphilosophiens System*
(→ 185,17) die »Sünde« behandelt (pp. 39-43),
wonach er in § 40-45 zur Behandlung der »Strafe
und Bekehrung« übergeht (pp. 43-48), cf. v.a. §
42 zusammen mit der 1. Anmerkung (pp. 44f.):
»In der *Reue* als der vollzogenen Selbst-Zurech-
nung kulminiert die Strafe; aber gerade deshalb
ist die Reue das Ende der Strafe und der wirkliche Anfang der Vergebung. In der lebhaften
Trauer über die Sünde stößt der Wille das Böse
von sich aus und schließt sich zusammen mit
dem göttlichen Willen und seinem eigenen ewigen Wesen. Die Reue ist dieser dialektische
Übergang von der Strafe zur Gnade, von der
göttlichen Gerechtigkeit zur göttlichen Liebe,
von der Verschuldung zur Erlösung. Da sie aber
nur der dialektische *Übergang* ist, da die Verschuldung *noch nicht* in der Erlösung aufgehoben *ist*, da die Erlösung in der Reue ebenso sehr
nicht ist wie ist, darf diese Krisis nicht festgehalten werden, sondern im *neuen Menschen* zur
Ruhe kommen. / *Anm. 1.* Die Philosophen, die,
wie Spinoza oder Fichte, die Reue verwerfen,
weil das Geschehene nicht zu ändern ist und
der Mensch keine Zeit zur Reue haben darf, sind
nicht weniger einseitig, als die Menschen, die
die Reue in ein ununterbrochenes ergebnisloses
Brüten über die Sünde verwandeln. Beide übersehen das, worauf es eigentlich ankommt, nämlich die dialektische Bedeutung der Reue und
ihre Notwendigkeit als *Durchgangspunkt.*«

33 **Gerede über Persien, China]** verweist auf Hegels *Vorlesungen über die Philosophie der Geschichte,* hg. von E. Gans und K. Hegel, Berlin
1840 [1837], die mit einer Darstellung der Geschichte von China, Indien und Persien beginnen. Die geschichtliche Entwicklung ist eingeteilt in vier Perioden (»Die orientalische Welt«,
»Die griechische Welt«, »Die römische Welt«
und »Die germanische Welt«), cf. *Hegel's Werke*
(→ 200,1), Bd. 9, pp. 131ff. (*Jub.* Bd. 11, pp. 153ff.).

222 2 **In al[ten] Zeiten ... nun ist man liberaler ...
geworden]** Formell wurden die politischen Privilegien des Adels mit Einführung des Absolutismus 1660 abgeschafft, doch genoss er weiter-

hin großes Ansehen und besaß nicht zuletzt ökonomische Macht wegen seines Grundbesitzes;
reell verlor er seine politische Bedeutung erst
unter Frederik VI. (1768-1839, König ab 1808, jedoch wegen der Geisteskrankheit seines Vaters
schon ab 1784 Kronprinzregent). Wahlrecht und
Wählbarkeit der ratgebenden Provinzialstände
(→ 307,30) und der Bürgerrepräsentation Kopenhagens (gegründet durch Verordnung vom 1. Januar 1840) waren bedingt durch das Verfü-
gungsrecht über Liegenschaften von gewissem
(und zwar hohem) Versicherungswert. Im Gegensatz zu einer solchen Wahlberechtigung
nach Eigentum plädierten die Liberalen für eine
Wahlberechtigung nach Steuer, derzufolge
Wahlrecht und Wählbarkeit von einem gewissen steuerpflichtigen Vermögen abhängig sind;
auf diese Weise sollten die liberalen Unterstüt-
zer unter den reichen Kaufleuten und Beamten
bevorrechtigt werden, die selten das erforderli-
che Eigentum, aber umso größeres Vermögen
besaßen.

weltgeschichtlicher] bezieht sich vermutlich 3
auf Grundtvig (→ 227,32), der sich oft über die
welthistorische Bedeutung der Gegenwart aus-
ließ, cf. z.B. seinen Artikel »En Yttring af Nordens Aand« in *Fædrelandet,* 11. April 1844
(→ 213,2), in dem er über ›die Äußerung des
Geistes des Nordens‹ schreibt, sie habe »welthistorischen Ruf und Bedeutung«, Sp. 12422, s.
JJ:251 und → 227,30.

erbaulichen Reden] Am 8. Juni 1844 erschienen 8   222
Drei erbauliche Reden (→ 218,9), am 31. August
Vier erbauliche Reden; beide Publikationen sind
SKs Vater (→ 184,31) gewidmet, »Michael Pedersen Kierkegaard, weiland Wollwarenhändler
hier in der Stadt«, *SKS* 5, 229 bzw. 287 / *GW1,*
3R44, [142] bzw. *GW1, 4R44,* [2]. Über die Reden
schreibt SK in den jeweiligen Vorworten, dass
sie sich an »jenen Einzelnen« wenden, den er
mit Freude »*seinen* Leser« nennt.

Jacobi] → 216,5.   12   222
Kategorien der Verzweiflung] → 222,18.   14
Furcht und Zittern] verweist auf Phil 2,12; cf. I 15
Kor 2,3; II Kor 7,15; Eph 6,5. Cf. ferner den Titel
von SKs *Furcht und Zittern* (→ 189,16).

18 **Jacobi S. W. 3. Bd. p. 435**] *Jacobi's Werke*
(→ 216,5), Bd. 3, 1816, p. 435: »Freilich, wenn das
an sich Wahre, Gute und Schöne nur aus Noth
erfunden Ideen, unzulässig erweiterte Verstan-
desbegriffe ohne objektive Gültigkeit, nur *Kategorien in der Verzweiflung* sind; dann ist eine sie
bewährende intellektuelle Anschauung wider-
sinnig und überflüssig, denn sie sollen in der
That und Wahrheit nicht bewährt, sondern nur
erklärt, als heuristische *Fictionen* begreiflich gemacht werden.«

*2*22 20 **harmonia praestabilita**] lat., ›vorherbestimmte
Harmonie‹. Ein philosophischer Begriff geprägt
von Leibniz (→ 154,23), der in § 59 des ersten
Teils seiner *Theodicee* (→ 154,23), pp. 169-171, die
»Lehre von der vorherbestimmten Harmonie«
darstellt, p. 170. Leibniz verwendet den Ausdruck »l'Harmonie préétablie« in § 80 in *La monadologie* (1714), cf. *Opera philosophica* (→ 154,23),
Bd. 2, p. 711.

*2*22 23 **terminus medius**] lat., ›der mittlere Terminus‹
bzw. ›Mittelbegriff‹, d.h. der in beiden Prämissen eines Syllogismus vorkommende und daher
eine Verbindung zwischen ihnen herstellende
Terminus.

*2*23   1 **Ein gestrichener Passus ... Pfahl im Fleisch**] cf.
»Der Pfahl im Fleisch« in *Vier erbauliche Reden*,
Kph. 1844 (→ 222,8), *SKS* 5, 317-334 / *GW1,
4R44*, 35-55. Das Manuskript der Reden wurde
vermutlich von Mitte Juni bis Anfang August
1844 ausgearbeitet, cf. *SKS* K5, 303. Das fertige
Manuskript ging am 9. August an Bianco Lunos
Buchdruckerei, dem sechsten Jahrestag des To-
des von SKs Vater (→ 184,31), auf den auch das
Vorwort datiert ist, *SKS* 5, 289,4 / *GW1, 4R44*, 3.
Die Reden erschienen am 31. August 1844. »Der
Pfahl im Fleisch« ist eine Rede über II Kor 12,7
(NT-1819 »en Torn i Kiødet« [ein Stachel ins
Fleisch], frühere dän. Bibelübersetzungen »en
Pæl i Kiødet« [ein Pfahl ins Fleisch]). Über die
Bibelstelle schreibt SK in der Rede, dass sie von
vielen gelesen wurde, z.B. von dem Schriftge-
lehrten, dem eitel Besorgten, dem schwermüti-
gen Jüngling und erwähnt schließlich den »ein-
fältig Frommen«, der »zu vielen Malen es gele-

sen, doch niemals geglaubt [hat], es recht eigentlich zu verstehen, weil er gering dachte von
sich und seinen Leiden im Vergleich mit denen
eines Apostels«, *SKS* 5, 320,1-3 / *GW1, 4R44*, 38.
Hierauf folgt im Manuskript ein Passus, den SK
Zeile für Zeile mit Tinte durchgestrichen hat
und der im Großen und Ganzen mit der vorliegenden Aufzeichnung identisch ist, cf. *SKS* K5,
308f.

legitimieren] dän. »lyse i Hævd« vermutlich in   3   224
Anspielung auf dän. »at lyse i køn og kuld«,
womit der juridische Akt der Aufnahme, etwa
von ehelichen und außerehelichen Kindern, in
die Familie bezeichnet wird, cf. *Danske Lov*
(→ 160,1), 5. Buch, Kap. 2, § 70.

Fenelon's Lebensbeschreibungen ... p. 80 u. –   5   224
87 u.] cf. »*V. Lebens-Beschreibung. / Periander*« in
*Herrn von Fenelon weiland Erzbischofs und Herzogs
zu Cambray Kurze Lebens-Beschreibungen und
Lehr-Sätze der alten Welt-Weisen, in das Teutsche
übersetzt und mit Anmerckungen und Zusätzen ver-
mehret* von J. M. von Loen, Frankfurt und Leipzig 1748 [frz. 1697], Ktl. 486, pp. 78-91; p. 80
unten bis p. 87 unten, *SKS-E*. – **Periander:** oder
Periandros aus Korinth, Sohn des Kypselos, Tyrann von Korinth (ca. 625-585 v.Chr.). Fenelons
Erzählung von Periander geht später ein in SKs
zusammenfassende Übersetzung im Einlage-
stück »Zum Inwendiglernen« mit dem Unter-
abschnitt »Periander« (*SKS* 6, 301-305 / *GW1 SLW*
343-347) in »›Schuldig?‹ – ›Nicht-Schuldig?‹« in
Stadien auf des Lebens Weg (→ 247,4). In einem
Gliederungsentwurf zu den Einlagestücken verweist er bei den ersten sechs auf Journal JJ, während er beim siebten über Periander nicht auf
das Journal, sondern direkt auf Fenelon verweist: »7). cf. Fenelon Lebensbeschreibungen
und Lehrsätze der alten Weltweisen .. Perian-
ders Leben. gekennzeichnet in meinem Exem-
lar ab pp. 79ff.«, *Pap.* V B 124. Die vorhergehenden Seitenverweise auf JJ reichen von den Manuskriptseiten p. 13 (JJ:180) bis p. 121 (JJ:227),
weshalb nicht zu entscheiden ist, ob der Gliederungsentwurf vor oder nach JJ:239 entstanden
ist. – **Fenelon:** François de Salignac de la Mothe-
Fénelon (1651-1715), frz. Erzbischof und Schrift-

steller, der sich besonders auszeichnete als Er-
zieher des angehenden Königs, des Enkels Lud-
wigs XIV., des Herzogs von Burgund. Laut
Buchhändler Schubothes »Hoved-Journal« (cf.
Fund og Forskning Bd. 8, Kph. 1961, p. 125) erwarb SK am 20. Juni 1844 *Fr. de Salignac de la
Motte-Fénelons, sämmtliche Werke* Bd. 1-2, Leipzig
1781-1782, Ktl. 1912-1913, und laut Buchhändlerrechnung von Philipsen (KA, D pk. 7 læg 7) am
29. Juli 1844 *Fenelons Werke religiösen Inhalts*,
übers. von M. Claudius, Bd. 1-3 [Bd. 3 mit dem
Titel *Fenelon's Werke religiösen Inhalts nebst einem
Anhang aus dem Pascal*], »Neue Auflage«, Hamburg 1823 [1800-1811], Ktl. 1914.

224 **13** **mit Nichts oder ohne jegliche Voraussetzung
anfängt**] Hegel fordert in der Einleitung zur
Wissenschaft der Logik, dass die Logik mit »dem
reinen Sein« anzufangen habe, das sich jedoch
als mit »Nichts« identisch erweist, cf. *Wissenschaft der Logik*, hg. von L. von Henning, Bd.
1,1-2, Berlin 1833-1834 [1812-1816], Ktl. 552-554;
Bd. 1,1 (*Hegel's Werke* (→ 200,1), Bd. 3), pp. 59-74
(*Jub.* Bd. 4, pp. 69-84). Hegels dän. Schüler, J. L.
Heiberg (→ 178,15), machte den Gedanken, dass
das System mit Nichts anzufangen habe, zu einer Art Schlagwort; cf. z.B. die ersten acht Para-
graphen des Artikels »Det logiske System« in
seiner eigenen Zeitschrift *Perseus* (→ 200,1), Nr.
2, August 1838, pp. 1-45, und *Grundtræk til Philosophiens Philosophie, eller den speculative Logik*,
Kph. 1832, p. 11: »§ 26. Abstrahiert man von
jeder Bestimmung in *Allem* was notwendig ist,
um über alle Voraussetzungen hinauszukom-
men, und darin besteht das zum *Anfang* zu kommen, der das Abstrakt-Unmittelbare ist so bleibt
nur Eines übrig, von dem nicht weiter abstrahiert werden kann, weil es selbst ohne Voraussetzung und folglich das Abstrakt-Unmittelbare
oder der Anfang ist; und dieses Eine ist *Sein* im
Allgemeinen oder das abstrakte oder absolute
Sein, die äußerste Abstraktion von allem. / § 27.
Abstrahierte man auch davon, so nähme man
die äußerste (letzte) Abstraktion weg und folglich bliebe Nichts übrig. Aber da man davon
nicht abstrahieren *kann* (§ 26), so ist die äußerste
Abstraktion damit bereits vorgenommen und
Sein ist somit dasselbe wie *Nichts*«. SK verweist

bereits in *Aus eines noch Lebenden Papieren* (1838)
auf »Hegels große[n] Versuch, mit Nichts anzufangen« (*SKS* 1, 17,15 / *GW1 ES* 46) und in *Entweder – Oder* (1843) schreibt er, die Erfahrung
habe »gezeigt, dass es für die Philosophie keineswegs besonders schwierig ist, anzufangen.
Weit davon; sie fängt ja mit Nichts an und kann
mithin jederzeit anfangen« (*SKS* 2, 48,27-29 /
GW1 EO1, 42).

es viele Dinge ... erklärt hat] Ungefähr so **15**
drückt sich Hamlet gegenüber Horatio aus in
Shakespeares *Hamlet, Prince of Denmark,* 1. Akt,
5. Szene, cf. *Shakspeare's dramatische Werke* (→
189,21), Bd. 6, 1841, p. 35: »Es giebt mehr Ding'
im Himmel und auf Erden / Als eure Schulweisheit sich träumt, Horatio.« Cf. auch L. Hel-
wegs Kritik ›der deutschen Philosophie‹ in »Om
Tro og Viden. Et Forsøg til en Characteristik af
Nutidens Theologie« in *For Literatur og Kritik. Et
Fjerdingaarsskrift* Bd. 1, Odense 1843, pp. 20-67
und pp. 123-160; p. 54: »Wenn daher der systematische Denker die Aussagen des unmittelbaren Bewusstseins beleidigt und bestreitet, weil
sie nicht mit seinem System übereinstimmen
wollen, dann wendet sich der bessere Teil der
Menschheit von ihm ab mit Hamlets Wort bei
Shakespeare: / There are more things in heaven
and earth, Horatio, / than Ye have dreamt of in
your philosophy«.

Antwort: Bah!] cf. J. G. Hamann, der in einem **31** **224**
Brief vom 22. Januar 1785 an F. H. Jacobi über
den Zweifel, der in jemandes Herz aufkommen
kann, schreibt: »Es giebt Zweifel, die mit keinen
Gründen noch Antworten, sondern schlechterdings mit einem Bah! abgewiesen werden müssen, – so wie es Sorgen giebt, die durch Gelächter am Besten gehoben werden können«, *Jacobi's
Werke* (→ 161,5), Bd. 4,3, 1819, p. 34.

In dieser Zeit ... leiden konnte] Ab Mitte Juni **2** **225**
1844 arbeitete SK an *Vier erbauliche Reden,* die am
9. August in Satz gegeben wurden (cf. *SKS* K5,
303); ab Ende Juni arbeitete er außerdem am
Manuskript von »›In vino veritas‹« (→ 235,2),
doch Ende August 1844 geriet er ins Stocken
und scheint eine weniger produktive Periode

gehabt zu haben (cf. »Tekstredegørelse« zu *Stadier paa Livets Vei*, *SKS* K6, 45-48).

5   **einer Dame ... Schleier winkt**] konnte nicht
identifiziert werden. Cf. SKs Brief an A. F. Krieger nach seiner Rückkehr aus Berlin am 30. Mai
1843 (→ 180,26), in dem SK ebenfalls anspielt auf
»jenen Vers: eine Dame steht auf der Burg und
winkt mir mit ihrem Schleier«, *B&A* Bd. 1, p. 120
(Nr. 81) / *GW1 B* 117 (Nr. 56).

225 21 **Geistesschwäche ... Freiheit**] s. JJ:152 und
JJ:157.

226 5 **einem Engländer**] Die Quelle konnte nicht identifiziert werden.

226 21 **aller Wille ... nichts vermögen**] s. JJ:152 und
JJ:157.

226 25 **in diesem Geringen treu sein**] spielt an auf Lk
19,17, cf. Lk 19,11-27.

227 2 **M. Z.**] Mein Zuhörer! SKs bevorzugte Anrede-
formel in seinen erbaulichen Reden.

5 **den Friedhof**] d.h. Assistens Kirkegård im
Stadtviertel Nørrebro, ca. 1½ km außerhalb von
Nørreport. Der Friedhof wurde 1760 zur Entlas-
tung der überfüllten Friedhöfe innerhalb der
Stadtwälle angelegt, und noch zu SKs Zeit hatten die einzelnen Pfarren jeweils ihren abge-
grenzten Friedhof (oder Friedhöfe), teils auf
»Gamle Kirke G[aard]« (heute Abschnitt A) und
teils auf »Ny Assistens Kirkegaard« (heute Abschnitt B-G), (s. *Karte 5, A1*).

9 **das Gedächtnis des Gottesfürchtigen ist im Segen**] Eine solche Inschrift findet sich nicht auf
den erhaltenen Grabsteinen des Assistens Kirkegård; allerdings finden sich noch viele Inschriften mit annähernd derselben Bedeutung,
z.B. »DES GERECHTEN GEDÄCHTNIS BLEIBT IM SEGEN«
auf dem Grabmal des früheren Postkassierers
F. P. B. Mazar de la Garde (1750-1833) auf dem
deutsch-reformierten Friedhof des »Ny Assistens Kirkegaard« (heute registriert als Nr. D
565), cf. Prov 10,7.

11 **ein Grabmal ... im Brustbild dar**] Ein entsprechendes Grabmal konnte auf dem Assistens Kirkegård nicht identifiziert werden; da ein junges

Mädchen ohne Familie aber wohl kaum ein so
kostspieliges Grabmal erhalten hätte, bezieht
sich SK wahrscheinlich auf das von Sophie Vil-
helmine Caroline Bornemann (1767-1792), das
sich auf dem Friedhof der Trinitatis-Pfarre innerhalb des »Gamle Kirkegaard« wenige Meter
südwestlich von Schmettaus Grab (s. folgenden
Kommentar) befindet, heute registriert als Nr. A
292. Das Monument (1792-1794), entworfen von
dem dän. Bildhauer Dajon, ist ein freistehendes
Grabmal aus grauem Marmor auf Sockel und
Postament, gekrönt von einer Urne aus hellem
Marmor und mit einem Porträtmedaillon des
25-jährigen Mädchens in weißem Marmor. In
der Inschrift über dem Porträtmedaillon ge-
denkt ihrer (unter ihrem Mädchennamen) ihr
Witwer, Admiral J. N. Cornelius Krieger (1756-
1824), während sich die Inschrift unter dem
Porträt an den Friedhofsbesucher wendet:
»WANDERER / WENN DIR DIE TUCEND HEILIG IST /
DANN BETRETE DIESE STATTE MIT EHRERBIETUNG /
UND WENN DU GELIEBT HAST / DANN SCHENKE DIE-
SEM LIEBESANDENKEN EINE TRÄNE«.

Ein anderes Grab ... vergessen werden soll] 15
verweist auf Reichsgraf und Generalleutnant
G. W. C. Schmettau (1752-1823), dessen Grab auf
dem Pfarrfriedhof der Petri-Kirche innerhalb
des »Gamle Kirkegaard« heute als Nr. A 240 registriert ist. Das Grab war einst von einem Ge-
länder umgeben; das Grabmal wurde von dem
dän. Architekten G. F. Hetsch entworfen und
liegt an der alten Friedhofsmauer in nordwest-
licher Richtung, wo man in einer Nische die
Seite eines Sarkophags sieht, der eben ein
Schwert und einen griechischen Reiterhelm so-
wie eine dän. Aufschrift trägt: »VOM KÖNIG GE-
EHRT VON DEN SEINEN GELIEBT VON VIELEN VERMISST
/ IST HIER BEERDIGT / GOTTFRIED WILHELM CHRIS-
TIAN GRAF VON SCHMETTAU / GENERALLEUTNANT
KOMMANDEUR DER KÖNIGLICHEN LEIBGARDE ZU
PFERDE / KOMMANDEUR DES DANNEBROGORDENS /
ER WURDE GEBOREN AUF DEM GUT STACK IN MECK-
LENBURG SCHWERIN AM 12 JUNI 1752, / DAS ERSTE
MAL VERHEIRATET MIT ELISABETH ALEXANDRINE DE
HEMMERT DAS ZWEITE MAL MIT MARGRETHE WILHEL-
MINE VON STEMANN / AUS WELCH LETZTERER EHE
EIN SOHN IHN IN DER EWIGKEIT TRIFFT / ZWEI SÖHNE
UND DREI TÖCHTER BEWEINEN MIT DER MUTTER DEN

VERLUST EINES LIEBEN VATERS / ER STARB IN KOPEN-
HAGEN AM 27 APRIL 1823«.

227 24 **Goethe**] In *Aus meinem Leben. Dichtung und
Wahrheit* (1811-1833), das aus 20 Büchern in vier
Teilen besteht, schildert Goethe die ersten 25
Jahre seines Lebens, cf. *Goethe's Werke* Bd. 24-26,
1829, und Bd. 48, 1833. – **Goethe:** Johann Wolfgang von Goethe (1749-1832), dt. Dichter, Naturforscher, Theaterdirektor und Minister am Wei-
marer Hof. SK besaß *Goethe's Werke. Vollständige
Ausgabe letzter Hand* Bd. 1-60, Stuttgart und Tübingen 1828-42; Bd. 1-55, 1828-33, Ktl. 1641-1668
(*Goethe's Werke*). Diese Ausgabe erschien in zwei
Formaten: die Verweise hier gelten der Taschen-
ausgabe (16°), die mit SKs eigenen Verweisen
übereinstimmt, doch laut Rechnung von C. A.
Reitzels Buchhandel hat SK am 10. Februar 1836
außerdem die Oktavausgabe erworben (KA, D
pk. 8 læg 1).

25 **Defensor**] Anwalt, der dem Angeklagten in
Strafsachen als Verteidiger beigeordnet wird.

227m 6 **sie durch Dichten von sich entfernt**] Zitat aus
»Allerlei über die Ehe wider Einwände. Von einem Ehemann« in *Stadien auf des Lebens Weg*
(→ 247,4), *SKS* 6, 145,2 / *GW1 SLW* [162].

227 30 **die Richtigkeit ... in der wir leben**] bezieht
sich vermutlich auf »Vor Tids Bevægelser« [Die
Bewegungen unserer Zeit], einen anonymen Artikel in *Kjøbenhavnsposten*, 18. Mai 1844, Nr. 114,
pp. 453f., der (u.a. in Anspielung auf Grundtvig,
s. folgenden Kommentar) das Selbstbild der Zeit
bezweifelt: »Die gegenwärtige Zeit hat vor den
vorhergehenden das voraus, dass sie in einem
weit höheren Grad als diese Gegenstand ihrer
eigenen Aufmerksamkeit ist; dass sie die umfassendste, gründlichste Untersuchung ihre eigene
vermeintlich weltgeschichtliche Bestimmung
und Bedeutung für alle anderen Zeiten betreffend anstellt, so umfassend, dass sie keine Zeit
übrig hat, etwas zu unternehmen, das einen
würdigen Gegenstand für diese Reflexionen abgeben könnte. Gewöhnlich spricht man von Bewegungen, von bedeutungsvollem Kampf um
den Erwerb politischer Rechte, von wiederer-
wachtem Nationalgefühl, während sich all dies
bei genauerer Betrachtung in Dunst auflöst und

sich meist als leere Phrasendrescherei zu erkennen gibt«, p. 453.

Pastor Grundtvig] Nicolaj Frederik Severin 32
Grundtvig (1783-1872), der 1810 Aufsehen erregte, als er entgegen der Gewohnheit seine Abschlusspredigt vom Pastoralseminar veröffentlichte, wofür ihn das Konsistorium maßregelte,
cf. *Hvi er Herrens Ord forsvundet af hans Hus?*
[Warum ist das Wort des Herrn aus seinem Haus
verschwunden], Kph. 1810. Im Jahr darauf
wurde er Kaplan in Udby auf Seeland, wo sein
Vater Gemeindpfarrer war; als dieser 1813
starb, kehrte Grundtvig nach Kopenhagen zurück, wo er in verschiedenen Kirchen vor einer
beständigen Schar Zuhörer predigte. Wie bereits
in seiner Abschlusspredigt ging Grundtvig
scharf ins Gericht mit »Unglauben« und »falschen Lehrern«. Im Verein mit seinem emotio-
nalen Vortrag brachte ihm das den Vorwurf der
Schwärmerei und des Fanatismus ein; daher beschloss er 1815, seine Predigttätigkeit einzustel-
len und sich stattdessen seiner Schriftstellerei zu
widmen. In der Vorrede zu seiner *Udsigt over
Verdens-Krøniken fornemmelig i det Lutherske Tids-
rum*, Kph. 1817 (Ktl. 1970), erinnert er sich der
Mühsal im Kampf für seine Sache, »die ich, besonders in den letzten sieben Jahren, unter viel
Bedrängnis und Widerstand, ohne Partei, ohne
geringsten weltlichen Rückhalt, ohne einen einzigen Mithelfer, als eine Gewissens-Sache behandelt habe«, p. XXXIX. Trotz der Schwierigkeiten wolle er aber nicht verzagen: »Wer, wenn
er die Wahrheit liebt, würde sich nicht geißeln
lassen, wenn die Leute dadurch erwachen könnten!«, p. XLIII. 1821 wurde er vom König zum
Gemeindpfarrer in Præstø auf Seeland ernannt,
doch schon im Jahr darauf kehrte er wieder in
die Hauptstadt zurück, diesmal um ein Amt als
Kaplan an der Vor Frelsers Kirche im Stadtteil
Chistianshavn anzutreten; die Predigten, die er
dort hielt, veröffentlichte er als *Christelige Prædikener eller Søndags-Bog* Bd. 1-3, Kph. 1827-1830,
Ktl. 222-224. Als H. N. Clausen 1825 *Catholicis-
mens og Protestantismens Kirkeforfatning, Lære og
Ritus* veröffentlichte, bezichtigte Grundtvig ihn
der Irrlehre und des Rationalismus, und zwar in
*Kirkens Gjenmæle mod Professor Theologiæ Dr.
H. N. Clausen* [Der Einspruch der Kirche gegen

den Professor der Theologie, Dr. H. N. Clausen],
Kph. 1825, was den so genannten ›Kirchen-
kampf‹ veranlasste. Clausen verklagte ihn wegen Ehrenbeleidigung und Grundtvig legte
selbst sein Amt nieder, wurde aber 1826 zu einer
Geldstrafe verurteilt sowie der lebenslangen
Zensur unterstellt (aufgehoben 1838). Als Reaktion auf das Urteil plädierte Grundtvig nun für
die Bildung freier Pfarrgemeinden außerhalb
der Dänischen Staatskirche, cf. »Om Religions-
Frihed« [Über die Religionsfreiheit] in *Theologisk
Maanedsskrift*, hg. von N. F. S. Grundtvig und
A. G. Rudelbach, Bd. 1-13, Kph. 1825-1828, Ktl.
346-351; Bd. 8, 1827, pp. 28-59 und pp. 136-171.
1834 erhob Grundtvig jedoch eine Forderung
nach dogmatischer und liturgischer Freiheit des
Pfarrers innerhalb der Dänischen Staatskirche
im Zusammenhang mit einer Auflösung des Pa-
rochialverbandes, wodurch jeder Bürger berechtigt wäre, sich formell einem anderen Pfarrer als
dem des Wohnsitzes anzuschließen, cf. *Den
Danske Stats-Kirke upartisk betragtet*, Kph. 1834.
Ab 1832 war es Grundtvig gestattet, im Abendgottesdienst in der Frederikskirche (heute Chris-
tianskirche) in Christianshavn zu predigen; am
28. Mai 1839 wurde er zum Pfarrer an der Vartov Hospitalskirche (s. *Karte 2, A2*) ernannt, wo
er bis zu seinem Tod blieb, cf. SKs charakteristische Journalaufzeichnung EE:165 in diesem
Band, die auf den 26. August 1839 datiert ist. –
Laut Rechnung von Philipsen (KA, D pk. 7 læg
7) erwarb SK am Tag des Erscheinens, dem 13.
Juli 1844, *Skovhornets Klang mellem Skamlings-
Bankerne*, Kph. 1844, Ktl. U 45, d.h. Grundtvigs
Reden und Lieder beim so genannten »Skam-
lingsbankefest« am 4. Juli, über das *Kjøbenhavnsposten* vom 6. Juli (Nr. 155) u.a. schreibt:
»*Grundtvig* etwa soll einen Vortrag gehalten ha-
ben, der eineinviertel Stunden dauerte«.

33 **Archimedes ... einen festen Punkt ... Erde zu
bewegen**] Dem gr. Mathematiker, Physiker und
Erfinder Archimedes (287-212 v.Chr.) von Syrakus auf Sizilien wird die Bemerkung zugeschrieben: »Gib mir eine Stelle, um zu stehen, und ich
werde die Erde bewegen.« Cf. Plutarchs Marcel-
lus-Biographie, Kap. 14,7, in *Vitae parallelae*: »Unterdessen schrieb jedoch Archimedes an König
Hiero, seinen Verwandten und Freund, dass

man mittels einer gegebenen Kraft imstande sei,
jede beliebige Last zu bewegen; ja, er soll sogar,
in übertriebenem Vertrauen auf die Kraft seines
Beweises, behauptet haben, er könne unsere
Erde selbst bewegen, sofern ihm unterdessen
eine andere Erde zur Verfügung stünde, um auf
sie hinüberzutreten«, *Plutark's Levnetsbeskrivelser* (→ 162,2), Bd. 3, p. 272.

biernordischen Kämpen] dän. »ølnordiske   7   228
Kæmpe«, Wortspiel auf »oldnordisk«, ›altnor-
disch‹, aber auch ›hoffnungslos veraltet‹. Bereits
von Beginn seiner schriftstellerischen Tätigkeit
an beschwor Grundtvig eine angebliche altnordische Heldenzeit und deren Kampf- und Hel-
dengeist, um zum Kampf für die angeblich bedrohten nordischen Muttersprachen aufzurufen, cf. z.B. Grundtvig *Om Nordens Historiske Forhold. Tale den 20de October 1843 i det Skandinaviske
Selskab*, Kph. 1843, Ktl. U 44, p. 8: »nun, da alle
Volks-Geister erwachen und ihr Bestes geben
wollen, nun muss der kräftigste und histo-
rischste von ihnen allen, der ›Kampf- (Riesen-,
Helden-) Geist des Nordens‹, notgedrungen
volkhafte Wunderwerke tun, nun muss die
Stunde gekommen sein, die große Stunde, die
uns nicht nur den herrlichen Zusammenhang
unseres Volkslebens mit dem des ganzen Men-
schen-Geschlechts zeigen soll, sondern auch
eine Zukunft gebären, die der Vergangenheit
würdig ist, den Letzten schenken, was die Ersten säten, und in den Söhnen verklären, was die
Väter ins Werk setzten«. Im Winter 1843/44 hielt
Grundtvig eine Reihe von Vorträgen über griechische und nordische Mythologie (→ 238,9).

alles unter Sünde zu legen] verweist vermut-   14   228
lich auf die Epistel des 13. Sonntags nach Trinitatis (1. September 1844), Gal 3,15-22, cf. v. 22.

**jeder Gott gegenüber Rechenschaft über sich   24   228
abzulegen hat**] Anspielung auf Röm 14,12.

**Die Zeitschrift Politivennen schreibt dieses   1   229m
Wort: heulsterisch**] cf. »En Dame af Bonton« in
Politievennen, 16. August 1844, Nr. 1494, pp. 518-
526, wo es anlässlich der Koketterie der jungen
Dame mit ›dem guten Ton‹ im gesellschaftlichen
Leben Kopenhagens heißt, dass sie zuhause

»hylsterisk« [dän., Vermischung von »hysterisk« [hysterisch] und »hyle« [heulen]] ist, p. 524. – **Politivennen:** Kopenhagener Wochenschrift, gegründet 1798 mit der Absicht, durch Beanstandung der Schwächen in öffentlicher Verwaltung und bürgerlichem Privatleben die Sittlichkeit zu fördern, 1844 redigiert vom Literaten L. M. d'Olin Hallberg.

229   5 **Gelegenheitsreden**] allg. Bezeichnung für die kirchlichen Reden, die ein Pfarrer bei einer Konfirmation, einer Hochzeit, einem Begräbnis (Toten- und Grabreden) oder einer Beichte (Beichtreden) hält, wie auch für solche kirchlichen Reden, wie sie von einem Propst anlässlich der Einsetzung von Pfarrern und von einem Bischof anlässlich der Ordination von Pfarrern, Bischöfen oder auch bei einer Kircheneinweihung gehalten werden. Gelegentlich wird die Bezeichnung auch in einer weiteren Bedeutung gefasst: so finden sich in J. P. Mynsters *Kirkelige Leiligheds-Taler* [Kirchliche Gelegenheitsreden], hg. von F. J. Mynster, Bd. 1-2, Kph. 1854, auch Antritts- und Abschiedspredigten, Predigten zu besonderen Anlässen wie z.B. kirchlichen Jubiläumsfesten, zu politischen Begebenheiten sowie Trauerreden anlässlich der Beisetzung von Königen und Königinnen. Es war nicht ungewöhnlich, dass Pfarrer und Bischöfe solche Gelegenheitsreden publizierten, cf. z.B. *Kirkelige Leilighedstaler, af danske Prædikanter*, hg. von G. P. Brammer, Bd. 1-2, Kph. 1832-1834. Cf. auch *For huuslig Andagt. Et Ugeskrivt*, hg. von C. H. Visby, 2. u. 3. Jg., Kph. 1839-1840, Ktl. 370-371, worin sich eine Reihe von Beicht-, Braut- und Grabreden findet. Cf. ferner J. P. Mynster *Taler ved Præste-Vielse* Bd. 1-3, Kph. 1840-1851, Ktl. 235-236, und P. J. Spang *Prædikener og Leilighedstaler*, Kph. 1847, Ktl. 243.

6 **erbaulicher Reden ... od. Grabreden**] Nach dem Erscheinen von *Vier erbauliche Reden* (→ 222,8) am 31. August 1844 veröffentlichte SK keine erbaulichen Reden mehr bis zur Publikation von *Erbauliche Reden in verschiedenem Geist*, Kph. 1847; stattdessen publizierte er am 29. April 1845 *Drei Reden bei gedachten Gelegenheiten* mit den Titeln »Anlässlich einer Beichte«, »Anlässlich einer Trauung« und »An einem Grabe«, cf. *SKS* 5, 383-469 / *GW1 DRG* 111-205.

zweite Ehe] Zu SKs Zeit wurde das Eingehen   15   229 einer neuen Ehe nach einer Scheidung im Allgemeinen als anstößig angesehen, jedoch waren sowohl die Scheidung wie auch die Trauung von Geschiedenen unter gewissen Bedingungen gestattet, vgl. *Danske Lov* (→ 160,1), 3. Buch, Kap. 16, § 15.

Kirchengebet] bezieht sich auf »Collecter,   30   229 Epistler og Evangelier paa Søn- og Helligdagene i det ganske Aar, og vor Herres Jesu Christi Lidelses Historie, dernæst Bønner for og efter Gudstienesten og aarlige Kirke-Bønner, samt Morgen- og Aftenbønner« [Fürbitten, Epistel und Evangelien für die Sonn- und Feiertage des ganzen Jahres, und Leidensgeschichte unseres Herrn Jesus Christus, ferner Gebete für den und nach dem Gottesdienst und alljährliche Kirchen-Gebete, nebst Morgen- und Abendgebete] im offiziellen Gesangbuch, cf. *Evangelisk-kristelig Psalmebog, til Brug ved Kirke- og Huus-Andagt* [Evangelisch-christliches Gesangbuch, zum Gebrauch bei Kirch- und Hausandacht], Kph. 1823, Ktl. 196, pp. 483-672.

das eine, was Not tut, wählen zu sehen] cf. Lk   6   230 10,41-42.

Zeitliche mit dem Ewigen vertauschen] dän.   12   230 »at omskifte det Timelige med det Evige«, dän. Redewendung, u.a. verzeichnet in C. Molbech *Dansk Ordbog* Bd. 1-2, Kph. 1833, Ktl. 1032; Bd. 2, p. 114.

das Identitäts-Prinzip] eines der drei Grund-   17   230 prinzipien der klassischen Logik. Das Identitätsprinzip besagt, dass jedwede logische Größe restlos mit sich selbst identisch ist. Der Begründer der klassischen Logik, Aristoteles, setzt dieses Prinzip voraus, ohne es jedoch zu formulieren; dagegen definiert er in der *Metaphysik* die zwei anderen Grundprinzipien, nämlich das Prinzip des Widerspruchs (1005 b 19) und das Prinzip des ausgeschlossenen Dritten (1011 b 23). In seiner Revision der klassischen Logik verwirft Hegel das Identitätsprinzip als eine leere Tautologie und versteht Identität als Gleichheit mit sich selbst, die den Unterschied in sich trägt, cf. *Wissenschaft der Logik* (→ 224,13), Bd. 1,2, in

Hegel's Werke (→ 200,*1*), Bd. 4, pp. 30-37 (*Jub.* Bd. 4, pp. 510-515).

18 **das Kontradiktionsprinzip**] oder der Satz vom Widerspruch besagt, dass es unmöglich ist, dass dasselbe demselben in derselben Hinsicht zugleich zukomme und nicht zukomme. Aristoteles bezeichnet diesen Grundsatz in der *Metaphysik* (1005b 17-20) als den gewissesten Grundsatz. Jede Beweisführung setze ihn voraus, weshalb er selbst nicht direkt bewiesen werden könne; allerdings könne jeder Versuch, dessen Gültigkeit zu leugnen, widerlegt werden. In der spekulativen Philosophie, insbesondere der Hegels, wird das Kontradiktionsprinzip ›aufgehoben‹: Für Hegel ist der Widerspruch das logische Entwicklungsprinzip in Allem; so entwickelt sich jede Position zu ihrem Gegensatz in einem dialektischen Prozess, der zu einer höheren Vereinigung von Identität und Differenz führt, cf. *Wissenschaft der Logik* Bd. 1,2 (*Hegel's Werke* Bd. 4), pp. 57-73 (*Jub.* Bd. 4, pp. 535-551) und *Encyclopädie der philosophischen Wissenschaften im Grundrisse*, 3. Aufl., Heidelberg 1830 [1817], § 119, pp. 129-132. Hegels Lehre von der Aufhebung des Widerspruchsprinzips gab in Dänemark Anlass zu einer intensiven Debatte, in der z.B. J. L. Heiberg und H.L Martensen Hegel folgten, während z.B. J. P. Mynster und F. C. Sibbern die Allgemeingültigkeit des Prinzips verteidigten.

21 **die Linie, die der Zeichner den Grund nennt**] bezieht sich vielleicht auf die Linie, mit welcher ein Zeichner auf geometrische Weise den ›Horizont‹ in seiner Zeichnung markiert, um die Perspektive überzeugend darstellen zu können, cf. z.B. C. W. Eckersberg *Linearperspectiven, anvendt paa Malerkunsten, en Række af perspectiviske Studier*, Kph. 1841.

231 8 **Die Dialektik des Anfangs**] → 224,*13*.

11 **kein voraussetzungsloses Anfangen ... von allem abstrahiere**] cf. die Kritik an Hegels ›voraussetzungslosem Anfang‹ (→ 224,*13*) in F. A. Trendelenburg *Logische Untersuchungen* (→ 232,*20*), Bd. 1, Kap. 2, »Die dialektische Methode«, pp. 23-99: »Wir fragen zuerst: giebt es einen solchen voraussetzungslosen Anfang der Logik, in welchem das Denken nichts hat als

sich selbst und alles Bild und alle Anschauung dergestalt verschmäht, daß es den Namen des reinen Denkens verdient?« Trendelenburg merkt an, dass Hegel mit dem reinen Sein anfangen will, welches er mit der reinen Abstraktion identifiziert; er wendet dagegen jedoch ein: »um zu abstrahiren, muß etwas vorausgesetzt sein, von dem man abstrahirt«, p. 24.

Wie Nebukadnezar ... ich geträumt habe] s. Dan 2. 20 231

das zweite Examen] eigentl. *Examen philosophicum*, die Prüfung im allgemeinen Grundwissen, die Studierende der Universität Kopenhagen ein Jahr nach ihrer Immatrikulation ablegen mussten. Dieses Examen war das zweite der beiden so genannten ›akademischen Examen‹; das erste, das *Examen artium*, eröffnete den Zugang zur Universität. Erst nach bestandenem zweiten Examen war den Studierenden eine Anmeldung zum Staatsexamen im Rahmen des von ihnen gewählten Hauptstudiums möglich, z.B. an der Philosophischen Fakultät. Cf. Kap. 3 in *Nye Fundation og Anordning for Kiøbenhavns Universitet* vom 7. Mai 1788. 29 231

Hegel ... Logik ... im Vorwort] cf. »Vorrede zur ersten Ausgabe« [1812] und »Vorrede zur zweiten Ausgabe« [1831] in Hegel *Wissenschaft der Logik* (→ 234,*13*), Bd. 1,1 (*Hegel's Werke* (→ 200,*1*), Bd. 3), pp. 3-9 bzw. pp. 10-25 (*Jub.* Bd. 4, pp. 13-19 bzw. pp. 20-35). In der ersten Vorrede schreibt Hegel über die Logik, dass deren Inhalt die Form ist, die das Bewusstsein seinem Gegenstand gibt; in der zweiten Vorrede verschärft er diese Behauptung, indem er vom Menschen behauptet, dass dessen Wesen der logische Gedanke ist, wie er sich in der Sprache entfaltet; »so sehr natürlich ist ihm das Logische, oder vielmehr dasselbige ist seine eigenthümliche *Natur* selbst«, p. 11 (*Jub.* Bd. 4, p. 21). – **Hegel**: → 200,*1*. 14 232

Die obersten Prinzipien ... indirekt (negativ) beweisen] bezieht sich auf Axiome, wie z.B. den Satz vom Widerspruch, cf. z.B. *Metaphysik* (1005b 17-25) und *Analytica Posteriora* (72b 18). 20 232

Cf. J. P. Mynster »Bemærkninger om den Konst at prædike« (1810, nochmals 1812 u.ö.): »soviel ist gewiss, dass, wenn auch alles andere bewiesen werden kann [. . .]: die primitive Wahrheit, das oberste Prinzip, von dem jegliche Wahrheit ausgeht, kann es nicht«, hier übersetzt aus *Blandede Skrivter af Dr. J. P. Mynster* Bd. 1-6, Kph. 1852-1857, Bd. 1, Ktl. 358, pp. 81-129; p. 95, cf. ferner p. 101.

21 **Diesen Gedanken ... bei Trendlenburg in logische Untersuchungen]** F. A. Trendlenburg (→ 161,15) *Logische Untersuchungen* Bd. 1-2, Berlin 1840, Ktl. 843, besonders in Bd. 2, Abschnitt »XVIII. Der indirecte Beweis«, pp. 320-331. Cf. ferner das Schlusskapitel »XX. Das Unbedingte und die Idee«, Bd. 2, pp. 337-362; pp. 338f.: »Es ist bereits oben gezeigt worden [In der Anm. wird auf Abschnitt XVIII verwiesen], daß die Principien als Principien keinen directen Beweis, sondern nur eine indirecte Begründung zulassen. Dieser Fall tritt hier mit verdoppelter Macht ein. Denn das Unbedingte ist das Ursprüngliche, es hat nichts *vor* sich, woraus es erkannt werden kann, wie etwa der Kreis die Bewegung und den Radius vor sich hat, woraus er als aus seinen Gründen erkannt wird. [. . .] Wollen wir nun aber das Absolute denken, mit welchen Bestimmungen sollen wir es denken? [. . .] Wir haben kein Recht Raum und Zeit, Quantität und Qualität, Substanz und Accidenz, Wirkung und Wechselwirkung, wie sie uns aus der erzeugenden Bewegung herflossen, jenseits / dieses endlichen Gebietes auszudehnen. Wir strecken an dieser Grenze die Waffen unsers endlichen Erkennens.«

26 **den Schlussfiguren]** eine formale Figur (Modell), die in einem Syllogismus das Verhältnis zwischen dem Prädikat (P) und dem Mittelbegriff (M) im Obersatz (1. Prämisse), dem Mittelbegriff (M) und dem Subjekt (S) im Untersatz (2. Prämisse) und dem Subjekt (S) und dem Prädikat (P) in der Schlussfolgerung veranschaulicht. Die klassische Logik arbeitet mit vier Figuren, Aristoteles jedoch nur mit drei, cf. z.B. F. A. Trendlenburg *Logische Untersuchungen* Bd. 2, p. 233. In der Buchstabennotation wird der Modus der Figur angegeben, d.h. ob die Urteile in den drei Gliedern des Syllogismus entweder ein all-

gemein bejahendes Urteil (A), ein partikulär bejahendes Urteil (I), ein allgemein verneinendes Urteil (E) oder ein partikulär verneinendes Urteil (O) sind.

Trendlenburg ... p. 58] F. A. Trendlenburg *Er-*   28 *läuterungen zu den Elementen der aristotelischen Logik*, Berlin 1842, Ktl. 845, p. 58: »In den Schlußfiguren hat die Möglichkeit, verneinend zu schließen, über die Bejahung ein großes Uebergewicht.«

Analogie und Induktion] Formen der Schluss-   30 folgerung in der informellen Logik, der Wissenschafts- und der Argumentationstheorie. Weder die Analogie noch die Induktion sind logisch zwingende Schlussfolgerungen, da man ohne Selbstwiderspruch Prämissen geltend machen und Konklusionen verneinen kann; »so entflieht die Induction und Analogie den Schranken der formalen Logik«, F. A. Trendlenburg *Logische Untersuchungen* Bd. 1, p. 18. Die Analogie ist ein Schluss daraus, dass alle Subjekte, die in einer gewissen Art und Weise einen oder mehrere gemeinsame Züge haben, darauf, dass sie auch darüber hinaus einen oder mehrere weitere gemeinsame Züge haben. Die Induktion ist ein Schluss daraus, dass einige Subjekte *einer* Art gewisse gemeinsame Züge haben, darauf, dass alle sie haben. Auf diese Weise sind sowohl die Analogie wie die Induktion Schlüsse vom Besonderen aufs Allgemeine.

Jegliches andere Schließen ist wesentlich   32 Identität] bezeichnet ein analytisches Urteil (Tautologie), d.h. ein prädikatives Urteil, welches durch den Begriff des Subjekts vorgegeben ist, z.B. ›der Mensch ist ein lebendiges Wesen‹. »Will die Logik durch das Princip der Einstimmung [d.h. das Identitätsprinzip → 220,17] das s.[o] g.[enannte] synthetische Urtheil begründen, so liegt nach dem Vorangehenden diese Begründung außerhalb des von ihr abgesteckten Kreises. Sie kann von ihrem Standpuncte aus nur die s. g. analytischen Urtheile anerkennen.«, Trendlenburg *Logische Untersuchungen* Bd. 1, p. 14.

Trendlenburg elementa p. 15 u. und 16 o.] F. A.   1 232m Trendlenburg *Elementa logices Aristotelicae*, 2. Aufl., Berlin 1842 [1836], Ktl. 844, § 50, pp. 15f.; *SKS-E.* Die dort angeführten gr. Zitate lauten in der Übersetzung Trendelenburgs: »Wahr und zuerst ist das, was nicht durch Anderes, sondern durch sich selbst Gewißheit hat; denn in den Ursprüngen der Wissenschaften muß man nicht nach dem Warum und Woher forschen, sondern jeder Ursprung muß selbst an und für sich gewiß sein. [Aristoteles *Topik,* 1. Buch, Kap. 1, 100a 30 – 100b 21] / Es ist aber nothwendig auf doppelte Weise voranzuerkennen; denn bei einigen Begriffen muß man vorher die Wirklichkeit annehmen, bei andern vorher verstehen, was das Wort bedeute, bei andern beides; z.B. von dem Satze, alles sei wahr entweder zu bejahen oder zu verneinen, muß man die Wirklichkeit annehmen, daß es so ist, von dem Dreieck, daß es das Bestimmte bezeichnet, von der Einheit beides, sowol was sie bezeichnet, als auch daß sie ist. [Aristoteles *Analytica Posteriora,* 1. Buch, Kap. 1, 71a 11-16].« Trendelenburgs Übersetzung wurde hier übernommen aus *Erläuterungen zu den Elementen der aristotelischen Logik* (→ 232,*28*), p. 97.

33 4 **Aristoteles**] → 152*m*,6.
    6 **Trendlenburg Erlaüterungen ... § 51**] A. Trendelenburg *Erläuterungen zu den Elementen der aristotelischen Logik* (→ 232,*28*), p. 109. In seinem Kommentar zu § 59 in *Elementa logices Aristotelicae* (→ 232*m*,*1*) schreibt Trendelenburg: »Aus den vorangehenden Paragraphen kann man an die allgemeine Bestimmung des Terminus (§. 22.) und seine Arten (§. 24. ff.), an die allgemeine Bestimmung des Syllogismus (§. 20. ff.) und die aus dem verschiedenen Zwecke entspringenden Arten desselben (§. 33.), endlich an das Unmittelbare in der doppelten aristotelischen Bedeutung (§. 51.) erinnern.« – **§ 51**: cf. § 51 in *Elementa logices Aristotelicae,* p. 16; *SKS-E.* Die dort angeführten gr. Zitate lauten in der Übersetzung Trendelenburgs: »Wir behaupten (hiernach), daß nicht jede Erkenntniß am Beweise Theil habe, sondern die Erkenntniß des Unmittelbaren unbeweisbar sei. Und offenbar ist dieses nothwendig. Denn wenn es nothwendig ist, das Frühere zu erkennen und das, woraus der Beweis entspringt, irgendwann aber das Unmittelbare eintritt: so muß dies nothwendig unbeweisbar sein. Dies behaupten wir so, daß es nicht

bloß eine Erkenntniß, sondern auch ein Princip einer Erkenntniß gebe, wodurch wir die Termini erkennen. [Aristoteles *Analytica Posteriora,* 1. Buch, Kap. 3, 72b 18-25] / Man muß nothwendig das Erste, entweder das Gesammte oder doch einiges, nicht bloß voran, sondern auch mehr erkennen; denn das ist immer mehr (in einem höhern Sinne), um dessen willen das Einzelne ist, z.B. ist uns das, um dessen willen wir lieben, mehr (und in einem höhern Sinne) lieb. Wenn wir daher um des Ersten willen wissen und glauben, so wissen und glauben wir jenes noch mehr, weil wir um seinetwillen des Folgenden gewiß sind. [Aristoteles *Analytica Posteriora,* 1. Buch, Kap. 2, 72a 27-32]«. Trendelenburgs Übersetzung wurde hier übernommen aus *Erläuterungen zu den Elementen der aristotelischen Logik,* p. 97.
In der hegelschen ... des Sinnlichen] → 200,*1*. 7
– **subrept**: lat., ›durch Erschleichung‹. – **des Sinnlichen**: verweist vielleicht auf die sinnliche Anschauung als Organ unmittelbarer Erkenntnis (im Gegensatz zur Reflexion und begrifflichen Erkenntnis).

Preciosa ... Zigeunerin dies sagt] bezieht sich 14 233 auf eine Replik der Zigeunerin Viarda in der dän. Übersetzung des Singspiels *Preciosa* (1821) des dt. Autors P. A. Wolff, 2. Akt: »Ja, in jedem Dorf beinah' / Sind wir gewesen; überall, / Das wissen wir, sind die Menschen gleich; / Ist man schon mal irgendwo gewesen, / Darf man dorthin nicht zurück.«, *Preciosa. Lyrisk Drama af Wolff. Med Musik af C. M. v. Weber,* übers. von C. J. Boye, Kph. 1822, p. 25. In der Zeit vom 29. Oktober 1822 bis zum 26. November 1843 wurde *Preciosa* am Königlichen Theater in Kopenhagen 72 Mal aufgeführt.

Tordenskjold ... Truppen hinterging] bezieht 17 233 sich auf die in Dänemark bekannte Geschichte des als Tordenskjold geadelten Peder Vessel (1691-1720), der im Jahre 1719 die schwedische Hafenstadt Marstrand eroberte, indem er als erster die starke Festung Karlsteen zur Übergabe zwang: »Hierbei wandte er ebenso viel List wie Tapferkeit an; denn da er Schwedisch sprach wie ein Einheimischer, ging er zunächst als Fischer verkleidet umher, sowohl in der Stadt, auf der Festung und in der feindlichen Flotte und bot einige Fische zu einem sehr hohen Preis feil, um alles umso besser ausspionieren zu können. Danach verbreitete er das Gerücht, dass 20.000 Mann zu seinem Entsatz auf dem Marsch seien. Als der Kommandant der Festung einen Offizier in die Stadt schickte, um zu sehen, wie groß die dänische Kriegsmacht sei, machte Tordenskjold den Offizier betrunken und ließ dieselben Leute in verschiedenen Gassen Aufstellung nehmen«, E. Munthe *De vigtigste indenlandske Tildragelser, og de mærkeligste danske og norske Personers Levnetsbeskrivelser fra de ældste Tider til vore Dage*, 6. Ausg., Kph. 1837 [1806], Ktl. 2012, pp. 225f.

21   **zur Neujahrszeit ... durch die Gassen**] → 202,1.

30   **dies ist es, was die Zeit fordert**] eine der von J. L. Heiberg (→ 178,15) häufig gebrauchten Wendungen, cf. z.B. *Om Philosophiens Betydning for den nuværende Tid* (→ 200,12), wo er ausführt, dass Philosophie eben das sei, was die Bildung und die Zeit fordere, pp. 52f.: »so ist es jetzt, wo die Forderung der Zeit sich mehr und mehr geltend macht, genau diese Bestrebung, der sich unsere Tätigkeit besonders zuwenden muss. Der Autor der vorliegenden Schrift hegt zum Mindesten die Hoffnung, dass er jetzt so weit gekommen ist, dass er [...] eine für alle *Gebildeten* fassliche *Einleitung in die Philosophie* vorlegen kann.«

32   **neues Gesangbuch**] Der Wunsch nach einem neuen Gesangbuch wurde erstmals 1840 auf der Ständeversammlung (→ 307,30) in Viborg geäußert. Mit Beschluss vom 25. Juni 1842 teilten die Behörden jedoch mit, dass sie lediglich einen Anhang zu dem im Jahre 1798 autorisierten *Evangelisk-kristelig Psalmebog* (→ 229,30) guthießen. Im folgenden Jahr erschien J. P. Mynster (→ 170,6) *Udkast til et Tillæg til den evangelisk-christelige Psalmebog (Foreløbig udgivet som Prøve)*, Kph. 1843. Im selben Jahr organisierten sich jedoch die Pfarrer der Hauptstadt sowie die an der Universität ansässigen Theologen in *Kjøbenhavns geistlige Convent* [Kopenhagens geistlicher Konvent] und empfahlen in einer Eingabe an die Königliche Dänische Kanzlei vom 1. Mai 1844 ein völlig neues Gesangbuch. Cf. »Beretning om Kjøbenhavns geistlige Convents For-

handlinger« in *Theologisk Tidsskrift*, hg. von Scharling und Engelstoft, Bd. 8 (1844; Neue Reihe, Bd. 2), pp. 320-358; vor allem p. 350. Die Eingabe findet sich im 2. Heft des Bandes, dessen Erscheinen am 26. August 1844 in *Adresseavisen* (→ 173,1), Nr. 200 angekündigt wurde.

Heiberg glaubt, es sei Astronomie] bezieht sich   1   23⁴
auf Heibergs damals allgemein bekanntes Interesse an der Astronomie, das u.a. in dem Artikel »Stjernehimlen« [Der Sternenhimmel] in *Intelligensblade* Nr. 14 vom 1. Oktober 1842 zum Ausdruck kommt, in dem er schreibt, dass »wenn die Astronomie als ein im Grunde unentbehrliches Element der allgemeinen Bildung empfohlen wird, so kann das nur bedeuten, dass dieses Element eine nützliche Verbindung mit den anderen eingehen soll, oder ihnen gleichsam ein notwendiges Supplement zuführen soll«, *Intelligensblade* (→ 199,30), Bd. 2, pp. 45f. Im Dezember 1843 gab Heiberg den ersten Jg. (1844) seines Jahrbuchs *Urania* (Ktl. U 57) heraus, für das er selbst folgende Artikel verfasste: »Stjerne-Calender for 1844, til Orientering i Himmellegemernes Bevægelser og Stillinger« und »Det astronomiske Aar«. Kurz danach vermerkte SK auf einem losen Blatt Papier: der »einzige Unterschied, der zwischen uns [scil. SK und Heiberg] ist, besteht hinsichtlich der Meinung darüber, was die Forderung der Zeit ist. Prof. H. meint, dass dies Astronomie sei« (*Pap.* IV B 101, p. 255). In *Vorworte* (→ 220,18) bietet das vierte Vorwort eine Satire über Heibergs Interesse an der Astronomie, cf. *SKS* 4, 486-488 / *GW1* V 195-198.

Dies drückten ... der Tod war] cf. Ex 33,20; cf.   12   23⁴
auch Jdc 13,22.

das Wunder zu sehen ... aus dem Weg gehen]   14
cf. z.B. *Furcht und Zittern* (→ 189,16): »aber seinen Verstand verlieren können und mit ihm die ganze Endlichkeit, deren Wechselmakler er ist, und dann kraft des Absurden eben diese Endlichkeit gerade gewinnen, das entsetzt meine Seele, aber darum sage ich doch nicht, dass es etwas Geringes sei, da es im Gegenteil das einzige Wunder ist«, *SKS* 4, 131,19 / *GW1* FZ 34.

Allmählich ... vom Paradox gesprochen] cf.   18   23⁴
z.B. *Furcht und Zittern* (→ 189,16) oder *Philoso-*

phische Brocken. Letzteres Werk erschien am 13. Juni 1844 und wurde im selben Jahr nicht rezensiert. In einer Rezension von *Furcht und Zittern* in der *Theologisk Tidsskrift* Bd. 8 (→ 209,15) hob der Rezensent jedoch kritisch die im Werk zu beobachtende »Tendenz zum Paradoxen« (p. 192) hervor.

20 εὐδοξον] gr., ›angesehene Meinung, wahrscheinliche Ansicht‹; etwas, das innerhalb der *doxa*, der gewöhnlichen Meinung liegt, im Gegensatz zum Paradox, das außerhalb ihrer liegt oder ihr gar entgegensteht.

234   26 **Der Sophist Gorgias ... hellenischen Dichtkunst**] SK zitiert mit leicht abweichender Interpunktion und Orthographie aus H. T. Rötscher *Die Kunst der dramatischen Darstellung. In ihrem organischen Zusammenhange wissenschaftlich entwickelt*, Berlin 1841, Ktl. 1391 (als zweiter Teil von *Die Kunst der dramatischen Darstellung* publizierte Rötscher den *Cyclus dramatischer Charaktere* Bd. 1-2, Berlin 1844-1846, Ktl. 1802-1803), p. 20, Anmerkung. Rötscher führt den gr. Philosophen, Sophisten und Rhetoriker Gorgias von Leontinoi (ca. 480 - ca. 380 v.Chr.) als Urheber des Diktums an und verweist als seine eigene Quelle auf ein Werk des dt. Bibliothekars Georg Heinrich Bode (1802-1846), *Geschichte der Hellenischen Dichtkunst* Bd. 1-3 [Bd. 2 und 3 liegen in zwei Teilen mit jeweils eigener Paginierung vor], Leipzig 1838-1840; Bd. 3,1, 1839, p. 50. Der Spruch des Gorgias wurde überliefert in Plutarch *De gloria Atheniensum* 348c; er wird von SK mehrmals erwähnt, u.a. als Motto zu »Allerlei über die Ehe wider Einwände. Von einem Ehemann« in *Stadien auf des Lebens Weg* (→ 247,4), *SKS* 6, 86 / *GW1 SLW* 92. – **Rötscher**: Heinrich Theodor Rötscher (1803-1871), dt. Professor, Philosoph und Kritiker.

235   2 **in vino veritas**] verweist auf das jetzt, im September 1844, fertige Manuskript von »›In vino veritas‹« (→ 202,17 und → 225,2), das später einging in *Stadien auf des Lebens Weg* (→ 247,4), *SKS* 6, 15-84 / *GW1 SLW* 7-90.

4 **Goethe z.B. Philine in Wilhelm Meister**] In Goethes Bildungsroman *Wilhelm Meisters Lehrjahre* in acht Büchern (1795-1796, cf. die Fortsetzung *Wilhelm Meisters Wanderjahre oder die Entsagenden*, 1821-1829), der sich als Teil von *Goethe's Werke* (→ 227,24), Bd. 18-20, 1828, in SKs Besitz befand, ist das freimütige junge Mädchen Philine eine zentrale Figur. So wird ihr z.B. die Hauptperson des Romans, Wilhelm, im 2. Buch, Kap. 4, vorgestellt, und sie besteht darauf, sein Haar zu kämmen, »indem sie nicht vermeiden konnte, mit ihren Knien die seinigen zu berühren, und Strauß und Busen so nahe an seine Lippen zu bringen, daß er mehr als einmal in Versuchung gesetzt ward, einen Kuß darauf zu drücken.«, Bd. 18, p. 147.

Rahel sagt ... Mutter zu sein – dann] cf. Gen   7   235
25,22.

Bei Esrom ... hinab gegen Esrom] Der See von   10   235
Esrom im Frederiksborger Amt in Nordseeland ist 9 km lang und 2-4 km breit und auf der Westseite vom Grib-Wald (→ 173,30) auf der Südostseite vom Fredensborger Schlossgarten umgeben. Der Rechnung des Mietkutschers P. S. Lassen in der Lille Helliggeiststræde zufolge hielt sich SK am 20. September (sowie nochmals am 3. Oktober) 1844 in Fredensborg auf, wo er häufiger Gast im unweit von Schloss Fredensborg gelegenen Hotel Store Kro in der Slotsgade war. Die Rechnung selbst ist verloren gegangen, jedoch indirekt überliefert in *EP III*, p. 872. Am Ende der Slotsgade, zwischen dem Schloss Fredensborg und dem Hotel Store Kro, beginnt die Skipper Allé: diese fällt leicht gegen Westen ab, so dass man von der Allee aus einen guten Ausblick über den Esrom-See hinweg zum Grib-Wald und auf Nøddebo gleich gegenüber hat (s. *Karte 3, E3*).

ansucht, sich als Bierzapfer niederlassen zu   20   235
dürfen] d.h. um den entsprechenden Gewerbeschein ansucht (→ 305,15). Cf. Verordnung vom 23. April 1817, § 1: »Jeder, der Handel treiben will, muss grundsätzlich den Gewerbeschein [dän. »Borgerskab«] dafür erhalten haben.«
öffentliches Frauenzimmer] → 168,22.   23

dem Bierzapfer verwehrt würde, weil es so   28   235
viele davon gäbe] »In den Marktgemeinden

und Städten haben die Behörden dafür zu sorgen, dass die Erlaubnis, ein bürgerliches Gewerbe wie [...] Bierzapfer [...] zu betreiben, nicht an mehr verteilt wird, als nach den gegebenen Umständen als genügend angesehen werden können«, J. N. Høst *Dansk Borgerret eller fuldstændig Fremstilling af den gjældende Lovgivning for de Handlende og Haandverkerne, samt Bryggerne, Brændeviinsbrænderne, Værtshuusholderne, Gjæstgiverne og Spiseværterne i Danmark,* Kph. 1839, p. 10.

236 1 **wie ein Bäcker ... bekam auch nichts]** Falls es eine Quelle dafür gibt, konnte sie nicht identifiziert werden.

236 6 **Die Reden des Verführers]** verweist vermutlich auf die Rede von Johannes dem Verführer im Manuskript von »›In vino veritas‹« (→ 235,2).

6 **Wolken, die man Schauer nennt]** dän. Pl. »Ilinger«, ›niedrig treibende Wolken, die Regen- oder Hagelschauer mit sich führen und unvorhersehbare Niederschläge verursachen‹.

236 9 **Rötscher über den ethischen Akzent]** cf. H. T. Rötscher *Die Kunst der dramatischen Darstellung* (→ 234,26): Der Abschnitt »Der ethische Accent« (pp. 394-405) ist der zweite von zweien in dem Kapitel »Die Elemente zur Durchführung des Charakters«. Im ersten Abschnitt, »Das stumme Spiel« (pp. 388-393), stellt Rötscher das stumme Spiel als wesentliches Element im Dialogzusammenhang des Schauspiels dar, weil die tragende Leidenschaft (Pathos) des dargestellten Charakters einen mimischen Ausdruck erhalten können muss. Das Element, worin sich der Charakter am intensivsten zeigt, ist jedoch der ethische Charakter (Ethos). Das Besondere des ethischen Charakters als sprachlicher Ausdruck für das entsprechende charakteristische Pathos ist, »daß er den individuellen Gemüthsausdruck des Charakters offenbart, mithin in jedem Momente uns die Individualität in ihrem persönlichsten Leben, in ihrer innersten Bewegung durch den charakteristischen Geist, welchen der Künstler dem Tone einzuhauchen weiß, mit Wahrheit enthüllt.«, p. 394. – »Der ethische Accent, indem er jeden Gedanken als Ausdruck eines individuellen Lebens bezeichnet, reicht daher auch immer weiter, als der unmittelbare Sinn der Worte und läßt uns auf seiner höchsten Stufe oft in die verborgensten Tiefen der menschlichen Seele blicken. Ja, er erleuchtet Regionen des Gemüths, aus welchen uns die ganze Vergangenheit, wie die ganze Zukunft eines Individuums plötzlich vor unserer Seele stehn. [...] Es ist eine große Kunst des Darstellers, solche Momente herauszufinden, aus welchen er uns über die ganze Natur des Pathos aufhellen und die Hörer in die richtige Stimmung für den Charakter versetzen kann. Nur aus der Vergegenwärtigung aller Umstände, sowohl der objektiven Verhältnisse, als der ganzen Subjektivität des Individuums ist diese höchste Wirkung des ethischen Accents möglich.«, pp. 401f.

Deklamator] Der Ausdruck wird nicht in *Die 12 Kunst der dramatischen Darstellung* verwendet, die sich ausschließlich mit der szenischen Darstellung eines Charakters beschäftigt, cf. »der Schauspieler«, p. 404, und »der darstellende Künstler«, p. 405.

als ich ... den Schrei, ich wählte den Schmerz] 12 → 179,8 und → 183,20.

Shelley bemerkt ... Prometheus] cf. die dt. 17 236 Übersetzung des lyrischen Dramas *Prometheus Unbound* (1820) von Percy Bysshe Shelley (1792-1822) *Der entfesselte Prometheus,* in *Percy Bysshe Shelley's poetische Werke in einem Bande,* übers. von Julius Seybt, Leipzig 1844, Ktl. 1898, pp. 55-92; p. 57; SKS-E. – **Prometheus:** zur Bedeutung des Prometheus in der gr. Mythologie cf. z.B. W. Vollmer *Vollständiges Wörterbuch der Mythologie aller Nationen* (→ 59,10), pp.1363f.

höheren Einheit ... vereinen soll] verweist auf 27 236 die spekulative Aufhebung des Widerspruchsprinzips (→ 230,18).

Positiven ... positiver Geist] Im hegelianischen 29 Sprachgebrauch kann »das Positive« einerseits verwendet werden, um das Unmittelbare zu bezeichnen, das in der Reflexion (dem Negativen) aufgehoben werden soll, andererseits die spekulative Einheit, welche die von der Reflexion gesetzten Gegensätze wiederum versöhnen soll. Diese elementare logische Trias stellt J. L. Heiberg in »Det logiske System«, § 15, auf folgende

Weise dar: »dass das erste Glied das Ruhende bezeichnet, das zweite dessen Bewegung aus sich selbst heraus und das dritte das Resultat der Bewegung; oder: das erste bezeichnet das unmittelbar Positive oder Abstrakte, das zweite das Negative oder Dialektische und das dritte die Negation der Negation, i.e. das mediierte Positive oder das Spekulative, das, welches die Negation in sich selbst hat; oder: das erste bezeichnet die Unendlichkeit als unmittelbar, das zweite die Endlichkeit und das dritte reproduziert die Unendlichkeit, jedoch in einer konkreteren Bestimmung, nämlich die Endlichkeit oder Negation des zweiten Gliedes in sich fassend. Allenthalben ist das dritte Glied die Einheit der beiden früheren; die gesamte Entwicklung ist ein Kreislauf, worin das dritte Glied mit dem ersten zusammenfällt, nachdem es jedoch eine höhere Bedeutung gewonnen hat«, *Perseus* (→ 200,1), Nr. 2, August 1838, pp. 30f.

237 7 **man an allem zweifeln soll**] → 196,5.

8 **über Hamlet schreibt ... es Reflexionssucht sei**] bezieht sich auf Rötscher, der am Schluss des Kapitels über Shakespeares *Hamlet* schreibt, dass dieser an der »Krankheit der Reflexion« leidet, cf. *Cyclus dramatischer Charaktere* (→ 234,26), Bd. 1 (den SK einer Rechnung zufolge am 25. Juni 1844 bei Buchhändler Philipsen gekauft hat, KA, D pk. 8 læg 1), pp. 99-132; p. 132.

10 **Wä! Wä! Wä! Siebenbürgen**] cf. *Gert Vestphaler, Lystspil i tre Acter. Samlet udaf den holbergske Femactscomedie af dette Navn*, von K. L. Rahbek, Kph. 1816, 1. Akt, 1. Szene, in der der Wirt in einem Wirtshaus einigen Bürgern laut aus einer Zeitung vorliest: »In Siebenbürgen ist kürzlich ein Kalb geboren, mit Haarmütze auf dem Kopfe und Franzen an den Füßen, welches die Einwohner als kein gutes Wahrzeichen ansehen. Gedachtes Kalb starb gleich nach der Geburt, sprach aber kurz vor dem Tode vernehmlich diese Worte: Wä, wä! Siebenbürgen.«, p. 4f. (hier zitiert nach »Geert Westphaler oder Der geschwätzige Barbier« in *Holberg's Lustspiele*, übers. von Oehlenschläger, Leipzig 1822, 2. Akt, 1. Szene, p. 234). Die Replik findet sich ursprünglich in L. Holberg *Mester Gert Westphaler eller Den meget talende Barbeer*, Komödie in fünf

Akten [1722]; 3. Akt, 1. Szene, cf. z.B. *L. Holbergs Comedier*, hg. von K. L. Rahbek, Bd. 1-7 (Bd. 7 hg. von A. E. Boye), Kph. 1824-1832; Bd. 7, p. 39. Dagegen findet sich die Replik nicht im verkürzten *Mester Gert Westphaler eller den meget talende Barbeer. Comoedie i en Act* [1723], in *Den Danske Skue-Plads* (→ 157,32), Bd. 1. Für Aufführungen am Königlichen Theater in Kopenhagen verwendete man gewöhnlich Holbergs Ausgabe in einem Akt, aber in der Zeit vom 6 April 1816 bis zum 7. März 1841 wurde außerdem Rahbeks Bearbeitung 10 Mal aufgeführt.

Prof. David] Christian Georg Nathan David 12 237
(1793-1874), dän. Volkswirtschaftler und Politiker, 1830 Extraordinarius für Volkswirtschaft an der Universität Kopenhagen. 1834 gründete er das liberale Blatt *Fædrelandet*. Als verantwortlicher Redakteur bekam er Probleme mit der Zensur, wurde auch angeklagt, letztlich jedoch freigesprochen; 1836 wurde er dennoch vom König aus seinem Amt entlassen, 1840 aber sowohl in die Kopenhagener Bürgerrepräsentation (→ 222,2) als auch in Ständeversammlung der so genannten »Østifter« (Kirchenkreise der Inselregion) gewählt (→ 307,30). Als die Versammlung am 15. Oktober 1844 in Roskilde zusammenkam, trat David freilich als Stütze des absoluten Monarchen auf. In gleicher Weise opponierte er gegen eine Reihe liberaler Kernfragen, wie etwa die Rechenschaftspflicht der Minister und eine konstitutionelle Monarchie ohne die dt. Herzogtümer Holstein und Lauenburg, cf. z.B. *Kjøbenhavnsposten*, 28. Oktober 1844, Nr 254, p. 1014. Cf. auch das republikanische Blatt *Corsaren* (→ 265,1), 29. November 1844, Nr. 219, das in seiner parodistischen »Kjøbenhavns uprivilegerede Adresseavis« folgende Annonce drucken liess: »Bei uns, den allerersten Erfindern des ›Mantel-Wendens‹ [auch im Sinne von: ›den Mantel nach dem Winde wenden‹], wird in selbiger Kunst auf ungewöhnlich leichte Art und Weise gründlicher Unterricht erteilt. Wir wenden alle Arten von Mänteln und expedieren diese gewendet innerhalb weniger Stunden, auf Wunsch auch innerhalb einer Stunde. Zu einem günstigen Preis. / David & Ussing«, Sp. 6.

12 die Worte Baggesens ... nahm ein Ende] cf.
»Jeppe, et siællandsk Eventyr« (1785), 10. Gesang, in *Jens Baggesens danske Værker* (→ 185,27),
Bd. 1, pp. 200f.: »Der Frack, den Herr *Orgon* ein
viertes Mal ließ wenden - / Ja selbst - (oh! was
kann der Zeit die Stange halten!) - / Herrn *Jes-
pers Predigt* letzten Abendgottesdienst / nahm
ein Ende«. – **Baggesen**: Jens Baggesen (1764-
1826), dän. Dichter, ab 1790 Professor, ab 1798
Kodirektor des Königlichen Theaters, von 1811-
1814 Professor für Dänische Sprache und Literatur an der Universität Kiel. – **der Mantel, den
Herr N. ein drittes Mal wenden ließ**: Um die
Lebensdauer eines Kleidungsstücks, z.B. eines
Fracks, zu verlängern, konnte man es umnähen,
so dass die linke Seite nach außen gewendet
wurde. Der dän. Ausdruck »vendekåbe« [ei-
gentl. Wendemantel] hat hier seinen Ursprung;
damit wird jemand bezeichnet, der (wie angeblich Prof. David) häufig seine Meinung wechselt
bzw. ›den Mantel nach dem Winde wendet‹. –
Abendgottesdienst: Zu Baggensens und SKs
Zeit war der dän. »Aftensang« ein kurzer Gottesdienst, der an allen Sonn- und Feiertagen um
13 oder 14 Uhr stattfand.

**237m 1 den Gerichtsrat in »Links und Rechts« be-
stimmt]** verweist auf den Gerichtsrat (dän. »As-
sessor«) Wilhelm als den pseudonymen Verfasser von »Allerlei über die Ehe wider Einwände«
(→ 247m,1), das SK ursprünglich zusammen mit
» ›In vino veritas‹« (→ 235,2) unter dem Titel
»Links und Rechts« herauszugeben beabsichtigte, jedoch später gemeinsam mit » ›Schuldig?‹
– ›Nicht-Schuldig?‹« unter dem Titel *Stadien auf
des Lebens Weg* (→ 247,4) herausgab. Die Aufzeichnung ist die Abschrift eines Stücks aus einer Kladde (*Pap.* V B 190,26), die SK während
der Reinschrift im November 1844 vernichtete,
aber offensichtlich doch dadurch bewahren
wollte, dass er sie mit geringfügig verändertem
Wortlaut ins Journal eintrug, cf. die Entste-
hungsgeschichte von *Stadier paa Livets Vei, SKS*
K6, 50. – **»Das Verkehrte und das Rechte«** dän.
»Vrangen og Retten«, »Vrangen« bezeichnet die
›linke‹, ›verkehrte‹ bzw. Innenseite von Kleidung, auch die ›verkehrte‹ Seite beim Stricken,
»Retten« die entgegengesetzte.

**dass man einen Mantel zweimal wenden las- 27   23?
sen]** → 237,12.
Vater] → 184,31.   28
Porzellan-Mantel] gibt hier dän. »Porcellains- 28
Kjole« wieder. Der Ausdruck ist dunkel. Viel-
leicht hat SKs Vater einen bestimmten Mantel
als ›Feiertags-Mantel‹ verwendet, cf. die Be-
zeichnung dän. »porcellænsbonde« [›Porzellan-
bauer‹] für einen Bauern, der sich durch feine
Kleidung über seinen Stand erheben will (H. F.
Feilberg *Bidrag til en Ordbog over jyske Almuesmål*
Bd.1-4, Kph. 1886-1914). SKs Nichte Henriette
Lund bewahrte ebenfalls eine prägnante Erinne-
rung an M. P. Kierkegaards »alte ehrwürdige
Gestalt in dem langen sandfarbenen Mantel«,
Erindringer fra Hjemmet, Kph. 1880, p. 25.

Grundtvig] → 227,32.   1   238
ins Vaudeville abgetreten ist] → 269,13.   1
Prophet und Seher] vermutlich eine Anspielung 4
auf die 22. Lieferung des *Dansk Pantheon, et Por-
traitgallerie for Samtiden*, dessen Erscheinen in
Adresseavisen (→ 173,1), 3. August 1844, Nr. 181,
annonciert wurde und in dem *»Nikolai Frederik
Severin Grundtvig«* als »ein ganz und gar einzig-
artiges und unvergleichliches Exemplar eines
Propheten in der Neuen Zeit« und als ein
»mächtig bewegter Seher« präsentiert wird
(nicht paginiert).
fade Derbheit ... Lars Mathiesen] Lars Mathie- 7
sen (1769-1852) betrieb von ca. 1800 bis zu seinem Tod im Jahr 1852 eine kleine Gaststätte in
der Frederiksberg Alleegade 13, heute Allégade
7. Der korpulente Lars Mathiesen war für seine
zwanglose Kleidung und seine direkte Art bekannt, die in Grobheit ausarten konnte; seine
Gaststätte war sehr beliebt beim Bürgertum und
bei Studenten.
er die Worte: Damen und Herren gewählt hat] 9
Vom 20. November 1843 bis zum März 1844 hielt
Grundtvig 25 öffentliche Vorträge im Audito-
rium von Borchs Kollegium in der St. Kannike-
stræde (s. *Karte 2, C1*), angekündigt unter den
öffentlichen Vorlesungen in *Københavnsposten*,
17. November 1843, Nr. 270: »Pastor *Grundtvigs*
Vorlesungen für Damen und Herren über *die
griechischen und nordischen Mythen und Sagen.*
Eintrittskarten zu diesen Vorlesungen, die jeden

Montag, Mittwoch und Freitag in den Abend-
stunden von 6 bis 7 gehalten werden, sind bei
Buchhändler *Reitzel* erhältlich.« In den Vorträgen gab Grundtvig eine parallele Darstellung
der gr. und nordischen Mythologie. Auch
Frauen hatten Zutritt, was eine Neuerung dar-
stellte. Grundtvig titulierte die Versammlung
mit »Damen und Herren«, wandte sich jedoch
offensichtlich und vernehmbar heiter allein an
»die Damen«, was Anlass zu Unmutsäußerun-
gen seitens der Männer gab. Die Vorträge wurden 1844 publiziert; SK kaufte sie laut einer
Rechnung von Buchhändler Reitzel (KA, D pk. 7
læg 6) sofort nach Erscheinen am 14. September,
cf. N. F. S. Grundtvig *Brage-Snak om Græske og
Nordiske Myther og Oldsagn for Damer og Herrer*,
Kph. 1844, Ktl. 1548.

10 **den Dyrhaugs-Park**] eine Anhöhe in Jægersborg
Dyrehave nördlich von Kopenhagen, wo sich
eine heilkräftige Quelle, die Kirsten Piils Quelle,
befand (und befindet). In der Nähe der Quelle
gab es in der Sommerzeit einen Markt mit verschiedenen Vergnügungsmöglichkeiten – zu
SKs Zeit vom Johannistag (24. Juni) bis Mariä
Heimsuchung (2. Juli).

14 **Durch das Reden ... das Dunkle**] cf. *Brage-Snak
om Græske og Nordiske Myther og Oldsagn for Damer og Herrer*, p. 7: »warum sollte eine Rede sich
nicht ebenso gut hören lassen, wie ein Buch sich
lesen lassen, *sowohl* von Damen *wie auch* von
Herren? und sollte man nicht bei der *mündlichen*
Rede noch weitaus sicherer als bei der Schrift
wagen, auf den dunklen, jedoch lebendigen Eindruck zu setzen, der oft weitaus mehr wert ist
als die besten Erklärungen!«

21 **Helveg zur Ehre des Christt. auf der Kanzel
sprang**] Hans Friedrich Helveg (1816-1901), dän.
Pfarrer, 1842-1843 Kaplan in Øster-Starup und
Nebel, 1844-1846 in Kopenhagen, wo er 1844 –
als ein Anhänger Grundtvigs – am 24. März, 4.
April, 28. April, 4. August, 29. September, 13.
Oktober und 17. November im Abendgottes-
dienst in der Vartov Hospitalkirche (s. *Karte 2,
A2*) predigte. Ob er »auf der Kanzel sprang«,
konnte nicht ermittelt werden, er war jedoch da-
für bekannt, ein überaus lebhafter Redner und
Prediger zu sein.

halben Ellen] oder 1 Fuß (→ 279,10), entspricht 24
31,4 cm.

Kanonade] möglicherweise eine Anspielung auf 29   238
den Kanonensalut von zwei Schüssen, mit de-
nen die Flotte am Morgen und am Abend die
dän. Flagge auf der Batterie Sextus auf Nyholm
ehrt (s. *Karte 2, H3*).

Der Schauspieler soll ... es verfehlt)] cf. H. T.   3   239
Rötscher *Die Kunst der dramatischen Darstellung*
(→ 234,26), p. 77: »Der Künstler zeigt sich also
auf dieser Stufe [nämlich der 2. Stufe, der der
Reflexion, wohingegen die 1. Stufe die der Unmittelbarkeit ist] von dem Gedanken beseelt,
nichts unmittelbar in sich walten zu lassen, sondern sich von allen Intentionen des Dichters Rechenschaft zu geben, und in keinem Momente
seiner Darstellung sich dem unbewachten Augenblicke, dem Affekte und der unmittelbaren
Inspiration zu überlassen, sondern überall der
Reflexion und dem denkenden Selbstbewußtsein Gehör zu verstatten. Der Schauspieler dieser Stufe, in jedem Momente nicht nur wissend,
was er will und vermag, wird, eben weil er seine
Mittel kennt und sich in ihren vollen Besitz gesetzt hat, nichts intendiren, als was er auch mit
ihnen wirklich ausführen kann. Da er nicht dem
Affekte unterthan, so ist der Zuschauer auch
von dem peinlichen Gefühle frei, ihn von den
unsichern Wogen der Empfindungen umherge-
trieben zu sehn.«

3. Kapitel des 3. Buchs von Aristoteles de   9   239
anima] Aristoteles (→ 152m,6) *Über die Seele*, 3.
Buch, Kap. 3 (427a 17 - 429a 9), cf. *Aristotelis de
anima Libri tres*, hg. von F. A. Trendelenburg,
Jena 1833, lt. Rechnung am 18. Dezember 1844
bei Buchhändler Reitzel gekauft (KA, D pk. 7
læg 6), Ktl. 1079, pp. 82-87.

de omnibus dubitandum] verweist auf SKs un-   11
fertiges Manuskript zu *Johannes Climacus oder De
omnibus dubitandum est* (*GW1 JC* 109-164), von
dem er hier angibt, es anderthalb Jahre zuvor
begonnen zu haben, d.h. etwa im Juni 1843.

So macht es Aristoteles auch] cf. Aristoteles 15
Über die Seele (427a 29 - 427b 6) in *Aristotelis de
anima Libri tres*, p. 83; *SKS-E*. Die Passage lautet

in dt. Übersetzung: »freilich müßten sie [die alten Denker] auch vom Irrtum reden, denn er ist
dem Lebewesen eigentümlich, und die Seele
verharrt in ihm längere Zeit, also sind notwendig entweder, wie einige sagen, alle Erscheinungen wahr, oder es ist die Berührung mit dem
Ungleichen Irrtum; dieser Satz ist entgegenge-
setzt dem von der Erkenntnis des Gleichen mit
dem Gleichen; aber der Irrtum scheint sich wie
das Wissen gleichmäßig auf die Gegensätze zu
erstrecken« (zitiert nach *Aristoteles Werke* in der
Übersetzung von Willy Theiler, 5., gegenüber
der 3. durchges., unveränd. Aufl., Berlin 1979, p.
54).

17   **Platon]** → 168,3.

23   **Trendlenburg]** → 161,15.

239   26   **»Vorworte« von Nicolaus Notabene]** In *Vor-*
worte (→ 220,18) polemisiert SK vor allem gegen
J. L. Heiberg → 178,15. – **Nicolaus Notabene**:
→ 188,8.

29   **Musterschriften ... Proben in verschiedener**
Schrift] Anspielung auf Titel von verschiedenen
Ausgaben unterschiedlicher Schriftproben zum
Gebrauch bei Leseübungen in der Schule. SKs
Idee zu einer Parodie kann davon inspiriert wor-
den sein, dass sein damaliger Sekretär, der
Sprach- und Literaturforscher Israel Levin, zur
gleichen Zeit sein *Album af nulevende danske*
Mænds og Qvinders Haandskrifter. Til Brug ved
Skriftlæsning i Skolerne [Album der Handschriften gegenwärtig lebender dänischer Männer
und Frauen. Zum Gebrauch bei Leseübungen in
den Schulen], Kph. 1846, Ktl. 1955, vorbereitete.
Im Februar 1845 versandte Levin an 130 bedeutende Persönlichkeiten eine Aufforderung, mit
ihren Handschriftproben zu diesem Album beizutragen. SK lehnte ab, cf. *B&A* Bd. 1, p. 144 (Nr.
123).

240   1   **den Platz, den Politik in Griechenland ein-**
nahm ... (das eigtl. Volkstümliche) ... durch
die Rede eingewirkt wird] In der attischen Demokratie konnte sich jeder freie Bürger zu politischen Fragen äußern, z.B. von einem Redner-
stuhl in der Volksversammlung, in der die Bürger nach einer festgelegten Reihenfolge ihren
Platz hatten, oder im Gericht, in dem die Bürger

gleichermaßen in einer festgelegten Reihenfolge
das Richteramt bekleideten. Cf. Aristoteles' *Rhe-*
torik, 1. Buch, Kap. 1 (1354b 27-31), in Aristoteles' *Rhetorik*, übers. von K. L. Roth, Bd. 1-2 mit
durchlaufender Paginierung, in *Schriften zur*
Rhetorik und Poetik Bd. 1-2 (in *Aristoteles Werke*,
in *Griechische Prosaiker in neuer Übersetzung*, hg.
von Tafel, Osiander und Schwab, Bd. 132-133),
Stuttgart 1833, Ktl. 1092; Bd. 1, p. 14: Hier argumentiert Aristoteles für den Vorrang der politischen Rede, »weil es nämlich in der politischen
Rede weniger ersprießlich ist, Das, was über die
Sache hinaus liegt, vorzubringen, und weil die
Staatsrede weniger Arglist zuläßt, als die ge-
richtliche, sondern mehr gemeine Sache ist;
denn da giebt der Urtheilende [Anm. des Übersetzers Roth: Nämlich das Volk, oder der Senat,
überhaupt die Person oder die Personen, welche
in letzter Instanz über die vorhandene Sache
entscheiden, und an welche die Rede gerichtet
ist.] seine Entscheidung über Das, was ihn selbst
angeht, weßhalb es nur des Beweises bedarf,
daß die Sache sich so verhält, wie der Rathgeber
sagt.«

Aristoteles' Rhetorik] SK besaß Aristoteles'   4
Rhetorik in zwei verschiedenen Ausgaben, cf. *De*
arte rhetorica, Stereotypausgabe, Leipzig 1831
(Ktl. 1080), sowie Roths oben erwähnte Übersetzung der *Rhetorik*, auf die SK explizit verweist,
sowohl in einer Bemerkung in einem eigenen
Exemplar von *Om Begrebet Ironi* [Über den Begriff der Ironie] (*Pap.* IV A 207) als auch in einem
Exzerpt von 1845 (*Pap.* VI C 5) und in einem
Entwurf aus demselben Jahr mit dem Arbeitsti-
tel »Etwas über die fromme Redekunst / mit
einiger Rücksicht auf die Rhetorik des Aristoteles« (*Pap.* VI A 146). Darüber hinaus hatte SK die
Rhetorik des Aristoteles in den Ausgaben von
dessen gesammelten Werken, die SK in der eigenen Bibliothek hatte (→ 152m,6).

Die ganze Frage ... in die Rhetorik] cf. Aristo-   6
teles' *Rhetorik*, 1. Buch, Kap. 1 (1354a 26-28), wo
dieser unter Bezugnahme auf eine Partei in einer Rechtssache schreibt, »daß der Verfechter
seiner Sache Nichts zu thun hat, als in Bezug auf
den Gegenstand zu *zeigen,* daß er ist, oder daß
er *nicht* ist, daß Etwas geschehen, oder daß es
nicht geschehen ist.«, *Rhetorik* Bd. 1, p. 12. –

ουσια πρωτη und δευτερα, cfr. die Kategorien: verweist auf Aristoteles' *Kategorien*, Kap. 5 (2a 11ff.), wo dieser eine kategoriale Unterscheidung zwischen der ersten und der zweiten Substanz macht, d.h. zwischen einem Subjekt und einem Prädikat, das notwendigerweise dem Subjekt zugeschrieben werden muss. – ουσια πρωτη: gr., ›erste Substanz‹. – δευτερα: gr., ›zweite (Substanz)‹.

9 **Überzeugung hervorbringen soll. πιστις ... πιστεις**] verweist auf Begriffe, die in Aristoteles' *Rhetorik*, 1. Buch, Kap. 1 eingeführt werden: πιστις (1355a 5), gr., ›Glaube, Zutrauen, Vertrauen, Treue; Beweis, Beweismittel, Beweisführung vor Gericht‹, in Roths Übersetzung »Ueberzeugung«, *Rhetorik*, p. 15, cf. seine Anmerkung auf derselben Seite: »*Ueberzeugung* im activen Sinne, das Ueberzeugen. Die deutsche Sprache hat kein Wort, welches das Griechische ganz genau wiedergäbe.« πιστεις (1354a 13, 1355a 4), gr., Pl. von *pístis*. Roth übersetzt den Plural mit »Ueberzeugungsmittel«, p. 11 und p. 15.

240 12 **in Minna ... Gott anzubeten**] cf. die Replik des Fräuleins im 2. Akt, 7. Szene, in *Minna von Barnhelm, oder das Soldatenglück. Ein Lustspiel in fünf Aufzügen*, in *Lessing's sämmtliche Schriften* (→ 149,25), Bd. 20, 1827, p. 241: »Ein einziger dankbarer Gedanke gen Himmel ist das vollkommenste Gebet!« – **Lessing**: → 150,1.

240 22 **vorlaute und leicht ins Schwitzen geratende ... Ernsthaftigkeit ist**] verweist vermutlich insbesondere auf Grundtvig (→ 227,32) und jene Pfarrer, die in Verbindung zu ihm standen, s. JJ:285.

28 **ernst wie Jeronimus bei Holberg**] »Jeronimus« kommt häufig in Holbergs (→ 179,5) Komödien (cf. *Den Danske Skue-Plads* → 157,32) vor, typischerweise in Gestalt eines spießbürgerlichen Familienvaters, der die Jugend mit seiner bornierten Moral konfrontiert.

241 2 **Reitzel**] d.h. Reitzels Buchhandel, 1819 von C. A. Reitzel (1789-1853) gegründet und seit 1827 in der Købmagergade (heutige Hausnummer 44) gelegen, cf. *Kiøbenhavns Veiviser* (→ 182,13), Kph. 1845, p. 548: »Reitzel, C. A., Universitäts- und Waisenhaus-Buchhändler, [...] Store Kjøbmagerg. 6« (s. *Karte 2, C2*).

Über die Aesthetik ... Hamburg 1844] Theodor   4 Wilhelm Danzel *Ueber die Aesthetik der Hegelschen Philosophie*, Hamburg 1844. – **Wilhelm Danzel**: dt. Ästhetiker und Literaturhistoriker (1818-1850).

Hamanns] → 161,5.   7   241

Roth in der Vorrede zum 3. Band] Über Ha-   8 manns Briefe schreibt deren Herausgeber Roth: »Das Verfahren mit diesen Briefen, das ich in dem Vorberichte des ersten Theiles angegeben, ist auch in dem gegenwärtigen beobachtet worden. Was daraus nicht mittheilbar war, bezieht sich auf die Gewissens-Ehe, welche Hamann im Jahre 1763. einging, und worauf er nicht selten in seinem Schriften, z.B. Th. 2. S. 417. [*Hamann's Schriften* (→ 30m,1), Bd. 2, 1821, p. 417], anspielt. Diese Verbindung Hamann's ist in Königsberg zu seinen Lebzeiten stadtkundig, und, weil sie reiner und glücklicher, als viele bürgerliche Ehen war, nicht anstößig gewesen; auch dem größeren Publicum ist sie nicht unbekannt geblieben. Man findet sie z.B. erwähnt in einem Aufsatze des sel. Reichardt in der Urania von 1812, wo aber Hamann's Abneigung gegen die Verwandlung derselben in eine bürgerliche Ehe ganz unrichtig erklärt ist. Rücksichten, denen ich mich nicht entziehen konnte, haben mir untersagt, Hamann's denkwürdige Mittheilungen über das Entstehen dieser Verbindung in die gegenwärtige Sammlung aufzunehmen; es wird aber dafür gesorgt werden, daß sie nicht untergehen.«, *Hamann's Schriften* (→ 30m,1), Bd. 3, 1822, p. Xf.

Reichardts Urania für 1812] SK scheint Roth   11 missverstanden zu haben. Dieser verweist nicht auf Reichardts Urania, sondern auf J. F. Reichardts Abhandlung »Kant und Hamann« in *Urania. Taschenbuch für Damen*, Amsterdam und Leipzig 1812, pp. 257-266. – **Reichardts**: Johann Friedrich Reichardt (1752-1814), dt. Komponist und Schriftsteller.

vor Gott] Hamann schreibt »vor Gott« (s. den   13   241 folgenden Kommentar), was an dieser Stelle

›für‹ bedeuten mag. SK schreibt dän. »for Gud«,
was bei ihm in den Bedeutungen ›für‹ und ›vor‹
schillert.

16 **diese Äußerung ... im 5. Bd.**] In einem Brief an
Herder vom 17. Januar 1769 schreibt Hamann:
»So wahr ist, daß es Gedanken giebt, die man
nur Einmal in seinem Leben hat, und nicht Meister ist wieder hervorzubringen.«, *Hamann's
Schriften* (→ 30*m*,*1*), Bd. 3, 1822, p. 392. Ebenfalls
in einem Brief an Herder, der auf den 13. Januar
1773 datiert ist, schreibt Hamann:»Ich glaube,
daß nichts in unserer Seele verloren geht, so wenig als vor Gott; gleichwohl scheint es mir, daß
wir gewisser Gedanken nur *einmal* in unserem
Leben fähig sind«, Bd. 5, 1824, p. 25. Cf. die
Aufzeichnung DD:28 von Mitte Juli 1837, *SKS* 17,
230 / *DSKE* 1, 194,37.

241 20 **das dünnste Bier ... das stärkste**] ›Dünnbier‹,
d.h. Bier mit niedrigem Alkoholgehalt, erzeugte
eine weniger haltbare Blume als ›Starkbier‹, das
längere Zeit gelagert werden konnte, ohne zu
verderben. Entscheidend für die Haltbarkeit der
Blume ist in noch höherem Maße als die Stärke
des Bieres jedoch sein Gehalt an Kohlendioxid,
das sich im Laufe des Gärungsprozesses bildet.

241 27 **Als Vater gestorben ist**] am 9. August 1838
(→ 184,*31*).
27 **Sibbern**] Frederik Christian Sibbern (1785-1872),
1813-1870 Professor für Philosophie in Kopenhagen, während SKs Studienzeit an dieser Universität dessen Lehrer.
28 **die theologische Dienstprüfung**] → 169,*24*.
242 1 **Als ich die Verlobung aufhob**] → 180,*9*.
2 **Peter**] Peter Christian Kierkegaard (1805-1888),
SKs Bruder, erwarb 1836 das theologische Lizentiat, war Tutor für die theologische Dienstprüfung, bis er 1842 zum Gemeindepfarrer in
Pedersborg und Kindertofte bei Sorø berufen
wurde.

242 17 **Der Polizei-Agent**] ziviler Polizeibeamter, der
insbesondere während des politischen Erwa-
chens der 1840er Jahre zur Spionage gegen Ver-
einigungen eingesetzt wurde, die unter dem
Verdacht der Agitation gegen den Absolutismus
standen.

Bruder Leichtfuß] dän. »Komersbroder«. 19
Diener der Gerechtigkeit] Beamter, der dem 21
durch das Gesetz gegebenen Recht dient, z.B.
ein Polizeibeamter oder Richter.
Polizei-Gerechtigkeit] Der Ausdruck Polizei 24
wurde zu SKs Zeit einerseits im heutigen Sinn
verwendet. Andererseits aber auch für alles, was
mit der Aufrechterhaltung der öffentlichen Ordnung und des Anstandes zu tun hatte. Dazu
gehörte auch die Aufsicht über das Pflastern von
Straßen, über Straßenbeleuchtung, Wasserver-
und Entsorgung, Bettelei, Versammlungswesen
etc. Es war somit Aufgabe der Polizei, für eine
»god politi«, d.h. für eine gute Ordnung des Ge-
meinwesens zu sorgen. Mit Überwachung der
Einhaltung von Gesetzen, Dekreten, Erlässen
und Verordnungen betraut, erwarb sich die Polizei den Ruf einer pedantischen und übereifri-
gen Handhabung der Gesetze.
das Verhältnis der Spartaner zu Heloten] Ur- 25
sprünglich waren die Heloten wohl Einwohner
der Stadt Helos. Nachdem sie jedoch von den
Spartanern unterworfen worden waren, wurden
sie und ihre Nachkommen im antiken Sparta als
»öffentliche Sklaven« behandelt, cf. *Beckers Verdenshistorie* (→ 171,*4*), Bd. 1, pp. 381f.: »Oft mussten sie sich, wie es erzählt wird, berauschen, um
den jungen Spartanern das Laster der Trunkenheit in seiner abscheulichsten und abschre-
ckendsten Gestalt vor Augen zu führen, oder
unanständige Lieder singen und unanständige
Tänze tanzen; dagegen wagten sie nicht, die Lieder ihrer Herren zu singen, die dazu bestimmt
waren, edle Gefühle zu wecken. / Noch härter
und unmenschlicher war die so genannte *Krypt-
eia* [›Geheimpolizei‹], die einige (Aristoteles) sogar für ein Gesetz des *Lykurgos* erklärten. Demzufolge war es den jungen Spartanern gestattet,
den erstbesten Heloten niederzustoßen und ihn
meuchlings zu ermorden, insbesondere wenn er
durch seinen Mut und seine Kraft furchteinflö-
ßend wirkte.«

Cornelia Olsen] Cornelia Olsen (1818-1901), 2 243
eine vier Jahre ältere Schwester von Regine, SKs
früherer Verlobter (→ 179,*8*).

243 8 **Gegen-Parabel ... von den Samenkörnern]** cf.
Lk 8,4-15; das Evangelium für den Sonntag Se-
xagesimae, 1845 der 26. Januar.

10 **Ein Saatguteigentümer ... guten Saatgut]** Anspielung auf Mt 25,14-30.

243 25 **leichtsinnige und eitle ... ein Apostel zu sein]**
verweist möglicherweise auf Grundtvig, s.
JJ:206.

244 7 **Deshalb war Sokrates unpopulär ... keine
Kunstausdrücke verwendete]** Vielleicht eine
Anspielung auf *Die Apologie des Sokrates*, 17b-c,
wo Sokrates zu Beginn der Verteidigung seinen
Zuhörern versichert, im Gegensatz zu seinen
Anklägern keine Kunstausdrücke verwenden
zu wollen:»Diese [die Ankläger] nämlich, wie
ich behaupte, haben gar nichts Wahres geredet;
Ihr aber sollt von mir die ganze Wahrheit hören.
Jedoch, ihr Athener, beim Zeus, Reden aus zier-
lich erlesenen Worten gefällig zusammenge-
schmükt und aufgeputzt, wie dieser ihre waren,
keinesweges, sondern ganz schlicht werdet ihr
mich reden hören in ungewählten Worten«, (*Des
Sokrates Verteidigung*, in *Platons Werke* (→ 168,3),
1,2 (Bd. 2), 1818, pp. 189-190).

244 13 **Eine Wunde offen halten kann ja auch gesund
sein]** entspricht einer allg. Auffassung zu SKs
Zeit, cf. z.B. »Om Saar« [Über Wunden] in A.
Thornam *Lægebog for dem, som ikke kunne faae
betimelig Lægehjelp*, 3. Aufl., Kph. 1844 [1843], pp.
2-7; p. 2: »Die *Blutung* nach einer beigebrachten
Wunde muss nicht immer sofort gestillt werden,
da der Blutverlust oft für den Patienten von Vorteil sein kann, und die möglicherweise sonst er-
forderliche Anwendung von Egeln ersetzt.«

244 17 **Wissenschaft]** Gleich zu Beginn seiner *Rhetorik*,
1. Buch, Kap. 1 (1354a 1-11), schreibt Aristoteles,
dass die Redekunst keine Wissenschaft (*epis-
tēmē*) ist, sondern ein Können (*téchnē*). SK verfasst um 1845 eine Vielzahl von Entwürfen zu
einer »christlichen Redekunst«, cf. *Pap.* VI A 146-
156 und *Pap.* VI B 128-137. Die Mehrzahl davon
ist nach der Niederschrift von JJ:305 entstanden,
die frühesten Entwürfe können jedoch davor geschrieben worden sein.

ad modum] lat., ›nach Art und Weise (von)‹. 18

Aristoteles' Rhetorik] → 240,4. 18

Karneades Wahrscheinlichkeitslehre ... Ritter 1 244m
... **3. Bd. p. 677,78,79]** Über die Wahrscheinlichkeitslehre des gr. Skeptikers Karneades (um 215-
129 v.Chr.) schreibt H. Ritter am angegebenen
Ort: »Da nun Karneades meinte, daß über die
Ueber- / [p. 677] einstimmung unserer Vorstellungen mit dem Vorgestellten nichts entschieden werden könne, so blieb ihm nur übrig, den
Unterschied zwischen dem Wahrscheinlichen
und der unwahrscheinlichen Vorstellung zu bestimmen. Er ging hierbei darauf aus verschiedene Grade der Wahrscheinlichkeit zu unterscheiden. Eine wahrscheinliche Vorstellung an
sich ist ihm diejenige, welche aus einer bestimmten Wahrnehmung hervorgeht, welche wieder
nach unserm Verhältnisse zum Gegenstande,
nach Entfernung oder Nähe, Größe oder Klein-
heit desselben, nach der Schärfe unserer Sinne
und dergleichen mehr bald größere, bald gerin-
gere überzeugende Kraft hat [Anm. 1: Sext.
Emp. ib. 171.]. Dann aber tritt auch keine Wahrnehmung für sich allein auf, sondern sie findet
sich immer mit anderen Wahrnehmungen verbunden, welche sie entweder bestätigen oder ihr
widersprechen, und wahrscheinlich wird nun
die Vorstellung sein, welche in einer unbestritte-
nen Wahrnehmung ihre Quelle hat; es giebt dies
eine durch keinen Zweifel hin und her gezogene
(ἀπερίσπαστος) Vorstellung, welche größere
Wahrscheinlichkeit hat, als die bloß an sich
wahrscheinliche Meinung [Anm. 2: Ib. 176 f.;
Cic. ac. II, 11. Visionem – probabilem et quae
non impediatur. Ib. 31; 32.]. Endlich bemerkt
Karneades, daß die Vorstellungen um so mehr
Wahrscheinlichkeit gewinnen, je mehr sie in ihren einzelnen Theilen und in den / [p. 678] einzelnen Verhältnissen, aus welchen sie uns entstanden sind, untersucht worden (διεξωδευμένη
φαντασία), ohne daß sich dabei ein Umstand
ergeben hätte, der gegen ihre Wahrheit spräche.
Daher ist ihm der größeste Grad der Wahrscheinlichkeit bei der Vorstellung, welche an
sich und in ihrer Verbindung mit andern Vorstellungen, wenn wir sie selbst und die mit ihr
verbundenen Vorstellungen genau untersucht
haben, Wahrscheinlichkeit hat [Anm. 1: Sext.

Emp. ib. 181. [...] Pyrrh. hyp. I, 228. [...] Cic. ac. II, 11; Galen. de Hipp. et Plat. plac. IX. p. 266]. / So stellte Karneades eine Methodenlehre für das wahrscheinliche Denken auf. Fragen wir, zu welchem Zweck, so ist der offenbar angegebene zwar das praktische Leben, aber das praktische Leben bedarf doch wirklich einer solchen Lehre nicht und man könnte wohl fragen, warum zum Behuf des praktischen Lebens Karneades nicht auch bei seinen Reden für und gegen die Gerechtigkeit die Wahrscheinlichkeitslehre in Anwendung gebracht habe, warum er sogar die Rede gegen die Gerechtigkeit der Rede für die Gerechtigkeit lieber habe folgen, als vorangehn lassen. Wenigstens für ein sittlich gutes Leben scheint er dadurch nicht sehr gesorgt zu haben. Man hat daher wohl Grund, hinter dem ausgesprochenen Zweck einen verborgenen zu muthmaßen, und dieser legt sich denn auch wohl sehr deutlich in der ganzen Weise des Karneades dar. Die künstliche Ausbildung lang ausgesponnener Reden für und wider eine Lehre, der Vorzug, welchen er der Ethik vor der Physik schenkte, weil jene leichter rednerisch sich behandeln läßt, / [p. 679] als diese, endlich seine sorgsamen Untersuchungen über die Mittel, durch welche eine Meinung wahrscheinlich gemacht werden kann, zeigen ihn als einen Mann, welchem es eben um die Ausbildung der Redekunst zu thun ist. Die Lehre dieses neuern Akademikers noch auf den Platon zurückzuführen, würde ihr zu viel Ehre anthun; denn seine Wahrscheinlichkeitslehre führt alle Ueberzeugung auf die Sinne zurück und sie unterscheidet sich nur darin von der stoischen Erkenntnißlehre, daß sie nicht zugeben will, das Einleuchtende der Sinneneindrücke sei von unwiderleglicher Gewalt und führe zu einem wahren Wissen. Sein Hauptgrund für seine Zweifel liegt nicht einmal, wie bei den Skeptikern, in dem Gegensatze zwischen dem Empfindbaren und dem vom Verstande Gedenkbaren, sondern nur in der Möglichkeit, daß Sinneneindrücke uns täuschen.«, H. Ritter Geschichte der Philosophie alter Zeit Hamburg 1831, Bd. 3, 1. Aufl., Ktl. 737, pp. 677-679. Laut Ktl. 735-738 befand sich H. Ritter Geschichte der Philosophie alter Zeit, 2te verbesserte Auflage. 4 Theile. Hamburg 1836-1839 [1829-1834] in SKs

Bibliothek. Da im 3. Bd. der 2. Aufl. jedoch Arkesilaos behandelt wird, kann darauf geschlossen werden, dass SK zumindest der 3. Bd. in der ersten Aufl. vorlag.

Aristoteles setzt ... anders verhalten kann] cf. 7 Aristoteles Rhetorik, 1. Buch, Kap. 2, wo er u.a. den besonderen Gegenstand der Rhetorik im Unterschied zu dem der Dialektik darstellt, nämlich das Wahrscheinliche im Unterschied zum notwendig Wahren: »Gegenstand unserer Berathschlagung ist, Was so oder anders sich verhalten zu können scheint«, Rhetorik (→ 240,1), pp. 25f. (1357a 23f.). »Was nämlich im Durchschnitte geschieht, ist das Wahrscheinliche, nicht unbedingt, wie Etliche definiren, sondern, Was in Dingen, die auch anders seyn können, zu dem Gegenstande, in Beziehung auf den es wahrscheinlich ist, sich so verhält, wie ein Allgemeines zum Besondern.«, Rhetorik, pp. 27f. (1357a 34 - 1357b 1). – πιστεις: → 240,9.

Unwahrscheinlichkeit] cf. die Darstellung des 17 »absoluten Paradoxes« z.B. in den Philosophischen Brocken (→ 234,18) als »das Unwahrscheinlichste«, SKS 4, 256,9 / GW1 PB 49. In einer späteren Anmerkung heißt es: »Überhaupt ist der Gedanke [...], einen Wahrscheinlichkeitsbeweis an das Unwahrscheinliche anknüpfen zu wollen, (etwa um zu beweisen – dass es wahrscheinlich ist? aber damit ist ja der Begriff verändert; oder um zu beweisen – dass es unwahrscheinlich ist? aber es ist ja ein Widerspruch, dazu die Wahrscheinlichkeit zu brauchen), wenn er ernst gemeint ist, so albern, dass man sein Vorkommen für unmöglich halten sollte«, SKS 4, 292,18 / GW1 PB 91, Anm.

In alt[en] Zeiten ... nur nicht ihn] freies Zitat 22   244 aus der im März 1845 ins Reine geschriebenen »Zuschrift an den Leser von Frater Taciturnus« in Stadien auf des Lebens Weg (→ 247,4), wo es von einer zur Veranschaulichung gebrauchten Figur heißt, dass sie »das alte Wort verstanden hat: de te narratur fabula, er ist kein moderner Narr, welcher meint, jeder solle um die ungeheure objektive Aufgabe buhlen, etwas herplappern zu können, was die ganze Menschheit angeht, bloß nicht ihn selbst«, SKS 6, 440,15 / GW1 SLW 508, cf. den Bericht in SKS K6, 82. – **de te**

fabula: lat., ›von Dir [wird] die Geschichte [erzählt]‹, d.h. die Geschichte handelt von dir. Zitat aus Horaz' *Satiren*, 1. Buch, Nr. 1, v. 69f., cf. *Q. Horatii Flacci opera* (→ 158,26), p. 157: »mutato nomine, de te / Fabula narratur.«, cf. ferner *Q. Horatius Flaccus' samtlige Værker*, übers. von J. Baden, Bd. 1-2, Kph. 1792-1793; Bd. 2, p. 11.

244 27 **Ein Genie ... eine bessere Nachwelt**] verweist vielleicht auf Grundtvig (→ 227,32), der sein ausdrückliches Vertrauen darauf setzte, dass »die Nachwelt« – im Gegensatz zu zeitgenössischen literarischen und wissenschaftlichen Autoritäten – sein schriftstellerisches Werk nicht verschmähen werde. SK kann auch an die Vorrede zur *Phänomenologie des Geistes* denken, wo Hegel dem missverstandenen Schriftsteller versichert, dass die Wahrheit mit der Zeit das Urteil des Publikums Lügen strafen kann, so dass auch er eine »Nachwelt« hat, *Hegel's Werke* (→ 200,1), Bd. 2, 1832, pp. 57f. (*Jub.* Bd. 2, p. 65f.). Cf. zudem J. G. Hamann *Kreuzzüge des Philologen*, wo es in der Vorrede heißt: »Man überwindet leicht das doppelte Herzeleid, von seinen Zeitverwandten *nicht verstanden* und dafür *gemißhandelt* zu werden, durch den *Geschmack* an den *Kräften* einer besseren *Nachwelt*«, in *Hamann's Schriften* (→ 30m,1), Bd. 2, p. 114. Cf. auch die bereits um die Jahreswende 1836/1837 entstandene Journalaufzeichnung CC:25 mit dem Titel »Etwas über Hamann«, *SKS* 17, 209f.; *DSKE* 1, 170.

245 7 **einmal mit Sokr. zusammenzutreffen**] Anspielung auf Platon *Die Apologie des Sokrates*, wo Sokrates bei seiner Verurteilung zum Tode erwägt, ob er, nachdem er den diesseitigen Richtern entkommen ist, im Jenseits auf die wahren Richter treffen werde, nämlich die Halbgötter Minos, Rhadamanthys, Aiakos und viele andere Männer und Frauen, mit denen er sich unterreden und sie prüfen könnte, ob sie weise sind oder nur zu sein scheinen (40e - 41c).

245 12 **wie ein Krämer gekleidet**] dän. »Spekhøker«, ein Kleinhändler mit Gewerbeschein für den Verkauf kleinerer Mengen Lebensmittel und Haushaltswaren, wie beispielsweise Speck, Eier und Butter, Salz, Tran und Schwefelhölzer. Krämer waren in der 4. Klasse (von insgesamt sechs) derjenigen Klassifikation platziert, nach der Gewerbetreibende in Kopenhagen Steuern und Gewerbesteuer zahlten. Wie Krämer sich zu kleiden pflegten, ist nicht bekannt.

26 245 **ein Vater ... nicht bloß Gehorsam, sondern Liebe fordert**] möglicherweise eine Anspielung auf Luthers Auslegung des 4. Gebots, cf. *Dr. Morten Luthers liden Catechismus. Nøiagtig oversat efter Grund-Texten*, Kph. 1843 (nicht paginiert): »Wir sollen Gott fürchten und lieben, auf dass wir nicht unsere Eltern und Herren verachten, noch sie erzürnen; sondern sie in Ehren halten, ihnen dienen, gehorchen, sie lieben und achten.«

1 246 **möglichen Vorwort zu meinen Gelegenheitsreden**] Spätestens Anfang April 1845 lieferte SK das Manuskript zu *Drei Reden bei gedachten Gelegenheiten* bei der Buchdruckerei Bianco Luno zum Druck ab, cf. *SKS* K5, 393. Das Buch wurde von der Druckerei zum 25. April fertig gestellt und kam am 29. April heraus. Bei der Aufzeichnung kann es sich um einen wieder verworfenen Entwurf zu *Drei Reden bei gedachten Gelegenheiten* handeln, den SK hier ins Journal überträgt. – **Gelegenheitsreden**: s. JJ:255, → 229,5.

13 246 **Um anstatt Gewissen ... der objektive Geist**] bezieht sich vermutlich auf Hegels Entwicklung der Sphäre des objektiven Geistes in *Grundlinien der Philosophie des Rechts, oder Naturrecht und Staatswissenschaft im Grundrisse* in *Hegel's Werke* (→ 200,1), Bd. 8 (*Jub.* Bd. 7), hg. von E. Gans, Berlin 1833 [1821], Ktl. 551. Das Werk ist in drei Teile unterteilt: »Das abstrakte Recht«, »Die Moralität« und »Die Sittlichkeit«. Der zweite Teil gliedert sich wiederum in drei Abschnitte, deren letzter (§ 129-141) »Das Gute und das Gewissen« behandelt (pp. 171-207; *Jub.* Bd. 7, pp. 187-225). In § 140 werden die moralischen Formen des Bösen entwickelt, die einen zunehmenden Grad an Subjektivität aufweisen. Dabei wird die »Überzeugung« als etwas angeführt, worauf sich die subjektive Meinung berufe, dass das, was sie für Recht hält, auch Recht sein soll (cf. *Furcht und Zittern* (1843), *SKS* 4, 148f. / *GW1 FZ* 58). In § 315-319 des Abschnitts über den Staat stellt Hegel dar, wie die öffentliche Meinung

das, was ein Volk will und meint, zu erkennen gibt. Dem Staat falle dabei die Aufgabe zu, zwischen der wahren und der falschen Erkenntnis zu unterscheiden (pp. 407-415; *Jub.* Bd. 7, 423-431). Im Dänemark der 1840er Jahre avancierte »die öffentliche Meinung« zu einem Modewort unter den Anhängern der liberalen Opposition, die für eine freie Verfassung eintraten.

246 19 **glänzenden Sünden**] Anspielung auf die lat. Redewendung »virtutes paganorum splendida vitia« (›die Tugenden der Heiden sind glänzende Laster‹). Dieses Diktum wird bisweilen Augustinus (cf. *De civitate Dei* 19, Kap. 25) zugeschrieben. Cf. z.B. Tennemann *Geschichte der Philosophie* (→ 154,*31*), Bd. 7, 1809, p. 268, wo von Augustinus berichtet wird, dass in seinen späteren Jahren »nicht allein seine eigenthümliche Vorstellung von der Gnade und Gnadenwahl [entstand], sondern auch die Behauptung, daß die Tugenden der Heiden nur glänzende Laster seyen, was vor ihm schon Lactantius [cf. *Institutiones divinae* Kap. 5, 10 und 6, 9] behauptet hatte.« Cf. auch *Hutterus redivivus* (→ 260,*29*), § 88, p. 240.

19 **affektierten Tugenden**] d.h. ›angelogene, vorgetäuschte Tugenden‹, (→ 316,*30*). Es handelt sich vermutlich um eine Reminiszenz an Poul Martin Møller »Forberedelser til en Afhandling om Affectation« in *Efterladte Skrifter* (→ 161,*2*), Bd. 3, pp. 291-302. Poul Martin Møller schreibt von der Affektation, dass sie eine Mischung aus Falschheit und Selbstbetrug ist, und unterscheidet zwischen drei Graden der Affektation: der momentanen, der ständigen und der wechselnden. Der dritte und »schlimmste« Grad der Affektation sei »eine Fertigkeit in der Affektation im Allgemeinen, die bald diese, bald jene bestimmte Gestalt annimmt«, und die für den Affektierten in der äußersten Konsequenz »ein moralischer Selbstmord [ist], durch den er sich als eigentümliche Figur in der moralischen Welt ganz und gar zunichtegemacht hat«, p. 299f. Cf. ferner »Strøtanker; om Affectation«, Bd. 3, pp. 303-313, insbesondere p. 305: »Die, die sich mit Moralität schmücken (was ebenso schlimm ist wie sich mit Immoralität zu schmücken), gebrauchen: Gott möge ihm vergeben, in demsel-

ben Sinn und mit demselben verbitterten Blick, als wenn sie sagen wollten: Gott möge ihn verfluchen.«

dem armen Leichenwagen] Zum Transport einer Leiche vom Haus des Verstorbenen zur Kapelle oder Kirche und von da aus zum Friedhof boten die städtischen Leichenbestatter sechs verschiedene Klassen von Leichenwagen an; der einfachste und billigste dieser Leichenwagen war für den Transport einer Leiche vorgeschrieben, die in einem unentgeltlich zur Verfügung gestellten Grab beigesetzt werden sollte, was Mittellosen vorbehalten war.   24 24(

Die Sünde in einem Msch. . . . mit Tränen] allg., jedoch insbesondere pietistische Auffassung, dass der bußfertige Sünder seine aufrichtige Reue durch Tränen auszudrücken habe, so wie z.B. die Sünderin in Lk 7,36-50, die Christi Füße mit ihren Tränen benetzt. - **dem griechischen Feuer**: gr. »hygrón pyr«, ›Seefeuer‹ bzw. gr. »hygró pyr«, ›flüssiges Feuer‹, eine leicht entzündliche und schwer zu löschende Substanz, die der Architekt Kallinikos erstmals bei der Belagerung von Konstantinopel im Jahr 677 auf byzantinischer Seite bei einer Seeschlacht eingesetzt hat. Die Substanz, deren Zusammensetzung nicht geklärt ist, wurde durch ein Siphon auf feindliche Schiffe verspritzt. Von dieser gefürchteten Waffe wurde zuweilen behauptet, sie hätte selbst unter Wasser gebrannt.   28 24(

Eine Leidensgeschichte. psychologisches Experiment] als Untertitel verwendet in » ›Schuldig?‹ – ›Nicht-Schuldig?‹ Eine Leidensgeschichte. Psychologisches Experiment« von Frater Taciturnus in *Stadien auf des Lebens Weg* (*SKS* 6, 173-454 / *GW1 SLW* 195-525), erschienen am 30. April 1845. Das Manuskript, das SK im März an Bianco Lunos Buchdruckerei (→ 174,*9*) ablieferte, war am 17. April 1845 fertiggestellt.   4 24?

. . . . . de profundis] Entwurf zu einem neuen Pseudonym im Stile von z.B. Johannes de silentio (→ 209,*18*). – **de profundis**: lat., ›aus der Tiefe‹; mit dieser Wendung beginnt Ps 129 in der *Vulgata*: »De profundis clamavi ad te, Domine«. Cf. Frater Taciturnus' »Bekanntmachung« in   7

Stadien auf des Lebens Weg, wo er »einen Seufzer *de profundis*« als »einen Seufzer aus der verschlossenen Seele, der ich ihr Geheimnis entwand« beschreibt, *SKS* 6, 177,6-9 / *GW1 SLW* 199.

247m 1 **Ein Ehemann**] cf. »Allerlei über die Ehe wider Einwände. Von einem Ehemann« in *Stadien auf des Lebens Weg*, wo der Ehemann der aus dem 2. Teil von *Entweder – Oder* bekannte Gerichtsrat Wilhelm ist. Der Gegenstand für dieses Experiment musste somit ein Mann sein, der in den Ehestand getreten ist, während in » ›Schuldig?‹ – ›Nicht-Schuldig?‹« der Quidam des Experimentes (→ 252,3) eine Verlobung aufgelöst hatte.

3 **freigegeben zu werden**] d.h. vom ›Band der Sünde‹ gelöst werden; Anspielung auf verwandte Ausdrücke für Sündenvergebung, z.B. in *Kirke-Ritualet* (→ 186,4), wie etwa ›Erlassung, Auslösung, Befreiung, Erlösung‹.

10 **Kains Ehefrau folgen will**] verweist auf den Bericht über Kain in 1 Mos, der, nachdem er seinen Bruder Abel ermordet hat, ins Exil zieht, jedoch gemeinsam mit seiner Ehefrau, cf. 1 Mos 4,16f.

16 **cfr. p. 185 ganz unten**] verweist auf p. 185 des Manuskripts zu Journal JJ; cf. die Aufzeichnung JJ:332, von wo aus mit »ad p. 171 ganz unten« hierher zurückverwiesen wird.

17 **cfr. p. 194**] verweist auf p. 194 des Manuskripts zu Journal JJ; cf. die Aufzeichnung JJ:339. Auf dieser Manuskriptseite befinden sich eben die Aufzeichnung JJ:339, sowie (die vielleicht später hinzugefügten) Randbemerkungen a-d, und außerdem der erste Satz der Aufzeichnung JJ:340.

249 1 **Enthymema**] bei Aristoteles ein rhetorischer Schluss, der unvollständig ist, d.h. bei dem mindestens eine Prämisse fehlt, die also (›in Gedanken‹) zu ergänzen ist.

10 **Enthymema in Aristoteles' Rhetorik**] Aristoteles *Rhetorik*, 1. Buch, Kap. 1 (1355a 8-14): »da der rhetorische Beweis das Enthymema ist, und dieses, um es kurz zu sagen, das triftigste Ueberzeugungsmittel ist; und da das Enthymema ein Syllogismus ist [. . .]: so ist natürlich, daß, Wer am Meisten im Stande ist zu erkennen, woraus und wie ein Syllogismus entsteht, auch auf En-

thymemen sich am Besten verstehen wird, indem er noch darauf achtet, worüber man Enthymemen bilde, und welche Unterscheidungen zwischen ihnen und den logischen Syllogismen sich vorfinden.«, *Rhetorik* (→ 240,1), p. 15. Cf. auch 1. Buch, Kap. 2 (1355b 26 - 1358a 35), *Rhetorik*, pp. 21-32, und 2. Buch, Kap. 22 (1395b 20 - 1397a 6), *Rhetorik*, pp. 182-186.

13 249 **Sorge über seine Sünde**] dän. »Sorg over sin Synd«. ›Sorge, Kummer, Leid über seine Sünde‹, cf. z.B. den Titel von Johann Arndts *Sämtliche geistreiche Bücher vom wahren Christentum, welche handeln von heilsamer Buße, herzlicher Reue und Leid über die Sünde, wahrem Glauben, auch heiligem Leben und Wandel der rechten wahren Christen* (→ 302,5).

26 249 **Diana … selbst unverheiratet, half sie**] Die ewig jungfräuliche Diana war in der röm. Mythologie (wie Artemis in der gr.) die Göttin u.a. der Jagd und Fruchtbarkeit; als solche war sie bei Geburten behilflich und linderte die Schmerzen der Gebärenden (→ 151,2). Diana soll als die Erstgeborene die Schmerzen ihrer Mutter während der Geburt des Zwillingsbruders Apollo miterlebt haben; sie bat daher ihren Vater Jupiter (in der gr. Mythologie Zeus) darum, ihr ganzes Leben lang Jungfrau bleiben zu dürfen und bekam diese Bitte erfüllt, cf. z.B. den Artikel »DIANA« in *Neues mythologisches Wörterbuch* (→ 5,17), Bd. 1, pp. 615-625, insbesondere pp. 619f.

1 250 **in Griechenland war das Theater Gottesdienst, auch in Persien**] cf. z.B. F. A. Brockhaus *Conversations-Lexikon* (→ 53,23), Bd. 11, 1836, p. 154: »Nach den Tempeln waren bei den Griechen und Römern die Schauspielhäuser die vornehmsten Gebäude, da sie nicht blos zum Vergnügen dienten, sondern auch zu einem Theile des Gottesdienstes bestimmt waren.« Cf. auch die Aufzeichnung Not7:24 in *SKS* 19, 212 / *T* 1, 254f., aus den Jahren 1840-1841: »Dass das Theater für die Heiden eigentl. das war, was für uns die Kirche ist, sieht man auch daraus, dass das Theater umsonst war, und es fiel den Heiden ebenso wenig ein, dass der Theaterbesuch etwas

kosten solle, wie uns der Kirchenbesuch. Überhaupt ließe sich diese Auffassung des Theaters
zu einer umfassenderen Anschauung des Heidentums ausweiten.«

2 **ni fallor]** lat., ›wenn ich (mich) nicht irre‹.

2 **derjenige, der auf eigene Rechnung ... im
Himmel belohnt wurde]** verweist auf den
wohlhabenden Bürger (Chorege), der von der
Obrigkeit in Athen (Archonten) für die ehren-
volle Aufgabe ernannt wurde, für die Kostümie-
rung und Einstudierung des Chores in einem
Schauspiel aufzukommen, wenn es zur Aufführ-
rung bei den religiös geprägten Dichterkonkur-
renzen (Dionysien) ausgewählt worden war, cf.
z.B. Flavius Philostratus *Leben des Apollonius von
Tyana* (→ 153,24), p. 504, Anm. Die Schauspieler
wurden vom Staat entlohnt.

250 14 **in unserer Zeit, die Pfarrer ... Flagellationen
u.s.w.]** nicht dokumentiert. – Flagellationen:
Auspeitschung, Züchtigung, Geißelung, auch
als selbstauferlegte Buße für Sünden und Laster.

16 **Münter strengt sich besonders auf diesem Gebiet an]** verweist vermutlich auf eine Predigt
von Münter über die Epistel (I Kor 9,24-10,6)
zum Sonntag Septuagesimae (1845 am 19. Januar), als er im Hauptgottesdienst in der
Schlosskirche und im Abendgottesdienst in der
Holmens Kirche predigte. Münters Predigt ist
nicht bekannt, aber er könnte mit Bezug auf I
Kor 9,27 eine Predigt gegen die Askese gehalten
haben: »vielmehr züchtige und unterwerfe ich
meinen Leib, damit ich nicht anderen predige
und selbst verworfen werde«. Aus einer Aufzeichnung mit dem Titel *»Misslichkeiten* im ora-
torischen Vortrag« (*Pap.* VI B 129) geht hervor,
dass SK eben diese Predigt gehört hat. – **Münter:** Balthasar Münter (1794-1867), dän. Geistlicher, ab 1828 Hofprediger, ab 1835 erster residierender Kaplan an der Holmens Kirche, ab 1837
Lehrer und einer der Direktoren des Königlichen Pastoralseminars.

251 2 **Bischof Mynster negligieren ... die Rede ist]**
verweist vermutlich auf Mynsters Predigt über
dieselbe Epistel, »Om Alvorlighed i vor Christendom. Paa Søndagen Septuagesima« [Über
Ernsthaftigkeit in unserem Christentum. Am
Sonntag Septuagesima], in *Prædikener paa alle*

Søn- og Hellig-Dage i Aaret (→ 170,6), Bd. 1, pp.
178-191. Mynster zufolge bestehe der wahre
Ernst darin, in allem das Heil der Seele zu suchen: »es ergibt sich aber von selbst, dass, da der
Mensch eine höhere Natur hat als die, die mit
dem Namen Fleisch und Blut bezeichnet wird,
der Geist in ihm über die sinnlichen Triebe siegen soll und dass wir deshalb von Enthaltsamkeit reden müssen«, pp. 183f. In gleicher Weise
verpflichtet Mynster den Christen darauf, »in
der Stunde der Versuchung [zu bestehen], wenn
der Kampf schwer wird, wenn es vielleicht gilt,
deiner liebsten Lust zu entsagen«, p. 187. –
Mynster negligieren: Man konnte Mynster als
Prediger wohl kaum übersehen oder vernach-
lässigen, als Oberhaupt der Dänischen Staatskirche wurde er jedoch insbesondere von grundtvigianischen Kreisen für seinen mangelnden
Willen zu durchgreifenden Reformen kritisiert.
So traf sein *Udkast til en Alterbog og et Kirke-
Ritual for Danmark*, Kph. 1838, auf so großen Widerstand, dass der Entwurf ad acta gelegt
wurde, während sein *Udkast til et Tillæg til den
evangelisk-christelige Psalmebog (Foreløbig udgivet
som Prøve)* (→ 233,32) trotz großer Kritik zum
Zeitpunkt der Publikation im Jahr 1843, im Jahr
1845 schließlich autorisiert wurde.

Jetzt ist der Augenblick da] »Jetzt« verweist 5 251
vermutlich auf die Veröffentlichung von *Stadien
auf des Lebens Weg* am 30. April 1845 (→ 247,4).

**In Entweder – Oder ... gab es nur zwei Mo- 12 251
mente]** In seinem Vorwort zu *Entweder – Oder*
(→ 161,17) erklärt der Herausgeber des Werkes,
Victor Eremita, dass der 1. Teil (die Papiere von
A) »vielfältige Anläufe zu einer ästhetischen Lebens-Anschauung«, der 2. Teil dagegen (Bs
Briefe an A) »eine ethische Lebens-Anschauung« enthält, *SKS* 2, 21,2 / *GW1 EO1*, 15. Der
Verfasser von As Papieren kann nicht identifiziert werden, aber sie enthalten u.a. »Das Tagebuch des Verführers«, worin ein gewisser Johannes als Verfasser angegeben wird; der Verfasser
von Bs Papieren wird mit einem Gerichtsrat des
Hof- und Stadtgerichts mit Namen Wilhelm
identifiziert.

15 **mit einer Predigt endete ... Wahrheit für mich ist]** → 161,18.

17 **von dort der Ausgangspunkt für meine erbaulichen Reden]** SKs erste erbauliche Reden, *Zwei erbauliche Reden*, erschienen am 16. Mai 1843 (→ 174,5).

19 **In den Stadien gibt es 3 Momente]** *Stadien auf des Lebens Weg* (→ 247,4) ist in drei Teile unterteilt: (1) »›In vino veritas‹«, worin fünf Ästhetiker an einem Gastmahl teilnehmen, und zwar Johannes der Verführer und Victor Eremita, bekannt aus *Entweder – Oder*, Der junge Mensch und Constantin Constantius, beide bekannt aus *Die Wiederholung* (→ 197,1), sowie der Modehändler; (2) eine Abhandlung über die Ehe des Gerichtsrats Wilhelm (→ 247m,1); und (3) eine Reihe Tagebuchaufzeichnungen eines Quidam, der eine Verlobung gelöst hat, sowie ein Schreiben an den Leser dieses Tagebuchs von dessen ›wirklichem‹ Verfasser, dem Pseudonym Frater Taciturnus (→ 247,4).

22 **eine Erinnerung]** verweist auf den ersten Teil mit dem Titel »›In vino veritas‹. Eine Erinnerung nacherzählt von William Afham«, *SKS* 6, 15 / *GW1 SLW* [7].

29 **die Frau nur ein Augenblick ist]** Zum Abschluss des Gastmahls hält Johannes der Verführer eine Lobrede auf die Frau und erklärt, dass sie als Frau nur im einzigartigen Augenblick der Verführung existiert: »Denn was ist das Weib anders als ein Traum und dennoch die höchste Wirklichkeit. So versteht sie der Erotiker und im Augenblick der Verführung führt er sie und lässt sich von ihr führen, aus der Zeit hinaus, wo sie gleich der Illusion zuhause ist. Beim Ehemann wird sie zeitlich und er durch sie.«, *SKS* 6, 78,24-28 / *GW1 SLW* 83.

30 **die Schönheit der Frau zunimmt mit den Jahren]** Gerichtsrat Wilhelm schreibt genau dies in *SKS* 6, 123,27, cf. 124,2 und 127,4 / *GW1 SLW* 137, Anm., cf. 138 und 140.

252 3 **das Religiöse ... Quidam des Experiments]** cf. »Zuschrift an den Leser von Frater Taciturnus«, d.h. Taciturnus' Nachschrift zu seinem psychologischen »Experiment« (→ 247,4), wo er schreibt, dass »das Problem selber, die Idee der Sündenvergebung [...] außerhalb der Aufgabe [liegt], welche das Experiment sich gestellt hat,

denn der Quidam des Experiments ist lediglich eine dämonische Gestalt in Richtung auf das Religiöse«, *SKS* 6, 446,13-15 / *GW1 SLW* 515. – **Quidam**: lat., (unbestimmtes maskulines Pronomen; zur Bezeichnung einer Person, bei der es nicht auf eine genauere Beschreibung ankommt) ›irgendeiner‹.

4 **Humor als dessen Voraussetzung und Inkognito]** In »Zuschrift an den Leser von Frater Taciturnus« bezeichnet Taciturnus diese Voraussetzung des Religiösen jedoch nicht als Humor. SK verweist hier vermutlich auf sein Verständnis der Einheit zw. dem Komischen und dem Tragischen, die Frater Taciturnus in seiner Bestimmung der Position Quidams verwendet; »denn ich begreife wohl die Einheit des Komischen und des Tragischen, jedoch nicht, woher er die neue höhere Leidenschaft empfängt, welche das Religiöse ist«, *SKS* 6, 403,18-20 / *GW1 SLW* 464.

5 **Frater Taciturnus]** lat., ›der verschwiegene Bruder‹. Eine Person mit Namen »Bruder Taciturnus« kommt in der Erzählung »Der Schaz« von Johann Nepomuk Graf Mailáth von Székhely vor (in *Magyarische Sagen und Maehrchen*, Brünn 1825, Ktl. 1411, pp. 108-132): Die Erzählung spielt in Käsmark im damals ungarischen Komitat Zips um das Jahr 1400. In einem Benediktinerkloster findet die Hauptperson, Günter, die Geschichte des Bruder Taciturnus in einer alten Pergamenthandschrift niedergeschrieben. Dieser Bruder war ursprünglich ein heidnischer »Táltos«, ein schamanischer Zauberer mit Namen Tolzán. In seinem Hass auf die christlichen Einwohner Ungarns wollte er das goldene Kruzifix stehlen, das, versteckt im Inneren eines Berges, den Reichtum und die Fruchtbarkeit des Landes sicherte. Sein Vorhaben wurde jedoch vom Wächter des Kruzifixes vereitelt, und zur Strafe wurde er taub und stumm, so wie er auch jedes Jahr an einem Tag in Verzückung die Qual der Verdammnis wieder durchleben musste. An einem solchen Tag fand ihn ein Mönch ohnmächtig im Wald liegend und führte ihn in ein Kloster. Dort wusste man nichts über seine Vergangenheit, und aufgrund seiner Schweigsamkeit bekam er den Namen Bruder Taciturnus. In dem Kloster diente er lange Zeit. Er war streng

gegen sich selbst und unermüdlich in seinen Bußübungen. Kurz vor seinem Tod erhielt er jedoch seine Sprache zurück und erzählte dem Abt seine Geschichte. Zum Abschluss seiner Erzählung bat Bruder Taciturnus in den Bund der Christen aufgenommen zu werden, was auch geschah. Darauf starb er. – Zu SKs Zeit und möglicherweise bereits vor der Publikation von *Stadien auf des Lebens Weg*, worin SK das Pseudonym Frater Taciturnus (→ 247,4) einführt, wurde ein wortkarger Kopenhagener Gastwirt »Frater Taciturnus« genannt, cf. J. J. Davidsen *Fra det gamle Kongens Kjøbenhavn* Bd. 1-2, Kph. 1880-1881; Bd. 1, pp. 324f.

252   6   **d. 14. Mai 1845**] Am Dienstag den 13. Mai 1845 reiste SK mit dem Dampfschiff »Geiser« von Kopenhagen nach Stettin, cf. *Berlingske Tidende* vom gleichen Tag (Nr. 112): »Das Dampfschiff ›Geiser‹ fährt von hier aus bis auf weiteres jeden Dienstag Nachmittag um 3 Uhr nach Stettin und Swinemünde ab. Die Einschreibung der Reisenden findet bis eine Stunde vor dem Abgang des Schiffes im unterzeichneten Contoir statt, wo die Pässe abgegeben werden und am gleichen Tag bis 10 Uhr Vormittag die Anmeldung zum Transport von Pferden und Wagen entgegengenommen wird. / Die Personenpost-Expedition Kopenhagen, 1843. / Thayssen.« Die Eisenbahn zwischen Stettin und Berlin war zu dieser Zeit ganz fertig gestellt, und SK konnte daher den verbleibenden Teil der Reise mit dem Zug fortsetzen (→ 180,26). – Am Sonnabend, dem 24. Mai kehrte SK nach Kopenhagen zurück, wiederum mit der »Geiser«, cf. *Berlingske Tidende* vom gleichen Tag (Nr. 123): »Am 24. Mai mit der ›Geiser‹ aus Stettin angekommen: [. . .] Magister Kierkegaard.«

8   **Die einzige brauchbare Figur . . . Bursch**] cf. die Rubrik »Reisende« in *Berlingske Tidende* vom 15. Mai 1845, Nr. 115: »Abgehend mit der ›Geiser‹ nach Stettin und Swinemünde am 13. Mai: Part[ikülier] Hagen, Frl. Bjørn, Arzt Bock, Leutnant Møller, Hr. Amsberg, Discipel Benzen, Kauf[mann] Hammer, Kap[itän] aus Flensborg, Direktor Facelides, Ökonom Werner, Baronesse Løvenskjold mit Pflegetochter und Diener, Student Bugge, Baronesse M. Løvenskjold, Magis-

ter Kierkegaard, die Kandidaten Smidt und Ebehrt, Handelsmann Thorup, Pächter Jacobsen mit Gattin, Frl. Siendorph, Hr. Jacobsen mit Familie, Hr. Rømer, nebst 4 Handwerksgesellen.«

Hr. Hagen] Lauritz Terpager Hagen (1791-1873),   14 dän. Apotheker. Er begann seine Lehre als 15-jähriger in der Svaneapoteket [Schwanenapotheke] in der Østergade in Kph. 1814 wurde er Kandidat der Pharmazie, 1816 dann Miteigentümer der Apotheke, die er nach dem Tod seines Kompagnons im Jahre 1818 noch im gleichen Jahr als Alleininhaber übernahm. 1819 bekam er die Zulassung als Apotheker, doch bereits 1825 verkaufte er die Apotheke an einen früheren Assistenten. Den Rest seines Lebens verbrachte er als unverheirateter Rentier. Noch im Jahre 1845 war seine Adresse die der Apotheke an der östlichen Ecke Østergade und Pedermadsensgang, der heutigen Ny Østergade (s. *Karte 2, D2*). Auf der Liste der Reisenden ist er als »Part. Hagen« aufgeführt, d.h. als »Partikülier«, ein Privatmann, der von seinem eigenen Vermögen lebt.

cfr. p. 163 in diesem Buch] cf. p. 163 im einge-   25   25? bundenen Manuskript zum vorliegenden Journal, d.h. Aufzeichnung JJ:300, mit der diese Manuskriptseite beginnt.

Nächst dem Unglück] dem Unglück am nächs-   28 ten (ohne selbst derjenige zu sein, den das Unglück trifft).

Sophie Beaumarchai. (Clavigo)] In Goethes   1   252m Trauerspiel *Clavigo*, in *Goethe's Werke* (→ 227,24), Bd. 10, 1828, pp. 49-124, ist Sophie Guilbert, geb. Beaumarchais, eine Schwester von Marie, die aus Sorge darüber stirbt, dass ihr Verlobter Clavigo sie verlässt. Der Bruder rächt den Tod seiner Schwester, indem er Clavigo tötet. In seiner Darstellung von Marie Beaumarchais in »Schattenrisse« in *Entweder – Oder* bemerkt das Pseudonym A in Parenthese, dass Goethe angedeutet habe, ihre Schwester habe Clavigo gemocht, *SKS* 2, 179,1 / *GW1 EO1*, 195. Cf. *Clavigo*, 3. Akt, wo Sophie Marie erzählt, dass sie Clavigo getroffen hat: »Ich war außer mir als er hereintrat; denn ach! lieb' ich ihn nicht, wie du, mit der vollsten, reinsten, schwesterlichsten Liebe? Hat mich nicht seine Entfernung gekränkt, gemartert?« (*Goethe's Werke* Bd. 10, p. 83.) Am 11. Juli 1845 wurde *Clavigo* erstmals seit der dän. Premiere des Stückes im Jahre 1809 und den daran anschließenden vier Vorstellungen wieder am Königlichen Theater aufgeführt; die Rolle der Sophie Guilbert spielte Anna Nielsen → 280,*16*.

253 *2* **Königlichen Garten**] Rosenborg Have, auch Kongens Have genannt (s. *Karte 2, D1-2*).

2 **im Kirsch- od. Philosophen-Gang**] »Philosophgangen«, heute Vestervoldgade, folgt dem Verlauf des Vestervolds, des westlichen Stadtwalls, und erstreckt sich von Vesterport bis zur Hafeneinfahrt an der Langebro; auf der Außenseite des Vestervolds, hin zum mit Wasser gefüllten Stadtgraben, lag der »Kirsebærsti«, ›Kirschsteig‹, der als romantischer Spazierweg beliebt war (s. *Karte 2, A2*).

253 *10* **dass man aufs Bessere hoffen soll**] dän. Redensart, aufgezeichnet als Nr. 3344 in E. Mau *Dansk Ordsprogs-Skat* (→ 162,*28*), Bd. 1, p. 374. Cf. weiterhin Nr. 1023 in N. F. S. Grundtvig *Danske Ordsprog og Mundheld* (→ 162,*28*), p. 38: »Man soll zu jeder Zeit das Beste hoffen (das Schlechte kommt von selbst.)«

11 **nach Regen kommt Sonnenschein**] → 170,*7*. Cf. das dän. Sprichwort »Auf Sonnenschein folgt Regen, und auf Regen folgt trockenes Wetter«, aufgezeichnet in E. Mau *Dansk Ordsprogs-Skat* (→ 162,*28*), Bd. 2, p. 158.

17 **Ich ... wie Emeline mit ihrem Vater**] → 201,*16*. *Den første Kjærlighed* wurde am 3. Mai 1845 zum 60. Mal aufgeführt und am 16. Mai – während SK in Berlin war (→ 252,*6*) – zum 61. Mal.

19 **Alles, was Gott tut, gut ist**] cf. das dän. Sprichwort »Was Gott tut, ist wohl getan«, aufgezeichnet als Nr. 3273 in E. Mau *Dansk Ordsprogs-Skat* (→ 162,*28*), Bd. 1, p. 366; darüber hinaus eine Anspielung auf den priesterschriftlichen Schöpfungsbericht in Gen 1.

24 **Bewegung der Unendlichkeit**] cf. »Vorläufige Expektoration« in *Furcht und Zittern* (→ 189,*16*), *SKS* 4, 123-147 / *GW1 FZ* 23-56.

254 *1* **Davids Psalmen ... die Eingeweide erschüttert ... Bald hofft er ... bald ewig, bald für die Zeit ... bald tröstet er ... Feinde u. s. w.**] deutet darauf hin, dass im AT, bisweilen auch in den Psalmen, des Öfteren von Herz und Niere die

Rede ist, cf. z.B. Ps 7,10; Jer 11,20, Thr 3,13. – **Bald hofft er ... bald ewig, bald für die Zeit**: die Psalmisten verleihen der Hoffnung Ausdruck sowohl auf ewigen Schutz und auf Erlösung aus dem Totenreich – cf. z.B. Ps 30,4; 40,2-3; 49,11-21 – als auch auf Vergebung und Schutz vor Feinden und Leiden, cf. z.B. Ps 39,8-14; 71; 104,24-30; 130,7-8. – **bald tröstet er sich mit seiner Unschuld**: so z.B. Ps 7,9; 17,3; 26,1-12. – **bald verflucht er Feinde**: d.h. sowohl seine eigenen Feinde als auch die Gottes und Israels, cf. z.B. Ps 5,9-11; 59,9-16; 137,7-9; 140,10-11.

ad p. 171 ganz unten] verweist auf p. 171 des *20* 254 Manuskripts zu JJ, cf. den ersten Verweis »cfr. p. 185 ganz unten« am Ende der Randbemerkung b in der Aufzeichnung JJ:317, von wo aus hierher auf die vorliegende Stelle Bezug genommen wird.

Davids Psalmen ... um auf Du und Du mit *24* **Gott zu kommen**] cf. z.B. Ps 73,23-28.

wenn wir ... die Elendsten von allen] Anspielung auf I Kor 15,19. *28* 254

Gottesfurcht trägt Verheißung für das Leben, *30* **das jetzt ist**] Anspielung auf I Tim 4,8.

die Erwartung des Ewigen] Das Thema, in der *33* Zeit das Ewige bzw. eine ewige Seligkeit zu erwarten, behandelt SK eingehend in *Philosophische Brocken* (→ 234,*18* und → 260,*26*), so wie er auch in »Die Erwartung einer ewigen Seligkeit« in *Drei erbauliche Reden* 1844 darüber spricht, cf. *SKS* 5, 250-268 / *GW1, 3R44*, 163-184.

Verheißung für dieses Leben] → 254,*30*. *2* 255

Verheißung für das Leben, das da kommt] *3* → 254,*30*.

Äußerung von Sokrates ... auf See umgekommen] SKs Paraphrase von Platons Dialog *Gor-* *10* *gias* (511d - 512a), wo Sokrates im Gegensatz zu einem Redner, der sich mit seiner Redekunst (Rhetorik) brüstet, von einem bescheidenen Seemann erzählt, der durch seine Seemannskunst (Navigation) jemanden vor dem Ertrinken rettet: »er selbst, der diese Kunst besitzt und dies geleistet hat, steigt aus und geht am Ufer auf und ab neben seinem Schiffe gar bescheidenen Ansehns. Er weiß nemlich, so denke ich, zu berechnen, daß ihm unbewußt ist, welchen der

9. Kupferstich aus P. O. Brøndsteds Übers. der Aischylos-Tragödie
Choephóroi (→ 256,1)

Schiffsgesellschaft er wirklich Nuzen gestiftet
hat, indem er sie nicht ertrinken ließ, und welchen vielleicht Schaden, da er ja weiß, daß er sie
um nichts besser ausgesezt hat als sie eingestie-
gen waren, weder dem Leibe noch der Seele
nach.«, (Platons Werke (→ 168,3), 2,1 (Bd. 3),
1818, pp. 140-141, *Udvalgte Dialoger af Platon*, Bd.
3, p. 165).

29 **die griechische Skepsis**] Der ältere gr. Skeptizismus, der Vorläufer unter den Vorsokratikern
hatte (u.a. Eleaten und Sophisten), gründete mit
Pyrrhon von Elis (um 365-275 v.Chr.) und dessen Schüler Timon von Phleious (um 320-230
v.Chr.) die erste Schule. Dieser Skeptizismus
fand mit Arkesilaos und später Karneades
(→ 244m,1) Eingang in die von Platon gegrün-
dete Akademie, den so genannten akademischen Skeptizismus, und wurde später im Neo-
skeptizismus weitergeführt, der mit dem gr.
Arzt und Philosophen Sextus Empiricus (um
160-210 n.Chr.) entstand.

31 **der systematisch Betörte**] könnte auch als »der
Systematische, Betörte« gelesen werden.

256 1 **Im Heidentum sah ... entsetzlichen Gestalten**]
verweist auf die Rachegöttinnen der gr. Mythologie (Erinnyen, röm. Furien), die mit Schlan-
genhaar auf dem Kopf und Dolchen und Fa-
ckeln in den Händen Verbrecher verfolgten; so
etwa den Orestes, nachdem er, um den Mord an
seinem Vater, König Agamemnon, zu rächen,
seine Mutter, Königin Klytämnestra, ermordet
hatte, cf. Aischylos' Tragödie *Die Choephoren* (die
zweite in der Trilogie *Orestie*) v. 1035-1050, in
Orestias, Trilogie af Æschylos (wo die Tragödie
»Sonofferbærerinderne [Die Weihgussträgerin-
nen]« genannt wird), übers. von P. O. Brønd-
sted, hg. von N. V. Dorph, Kph. 1844, Ktl. 1049,
pp. 114f.; *SKS-E*. Die Stelle ist mit einem Kupferstich von W. Eckersberg illustriert, nach einer
Konturzeichnung von J. Flaxman; s. Abb. 9.

256m 1 **weil die Furien ... Ruhe fand**] In der gr. Religion wurde der Tempel als ein Asyl für den betrachtet, der aufgrund eines Verbrechens von
den Furien verfolgt wurde; so wurde den Furien
von Apollo der Zugang zu seinem Tempel in
Delphi verwehrt, in dem Orestes Zuflucht gesucht hatte, cf. Aischylos' Tragödie *Die Eumeni-*

den (die dritte in der Trilogie *Orestie*), v. 170f.,
Orestias, Trilogie af Æschylos (→ 256,1), p. 126.

cfr. p. 182] cf. p. 182 im Manuskript zu JJ, und 14 256
zwar die Aufzeichnung JJ:331, die auf dieser
Manuskriptseite beginnt.

doch nicht mein, sondern Dein Wille] cf. Jesu 15
Gebet im Garten von Getsemani vor seiner Gefangennahme, Lk 22,42.

Gott will, dass wir froh sind] cf. z.B. Paulus' 23
Ermahnung an die Gemeinde in Thessaloniki (I
Thess 5,16), wie auch an die Gemeinde in Phi-
lippi (Phil 4,4).

geht jeden Sonntag 3-mal in die Kirche] näm- 1 257
lich zur Morgenandacht, in den Hauptgottesdienst und zur Abendandacht.

das sokratische Wort ... erwidern konnte] Geht 5
zurück auf den röm. Philosophen und Schriftsteller Seneca *De beneficiis*, 5. Buch, Kap. 6,2, cf.
z.B. *Lucius Annäus Seneca des Philosophen Werke*,
übers. von J. M. Moser, G. H. Moser und A.
Pauly, Bd. 1-15 mit durchlaufender Paginierung
(in *Römische Prosaiker in neuen Übersetzungen* Bd.
19-20, Bd. 25, Bd. 33, Bd. 41, Bd. 45-46, Bd. 50,
Bd. 53-55, Bd. 67, Bd. 73, Bd. 111 und Bd. 115),
Stuttgart 1828-1836, Ktl. 1280-1280c; Bd. 7, 1829,
pp. 849f.: »Der König Archelaus bat den Socrates, er möchte zu ihm kommen. Man sagt, Socrates habe geantwortet, er sey nicht gesonnen, zu
einem Manne zu gehen, um Wohlthaten von
ihm anzunehmen, während er nicht im Stande
wäre, ihm gleiche zu erstatten.« – **König Archelaos**: Archelaos I., makedonischer König (um
413-399 v.Chr.).

im Mohammedanismus ... guten Werke auf] 10
Traditionell legt der Islam (Mohammedanismus) großes Gewicht auf das Gesetz und gute
Werke; jedoch lehrt der Koran nicht, dass gute
Werke in sich selbst rechtfertigend seien, sondern sie sind dies nur im Zusammenhang mit
dem Glauben, so z.B. *Der Koran* (→ 171,16), p. 204
(13. Sure, v. 28): »Die nun glauben und das Gute
thun, genießen Seligkeit, und selig ist ihr Eintritt
in's Paradies.« – **im Mittelalt.**: verweist vermutlich auf die vielen rituellen und institutionellen
Werke, die im Mittelalter als seligmachend an-

gesehen, jedoch von der Reformation verworfen wurden.

257 22 **In »Biblische Legenden ... 4 Engel dahinter her]** G. Weil *Biblische Legenden der Muselmänner*, Frankfurt am Main 1845, Ktl. 865, pp. 185f.: »Als Moses ohne Aron in's Lager zurückkehrte und den ihn nach seinem Bruder fragenden Israeliten dessen Tod verkündete, kam er bei ihnen in Verdacht, ihn ermordet zu haben. Manche scheuten sich sogar nicht, ihren Verdacht öffentlich auszusprechen. Moses betete zu Gott, vor den Augen des ganzen Volkes seine Unschuld darzuthun. Da holten vier Engel Arons Sarg aus der Höhle und hoben ihn über das Lager der Israeliten, so daß ihn ein Jeder sehen konnte. Dann rief einer der Engel aus: Gott hat Arons Seele zu sich genommen*). [*Cf. die Fußnote:* *) Ganz nach dem Midrasch Fol. 255, wo sogar erzählt wird, die Israeliten haben Moses steinigen wollen, bis Engel den Sarg in die Höhe hoben, vor welchem Gott selbst trauernd einherschritt.]«

257 29 **Im selben Buch ... missglückt es ihnen]** cf. G. Weil *Biblische Legenden der Muselmänner* (→ 257,22), insbesondere die Erzählung pp. 209-212. Dabei handelt es sich um eine Variation der alttestamentlichen Erzählung von König David, der sich von Batsebas Schönheit in Versuchung führen lässt, den Tod ihres Mannes Urija zu arrangieren (cf. II Sam 11): Auf dem Weg heim vom Gebet hört David, wie zwei seiner Untertanen darüber diskutieren, ob er selbst oder ob Abraham der größte Prophet sei. Der eine von ihnen ist nicht der Meinung, dass David eine Tat vollbracht hat, die einem Vergleich mit Abrahams Bereitwilligkeit zur Opferung seines Sohnes Isaak standhält (cf. Gen 22). »Sobald David nach Hause kam, fiel er vor Gott nieder und betete: Herr! der du Abraham's Treue und Gehorsam im Scheiterhaufen erprobt, gib auch mir Gelegenheit, meinem Volke zu zeigen, daß meine Liebe zu dir allen Versuchungen widersteht!«, p. 209. Davids Gebet wird erhört, doch es gelingt ihm nicht, Sajas [so bei Weil] Schönheit zu widerstehen und er erteilt den Befehl, ihren Mann Uria [so bei Weil] auf einen tödli-

chen Posten zu beordern. Die Erzengel Gabril und Mikail konfrontieren ihn mit seiner Sünde, indem sie ihm – wie Nathan im AT (cf. II Sam 12) – von einem reichen Mann erzählen, der einen armen betrügt. David entrüstet sich über den reichen Mann und verurteilt damit sich selbst: »Dein Vergehen ist um so größer, als du selbst um eine Versuchung gebeten, ohne die Kraft zu haben, ihr zu widerstehen.«, pp. 211f.

ein psychologisches Experiment] s. JJ:317. 2 **25**

angehender Geistlicher] Kandidat der Theolo- 3 gie, der nach der theologischen Dienstprüfung (→ 169,24) das Pastoralseminar besucht, um als Pfarrer ordiniert werden zu können. Im Pastoralseminar (das es zu SKs Zeit nur in Kopenhagen gab) besuchten die Kandidaten in zwei Semestern Kurse in Homiletik, Katechismusunterricht, Liturgie, Kirchenrecht und Seelsorge. Die Ausbildung beinhaltete eine Probepredigt, und mit einer Abschlusspredigt (»Demis- od. Dimispredigt«) endete das Examen des Kandidaten. SK besuchte das Pastoralseminar von November 1840 bis September 1841, hielt seine Probepredigt am 12. Januar 1841 in Holmens Kirche, seine Abschlusspredigt jedoch erst am 24. Februar 1844 in der Trinitatis Kirche.

kanonische Recht] Das kanonische Recht galt in 8 Dänemark nur bis zur Einführung der Reformation im Jahre 1536, jedoch war im Bereich des zivilen Rechts diese besondere Art der Verbindung von Jura und Theologie auch weiterhin als Quelle erkennbar, cf. *Danske Lov* (→ 160,1), 2. Buch (von der Religion und der Geistlichkeit). Während SK das Pastoralseminar besuchte, referierte der Professor der Rechtswissenschaft J. L. A. Kolderup-Rosenvinge im Fach Kirchenrecht (hierunter kanonisches Recht) seinen eigenen *Grundrids af den danske Kirkeret. Til Brug ved Forelæsninger* Bd. 1-2, Kph. 1838-1840.

Sünden ... non judicat ecclesia] Das kanoni- 9 sche Recht teilt sündige Handlungen in *actus interni* (lat., ›innere Taten‹), *actus externi* (›äußere Taten‹) und *actus mixti* (›gemischte Taten‹). – **de occultis non judicat ecclesia]** lat., ›die Kirche richtet nicht über das Verborgene, in geheimen Sachen‹; ein bekannter Satz der kanonischen Rechtspraxis, dessen Ursprung auf Papst Inno-

zenz III. zurückgeht. Dieser hat um 1213 anlässlich eines Falles von Simonie in einem Dekret
auf die Kirche verwiesen, »quae non iudicat de
occultis« (aufgenommen als Kap. 33 in *Decreta-
lium Gregorii IX*, Buch 5,3), cf. *Corpus juris canonici Gregorii XIII Pont. Max. auctoritate post emendationem absolutam editum* (→ 260m,33), Bd. 2 (mit
dem Bandtitel *Decretales iussu Gregorii IX. Collec-
tas cum libro sexto Clementinis et extravagantibus
tum Joannis XXII tum communibus continens*), Sp.
726. – Laut kanonischem Recht hatte die Kirche
somit die Befugnis, gewisse innere Taten zu *verbieten*, sie konnte jedoch über solche kein *Urteil
sprechen*, da sie einzig und allein unter »Gottes
Urteil« fielen, cf. den Titel des ersten Entwurfes
für ein »psychologisches Experiment« (s. JJ:317),
von wo aus hierher verwiesen wird (s. JJ:317.b).
SKs Quelle ist nicht identifiziert.

258m 17 **meine Kanzel**] lt. der Predigtlisten der Zeitungen war es insbesondere beim Abendgottes-
dienst allgemein üblich, dass »ein Kandidat aus
dem Pastoralseminar« predigte.

19 **das Totenlager und das Krankenbett**] Wenn ein
Pfarrer an ein Toten- oder Krankenlager gerufen
wurde, musste er das Evangelium sowie die Vergebung der Sünden verkünden, die Beichte ab-
nehmen und das Sakrament des Abendmahls
reichen, cf. *Danske Lov* (→ 160,1), 2. Buch, Kap. 7,
§ 3-6, und *Kirke-Ritualet* (→ 186,4), pp. 169-192.

29 **Soll ich es selbst melden ... Tätigkeit verhindert**] verweist vermutlich auf die gesetzlich vor-
geschriebene Praxis, dass sich ein Kandidat der
Theologie vor dem Eintritt in ein Pfarramt beim
Bischof einzufinden hatte, »der ihn befragen
soll, und so er ihn an Gelehrsamkeit und Lebensführung für tauglich befindet, so solle er
ihn ohne weitere Verzögerung mit den vorgeschriebenen Zeremonien zum Pfarrer ordinie-
ren«, *Danske Lov* (→ 160,1), 2. Buch, Kap. 3, § 2,
cf. 2. Buch, Kap. 2, § 2.

33 **ein neues Exemplar des kanonischen Rechts**]
z.B. das Werk *Corpus juris canonici Gregorii XIII
Pontif. Max. auctoritate post emendationem absolutam editum*, hg. von J. H. Boehmer, Bd. 1-2, Halle
1747, das J. L. A. Kolderup-Rosenvinge in
*Grundrids af den danske Kirkeret. Til Brug ved Fo-
relæsninger* (→ 258,8), Bd. 1, pp. 17f., zu den »besten Ausgaben des *Corpus juris canonici*« zählt.

Als die neueste nennt er eine Auswahl in dt.
Übersetzung, nämlich *Das Corpus Juris Canonici
in seinen wichtigsten und anwendbarsten Theilen*
Bd. 1-2, hg. von B. Schilling und C. F. F. Sintenis,
Leipzig 1834-1837.

cfr. p. 182. 189] cf. die Aufzeichnung JJ:331, die 18 258
auf p. 182 des Manuskripts zu JJ beginnt bzw.
JJ:335, die auf p. 189 des Manuskripts beginnt.

einen historischen ... zu bekommen] → 260,26. 10 260

Ein Verschlossener ... er verschlossen war] Für 13 260
ähnliche Entwürfe eines psychologischen Experiments im vorliegenden Journal cf. JJ:317, JJ:332
und JJ:339.

Die Ewigkeit der Höllen-Strafen] Sowohl das 22 260
AT als auch das NT bezeichnen die Strafen der
Hölle als ewige, cf. z.B. »ewige Abscheu« (Dan
12,2), »die ewige Strafe« (Mt 25,46) und insbesondere Paulus, II Thess 1,9.

das Problem der »Brocken«] Das Problem, das 26
in *Philosophische Brocken* (→ 234,18) behandelt
wird, ist auf dem Titelblatt angegeben: »Kann es
einen geschichtlichen Ausgangspunkt für ein
ewiges Bewusstsein geben; inwiefern vermag
ein solcher mehr als [bloß] geschichtlich zu interessieren; kann man eine ewige Seligkeit auf ein
geschichtliches Wissen gründen?«, *SKS* 4, 213,9
/ *GW1 PB* [1].

die Kirche lehrt es vergebens] cf. u.a. *Confessio* 29
Augustana, § 17, in *Confessio augustana invariata*,
Havniae 1817, Ktl. 469, p. 24; cf. *Den rette ufo-
randreåe Augsburgske Troesbekjendelse*, übers. von
A. G. Rudelbach, Kph. 1825, Ktl. 386, pp. 57f. Cf.
ferner K. Hase *Hutterus redivivus oder Dogmatik
der evangelisch-lutherischen Kirche*, 4. Aufl., Leipzig 1839 [1829], Ktl. 581, § 132 (»Damnatio et
beatitudo aeterna«), pp. 341-346.

**Beweise, die die Orthodoxen vorgebracht ha-
ben**] cf. die Mitschrift, die SK von H. N. Clau- 1 261
sens Dogmatikvorlesungen (Wintersemester
1833/1834 und Sommersemester 1834) besaß
(gedruckt als *Pap.* I C 19 in Bd. XII, pp. 53-125
und als »Notesbog 1« in *SKS* 19, 7-85). Hier heißt
es unter der Überschrift »*Über die ewige Verdam-
nis und die Höllenstrafen*« u.a.: »Die älteren lutherischen Dogmatiker [...] führten als Gründe für

die Ewigkeit der Strafen an 1 Gottes unendliche
Majestät, die unendliche Strafe fordern dürfe. 2
Gottes Allwissenheit (scientia media), die vor-
aussah, dass die Bösen ewig böse bleiben werden, wenn ihr Leben auch unendlich andauern
würde. 3 meinen sie, dass die Bösen, die in
Sünde gestorben sind, keine Gelegenheit zur
Besserung finden und daher verstocken würden, weshalb ihre Strafe ewig sei. Diese Gründe
lassen sich leicht widerlegen«, Not1:6 in *SKS* 19,
32.

261   7   **gleich dem Instrument des Flötenspielers]** verweist vermutlich auf die *Apologie des Sokrates*
(27b), wo Sokrates seinem Ankläger Meletos folgende Frage stellt:»Giebt es einen, der [...] zwar
keine Flötenspieler glaubt, aber doch Dinge von
Flötenspielern?«, (*Platons Werke* (→ 168,3), 1,2
(Bd. 2), 1818, p. 205).

261   15   **jenem Pförtner ... mit dem Schreiben ... mit
dem Lesen]** Quelle nicht identifiziert.

261   22   **Weil biblische ... Frankfurt a M. 1845]** cf. G.
Weil *Biblische Legenden der Muselmänner*
(→ 257,22), p. 277:»Das wird ein furchtbarer Tag
sein, wo jeder nur an sich selbst denken muß.
Adam wird rufen: O Herr! rette nur meine Seele!
ich kümmere mich weder um Eva noch um
Abel.« In SKs eigenem Exemplar ist das Zitat
mit einem Kreuz und einem senkrechten Strich
am Rand markiert; Anfang und Ende des Zitates sind ebenso mit Bleistift unterstrichen (KA, E
pk. 45).

261   25   **Reden Xsti vom Untergang Jerusalems]** cf. Mt
24,3-28, Mk 13,1-23, und Lk 21,5-24.

261   28   **(Mark. 13,9) Ihr aber seht Euch vor]** SK lässt im
Dän. das Komma hinter »I«, ›Ihr‹, aus, zitiert
jedoch im übrigen aus NT-1819.

261   29   **welthistorischen sozialen Kategorien]** wohl
Anspielung auf Grundtvig (→ 227,32), der das
Volk und die Gemeinde gerne als Kategorien
von welthistorischer Bedeutung ansah
(→ 227,30).

262   4   **wie ein Vogel auf dem Zweig]** → 207,19.

Lady Machbeth aufzufassen] → 163,32. Im Som-   7   262
mer 1845 lag die letzte Aufführung von *Macbeth*
am Königlichen Theater bereits zwei Jahre zurück; sie hatte am 25. März 1843 stattgefunden.
Cromwell] Oliver Cromwell (1599-1658), engl.   33
Puritaner, Feldherr und Staatsmann. Nach einer
von Trunkenheit und Spiel geprägten Jugend
wurde Cromwell von einem religiösen Enthusi-
asmus ergriffen, den er während des Bürgerkrie-
ges bei der Gründung der militanten religiösen
und politischen Partei der Independents einsetzte. Auf Cromwells Veranlassung hin wurde
König Charles I. im Jahre 1649 hingerichtet, worauf die Republik eingeführt wurde; im Jahre
1653 wurde diese wieder abgeschafft und noch
im gleichen Jahr durch ein Protektorat ersetzt,
dem Cromwell als Lordprotektor vorstand.
Während des Protektorats (1653-1658), einer Art
Militärdiktatur, beschäftigte Cromwell eine
große Anzahl von Spionen, um Komplotten vor-
zubeugen; seine Angst entwickelte sich zu einer
regelrechten Paranoia.
Lady Seymour] In Shakespeares *Macbeth* gibt es   25   263
niemanden dieses Namens, gleichwohl aber ei-
nen Offizier, Seyton, der Macbeth die Botschaft
von Lady Macbeths Tod überbringt (5. Akt, 5.
Szene). In einer anderen Tragödie Shakespeares,
Richard II., wird ein »Seymour« genannt (2. Akt,
3. Szene). Möglicherweise verweist SK hier auf
die dritte Königin des engl. Königs Heinrich
VIII., Jane Seymour (um 1505-1537), die ein Hof-
fräulein seiner zweiten Königin war, bevor er
diese im Jahre 1536 hinrichten ließ., cf. z.B. *Beckers Verdenshistorie* (→ 171,4), Bd. 7, 1824, p. 374.

Die Witwe, die 3 Pfennige in den Opferkasten   34   263
legte] Anspielung auf die Erzählung von der
Gabe der armen Witwe, Mk 12,41-44; die Witwe
gab zwei und nicht drei kleine Münzen. – **Opferkasten:** auch Opferblock genannt, zum Ein-
sammeln freiwilliger Beiträge vorgesehen; war
vermutlich im »Vorhof der Heiden« im Jerusalemer Tempel aufgestellt.
den 5 Broten und den 3 Fischen] cf. Mt 14,13-   35
21, wo erzählt wird, dass Jesus in der Wüste
5.000 Menschen mit fünf Broten und zwei Fischen gespeist hat.

64 2 **Zwei Dienstmädchen ... es war Sonntag]**
→ 214,29. – **Sonntag:** falls SK sich hier auf einen
Sonntag nach seiner Rückkehr aus Berlin bezieht (→ 252,6), so muss dies entweder der 25.
Mai, der 1. Juni oder der 8. Juni 1845 sein.

5 **den Lohn in sich selbst zu haben und einst
droben]** vermutlich eine Anspielung auf verschiedene Bibelstellen, die für die Arbeit einen
Lohn im Himmel verheißen, cf. z.B. II Chr 15,7;
Lk 6,23.

7 **halbjährlich od. monatsweise versprochen und
bei gutem Lohn]** Die gesetzlich festgesetzten
Tage für Beginn und Kündigung von Verträgen,
auch in Dienst- und Mietsverhältnissen, waren
der 1. Mai und der 1. November (cf. Verordnung
vom 25. März 1791). Daher musste ein Dienstmädchen wenigstens für ein halbes Jahr zusa-
gen oder eine Zusage erhalten. Zu SKs Zeit wurden Dienstboten jedoch wahrscheinlich auf einer monatlichen Basis eingestellt. Das dän. Wort
»fæste«, das SK hier gebraucht, kann sowohl für
das Eingehen eines Dienstverhältnisses als auch
für das einer Verlobung verwendet werden. Ein
Hausmädchen erhielt neben Kost und Logis
höchstens 30 Reichstaler (→ 181,30) im Jahr.

64 11 **wenn man nicht ... Unsterblichkeit sei]** bezieht
sich auf das Dogma von der individuellen Unsterblichkeit, cf. K. Hase *Hutterus redivivus*
(→ 260,29), § 129, p. 330: »Im christl[ichen] Bgr.
[Begriff] des Todes liegt daher schon die Unsterblich[keit] als ein selbstbewusstes, ewiges
Fortleben des Individuums.« Kurz nach Hegels
Tod begann sowohl unter seinen Anhängern als
auch seinen Gegnern eine lange Diskussion darüber, inwieweit sein Denken Raum für eine individuelle Unsterblichkeit gegeben hat. Auf den
Streit wurde in der *Tidsskrift for udenlandsk theologisk Litteratur,* hg. von H. N. Clausen und
M. H. Hohlenberg, die SK ab 1833 abonniert
hatte (cf. die Subskribentenlisten, die bis 1840
angegeben werden), laufend Bezug genommen.
Cf. ferner »Tanker over Mueligheden af Beviser
for Menneskets Udødelighed, med Hensyn til
den nyeste derhen hørende Literatur« in *Efterladte Skrifter af Poul M. Møller* (→ 161,2), Bd. 2,
1842, pp. 158-272.

in einem kleinen Aufsatz Plutarchs über das 15
Wort: εἰ in Delphi § 18] Plutarch *ΠΕΡΙ ΤΟΥ ΕΙ
ΤΟΥ ΕΝ ΔΕΛΦΟΙΣ* (gr., perí tou ei tou en del-
phois), 18, in *Plutarchi chaeronensis varia scripta
quae moralia vulgo vocantur,* Stereotypausg., Bd.
1-6, Leipzig 1829, Ktl. 1172-1177; Bd. 3, pp. 95-97.
Cf. J. F. S. Kaltwassers dt. Übers. in »Ueber die
Inschrift Ei im Tempel zu Delphi« in *Plutarchs
moralische Abhandlungen,* übers. von J. F. S. Kalt-
wasser, Bd. 1-9, Frankfurt am Main 1783-1800,
Ktl. 1192-1196; Bd. 3, 1786, pp. 508-510; *SKS-E.* –
Plutarch: Plutarch (um 50-125 n.Chr.), gr. Philosoph und Historiker. – **εἰ:** gr., (ei) ›wenn‹ (kon-
ditional).

die gefährlichen Hunde] Zu SKs Zeit waren 20 264
herrenlose Hunde in Kopenhagen eine große
Plage, obwohl man mit Verordnung vom 4. Oktober 1815 frei herumlaufende Hunde verboten
und eine spezielle Hundemarke angeordnet hatte. Diese musste jährlich erneuert werden, sofern der Eigentümer nicht riskieren wollte, dass
sein Hund gefangen und von den Veterinärbe-
hörden eingeschläfert wurde. Auch aufgrund
des häufigen Ausbruchs der Tollwut war der
Biss eines Hundes gefährlich.

Pastor Grundtvigs biernordischer Ausschank] 29 264
verweist vermutlich auf die oppositionellen Zeitungen, die republikanische *Kjøbenhavnsposten*
(8. und 19. Mai 1845, Nr. 105 und 113) und das
liberale *Fædrelandet* (23. und 24. Mai 1845, Nr.
1894 und 1895), die sich, ihrer Gewohnheit zum
Trotz, anlässlich Grundtvigs *Udkast til en ny
Trykkelov fra Literaturens Side betragtet og fraraadt,*
Kph. 1845, dem absolutistischen Grundtvig an-
schlossen. Sie lobten ihn überschwänglich für
seine Kritik an »Udkast til en Anordning om
Trykkefriheden« [Vorschlag für eine Anordnung
im Hinblick auf die Pressefreiheit], der von der
Kanzlei der Ständeversammlung (→ 307,30) in
Roskilde am 16. Oktober 1844 vorgelegt wurde,
cf. *Roskilde Stænder-Tidende* (→ 214,25), Kph. und
Roskilde 1844, Nr. 15-16, Bd.1, Sp. 225-246. SK
könnte ferner auf *Det skandinaviske Selskab* an-
spielen, die 1843 gegründet wurde und in der
Grundtvig (→ 227,32) gerne Tischreden über den
Norden hielt. – **biernordischer:** → 228,7.

265   1 **der Corsar**] satirische Wochenschrift, gegründet im Jahre 1840 von u.a. M. A. Goldschmidt, der bis 1846 der eigentliche Redakteur des republikanischen Blattes war.

      4 **Eine Zeichnung ... Pastor Grundtvig**] *Corsaren* brachte oft satirische Zeichnungen bekannter Personen, jedoch bis dahin keine von Grundtvig (→ 227,32), der aber 1844 in der 22. Lieferung des *Dansk Pantheon, Et Portraitgallerie for Samtiden* (→ 238,4) porträtiert wurde.

265   7 **Vaters Grab**] Am 14. August 1838 wurde SKs Vater, M. P. Kierkegaard (→ 184,31), in der Familiengrabstätte auf dem »Alten Friedhof« des Assistens Kirkegård (→ 227,5) begraben, wo das Grab heute unter der Nr. A 738 registriert ist. M. P. Kierkegaard kaufte die Grabstätte, als seine erste Frau, Kirstine Nielsdatter geb. Royen (1758-1796) starb; später wurden zwei seiner Kinder, Søren Michael (1807-1819) und Maren Kirstine (1797-1822), sowie die Schwiegertochter Elise Marie Kierkegaard geb. Boisen (1806-1837), die mit SKs Bruder Peter Christian verheiratet gewesen war, in der Familiengrabstätte beigesetzt. Nach M. P. Kierkegaards eigenem Tod im Jahre 1838 wurde dort über ihn und SKs Mutter ein Stein gesetzt. Es handelt sich um eine weiße Marmortafel, die folgende, von M. P. Kierkegaard im Voraus formulierte Inschrift trägt: »ANNE KIERKEGAARD / GEB. LUND / GING HEIM ZUM HERRN / AM 31 JULI 1834 / IN IHREM 67 LEBENS-JAHR / GELIEBT UND VERMISST VON / IHREN ZURÜCKGELASSENEN KINDERN / ANGEHÖRIGEN UND FREUNDEN / ABER BESONDERS VON IHREM ALTEN MANN / MICHAEL PEDERSEN / KIERKEGAARD / DER IHR AM 9 AUGUST 1838 / NACHFOLGTE / IN DAS EWIGE LEBEN / IN SEINEM 82 LEBENSJAHR«. Die Tafel befindet sich heute noch auf der Familiengrabstätte.

   10 **Eingang bei der Kurve**] Wenn man von Nørreport aus über die Seen kommend den Nørrelandevej (die heutige Nørrebrogade) entlang zum Assistens Kirkegård ging, kam man linker Hand zu einer Abbiegung, die in den Kirkegaardsvei (heutiger Kapelvej) führt. Von hier aus gab es vier Eingänge zum Friedhof.

Engel in seiner Mimik ... er anführt] cf. J. J. 32 26! Engel *Ideen zu einer Mimik* Bd. 1-2, Berlin 1785-1786, Ktl. 1403-1404; Bd. 1, p. 269: »Der Einwohner von Madagaskar, dem die lebhaftern Ausdrücke der Liebe fremd sind, begnügt sich, seine Hand auf die Hand des Freundes, ohne Druk und Umarmung, zu legen*⁾, und der Neuseeländer, wenn er sein Wohlwollen bezeugen will, drückt Nase an Nase, wie wir Europäer Lippen an Lippen drücken.« In der Fußnote auf derselben Seite verweist Engel auf eine Reisebeschreibung: »Sonnerats Reise &c. Leipz. Ausg. p. 317.« Cf. Sonnerat *Reise nach Ostindien, und China, in den Jahren 1774 bis 1781 nebst dessen Beobachtungen über Pegu, Madagascar, das Cap, die Inseln France und Bourbon, die Maldiven, Ceylon, Malacca, die Philippinen und Molucken. Aus dem Französischen*, Leipzig 1783, p. 317; die Sitte wird hier allerdings alleine den Bewohnern von Madagaskar, nicht von Neuseeland zugeschrieben. – **Engel**: Johann Jakob Engel (1741-1802), dt. Philosoph und Dramatiker und später Theaterdirektor.

William Afhams Partie (in den Stadien)] cf. 1 26€ »Vorerinnerung« in »›In vino veritas‹. Eine Erinnerung nacherzählt von William Afham« in *Stadien auf des Lebens Weg*, SKS 6, 17-26 / *GW1 SLW* 9-20. William Afham unterscheidet hier zwischen dem Gedächtnis und der Erinnerung, insofern das exakte, detailreiche Zurückrufen einer Begebenheit ins Gedächtnis für die Erinnerung unwesentlich ist, da für sie das Entscheidende gerade die Stimmung ist, und nicht, dass z.B. die Akteure des Gastmahls zufällig dieselben wie in *Entweder – Oder* und in *Die Wiederholung* sind. »Die Kunst der Erinnerung ist nicht leicht, weil sie im Augenblick der Zubereitung von verschiedener Art sein kann, während das Gedächtnis allein die Fluktuation zwischen dem, etwas richtig und etwas falsch ins Gedächtnis zu rufen, hat«, *SKS* 6, 20,28-30 / *GW1 SLW* 13.

andere Namen zu wählen] als die Namen, die 6 den Lesern bereits bekannt waren, nämlich Victor Eremita, Johannes der Verführer und Gerichtsrat Wilhelm aus *Entweder – Oder* und Constantin Constantius und Der junge Mensch aus *Die Wiederholung* (→ 251,19).

7 **Const. gesagt haben soll ... D. J. in Worten bewundern wolle]** cf. William Afhams Regieanweisung in » ›In vino veritas‹«, nachdem Victor Eremita Mozart gepriesen und Constantin Constantius die Eingeladenen aufgefordert hat, am Tisch Platz zu nehmen: »Wie leicht ist es nicht, ein Gastmahl zu geben, und doch hat Constantin versichert, dass er es nie wieder wagen werde! Wie leicht ist es nicht zu bewundern, und doch hat Victor versichert, dass er nie wieder seiner Bewunderung Ausdruck verleihen werde, denn eine Niederlage sei schrecklicher, als im Kriege Invalid zu werden. Wie leicht ist es nicht zu begehren, wenn man eine Wünschelrute hat, und doch ist es zuweilen schrecklicher, als aus Mangel umzukommen!« *SKS* 6, 33,25-30 / *GW1 SLW* 28-29.

10 **der Gerichtsrat hingegen ... zu wiederholen]** cf. »Allerlei über die Ehe wider Einwände. Von einem Ehemann«, wo Gerichtsrat Wilhelm schreibt: »Dies mag von der Ehe genug gesagt sein, in diesem Augenblick kommt es mir nicht in den Sinn, mehr sagen zu wollen, ein anderes Mal, morgen vielleicht, sage ich mehr, aber ›immerzu dasselbe und über dasselbe‹«, *SKS* 6, 112,19-21 / *GW1 SLW* 123.

14 **dass nur Räuber und Zigeuner ... wieder zurückkehren]** → 233,14. Cf. die Fortsetzung der soeben angeführten Aussage Wilhelms: »denn es sind nur Zigeuner und Räuberpack und Gauner, die den Wahlspruch haben, dass man nie wieder dahin kommen solle, wo man einmal gewesen ist«, *SKS* 6, 112,21-23 / *GW1 SLW* 123.

266 17 **»Die Stadien« ... kein Aufsehen]** *Stadien auf des Lebens Weg* (→ 247,4) wurde in *Nyt Aftenblad* vom 8. Mai 1845 (Nr. 105) besprochen und auszugsweise zitiert. Auch *Berlingske Tidende* rezensierte das Werk am 6. Mai 1845 (Nr. 108); dort besprach der Rezensent mit dem Kürzel » – n.« das Werk zusammen mit *Drei Reden bei gedachten Gelegenheiten* (→ 246,1) und identifizierte so SK – als Verfasser dieser Reden – mit dem unbekannten Verfasser der pseudonymen *Stadien auf des Lebens Weg*. SK verbat sich das in »Eine Erklärung und ein wenig mehr« (*GW1 CS* 26-29) in

Fædrelandet vom 9. Mai 1845 (Nr. 1883), Sp. 15093-15096, so wie auch *Corsaren* (→ 265,1) am selben Tag (Nr. 242, Sp. 11) mit der *Berlingske Tidende* ins Gericht ging.

Ich habe ... Schuldig? – Nicht-Schuldig?] Cf. 20 Frater Taciturnus' »Schlusswort« (*SKS* 6, 446-454 / *GW1 SLW* 515-525) zu » ›Schuldig?‹ – ›Nicht-Schuldig?‹«, in *Stadien auf des Lebens Weg*, wo Taciturnus von sich als »einem so zweideutigen Schriftsteller« spricht, »der keinen einzigen Leser hat und nur einige wenige bis zur Mitte des Buches«, *SKS* 6, 451,24-25 / *GW1 SLW* 521.

Leiden ... eine Bedingung für ... religiösen 26 266 **Individualitäten]** s. JJ:331, JJ:333, JJ:335 und JJ:340.

Die Schrift sagt ... all seinem Vermögen] verweist auf Dtn 6,5. 5 267

Lehrersein ... Pfarrer] Einen Pfarrer als Lehrer 9 267 zu bezeichnen war eigentlich ein Produkt der Aufklärung und des Rationalismus des späten 18. Jh.s, doch zu SKs Zeit hatte diese Bezeichnung ihren dezidiert rationalistischen Charakter verloren.

Man glaubt ... Doppelheit hält] Es ist nicht 14 267 klar, auf wen SK hier verweist.

Die Rezension ... in einer deutschen Zeit- 20 267 **schrift]** cf. die anonym erschienene Rezension von »Philosophiske Smuler eller en Smule Philosophie (Philos. Brocken oder ein Bischen Philosophie). Af S. Kierkegaard. Kjøbenhavn (Copenhagen), Reitzel. 1844. 8.« in *Neues Repertorium für die theologische Literatur und kirchliche Statistik*, hg. von H. Th. Bruns, Bd. 2,1, Berlin 1845, pp. 44-48 (abgedruckt in: *Materialien zur Philosophie Søren Kierkegaards*, hg. von Michael Theunissen und Wilfried Greve, Frankfurt 1979, pp. 127-131). Der dän. Theologe Andreas Frederik Beck (1816-1861) gibt sich in *Theologiske Tilstande i Danmark i Aarene 1842-46*, Kph. 1847, p. 28, als der Autor dieser Rezension zu erkennen. – **Brocken**: *Philosophische Brocken* (→ 234,18).

21 **den Inhalt ... Elastizität der Ironie liegt**] cf. die abschließende Bemerkung Becks, nachdem er zuvor den Entwicklungsgang des Werkes textnah referiert hat, p. 48: »Wir enthalten uns jeder Gegenbemerkungen, denn es lag uns wie gesagt blos daran, das eigenthümliche Verfahren des Verf. zur Anschauung zu bringen. Im Uebrigen stellen wir es dem Ermessen eines Jeden anheim, ob er in dieser apologetischen Dialektik Ernst oder etwa Ironie suchen will.«

24 **das Christentum ... die Unverschämtheit der Philosophie wider es**] bezieht sich vermutlich auf den Versuch der hegelschen Schule (→ 200,1), das Christentum als ein Moment in einem umfassenden philosophischen System dergestalt zu begreifen, dass das Christentum keine besondere, ihm eigene Wahrheit besitze, sondern sich von der Philosophie lediglich darin unterscheide, dass es der Wahrheit einen anderen Ausdruck verleihe.

28 **unsere Zeit ... sie kaum wiedererkennen wird**] Beck schreibt, dass SK versuche, die positiv-christlichen Voraussetzungen lediglich in Gestalt von allgemeinen Problemen zu entwickeln, ohne Beziehung auf ihre geschichtliche Erscheinung: »Diese Voraussetzungen sind mit einer Klarheit dargestellt, mit einer Schärfe und Feinheit bestimmt, worin unsere Zeit, die alles nivelliert, neutralisiert und vermittelt, sie kaum wiederkennen wird«, p. 45.

28 **mediiert**] → 165,6.

268   2 **Ein mögliches Schlusswort**] Diese Aufzeichnung fand Eingang in *Abschließende unwissenschaftliche Nachschrift* (1846), cf. *SKS* 7, 170-172 / *GW1 AUN1*, 175-178.

3 **all den pseudonymen Schriften**] d.h. *Entweder – Oder*, hg. von Victor Eremita (→ 161,17), *Die Wiederholung* von Constantin Constantius (→ 197,1), *Furcht und Zittern* von Johannes de silentio (→ 189,16), *Philosophische Brocken* von Johannes Climacus (→ 234,18), *Der Begriff Angst* von Vigilius Haufniensis (→ 220,18), *Vorworte* von Nicolaus Notabene (→ 220,18) und *Stadien auf des Lebens Weg*, hg. von Hilarius Buchbinder (→ 247,4).

5 **Nicolaus Notabene**] → 188,8.

Sonntagnachmittags ... im Frederiksberger 14 **Park**] → 214,29. – **Konditor**: d.h. Jostys Pavillon, ein beliebter Treffpunkt für die Gäste des Schlossparks, unter dem Namen »Taddeys Pavillon« 1813 von dem ital. Bildhauer Agostino Taddey eröffnet, seit 1825 von dem Schweizer Konditor Anton Josty betrieben; heute Pile Allé 14 A.

teures Genie ... Seligkeit immer leichter] bezieht sich vermutlich auf Grundtvig (→ 227,32), 18 doch könnte SK damit auch auf die Toaste angespielt haben, die während des Festes für die nordischen Studenten im Ridehuset am 24. Juni 1845 ausgebracht wurden (→ 269,14). Dort verschaffte der Redakteur Carl Ploug (1813-1894) seiner Freude darüber Ausdruck, dass die skandinavische Idee nun ihre »weltgeschichtliche Bestätigung« erhalten habe (*Fædrelandet*, 24. Juni, Nr. 1921, Sp. 15397), während der Student Hans Frederik Poulsen (1815-1869) darüber räsonierte, »welche weltgeschichtliche Bedeutung dem Norden zukommen würde, wenn Dänemark das Schicksal der Polen teilen sollte« (*Fædrelandet*, 26. Juni, Nr. 1922, Sp. 15403). Der dänische Jurist und nationalliberale Politiker Orla Lehmann (1810-1870) hingegen zweifelte nicht daran, dass Dänemark als Teil eines vereinten Nordens fortbestehen werde: »Deshalb habe ich Vertrauen zum Schicksal meines Vaterlandes; denn mein Vaterland ist der dreieinige Norden, – deshalb habe ich einen Glauben an den Gedanken, in dessen Dienst wir hier versammelt sind; denn er stammt nicht von gestern oder vorgestern, nicht von den freundschaftlichen Zusammenkünften einiger Jünglinge oder den schönen Träumen einiger Dichter, sondern er ist so alt wie der Norden selbst: er hat das Gewohnheitsrecht der Jahrhunderte und die heilige Taufe der Weltgeschichte« (*Fædrelandet*, 26. Juni, Nr. 1922, Sp. 15407, cf. *Kjøbenhavnsposten*, 27. Juni, Nr. 146, p. 583). – **welthistorischen**: → 222,3, → 227,30 und → 261,29.

Vaudeville] frz. Volkslied, Schlagerlied, Gassen- 13 269 hauer; Singspiel mit einbezogenen Volksweisen. Als Genre bezeichnet das Vaudeville eine bürgerliche Intrigenkomödie mit Gesangsnummern zu leichten und oft im voraus bekannten Melo-

dien; die Personen sind unheroisch und oft put-
zig; der Konfliktstoff hat ein lokales Gepräge
und schließt stets lösbare amouröse Verwicklun-
gen ein. Inspiriert vom dt. und besonders dem
Pariser Theaterleben hat J. L. Heiberg im Jahre
1825 das Vaudeville am Königlichen Theater
eingeführt.

14 **den Blättern ... über die unvergleichliche dä-**
nische Gastfreiheit] Im Zuge der »skandinavischen Bewegung« besuchten ca. 500 schw. und
norw. Studenten vom 23. bis 28. Juni 1845 Kopenhagen. Bei ihrer Ankunft, die auf einen Montag fiel, wurden sie bereits auf dem Öresund
von dän. Schiffen willkommen geheißen, und
bei »Toldboden« [Zollamt] wurden sie von ca.
800 dän. Studenten empfangen. Dann zogen sie
unter dem Jubel von vielleicht 50.000 Kopenhagenern, die ihnen Blumen zuwarfen, in einer
festlichen Prozession durch die Straßen Kopenhagens zur Universität. Von dort wurden sie als
Gäste den Bürgern der Stadt zugeteilt, die in
ihren Wohnungen weitaus mehr Quartiere zur
Verfügung gestellt hatten als nötig. Am Dienstag erhielten die Studenten Sonderzugang zu
den königlichen Sammlungen und Museen in
der Stadt, und am Abend gaben die dän. Studenten ein großes Fest für die Gäste im Ridehuset auf Schloss Christiansborg, wo sie mit Toas-
ten und Liedern von prominenten Skandinavi-
ern geehrt wurden. Am Mittwoch richtete die
Skandinavische Gesellschaft ein großes Fest im
Dyrehave aus, wohin die Studenten kostenlos
von mehr als 100 Bauern aus dem Kopenhagener Umland transportiert wurden. Im Dyrehave
stand wiederum Unterhaltung durch Festreden
und gemeinsamer Gesang auf dem Programm,
wobei die gute Stimmung durch einen Kopenhagener Bürger noch weiter gehoben wurde, der
500 Flaschen Champagner gestiftet hatte. Am
Donnerstag war man in Kopenhagen so bemüht
darum, die norw. und schw. Studenten auf Mit-
tags- und Abendeinladungen zu bewirten, dass
diese viele Einladungen ablehnen mussten.
Nachmittags gewährte man den Studenten erneut Zugang zu Museen und Sammlungen, und
am Abend gab das Königliche Theater eine kostenlose Sondervorstellung für sie. Am Freitag
erhielten 1000 Studenten freien Eintritt zum Ti-

voli, und der Vergnügungspark ehrte sie zudem
mit einem gewaltigen Feuerwerk. Im dort befindlichen Konzertsaal unterhielt man die Studenten mit Gesang und stieß auf sie, auf den
›skandinavischen Gedanken‹ und nicht zuletzt
auf die generöse Gastfreundschaft der Kopenhagener Bürger an. Am Samstag schließlich verließen die norw. und schw. Studenten Kph. wieder – freilich nicht, ohne zuvor mit ihren dän.
Gastgebern wechselseitig Dankesreden und -lie-
der zum Besten gegeben zu haben. Eine große
Menschenmenge geleitete sie bis zu »Toldboden«; als sie von dort in See stachen, schwenk-
ten die dän. Männer ihre Hüte und die Frauen
warfen den Schiffen Blumen nach. Sowohl vor,
während als auch nach dem Besuch waren die
Kopenhagener Zeitungen voll von begeisterten
Berichten über die Vorbereitungen und den Verlauf der verschiedenen Veranstaltungen, cf. besonders *Berlingske Tidende* (Nr. 139 vom 12. Juni,
Nr. 143 vom 17. Juni sowie Nr. 146-153 vom 20.
bis 30. Juni), *Kjøbenhavnsposten* (Nr. 133 vom 12.
Juni, Nr. 135 vom 14. Juni sowie Nr. 142-148 vom
23. bis 30. Juni), *Fædrelandet* (Nr. 1910 vom 11.
Juni, Nr. 1912 vom 13. Juni, Nr. 1914 vom 16.
Juni sowie Nr. 1919-1927 vom 21. Juni bis 2. Juli)
und *Flyve-Posten* (Nr. 141-149 vom 20. bis 30.
Juni).

die öffentlichen Frauenzimmer ... Entweder – 16
Oder] In »Die Wechselwirtschaft. Versuch einer
sozialen Klugheitslehre« im ersten Teil von *Ent-*
weder – Oder stellt sich das Pseudonym A vor,
dass der Staat, um der Langeweile Herr zu werden, einen Kredit von 15 Millionen aufnehmen
und das Geld für öffentliche Lustbarkeiten verwenden würde: »Alles würde gratis werden,
man ginge gratis ins Theater, gratis zu den öffentlichen Frauenzimmern [→ 168,22], man
führe gratis in den Wildpark, man würde gratis
begraben, und die Rede dabei wäre gratis; ich
sage gratis; denn wenn man jederzeit Geld zur
Hand hat, so ist alles gewissermaßen gratis«,
SKS 2, 277,4 / *GW1 EO1*, 306.

Lobrede auf den Herbst] cf. *Pap.* VII 1 B 204- 1   270
210, von wo auf diese Aufzeichnung verwiesen
wird.

2 **poetice. . . .**] lat., ›poetisch; dichterisch‹. Cf. den
Ausdruck »poetice et eleganter«, lat., ›poetisch
und geschmackvoll‹, eine clichéhafte Formel,
die oft in den lat. kommentierten Ausgaben rö-
mischer Dichter begegnete.

19 **Echo**] Nach der gr. Mythologie verliebte sich die
Nymphe Echo in den schönen Jüngling Narziss;
da er ihre Liebe nicht erwiderte, verschmachtete
sie vor Kummer. So blieb allein ihre Stimme übrig, die von Felsspalten und Wäldern den Stimmen anderer einen Widerhall gibt.

270 24 **Martensen hat . . . ethische Pointe nicht erfasst
haben**] bezieht sich auf den Abschnitt über »Die
Grenze der Pflichterfüllung« in H. L. Martensen
(→ 212,21) *Grundrids til Moralphilosophiens System* (→ 185,17), § 30 mit Anmerkung, pp. 34f.:
»Die Pflicht und das Gewissen umfasst das
ganze Freiheitsleben des Menschen. Es ist ihre Forderung, daß das menschliche Leben eine sittliche *Einheit* darstelle, in welcher kein geistiges
Moment außerhalb der Bestimmung des Gesetzes falle. Die Pflicht lässt sich deshalb nicht in
einem Kreise von abstrakten Geboten auffassen,
sondern ist das alles allbestimmende geistige
Gesetz der *Individualität*, oder ihr Ideal in impe-
rativischer Form ausgedrückt. Die geistige Auffassung der Pflicht fordert also, daß das Leben
des Individuums ein sittliches Kunstwerk sei, in
welchem selbst das an und für sich Zufällige
durch den Widerschein der Idee Bedeutung erhält. Demnach hat der Begriff des *Erlaubten* oder
des moralisch *Gleichgültigen* keine Gültigkeit
und ist nur Ausdruck für die mangelhafte Erkenntnis der concreten Pflicht. / *Anm.*: Das Gebiet des moralisch Gleichgültigen und der damit zusammenhängenden moralischen Licenz
wird durch fortschreitende Bildung beschränkt.
(Was man im gesellschaftlichen Leben Conveni-
enz nennt, erhält durch diesen Gesichtspunkt
sittliche Bedeutung.) Bei rohen Menschen ist die
Pflicht auf ein gewisses Quantum von Geboten
beschränkt, die sie oft gewissenhaft halten, während sie außerdem den größten Licenzen sich
hingeben. Bei gebildeten, *plastischen* Charakte-
ren nimmt oft das Zufälligste und Gleichgül-
tigste das Gepräge einer höhern Nothwendigkeit an. Wenn inzwischen kein Mensch in seiner

Praxis vom moralisch Gleichgültigen gänzlich
sich frei machen kann, so zeigt das nur, daß
keine Individualität ihrem Ideal entspricht. « (zitiert nach *Grundriß des Systems der Moralphilosophie*, Kiel 1845, pp. 32-33).

27 **Dies gar zu zitieren hat Mag. Hagen ... Anlass
gefunden**] cf. J. F. Hagen *Ægteskabet, betragtet fra
et ethisk-historisk Standpunkt. Udgivet for Licen-
tiatgraden i Theologien ved Kjöbenhavns Universitet*
[Die Ehe, von einem ethisch-historischen Standpunkt aus betrachtet. Herausgegeben für den
Lizentiatsgrad in Theologie an der Universität
Kopenhagen], Kph. 1845, Ktl. 534. Die Abhandlung wurde in *Adresseavisen* (→ 173,1) vom 12.
Juli 1845 (Nr. 161) als erschienen annonciert. Hagen schreibt p. 16, dass »der Begriff vom Gleichgültigen auf dem Gebiet des Willens keine Gültigkeit hat, sondern nur ein asylum ignorantiae
[lat. ›Zuflucht- oder Freistatt der Unwissenheit‹] ist und nur gilt, soweit die sittliche Erkenntnis es noch nicht vermocht hat, ihren Wil-
lens-Äußerungen deren moralische Pointe ab-
zugewinnen«. Hierzu verweist er in einer Fußnote auf »Dr. *H. Martensen*, Grundrids til Moralphilosophiens System Pag. 34«. – **Mag. Hagen**:
Johan Frederik Hagen (1817-1859), Pronotar an
der Theologischen Fakultät, 1844-1846 Inspektor
am Borchs Kollegium, Hegelianer, erwarb am
14. Juli 1845 mit der genannten Abhandlung den
Lizentiatsgrad der Theologie; hatte früher bereits *Entweder – Oder* und *Furcht und Zittern* rezensiert (→ 209,15).

8 271 **dass das Vergangene ... daß Zukünftige**] cf.
»Zwischenspiel. Ist das Vergangene notwendiger als das Zukünftige?« in *Philosophische Brocken* (1844), *SKS* 4, 272-284 / *GW1 PB* 68-82, sowie *Abschließende unwissenschaftliche Nachschrift*,
SKS 7, 114 / *GW1 AUN1*, 111.

12 271 **Obstschute**] eigentl. ein Schiff, das Birnen und
anderes Obst aus der Provinz transportiert; ein
kleines, unbedeutendes Schiff.

14 **Flottenkapitän**] ein Angehöriger der Seestreit-
kräfte, der auf einem Orlogschiff (Kriegsschiff
mit mindestens zwei Batteriedecks mit schweren Geschützen) dient; Kapitän der Kriegsma-
rine.

271 21 **psychologischen Experiment (Schuldig? –
Nicht-Schuldig?)]** → 247,4.

23 **Quidam des Experiments]** → 251,19 und
→ 252,3.

24 **theologischer Kandidat]** → 169,24.

29 **die von der Kanzel aufgeboten werden ... zum
3. Mal]** Dem *Kirke-Ritualet* (→ 186,4), Kap. 8, pp.
315f. zufolge soll der Pfarrer an drei aufeinander folgenden Sonntagen von der Kanzel ab-
kündigen, dass N. N. beabsichtige, mit N. N.
den Bund der Ehe zu schließen. Die öffentliche
Bekanntmachung der Eheschließungsabsicht eines Brautpaares war eine gesetzlich verankerte
Pflicht, die im *Danske Lov* (→ 160,1), 2. Buch,
Kap. 8, § 4 festgesetzt und durch die Verordnung vom 30. April 1824, § 2 bestätigt worden
war.

272 3 **ein Genié ... die ganze Welt umzuschaffen]**
bezieht sich vermutlich auf N. F. S. Grundtvig
(→ 227,32 und → 268,18).

272 28 **allerhöchstes Wohlbehagen]** Hofsprache, von
SK typischerweise satirisch verwendet.

273 2 **Eskildsens Booten]** Erik Eskildsen (ca. 1775-
1856) war sowohl Hafenmeister als auch privater Geschäftsmann im Hafen, da er vom König
das Privileg jeglichen Fährtransports auf Le-
benszeit verliehen bekommen hatte, was in den
1840er Jahren heftig kritisiert wurde. Bis zur
Verordnung vom 3. April 1843 mussten Dampf-
und andere größere Schiffe wegen der Brandge-
fahr bzw. der geringen Tiefe des Hafens vor
Kph. auf Reede liegen und die Passagiere wurden von dort mit Eskildsens roten Booten nach
»Toldboden« [Zollamt] übergesetzt (s. *Karte 2,
G3*).

2 **dem Kanal]** Die Kanäle von Kph. und Christianshavn waren zur Zeit SKs zahlreich, aber ob
Eskildsen auch dort Fähren betrieb, ist nicht bekannt.

273 7 **S. Majestät, dem König ... Kronprinzen]** Seine
Majestät König Christian VIII. (1786-1848), Kö-
nig seit 1839; Ihre Majestät Königin Caroline
Amalie (1796-1881), Christian des VIII. zweite
Ehefrau; Ihre Majestät Königin Marie Sophie

Frederikke (1767-1852), Witwe seit Frederik des
VI. Tod (1839); Seine kgl. Hoheit Kronprinz Frederik Carl Christian (1808-1863), Sohn von
Christian VIII. und seiner ersten Frau, König ab
1848.

man kommt geschniegelt und gestriegelt zur 20
Parade] bezieht sich vermutlich auf ›Kopenha-
gens Bürgerwehr‹, die auf dem früheren Nørre
Fælled [Nördliche Allmende] (heute Fælledpar-
ken), nordöstl. von Sortedams Sø, Paraden und
Übungen durchgeführt hat.

man muss eben lernen, die Segel zu reffen] 21
d.h. ›sich einzuschränken‹. Auf Segelschiffen
verringert man bei starkem Wind oder Sturm
die Segelfläche durch Reffen. Damit wird die
Sicherheit und Manövrierfähigkeit erhöht. Cf. C.
Molbech *Dansk Ordbog* (→ 230,12), Bd. 2, p. 234,
s.v. »Rebe«, 2.

meinem Arzt] SKs eigener Arzt war Oluf Lundt 25
Bang (1788-1877), der mit seinem umfangreichen Werk u.a. zu einer allgemeinen Anerkennung der Bedeutung der Diätetik beitrug.

Sie trinken ... gehen zu wenig] In seiner *Syge-* 26
Diætetik [Diätetik für Kranke], 3. Aufl., Kph.
1840 [1835], empfiehlt O. L. Bang als allgemeine
Krankendiät, dass Patienten nach dem
Frühstück nicht mehr als »eine kleine Tasse Kaffee« und am Nachmittag »weder Kaffee noch
Tee« (p. 20) trinken; morgens, vormittags und
nachmittags soll der Patient »einen Spaziergang
von ½-1 Stunde« machen (p. 21).

10 Rt.] 10 Reichstaler (→ 181,30). 10 274

inventiert] erfunden, ausgedacht. 16

im Frisindede ... in der nächsten Nummer] 16
1845 erschien das liberale Blatt *Den Frisindede*
[Der Freisinnige] (11. Jg., hg. von C. Rosenhoff)
dreimal in der Woche und unterhielt seine Leser
häufig mit Rätseln. Die Lösung wurde in der
jeweils folgenden Nummer angegeben, ohne jedoch ›denjenigen, der das Rätsel erraten hat‹ zu
nennen. Auch die dt. Zeitschrift *Der Freischütz*,
die 1845 (21. Jg.) dreimal in der Woche erschien,
gab ihren Lesern meist ein Rätsel auf, wobei die
Lösung in der jeweils folgenden Nummer zuweilen mit den Namen derjenigen versehen
wurde, die sie herausbekommen hatten, cf. z.B.
Nr. 27 vom 5. Juli 1845, p. 210: ›Auflösung des
Rebus im vorigen Blatte. / *Es geht nichts über*

eine Flasche alten Wein! / Aufgelöst von August
Möller in St. Georg, Felix Wilde in St. Pauli, M.
Levy, Herm. Fränckel und Samuel Sonnenberg.«

273*m* 1 **Kann Gott ... des Menschen träges Ruh'n**] Eine
Redensart oder ein Sprichwort, auf das sich SK
hier möglicherweise bezieht, konnte nicht ermittelt werden.

273*m* 5 **man kommt mit einer Leidenschaft dahergelaufen, wie ... während des Bombardements**]
bezieht sich auf das Bombardement Kph.s durch
die Engländer im September 1807.

9 **dem Berg der Verklärung**] bezieht sich auf Jesu
Verklärung (Verwandlung) auf dem Berg, wo er
mit Moses und Elias spricht und wo eine
Stimme aus dem Himmel verkündet, dass er
Gottes Sohn sei, cf. Mt 17,1-9.

16 **summarum**] d.h. »summa summarum«, lat.,
›die Summe der Summen‹; ›alles in allem‹.

274*m* 2 **Per Madsens Gang**] oder Peder Madsens Gang
(heute Ny Østergade), eine schmale Gasse mit
Wohnungen für das einfache Volk, frequentiert
von Prostituierten und ihren Kunden, von der
Grønnegade her offen, Zugang zur Østergade –
der feinsten Einkaufs- und Hauptgeschäfts-
straße der Stadt – jedoch nur durch eine Pforte
(s. *Karte 2*, D2).

11 **Vaudeville**] → 269,13.

14 **Pegasus**] in der griechischen Mythologie das geflügelte Pferd des Zeus.

21 **Pensionist**] früher ein dän. Beamter, der eine
Pension bezieht.

274 25 **gesunder Geist ... des Körpers abzuwerfen**]
spielt mit der Redensart ›einen gesunden Geist
in einem gesunden Körper (haben)‹, nach lat.,
»mens sana in corpore sano«, verzeichnet in L.
Meyer *Fremmedord-Bog*, 2. Ausg., Kph. 1844
[1837], Ktl. 1034, p. 484.

35 **wie ein Dampfschiff ... zu groß ist**] vgl. einen
Brief an P. C. Kierkegaard (→ 242,2) vom Mai
1844: »Mein Geist arbeitet mit mehr und mehr
Pferdestärken, Gott weiß, ob der Körper das
aushalten kann; denn ich weiß nichts Besseres,
mit dem ich mich vergleichen könnte, als ein
Dampfschiff, das zu viele Pferdestärken im Verhältnis zur Bauweise hat«, *B&A* Bd. 1, p. 134
(Nr. 108) / *GW1* B 126 (Nr. 61).

Breiumschlag] Wickel mit kalter oder warmer   24 274*m*
Hafergrütze, der z.B. auf ein Geschwür gelegt
wurde oder um ein entzündetes Köperteil, um
den Schmerz zu lindern. Hierüber schrieb SKs
Arzt O. L. Bang (→ 273,25): »Für *warme Um-
schläge* kocht man Hafergrütze mit oder ohne
Leinsamen, Kräuter usw., oft dürfen die Kräuter
nicht mit der Grütze mitgekocht werden, sondern werden später zugegeben. Den Umschlag
gibt man in ein Säckchen oder zwischen so heiße
leinene Lappen, dass man sie aushalten kann,
wenn man sie zur Probe an die Wange hält; sie
werden gewechselt, wenn sie kalt werden, jede
oder jede zweite Stunde«, *Syge-Diætetik*
(→ 273,26), p. 15.

Geschlechtstrieb ... als Sünde] In kirchlichen   28 275
Lehrbüchern wird zwischen erlaubtem und un-
erlaubtem Trieb unterschieden, wobei nicht der
Geschlechtstrieb an sich Sünde sei, sondern nur
sein Missbrauch, cf. z.B. Jens Hornsyld *Præsten
Hornsyld og hans Confirmantere, eller Taler og Sam-
taler over Lærebogen i den evangelisk-christelige Religion, en Haandbog for Christne i Livets forskjellige
Stillinger*, Århus 1822, Ktl. 267, p. 333: »Zeugt
aber etwas von der Verderbnis des Menschen
durch die Sünde – und es gibt vieles, das davon
zeugt –, dann ist es der schändliche Missbrauch
dieses heiligen Triebes. Er bringt Unordnung,
Kummer und Elend in die Familien, bricht die
heiligsten Bande, zu weit getrieben, verwandelt
er den schönen, herrlichen Menschen in ein ek-
les Geschöpf und artet in entsetzliche Wildheit
und Unnatur aus, und die im Toten Meer ver-
sunkenen Sodom und Gomorra sind ein schau-
erliches Zeugnis dafür, wie tief der Mensch sinken kann, ein stinkender, tödlicher Pfuhl, als
Folge einer rasenden Brunst.«

erbauliche Versammlungen] bezieht sich ver-   9 276
mutlich auf die sog. »gudelige Forsamlinger re-
spektive Vækkelser«, d.h. fromme, private Er-
weckungsversammlungen, auf denen ein Laien-
prediger sprach; diese Versammlungen ent-
sprangen der »fünischen Erweckungsbewe-
gung« in den 1820er Jahren und waren in den
1840ern u.a. auf Westseeland verbreitet, wo sie

unter genauer Beobachtung sowohl der geistlichen als auch der weltlichen Behörden standen.

277 1 **er predigte gewaltig – ἐξουσια Mth. Ev. 7]** Von
Jesus heißt es in Mt 7,29: »ἦν γὰρ διδάσκων
αὐτοὺς ὡς ἐξουσίαν ἔχων, καὶ οὐχ ὡς οἱ
γραμματεῖς.« Luther übersetzt: »Denn er predigte gewaltig, und nicht wie die Schriftgelehr-
ten«, cf. z.B. *Die Bibel, oder die ganze heilige Schrift.
Nach der deutschen Übersetzung Dr. Martin Luthers*, Karlsruhe und Leipzig 1836, Ktl. 3. Cf. hingegen NT-1819: »denn er lehrte sie wie einer, der
Vollmacht hatte, und nicht wie die Schriftgelehr-
ten.« – ἐξουσια: gr., (exousía) ›Macht, Fähigkeit;
Gewalt‹.

14 **verwendet Luther ... nicht vergeben werden
kann]** cf. z.B. »Sermon vom Sacrament der
Buße« (lat. 1519) in *Luthers Werke* (→ 288,6), Bd.
3, 1840, p. 66: »*Es ist keine größere Sünde, denn daß
man nicht glaubet den Artikel: Vergebung der Sünde,
wie wir beten im täglichen Glauben. Und diese Sünde
heißt die Sünde gegen den heiligen Geist, die alle
andere Sünde stärkt und unvergeblich macht zu ewigen Zeiten.*« – **Sünde wider den Heiligen Geist:**
cf. Mt 12,32: »Auch dem, der etwas gegen den
Menschensohn sagt, wird vergeben werden; wer
aber etwas gegen den Heiligen Geist sagt, dem
wird nicht vergeben, weder in dieser noch in
der zukünftigen Welt.«

24 **Sicherheit ... Sokrates]** zielt vermutlich darauf
ab, dass Sokrates (→ 162,4) behauptete, das einzige, was er wisse, sei, dass er nichts mit Sicherheit wisse.

28 **Luther wurde ... Blitz hinter ihm einschlüge]**
Am 2. Juli 1505 wurde Luther während einer
Reise von einem heftigen Gewitter überrascht,
während dem er das Gelübde ablegte, dass
wenn Gott ihn gesund heimkehren lasse, er ins
Kloster gehe. C. F. G. Stang erzählt, dass Luther
dabei von einem Blitz in Angst versetzt wurde,
der neben ihm einschlug, und überdies sein
Freund Alexis in Erfurt erstochen wurde. Diese
beiden Vorfälle hätten Luthers Entschluss zum
Eintritt ins Kloster zur Reife gebracht, cf. *Martin
Luther. Sein Leben und Wirken*, Stuttgart 1838, Ktl.
790, p. 18. Dass der Blitz den Freund an der Seite
Luthers erschlagen hätte, ist dagegen eine spätere Legendenbildung; auf einem Stahlstich zu

p. 18 in Stangs Buch sieht man gleichwohl Luther an der Seite seines toten Freundes abgebil-
det, während ein weiterer Blitz hinter ihm nie-
derfährt. Unter dem Stich liest man: »Ein Freund
Luthers wird vom Blitz getoedtet was letztern
zum Klosterleben bestimmt.«

oftmals ... Verteidiger geworden ist] So ver- 35 **277**
hielt es sich bereits bei Paulus, cf. Act 9,1-19 und
Gal 1,10-24.

Der barmherzige Samariter] bezieht sich auf 21 **278**
Jesu Gleichnis vom barmherzigen Samariter, der
im Gegensatz zu einem Priester und einem Leviten es nicht unterlässt, einem Mann zu helfen,
der Räubern zum Opfer gefallen war, cf. Lk
10,25-37, Evangelium für den 13. Sonntag nach
Trinitatis, im Jahre 1845 der 17. August.
beiden englischen Lords ... den unglücklichen 22
Reiter stoppen möge] Die Quelle konnte nicht
identifiziert werden.
Der Levit und der Priester gingen doch bloß 31
vorüber] cf. Lk 10,31-32.

ein Grossist Millionen von Ellen] cf. die Ver- 7 **279**
ordnung vom 4. August 1742, § 13: »Kein Großhändler [...] darf [...] etwas ellen-, scheffel- oder
pottweise oder in anderen *kleinen Maßen oder
Gewichten* verkaufen«. Grossister bildeten die
erste von sechs Klassen einer Klassifikation, wonach Gewerbetreibende in Kph. Gebühren für
die Ausstellung eines Gewerbescheins sowie
Gewerbesteuer bezahlen mussten, cf. J. N. Høst
Dansk Borgerret (→ 235,28), p. 14.
der autorisierten Elle] 1 Elle entsprach 2 dän. 10
Fuß, die durch eine Resolution vom 28. Juni 1820
an ein genau angegebenes ›Naturmaß‹ gebunden wurden, später aber durch eine Resolution
vom 3. Juni 1835 an den ›rheinländischen Fuß‹
gekoppelt wurden, wie er in Preußen festgesetzt
war.

Ammianus Marcelinus ... den sie einsaugt] cf. 13 **279**
Ammian Marcellin, übers. von J. A. Wagner, Bd.
1-3, Frankfurt am Main 1792-1794, Ktl. 1257-
1259; Bd. 2, 1793, p. 213: »Daß diese Erzeugung
mehr durch ätherische Einwirkung, als durch
Nahrung aus der See entsteht und befördert

wird, läßt sich daraus beweisen, weil der Morgenthau diese harten Körperchen schön, hell und rund, der Abendthau hingegen eckigt, mehr ins Rothe spielend, und fleckicht bildet.«

279 21 **m. Z.**] ›Mein Zuhörer!‹ SKs bevorzugte Anredeform in seinen *Erbaulichen Reden*.

25 **die Lyrik des Mittelalters ... dieses lyrische Objektivieren**] bezieht sich auf die mittelalterlichen Volksballaden, cf. die Journalaufzeichnung EE:37 (15. März 1839) sowie die Marginalbemerkung EE:37.b (23. März 1839).

280 11 **Kean**] Schauspiel in fünf Akten von Alexandre Dumas, übers. von C. Borgaard; am Königlichen Theater 21-mal zwischen dem 5. Juni 1838 und dem 19. September 1844 aufgeführt. Die Titelperson ist selbst Schauspieler, der sich kraft seines großen Talentes aus beengten Verhältnissen bis zum größten Charakterdarsteller seiner Zeit emporgearbeitet hat. In Londons höheren Kreisen aber wird er Gegenstand von Schmeichelei wie Hohn, Anerkennung wie Missgunst. Trotz mancherlei Gerüchte über Keans Eskapaden und Verführungen ist sein größtes Laster eine gewisse Neigung zur Trunksucht; schlussendlich spottet er mit der ganzen Stärke seines Charakters der Kunst, die ihm zeitlebens Freude und Kummer gewesen ist, und der er im 4. Akt, 8. Szene das folgende Zeugnis attestiert: »O verdammte Kunst, in welcher kein Gefühl, keine Stimmung uns selbst gehört! in welcher wir weder über unsere Freude noch über unseren Schmerz unser eigener Herr sind! mit gebrochenem Herzen muss man Falstaff spielen, mit freudetrunkener Seele Hamlet! immer eine Maske, nie ein Gesicht!« (*Det kongelige Theaters Repertoire* Nr. 103, Kph. 1838, p. 24.) – In einer Kladde zu einem Brief an Regine Olsen bemerkt SK im Jahre 1849, dass er kurz nach dem Bruch mit ihr (→ 173,13) im Theater war, nämlich am 21. Oktober 1841, wo er den Schauspieler F. F. J. C. Printzlau (1814-1859) in der Gastrolle des Kean sah (*B&A* Bd. 1, p. 264 (Nr. 239)); in den übrigen Vorstellungen spielte Holst die Titelrolle.

12 **der al[te] Souffleur**] d.h. Salomon, Keans Souffleur und vertrauter Diener, der schließlich mit ihm und einer jungen Schauspielerin nach New York reist, als Kean vom König für ein Jahr aus England verbannt wird. Salomon wurde von J. L. Phister (1807-1896) gespielt.

Erasmus beweist, dass Nille ein Stein ist] cf. L. 15 28(
Holbergs Komödie *Erasmus Montanus* (→ 157,32), 2. Akt, 3. Szene, in welcher Erasmus zu seiner Mutter Nille sagt:»Mutter! - Ich will euch zu einem Stein machen. / *Nille*. / Ja, Possen, da gehört mehr Kunst dazu. / *Montanus*. / Nun sollt ihr es [aber] hören: Ein Stein kann nicht fliegen. / *Nille*. / Nein. Das ist gewiß, ausser man werfe ihn. / *Montanus*. / Ihr könnt nicht fliegen. / *Nille*. / Das ist auch die Wahrheit. / *Montanus*. / Ergo: Seyd ihr ein Stein«, *Den Danske Skue-Plads* (→ 157,32), Bd. 5. (zitiert nach *Erasmus Montanus. Oder [E]rasmus Berg. Ein Lustspiel in fünf Abhandlungen* in *Dänische Schaubühne. Die vorzüglichsten Komödien des Freiherrn Ludwig von Holberg. In den ältesten deutschen Uebersetzungen mit Einleitungen und Anmerkungen*, hg. von Julius Hoffory und Paul Schlenther, Berlin 1888, Bd. 2, pp. 327-382, hier: p. 345).

Syllogismus] → 232,26. 16

Mme. Nielsen] Anna Nielsen (1803-1856), von 16 1821 an Schauspielerin am Königlichen Theater, wo sie in ihrem umfangreichen Repertoire eine Unzahl verschiedener Frauenrollen mit Leben erfüllte. Ihre persönlichen Paraderollen waren Berichten zufolge allerdings Hausfrau- und Mutterrollen, denen sie eine besondere Innerlichkeit, Tiefe und Wärme verlieh; so auch in *Pigen i Lyon* [Das Mädchen in *[oder: »von«; wie im Text JJ:390]* Lyon] (s. die folgenden Kommentare) – die Rezension dieses Stückes in der *Berlingske Tidende* vom 3. Juli 1844 (Nr. 177) hebt »Mad. *Nielsens* edle Einfachheit als Witwe Melnotte« hervor. – Md.: Madam; Anna Nielsen wurde nach damaliger Sitte mit ›Madam‹ tituliert, weil sie als Schauspielerin keine Standesperson war.

im Mädchen von Lyon] *Pigen i Lyon* [Das Mäd- 17 chen in *[oder: »von«; wie im Text JJ:390]* Lyon], Schauspiel (in fünf Akten) des engl. Dramatikers E. L. Bulwer, *The Lady of Lyons*, übers. von N. V. Dorph und am Königlichen Theater 11-mal zwischen dem 2. Juli 1844 und dem 4. Dezember 1845 aufgeführt; gedruckt in *Samlede Skrivter af*

E. L. *Bulwer*, Bd. 1-69, Kph. 1833-1865; Bd. 50, 1850.

19 **das doch nicht ... beinahe gleich gut**] cf. die Replik der »Witwe Melnotte, Mutter von Alexis«, im 3. Akt, 2. Szene (als sie zu wissen glaubt, dass die vornehme Pauline aus Liebe Alexis heiraten will und damit unter ihrem Stand): »Ja, ja! das ist gar kein Wunder; denn wenn mein Sohn auch kein Prinz ist, so verdiente er, einer zu sein, und das ist fast ebenso gut«, *Samlede Skrivter af E. L. Bulwer* Bd. 50, p. 60.

281   3 **Es gibt einen Vogel, der Regenvogel genannt wird**] »scolopax phaeopus« – ›Saatvogel‹, ›kleiner Brachvogel‹, auch ›Regenvogel‹ genannt. Eine Schnepfenart, die nicht in Dänemark brütete, jedoch im Frühling und Herbst in der jütischen Heidelandschaft, längs der jütischen Westküste und auf kleineren Inseln häufig anzutreffen war, vgl. z.B. *Danmarks Fugle beskrevne af N. Kjærbølling*, Kph. 1852 (Ktl. 947), pp. 275f. Von diesem Vogel sagte man, dass sein Schrei Regen bedeutete, weshalb man ihn »Regenspäher« nannte, cf. H. F. Feilberg *Bidrag til en Ordbog over jyske Almuesmål* (→ 237,28), Bd. 3, p. 35.

281 14 **Rom und Griechenland und Asien**] → 221,33.
     17 **diliciis diffluentes ... diffluentes sind**] eigentl. »deliciis diffluentes«, lat., ›in sinnlichen Genüssen Schwelgende‹, hier: ›genusssüchtige Menschen‹. Cf. Cicero *Laelius, sive de amicitia dialogus*, 15, 52, in *Laelius sive de amicitia dialogus ad T. Pomponium Atticum*, 3. Ausg., Leipzig 1829 [1822], Ktl. 1233, p. 62: »Non ergo erunt homines deliciis diffluentes audiendi«, das C. F. Gerdsen folgendermaßen übersetzt: »Man darf folglich niemals den Leuten sein Ohr leihen, die in wohligem Überfluss schwimmen«, *Lælius eller Om Venskab*, Kph. 1820, p. 36. – **diffluentes sind**: ›im Begriff sein, dahinzusiechen oder sich aufzulösen‹; von lat. »diffluo«, ›auseinanderfließen‹, ›dahinsiechen‹, ›in nichts verschwinden‹.

281 21 **die Untertanen in einem Land ... einen König zu haben**] Dänemark war seit 1660 eine absolute Monarchie, cf. *Kongeloven* [Königsgesetz] (1665, zuerst veröffentlicht 1709), § 2: »Dänemarks [...] alleinherrschender Erb-König sei

fürderhin das von allen Untertanen anzuerkennende und zu achtende oberste und höchste Haupt hier auf Erden, über allen menschlichen Gesetzen, und das kein anderes Haupt und Richter über sich erkennt [...] denn Gott allein.« In den beratenden Ständeversammlungen (→ 307,30) argumentierte die liberale Opposition ab ca. 1840 für eine Verfassungsänderung zugunsten einer konstitutionellen Monarchie, d.h. dass der König nicht ohne Einverständnis eines vom Volk gewählten Reichstages (Parlamentes) seine Regierung ernennen können sollte; eine solche Verfassungsänderung würde bedeuten, dass ›die Untertanen‹ den Status freier ›Bürger‹ erhalten würden.

Hamlet bei einer Feuerzange schwört] In 12 282 Shakespeares Tragödie *Hamlet, Prince of Denmark*, 3. Akt, 2. Szene, schwört Hamlet »by these pickers and stealers«, dass er Rosencrantz nach wie vor freundschaftlich zugetan ist. In A. W. Schlegels dt. Übersetzung (*Shakspeare's dramatische Werke* (→ 189,21), Bd. 6, 1841) wird dies zu »bei diesen beiden Diebeszangen«. Sowohl der engl. wie der dt. Ausdruck beziehen sich auf die beiden Finger, die Hamlet während seines Schwurs emporreckt. In Peter Foersoms dän. Übersetzung (*William Shakspeare's Tragiske Værker*, Bd. 1-9, Kph. 1807-1825, Ktl. 1889-1896; Bd. 1) schwört Hamlet entsprechend »bei dieser Diebeszange«. Es ist nicht bekannt, wie »Diebeszange« bei SK zu »Feuerzange« geworden ist – vielleicht hat ein Kopenhagener Schauspieler bei einer Aufführung der Tragödie eine Feuerzange in die Luft gehalten und den Text entsprechend angepasst.

4 Groschen Gold auf Heibergs Urania ist] be- 15 zieht sich auf den dritten Jahrgang von J. L. Heibergs (→ 178,15) Jahrbuch *Urania* (→ 234,1), Kph. 1846, das in der *Adresseavisen* (→ 173,1) vom 22. Dezember 1845 (Nr. 300) und in der *Berlingske Tidende* desselben Tages (Beilage zu Nr. 303) gleichlautend annonciert wurde: »Bei dem Verlag C. A. Reitzel ist aus der Druckerei angekommen: *Urania, Jahrbuch für 1846*, herausgegeben von *Johan Ludvig Heiberg, mit einer Titel-Vignette und 14 Lithographien*. Pappband 3 Rbd., mit vergoldetem Schnitt und Leineneinband 3 R[eichs-

taler] 48 Sch[illing].« – **Groschen**: im Text abgekürzt mit »ß« (→ 181,30).

282 21 **zum Vesterport hinausgegangen, es war dun-**
kel ... kleinen Alleen] Wenn man durch Vesterport stadtauswärts ging, erreichte man auf der
anderen Seite des Stadtwalls Vesterbro, einen
breiten Weg mit kleinen Alleen für Fußgänger,
cf. S. Sterm *Statistisk-Topographisk Beskrivelse over*
Kjøbenhavn (→ 190,22), p. 90: »Beide Seiten sind
von schönen Alleen für Fußgänger gesäumt, die
Seitenwege sind für Reiter bestimmt, und in der
Mitte liegt ein breiter, erhöhter, gepflasterter
Weg für Fahrende.« – **Vesterport**: das westliche
Tor durch Kph.s Befestigungswälle, am Ende
der Frederiksberggade gelegen (s. *Karte 2, A1*).
Vesterport wurde wie die übrigen Tore der Stadt
– mit Ausnahme des stets offenen Nørreport
(Nordtor) – um Mitternacht geschlossen und um
3:30 Uhr im Sommer, um 7:30 Uhr mitten im
Winter wieder geöffnet, ansonsten im Oktober
um 5:30 Uhr, im November um 6:30 Uhr und im
Dezember um 7:00 Uhr, cf. die monatlichen Bekanntmachungen der Stadt Kph. in *Adresseavi-*
sen (→ 173,1) vom 27. September 1845 (Nr. 227),
29. Oktober 1845 (Nr. 254) und 28. November
1845 (Nr. 280).

28 **Peblingesee**] einer von drei aufgestauten Seen,
die einen Teil von Kph.s landseitiger Befestigung bildeten (s. *Karte 5, B2-C2*). Entlang dem
Peblingesee lag stadtseitig ein sehr beliebter
Fußweg, der vom Volksmund »Ehestandsweg«
oder »Liebesweg« genannt wurde (→ 27,9).

283 16 **man hört ihn nicht im Donner**] so wie im AT
und der Offenbarung des Johannes im NT, wo
Gott sich häufig in einem furchteinflößenden
Donner zu erkennen gibt, cf. z.B. Ex 20,18; Hi
37,4-5 und Apk 14,2.

283 25 **Grimur Thomsen ... nicht zitiert**] bezieht sich
auf den isl.-dän. Literaten Grímur Thorgríms-
son Thomsen (1820-1896) und dessen Abhandlung *Om Lord Byron* [Über Lord Byron], Kph.
1845. Die Philosophische Fakultät befand durch
ihren Dekan, H. C. Ørsted, die Abhandlung für
der öffentlichen Verteidigung würdig, die am
29. April 1845 stattfand. Am selben Tag wurde

sie in der *Berlingske Tidende* (Nr. 103) rezensiert.
In seinem Vorwort (ohne Paginierung) schreibt
Thomsen, er stehe »in der Schuld solcher Män-
ner wie Goethe, Hegel, Hotho, Chateaubriand
u.a., von denen die meisten hier und dort in der
Abhandlung selbst zitiert sind.« Im Zuge seiner
Behandlung von Byrons Hauptwerk *Don Juan*
verweist er zudem auf »einen Aufsatz in ›Entweder – Oder‹« (d.h. »Die unmittelbaren erotischen Stadien oder das Musikalisch-Erotische«
in *Entweder – Oder*, wo SK u.a. schreibt, dass
Byrons *Don Juan* nicht in Übereinstimmung mit
Don Juans Idee sei). Thomsen kritisiert diesen
Aufsatz gerade deswegen, weil er »eine bestimmte Idee voraussetzt, diese entwickelt und
ein allgemeines Räsonnement über die Bedingungen für seine zufrieden stellende Behandlung vorausschickt, danach die verschiedenen
Bearbeitungen aufzählt, nach dem Vorhan-
densein oder Nichtvorhandensein jener Bedingungen sucht und endlich seine entschiedene
Meinung ausspricht, sein unanfechtbares Urteil
über den Wert der verschiedenen Werke, je
nachdem ob sie zum eigenen Grundkonzept des
Kritikers passen oder nicht«, *Om Lord Byron*, p.
211. Im Übrigen zitiert Thomsen weder *Entwe-*
der – Oder (→ 161,17) noch *Furcht und Zittern*
(→ 189,16) oder *Der Begriff Angst* (→ 220,18), wobei er mit SK ein thematisches Interesse an v.a.
Dämonie, Tragik, Hypochondrie und Ahnung
teilt.

sein Licht ... auf einem Berg anzubringen] An- 9 283m
spielung auf Mt 5,15, cf. Lk 11,33.

der Allgemeinen Zeitung] fiktiver Titel; es gab 19 284
keine Zeitschrift oder Zeitung dieses Namens.

Goethe hätte es nicht getan] Es ist nicht klar, ob 26 284
SK meint, dass Goethe (→ 227,24) nicht gegrüßt
habe oder nicht daran »verzweifelt [sei], kombinieren zu können«. Wenn letzteres der Fall sein
sollte, spielt SK möglicherweise auf folgende
Anekdote an, die man Bettina von Arnim verdankt (1785-1859): Ihr zufolge trafen im Jahre
1812 Goethe und Beethoven während eines Spa-
ziergangs in Teplitz die kaiserliche Familie, und
während Beethoven weder zur Seite gehen noch
zuerst grüßen wollte, zögerte Goethe nicht, so-

fort beiseite zu treten und sich vom Wegesrand aus mit dem Hut in der Hand zu verbeugen und zu grüßen. Die Anekdote war zu SKs Zeiten allgemein bekannt.

285 *1* **Je weniger ... desto schwieriger die Aufgabe]** d.h. je detailreicher und spezifischer das Stoffliche (das konkrete Drama) ist, desto schwieriger ist die Aufgabe.

285 *16* **Peter Rørdam]** dän. Theologe (1806-1883), cand. theol. 1829, fristete in den 1830ern sein Dasein als Lehrer in Kph. Dort hatte er Kontakt u.a. zu SK, der auch zu Rørdams Abschiedsfest erschien, als dieser am 10. Juli 1841 zum Pfarrer in Mern (Südseeland) berufen wurde. Peter Rørdams Neffe Holger Frederik Rørdam erzählt: »Unter denen, mit welchen er verkehrte, war *Søren Kierkegaard*, der ihn häufig zu seiner Mutter nach Frederiksberg begleitete. Durch seine lebhafte Rede und seine seltene Fähigkeit, geistige Probleme zur Debatte zu stellen, war er ein ungemein belebendes Element im Familienkreis. Er und P. Rørdam waren ja in mehrfacher Hinsicht vollkommen gegensätzlich. Aber es ist wahrscheinlich, dass die unmittelbare Natur des letzteren ein gutes Objekt für Kierkegaards psychologische Studien abgab. Schließlich nahm jedoch der gesellschaftliche Umgang zwischen ihnen ein jähes Ende. Der Anlass war, dass sich S.K. auf einem Spaziergang mit R. in spöttischer Weise über Grundtvig äußerte. Das traf Rørdam an seiner empfindlichsten Stelle, denn er liebte Grundtvig als seinen größten Wohltäter. Seine Heftigkeit loderte augenblicklich derartig gegen den Spötter auf, dass dieser sich entsetzt zurückzog. Das Verhältnis zwischen ihnen war zerrüttet und wurde später nicht erneuert. – « *Peter Rørdam. Blade af hans Levnedsbog og Brevvexling*, hg. von H. F. Rørdam, Bd. 1-3, Kph. 1891-1895; Bd. 1, pp. 208f.

285 *30* **italienischen Volkssage ... eine Ewigkeit]** Die Quelle konnte nicht identifiziert werden, aber in einem Notizbuch aus den Jahren 1836-1837 schreibt SK: »Recht merkwürdig ist eine Stelle, ich weiß nicht woraus; die aber das innerliche Gepräge trägt, von der Art Äußerungen zu sein,

die sozusagen mit dem Munde eines ganzen Volkes ausgesprochen sind. Ein verzweifelter Sünder erwacht in der Hölle und stößt hervor: Wie spät ist es; der Teufel antwortet: ›Ewigkeit‹ « (*Pap.* I C 80).

irgendwo in Entweder – Oder] cf. den zweiten *34* Teil von *Entweder – Oder* (→ 161,17), wo das Pseudonym Gerichtsrat Wilhelm den Ursprung der Sage im Mittelalter verortet, *SKS* 3, 137,22 / *GW1 EO2*, 147.

Pest, kein Krieg ... von Allem lehrt] bezieht *3* 286 sich vielleicht auf eine Wendung, die in verschiedenen Variationen in den von der Kirche verordneten Gebeten wiederkehrt, cf. z.B. das »Freitagsgebet nach der Predigt« in *Evangeliskristelig Psalmebog* (→ 229,30), pp. 610-612; p. 611: »Gott wende gnädiglich von diesen Reichen und Ländern Krieg und Blutvergießen, Pestilenz und schnellen Tod, Hunger und Teuerung, Sturm und Unwetter, Überschwemmung und Feuersbrunst ab, dass wir auch für diese Deine väterliche Gnade Deinen heiligen Namen loben und preisen dürfen.«

in Schuldig – Nicht-schuldig ... sympatheti- *10* 286 **sche Reue]** cf. »Schreiben an den Leser von Frater Taciturnus« in »›Schuldig?‹ – ›Nicht-Schuldig?‹« in *Stadien auf des Lebens Weg* (→ 247,4), wo Taciturnus als Beispiel für die ›Dialektik der Reue in Richtung auf das Sympathetische‹ über einen Spieler berichtet, der allem Spiel abgeschworen hat und nun zurückgezogen lebt. Eines Tages wird er Zeuge, wie die Leiche eines Selbstmörders aus einem Fluss gezogen wird; dieser war wie er selbst Spieler gewesen, hatte aber vergebens gegen seine Leidenschaft angekämpft, cf. *SKS* 6, 439,34 - 440,7 / *GW1 SLW*, 508.

Abschließende einfältige Nachschrift] Die *Ab-* *9* 287 *schließende unwissenschaftliche Nachschrift* lag am 20. Februar 1846 fertig gedruckt in Bianco Lunos Buchdruckerei und erschien in Kommission bei C. A. Reitzel am 27. Februar 1846. Erst im Druckmanuskript, das SK am 30. Dezember 1845 eingereicht hatte, ist »einfältig« zu »unwissenschaftlich« geändert (*Pap.* VI B 98,1).

10 **des letzten Passus ... zu stehen kommt**] Cf.
Johannes Climacus' abschließenden Anhang
»Verständigung mit dem Leser« zur *Abschließen-*
den unwissenschaftlichen Nachschrift, SKS 7, 560-
566 / *GW1 AUN2*, 331-338, vor allem die beiden
letzten Abschnitte (*SKS 7*, 564-566 / *GW1 AUN2*,
335-338), in denen sich Climacus verbittet, als
der Lehrmeister angesehen zu werden, den er
vergeblich sucht (cf. die folgenden Kommentare).

11 **Denn wenn ich es schon selbst ... Teufelskerl**]
wörtliches Zitat aus der »Verständigung mit
dem Leser«, *SKS 7*, 564 / *GW1 AUN2*, 335.

19 **die zweideutige Kunst**] cf. »Verständigung mit
dem Leser«, wo Climacus schreibt: »der Lehrmeister, von dem ich rede und in anderer Weise,
doppeldeutig und zweifelnd, das ist der Lehrmeister der doppeldeutigen Kunst, nachzuden-
ken über die Existenz und zu existieren«, *SKS 7*,
565 / *GW1 AUN2*, 337.

20 **sei dies ... betrübliches Zeichen, ... ferne sei**
mir ... Lehrmeister zu sein] wörtliches Zitat
aus der »Verständigung mit dem Leser«, *SKS 7*,
565 / *GW1 AUN2*, 337.

24 **eitel ... im biblischen Sinn**] cf. z.B. den Artikel
»Eitel (*Vanus* [lat., ›leer, eitel, nichtig‹]«, § 1, in
Büchner's biblische Hand-Concordanz (→ 185,17),
Bd. 1, 1840, pp. 378f.: »Leer, unbeständig, das
leicht vergeht, wie ein Hauch, welcher zur Win-
terszeit aus dem Munde geht; oder wie ein
Dampf, welcher im Augenblick davon flieht. Besonders im Prediger Salomonis heißt es Alles,
was vergänglich und zu dieser Welt gehörig ist,
keinen innern Werth hat, zu keiner wahren
Glückseligkeit, und zur Ruhe der Seele, die in
dem ewigen Gut gefunden wird, nichts hilft. Es
mag nun solches Lust oder Leid bringen. Das
Sichtbare, was an sich als Geschöpf GOttes gut
und brauchbar ist nach GOttes Bestimmung,
wird eitel, wenn der Mensch daran sein Herz
hängt, oder es mißbraucht.«

287m 1 **dann soll bei Gott schon noch was dabei her-**
auskommen] freies Zitat aus »Verständigung
mit dem Leser«, wo Climacus schreibt, dass
»wenn er [scil. der Lehrmeister → 287,19] sich
fände: dann darf ich dafür einstehen, dass potz
Kuckuck schon noch etwas dabei herauskommen sollte«, *SKS 7*, 565 / *GW1 AUN2*, 337.

Abschließende Nachschrift ... babylonische 32 287
Gefangenschaft) zitiert] In der *Abschließenden*
unwissenschaftlichen Nachschrift (→ 287,9) bestreitet Johannes Climacus, dass das Sakrament der
Taufe unabhängig von der »Aneignung des
Glaubens« selig machen sollte, und er zitiert in
diesem Zusammenhang Martin Luther *Büchlein*
von der babylonischen Gefängniß der Kirche (1520),
in *Luthers Werke* (→ 288,6), Bd. 4, pp. 67-199; p.
195: »Aber unsere spitzfindigen Sophisten sagen in diesen Sacramenten nichts von dem
Glauben, sondern plappern nur fleißig von den
wirklichen Kräften der Sacramente (das Objektive), denn sie lernen immerdar, und kommen
doch nimmer zu der Erkentniß der Wahrheit«,
SKS 7, 333 / *GW1 AUN2*, 70, wobei »(das Objektive)« eine Hinzufügung durch Climacus ist (im
Original heißt es zudem »nimmermehr« statt
»nimmer«, sowie »Erkenntniß« statt »Erkentniß«).

hat Luther ... die 5 katholischen gemeint] d.h. 35
diejenigen fünf von den sieben Sakramenten der
kath. Kirche, die Luther im *Büchlein von der ba-*
bylonischen Gefängniß der Kirche verwirft, nämlich die Konfirmation, die Ehe, die Ordination,
die Letzte Ölung und die Buße, während er das
Abendmahl und die Taufe als von Christus eingesetzt anerkennt, cf. *Luthers Werke*, Bd. 4, p.
197.

Nun stürzt jemand vor und erhebt Einspruch] 1 288
indem er etwa bemerken würde, dass Climacus
Luthers Kritik der fünf kath. Sakramente auf eines der zwei prot. anwendet, nämlich die Taufe.
Der Widerspruch ist im Übrigen hypothetisch,
da die Aufzeichnung früher datiert als das Erscheinen der *Abschließenden unwissenschaftlichen*
Nachschrift am 27. Februar 1846, cf. die nächste
Datumsangabe im Journal vom 7. Februar 1846,
s. JJ:415.

das weit Wichtigere ... angemerkt habe] SK 6
bezieht sich auf *Luthers Werke. Vollständige Aus-*
wahl seiner Hauptschriften. Mit historischen Einlei-
tungen, Anmerkungen und Registern, hg. von Otto
von Gerlach, Bd. 1-10, Berlin 1840-1841, Ktl. 312-
316 (*Luthers Werke*); Bd. 4. SKs Exemplar ist unbekannt, weshalb »das weit Wichtigere« sich
nicht hat identifizieren lassen.

288 12 **Kutscher, der in ziemlich schnellem Trab vor-**
beifuhr] was laut polizeilicher Bekanntmachung vom 14. September 1815, § 1 verboten
war: »Kein Lastwagen oder Schlitten mit La-
dung darf schneller fahren als Schritt für Schritt,
und jeglicher andere Fahrverkehr soll in einem
sehr mäßigen Trab geschehen, oder, wie man
sagt, im Zuckeltrab«.

14 **die einen in die Gosse begleitet**] Redensart; jemanden (einen Betrunkenen) in moralische Verderbnis oder soziale Deroute führen.

288 16 **Abschließende Nachschrift ... abgeliefert ge-**
wesen] → 287,9.

19 **Eine erste und letzte ... im ursprünglichen Ma-**
nuskript entworfen] bezieht sich auf »Eine erste
und letzte Erklärung« ganz am Ende von *Ab-*
schließende unwissenschaftliche Nachschrift, wo SK
enthüllt, dass er der Autor der pseudonymen
Werke ist, cf. *SKS 7*, 569-573 (im Original unpaginiert) / *GW1 AUN2*, 339-344. SKs Entwurf zu
»Eine erste und letzte Erklärung« ist um einiges
kürzer als die gedruckte Fassung und mit Tinte
auf einem abgerissenen Zettel unter der Rubrik
»Anm[erkung]« geschrieben. Über und neben
die Rubrik hat er zweimal mit Bleistift »Nein!«
geschrieben (cf. *Pap*. VI B 99). Eine Reinschrift
von »Eine erste und letzte Erklärung« ist nicht
erhalten.

24 **Eine Anmerkung zu einer Stelle über die pseu-**
donymen Schriften] Auf dem Vorsatzblatt seines eigenen Exemplars der *Abschließenden un-*
wissenschaftlichen Nachschrift, Kph. 1846, Ktl.
2140 (KA, E pk. 53), hat SK – mit Hinweis auf p.
217 (*SKS 7*, 262 / *GW1 AUN1*, 283), wo das Pseudonym Johannes Climacus »›Schuldig?‹ –
›Nicht-Schuldig?‹« in *Stadien auf des Lebens Weg*
(→ 247,4) auslegt – eine Anmerkung geschrieben,
die er folgendermaßen präsentiert: »ad p. 217.
Eine Anmerkung, die nicht mitgedruckt worden
ist, weil sie erst später ausgearbeitet wurde, obgleich sie entworfen war; und ich aus gewissen
Gründen nicht das mindeste im Manuskript verändern oder zufügen wollte, da dies in den letzten Tagen des Dezember Monats 45 vollständig
an Luno abgeliefert worden war«, (*Pap*. VII 1 B
83). In der Erstkorrektur hat SKs Sekretär Israel
Levin am Rand neben die betreffende Stelle ei-

nen Asterisk gesetzt und am Fuß der Seite geschrieben: »NB. Zu dieser Kolumne gehört bei-
liegende Anm. – zu Zeile 2« (*Pap*. VII 1 B 81,1).
Sowohl der Asterisk als auch die Anmerkung
sind durchgestrichen.

4 288m **Corsaren-Schlamassel**] bezieht sich auf die Wochenschrift *Corsaren* (→ 265,1), die 1846 eine
Reihe satirischer Artikel über, Anspielungen auf
und Zeichnungen von SK brachte, nämlich am
2. Januar (Nr. 276), 9. Januar (Nr. 277, → 304,7),
16. Januar (Nr. 278, → 304,7 und → 315,14), 23.
Januar (Nr. 279, → 304,7), 30. Januar (Nr. 280,
→ 315,14), 20. Februar (Nr. 283), 27. Februar (Nr.
284), 6. März (Nr. 285, → 296,16, → 304,7 und
→ 315,14), 13. März (Nr. 286), 3. April (Nr. 289,
→ 304,7), 17. April (Nr. 291), 1. Mai (Nr. 293), 29.
Mai (Nr. 297, → 304,7), 12. Juni (Nr. 299,
→ 308,29), 19. Juni (Nr. 300, → 308,29) und 17.
Juli (Nr. 304) sowie wieder am 23. Oktober (Nr.
318) und 24. Dezember (Nr. 327). – Am 22. Dezember 1845 hatte P. L. Møller (→ 305,29) sein
ästhetisches Jahrbuch *Gæa* für 1846 herausgegeben, worin er im Artikel »Ein Besuch in Sorø«
(pp. 144-187) harsche Kritik an *Stadien auf des*
Lebens Weg übte. Unter dem Pseudonym »Frater
Taciturnus, Anführer der 3ten Abteilung von
›Stadien auf des Lebens Weg‹« antwortete SK
am 27. Dezember in *Fædrelandet* (Nr. 2078, Sp.
16653-16658) mit dem Artikel »Die Tätigkeit eines herumreisenden Ästhetikers, und wie er
doch die Zeche bezahlen musste« (cf. *SV2 13*,
459-467 / *GW1 CS* 30-39). SK setzte P. L. Møller
und den *Corsaren* in eins (was ausreichte, Møllers Hoffnungen auf einen Universitätslehrstuhl
zunichte zu machen) und bat nun darum, ›in
den *Corsaren* zu kommen‹, da er nicht akzeptieren könne, dass er als einziger dän. Schriftsteller
von dem Blatt bislang nicht geschmäht, sondern
nur gelobt worden sei. Nach den ersten beiden
Corsaren-Artikeln antwortete SK, wiederum
alias Frater Taciturnus, in *Fædrelandet* vom 10.
Januar 1846 (Nr. 9, Sp. 65-68) mit »Der dialektische Erfolg eines literarischen Polizeiunternehmens« (cf. *SV2 13*, 468-471 / *GW1 CS* 40-44).

5 **das Eingeständnis meiner Verfasserschaft**] cf.
»Eine erste und letzte Erklärung« (→ 288,19),
SKS 7, 569 / *GW1 AUN2*, 339.

9 **die Angabe der Daten**] Weder Johannes Clima-

cus' Vorwort noch der letzte Zusatz (→ 287,10) sind datiert; datiert (»Kopenhagen im Februar 1846«) ist hingegen SKs »Eine erste und letzte Erklärung«, SKS 7, 573 / GW1 AUN2, 344.

289m   7   **gute und eine vollkommene Gabe]** → 180,10.

11   **mir einen sicheren und gewissen Geist gibt]** vermutlich eine Anspielung auf das Gebet »Om sand Bedring og Poenitentse« [»Über wahre Besserung und Pönitenz«] in Evangelisk-kristelig Psalmebog (→ 229,30), pp. 629-632; p. 631: »gib mir einen neuen, gewissen Geist.« SK könnte auch auf Luthers Übersetzung von Ps 51,12 anspielen: »Schaffe in mir, Gott, ein reines Herz, und gieb mir einen neuen gewissen Geist«, cf. Die Bibel, oder die ganze heilige Schrift. Nach der deutschen Übersetzung Dr. Martin Luthers (→ 277,1).

289   1   **mich jetzt dazu auszubilden, Pfarrer zu werden]** d.h. sich um ein kirchliches Amt zu bemühen, da SK bereits ausgebildet war (→ 258,3); es fehlte nur die Ordination.

6   **gleichzeitig mit der Korrektur]** d.h. gleichzeitig mit dem Korrekturlesen der Abschließenden unwissenschaftlichen Nachschrift (→ 287,9), das zwischen Mitte Januar und Anfang Februar 1846 stattgefunden hat.

8   **Anzeige der zwei Zeitalter]** bezieht sich auf Thomasine Gyllembourgs (→ 152,1) Novelle To Tidsaldre. Novelle af Forfatteren til ›En Hverdags-Historie‹ [Zwei Zeitalter. Novelle des Verfassers von ›Eine Alltags-Geschichte‹], hg. von J. L. Heiberg, Kph. 1845, Ktl. 1563, die in Adresseavisen (→ 173,1) vom 30. Oktober 1845 (Nr. 255) als Neuerscheinung annonciert wurde und von der SK am 30. März 1846 eine Rezension in Buchform herausgab: Eine literarische Anzeige. Zwei Zeitalter, Novelle des Verfassers von ›Eine Alltagsgeschichte‹, herausgegeben von J. L. Heiberg, Kph. Reitzel 1845, Kph. 1846. SK hat vermutlich um den 10. Januar 1846 mit dem Schreiben der Rezension begonnen, cf. die Journalaufzeichnung NB:12 (SKS 20, 22), wo er sie nach seinem Artikel in Fædrelandet vom 10. Januar platziert (→ 288m,4). Das Manuskript wurde am 4. März in Bianco Lunos Buchdruckerei abgeliefert, cf. Erindringsbog for Bianco Luno 1846, Nr. 242 (im Archiv von Bianco Lunos Bogtrykkeri, Kopenhagen).

jenem Mann ... jütischen Heide] bezieht sich   12   289 auf SKs Vater, M. P. Kierkegaard (→ 184,31).

De occultis non judicat ecclesia] → 258,9.   19   289 **cfr. p. 268]** cf. p. 268 im Manuskript zum vorlie-   19 genden Journal, d.h. Aufzeichnung JJ:431, mit der diese Manuskriptseite beginnt.
cfr. p. 194, 185 und 171 in diesem Buch] cf. p.   20 163 im eingebundenen Manuskript zum vorliegenden Journal, d.h. Aufzeichnung JJ:300, mit der diese Manuskriptseite beginnt.
gebildet allein durch Möglichkeit] über ›Bil-   35 dung durch die Möglichkeit‹ als eine Bildung durch die Unendlichkeit zum Glauben, cf. Der Begriff Angst (→ 220,18), Kap. 5, SKS 4, 454-461 / GW1 BA 161-169.
das deutsche Sprichwort verwendet werden: 13 289m **Gott richt't ... p. 213]** Das Sprichwort ist wörtlich zitiert aus einer Erzählung im Abschnitt 106, »Von viel Andern, welche gleicherweise vor Gottes Gericht geladen worden«, in Deutsche Märchen und Sagen, hg. von J. W. Wolf, Leipzig 1845, Ktl. 1439, pp. 212-214, wo auf pp. 212f. von einem Bischof erzählt wird, der mit großer Mühe versucht, in einem Kloster Zucht und Ordnung wiederherzustellen. Dessen Abt Walo wird abgesetzt, doch ein Mönch mit Namen Boso fährt trotz mehrerer Ermahnungen damit fort, gegen die Klosterregeln zu verstoßen: »Der Bischof, durch so große Unbild bewegt, forderte den gottlosen Mönch vor Gottes Gericht, sprach: ›Du mußt dem höchsten Gott über diese freventliche That Rechenschaft ablegen.‹ Solches Drohen achtete der Mönch für nichts und lachte den Bischof nur aus, der aber nicht gefehlet in seiner Citation, denn in derselben Stunde, in welcher der Bischof gestorben, starb auch der Mönch Boso eines jähen Todes unter des Barbiers Hand, während man ihm den Bart schor. Es ist bei uns Deutschen ein altes Sprüchwort: Gott richt't, wenn Niemand spricht«, p. 213.

Goethe ... der irgendwo sagt: ... fast allein]   2   290 Zitat aus Goethes »Zueignung« in Goethe's Werke (→ 227,24), Bd. 1, pp. 3-7; p. 5: »Ach, da ich irrte, hatt' ich viel Gespielen, – Da ich dich [Göttin der Wahrheit] kenne, bin ich fast allein«.

90 9 **indulgent]** zugestehen, nachgeben, nachsehen, durch die Finger sehen, Gnade walten lassen.

10 **Kritiken niederlegte, die aus irgendeiner Schrift meine Gedanken herauswickelten]** im Stile von *Eine literarische Anzeige* (→ 289,8), an welcher SK zu dieser Zeit arbeitete.

12 **würde ich doch vermeiden, Schriftsteller zu werden]** s. JJ:415.

90 25 **Prof. Nielsen]** Michael Nielsen (1776-1846), von 1811 bis zum 1. Oktober 1844 Rektor der Borgerdydsskolen [Bürgertugendschule], ab 1822 Titularprofessor, starb am 11. Februar 1846 und wurde am 16. Februar begraben, cf. *Adresseavisen* (→ 173,1) desselben Tages (Nr. 39). Unter seiner Leitung entwickelte sich die Borgerdydsskolen zur angesehensten Privatschule Kopenhagens. Sowohl SK als auch sein älterer Bruder Peter Christian waren Nielsens Schüler, und beide waren später als Lehrer an dieser Schule tätig.

25 **Sager]** Hans Carl Sager (1808-1885), Bäckermeister und Direktor von Københavns Fattigvæsen [Kph.s Armenfürsorge], wohnhaft laut *Kjøbenhavns Veiviser* (→ 182,13), 1845, p. 568, unter der Adresse »Vesterbro 25«, d.h. an der westlichen Ecke der heutigen Vesterbrogade und Bagerstræde (s. *Karte 5, B4*).

26 **draußen in Frederiksberg]** nämlich »Frederiksberg Smalleg[ade] 13«, wohin Michael Nielsen im Jahre 1844 umgezogen war und wo er bis zu seinem Tode lebte, cf. *Kjøbenhavns Veiviser*, 1845, p. 469, und ibid., 1846, p. 482.

28 **gemach, gemach]** SK verwendet hier einen Ausdruck in südjütisch-nordschleswigscher dän. Mundart (»sinne, sinne«, im Standarddänisch eigentl. »sindig, sindig«). Michael Nielsen stammte aus dem Dorf Sønder Vilstrup zw. Kolding und Fredericia in Südjütland.

31 **des al[ten] Fuchses]** SK schreibt dän. »gl. Mikkels«.

291 4 **Der Begriff der literarischen Verächtlichkeit ... anonym zu sein]** bezieht sich auf den *Corsaren* (→ 265,1), auf den SK in *Eine literarische Anzeige*

(→ 289,8) gleichfalls als »die literarische Verächtlichkeit« anspielt, *SKS* 8, 90 / *GW1 LA* 101. Auch Idee, Lebensanschauung, und Anonymität werden in *Eine literarische Anzeige* behandelt. – **anonym zu sein**: Im Vorwort zum Königlichen Zensuredikt (›Pressefreiheitsverordnung‹) vom 27. September 1799 heißt es: »Und, wie es sich immer erwiesen hat, dass heimtückische und niederträchtige Bosheit sich immer unter *Anonymität* versteckt; aber [die] Gerechtigkeit fordert, dass jedermann ebenso sehr dafür einstehen muss, was er öffentlich drucken lässt, wie dafür, was er schriftlich oder mündlich äußert, und dass er sich also nicht weniger in jenem Fall zu seinem Namen bekennen muss wie in diesen letztgenannten Fällen; deshalb bewertet Er [scil. der König] es als zuträglich, jegliche *Anonymität* zu verbieten, und einem jeden, der eine gedruckte Schrift herausgibt, die Pflicht aufzuerlegen, sich zu benennen«, J. H. Schou, *Chronologisk Register over de Kongelige Forordninger*, Bd. 1-12, Kph. 1797-1840; Bd. 12, 1800, pp. 678f. Der *Corsaren* bediente sich verschiedener Strohmänner in der Funktion von verantwortlichen Redakteuren (→ 292,28), weshalb normalerweise diese für Übertretungen der Verordnung verurteilt wurden; am 7. Juni 1843 wurde jedoch M. A. Goldschmidt vom Obersten Gericht als wirklicher Redakteur und Herausgeber verurteilt. – Formell gesehen hat SK auch durch den Gebrauch von Pseudonymen gegen die § 16-17 der Verordnung verstoßen, die einem Autor vorschreiben, sich auf dem Titelblatt mit seinem vollen und richtigen Namen zu nennen, doch in »Eine erste und letzte Erklärung« in der *Abschließenden unwissenschaftlichen Nachschrift* (→ 288,19) schreibt er, dass ihm nicht bewusst sei, irgendein Gesetz übertreten zu haben, da sowohl der Buchdrucker als auch der Zensor jederzeit darüber unterrichtet gewesen seien, wer der Verfasser war, *SKS* 7, 569 / *GW1 AUN2*, 339. Gleichwohl war es zu Kierkegaards Zeit durchaus üblich, anonym oder unter Pseudonym zu schreiben.

9 **die Auflösung Griechenlands und die Komödie des Aristophanes]** cf. die Abhandlung »Der Widerschein des antiken Tragischen in dem modernen Tragischen« in *Entweder – Oder*

(→ 161,*17*), *SKS* 2, 141,25-28 / *GW1 EO1*, 152. –
Aristophanes: Aristophanes (ca. 445-385 v.Chr.),
gr. Komödiendichter, Autor von 44 Komödien,
von denen 11 erhalten sind. SK besaß diese in
einer gr. Ausg. *Aristophanis Comoediae*, hg. von
G. Dindorf, Bd. 1-2, Leipzig 1830 (Ktl. 1051) und
einer dt. Übers., *Des Aristophanes Werke*, übers.
von Johann Gustav Droysen, Bd. 1-3, Berlin
1835-1838 (Ktl. 1052-1054) sowie eine Auswahl
auf Dän., *Aristophanes's Komedier*, übers. von J.
Krag, Odense 1825 (Ktl. 1055).

13   **den Demagogen Kleon darzustellen**] cf. Droy-
sens Einleitung zur Komödie *Die Ritter*, in *Des
Aristophanes Werke*, Bd. 2, 1837, p. 307: »Jedenfalls aber wird man dem Muthe des Dichters
Gerechtigkeit widerfahren lassen, wenn er es
wagte, den gewaltigen Mann gerade jetzt, in der
Zeit seiner höchsten Popularität, auf diese Weise
anzugreifen. Schon einmal hatte Kleon, nach
Aufführung der ›Babylonier‹, gezeigt, daß er
nicht mit sich scherzen zu lassen gedenke; mit
Mühe war damals Kallistratos vor dem hoch-
weisen Rath frei gekommen. Jetzt übernahm
Aristophanes selbst die Aufführung des Stückes;
kein Maskenmacher verstand sich dazu, die Por-
traitmaske des mächtigen Demagogen anzufer-
tigen; ja er selbst wird gar nicht mit seinem Namen genannt, und der Chor wurde, wie es in
der Didaskalie heißt, von Staatswegen gestellt.«
– **Kleon**: athenischer Politiker und Heerführer
(gest. 422 v.Chr.), machte Karriere im Pelo-
ponnesischen Krieg, von Aristophanes (ebenfalls Athener) in der genannten Komödie verspottet.

19   **Sokrates in der Apologie ... wie Schatten**] cf.
Des Sokrates Verteidigung (18b-d): »Denn viele
Ankläger habe ich längst bei euch gehabt und
schon vor vielen Jahren, und die nichts wahres
sagten, welche ich mehr fürchte als den Anytos,
obgleich auch der furchtbar ist. Allein jene sind
furchtbarer, ihr Männer, welche viele von euch
schon als Kinder an sich gelokt und überredet,
mich aber beschuldiget haben ohne Grund, als
gäbe es einen Sokrates, einen weisen Mann, der
den Dingen am Himmel nachgrüble und auch
das unterirdische alles erforscht habe, und unrecht zu recht mache. Diese, ihr Athener, welche
solche Gerüchte verbreitet haben, sind meine

furchtbaren Ankläger. Denn die Hörer meinen
gar leicht, wer solche Dinge untersuche, glaube
auch nicht einmal Götter [...]. Das übelste aber
ist, daß man nicht einmal ihre Namen wissen
und angeben kann, außer etwa wenn ein Komö-
dienschreiber [Aristophanes hatte in *Die Wolken*
Sokrates' subtile Philosophie durch Konfronta-
tion mit dem einfachen Bauern Strepsiades lächerlich gemacht] darunter ist. Die übrigen aber,
welche euch gehässig und verläumderisch auf-
geredet, und auch die selbst nur überredet
Andre Ueberredenden, in Absicht dieser aller
bin ich ganz rathlos. Denn weder hieher zur
Stelle bringen noch ausfragen kann ich irgend
einen von ihnen: sondern muß ordentlich wie
mit Schatten kämpfen in meiner Vertheidigung
und ausfragen, ohne daß einer antwortet« (*Platons Werke* (→ 168,*3*), 1,2 (Bd. 2), 1818, p. 191). –
Die Apologie des Sokrates findet sich nicht unter den Schriften, die Heise in *Udvalgte Dialoger
af Platon* ins Dän. übersetzt hat (→ 168,*3*).

eine Legion von Schatten hervorzaubern]   25
spielt auf Mt 26,53 an, wo Jesus, der gerade von
Judas verraten worden ist, einen seiner Verteidiger mit den Worten zurückhält: »Oder meinst
du, dass ich nicht könnte meinen Vater bitten,
dass er mir zuschickte mehr denn zwölf Legio-
nen Engel?« (NT-1819) – **Legion**: eigentl. eine
röm. Heeresabteilung von 4.500-6.000 Soldaten;
hier im übertragenen Sinn: ›eine große Anzahl‹.
Mitte der 1840er Jahre hatte der *Corsaren* ca. 3000
Abonnenten, die Zeitung selbst jedoch behauptete am 21. November 1845, dass deren Zahl
nun fast fünftausend betrage (Nr. 270, Sp. 14).

einen einzigen Gedanken ganz und gar bis in   29   **291**
all seine feinsten Konsequenzen auszuden-
ken] s. JJ:303.

Bagatellen zu schreiben ... beinahe lächerlich]   31
Reminiszenz von J. L. Heibergs Rezension von
Entweder – Oder in »Litterær Vintersæd« [Litera-
rische Wintersaat] (→ 199,*30*) in *Intelligensblade*,
worin er schreibt, dass »im Hinblick auf sein
Volumen [...] das Buch ein Monstrum genannt
werden muss« (p. 288), wohingegen Scribes
Lustspiel in einem Akt, *Die erste Liebe* (→ 201,*16*),
als »eine hübsche kleine Bagatelle« herausgeho-

ben wird (p. 290). – **Bagatelle**n: kleineres Gedicht oder Schauspiel leichten Inhalts.

34 **Flugschriften und Blätter]** Während Grundtvigs Kampf mit der Kirche in den Jahren nach
1825 (→ 227,32) erlangten Flugschriften erneut
größere Bedeutung; auch der liberale dän. Theologe D. G. Monrad (1811-1887) verschaffte dem
Genre mit seinen *Flyvende politiske Blade* (Nr. 1-5,
Kph. 1839-1842) eine gewisse politische Renaissance. Im Gegensatz zu Büchern von mehr als
24 Bögen unterlagen Flugschriften ebenso wie
alle anderen »Zeitungen, Journale und periodi-
sche[n] Blätter« der Vorabzensur, cf. die Verordnung vom 27. September 1799 (→ 291,4), § 26,
verschärft durch die öffentliche Bekanntmachung vom 13. Mai 1814.

292   5 **Bernhard von Clairvaux ... distractionibus
subjacet]** lat., ›die Seele, die von anderen Dingen in Anspruch genommen ist, kann sich nicht
vom Besuch Gottes erfüllen lassen‹, cf. Bernhard
von Clairvaux *In ascensione Domini*, Sermo 3,
Kap. 7 (Migne *Patrologia Latina* 183, Sp. 308A).
SK zitiert vermutlich aus *Opera*, Basel 1566, Ktl.
427, das jedoch nicht eingesehen werden konnte.
– **Bernhard von Clairvaux**: oder der Hl. Bernhard (1091-1153), einer der bedeutendsten Mönche des Zisterzienserordens und Mystiker.

292   8 **Metaphysik die Theologie verdrängt hat]** bezieht sich allgemein auf die neuere spekulative
Theologie.

10 **moderne statistische Betrachtung des Sittli-
chen]** bezieht sich vermutlich auf die öffentliche
Debatte über den moralischen Verfall der Bevölkerung, die sich häufig auf Statistiken zur Anzahl von unehelichen Geburten, Selbstmorden,
Verbrechen und Geisteskrankheit stützte, cf. *Statistisk Tabelværk*, 6. Heft, Kph. 1842. Cf. auch die
Kritik an den ›tabellarischen Übersichten‹ in
»Zuschrift an den Leser von Frater Taciturnus«,
in » ›Schuldig?‹ – ›Nicht-Schuldig?‹ «, in *Stadien
auf des Lebens Weg* (→ 247,4), *SKS* 6, 441f. / *GW1
SLW* 509-511.

292   13 **neues Blatt »zur Belustigung«]** bezieht sich auf
die Unterhaltungsliteratur im Allgemeinen, cf.
z.B. *Den danske Bondeven, et Ugeblad til Nytte og*

Fornøielse [Der dänische Bauernfreund, ein Wo-
chenblatt zu Nutz und Vergnügen], erschienen
ab 1836, sowie *Morskabslæsning for den danske
Almue* [Unterhaltungslektüre für das dänische
einfache Volk], erschienen zw. 1339-1841 und erneut ab Oktober 1845.

ins Wasser zu gehen] Selbstmord begehen. In   15
Kph. ertränkten sich Selbstmörder häufig, so
u.a. bei Kalleboe Strand, westlich von Langebro
(s. *Karte 1*).

Die neue Entwicklung ... bloß repräsentiert   19   292
zu sein] Die Aufzeichnung ist eng mit *Eine literarische Anzeige* (→ 289,8) verbunden, in der sowohl Repräsentation als auch Reflexion wesentliche Themen sind. V.a. scheint sie an den
Schluss der Rezension anzuknüpfen, wo SK vor
dem Hintergrund »de[r] älteren Gestaltungen
(des Verhältnisses zwischen Generation und Individuum)« (*SKS* 8, 101 / *GW1 LA* 114) die Gestaltungen seiner Zeit und der Zukunft diskutiert. – **repräsentierenden Individu[en]** welches
in seiner Zeit ein Stadtverordneter sein konnte
(ein Mitglied der Kopenhagener Stadtverordne-
tenversammlung, → 222,2) oder ein Ständever-
treter (ein Mitglied der Ständeversammlung,
→ 307,30). In den 1840ern nahm das Interesse an
diesen Organen ab, da ihr politischer Einfluss
den Erwartungen nicht gerecht wurde. Stattdessen forderte die liberale Opposition, dass die
Königsmacht an eine vom Volk gewählte und
repräsentative Versammlung gebunden werden
sollte (→ 281,21).

Das Honorar ... sehr gering] SK erhielt selbst   26   292
kein Honorar für seine gedruckten Werke, da er
(bis 1847) sein eigener Verleger war.
literarischen Kulis] dän. »literaire Sjouere«, d.h.   28
Skribenten, die als Schauer (Tagelöhner) keine
feste Arbeit hatten und im Allgemeinen für roh
und unmoralisch gehalten wurden, s. JJ:438,
JJ:463 und → 305,30. SK bezieht sich besonders
auf anonyme, nicht (im Sinne des Presserechts)
verantwortliche Mitarbeiter des *Corsaren*
(→ 265,1), da selbige laut einer Rubrik auf der
Titelseite (fester Bestandteil ab dem 10. Januar
1845, Nr. 225) zu denselben Bedingungen wie
Kulis bzw. Tagelöhner angeheuert zu werden

schienen: »Beiträge zur Zeitung, die mit 1 bis 3
Rbd. [→ 181,30] pro Spalte honoriert werden,
werden bei den Herren Buchhändlern Klein und
Steen in versiegelten Briefen entgegengenommen, adr.: Redaktion des Corsaren.« SK könnte
sich außerdem auf die Strohmänner beziehen,
die der *Corsaren* als (scheinbar) verantwortliche
Redakteure benutzte, und die SK unter dem
Pseudonym Frater Taciturnus – mit Bezug auf
den eigentlichen Redakteur M. A. Goldschmidt
(→ 291,4) – in »Der dialektische Erfolg eines literarischen Polizeiunternehmens« (→ 288*m*,4) als
»einen Stab ihn vertretender Kulis [»Sjouere«],
gesichert gegen literarische Polemik durch die
Verächtlichkeit des Blattes«, Sp. 66 (cf. *SV1* XIII,
434 / *GW1 CS* 42) bezeichnet hat. Auch in *Eine
literarische Anzeige* (→ 289,8) klagt SK über diese
»Tagelöhner«, *SKS* 8, 59 / *GW1 LA* 64. Der aus-
giebige Gebrauch von Strohmännern gab bereits
1841 dazu Veranlassung, die wechselnden Redakteure mit Tagelöhnern zu vergleichen
(→ 305,30); so konnte der *Corsaren* am 7. Mai
1841 (Nr. 27) für sich festhalten, dass »die Leute
uns das zur Last legen, dass wir Arbeiter und
Tagelöhner als verantwortliche Redakteure angenommen haben.« Cf. auch den *Corsaren* vom
24. September 1841 (Nr. 47) und vom 10. Juni
1842 (Nr. 90), Sp. 8.

29 **verächtlicher ... Literat]** → 291,4.

293 4 **Holberg verwendet solche Komik ... die Leute
auf dem Berg annehmen, dass die Erde flach
ist]** cf. Holbergs (→ 179,5) Komödie *Erasmus
Montanus* (→ 157,32), wo Caspar unter Hinweis
darauf, dass man in Kph. glaube, die Erde sei
rund, sagt: »hier auf dem Berg wird das niemand glauben« (3. Akt, 2. Szene; in der dt. Übersetzung *Erasmus Montanus. Oder [E]rasmus Berg.
Ein Lustspiel in fünf Abhandlungen* (→ 280,15), p.
352 (3. Akt, 3. Szene [!]) heißt es hingegen: »hier
im Dorf will es niemand glauben«).

294 7 **abschließende Nachschrift p. 327 ... das Individuum zu erreichen]** wörtliches Zitat aus *Abschließende unwissenschaftliche Nachschrift*, Kph.
1846, p. 327 (*SKS* 7, 389 / *GW1 AUN2*, 135).

11 **Dr. Bayer der Begriff der sittlichen Gemeinschaft ... p. 80 und 81]** K. Bayer »Der Begriff der

sittlichen Gemeinschaft« in *Zeitschrift für Philosophie und spekulative Theologie*, hg. von I. H.
Fichte (ab 1847 außerdem von H. Ulrici unter
dem Titel *Zeitschrift für Philosophie und philosophische Kritik*), Bd. 1-20,1, Tübingen 1837-1848,
und Bd. 23-27,1, Tübingen 1853-1855, Ktl. 877-
911; Bd. 13, 1844, pp. 69-102. Bayer betrachtet die
sittliche Gemeinschaft als ein Abbild der göttlichen Vollkommenheit, insofern erst in ihr als
eines Verhältnisses von freier Liebe mit vernünf-
tigem Zweck der Einzelne zur wahren Erfüllung
seines Wesens als Einzelner komme und sich
sein selbstisches in ein selbstständiges Wesen
verwandle. Auf p. 80 führt Bayer dabei aus, dass
je mehr die Beteiligten durch *äußere* Notwendigkeit aneinander gebunden seien, desto unselbst-
ständiger und wertloser sei ihre Vereinigung; je
mehr die Vereinigten hingegen aus *innerer* Notwendigkeit, d.h. aus *freier Liebe* dieser Vereinigung angehörten und somit gegeneinander frei
und selbstständig seien, desto innerlicher und
wertvoller sei ihre Gemeinschaft, in der die Vereinigten zur höchsten Freiheit verpflichtet und
der höchsten Liebe fähig seien. Entsprechend
diesem »Principe der *Innigkeit und Selbstständigkeit der Einigung*« (p. 80) unterscheidet Bayer
nun ein dreifaches Gebiet der Gemeinschaft, pp.
80-81: das »*Gemeinschaftsgebiet der Beziehung*«,
welches das Gebiet der unbeseelten Natur sei,
wo z.B. das Verhältnis zwischen den Himmels-
körpern als metaphysisches Verhältnis beschrieben werden könne (pp. 80f.); das »*Gemeinschaftsgebiet des Bezugs*«, welches die Gemeinschaft der
Lebendigen umfasse, die das triebhafte Bedürfnis nach einer Realisierung des Ideals einer vollkommenen Vereinigung in Selbstaufopferung
und Selbstgefühl verspürten (p. 81); und das
»*Gemeinschaftsgebiet der vollendeten Einigung*«,
d.h. der wahren Einigkeit, in der »die Kraft und
Innigkeit der Zusammengehörigkeit der Momente in der Selbstständigkeit der sie in sich
begreifenden Einheit begründet [ist] und ebenso
diese freie Selbstständigkeit der Totalität auf der
freien Selbstständigkeit der in ihr begriffenen
Momente beruht« (p. 81). Ein solches Verhältnis
der Selbstständigkeit von Freiheit und Liebe
werde nur innerhalb einer persönlichen, sinn-
lich-geistigen Gemeinschaft erreicht. – **Dr.**

Bayer: Karl Bayer (1806-1883), dt. Philosoph. –
Fichtes: Immanuel Hermann Fichte (1796-1879),
dt. Philosoph, Sohn des dt. Philosophen Johann
Gottlieb Fichte (1762-1814), deshalb auch oft ›der
jüngere Fichte‹ genannt.

94 15 **De occultis non judicat ecclesia**] → 258,9.

16 **cfr. p. 256, 194, 185, 171**] cf. im Manuskript p.
256 (JJ:417), p. 194 (JJ:340), p. 185 (JJ:332) und p.
171 (JJ:317, samt Randbemerkungen dazu).

17 **Leidens-Geschichte**] → 247,4.

95 16 **hineueinginge, seine Türe schlösse und zu Gott
beten würde**] spielt auf Mt 6,6 an: » Du aber geh
in deine Kammer, wenn du betest, und schließ
die Tür zu; dann bete zu deinem Vater, der im
Verborgenen ist. Dein Vater, der auch das Verborgene sieht, wird es dir vergelten.«

26 **die Stoiker**] zielt hier auf den röm. Philosophen
Seneca, cf. den nächsten Kommentar und
→ 166,27.

26 **sapientem nulla re indigere ... Fichtes Zeitschrift. 13. Bd. 1844. p. 86**] lat., ›Dem Weisen
mangelt nichts; und dennoch braucht er viele
Dinge‹ (Zitat aus Seneca *Ad Lucilium Epistularum Moralium*, 1. Buch, Brief Nr. 9,12; cf. C. R.
Fickert, *L. Annaei Senecae Opera. Ad libros, manu-
scriptos et impressos recensuit commentarios criticos
subiecit Carolus Rudolphus Fickert*, Bd. 1, Leipzig
1842, p. 34) sowie lat., ›Also, obwohl der Weise
sich selbst genug sein mag, braucht er doch
Freunde; nicht dass er jemand habe, der an seinem Krankenbett sitze, sondern dass er jemand
habe, an dessen Seite er selbst sitzen, für den er
sterben könne« (Paraphrase aus Seneca *Ad Lucilium Epistularum Moralium*, 1. Buch, Brief Nr. 9,6
u. 12; cf. C. R. Fickert, *L. Annaei Senecae Opera*, p.
32 und p. 35). Mit einigen Abweichungen in der
Interpunktion ein wörtliches Zitat aus K. Bayer
»Der Begriff der sittlichen Gemeinschaft« in
Zeitschrift für Philosophie und spekulative Theologie
(→ 294,11), Bd. 13, 1844, p. 88 (nicht p. 86).

295 33 **Berlingske Zeitung ... Aufgabe ist: dem Politischen**] *Den Berlingske politiske og Avertisse-
ments-Tidende* (gewöhnlich *Berlingske Tidende* genannt), begründet 1748 (Erscheinung 3. Januar 1749); erschien ab 1844 zweimal täglich mit

Nachrichten vor allem aus den Gebieten der Politik und Wirtschaft sowie Buchbesprechungen
und einem Feuilleton mit Annoncen. Die Zeitung hatte bis 1848 das königliche Privileg inne,
politische Nachrichten zu drucken.

die Verbreitung ... in der B. Z. steht] Die Ber-   10   296
lingsche Zeitung (*Berlingske Tidende*) hatte im
Jahre 1846 ca. 4.000 Abonnenten, doch die Zahl
der Leser war bedeutend höher. SK hat nie etwas in der *Berlingske Tidende* veröffentlicht, doch
im Zusammenhang mit dem *Corsaren*-Streit
(→ 288m,4) schrieb er für die Tageszeitung *Fædrelandet*, welche damals ca. 1.500 Abonnenten hatte. Seine eigenen Werke erschienen gewöhnlich
in einer Auflage von ca. 500 Exemplaren.

tadelt man mich ... seiner Anerkennung an-   16   296
nehme] In »Eine erste und letzte Erklärung« in
Abschließende unwissenschaftliche Nachschrift
(→ 288,19) bittet SK, der Leser möge ihn über
den Büchern vergessen, während »ich im übrigen jedem verbindlichst danke, der geschwiegen hat, und mit tiefer Ehrfurcht der Firma Kts –
dass sie geredet hat« (*SKS* 7, 572 ↗ *GW1 AUN2*,
343). Unter seinem üblichen Kürzel »Kts.« (gebildet aus den Anfangskonsonanten der jeweils
zweiten Silbe von Mynsters Vor- und Zunamen,
also: Jakob Peter Mynster) hatte Mynster in »Kirkelig Polemik« in *Intelligensblade* (→ 199,30), Nr.
41-42, Bd. 4, pp. 97-114; pp. 111-113 SKs *Vier erbauliche Reden* 1844 (→ 222,8) gelobt. Anlässlich
des Erscheinens der *Abschließenden unwissenschaftlichen Nachschrift* schrieb der *Corsaren*
(→ 265,1) am 6. März 1846 (Nr. 285) einen Artikel »Der große Philosoph«, worin es u.a. heißt,
SK »›dankt jedem, der geschwiegen hat‹; aber
Bischof Mynster hat das Monopol darauf, ihn zu
loben, und jeder, der dieses Privileg missachtet,
wird vor Gericht geladen und aufs Gröbste
mulktiert [mit einer Geldstrafe belegt]. Folglich
sollen wir anderen alle den Mund halten. – Es
ist schon seltsam, dass man keine Verfügungsgewalt über ein Buch hat, das man kauft und
mit 3 Rbd. 64 ß [→ 181,30] bezahlt. Wenn Magister Kierkegaard einen Mann zu sich nach Hause
einlädt und ihm eine Tasse Kaffee gibt und zu
ihm sagt: Hier, Sie müssen der herrlichsten
Kaffe kosten, den Sie je in ihrem Leben ge-

schmeckt haben. Aber Sie sollen ganz stumm sein vor Entzückung, Sie dürfen ihn nicht loben – der einzige, der das Recht hat, meinen Kaffee zu loben, ist Bischof Mynster«, Sp. 8f.

19 **Fædrelandet 1845 ... gelobt zu werden]** Als Autor der *Drei Reden bei gedachten Gelegenheiten* und als vermuteter Autor von *Stadien auf des Lebens Weg* wurde SK in *Berlingske Tidende* vom 6. Mai 1845 (→ 266,18) von einem Anonymus (mit dem Kürzel » – n.«) gelobt für »eine Tiefsinnigkeit im Denken, die ihren Gegenstand bis zu dessen kleinsten Fäden verfolgt, und dabei eine seltene Schönheit und Eleganz in der Sprache entfaltet, doch besonders eine Volubilität [Geschmeidigkeit] darin, in der sich kein heute lebender dänischer Skribent mit dem Autor messen kann.« In »Eine Erklärung und ein wenig mehr« in *Fædrelandet* vom 9. Mai 1845 (→ 266,18) verbat sich SK, von » – n.« gelobt zu werden, welcher durch seine Anonymität nicht seine literarische Autorität dokumentieren könne, während »wenn es z.B. der rechtmäßige Herrscher der dänischen Literatur, Prof. Heiberg [→ 178,15] ist, der spricht, wenn es ein Gelehrter von europäischem Rang wie Prof. Madvig [→ 305,12] ist, der spricht, wenn es jene vollmächtige, hochehrwürdige Firma Kts. ist, die spricht, – ja, dann hat ein Wink seine Bedeutung, dann hat das ermunternde Wort seine Gültigkeit, dann hat ein wohlwollender literarischer Gruß seine Freude«, Sp. 15095f. / *GW1 CS* 28-29.

21 **das Gleiche ... in meiner ersten Schrift]** Weder in *Aus eines noch Lebenden Papieren* (1838, cf. *SKS* 1, 5-57 / *GW1 ES* 39-91), *Über den Begriff der Ironie* (1841) noch *Entweder – Oder* (1843, → 161,17) verbittet sich SK Lob oder ›hält etwas auf Mynster‹. Vermutlich zielt er auf seinen satirischen Artikel »Öffentliche Beichte« in *Fædrelandet* vom 12. Juni 1842 (Nr. 904, Sp. 7245-7252, cf. *SV2* 13, 433-442 / *GW1 CS* 3-13), wo er sich Lob verbittet und Mynster als »eine bewährte, eine ernste, bewegte, hochehrwürdige Stimme« preist (Sp. 7248, cf. *SV2* 13, 437 / *GW1 CS* 8).

23 **die Vorrede zur »abschließenden Nachschrift.« ... von Johannes Climacus]** cf. das »Vorwort« des Pseudonyms Johannes Climacus zur *Abschließenden unwissenschaftlichen Nachschrift* (*SKS* 7, 9-12 / *GW1 AUN1,* 3-6), wo der Verfasser sich

darüber freut, dass sein zuvor erschienenes Werk *Philosophische Brocken* (1844) nicht rezensiert worden ist (→ 234,18 und → 267,20).

25 **hinten im Buch ... weder kann noch will]** cf. »Eine erste und letzte Erklärung«, (→ 288,19), worin SK schreibt: »Meine Pseudonymität oder Polyonymität hat nicht einen *zufälligen* Grund gehabt in meiner *Person* [...], sondern einen *wesentlichen* in dem *Gesamtwerk* selbst, das um der Replik, um der psychologisch variierten Individualitätsverschiedenheit willen dichterisch die Rücksichtslosigkeit hinsichtlich [der Darstellung] des Guten und Bösen [...] forderte, die nur von der psychologischen Konsequenz ideell begrenzt ist, welche sich keine faktisch wirkliche Person in der sittlichen Begrenzung der Wirklichkeit erlauben darf oder sich kann erlauben wollen«, *SKS* 7, 569 / *GW1 AUN2,* 339.

29 **pereat]** lat., ›lass ihn sterben‹, hier: ›nieder mit ihm!‹.

32 **auch den einzelnen, in Wahrheit Ausgezeichneten]** cf. »Eine Erklärung und ein wenig mehr« in *Fædrelandet* (→ 296,19), worin SK räsoniert: »eine unbefugte Anerkennung ist ebenso verwerflich wie ein unbefugter Angriff. Gerade in unserer Zeit ist das erste so gefährlich, weil man auf so mancherlei Weise den einzelnen Ausgezeichneten, auf die unser Vaterland stolz sein kann, ein durch eine jahrelange seltene Vorzüglichkeit erworbenes Recht der Berühmtheit entwinden möchte, nämlich das Recht, die Ehrerbietung eines jüngeren Geschlechts zu genießen und die Vollmacht, Anfängern den Platz in der Literatur anzuweisen und sie durch einen grüßenden Zuruf zu ermuntern«, Sp. 15095 / *GW1 CS* 28. Cf. auch *Eine literarische Anzeige*, in der »der Ausgezeichnete« ein durchgehendes Thema ist.

34 **Corsaren ... Verächtlichkeit]** → 288m,4. – **Verächtlichkeit:** → 291,4.

2 **Spinoza (de emendatione intellectus p. 495.)]** 297m Spinoza (→ 208,17) *Tractatus de intellectus emendatione et de via, qua optime in veram rerum Cognitionem dirigitur* [Abhandlung über die Verbesserung des Verstandes und über den Weg, auf dem er am besten zur wahren Erkenntnis der Dinge geleitet wird], in *Spinoza opera* (→ 208,17), pp.

493-518 (*Tractatus de intellectus emendatione*); p. 495. Cf. die dt. Übersetzung *Abhandlung über die Verbesserung des Verstandes. Abhandlung vom Staate*, übertragen und mit Anm. und Reg. versehen von Carl Gebhardt, eingeleitet von Klaus Hammacher, 5. Aufl., Hamburg 1977 [1922], p. 3: »Nachdem die Erfahrung mich gelehrt hat, daß alles, was im gewöhnlichen Leben sich häufig uns bietet, eitel und wertlos ist, da ich sah, daß alles, was und vor welchem ich mich fürchtete, nur insofern Gutes oder Schlimmes in sich enthielt, als die Seele davon bewegt wurde, so beschloß ich endlich nachzuforschen, ob es irgend etwas gebe, das ein wahres Gut sei, dessen man teilhaft werden könne, und von dem allein, mit Ausschluß alles Übrigen, die Seele ergriffen werde, ja ob es etwas gebe, durch das ich, wenn ich es gefunden und erlangt, eine beständige und vollkommene Freude auf immerdar genießen könne. Ich sage: ich beschloß endlich; denn auf den ersten Blick schien es nicht ratsam, für etwas noch Ungewisses das Gewisse aufzugeben. Ich sah nämlich die Vorteile, die man durch Ehre und Reichtum erlangt, und ich sah, daß ich es aufgeben müsse, nach ihnen zu trachten, wenn ich mich ernstlich um ein Anderes, Neues bemühen wollte.«

298   1   **Konzession**] lat., ›Zugeständnis‹, ›Entgegenkommen‹.

7   **Krämer**] → 245,12.

298   9   **Spinoza verwirft ... macht man die Teleologie**] cf. den Anhang zum 1. Teil »De Deo« in Spinozas (→ 208,17) *Ethica ordine geometrico demonstrata et in quinque partes distincta* [Die Ethik, nach der geometrischen Methode dargestellt und in fünf Teile gegliedert] in *Spinoza opera* (→ 208,17), pp. 285-430 (*Ethica*); pp. 305-310. SK bezieht sich hier auf die Passage pp. 307f., die in seinem eigenen Exemplar (dieses befindet sich in der Königlichen Bibliothek) teilweise Unterstreichungen aufweist. Sie lautet (in der dt. Übersetzung *Die Ethik nach geometrischer Methode dargestellt*, übers. von Otto Baensch, 2. Aufl., Hamburg 1976 [1910] (*Die Ethik*), pp. 43-44): »Ich darf hier auch nicht daran vorübergehen, daß die Anhänger dieser Lehre, die durch Angaben über die Zwe-

cke der Dinge ihren Geist glänzen lassen wollten, um diese ihre Lehre zu begründen[,] ein ganz neues Beweisverfahren aufgebracht haben, nämlich die Zurückführung nicht aufs Unmögliche, sondern auf die Unwissenheit; was denn zeigt, daß sie über kein anderes Beweismittel für diese Lehre verfügten. Wenn z.B. ein Stein von einem Dach jemand auf den Kopf gefallen ist und ihn getötet hat, so beweisen sie auf folgende Art, daß der Stein gefallen sei, um den Menschen zu töten: Wenn er nicht nach dem Willen Gottes zu diesem Zweck gefallen ist, wie kam es, daß zufällig gerade so viel Umstände (oft nämlich treffen viele zusammen) zusammentrafen? Man wird etwa antworten, es sei daher gekommen, weil der Wind wehte, und weil den Menschen sein Weg dort vorbeigeführt hat. Sie aber werden nicht locker lassen: Warum wehte der Wind gerade zu jener Zeit? Warum führte den Menschen sein Weg zu ganz der selben Zeit dort vorbei? Wenn man wiederum antwortet, der Wind habe sich damals erhoben, weil das Meer am vorangegangenen Tage, als das Wetter noch ruhig war, in Bewegung geriet, und daß der Mensch von einem Freunde eingeladen war, so werden sie, da des Fragens kein Ende ist, einem wiederum zusetzen: Warum bewegte sich dann aber das Meer, warum war der Mensch zu jener Zeit eingeladen? Und so werden sie nicht ablassen, weiter nach den Ursachen der Ursachen zu fragen, bis man seine Zuflucht zum Willen Gottes genommen hat, das heißt, zur Freistatt der Unwissenheit. Ebenso staunen sie, wenn sie den Bau des menschlichen Körpers betrachten, und weil ihnen die Ursachen von soviel Kunst unbekannt sind, so schließen sie, daß er nicht durch mechanische, sondern durch eine göttliche oder übernatürliche Kunst gebildet und so eingerichtet sei, daß kein Teil den anderen verletzt.« – **teleologische Auffassung**: → 209,6. – **asylum ignorantiae**: lat., ›Freistatt, Zuflucht der Unwissenheit‹; cf. Spinoza *Opera*, p. 308. – **causa efficiens**: lat., ›Wirkursache‹.

Im zweiten Teil ... was causa efficiens ist] cf.   13 den 2. Teil »De natura & origine mentis« [Von der Natur und dem Ursprung der Seele] in Spinoza *Ethica*, pp. 310-339. Spinoza postuliert, dass jedwedes Seiende seine bewirkende Ursache habe (causa efficiens) – ungeachtet des Umstandes, dass der Mensch (und damit auch Spinoza selbst) aus Gründen seiner begrenzten Auffassungsgabe nicht in der Lage sei, sie adäquat zu erkennen. Cf. besonders den folgenden Passus in seiner Anmerkung zum 35. Lehrsatz: »Die Menschen täuschen sich, wenn sie sich für frei halten; und diese ihre Meinung besteht allein darin, daß sie sich ihrer Handlungen bewußt sind, ohne eine Kenntnis der Ursachen zu haben, von denen sie bestimmt werden. Die Idee ihrer Freiheit ist also die, daß sie keine Ursache ihrer Handlungen kennen«, Spinoza *Die Ethik*, p. 84.

21 **Zur Unwissenheit ... Die Subjektivität ist die Wahrheit**] cf. 2. Teil, Kap. 2 (»Die subjektive Wahrheit, die Innerlichkeit; die Wahrheit ist die Subjektivität«) in *Abschließende unwissenschaftliche Nachschrift* (→ 287,9), SKS 7, 173-228; pp. 186f. / *GW1 AUN2*, 179-243; pp. 194f.: »Wenn die Subjektivität die Wahrheit ist, so muss die Bestimmung der Wahrheit zugleich einen Ausdruck für den Gegensatz zur Objektivität in sich enthalten, eine Erinnerung an jene Wegscheide, und dieser Ausdruck gibt alsdann zugleich die Spannung der Innerlichkeit an. Hier ist eine solche Definition der Wahrheit: *Die objektive Ungewissheit in der Aneignung der leidenschaftlichsten Innerlichkeit festgehalten, ist die Wahrheit*, und zwar die höchste Wahrheit, die es für einen *Existierenden* gibt. Da, wo der Weg abbiegt (und wo das ist, lässt sich objektiv nicht sagen, da das gerade die Subjektivität ist), wird das objektive Wissen vorläufig in Ruhe versetzt. Objektiv hat man da nur die Ungewissheit, aber gerade dies strafft die unendliche Leidenschaft der Innerlichkeit, und die Wahrheit ist eben gerade dies Wagestück: mit der Leidenschaft der Unendlichkeit das objektiv Ungewisse zu wählen. Ich betrachte die Natur, um Gott zu finden; ich sehe ja auch Allmacht und Weisheit darin, aber ich sehe zugleich vieles andere, was ängstigt und stört. Die summa summarum hiervon ist die objektive Ungewissheit; aber eben deswegen ist die Innerlichkeit so groß, weil sie die objektive Ungewissheit mit der ganzen Leidenschaft der Unendlichkeit umfasst. Für einen mathematischen Satz z.B. ist die Objektivität gegeben, aber deshalb ist

seine Wahrheit auch eine gleichgültige Wahrheit.«

latere, bene latuit] cf. lat. »latere, bene vixit«, ›wer sich verbirgt (unbemerkt lebt), lebt gut‹. Cf. die *Tristia*, 3. Buch, 4,25 des röm. Dichters Ovid: »bene qui latuit bene vixit«. SK besaß Ovids Werke in der Ausgabe *P. Ovidii Nasonis opera quae supersunt* (→ 151,3); cf. ferner JJ:440.   26   298

des Hochtrabenden über den Anfang der Wissenschaft] bezieht sich auf die Forderung der Hegelianer an die Philosophie als wissenschaftliches System, dass es voraussetzungslos sein müsse (→ 224,13).   12   299

menschlich mit jener Frage anfangen, ob ich Wissenschaftler werde] spielt vielleicht auf die Einleitung von Spinozas *Tractatus de intellectus emendatione* (→ 297m,2) an.   13

Staunen so wie in al[ten] Tagen bei den Griechen] bezieht sich auf Platons und Aristoteles' Rede davon, dass die Philosophie mit Staunen beginne. In einer Aufzeichnung aus dem Jahr 1841 in einem undatierten Notizbuch schreibt SK: »Es ist ein positiver Ausgangspunkt der Philosophie, wenn Aristoteles meint, dass die Philosophie mit Staunen beginnt, nicht wie in unserer Zeit mit Zweifel« (*Pap.* III A 107 / *T* 1, 254). Am Rand zitiert SK aus Aristoteles' *Metaphysik*, 1. Buch, Kap. 2 (982b 12f.): »δια γαρ το θαυμαζειν οι ανθρωποι και νυν και το πρωτον ηρξαντο φιλοσοφειν« (›denn durch das Staunen haben die Menschen sowohl jetzt wie auch zuerst zu philosophieren begonnen‹), und aus Platons Dialog *Theaitetos* 155d: »μαλα γαρ φιλοσοφον τουτο το παθος, το θαυμαζειν. ου γαρ αλλη αρχη φιλοσοφιας η αυτη« (›denn dies ist die Leidenschaft eines gar sehr die Weisheit liebenden Mannes, das Erstaunen; ja es gibt keinen andern Anfang der Philosophie als diesen‹). Als Quelle nennt SK: K. F. Hermann *Geschichte und System der Platonischen Philosophie* Bd. 1, Heidelberg 1839, Ktl. 576, p. 275, Anm. 5, wo diese beiden Stellen zitiert sind. – Vgl. JJ:218.   18

Cartesius ... keinen Gegensatz hat] Descartes schreibt im *Tractatus de passionibus animae* [Traktat über die Leidenschaften der Seele (frz. 1649, lat. 1650)], 2. Teil, Artikel 53, unter der Über-   20 schrift »*Admiratio*« (lat., ›Staunen, Verwunderung, Bewunderung‹): »Wenn ein Objekt uns beim ersten Entgegentreten überrascht und wir urteilen, dass es neu ist und sehr verschieden von allem, was wir vorher kannten, oder von dem, was wir vermuteten, das es sein sollte, bewirkt das, dass wir uns über es wundern und erstaunt sind. Da das jedoch auftreten muss, bevor wir überhaupt erkennen, ob dieses Objekt uns angenehm ist oder nicht, ergibt sich für mich, dass die Verwunderung [admiratio] die erste aller Leidenschaften ist. So hat sie auch kein Gegenteil [nec habet contrarium], denn, wenn das Objekt, das sich uns darbietet, nichts in sich besitzt, was uns überrascht, sind wir darüber keineswegs erregt und betrachten es ohne Leidenschaft«, *Renati Des-Cartes opera philosophica* (→ 152,12), Bd. 4, p. 27 (zitiert nach René Descartes *Die Leidenschaften der Seele*, übers. und hg. von Klaus Hammacher, 2. Aufl., Hamburg 1996, p. 95). – Im Manuskript zu *Johannes Climacus oder De omnibus dubitandum est* (→ 239,11) schreibt SK, dass »Cartesius lehrt, dass Staunen (admiratio) die einzige Leidenschaft der Seele ist, die keinen Gegensatz hat – daher sieht man, wie richtig es ist, sie zum Ausgangspunkt aller Philosophie zu machen« (*Pap.* IV B 13, 23). Vermutlich im Dezember 1842 verweist SK im Notizbuch »Philosophica« (datiert auf den 2. Dezember 1842) ebenfalls auf die zitierte Stelle: »Cartesius (in seinem Aufsatz de passionibus) macht richtigerweise darauf aufmerksam, dass admiratio keinen Gegensatz hat (cf. Art. LIII.). Ebenso, dass cupiditas [lat., ›Begierde‹] nicht ihren Gegensatz in aversio [lat., ›Abscheu, Unwillen‹] haben soll; sondern keinen Gegensatz haben soll (cf. Art. LXXXVII.). Dies ist für mich von Wichtigkeit für meine Theorie der Angst cfr. JJ. von hinten p. 3 [s. JJ:511]« (*Pap.* IV C 10); cf. *Der Begriff Angst* (→ 220,18), SKS 4, 445,33 / GW1 BA 151.

22 **Spinoza im dritten Buch ... admiratio]** cf. die 4. Affekt-Definition im 3. Teil »De origine & natura affectuum« [Über den Ursprung und die Natur der Affekte] in Spinozas *Ethica* (→ 299,9), p. 369 (in SKs eigenem Exemplar unterstrichen): »*Bewunderung* [admiratio] ist die Vorstellung eines Dinges, an die die Seele deswegen festgebannt

bleibt, weil diese besondere Vorstellung keine Verknüpfung mit anderen Vorstellungen hat«, Spinoza *Die Ethik* (→ 298,9), p. 169. In der Erläuterung zur Definition heißt es über die Bewunderung [admiratio], dass sie kein Affekt sei, sondern der Vorstellung eines neuen und bislang ungesehenen Dinges äquivaliere, *Ethica*, p. 369: »Die Vorstellung eines neuen Dinges ist daher an sich betrachtet von derselben Natur wie die übrigen Vorstellungen, und aus dieser Ursache zähle ich die Bewunderung nicht zu den Affekten; ich sehe auch gar keine Ursache, warum ich es tun sollte, da diese Abgezogenheit der Seele aus keiner positiven Ursache entspringt, die die Seele von anderen Vorstellungen abzöge, sondern nur daraus, daß die Ursache, der zufolge die Seele durch die Betrachtung eines Dinges bestimmt wird, an andere Dinge zu denken, hier fehlt«, *Die Ethik*, p. 169. – **admiratio:** lat., ›Staunen, Verwunderung, Bewunderung‹.

cupiditas, laetitia, tristitia] lat., ›Begierde‹, 24 ›Freude‹, ›Trauer‹. Diese sind nach Spinoza die drei Grundaffekte, aus denen alle anderen Affekte ableitbar sind. So heißt es im Beweis zum 57. Lehrsatz im 3. Teil der *Ethica*, p. 366 (in SKs eigenem Exemplar unterstrichen): »Omnes affectus ad Cupiditatem, Laetitiam, vel Tristitiam referuntur, ut eorum, quas dedimus definitiones ostendunt« (›Alle Affekte beruhen auf Begierde, Freude oder Trauer, wie die Definitionen, die wir von ihnen gegeben haben, zeigen‹, Spinoza *Die Ethik*, p. 163).

Subsidialiter] lat., ›als Nebensache‹ (im Gegen- 25 satz zu »principaliter«, ›als Hauptsache‹).

das mit dem Zweifel Anfangen] → 196,5.   25

κίνησις] gr., kínesis, ›Bewegung, Veränderung‹; 29 bezieht sich besonders auf die Aristotelische Prägung des Begriffes κίνησις als ein Übergang von Möglichkeit zu Wirklichkeit, cf. *Die Physik*, 3. Buch, Kap. 1 (201a 10-11), → 161,2. SK hat im § 1 des »Zwischenspiels« in *Philosophische Brocken* (→ 234,18) seine Auffassung des gr. Begriffes dargelegt, wie selbiger bei Aristoteles entwickelt wird, nämlich als ein Übergang vom Nicht-Sein zum Sein, von Möglichkeit zu Wirklichkeit, cf. SKS 4, 273-275 / GW1 PB 69-72.

transitio] lat., ›Übergang‹.   30

30 **aussagt ... p. 368**] cf. die 2. und 3. Affekt-Definition mit Erklärung im 3. Teil von Spinozas
Ethica (→ 298,9), p. 368 (teilweise unterstrichen
in SKs eigenem Exemplar): »*II. Laetitia est hominis transitio a minore ad majorem perfectionem. / III.* Tristitia est hominis transitio a majore
ad minorem perfectionem. / *Explic.* Dico transi-
tionem. Nam Laetitia non est ipsa perfectio. Si
enim homo cum perfectione, ad quam transit,
nasceretur, ejusdem absque Laetitiae affectu
compos esset« (»2. *Freude* ist Übergang des Menschen von geringerer zu größerer Vollkommenheit. / 3. *Trauer* ist Übergang des Menschen von
größerer zu geringerer Vollkommenheit. / *Erläuterung.* / Ich sage: Übergang. Denn Freude ist
nicht die Vollkommenheit selbst. Wenn nämlich
der Mensch mit der Vollkommenheit, zu der er
übergeht, geboren würde, so würde er ohne den
Affekt der Freude in ihrem Besitze sein«, Spinoza *Die Ethik* (→ 298,9), p. 168). – **transitio in
perfectionem**: lat., ›Übergang in (die) Vollkommenheit‹, hier: ›Übergang zu einem anderen
(größeren oder geringeren) Grad von Vollkommenheit‹. – **perfectio**: lat., ›Vollkommenheit‹.

299 34 **suum esse conservare**] lat., ›sein Sein bewahren‹. Cf. 6. Lehrsatz im 3. Teil von Spinoza *Ethica*
(→ 298,9), p. 344 (in SKs eigenem Exemplar teilweise unterstrichen): »*Unaquaeque res, quan-
tam in se est, in suo Esse perseverare conatur*«
(»Jedes Ding strebt, soviel an ihm ist, in seinem
Sein zu beharren«, Spinoza *Die Ethik* (→ 298,9),
p. 118). Im 9. Lehrsatz schreibt Spinoza: »Die
Seele strebt sowohl sofern sie klare und deutli-
che als auch sofern sie verworrene Ideen hat, in
ihrem Sein auf unbestimmte Dauer zu beharren,
und ist sich dieses ihres Strebens bewußt«, *Die
Ethik*, p. 119. Dieses Beharrungs- bzw. Erhal-
tungsstreben der Seele erläutert die Anmerkung
zum 9. Lehrsatz, *Ethica*, pp. 344f.: »Wenn dieses
Streben auf die Seele allein bezogen wird, nennt
man es Wille, dagegen wenn es auf Seele und
Körper zugleich bezogen wird, heißt es Trieb.
Dieser ist daher nichts anderes als des Menschen
Wesenheit selbst, aus deren Natur das, was zu
ihrer Erhaltung dient, notwendig folgt; und
demnach ist der Mensch bestimmt, dies zu tun«,
Die Ethik, p. 120.

der intellektuellen Liebe] Im 5. Teil »De poten- 3 300
tia intellectus, seu de libertate humana« [Über
die Macht des Verstandes oder die menschliche
Freiheit] der *Ethica* beschreibt Spinoza, wie der
Geist durch das Erkennen seiner selbst Gott als
seine eigentliche Ursache erkenne; diese Erkenntnis gebe Anlass zu einer »Freude«, die jedoch nicht im Übergang von einem geringeren
zu einem größeren Grad an Vollkommenheit bestehe, sondern die Vollkommenheit selbst ausdrücke. Diese Vollkommenheit bezeichnet Spinoza als »intellektuelle Liebe zu Gott« [amor Dei
intellectualis]; in dieser zeigten sich Gottes Liebe
zu den Menschen und die Liebe des Geistes zu
Gott als *Eines*, cf. den Folgesatz zum 32. Lehrsatz einschließlich der folgenden Lehrsätze. In
SKs eigenem Exemplar ist der Folgesatz zum 36.
Lehrsatz (*Ethica*, p. 427) unterstrichen: »Hieraus
folgt, daß Gott, sofern er sich selbst liebt, die
Menschen liebt, und folglich, daß die Liebe Gottes zu den Menschen und die geistige Liebe der
Seele zu Gott ein und das selbe sind«, Spinoza
Die Ethik, p. 289. Am Rand verweist SK auf den
19. Lehrsatz (*Ethica*, p. 421), der ebenfalls unter-
strichen ist: »Wer Gott liebt, kann nicht danach
streben, daß Gott ihn wiederliebt«, Spinoza *Die
Ethik*, p. 278.

p. 430 am Ende] cf. die Anmerkung zum 42. 6
Lehrsatz im 5. Teil von Spinozas *Ethica*, p. 430:
»Wenn nun der Weg, der, wie ich gezeigt habe,
hierhin führt, äußerst schwierig zu sein scheint,
so läßt er sich doch finden. Und freilich schwierig muß sein, was so selten gefunden wird. Denn
wie wäre es möglich, wenn das Heil leicht zugänglich wäre und ohne große Mühe gefunden
werden könnte, daß fast alle es unbeachtet lassen? Aber alles Erhabene ist ebenso schwer wie
selten«, Spinoza *Die Ethik*, p. 296. In seinem eigenen Exemplar hat SK hierunter mit Bleistift
geschrieben: »Aber wie kann überhaupt von einem Weg die Rede sein in einem immanent.
Hirn, ein Weg ist Teleologie«.
Weg ist ja eben Dialektik der Teleologie] s. 8
JJ:439.

**Heute wurde im Anzeigenblatt bekanntgege- 12 300
ben ... Freunde gestorben ist**] cf. unter der Rubrik »Todesfälle« in *Adresseavisen* (→ 173,1) vom

26. März 1846, Nr. 72, Sp. 7: »Dass *Harald Chris-tian Ludvig Jordan,* acht Tage vor seinem achten Geburtstag, in die Wohnstätten des Lichts ein-gegangen ist, wo er seinen im vorigen Jahr dort-hin gezogenen jüngeren Bruder wiederfindet, – davon werden hiermit seine wenigen kleinen Freunde unterrichtet.«

300 20 **Neulich stand ... vollsten Zufriedenheit ge-tan]** cf. *Lollands-Posten* vom 5. März 1846, Nr. 28: »*Mariebo.* Das über Maren Jensdatter und ihren Mitschuldigen, den Knecht Hans Nielsen auf Falster verhängte Urteil des Obersten Gerichtes, demzufolge sie beide zum Tode verurteilt wor-den waren, weil sie Niels Petersen Bækmand ermordet hatten, wurde gestern vollstreckt. S. Majestät hatte doch allergnädigst das Urteil da-hingehend abgemildert, dass das Anbringen von Marens Leiche auf Pfahl und Rad entfiel, und das Todesurteil über Hans Nielsen dahin-gehend abgeändert, dass er gestäupt [d.h. öf-fentlich am Pranger ausgepeitscht] wurde und danach lebenslang im Rasphus [ein Zuchthaus in Kph.] einsitzen soll. Maren Nielsdatter [sic!] ging dem Tode mit offensichtlicher Ruhe entge-gen und ihre Exekution wurde von Scharfrich-ter Dyring mit großer Akkuratesse ausgeführt. Danach wurde Hans Nielsen in geziemender Weise von Scharfrichter Hylsen gestäupt.« Un-ter Verweis auf die *Lollands-Posten* erschien der Artikel am 10. März 1846 in der *Sorøe Amtsti-dende eller Den Vest-Sjællandske Avis* (Nr. 39, pp. 154f.); vermutlich hat SK den Artikel in dieser Zeitung gelesen, nämlich während eines Be-suchs bei seinem Bruder Peter Christian in Pe-dersborg bei Sorø, wo er sich ab dem 3. April 1846 einige Tage aufhielt, cf. die Rechnung vom Mietkutscher P. S. Lassen in der Lille Helliggeist-stræde (die Rechnung ist nicht erhalten, jedoch indirekt in *EP III*, p. 872 überliefert).

300 28 **ein Bild in einer Erbauungs-Schrift]** Das Bild findet sich vermutlich in der Ausgabe von Jo-hann Arndt *Sämtliche geistreiche Bücher vom wah-ren Christenthum,* die in SKs Bibliothek stand (→ 302,5), jedoch nicht eingesehen werden konnte. Allerdings ist das Bild auch in *Sechs geistreiche Bücher Vom Wahren Christenthum,* hg.

von G. Ernsten, Stargard in Pommern 1720 zu finden, p. 828 (Abbildung 10).

Spinoza in Praefatio ... aliis obsint] mit einzel- 1 301
nen Abweichungen in der Interpunktion ein wörtliches Zitat aus der »Praefatio« in Spinoza *Tractatus theologico-politicus* in *Spinoza opera* (→ 208,17), pp. 83-88; p. 88. – **reliquis autem ... aliis obsint:** lat., »Anderen Leuten aber diesen Traktat zu empfehlen, ist nicht meine Absicht, denn ich habe keinen Grund zu hoffen, daß er ihnen in irgendeiner Beziehung gefallen könne. Ich weiß ja, wie hartnäckig jene Vorurteile dem Geist anhaften, die das Gemüt unter dem Schein der Frömmigkeit angenommen hat. Ich weiß auch, daß es ebenso unmöglich ist, dem Volk den Aberglauben zu nehmen wie die Furcht. Ich weiß endlich, daß die Beharrlichkeit des Volkes Halsstarrigkeit ist und daß es nicht von der Ver-nunft geleitet, sondern von blindem Eifer zu Lob oder Tadel fortgerissen wird. Das Volk also und alle, die mit ihm die gleichen Affekte teilen, lade ich nicht ein, dies zu lesen. Ich möchte vielmehr lieber, daß sie dieses Buch überhaupt nicht be-achten, als daß sie dadurch lästig werden, daß sie es wie gewöhnlich verkehrt auslegen. Damit nützen sie sich nichts, schaden aber den ande-ren« (hier zitiert nach *Theologisch-Politischer Trak-tat.* Auf der Grundlage der Übers. von Carl Geb-hardt neu bearb., eingeleitet und hg. von Günter Gawlick, Hamburg 1976, p. 12).

Draußen auf dem Friedhof ... der Verstorbene 15 301
war ja eben ein Leichenbitter] Der Friedhof ist vermutlich der Assistens Kirkegård (→ 227,5), wo kein Grabstein wie der beschriebene erhal-ten ist. – **Leichenbitter:** dän. »Bedemand«, was übertragen einen langweiligen Menschen be-zeichnet, im eigentlichen Sinn aber einen von Kopenhagens fünf beamteten Bestattern.

Der Neidige ist ... sämtl. Schr. X Bd. p. 392] 24 301
Zitat aus *Abraham a St. Clara's Sämmtliche Werke* Bd. 1-22, Passau 1835-1854, Ktl. 294-311; Bd. 10 (enthält das Werk »Hui! und Pfui! der Welt. Hui, oder Anfrischung zu allen schönen Tugenden. Pfui, oder Abschreckung von allen schändlichen Lastern. Durch unterschiedliche Concept, Histo-

10. Holzschnitt aus Johann Arndts Erbauungsschrift
Sämtliche geistreiche Bücher vom wahren Christenthum (→ 300,28)

rien und Fabeln vorgestellt, worinnen der Poet, Prediger und waserlei Standespersonen für ihren Kram etwas finden können«, 1680), 1836, p. 392. In SKs eigenem Exemplar ist der Satz mit Bleistift unterstrichen (KA, E pk. 1). – **Abraham a S. Clara**: Johann Ulrich Megerle (1644-1709), bekannt unter seinem Ordensnamen Abraham a Sancta Clara, österr. Geistlicher und Autor.

302 1 **Der Hebräerbrief ... zu ihrem Verderben]** wörtliches Zitat aus Hebr 10,39 (NT-1819), SKs Hervorhebung. Das Zitat scheint in das Journal JJ eingetragen worden zu sein, nachdem SK in der Reinschrift von »Eine Gelegenheits-Rede« in *Erbauliche Reden in verschiedenem Geist* (→ 302,23) einen Passus durchgestrichen hatte, der dem hervorgehobenen Teil des Zitates mitsamt dem Verweis auf Hebr. 10,39 entspricht, cf. *Pap.* VII 1 B 192,7.

302 5 **In einer al[ten] Erbauungs-Schrift ... wenn Du gar nicht geweint hast]** bezieht sich auf Johann Arndt *Vier Bücher vom wahren Christenthum*, Magdeburg 1610. Die meisten Ausgaben nach 1610 enthalten sechs Bücher, von denen die beiden letzten eine Zusammenfassung verschiedener Schriften Arndts sind, cf. *Sämtliche geistreiche Bücher vom wahren Christentum, welche handeln von heilsamer Buße, herzlicher Reue und Leid über die Sünde, wahrem Glauben, auch heiligem Leben und Wandel der rechten wahren Christen*, 2. Ausg., Tübingen 1737, Ktl. 276. Dort heißt es im 2. Buch, Kap. 44, p. 545: »In der Offenb. Joh. Cap. 21:4. stehet, daß GOtt alle unsere Thränen werde von unsern Augen abwischen. Wie soll sie aber GOtt abwischen, wenn du nie herzlich geweinet hast«. In »Eine Gelegenheits-Rede« in *Erbauliche Reden in verschiedenem Geist*, Kph. 1847, zu der SK eben in dieser Zeit die ersten Entwürfe geschrieben zu haben scheint (→ 302,23), wird dieselbe Stelle wie folgt zitiert: »Wie sollte Gott dort deine Tränen abwischen können, wenn du nicht geweint hast?« (*SKS* 8, 206 / *GW1 ERG* 109) – »**dass Gott unsere Tränen abwischen wird**«: cf. Apk 21,4: »Gott wird abwischen alle ihre Tränen von ihren Augen« (NT-1819).

Anaxagoras ... quaestiones academicae 1,12] übers. Zitat aus H. Ritter *Geschichte der Philosophie alter Zeit* (→ 244m,1), Bd. 1, p. 339: »eng sei der Sinn, schwach der Geist, kurz der Lauf des Lebens.« In einer Anmerkung hierzu wird auf Cicero *Academici libri*, 1. Buch, Kap. 12[,44] verwiesen. 12 302

Aus einer Gelegenheitsrede ... es unverändert bewahren] Eine im Großen und Ganzen gleich lautende Passage hat SK in der Reinschrift von »Eine Gelegenheits-Rede« in *Erbauliche Reden in verschiedenem Geist*, Kph. 1847 durchgestrichen, cf. *Pap.* VII 1 B 192,8. Das Vorwort zur Rede trug ursprünglich das Datum 5. Mai 1846 (cf. *Pap.* VII 1 B 148 und B 150), doch wurden die *Erbaulichen Reden in verschiedenem Geist* erst am 25. Januar 1847 an die Druckerei geliefert, cf. *Erindringsbog for Bianco Luno 1847* Nr. 65 (im Archiv von Bianco Lunos Bogtrykkeri, Kph.). Es lässt sich deshalb nicht entscheiden, wann SK die Passage durchgestrichen hat; gleichwohl ist es wahrscheinlich, dass dies unmittelbar vor dem Eintrag ins Journal JJ im Mai 1846 geschehen ist und SK diese Passage durch deren Eintragung ins Journal bewahren wollte. 23 302

Empedokles nahm ... Ritter 1. Bd. p. 571] übers. Zitat aus H. Ritter *Geschichte der Philosophie alter Zeit* (→ 244m,1), Bd. 1, p. 571: »Wenigstens finden wir, daß er [Empedokles, → 153,9] zwei Arten des Wahnsinns unterschied, von welchen die eine aus körperlicher Krankheit entstehe, die andere aber aus der Reinigung der Seele.« 1 303
Coel. Aurel. ... sive iniquitate] wörtliches Zitat von Ritters Fußnote zur genannten Stelle, p. 571. – **Coel. Aurel. de morbis chron. 1,5**: d.h. Caelius Aurelianus *De morbis chronicis* [Über chronische Krankheiten], 1. Buch, Kap. 5,145. Caelius Aurelianus: röm. Arzt aus Sicca (Numidien) (ca. 400 n.Chr.). – **Empedoclem sequentes alium ... sive iniquitate**: lat., »Die Schule des Empedokles meint, dass eine Form von Geisteskrankheit durch die Reinigung der Seele entstehe, während eine andere infolge geistiger Schwächung auf körperlicher Krankheit oder Indisposition beruhe.« 5

303   9   **Ritter ... Einl. zum 1. Band**] H. Ritter *Geschichte der Philosophie alter Zeit* (→ 244m,1), Bd. 1, pp. 22f.: »Nun möchte es aber noch auffallend sein, daß man besonders in der Geschichte der Philosophie die Anforderung, aus dem Begriffe der Philosophie die Nothwendigkeit des Geschehenen abzuleiten, nicht selten gehört hat, – / [p. 23] und daß dem gemäß auch Versuche gemacht worden sind, diesen Theil der Geschichte zu construiren. Dies ist um so auffallender, je schwieriger die Ableitung in einem besondern Gebiete der Geschichte sein muß, da in einem solchen die Reihe der Entwicklungen durch äußere, diesem Gebiete selbst zufällige Einflüsse gestört werden muß, so daß es der Idee gemäßer sein würde, die Geschichte der ganzen Welt, als die Geschichte der Erde oder der Menschheit, und die Geschichte der Menschheit, als die Geschichte der Philosophie zu construiren. Deswegen hat auch niemand noch unternommen, die Geschichte eines einzelnen Menschen zu construiren.«

16   **Die Idee der Konstruktion**] Mit »Konstruktion« wird im dt. Idealismus oft auf Kants (→ 204,10) Behauptung angespielt, dass der Verstand die Vorstellungen in Übereinstimmung mit seinen eigenen Kategorien spontan konstruiere. Das Sinnesmaterial der Erfahrung werde (in der Anschauung) zu bestimmten Objekten rekonstruiert oder strukturiert. Für Schelling (→ 198,24) besteht die Konstruktion in dem Prozess, die Einzelgegebenheit aus einem formalen Prinzip abzuleiten, wobei das Allgemeine am Besonderen konstruiert wird, cf. z.B. *Vorlesungen über die Methode des academischen Studiums*, 3. Ausg., Stuttgart und Tübingen 1830 [1803], Ktl. 764, p. 92: »Die Darstellung des Allgemeinen und Besondern in der Einheit, heißt überhaupt Construction«. Der Begriff spielt auch eine bedeutende Rolle für F. C. Sibbern (→ 241,27), der in seinem Werk *Logik som Tænkelære*, Kph. 1835 [1827], Ktl. 777, § 20, diesen Akt des Denkens behandelt: Erst »im Zuge dieser *nachbildenden Konstruktion* oder *genetischen Darstellung* fassen und sehen wir den Zusammenhang, oder die Weise, auf welche alle Einzelheiten vereint sind, vollkommen ein«, p. 65. Wenn die Idee der Konstruktion – wie durch SK – mit der Geschichte in

Beziehung gesetzt wird, bezieht man sich besonders auf Hegel, der sich ausdrücklich darauf in seiner Geschichtsphilosophie beruft. In der Einleitung zu den *Vorlesungen über die Philosophie der Geschichte* (→ 221,33) heißt es folgendermaßen: »Das Allgemeine ist [...], daß die Philosophie der Geschichte nichts Anderes, als die denkende Betrachtung derselben bedeutet [...] Diese Berufung auf das Denken kann aber deswegen hier als ungenügend erscheinen, weil in der Geschichte das Denken dem Gegebenen und Seyenden untergeordnet ist, [...] der Philosophie im Gegentheil aber eigene Gedanken zugeschrieben werden, welche die Speculation aus sich [...] hervorbringe. Gehe sie mit solchen an die Geschichte, so behandle sie sie wie ein Material, lasse sie nicht wie sie ist, sondern richte sie nach dem Gedanken ein, construire sie daher, wie man sagt, *a priori*. Da die Geschichte nun aber bloß aufzufassen hat, was ist und gewesen ist, [...] so scheint mit diesem Treiben das Geschäft der Philosophie in Widerspruch zu stehen, und dieser Widerspruch und der daraus für die Speculation entspringende Vorwurf soll hier erklärt und widerlegt werden«, *Hegel's Werke* (→ 200,1), Bd. 9, p. 12 (*Jub.* Bd. 11, p. 34).

Zur literarischen Verächtlichkeit] → 291,4.   24   303
anonym zu sein] → 291,4.   24
deren Subskribenten anonym] wohingegen es   25
bis ca. 1840 vor allem in Zeitschriften üblich war, Name und berufliche Stellung der Subskribenten anzugeben, so dass diese nicht anonym blieben; cf. z.B. unter der Rubrik »andere Subskribenten in Kopenhagen« in *Tidsskrift for udenlandsk theologisk Litteratur*, hg. von H. N. Clausen und M. H. Hohlenberg, 8. Jg., Kph. 1840, p. V: »Kjerkegaard, S., *Cand. theol.*«.

ließen sich selbst die Subskribenten durch Gesinde repräsentieren] SK fühlte sich von »Straßenjungen und Dienstmädchen« schikaniert,   27
wobei diese allerdings nicht – wie große Teile der bürgerlichen Schichten – zu den Subskribenten von *Corsaren* gehörten.

die Forderung der Zeit] → 233,30.   3   304
feiste od. doch wohlgeformte ... nach der Mode] spielt vor allem auf Klæstrups SK-Kari-   7

katuren in *Corsaren* (→ 265,1) an, die ihn am 9.
(Nr. 277, Sp. 4) und 23. Januar 1846 (Nr. 279, Sp.
1 und 2) sowie am 6. März desselben Jahres (Nr.
285, Sp. 9) in stutzerhafter Kleidung samt unter-
schiedlich langen Hosenbeinen zeigen, ferner
am 16. Januar (Nr. 278, Sp. 5) seine dünnen Beine
in viel zu großen Stiefeln abbilden. Cf. auch
»Den nye Planet« [Der neue Planet] in *Corsaren*
9. Januar (Nr. 277, Sp. 1-4), der eine fiktive Diskussion zw. J. L. Heiberg (→ 178,15 und → 234,1),
dem Astronomen C. F. R. Olufsen (1802-1855)
und SK enthält, in der Olufsen SK gegenüber
mit Hinweis auf seinen eigenen Schneider erklärt: »das eine Hosenbein ist weiß Gott immer
ebenso lang wie das andere, es sei denn, ich
verlange es ausdrücklich anders, um genialisch
auszusehen« (Sp. 2f.); ferner »Verzeichnis einer
reichen und bedeutenden Auswahl der neuesten und schönsten Pracht-Georginen (Dadalis-
sen), verfügbar im Jahre 1846, zur gelegentli-
chen Vorführung im Blumengarten des Corsaren bestimmt« in *Corsaren* 3. April (Nr. 289, Sp.
13-14), wo die dritte von neun Blumen wie folgt
beschrieben wird: »*Beauty of Kierkegaard*, isabell-
farbig, von ausgezeichnetem Bau, mit zwei ungleichen Stängeln unten, brillante und beeindru-
ckende Haltung; in jeder Hinsicht unübertreff-
lich; das Farbenspiel der Stängel ist besonders
herrlich« (Sp. 13); schließlich »Auswahl aus dem
allerneuesten und allerbesten Traumbuch des
Corsaren, herausgegeben zum Vergnügen und
zur gefälligen Unterweisung für jeden, der eine
sichere Deutung seiner Träume wünscht« in *Corsaren* 29. Mai (Nr. 297, Sp. 7-8), wo Folgendes zu
lesen ist: »Kurze Hosen zu sehen . . . . . bed[eu-
tet] . . . . . Frater Taciturnus« (Sp. 7).

304 24 **im Anzeigenblatt schreiben, denn das kostet
Geld**] → 173,1.
26 **täuschenden Kunst ... betrügen will**] → 234,26.

304 33 **denn als er ... der Genügsamkeit des Armen**]
vermutlich Variante eines Abschnittes aus der
Reinschrift von »Eine Gelegenheits-Rede« in *Erbauliche Reden in verschiedenem Geist* (→ 302,23),
die SK in Erinnerung behalten wollte und deshalb im Journal festhielt, cf. *SKS* 8, 143 / *GW1
ERG* 35. – **das Scherflein ... des Armen**: Anspie-

lung auf die neutestamentliche Erzählung von
der Gabe der armen Witwe für den Opferstock,
Mk 12,41-44 (→ 263,34).

die Klangfigur] symmetrische Figur, die aus tro- 6 305
ckenem, auf einer waagerechten Glas- oder Metallplatte verstreuten Sand entsteht, wenn man
mit einem Violinbogen am Rande der Platte entlang streicht und diese so in Schwingungen versetzt. Das Phänomen wurde 1787 von dem dt.
Physiker E. F. F. Chladni nachgewiesen und u.a.
von H. C. Ørsted diskutiert, dem Det Kongelige
Danske Videnskabernes Selskab [Die Königliche
Dän. Gesellschaft der Wissenschaften] 1808 die
Silbermedaille für seine Abhandlung »Forsøg
over Klangfigurerne« [Versuch über die Klang-
figuren] verlieh (in *Det Kongelige Danske Videnskabernes Selskabs Skrifter for Aar 1807 og 1808* Bd.
5, Kph. 1810, pp. 31-64).

kommunistisch] In den 1840er Jahren kannte 9 305
man kommunistische Ideen in Dänemark nur
aus Zeitungsreportagen über die politischen Debatten in Frankreich und England, cf. L. Meyer
Fremmedord-Bog (→ 274,25), p. 113: »*Kommunist*,
Anhänger einer politischen Partei im neuesten
Frankreich und England, die gemeinschaftliches
Eigentum predigt.« In Dänemark wurde »kommunistisch« in der Regel pejorativ zur Bezeichnung derjenigen Bestrebungen verwendet, das
Eigentumsrecht der Gutsbesitzer zu beschränken. Und zwar ging es dabei um jene Grundstü-
cke, die von Bauern bewirtschaftet wurden, nun
aber gepachtet werden sollten (»Selveje«).
eingeschickten Artikel ... ungünstige Urteil] 10
cf. einen Artikel in *Kjøbenhavnsposten*, 30. Mai
1846 (Nr. 122), unter der Rubrik: »(Aus Jütland
gesendet).« Der Einsender, der mit »A.« unter-
zeichnet, referiert und zitiert aus zwei negativen
Rezensionen von Madvigs lateinischer Grammatik (cf. den nachfolgenden Kommentar),
beide in *Neue Jahrbücher für Philologie und Paeda-
gogik*, verfasst von W. Weissenborn (Bd. 43, Leipzig 1845, pp. 309-364) sowie von W. A. Varges
(Bd. 44, Leipzig 1845, pp. 3-24). Cf. auch *Kjøbenhavnsposten*, 2. Juni (Nr. 124), 4 Juni (Nr. 126)
und 13. Juni (Nr. 134). – **Kopenh. Post**: d.h. *Kjøbenhavnsposten*, demokratische Tageszeitung,

1827 gegründet und ab 1. Juli 1845 redigiert von J. P. Grüne, der das Profil des Blattes in republikanisch-antinationalistischer Richtung schärfte, was zu dem Vorwurf führte, das Blatt sei kommunistisch.

12 **Madvigs lateinische Grammatik]** J. N. Madvig *Lateinische Sprachlehre für Schulen*, Braunschweig 1844, übers. von L. Oppermann aus dem dän. Original *Latinsk Sproglære til Skolebrug*, 2. Ausg., Kph. 1844 [1841]; cf. *Bemerkungen über verschiedene Puncte des Systems der Lateinischen Sprachlehre und einige Einzelheiten derselben. Als Beilage zu seiner Lateinischen Sprachlehre für Schulen*, Braunschweig 1843, übers. von G. Fries aus dem dän. Original *Bemærkninger i Anledning af Prof. Madvigs latinske Sproglære, af dens Forfatter*, Kph. 1842. – Madvigs: Johan Nicolai Madvig (1804-1886), dän. Philologe, Prof. an der Universität Kopenhagen.

15 **Bierzapfer]** → 235,20. In die niedrigste von sechs Klassen einer Klassifikation eingruppiert, wonach Gewerbetreibende in Kph. Gebühren für die Ausstellung eines Gewerbescheins sowie Gewerbesteuer bezahlen mussten; cf. J. N. Høst *Dansk Borgerret* (→ 235,28), p. 16.

16 **Meinung über ... Griechisch]** cf. J. N. Madvig *Græsk Ordføiningslære, især for den attiske Sprogform*, Kph. 1846; das Buch wurde in einer am 5. März 1846 in *Berlingske Tidende* (Nr. 54) erschienenen Rezension mit der Begründung gelobt, es stehe auf einer Höhe mit *Latinsk Sproglære til Skolebrug* und wurde daher als Handbuch für Griechischlehrer empfohlen.

18 **Kastenwesen]** spielt hier vermutlich auf die ständisch gegliederte Gesellschaft in Dänemark an, die bis zu Frederik III. (1648-1670) bestand, der 1660 den Absolutismus einführte und dadurch im Prinzip alle gesellschaftlichen Unterschiede einebnete, so dass z.B. der Adel keine besonderen Privilegien mehr genoss (→ 222,2). Möglicherweise bezieht sich die Anspielung auch auf die Erbuntertänigkeit, die in Dänemark 1788 in weiten Teilen aufgehoben wurde, oder das bestehende Zunftwesen, das von Seiten liberaler Politiker stark kritisiert wurde, die für die Gewerbefreiheit – diese wurde 1857 eingeführt – eintraten.

ein hohes Schulgeld ... gelehrten Schule] Laut 19 Verordnung vom 7. November 1809, § 66, musste für einen Schüler »der gelehrten Schule«, (so die zeitgenössische Bezeichnung für die Lateinschule, die auf die Universität vorbereitete) Schulgeld bezahlt werden, und zwar in Höhe von jährlich 20-30 Reichstalern (→ 181,30).

So hat Madvig etwa Baden] Prof. emeritus Tor- 28 305 kel Baden (1765-1849), dän. Theologe und Philologe, hatte J. N. Madvig (→ 305,12) seit Anfang der 1830er Jahre in einer Reihe von Schriften auf pedantische Weise kritisiert, zuletzt in *Kritiske Undersøgelser*, Kph. 1845, und *Palinodi*, Kph. 1845.

P. L. Møller] Peder Ludvig Møller (1814-1865), 29 dän. Ästhetiker, Autor und Kritiker, 1843 Redakteur der polemischen Zeitschrift *Arena*. Er gab 1845-1847 ein ästhetisches Jahrbuch, *Gæa*, heraus; ferner schrieb er Artikel für verschiedene Zeitschriften, so »in Corsaren (Etliche satirische Kritiken und Gedichte)«, T. H. Erslew *Almindeligt Forfatter-Lexicon*, Bd. 1-3, Kph. 1843-1853, Ktl. 954-969; Bd. 2, 1847, p. 406.

Kulis auf dem Markt] Tagelöhner, die bei Lade- 30 arbeiten beigezogen wurden, z.B. auf dem Markt am Gammeltorv (s. *Karte 2, B1*), wo Händler aus dem Kopenhagener Umland morgens mit ihren Waren eintrafen.

Der Unmittelbare ... bloß hörig] Dieses Thema 3 306 beschäftigte SK auch während seines Aufenthaltes in Berlin kurz zuvor, wo er eine Reihe von Aufzeichnungen auf lose Blätter notierte (cf. *Pap.* VII 1 A 130-146 / *T* 2, 101-109), die er in einem Umschlag mit der Aufschrift »Berlin, 5. Mai bis 13. [Mai] 46« (*Pap.* VII 1 A 129) sammelte; cf. vor allem *Pap.* VII 1 A 131 / *T* 2, 102. SK kehrte am 16. Mai 1846 zurück nach Kopenhagen.

der Acker der Toten ... das Grundstück eines 14 306 **Häuslers]** nimmt wohl auf einen der Kopenhagener Friedhöfe, und zwar den »Assistens Kirkegård« (→ 227,5) Bezug.

Knaben sollen über Euch richten ... das unge- 20 306 **horsame Israel]** Anspielung auf Jes 3,4

(GT-1740): »Und ich werde ihnen Kinder zu Fürsten geben, und Kindische sollen über sie regieren.« Cf. auch Koh 10,16a (GT-1740): »Weh dir, du Land, dessen König ein Kind ist«.

23 **Sokrates ... wie die Kinder es haben wollen]** cf. Sokrates' Darstellung des Verhältnisses zw. Eltern und Kindern, Lehrern und Schülern, Alt und Jung in Demokratien (→ 310,7), wie sie im 8. Buch der Platonischen *Politeia* (562e - 563a) erscheint: »Als wenn, sagte ich, ein Vater sich gewöhnt dem Knaben ähnlich zu werden und sich also vor den erwachsenen Söhnen zu fürchten, und ein Sohn dem Vater, also die Eltern weder zu scheuen noch bange vor ihnen zu sein, damit er nämlich recht frei sei [...]. Der Lehrer zittert in einem solchen Zustande vor seinen Zuhörern und schmeichelt ihnen; die Zuhörer aber machen sich nichts aus den Lehrern und so auch aus den Aufsehern. Und überhaupt stellen sich die Jüngeren den Aelteren gleich und treten mit ihnen in die Schranken in Worten und Thaten; die Alten aber sezen sich unter die Jugend und suchen es ihr gleich zu thun an Fülle des Wizes und lustiger Einfälle, damit es nämlich nicht das Ansehn gewinne, als seien sie mürrisch oder herrschsüchtig.« (*Platons Werke* (→ 168,3), 3,1 (Bd. 6), 1828, p. 434).

307 2 **Wer Jemanden lobt ... 1001 Nacht, die 829. Nacht]** wörtliches Zitat aus *Tausend und eine Nacht. Arabische Erzählungen*, übers. von G. Weil, Bd. 1-4, Stuttgart (Bd. 2-4 Pforzheim) 1838-1841, Ktl. 1414-1417; Bd. 4, p. 353.

4 **in meiner großen Ausgabe]** Die zitierte Ausg. ist in 4°.

307 23 **Regierung ... im Druck rechtfertigen muss]** spielt vermutlich auf den offenen Brief vom 8. Juli 1846 über die Erbfolge in der dän. Monarchie an: Die Ständeversammlungen (→ 307,30) in Roskilde und Viborg hatten Zweifel geäußert, ob und in welchem Umfang die Herzogtümer Schleswig, Holstein und Lauenburg unter die Erbbestimmungen der königlichen Gesetzgebung fielen und auf diese Weise an die dän. Krone gebunden waren. Eine Erbfolgekommission wurde eingesetzt und auf der Basis ihrer Ergebnisse schloss der König in seinem offenen

Brief, dass die königliche Gesetzgebung in Schleswig und Lauenburg unbedingte Geltung besitze, während sich das Erbrecht für einen Teil Holsteins nicht mit derselben Sicherheit bestimmen lasse. Anders als gewöhnlich war der Brief sowohl vom König als auch vom Kronprinzen und Erbprinzen sowie den vier Ministern des Geheimen Staatsrates unterschrieben, die bis 1848 zusammen die königliche Regierung bildeten; er wurde am 11. Juli veröffentlicht und erschien in *Fædrelandet* (Nr. 162, Sp. 1289f.), *Kjøbenhavnsposten* (Nr. 158, p. 629) und *Berlingske Tidende* (Nr. 158).

Glauben und Gehorsam ... zu denken wagt, 27 **was genehm ist]** Anspielung auf *Danske Lov* (→ 160,1), 1. Buch, Kap. 1 »Über den Gehorsam, den man dem Gesetzgeber und dem Gesetz schuldet«; darin wird in § 1 u.a. festgesetzt: »alle Untertanen des Königs [...] sollen, als ehrliche Erb-Untertanen, den König für das oberste und höchste Haupt hier auf Erden über allen menschlichen Gesetzen halten und achten, das kein anderes Haupt oder andere Richter über sich erkennt, weder in geistlichen noch in weltlichen Dingen, denn Gott allein«. Cf. *Kongeloven* (1665), § 2 (→ 281,21).

Wahlkönig ... Ständeversammlung] Die Macht 30 des Königs war laut *Kongeloven* absolut und erblich. Daher konnte der dän. »Alleinherrschafts-Erb-König« (§ 2) nicht von der ›nächsten Ständeversammlung‹ abgesetzt werden, d.h. den Ständeversammlungen für die Inselstifte (in Roskilde) und Holstein (in Itzehoe), die beide vom König für den 15. Juli 1846 einberufen worden waren. Vor der Einführung des Absolutismus 1660 war der dän. König formell ein Wahlkönig, der von den versammelten Reichsräten abgesetzt werden konnte. – **Ständeversammlung:** d.h. beratende Ständeversammlung; cf. vier Verordnungen vom 15. Mai 1834, wodurch ebenso viele Ständeversammlungen für die Inselstifte, Nordjütland, Schleswig und Holstein eingeführt wurden. Die Versammlungen traten jedes zweite Jahr zusammen, um königliche Gesetzesentwürfe zu diskutieren und eigene Vorschläge abzufassen; sie hatten aber keine Befugnis, Steuern zu erheben, verantwortliche Minister zu ernennen od. den König abzusetzen.

308 2 **großen Haushalt ... Millionen**] Laut Volkszählung von 1845 betrug die Gesamteinwohnerzahl
der dän. Monarchie inklusive der Herzogtümer
2.236.077.

  6 **ihm, der alle Haare zählt**] Anspielung auf den
Satz Jesu (gegenüber seinen Jüngern), dass alle
ihre Haare von Gott gezählt seien, cf. Mt 10,30.

308 13 **Schelling ... in der Vorrede zu Steffens' nachgelassenen Schriften**] cf. Schelling »Aus einem
öffentlichen Vortrag zu H. Steffens Andenken
gehalten am 24. April 1845. (Mit einigen Erwei-
terungen.)« in *Nachgelassene Schriften von H. Steffens mit einem Vorworte von Schelling*, Berlin 1846,
Ktl. 799, p. XLVII. Schelling stellt dort in polemi-
scher Absicht die Frage, ob man vom Staat nicht
tunlichst erwarten könne, »daß er eigenmächti-
gen und unbefugten Abänderungen der bestehenden Ordnung, oder Aufreizungen, die keine
andere Absicht haben können, als die wichtigsten und innerlichsten Fragen zur Entscheidung
durch die *Zahl* und die *Menge* zu bringen (wovon zur Entscheidung durch die Fäuste nicht
mehr weit ist), [...] mit aller ihm zustehenden
Kraft entgegentrete?« Das Werk wird bei H. C.
Klein in *Adresseavisen* (→ 173,1) vom 23. Juni
1846 (Nr. 146) als »eingetroffen« annonciert; SK
kann es sich aber auch bereits während seines
Berlin-Aufenthaltes im Mai (→ 306,3) ange-
schafft haben. – **Schelling**: → 198,24. – **Steffens**:
→ 198,30.

308 25 **Man glaubt ... dass Sokrates so populär war**]
eher unspezifisch gehaltene Anspielung auf die
allgemeine Begeisterung für den Umgang, den
Sokrates nach vielfacher philosophiegeschichtli-
cher Überlieferung mit dem ›gemeinen Mann‹
auf den Strassen Athens pflegte. – SK selbst
fasste Sokrates offenkundig *nicht* als populäre
Figur auf, cf. JJ:303 sowie das Charakterbild in
»Zuschrift an den Leser von Frater Taciturnus«
aus ››Schuldig?‹ – ›Nicht-Schuldig?‹« in *Stadien
auf des Lebens Weg* (→ 247,4): »Sokrates [...] ist
der unpopulärste Mann in Griechenland gewesen, eben deshalb, weil er dasselbe sagte wie der
einfältigste Mensch, aber unendlich viel dabei
dachte«, *SKS* 6, 385,12 / *GW1 SLW* 442.

er und der Schuster] Sollte SK hier auf seine 29
eigene sokratische Praxis im zeitgenössischen
Kopenhagen anspielen, bezieht sich »der Schuster« vermutlich auf den Publizisten Gottlieb Siesby (1803-1884), einen ehemaligen Schuhma-
chermeister, der ab 1839 verschiedene Zeitschriften redigierte und herausgab und der unter dem Spottnamen »Schuster Siesby« bekannt
war, cf. etwa »Siesby's Epistel« in *Corsaren*
(→ 265,1), 12. Juni 1846 (Nr. 300), Sp. 11-14. Der
Artikel in *Corsaren* war eine Antwort auf Siesbys
Epistel til ›Corsaren‹ Meyer Adolph Goldschmidt
(Kph. 1846), eine Kritik am Redakteur des Blattes wegen dessen Angriff auf SK (→ 288m,4). In
»Efterskrift til Publikum« [Nachschrift an das
Publikum] zitiert Siesby als Motto *Eine literarische Anzeige* (→ 289,8); ferner bezeugen Thema
und Sprachstil die Lektüre von SKs Schrift. In
»Samtale imellem Jacob v. Siesby, eller den stortalende Skomager, og Jesper Oldfux« [Gespräch
zwischen Jacob v. Siesby, oder dem großspre-
cherischen Schuhmacher, und Jesper Oldfux] in
Corsaren, 12. Juni (Nr. 299, Sp. 6), wird auf eine
persönliche Bekanntschaft zw. Siesby und SK
angespielt.

H. Hertz ... eine Schlacht, wenn alles schon 1 30⟨
vorüber ist] Anspielung auf den dän. Dichter
und Kritiker Henrik Hertz (1797-1870), der seinen großen Durchbruch mit *Gjenganger-Breve eller poetiske Epistler fra Paradis* [Gespenster-Briefe
oder poetische Episteln aus dem Paradies], Kph.
1830, hatte; diese Streitschrift griff in die literarische Fehde zw. Jens Baggesen und Adam Oehlenschläger ein, und zwar zugunsten des (vier
Jahre zuvor) verstorbenen Baggesen. Als Hertz
am 10. Juni 1842 sein Stück *Perspectivkassen* am
Königlichen Theater zur Aufführung brachte,
wurde es in der Tagespresse stark kritisiert, was
ihn zu einer Erwiderung herausforderte, die am
1. Juli unter dem Titel »Et Par Ord om Kritiken
over Dyrehavsscenen ›Perspectivkassen.‹« in
Intelligensblade (→ 199,30), Nr. 8, Bd. 1, pp. 191-
197 erschien. Hierdurch gab Hertz Anlass zu einer heftigen Auseinandersetzung, die damit einsetzte, dass das Stück nun von J. L. Heiberg
(→ 178,15) verteidigt wurde, der sich bis zum 1.
September in einen Streit mit *Berlingske Tidende*,

Fædrelandet, Kjøbenhavnsposten, Dagen, Corsaren
und *Nye Intelligensblade* einließ (cf.
Heibergs »Smaa Skjermydsler« [Unbedeutende Schar-
mützel] in *Intelligensblade* Nr. 9, Bd. 1, pp. 224-
228, »Svar paa Fædrelandets Replik« und »Mi-
niature-Avis« in Nr. 10, Bd. 1, pp. 229-252, »En
Privat Sag« in Nr. 11, pp. 279-288, und »En Privat Sag sluttet« in Nr. 12, pp. 311f.). In einer
Vorarbeit zu *Eine literarische Anzeige* (→ 289,8)
bemerkt SK zu *Perspectivkassen*, »dass es ein Fehler von Prof. H[ertz] war, das Stück beinahe ent-
schuldigend dadurch zu verteidigen, dass es
sich um eine Bagatelle handle, anstatt dreist und
konsequent von da aus zu argumentieren, dass
es ausgepfiffen wurde« (*Pap.* VII B 125,3).

3   **auf der Allmende ... ein Manöver]** Anspielung
auf das frühere Nørre Fælled [Nördliche All-
mende] (heute: Fælledparken), wo sowohl das
Militär als auch ›Kopenhagens Bürgerwehr‹
Übungen abhielten (→ 273,20).

309   8   **Einen Schacher-Juden ... nach dem Juden zu
treten]** vermutlich Anspielung auf den Redakteur von *Corsaren*, den Juden M. A. Goldschmidt
(→ 265,1 und → 292,28), der im November 1845
unter dem Pseudonym Adolph Meyer den Roman *En Jøde* [Ein Jude], Kph. 1845 (Ktl. 1547),
herausgegeben hatte, der genau zwei Reichstaler kostete (→ 181,30), cf. *Adresseavisen* (→ 173,1)
vom 6. November 1845 (Nr. 261). – **Schacher-
Jude:** pejorative Bezeichnung für jüdische Kleinhändler, die häufig sozialer Diskriminierung
und dem Verdacht der Hehlerei ausgesetzt waren.

309   23   **verglich sich Sokrates ... einer Bremse]** cf. *Apologie*, 30e, wo Sokrates seine Richter davor
warnt, ihn zum Tode zu verurteilen: »Denn
wenn ihr mich hinrichtet werdet ihr nicht leicht
einen andern solchen finden, der ordentlich,
sollte es auch lächerlich gesagt scheinen, von
dem Gotte der Stadt beigegeben ist, wie einem
großen und edlen Rosse, das aber eben seiner
Größe wegen sich zur Trägheit neigt, und der
Anreizung durch den Sporn [in anderen Übersetzungen: einer Bremse] bedarf, wie mich
scheint der Gott dem Staate als einen solchen
zugelegt zu haben, der ich auch euch einzeln

anzuregen zu überreden und zu verweisen den
ganzen Tag nicht aufhöre, überall euch anlie-
gend.« (*Platons Werke* (→ 168,3), 1,2 (Bd. 2), 1818,
p. 212).

Platos Staat ... beschreibt er die Demokratie]   7   310
Im 8. Buch von Platons *Politeia* (→ 213,22), 544d -
545c (*Platons Werke* (→ 168,3), 3,1 (Bd. 6), 1828,
pp. 405f.), entwickelt Sokrates den Gedanken,
dass die menschlichen Charaktertypen den einzelnen Staatsverfassungen entsprechen, wobei
sich die Aristokratie als empfehlenswert erweist, während Timokratie, Oligarchie, Demokratie und Tyrannei als schlechte Staatsverfassungen erscheinen. Der demokratische Charakter wird in Analogie zur demokratischen Staats-
form thematisiert in 555b - 561e (*Platons Werke*
(→ 168,3), 3,1 (Bd. 6), 1828, pp. 421-432).
den Staat nicht höher als den Einzelnen ... im   7
hegelianischen Stuss-Sinn] vermutlich Anspielung auf Hegel *Grundlinien der Philosophie des
Rechts, oder Naturrecht und Staatswissenschaft im
Grundrisse* (→ 246,13). Hegel zufolge werden die
Ansprüche des Einzelnen und des Allgemeinen
im Medium der Sittlichkeit zum Ausgleich gebracht und versöhnt, wobei diese wiederum ihren höchsten Ausdruck im Staat findet.
unum noris omnes] lat., ›kennt man einen, so   12
kennt man alle‹. Zitat aus Terenz' Komödie
Phormio 265 (2. Akt, 3. Szene, 35), cf. *P. Terentii
Afri Comoediae sex*, hg. von B. F. Schmieder und
F. Schmieder, 2. Ausg., Halle 1819, Ktl. 1291, p.
431: »unum cognoris, omnes noris«; ferner *Ter-
entses Skuespil*, übers. von Fr. Høegh Guldberg,
Bd. 1-2, Kph. 1805, Ktl. 1293-1294; Bd. 2, p. 264
(2. Akt, 4. Szene), wo der Ausdruck wie folgt
wiedergegeben wird: »Kennt man / bloß einen,
kennt man sie allesamt.«

Themistokles ... wurde er es auch] Anspielung   21   310
auf Plutarchs Themistokles-Biographie in *Vitae
parallelae*, cf. *Plutark's Levnetsbeskrivelser* (→
162,2), Bd. 2, 1803, pp. 1-68: Hier wird von Themistokles (ca. 524-459 v.Chr.) berichtet, dass er
angesichts der Berühmtheit, die der athenische
Heerführer Miltiades (gest. 489 v.Chr.) nach seinem Sieg über das Perserheer bei Marathon 490
v.Chr. erlangt hatte, so sehr nach einem ähnli-

chen Triumph trachtete, dass ihn der ständige Gedanke daran schlaflos machte. Später wurde Themistokles in der Tat ein vergleichbarer Triumph zuteil – er besiegte als Feldherr der Griechen die Perser in der Seeschlacht bei Salamis 480 v.Chr. Ähnlich wie Miltiades, der nach seinem Sieg in Ungnade fiel und im Gefängnis starb, wurde jedoch auch er Opfer der Missgunst – man schickte ihn in die Verbannung.

310 26 **Die Gräzität ... das Schöne zu denken (die Richtung nach außen)]** cf. z.B. Platons Dialog *Symposion* (201c), wo Sokrates erklärt, dass »das Gute zugleich schön ist«, *Udvalgte Dialoger af Platon* (→ 168,3), Bd. 2, p. 60 (*Platons Werke* (→ 168,3), 2,2 (Bd. 4), 1824, p. 431); ferner und vor allem *Gorgias* (507c), wo Sokrates anmerkt, »dass der besonnene Mann, da er gerecht, tapfer und fromm ist, auch der vollkommen gute Mann sein muss, und der Gute muss in Allem ein schönes und gutes Leben führen«, *Udvalgte Dialoger af Platon* (→ 154,3), Bd. 3, p. 155 (*Platons Werke* (→ 168,3), 2,1 (Bd. 3), 1818, p. 133).

311 2 **Dass mehrere ... tieferen Grund, als ich früher gedacht habe]** In *Über den Begriff der Ironie* bemerkt SK, dass ein »großer Teil der frühesten Dialoge [Platons] *ohne Ergebnis* endet« (*SKS* 1, 115,10 / *GW1 BI* 55). Als Beleg verweist er auf den Dialog *Protagoras*, wo »die Methode des Sokrates nicht in dem Dialektischen in der Frageform als solchem besteht, sondern in jener Dialektik, die von Ironie ausgeht, zu Ironie zurückgeht und von Ironie getragen wird« (*SKS* 1, 115,35/ *GW1 BI* 56).

4 **Sokrates mäeutischer Kunst]** d.h. Sokrates' Hebammenkunst, von gr. *maieúesthai*, ›entbinden‹. Der Ausdruck spielt auf die sokratische Fähigkeit an, jemandem gesprächsweise dazu zu verhelfen, ein Wissen zu ›entbinden‹, mit dem dieser bereits ›schwanger ging‹, freilich so, dass er sich dessen nicht bewusst war und nun lediglich daran erinnert werden muss, dass er, ohne es zu wissen, bereits darüber verfügte. Cf. z.B. Platons Dialoge *Menon* und *Theaitetos* (149a-151d).

brüllender Nachtwächter] In Kph. sowie in anderen dän. Märkten und Kleinstädten waren Nachtwächterkorps angestellt. Ihre Aufgabe bestand darin, die Straßenbeleuchtung anzuzünden, für Ruhe und Ordnung zu sorgen, die Verschmutzung von Straßen und Gehwegen zu verhindern und bei Feuergefahr Alarm zu schlagen. Auf ihrer Runde durch die Stadt hatten sie zudem die Uhrzeit auszurufen und zu jeder vollen Stunde die ordnungsgemäßen (christlichen) Wächterlieder abzusingen. In Kph. richtete man das Korps 1683 ein. Zu SKs Zeiten wurden die Wächter jedoch häufig mit dem Argument angefeindet, sie würden die Nachtruhe der Bürger stören. 1862 wurde ihr Dienst eingestellt. 26 311

selbst das Geld-Verhältnis konstituieren, selbst das Pekuniäre] z.B. dadurch, dass man die eigenen Bücher – so wie SK bis 1847 – selbst verlegte, was einschloss, dass der Autor für die Druckkosten aufkommen musste und die Bücher in Kommission verkaufen ließ. 7 312

Pfarrer ... sein Opfergeld u.s.w.] In den Märkten und Kleinstädten waren die Bürger verpflichtet, ihrem Pfarrer einen festgesetzten Betrag (Pfarrgeld) zu entrichten, während die Bauern in den Landgemeinden ihren Pfarrer entsprechend in Naturalien entlohnen sollten, indem sie einen gewissen Prozentsatz an Getreide und tierischen Produkten an ihn abführten (Zehnt). Ferner konnte die Gemeinde dem Pfarrer an kirchlichen Feiertagen ein freiwilliges Geldgeschenk ([Kirch-]Opfer) zukommen lassen. In begrenztem Umfang erhielten die Pfarrer schließlich auch eine Vergütung für die Verrichtung von Kasualien wie Hochzeit, Taufe und Begräbnis (Akzidens). 22

der Verwalter im Dienst des Pfarrers steht] Auf dem Land gehörte zum Pfarrhof häufig ein Stück Ackergrund; daher hatte der Pfarrer, abgesehen von seinem häuslichen Dienstpersonal, auch einen Verwalter in seinen Diensten, der ausschließlich für die Beaufsichtigung der Garten- und Landarbeiten zuständig war. 24

Klingelbeutel] dän. »Tavlepenge«, eigentl. ›Tafelgeld‹, da das Geld zur Instandhaltung der Kirche od. zur Unterstützung mittelloser Gemeindeglieder während des Gottesdienstes in 35 einem schubladenförmigen hölzernen Kästchen, das mit einer Klingel versehen war, eingesammelt wurde. Das Geld konnte allerdings auch in den Opferstock gelegt werden und wurde daher gelegentlich ›Stockgeld‹ genannt.

40 **die Zeit und was die Gemeinde fordert]** vermutlich Anspielung auf die Forderung Grundtvigs und seiner Anhänger, den bestehenden Parochialverband aufzulösen, damit jeder Gläubige die Dienstleistungen jenes Pfarrers in Anspruch nehmen konnte, der ihm zusagte (→ 227,32). Aktuell verfochten wurde diese Forderung in der grundtvigianischen Wochenschrift *Dansk Kirketidende* (hg. von R.Th. Fenger und C. J. Brandt, Bd. 1-8, Kph. 1845-1853, Ktl. 321-325), cf. darin z.B. Th. Fengers Artikel »Om Nutidens Stræben efter Samvittighedsfrihed« [Über das Streben der Gegenwart nach Gewissensfreiheit], in Nr. 43 vom 5. Juli 1846, in dem u.a. gefordert wird, »dass niemand an einen Geistlichen gebunden sein sollte, dessen Lehre oder dessen Verhalten ihm nicht zur Erbauung dient« (Bd. 1, Sp. 705).

313 5 **Ein jeder ist Dieb in seinem Gewerbe]** dän. Sprichwort, u.a. unter Nr. 1995 verzeichnet in N. F. S. Grundtvig *Danske Ordsprog og Mundheld* (→ 162,28), p. 76.

6 **Euer Hochwd.]** dän. »deres Velærv[ærdighed]«, die Höflichkeitsform in der Anrede all jener gewöhnlicher Geistlicher, die nicht in der offiziellen Rangverordnung erschienen (→ 206,27).

12 **Geld-Betrachtung ... Taglöhnern der Tagespresse]** cf. JJ:475.

313 20 **Bischof Mynster ... Predigten ... über die Wunder]** »Over den Bøn: giv os i Dag vort daglige Brød!« [Über das Gebet: unser tägliches Brot gib uns heute!] und »Betragtninger over Jesu Undergierninger« [Betrachtungen über Jesu Wundertaten] in J. P. Mynster *Prædikener paa alle Søn- og Helli-Dage i Aaret* (→ 170,6), Bd. 1, pp. 255-265 und pp. 154-167.

23 **einst ... wird doch ... sind Dir vergeben]** In der ersten der genannten Predigten (über die Speisung der 5000, Evangelium für den Sonntag zu Mittfasten, Joh 6,1-15) schreibt Mynster: »Wenn das Bewusstsein der Sünde, die Sündenstrafe, schwer auf dir liegt, dann wirst du Ihn,

welchem Gott die Macht verlieh, Sünden zu vergeben, wohl nicht sichtbar vor dich hintreten sehen; doch ist die Erzählung von jenem Gichtbrüchigen auch um deinetwillen geschrieben worden, damit du wissen sollst, wer es ist, der die Sünder annimmt, die sich in Bußfertigkeit und Glauben an ihn wenden, wissen, dass so gewiss, wie du dich solchermaßen zu ihm hältst, du einst auch die Stimme hören wirst: Deine Sünden sind dir vergeben«, Bd. 1, p. 257. In der zweiten Predigt (über die Sturmstillung, Evangelium für den vierten Sonntag nach Epiphanias, Mt 8,23-27) heißt es: »Einmal kommt doch die Stunde, da der, welcher unter seiner Sündenstrafe litt, als er Gottes Zorn trug, weil er gegen ihn gesündigt hatte – falls er die Strafe zur Besserung genutzt hat –, die himmlische Stimme der Versöhnung hören wird: deine Sünden sind dir vergeben, und die Strafe soll fortgenommen werden«, Bd. 1, p. 166.

die neue Schöpfung] Hinweis auf II Kor 5,17: 27 »Wenn also jemand in Christus ist, dann ist er eine neue Schöpfung: Das Alte ist vergangen, Neues ist geworden.«

der Pfarrer sagt ... die gnadenvolle Vergebung 28 deiner Sünden zu] Im Anschluss an die Beichte legte der Pfarrer bzw. Beichtvater dem Beichtenden mit folgenden Worten die Hand auf: »Dieweil ihr von Herzen eure Sünden bereut [...] und in beständigem Glauben zu GOttes Barmherzigkeit in Christo JEsu hinflieht, dabei mit GOttes Gnade eines besseren und schicklicheren Lebens euch hiernach zu befleissigen gelobt, so sage ich euch allen um GOttes und um meines Amtes willen, kraft der mir durch GOtt selbst von oben her verliehenen Macht und Befugnis die Vergebung eurer Sünden zu *im Namen Gott des Vaters, des Sohnes und des Heiligen Geistes, Amen!« Kirke-Ritualet* (→ 186,4), pp. 146f. – »ich sage Dir: SK schreibt zuerst »Deine«.

wie Xstus missverstanden würde] Dasselbe 33 313 Thema wird in einer von SKs Aufzeichnungen aus Berlin (→ 306,3) angesprochen: »Um ihn, der in Trauer über das gefallene Menschengeschlecht die Sünde der ganzen Welt trägt – um ihn schart sich eine neugierige Menge: lässt sich ein schrecklicheres Missverständnis denken als:

Neugierde, Straßenauflauf – und dann dieser
Ernst der Ewigkeit« (*Pap.* VII 1 A 144, pp. 87f.).
34 **wenn er gänzlich unbemerkt geblieben wäre**]
cf. JJ:73.

314   12   **Hegel**] → 200,*1*.

314   19   **Jesaja 46 ... Jehova sagt ... ihre Götzen tragen**]
cf. Jes 46,3-4, wo Gott den in Babylon exilierten
Israeliten zuruft:»Hört auf mich, ihr vom Haus
Jakob, und ihr alle, die vom Haus Israel noch
übrig sind, die mir aufgebürdet sind vom Mutterleib an, die von mir getragen wurden, seit sie
den Schoß ihrer Mutter verließen. Ich bleibe derselbe, so alt ihr auch werdet, bis ihr grau werdet, will ich euch tragen. Ich habe es getan, und
ich werde euch weiterhin tragen, ich werde euch
schleppen und retten.« Von den Götzendienern
und ihrem Abgott heißt es: »Man trägt ihn [scil.
den Abgott, das Götzenbild] auf der Schulter
und schleppt ihn umher«, v. 7. – **Jehova**: Der
Name Gottes im AT; fehlerhafte Form von Jahwe
od. Jahve. Da die Juden den Gottesnamen nicht
aussprechen durften, wurden die vier Konsonanten JHWH (das sog. Tetragramm) im hebr.
Text mit den Vokalzeichen von 'Adonaj (mit e
anstelle von a in der letzten Silbe) – übersetzt:
›der Herr‹ (wörtlich: ›meine Herren‹, also ein
Pluralis majestatis) – versehen, um den Leser
daran zu erinnern, dass an der entsprechenden
Stelle 'Adonaj statt Jahwe zu lesen war; von daher die fehlerhafte Lesart Jehova. In GT-1740
wird Jahwe in der Regel mit »HERREN« (›DER
HERR‹) wiedergegeben, so auch in Jes.

315   1   **Kirchenlieddichter wie Kingo ... Verderbungen der Evangelien**] Anspielung auf Kingos
zahlreiche Kirchenlieder über die Evangelienbe-
richte, cf. z.B. »Historiske Psalmer« in *Psalmer og
aandelige Sange af Thomas Kingo*, hg. von P. A.
Fenger, Kph. 1827, Ktl. 203, Nr. 10-73, pp. 24-206.
– **Kingo**: Thomas Hansen Kingo (1634-1703),
dän. Bischof und (Kirchenlied-)Dichter, der mit
seinen *Aandelige Siunge-Koor, Morgen- og Aftens-
ange* sowie *Hjerte-Suk* bleibende Bedeutung in
der dän Kirchenmusik und Literatur erlangte.
85 seiner geistlichen Lieder fanden Eingang in
das offizielle *Kirke-Psalme-Bog* (1699), das er

selbst herausgab, weshalb es sehr oft »Kingos
Gesangbuch« genannt wird, cf. *Kirke-Psalmebog*,
Kph. 1833, Ktl. 204.

Logik ist quantitative Dialektik, bzw. modale   8   31?
Dialektik] Während Hegels (→ 200,*1*) Logik
auch die sog. Urteilsqualität (Sein, Nichtsein, bestimmtes Sein) behandelt, begrenzt SK hier deren Geltungsbereich auf die Kategorien Quantität (Einheit, Vielheit, Allheit) und Modalität
(Möglichkeit, Wirklichkeit, Notwendigkeit) von
Urteilen. Zur Urteilsqualität, -quantität und
-modalität cf. im Übrigen C. Berg *Grundtrækkene
af en philosophisk Propædeutik eller Erkjendelses-
lære, tilligemed Poul Møllers kortfattede formelle Logik. Trykt som Manuskript til Brug for Elever af det
kongl. Landcadetacademie*, Kph. 1839, Ktl. 426, pp.
103-114.

auf Behandlung erster Klasse im »Corsaren«]   14   31?
d.h. in die erste Pflegeklasse aufgenommen, wie
z.B. bei der Einlieferung in eine Nervenheilanstalt. In *Corsaren* (→ 288*m,4*) war SK alias Frater
Taciturnus mit dem »verrückten Nathanson«
identifiziert worden, einem Pferdehändler, der
schon seit geraumer Zeit seine Geisteskrankheit
durch entsprechende Beiträge in seinem Blatt
Corvetten Politivennen augenscheinlich unter Beweis gestellt hatte; cf. *Corsaren*, 16. Januar 1846
(Nr. 278), insbesondere Sp. 14, wo Frater Taciturnus in der kommunalen Nervenheilanstalt *Skt.
Hans Hospital og Claudi Rosset's Stiftelse* unterge-
bracht wird, die auf Bidstrupgård nordwestlich
von Roskilde lag. Cf. ferner *Corsaren*, 30. Januar
(Nr. 280, Sp. 9-11) und 6. März (Nr. 285, Sp. 8).

In der Hauptstadt kommen 100 Msch. auf eine   21   315
einzige Kuh] Nach den Volkszählungen vom 1.
Februar 1840 und 1. Februar 1845 hatte Kopenhagen zu diesem Zeitpunkt 120.819 bzw. 126.
787 Einwohner, während dort 1837 und 1861
1.152 bzw. 2.906 Stück Hornvieh lebten; cf. »Ta-
beller over Kreaturholdet i Kongeriget Danmark
og Hertugdømmet Slesvig« in *Statistisk Tabelværk*, 3. Reihe, Bd. 3, Kph. 1864, p. XXX (für die
Jahre zw. 1837 und 1861 liegen keine offiziellen
Statistiken vor).

23 **die in der Hauptstadt zirkulierende Mschen-Masse ungedecktes Geld ist**] was besagen soll, dass keine Deckung für ihren Nennwert (→ 210,*18*) vorliegt.

25 **die meisten Mschen heiratslustig und die respektiven Ehen in emsiger Geschäftigkeit sind**] Einen solchen Eindruck konnte SK bei Lektüre der wöchentlichen Übersichten in *Berlingske Tidende* gewonnen haben, cf. z.B. 31. August 1846 (Beilage Nr. 200): »*Eheschließungen, Geburten, Todesfälle. In der Woche vom 15. bis 22. August wurden hier in der Stadt 19 Paare getraut; Zahl der Geburten: 78*«.

316 3 **einem der Taschendiebe Kopenhagens**] konnte nicht identifiziert werden.

316 30 **Affektation wird am besten übersetzt**] SK schreibt »paa Dansk« und führt dän. »Tillyvelse« an. Cf. z.B. L. Meyer *Fremmedord-Bog* (→ 274,*25*), worin »Affectation« mit »gezwungenes Wesen, gekünstelter Anstand, vorgetäuschtes Wesen, Verstellung« erläutert wird, p. 17. – **Affektation**: → 246,*19*.

317 13 **Kopist**] Abschreiber.

13 **königl. Büro**] Amtszimmer in einem der administrativen Organe (d.h. der verschiedenen Kollegien, in welche die Kanzlei in fünf Abteilungen aufgeteilt war), durch die der dän. König seine absolute Macht ausübte.

14 **Schüler an der Kunstakademie**] d.h. einer von ca. 600 Schülern der Kunstakademie, eigentl. Det Kgl. Academie for de skiønne Kunster [Die Königliche Akademie der Schönen Künste], welche laut Stiftungsurkunde vom 28. Juli 1814, § 3, über »den guten Geschmack« zu wachen hatte und seit 1754 im Schloss Charlottenborg am Kongens Nytorv beherbergt war (s. *Karte 2, D3*).

16 **mit Sonnenschirm zu gehen**] Auf einem undatierten losen Zettel notiert SK, dass ihm sein Schirm »so lieb« geworden sei, »dass ich allzeit mit ihm ausgehe, sei es bei Regen oder Sonnenschein«, *Pap.* III A 221.

19 **Zerberus-Missgunst**] In der gr. Mythologie verkörpert Zerberus ein grausames Ungeheuer, dessen zahlreiche (drei, 50 od. 100) Köpfe bes-

tens geeignet waren, darüber zu wachen, dass niemand unbemerkt die Unterwelt verließ.

man wurde auf eine wunderbare Weise errettet] Anspielung auf den ehemaligen Gemeindepfarrer Adolph Peter Adler (1812-1869), der im Vorwort zu *Nogle Prædikener* [Einige Predigten], Kph. 1843 (Ktl. U 9), berichtet, dass ihm eines Nachts, als er über den Ursprung des Bösen nachsann, blitzartig die Gegenwart eines bösen Geistes bewusst geworden sei; in derselben Nacht sei ein garstiger Laut in sein Schlafzimmer herabgedrungen, und der Erlöser habe ihm befohlen, aufzustehen, in sein Studierzimmer zu gehen und eine Offenbarung über die erste Sünde und den bösen Geist niederzuschreiben. Am 19. Januar 1844 wurde Adler suspendiert, am 13. September 1845 aus dem Dienst entlassen, was ihn zur Publikation von *Skrivelser min Suspension og Entledigelse vedkommende* [Schriften, meine Suspendierung und Entlassung betreffend], Kph. 1845 (Ktl. U 10, laut Rechnung von Buchhändler Reitzel gekauft am 25. August 1846, KA, D pk. 8 læg 1) veranlasste. In einem Schreiben vom 10. Mai 1845 räumt Adler ein, keine Offenbarung erlebt zu haben: »Aber dass Rettung auf wunderbare Weisen erfolgt – wie ich in der Vorrede zu den Predigten geschrieben habe –, ist für mich eine Tatsache, die ich nicht leugnen kann« (p. 18). Von Mitte Juni bis Ende September 1846 schrieb SK an der ersten Fassung des Buches über Adler (*Pap.* VII 2 B 235), in der er die Stelle zitiert (p. 105,*11* / *GW1 BÜA* 74). 23 317

Entweder – Oder beitrug ... geschrieben ... hat existiert] *Entweder – Oder* (→ 161,*17*) erschien in einer Erstauflage von 525 Exemplaren, die bereits 1845 ausverkauft war, cf. *SKS* K2-3, 61. – **in Bausch und Bogen, in 11 Monaten geschrieben**: → 169,*25*. – **nur eine pagina ... (der Diapsalmata) hat existiert**: In der ersten Aufl. von *Entweder – Oder* umfasst der Abschnitt »Diapsalmata« die Seiten 3-30; zu ungefähr einem Drittel der insgesamt 90 Diapsalmata finden sich aber bereits Vorlagen in älteren Aufzeichnungen, so dass de facto deutlich mehr als nur eine 5 318

Seite existiert hat, cf. den Bericht in der dän.
Ausgabe, *SKS* K2-3, 49f.

11 **2-mal geschrieben ... eher 3]** cf. die Journalaufzeichnung NB:14 (ca. April 1846), in der SK über
seine Praxis spricht, seine Manuskripte stets
mehrmals umzuschreiben: »Zwei eigenhändige
Niederschriften von allem, von großen Ab-
schnitten drei bis vier Niederschriften, und
dann noch, wovon man überhaupt keine Vorstellung hat, meine Meditation, während ich
gehe, [...] dass ich mir alles viele Male laut vor-
gesagt habe, bevor ich es schreibe« (*SKS* 20, 25 /
T 2, 53).

318 18 **Feuerwerk]** Im Tivoli, einem 1843 eröffneten
Vergnügungs- und Erholungspark in der Nähe
von Vesterport, konnten die Kopenhagener den
ganzen Sommer hindurch so genannten »Feuer-
werks-Bagatellen« oder »Brillant-Feuerwer-
ken«, arrangiert von Gaetano Amici, beiwoh-
nen, cf. *Berlingske Tidende,* 7. September 1846
(Beilage zu Nr. 206), 10. September (Beilage zu
Nr. 209) und 30. September (Beilage zu Nr. 226).

318 25 **das Evangelium vom barmherzigen Samariter]**
cf. Lk 10,23-37 (→ 278,21), das Evangelium für
den 13. Sonntag nach Trinitatis, der 1846 auf den
6. September fiel.

319 2 **Zurzeit gibt es ... draußen vor Vesterport]** lag
an der heutigen Vesterbrogade, Höhe St. Jørgens
Allé, und daher ein stückweit außerhalb von
Vesterport (→ 282,21); cf. *Flyve-Posten,* 26. September 1846 (Nr. 224), wo das Kabinett als »*Pa-
norama paa Vesterbro Nr. 9. Aabent hele Dagen.*«
[Panorama in Vesterbro Nr. 9. Ganztägig geöffnet.] angekündigt und hinzugefügt wird, man
habe »neue Stücke« erhalten, u.a. Ansichten
Moskaus vor dem Brand 1812 sowie die große
Rhein-Überschwemmung von 1846. Ferner wird
angekündigt: »Die mechanische Perspektive
oder der Glücksstern, wo jeder ein Tempera-
ments-Blatt erhält [d.h. Horoskop]. / Wird täglich bis 10 Uhr abends vorgeführt.«

319 16 **während Cicero Konsul war, ereignete sich
dieses oder jenes]** Marcus Tullius Cicero (106-43
v.Chr.), röm. Politiker, Jurist und Dichter, 63

v.Chr. röm. Konsul. SK besaß zahlreiche Werke
Ciceros.

während Pitt Minister] Anspielung entweder 17
auf William Pitt sen. (1708-1778), der Minister
(1746-1756) und später Premierminister (1756-
1757, 1758-1761 und 1766-1768) in England war,
od. seinen gleichnamigen Sohn (1759-1806), der
wie sein Vater ebenfalls zunächst Minister (1782-
1783) und später Premierminister (1783-1801
und 1804-1806) wurde; beide investierten hohe
Summen in die engl. Flotte, die England in zahl-
losen Schlachten, vor allem gegen Frankreich, in
der zweiten Hälfte des 18. Jh. manchen Sieg be-
scherte, cf. z.B. *Beckers Verdenshistorie* (→ 171,4),
Bd. 10, 1826, pp. 79-106, pp. 165-204 und pp.
256-273; Bd. 11, 1827, pp. 371-386, pp. 605-624
und pp. 634-648; Bd. 12, pp. 200-216 und pp.
339-345.

in der Zeitung ... kamen die Bewohner Fü- 19
nens] cf. den Artikel »Festen paa Skamlingsbanken« [Das Fest auf Skamlingsbanken] in *Berlingske Tidende* vom 6. Juli 1844 (Nr. 180); dort
wird über das Fest am 4. Juli u.a. Folgendes berichtet: »Während Grundtvigs Rede waren im
Verlauf des Tages die Gäste aus Fünen eingetroffen, sechs- bis siebenhundert an der Zahl,
mit Musik an der Spitze, und wurden unter all-
gemeinem Jubel empfangen.« – Cf. im Übrigen
N. F. S. Grundtvig *Skovhornets Klang mellem
Skamlings-Bankerne* (→ 227,32). Skamlingsbanken
ist die höchste Erhebung in Südjütland und liegt
zwischen Kolding und Christiansfeld. 1843 fand
dort erstmals ein Fest der Nationalliberalen
statt, um das Dänentum zu feiern und zu stärken.

lief eine französische Flotte aus und eroberte 25
Algier] Eine frz. Flotte, bestehend aus ca. 100
Kriegsschiffen, 27.000 Seeleuten und ca. 600
Transportschiffen, Booten und Leichtern mit einem Heer von 37.000 Mann, verließ am 25. und
26. Mai 1830 Toulon mit Kurs auf Algerien, wo
das Heer am 14. Juni bei Sidi-Ferruch (20 km
westlich von Algier) an Land ging. Nach erbitterten Kämpfen wurde Algier schließlich am 5.
Juli erobert; cf. z.B. J. L. Rohmann *Skildringer af
den nyeste Tids Historie* [Darstellungen aus der
neuesten Zeitgeschichte], Bd. 1-6, Odense 1846-
1855; Bd. 1, pp. 12-21.

320 2 **Disjecta Membra**] lat., ›verstreute Glieder‹ oder ›verstreute Teile‹, nach Senecas *Phaedra*, v. 1256: »disiecta [...] membra laceri corporis« (›verstreute Glieder eines zerfleischten Körpers‹). Cf. auch Horaz' *Satiren*, 1. Buch, Nr. 4, v. 62: »disiecti membra poetae« (lat., eigentl. ›Teile eines zerstreuten Dichters‹, d.h. ›dichterische Bruchstücke, Dichtung in Prosa aufgelöst‹).

320 3 **wenn mir der bittere Kelch der Leiden ... von mir genommen werden möge**] Anklang an das Gebet Jesu im Garten Getsemani vor seiner Gefangennahme, Lk 22,42: »Vater, wenn du willst, nimm diesen Kelch von mir! Aber nicht mein, sondern dein Wille soll geschehen.«

321 5 **der Betörung meines Herzens ... sein Herz ... betören**] Anspielung auf Dtn 11,16: »Aber nehmt euch in acht! Laßt euer Herz nicht verführen, weicht nicht vom Weg ab, dient nicht anderen Göttern, und werft euch nicht vor ihnen nieder!«

14 **Nicht will ich mich verbergen**] so wie sich Adam und Eva im Garten Eden vor Gott verbargen, nachdem sie sein Verbot übertreten hatten, vom Baum der Erkenntnis des Guten und Bösen zu essen, cf. Gen 3,8.

321 33 **der Freudenruf der Engel ... umkehrt**] Anspielung auf Lk 15,7: »Ich sage euch: Ebenso wird auch im Himmel mehr Freude herrschen über einen einzigen Sünder, der umkehrt, als über neunundneunzig Gerechte, die es nicht nötig haben umzukehren.«

35 **was ich gesucht habe, das habe ich gefunden**] Anklang an Mt 7,7: »Bittet, dann wird euch gegeben; sucht, dann werdet ihr finden; klopft an, dann wird euch geöffnet«.

322 2 **wenn mir alles genommen würde**] möglicherweise eine Anspielung auf die alttestamentliche Erzählung von Hiob, dem alles genommen wurde, cf. Hi 1.

322 7 **das Wesen der Erbsünde**] → 185,17.

322m 1 **Die Frau ... die Schlange zum Angriff ausersehen**] cf. die alttestamentliche Erzählung vom Sündenfall (Gen 3), in der u.a. berichtet wird, dass die Schlange Adams Frau Eva dazu verführte, vom Baum der Erkenntnis des Guten und Bösen zu essen (Gen 3,1-6).

Hamann ... heilige Hypochondrie] abgesehen 6 von marginalen Abweichungen in Interpunktion und Orthografie wörtliches Zitat aus *Hamann's Schriften* (→ 30m,1), Bd. 6, 1824, p. 194.

Gott nicht von Deinem ganzen Herzen lieben] 5   323 cf. Mt 22,37: »Er antwortete ihm: *Du sollst den Herrn, deinen Gott, lieben mit ganzem Herzen, mit ganzer Seele* und mit all deinen Gedanken.« Cf. auch Dtn 6,5.

Wenn denn alles verloren ist] vermutlich fikti-   10   323 ves Zitat.

ein Rätsel ist ... in eines Mschen Herz] Anspie-   29   323 lung auf I Kor 2,6-10, wo es vom »Geheimnis der verborgenen Weisheit Gottes‹ (v. 7) heißt, sie sei »keinem Menschen in den Sinn gekommen« (v. 9).

mit ihm reden kann, ohne angemeldet zu wer-   32 **den**] wohingegen der König einem Untertanen erst Audienz gewährt, nachdem dieser angemeldet wurde.

Die Welt vergeht und ihre Lust] cf. I Joh 2,17a: 18   324 »Die Welt und ihre Begierde vergeht«.

Gottes Wort währt ewiglich] cf. I Petr 1,24-25:   21 »Denn *alles Sterbliche ist wie Gras, und all seine Schönheit ist wie die Blume im Gras. Das Gras verdorrt, und die Blume verwelkt; doch das Wort des Herrn bleibt in Ewigkeit. Dieses Wort* ist das Evangelium, das euch verkündet worden ist.«

NOTIZBUCH 15

NOTIZBUCH 15

übersetzt von
Markus Kleinert

Kommentar:
Joakim Garff

übersetzt und bearbeitet von
Markus Kleinert

Quellen

Ms.   KA, A pk. 50
Pap.   *Søren Kierkegaards Papirer*, 2. erweiterte Ausgabe, 1968-1978
SKS 19   *DSKE* 3 folgt dem Text des Notizbuchs in *SKS* 19 (Seitenzählung am Rand)

431

1   Mein Verhältnis zu »ihr«.

d. 24. Aug. 49.

etwas Dichterisches.

Infandum me jubes, Regina, renovare dolorem.

Ihr verdankt sich auch die Replik über mich: es endet   3
gewiss damit, dass Du Jesuit wirst.

#

433

4   Regine Olsen. – Ich sah sie zuerst bei Rørdams. Dort
sah ich sie eigtl. in der ersten Zeit, da ich mit der Familie
keinen Umgang hatte. (Bollette Rørdam gegenüber

5   habe ich in gewissem Sinne etwas Verantwortung; wie
ich im Übrigen auch früher wohl einen Eindruck von
ihr hatte, und vielleicht auch bei ihr einen solchen hinterlassen hatte, wenn auch in aller Unschuld und rein
intellektuell.).

10   Bereits bevor mein Vater starb, hatte ich mich für sie
entschieden. Er starb. Ich lernte fürs Examen. In all dieser Zeit ließ ich ihr Dasein sich in meines schlingen.
Im Sommer 40 legte ich die theol. Dienstprüfung ab.
Machte so ganz ohne Weiteres eine Visite im Haus.

15   Ich reiste nach Jütland und haschte vielleicht damals
schon ein wenig nach ihr.
Im Aug. kam ich zurück. Die Zeit vom 9. Aug. bis in
den Sept. hinein kann im strengeren Sinne als die Zeit
bezeichnet werden, in der ich mich ihr näherte.

20   Am 8. Sept. brach ich von zu Hause auf mit dem festen Vorsatz, das Ganze entscheiden zu wollen. Wir trafen uns auf der Straße direkt vor ihrem Haus. Sie sagte,
es sei niemand daheim. Ich war dreist genug, eben dies
als eine Einladung zu verstehen, als das, was ich

25   brauchte. Ich ging mit hinauf. Da standen wir zwei allein im Wohnzimmer. Sie war etwas unruhig. Ich bat
sie, ein wenig für mich zu spielen, wie sie es sonst tat.
Sie tut es, doch es will mir nicht gelingen. Da nehme ich
plötzlich das Notenbuch, schließe es nicht ohne eine ge-

30   wisse Heftigkeit, werfe es aufs Klavier und sage: ah,
was kümmert mich Musik; Sie sind es, die ich suche,
Sie, die ich 2 Jahre gesucht habe. Sie blieb stumm. Übrigens habe ich nichts getan, um sie zu betören; ich habe
sogar vor mir selbst gewarnt, vor meiner Schwermut.

35   Und als sie von einem Verhältnis zu Schlegel sprach,
sagte ich: dann lass dieses Verhältnis eine Parenthese
sein.^d Sie blieb im Wesentlichen stumm. Ich ging
schließlich, war mir doch recht bange davor gewesen,

[a]NB   1
In den späteren Journalen,
denen von vorigem und
diesem Jahr, findet sich
hie und da eine einzelne   5
Bemerkung über sie.

[b]z. B. dadurch, ihnen Bücher zu
borgen in meiner Abwesenheit,
und dadurch, sie in einem
einzelnen Buch zum Lesen einer   10
bestimmten Stelle zu veran-
lassen.

[c]NB. Das war wohl doch erst
der 10., an dem sie von Schlegel
sprach, denn am 8. sagte sie kein   15
einziges Wort.

^ddenn ich habe ja doch erste
Priorität.

dass jemand hätte kommen können und uns beide fin-
den und sie so unruhig. Ich ging unmittelbar zum Etats-   434
rat hinauf. Ich weiß, ich hatte eine schreckliche Angst,
einen zu starken Eindruck auf sie gemacht zu haben,
sowie, dass mein Besuch auf irgendeine Weise Anlass   5
zu Missverständnissen, wohl gar zur Schädigung ihres
Rufs geben könnte.

Der Vater sagte weder ja noch nein, war aber doch
durchaus willens, wie ich leicht verstand. Ich verlangte
eine Unterredung; ich erhielt sie am Nachmittag des   10
10. Sept. Ich habe kein einziges Wort gesagt, um zu betören – sie sagte ja.

Augenblicklich gewann ich ein Verhältnis zur ganzen
Familie. Meine Virtuosität wurde besonders auf den
Vater verwendet, den ich übrigens immer sehr gern ge-   15
mocht habe.

Aber nach innen; am Tag darauf sah ich, dass ich fehl-
gegriffen hatte. Ein Pönitent, der ich war, meine vita ante
acta, meine Schwermut, das genügte.

Ich habe unbeschreiblich gelitten während dieser   20
Zeit.

Sie schien nichts zu bemerken. Sie wurde ganz im Gegenteil zuletzt so übermütig, dass sie einmal erklärte,
sie habe mich aus Mitleid genommen, kurz, einen solchen Übermut habe ich kaum gekannt.   25

Genau das wurde in einem Sinne das Gefährliche.
Nimmt sie es sich nicht weiter zu Herzen, dachte ich, als
dass sie, wie sie selbst einmal sagte »wenn sie glauben
würde, ich käme bloß aus Gewohnheit, dann würde sie
sofort Schluss machen«, nimmt sie es sich nicht weiter   30
zu Herzen: so ist mir geholfen. Nun gewann ich meine
Fassung wieder. In einem anderen Sinne gestehe ich
meine Schwäche, dass sie mich doch einen Augenblick
wütend machte.

Jetzt setzte ich Kräfte in Bewegung – sie gibt im Ernst   35
nach, und gerade das Gegenteil geschieht, die extrem-
ste Hingabe aus Anbetung.

Natürlich, nun erwacht wieder meine Schwermut,
denn ihre Hingabe bedeutet abermals, dass ich die
»Verantwortung« nach dem größtmöglichen Maßstab   40

1   [e]Etwas, woran ich doch zu
einem gewissen Grade selbst
schuld war oder wofür ich die
Verantwortung trage, weil ich
5   selbst – die Schwierigkeit des

bekomme – während mich ihr Stolz der »Verantwortung« annähernd enthob – ich sehe, es muss entzweige-
hen. Mein Urteil ist, und mein Gedanke war, dass es
Gottes Strafe über mich war.

Darüber, welchen Eindruck sie rein erotisch auf mich
gemacht hat, kann ich mir nicht recht klar werden.
Denn zweifellos, dass sie sich fast anbetend hingegeben
hatte, mich darum gebeten hatte, sie zu lieben, hatte
mich so gerührt, dass ich alles für sie wagen wollte. Wie
sehr ich sie jedoch liebte, zeigt aber auch dies, dass ich
stets vor mir verbergen wollte, wie sehr sie mich eigtl.
gerührt hat, was sich doch eigtl. nicht zum Erotischen
schickt.

Wäre ich nicht ein Pönitent gewesen, hätte meine vita
ante acta nicht gehabt, wäre nicht schwermütig gewesen – die Verbindung mit ihr hätte mich so glücklich gemacht, wie zu werden ich mir niemals erträumt hätte.
Doch selbst wenn ich, weil ich leider der war, der ich
bin, sagen musste, dass ich ohne sie glücklicher im Unglück werden könnte als mit ihr – sie hatte mich gerührt, und ich hätte gern, mehr als gern alles getan.

Aber es gab einen göttlichen Einspruch, so habe ich
es verstanden. Die Trauung. Ich müsste ihr ungeheuer
viel verschweigen, das Ganze auf eine Unwahrheit
gründen.

Ich schrieb ihr und sandte ihren Ring. Das Billet findet sich wörtlich in »dem psychologischen Experiment«. Mit Absicht habe ich es rein historisch sein lassen; denn ich habe mit niemandem darüber
gesprochen, mit keinem einzigen, ich, der ich ver-
schwiegener bin als das Grab. Sollte sie das Buch zu sehen bekommen, möchte ich gerade, dass sie daran erinnert wird.

Was tut sie? Sie überschreitet in weiblicher Verzweiflung die Grenze. Sie hat offenbar gewusst, dass ich
schwermütig bin, sie hat mich aufs Äußerste ängstigen
wollen. Das Gegenteil geschah. Zwar ängstigte sie mich
aufs Äußerste; doch nun richtete sich meine Natur gi-
gantisch auf, um sie abzuschütteln. Es war nur Eines zu
tun: abzustoßen mit aller Kraft.

Verhältnisses nur allzu deutlich
überschauend und einsehend,
dass die stärkste Gewalt gebraucht werden müsse, um
meine Schwermut, falls das
möglich wäre, zu erzwingen –
zu ihr gesagt hatte: gib Dich hin,
mit Stolz machst Du mir die Sache leicht. Ein ganz wahres
Wort, aufrichtig ihr gegenüber,
schwermütig verräterisch mir
gegenüber.

[f]Ein wenig davon, wie es um
mich stand, hat sie allerdings
geahnt. Denn des Öfteren fiel
diese Replik: Du wirst doch niemals froh, da kann es Dir ja
gleich sein, ob ich bei Dir bleiben darf. Sie sagte auch einmal:
dass sie mich niemals nach etwas fragen würde, wenn sie nur
bei mir bleiben dürfe.

[g]Einige vereinzelte Repliken
sind auch authentisch. z. B. diejenige, dass doch nicht gesagt
ist, dass man durchs Heiraten
fett wird, dass ich einen gekannt
habe (hier nannte ich meinen
Vater, insofern ist die Geschichte also anders und anders
gehalten), der zweimal verheiratet war und nicht fett wurde.
Die Replik: dass man eine Verlobung auf zwei Arten aufheben
kann, sowohl mithilfe der Achtung als auch mithilfe der Liebe.
Ihre Replik: ich glaube eigtl., Du
bist verrückt.

[h]In diesen zwei Monaten des Betrugs trug ich vorsichtshalber Sorge, ihr von Zeit zu Zeit direkt zu sagen: gib nach, lass mich los; Du erträgst es nicht. Darauf erwiderte sie leidenschaftlich, dass sie lieber alles ertragen wolle als mich loszulassen. Ich schlug auch vor, der Sache die Wendung zu geben, dass sie es sei, die mit mir gebrochen habe, um ihr alle Kränkungen zu ersparen. Das wollte sie nicht, sie erwiderte, wenn sie das andere ertragen würde, ertrüge sie wohl auch das, und nicht unsokratisch bemerkte sie, dass es sie wohl niemand in ihrer Gegenwart spüren lassen werde und was sie in ihrer Abwesenheit über sie sagten, sei ja einerlei.

[i]Sie zog einen kleinen Zettel hervor, auf dem ein Wort von mir stand, den sie an ihrer Brust zu tragen pflegte, sie zog ihn hervor und zerfetzte ihn still und sagte: so hast Du doch auch ein schreckliches Spiel mit mir getrieben.

[j]Sie sagte: magst Du mich denn überhaupt nicht; ich antwortete: ja, wenn Du so weitermachst, dann mag ich Dich nicht.

[k]Sie sagte, möge es nur nicht zu spät sein, wenn Du es bereust – sie spielte auf den Tod an. Ich musste grausam Scherz damit treiben, und sagte, ob sie meine, dass ich kommen werde wie Wilhelm in Lenore.

Es war eine furchtbar qualvolle Zeit – so grausam sein zu müssen, und so zu lieben wie ich es tat. Sie stritt wie eine Löwin; hätte ich nicht angenommen, einen göttlichen Widerstand zu haben, sie hätte gesiegt.

Dann ging es entzwei, ungefähr zwei Monate später. Sie geriet in Verzweiflung. Zum ersten Mal in meinem Leben schimpfte ich. Das war das Einzige, was zu tun war.

Von ihr ging ich unmittelbar ins Theater, weil ich Emil Boesen treffen wollte (Daraus wurde seinerzeit die Geschichte gemacht, die man sich in der Stadt erzählte, ich solle, indem ich meine Uhr herausholte, zur Familie gesagt haben, wenn Sie noch mehr zu sagen haben, so mögen Sie sich beeilen; denn ich müsse ins Theater). Der Akt war vorbei. Als ich aus dem 2. Parkett hinausgehe, kommt der Etatsrat vom ersten Parkett und sagt: darf ich Sie sprechen. Wir gingen zu ihm nach Hause. Er ist verzweifelt. Er sagte: das wird ihr Tod, sie ist ganz verzweifelt. Ich sagte: ich werde sie schon zur Ruhe bringen; doch die Sache ist entschieden. Er sagte: ich bin ein stolzer Mann; es ist hart; aber ich bitte Sie, brechen Sie nicht mit ihr. Wahrlich, er war groß; er erschütterte mich. Aber ich blieb dabei. Ich aß mit der Familie zu Abend. Sprach mit ihr, als ich ging. Am nächsten Morgen erhielt ich einen Brief von ihm, sie habe die Nacht nicht geschlafen, ich müsse kommen und nach ihr sehen. Ich kam und redete ihr ins Gewissen. Sie fragte mich: willst Du niemals heiraten. Ich antwortete: doch, in zehn Jahren, wenn ich mich ausgetobt habe, dann muss ich ein frisches Fräulein zur Verjüngung haben. Eine notwendige Grausamkeit. Da sagte sie: vergib mir, was ich Dir angetan habe. Ich erwiderte: ich sei es doch, der so bitten sollte. Sie sagte: versprich, an mich zu denken. Das tat ich. Sie sagte: küss mich. Das tat ich – doch ohne Leidenschaft. Barmherziger Gott.

So trennten wir uns. Ich verbrachte die Nächte weinend in meinem Bett. War aber am Tage der Übliche, ausgelassener und witziger denn je, das war notwendig. Mein Bruder sagte zu mir: er werde zur Familie gehen und ihnen zeigen, dass ich kein Schurke sei. Ich

sagte: wenn Du das machst, jage ich Dir eine Kugel
durch den Kopf. Der beste Beweis dafür, wie tief mich
die Sache beschäftigte.

5   Ich reiste nach Berlin. Ich litt sehr viel. Jeden Tag
dachte ich an sie. Bis heute habe ich es unbedingt ein-
gehalten: jeden Tag mindestens ein Mal für sie zu beten,
oft zwei Mal, über alles weitere Denken an sie hinaus.

    Als das Band zerriss, war mein Eindruck dieser: ent-
weder stürzt Du Dich in wüste Zerstreuung – oder ab-
10   solute Religiosität, von einer anderen Art als die Me-
lange des Pfarrers.

437   »Das Tagebuch des Verführers« ist ihretwegen geschrieben, um abzustoßen. Das Vorwort zu den zwei erbaulichen Reden ist für sie bestimmt, wie vieles An-
15   dere, das Datum des Buches, die Widmung an Vater.
Auch im Buch selbst finden sich schwache Winke.° Sie
hat es gelesen, das weiß ich von Sibbern.

    In Berlin war ich nur ein halbes Jahr. Für meine Reise
angesetzt waren 1½ Jahre. Dass ich so rasch kam,
20   musste ihre Aufmerksamkeit auf sich ziehen. In der
Tat, sie suchte mich nach Mynsters Predigt am 1. Oster-
feiertag. Ich ging ihr aus dem Weg, das geschah, um
abzustoßen, damit sie sich nicht auf die Einbildung
versteifte, ich hätte auf der Reise an sie gedacht. Außer-
25   dem hatte Sibbern mir gesagt, dass sie selbst gesagt
habe, sie könne es nicht ertragen, mich zu sehen. Dies
war, wie ich ja nun sah, unwahr; dass sie es aber
nicht ertragen könne, mit mir zu sprechen, musste ich
glauben.

30   Die entscheidenden Schwünge in ihrem Leben hat sie
übrigens doch wohl unter meinen Auspizien gemacht.
Kurz vor der Verlobung mit Schlegel erblickte sie mich
in einer Kirche. Ich ließ sie meinen Blick festhalten. Sie
nickte zwei Mal. Ich schüttelte den Kopf. Das bedeu-
35   tete, mich musst Du aufgeben. Da nickte sie wieder,
und ich nickte so freundlich wie möglich, das bedeutete: meine Liebe behältst Du.

    Als sie sich dann mit Schlegel verlobt hatte, begeg-
nete sie mir auf der Strasse, und grüßte so freundlich

[l]Aus dem Verhältnis wie ein
Schurke, womöglich ein ausge-
machter Schurke, herauszutre-
ten, war das einzig Machbare,
5   um sie flott zu machen und ihr
Fahrt in eine Ehe zu geben; aber
es war zugleich die ausgesuchte
Galanterie. Bei meiner Behän-
digkeit wäre es wahrlich leicht
10   genug gewesen, mich zu günsti-
geren Bedingungen zurückzuziehen. – Dass dieses Betragen
Galanterie ist, hat der junge
Msch. bei Constantin Constan-
15   tius entwickelt und ich bin mit
ihm darin einig.

[m]Nebenbei bemerkt. An dem
Tag, an dem ich all meine Sachen u.s.w. von ihr erhielt,
20   schrieb ich dem Etatsrat einen
Brief, er wurde ungeöffnet zu-
rückgesandt.

[n]»Das Tagebuch des Verführers« war allerdings darauf an-
25   gelegt abzustoßen – und ich
weiß wohl, was für Agonien ich
anlässlich der Herausgabe
durchlief, weil mein Gedanke
wie meine Absicht war, die Er-
30   bitterung aller Mschen gegen
mich aufzustacheln, etwas, das
jedoch gänzlich misslang, insbesondere was das Publikum betrifft, das mich jubelnd empfing,
35   was dazu beigetragen hat,
meine Verachtung fürs Publikum zu vergrößern – insofern
aber jemand an »sie« denken
musste oder muss, wäre es zu-
40   gleich die ausgesuchteste Galanterie, die sich überhaupt den-

1 ken lässt. Von einem Verführer
ausersehen zu sein, bedeutet für
eine Frau, was es für eine Frucht
bedeutet, dass der Vogel an ihr
5 gepickt hat – denn der Vogel ist
Kenner. Ein »Liebhaber« ist ja
blind, sein Urteil also nicht objektiv, er sieht vielleicht Reize
und Unterschiede, die es über-
10 haupt nicht gibt. Ein Verführer
aber ist Kenner. Und nun »der
Verführer«, der absolute Kenner – und dann ein einziges
Mädchen: das ist in Wahrheit
15 die größte Galanterie, die sich
denken lässt, doch zu tiefsinnig,
um populär zu werden; es wäre
nicht einmal eine größere Galanterie, jenes einzige Mädchen
20 »den Verführer« bekehren zu
lassen, denn im selben Augenblick wird er ja »Liebhaber«,
blind, sein Urteil unzuverlässig.
Was sind also die Lieder all jener
25 Dichter, die die Geliebte *geradewegs* besungen und vergöttert
haben – und selbst der »Liebhaber« waren, welche Zuverlässigkeit liegt in ihrer Lobrede.
30 Nein, »der Verführer« – und
dann ein einziges Mädchen!

°darüber, aufzugeben, darüber,
dass man den Geliebten nur
verliert, wenn man ihn dazu
35 bringt, gegen seine Überzeugung zu handeln.

und einnehmend wie möglich. Ich verstand sie nicht,
denn ich wusste damals nichts von der Verlobung. Ich
sah sie bloß fragend an, und schüttelte den Kopf. Gewiss hat sie geglaubt, ich wüsste es, und meinen Beifall
gesucht.   5

An dem Tag, an dem für sie aufgeboten wurde, saß
ich in der Frelsers Kirke.

438
5   Nun ist der Etatsrat tot. Sie hofft doch womöglich
darauf, mich wiederzusehen, auf ein Verhältnis zu mir,
ein unschuldiges und liebevolles. Oh, das liebe Mädchen, ich würde sie weiß Gott lieber denn je zuvor se-
5   hen, mit ihr sprechen, sie erfreuen, wenn sie dessen bedarf, sie begeistern. Was gäbe ich nicht dafür, dass ich
das dürfte, dass ich sie bei Lebzeiten mit dem Schmuck
der historischen Berühmtheit zieren dürfte, der ihr sicher ist. Sie soll einen Rang einnehmen unter den Mäd-
10   chen. Und wichtig ist, dass ich die Sache redigiere.
Denn ihre Ehe wird sonst eine Misslichkeit, so dass ich
leicht wie eine Satire wirke, ich, der unverheiratet blieb,
während sie aus Liebe sterben wollte.
      Oh, wie würde es mich freuen, mit ihr zu sprechen;
15   und wie besänftigend auch für mein Gottesverhältnis.
In der Möglichkeit ist sie mir schwer; in der Wirklichkeit leicht.
      Doch ich wage es nicht. Sie hat mir ein Mal gezeigt,
wie weit sie über die Grenze gehen kann. Eine Ehe bin-
20   det sie wahrlich nicht, wenn ihre Leidenschaft wieder
Feuer fängt. Und gefährlich, gefährlich ist, dass gerade
meine Sache so gut ist. Ja, wäre ich wirklich ein Schurke
gewesen, dann wäre die Sache leichter.
      Ihr Verhältnis zu Schlegel ist keine Sicherheit. Ge-
25   setzt, sie hat in gewissem Sinne geschickt verstanden,
dass dies die einzige Weise war, auf welche es möglich
werden könnte, wieder ein Verhältnis zu mir zu bekommen; denn wäre sie unverheiratet geblieben, würde ja
stets die Frage nach einer Ehe wieder aufkommen. Ge-
30   setzt, sie hat geglaubt, es sei mein Wille, dass sie Schlegel heiraten solle, dass ich deshalb in den zwei letzten
Monaten so viel von ihm sprach und davon, dass sie ihn
nehmen solle, wenn auch auf eine scherzende und nek-
kende Art. Und wohl wahr, das war meine Absicht und
35   mein Wunsch. Doch in diesem Falle bin ich ihr ja wichtiger als das Verhältnis zu ihm.
      Lässt Gott sie auf die Idee kommen, selbst zu verlan-
gen, dass ich mit ihr sprechen solle: so will ich es wagen. Mich freuen wird es, ja das ist gewiss. Doch nur in

[a]cfr irgendwo im Journal NB¹²   1
gegen Mitte.

[b]Und dies würde sie doch gewiss freuen: die Berühmtheit –
sie, die einmal in ihrer frühesten   5
Jugend wünschte, Schauspielerin zu werden, in der Welt zu
glänzen; die Wiederherstellung
der Ehre, sie, die doch so stolz
war.   10

¹ ʿWelche Freude für mich, sie er-
freuen zu können, sie, die doch
um meinetwillen so viel gelitten
hat! Und wie schwer, auf diese
⁵ Art ständig grausam bleiben zu
müssen. Wie beinahe heimtük-
kisch, all das Meine zu tun, um
sie in eine Ehe zu fangen, und
sie dann darin sitzen zu lassen.
¹⁰ Gesetzt, sie hat ihre Ehe als eine
Möglichkeit verstanden für ein
schwesterliches Verhältnis zu
mir, in dem sie wohl eine rein intellektuelle Größe gesehen hat!
¹⁵ Doch den Schritt zu wagen,
kann ich nicht verantworten. Sie
hat einmal gezeigt, dass sie sich
über die Grenze wagen kann,
und andererseits, durch die
²⁰ Heirat hat sie sich doch eigtl.
emanzipiert.

diesem Falle darf ich es wagen. Das Verhältnis wäre
nun vollendet. ⌊Denn die Ehe ist mein Anstoß.⌋ Ein brü-
derliches Verhältnis zu ihr wäre mir eine große, große
Freude!ᶜ

439

Ein Palisanderschränkchen habe ich selbst anfertigen   **6**
lassen, während ich in der Nørregade im 1. Stock wohnte. Es ist der von mir angegebenen Konstruktion gemäß,
und diese wiederum veranlasst durch ein Wort von ihr,
der Lieben, in ihrer Not. Sie sagte, dass sie mir gern das
ganze Leben lang dafür danken wolle, bei mir bleiben zu   10
dürfen, wenn sie auch in einem kleinen Schrank wohnen
müsse. Mit Rücksicht darauf ist er ohne Fächer ausgeführt. – In diesem findet sich alles sorgfältig verwahrt,
alles, was an sie erinnert und sie an mich wird erinnern
können. Dort findet sich auch ein Exemplar der Pseud-   15
onyme für sie; von ihnen wurden stets nur zwei Velin-
Exemplare hergestellt, eines für sie und eines für mich.

Unter meinen Papieren wird sich auch ein Brief finden, dazu bestimmt, nach meinem Tode geöffnet zu
werden, der sie betrifft. Ihr und meinem verstorbenen   20
Vater sollen die Bücher allesamt gewidmet sein: meinen
Lehrmeistern, der edlen Weisheit eines Greises, und
dem lieblichen Unverstand einer Frau.

Wahrlich, die Sache der Religiosität, und insbeson-   **7**
dere des Xstentums hat wohl einen allein lebenden   25
Menschen nötig; aber was für eine weitläufige Geschichte mit meiner Erziehung, und wie eigentümlich
dialektisch!

Fällt es ihr jedoch nicht ein, dann muss ich es wohl   **8**
aufgeben. Im Übrigen ist es seltsam, dass sie mich nicht   30
so gut kennen gelernt hat, dass sich bei mir alles um die
Verantwortung dreht. Deshalb hätte ich auch so gern
gehabt, dass sie es gewesen wäre, die die Verlobung
aufhob.

Sie ist mit Schlegel nun wohl doch glücklich verheiratet; er hat sein Glück gemacht, das wird sie ermuntern
als eine Zustimmung der Lenkung zu ihrer Verbindung. Mir steht die Welt in gewissem Sinne entgegen,
5   vielleicht findet sie doch Sinn in der Erklärung, dass das
ein wenig Strafe für mich ist. Indes, gerade der Widerstand der Welt könnte mir sehr wohl, gefährlich genug,
in ihren Augen einen neuen Wert verleihen.

———————

440
9   Wenn denn wahr ist, was Jgf. Dencker mir erzählt hat
(und Jgf. D. habe ich bisweilen so benutzt, um das sagen
zu lassen, was ich gesagt haben wollte, alles im Hinblick darauf, ihre Ehe zu konsolidieren), dass sie gesagt
hat: »sie sei eigentlich nicht darum wütend auf mich,
15   weil ich die Verlobung aufgehoben habe; sondern wegen der Art, auf die ich es getan habe«, dann zeigt dies,
dass sie doch in ziemlich hohem Grad etwas von jener
weiblichen Vergesslichkeit hat, welche der Unmittelbarkeit eigen ist. Sie vergisst, dass sie 2 Monate vor dem
20   Entscheidenden einen Scheidebrief erhielt und zwar in
für mich möglichst demütigendem Ausdruck – gegen
diese Art war ja doch wohl nichts einzuwenden. Dann
aber war sie es, die, aus dem Unvermögen heraus,
Schluss zu machen, so verzweifelt ausschlug, dass ich
25   ein ganzes Alphabet mehr hervorziehen musste. Sie
vergisst, dass sie selbst sagte, wenn ich sie davon überzeugen könne, dass ich ein Schurke sei, werde sie sich
leicht in das Ganze finden. Und nun klagt sie über die
Art, vermutlich »die schurkenhafte Art«. Und im Übri-
30   gen, wäre diese Art nicht gebraucht worden, dann wären wir wohl noch dabei, Schluss zu machen. Insofern
mag es richtig sein, über »die Art« zu klagen, denn auf
keine andere Art wäre es mir gelungen.

———————

In gewissem Sinne ist eine Frau doch ein schreckli- **10**
ches Wesen. Es gibt eine Form der Hingabe, die mein
Wesen erschreckt, weil sie meinem Wesen so entgegen-
gesetzt ist: das ist die weiblich-rücksichtslose weibliche
Hingabe, schrecklich, weil Weiblichkeit eben in einem   5
Sinne so stark in die Rücksicht eingebunden ist. Wird
die jedoch gesprengt – und ist der andere Part außerdem ein Dialektiker mit einer schwermütigen Phantasie und schwerem religiösen Gepäck: das ist wahrhaft
schrecklich.   10

---

1 [a]Und sicher ist auch, dass ich,   Was mich betrifft, so habe ich Folgendes gelernt, dass **11**
falls nun ein Verhältnis zu ihr   ich nicht wenig von einem Selbstquäler gehabt habe.
zustande käme, den Anfang un-   Das wird sich nun wohl ändern.
bedingt damit machen würde,
5 mit ihr zu schimpfen. Um ihr zu   ---   15
helfen, habe ich mich in alles ge-   441
funden, ja alles gemacht, um in
den Augen aller anderen den   Was Cornelia anbelangt, so hat mich ihre Verlobung   **12**
Anschein eines Schurken zu er-   in gewissem Sinne betrübt. Sie war eine selten echte
10 wecken. Doch fürwahr, sie trägt   Weiblichkeit. Nur dieser eine Zug edler weiblicher Ein-
eine große Verantwortung. Ihr   falt. Als alle Gescheiten leicht verstanden, dass ich ein
Verdienst ist es nicht, dass ich   Schurke sei, und jeder Gescheite sich damit schmei-   20
nicht förmlich zur Desperation   chelte, es vollkommen verstehen zu können: da sagte
gebracht wurde. Und wie lieb-   sie: ich kann Mag. K. nicht verstehen; aber ich glaube, er
15 lich sie auch in ihrer Verzweif-   ist trotzdem ein guter Mensch. Wahrlich, ein gewaltiges
lung war, und wie bereitwillig,   Wort, das auch mir imponierte. Doch Cornelia gehört
bereitwillig ich vergebe und   ideell mit zur Gruppe: Regine. Dort hätte sie bleiben   25
vergesse, als wäre es nie gesche-   sollen, und sie wäre dichterisch zu verewigen gewesen.
hen: gesagt werden soll es ihr   Nun ist sie in dieser Hinsicht verloren.
20 doch, falls das Verhältnis zu-   Regine sollte und musste heiraten. Dies ist das Ein-
stande kommen und Wahrheit   zige, was dichterisch wahr ist. Und wenn sie auch selbst
darin sein sollte.   zu mir sagen würde, dass sie es aus Erbitterung über   30
                                        mich getan habe u. desgl., dann würde ich sagen:
                                        Schnickschnack, was versteht so eine kleine Jungfer
                                        von dem, was sie tut. Du hast etwas ganz Außerordent-
                                        liches getan, mir eine Wohltat erwiesen, mir gerade mit
                                        diesem Schritt geholfen. Und deshalb weiß ich, dass Du   35
                                        es aus Liebe zu mir getan hast, wenn Du auch behaup-

ten würdest, daran niemals gedacht zu haben. Doch
sag, stünde es Dir wohl an, kleinlich zu handeln, in al-
bernem Frauenzimmer-Stil, oder glaubst Du, dass ich
kleinlich denken kann. Das Kleinliche ist das Einzige,
das ich nicht verstehen kann. Von einem Trampel historisch betrachtet, hat sie ein Faktum gegen sich: ihre Ehe.
Meine Interpretation, die unbedingt die einzig wahre
ist, macht sie zu dem, was sie ist: ein Plus. Sie nimmt im
ersten Verhältnis einen Rang ein durch ihren Glauben:
genug Weiblichkeit zu haben, um einem Menschen zu
glauben, der in solcher Weise gegen sie handelte und in
solcher Weise alles für sie verwirrte. Im zweiten Verhältnis nimmt sie dadurch einen Rang ein, dass sie den
springenden Punkt richtig erfasst hat, dass sie zu heiraten hatte. Das ist es, was so leicht verkannt werden
kann. So verstanden schmerzt es mich, dass ich ja nun
im Vorteil bin, ich, der Unverheiratete, und dass ich sie
nicht in ihr Recht werde setzen können durch meine Interpretation, dass sie gerade das zu tun hatte.

442
13

Bilanz.

Ihr Gedanke war gewiss dieser. Im Grunde mag er
mich; er ist mit mir verlobt; ich liebe ihn nur allzu sehr:
woher in aller Welt kommt dann diese Kollision, das
muss ja Wahnsinn sein, eine Schwermut, die an Wahn-   5
sinn grenzt. Ergo setze ich alles darauf zu sprengen. Vortrefflich, weiblich durchaus wahr – dass es eine religiöse
Kollision war, musste ihr zwangsläufig entgehen, die religiös überhaupt nicht entwickelt war und am allerwenigsten dazu, diese Art religiöser Kollisionen zu ahnen.   10
Alles ist vorzüglich und sie ist groß durch die weibliche
Unerschrockenheit, mit welcher sie anzustürmen wagt.
Außerdem hatte sie ja in gewisser Weise meinen eigenen
Wink, was das angeht. Ich wusste, sollte sie mir ordentlich gefährlich werden, wie sie es verdiente, die Liebe,   15
sollte mir die Sache den höchsten Preis abfordern, dann
müsste sie darauf achten, mit Hilfe der Hingabe zu streiten. Das hat sie getan[a], und meisterlich qua Frau.
    Was mich betrifft, so ist es das Gesetz meines ganzen
Lebens, es wiederholt sich an all den entscheidenden   20
Punkten: wie jener General, der selbst kommandierte,
als er erschossen wurde, so habe ich immer selbst kom-
mandiert, wenn ich verwundet werden sollte. Das Ge-
fecht selbst aber, das sie auszuführen hatte, war großen
Stils und bewundernswürdig. Ich gab ihr gewisserma-   25
ßen den Bogen in die Hand, ich legte selbst den Pfeil
darauf, zeigte ihr, wie sie zu zielen habe – mein Gedanke war – und das war Liebe – entweder werde ich
Dein, oder Du sollst mich so tief verwunden dürfen,
mich in meiner Schwermut und in meinem Gottes-Ver-   30
hältnis verwunden, so tief, dass ich, obgleich von Dir
getrennt, doch Dein bleibe.
    Doch was für ein Muster unglücklicher Liebe! Es ist
nicht wie z.B. bei Goethes Friederike, die jede Ehe ab-
lehnt, weil es einem Mädchen genügen muss, Goethe   35
geliebt zu haben. Gerade umgekehrt wird mein Leben
sie akzentuieren. Und ich tue alles, alles, um sie zu ver-
heiraten.

1   [a], das reizende Kind,

443   Eine solche Kollision ist undenkbar, wenn sie nicht
eine religiöse Kollision ist. Denn wäre es mein Stolz u.
desgl., meine Genusssucht u. desgl., dann würde mein
Leben doch unmöglich zum Ausdruck bringen können,
5   dass ich sie als die Einzige akzentuiere.
        Sie heiratet – und nun ist das Verhältnis gänzlich nor-
mal.

14   Über sie ist[a] nichts zu sagen, nicht ein Wort, nicht ein
10   einziges, es sei denn ihr zu Preis und Ehre. Es war ein
reizendes Kind, ein liebliches Wesen, recht wie geschaffen dafür, dass eine Schwermut wie die meine ihre einzige Freude daran hätte haben können, sie zu bezaubern.
15   Reizend war sie, als ich sie zum ersten Mal sah, lieblich, lieblich fürwahr in ihrer Hingabe, rührend, im edlen Sinne rührend in ihrer Sorge, nicht ohne Hoheit im
letzten Augenblick der Trennung, kindlich zuerst und
zuletzt; und[b] Eines fand ich immer bei ihr, Eines, das
20   mir für die ewige Lobrede genügen würde: Schweigsamkeit und Innerlichkeit; und eine Macht hatte sie:
einen anbetenden Blick, wenn sie flehte, der Steine rüh-
ren könnte; und glückselig war es, ihr das Leben zu verzaubern, glückselig, ihre unbeschreibliche Glückselig-
25   keit zu sehen.
        Ein himmelschreiendes Unrecht ist ihr widerfahren,
indem sie herausgerissen wurde ins Verhältnis zu mir,
in grauenhafte Auftritte, die wie darauf angelegt waren, den Eindruck von ihr gänzlich zunichte zu ma-
30   chen. Gott vergebe mir! Ich musste sie kränken, und
verlassen, ich musste in den zwei letzten Monaten zuerst grausam sein, um ihr wenn möglich zu helfen. Dies
war doch vielleicht für mich am schwersten. Ich musste
diese Grausamkeit fortsetzen, in Wahrheit in der red-
35   lichsten Absicht. Sie hat seinerzeit gewiss unbeschreiblich gelitten; möge sie mir vergeben!
        Die Geliebte war sie. Mein Dasein soll ihr Leben un-
bedingt akzentuieren, meine schriftstellerische Tätig-

[a], besonders von dem Augen-   1
blick an, da ihr Übermut sich in
Hingabe verklärte,

[b]trotz des gescheiten kleinen
Kopfes[a]   5

[a]*Anm.* Ihr verdankt sich die Erzählung von einem Mädchen
und einem Burschen, die über
ein anderes Mädchen spra-
chen, das mit seinem Geliebten   10
gebrochen hatte, und sie fügte
hinzu: das war sonderbar,
denn er hatte so gute Kleider. –
Auch erzählte sie die Ge-
schichte von Frau Munter, die   15
mit Pollon davonlief, dass sie
selbst zu ihrem Mann hinein-
gegangen sei und gesagt habe:
ja, ich kann es Dir wohl ebenso
gut selbst sagen: ich bin mit   20
Pollon verheiratet.

keit auch als ein Monument zu ihrem Ruhm und ihrer
Ehre betrachtet werden können. Ich nehme sie mit in
die Geschichte. Und ich, der schwermütig nur einen
Wunsch hatte, sie zu bezaubern: *dort* ist es mir nicht verwehrt; dort gehe ich an ihrer Seite; wie ein Zeremonien-   5
meister führe ich sie im Triumph und sage: bitte ein we-   444
nig Platz zu machen für sie, für »unsere eigene liebe,
kleine Regine.«

Ich habe Gott einst um sie gebeten, wie um eine Gabe,   **15**
die allerliebste; ich habe auch in Augenblicken, wenn
ich die Möglichkeit, eine Ehe zu realisieren, erblickte,
Gott für sie gedankt wie für ein Gabe; ich habe sie später als Gottes Strafe über mich betrachten müssen: doch
immer habe ich sie auf Gott bezogen, daran redlich fest-   15
gehalten, auch dann, wenn sie alles tat, um mich meine
Überlegenheit verzweifelt fühlen zu lassen.

Und wahrlich, Gott straft fürchterlich! Für ein be-
lastetes Gewissen welch grauenvolle Strafe! Dieses
reizende Kind in seiner Hand zu halten, ihr das Leben   20
verzaubern zu können, ihre unbeschreibliche Glückseligkeit zu sehen, des Schwermütigen höchstes Glück –
und dann diese richtende Stimme in seinem Inneren zu
vernehmen »Du musst sie loslassen«, das ist Deine
Strafe, und sie soll verschärft werden durch den An-   25
blick all ihrer Leiden, verschärft werden durch ihre Bitten und Tränen, sie, die nicht ahnt, dass es Deine Strafe
ist, sondern glaubt, dass es Deine Hartherzigkeit ist,[a]
die es zu erweichen gilt.

Der Inhalt jenes Verlobungsjahres war für mich ei-   30
gentlich: qualvolle Überlegungen eines geängstigten
Gewissens, darfst Du Dich verloben, darfst Du heiraten – ach, und unterdessen ging sie, das reizende Kind,
an meiner Seite und war – die Verlobte! Ich war alt wie
ein Greis, sie jung wie ein Kind, doch hatte ich – ach,   35
beinah umso schlimmer – das Vermögen, sie zu bezaubern, und wenn ich einen Hoffnungsschimmer erblickte, konnte ich mir die Freude, sie zu bezaubern,

1   [a]*Anm.*
Dies war denn auch eigentlich
ihre Meinung, denn mehrere
Male sagte sie, es sei mein Stolz,
5   der daran schuld sei, dass ich sie
verlassen wolle. Auch sagte sie,
dass ich doch eigentlich nicht
gut sei, dass sie es aber trotzdem
nicht sein lassen könne, mich zu
10   lieben und darum zu bitten, bei
mir bleiben zu dürfen.

nicht versagen.[b] Doch das Verhältnis musste gebrochen
werden, und ich musste grausam sein, um ihr zu helfen – sieh, das ist »Furcht und Zittern.« Das Verhältnis
wird so fürchterlich, dass zuletzt das Erotische wie
nicht vorhanden ist, weil das Entsetzen das Verhältnis
unter andere Kategorien führt. Ich war in solchem
Maße ein Greis, dass sie wie ein geliebtes Kind wurde,
fast gleichgültig welchen Geschlechts. Sieh, das ist
»Furcht und Zittern«. Und ich wage zu behaupten, dass
ich die Ehe inniger als sie gewünscht habe; sie hätte für
mich (gleich jenen Dämonen im Märchen), in bloß
menschlichem Sinne, meine Erlösung bedeutet. Aber
ach, ich durfte nicht in den Hafen kommen, ich sollte
auf eine andere Weise gebraucht werden. Es war deshalb ein rätselhaftes Wort von ihr, ein Wort, das sie nicht
verstand, ich dafür umso besser, als sie in ihrer Not einmal sagte: Du kannst doch nicht wissen, ob es nicht gut
für Dich selbst sein könnte, wenn mir bei Dir zu bleiben
erlaubt würde. Sieh, das ist Furcht und Zittern.

[b]die lieblich Kind war, stets
Kind blieb, und trotz allem, was
sie gelitten hatte, wie ein Kind
war, als wir uns trennten.

Kommentar

469 1 »ihr«] Regine Olsen (→ 471,2 und → 471,22).

470 1 **Infandum me jubes, Regina, renovare dolorem]** lat., ›Unsagbaren Schmerz, o Königin, heißt du mich erneuern‹. Leicht geändertes Zitat aus Vergils (70-19 v. Chr.) *Aeneis,* 2. Gesang, v. 3, der im Original lautet: »Infandum, Regina, iubes renouare dolorem«, *P. Virgilii Maronis opera,* hg. von J. Baden, Bd. 1-2, Kph. 1778-1780; Bd. 1, p. 366 [»Unaussprechlichen Gram, o Königin, soll ich erneuern«, *Des Publius Virgilius Maro Werke,* übers. von J.H. Voss, Bd. 1-3, dritte Ausgabe, Braunschweig 1822; Bd. 2, p. 57]. Cf. *Virgils Æneide,* übers. von J.H. Schønheyder, Bd. 1-2, Kph. 1812; Bd. 1, p. 51, wo das Zitat wie folgt wiedergegeben ist: »Unævnlig Smerte byder du, o Dronning! / mig at fornye« [Unaussprechlichen Schmerz gebietest du, o Königin! / mir zu erneuern]. SK hat das Zitat zuvor in NB3:43 verwendet, cf. *SKS* 20, 268.

2 **die Replik über mich ... dass Du Jesuit wirst]** Regines Replik ist Gerichtsrat Wilhelm in den Mund gelegt, der seinem ästhetischen Freund im zweiten Teil von *Entweder – Oder* bescheinigt: »Klug bist Du, das kann man Dir nicht abstreiten, und es hat Wahrheit, was ein junges Mädchen von Dir sagte, dass Du vermutlich damit enden werdest, Jesuit zu werden«, *SKS* 3, 223,1 / *GW1 EO2,* 248; cf. NB5:127 aus dem Frühsommer 1848 (*SKS* 20, 421), wo SK Regines Replik eine etwas andere Bedeutung verleiht. Der Spanier Ignatius von Loyola gründete 1534 den Jesuitenorden, dem die Maxime ›der Zweck heiligt die Mittel‹ nachgesagt wurde.

471 2 **Regine]** Regine Olsen (1822-1904) war mit SK vom 10. September 1840 bis zum 11. oder 18. Oktober 1841 verlobt (→ 474,5).

2 **Ich sah sie zuerst bei Rørdams]** Cathrine Georgia Rørdam (1777-1842), Witwe des Probstes Thomas Schatt Rørdam (gest. 1831), wohnte in Frederiksberg zusammen mit dem Sohn cand.

theol. Peter Rørdam und den drei Töchtern, deren jüngste Bolette hieß (s. folgenden Kom.). SK begegnete Regine vermutlich das erste Mal bei einem Besuch der Familie im Frühling 1837.

Bollette Rørdam] Bolette Christine Rørdam (1815-1887), verlobt mit cand. theol. Peter Købke (gest. 1839), 1841-1850 Hausverwalterin ihres Bruders Peter Rørdam, 1857 Heirat mit Pfarrer N.L. Feilberg. 4

mein Vater starb] Michael Pedersen Kierkegaard starb am 9. August 1838 im Alter von 81 Jahren. Seine letzten Stunden sind geschildert im Tagebuch des Sohnes Peter Christian Kierkegaard, NKS 2656, 4°, Bd. 1, pp. 100f. 10

Ich lernte fürs Examen] SK intensivierte seine theol. Studien nach dem Tod des Vaters, cf. JJ:297, wo SK in Bezug auf die theol. Dienstprüfung schreibt, »hätte Vater weitergelebt, hätte ich sie nie bekommen«, *SKS* 18, 234 / *DSKE* 2, 241f. 11

Im Sommer 40 legte ich die theol. Dienstprüfung ab] SK wurde am 3. Juli 1840 aufgrund des bestandenen Examens theol. Kandidat. 13

Ich reiste nach Jütland] SK trat seine Jütlandreise am Samstag, den 18. Juli 1340 an, cf. Not6:1 in *SKS* 19, 191,3 / *DSKE* 3, 203,3, samt Kom. 15

Im Aug. kam ich zurück] SK war am 7. oder 8. August 1840 wieder in Kopenhagen, cf. Not6:35 in *SKS* 19, 202,27 / *DSKE* 3, 216,22, samt Kom. 17

direkt vor ihrem Haus] Regine wohnte bei ihren Eltern in Nye-Børs (Matrikelnr. 66) in einem mittlerweile abgerissenen Etagenhaus, das man »De sex Søstre« [Die sechs Schwestern] nannte, zw. Börse und Knippelsbro (s. *Karte 2, C3).* Laut Volkszählung vom 1. Februar 1840 bewohnte Familie Olsen den ersten Stock des Hauses, und deren Haushalt ist wie folgt registriert: »Terkild Olsen, 57, verheiratet, Justizrat und Kgl. Buchhalter / Regina Malling, 62, dto., Seine Gattin / Maria Dorothea Frederike Olsen, 31, ledig, Deren Tochter / Olivia Christiane Olsen, 29, ledig, Deren Tochter / Oluf Christian Olsen, 26, ledig, Deren Sohn, Student / Jonas Christian Olsen, 24, 22 ledig, Deren Sohn, Student / Cornelia Olsen, 23, ledig, Deren Tochter / Regina Olsen, 19, ledig, Deren Tochter / Kirstine Michelsen, 35, ledig, Dienstmädchen«.

35 **einem Verhältnis zu Schlegel]** Johan Frederik Schlegel (1817-1896), 1833 Student, 1838 cand. jur., arbeitete zeitweilig als Hauslehrer bei Familie Olsen und fasste dort Zuneigung zu Regine. Schlegel trat 1842 als Volontär in das Handels- und Konsulatskontor des Generalzollkammer- und Commercekollegiums ein, wurde dort 1847 Oberregierungsrat, im darauffolgenden Jahr »Chef des Kolonialkontors«, 1854 schließlich Gouverneur der dänisch-westindischen Inseln, wo er u. a. die administrative Bewältigung der Aufgaben leitete, die sich aus der Befreiung der Sklaven 1848 ergeben hatten.

36 **Parenthese]** Es folgt der von SK gestrichene Ansatz zu einer Erklärung: », nemlig at mit Forhold til mig, skjøndt vi aldrig saaledes havde tilnærmet os« [, dass nämlich mein Verhältnis zu mir, obgleich wir einander niemals auf diese Weise angenähert hatten].

471m 2 **In den späteren Journalen ... Bemerkung über sie]** cf. die Journale NB7, zu Anfang datiert auf den 21. August 1848 (NB7:10 und NB7:20 in *SKS* 21, 80f. bzw. 86f. / *T* 3, 68f. bzw. 70-72), NB9, zu Anfang datiert auf den 2. Januar 1849 (NB9:24 in *SKS* 21, 211-213) und NB10, zu Anfang datiert auf den 9. Februar 1849 (NB10:121 in *SKS* 21, 318f.).

472 2 **zum Etatsrat hinauf]** d.h. hinauf zu Regines Vater, Terkild Olsen (1784-1849), der Chef der Rechnungskammer im Finanzdepartement war, die sich im ersten Stock des Bürogebäudes an der Ecke von Börse und Schloss Christiansborg befand (s. *Karte 2, B3*). – Etatsrat: eigtl. ›wirklicher Etatsrat‹, ein Titel, der laut Rangverordnung vom 14. Oktober 1746 in der 3. Klasse (von insgesamt neun) als Nr. 3 rangierte; 1840 nahm Terkild Olsen jedoch erst den Rang eines ›wirklichen Justizrats‹ ein, der in der 4. Klasse als Nr. 3 erscheint. Cf. z.B. »Titulaturer til Rangspersoner i alfabetisk Orden« in C. Bartholin *Almindelig Brev- og Formularbog* Bd. 1-2, Kph. 1844, Ktl. 933; Bd. 1, pp. 49-56.

18 **vita ante acta]** lat., ›Leben vor den Ereignissen‹, ›vorheriges Leben‹.

dass sie einmal erklärte, sie habe mich aus Mit- 23 **leid genommen]** Eine entsprechende Erklärung gibt die junge Frau in »›Schuldig?‹ – ›Nicht-Schuldig?‹« in *Stadien auf des Lebens Weg*, *SKS* 6, 249,7-9 / *GW1 SLW* 282.

Das Billet findet sich wörtlich in »dem psy- 26 473 **chologischen Experiment«]** cf. »›Schuldig?‹ – ›Nicht-Schuldig?‹« in *Stadien auf des Lebens Weg*, *SKS* 6, 173-454 / *GW1 SLW* 195-525, wo der Inhalt des Billets so wiedergegeben ist: »Um nicht noch des Öfteren die Probe auf etwas zu machen, das doch geschehen muss, und das, wenn es geschehen ist, wohl Kräfte, so wie sie nötig sind, geben wird: so lass es geschehen sein. Vergiss vor allem den, der dies hier schreibt; vergib einem Menschen, welcher, ob er gleich etwas vermochte, doch nicht vermochte, ein Mädchen glücklich zu machen«, *SKS* 6, 307,3-7 / *GW1 SLW* 349f. SKs ursprüngliches Billet an Regine ist nicht erhalten.

Sie überschreitet in weiblicher Verzweiflung 34 **die Grenze]** SK spielt vermutlich darauf an, dass Regine nach Erhalt des Billets und des Ringes am 11. August 1841 eine Aussprache mit ihm in seiner Wohnung in der Nørregade (→ 478,6) suchte; cf. die Aufzeichnung »Mein Verhältnis zu ihr«, die um den 1. September 1849 entstanden ist, in Journal NB12: »Anstatt die Sache nun entschieden sein zu lassen, geht sie in meiner Abwesenheit auf mein Zimmer und schreibt mir ein ganz und gar verzweifeltes Billet, in dem sie mich um Jesu Christi willen und beim Andenken meines verstorbenen Vaters beschwört, sie nicht zu verlassen« (in NB12:122 in *SKS* 22, 216 / cf. *GW1 B* 22).

dass man durchs Heiraten fett wird] Die an- 26 473m gegebene Replik ist einem namenlosen Mann in »›Schuldig?‹ – ›Nicht-Schuldig?‹« in den Mund gelegt, *SKS* 6, 344,33 / *GW1 SLW* 394.

Die Replik: dass man eine Verlobung ... Ihre 33 **Replik: ich glaube eigtl., Du bist verrückt]** Beide Repliken finden sich in »›Schuldig?‹ – ›Nicht-Schuldig?‹«, *SKS* 6, 357f. / *GW1 SLW* 409.

Dann ging es entzwei, ungefähr zwei Monate 5 474 **später]** SK hob die Verlobung mit Regine endgültig am 11. oder 18. Oktober 1841 auf (s. folgenden Kom.), cf. NB12:122 in *SKS* 22, 216f. / *GW1 B* 21f.

9 **Theater ... Emil Boesen treffen]** Emil Ferdinand
Boesen (1812-1881), 1829 Student, 1834 cand.
theol., Lehrer an v. Westens Schule bis 1849, danach residierender Hilfsgeistlicher in Horsens
und ab 1863 Stiftsprobst in Århus. Boesen war
SKs bester Freund seit frühester Jugend. »An
welchem Datum ich die Verlobung aufhob«,
schreibt SK im November 1849, »weiß ich nicht«,
aber nach einer Rekonstruktion »der unmittelbaren Umstände« meint er, dass der Bruch am »11.
oder 18. Oktober« erfolgt sein muss. Als einen
dieser »Umstände« führt er an, dass am betreffenden Tag »abends im Theater: die weiße Dame
gegeben wurde, und ich dort war, um einen zu
suchen, mit dem ich reden musste« (*B&A* Bd. 1,
p. 264). Das Schauspiel *Die weiße Dame* wurde am
12. und 18. Oktober 1841 am Königlichen Theater in Kopenhagen aufgeführt. Wenn SK die Erinnerung nicht trügt und eben dieses Stück am
Tag der Auflösung der Verlobung gespielt
wurde, kann das Datum nur der 18. Oktober
sein.

39 **Mein Bruder]** Peter Christian Kierkegaard
(1805-1888), erwarb 1836 das theol. Lizentiat, ab
1842 Gemeindepfarrer in Pedersborg und Kindertofte bei Sorø.

474m 22 **Sie zog einen kleinen Zettel hervor, auf dem
ein Wort von mir stand]** Der Wortlaut des Zet-
tels ist nicht überliefert.

39 **dass ich kommen werde wie Wilhelm in Le-
nore]** SK verweist auf die Ballade *Lenore* (1774)
des dt. Dichters Gottfried August Bürger
(1747-1794), cf. z.B. *Bürgers Gedichte*, Gotha 1828,
pp. 48-57. Darin erscheint der gefallene Soldat
Wilhelm in später Nacht seiner Braut Lenore, die
über das Ausbleiben ihres Bräutigams an Gott
verzweifelte, um mit ihr in gespenstischem Ritt
dem Hochzeitsfest zuzueilen, das sich als ›Toten-
tanz‹ erweist.

475 4 **Ich reiste nach Berlin]** SK begann seine Reise
nach Berlin am 25. Oktober 1841 und kam am
6. März 1842 nach Kopenhagen zurück, cf.
Not8:2 in *SKS* 19, 225,21 / *DSKE* 3, 241,25, samt
Kom.

12 **»Das Tagebuch des Verführers« ist ihretwegen
geschrieben]** In einer undatierten Aufzeichnung
in Journal NB10 von 1849 schreibt SK: »das ›Tagebuch des Verführers‹ habe ich geschrieben um

ihretwillen, um sie aus dem Verhältnis herauszubekommen« (NB10:185 in *SKS* 22, 352-355 / cf.
GW1, 33. Abt. [Anlagen], 168). Dieses Verständnis des ›Tagebuchs‹ als eines frommen Betrugs
an Regine wird wiederholt auf einem losen Zettel, datiert auf den 13. Oktober 1853, mit der Formulierung: »das ›Tagebuch des Verführers‹
sollte ja abstoßen, oder wie es in Furcht und Zittern‹ heißt ›wenn das Kind entwöhnt werden
soll, dann schwärzt die Mutter ihre Brust‹«
(NB28:54 in *SKS* 25, 257-260, hier 257).

13 **Das Vorwort zu den zwei erbaulichen Reden ist
für sie bestimmt]** cf. das Vorwort zu *Zwei erbauliche Reden* (Kph. 1843), *SKS* 5, 13 / *GW1*, 2R43,
381; s. ferner den diesbezüglichen Kom. in *SKS*
K5, 35.

15 **das Datum des Buches, die Widmung an Vater]**
Das Vorwort ist datiert auf den 5. Mai 1843, SKs
30. Geburtstag (cf. *SKS* 5, 13 / *GW1*, 2R43, 381),
während die Reden SKs Vater, Michael Pedersen
Kierkegaard, gewidmet sind (cf. *SKS* 5, 11 /
GW1, 2R43, 380).

18 **In Berlin war ich nur ein halbes Jahr]** SK verbrachte ca. viereinhalb Monate in Berlin → 475,4.

21 **nach Mynsters Predigt am 1. Osterfeiertag]** Jakob Peter Mynster (1775-1854), ab 1834 Bischof
von Seeland, predigte am Ostersonntag, dem
27. März 1842, beim Abendgottesdienst in der
Vor Frue Kirke, cf. *Kjøbenhavns kongelig alene privilegerede Adressecomptoirs Efterretninger* (in der
Alltagssprache *Adresseavisen* [Anzeigenblatt] genannt) vom 26. März 1842, Nr. 71.

32 **Kurz vor der Verlobung mit Schlegel erblickte
sie mich in einer Kirche]** Am 16. April 1843,
dem Ostersonntag, predigte Bischof Mynster
beim Abendgottesdienst in der Vor Frue Kirke (s.
Karte 2, B1). SK gibt in JJ:107, *SKS* 18, 174f. /
DSKE 2, 179f., eine ausführliche Darstellung der
Episode.

12 475m **Dass dieses Betragen ... hat der junge Msch.
bei Constantin Constantius entwickelt]** SK verweist hier auf *Die Wiederholung. Ein Versuch in der
experimentierenden Psychologie von Constantin
Constantius*, erschienen am 16. Oktober 1843. In
diesem Buch trifft Constantin Constantius mit einem jungen Menschen zusammen, der sich Hals
über Kopf in ein Mädchen verliebt hat; die Verliebtheit setzt derart ungestüme künstlerische

Kräfte in ihm frei, dass das konkrete Mädchen fast hinderlich ist. Da sich der junge Mensch jedoch nicht dazu durchringen kann, dem Mädchen »die Verwechslung zu erklären, dass sie bloß die sichtbare Gestalt sei, indessen sein Denken, seine Seele etwas andres suche, das er auf sie übertrage« (*SKS* 4, 18,33-35 / cf. *GW1 W* 14), schlägt ihm Constantin Constantius die Anwendung folgender Methode vor: »Machen Sie alles zunichte, verwandeln Sie sich in einen verächtlichen Menschen, der bloß seine Freude daran hat zu foppen und zu täuschen. [...] Sehen Sie zuerst einmal zu, dass Sie ihr womöglich ein bisschen ungemütlich werden. Necken Sie sie nicht, das erhitzt. Nein! seien Sie unstet, geschwätzig, tun Sie den einen Tag das eine, den andern etwas andres, doch ohne Leidenschaft, in vollkommenem Schlendrian [...]. Bekunden Sie statt aller Lust der Liebe in einem fort eine gewisse widerliche *Quasi*-Liebe, die weder Gleichgültigkeit noch Begehren ist; lassen Sie Ihr ganzes Auftreten ebenso ungemütlich sein, wie wenn man einen Mann sabbern sieht«, *SKS* 4, 19,16-33 / cf. *GW1 W* 14f.

17 **An dem Tag, an dem ich]** Der Brief ist nicht erhalten und sein Inhalt auch nicht auf andere Weise überliefert.

20 **dem Etatsrat]** d.h. Regines Vater → 472,2.

31 **etwas, das jedoch gänzlich misslang]** SK verweist hier vermutlich auf den Umstand, dass *Entweder – Oder* nicht zuletzt wegen des »Tagebuchs des Verführers« ein Publikumserfolg wurde, cf. den editorischen Bericht, *SKS* K2-3, 61.

476 6 **An dem Tag, an dem für sie aufgeboten wurde, saß ich in der Frelsers Kirke]** Es ist nicht bekannt, wann für Regine Olsen und Johan Frederik Schlegel aufgeboten wurde, doch wurden sie am 3. November 1847 in der Vor Frelsers Kirke [Erlöserkirche] in Christianshavn (s. *Karte 2, C4*) getraut.

477 1 **Nun ist der Etatsrat tot]** Am 29. Juni 1849 erschien in *Adresseavisen* Nr. 150 folgende Todesanzeige: »In der Nacht vom 25. auf den 26. dieses Monats hat der Herr nach 40 Jahren Ehe meinen geliebten Mann, den Vater meiner 6 Kinder, Terkild Olsen abberufen, Etatsrat und Ritter des

Dannebrog. / Regina Olsen, geborene Malling.« Cf. NB12:28.a in *SKS* 22, 160 / *T* 3, 268.

einen Rang einnehmen unter den Mädchen] cf.   9 Lk 1,42.

sie aus Liebe sterben wollte] Als SK die Ver-   13 lobung auflöste (→ 474,5), soll Regine angeblich ausgerufen haben, dass dies ihr Tod sein werde, was SK als Ausdruck dafür deutete, dass er nun einen Mord auf seinem Gewissen habe, cf. NB:210 vom Mai 1847 in *SKS* 20, 122f. / *T* 2, 98.

Sie hat mir ein Mal gezeigt, wie weit sie über   18 **die Grenze gehen kann]** → 473,34.

cfr irgendwo im Journal NB12 gegen Mitte]   1   477ᵣ cf. in Journal NB12, zu Anfang datiert auf den 19. Juli 1849, NB12:105 in *SKS* 22, 201f.

wünschte, Schauspielerin zu werden] cf. JJ:115,   6 wo SK Regines Wunsch erwähnt, »Theaterprinzessin« zu werden, *SKS* 18, 178,7 / *DSKE* 2, 183,29.

während ich in der Nørregade im 1. Stock   6   478 **wohnte]** SK wohnte von April oder Oktober 1840 bis Oktober 1844 in der Nørregade, Matrikelnr. 230 A (heutige Nr. 38).

Velin-Exemplare] auf ein glattes, pergament-   16 artiges Papier (das als edles Briefpapier oder zum exklusiven Buchdruck verwendet wurde) gedruckte Bücher.

ein Brief ... dazu bestimmt, nach meinem Tode   18 **geöffnet zu werden, der sie betrifft]** cf. *B&A* Bd. 1, p. 25 / *GW1 B* 265.

Schlegel ... hat sein Glück gemacht] J.F. Schle-   1   479 gel (→ 471,35) wurde am 29. Dezember 1848 im Finanzministerium »Chef des Kolonialkontors«, cf. das Journal NB9, zu Anfang datiert auf den 2. Januar 1849, NB9:24 in *SKS* 21, 211-213.

was Jgf. Dencker mir erzählt hat] Elise Dencker   10 war Haushälterin von Johan Christian Lund, der an der Ecke von Købmagergade und Klareboderne wohnte (s. *Karte 2, C2*) und der von 1824 bis zu ihrem Tod 1832 mit SKs Schwester Nicoline Christine verheiratet war. In der Volkszählung vom 1. Februar 1845 ist Elise Dencker registriert als 44 Jahre alte ledige »Hausjungfer«, geboren in Eckernförde. Sie galt als streng und schwierig, welches Verhältnis sie aber zu Regine hatte, ist nicht bekannt. – Jgf.: Jungfer.

19 **dass sie 2 Monate vor dem Entscheidenden einen Scheidebrief erhielt**] (→ 473,26).

25 **ein ganzes Alphabet mehr hervorziehen**] spielt vermutlich an auf den Setzer und seinen Gebrauch verschiedener Schrifttypen.

480 16 **Was Cornelia anbelangt, so hat mich ihre Verlobung in gewissem Sinne betrübt**] Cornelia Olsen (1818-1901), Regines ältere Schwester, heiratete am 6. November 1849 Frederik Emil Winning, wann sie sich aber verlobte, konnte nicht geklärt werden. Cf. im Übrigen JJ:300: »Unter dem Titel Privatissima und so zart als möglich gehalten, hätte ich Lust, eine weibliche Figur zu zeichnen, die eben durch ihre liebenswerte bescheidene schüchterne Resignation groß wäre (z.B. eine etwas idealisierte Cornelia Olsen, die vortrefflichste weibliche Figur, die ich gekannt habe, und die einzige, die mir Bewunderung abgenötigt hat). Sie sollte erleben, dass die Schwester mit dem verheiratet sei, den sie selbst liebte. Dies ist die Kollision für Resignation.«, *SKS* 18, 234f. / *DSKE* 2, 242f.

482 1 **Bilanz**] SKs Überschrift, dän. »Opgjørelse«, büßt in der Übersetzung mit »Abschluss«, »Abrechnung« o.ä. heute leicht ihre ökonomische Hauptbedeutung ein.

8 **ihr ... die religiös überhaupt nicht entwickelt war**] Zur religiösen Entwicklung Regines hat SK laut eigener Aussage in JJ:145 »ihr einmal die Woche Mynsters Predigten vorgelesen«, *SKS* 18, 187,31 / *DSKE* 2, 194,7.

21 **jener General, der selbst kommandierte, als er erschossen wurde**] Auf welchen General SK verweist, war nicht festzustellen.

34 **Goethes Friederike ... Goethe geliebt zu haben**] Friederike Brion (1752-1813), Pfarrerstochter aus Sesenheim bei Straßburg, hatte von Oktober 1770 bis August 1771 eine Liebschaft mit Johann Wolfgang Goethe (1749-1832). Goethe schildert das Verhältnis im 10., 11. und 12. Buch von *Aus meinem Leben. Dichtung und Wahrheit*, cf. *Goethe's Werke. Vollständige Ausgabe letzter Hand* Bd. 1-60, Stuttgart und Tübingen 1828-1842, Ktl. 1641-1668 (Bd. 1-55); Bd. 25-26, 1829, insb. Bd. 26,

pp. 80-84 und pp. 118-121. Das Verhältnis endete auf Goethes Veranlassung, als er nach Abschluss des Studiums Straßburg verließ. Friederike blieb danach ihr Leben lang allein stehend.

als ich sie zum ersten Mal sah] (→ 471,2). 15 483

Ihr verdankt sich die Erzählung von einem Mädchen und einem Burschen] nicht nachgewiesen. 6 483m

Frau Munter, die mit Pollon davonlief] nicht nachgewiesen. 15

»unsere eigene liebe, kleine Regine.«] SK zitiert sich hier selbst, da er Regine in einem an sie gerichteten undatierten Brief aus der Anfangszeit der Verlobung »Unsere eigene kleine Regine« nennt, *B&A* Bd. 1, p. 47 / *GW1 B* 23. Als sich SK im Herbst 1849 mit dem Gedanken trägt, Regine in Briefform einige der Gründe für das Scheitern der Verlobung zu eröffnen, verwendet er wiederum den Ausdruck »›unsere eigene liebe kleine Regine‹«, *B&A* Bd. 1, p. 254. 7 484

sieh, das ist »Furcht und Zittern.«] cf. Phil 2,12; cf. ferner I Kor 2,3; II Kor 7,15; Eph 6,5. SK verbindet hier offensichtlich seine eigene erotische Krise sehr eng mit Themen des Werks *Furcht und Zittern* von 1843. 3 485

gleich jenen Dämonen im Märchen] SK verweist hier vermutlich auf seine dämonischen Variationen über die Erzählung von Agnete und dem Wassermann in *Furcht und Zittern*, cf. *SKS* 4, 183-191 / *GW1 FZ* 106-116. Das Motiv gewinnt an persönlicher Relevanz in JJ:120, wo SK die ersten Skizzen zum besagten Werk entwirft, cf. *SKS* 18, 180 / *DSKE* 2, 185f. 11

KARTEN

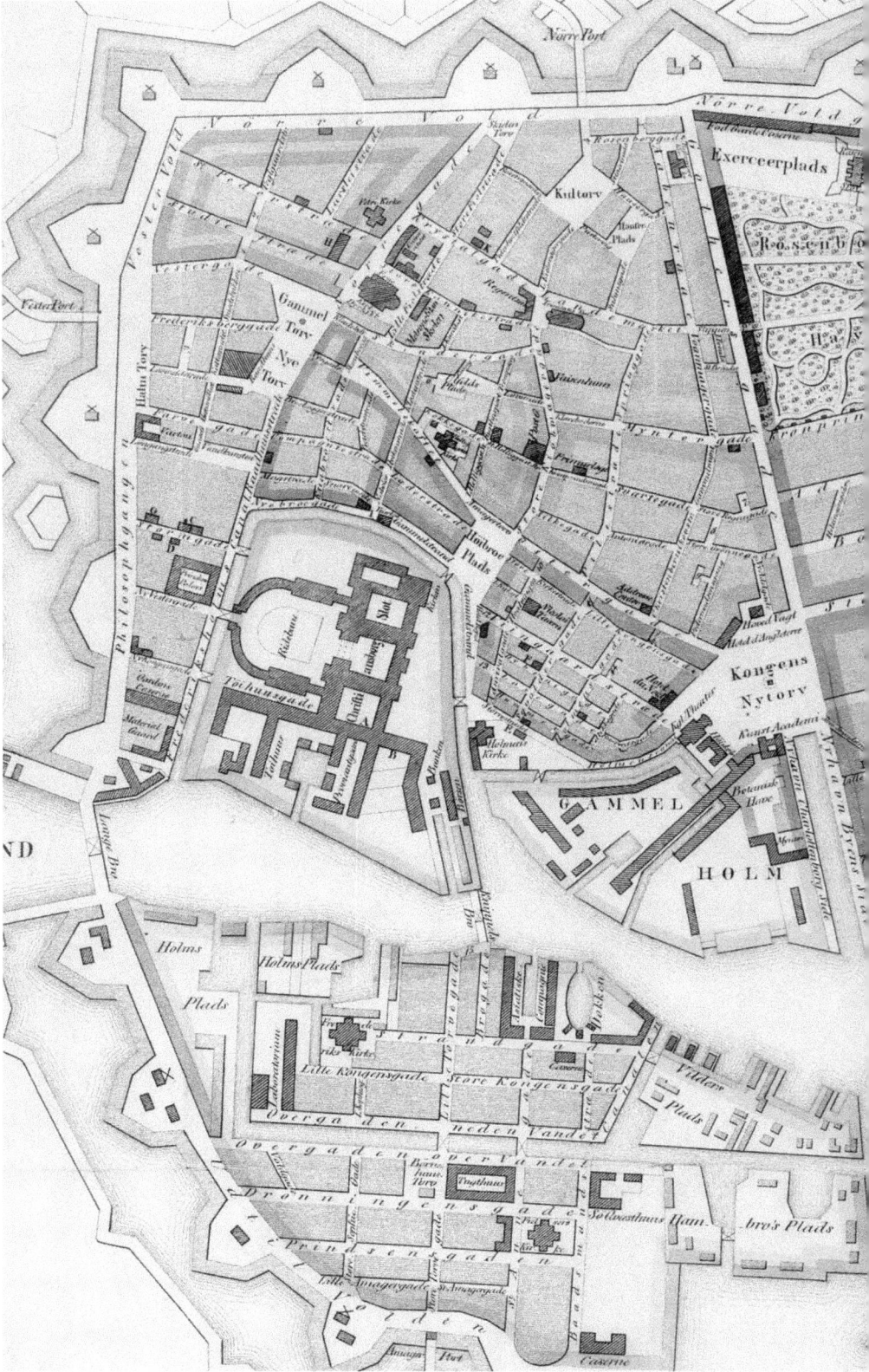

Karte 2

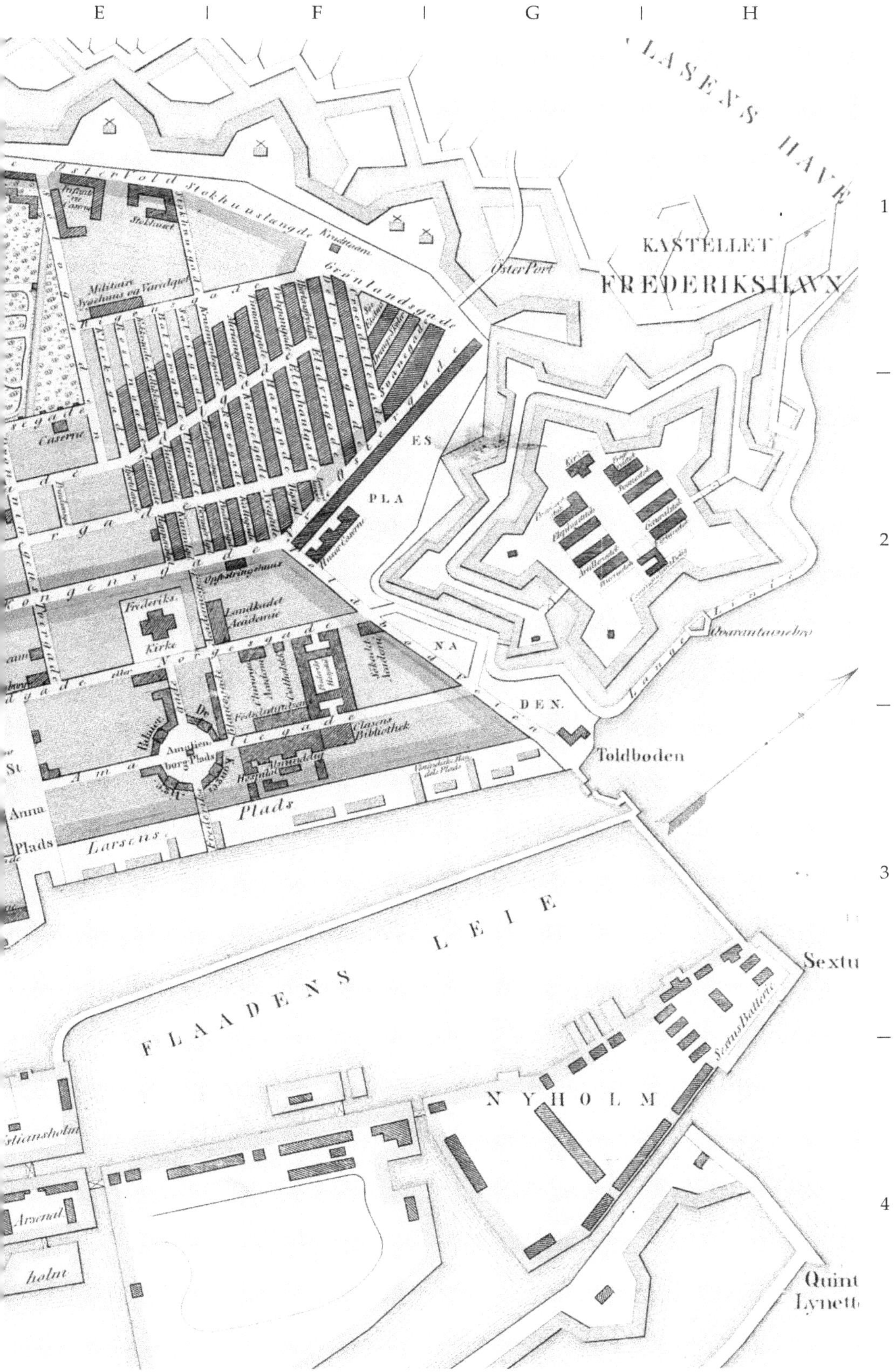
E
F
G
H
1
2
3
4
KASTELLET
FREDERIKSHAVN
Øster Port
Toldboden
Qvarantænebro
FLAADENS LEIE
NYHOLM
Sextus Batterie
Sextu
Quint
Lynett
Frederiks Kirke
Landkadet Academie
Amalienborg Plads
Clasens Bibliothek
Plads
Larsens
Anna
Plads
Arsenal
holm
Militaire Sygehuus og Vaisenhus
Stokhuset
Caserne
ES
PLA
NA
DEN

Karte 2

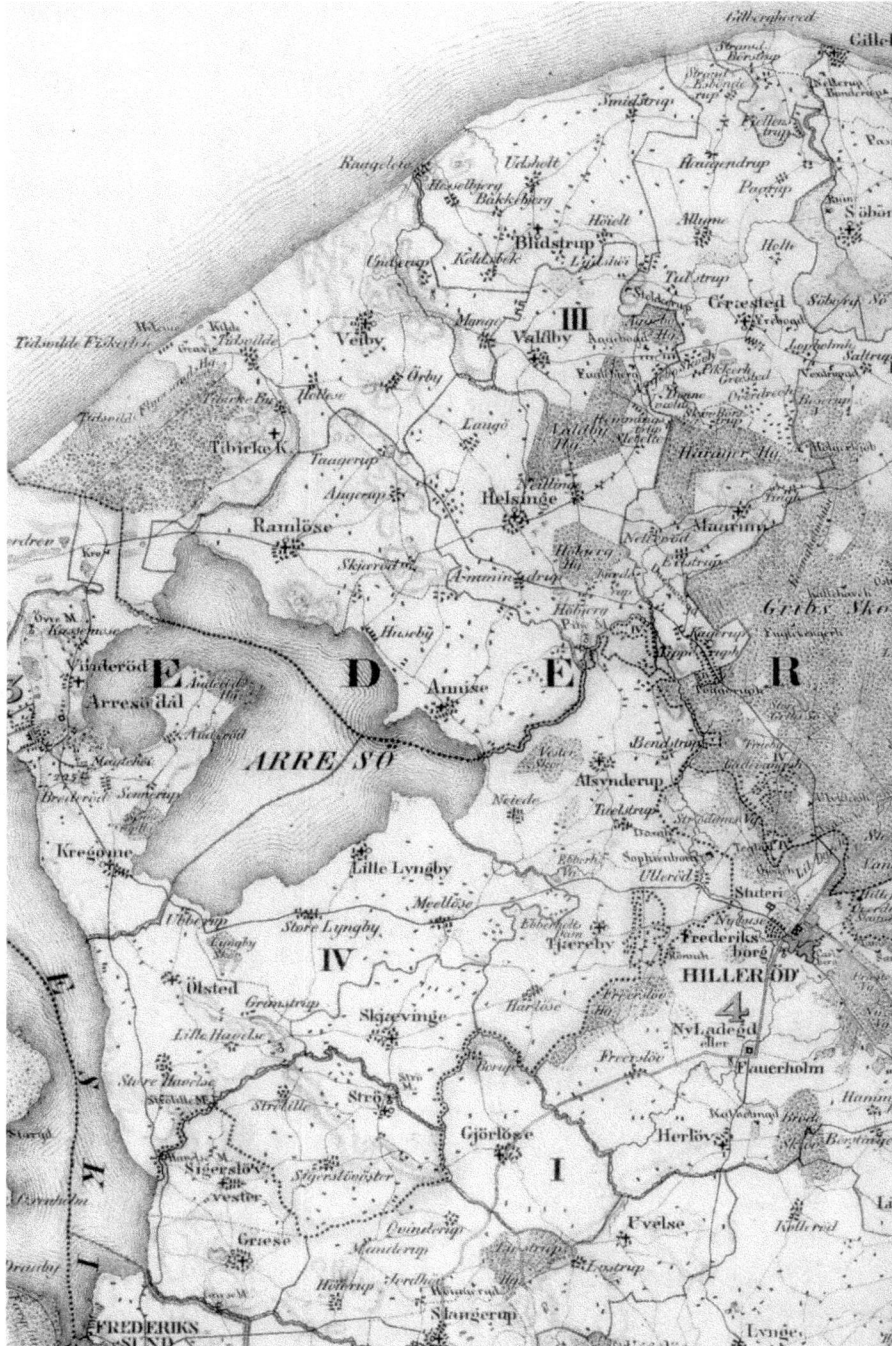

Karte 4

E | F | G | H

ÖRESUND

Hjelmshult
Stussås
Djuramossa
N. Domsten
S. Domsten
Kulla Gunnarstorp
Gunnarp
Bröda
All.
Hittarp
Laröd
Kur.
Skabe
Stubb
Tinbo

Hornbek

KRONBORG
HELSINGÖR

ESROM
SÖ

Tikjöb
Gurre Sö
Gurre
Danstrup
Endrup
K
S
Fredensborg
Asminderöd
Grönholt
Lönholt
II
Grönholtsfta
Karlebo
Hesselröd
Veinbröd
Nivaa

Nederste

Krogerup
Humlebek

1

2

3

4

Hirschholm
Smidstrup
Blousröd
Luseröd

Karte 4